中国优秀企业文化

（2016~2017）

尹援平　主编

企业管理出版社

图书在版编目 (CIP) 数据

中国优秀企业文化. 2016-2017 / 尹援平主编. --北京：企业管理出版社，2017.9

ISBN 978-7-5164-1572-6

Ⅰ. ①中… Ⅱ. ①尹… Ⅲ. ①企业文化—汇编—中国—2016-2017 Ⅳ. ①F279.23

中国版本图书馆CIP数据核字(2017)第200776号

书　　　名：中国优秀企业文化（2016~2017）
作　　　者：尹援平
责任编辑：徐金凤　黄　爽
书　　　号：ISBN 978-7-5164-1572-6
出版发行：企业管理出版社
地　　　址：北京市海淀区紫竹院南路 17 号　　　邮编：100048
网　　　址：http://www.emph.cn
电　　　话：编辑部（010）68701638　发行部（010）68701816
电子信箱：qyglcbs@emph.cn
印　　　刷：北京宝昌彩色印刷有限公司
经　　　销：新华书店
规　　　格：210 毫米 ×285 毫米　　16 开本　　47.5 印张　　1200 千字
版　　　次：2017 年 9 月第 1 版　　2017 年 9 月第 1 次印刷
定　　　价：300.00 元

编辑说明

习近平总书记指出，文化自信，是更基础、更广泛、更深厚的自信。在5000多年文明发展中孕育的中华优秀传统文化，在党和人民伟大斗争中孕育的革命文化和社会主义先进文化，积淀着中华民族最深层的精神追求，代表着中华民族独特的精神标识。为深入贯彻党的十八大和十八届三中、四中、五中、六中全会精神，进一步推动经济新常态下我国企业文化建设，积极培育和践行社会主义核心价值观，中国企业联合会开展了"2016～2017年度全国企业文化优秀成果、全国企业文化优秀案例和全国企业文化建设突出贡献人物"评选表彰活动，受到企业界、经济界、学术界等社会各界的广泛关注和大力支持。这项活动是经中共中央、国务院同意，清理整顿评比、达标、表彰后批准保留的评选表彰项目，每两年举办一次。通过企业申报，各地、各行业企联（企协）和主管部门推荐，按照公开、公正的原则，坚持严谨、科学、规范的评审程序，经专家评审委员会审定，赖小民等36位企业家获得"2016～2017年度全国企业文化建设突出贡献人物奖"、中国兵器工业集团公司等34家企业获得"2016～2017年度全国企业文化优秀案例奖"、中国大唐集团公司等108家企业获得"2016～2017年度全国企业文化优秀成果奖"，并在2017年第十二届全国企业文化年会上进行了表彰。所获奖项来自于企业，扎根于企业，发展于企业，从不同的侧面和角度，生动地反映和展示了我国企业积极践行社会主义核心价值观，努力构建科学的企业文化体系和开展企业文化建设的探索实践与取得的成效。

在我国经济发展新常态下，为总结、宣传、推广优秀企业文化建设经验，鼓励更多企业走上文化强企发展道路，我们将获奖企业和企业家的成果、案例和事迹进行了编辑修改，并集结出版，其目的在于总结、推广我国企业文化建设所取得的成果，促进相互学习交流。同时，也为企业文化建设研究者提供企业文化研究参考。本书所涵盖内容主要涉及集团文化建设、企业精神传承、企业文化体系建设、管理职能文化、文化整合与融合、跨文化管理等，融理论与实践为一体，展现了企业文化工作者们的集体智慧，体现了企业创造的各具特色的企业文化，阐述了企业文化落地的有效路径，可操作性强，是了解我国企业文化的重要资料，也是学习企业文化的有益读物。希望广大企业在参考借鉴优秀企业文化建设经验的基础上，结合企业实际，进一步拓展我国企业文化建设的新思维、新模式、新实践，不断丰富和完善企业文化建设的方式方法，充分发挥企业文化在推进供给侧结构性改革，促进企业提质增效转型升级方面的作用，实现企业健康持续发展。

编　者

2017年8月

弘扬优秀文化 引领创新发展

——在全国企业文化年会（2017）上的讲话

中国企业联合会、中国企业家协会常务副会长兼理事长 朱宏任

（2017年7月22日）

同志们：

第十二届全国企业文化年会今天召开，我代表中国企业联合会、中国企业家协会，代表忠禹会长，向各位领导、各位来宾、各位企业家，表示热烈的欢迎！向在企业文化建设中取得突出成绩的企业和企业家，表示衷心的祝贺！

文化是民族的血脉，是人民的精神家园。习近平总书记多次指出："坚定中国特色社会主义道路自信、理论自信、制度自信，说到底是要坚定文化自信，文化自信是更基本、更深沉、更持久的力量"，并把中华优秀传统文化作为文化自信的重要来源之一加以强调。优秀传统文化是中华民族的"根"和"魂"，是中国优秀企业文化的坚实根基。作为优秀传统文化的重要组成部分，优秀企业文化积淀了中国近代史上众多仁人志士实业报国、工业救国的精神追求，代表着中国企业家和工人勇于创新、自立于世界民族之林的精神标志，承继着中国企业艰苦奋斗、重本守信、永创一流的精神特质，提供着中国制造转型升级、由大变强的精神源泉。这次年会以"弘扬优秀文化，引领创新发展"为主题，就是学习贯彻习近平总书记系列重要讲话精神，坚持"四个自信"，探讨新形势下全面深入推进企业文化建设，实现更高质量、更高水平的发展。忠禹会长对企业文化工作历来高度重视，多次强调"文化实力和竞争力是国家富强、民族振兴的重要标志，企业文化实力和竞争力则是企业做强做优的引领和支撑"。下面，我受忠禹会长委托，代表中国企业联合会、中国企业家协会，谈几点看法，供大家参考。

弘扬创新文化，增强发展动力

创新文化是影响企业创新活动最深刻的因素，也是创造力最持久的内在源泉，它体现为高度自觉的创新意识、持续活跃的创新思维、敢闯敢试的创新精神、和谐向上的人文环境。

创新文化要激发"双创"活力。 我国经济发展进入新常态以来，部分企业在转方式、调结构的过程中，面临着一些问题和困难，要突破发展瓶颈、解决深层次的矛盾和问题，根本出路在于创新。特别是在我国大力推动实施"中国制造2025"发展战略的深刻背景下，广大实体企业需要

通过持续"双创"和全面深化改革，加快新旧动能接替转换，关键是着力培育出植入"骨髓"的创新基因，让员工创业创新的热情充分涌流，就像细胞快速分裂一样，使企业肌体迸发出无穷的活力。

创新文化要坚持以人为本。人才是创新的根基，创新驱动实质上是人才驱动。坚持把尊重知识、尊重人才作为最基本的价值追求，建立与价值创造相匹配的收入分配制度，大力培育鼓励员工敢于挑战、勇于竞争的文化氛围；着力搭建人才成长通道，完善创业孵化机制，构建创新事业发展平台，力所能及地为员工创造有利于创新的条件，实现资金、人才、技术等各种创新要素的顺畅流通，让员工在创新实践中收获丰硕的幸福感和获得感。

创新文化要转变思维模式。发展理念是发展行动的先导，是发展思路、发展方向、发展着力点的集中体现。经济新常态下，我国企业发展的环境、条件、任务、要求等都发生了新的变化。创新文化建设就是把新发展理念作为指挥棒用好，打破传统的思维定式，通过思维创新和理念转变，带动企业发展战略、技术、业态、模式、管理等各方面的深度综合创新，形成以技术、质量、品牌、服务为核心的竞争新优势，开辟更加广阔的市场空间。

弘扬诚信文化，筑牢企业根基

诚信是市场经济的道德底线，是东西方文化共同拥有的思想范式，也是企业建立良好商业信誉的前提。企业实现持久健康发展，不仅需要技术和资本的支撑，更需要诚实守信经营，把诚信作为生存之本，努力成为消费者、合作伙伴和社会信得过的企业，以良好的信誉赢得市场、赢得竞争。

诚信文化要突出"以德治企"。中华民族自古以来重信义、讲道德，"义利合一"的诚信观经过数千年代代传承，已经渗透成为中华民族的道德基因。企业在诚信文化建设中，应弘扬中华民族这一传统美德，加强员工道德教育，大力宣扬诚信道德模范，完善职业道德行为规范，建立"德才兼备，以德为先"的选人用人标准，激励员工培养良好的职业操守；把诚信作为选择商业伙伴的基本标准，与关联方共同营造良好的商业生态。

诚信文化要强化合规意识。依法合规经营已经成为全球企业发展的一个新趋势。2016年，我国对外非金融类直接投资达到1 701.1亿美元，同比增长44.1%。合规经营是我国企业对外投资健康平稳发展的关键。近年来，有一些走向世界的中国企业由于合规意识淡薄，缺乏经验，违反法规而遭受了巨额罚款，教训惨痛，令人警醒。我国企业有必要认真吸取这些教训，借鉴国际大公司的通行做法，强化合规意识，落实合规要求，防范重大合规风险事件，利用法律规则保障投资经营安全，做到全员、全方位、全过程依法合规。

弘扬品牌文化，提升企业形象

品牌建设是企业转型升级不可或缺的重要环节。打造受人推崇和信赖的知名品牌，不仅关系到企业的美誉度和竞争力，还关系到国家形象和影响力。品牌的背后是文化。品牌文化是品牌传递出的文化底蕴和精神气质，是消费者从中获得的心理体验与精神享受。

品牌文化要打造企业持久竞争力。品牌文化越深厚，品牌溢价就越高，企业持续盈利能力就越强。近年来，中国消费者到国外抢购马桶盖、电饭锅等现象备受关注，折射出我国消费者对国内品牌信心不足的尴尬状态。实际上，同样的产品，国内品牌的质量不一定比国外差，甚至优于国外品牌。特别是有一些打着国外品牌的产品，实际上是由中国企业生产的。之所以"同质不同价、同质不同市"，是由于很多国内品牌缺少知名度和美誉度，缺少深入人心的品牌文化，因此很难得到消费者的认同认可。2017年起，国务院将每年的5月10日设立为"中国品牌日"，就是对我国企业加快从中国产品向中国品牌转变，提出了新的要求。

品牌文化要深挖文化内涵。围绕企业的核心价值观及使命愿景，对历史文化、区域文化、行业文化和工业文化资源进行挖掘整理和研究转化，将其贯穿于生产制造、形象传播的全过程，塑造出特色鲜明、内涵深刻的品牌精神。工业和信息部（以下简称工信部）近年来大力开展工业遗产保护，不仅保护多年来留下的发展记忆，更加注重传承和弘扬物质遗产所承载的宝贵文化资源，成为品牌文化创造的源泉。希望广大企业抓住这一机遇，使企业优良的工业文化传统发扬光大，提升企业品牌的个性魅力。

品牌文化要培育工匠精神。工匠精神是一种孜孜以求、精益求精的态度，也是一种不断吸收前沿技术、创造新成果的追求。"德国制造"100多年前曾被贴上"劣质品"的标签，长期受到市场歧视，但是他们奋发图强，将专注、精确、极致的工匠精神灌注到产品制造中去，生产出了质量过硬的产品，创造出2000多个世界知名品牌，成就了享誉世界的金字招牌。事实证明，凡是能够得到消费者青睐的好产品，无不是倾注心血、精雕细琢的结晶，无不是从匠人到匠心、匠魂升华的典范。

弘扬包容文化，协同共赢发展

包容是一种古老的人类智慧，浓缩了人类对人与自然、人与社会、人与人之间关系的认识的精华。历史证明，开放包容的文化富有亲和力和同化力，能够在保持自身本色和优点的同时，借鉴吸收其他文化中的有益成分，使其长处和精华为我所用，从而不断突破自身局限，实现发展壮大。

包容文化要凝聚共识。当前，随着"一带一路"倡议深入推进，分享经济广泛渗透，我国企业进行产业整合、跨界经营的速度进一步加快。在这过程中，往往都面临不同主体之间价值观的冲突、思维方式的分歧，成为导致经营失败的重要因素。企业只有从战略上高度重视文化融合问题，才能有效防止文化差异对企业发展带来的风险影响。文化融合的过程，实际上是从文化认知到文化认同，再到文化共识的过程。着力打造包容型文化，凝聚起文化共识，就能建立真诚合作的基础，弥合分歧，形成合力。

包容文化要兼容并蓄。文化多元并不意味着文化割裂。中华文明之所以能够绵延几千年生生不息，根本原因就是中华文化开放包容，善于吸纳和融合多元文化。企业应正视文化差异，尊重不同的价值观、行为习惯和办事风格；加强沟通交流，从文化差异中找到共同语言，探索创新本土化的文化传播方式，加深相互之间的文化认知与理解；发现和汲取对方文化的可取之处，在相互欣赏、相互学习、相互吸收中实现创新发展。

包容文化要互惠互利。坚持把企业发展作为包容文化的出发点和落脚点，将发展成果惠及利益相关方，履行社会责任，改善社区环境；注重生态友好，保护自然环境；大企业创造更多条件和平台，带动中小企业共同发展，努力实现包容性增长。一批中国企业在"走出去"的过程中，积极融入当地社会，帮助当地解决经济发展中遇到的实际困难，既为企业发展开创了良好的外部环境，也架起了中国通往世界的友谊之桥，传播了中华民族的优秀文化。

同志们，当今时代是文化创造财富的时代，也是企业文化大发展的时代。今天的获奖企业中，既有知名大企业，也有行业新秀，它们都树立了坚定的文化自信，在经营实践中培育了优秀的企业文化，实现了从小到大、从艰苦创业到蓬勃发展的蜕变，显示出优秀企业文化的无穷魅力，同时也为广大企业提供了典型示范。我们相信，只要充分发挥企业文化的引领推动作用，我国企业一定会大有作为，一定能成长为支撑我国经济建设与发展的参天大树。

同志们，全国企业文化年会是中国企联适应经济社会发展形势和广大企业需要而开展的一项品牌活动。年会自创办以来，已经表彰推出了近千项优秀的企业文化成果，成为我国企业文化交流与对话的重要平台，为推进我国企业文化建设发挥了桥梁纽带作用。我们将继续做优全国企业文化年会、全国企业文化示范基地等交流平台，不断探索我国企业文化建设的新模式，推动企业发展向更高水平迈进，为实现"两个一百年"奋斗目标和中华民族伟大复兴的中国梦做出新的贡献，以优异成绩迎接党的十九大胜利召开。

预祝本次大会获得圆满成功！

谢谢大家！

在全国企业文化年会（2017）上的致辞

国务院国有资产监督管理委员会副主任、党委委员　刘强

（2017年7月22日）

尊敬的忠禹会长，各位领导，同志们：

2017年全国企业文化年会今天在这里隆重举行，这是总结全国企业文化建设经验，展示企业文化建设阶段性成果，贯彻中央坚定文化自信工作方针，以"弘扬优秀文化，引领创新发展"为主题，进一步明确新时期我国企业文化建设方向和要求的一次十分重要的会议。我谨代表国务院国资委、国资委党委向大会的隆重召开表示热烈祝贺，向积极推动我国企业文化建设、长期工作在企业文化建设一线的企业家和专业文化工作者表示诚挚的问候。

中国企业联合会是我国企业和企业家的联合性、代表性组织，长期致力于企业改革发展和企业家队伍建设，取得了积极的成效。企业文化建设作为企业联合会事业发展的一项重要内容，进入新世纪以来得到更加积极有效的推进，企业文化建设紧扣国家战略，适应时代要求，在探索和把握新时期文化建设规律，引导企业开展创新文化、工匠文化、转型文化、融合文化等专项文化建设方面取得了积极进展，增强了企业文化软实力。

党的十八大以来，以习近平同志为核心的党中央特别重视加强文化建设，推进文化管理创新，将社会主义先进文化建设纳入"五位一体"总体布局，统筹推进。我们要认真贯彻落实习近平总书记系列重要讲话精神，切实提高思想认识，真正把握好当前企业文化建设的重点任务与工作方向，要切实加强党对企业文化建设的领导，积极引导企业和企业员工深入践行社会主义核心价值观，保障企业在中国特色社会主义旗帜下健康发展的正确方向，要积极培育价值共识，实现价值引领，通过进一步拓展文化功能，服务当前企业的转型升级，进一步加强创新文化、转型文化、品牌文化以及走出去文化建设，促进供给侧结构性改革，推动产业转型，实施创新驱动，实现提质增效。

要积极发掘文化教育人、引导人、激发人的特有功能和优势，发挥基层和一线员工文化的主体作用，全面塑造有理想、懂战略、善创新、讲诚信、守道德、有责任、讲纪律的有文化的企业人，为新时期企业文化建设铸牢广泛的群众基础。

我们相信，在以习近平同志为核心的党中央正确领导和治国理政新理念、新思想、新战略指

引下，企业文化建设一定会沿着正确方向有力推进。全国企业文化年会已经成为我国企业文化交流的重要平台，希望以此次年会的成功召开为重要契机，中国企业联合会推动新时期企业文化建设的作用和影响得到新的提升，推进文化水平迈上一个新的台阶。

预祝年会取得圆满成功！

谢谢大家！

在全国企业文化年会（2017）上的致辞

工业和信息化部党组成员、总工程师 张峰

（2017年7月22日）

尊敬的王忠禹会长，刘强副主任，朱宏任
常务副会长兼理事长，各位来宾，朋友们：

大家上午好！非常高兴参加2017全国企业文化年会！
在此，我谨代表工业和信息化部，对年会的召开表示热烈祝
贺，对来自全国各地的企业家、专家学者和嘉宾朋友们表示
诚挚的问候，对获得表彰的单位和个人表示热烈的祝贺。

工业是强国之本，文化是民族之魂。习近平总书记曾
指出，一个国家、一个民族的强盛，总是以文化兴盛为支撑
的，中华民族伟大复兴需要以中华文化发展繁荣为条件。习
近平总书记还强调，文化自信，是更基础、更广泛、更深厚
的自信。综观近现代工业史，文化元素对工业化进程和产业
变革具有基础性、长期性、决定性的影响。我国在推进工业
化的探索实践中，孕育了铁人精神、两弹一星、三线建设等一系列工业文化先进典型，形成了自
力更生、艰苦奋斗、无私奉献、爱国敬业的中国特色的精神宝藏，涌现了一大批彰显工业文化力
量的优秀企业和模范人物。改革开放以来，我国工业发展取得了举世瞩目的成就，在规模上成为
世界第一制造大国，但在迈向制造强国的进程中，不单是产品、技术的竞争，更是文化影响力的
竞争，越来越多的行业、企业更加重视和加强工业文化建设，工业文化的社会影响力日益提升。

按照"中国制造2025"提出的"培育有中国特色的制造文化"要求，我部联合财政部于2016
年年底印发了《关于推进工业文化发展的指导意见》，围绕发扬中国工业精神、夯实工业文化发
展基础、发展工业文化产业、加大工业文化传播推广力度和塑造国家工业新形象五大任务，提出
了发展工业文化的重要举措。本届年会以"弘扬优秀文化，引领创新发展"为主题，交流研讨新
时期企业文化建设的新特点新趋势，这对推动企业和全社会提高对文化力量重要性的认识、丰富
工业文化的内涵和提升中国工业软实力，都具有非常重要的意义。借此机会，我谈几点认识和体
会，供大家参考。

一是大力弘扬创新精神。我们要提高工业企业创新意识，把创新的理念融入企业的核心价
值观，鼓励企业通过"众创"等新型方式激发创新活力，建设一批创新创业示范基地，树立一批
创新典型，激发全社会的创新激情和活力。我部将深入实施创新驱动发展战略，完善产业创新政
策，一方面以国家和省两级制造业创新中心建设为抓手，大力推动技术创新，另一方面以推进企
业管理创新为重点，加强制度创新，支持培养具有创新思维和创新能力强的拔尖人才，为两化深

度融合和建设制造强国提供有力支撑。

二是大力弘扬工匠精神。工匠精神是工业精神的重要表现形式，大力倡导工匠精神，是推动工业转型升级的必然要求。我们要引导企业"十年磨一剑"，长期精耕细作，走专、精、特、新的发展道路。引导企业建立高技能人才奖励机制，培养精益求精、追求质量的技能人才，使工匠精神成为生产者的行为准则和消费者的价值取向。我部将以推进实施制造业单项冠军企业培育提升行动、消费品（增品种、提品质、创品牌）"三品"战略、装备制造业质量品牌提升专项行动等为抓手，大力倡导以工匠精神为核心的工业精神，弘扬优秀工业文化，提升工业软实力，促进工业经济发展环境优化。

三是大力弘扬诚信精神。我们要让诚信文化的种子在企业落地生根，引导企业坚守诚信、守法经营、承担社会责任。近年来，我部先后在装备制造、消费品领域重点行业开展了企业诚信体系建设工作，指导企业采取多种方式，尤其是利用信息化手段建立和完善相关制度，取得积极成效。下一步，我们将继续加强对行业、企业诚信建设的指导，运用大数据、云计算等技术手段、创新模式，推进诚信体系建设，发展征信服务，形成"诚信光荣，一路畅通；失信可耻，寸步难行"的社会环境，让诚信担当成为企业家的自觉规范和准则。

四是大力弘扬企业家精神。"君子喻于义，小人喻于利。"创新发展、转型升级、提质增效，主体是企业，关键在企业家。我部加大人才培养力度，落实制造业人才发展规划，深化产业与教育的融合，实施企业经营管理人才素质提升工程，组织开展中小企业经营管理领军人才培训工作，打造了一批具有创新精神和创业能力、熟悉国际国内市场、精通企业管理、具有全球视野的企业家队伍。下一步，我们将大力倡导实业兴国的发展理念，强化创业兴业的价值导向，持续加强对企业家队伍建设工作的指导，支持开展有关工作，充分调动和激发企业家干事创业的热情，积极营造适合企业家发展成长的市场和社会环境。

各位来宾、各位朋友！一个国家和民族的繁荣富强，不仅要有经济硬实力，还要有文化软实力。我国工业发展已进入依靠创新驱动、实现转型升级的关键时期，创新驱动不仅是科技创新，还包括制度和文化创新。工业和信息化部将以加快建设制造强国和网络强国为目标，以推进实施"中国制造2025"为主线，进一步推进工业文化发展，提升中国工业综合竞争力，塑造中国工业新形象，推动中国制造向中国创造的跨越发展。工业文化发展、企业文化建设离不开在座各位的共同努力。让我们携手共进，弘扬优秀工业文化，开创企业文化建设的新局面。

最后，祝2017全国企业文化年会取得圆满成功！

谢谢各位！

2016～2017年度全国企业文化优秀奖点评

中国企业联合会、中国企业家协会驻会副会长　尹援平

（2017年7月22日）

各位代表、同志们：

刚才，我们隆重表彰了2016～2017年度全国企业文化建设突出贡献人物、全国企业文化优秀案例和全国企业文化优秀成果。受表彰的企业和个人都是我国企业文化建设的先进典型，值得广大企业学习和借鉴。为更好地把握和学习他们企业文化建设的先进经验，我代表专家评审委员会，对本届优秀奖进行简要的点评。

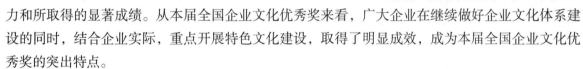

本届全国企业文化优秀奖的突出特点

本届全国企业文化优秀奖申报数量多、覆盖范围广、整体水平高，显示出广大优秀企业建设先进企业文化的不懈努力和所取得的显著成绩。从本届全国企业文化优秀奖来看，广大企业在继续做好企业文化体系建设的同时，结合企业实际，重点开展特色文化建设，取得了明显成效，成为本届全国企业文化优秀奖的突出特点。

创新文化成为企业文化建设的重点

在党中央、国务院实施国家创新驱动战略、加快实施供给侧结构性改革和全面推进改革发展的新形势下，创新已经成为广大企业努力实现转型升级、提质增效、赢得竞争的必然途径。创新是引领发展的第一动力。创新驱动发展，文化驱动创新。建设创新文化，就是要以创新理念为引领，汇集资源与人才，凝聚智慧与力量，构建以创新为导向，支持创新、尊重创新、激励创新的企业文化体系。广大企业把创新文化建设作为新时期企业文化建设的重点，努力为企业创新提供适宜的环境和土壤。在本届优秀奖中涌现出许多典型，如国电大渡河流域水电开发有限公司以创新文化为引领，着力培育创新理念、构建创新机制、营造创新氛围，综合运用管理和技术创新手段，转变水电企业传统管理模式，推动企业转型升级；北新集团建材股份有限公司推进全员创新，将创新文化渗透到最前沿，变创新"独舞"为职工人人都能参与的"集体舞"；中国航天科工集团第二研究院围绕中心工作，着力推进创新文化建设，通过组建自主创新实验室、青年创新工作室，促进"双创"活动蓬勃开展，激发了职工的创新热情和创造活力。

工匠文化的作用和地位得到提升

"工匠精神"缺失是当前我国制造业大而不强、产品档次整体不高、自主创新能力薄弱的

重要原因。在我国加快实施"中国制造2025"、实现由制造大国向制造强国转变的重要时期，政府工作报告连续两年提到工匠精神，充分说明培育和弘扬工匠精神的重要性、紧迫性。"工匠精神"是勤奋勤勉和创新创造的融合，是工匠文化的核心。对于企业来说，弘扬工匠精神就是要脚踏实地，努力做专、做精、做细、做实。在国家的倡导和支持下，企业开始大力建设工匠文化，积极培育工匠精神。本届优秀奖中也出现了若干典型案例，如珠海罗西尼表业有限公司大力弘扬"工匠精神"，采取多种形式培养高级技工和高素质人才，形成了一支技艺高超的匠人队伍，确保企业产品的高质量、高品位；陕西法士特汽车传动集团公司通过搭平台、建机制，塑造"匠心文化"，组织开展员工技术比武、技能竞赛活动，培养大国工匠，使众多员工在省、国家级技能大赛中脱颖而出；中国十九冶集团有限公司在员工中倡导"技能成才、技能强国、技能报国"精神，营造"尊重实干创造、崇尚精益求精"的工匠文化，着力打造技能工匠集群，为企业发展奠定了人才基础。

和谐文化被企业、员工和社会广泛认同

构建和谐社会已成为我国经济建设和政治建设的重要目标，企业作为经济社会最基本的构成要素之一，构建和谐企业是实现和谐社会的重要条件。企业和谐文化不仅包括企业内部自身的和谐，也包含企业与社会以及生态环境的外部和谐，两个层面的真正内涵是以人为本。在本届优秀奖中，万丰奥特控股集团有限公司通过开展企业民主管理、生态环境保护、社会公益捐助等活动，积极构建和谐劳动关系，自觉履行社会责任，形成了企业与员工、社会共创和谐、共享成果的文化氛围，受到社会各界肯定；红宝丽集团股份有限公司坚守"奉献社会，实现自我"的核心价值观，构建"绿色"文化体系，加强责任文化建设，致力于打造一个政府认可、客户信赖、员工认同、股东拥戴、社会尊敬的和谐企业；新疆华源投资集团有限公司打造为企业做实事、为员工做好事、为社会做益事的"三为"文化，促进了人、企、社会的和谐发展。

融合文化日益彰显重要和突出

随着我国社会主义市场经济体制的不断深化和完善，市场竞争日趋激烈，企业优胜劣汰、兼并重组成为常态，解决不同企业间多种文化相互渗透、相互兼容的文化融合首当其冲；同时，"一带一路"上升为国家倡议，我国企业走出去步伐加快，有效实施跨文化管理无法回避。企业的融合文化建设日益重要，已经成为企业发展壮大的关键因素之一。本届优秀奖为我们提供了融合文化的鲜活案例和有益经验。潍柴动力股份有限公司实施跨文化管理，进行文化比较和跨文化管理研究，搭建跨文化沟通渠道和载体平台，开展跨文化培训和对话交流，企业文化融合不断深化，集团竞争力显著增强；南京国电南自自动化有限公司以"融合思想、规范行为、倡导精神、引领价值"为目标，精心打造和谐共享的融合文化，得到中外合资股东、中外员工的认同，增强了企业的凝聚力和协同力；中国铁建国际集团有限公司积极开展跨文化管理实践，主动融入当地社会，善尽社会责任，有效破解文化冲突，凝聚中外员工合力，推动了企业海外经营的发展。

以加强党建文化促进中国特色的公司治理机制

在深化国企国资改革中，强调中国特色的公司治理机制，就是要把加强党的领导和完善公司治理统一起来，明确国有企业党组织在公司法人治理结构中的法定地位，使国有企业党组织发挥领导核心和政治核心作用，真正实现把方向、管大局、保落实。新形势下，广大企业以党建指导企业文化，以企业文化促党建，形成了各具特色的党建文化，在企业发展中发挥了重要作用。

中国石油化工集团公司在党建文化建设中，积极探讨建设中国特色现代国有企业制度，把党组织内嵌到公司治理结构之中，明确和落实党组织在公司治理结构中的法人地位，丰富了党建文化实践，促进了企业做强做优做大；大唐南京发电厂的党建文化，突出"清风"廉洁文化品牌，创新廉洁教育方式，变单一静态为立体动态的教育模式，不断提高宣教工作的有效性；中航工业陕西飞机工业（集团）有限公司在党建文化建设中引入PDCA管理工具，创新舆情管控模式，增强了新时期思想政治工作的针对性，确保了国家重大科研生产项目的顺利完成。

对我国企业文化的几点展望

文化是社会环境的产物，外部环境影响甚至决定了企业文化的发展方向和特点。企业文化总是要不断丰富、创新和转变自己来适应环境，这是整个社会文化的要求，也是企业生存发展的需要。目前，经济新常态下的企业转型升级，深化国有企业改革，参与"一带一路"建设等，都是企业发展面临的新问题。针对我国企业面临的新环境，在此，我想对我国企业文化的未来发展做几点展望，与大家探讨。

企业需要建立强大的包容文化

文化包容指不同文化之间可以和睦发展，相互间不发生极端的排斥。包容的本质是包容不同，在不同中寻找相同。企业文化越有包容性，社会资源就越愿意向它集中，与它合作，通过共同寻找最大公约数，形成向心力和凝聚力。企业不仅需要对内的包容性，而且需要对外的包容性，在企业实施兼并重组、落实"一带一路"倡议和企业走出去过程中，企业更需要建立和谐共处、竞合双赢的包容文化。

习近平总书记在阐述丝路精神时强调了开放包容。"一带一路"建设恰恰覆盖了埃及文明、巴比伦文明、印度文明和中华文明的发祥地，跨越了佛教、基督教、伊斯兰教信众的汇集地，跨越了不同国度和肤色人民的聚居地。我们的企业在参与"一带一路"建设过程中，不仅要提高自身文化素质，更需要理解沿线国家的文化和习俗。因此，强调包容文化，加强跨文化管理，已成为当今中国企业文化建设必不可少的内容。

企业需要建立高效的创新文化

创新的根基，不仅在于创新投入的多少，还在于创新观念、创新心态和创新素养的高低。没有与创新体系相匹配的创新文化，企业的创新就会受到影响甚至阻碍。建立高效的创新文化，首先要营造创新文化氛围，形成激励探索、包容个性、崇尚创新、宽容失败的企业环境，解放创新工作者的想象力、创意力和思想力，并通过实践创造更大价值；建立高效的创新文化，还要建立创新激励机制，从组织协调、人才培养、考核奖惩等方面以制度引导、激励和规范员工行为，形成完善的创新激励、创新评价、成果转化机制，以激发创新活力，为企业创新发展服务。

经济新常态要求国家治理能力和治理水平现代化的全面提升，这也对企业文化建设提出了新的任务和要求。一方面，在新环境下企业新的发展战略需要建立新的商业模式，具备新的盈利能力，随之必须建立与之相适应的新的企业文化；另一方面，改革需要在体制机制上进行相应的调整，必然引起利益格局的变化，这就需要发挥企业家的作用，建立基于效率的创新文化，以增强改革的认同感和主动性，使文化成为企业改革发展动力的重要源泉。

企业需要培育优秀的品牌文化

品牌体现着产品的物质属性与文化属性的高度融合，在短缺经济时代，企业生产的产品往往偏重于物质属性，当今中国经济正在发生由量到质的转变，在供给侧改革的大环境下，我们需要在品牌建设上下大功夫，探索加强品牌文化建设。要增强中国品牌之路的紧迫感，加强培育优秀的品牌文化。

国家从2017年开始将每年的5月10日设立为"中国品牌日"，表明国家已经把中国品牌建设的任务提到新时期的重要议事日程。随着我国经济发展，社会消费结构不断升级，消费者对产品和服务的消费提出更高要求，呈现出个性化、多样化、高端化、体验式消费特点。企业实施品牌战略，最重要的就是要建立强大的品牌文化，通过赋予品牌深刻而丰富的文化内涵，进行有效的品牌传播，形成消费者对品牌在精神上的高度认同。品牌文化是企业文化建设不可或缺的重要组成部分，其核心是文化内涵，是其蕴含的深刻的价值内涵和情感内涵，是品牌所凝练的价值观念、生活态度、审美情趣、情感诉求等精神象征。优秀的品牌文化可以赋予品牌强大的生命力和非凡的扩张能力，成为企业保持竞争优势的利器。建设优秀的品牌文化，塑造更多强大的中国企业品牌，是我国广大企业肩负的光荣而艰巨的使命。

以上就是我对本届全国企业文化优秀奖的点评。

谢谢大家！

目 录

优秀案例篇

优秀成果篇

突出贡献
人物篇

以市场化创新发展先进理念为引领
做强做优做大中国金融资产管理公司

中国华融资产管理股份有限公司党委书记、董事长赖小民事迹

突出贡献人物简介

赖小民，男，中共党员，高级经济师，第十二届全国人大代表。历任中国人民银行计划资金司中央资金处副处长、处长，银行二处处长，信贷管理司副司长，银行监管二司副司长；中国银监会银行监管二部副局级干部，北京监管局筹备组组长，北京银监局局长、党委书记，中国银监会办公厅主任、党委办公室主任、首席新闻发言人；中国华融资产管理公司党委副书记、总裁等职。现任中国华融资产管理股份有限公司党委书记、董事长。

企业简介

中国华融资产管理股份有限公司（以下简称中国华融）成立于2012年9月28日，是经国务院批准，由国家财政部控股的国有大型非银行金融企业。前身为成立于1999年11月1日的中国华融资产管理公司，是中国四大金融资产管理公司之一。业务领域涵盖不良资产经营、综合金融服务、资产管理与投资三大板块，对外提供不良资产经营、资产经营管理、银行、证券、信托、投资等跨周期、多功能、一揽子综合金融服务。服务网络遍及全国30个省、自治区、直辖市和香港、澳门特别行政区，设有33家分公司（营业部）和20余家控股子公司。截至2016年年末，总资产14119.7亿元，净资产1500.8亿元，实现净利润231.1亿元。入选"2016中国企业500强"。

2009年以来，在中国华融加大市场化转型发展的过程中，赖小民始终高度重视企业文化建设，把加强"文化自信"作为实现"华融自信"的重要内容，以习近平总书记系列重要讲话精神和治国理政新理念、新思想、新战略为指引，结合公司创新转型发展实际，总结提炼出220条符合实际、有效管用的市场化创新发展新理念，构建了以"稳健、创新、和谐、发展"为核心，具有华融特色、先进的企业文化体系。在这些理念引领下，中国华融渡过了市场化转型初期"在夹缝中求生存、在迷茫中谋转型、在困难中促发展"的困境，圆满完成"改制—引战—上市"三部曲，经营业绩持续稳健增长，发展成为我国"资产规模最大、盈利能力最强、实现利润最多、股权回报最好、总市值最高、金融牌照齐全、品牌价值响亮"的国有大型金融资产管理公司，保持"国有经济充满活力、国有资本功能放大、国有资产大幅保值增值"的良好局面。

提出科学清晰的发展战略和有效管用的发展理念，引领中国华融思想观念大转变

赖小民紧跟内外部形势变化和中国华融自身发展需要，与时俱进形成了一系列科学清晰的发展战略和有效管用的发展理念，引领中国华融市场化转型发展，实现了企业发展、资产增值、队伍稳定、可持续经营的良好局面。

针对中国华融市场化转型初期的发展实际，赖小民提出"五年三步走"发展战略（"五年三步走"中的"三步"：一是实施"大客户"战略，彻底走市场化路子；二是推进战略性转型，走市场化、多元化、综合化、国际化的现代金融企业发展路子；三是改制、引战、上市，实现公司又好又稳可持续发展），形成"大发展小困难，小发展大困难，不发展最困难""发展是硬道理，是第一要务；风险是硬约束，是第一责任；利润是硬任务，是第一目标"的中国华融"发展观"，以及"做强主业、做大利润、做响品牌，不断增强可持续发展能力"等市场化发展新理念，推进市场化转型；在圆满完成"改制—引战—上市"后，提出实施2016~2020年新五年创新转型发展战略，加快推进中国华融上市后又好又稳可持续发展；提出创建"有尊严、有价值、有内涵、有实力、有责任"的"五有"现代金融企业发展愿景，打造"治理科学、管控有序、主业突出、综合经营、业绩优良"的一流资产管理公司发展新目标和"十大战略性转型"（十大战略性转型：由量的扩张向质的提升转型、由追求利润最大化向追求价值最大化转型、由分散经营的传统金融类公司向主业突出的现代金融控股集团转型、由以传统重资产业务为主向轻重资产业务并重转型、由国内业务为主向国内和国际业务并重转型、由单一业务功能向综合协同发展转型、由传统融资向多元化融资转型、由单一的风险管理向全面风险管理转型、由产品经营向资本经营、品牌经营转型、由向一般客户营销单一产品朝向优质客户交叉营销转型），等等。特别是2017年贯彻落实习近平总书记"做强做优做大"国有企业重要指示，创造性地探索出一套国企做强做优做大的指标评价体系，为中国华融改革提供目标指向、实践依据和检验标准。这一系列发展战略和发展理念，对于坚定中国华融市场化转型的信心和决心发挥了积极引领作用，是实现经营业绩持续稳健快速发展的重要思想保障。

提出"创新+稳健"发展理念，带领中国华融不断做强做优做大

"创新+稳健"是赖小民带领中国华融实现又好又稳、可持续发展最宝贵的发展理念和核心经验。赖小民认为，"创新是向前走，稳健要搂得住"，二者相结合，是中国华融做强做优做大的根本驱动力和重要保障。

创新是推动中国华融发展的不二法宝。面对市场化转型初期的困境，赖小民系统提出"八大创新"，推进中国华融"思想观念、发展模式、体制机制、业务平台、产品服务、管理方式、企业文化、队伍建设"全方位创新。在"创新"理念的引领下，中国华融在同业中实现多个"首次""首家"：创新"收购+重组"经营模式，推进"存量+增量、主业+副业、金融+产业"等一系列业务创新模式，做强资产经营管理主业；与湖南省政府合作，以注册地换控股权组建华融湘江银行，成为中国第一家控股商业银行的金融资产管理公司；设立上海自贸区分公司，是首家分

支机构落户自贸区的金融资产管理公司；同业中第一个与地方政府合作成立资产管理公司，与山西省政府、青海省政府分别合作成立华融控股的地方资产管理公司，化解地方金融风险，等等。

赖小民认为，在企业创新转型大踏步前进的同时，必须牢记稳健是行稳致远、可持续发展的重要基础。赖小民把风险管理作为各项工作的重中之重，提出中国华融要坚持"风险是硬约束，是第一责任"，倡导"中国华融赔不起""化解风险就是创造利润"等风险管理理念，创新"五早、五防、五用、五治、五讲""五五"风险管控方法论，要求员工始终守住"五个底线"、正确处理好"八大关系"，坚持"在经营中承担风险，在创新中规避风险，在管理中减少风险，在发展中化解风险"。中国华融2009年至今未出现重大项目风险和流动性风险，2016年年末拨备比及拨备覆盖率分别达到8.8%和444.35%，各项风险指标均符合监管要求，流动性充足，业务经营平稳运行，保持稳健发展态势。

提出"听党的话，跟政府走，按市场规律办事"的经营理念，加快完善中国华融综合金融服务功能和国际化转型

赖小民强调"国企为国"，在中国华融市场化转型之初，就旗帜鲜明地提出了"听党的话，跟政府走，按市场规律办事"的经营理念，创新形成了关于"党—政—企业—市场"的适合中国企业情况的政治经济学，自觉将党的思想、理论、路线、方针、政策与企业发展实践相结合。

在这一经营理念的引领下，中国华融大力推行"大客户战略"，与各类客户建立起"资源共享、优势互补、风险共担、利益均沾、互惠双赢、合作发展"的新型战略合作伙伴关系，截至目前已与包括4个直辖市在内的20多个省、区、市级政府，大型金融机构和企业类客户累计签署300多份全面战略合作协议，成为与地方政府签署战略合作协议最多的金融央企。

以与大客户签署战略合作协议为抓手，中国华融着力创新业务发展新平台，不断完善搭建"一体两翼"战略架构，打造牌照齐全、高效协同的综合金融、非金融、国际化战略平台，发展成为名副其实的金融控股集团。目前，中国华融已拥有除保险牌照外的全部金融牌照，成功搭建了20多个金融、非金融战略平台，金融服务体系、手段和功能持续完善。以在香港特别行政区搭建中国华融香港国际、华融金控、华融投资，在澳门特别行政区搭建中国华融澳门国际等八家国际化平台为契机，中国华融加快实施"立足港澳台、服务大中华、对接国家'一带一路'、内外联动"的国际化倡议。截至2016年年末，中国华融国际业务板块总资产规模超过人民币1700亿元，成为集团业务创新的新领地、市场化管理的示范区、经营业绩的排头兵和新的业绩增长极。

提出"五位一体"公司治理理念，构建具有华融特色的现代金融企业法人治理结构

在中国华融2012年股份制改制之初，赖小民在深入思考国际公司治理成熟经验、中国企业特别是国有企业管理特点的基础上，提出构建"到位的党委会、规范的股东大会、健康的董事会、负责任的经营层、有效的监事会""五位一体"现代金融企业法人治理结构，加强公司治理体系和治理能力建设。按照"五位一体"要求，中国华融目前已经形成在党委会领导下的"三会一层"各司其职、高效运转的治理体制，形成权力机构、决策机构、监督机构和管理层之间有效制

衡、相互协调的工作机制。中国华融"五位一体"法人治理结构既符合现代金融企业治理结构要求，又适合公司发展实际，有效管用，以此为基石形成了具有鲜明中国华融特色的公司治理。

在赖小民的大力推动下，中国华融的公司治理体系不断完善，加快构建现代金融企业制度。2012年10月，中国华融资产管理股份有限公司挂牌成立，由单一的政策性不良资产处置机构彻底转变为完全市场化经营的现代金融服务企业。2014年8月，在财政部保持控股、中国人寿增持的基础上，成功引进美国华平集团等7家新的战略投资者，按照十八届三中全会精神实现了"1+8"股权架构下"国有+外资+民营"的典型混合所有制治理架构。2015年10月，在香港联交所主板挂牌上市，融资196.97亿港元，成为2015年下半年在港上市最大一单IPO，彻底实现由非上市公司向公众上市公司的转型。

提出"万事皆靠人"等一整套队伍建设理念，带出了一支过硬的队伍

赖小民认为企业家是企业的灵魂、统帅，认为一个优秀国有企业领导人要具备"历史使命、创新发展、干事成事、国际视野、冒险精神和责任担当"，提出国有企业改革发展要按照习近平总书记系列重要讲话精神，弘扬企业家精神，坚持"创新+稳健"，不断做强做优做大。2009年，到任不久的赖小民着手改造中国华融人才队伍，他坚持"万事皆靠人"，在中国华融人才队伍建设上践行"一个一把手、一个团队、一套制度、一种文化、一份业绩"的"五个一"理念，实施凝聚人心的"人才工程"，提出一整套队伍建设和人才建设新理念，制定"人才强司"一系列新措施，创新用人机制、培养机制、激励机制等选人用人机制，大力弘扬"敢为天下先、爱拼才会赢"和"聚是一团火，散是满天星，星火燎原，照亮华融"的中国华融"精气神"，打造了"政治强、业务精、纪律严、作风实、业绩优、口碑好"的高管团队、"学习型组织、知识型员工、专家型队伍、国际型视野、务实型考核"的"五型"团队和"想干事、能干事、会干事、干成事、不出事"的员工队伍。

目前，高素质的专业人才队伍已经成为中国华融创新稳健、可持续发展的根本元素。2016年，中国华融全系统从2009年的2900多人发展到目前1.13万人；平均年龄从2009年的近50岁降低到目前的36岁，其中本科以上学历占比85%，硕士以上学历占比29%，员工中拥有保荐代表人、注册会计师、注册资产评估师、律师等50余类专业资格人才，高学历型、复合型、专家型、国际型人才队伍建设成效明显。特别是，赖小民高度重视和发挥年轻人的作用，倡导"青年兴、则华融兴，青年强，则华融强"，给年轻人"多压担子、多戴帽子、多给位子、多抬轿子、多指路子"，让更多的年轻人"五子登科"，帮助青年干部尽快成长、实现人生价值，成为公司可持续发展的宝贵财富。截至2016年年末，公司"一体两翼"领导班子平均年龄47岁，"70后"班子成员占比41.14%；"80后"干部进入中层管理人员队伍，一大批年富力强的青年骨干脱颖而出，走上各级领导岗位，成为骨干力量。

以创新铸灵魂　文化软实力引领企业登高望远

中国恒天集团有限公司党委书记、董事长张杰事迹

突出贡献人物简介

　　张杰，男，中共党员，高级工程师，经济学博士。1983年东华大学化纤高分子专业毕业，北京大学2000级EMBA，吉林大学经济学博士。曾历任原国家纺织工业部化纤司综合处副处长、中国纺织总会化纤产品开发中心副主任、纺织工业部所属华纺房地产开发公司总经理、中国纺织机械（集团）有限公司总经理及董事长、中国华源集团有限公司总裁等职务。现任中国恒天集团有限公司党委书记、董事长。

企业简介

　　中国恒天集团有限公司（以下简称中国恒天）成立于1998年，是国务院国有资产监督管理委员会监管的、国内唯一以纺织装备为核心主业的中央企业。目前拥有二级全资及控股子公司21家，境内外上市公司3家，员工5万余人，成员企业分布在国内20多个省、市、自治区，及境外近20个国家和地区。2016年，恒天集团资产规模800亿元，实现营业总收入434.56亿元，完成年度指标的100.64%，利润总额30.30亿元。恒天集团旗下纺织设备全球规模最大、竞争能力世界第一，金融创新成绩突出，管理资产规模近万亿元。恒天业务辐射纺织设备、新能源汽车、金融、文化创意等板块。

　　以纺织机械制造为主业的中国恒天，立足于市场竞争程度最充分的行业，内练功夫，外拓疆土，从"传统产业"出发，在新经济时代开拓了一片崭新的天地。这得益于集团党委书记、董事长张杰对企业文化建设的高度重视和努力实践，将家国情怀和人文理想蕴含在脚踏实地的工业精神中，使文化软实力真正转化为驱动企业前行的强大力量。

　　中国恒天的企业口号很响亮：惠悦于民，恒达天下。这是张杰和恒天人家国情怀的忠实表达——中国恒天所从事的行业、提供的产品和服务都与民生息息相关，只有心系社会、心系民生，企业才能持续健康发展。张杰坚持，恒天应秉持"业绩 规则 诚信"的核心价值观，以"协同 创新 卓越"的企业精神，在"忠诚 敬业 奉献"的恒天人精神引领下，完成"打造装备旗舰 引领纺织发展"的使命，实现中国恒天"成为具有国际竞争力的世界一流企业"这一美好愿景。

业绩、规则、诚信，倚家国情怀夯实主业

纺织工业是我国传统支柱产业，也是重要的民生产业，全产业链上下游吸纳、带动几千万人口就业，也曾是改革开放后的出口创汇大户，为我国经济建设立下汗马功劳。先进的纺织设备自给，是提振整个纺织行业竞争力的原动力——特殊的历史渊源和诞生过程，造就了主业定位为纺织装备、纺织服装、纺织原料和贸易的中国恒天。毕业于中国纺织界最高学府、曾任职前国家纺织工业部的张杰，从2008年掌舵恒天伊始，就一直将自己的家国情怀牵系在恒天主业上。

技术比武考场

中国纺织工业还是最早实现完全市场化竞争的行业，"这里不依赖政府，不相信眼泪，只有尊重市场规律、把握市场脉搏的人和企业才会胜出。""央企"标签只是出身说明，提醒企业经营者：要用好国资，保值增值，方能不辱使命。

怎样赢得市场认可？张杰提出 "业绩 规则 诚信"六字作为中国恒天的核心价值观。业绩——始终坚持科学发展观，把发展作为第一要务，树立一切以业绩论成败的理念，不断提高企业发展质量和效益，确保国有资产保值增值；规则——始终遵循行业发展规律、国有企业发展规律和企业自身发展规律，制定好规则，执行好规则，落实好监督执行规则的办法，树立严格按规章制度办事的良好风气；诚信——始终诚实面对国家、社会和消费者，实事求是，以诚信赢得客户、赢得效益、赢得发展。

这一核心价值观成为中国恒天"开疆拓土"时坚守的准则，在近十年的发展中，中国恒天不断整合境内外企业，迅速增强规模实力，不断拓展业务范围，已经成为资产规模800亿元、利润规模30亿元左右的大型企业集团。

这一过程里，张杰和中国恒天领导班子遴选合作对象的标准就是：合作者一定要符合恒天的核心价值观，能实际助推中国恒天转型升级、做优做强。"十二五"期间，中国恒天营业收入从240.55亿元增加至410.36亿元，年均增长率11.27%；营业利润从11.21亿元增加到26.61亿元，年均

增长率达18.87%。

张杰和中国恒天领导班子始终铭记"打造装备旗舰 引领纺织发展"的使命，"十二五"期间，恒天通过收购重组香港立信、欧洲奥特发、门富士等企业，纺机业务规模跃居全球第一，并且有了一批在细分领域全球领先的公司，纺机业务的体量和技术优势得到稳步提升。

协同、创新、卓越，仗开拓精神纵横捭阖

周期性波动是纺织行业固有的特点，每当行业处在低谷期时，中国恒天的生存和发展都会面临巨大的风险和严峻的考验。从2008年开始，中国恒天与很多企业一样，由于金融危机、行业自身高速增长带来的产能过剩等问题，面临着亏损。

从那时起，张杰开始习惯从全球角度思考问题，看全球制造业的"老大们"都是怎样做的。以丰田为例，公众熟知它是汽车行业领先者，但其实它也是做纺织设备的企业，它的织机曾经全球最强，虽然汽车做得牛，但纺织机械仍然是它坚持的传统产业。再看管理学经典企业案例通用汽车，2008年遭遇了沉重的打击，就因为它坚持单一产业。张杰和中国恒天领导班子发现，单一产业的企业不管做得多好，都难以抵御全球性大调整带来的影响。从全球视野考虑，就应该适度多元化，围绕主营业务进行资源配置。2009年，中国恒天开始在基础制造业的基础上进行战略转型。

在调结构的过程中，有摩擦，有阵痛。为降低阻力，尽快完成中国恒天新的战略布局，张杰提炼出"协同 创新 卓越"的企业精神。协同——内部树立大局意识、团队意识，互相协作，共同发展，外部做到企业发展紧跟世界发展趋势，与中国大环境协调发展，与客户共荣共存；创新——坚持思维创新，不断解放思想，以技术创新为根本，推动产品创新和管理创新，以创新实现企业的持续发展；卓越——塑造一流的形象、培养一流的团队、研制一流的产品、提供一流的服务，不断追求、不断超越，做业界的翘楚和旗帜。

在这样的企业精神引领下，中国恒天上下对调整与转型充满期待和干劲，集团不断审时度势，进入金融行业、文化地产行业、汽车行业，通过之后五年多的发展，到2014年前后，整个中国恒天的产业结构调整基本完成。

最重要且可贵的是，中国恒天的转型，都是立足主业，或以小搏大，或趁弱并强，将国有资产的控制力发挥到极致。以2011年纳入麾下的金融企业中融信托为例，2011年中国恒天进入前盈利能力不到3亿元，由于大股东是民营企业，市场影响力比较小，但中国恒天进入后保留制度优势，加上国有企业的平台、信誉优势，几年时间就已在行业内名列前茅，现在中融信托管理资产将近8000亿元。中国恒天收购的一些国外企业，香港立信、欧洲奥特发、门富士、荷兰GINAF、斯洛文尼亚TAM等纺织设备企业和汽车企业，如今已全部实现盈利。这其中，有张杰和中国恒天领导班子把握机遇的理性与精准，更有"协同 创新 卓越"的恒天精神带来的使命感，推动恒天人以必赢的信心和做"百年企业"的恒心在全球纵横捭阖。

忠诚、敬业、奉献，凭责任担当凝心聚力

恒天的"十三五"规划目标是：2020年集团营业收入达到1000亿元人民币左右、实现利润总

额80亿元。这期间，中国恒天将完善"一体两翼"业务发展格局：坚持发展纺机主业，打造高端装备制造业，实现"从优到强"；聚焦主营业务，推动转型升级，实现"从有到优"；提升金融投资业务和文化产业；构建"三中三恒两平台"的集团企业管理体系，加快实施创新驱动发展战略，深化体制机制改革。

张杰对中国恒天的战略很自信，但他更重视最终承担战略落地的人才。资本运作与科技创新"双轮驱动"将恒天推上一个新高度，背后的力量是人才。张杰总结，"忠诚 敬业 奉献"的恒天人精神，是让人才发挥作用、实现价值的内在能量，是整个集团持续创新的动力之源，也是中国恒天作为纺织行业中唯一的中央企业与生俱来的文化传承。

在100多家各级企业、5万多名员工里，恒天人精神实实在在地投射在岗位上。他们中，有在市场低迷时带领三四个人的团队连年创造出6.5亿元、13亿元、22亿元销售额的优秀共产党员，有独立开发高性能设备检验器具、将部件良品率始终保持在99.5%以上的全国技术能手，有在同一个车间先后成长起来的3名从事一线生产的全国劳模，有临危受命、带领团队短期开发出纺织机械新型成套关键装备并入选"十一五"国家重大科技成就展的国务院特殊津贴专家……除了业务精专，恒天人对党的忠诚也是赤心可鉴，一个令人感动的人物是中国恒天旗下经纬纺机榆次分公司原棉纺机械总装厂厂长助理兼安装总队队长、共产党员武建国，生前每年出差国内外200天左右，带领团队一年创下细纱机装配5359台的最高纪录，最终累倒在安装现场，为企业奋斗到生命的最后一刻……共产党员在各个领域发挥着模范作用，坚持"三严三实"、深化"两学一做"，在坚定不移地推进从严治党的路上，恒天人走得踏踏实实。不管荣誉加身，还是默默无闻，忠诚、敬业、奉献的恒天人在每家企业、每个部门随处可见，他们是中国恒天的脊梁。

不过，凝聚力不能只来自精神。张杰认为，中国恒天要留住人才，必须采取符合市场经济原则的激励约束机制。在集团总部及各公司，均有完善清晰的薪酬体系和奖惩制度，奖励卓越、淘汰怠惰是企业积极向上的制度保障。中国恒天一些实行混合所有制的子企业，很多管理人员既是股东又是经理人，中国恒天与经理人成为利益共享、风险共担的命运联合体。

张杰和集团领导班子还从另一个方向传递企业的人文关怀：向外，南方雪灾、汶川地震、北京7·21大雨等自然灾害发生时，中国恒天都会及时赶到，捐赠钱款物资；向内，每一个遇到困难的恒天人，都会感受到来自中国恒天的温暖。2012年，中国恒天红十字会成立，募集善款350余万元，至今已救助400余人次。其间，国资委监事会等对中国恒天红十字会基金救助经费管理使用情况进行了审查，评价运行很规范，给予了充分肯定。

张杰以诗人的情怀，将工科生的严谨、管理者的智慧自然地融合，在传承中创新，打造了今日已深入恒天人心中的恒天文化。

在一个日渐式微的传统行业中，中国恒天一步步登高望远，走上开阔之地。这离不开把握机遇的敏锐，离不开相机决策的智慧，更离不开将创新铸入灵魂的文化软实力。坚持下去，"成为具有国际竞争力的世界一流企业"这样的美好愿景终将实现。

战略变革与文化理念创新
打造科技创新与科技服务的世界级生态企业

清华控股有限公司董事长徐井宏事迹

突出贡献人物简介

徐井宏，男，中共党员，1980年考入清华大学机械工程系，硕士毕业后留校工作，先后担任清华大学团委副书记、校长办公室副主任、行政处处长、副总务长、校长助理等；1999年参与筹建清华科技园建设股份有限公司，并任清华科技园发展中心执行主任；2000年任清华科技园建设股份有限公司（2004年更名为启迪控股股份有限公司，以下简称启迪控股）首任总裁；2002年在紫光股份发生亏损后临危受命担任紫光股份总裁（2003~2012年兼任紫光股份董事长），带领紫光股份在八个月内实现扭亏为盈。2012年至今，任职清华控股有限公司（简称清华控股）董事长，带领清华产业不断发展，向科技创新与科技服务的世界级生态企业进发。

企业简介

清华控股有限公司于2003年9月由原清华大学企业集团改制成立，注册资本25亿元人民币。清华控股旗下产业涵盖科技产业、创新服务、科技金融、创意产业、现代教育产业集群，并在集成电路、科技服务、公共安全等领域培育出了在中国和世界有影响力的高科技企业。

2016年1月21日，在瑞士小镇达沃斯举办的第46届世界经济论坛上，清华控股董事长徐井宏围绕"影响中国制造的关键因素""第四次工业革命需要的人才素质""引领企业国际化发展的企业家需要具备的素质"等议题侃侃而谈，他鲜明的观点和入木三分的分析，引得在场嘉宾与观众频频鼓掌。

作为清华控股的董事长，徐井宏自2012年上任以来，便致力于推进清华控股的战略变革与大发展，并在实践中努力探索关于清华控股及中国企业创新与发展的新理念和新思路。历经数年，成效卓著。2011年年底，清华控股总资产580亿元，到2016年年底，清华控股总资产已经达到3528亿元，净资产达到1304亿元，年营业收入超过956亿元。

七年规划与文化理念的出台

2012年5月，清华大学正式任命徐井宏担任清华控股董事长。在对清华控股的现状和未来做了仔细的思考之后，徐井宏在6月组织控股及下属公司的管理高层召开了一次内部工作会议。他在会上肯定了清华产业过去的"辉煌历史、巨大贡献"，同时，特别剖析了"伤痕累累、困难重重"的现状。

在此基础上，徐井宏制定了清华控股的七年（2013~2020）发展规划与文化理念。根据发展规划，经过七年左右的发展，清华控股要努力成为中国高校产业的引领者和全球典范，产学研一体化的世界级标杆，创新型企业孵化、投资和运营的巨人，清华大学总体发展的重要力量与员工实现人生意义和价值的最佳选择，其战略目标是到2020年总资产和总收入双双超过1000亿元。

清华控股的文化理念

回顾2012年以来清华控股走过的道路，徐井宏将其发展模式高度概括为"三链融合"与"五条路径"叠加下的清控模式。

三链融合。 三链，是指创新链、产业链和资本链。清华控股战略变革与发展的核心，是初步搭建起了"创新链"（科技成果产业化，全方位推动科技创新）、"产业链"（培植创业生态系统，推动关系国计民生、国家战略安全和有重大社会意义的产业发展）、"资本链"（运用资本孕育创新创业生态系统）三链融合的创新创业生态系统。在这一生态系统中，清华控股依托清华大学在科研和人才上的独有优势，围绕"创新链"，部署"产业链"；围绕"产业链"，完善"资本链"；围绕"资本链"助力"创新链"。进而实现人才、技术和资源的交互迭代，产业、资本和市场的融合推进，孵化、投资、运营的协调发展，各群组板块在有机协同中快速发展。

在"创新链"方面，清华控股作为清华大学服务社会、科技成果转化与产业化最重要的平台之一，始终坚持科技成果产业化，全面推动科技创新。清华控股全资设立了华控技术转移公司，致力于探索产学研一体化的创新模式，同时融合社会资源，搭建产学研一体化的运营平台；建立了科技成果转化基金——荷塘投资，推动科技成果转化，实施产业化来推动创新；创新园区覆盖全国23个省，38个城市与地区，同时还负责运营中国首个创业街区，面向社会提供全方位的创新创业服务。

在"产业链"方面，清华控股依靠创新与资本不断拓展产业链，推动关系国计民生、国家战略安全和有重大社会意义的产业发展。依托国家生物芯片工程研究中心，建立博奥生物，开启了中国生物"芯"纪元；依托清华大学公共安全研究院，建立辰安科技，引领国内公共安全应急产业走向世界；围绕国家光盘工程研究中心，建立中国知网，成为全球最大的中文知识信息资源提供商。通过并购，整合了通信芯片领域全球排名第三和第四的展讯通信有限公司和锐迪科微电子有限公司，形成紫光集团集成电路设计产业，融合清华大学微电子创新资源，推动通信技术安全自主可控全面创新。

在"资本链"方面，清华控股运用资本孕育创新创业生态系统。清华控股建立了母基金、

PE、并购基金等全线基金，布局了证券、保险、财务公司等金融牌照业务，设立清控三联发展互联网金融业务。整合资金资源持续推动创新，用资本链条链接产业和创新，恪守"产业为本、金融为用"，助力科技创新与金融创新的融合，推动资本成为科技创新和产业升级的不竭动力。

五条路径。 在徐井宏看来，对于清华控股的六大业务群组的发展来说，走如下五条路径是其获得快速发展的重要原因。

创新迭代：根据时代与市场的发展趋势，不断推进技术创新、体制机制创新、连接方式创新。在体制机制创新方面，清华控股在混合所有制、决策机制、干部聘任机制、考核激励机制与监督机制方面各有创新，释放了企业活力；在业务层面，重技术型的清华产业更是在先进制造、集成电路、能源环保、生命健康等方面不断创新，打造了多家行业领军企业。

竞合发展：随着全球化与专业分工日益深化，企业从竞争走向竞合是大势所趋。清华控股引进英特尔注资展锐科技，与西班牙电信、中国联通共建创业空间，与惠普联手打造新华三集团，做强紫光股份，与国家开发银行合作做大集成电路产业等，都充分体现了这一点。

产融互动：社会化大生产和资源有效配置要求产业资本与金融资本融合，需要以融助产，以产促融。紫光集团借助金融资本斥资近200亿元收购展讯通信有限公司、锐迪科微电子有限公司，强化集成电路产业布局；清华控股、启迪控股70亿元并购桑德环境资源股份有限公司，布局能源环保；紫光股份150亿元收购华三科技等。

跨界融合：将传统产业与新兴产业相互融合，通过互联网与传统的教育、金融、分销行业融合，推出在线教育、互联网金融与供应链金融；运用技术创新激发新兴市场潜力，将能源、制造与软件领域和技术创新相结合，分别开发出第四代核电、高端装备与公共应急系统；运用人文关怀构筑跨界新生态，将设计咨询、文物保护、出版传媒与人文关怀结合，分别开创出人居建筑、文化遗产的数字再现与数字出版。

聚合孵化：清华控股通过聚合空间、资本与服务三要素，搭建创新创业协同体系，打造辐射全球的创新网络，运营全球最大的大学科技园、中国首个创业街区，在北美、南美、亚洲和欧洲等地区建立了创新基地。

发布基石计划，推进科技成果转化

清华控股的快速增长

在徐井宏提出的"三链融合"与"五大路径"的文化引领下，一系列大刀阔斧的改革与发展举措，带来了清华控股的快速增长。截至2016年年底，清华控股总资产已经达到3528亿元，净资产达到1304亿元，年营业收入超过956亿元。在2012~2016年间，总资产复合增长率高达49.61%，营业收入复合增长率达到23.30%。

尽管清华控股的此次改革取得了显著成效，清华产业因此步入了崭新的阶段，但徐井宏清醒地看到，清华控股的未来发展仍然面临诸多挑战，仍需要在改革与创新的道路上不懈努力，持续致力于打造科技创新与科技服务的世界级生态企业。

海尔集团文化的倡导者和践行者

海尔集团公司总裁周云杰事迹

突出贡献人物简介

周云杰，男，1966年出生，管理学博士，高级工程师，第十二届全国人大代表。1988年7月毕业于华中科技大学，同年7月加入青岛电冰箱总厂，历任销售处处长、二厂厂长、总经理等职。2000年以后，历任海尔集团副总裁、海尔集团高级副总裁、首席市场官、集团轮值总裁、董事局副主席、行政总裁。2016年年底任海尔集团总裁、董事局副主席。先后获得"全国优秀质量工作者""全国信息产业系统劳动模范""全国优秀企业家"和全国五一劳动奖章等荣誉。

企业简介

海尔集团创立于1984年，是全球大型家电第一品牌，目前已从传统家电产品制造企业转型为开放的创业平台。致力于转型为真正的互联网企业，打造以社群经济为中心，以用户价值交互为基础、以诚信为核心竞争力的后电商时代共创共赢生态圈，成为物联网时代的引领者。国务院确定首批双创示范基地，成为家电行业唯一入选企业。2016年全球营业额实现2016亿元，同比增长6.8%，实现利润203亿元，同比增长12.8%，利润增速是收入增速的1.8倍；近十年收入复合增长率达到6.1%，利润复合增长率达到30.6%。2005年9月20日首次提出"人单合一"商业模式，得到了全球著名商学院和管理学者的肯定。每年有几千家国内外大中小企业来海尔学习交流"人单合一"模式，目前"人单合一"模式已在农业、医疗界进行了试水和改造。

企业文化是被全体员工认可的企业领导人创新的价值观，企业的生存兴旺、可持续的关键在于企业文化。顺应时代发展趋势，承接海尔集团集团文化发展战略，周云杰带领团队展开了积极、深入的探索，倡导以"海尔四观"为核心的经营哲学、价值追求，不断推进极具时代性和创新性的企业文化建设，推动企业在经营业绩、品牌建设和社会责任等方面取得了系列显著成果，得到社会各界的高度认可。

是非观——以用户为是，以自己为非

在海尔集团任职期间，周云杰始终坚持"自以为非，创业创新"的企业文化。以用户为是，不但要满足用户需求，还要创造用户需求；自以为非，不断否定自我，挑战自我，重塑自我——

实现以变制变、变中求胜，致力于成为"时代的企业"。周云杰的是非观是每个海尔人的"两创"（创业和创新）精神，形成海尔集团在永远变化的市场上保持竞争优势的核心能力特征：世界变化愈烈，用户变化愈快，传承愈久。

随着互联网经济的繁荣，最后1km的用户痛点亟待解决。本着以用户为是的理念，在周云杰的主导下，日日顺物流变成与用户价值交互、提升用户体验的重要载体。为了解决最后1km的用户痛点，满足用户全流程购物体验，日日顺物流通过搭建开放平台充分吸引社会化资源，9万辆小微车在行业内率先推出按约送达、送装一体等差异化服务，其中，三小时送货上门的"极速达"服务一经推出，即在全国网购市场掀起一股大件网购热潮。

日日顺物流通过搭建用户"自组织、自生成、自交互"的交互体系，成为大数据时代企业探索实效营销创新见微知著的一个墨点，获得了品牌商和用户双重认可。在2014年"双十一"营销中，日日顺物流仅用时15分钟就帮助阿里巴巴实现了大件网购破局，2014年9月获得美国供应链协会颁发的"中国供应链管理示范企业"称号。

发展观——创业精神和创新精神

创业创新的两创精神是海尔集团文化不变的基因。在职期间，周云杰坚持两创精神，鼓励每个员工都具有企业家精神，从被经营变为自主经营，把不可能变为可能，以开放的视野，有效整合、运用各方资源，搭建平台让每个人都具有企业家精神，成为自己的CEO。

周云杰认为，创新精神的本质是创造差异化的价值，差异化价值的创造来源于创造新的用户资源。2011年，周云杰主导组建了海尔集团国际商社，构建了小家电进出口、海外政府项目、资源进出口和海外大客户OEM采购四大服务平台。2011年，委内瑞拉采购海尔集团全系列家电300万台，总金额50亿元人民币，成为我国第一笔真正的人民币境外结算业务。同时，国际商社通过商业模式的创新为中国企业走出去提供平台支持。

2011年，青岛兴邦电子电器有限公司在国际商社平台的支持下，为委内瑞拉政府提供电烤箱产品，总计21.7万台，总值约4800万美元。国际商社已发展成为全球第一竞争力的顾问式服务平台，加快了海尔集团在海外实现由"卖产品"到"卖服务"的战略转型。到目前为止，国际商社客户网络遍布全球160多个国家，2012年，海尔集团国际商社实现销售收入18亿美元。

营销观——先卖信誉，再卖产品

周云杰认为，企业之间的竞争，不仅表现为资源、产品等"经济因素"的竞争，同时也表现为管理、文化、信誉等"非经济因素"的竞争，这种"非经济因素"有时比"经济因素"的作用还大。

所以周云杰严格抓质量，在担任海尔冰箱股份公司质量部长、总经理及本部长期间，使海尔集团成为中国第一家通过ISO 9001认证的家电企业。研制开发的节能无污染电冰箱分获国家科委颁发的"科技进步二等奖"及联合国颁发的"发明创新科技之星奖"，并获"全国优秀质量管理工作者"称号。

在担任海尔集团副总裁分管商流推进本部、海外推进本部负责海尔集团全球市场营销工作期间，周云杰推广文化营销，先卖信誉，再卖产品，倡导"端对端，零距离"的营销观念；根据市场需求，形成了以市场订单为核心的计划、售前、售中、售后、信息五位一体的业务流程，完成了一个国际化大企业的高效、有序的营销组织框架搭建；2001年，其参与创造的"以市场链"为纽带的业务流程再造荣获第七届国家级特等企业管理现代化创新成果奖。

价值观——人单合一双赢

人单合一双赢的价值观是海尔集团永续经营的保障。在担任海尔集团执行副总裁期间，面对互联网时代的变化，积极探索"人单合一双赢"模式的实践，颠覆传统企业自成体系的封闭系统，变成网络互联中的节点，以"企业平台化、用户个性化、员工创客化"的"三化"战略作为目标，推动海尔集团从传统制造家电产品的企业转型为孵化创客的平台，实现了五个颠覆性创新。

一是战略颠覆。从以企业为中心转变为以用户为中心搭建"共创共赢生态圈"。"人单合一"本质是：员工有权根据市场变化自主决策，依据为用户创造的价值决定自己的收入。"人"是员工；"单"是用户资源；员工给用户创造价值的同时实现自身价值。

二是组织颠覆。从传统串联流程到互联网节点，从封闭到开放。组织模式从正三角到倒三角，再到平台组织。串联的流程变成并联，为市场共同创造价值。各方资源无障碍进入这一平台，实现整个生态自演进。

三是员工颠覆。从科层制转变为三类人（平台主、小微主、创客），其关系是扁平而不是管辖关系。员工从执行者、雇员转型为创业者、合伙人。

四是用户颠覆。原来企业的价值导向是顾客，现在变成了用户，顾客是一次性的交易，而用户则是不断参与零距离交互和体验。

五是薪酬颠覆。人单薪酬实现从企业付薪到用户付薪，以员工为中心，激发员工的创新力，让员工创造用户价值，达到用户、企业、员工的多赢，并实现员工的高效率、高增值、高薪酬。

截至2016年年底，在海尔集团创业平台上聚集了3600家创业孵化资源，1333家风险投资机构，创投基金规模达到120多亿元。目前，仅海尔集团内部已经进行融资小微有35个，其中有16个小微估值过亿元，发展速度最快的雷神已经进入T+轮，有住网乐家和水站项目估值达到5亿元以上。海尔集团创建的创业生态系统已为全社会提供超过100万个的就业机会。

周云杰给海尔集团带来的发展成果

周云杰主导的不断创新的企业文化建设和与时俱进的文化管理理念，为海尔集团注入了活力，推动企业持续成长、高速运转，为海尔集团带来了多方面的发展成果。

一是在经营业绩方面。从传统经济产生的收入看，海尔集团2016年全球营业额实现2016亿元，同比增长6.8%，利润实现203亿元，同比增长12.8%，利润增速是收入增速的1.8倍；近十年收入复合增长率达到6.1%，利润复合增长率达到30.6%。

从互联网交互产生的交易额看，在海尔集团产品线上平台、B2B、B2C社会化线上平台及互联网金融平台共产生2727亿元的交易额，同比增幅73%。

根据世界权威市场调查机构欧睿国际（Euromonitor）发布的2016年全球大型家用电器品牌零售量数据显示，海尔集团大型家用电器2016年品牌零售量占全球市场的10.3%，居全球首位，连续8年蝉联全球第一。

二是在全球化布局方面。 2016年6月7日，由海尔集团控股41%的青岛海尔集团股份有限公司与美国通用电气共同宣布双方已就青岛海尔集团整合通用电气家电公司的交易签署所需的交易交割文件，这标志着具有百年历史的美国家电标志性品牌——GE家电正式成为青岛海尔集团的一员。至此，海尔集团已在全球拥有十大研发基地（其中海外8个）、7个工业园、24个制造工厂、24个贸易公司，初步形成了设计、制造、营销"三位一体"的本土化发展模式，为全球化品牌发展提供持续动力。

三是在品牌建设方面。 2016（第22届）中国品牌价值100强榜单中，海尔集团以1516.28亿元（人民币）的品牌价值稳坐龙头，连续15年蝉联榜首，海尔集团旗下"日日顺"物联网品牌以202.19亿元（人民币）的品牌价值位列第22位，连续4年入围该榜单。

四是在社会责任方面。 截至2016年年底，海尔集团平台上已经有15家创新创业基地，整合全社会3600家创业创新孵化资源，1333家合作风险投资机构，120亿元创投基金，与开放的创业服务组织合作共建了108家孵化器空间。海尔集团平台上有200多个创业小微、3800多个节点小微和上百万微店正在努力实践着资本和人力的社会化，有超过100个小微年营收过亿元，41个小微引入风投，其中16个小微估值过亿。由于海尔集团在模式转型过程中坚持去中心化、去中介化、去"隔热墙"，海尔集团的在册员工比最高峰时减少了45%，但海尔集团平台为全社会提供的就业机会超过160万个。

截至2016年年底，海尔集团累计投入9200余万元，共计援建了246所希望学校（245所希望小学，1所希望中学），覆盖全国26个省、直辖市、自治区，成为团中央希望工程中捐建希望学校最多的中国企业。海尔集团用于社会公益事业的资金和物品总价值已达5亿余元。

加强企业文化建设　助推开滦转型发展

开滦（集团）有限责任公司党委书记、董事长、总经理张建公事迹

突出贡献人物简介

张建公，男，中共党员，汉族，1967年12月生，山西大同人，1989年7月参加工作，1993年6月入党，硕士研究生文化，正高级工程师，河北省评标专家库评标专家。现任开滦（集团）有限责任公司党委书记、董事长、总经理，兼任中国煤炭经济研究会第七届理事会副理事长。曾荣获第九届"河北省杰出青年企业家""河北省国资委系统有突出贡献的优秀经营管理人才"等荣誉称号。《投资项目后评价管理与实践》等多项成果获中国煤炭工业协会现代化创新成果奖，《能源综合管理体系的完善与推进》和《坚持依法治安　突出科技引领培育先进产能　努力开创新常态下企业安全生产工作新局面》等多项成果获河北省煤炭行业企业管理现代化创新应用成果一等奖。

企业简介

开滦（集团）有限责任公司（以下简称开滦集团）是河北省政府监管的特大型国有企业，被誉为"北方民族工业的摇篮"和"中国煤炭工业的源头"，毛泽东曾高度赞扬开滦集团工人阶级"特别能战斗"，周恩来两次表扬开滦为国家"出了力、救了急、立了功"。目前，开滦集团已建成集煤炭生产、洗选加工、煤化工、热电、现代物流、生产服务、金融服务、生活服务、文化旅游、装备制造与信息等多业并举的大型企业集团，集团下辖45个分公司、70个子公司、1个上市公司，产品远销华东、华南和海外市场，2012年以来连续四年进入世界企业500强。

开滦集团党委书记、董事长、总经理张建公高度重视企业文化建设，将其作为企业发展战略的重要组成部分，亲自布局、精心谋划、积极倡导、模范践行。

他唱响和深植"转型长盛"发展新理念，为百年开滦基业长青增添了勃勃生机和强劲动力；他建立健全新形势下企业文化运行机制，为百年开滦改革发展提供了强有力的文化支撑；他深入宣传"扭亏脱困、转型升级、稳定发展"工作主基调，为经济新常态下百年开滦脱困发展指引了方向；他以身作则、身体力行，积极践行"特别能战斗"精神，用实际行动鼓舞员工士气，汇聚企业扭亏脱困正能量；他积极倡导"以人为本"的管理思想，在企业经济低位运行、资金极度困难的形势下，尽心竭力保民生，有效维护员工利益，保障安全投入，积极推进以培育煤矿安全文化、塑造本质型安全人为核心的"培塑"工作向班组、现场和岗位延伸拓展，为百年开滦转型长

盛提供了安全稳定的良好环境；他积极构建"一基三柱"产业发展格局要求，大力培育煤化工文化、现代服务产业文化，提升了新兴产业文化软实力，为百年开滦转型发展提供了文化动力。

在他的领导下，开滦集团企业文化不断创新，有力地推动了思想变革、理念提升、管理创新和产业升级，百年开滦焕发出新的生机与活力，企业的行业地位和品牌影响显著提升，开滦集团连续四年跻身世界500强。开滦集团先后被授予"全国企业文化示范基地""新中国60年企业精神培育十大摇篮组织""'十二五'全国企业文化优秀传媒组织""'互联网+'时代安全文化建设标杆企业"等荣誉称号，开滦集团的"特别能战斗"精神荣获"新中国60年最具影响力十大企业精神"。

勤学善思，提高做好企业文化工作的能力

作为百年开滦的带头人，张建公深知肩负责任的重大，必须尽快提高自身的理论水平和实际工作能力，才能更好地履行一岗双责，更好地牢记使命、开拓进取，推进百年开滦转型长盛、基业长青。他通过积极参加集团公司中心组学习和个人自学等方式，不断加强政治理论学习和业务学习，特别是学习现代管理理论知识和文化管理理论，提高自身履职尽责的能力。同时，坚持深入基层开展调查研究，在掌握相关情况的基础上，提出企业文化建设指导意见和建议，并指导相关单位解决文化建设中存在的实际问题。他十分注重提高自身的理论素养和领导水平，历年都取得了丰厚的理论研究成果，多项成果在全国煤炭工业和河北省会议上发言和交流，并荣获行业和省级优秀管理创新成果奖。

谋划思路，提升企业文化建设科学化水平

张建公积极深入到各专业化公司、部分矿厂和机关处室开展调研，充分研究国家产业政策，深入分析开滦集团的发展现状及内外部环境。经过对企业形势的科学分析研判，谋划研究新形势下加强企业文化建设的工作思路，增强了企业文化建设的针对性和实效性，营造了奋发向上的文化环境和舆论氛围。他多次主持召开企业文化现场推进会议，进一步明确了新形势下企业文化创新的方向、思路和重点。在继承开滦传统文化优势的基础上，他结合企业面临的新形势、新任务，提出了班组安全文化建设思路，狠抓"基层建设、基础管理、基本功训练"，不断提升安全文化的引领力、预控力、执行力、保障力和支撑力。他积极推广企业管理文化，提高企业精细管理水平，促进提质降本增效工作的开展。在他的大力支持下，开滦集团成功举办了"煤炭行业文化建设经验交流会"，向全国煤炭行业领导及参会企业、院校200多名代表展示了开滦企业形象、转型发展及企业文化建设的成就，有力地提升了企业影响力。在他的领导下，开滦集团举办了企业精神风采展，开展了"弘扬开滦精神，助推转型发展"主题征文活动，发掘"特别能战斗"精神新内涵，并身体力行奏响了"特别能战斗"精神的时代强音，激发了广大员工同心协力、共渡难关的工作热情。

彰显特色，推进企业文化建设创新发展

　　张建公坚持用企业文化引领企业战略转型、促进企业发展，紧紧抓住为企业战略发展目标服务这一主线，加强企业文化建设的应用性研究，积极构建富有时代感和开滦特色的企业文化体系，为百年开滦转型发展提供了强大的精神动力和文化支撑。

　　整合价值理念体系。为更好地弘扬"特别能战斗"精神，使企业文化建设适应企业发展战略的要求，张建公以开放的、科学的大文化观，努力汲取传统文化精髓，不断发展升华优秀的企业文化，整合企业的价值理念体系。他认真贯彻落实省委领导提出的"百年开滦、转型长盛"发展新理念，用新理念统一全员意志，发挥了文化理念服务战略、引领战略的作用。他积极倡导人的价值高于资产的价值、共同价值高于个人价值、社会价值高于经济价值的价值观。他组织有关人员认真研究"特别能战斗"的8种精神，进一步丰富企业文化理念系统。他组织相关部门大力开展企业文化理念宣传活动，推动理念内化于心、固化于制、外显于形，为推动战略实施提供了明确的价值导向。

　　促进管理水平升级。张建公坚持企业文化是经营管理文化的定位，用企业文化推进管理创新，不断完善以三个管理平台、一个保障体系为核心的"三加一"企业文化管理模式。三个管理平台：一是"精细管理、双向控制"现场管理平台。着眼于对生产现场实施精确、细致、规范、严格的管理。二是市场化精细管理平台。以市场机制为核心，将企业内部的各生产系统以及各道工序间的经营关系以价格的手段进行链接，实行有偿结算、自主经营，以达到激励员工、规范作业、控制成本、提高经济效益的目的。三是安全文化管理平台。围绕"培育煤矿安全文化，塑造本质型安全人"这一煤矿安全的核心问题进行深入研究与实践，形成了"三大系统""八个导入要素"，激发员工的主动性和创造性，实现安全生产。一个保障系统：准军事化职业行为训练。吸收借鉴军事管理思想、管理制度和行为准则，建立以准军事化职业行为训练为手段、以提高执行力为核心的执行保障体系。"三加一"管理模式的构建和实施，有助于将企业的精神和价值追求融入管理实践，逐步固化成为员工的管理行为和操作习惯，形成了"精细管理、规范操作、执行到位"的企业文化，有力促进了企业扭亏脱困、转型升级和稳定发展。

　　推进特色文化建设。张建公在坚持主体文化控制力的同时，大力加强行业特色文化建设。在他的领导下，开滦集团的煤化工文化、热电文化、现代服务产业文化等特色文化异彩纷呈。一方面，他坚持集团文化建设"五个统一"的原则，即保持企业精神、企业宗旨、核心价值观、目标愿景和VI（视觉形象识别系统设计）的统一，体现集团文化的战略性和主导性。另一方面，他尊重不同单位的文化习俗和管理传统，鼓励所属企业在体现集团主导价值观和文化本质的前提下，创造性地进行个性文化建设。比如，指导蔚州公司深化"融合文化"建设，打造了开滦集团在外埠发展的旗舰企业；他指导煤化工单位着力培育"立足产业高端、打造行业旗舰、绿色循环发展"的产业文化，引领煤化工产业的规模化、基地化、园区化发展；他指导物流公司完善"三位一体、一专多元"的发展模式，推进物流产业纵向延伸和横向拓展。

　　推动文化产业发展。张建公站在集团公司发展战略的高度，大力推进文化产业升级。他主持制定了开滦集团文化产业"十三五"规划，明确了文化产业新的目标和定位。他与开滦国家矿山

公园的同志一起谋划了公园管理中心"五部一室"新管理架构，指导矿山公园建立运营管理的新体制、新机制。同时，他多次到现场办公，指导景区的项目建设，提出具体指导意见，督导工程建设进度。开滦国家矿山公园先后被评为"全国红色旅游经典景区""全国4A级旅游景区"。几年来，开滦国家矿山公园已接待各级领导和来宾30多万人，其美誉度越来越高，吸引力越来越强。

"一线工程师"故事巡回宣讲活动

繁荣群众文化建设。张建公坚持服务基层、服务员工的原则，优化整合服务职能和服务资源，构建了三级员工服务体系，广泛开展文化体育、心理疏导、健康保障等服务活动，构建起了面向全员的"大服务"格局。他积极支持职工文化生活，在集团层面设立了文体中心，成立了文学、体育、美术、书法、音乐等30多个协会，定期开展文学创作、美术、书法、摄影等培训，举办各类文化艺术展演，提高了员工文化艺术品位。

积极践行"和合"文化 努力打造百年超威

超威集团董事长周明明事迹

突出贡献人物简介

周明明,男,1968年出生,浙江省长兴县人,中国民盟盟员,高级工程师,第十二届浙江省人大代表。中国企业联合会常务理事、中国光彩事业促进会理事、民盟中央科技委员会委员、浙江省企业联合会、浙江省企业家协会副会长、湖州市工商联第七届副主席等。1998年创办超威集团,任董事长至今。先后获得"全国优秀企业家""浙江省优秀中国特色社会主义事业建设者""浙江省功勋企业家""第五届'浙江慈善奖'个人捐赠奖"等多项荣誉。

企业简介

超威集团创立于1998年,主要致力于动力与储能电池的研发生产,是目前中国最大的专业绿色能源解决方案提供商之一。主导产品产销量连续多年位居全国同行业第一。于2010年在香港主板上市,现有职工2万余人,在全球拥有40多家分、子公司,综合实力位居"2016中国企业500强"第186位、"制造业500强"第85位,"中国民企500强"第31位,中国轻工百强电池行业第1位。先后荣获"中国工业大奖表彰奖""中国工业行业排头兵企业""全国铅酸蓄电池行业先进集体""中华宝钢环境奖""浙江省文明单位""浙江省先进基层党组织"等100多项荣誉。

在周明明的带领下,超威创办近20年来,以科学发展观为引领,以"和合"文化为动力,艰苦奋斗,拼搏创新,把一个家庭作坊成功地打造为香港上市公司、入选中国企业500强、跻身全球电池行业第三,超威的成功,得到了社会各界的广泛赞誉和认可。

深邃的经营思想

超威的成功,并不是偶然的,而是源自于周明明先进的经营理念和思想。早在集团创立之初的2000年,他就以超前的战略思维和远见卓识,提出了"资源共享、互惠互利、共同发展、长期共存"的经营思想,并把"十六字"理念总结提升为"和合"二字,作为企业文化贯彻于企业发展和经营的全过程。

周明明提出的"和合"文化,不仅是超威集团成功经营的法宝,也是超威实现"百年超威,伟大公司"梦想的精神支柱。周明明在企业倡导并实践的"和合"文化的精髓,正是"和谐合作，共享共赢"，这与中国的优秀传统文化，产生在不同的历史时期，却达到了如此高度的一致和契合，充分体现了他深邃的经营思想和远大的战略思维。超威的"和合"文化，凝聚了全体超威人的智慧和力量，引领集团通过十四年的奋斗，在2012年实现了第一个愿景目标：致力于成为全球动力电池和储能电池第一大供应商。但周明明并不满足、不止步，继续高举"和合"文化旗帜，吹响了"百年超威"的进军号角，开启了二次创业新的征程，率领集团两万名员工，正以更加饱满的热情、更加昂扬的斗志、更加坚定的步伐，为实现"立志成为全球新能源行业伟大公司"的第二个愿景目标而继续奋斗！

杰出的管理才能

周明明善于理论学习，不断吸收和借鉴最先进的现代管理理论，为公司的科学发展奠定了理论基础。早在21世纪初，公司还处于成长阶段时期，别的企业全心全意扩产能、搞生产、抓效益，而周明明就着手谋划企业体制的改革和转型，努力将一个家族制企业从组织、决策、财务、生产、管理等各个方面全面改革，从体制上为企业的健康快速发展奠定了最重要的基础。之后，他在集团的管理层中带头并大力提倡建设学习型企业，选择指定学习书目，认真阅读、学习和领会国内先进企业的管理经验，并努力运用于公司的管理实践。进入二次创业阶段后，周明明又与北京德鲁克管理研修学院合作，组织中高层管理团队学习德鲁克的管理经典理论，以《管理的实践》一书为主线，开展系列主题培训，学习管理理论，分析经典案例，互动探讨问题，提高综合能力，有力地推动了集团管理水平的提升。

周明明善于培育人才，把培养企业家作为企业发展的宏伟目标之一。在他的思想中，"平凡的企业制造产品，伟大的企业培养企业家"。因此，他亲自设计了普通员工、合作伙伴、专家和科学家3套企业家培养的路径图，并取得了显著的效果。

以普通员工成长为企业家的路径图为例。首先，员工要在本职工作岗位上努力工作，职务由科级逐步晋升为总监级，不断提升岗位技能和管理水平，具备自主创业的条件和能力；其次，在总监级岗位上出色完成本职工作，考核达到优秀，并为本岗位培养好接班人，完善本岗位的制度、流程和体系建设，为自身创业后的顺利交接及保证工作的延续性打好基础；最后，向集团投资委员会提出自主创业申请。经审核通过后，集团可为创业者提供资金、人才、管理、经营平台的支持，为创业创造必要条件，并且创业者仍可享受原有岗位的所有待遇。创业项目如果获得成功，创业者按原始投入资金加上对应同期银行贷款利率申购项目0~49%的股权，当项目做大做强后，创业者可以增持股权至70%。此时，他就由一名普通员工成长为企业家。如果创业项目失败，则由集团承担风险。

这一成长路径，为员工的成长成才指明了方向，极大地激发了员工的创业欲望和激情，也取得了显著的成果。比如，浩天公司的总经理沈抱娣，从电池包片工干起，最终脱颖而出，从一名普通员工成长为企业家。河南超威老总柴成雷，原先是超威集团的合作伙伴，从事超威电池的经销工作，合作伙伴成长"路径图"激发了他的创业梦。2004年，他与超威集团合作办起河南超威公司，现拥有员工6000多名，是当下亚洲最大的电池企业，个人占股40%，成为一个名副其实的企业家。目前，超威旗下40余家分、子公司，一半以上的负责人都成长于这个"企业家摇篮"。

超常的创新能力

超威集团能有今天的成就，与周明明的不断进取、勇于创新有着不可分割的关系。他有着与众不同的观察、思维和分析能力，极其善于洞察市场变化，在企业发展过程中，总是能够在行业中领先一步，走在前列，抢抓发展先机，主导行业发展。

在周明明的领导下，超威创造了行业内的多个首创。在合作理念方面，不仅与各分、子公司通过收购、兼并、参股和控股等形式，实现了采购、生产、财务、销售、工艺和人事的六统一，使各分、子公司与集团实现"资源共享，合作共赢"，形成了"利益共享，风险共担"的和合共同体。更是创造性地运用"和合文化"，与各生产联合体，通过采购、技术、工艺、管理、品质、品牌和销售的七统一，结成了"无限的利益共享，有限的风险共担"的和合共同体，从而使各分、子公司和各生产联合体成为一个荣辱与共的命运共同体。在技术工艺方面，率先攻克动力电池普遍漏液难题，提高了产品质量和客户满意度；首家将纳米技术应用到动力电池，提升了电池品质和使用寿命；率先在行业内实现无镉内化成电池的规模生产，实现了高效、节能、环保的多赢效益；首家实现锂电与传统铅酸电池的无缝替换；首家发布黑金高能量电动汽车电池、研发成功首款石墨烯合金电池。在营销方面，率先实施营销代理制、首家运用大区管理方式、首家采用形象代言人。始终走在行业发展的前列，成为行业发展的标杆企业。

高尚的人格魅力

周明明为人谦逊，胸怀宽阔，深得员工的爱戴和社会的称颂。创业初期与他共同打拼的同事，对他的为人十分敬佩，当企业初具规模的阶段，许多同事都在管理层任职，其中有的因种种原因离开了，几年以后又重返超威，周明明仍然以诚相待，高度信任，而且委以重任，表现出一个企业家难得的高贵品质。他的高尚品德，同样深深折服了后来进入公司的每个员工。10年前，曾有一家公司欲聘请超威的一位高工加盟，多次承诺百万年薪和高档别墅的优厚待遇，但这位高工丝毫不为所动，每次婉拒，甚至回到老家以回避对方的约谈，最终切断了对方的念头。这就是周明明人格魅力所致。

2013年，是铅酸蓄电池行业工艺标准实施来临的一年。此前的2012年，工业和信息化部和环境保护部联合发布了《铅酸蓄电池行业准入标准》，其中明确提出：采用落后工艺和含镉超过0.002%的电池企业，应于2013年年底进行淘汰。这对绝大多数的中小企业来说，无疑是下达了一张死亡通知书。而就在这些企业绝望的时候，周明明做出了一个让所有人意外的决定：向全行业开放内化成工艺源代码。他的这一决定，使超威具有自主知识产权的最先进的无镉内化成工艺为全行业无偿共享，挽救了一大批中小企业，为全行业的健康发展做出巨大的贡献，体现了一个企业家的恢宏气度。

周明明的真诚，感动和吸引了行业最权威的专家加盟超威。保加利亚国家科学院院长、现代电化学理论奠基人巴普洛夫院士、国际"碳学之母"、美国麻省理工学院教授德雷斯豪斯教授、日本大阪府立大学先端科学研究所杉本丰成教授、德国燃料电池首席专家伽池教授、世界著名的阀控铅蓄电池、卷绕电池、铅炭电池专家尼尔森博士、中国科学院田昭武院士、中国工程院杨裕生院士、陈立泉院士、陈清泉院士等纷纷与超威合作，担任研发项目的首席专家和顾问。在日本丰田中央研究所等机构工作12年的柯克博士举家归国加盟超威，成为地地道道的超威人。如今超威已聚集了国内外行业中顶尖的6位院士和100多位院校专家担任集团的首席专家。

自觉的社会责任

履行社会责任，是每个企业和企业家的义务。而对于社会责任的内涵，周明明却有着不一样的理解。他认为，企业承担的社会责任，不仅仅是参与社会公益事业那么简单，而应该全面履行对员工、对客户、对行业、对政府、对社会负责的责任义务。其中最核心的是企业自身的健康持续发展，因为这是全面履行社会责任的基础和前提。

企业文化展厅

一直以来，周明明本着"和谐合作，共享共赢"的核心理念，秉承"和合"文化指导企业的发展，全面履行社会责任，赢得了社会的尊重。第一，他坚持科学发展，使超威集团在快速健康的道路上稳步运行，企业业绩逐年增长，员工收入不断增加，上缴税收连年位居市县前列，很好地履行了企业最核心也是最重要的社会责任。第二，他坚持以客户为中心，对消费者负责。近20年来，超威不断地适应市场需求，升级换代，让消费者用上最环保最放心的产品，这是对社会负责的最好表现。第三，他坚持以员工为本，对员工负责。引进国内外先进的环保设备和生产流水线，创造安全的生产环境，确保员工身体健康。从经济上、生活上、精神上尊重、关心、爱护员工，让员工体面地工作，有尊严地生活。积极投入转型升级、五水共治，努力构建和谐企业。第四，在率领企业快速发展的同时，积极努力回报社会。他不仅亲自参与各项慈善事业，带头捐款捐物，在赈灾、扶贫济困、助学助医上身体力行，还长期资助科教文体卫事业的发展。近年来，集团先后投入3000多万元用于慈善公益事业，为引领企业持续健康发展和提升行业整体形象做出了重要贡献。

创新国窖文化的开拓者

泸州老窖股份有限公司党委书记、董事长刘淼事迹

突出贡献人物简介

刘淼，男，1969年出生，中共党员。1991年进入泸州老窖股份有限公司工作，历任泸州老窖股份有限公司采供处处长、售后服务部部长、策划部部长、总经理助理兼销售公司总经理、股份有限公司常务副总经理等职务。现任泸州老窖股份有限公司党委书记、董事长。

企业简介

泸州老窖股份有限公司（以下简称泸州老窖）是中国浓香型白酒的发源地，是在明清36家古老酿酒作坊群的基础上发展起来的国有大型骨干酿酒企业。1915年泸州老窖荣获"巴拿马万国博览会金奖"，1952年被评为首届中国四大名酒。泸州老窖拥有行业最早的文化遗产"双国宝"：始建于明代万历年间的1573国宝窖池群，1996年11月经国务院批准成为行业首家"全国重点文物保护单位"；自元代传承至今的"泸州老窖酒传统酿制技艺"于2006年5月入选首批"国家级非物质文化遗产名录"。泸州老窖致力于酿造有机白酒，构建起五大战略单品的金字塔品牌结构：国窖1573定位为中国白酒超高端品牌，百年泸州老窖窖龄酒、泸州老窖特曲定位为商务与宴会用酒第一品牌，泸州老窖头曲和二曲定位为大众市场覆盖的第一品牌。

伴随着企业的不断壮大，刘淼先后分管企业文化中心、企划部、法务部、总经办、销售公司等单位，他是企业文化建设、品牌建设与传播、知识产权保护与市场打假、营销等方面的践行者和领导人。

2015年6月，刘淼担任公司党委书记、董事长，全面统筹公司工作，并"一把手亲自抓"，继续主管企业文化建设，传承并创新了企业文化发展战略，确定了"做专做强"的发展定位和"文化治企"的工作思路，推出一系列改革政策与措施，积极应对市场变化，提高管理效率。他先后荣获"中国酒业'仪狄奖'卓越成就奖""'十一五'轻工业科技创新先进个人""中国酒业重构期新锐领袖奖""中国上市公司口碑榜·最佳董事长"等诸多荣誉。他还获得全国"2016十大经济年度人物"荣誉，颁奖词这样评价他："他以传承初心、精准把脉，对抗行业寒冬，一边延续大单品传奇，一边为传统注入创新因子，短期内业绩强势反弹；他敢于颠覆传统、应势转型，加速拥抱智能化，成为传统酒企转型新标杆；他坚持创新提升品质，树起食品安全大旗，让白酒品质看得见。再续百年品牌传奇荣耀，当下可观，未来可期。"

文化为魂创新企业经营理念与发展战略

2007年，泸州老窖成立企业文化中心，刘淼分管企业文化建设工作，组织挖掘文化内涵、梳理概念，总结提炼出"天地同酿、人生共生"的企业哲学、"全心全意酿酒、一心一意奉献"的企业宗旨、"让中国白酒的质量看得见"的质量管理观等企业文化精髓，编印《企业文化手册》，从核心价值观、经营理念、经营原则、管理维度、行为准则等方面形成了泸州老窖特色企业文化理念体系。进入"十三五"期间，刘淼带领班子成员提出了"泸州老窖一二三四五发展战略"，实现五个领先：一是市场占有领先；二是公司治理领先；三是品牌文化领先；四是质量技术领先；五是人才资源领先。构建大品牌、大创新、大项目、大扩张等"四大支撑"体系。

2017年，在刘淼带领下，制定了突出"坚持、创新、冲刺、激励"的发展主题，致力"五个坚持"、推动"四个创新"、发起"三个冲刺"。在建立"员工乐园"文化上，弘扬团结协作、拼搏进取、落地执行"三种精神"；强化"两个激励"：成长激励、薪酬激励。通过创新和完善泸州老窖的战略思想、发展理念、文化构建，全心打造意气风发的泸州老窖。

文化落地管理、质量、品牌文化独树一帜

把制度管理作为向文化管理过渡的重要载体，强化执行力。刘淼推动顶层设计，通过营销管理、供应链管理、财务管理和行政后勤管理等方面的信息化顶层设计项目，使泸州老窖彻底从传统企业转型升级为现代企业。在基层，组织开展制度清理自查、整顿整改、督导实施工作，基本完成公司制度体系搭建。组织重大事项审计监管、听取基层建议等基层管理工作，提升基层工作水平。开展企业文化、应知应会知识培训及考核，以培训、早会、讲堂等形式，培育认同感，使之成为他们工作与生活中自觉遵循的准则。

坚持质量为本的理念，持续推进科技创新升级。刘淼带领员工致力于酿造有机白酒，提倡健康生活，坚持"让中国白酒的质量看得见"的质量管理观。2001年，在行业率先打造"有机高粱种植基地"，建立并完善有机、质量、安全、环境、测量、能源等管理体系，实现从农田到餐桌的可追溯。搭建起国家固态酿造工程技术研究中心、国家酒类及加工食品质量监督检测中心、国家级技能大师工作室、国家博士后科研工作站、中国中医药养生酒研究室、国家工业设计中心六大国家级科研平台，科技水平行业领先，推动产品的持续创新升级。

五大战略单品，创新发展品牌文化。泸州老窖的优秀文化基因之一，就是老祖宗留下的"泸州老窖"这块金字招牌，他创新发展"双品牌塑造，多品牌运作"的品牌战略，构建国窖1573、百年泸州老窖窖龄酒、泸州老窖特曲、泸州老窖头曲和二曲五大战略单品组成金字塔型品牌结构。

他继承发展泸州老窖"以浓香为主，多香并举"的酿造文化，顺应健康化、时尚化、智能化、国际化的发展趋势，积极拓展养生酒、预调酒、中式鸡尾酒、果酒，以及互联网产品。开展以消费者需求为主导的定制酒业务。其中，以"桃花醉"为代表的特色产品，深度植入热门影视剧《三生三世十里桃花》，在业内率先实现传统品牌自创独立IP，实现了品牌宣传与销售提升的"双丰收"。

国宝殊荣领军行业文化遗产保护

1996年11月，始建于明代万历年间的1573国宝窖池群，经国务院批准成为行业首家"全国重点文物保护单位"。2006年5月，自元代传承至今的"泸州老窖酒传统酿制技艺"入选首批"国家级非物质文化遗产名录"，至此，泸州老窖成为行业最早拥有"双国宝"文化遗产的企业。

从2009年起，刘淼开始分管泸州老窖酿酒文化遗产的保护和申报工作。在他的主持下，泸州老窖1619口百年以上酿酒窖池、16个酿酒古作坊及三大天然藏酒洞，于2013年3月再次成功入选全国重点文物保护单位。

在酿酒文化遗产的保护和申遗上，泸州老窖不仅是最早的先行者、最早的成功践行者，也完成了文化的输出。2006年、2012年相继入选"中国世界文化遗产预备名单"；2017~2018年，"中国世界文化遗产预备名单"将更新，泸州老窖作为牵头单位，将继续联合其他酒类企业继续申报，力争中国白酒文化走出国门，让世界品味中国。

搭建平台传播与输出企业文化

刘淼亲自领导文化传播工作，前瞻性地提出企业文化宣传总体思路，以"持之以恒、水滴石穿"观念为引领，着力加强传统媒体与新兴媒体、平面媒体与有声媒体、户外媒体与发行媒体等平台建设，初步形成全方位、多层次、立体化的宣传大格局。

《泸州老窖报》创建于1988年，是具有近30年历史的酒文化专题报纸；泸州老窖官方网站重点在品牌梳理、宣传和营销业务导向；泸州老窖电视台展播《国窖新闻》《国窖面孔》，策划与公司历史、品牌相关的宣传片等，展示企业和员工形象。在自媒体时代，刘淼注重新的传媒方式，组建了"万人口碑""泸州老窖""国窖1573"等官方微信公众平台，助力营销，全力宣传公司品牌、质量、文化等核心内容。

文化引领内聚人心外树形象

泸州老窖相继提出"统治酒类消费的是文化""中华文化走多远，中国的白酒走多远"等论断，并成为酒文化活动的先行者。在刘淼分管企业文化、策划宣传期间，首创了多种特色酒文化传播活动案例。

首创"泸州老窖国窖1573封藏大典"。2008年，泸州老窖率先在行业内举办国窖1573封藏大典，传承祭祀文化、导师带徒、原酒封藏等传统礼仪。十年来，这一盛典已然成为中国白酒文化标杆和行业引领者，兄弟企业也纷纷效仿举办秋酿大典、封坛大典等，因此泸州老窖也开创了中国酒行业对酿酒文化的一条复兴之路。

首创"生命中的那坛酒"。邀请文化名人举行大型访谈活动，讲述人与酒的情怀、生命中美酒感悟与记忆；在全国各地开展"生命中的那坛酒"感恩认购活动，拉动高端白酒销售。

首创"泸州高粱红了"文化采风活动。每年七八月份泸州高粱成熟时，邀请艺术家、文学家、消费者实地考察泸州老窖有机高粱种植基地，近距离体验原生态高粱收割，实现了企业与消费者的质量文化互动。

同时还创新地推出"七星盛宴""时光记忆""冰饮风尚""中式鸡尾酒"等文化传播活动，培育意见领导群体，丰富中国酒道内涵，提升品牌拉力。

国窖文化公园主要景区示意图

感恩文化共建社会和谐

"天地同酿、人间共生"是泸州老窖的企业哲学。多年来，泸州老窖在发展经济的同时，关注民生、倾情教育、扶贫帮困，履行社会责任。

2008年汶川地震后，泸州老窖联合全国战略合作伙伴和各地经销商，向地震灾区捐款2680万元。2012年3月22日，泸州老窖以首批捐款6523.432万元，正式成立"泸州老窖爱心基金"。2016年，泸州老窖向泸州市扶贫基金会捐赠3100万元，定向用于10个村的精准扶贫工作。

十年来，泸州老窖在公益方面累计捐款超过6亿元，连续两届荣获慈善领域最高奖项"中华慈善奖"最具爱心捐赠企业奖。

特殊使命凝聚基石精神　人本情怀弘扬家和文化

北京市基础设施投资有限公司党委书记、董事长田振清事迹

突出贡献人物简介

田振清，男，中共党员，管理学博士，高级工程师，北京市朝阳区第十六届人大代表。历任北京焦化厂党委副书记、厂长，北京化学工业集团有限责任公司党委常委、副总经理，北京市基础设施投资有限公司副总经理、总经理；现任北京市基础设施投资有限公司党委书记、董事长。获得"全国'五一'劳动奖章""首都劳动奖章"等荣誉，多次获得国家级、北京市级企业管理现代化创新成果奖，在国内高水平期刊公开发表学术论文若干。

企业简介

北京市基础设施投资有限公司（以下简称京投公司）是北京市国资委出资成立的国有独资公司，承担以轨道交通为主的基础设施投融资与管理、轨道交通装备制造与信息技术服务，以及土地与物业开发经营等相关资源经营与服务职能。下辖全资及控股企业55家（含境内境外上市公司各一家）。2003年成立至今，注册资本从25亿元增长到近1000亿元，总资产、净资产达到4301亿元和1580亿元，建成客流总量世界第一、总里程世界第二的超大型城市轨道交通网络，成为首都乃至国内具有重要影响力的基础设施投融资公司。

立意高远，对标首善，高位谋划精神文化的"根"与"魂"

田振清以敏锐的政治觉悟和大局观念，将思想政治建设和企业文化建设有机结合起来，以首善标准为尺度，系统谋划文化建设，搭建了具有特色的企业文化整体框架。

把握使命担当之魂，缔造"基石"企业精神。 田振清充分认识到，精神理念是企业与生俱来的内在品质，不仅决定企业走得多稳，而且决定走得多远。他从特殊功能类国有企业的责任担当出发，将"服务首都，助力京津冀协同发展，打造国内一流交通基础设施投融资公司"作为企业战略定位，在企业精神的立意上体现大视野、大格局。立足轨道交通行业朴实无华、勇于承载的特点，结合首都基础设施开拓发展的前景，提炼形成"坚实、质朴、开拓、承载"的"基石精神"，通过思想理论学习、企业战略宣讲等多种方式，根植到员工思想深处；同时，坚持以精神引导实践、以实践升华精神，部署安排服务保障奥运、抗震防灾、爱心捐赠、地铁志愿者等公益

活动，使踏实做人、踏实做事、勇于担当、勇于承载的"基石精神"成为全体干部员工的思想共识和行为准则。

提升价值追求站位，构筑"创新"企业哲学。多年来，在京投公司不同领导岗位上，田振清秉承和发扬"为北京市城市建设做出实实在在的贡献"的企业价值追求，将干部员工个人理想和企业价值、社会理想紧密结合起来，提升干部员工职业生涯的价值站位。他意识到，京投公司主业属于技术密集型和资本密集型行业，只有创新才能真正实现企业的价值追求。因此，他把创新作为管理理念的核心要义，在公司"十三五"规划中明确提出"一体两翼、双轮驱动"战略格局，进一步把创新放到企业发展全局的高度，使创新成为公司上下谋划发展的思维习惯、推进工作的有力武器。

凝练京投人文特色，厚植"家和"企业基因。京投公司是年轻的企业，年轻的事业，年轻的队伍。公司本部员工平均年龄36岁，本科及以上学历占96.51%，企业上下普遍形成"文人气质"，行事风格偏向稳重踏实、与人为善。田振清基于企业实际和员工队伍特点，大力倡导并营造"团结、向上、包容、共享"的"家和文化"。坚持以身作则，不断加强和规范党内政治生活，开好两级班子民主生活会，带头执行民主集中制，杜绝官僚主义倾向，促进领导班子形成公平、公正、儒雅、和谐的领导风气；改革创新中层干部考核管理办法，加大基层员工对中层干部考核评分力度，促进中层干部成为员工的"领头人"和"知心人"；建立"京投家和"专项基金，拨付起始资金30万元，统筹解决职工服务帮扶、医疗救助、子女上学、临时应急救助等重点问题，建立健全节日慰问、员工关怀的长效工作机制，精心组织传统节日慰问、送健康、送文化等活动。通过有力举措使"家和文化"成为根植在全体人员灵魂深处的价值认同、文化认同、情感认同，形成领导干部风清气正、部门协同互助、员工友爱相处的良好局面，使"家和文化"在北京市属国有企业中的知名度和影响力不断扩大。

从严立规，从实落地，切实打造制度文化"纲"与"目"

田振清注重从思想精神层面凝聚文化，更注重做好制度建设这篇大文章，发挥正向激励和约束机制的作用，从制度层面推动企业文化建设落地生根、发展壮大。

在深化改革中树立正向激励制度导向，深层激发积极性，挖掘企业文化原动力。田振清认为，企业文化的主体是人，载体是人，以规范的制度建设激发人的主观能动性是建立优秀企业文化的前提。基于这一认识，他坚持不断完善干部管理制度和选人用人、薪酬管理、绩效考核，充分调动企业干部积极性，从根源上增强干事创业、推动改革发展的动力。2014年9月，他敏锐抓住先行先试董事会试点改革机遇，探索建立了市场化、差异化的经理层副职薪酬标准和动态考核管理机制，同时开展市场化选聘经理层副职工作。2016年，进一步把干部考核激励机制延伸到党建工作，创新建立党务干部专项考核机制，与薪酬绩效挂钩，以制度的形式进一步树立企业文化正面导向，受到中共中央组织部和北京市委组织部的充分肯定。

以全面从严治党营造从严制度规范，着力凝聚正能量，增强企业文化向心力。田振清深入落实上级精神，在认真组织开展群众路线教育实践活动、"三严三实"专题教育和"两学一做"学习教育的同时，注重建立京投公司全面从严治党长效机制，完善党建工作责任制，落实党风廉政建设"两个责任"，在北京市属国有企业中较早建立了季度党建工作座谈、基层党组织负责人党建工作述职、党风廉政建设专项检查等数十项制度，切实解决企业领导干部中存在的"四风"问题、不严不实问题，解决理想信念、宗旨意识等深层次根源问题，通过制度加强日常行为的规范引导，营造了良好的企业政治生态，推动干部员工甘做城市建设的基石，进一步凝聚了正能量，形成为共同理想而努力的文化向心力。

以包容的态度倡导兼容并蓄制度环境，回应多元化诉求，提升企业文化亲和力。田振清高度重视干部员工多元化诉求，以多层次、多角度的制度体系充分保障多元化诉求的及时回应。抓住京投公司被列为北京市集团型职代会工作试点的契机，指导建立并完善企业民主管理制度，先后建立《公司职工代表大会制度实施办法》等数十项制度，提升企业民主管理水平，切实维护职工合法权益。针对公司员工规模不断扩大和劳动关系日益复杂的实际，指导公司工会牵头组织8个单位及部门成立劳动争议调解小组，形成劳动争议调解委员会和调解小组两级调解工作模式。指导相关部门构建"青年骨干人才库"，为青年员工的快速成长搭建广阔舞台，从职业生涯、民主参与等多方面满足员工诉求，营造了包容、多元、亲和的文化环境，使干部员工以企业为家，无后顾之忧、踏实工作。

以开放视野营造百花齐放制度生态，开展品牌化活动，赋予企业文化生命力。田振清深知，只有通过丰富多彩的活动，企业文化才能永葆生机与活力。他坚持党建带工团工作思路，指导建立了行之有效的文体活动制度和工作体系，建立了文体活动兴趣小组等工作机构，在此基础上，统筹开展各类文体活动。近年来，陆续开展了第十届"京投杯"羽毛球比赛、第三届"京投杯"篮球比赛、第六届"京投杯"足球比赛、第三届"京投杯"乒乓球比赛，进一步增强了广大职工的团队意识、进取意识和奋斗意识，增强了干部职工的归属感和荣誉感。

格物致知，知行合一，着力塑造行为文化"行"与"果"

"大道至简，大音希声，大象无形"。在田振清的企业文化建设理念里，认为精神文化和制度文化是表象，行为文化是本质，只有知行合一、虚实结合，方能发挥企业文化的最大功效。在推进企业文化建设工作过程中，他着力推动企业文化转化为企业核心竞争力，在企业改革发展多个领域树立了业内标杆，为首都乃至京津冀轨道交通事业做出了积极贡献。

以"基石精神"作为企业文化内核树立行为标杆，为首都轨道交通历史跨越做出突出贡献。十八大以来，田振清进一步加强党员干部思想理论学习，将"坚实、质朴、开拓、承载"的基石精神与"四个意识"紧密结合起来，将企业政治责任、社会责任与发展战略紧密结合起来，使之成为全体干部员工共同遵守的理想信念。积极参与设立京津冀城际铁路投资有限公司，助力打造"轨道上的京津冀"；围绕京投公司在疏解非首都功能中的职责使命，扎实落实政府任务，为轨道交通提供充足的建设资金，建成客运总量世界第一、运营里程574千米位居世界第二的超大型城市轨道交通网络，为首都发展智能交通、缓解交通压力探索了有效路径；响应北京市"高精尖"产业战略，组建装备集团，迈出首都轨道交通产业集群化发展的坚实一步。

以"开拓"文化品格凝聚锐意进取行为魄力，企业多项改革走在北京市前列。田振清注重将"基石精神"中的"开拓"因素引入改革实践，在京投公司树立"唯改革者进，唯创新者强，唯改革创新者胜"的浓厚氛围。十八届三中全会以来，在市委、市政府和市国资委领导下，京投公司深入推进企业改革，取得一定成效。2014年8月，京投公司被列为北京市第一批"深化董事会建设完善现代企业制度试点"单位，在厘清出资人、董事会和经理层的权责边界、建设外部董事占多数的董事会、完善董事会运行机制、经理层副职考核管理及市场化选聘等方面取得较好成果，为北京市积累了国企改革经验。2016年4月，北京市交通委代表市政府与京投公司正式签署了《北京市轨道交通授权经营协议》，即授权（Authorize）—建设（Build）—运营（Operate）的ABO协议，由政府授权京投公司履行业主职责，统筹推进轨道交通投融资、建设、运营，在国内率先推进轨道交通领域去杠杆，使北京市本级债务规模降低48.3%，使京投公司从融资平台转变为市场主体、市场资源整合者，有利于综合运用多元化融资手段，为实现2020年全市轨道交通总投资6000亿元、建成909千米的世界级城市轨道交通网提供坚强保障。

以"创新"文化哲学培育革故鼎新的行为动力，前沿性融资创新开创业内多项第一。田振清坚持将"创新"企业哲学转化为干部员工的实际创新行动，开创了国内轨道交通融资领域多项第一：首次实施资本金融资和经营项目融资，共融资160亿元；首次实施境外融资，发行3亿美元和12亿人民币债券，在港设立20亿美元海外中期票据计划；首次运作混合性PPP项目融资、市属国企私募债和人寿—京投地铁保险债权计划。在北京地铁4号线首次采用了市场化PPP融资模式，在14号线首次采用服务外包和PPP模式相结合的方式，引入社会资本150亿元，在16号线采用"股权融资+PPP"融资模式，引入社会资本270亿元，创造了国有资本撬动社会资本的范例。创新"走出去"发展新模式，作为牵头人组成联合体，作为乌鲁木齐地铁2号线PPP融资的社会投资人参与建设，创造了放大国有资本功能、打造轨道交通领域"北京品牌"的成功案例。

激扬文化力量　铸就移动梦想

中国移动通信集团浙江有限公司党委书记、总经理郑杰事迹

突出贡献人物简介

　　郑杰，男，中共党员，上海交通大学学士，复旦大学博士，教授级高级工程师，享受国务院特殊津贴。第十一届、十二届全国人大代表。先后获得"中央企业劳动模范""全国青年科技标兵提名奖""全国通信行业企业管理现代化创新活动优秀组织者""全国实施用户满意工程先进个人""上海市十大杰出青年""新长征突击手"等一系列荣誉。

企业简介

　　中国移动通信集团浙江有限公司（以下简称浙江移动）隶属于中国移动通信集团公司，目前员工总数近2万人，总资产规模超过780亿元，年运营收入超过440亿元，客户总数超过5700万户，规模居全集团前列、浙江通信行业第一。先后获得"全国文明单位""全国五一劳动奖状""全国质量管理奖""全国用户满意企业"等国家级荣誉数十项。

　　浙江移动党委书记、董事长、总经理郑杰历经多岗位、多专业、多层级、多区域历练，先后在上海、安徽、浙江移动担任主要领导职务，他坚持以企业文化引领经营管理，解放队伍思想，激发员工争先创新、干事创业的热情，推动公司在新的竞争环境下破难局、创新局，为全集团新领域、新模式探索贡献了大量最佳实践，做出了重要贡献。

内化聚心，以文化立经营之魂

　　找痛点促转型，用企业文化凝心聚力、助推发展。2013年，郑杰履新浙江移动，面对来自传统通信市场和移动互联网竞争对手的双重挑战，他亲自组织发动了一场"深入思考六如何，转型发展迈大步"的全员解放思想大讨论，以这场讨论为发端，他着手主持了浙江移动工作文化的征集、提炼工作。他强调，工作文化要根植于浙江的地方精神，要对传统文化的脉络进行历史溯源，同时要传承集团公司核心价值观。经过五次集中式头脑风暴、七轮上下、十四易其稿，最终为浙江移动明确了"善知善行，惟和惟新"的特色工作文化，既体现了"格物致知"的儒家传统思想，又体现了江浙心学思想的"知行合一"精髓，帮助浙江移动人重新明确了在转型发展和改革创新进程中的工作准则和努力路径。

重宣贯抓践行，使工作文化掷地有声、入心入行。在郑杰看来，省级移动公司的工作文化和集团公司的核心价值观一脉相承，工作文化应该定位为干部员工做人、做事的具体工作指南。在工作文化的宣贯上，他将其中的"善知、惟和"诠释为"如何做人"的价值导向，分别对应浙江移动人的笃学精神和协作精神，"善行、惟新"则诠释为"如何做事"的行为准则，分别对应浙江移动人的笃行精神和创造精神。通过他对工作文化进行的清晰定位、逻辑梳理、国学溯源和通俗解释，文化变得"有深度""有高度"，更有"亲和度"，便于员工理解接受，入心入行。

郑杰按照"知、信、行"的整体逻辑框架，打造工作文化落地执行体系。一是组织各单位学习工作文化，要求各单位领导班子成员带头学习，一把手下基层宣讲。二是制定《工作文化VI应用规范》《工作文化宣贯手册》，加强工作文化显性宣传；组织工作文化的论坛、演讲、征文等活动，坚持"在探讨中深化理解，在理解中促进执行"；开发宣贯课件，开展工作文化培训；各单位塑造工作文化标杆人物，发挥榜样力量。三是确保公司制度、流程与工作文化相匹配、相融合，对不符合工作文化导向的制度流程进行调整；在重大生产经营活动中，常态化、制度化开展工作文化主题活动。四是开展工作文化优秀案例评选，汇编《工作文化案例集》，制作工作文化成果视频片；举办工作文化微课大赛，萃取岗位经验，沉淀文化践行效果。经过一系列活动，工作文化在公司内部迅速深入人心，成为广大干部员工耳熟能详的思想准则和行为标尺。

知行合一，以目标领创先之局

目标从高，高屋建瓴做好体系规划。郑杰组织省市公司和各专业部门共同思考、研讨公司发展的重点课题，通过开展主题调研和头脑风暴，凝聚共识，明确公司下一步发展思路和举措。他结合浙江省情和公司实际，将"发展作为第一要务"，提出了"发展创优、转型创先"的目标要求和4G发展、流量经营、全业务及信息化拓展走在集团前列的"三个前列"主要工作目标，并细化了相关指标衡量体系和预警体系，实现可度量、可预测、可评价。2017年，他对接集团"大连接"战略，进一步提出了浙江移动要"四轮驱动"，确保移动市场、家庭市场、政企市场、数字化服务都拉高标杆，走在全集团前列。

执行从实，确保战略目标落地达成。郑杰大力推动了"透传特色执行体系"的建立，将公司层面战略目标和关键举措层层分解细化，转变为全体干部员工的绩效计划，并定期评估对接，确保目标落地不走样、不跑偏。在抓"面"的推进的同时，也抓"点"的突破，针对企业发展中亟待解决的重点、难点课题，设置年度重点改革攻关任务，推行"清单销项式"管理，以点带面推动目标达成。这一套"善行"管理组合拳，让全体干部员工都有效地融入公司战略目标落地进程之中，实现了心往一处想、劲往一处使的目标。在郑杰的带领下，浙江移动4G网络覆盖率、客户渗透率、上网客户流量等指标全部位居全集团第一，流量经营能力评估得分均位居全集团第一，浙江移动成为集团内首个数据流量收入超过语音收入、率先向流量经营转型的先进省公司。

人和政通，以队伍铸发展之力

人随业动，持续优化组织和人员架构。郑杰以"协同"和"效率"为要求，以管理、执行、支撑"三角形管理模型"为导向，全面调整优化了省、市、县（城区）组织架构，创新设置大数据、云计算、能力开放等转型业务机构，开展"准事业部机制"和"市场化契约机制"建设，加快构建以市场为导向、界面清晰、层级适度的集中化、扁平化、生产型组织体系，建设"高效本部"，实现"小职能、大生产"，解放一线生产力。他不断推进减员增效，控总量、调结构，切实提升用工效率，组织架构和人员队伍更加精简高效，让企业更具活力。

以人为本，不断加强人才梯队建设。在干部管理方面，郑杰要求各级管理人员要有责任意识、创新意识、抓管理意识、带队伍意识、廉洁自律意识、忧患意识"六种意识"。他狠抓机关作风建设，要求各级干部积极换位思考，切切实实为基层做好服务和支撑，首问负责，限时响应。全面推行干部监督制度，一大批"对党忠诚、勇于创新、治企有方、兴企有为、清正廉洁"的干部走上前台，下沉一线。

工作文化辩论比赛

在员工管理方面，郑杰提出了"职业生涯全生命周期管理"的思想，全力挖掘员工的潜力，帮助员工与企业共同成长。通过推进"大H型"专家实职化改革、建设内部人才市场、实施薪酬分配"零基预算"、探索一线量化绩效薪酬改革和宽级化职位改革、开展"新动能、新活力"主题培养活动等工作，形成了"人员能进能出、职位能上能下、薪酬能高能低"、富有生机与活力的人力资源管理机制。

和谐建家，深入推进员工关爱工作。郑杰要求将企业建成员工可信赖的"家"，并提出了包括幸福感、舒适感、价值感、自豪感在内的"四感建家关爱思路"，实施员工关爱工程：深入开展"冬送温暖，夏送清凉""幸福1+1"身心健康提升等传统品牌活动，提升员工幸福感；不断深化"暖心工程"，投入超过2000万元开展"职工小家"和"小小家"建设，改善基层温馨办公环境，提升员工舒适感；关注员工个人成长，深化ERP建设和荣誉积分体系，提升员工价值感；深入开展"评先评优"、先锋工程、班组文化建设和"巾帼风尚，移动风采"女工工作品牌建设等一系列活动，提升员工自豪感。

臻于至善，以管理强企业之基

联动管理，奏响协同发展的和谐音符。一是网业联动。业务部门和网络部门处于企业的前后两端，一个面向市场和客户，另一个面向技术。郑杰要求推动这两类部门的相互支持配合。网络规划建设一律要求结合前期业务需求排摸、效益预测来合理选择建设目标；网络的质量评价和优化则从关注网络运行的硬性指标转为关注客户感知的业务质量软性指标。二是业财联动。以集中化为原则推动公司"业财融合体系"建设，实现了业务集中处理、业务集中稽核及资金集中管理，同时通过精细化管理实践，形成了一整套的风险防控体系。

智慧运营，发挥大数据的独特魅力。他在全国同行中创造性地率先提出"智慧运营"的管理理念，并在各个条线积极推动相关实践。"智慧运营"的主要目标，以大数据为驱动，以大IT平台为支撑，通过流程优化和管理完善，提升运营水平，改进客户体验和价值创造。郑杰要求，智慧运营不仅在省公司、地市公司、区县公司等层面推动，也要下沉到营销部、营业厅、一线班组等组织单元，鼓励企业中的每一个细胞都投入"智慧运营"中来。在郑杰的大力推动下，仅2017年，在浙江移动就投入了八大类、30余个智慧运营项目，提高了公司管理水平和经营成效。

质量管理，奉献一流的客户体验。他号召广大干部员工认真践行"工匠精神"，努力将网络质量、产品质量与服务质量做到极致。他坚持打造匠心网络，提出要打造卓越移动网、优质有线网、新型内容网和蜂窝物联网，努力做到"集团内领先兄弟公司、省内领先竞争对手"的"双领先"。他坚持打造匠心产品，要求在产品迭代开发、运营及优化中"多接地气"，聚焦客户体验和一线需求，努力将产品做精、做优。他坚持打造匠心服务，强调"客户为根、服务为本"，不断建立健全"全覆盖、全支撑、全触点"服务体系。

日新月进，以创新领改革之潮

坚持科技创新，确保技术领先优势。在郑杰带领下，浙江移动从4G、4G+时代直至面向未来的5G，一直走在我国移动通信新技术探索应用的前列，是我国通信领域的先行先试区。2013年12月，杭州在全国率先实现4G商用，2015年8月率先实现4G+商用。他以前瞻的眼光，积极部署面向5G的3D-MIMO（大规模多天线技术）、CRAN（无线云协同）、载波聚合等新技术试点。

他积极推动开展职工创新工作室、创新大赛、自主开发大赛等活动，营造全员创新的文化氛围。自2013年以来，仅浙江移动就累计下达研发项目900余项，累计通过集团专利评审400余项，取得国家授权76件。

坚持管理创新，推进"五化"改革实践。在他的推动下，浙江移动上下组织了多轮360度的自我剖析诊断，找出了一系列问题和短板，并深入推进了以管理集中化、组织扁平化、运营专业化、机制市场化、流程标准化为内容的一系列"五化"改革。经过三年多的探索，公司"五化"改革实践成果斐然，尤其是在营销管理、渠道管理、投诉处理、采购物流管理、薪酬管理等各方面探索的集中化改革实践，夯实了精细管理基础，成为全集团样板。

郑杰以文化治企、文化兴企的思路，为浙江移动的经营发展注入了活力，推动了干部员工的思想解放和干事创业激情，凝聚了队伍士气，文化建设焕发勃勃生机，企业经营业绩蒸蒸日上。

弘扬责任文化　延伸企业价值链

红宝丽集团股份有限公司党委书记、董事长芮敬功事迹

突出贡献人物简介

芮敬功，男，1944年生，中共党员，高级经济师，红宝丽创始人，现任红宝丽集团股份有限公司党委书记、董事长。先后担任中国中小企业协会副会长、中国聚氨酯工业协会副理事长、江苏省"三会"副会长、南京市企业家协会副会长等职务，先后荣获"中国经济百名杰出人物""中国聚氨酯行业功勋人物""中国优秀企业家""中国民营化工功勋企业家""江苏省劳动模范""江苏省优秀企业家"等百余项荣誉称号。

企业简介

红宝丽集团股份有限公司（以下简称红宝丽）是一家以研发、生产、销售为一体的环保型化工企业，于1987年以带亏承包的方式艰难起步，2007年上市。旗下有聚氨酯、异丙醇胺、保温板材以及环氧丙烷四大产业基地，1000多名员工，年营业收入近50亿元。红宝丽矢志成为综合性化工材料集团，与国际跨国公司同台竞技中，在聚醚、异丙醇胺两个细分行业排名第一，被中国聚氨酯工业协会评为行业领军企业。

红宝丽董事长芮敬功坚持"奉献社会，实现自我"的核心价值观，不断加大企业文化建设力度，取得了丰硕成果，先后荣获了全国企业文化优秀成果奖、全国企业文化优秀案例奖等多项荣誉。他在构建"绿色"文化体系，注重环保，推行科学先进的环境管理模式，积极承担社会责任的基础上，提出了"为国家、为顾客、为员工、为股东、为社会"的办企宗旨，加强责任文化建设，为把红宝丽打造成一个政府认可、客户信赖、员工认同、股东拥戴、社会尊敬的伟大公司而奋斗。在芮敬功的领导下，红宝丽责任文化建设效果显著，不仅为企业赢得了良好的信誉，增强了核心竞争力，促进了可持续发展，还在国内、外市场与陶氏、巴斯夫、拜尔等世界500强跨国公司的竞争中突出优势，产品与服务指标、经营绩效均达到并超出标杆企业，尤其在世界金融危机的连续冲击下，保持了主要产品销售量、出口创汇的持续增长，取得了长足进步。

"雄关漫道真如铁，而今迈步从头越"

1987年4月，高淳县化工总厂领导钦点时任供销科副科长的芮敬功承包经营严重亏损的软泡车间。芮敬功在"四无一亏"（无技术、无资金、无市场、无自主权、巨额亏损且技术不过关、

废品堆成山）、四面楚歌的窘境下，率领12个人勇挑大梁，艰辛起步，开始了筚路蓝缕、殚精竭虑的艰难征程。1988年，芮敬功提出"新百分制计奖方法"，对这个濒临倒闭的分厂连砍三"斧"。第一"斧"，整饬了涣散的组织纪律，奖惩分明，一举打破了国有企业的"大锅饭"体制。第二"斧"，遏制了厂里严重的浪费现象，回收废品，废物利用，降低成本提高了正品率。第三"斧"，激发了科研能力，研制出国产原料，替代由于货缺物昂而制约生产的进口原料，并荣获南京市科技成果三等奖。

继连砍三"斧"之后，芮敬功坚持"做事先做人"的理念，把"实现硬泡组合聚醚国产化，替代进口"作为当时第一要务，并提出了"振兴民族工业，争创一流"的红宝丽企业文化雏形。以此理念为基础，芮敬功及时提出"开拓市场，诚信服务，实现利润三年翻四番"的奋斗目标。1988年上半年市场疲软，销售不景气，芮敬功积极采取应对措施，向200多家用户发出《敬告用户信》，承诺确保产品质量，销售价格优惠，让利客户。凭着过人的毅力与执着，他六下苏州"香雪海"、六上宝鸡"长岭"，以竭诚服务的精神，赢得了广大客户对"红宝丽"产品质量的信任，至1990年，分厂年产值达到408.6万元，同比增长近500%，利润达到35.7万元，实现了三年翻四番的奋斗目标。

在芮敬功的带领下，企业得到了快速的发展，产品以过硬的质量和优质的售后服务，迅速占据国内市场，打破了外企独占的市场格局。从计划经济下举步维艰、濒临倒闭的车间，到市场经济下日新月异、飞速发展的企业，芮敬功依靠着先进的企业文化和理念，突破重重障碍，"雄关漫道真如铁，而今迈步从头越"，企业发展步入一个全新的阶段。

"长风破浪会有时，直挂云帆济沧海"

为了全面提升企业形象，提高市场竞争力，1996年8月至10月，芮敬功聘请上海同济大学的专家，在江苏省化工企业中率先导入CIS企业形象系统策划。CIS的成功导入，塑造了红宝丽的企业形象，为红宝丽人提炼、完善了统一的企业文化，形成了不可估量的无形资产。在红宝丽文化体系的引领下，公司正式踏上了崛起腾飞之路。

芮敬功深知技术创新对公司的意义，在打造红宝丽品牌的过程中，树立起一座座丰碑。无氟组合聚醚是芮敬功树起的第一座丰碑。当时市场上的无氟组合聚醚全都是外国产品，芮敬功暗暗下决心，一定要填补国内的空白。为此，他牵头成立了一个研发小组，加班加点，废寝忘食，攻克了一个又一个技术难关。在他的努力下，1996年，红宝丽牌环戊烷型无氟组合聚醚率先达到国际环保组织禁氟的要求，成功填补了国内空白，被国家科技部列入"星火计划"。在市场竞争中，红宝丽品牌声誉鹊起，无氟组合聚醚成为同行业中的第一品牌。2000年后，在芮敬功的带领下，技改水平不断提升，其中异丙醇胺超临界法液相合成技术，属自主研发成果，工艺达到国际先进水平，成功树起另一座丰碑。

2001~2006年，红宝丽紧紧围绕上市目标，聘请中介机构进行了两次上市辅导。同时，芮敬功依据企业与市场需求的现状，提出了三个方针（公司一流的产品与服务满足客户需要的质量方针；持续改善环境，创建绿色家园的环保方针；保障生产安全，以人为本，关爱员工职业健康的安全方针）以辅佐上市。以上方针均得到了全面贯彻，红宝丽由此得到了进一步的发展。

为了革新原有的管理模式，以芮敬功为核心的领导团队，创立了"以点滴管理、全员管理、长效管理为基础，以问题动态管理为特色"的红宝丽管理模式，并将此管理模式成功实践。事实证明，此管理模式及时解决了公司发展过程中存在的问题和不足，是适应新形势、迎接新挑战、实现新发展的必然选择，对控制突发事件的发生，促进企业持续、稳定、健康发展具有十分重要的意义。红宝丽也由此获得了"全国企业管理现代化创新成果一等奖"等荣誉。

在以芮敬功为首的全体红宝丽人的努力下，红宝丽于2007年9月13日在深圳证券交易所正式挂牌上市。"长风破浪会有时，直挂云帆济沧海"，依托优秀的企业文化体系，红宝丽崛起腾飞。

"虎踞龙盘今胜昔，天翻地覆慨而慷"

上市后的红宝丽，影响力有了质的飞跃，芮敬功深知红宝丽所肩负的责任与使命，他立足于"责任"与"绿色"，结合化工行业的特点和内外部环境，于2010年重新梳理了红宝丽文化体系——以"奉献社会，实现自我"为企业核心价值观，"提供绿色产品与服务，让世界变得更加美好"为企业使命，以"成为行业引领者"为企业愿景，以"树信心、下决心、持恒心""爱企业、爱产品、爱自己"为企业的作风与精神，有效指导并推进了企业的发展，充分体现了红宝丽的期许与担当。

芮敬功不仅仅满足于打造红宝丽文化体系，在他的主导下，红宝丽企业文化通过《企业文化手册》《红宝丽之窗》（季刊）、《红宝丽之光》（企业文化征文/案例）、《红宝丽报》《红宝丽之声》广播、宣传画册、网站、高层互访、展销会、问卷调查等多种方式，借助各类大型活动，与股东、顾客、员工、供应商、社会等相关方进行沟通、交流，使红宝丽企业文化得到普遍认同。2012年，在芮敬功的领导下，成功举办了红宝丽总部大楼落成暨新材料产业园投产庆典，这是红宝丽历年活动中质量最高的一次。通过庆典的成功举办、节庆的持续传播，释放出一定的"蝶变"效应，大幅提升了红宝丽的对外影响力。

党员延安行

芮敬功量体裁衣，根据企业实际情况，自2013年起，开展具有红宝丽特色的"德·行"教育。"德·行"教育系芮敬功首创，旨在规范员工行为、弘扬创业精神、发挥企业文化的作用。2013年，芮敬功带领员工走访江苏省花山监狱，参观南京市廉政公馆，对员工思想起到警示和净化作用。2014年，芮敬功牵头组织评选出红宝丽首批杰出贡献奖，表彰了6名杰出员工，同时举办了以"德行天下，共筑梦想"为题的演讲大赛，展现了员工的风采，巩固了"德·行"教育的成果，加深了员工对企业的认同感与自豪感。2015年，芮敬功决定将"德·行"教育的内容与成果汇总，编纂成《精神的力量》一书，在公司内部发行。《精神的力量》是全体红宝丽人精神的凝结与升华，完美地诠释了红宝丽的企业文化，在员工中引起了巨大的反响。

除此之外，芮敬功一手推动了红宝丽安全文化建设。早在1996年，针对化工企业高温高压操作的特点，芮敬功组织举办了红宝丽第一届消防运动会。通过运动会，员工的消防意识以及应对紧急情况的处理能力得到了极大提高。自此之后，红宝丽消防运动会从未间断，已经持续了20年之久。2003年，在芮敬功的大力支持下，红宝丽申报后首次获得全国"安康杯"竞赛优胜单位。之后，红宝丽以开展"安康杯"竞赛活动为载体，推进了安全生产工作的深入开展，为公司的持续稳定发展铺平了道路。如今，红宝丽已经连续13年荣获"安康杯"竞赛优胜单位，被全国总工会授予"全国五一劳动奖状"。

"虎踞龙盘今胜昔，天翻地覆慨而慷"，从"四无一亏"濒临破产的小车间到效益优良的上市公司，芮敬功用了三十年。三十年只是时光长河中的一滴小水珠，但对于芮敬功、对于红宝丽来说，却是波澜壮阔的华美史诗。红宝丽将继续担负社会责任，扩大辐射范围，为后来者提供更多的经验。

建塑五大特色文化
为打造受人尊敬的国际化公司提供"软实力"

中车南京浦镇车辆有限公司党委书记、董事长赵大斌事迹

突出贡献人物简介

赵大斌，男，汉族，1964年12月生，中共党员，同济大学铁道车辆专业毕业，大学本科学历，教授级高级工程师，享受国务院"政府特殊津贴"，现任中车南京浦镇车辆有限公司党委书记、董事长。先后荣获"铁道科技奖一等奖""优秀党务工作者"、南京市"劳动模范"等称号和"火车头奖章"。

企业简介

中车南京浦镇车辆有限公司（以下简称中车浦镇公司）始建于1908年，隶属于国务院国资委管理的中国中车旗下一级子公司，主要从事城轨车辆、城际动车组、高档铁路客车、重大核心部件等产品的研制，是中国轨道交通装备研究和制造的龙头企业，拥有南京城轨、海泰，广东江门、杭州、苏州、合肥等14个产业基地。拥有强大的研发平台和雄厚的制造实力，掌握了城轨车辆、城际动车组、城市有轨电车、跨座式单轨车及APM摆渡车、空铁列车制造的核心技术。形成了城市地铁、城际动车组、有轨电车、单轨车、空铁以及铁路客车、转向架核心部件等产业。先后获得上海、南京、深圳、香港特别行政区、孟买等城市轨道车辆订单，以及朝鲜、格鲁吉亚、马来西亚、阿根廷、土库曼斯坦等国家动车组或铁路客车订单，市场遍及亚洲、南美、北非、中东以及前独联体等国家和地区。先后荣获"江苏省先进基层党组织""江苏省政研会系统优秀基层单位"等荣誉称号。

文化强企、顶层设计，
将红色基因注入企业文化价值体系与时代同步

中车浦镇公司早在1922年就建立了南京市第一个党组织"浦口党小组"；同时还建立了江苏省和南京市最早的工会组织"浦镇机厂中华工会"；而党的早期领导人、中国工运杰出领导人王荷波，就是从浦镇工厂工人队伍中走出的杰出人物，优秀的红色文化基因激励着一代代浦镇员工奋勇争先。

　　2012年，作为中车浦镇公司新一届领导班子"班长"、党委书记，赵大斌同志不忘初心，文化强企，传承红色文化基因与时俱进，对打造世界一流企业，正心正道，产业报国，实现伟大的中国梦——浦镇篇章进行了深入思考。他认为，百年企业必须把"文化强企与发展要务"相融合才能够保证基业长青，为此，他在企业文化顶层设计和体系建设中，把文化基础和核心价值观教育同"为国家为人民真诚奉献的精神"与建设坚强有力的领导班子、勇于担当的干部队伍、敢于拼搏的员工队伍相结合，提出了"文化引领，产业报国，求实创新，为中国梦提速"的企业文化品牌精神。通过党建文化、党管干部、党管人才来建设企业领导班子和职工队伍，通过发挥党委的政治核心作用、基层党组织的战斗堡垒作用和党员先锋模范作用来凝聚职工群众、推动各项任务落实；通过解放思想、实事求是，敢为人先、敢于担当，凝聚发展共识，汇集发展力量，助推企业融合发展、创新发展和可持续发展。在他的带领下，中车浦镇公司文化建设、品牌建设和经济建设快速发展，保持了中车领先企业的位置，从2012年的80亿元到2015年的109亿元及后续的100亿元增速，其中企业文化起到了重要的促进作用；形成了铁路客车、城市轨道交通产品品种普系化、品质优良化、产品国际化，在稳居长三角经济城市轨道交通龙头企业的同时，全面进入了珠三角经济区，产品远销印度、伊朗、格鲁吉亚、突尼斯、阿根廷及非洲等多个国家和地区；以技术创新的先进文化，建立了设计、制造、产品三大平台，以精益管理创新文化的推进，全面提升了企业制造能力、工艺水平、产能产量。通过文化的顶层设计与企业经济发展的融合，中车浦镇公司文化建设取得了丰硕成果，先后荣获了"全国文明单位""全国思想政治工作先进单位""全国机械行业文明单位""中国中车特别贡献奖""中国中车优秀业绩奖"等荣誉称号。

员工班前操

　　中车浦镇公司成立了"企业文化建设指导委员会"，健全了企业文化建设的组织机构、领导机制和运行机制。先后组织制定了公司"十二五"和"十三五"文化发展规划和发展纲要，提出了企业文化建设的指导思想、目标任务和战略措施。在探求企业文化建设一般规律的同时，赵大斌同志亲自组织有关部门，挖掘整理出版红色文化经典"口袋书"、创新文化漫画书等，利用红色文化资源，归纳和梳理出浦镇公司文化的发展脉络，即中华人民共和国成立前为新中国浴血奋战的先锋精神，中华人民共和国成立后为建设新中国而艰苦奋斗的奉献精神，改革开放以来为振兴民族工业的创造精神，并根据企业发展现状和时代要求，为浦镇文化注入新的文化内涵，提出了浦镇公司的核心价值理念——中国梦浦镇篇章。通过多年坚持不懈的培育，逐步建立起"中国梦浦镇篇章"的文化体系，为企业"稳中求进"科学发展提供了强有力的文化保证。

求实创新、贴近企业，
建塑五大特色文化引领企业发展旗帜

按照"中国梦浦镇篇章"的发展思路，赵大斌同志始终牢记自己的责任和使命，特别是自担任党委书记、董事长以来，他紧紧围绕"建设世界一流跨国企业""打造受人尊敬的国际化公司"的发展要求思考企业文化建设与创新。他从企业文化建设的实际出发，注意把传统文化、红色文化基因与建立现代企业制度、企业经济建设、创新发展相融合，为企业在转型升级做大做强，实现"走出去"战略，不断提供优秀的文化成果。

他紧紧围绕国资委对央企的发展战略和中国中车战略要求，以打造"受人尊敬的国际化公司"和瞄准"成为以轨道交通装备为核心，全球领先、跨国经营的一流企业集团"的愿景目标为己任，以培育和践行社会主义核心价值观为内容，强化企业党建文化创新、企业文化建设推陈出新，深入实际并创造性地开展了企业"五大文化"，即"责任文化""先锋文化""精益文化""创新文化""品牌文化"建设；从文化创新角度，通过传播"责任文化"、弘扬"先锋文化"、提倡"精益文化"、推进"创新文化"，推广"品牌文化"，让"依法治企"和爱国、敬业、诚信、友善的核心价值观，根植于企业充满生机活力的沃土；企业员工的综合素质和精神文明建设水平不断提升，促进和推动了企业物质文明和精神文明双丰收，企业党委的政治责任得到体现，涌现了全国劳动模范楚永萍、全国巾帼建功标兵孙景南、江苏省劳动模范陈美霞等一大批优秀人物。

通过"五大特色文化"的培育和建塑，提升了员工主人翁意识、文化品牌意识、责任意识和发展意识，确保了中车浦镇公司技术创新、管理创新和效率效益的提升。印度孟买地铁列车全面交付后再获诺伊达项目订单、伊朗三城市地铁增购，非洲市场完成了几内亚客车订单后，又获得肯尼亚、喀麦隆等市场订单，在"走出去"产品享誉世界的同时，中国文化、中国制造和中车浦镇公司五大特色文化同时"走了出去"。在国内城轨市场方面，通过文化引领和创新发展，地铁列车市场占有率不断扩大，自主知识产权、具有国际一流水平的地铁列车品种从城轨到空轨、单轨、低地板等不断推陈出新，满足了用户需求。

赵大斌同志在建塑"五大特色文化"及推行"文化工程"建设的过程中，高度重视文化的标准化、体系化建设。面对建立现代企业制度新形势，自2013年开始，中车浦镇公司有重点、分阶段地在员工中开展了"认同企业价值观——理念文化""执行制度和标准——制度文化""推进精益管理——管理文化""创新制造技术和理念——制造文化""员工形象素质工程——行为文化""廉洁从业，积极奉献——廉洁文化"的建设。通过道德讲堂、《弟子规》等国学思想文化的导入，确立了企业文化的新制度、新标准、新规范、新思想、新内涵，实现了企业发展"四个

进步、三个和谐"（企业文化管理进一步提升，员工素质进一步提高，品牌形象进一步塑造，核心竞争力进一步凸显；实现企业文化与企业战略的和谐，企业发展与员工成长的和谐，文化优势与竞争优势的和谐），为企业实现两个文明建设提供了文化支撑，为打造受人尊敬的国际化公司奠定了基础。

在工作实践中，赵大斌同志不仅率先垂范地践行文化建设与管理，而且善于思考，从理论的高度思考企业文化建设，从加强国有企业党建工作新要求中认识、提高管理企业、发展企业的新思路。近年来，赵大斌同志在省市级以上刊物发表多篇论文，包括：《新华日报》专访文章《"五大文化"创新实践》；在《群众》发表的文章《新形势下党建工作提升的思考》等。他在全国企业文化现场经验交流会上所做的关于公司文化培育和建设的主旨发言，受到了行业和社会的高度评价。

伟大的梦想成就伟大的事业，宏伟的愿景是力量的源泉。中车浦镇公司经过几代人的努力，从一个小修理厂发展到今天的规模和实力，我们有责任去追求更高的目标和梦想。梦想已经起航，文化引领未来！赵大斌同志将带领公司全员，加强"五大文化"建塑和发展，实现从文化建设向文化管理的跨越，为实现做强做优、打造受人尊敬的国际化公司的目标提供强有力的文化支撑。

构筑"铁兵"特色文化 助力企业全面发展

中铁十四局集团有限公司党委书记、董事长张挺军事迹

突出贡献人物简介

张挺军，男，中共党员，教授级高级工程师，国家注册一级建造师，英国皇家特许建造学会（CIOB）正式会员，高级职业经理人，全国优秀施工企业家。现任中铁十四局集团有限公司党委书记、董事长。

企业简介

中铁十四局集团有限公司（以下简称中铁十四局）隶属于中国铁建股份有限公司，为国务院国有资产监督管理委员会管理的大型建筑企业，注册资本金31.1亿元，资产总额306.56亿元，年施工能力600亿元以上。拥有铁路、市政、房建三项特级资质，是全国第三家、山东省和中铁建首家拥有三项特级资质的企业。业务涵盖铁路工程、工程建筑、房地产、物资物流、特许经营、矿产资源、对外经营。经营范围遍及除台湾地区以外的全国31个省（市）、自治区和香港、澳门特别行政区以及世界22个国家和地区。先后荣获国家优质工程金奖、鲁班奖、"全国精神文明建设工作先进单位"等荣誉。

中铁十四局党委书记、董事长张挺军始终高度重视企业文化建设，秉承铁道兵令行禁止、勇于创新、一往无前的优良传统和工作作风，坚持文化自信，努力传承光荣的铁道兵文化。作为铁道兵出身的他，结合时代特征和企业实际，倡导"敢为人先"的经营文化、"追求卓越"的管理文化、"风清气正"的廉洁文化和"企家一体"的人和文化，赋予铁道兵文化新的内涵，以身作则积极带头践行，推动企业文化建设的重心由"塑形"向"塑魂"转变，让企业的文化理念不断渗透到员工的思想意识和行为习惯中，转化为员工的自觉行动，助力企业全面发展。他始终倡导企业的品牌文化建设，致力于把以"大盾构"为代表的反映企业实力和核心竞争力的品牌文化推向全国，让品牌文化的影响力转化为企业的生产力。他以身作则，带领全体员工深入开展精神文明创建活动，大力弘扬创新精神、合作精神、工匠精神，让企业文化在引领发展、推动创新、塑造品牌、凝聚力量等方面发挥了更大的价值和作用。

倡导"敢为人先"的经营文化，全力打造企业核心竞争力

"十三五"期间，国家铁路建设进入"后高铁时代"，国内基础设施建设增长缓慢，企业面临"结构调整、转型升级"的重大挑战，在深入分析外部环境和企业实际的基础上，张挺军提出

了发扬铁道兵精神，建立"敢为人先"的经营文化的战略思路，立足于打造行业领先的企业核心竞争力，争取经营工作的主动权，打好市场经营攻坚战。

张挺军坚持立足高端市场，加强资本运营，先后主导运作了南京长江隧道BOT项目、南京内环东线BT项目并成功签约，投资总额40多亿元。随后，集团公司以南京这一建筑市场重镇为基点，依托南京长江隧道等世界级项目，开展资本运营，并以此带动集团经营方式的转变，使企业的经营结构不断得到优化。他倡导积极开拓新兴市场，加快实施"走出去"战略步伐，推动向产业"上游"发展，培育新的创效板块，形成传统业务、资本经营和海外经营利润贡献率"三分"格局，带领集团步入了中国铁建先进行列。

张挺军积极创新经营理念，大胆提出"敢为人先、勇于超越"的领跑战略，立足改革发展大局，及时把握发展先机，勇于整合重组优势经营资源。近三年，建成芜湖大盾构基地、成立国内第一家大盾构工程公司。并带领相关人员不遗余力地跑市场，搞科技攻关，重点培育大直径盾构和城市轨道交通市场，初步奠定了国内超大直径和水下盾构隧道工程领域的领军地位。集团公司相继承建了南京长江隧道、扬州瘦西湖隧道、厦门地铁跨海隧道、杭州望江路钱塘江隧道等一大批在国内外具有重大影响力的超大直径和水下盾构隧道工程。先后5次穿长江、1次穿湘江、1次穿钱塘江、1次穿沅江、1次穿黄河、2次穿湖泊、1次穿海、多次穿越城市繁华区，赢得国内外专家给予的关于"国际大直径盾构施工领域王牌军""全面掌握大直径盾构施工核心技术"等高度赞誉。

倡导"追求卓越"的管理文化，全力提升企业发展管控力

转方式调结构，全面加强集团运营能力。张挺军坚持解放思想，深化改革，不断创新体制机制，完善以现代企业制度为核心的法人治理结构和企业治理体系。围绕专业化和区域化重组，设立13个区域经营指挥部，撤并整合6个区域性分公司；以占领国内盾构市场为目标，整合轨道交通和大盾构资源，将隧道公司改组为隧道和大盾构两个专业工程公司。积极推进结构调整，加快企业转型步伐，推动各工程公司走"差异化经营、专业化发展"之路，明确专业化发展方向，推动生产资源向工程公司集中，形成了大盾构、轨道交通、检测测绘等专业优势，尤其是大直径和水下盾构业务优势明显，已成为企业的靓丽名片。

创新管理方式，推行"一网四格"创新安全管理模式。张挺军积极倡导通过探索完善基层项目的安全运行体系，推动塑造本质安全型企业。在他的领导和积极推动下，由北京地铁14号线项目部创新推出"一网四格"安全管理模式，并在基层单位全面实施。"一网"：即项目上场后，由项目经理组织，对工程项目及管理活动进行全过程、全覆盖的风险源分析、排查、汇总，不间断补充，将控制责任对应岗位职责进行完全分解，构建项目安全工作控制网；"四格"：即以"一网"为基础，把安全管理分为方案安全、作业安全、管理安全及应急安全四个网格。项目的所有风险源点均按照一定类别纳入上述四个网格进行责任管理，针对全员对安全细节进行明确，对安全责任进行界定。"一网四格"安全体系健全，安全责任到位，安全文化氛围浓厚，该管理经验在股份公司系统乃至全国地铁项目得到全面学习推广。

坚持多措并举，全面加强项目管理能力。张挺军带领相关工作人员，结合新形势，梳理管

理流程，规范管理制度和办法，提高工程项目应对风险和挑战的能力。围绕提高工程项目盈利能力，加强了完全成本、风险内控、二次经营和标准化管理；开展"项目管理年"活动，实施流程梳理、短板补强、治亏攻坚、精准预控、价值提升等"五大行动"，推行代局指和小局指大工区管理模式，压缩管理层级，降低管理成本；落实 "法人管项目"和"四个阶段、二十二个环节"的工程项目责任成本管理体系，实行资金集中管理、物资设备集中采购、劳务队伍集中招标、生产资源集中调配、经济合同集中审查，全面促进项目管理能力地不断提升。

倡导"风清气正"的廉洁文化，全力夯实企业发展保障力

坚持依规管党治党，厘清责任清单。张挺军坚持依法依规管党治党，不断强化担当意识。近年来，在他的主持下，制定出台了《落实党风廉政建设主体责任的实施意见》《党建思想政治工作约谈规定》等制度，厘清责任清单，逐级传导压力。他带领各级党组织和领导人员对职责范围内的党风廉政建设任务"签字背书"，共同担起主体责任。深化作风建设，颁布"十项禁令"，在重要时间节点重申八项规定精神和反"四风"要求，通过严格检查、重点约谈、警示教育，企业风气进一步转变。

坚持民主集中制，从源头上预防腐败。张挺军坚持民主集中制原则，推动完善和落实党委议事规则及决策程序，确保党组织发挥政治核心作用。他带领相关工作人员，制定出台《贯彻"三重一大"集体决策实施细则》《党委常委会及全委会议事规则》等，强化对权力运行的制约和监督，从源头上防治腐败。

坚持廉洁教育，增强廉洁文化渗透力。张挺军坚持把廉洁教育纳入党委中心组学习和干部培训内容，认真组织廉洁自律突出问题自查自纠活动。他坚持每年一个主题深入开展"反腐倡廉宣传教育月"活动，以身作则，带领两级领导班子成员讲廉洁党课400余场次。他坚持廉政建设亲自抓，强化党章、党规、党纪意识，积极组织开展廉洁文化创建活动，结合企业实际，带领相关部门制定并出台了《廉洁文化"五进"工作标准》，编印了《廉洁文化手册》，编发廉洁教育读本，制作廉洁教育专题片，强化"查处一个、教育一片"的效果。

倡导"企家一体"的人和文化，全力增强企业发展活力

张挺军提倡"企家一体"的人和文化，引导员工明白"大河有水小河满"的道理，带头促进企业文化建设由"塑形"向"塑魂"的转变，让人和文化理念渗透到每一位员工的思想意识和行为习惯中，并转化为广大员工的自觉行动，全面增强企业的凝聚力、向心力和战斗力。

张挺军坚持文化自信，努力传承铁道兵精神。坚持不懈地推进包括工装、标识、标牌、标语等要素的企业视觉识别系统，大力加强企业品牌文化建设，把以"大盾构"为代表的反映企业实力和核心竞争力的品牌文化推向全国，让品牌文化转化为企业的现实生产力。在弘扬和传承铁道兵精神这一主体文化基础上，充分发掘各单位自身的文化底蕴，创造性地开展个性文化建设，打造精品文化活动平台，构建独具魅力的特色文化。深入开展精神文明创建活动，大力弘扬创新精神、合作精神、工匠精神，在引领发展、推动创新、塑造品牌、凝聚力量等方面发挥更大作用。

张挺军坚持抓员工思想教育工作，先后组织开展了"践行核心价值观，提升发展软实力""转作风、树形象、强责任、提效率""传承铁道兵精神""知企爱企，感恩企业"等主题教育活动。深入开展"弘扬优秀文化，抵制不良言行"系列活动，经过广泛征求职工意见建议，总结、归纳、提炼，形成了影响企业发展的十大不良言行及其对应的符合企业文化理念的好习惯和好作风，便于广大员工在新时期新形势下，以实际行动践行行为标准规范。他注重发挥典型示范引领作用，推出"全国优秀党务工作者"李传营这一先进典型，在全局深入开展向李传营同志学习的活动，掀起学习李传营先进事迹的热潮，使李传营身上集中体现出来的"忠诚、质朴、尽责、奉献"时代精神，在员工中引起巨大反响，产生强烈共鸣。

张挺军始终坚持以人为本，全面落实"强企富工"的发展理念，在加快企业发展的同时，不断提高员工收入和福利待遇。职工人均年收入由"十二五"初期的38974元，增长到2015年的60397元，6年来共支出"三不让"帮扶救助资金2157.5万元，筹集使用"送温暖"资金1803.8万元。积极维护员工合法权益，制定出台了员工休假制度，员工生产生活条件得到明显改善。认真落实"三不让"承诺和困难职工救助机制，成立"爱心互助服务队"，致力于帮助在施工一线员工的后方家属、子女解决实际困难，为企业的持续健康发展营造了稳定的环境。

联合开展党建共建交流活动

张挺军坚持文化强企、文化治企、文化育人的理念，努力建设符合先进文化发展方向、顺应时代要求、具有中铁十四局鲜明特色的企业文化，为实现"国内一流、国际化经营"的建筑企业集团提供强有力的文化动力和文化支撑。在他的带领下，中铁十四局正向"中国建筑业的领军者，全球最具竞争力的大型建设集团"的目标迈进。

突出文化引领 推动企业发展

西部矿业集团有限公司党委书记、董事长张永利事迹

突出贡献人物简介

张永利，男，汉族，1965年出生，1982年4月参加工作，中共党员，研究生学历，高级工程师。现任西部矿业集团有限公司党委书记、董事长。长期在企业工作，先后从事一线操作、设备管理、能源管理、企业管理等工作。多次荣获"先进个人""优秀企业家""优秀共产党员"等荣誉。

企业简介

西部矿业集团有限公司（以下简称西矿集团），在青海、四川、西藏、内蒙古、新疆、北京、上海等全国12个省、市、自治区拥有40余家分、子公司，产业多元，业务范围涉及有色金属矿采选冶炼、盐湖化工、绿色建筑及地产开发、旅游开发、金融及信息技术等领域，主要产品涵盖铜、铅、锌、镍、金、银、锂、镁、钠等数十个品种，并连续11年入围中国企业500强，是青海省唯一一家进入中国500强的企业。截至2016年年底，总资产达482亿元，实现销售收入356亿元，实现利润超过4亿元。

在西矿集团发展走入低谷的时候，2015年4月，青海省委、省政府对西矿集团提出"内树信心外塑形象、二次创业再铸辉煌"的要求。同年7月，张永利临危受命，胸怀坚定的责任担当、真挚的家国情怀、鲜明的改革精神和科学的发展理念，继承和创新企业文化体系，将之融入企业创业和改革发展的风雨历程，艰苦奋斗，持续创新，不断延伸产业链，拓展业务领域，实施转型升级，在深化改革中通过自我完善，实现了企业经营的大逆转。在不到两年的时间里，张永利以文化高度彰显企业家精神，以极具前瞻性的文化理念推动企业全面转型，促进可持续发展，构建了以"智慧创造价值，责任成就未来"的企业核心价值观和"信念、忍耐、严实、创新"的企业精神，新建和修订200余项各类制度做支持，形成多方位的文化传播体系，并以企业文化活力提升企业发展竞争力，铸就企业发展新征程，为西矿集团持续健康发展奠定坚实的基础。

破解发展难题，
以强化企业管理提升企业核心竞争力

进入经济新常态以来，由于有色金属价格一路下滑，企业管理不到位、企业凝聚力不强等因素，进一步挤压了西矿集团的利润空间，一些在过去快速发展过程中隐藏的问题逐渐显露，严重影响了企业效益增长，阻碍了企业发展步伐。

　　张永利上任以来，正确认识和科学研判经济形势，清醒认识宏观经济发展的新特征，他深知破除制约发展的症结必须加快自我革新，以一种积极变化的心态来实现自我变革。经全面调研公司改革发展和企业管理后，张永利主持召开干部大会，深刻分析和反思了公司发展中出现的问题，提出"坚持问题导向，加强作风建设，全面深化企业改革，促进企业健康发展"。西矿集团自上而下查找发展中存在的问题，从查找管理漏洞到补齐漏洞再到管理提升，以一种新的企业管理氛围开启崭新的企业文化建设。他指出，面对外部严峻的经营形势和内部诸多问题，唯有改革才能有出路，唯有变革才能得以生存，我们必须敢于正视问题，敢于面对现实，不管压力有多大，也要坚定不移地深化改革。只要我们理顺了体制机制，营造一个"心齐、气顺、风正、劲足"的工作氛围，夯实基础，练好内功，想尽一切办法扭转亏损局面，把经营业绩搞上去，企业形象必将得到社会认可。2016年，张永利提出西矿集团以"扭亏、脱困、增盈"为主线，坚持以改革统领全局，坚持以问题为导向，以坚定的信心和非凡的勇气，逆势而为，积极应对，开拓进取，推进西矿集团改革发展再上新台阶。

茶卡盐湖媒体行活动

　　2017年，张永利结合过去一年公司改革发展和取得的成就，提出"智慧创造价值，责任成就未来，为推动企业各项工作再上新台阶努力奋斗"的企业发展目标。同时提出，以"稳定、巩固、转型、提升"为主线，以问题为切入点，深化内部改革创新，持续推进结构调整，优化产业布局，强化宏观管控，提升工作效率，全面改善盈利水平，加快转变发展方式，推动企业转型升级。其中，"智慧创造价值，责任成就未来"这句话在西矿集团引起强烈反响，并得到广大干部职工的认同和赞扬。一季度，全体西矿人以此为激励，撸起袖子加油干，实现营业收入87.25亿元，完成投资3.88亿元，实现利润总额1.75亿元。

加快产业延伸，
以转型升级推进企业可持续发展

　　张永利深知，新常态下，依靠单一产业支撑企业全面发展的方式难以为继，粗放传统模式已与实现绿色持续发展的方式极不适应。为此，按照中央五大新发展理念和以"四个转变"贯彻落实"四个扎扎实实"战略部署和总体要求，结合自身实际，他开始实施"巩固提升""壮大发展"和"突破创新"三大战略举措，积极做好"三去一降一补"工作，加快产业结构调整优化步伐，企业竞争力和发展力得到显著增强。

在加快企业转型升级中，张永利通过多次调研，认真分析旅游发展政策和方向，开发旅游产业，建设茶卡盐湖景区，为企业寻找新的利润增长点。自2015年10月，茶卡盐湖项目升级建设以来，全体参建西矿集团干部职工面临气候条件差、冬季施工温度低、工期紧任务重等诸多困难，全体党员干部以知促行，把"做"落实到项目上，以超出一般非常规的组织能力和方法，超常规的奉献精神，保质、保量按期完工。张永利多次到施工现场与建设者们共同研讨建设中遇到的困难，认真分析旅游资源开发中的各个突破点，坚持"生态保护优先，以游客为中心"的开发理念，推动茶卡盐湖景区建设快速前进。2016年6月1日，茶卡盐湖景区经升级改造后开园，引起省内外广泛关注，截至2016年10月10日，景区刷新三项旅游纪录：游客量突破170万人次；单日游客量突破4万人次；日均游客突破2万人次，茶卡盐湖景区日均游客人数为青海景区第一。

旅游产业是张永利开辟的一条企业发展新路，与此同时，另一条产业新路——绿色建筑，也正展翅翱翔。2016年2月，西矿集团年产20万吨钢构构件制造基地项目启动，这不仅是践行绿色发展，全面深化国企改革，推进供给侧结构性改革的具体举措，也将对青海建筑行业带来新的变革。自2016年5月开始，在西矿集团钢构公司生产操作人员和技术人员不懈努力下，经筹备期、建设期，设备安装、调试和试生产，2017年4月14日，第一根打上"西矿钢构"印记的H型钢产品正式下线。

推进精细化管理，
以推进现场管理夯实企业发展基础

为更好地节能降耗，西矿集团合理调配主要耗能设备，梳理完善各公司耗能设备台账，保证重点耗能设备运行性能稳定，降低能源消耗。同时，加大审核节能技术改造项目力度，积极推进节能效果显著的项目。通过能源消耗定额管理，各公司能源管理工作逐步规范，节能意识逐渐增强，对节能压缩有潜力的单位及时调整相关消耗定额。自西矿集团全力开展节能降耗工作以来，设备更新完成25项，与计划投资相比节约资金234.16万元，设备大修节约资金283.33万元，库存管理指标下降30%。同时，梳理各单位基本电费及利率电费，仅基本电费一项便节约1140多万元。此外，通过公开、公平、公正招标，降低工程造价、缩短工期和保证工程质量，实施招标项目244项，比预算节约费用2.37亿元。

西矿集团不断完善创新创效评价和奖励机制，努力实现"管理创新、技术创新"水平，从简单实用的小改小革向深度改革发展，为科学、高效、优质、长效发展提供了保障。对61个创新创效集体给予奖励，奖励金额达432.34万元，激励广大干部职工结合企业实际创新创效，在具体工作中发现问题、解决问题。对评选出的121项改革和合理化建议项目给予表彰奖励，鼓励员工在创新创造过程中多动脑、勤动手，将所获成果有效转化为生产力。

如今的西矿集团，完成了从连续亏损到利润再创新高的华丽转身，生产经营取得连续突破，主要经济技术指标进步，低成本优势逐步显现，员工士气高涨，团队凝聚力增强，形象和社会影响力大幅提升。持续将西矿集团打造为成本更低、产品质量更好、盈利能力更强的大型矿业集团，已成为西矿人的目标和不懈追求。

注重企业文化传播，
以培育企业价值观构建西矿企业品牌

张永利特别注重企业文化的传播和企业宣传工作，注重培养企业文化建设与传播的专业人员，通过文化传播进一步提升企业文化的渗透力和影响力，通过内外宣传加强企业文化传播，进一步提升职工信心和企业外部形象。

上任伊始，张永利对西矿集团旗下所有企业VI和工服进行全面统一，加强内外宣传，树立西矿新品牌、新形象，积极发展融媒体文化传播，打造企业内外宣新旗舰，形成"一报两网两平台"的宣传载体，以此讲述西部矿业好故事，传播好声音，传递正能量。2016年，《西部矿业报》刊发稿件990篇，文字达72万字；西矿集团门户网、和谐西矿网共发布稿件2160篇；西矿集团微信发布1027条，阅读90多万人次；阳光青海微信发布421条，阅读410多万人次。网站与微信全年阅读量累计达700多万人次，企业文化传播和企业宣传从企业内部走向全省乃至全国。加强对外宣传，与中央媒体、行业媒体和省垣媒体建立畅通的宣传渠道，2016年各大媒体对西矿集团宣传超过130次，通过各大网站转载等宣传达到1600余次。

张永利注重培育和树立典型事迹，以鲜活的事迹诠释和引领企业文化，以西矿好故事传播西矿新文化。2016年，西矿集团在"两学一做"中涌现出以尹磊同志为代表的一批党员领导干部和共产党员，并及时总结先进典型事迹，树立职工身边的先进榜样和光辉形象，通过宣讲报告、网络宣传等多种方式，先进榜样在西矿集团和青海18家国有企业发扬光大，逐步形成了爱岗敬业、乐于奉献的企业精神，培育出西矿集团"李英菊"爱心公益志愿队和茶卡盐湖景区两个省级"学雷锋活动示范点"。构建和谐健康的企业文化，才能使企业获得长期稳定的发展。张永利把关爱员工作为文化建设新内容，通过一系列活动，丰富企业文化内涵，企业文化散发出温馨气息。

出台息工、内退、休假、疗养等一系列普惠政策，将在矿山工作的双职工一方调至西宁地区上班，解决职工孩子教育难题和职工后顾之忧；利用青海盐业公司在海口的闲置房产，积极推进疗休养福利政策。同时，高度重视员工身体健康，按每人每年700元标准发放体检费；2016年对在岗职工发放3000元绩效奖励，职工收入稳步增长。这些都充分体现了企业发展成果与员工共享原则，广大员工幸福指数得到提升，凝聚力明显增强。

为进一步丰富员工业余文化生活，让员工健康生活、快乐工作，张永利高度重视员工身心健康，积极营造和谐奋进的企业文化氛围。连续多次在西矿集团范围内举办篮球赛、排球赛、徒步等体育休闲活动，积极倡导广大员工集体过生日，并亲自参与到各项活动中，与员工打成一片，拉近了领导干部与员工的距离，使员工在紧张的工作之余，通过内容丰富的业余文娱生活，获得充分休息娱乐，从而能够以更加饱满的热情投入工作中。

打造文化品牌　引领企业创新发展

中科电力装备集团有限公司董事长王小飞事迹

突出贡献人物简介

　　王小飞，男，中共党员，博士学位，高级工程师，高级经济师。2015年安徽省"特支计划"创业领军人才，2015年"蚌埠十大经济人物"，2016年度"蚌埠市五一劳动奖章"获得者，中国共产党安徽省第十次代表大会代表，中国共产党蚌埠市第十一次代表大会代表。先后担任南通市工商业联合会（总商会）执委会委员、上海市企业家协会副会长、上海市电器行业协会副会长。现任中科电力装备集团董事长。

企业简介

　　中科电力装备集团(以下简称中科电力)是致力于打造国际化的科技型、智能型、节能环保型的高低压成套电气设备和解决方案的提供商，产品畅销全国30多个省、市、自治区，并出口东南亚和南美等国家和地区。集团自2003年起，陆续投资建设江苏、安徽、内蒙古三大生产制造基地和研发中心，2013年年底成立集团公司，总部设在安徽省蚌埠市国家高新技术开发区。2016年跻身中国企业500强，中国制造业500强，安徽省民营百强企业，安徽省高新技术企业，荣获中国电力行业管理创新奖和中国电力设备管理特别贡献奖。

　　中科电力成立伊始，王小飞董事长就非常注重企业文化建设，并将其作为指引企业发展的核心理念，中科文化历经多年锤炼，已成为企业稳健发展的宝贵财富和不竭动力。

　　王小飞董事长提出了"成为电气领域中国第一、世界唯一的国际知名企业"的企业愿景，开拓性地创立了集设计、研发、生产、销售、安装、维护于一体的一站式营销模式，拥有电力工程设计乙级资质和电力工程施工总承包二级资质，在电气行业领域独树一帜，并打造出"做国际一流企业，创世界民族品牌"的中科梦想；他倡导"态度、精度、速度"的工作作风，带领团队抢抓机遇、攻坚克难，助力国家"一带一路"建设；他坚持自主创新，以"为全球客户提供安全、节能、智能的电气科技产品和解决方案"为企业使命，走出了一条绿色发展之路；他倡导并践行"厚重、明朗、同心、共享"的企业价值观，热衷公益事业，将回馈社会作为人生追求。

打造全产业链，缔造行业"一枝独秀"

　　随着我国基础设施建设和电力设施的不断发展，电气成套设备需求量逐年增加，一大批国产品牌迅猛发展。然而，在全球电气行业前列排名中唯独缺少中国品牌。用毕生的精力打造一个国际化的电气民族品牌，成为从业28年的王小飞董事长一生的夙愿，使得中科电力在创立之初，便肩负着"产业报国"的神圣使命。"中科电力"英文缩写"ZKBF"寓意"中科电力蚌埠腾飞"。在残酷的市场竞争中，企业面临着严峻的挑战，中科电力唯有寻找到市场"蓝海"，才能闯出一片天地。

经过长期的调研分析发现，目前电气行业虽然品牌众多，但均为产品和服务分离的产业模式，缺乏服务的统一性和专业度。于是，王小飞董事长创造性地提出了全产业链的构想，将电力产品生产和电力工程设计、施工安装三合为一，打造出全国唯一一个集设计、研发、生产、销售、安装、售后服务为一体的电气品牌。构建全产业链，为客户提供打包式服务和一站式解决方案，并拥有国家电力工程设计乙级资质和电力工程总承包二级资质，成为中科电力强有力的竞争优势。

抢抓机遇，践行"三度"文化

"三度"文化中的"三度"，是指"态度、精度、速度"。态度即"态度决定一切"：工作态度决定工作成绩，"只为成功找方法，不为失败找理由"。做任何事，首先要端正态度，没有正确的态度，就无法做好工作。"精度是一种责任"：工作要做到高精度，不出错，需要科学的管理方法，更需要执行者具有强烈的责任心。"速度就是效率"：改掉做事拖拉的坏习惯，成为走在时间前面的人。王小飞董事长所倡导的"三度文化"为全体中科人提供了工作准则和行为标准，他是"三度文化"的倡导者也是身体力行者。在国家"一带一路"建设的战略指引下，王小飞董事长抢抓机遇，周密部署，紧紧围绕国家战略布局，迅速成立了新疆分公司和内蒙古分公司，2015年已在新疆和内蒙古实现销售收入10亿多元。

2015年11月，天虹纺织集团新疆奎屯项目国际招标，中科电力一标便中亿元大单。在集团的统一部署下，远赴新疆的中科人践行"三度文化"，在零下35度的极寒天气下，团结一致，克服困难，仅用了三个月时间就一次性实现了200多台开关柜、20多个配电室110千伏智能变电站的成功送电，确保了天虹项目建设顺利推进。项目结束后，新疆天虹项目负责人赠送给中科电力一面锦旗，赞美中科电力"链国际接四海，中科电力服务世界！振民族兴工业，树电气领域新标杆！"

新疆天虹项目的成功实施，只是中科电力服务国家"一带一路"建设的一个缩影。如今，中科人已经走出国门，其触角延伸到了越南、老挝、缅甸等国家。

坚持自主创新，走绿色发展之路

"唯创新者进，唯创新者强，唯创新者胜"。王小飞董事长牢固树立了"自主创新，科技兴业"的创业理念，坚守"为全球客户提供安全、节能、智能的电气科技产品和解决方案"的承诺。2015年，与浙江大学牵手共建浙江大学中科电力装备研究院、院士工作站、博士后科研工作站和研究生实习基地，实现"产研结合，以研促产"，以精益求精的工匠精神，不断推动"中国制造"向"中国智造"迈进。

2016年，中科人又毅然投入到了绿色环保产品——充气式开关柜的研发和生产中。自主研发了干燥空气绝缘开关柜、氮气及空气绝缘开关柜、35千伏C-GIS等新型气体绝缘开关柜。其中35千伏C-GIS是安徽省首家用于高铁牵引等方面的高端创新产品，具有小型化、智能化、模块化、节能环保等特点，填补了安徽省空白。

目前，中科电力共拥有国家专利300项，软件著作权100多项，产品检测认证300多项。固体绝缘环网柜、非晶合金变压器等产品被认定为安徽省高新技术产品、安徽省新产品、安徽省科技研究成果。研究院有50个自主研发项目，60个科技成果转化项目正在孵化。

发展不忘担当，反哺回报社会

"创立民族品牌，承担社会责任"是王小飞董事长的人生追求。他倡导并践行着中科电力"厚重、明朗、同心、共享"的企业价值观。厚重："地势坤，君子以厚德载物"，敦厚持重是中科电力的秉性、厚实庄重是中科电力的风格、厚待隆重是中科电力的处世，中科电力以深厚德泽和广阔胸襟担当重任，承载万物，服务于客户，回报于社会。明朗：朗朗乾坤，光明磊落——日月同辉之下，没有黑暗和污垢。中科人以光明正大的心地、坦坦荡荡的胸怀、坦诚待人。同心：中科电力的同心，是每一个中科人对于中科文化与中科精神的高度认同。所有中科人同心同德、同心协力、同心砥砺、共同创造。共享：中科电力的"共享"，包含了企业与社会、企业与客户、企业与企业、企业与员工的共享。共享既是中华民族优良的传统道德规范，也是世界最新的思想潮流之一，没有"共享"，就谈不上"独享"。

中科电力装备集团去学校慰问

中科电力党委、工会、团委常年开展各种公益活动。2016年6月，中科电力向蚌埠市固镇县捐助20万元，帮助贫困农民发展养殖脱贫致富；2016年中秋节，中科电力向蚌埠市社会福利院、祥和老年公寓、蚌埠市老人休养院、秦集敬老院、白徐小学等10家单位捐赠了价值30万元的物资，受捐人数达800多人；2016年9月，中科电力与省、市工会和蚌埠机电技师学院开展"金牌蓝领"助学活动，资助100名贫困大学生，共计20万元。2017年春节前，向蚌埠"救急难"基金会捐赠100万元救助资金；向蚌埠市龙子湖龙湖老年保健公寓、蚌山区纬四老年公寓、禹会区金色晚年老年公寓、禹会区绿康养护院、禹会区百寿居托老所、高新区嘉和安养院、怀远县城关老年公寓、固镇县环卫所、五河县人民武装部等单位送去了价值50余万元的节日慰问品。十多年来，包括"汶川地震"灾区捐款，捐助贫困学生、孤寡老人在内的各项捐赠共计2000多万元，中科电力不断在用行动诠释着企业的社会价值与责任。

"以文化治企""以文化兴企"。王小飞董事长带领着全体中科人，营造出了"公司有生气，产品有名气，领导有正气，员工有士气"的发展环境，公司全体员工心怀梦想，脚踏实地，共创中科的美好未来。

促进文化融合　打造可持续发展的一流综合能源集团

天津能源投资集团有限公司党委书记、董事长李庚生事迹

突出贡献人物简介

李庚生，男，1960年出生，中共党员，研究生学历，工学博士学位，教授级高级工程师、思想政治工作研究员，享受国务院政府特殊津贴。中共十九大代表，天津市第八、九、十、十一次党代会代表，天津市第十五届、十六届人大代表，中国能源研究会常务理事。历任天津华能杨柳青热电有限责任公司副总经理，天津市津能投资公司党组副书记、副总经理、党委书记、总经理。现任天津能源投资集团有限公司党委书记、董事长。曾荣获"天津市优秀企业家""天津市杰出企业家""全国优秀企业家"称号。

企业简介

天津能源投资集团有限公司（以下简称天津能源）成立于2013年5月30日，由原天津市津能投资公司和天津市燃气集团有限公司组建成立，是天津市国资委出资监管的国有独资公司，注册资本100亿元。作为天津市能源项目投资建设与运行管理主体，以电源、气源、热源、新能源为主营业务，承担着保障天津市能源安全稳定供应和国有资产保值增值的重任。

天津能源党委书记、董事长李庚生高度重视企业文化建设，把企业文化建设作为集团重组后的一项重要工作，作为企业发展的重要战略部署，形成了集团视觉形象识别系统，凝练了"聚能之道"企业文化体系，完成了企业文化再造，构筑了天津能源独特的文化气质和全新的文化境界，是天津能源"聚能之道"文化的方向引领者、精心培育者和身体力行者。

包容互鉴，积极推进重组企业文化融合

2013年5月，天津能源成立，面对市委、市政府的定位要求和责任重托，面对保障天津市能源安全稳定供应和推动全市能源结构调整优化的重任，面对加快推进业务融合、管理融合、文化融合及人才、资金、资源融合的重要发展任务，面对企业文化差异较大的两个公司的重组整合，李庚生把文化融合作为企业基业长青的保证，在集团职代会、集团党代会等重要会议上，多次对加强企业文化建设、加快文化融合提出要求，指出文化是一个企业的灵魂，只有文化上融合了，天津能源整合才算真正到位，要通过确立天津能源文化理念和统一形象，加快文化融合，打造统

一的企业文化，实现天津能源真正的整合。

天津能源成立了企业文化建设领导小组，李庚生担任组长，全面负责企业文化建设的规划、决策和组织领导，立足于"包容共鉴、超越差异、凝聚共识"的原则，有条不紊地持续推进建设有特色、有活力、符合集团定位和战略要求的企业文化。

导入企业视觉识别系统。以"清洁能源的能量动力""一流的能源保障体系""能源与环境的和谐发展"为理念元素，确定了天津能源企业标志，形成了集团视觉形象识别系统，打造了具有天津能源特色和独特品牌内涵的统一的企业形象。集团全面推进VI系统的宣贯应用，完成了集团系统所属各企业形象标牌的更换工作，并在企业网站、新闻媒体上广泛应用集团标志，对内增强了企业凝聚力，对外统一了集团视觉形象，提升了"天津能源"品牌的认知度。

VI系统发布会

2014年5月初，以"确立核心价值观、加快文化融合"为目标，天津能源启动了企业理念文化建设。李庚生参加并组织开展企业文化诊断调研、企业文化访谈312场、问卷调研3187份。李庚生参加企业文化共识营活动，与各部室负责人和部分管理干部、所属各单位党政主要领导、企业文化部门负责人交流沟通，了解各级领导与中层骨干对集团的历史文化积淀、现状对文化的诉求、未来对文化的需求，为后续企业文化核心的提炼奠定了基础。李庚生与企业文化咨询公司、文化专家进行多次研讨并征求内外部意见，反复改稿23次，历时近半年时间，最终形成了天津能源的企业文化理念体系大纲。在初步形成企业文化理念体系大纲的基础上，将企业文化手册内容提交天津能源职代会讨论，充分听取职工代表对企业文化理念的意见建议，并由职工代表投票决定集团企业文化主题，最终正式确定将"聚能之道"作为能源集团的文化主题，并相继确立了一系列文化核心表述。

在李庚生的直接领导下，天津能源形成的"聚能之道"文化理念体系，凝练了"汇聚清洁能源输送幸福动力"的企业使命，明确界定了天津能源自身存在的价值，即竭尽全力承担社会责任和创造价值；描绘了成为"可持续发展的一流综合能源集团"的企业愿景，激励全体职工以更加严格的标准、更加务实的作风为企业发展付出积极的努力；凝练了"担当守正有为共进"的核心价值观，明确了天津能源全体职工的行为准则并确定了核心价值观指导下的管控、安全、环保、服务、人才、廉洁六大理念。"聚能之道"企业文化体系所呈现的文化核心及关键行为准则是指导集团每名干部职工"知"与"行"的指南针，成为进一步巩固全体干部职工团结奋斗的共同思想基础和价值观纽带。

积极履行企业使命，自觉履行社会责任

自天津能源成立以来，李庚生强调责任担当，强调树立主人翁意识，主动思考，主动尽责，坚定的承担起发展的重任。集团始终强化国企"担当"，积极践行"汇聚清洁能源输送幸福动力"的企业使命，大力推进电源、气源、热源、新能源"四源"战略实施，充分发挥了发电、供气、供热、新能源的产业协同互补效应，优化了能源结构、削减了燃煤总量，增强了能源保障能力，为推进天津经济社会发展做出了积极贡献。

天津能源积极践行"担当、守正、有为、共进"的核心价值观。李庚生强调首要的是担当，承担全市能源供应保障责任，积极践行国企责任担当，从全市大局出发，从保障民生着手，不讲条件、不计成本，2016年11月1日提前启动2016~2017供热季供热，延长供热时间至2017年3月26日24时。善始善终全力做好供热工作，坚持了国家和人民利益至上，为党和政府分忧，体现了国有企业的责任担当。

率先垂范，积极推进文化落地

积极践行"价值协同、价值创造"的管控理念，着力提升管控水平。积极推进集团管控"两个中心"+"四个保障"的六个体系建设，取得了初步成效。"两个中心"：一是集团资金结算中心。建成集团资金归集平台、资金结算平台、资金监控平台和资金运营平台。筹建成立集团财务公司，强化资金和融资管理。二是集团审计中心。实现审计全覆盖、专业化，并与纪检联动，监督执纪问责与风险防控职能有机结合，形成合力。"四个保障"：一是以绩效为导向的全面预算管理。建设"以绩效价值为导向，投融资为重点、资金平衡为核心、成本费用为基础的总部主导型"预算管理。二是财务四个统一，实现闭环管理。建成"统一财务制度、统一管理流程，统一核算体系、统一核算平台"四个统一的财务管理体系，完成了预算、决算、审计、考核的有效闭环。三是加强制度建设，依法依规治企。制定实施集团治理和管控两个层级、17类共106项规章制度，建设内外结合的法律专业团队。四是强化风险管理。建立风险管控体系，逐级梳理出内部决策、财金等主要风险源、风险点共222项，所属企业风险607项，提出防控措施。

积极践行"预防为主、重在落实"的安全理念，着力强化安全管理。坚持"隐患就是事故、事故就要处理"，加强隐患排查。以燃气管网占压清理为重点，全面开展安全生产隐患大排查、大整治工作。通过所属单位自查与专家组监察、集团领导带队督查的三级排查模式，实现二级企业督查整改工作全覆盖。认真开展强化制度落实专项治理工作，排查、整改制度缺陷，强化制度落地，安全生产制度体系进一步完善。切实落实安全责任制。按照"党政同责、一岗双责、齐抓共管、失职追责"的要求，强化安全生产主体责任制落实，进一步明确了集团和所属单位领导班子成员及内设机构在安全生产监督管理工作中的职责。

积极践行"环境友好、绿色排放"的环保理念，着力实现环保达标。严格落实施工、作业现场管理5个百分百措施，实现了环保工作责任目标。推动全市主力电厂机组提前一年完成环保提

标改造任务，改造后烟尘年排放同比减少1609吨，SO_2减少6100吨，NOx减少6554吨。高效煤粉炉示范项目成为供热行业煤炭清洁高效利用领域典范。燃烧效率和环保水平高于燃气锅炉标准，运行成本更优，开辟了煤炭清洁利用新思路，被国家城镇供热协会大力推广。

积极践行"服务到位、真诚到心"的服务理念，着力争创一流服务水平。以"打造群众满意窗口"为标准，组织开展多种形式的窗口服务活动。重新明确了14条燃气业务服务标准和21条供热业务服务标准，简化了流程，提升了服务效率。完成银行代收燃气费试点，推广实施支付宝收费系统，实现居民收费占比19.31%。完善客服系统建设，优化服务流程，进一步加强服务热线管理。三年来，燃气、供热服务热线受理服务事项办结率不断提高。进一步强化行风监督。将服务评价纳入相关企业经营考核指标。坚持经常性、不定期对80余个基层服务站点进行专项检查和明察暗访，基层站点站容站貌和用户满意度明显提升。

积极践行"品德为本，能效为先"的人才理念，着力营造积极向上的队伍氛围。集团党委认真落实国家关于好干部的标准，坚持正确选人、用人导向，坚持以企业发展需要和领导班子成员能力相匹配为标准，突出领导人员交流任职和后备干部培养使用两个重点，建设德才兼备素质优秀的领导干部队伍。采取轮岗交流、挂职锻炼等形式培养锻炼干部，实行"助理制""试用期"，在实践中全面考察了解干部。建立集团系统"天津市高层次人才信息库"，培养拔尖领军人才，建设视野开阔善于创新的管理技术专家队伍，目前，已培养天津市"131"创新性人才培养工程人员21人、天津市建设领域新技术专家库人员23人。在李庚生的倡导下，2015年成立天津市委党校能源集团分校，成为市委党校在企业集团中成立的唯一分校。两年来党校共培训3200多人次，为集团改革发展提供了有力的政治保障和人才队伍保障。

积极践行"阳光透明、慎独慎微"的廉洁理念，着力加强党风廉政建设。深入开展"三严三实"专题教育，使"三严三实"真正成为党员干部的修身之本、为政之道、成事之要。深入开展"两学一做"专题学习教育，抓出成效，创新教育载体，坚持问题导向，做到真学真做、立改立行。开展党风党纪教育，加强对廉洁理念的宣贯，引导党员干部阳光透明用权，自觉接受监督，自我约束，防微杜渐，使廉洁从业由外在要求内化为自觉行动，营造良好的政治氛围。利用多种形式继续加强"阳光透明、慎独慎微"廉洁文化教育，通过检企共建、参观市纪委警示教育基地、播放廉政微电影等方式坚持开展经常性警示教育，以反面典型为镜、为戒、为鉴、为训，鉴"反"内省，营造崇廉尚廉、廉政勤政良好氛围。

三年来，天津能源广大干部职工积极践行核心价值观，每个人把岗位职责担起来，把困难担起来，按照正确的方向勤廉履职，以自己的进取精神、职业能力为企业创造业绩，和团队一道互助互促、协力前行，人人尽责，形成了一支勇于争先作风优良的员工队伍。2016年天津能源举办了8场劳模事迹巡回报告会，集团系统全国和市级劳动模范、市级优秀共产党员等6名先进典型做事迹报告，3000多名党员从身边典型汲取力量，立足岗位做贡献，产生了巨大反响。

李庚生以直面问题的勇气、履职尽责的意识、敢于担当的精神，加强文化引领，带领天津能源万名职工锐意进取、团结奋进，努力实现天津能源的使命和愿景，致力于把天津能源建设成为天津市能源项目投资建设与运行管理主体，打造成一个保障力强的骨干集团、盈利能力强的优质集团、充满活力的和谐集团，不仅为全市经济发展提供坚强的能源保障，也为国企的改革发展提供了文化管理的实践经验。

坚持以文化兴企　引领北京二商科学发展

北京二商集团有限责任公司党委书记、董事长孙杰事迹

突出贡献人物简介

　　孙杰，女，中共党员，2003年年底起至今担任北京二商集团有限责任公司党委书记、董事长。先后荣获"首届中国商界杰出女性""中国肉类食品行业功勋企业家""中国流通业十大经济人物""全国企业职工教育先进个人""北京市劳动模范"等荣誉称号和北京市"三八"红旗奖章。

企业简介

　　北京二商集团有限责任公司（以下简称二商集团）是以食品仓储与制造加工业、食品贸易与物流服务业、种植养殖及远洋捕捞业为主导产业，以科技、教育、信息、物业经营管理为支撑的大型食品产业集团。主要生产经营猪肉、牛羊肉、海鲜水产品及其制品和糖、酒、烟、茶、调味品、糕点、蔬菜、豆腐及其制品、商用低温设备等22大类3万余种商品。拥有六必居、王致和、天源酱园等17个中华老字号和大红门、京糖、京酒等一批深受消费者青睐的知名品牌群。先后荣获"农业产业化国家重点龙头企业""中国食品行业十大品牌"等荣誉称号和全国"五一劳动奖状"，2014年跨入"中国企业500强"，稳居中国食品加工制造业前列。

　　孙杰自2003年年底担任二商集团党委书记、董事长以来，坚持以文化兴企，凝神聚魂，将企业文化建设作为企业发展的重要使命和关键举措，制定企业文化战略，形成了传承创新的母子公司文化体系和独具特色的企业文化理念，坚持用文化铸魂强基，用文化引领发展、用文化凝心聚力、用文化促进管理、用文化规范行为、用文化打造品牌、用文化促进党风廉政建设，不断推动社会主义核心价值观及企业愿景、使命、企业精神、企业价值观在二商集团落地深植。推动集团连续13年刷新历史纪录，总资产由58.2亿元增加到164亿元，增长了8.3%，净资产由13.2亿元增加到55.4亿元，增幅了11.6%，营业收入由30.6亿元增长到303亿元，复合增长率21.05%，利润总额由1159万元增长到41876万元，复合增长率36.13%，职工年收入由1.8万元增长到8.59万元。

坚持以先进理念"铸魂"，形成推动集团发展的文化理念

　　2004年11月，在市场经济大潮中艰难生存的二商集团，处于发展的低谷之中，发展方向迷茫，发展动力不足，发展水平不高。为了能够带领二商集团走出低谷，加快发展，孙杰站在服务首都发展的高度提出以文化引领企业发展的思路，强势启动企业文化建设工作。通过对集团深厚

文化底蕴的挖掘、整合、凝练、提升；通过不断整合理念，引导价值取向；整合资源，强化集团意识；整合品牌，展示"二商"形象，最终形成了与时俱进、传承创新的母子公司文化体系，形成了"打造国际一流的都市型食品生产商、供应商、服务商"的企业愿景；"提升民生品质，引领健康生活"的企业使命；"点滴之间，卓越无限"的企业精神及"信为业本，智为利源"的企业价值观。2005年11月，正式对外发布，由此，二商集团走上了文化引领企业快速发展的健康之路。

企业文化为二商集团的发展铸魂、领航、凝神、聚力，形成了推动集团发展的强大引擎和内驱力，推动二商集团发展走上了强势发展的快速路，为集团"十一五""十二五"战略目标的圆满收官和"十三五"的良好开局起到了巨大的推动促进作用。

二商集团企业文化建设被国务院国有资产监督管理委员会列为成功案例，《以先进文化引领健康生活》的案例被收录市国资委《试解国企大主题(三)》和《市国资委企业文化案例集》中。二商集团企业文化建设被中国企业联合会、中国企业家协会评为首届中国企业管理优秀案例。

推动文化建设的落地和深植，用文化力驱动集团健康可持续发展

在企业文化建设过程中，孙杰作为党委书记、董事长，身体力行，带头将企业文化渗透到战略、经营、管理等各项工作中，使母子公司文化在干部职工中不断地内化于心，融化于情，固化于制，外化于行，形成了集团发展的强大推动力。

一是以文化力推动集团发展战略目标的实现。集团发展战略规划和企业文化体系建设同时进行，为集团战略规划的实施注入了不竭的活力和动力，助推了集团"十一五""三个一"战略目标的实现和"五大战略""三大工程"的落实。强势推动了"十二五"突破"18208"，跨入百强，构建首都现代食品产业体系，促进集团从区域性企业向全国知名企业转型发展。

二是以文化力推动集团建立和完善现代企业制度，不断向科学管理转变。统一的理念建立了共同的信念，也形成了强大的变革力和管理力，集团以建立现代企业制度为方向，深化改革，转换机制，建立和完善了法人治理结构，形成了董事会、监事会、经理层各负其责、协调运转、有效制衡、科学决策的运行机制。同时通过委派董、监事，财务总监等方式，加强对出资企业的有效管控。十多年来，集团将创新企业管理制度与企业文化有机结合，先后制定实施了百余项管理规范，同时形成了完善的内控体系。"三项制度"改革不断深化，逐步形成了科学规范、日臻完善的制度体系和考核评价、激励约束机制。体制、制度、机制、文化的有机结合，良性互动促进了集团不断向科学管理转变。

三是以文化力推动集团从单一食品生产经营向构建安全食品产业链转变。作为食品安全的倡导者、引领者和实践者，二商集团着力建设以"信为业本、智为利源"为核心价值观的诚信文化，始终恪守众多老字号古训，以构建安全食品产业链为重点，抓源头、建体系、重标准、强管理，持续完善产业链建设。集团先后投资30多亿元，通过引进国际和国内同行业先进的生产设备、设施，在北京昌平、大兴、通州、怀柔工业开发区以及河北安平、江苏如皋、湖南益阳、江西高安、广西桂林等地建成了二商老字号和知名品牌的食品工业基地；自建生猪、蛋鸡养殖基地5个，中央和地方政府两级生猪、牛羊活体储备基地25个；与300多个养殖、种植基地建立了长

期业务关系，在全国有650多家稳固的商品供应商，形成了源头可追溯、过程可监控、流向可追踪、产品可召回的食品产业安全保障体系。

四是以文化力推动集团从传统产品经营向现代知名品牌转变。二商集团传承了众多老字号品牌，以六必居、王致和、月盛斋为代表的中华老字号企业通过长期发展已经培养了众多的相对忠实、稳定的消费群体，但在较长时期一直维持着简单的产品经营的运营方式。集团在打造"国际一流的都市型食品生产商、供应商、服务商"的企业愿景引领下，通过"品牌融合资源"的经营理念的不断渗透，促进了品牌发展战略的实施并取得了显著成效。二商集团目前拥有各类产品或服务品牌（商标）81个，注册商标460个。拥有3个中国名牌、6个中国驰名商标、17个中华老字号、6个北京名牌、12个北京市著名商标以及3个国家级非物质文化遗产保护名录项目。这些知名品牌基本构成了二商集团食品产业发展的基础和优势资源，是企业文化建设的"窗口"和集团发展的"缩影"，代表着二商集团的软实力。

五是以文化力推动集团由传统食品生产向科技文化双轮驱动发展转变。传统食品生产需要继承和创新，而继承和创新需要"智力、智能和智造"。集团通过"以创新打造核能"经营理念的渗透，把文化创新与科技创新双轮驱动作为传承创新的重要途径，将"智为利源""智慧民生"的理念与提升自主创新能力有机结合，促进传统产业实现由制造向"智造"的转变。集团把科技创新作为转型升级的重要支撑，十年来研发新产品近千个，累计实现销售收入10亿多元，实现了传统而又现代、经典而又时尚的完美结合，受到消费者青睐。在推动产业结构调整升级的同时，集团通过建立以二商集团康泰文化创意产业园为中心，以二商集团展览馆、王致和腐乳科普馆、京华茶叶博物馆、中国六必居博物馆为重要组成部分的"一园四馆多展厅"文化创意产业项目，紧密对接北京市提出的相关战略性新兴产业规划，将老字号深厚的文化底蕴与旅游经济、体验经济、文化创意产业紧密结合，不断传播优秀饮食文化，促进食品产业转型升级。

六是以文化力推动集团从区域性企业向全国知名企业转型并向国际化经营发展。二商集团一直是以保障首都市场供应为主要任务的地方性国有企业。要实现打造中国食品产业强势集团和"国际一流的都市型食品生产商、供应商、服务商"的企业愿景，就必须要实现从区域性企业向全国知名企业的转型发展，这是二商集团打造中国食品产业强势集团的必然选择。为适应首都食品产业发展新要求，进一步发挥品牌文化的软实力，二商集团以品牌为旗帜和纽带加快实施"走出去、引进来"市场拓展战略，通过投资控股、机制创新、流程再造等，在黑龙江、广西、内蒙古、河北、江苏、陕西等地组建控股公司，建立生产加工基地、货源基地，走出了一条以文化为先导、以品牌为旗帜和纽带的市场拓展之路。通过国际合作、政企携手、强强联合、优势互补、资源共享等多种形式，集团先后与捷克、格鲁吉亚、德国、澳大利亚、新西兰等国家，以及黑龙江、吉林、广西、天津、河北、山东等50余家地方政府、知名企业等实现了跨地区战略联盟、产业对接等战略合作，把首都品质、民族品牌、国家品级、健康品位的优质食品远播到全国各地和世界各地。

把企业文化与党建工作深度融合，为集团科学健康发展引路护航

按照继承、融合、创新的工作思路，孙杰将企业文化建设与党建工作深度融合。

　　一是持续开展一年一个主题的创先争优主题实践活动，并做到"五个紧密结合"，即与确保完成年度指标任务紧密结合；与促进企业全面深化改革、强化管理、整改落实等各项工作统筹推进紧密结合；与转方式、调结构、创模式、促发展及主动融入京津冀一体化协同发展紧密结合；与人力资源开发与管理紧密结合；与典型宣传，营造良好的政治生态环境，弘扬正能量，创造良好工作氛围紧密结合。

　　二是积极推进党建质量管理体系建设，增强党建工作的规范性，提高党组织的保证力和党务工作水平，促进了党建与经济工作"双融互促"和工作作风的转变。

　　三是把企业文化作为构建和谐企业和精神文明建设的重要内容和必要条件，发挥工团组织作用，坚持以人为本，建设职工群众广泛认同、积极参与的和谐文化，使企业与员工保持了良好的协调关系，员工的潜能得以充分释放，积极为二商集团企业发展贡献力量，涌现了一批全国文明单位和文明标兵。同时，企业文化建设融入党建创新，使党建创新形成了较为完整的活动体系和务实管用的长效机制，成为推动集团科学发展的力量源泉。

　　进入"十三五"，孙杰立足首都食品安全、城市生活保障，提出全力打造"北京二商服务"新品牌和争创中国食品产业核心集团的新目标，并通过文化与品牌的不断提升，推动二商集团真正成为健康消费倡导者、安全食品提供者、优质品牌集聚者、基地平台建设者、产业资源整合者、现代物流引领者、行业标准制定者、核心技术领导者。

三秦大地"三色"情

华能陕西发电有限公司党委书记、董事长孙学军事迹

突出贡献人物简介

孙学军，男，中共党员，硕士，高级工程师。历任秦岭发电厂厂长助理、副总经理、总经理兼党委副书记，华能陕西发电有限公司副总经理、党组书记兼副总经理等。现任华能陕西发电有限公司党委书记、董事长。

企业简介

华能陕西发电有限公司（以下简称陕西发电）是中国华能集团公司（以下简称华能）在陕西地区投资成立的区域公司，成立于2008年11月，主要业务包括发电、供热、检修、科技、环保等。现有发电装机299.3万千瓦，员工3000余人。先后荣获"全国五一劳动奖状""中国美丽电厂"以及华能集团和陕西省"文明单位""先进企业"等省部级以上荣誉40余项。

陕西发电党委书记、董事长孙学军长期致力于华能"三色"文化的传承发展，致力于三秦地域文化和"三色"文化的融合发展，致力于通过文化打造软实力、提升凝聚力、激发创造力，走出了一条从认识到探索、从传承到升华的实践之路，推进了陕西发电的发展提速和效益提升，成为企业文化建设的有力探索者、推动者、实践者。

上下求索悟文化之道

自步入华能以来，孙学军被华能"三色"文化所蕴含的战略使命、价值取向和企业品质深深打动，立即把全面培育华能"三色"文化作为自己的重要使命。在实际推进过程中，他却遇到了这样的困惑：陕西是中华文明的重要发祥地，三秦大地浓厚的历史积淀孕育出了轩辕文化、古长安文化等古代人文文化和照金精神、延安精神等红色文化，持续影响着一代代人的价值思维。华能自2003年全面进入陕西以来，经营发展突飞猛进，而富含时代精神的"三色"文化在三秦大地的推广却遇到了困难。经过深入思索，他意识到，华能优秀的"三色"文化要在三秦大地落地生根，就必须充分汲取地域文化营养，加快融入融合，使"三色"文化的根更壮、须更粗，更具生命活力。

为了探索"三色"文化在三秦大地落地生根的有效途径，孙学军接连走访了陕西多位造诣

深厚的文化专家，学习领会三秦大地不同地域文化的精髓；多次深入基层单位和生产一线，通过交流感受大家在地域文化和"三色"文化影响下的思维习惯和行为特点，思考探索多种文化融合的通道。秦岭公司作为西北第一座百万千瓦电厂，40余年发展历程中所形成的固有特色文化积淀如何传承发展，引发了他深深地思索；在对铜川电厂的调研中，他深入分析了铜川电厂在促进照金革命老区经济发展、铜川资源枯竭型城市转型和承担600兆瓦空冷火电机组国产化依托的历程中，以青年为主体的新一代电力员工发扬的照金精神，与华能"三色"文化内在要求的关系。越发深刻认识到："三色"文化与三秦地域文化在源头上是高度契合的，"红色"是华能本色，是立身之本、"三色"之本，建设"红色"公司，是华能的根本态度和精神境界，是华能为国民经济发展、社会进步和人民生活水平提高而努力的历史使命的集中体现，是华能职责的生动写照；"绿色"寓意人类与自然环境协同发展、和谐共进，建设"绿色"公司，表明华能崇尚科学、尊重人才、注重科技、保护环境和促进社会可持续发展的人文观念和科学态度；"蓝色"是华能坚持与时俱进、学习创新、面向世界，吸纳世界上一切先进技术和先进文化来壮大华能事业，表现了华能人海纳百川、通达天下的博大胸怀和跻身世界强企的雄心壮志。为了融合多种文化的精髓、着眼企业发展的远景目标，他提炼形成了陕西发电"三个华能"，即"责任华能""和谐华能""领先华能"的文化理念，确定了"三色"文化与三秦地域文化有机结合的发力点。"责任华能"就是履行央企责任、全面履职担当；"和谐华能"就是注重绿色人文、实现科学发展；"领先华能"就是追求一流、勇于超越。

立体推动固文化之基

为了推动"三个华能"理念在员工思想深处扎根，厚植华能"三色"文化。孙学军提出"把理念融入战略，把理念融入管理，把理念融入行为"的推进模式，注重顶层设计，以精心安排保障文化落地，以文化魅力凝聚广大员工。

做思想认同的引领者。他把思想认同作为企业文化建设的前提，让大家思想上共鸣、行动上认可。在照金红色革命根据地设立教育基地，组织员工学习培训9期、2200余人次，重温华能发展壮大的奋斗史，探讨三秦地域文化的核心内涵，发掘多种文化的内在联系和交汇点，在培训交流中碰撞思想、产生共鸣。努力提升广大员工的主人翁意识、责任意识，坚持培养"有理想、有道德、有文化、有纪律"的员工队伍，倡导社会主义核心价值观。每年对新进员工进行入职培训，第一课就是"三色"文化教育和"责任、和谐、领先"理念灌输。还在网站、橱窗、报纸和即时新媒体上大力宣传、互动讨论，营造了"三个华能"良好的文化建设氛围。

做制度推进的设计者。他按照"由点到面、分步推进"的原则，先从具体工作领域抓起，先行试点、稳步推开，培育了安全文化、管理文化、廉洁文化等子文化体系，逐步完善形成了完整的陕西发电文化构架。推动建立了企业文化领导机制，形成了"党委牵头、行政支持、工团推动、全员参与"的文化建设格局和陕西发电、企业、班组三级落实体系。他坚持依规治企、固化好的经验做法，主持制定《企业文化建设规划》《企业文化建设指标评价考核办法》《职工行为准则》等制度16部，修订完善《社会主义核心价值观实施方案》等辅助制度，为"三个华能"理念的推进提供了坚实保障。

做载体创新的推动者。他设计推进了"责任、和谐、领先"文化理念的"大调查、大讨论、大落实"活动，发动广大员工参与企业文化建设，形成了包括责任担当、提质增效、低碳环保、以人为本、科技应用五大体系、60条措施的《企业文化建设行动方案》。定期组织各种形式的"文化体育交流"活动，以此为载体宣传文化理念。组织文化成果展示活动，开展巡回演讲比赛、编撰陕西发电英模谱、印制新理念宣传册，铜川电厂还结合已有业绩建设了企业文化成果展示厅，扩大了新理念的影响力和辐射力，在潜移默化中筑牢了"三个华能"的文化根基。

做和谐环境的创造者。他坚持"以人为本"的思想，把员工作为企业文化建设的主体，让员工成为文化理念的受益者、推动者。在企业内部充分发挥员工主动性，先后倡导设立"互助"协会、"关爱"组织10余个，促进员工关系的和谐发展。健全员工成长成才的工作机制，拓展"三支人才"脱颖而出的通道，为员工实现自我价值创造条件。强化作风建设，引导员工"善开拓、讲效率、重廉洁、尚勤俭"。坚持每年开展评优树模活动，通过评选道德模范、身边好人等，营造了员工心情舒畅、乐于奉献的大环境，代表公司年轻人精神风貌的微电影《青春荣耀使命》荣获第二届"中国梦·劳动美·幸福路"全国职工微影视大赛金奖。他还围绕秦岭公司这个老企业富余人员多的特点，想方设法组织技能升级培训、拓展人员分流渠道、提高职工收入水平、丰富文体文化活动、组织困难职工帮扶救助，保持了2000余名职工队伍的稳定。特别是长期关注困难职工，每年投入困难帮扶资金近50万元，促进长效化、立体化帮扶机制顺利运行，用实际行动诠释了"和谐"理念。这些良好的文化氛围，有助于每个员工自发形成对企业的忠诚感和责任感，发自内心地认同并接受企业倡导的价值观念，使陕西发电的目标任务转化为个人的自觉行动。

躬身笃行奏文化之韵

孙学军坚持把领导带头作为文化建设的重点，要求领导干部在思想上、作风上引领，在行动上、工作中示范。并从我做起，率先践行"三个华能"理念，培育华能"三色"文化。

以责任担当诠释"红色"基因。他始终将企业安全生产作为第一责任、第一要务，在管理中注重通过理念引导、制度约束推进员工安全行为的养成，充分运用"安康杯"竞赛、"安全活动月"等载体，全方位教育引导员工牢固树立"安全就是责任、是效益、是竞争力"的安全理念，实现了从"要我安全"向"我要安全"的转变，所属企业全部通过华能安全标准化达标验收，保持了人员的无伤亡纪录和设备的长周期安全稳定运行。他带领企业积极支持革命老区经济建设、主动参与多项民生工程，在铜川照金陕甘边根据地建成投产两台60万千瓦机组，在延安开工建设电源项目，实施纯凝机组供热改造，建成西安沣东供热等民生项目。他倡导建立的11支青年志愿者服务队，先后在驻地开展社会公益帮扶活动100余次，结对助教山区留守儿童300余人次，精准帮扶驻地孤寡、空巢老人200余人次。2014年10月，革命老区延安发生大面积滑坡灾害，危急关头，他带领党员救助队奔赴灾区，第一时间将集团公司500万元捐款转交当地政府以解燃眉之急，用实际行动诠释了作为央企的责任与担当。

以和谐发展延展"绿色"内涵。孙学军积极践行创新、协调、绿色、开放、共享的发展理念，带领公司走上了绿色、清洁、可持续发展之路。他主持制定了公司2012~2020绿色发电规划，加快结构调整、推进产业升级，一方面，狠抓优质新能源项目开发建设，实施"绿色发电计划""光伏领跑者计划"，短短五年间，在他的主导下，公司在陕北定靖地区建成新能源项目47.5万千瓦，建成陕西省第一座风光互补光伏发电站；大力支持项目单位参与榆林市"三年植绿大行动"，在榆林沙化区完成植树造林1000余亩，实现企地融合发展。另一方面，狠抓传统火电清洁改造，深化"两型"企业创建，大力推进节能环保新技术应用，完成所有火电机组烟气超低排放改造、废水"零排放"、灰渣利用100%。其中，铜川电厂在西北地区率先实施的超低排放改造效果显著，改造后的烟气二氧化硫、氮氧化物、烟气浓度三大指标排放量较改造前分别降低了97%、92%和90%，成为引领西北地区绿色改造潮流的"领头羊"。

以卓越领先彰显"蓝色"特质。孙学军充分汲取台塑等世界知名企业的精益管理等先进理念，主持制定了公司"十三五"创一流发展规划，把领先意识、一流标准、对标手段全面融入公司七大管理领域、21项具体业务流程，引领公司"追求一流业绩、实现追赶超越"。近年来，他聚焦党建主业履职尽责，精心组织开展了党的群众路线教育实践活动、"三严三实"专题教育和"两学一做"学习教育，强化政治理论学习，夯实基层党组织建设，创新党建活动载体，通过开展"党建结对共建""三亮三比三评"等示范活动，充分发挥了党组织和党员的积极作用，将党建优势切实转化为公司的核心竞争力。他会同领导班子成员认真研判全面深化改革、对内着力推动公司与同行业先进企业开展全流程、全要素管理对标，不断提升精细化管理水平。公司所属秦岭、铜川火电机组在近年全国竞赛中多次获得厂用电率、供电煤耗等主要指标"最优机组"，5项科技成果获得国家专利；坚持把燃料管控作为火电企业降本增效的重要措施，围绕"控价、保质、优库、创效"燃料管理体系建设，建成信息化平台，构建了数字燃料管理系统，实现了燃料在线公开采购和厂内管理"工作标准化、行为规范化、设备自动化、信息集成化、过程可视化"的目标，所属火电企业全部通过集团公司燃料管理标杆电厂达标验收，有效节约了燃料成本，为公司取得市场竞争优势奠定了基础。对外主动出击，以战略眼光、超前意识，主导储备、开发了包括子长、横山等地的50万千瓦优质清洁能源项目，为公司持续发展注入了强劲动力；抢抓机遇，推动公司率先成立区域售电公司，以市场主体身份深度参与大用户直供电、跨区外送等，成为近年来同区域规模、效益"双增长"最快的发电企业，有力践行了"领先华能"的理念。

孙学军通过艰苦探索，不但成功实现了三秦地域文化与华能"三色"文化的互融互促，而且推动实现了公司和员工融为休戚与共的命运"共同体"，形成了不断做强、做优、做大国有企业的强大合力。

中国电建舞台上的企业人生

中电建路桥集团有限公司董事长汤明事迹

突出贡献人物简介

汤明，男，1964年7月出生，同济大学工学硕士，北京交通大学经济学博士，美国麻省理工学院高级访问学者，教授级高级工程师。现任中电建路桥集团有限公司董事长、党委副书记，并任同济大学土木工程学院、北京交通大学交通运输学院、西南交通大学经济管理学院兼职教授，博士研究生导师，国家发展与改革委员会基础产业研究中心研究员，中国公路协会副理事长，中国铁道学会理事。先后获评"全国电力行业优秀企业家""中国建筑业十大领军人物"等荣誉称号。

企业简介

中电建路桥集团有限公司（以下简称路桥集团）成立于2006年，隶属中国电力建设集团有限公司（以下简称中国电建）。它是专业从事基础设施业务的资源整合平台、模式创新平台、资本创新平台、业务协同平台，集投资、规划、勘察、设计、咨询、监理、施工、运营于一体，资产总额超600亿元，经营规模逾3000亿元，是全球城市/区域基础设施一体化服务商和综合型建筑企业集团，先后获评"中国建筑业竞争力百强企业""中国建筑业最具成长力100强企业"等荣誉称号。

"若干年以后，当我们回首往事的时候，我们都可以说，在路桥公司与大家共事的那一段时光，是我一生当中最美好的回忆之一！让我们一起努力，同创辉煌！"2006年12月28日，在中国水电建设集团路桥工程有限公司成立大会上，时任中国水电建设集团基础设施事业部常务副总经理、中国水电建设集团路桥工程有限公司总经理的汤明作了慷慨激昂的即席讲话。从此，他个人的命运开始与这份伟大的事业休戚与共，而中国水电集团（现中国电建集团前身），也因基础设施业务的迅速发展而获得了新生。

学用结合，扬帆起航

与中国电建（原中国水电）结缘之前，汤明有着"学而优则仕，仕闻利就商，商有获又学，知而行则悟"的传奇人生经历。2001年，汤明在经济学、管理学基础上把社会学、道家思想引入企业成长研究领域，撰写了《企业成长的四维理论》一书，对"企业到底如何实现成长，如何才能最终成长为一个真正成功的企业"这一难题，填补了国内企业成长理论的空白。而这一重要学术成果，不仅被国外多所世界名校采纳为教材参考资料，也成为日后推动中电建路桥集团发展的理论基石。

"一代人有一代人的使命"，汤明是怀着梦想来到中国水电集团的，他的梦想就是以博士期间总结的理论和之前实践的经验做基础，结合央企的优势，做一家中国最好的公司。十年风雨不平路，他为实现这个梦想，为把路桥集团这棵幼苗培育成参天大树，倾注了所有的心血和智慧，奉献了所有的激情和力量。

作为一名学者型企业家，他用自己的理论研究成果指导企业发展，十年时间企业资产由3亿元发展到700多亿元，投资项目总额度超过3000亿元，创造了中国建筑企业的发展奇迹。世界管理大师彼得·德鲁克说："管理是一种实践，其本质不在于知而在于行，其验证不在于逻辑而在于成果，其唯一的权威在于成就。"汤明管理的路桥集团所取得的成就，正是他自己的管理理念的最佳实践。

以企为生，践行使命

汤明一直笃信马克斯·韦伯的一句名言"任何一项成功的事业背后都有一种精神气质在支撑"。在他所著的《企业成长的四维理论》一书中，汤明把企业成长划分为三个层面，第一是物质层，第二是制度层，第三是文化层。因此，在路桥集团成立伊始，汤明就一直在思考：支撑这份事业的精神是什么？路桥集团该如何成长？

不忘初心，坚毅出发。在路桥集团成立大会上，汤明提出了"源于江河、融入世界"的企业愿景。他系统地阐述了这八个字的含义：

"源于江河"，是指路桥集团隶属于中国电建，而中国电建是依靠大江大河的水来发电的，吸收并传承了中国电建优秀传统和文化的路桥人，要有"吃水不忘挖井人"的品德，饮水思源，对中国电建身怀感恩之心。我们每个人都是将自己的盆景搬入中国电建的大花园，使她更美丽。

"融入世界"，是指路桥集团从大江大河走来，正不断壮大，稳步走向世界，积极努力在国内和国际两大舞台上充分展现"中国电建"和"中国电建路桥"的建设能力与品牌魅力。

同时，汤明还提出了作为路桥集团核心价值观的"五同"精神，即"同道相成、同类相依、同甘共苦、同舟共济、同创辉煌"。同道相成，意为志同道合的人团结在一起才能够成就大事；同类相依，意为在一个公司里面，彼此就是一个相互依存的整体；同甘共苦，企业的发展和气候一样，不可能永远风调雨顺，大家就要有所忍耐，好的时候，坏的时候都应该抱团在一起；同舟共济，企业就相当于一艘船，船长、大副、船员都有严格的分工，每个人都应做好分内之事，不要越位，把自己岗位的事做好，这样企业才能乘风破浪，一往无前；同创辉煌，我们大家一起努力，才能同创路桥集团新的辉煌。

仰望星空，脚踏大地。为真正实现打造一个"大企业"的构想，汤明为路桥集团确定的发展目标是：全力打造国际型、创新型、服务型、综合型世界一流大型企业集团。以"在地球上建造比生命更长的建筑艺术"为使命，立志打造建筑行业的百年老店。随着路桥集团的发展壮大，汤明又将企业具体定位为"城市/区域基础设施一体化服务商"，对路桥集团的未来发展做出了影响深远的战略判断和宏观思考。

关于对路桥集团的定位"城市/区域基础设施一体化服务商"，汤明是这样理解的：按照大企业的标准，大企业是整个产业链上的组织者，路桥集团要成为整个基础设施产业链的组织者，通过对资源的组合获得生存空间。产业竞争的最终结果就是在某一个领域有无数小企业跟着它，为它服务，就像太阳一样，周边环绕着行星和无数的小行星，路桥集团就要做基础设施领域的太阳型企业。

关于"全力打造国际型、创新型、服务型、综合型世界一流大型建筑企业集团"的企业目标，汤明更是给出了充分的解释：

国际型。作为世界500强的中国电建，本身就应该是国际化的企业。世界经济此起彼落，百年老店不能把"鸡蛋"放在一个篮子里，只有放到全球大环境下，方能避免寒冬夏暑、天灾人祸给企业的正常运转带来的干扰，企业才可能有稳定的现金流。未来国内基础设施是建设市场逐步饱和，现有过剩产能将转移到发达国家去，走向国际是必然的。世界500强企业本就应该是国际化的公司。

创新型。熊彼特说过："创新就是创造性的破坏。"路桥集团一直提倡主动变革，因为"变"这个字是当今时代永恒的主题。中华民族之所以生生不息，究其原因就是一直都在适应环境，不断在变。"变"有三种不同的方式。第一，以不变应万变；第二，以变应变；第三，以变带变。所谓创新型就是路桥集团始终要做到"以变带变"。

服务型。路桥集团和其他建筑企业的差别就在于，路桥集团没有直接的产品，但是所有经手的产品都会被打上路桥集团的标志。服务型企业是标准的制定者，产业链上的组织者，以及产业链上资源的配置者。企业的利润在于责任，企业能够负多大的责任就能获得多大的利润。

综合型。路桥集团是特一级资质企业，目前已有几十个总承包项目及2000亿元左右投资项目，将来路桥集团还会发展国际承包项目以及国际投资项目，始终坚持向综合型方向发展。

文化立业，凝心聚力

2016年，在路桥集团领导班子换届述职报告会上，汤明如此说道："一个企业的向心力取决于物质和文化，我们一直在用我们的文化来教化我们的员工，使得他们在追求企业利润的过程中，不至于沦为经济动物。我们的员工也一直在监督我们的管理者，他们可以选择"用脚投票"，使管理者不敢懈怠。这种良好的运行状态，使得路桥集团过去的这些年，始终前进在正确的轨道上。"

汤明对于企业文化的打造，一直独具匠心。他认为，文化是企业的软实力，是企业基业长青的根基。路桥集团的企业文化表现在两个方面：对事业的忠诚和有尊严地生活。

汤明一再强调：对事业的忠诚就是要求管理者和员工，忠诚于事业，不是忠诚于个人。作为企业，要像向日葵追求阳光一样追求利益，企业利益至上，任何人不能为了追求个人的狭隘利益而侵犯企业的神圣利益。对事业负责，最后就是对股东负责，对党负责。"君有道则从君，君无道则从道"，我们不是纯粹按照领导即兴的指示来干，而是始终坚持真理的方向。管理者如将有害的理念输入员工大脑，同样也是渎职。我们宁做真理的奴仆，不做权力的宠臣，如陈寅恪所言——脱心志于俗谛之桎梏，真理固得以发扬。

汤明认为，企业存在的目的之一就是让员工的成就感和幸福感极大化。因此，在让员工有尊严地生活方面，他向来不遗余力。他一直鼓励全体员工通过努力工作、考取职（执）业资格等途径获取更多收入。而且一再告诫全体员工：人生得意之时要看得起别人，失意之时要看得起自己。人生在世，首先要从尊重一事无成的自己开始。只有尊重自己，才能让自己不屑于与坏人为伍。为非作歹的人都是厌恶自己的，尊重自己才能尊重他人，才能生活得有尊严。

团队建设，学无止境

汤明经常强调："一个企业只能在企业家的思维空间之内成长，同时也被全体员工的执行力所限制。要坚定不移地打造学习型组织，让所有员工都有持续学习、终身学习的能力。"2016年春节刚过，面对《中国电力报》记者的采访，汤明侃侃而谈："我们路桥集团潜心打造学习型组织，用谦卑的心态向业界先进学习，向对手学习。我们深知，只有通过提高员工素质才有可能增强企业整体竞争力。长寿的经济组织一定是一个开放的系统，企业只有不断地与外界进行物质与能量的交换，才能保持企业发展的活力，矗立时代潮头，引领行业发展。"

在汤明带领下，路桥集团以出色的业绩和良好的社会信誉赢得了市场的肯定。"企业家的境界决定了他站在什么样的高度思考问题。企业家的使命是认识这个世界，并为自己和企业找到生存发展之道。"汤明不仅带领路桥集团找到了生存发展之道，更重要的是他让"中国电建路桥"成为享誉华夏的建筑业标杆，以独特的姿态昂首屹立于中国建筑企业之林。

峥嵘岁月已成往昔，美好未来更可期。作为一名职业经理人，一名学者型企业家，一名心系家国天下的思想者，汤明和他所带领的企业一直秉持着对建筑精神的坚守，毅然地行进在成长的路上。

抓文化引领　建医药强企

华东医药股份有限公司董事长李邦良事迹

突出贡献人物简介

李邦良，男，中共党员，教授级高级工程师，第十届全国人大代表，全国劳模。历任华东制药厂车间主任、厂办主任、厂长助理、副厂长、厂长，杭州华东医药集团有限公司董事长、党委书记，华东医药股份有限公司董事长、党委书记。

企业简介

华东医药股份有限公司（以下简称华东医药）成立于1993年，1999年12月公司5000万A股股票在深交所成功发行。公司主要从事微生物药物、中成药、化学合成药、基因工程药品的生产销售，以及中西成药、中药材、医疗器械、健康产品等的经营，是一家集医药研发、制造、销售、物流、电商、医院增值服务、健康产业、批零等于一体的大型综合性医药上市公司，承担着国家、省、市政府的应急药械储备任务，是浙江省规模最大的医药企业。华东医药目前注册资本4.86亿元，现有职工5000余人。公司2016年实现营业收入253亿元，2016年实现利润18.5亿元，实现税收9.86亿元。

华东医药股份有限公司董事长李邦良一直以来都非常重视企业文化建设，并将其视作企业生存与发展的核心部分加以规划与布局，他明确了企业文化在企业发展中的最高地位，是华东医药企业文化的创始人、指导人、培养人以及推动人。

李邦良明确了企业"建医药名企，创一流品牌"的愿景，提出了"服务大众健康"的企业使命，他带头践行了"济世、诚正、执着、务实"的企业价值观，带领全体企业员工完成了企业的转型升级，实现了四个三年规划的宏伟目标，激发了整个企业改革创新的蓬勃朝气；他强调"人"是企业的根本，提倡华东医药的员工要做一名有思想、善思考、会行动的人，他大胆培养任用新生力量，为企业的发展打下了坚实的人才基础；他提出"要么唯一 要么第一"的理念，为企业培育了一大批高科技新药；他倡导的"专注专科特殊用药"，造就了国内最大人体器官移植用药生产基地，做到了真正的治病救人，用事实打造了华东医药的金字招牌。

百令万里行，引导企业成功转型

1993年，李邦良就任伊始，就高瞻远瞩地进行全国市场布局，先后组建北京、上海、广州、武汉四个办事处和杭州经营部；1994年，组建公司市场部，正式提出"百令胶囊进军全国，环孢素走向世界"的战略口号。

李邦良率先组建办事处和市场部，扩建全国市场临床推广队伍，在国内医药企业里率先推行专业化学术促销，为营销公司的发展奠定了根本的模式基础。

1995年，李邦良亲自挂帅，"百令万里行"正式开始；

1996年，成立公关部，深入开展"百令万里行"活动，并对上海、北京、广州三个办事处进行了人员重组。

从1995年5月浙江嘉兴起步，到1997年11月进军北京，"百令万里行"共历经26个城市、行程4万余公里，这次席卷全国、独具特色的重大义诊活动，在行业内产生了巨大影响，企业的市场营销也完成了向正规军的转变，重点城市办事处的力量不断发展壮大、营销网络迅速完善。

1997年，成立了营销公司，下辖市场部、销售部、各分公司及办事处等部门，同时重新梳理调整销售队伍，设立北京、广州、南京、浙江、上海、福建、武汉、长沙、普药和原料药10个销售分公司及重庆经营部。

1998年，百令胶囊销售收入首次突破亿元大关。

组建营销公司、设立各分支机构，使得企业初步形成了遍布全国的销售网络，打开了市场，促进了百令胶囊和赛斯平等重点产品的迅速增长，为公司第一次创业画上了圆满的句号，更是形成了"要么唯一，要么第一""走专科特殊用药之路，在专科中形成系列化产品市场优势"的重大营销战略。

2002年，李邦良对营销公司再次进行组织架构的重大调整，提升大区管理，强化总部产品经理制，市场部以产品为线划分为5个部门，企业营销实力不断提升……

李邦良发起的"百令万里行"活动，历时3年，成功地把一家原料药生产企业转型成为制剂生产销售企业，百令万里行的这种不畏艰难、艰苦奋斗、奋勇向前的精神和保持谦虚、谨慎、不骄、不躁的作风一直推动着华东医药人不断前行！

六条理念，造就企业新局面

理念既是对事物追求的理想境界，也是一种对事物追求的清晰思路。在企业发展过程中，理念决定思路，思路决定出路。华东医药自1992年由李邦良掌舵以来，这25年间在企业发展壮大的实践中形成了自己独特的发展文化理念与机制，集中体现了华东医药特色的就是李邦良提出的六条经营理念：第一，不求规模最大，但求效益最好；第二，不求品种很多，但求品种最大；第三，要么唯一，要么第一；第四，专注专科特殊用药；第五，不一定要做火车头，但一定要乘上第一节车厢；第六，不做大鱼塘里的大鱼，要做小鱼塘里的大鱼。这六条理念是对华东医药25年奋斗历程的实践经验总结，是经过25年全国医药行业严峻形势考验的，它们被进一步证明是完全正确的。正是在这六条理念的指导下，华东医药抓住了发展史上至关重要的"四次机遇"，创造了许多属于华东医药的奇迹！

合资机遇。早在1992年，世界上最大的制药公司美国默克公司来华寻找合作伙伴，先后考察了6个省，28家企业，包括许多国内著名大药厂。经过华东医药真诚努力，1994年5月，默克公司与华东医药签下了其在中国的第一个合资协议。投资300万美金的杭州默沙东制药有限公司成立后，使华东医药一下子拥有了7个美国专利产品，华东从此插上了腾飞的翅膀。由于默克公司在国际上的影响和地位，随着合资公司成立，一批国际知名企业纷纷落户浙江，在社会上形成不小的反响，被当时的省领导称之为"默克效应"。

市场机遇。 1992年邓小平南方讲话后，在中国改革开放，计划经济走向社会主义市场经济的转折关头，华东医药迅速调整战略"走出去"。在全省率先向全国高校招收大学生，组建市场部，在全国各地成立办事处和销售部，开始了融中西营销理念于一体的"百令万里行"活动。历时3年多时间，跨越10多个省市，开启了华东医药工业营销队伍组建。发展至今拥有28个营销公司，96个行政大区，306个推广部，至2016年年底已形成拥有3074人的销售队伍，为华东医药业绩的每年稳步增长打下了有利的市场基础。

融资机遇。 企业要发展，资金是关键。华东医药要发展不可不利用这一机遇。由于当时没有分到上市指标，华东医药为此争取了整整3年，许多人都不抱希望，但经过不懈努力，2000年"华东医药"成功地在深交所挂牌上市，为华东医药发展壮大提供了资金支撑，直至今日，华东医药的市值已是当时的几倍。

改制机遇。 进入20世纪90年代中期，中国市场经济日趋激烈，发展成为主题，壮大成为必然。医药市场的竞争变为规模效益的竞争，产品与技术的竞争。华东医药及时抓住了机遇，经过努力争取，进入浙江省15家政府扶持的大企业集团名单，1997年第一批享受到政府"一厂一策"的扶持政策，给华东医药的发展提供了巨大的动力。后华东医药集团与杭州医药站实行资产重组，强强联合，成立华东医药股份有限公司，经过几年磨合，在众多企业联合兼并失败的形势下，华东医药成为少数联合重组获得成功的企业之一，进一步壮大了企业规模。

正是在这六条理念指导下，华东医药经过25年发展，现已成为拥有1家核心企业，34家控股子公司，集医药生产、经营为一体的大型医药集团公司。从1993年至2016年，资产规模从 1.25亿增长到2016年143.71亿元，约增长114倍；销售收入从1.04亿元增长到2016年的253亿元，约增长242倍； 实现利润从0.09亿元增长到2016年的18.5亿元，约增长204倍。目前，华东医药进入到第五个三年规划，销售位居全国医药行业第12名、浙江省医药行业第1名。

改革创新，企业发展的不息动力

华东医药成立25年来，实现了稳步、快速发展，其根本原因是：在坚持"要么唯一、要么第一"的发展文化理念指导下，根据市场经济发展规律，不断深化改革，与市场同步，与时代前行，不断为企业发展注入新的动力。

坚持不懈地抓产品结构调整。 产品是企业生存的基础，产品决定着企业的生命，产品关系着病人的安危。在企业发展的过程中，李邦良始终把抓产品放在第一位。他带领企业先后开展了三次产品结构大调整活动，成功地使企业转型成为国内医药制剂大厂，在多个领域拥有高科技含量的产品：百令胶囊、环孢素、赛可平、卡博平、卡司平、泮立苏、赛莫司、辛贝等。百令胶囊是由李邦良亲自选定的全国一类中药新药，截至2016年，百令胶囊销售已突破20亿元；人体器官移植抗排异药物——环孢素，销售世界第二，是国内第一家生产该产品的企业； 国内独家生产糖尿病用药卡博平，年销售也已达到15亿元以上 。

坚持不懈地抓组织结构调整。一是在医药工业把体制推向市场，深化内部体制改革，适应外部市场需要。在企业成立之初就组建了面向市场的"生产、科研、营销、管理"四大中心。为企业组织实施生产、经营、科研、管理工作提供了组织保障。2016年，他又提出了打造"大平台+小前端"的号召，为企业在互联网+时代，精准把控市场，精细化生产，高精尖科研开发，打造企业新形态创造了有利的条件。二是对医药商业传统经营模式实行根本再造。从2002年起推行事业部体制，将原自成一体的分公司体制按西药线、中药线、医疗器械线组建三个事业部，到2015年打破事业部体制，成立销售部、医疗器械部、采购部、大健康，企业发展始终跟随时代变化，适应市场需求，企业组织结构一直走在医药行业的前列。

思想文化教育，保障企业稳健前行

企业发展的根本力量是人，只有坚持以人为本，坚持发展依靠员工，把干部、职工的积极性、主动性充分调动起来，发展才成为可能。而这一切必须依靠强有力的思想教育。李邦良在推进企业发展文化理念，加快企业思想教育方面一直秉承着亲抓落实、亲身示范的角色。

坚持不懈地开展形势任务教育。一是坚持每年召开公司年度工作会议，会上亲自讲解年度方针目标，对全体干部员工进行企业发展战略、内外部经营形势的分析教育，使企业的主要经营骨干保持对医药市场形势清醒的认识。二是根据公司方针目标，结合企业内部干部员工思想动态，亲自带领党委班子，组织宣贯年会精神，狠抓目标任务落实，把干部员工的思想与实际行动统一起来，在企业中形成了领导带头、员工实干的企业文化。例如，2009年公司启动的营销大区拆分工作，李邦良亲自落实大区拆分前的动员及拆分后的新组织搭建工作，在董事长亲抓实干的带领下，企业用5年的时间完成了26个大区的拆分工作，企业效益也完成了翻番的目标。

坚持不断地对员工进行企业愿景教育。企业发展文化理念要成为全体员工所认同和遵循的理想信念，行为规范和准则，必须通过不断强化培训，才能逐步实现。经过企业一次创业的历程，李邦良总结了具有华东医药特色的企业愿景，即：为大众健康服务，企业核心价值观：济世、诚正、执着、务实以及企业的六条理念。企业发展的过程就是一个不断对自己文化理念贯彻、实践、宣传、强化、增进认同的过程。因此李邦良十分重视对基层员工企业愿景的培训教育。2006年年初，由公司组织实施，对员工进行全员培训，2016年又将此内容制作成小册子发至全体干部员工，2017年编入企业文化手册之中，在华东医药代代相传。

坚定不移地发挥党组织核心作用。一是坚持抓机制。建立健全了企业党组织运行的长效机制。如党员组织生活"四个一"制度、党员活动日，党支部书记"一岗二责"兼职化制度、党建工作管理制度等。在企业深化改革过程中，始终保持党组织正常运行。二是坚持抓资源，做好党员培养工作。利用党委书记身份，带头抓好把企业中最优秀的人才资源引入到党内来的工作，在企业发展过程中，发挥政治驱动作用，以点带面，提升党员整体素质。

李邦良认为，未来企业的竞争不仅仅是技术、服务的竞争，更多的是文化的竞争，知识的竞争，思想的竞争。企业文化是企业的灵魂，是企业核心竞争力的体现。成功的企业，必须要有其鲜明的企业文化，去传承企业全体员工的价值和行为取向，去表达企业的共同信念，去激励员工的创新梦想与工作激情，去推动企业的振兴与发展。2017年，李邦良又提出了打造"智慧华东"

企业文化宣传墙

的口号，华东医药在践行救死扶伤的社会责任的同时，紧跟时代的变化，大力开发高科技创新药品，开拓大健康领域，为万千国人送去健康与幸福，也成为医药企业文化建设的范本。

文化重塑企业价值　创新引领战略转型

北京牡丹电子集团有限责任公司总裁、党委副书记王家彬事迹

突出贡献人物简介

王家彬，男，中共党员，先后就读于中国人民大学、中共中央党校，清华大学高级工商管理硕士（EMBA），高级经济师。曾就职于兆维集团、北京电控等多家知名企业。现任北京牡丹电子集团有限责任公司总裁，中关村数字电视产业园管委会主任、中关村数字电视产业联盟副理事长，北京电子商会副会长。荣获"2014年度全国电子信息行业优秀企业家"荣誉称号。

企业简介

北京牡丹电子集团有限责任公司(以下简称牡丹集团)的前身为北京电视机厂，成立于1973年，曾是我国著名的传统电视生产商，现已发展成为科技和信息服务提供商，社区式智慧园区解决方案提供商，并致力于成为新兴的工业互联网解决方案提供商。负责建设运营中关村数字电视产业园，拥有两个国家级孵化器、多个众创空间；是北京市重要的战略性新兴产业策源地和创意数字科技产业聚集区。

作为一位掌舵人，牡丹集团总裁王家彬高度重视企业文化建设和重塑，坚持用文化创新引领企业战略转型，将其摆在企业发展全局的核心位置，切实发挥企业文化的战略引领作用。

他全面树立"创新、创造、价值"的核心价值观，以重塑核心价值观为根本，厘清企业价值体系，推动产业结构从传统制造业向现代生产性服务业转变。他提出"创新、创业、共享、共赢"的核心经营理念，确立新的发展战略和经营模式，推动文化理念从封闭零散向开放系统转变。他大力弘扬"务实求真、诚信合作、创业创新、和谐共赢"的企业精神，以转变经营管理理念为关键，重新梳理管理体制和运营流程，推动管理方式从物质消耗型向价值创造型转变。他主持制定《牡丹宪章》和《牡丹宪法》，以激发创新动力为支撑，完善人才培养和创新激励机制，推动文化氛围从封闭保守型向创新进取型转变；他所提炼的关于牡丹集团企业文化建设的12条理论，保障了企业战略转型的有效实施和推进，推动了企业各项经营工作健康发展。

重塑核心价值，破局引领企业改革转型

牡丹集团，曾经创造了家喻户晓的牡丹品牌，但在20世纪90年代末期，由于国家政策导向改变、市场竞争形势的激化和彩电技术更新换代等原因，牡丹电视的市场份额不断降低、利润持

续下滑，直至被迫退出电视机生产制造领域，牡丹集团陷入发展低谷。在严峻的经营形势下，迫切需要走出这个生存发展的死胡同，牡丹集团总裁王家彬在深入分析内外部环境以及主要矛盾的基础上，提出了"创新，创造，价值"的核心价值观。这一理念，要求牡丹集团必须借鉴先进经验，不断创新文化理念，以改革求变的精神改变不适应时代发展要求的旧观念，通过不断地创新来创造价值，通过不断地创造来创新价值，通过不断地价值增值来激励创造、激励创新，创建新的经营模式。2008年以来，王家彬和领导班子从实际出发，果断放弃传统制造业发展模式，实施面向生产性服务的战略转移。在核心价值观的统领下，王家彬带领干部职工强力推进"一体化战略"，对旗下企业进行了改革调整，累计退出劣势企业18家，投资或重组新兴企业7家，政策性安置职工近千人，彻底解决了牡丹集团的生存与稳定问题；同时，对牡丹集团历史遗留问题进行风险化解和防控工作，累计处理和抑制重大风险事项16项，解决"众弱凌强"和有限资源被无效分割的发展难题。牡丹集团的发展面貌焕然一新。

融合科技文化，引领创新发展

根据对牡丹集团发展态势的分析，王家彬在实现战略转型方面，抢抓新一代信息技术升级的历史机遇，顺应首都功能定位和数字技术产业结构转型的趋势，通过大刀阔斧的改革和转换企业经营机制，以及建立运行高效的科学管理体系，为企业注入了激情澎湃的发展动力，构想和走出了一条产业布局高新化、经营管理现代化、资源利用国际化的发展路线。

他强调构建科技创新和科技孵化两个平台，立足于发展科技和信息服务业，抓住时代机遇，全面向互联网进军，以数字科技引领和提升文化创意产业为发展方向。

在王家彬的指挥下，牡丹集团的中关村数字电视产业园建设项目被确立为中关村科学城重点建设项目，他主导投资创办牡丹科技孵化器、创新孵化器，探索形成具有科技孵化功能的产业园运营模式，孕育出两个众创空间、两个国家级科技企业孵化器。中关村数字电视产业园还是北京市中小企业创业基地、海淀区文化创意产业聚集区、海淀园科技和文化产业示范区。

针对牡丹集团的实际，王家彬要求以市场为导向，提出"变革、开放、包容、创新"的企业文化体系，大力推动政产学研用的创新模式。在他的主持和带动下，牡丹集团投资引进了一个数字电视国家工程实验室，两个产业联盟，AVS和DTMB两个工程测试中心，启动了博士后科研工作站，与高校和科研院所创建了14家联合实验室，重建了牡丹集团的研发体系和研发队伍；他高度重视科技创新，牡丹集团累计主持和参与国家和行业标准37项，造就了牡丹在电子行业的高端地位。

经过几次转型升级，牡丹集团确立了"1234"（即"1体2翼3个SBU 4个解决途径"）发展战略，逐步形成了以工业互联网为主导的新兴发展模式，牡丹成功转型为信息科技服务提供商及智慧园区综合解决方案提供商、科技孵化业务运营商。为把牡丹集团发展建设成为具有全国影响力的相关产品和技术供应商和工业制造服务（IMS）解决方案的提供商奠定了坚实的基础。

勇担家国重任，振兴盛世国花

经过近几年的发展，牡丹集团重新振兴，步入一个全新的发展阶段。这得益于在王家彬的领导下全体牡丹人齐心协力和扎实工作，也得益于牡丹集团把文化建设摆在企业发展全局的核心位置，通过文化重塑引领企业改革创新，使其在推动企业重新优化组合内外资源、激发创新动力与活力、不断适应市场发展环境等方面发挥了关键性作用，同时在企业品牌形象的重塑方面起到了举足轻重的作用。

第14届中国国际工业博览会（上海）上，牡丹集团作为代表北京的核心品牌商，携众多创新成果惊艳亮相；第7届中国国际文化产业博览会（北京）上，数码动态版《富春山居图》使万众聚焦；2013年全国科技周和第十六届中国国际科技产业博览会（北京）上，牡丹集团更以"科技改变生活，创新炫动未来"的理念吸引了大批参观者，创新产品好评如潮。

以积极的文化理念为基础，促成牡丹品牌形象的全面复兴，牡丹品牌在践行社会责任方面，也做出了应有贡献。2014年，牡丹品牌成为APEC会议（北京）全程友情赞助商，为首都成功举办APEC会议贡献了自己的力量，2015年成功助力世界田径锦标赛，成为首都电子工业的一张名片。在2016年首都国企开放日活动中，牡丹集团以新面貌迎接八方来客，品牌形象进一步提升。北京市有关方面负责人在国企开放日来到牡丹集团检查工作时感慨地说："去过很多企业，这些创新成果有些民营企业有，但没有这么多；去过很多国有企业，这种创新精神和理念也很少见。对于牡丹集团，三点感受深刻：一是牡丹集团的执着；二是抓住了时代技术的脉搏；三是成功实现了转型。愿这朵牡丹之花越开越艳、常开常新。"

牡丹集团的经营之道、管理之道

为了进一步梳理牡丹人的理念体系和经营之道，给企业经营活动和可持续发展提供思想方法、价值判断、精神动力和经营智慧，2010年王家彬制定并主持撰写《牡丹宪章》，通过职工代表大会审议通过，形成牡丹人的共同使命宣言。通过《牡丹宪章》确立了牡丹集团"务实求真、诚信合作、创业创新、和谐共赢"的企业精神和"创新、创造、价值"的核心价值观，明确了牡丹人的使命、追求和精神，健全完善了一整套适应企业管理需要的管理理念和行为准则。

为了深入解读《牡丹宪章》中提倡的核心价值观和企业精神的具体运用和管理，王家彬积极倡导并推出《牡丹宪法》作为牡丹集团在管理上必须遵循的基本原则和指导思想，它的主要内容概括为：改变生产方式，改造设计规程，改革工艺流程，改善管理流程，改进规章制度，提供解决方案。同时，他认为要建设"创业创新"的企业文化，必须加强人才队伍建设，建立激励考核机制，逐步解决人才断档问题；尊重职工首创精神，提倡岗位做贡献，大力开展"双增双节"系列活动。

在王家彬的积极引领下，牡丹集团企业管理和企业文化硕果累累，连续多年获得国家级和北京市管理创新及企业文化优秀成果奖，其中两个国家现代化管理创新成果二等奖；三个北京市现代化管理创新成果一等奖；四个北京市现代化管理创新成果二等奖；一个国家级企业文化优秀成果奖；一个国家级企业文化优秀案例奖，拥有一个全国企业文化示范基地。牡丹集团与清华大学等单位共同创办的北京数字电视国家工程实验室有限公司DTMB（广播电视地面天线传输）海外工程推广项目获得2016年度国家科技进步一等奖。

"创新、创造、价值"的核心价值观，"创新、创业、共享、共赢"的核心经营理念和"务

牡丹集团公园

实求真、诚信合作、创业创新、和谐共赢"的企业精神，为牡丹人带来了一场涉及生产方式、生活方式、思维方式和价值观念的巨大变革。在王家彬的领导下，牡丹集团确立发展科技和信息服务业，重点实施多中心、分散式集团化发展战略，着力建设产业集聚生态空间，打造牡丹智能制造服务云平台（IMS），拥抱工业互联网的新时代。

强化企业软实力　筑牢发展硬支撑

襄阳泽东化工集团董事长宋开荣事迹

突出贡献人物简介

宋开荣，男，中共党员，教授级高级工程师，襄阳市第十七届人大代表。历任襄樊市氮肥厂副厂长，襄樊市无机化工总厂党委书记兼副厂长，襄阳天舜化工集团有限公司董事长兼总经理、党委书记，现任襄阳泽东化工集团董事长、党委书记。曾一度当选为中国名人书画家联合会副主席，湖北省企业联合会、企业家协会常务副会长，中南民族大学产业教授，企业家日报社中国企业家理事会执行主席、襄阳工商联副主席，襄阳智慧文化研究会、襄阳孟浩然研究会、襄阳延安精神研究会、襄阳中共党史学会等的常务副会长。先后荣获湖北省优秀企业家"金牛奖"、湖北省"五一劳动奖章"等荣誉。

企业简介

襄阳泽东化工集团（以下简称泽东化工）是2008年由襄阳天九（原襄樊市氮肥厂）和襄阳天舜（原襄樊市磷肥厂）联合改制的民营企业，国家高新技术企业，主要产品硝酸钠、亚硝酸钠产能均居全国第一，磷酸一铵产能居湖北省第二、全国第九。先后荣获湖北省模范劳动关系和谐企业、湖北省安全生产先进单位、湖北省优秀民营企业、湖北省最佳成长型民营企业、湖北省企业精神文明建设突出贡献单位、全国杰出企业社会责任奖、全国两化融合先进单位、全国电力供给侧改革管理示范企业（湖北省第一家）等荣誉。

宋开荣自2000年肩负企业重担后就高度重视企业文化建设，将其作为企业发展战略的重要组成部分进行总体布局和系统规划，坚持以文化魅力打造企业魅力，以文化优势增强发展优势。在其积极倡导和正确引领下，一项系统的企业文化建设铸魂工程在泽东化工全面展开。经过15年的创建和创新，一个既有行业特点、地域特色，又有时代精神、企业底蕴的优秀企业文化——泽东文化，正在泽东化工焕发出独有的光辉，昭示着未来。

打造精神灵魂高地，突围生存发展困境

短短的十五年来，泽东化工历经了国企改制、买断经营、搬迁再建等重重磨难，每一步都充满着艰难和挑战，但每一次阻碍都能化成企业再次腾飞的踏板，靠的就是文化的支撑，是企业精

神的鼓舞。

居安思危，革故鼎新。2000年，襄樊市氮肥厂经营恶化濒临破产，交给襄樊市磷肥厂托管。面对严峻的生产经营形势和诸多问题，宋开荣及时提出"居安思危、自强不息"的企业精神，告诫员工不仅要有强烈的忧患意识，更要有坚定的自强不息精神。他带领班子重新审视发展定位，调整发展战略，使企业走上了机制创新、管理创新、科技创新和党建思想政治工作创新的道路。短短三年，实现了襄樊氮肥厂"一年一个样，三年大变样"、襄樊市磷肥厂"三年三大步，再造一公司"的战略目标。

自强不息，再展宏图。2003年企业又站在国有民营改制新起点。在襄阳天舜因资金、环保、原材料等压力和困难而公开拍卖无人购买的情况下，宋开荣站在讲政治、顾大局的高度，毅然接过了历史的重担。面对全新的产权机制，他调整发展路径，提出"四为"核心价值观，实施科技强企战略，加快技改上规模，向规模要效益，在经济发展中打造文化企业。

联合搬迁，做大做强。2008年，企业面临搬迁和国际金融危机双重压力。宋开荣提出了坚持"科学发展、安全发展、和谐发展、可持续发展"四个发展观统领全局不动摇，坚持"居安思危、自强不息"企业精神不动摇，坚持八大经营理念融贯于生产经营管理工作不动摇，坚持"四为"核心价值观作为员工最基本价值取向不动摇，坚持党建、企业文化建设、和谐企业建设一起抓不动摇等"十个坚持"，在"更好更快搞建设，精益求精抓生产，应对危机增效益，狠抓机遇促发展"方针指导下，高度重视并及时化解前进路上的各种困难，实现了当年投产当年见效的目标，开启了企业发展的新纪元。

创新安全环保理念，夯实持续发展根基

宋开荣倡导"安全第一，缺一不可"理念。通过建立健全安全生产管理制度，创新安全理念，统一员工思想，规范员工行为来指导企业安全管理。如针对大事故没有、小事故频发的现象，他提出 "十个必须，十个坚持"和"五个转变"安全工作方针，企业成立了高规格的安全生产委员会和管理部门，配置了专兼职的安全管理人员，建立健全了公司、厂、车间、班组从上到下的安全网格化管理体系，坚持全面开展"安全主题活动"，为企业安全生产奠定了坚实基础。

宋开荣倡导"环保为天，绿色发展"的理念。始终坚持发展与节能降耗、环境治理并重的思想，倡导绿色发展，在泽东化工规划建设中，他明确提出要把泽东化工建成"环境友好和谐型企业"，实现"三保一达标"，即保一波碧水，保一片蓝天，保一方净土；废气、废水、固体废弃物全部达标排放。在广泛推广运用环保节能新技术、新工艺、新产品、新设备的基础上，按照"花园式"企业要求搞好厂房设施、绿化植被、景点景观等的布局和建设，为实现本质环保奠定了良好基石。

实施创新驱动战略，加快企业转型升级

宋开荣秉持"居安思危、自强不息"的精神，通过体制创新、制度创新、机制创新，完成了企业从国有到民营的彻底转变；通过搬迁建设发展战略的创新，完成了企业提档升级的华丽转

身。"十二五"期间，他坚持每年拿出50万~100万元，重奖各项创新成果，极大地激发了员工的创新动力和企业的快速进步。

在宋开荣的主持下，企业逐步完善了创新的组织体系、制度体系、人才管理体系、投资体系、对外开放与合作体系、文化体系等，从组织上、制度上、管理上、资金上重视和保证创新工作，进一步把创新固化为一种文化行为，扎根于员工的思想意识和实际工作中。

大力倡导全员创新，持续推进"全员创新，全员创效"活动。号召员工要围绕现有产品，以提升产能、降本降耗、提高安全环保水平等为目标，全面开展技术、管理等创新活动，全面提高员工的创新意识，全面激发员工的创新热情，全面挖掘并激活员工的创新潜能。

面对改革大潮，他认真分析研究了企业发展方向，制定了总体战略布局，通过充分的市场调研、与大专院校联合等途径，进一步明确了企业总体发展路径，2016年选定了属于战略性新兴产业领域、符合国家战略发展方向的磷酸铁锂正极材料及配套的磷酸铁项目，该项目的建成投产，将成为企业创造新的利润增长点，为企业发展奠定更加坚实的基础。

坚持人本和贵理念，增强企业竞争能力

宋开荣始终坚持"以人为本，以和为贵"，持续深化干部人事制度改革，全方位培养打造干部队伍，努力提升干部队伍的能力和水平。他提出了"三个有利于"的人才选拔原则：即有利于生产经营管理，有利于更好地发挥人才作用，有利于让年轻人有更多施展才华的机会，确立了"重人品不重文凭，重能力不重学历，重业绩不重资历"的用人导向，建立了由任命变公开招聘、由"相马"变"赛马"，"能者上、平者让、庸者下"的用人格局，使企业人才价值观发生了巨大变化，受到了广大干部员工的拥护，一批批人才脱颖而出。

在他的主导下，公司与武汉工程大学、中南民族大学、江汉大学等五所院校建立了长期合作关系，利用高校教学和科研条件为公司培养定向人才。企业先后成立培训中心、泽东大学，专门负责干部员工培训，形成了学历教育与短期培训相结合、素质教育与专业技能培训互补的培训机制和体系，累计培训干部员工3000多人次，教育经费支出近300万元，使一大批优秀青年、新进大学生、各类先进人物迅速成长起来，成为企业生产经营管理活动的中坚力量。

他积极践行"为员工创造幸福"价值观、倡导"用爱经营我们的企业"，时刻把员工利益放在首位，始终坚持"发展依靠员工，发展为了员工，发展成果与员工共享"的理念。即使在企业步履维艰的改制和搬迁时期，他都做出了"只要员工愿意留下，就一定安置"的承诺。坚持定期为全体员工免费进行体检，建立员工健康档案，时刻关注员工健康。每年支出近200万元，解决员工上下班交通问题，坚持执行婚、丧、嫁、娶，生、老、病、死探望制度，坚持开展为困难职工送温暖活动。

在他的主导下，党群机构完善，人员设施配备齐全，为开展党建思想政治工作提供了保证。坚持开展劳模、标兵、优秀营销员、孝亲敬老之星、先进党支部和优秀共产党员评选活动，每年用于奖励和表彰的费用近120万元。同时，还组织劳模、标兵、优秀党员到北京、上海等地观光旅游，让他们在工作之余能够走向外面的世界，放飞心情，增强员工热爱、建设企业的信念，提高企业的凝聚力、向心力。

企业文化知识竞赛

助力公益、爱润四方、勇担责任、和谐发展

宋开荣倡导爱心行动，通过各种方式回报社会，大力构建企业责任文化、和谐文化，打造责任泽东。

泽东化工的社会责任，践行在精准帮扶上。先后与贫困县保康、南漳三个村组结成帮扶对子，出资35万元，并出人出物帮助脱贫致富；在汶川、玉树大地震发生后，积极行动，向灾区捐款捐物60余万元；经常举行资助贫困大学生、向孤儿献爱心等慈善活动；为帮扶企业周边村组村民就业脱贫，解决了800余名劳动力就业，还每年入村进户40多家，走访慰问，送去20多万元物品。

泽东化工的社会责任，践行在结对共建上。在结对共建活动中，企业与铁佛寺社区结成互帮、互促对子，当得知该社区在"五个基本创建"活动中遭遇党员活动阵地建设资金不足的实际困难后，拿出20万元予以帮助。

泽东化工的社会责任，践行在"双岗建功"上。他在了解哪个社区有困难时，尽力帮助解决。有次在美满社区调研，一小区居民反映治安乱出行难，他个人捐资20万元，用于改修道路、安装治安电子监控系统及小区健身器材，彰显了一个人大代表的高度社会责任感。

泽东化工的社会责任，践行在"讲政治、顾大局"上。企业与襄城康嘴村结为对子，出资50多万元，用于安全饮水工程、村委办公条件建设；出资20万元对口支援谷城堰河村农田水利工程建设；资助100万元分别用于园区村级道路、清洁卫生和王尹公路建设，让沿线村组数千名村民彻底告别了不平的坑洼路，踏上了平坦的畅通路。

着力突出"四个抓手" 倾心打造"五xin宝石"

宝鸡石油机械有限责任公司党委书记范瑞丰事迹

突出贡献人物简介

范瑞丰，男，汉族，1958年出生，1986年10月加入中国共产党，经济学专业研究生，教授级高级政工师。历任石油部运输公司办公室秘书、运输公司三公司二车队副队长，中国石油天然气运输公司生产处副处长，中国石油天然气运输公司塔运司党委书记、经理，中国石油天然气运输公司党委副书记、纪委书记、工会主席。现任宝鸡石油机械有限责任公司党委书记、工会主席、副总经理。

企业简介

宝鸡石油机械有限责任公司（以下简称宝石）前身为宝鸡石油机械厂，始建于1937年，是中国石油天然气集团公司的全资子公司，是集研发、制造、集成、销售、服务为一体的综合性油气装备企业。公司现有员工7000余人，主要生产设备2400余台(套)，总资产116.12亿元，年营业收入50亿元左右。主导产品包括1000米~12000米全系列陆地钻机、海洋钻井系统和钻修井机、钻井设备、井口井控设备、油田工程车辆等。产品远销中东、美洲、非洲、东南亚、欧洲、澳洲等61个国家和地区。先后获得"全国五一劳动奖状""中国诚信企业""全国模范劳动关系和谐企业"等荣誉，并连续三届荣获"全国文明单位"荣誉。

范瑞丰高度重视企业文化建设，始终坚信"文化是企业最核心的竞争力"，坚持"精神创造财富，文化成就未来"的理念，从塑造企业灵魂的高度认识、培育和践行企业文化。尤其是近年来，他注重以"坚持不懈的培养教育、无微不至的人本关怀、健康向上的活动引导、科学严格的制度约束"为指导，突出四个抓手，着力培育特色鲜明、符合实际的宝石特色文化体系，以文化独特的魅力，内强素质，外树形象，增强队伍凝聚力，提高企业软实力，是宝石文化持续发展的开拓者和创新者。

抓好宝石文化形成，积淀提炼特色体系

范瑞丰始终强调企业文化是全体员工的文化，企业文化建设要依靠广大员工的积极参与。他严格按照中国石油企业文化"六统一"的原则，在前期文化积淀的基础上，进一步规范整合了宝石企业文化，形成了既有中国石油企业文化精髓，又有宝石企业文化特色的企业文化。2012年，

根据公司重组整合的实际情况,深入发掘、升华和凝结根植于全体员工思想的文化理念,有效推进"大宝石"企业文化融合,采取全员行动、双向沟通的办法,注重用员工自己语言、用员工心里的话来总结凝练宝石文化。同时,在凝练宝石企业文化的过程中,注重继承、吸收企业历史发展进程中的优秀文化——军旅文化(从部队转业到石油行业)和石油文化,经过持续创新、提炼升华、整合规范,逐步形成了具有自身特色、内涵丰富、易于理解、乐于践行的文化体系,并用《宝石企业文化手册》的形式予以推广和宣传,使宝石文化得到了不断丰富和升华。

抓好文化核心培育,倾心打造"五xin宝石"

范瑞丰坚持以社会主义核心价值体系为引领,以大庆精神铁人精神为灵魂,在认真落实"爱国、创业、求实、奉献"中国石油文化的基础上,提出了以"为顾客提供卓越的产品和服务"为使命、以"至诚为人,唯美做事"为核心价值观和"把责任留给自己,把满意留给用户"的经营理念为核心的企业文化,大力引导全员将诚信行为、创新氛围、用心态度、温馨环境、欣慰感觉作为始终追求的五种境界,全力打造"五xin宝石",即诚信宝石、创新宝石、用心宝石、温馨宝石、欣慰宝石。同时,他坚持做到核心文化与分子文化同步建设、同步培育、同步发展,在生产经营过程中不断丰富和完善以公司核心理念为基础的研发文化(永恒创新,引领市场)、市场文化(用真诚之心赢得忠诚顾客)、安全文化(员工的安全健康高于一切)、质量文化(精益求精,追求完美)、廉洁文化(心正,言正,身正)、管理文化(精细规范,协同共进)、服务文化(主动热诚,专业快捷)、学习文化(终身学习,自我超越)、工作文化(忠诚敬业,恪尽职守)、社区文化(邻里献爱心,互助促和谐)等为分支的宝石文化体系。通过科学凝练、正确引导、积极培育,广大员工从中感受到一种文化力量和精神动力,较好地实现了"以文化铸魂育人,以文化增进认同,以文化凝聚力量"的目的。

抓好宝石文化宣贯,促进员工魅力提升

企业文化理念得到广泛认同。范瑞丰在长期工作中总结出"企业文化理念只有落地生根才有生命力"的观点。近年来,他围绕企业文化理念落地生根、得到认同的问题,先后组织了"劳动光荣大家谈"和"工资是挣的还是发的"群众大讨论以及"劳动创造价值,劳动赢得尊重"主题征文活动,大力倡导"尊重劳动、诚实劳动、创新劳动""诚信是根、质量是本、安全是天、服务是魂""员工中有智慧、学习中有财富、工作中有乐趣、成绩中有尊严""诚实敬业、岗位奉献、劳动光荣"等理念,得到了员工群众的广泛认同,为宣贯践行宝石文化奠定了思想基础。

在活动中自觉宣贯践行企业文化。他提出"只有在实践活动中,才能体会到文化的魅力,才能更好宣贯和自觉践行企业文化"。他先后组织了"展示宝石形象、塑造宝石品牌,我与宝石同奋进"格言征集活动、评选员工90条优秀格言并制作格言手册;"宝石之歌大家唱""弘扬光荣传统,展示宝石形象"大讨论活动;深入开展了大庆精神铁人精神再学习、再教育活动;组织基层单位党员、班组长、主管以上人员参观厂史展厅活动;并常年坚持"创一流、塑品牌、树形象"系列活动(在全体员工中开展"争做文明礼貌宝石人"及"员工格言征集"活动;在青年员

工中开展"尊师学技敬业"活动，建立"学雷锋志愿者服务队"，开展"尊师学技敬业"和"传承雷锋精神、弘扬文明新风、关爱独居老人"活动；在单职工家庭中开展"争做倾心支持宝石好工嫂、好丈夫"活动；在双职工家庭中开展争当"和谐家庭"活动；在社区开展"邻里互助"活动；在未成年人当中组织开展"出厂区、进社区、和谐宝石建设儿童作品展""弘扬社会主义核心价值观暨未来宝石"元宵灯笼展等系列活动）等。从儿童到老人、从员工到家属、从厂内到社区，使每类群体、每个层次都能在生动的实践活动中体会宝石文化的精髓、感悟宝石文化的魅力，进而增强自我宣贯和践行的自觉性、积极性。

钻机机群

做好日常学习促进企业文化建设。范瑞丰认为学习对企业持续发展至关重要，是企业文化认同和践行的有力保障。宝石始终注重抓好全员学习，在全体员工中开展"学习在石油·每日阅读十分钟"和"创建学习型组织，争做知识型员工"等活动；在青年员工中开展"青年读书大家谈"读书活动和"我与宝石共奋进"演讲比赛活动等多种形式的团队学习教育活动；发挥内部报纸、电视台、网站和广播四大媒体的作用，广泛开展员工思想道德教育和企业文化教育，使员工在润物无声中不断提升，在潜移默化中增强文化自信。

抓好宝石文化有形化，奠定力量凝聚"软实力"

范瑞丰坚持把企业文化与精神文明创建相结合，融入全国文明城市建设之中。他充分发挥中国石油企业精神教育基地作用，注重开展身边人事迹带动活动，使传播宝石文化的载体处处可见。积极实施宝石文化"视觉"工程，按照集团公司要求，完成整体形象、外在标识、行为标识的规范制作，明确了《宝石之歌》、厂旗、厂徽、宝石标识等；加大企业内外宣传力度，多次在中央、省、市媒体宣传企业发展成果，承办由中宣部组织的"中国石油装备走出去"新闻发布会，在《宝石报》和门户网站刊登文化专栏，制作户外大型公益广告、印制《市民礼仪知识》读本，印发《学历史、知荣辱、圆梦想员工应知知识简明读本》等资料，让宝石文化成为看得见、摸得着、学得到的有形内容。

作为企业的主要领导，范瑞丰注重做好引导下属和各级组织认真履行企业社会责任，使大家深刻认识到：企业形象和文化的打造，不仅是企业内部的宣传和推广，与此同时还要通过履行社会责任，向外界传播和展示企业文化的内涵，塑造良好品牌。近年来，宝石主动拆除了100蒸吨燃煤锅炉、6台燃煤锅炉；积极支持民兵和预备役建设，主动承担防汛抢险、重大活动治安保卫工作；坚持每年集中组织开展义务献血达200多人次以上，荣获"全国无偿献血促进奖"；近年来累计投入扶贫资金100余万元，受到政府和帮扶对象的一致好评，让宝石文化的影响力有效延展。

宝石企业文化不仅成为凝聚员工、调动积极性的重要能量合剂，而且为推进服务型装备制造企业提供了坚强的"软实力"支撑。

构筑先锋文化　提升企业核心竞争力

中铁二局集团有限公司党委书记、董事长邓元发事迹

突出贡献人物简介

邓元发，男，中共党员，教授级高级工程师，硕士学位。现任中铁二局集团有限公司党委书记、董事长、法人代表，先后主持朔黄铁路、内昆铁路、渝怀铁路、丰都长江大桥、二滩电站桐子林斜拉桥等多个国家重点项目建设。先后荣获"全国优秀施工企业家""全国建筑业企业优秀项目管理者""四川省有突出贡献的优秀专家""四川省优秀创业企业家""四川省灾后重建先进个人"等多项荣誉。

企业简介

中国中铁二局集团有限公司（以下简称中铁二局）成立于1950年6月，前身为刘邓大军17军转建的西南铁路工程局，新中国最早的铁路施工企业。1998年成功改制，1999年设立股份公司，2001年"中铁二局"股票上市，隶属于中国中铁股份有限公司，是全国唯一拥有铁路、公路、房建三个总承包特级资质的局级施工企业，现有员工1.9万人，党员1.2万人。先后参与了100多条国家铁路干线建设、2/3高铁建设、95%以上城市轨道建设，承建各类基建项目逾万项，足迹遍布全国31个省区和亚非拉美40多个国家。2016年营业规模567亿元，在川企百强榜上排名第五。荣膺"全国五一劳动奖状"及国家、省部级优质工程奖300余项，鲁班奖25项。

邓元发自2010年担任中铁二局党委书记以来，高度重视企业文化建设。面对企业提质增效、转型升级的紧迫形势，他提出把企业文化建设和企业管理紧密融合，以文化促管理，铸品牌，聚团队，提升企业核心竞争力，先后两次主导拟订企业文化建设规划，并在公司决策会上确定了企业诚信经营的核心价值观，对企业文化进行全新的谋篇布局，进一步突出企业文化在企业管理中的引领作用，是中铁二局开路先锋文化的方向引领者、培育者和践行者。

诚信敬业，培育责任文化

邓元发大力倡导诚信履约理念，他多次强调各级管理人员首先要牢固树立"干好项目天经地义"的责任意识、"全员全过程标准化管理"的规则意识和"安全生产是不可逾越的红线"的底线意识，不断增强广大员工忠诚企业的使命感，敬业尽责的责任感，并通过谋篇布局，规范项目

管理行为，为"重誉守约，诚信为本"的落地构建了有力的措施保障。

在邓元发的主导下，公司相继出台了《在建工程项目诚信履约评价管理办法》《工程项目履约奖罚规定》。近3年内，公司先后召开6次诚信履约专题会和3次片区现场推进会，把公司践行诚信履约、坚决抓好项目管理的决心和要求直接贯彻到施工现场。他持续加大两级公司本部对项目现场的指导帮扶力度，坚持对重点及关注项目进行全过程监管和指导，加强对困难项目现场帮扶，确保现场问题的及时有效解决，保障了重点项目顺利推进。他积极组织开展各类业务培训和现场管理交底，确保"安全质量是不可逾越的红线"意识入脑入心，促进了安全质量管理体系有效运行；他坚持以问题为导向，深入组织开展安全质量检查、片区稽查和专项整治活动，严肃问题处理和事故追责，每年排查治理各类安全质量隐患10万余条，兰新、大西、成绵乐、贵广、成渝、京福铁路及埃塞轻轨、国铁等一大批海内外项目按期优质开通。中铁二局诚信履约的实际行动，使企业赢得各界业主肯定，各类业主褒扬类函件从2014年的20份上升到2016年的240份，项目优良评价率从2014年的81.3%上升到2016年的94.9%，公司在2016年下半年成功跻身铁路信誉A级企业，企业公信度和美誉度大幅提升。

标准精细，培育管理文化

邓元发在工程项目管理实践中，不断验证、完善和总结标准化、精细化管理制度，形成项目管理的先进样板和标准模块，并在此基础上，制定出台了企业全层级覆盖、全过程介入、全流程控制、操作性强的《工程项目标准化管理手册》，并通过强化全员宣贯培训和推行管理达标认证两项措施，标准化管理理念、内涵在全体员工中内化于心、外化于行，逐步将标准化凝聚为企业全员的管理共识，三年来公司共组织培训人员7.7万余人次，相当于把企业全员轮训了3遍，促进了项目管理规范有序。

邓元发在加强推进项目管理标准化基础上，不断丰富完善"标准精细"文化的基本构架，在形象上严格执行企业标识使用9项规定，突出标准化、精细化管理氛围，展现企业铁军风貌；在行为上将"标准精细"管理理念与企业管理目标紧密结合，制定明确的管理目标体系，引导和动员各级管理人员在对外经营、内部管理、工作生活中充分展示标准化、精细化水平和工作效率。标准精细化管理的推行，使集团各单位的自主管理水平和履职能力普遍提高，财务指标持续向好，涌现出了一、四、五、深圳公司等一批中国中铁三级子公司20强和扭亏解困十佳企业。

降本增效，培育效益文化

邓元发为唤起全体员工深层次的市场意识、效益意识，引导员工不断适应建筑施工市场日益严峻的竞争压力，他通过宣传引领和制度设计，积极在全公司上下营造"尊重业绩、崇尚效益""盈利光荣、亏损可耻""人人降本、处处节约"的文化氛围和价值导向。一方面以"降本增效"为主线，推动效益文化理念落地。建立健全成本效益责任制，完善企业绩效考核体系，强化全面预算管理和成本控制，引导、激励企业各级组织、广大员工为降本增效出力。他提出培育新的增长点，坚持效益导向，全面推广应用成本管理信息系统，强化项目成本后台管控；坚持开源节流并举，提升项目盈利水平；他主导制定了毛利率提升"三步走"计划，逐步规范预算、核算和考核兑现的责任成本管理"三项基本工作"，抓好前期变更索赔策划，加强施工方案和人、材、机等成本要素集中管控，实现了毛利率的持续提升和整体效益的大幅改善。从2014年以来，公司索赔率增长4.3%；实现归属母公司净利润从2014年的0.17亿元提升到2016年的5.11亿元；物资设备集采率增长57.16%，采购资金节约率增长6.06%，共节约采购资金18.05亿元。另一方面，他以"审计审查"为保障，确保效益监督无死角。邓元发一直要求完工项目必审、重大亏损项目必审、离任必审等"六必审"原则，实现了审计工作全覆盖，自2014年以来，共审计项目585个，为企业挽回经济损失1.25亿元；要求两级监察部门围绕公司热点、难点及管理薄弱环节，积极开展资产质量调查和效能监察，三年来，共立项61项，共挽回和避免经济损失2317万元。同时，实现规章制度、经济合同、重大决策等合法合规审查率100%。三年累计处理诉讼案件715起、避免和挽回经济损失8.03亿元，全公司新发经济纠纷案件呈逐年下降趋势。

第四届企业文化节现场

鼓励创造，培育创新文化

邓元发到任后，将创新作为文化建设纲要和企业战略规划的重要一环，实施创新驱动发展战略，以创新保发展、以创新促管理、以创新强实力、以创新增效益，广泛组织领导班子和部门调研新时期企业发展路径，从制度上为企业成员创造一个有利于发挥创造力、锤炼创新精神、敢于创新竞争的企业文化环境，鼓励员工善于钻研，积极求索。在创新文化引领下，员工思想观念不断更新，越来越多的员工投入到创新潮流中，充分利用企业国家级技术中心和博士后创新实践基地为核心的多层级创新研发平台，加大科技创新力度，拓展企业科研成果，近三年完成技术创新成果49项，国家专利奖1项，省部级科技进步奖5项，中国中铁及其他科技奖18项，国家级工法2项，省部级工法130余项，授权专利153件。

共建共享，培育和谐文化

邓元发十分重视公司和谐文化建设，他认为和谐文化应与企业内部员工共建共享，与外部利益相关方共建共享，把员工作为推动企业和谐发展的根本力量，把外部相关方作为推动企业和谐发展的延伸力量。

在他的直接推动和支持下，公司全面启动了"十个一工程"，即一个人有一个温暖的工地小家；一年签一次工资专项集体合同；一个月至少进行一次培训；一年兑现一次带薪休假；一年组织一次健康体检；一季度举办一次集体过生日活动；一季度开展一次集中文体活动；一个项目建立一个"职工服务站"等十项具体实在的惠民举措，为全体员工建立了长效关爱的服务机制。他还积极支持设立了企业首期1亿元的"职工幸福基金"，守卫爱岗敬业职工的幸福；鼓励在工地一线广泛开展"三工"建设活动，改善职工生产生活环境；对农民工、职工实行"五同"管理，加大对农民工服务和关怀力度，保证工资足额兑现、重大节日进行物质慰问、春节为返乡工人购票、召开农民工大会、开展法律宣讲、组织文体活动、解决工地"夫妻房"等，解决他们最关心的问题，这些举措，有力维护了企业和谐稳定。

关爱员工心理方面，他身体力行，积极倡导管理方式由灌输命令等传统方式向以人为本的心理疏导方式探索。一方面通过"主动谈心"共建和谐。针对企业近两年在全面深化改革过程中，因触及利益导致的员工负面情绪不断显现，邓元发坚持对下属员工"四必谈"，即情绪异常必谈、岗位变动必谈、奖励惩罚必谈、关系紧张必谈，并将这一做法固化为制度在全公司推广，大大和谐了组织氛围。另一方面，他主导通过"EAP"（员工心理援助计划）共建和谐。他在企业年度大会上明确安排，在全公司推行EAP，把工作落脚点放在"关注人、尊重人、注重人"的层面，注重了解员工诉求和愿望，助推员工克服心理偏向，积极调节自我、消除不利因素，提高自我心理保健能力，目前公司已自主培养39位（含二级4人）国家认证的心理咨询师，5年来，累计开展各类心理帮扶3000多人次，为公司构建和谐企业提供了坚强支撑。

加强路地和谐方面，随着企业进驻城市项目越来越多的现状，邓元发创新文化建设组织模式，推动项目文化建设从半封闭型走向开放型，大力倡导"路地共建""社企共建"，强调企业在实现经济效益的同时，也要日益与工程所在地社区建设、社会责任等工作深度融合。鼓励基层项目部代表企业作为一个完整的"社会公民"与当地建立相容共进的和谐关系。在他的主导下，全公司积极参与鲁甸抗震救灾、玉树灾后重建、隧道抢险救援、社区志愿服务和老区扶贫帮困等工作，积极履行社会责任，展现了国有企业的责任与担当。

由邓元发主导的企业文化建设，不仅建立了全员普遍认可的价值观，还使企业的发展思路和战略思想更加清晰，企业管理水平与员工综合素质也得到了明显提升。用员工的话来说，就是"经历了一场转变思想观念、思维方式的洗礼，匡正履职行为的训练、责任感和使命感的教育；看到了实现企业提质增效和个人价值实现的路径、企业长远发展的图景。"在责任、精细、创新、创效、和谐文化的引领下，今天的中铁二局员工，意气风发、斗志昂扬，正以对企业和个人前途负责的姿态去完成本职工作、履行岗位职责、技术攻坚、开拓市场，争创一流企业，履行开路先锋的崇高责任。

培育先进企业文化　引领企业健康发展

陕西医药控股集团有限责任公司党委书记、董事长翟日强事迹

突出贡献人物简介

　　翟日强，男，2010年2月起任陕西医药控股集团有限责任公司（以下简称陕药集团）总经理、党委副书记，2015年5月起任陕药集团董事长，2016年5月起任陕药集团党委书记。曾获"全国企业经营管理优秀人才""陕西省优秀企业家"等荣誉，国家级企业管理现代化创新成果一等奖获得者。

企业简介

　　陕药集团的前身分别是陕西医药管理局、陕西省医药总公司。2006年12月按照省委、省政府决定，改制组建成以投资为主、集科工贸于一体的省属国有大型医药企业集团，所属企事业单位18家。业务范围涉及化学制药、现代中药、医药物流、医药包装、医药科研、健康产业等领域。2016年，总资产140.18亿元，实现营业收入160.3亿元，创造利税18.35亿元，排名全省百强企业第20位，被省委、省政府确定为千亿级医药新支柱产业的骨干企业。先后获得"全国五一劳动奖状""陕西省先进集体""全省创先争优先进基层党组织"等荣誉。

　　翟日强热爱党的思想政治工作，坚决贯彻习近平总书记的一系列重要讲话精神，积极组织企业文化建设，将先进企业文化培育成为推动科学发展的重要力量。

注重顶层设计，构建企业文化建设体系

　　翟日强始终坚持"企业发展、文化先行"的经营思想，把企业文化建设作为确立企业发展稳定、管理高效、人心凝聚、积极向上道路的先决条件。

　　陕药集团改制成省属大型国有企业后，行政性职能积淀形成的工作模式与现代化管理要求存在较大差距。对此，他结合新形势、新任务，在广泛调研、充分论证的基础上，认真提炼企业精神，深入挖掘企业价值，把企业文化建设置于战略高度，统筹谋划，全面提升。一方面，培育改革发展新理念。通过确立"凝聚产业智慧、服务人类健康"的共同使命，"敬业、求实、创新、发展"的企业精神，"和于心、兴于谋、精于勤、赢于搏"的核心价值，巩固了广大干部员工的共同思想道德基础，将企业文化软实力由"无形"的理念具化为"有形"的实践，推动陕药集团基础由弱到强、规模由小到大、速度由慢到快全面协调可持续发展。另一方面，建设企业文化新

体系。通过成立陕药集团企业文化建设领导小组，设置专职负责企业文化建设的工作部门企业文化部，搭建党委统一领导、党政齐抓共管、工会等群众组织支持参与、企业文化部组织协调、职能部门和权属单位共同实施的企业文化建设架构，有力促进了陕药集团企业文化的创新、发展和升华。

立足发展实践，突出企业文化引领作用

翟日强勤恳低调、注重实效，始终把企业的价值追求寓于生动的文化实践，摆正了先进企业文化对陕药集团改革发展的引领地位，以企业文化的蓬勃发展促进陕药集团全面协调可持续发展。

多年来，他精心打造企业文化建设实践载体，坚持用先进企业文化引领改革发展，组织实施了陕药集团文化兴企工程。一是在坚持科学发展中培育包容文化。针对陕药集团中外合资企业较多、文化背景不同的发展实际，他始终坚持"和而不同、异彩纷呈"的企业文化建设思路，既注重集团母文化的统一性，又尊重企业子文化的差异性，着力培育能够有效聚集各方股东智慧的陕药集团文化。按照这一思路，陕药集团建成了"一个中心、三个支撑点"的发展新格局，2015年在全省百强企业中排名第20位，为陕西经济社会发展做出了显著贡献。二是在引领良好风尚中培育责任文化。作为全省医药行业龙头企业的主要领导，他要求陕药集团上下时刻牢记发展使命，培育责任文化，引领良好风尚。近年来，陕药集团积极履行社会责任，努力回报社会关爱，向地震灾区捐款捐药近3000万元，资助建成了一所希望小学和三个贫困山区的药材种植项目、生产生活设施，被评为"爱心企业"。三是在建设和谐企业中培育人本文化。他始终坚持以人为本理念，把维护干部员工切身利益作为出发点和落脚点，经常听取职工诉求，主动解决实际问题。以他为班长的陕药集团领导班子把群众路线教育实践活动、"三严三实"专题教育、"两学一做"学习教育作为重要载体，密切联系职工群众，积极构建和谐企业，深入开展金秋助学、帮困扶贫、节日慰问等活动，形成了推动改革发展的正能量和良好氛围。同时，把提高干部员工素质作为提升企业发展水平的先决条件，加强干部员工职业道德培养和业务技能培训，近年来共举办各类培训班250余次、受训7000余人次，干部员工的文化素养、职业情操和工作能力显著提高，实现了人与企业的共同发展。四是在开展主题活动中培育特色文化。他以突出陕药集团特色为主旨，针对不同阶段的改革发展需要，创造性地筹划了全员参与、上下联动的七次红色主题企业文化活动，组织干部员工前往延安、井冈山、遵义、西柏坡、韶山、广安、富平等革命旧址和伟人故居，用老一辈无产阶级革命家的丰功伟绩耕心铸魂、坚定信念，形成了红色主题突出、自身特色鲜明的企业文化建设模式。

加强制度建设，促进企业文化成果落地

翟日强始终把企业文化的作用体现在管理方法的运用中，引导干部员工实现从心的一致到行的一致，为企业文化成果落地营造了良好氛围。

长期以来，翟日强遵循企业文化建设规律，注重科学谋划企业文化建设思路。在规范各类文

化要素上，主持制定了《陕药集团企业文化建设规划》等中、长期企业文化建设标准和制度，并以党委名义逐年提出《企业文化建设要点》。组织形成了《陕药集团关于弘扬中华传统文化的实施方案》等一系列企业文化建设方略，规范了陕药集团企业文化建设工作的管理与执行。在改进文化管理方式上，他结合陕药集团实际情况，组织搭建了企业文化考核评价体系，从企业文化建设工作考评、状况考评、效果考评三个方面着手，制定出台了《陕药集团企业文化建设考核评价标准》，对全系统企业文化建设进行全方位管控考核，保证了企业文化建设成果的有效落地。

翟日强务实清廉、敬业奉献、作风良好，具有强烈的事业心和责任感，始终坚持对照党章党规严格要求自己，坚持用习近平总书记系列重要讲话精神武装头脑，坚持用合格党员标准检验工作成效。在他的领导、策划和影响下，"陕药集团"文化品牌以独具特色的新姿态在全国医药行业脱颖而出，赢得广泛赞誉，先进企业文化已经成为陕药集团科学发展的动力源泉。

构建企业文化体系　实现持续稳定发展

中冶建工集团有限公司党委书记、董事长姚晋川事迹

突出贡献人物简介

姚晋川，男，1958年6月出生，中共党员，大学本科、研究生学历，教授级高级工程师。现任中冶建工集团有限公司党委书记、董事长、法人代表。先后荣获"全国五一劳动奖章"和"重庆市第三届劳动模范"荣誉称号，多次获评"重庆市杰出企业家"等荣誉。

企业简介

中冶建工集团有限公司（以下简称中冶建工）是中国冶金科工集团有限公司属下的大型骨干施工企业，迄今已有51年历史。主要经营国内外大中型工业与民用建设工程，业务范围涵盖建筑勘察及设计、商品混凝土制造、钢结构及非标设备制安、机电设备安装、高层建筑、新型建材及物流管理等领域。拥有建筑工程、市政公用工程和冶金工程三个施工总承包特级资质；拥有建筑设计、人防设计、冶金行业设计、市政行业设计"四甲"资质和地质勘查甲级资质；拥有公路工程、机电工程等多项施工总承包一级资质；获得"3A"级银行信用等级。2011年至今，中冶建工连续5年实现营业收入和新签订合同"双百亿元"，跻身中国建筑业竞争力百强企业，连续十二年位列重庆100强企业前列，连续十余年荣获重庆市"重合同、守信用"企业荣誉称号，连续九年名列重庆百强企业，连续五年位列重庆纳税50强前列。

中冶建工董事长、党委书记姚晋川自2000年3月份赴任中国十八冶（中冶建工前身）总经理、党委书记以来，高度重视企业文化建设，相继提炼出企业文化核心、共同价值观、企业文化精髓、企业追求以及十大文化理念等企业文化要义。在十多年的企业发展历程中，姚晋川将中国十八冶、中冶建工的物质成果和精神成果进行融合提炼，萃取精华，构建起中冶建工开放而包容，深沉而内敛的企业文化体系。

作为企业的领导者，姚晋川不断创造、巩固并践行着中冶建工的企业文化。在他的努力下，企业通过"一五"规划，实现扭亏脱困，建立起一体五制项目管理体制；"二五"规划期间，积蓄实力，厚积薄发，中国十八冶改制为中冶建工有限公司；"三五"规划，实现科学发展和加快发展，企业实现营业收入与新签订合同"双百亿"突破。也正是在这个过程中，姚晋川带领全体员工建立起以共同价值观——"追求事业上的成功和工作中的尽善尽美是我们最大的快乐和享受"为核心的中冶建工企业文化体系。

以文化化人，扭亏脱困

　　"新世纪"一词对于中国十八冶、中冶建工而言，有着双重意义：一方面是在时间上它意味着一个新的世纪的开始，另一方面，它记录着中国十八冶进入了一个崭新的发展阶段。这一年，姚晋川同志出任中国十八冶总经理、党委书记。

　　在20世纪90年代，中国十八冶是一家深陷亏损泥淖的企业，资产负债率近100%，员工工资拖欠最高达到36个月，企业面临着破产的命运。2000年3月，姚晋川同志来到企业之后，经过一个月的调查研究，在4月份召开了年度工作会，提出要消灭亏损项目部、消灭亏损单位，开始实施包括合并成立十八冶混凝土公司在内的一系列扭亏脱困的措施。在这一段时期里，姚晋川提出了实施企业发展的第一个五年规划（2001~2005），同时，也提出了企业的经营理念（用户至上，诚信为本，全员经营，追求第一）和企业的质量方针（用我们的诚信、智慧和追求，雕塑时代的建筑精品）这两条文化理念成为中冶建工扭亏脱困的文化引领，并始终指导着全体员工的思想与行动。

　　在经营理念的指引下，企业不断拓展市场，逐渐由传统的钢铁冶金建设市场向非钢市场转型。在冶金建设市场不断萎缩的情况下，姚晋川果断决定将公司的经营范围向非钢市场延伸，这开启了企业在此后十数年里的快速发展。在质量方针的指引下，企业依靠诚信经营，诚信施工，以高度的责任心和使命感，将智慧和心血倾注到每一个工程项目中，为用户打造建筑精品，向社会展示企业形象，企业也因为过硬的施工能力和先进的施工技术，获得了社会各界的认可，市场范围得到进一步拓展。到第一个五年规划结束时，企业扩大了重庆市场，巩固了天津市场，并且进入了云南、广西、广东、安徽、新疆、河南、山东、贵州等省区，营业收入与2000年同比增长961.94%，建成的工程项目中，有荣获中国建设工程鲁班奖的重庆大都会广场，荣获国家钢结构金奖的重庆国际会展中心，荣获詹天佑土木工程大奖的重庆奥体中心运动场等精品工程项目，充分展示出企业综合实力的提升。

企业文化是企业的灵魂

　　进入"二五"规划时期（2006~2010），姚晋川主导了中国第十八冶金建设公司向中冶建工有限公司的转变。改制之后，在新的市场形势下，中冶建工迫切需要一套与企业发展相适应的富有新内涵、新特点的企业文化。姚晋川依据企业历史文化沉淀，结合企业的现实发展状况，针对未来一段时间企业经营和发展需要，撰写了《企业文化是企业的灵魂》一文，正式提出了中冶建工的十大文化理念，将中冶建工的企业文化整合为一个内容丰富，逻辑清晰，系统而全面的文化体系。

　　在十大文化理念中，姚晋川针对客户和市场提出了质量文化和安全文化，针对企业的市场经营和内部管理提出了经营文化、创新文化、效率文化，针对干部职工的学习成长提出了学习文化和反思文化，针对全体员工的综合素质提出了忠诚文化、廉洁文化和理财文化。以十大文化理念为基础，中冶建工建构起一套从视觉、行为到理念的企业识别系统。

企业文化讲座现场

姚晋川高度重视企业文化的建设，强调企业文化对企业持续稳定发展的重要意义。中冶建工的企业文化建设遵循"五大原则"："宪政性"原则（企业所有的规章制度必须受制于企业文化核心理念）、持续性原则、先行性原则（新员工必须经企业文化教育培训合格后方准予上岗）、实践性原则和创造性原则。在"五大原则"的约束和推动下，中冶建工的企业文化建设稳步推进，现已成就斐然。诚如中冶建工对近年来企业文化建设的总结，"通过持续的企业价值观体系的教育，公司内部已经形成了'团结和谐、积极向上、追求第一、追求更好'的文化氛围，员工队伍产生强大竞争力；通过持续的企业竞争—合作文化、理财文化和组织文化、制度文化建设，广大员工的执行力显著提升；通过持续的经营文化建设，企业在经营领域具备了强大竞争力，经营规模持续大幅提升；通过持续的质量文化、安全文化建设，企业在工程施工领域具备了强大竞争力，生产能力大幅提升；通过持续的学习文化、反思文化、创新文化建设，提升了两级公司管理者的思想素质、战略思维能力和企业发展理论水平，主体专业具备了强大竞争力，专业优势日趋显现；通过持续的创新文化建设，创新成果产生强大竞争力，五大创新硕果累累"。

姚晋川带领中冶建工领导班子，以企业文化为内在动力，坚持走科学合理的发展道路，以敢为天下先的精神，积极投身到企业改革的事业中，围绕着精细管理、创建学习型组织和创新型企业两大管理目标，与时俱进，开拓进取，自主创新，深化改革，在企业"二五"规划期间创造了卓越的业绩。中冶建工各主要经济技术指标屡创历史新高，与2005年相比，2010年新签订合同增长688.27%，达到119亿元；营业收入增长282.06%，达到66亿元；利润总额增长555.86%，达到1.7亿元；首次进入重庆企业集团纳税50强。

文化治企，锻造"双百亿"传奇

经过多年的历史积淀和企业文化建设，中冶建工在"三五"规划期间（2011~2015）展现出了蓬勃的发展动力。自2011年起，企业新签订合同和营业收入年年稳居"双百亿"。在国内经济下行压力持续加大，房地产市场竞争加剧的市场环境下，姚晋川始终坚持依靠先进的文化理念统一员工思想，引领企业发展，制定了"加强中间，做强主业，延伸两端，提升价值"的企业发展总战略，确立了由中低端建筑市场向高端建筑市场迈进的转型升级战略，并且在2013年赴阿尔及利亚考察，开始实施"走出去"战略，拓展海外市场。

姚晋川提出中冶建工集团的发展愿景：建设"重庆第一、国内一流的工程总承包特级企业"和建设"具有国际竞争力的一流企业集团"，并通过企业文化的引领作用来带动企业的转型升级，带领中冶建工在企业发展的关键时期迈出了重要的一步。通过一系列战略的实施，2016年，中冶建工新签订合同完成年计划的101.22%，较上年同比增长14.36%，总产值完成年计划的112.11%，较上年同比增长16.18%，营业收入完成年计划的106.04%，较上年同比增长9.2%，到2016年年底，资产负债率78.83%，比年度目标值低1.17个百分点。

突出文化战略，引领企业成熟发展

经过三个五年规划，中冶建工实现了凤凰涅槃，企业重新焕发生机与活力。"四五"规划（2016~2020）之初，姚晋川提出了中冶建工的企业文化战略，认为企业文化不仅是企业使命和企业价值的文化体现，实际上也是企业战略的重要组成部分。企业文化战略是指运用企业文化建设成果，指导并统一全体员工的思想、行为和企业的意识形态，使企业的上层建筑适应并指导企业的经营行为，促进企业发展战略的有效实施。在中冶建工的"四五"规划新征程中，文化战略将作为姚晋川战略构想的重要一步，为中冶建工的持续稳定发展奠定坚实的文化基础。

姚晋川通过十七年的精耕细作，将一家濒临破产的困难企业打造成重庆纳税50强，这一成绩的取得离不开他个人出色的经营管理能力，也得益于他创建的中冶建工企业文化体系，使得全体员工以岗位奉献为荣耀，以企业发展为己任，在工作和生活中将企业文化付诸实践。自2014年起，中冶建工连续三年，分别正式获得房屋建筑工程施工总承包特级资质、冶炼工程施工总承包特级资质和市政工程施工总承包特级资质，从重庆建筑施工企业中脱颖而出，成为重庆地区唯一的"三特五甲"企业，并通过国家高新技术企业认证，进一步激发了企业以自主研发为核心的综合创新活力。这些成绩的取得，再次彰显了中冶建工企业文化软实力对企业发展的助益。

以思想文化的深度融合推动云南建投集团
坚定不移迈向世界500强

云南省建设投资控股集团有限公司党委书记、董事长陈文山事迹

突出贡献人物简介

陈文山，男，中共党员，在职硕士，正高级工程师，中国共产党云南省第十届委员会委员。历任云南省建六公司副经理、机械化施工公司经理，云南建工集团总公司副总经理、总经理、党委副书记，西南交建集团党委书记、董事长；现任云南省建设投资控股集团有限公司（以下简称云南建投集团）党委书记、董事长。

企业简介

云南省建设投资控股集团有限公司是由原云南建工集团有限公司、十四冶建设集团有限公司和西南交通建设集团股份有限公司整合重组成立，并由云南省人民政府授权开展国有资本投资运营的省属国有重要骨干企业。整合重组后的云南建投集团注册资本金为260亿元，总资产为2 333亿元，净资产为605亿元，是云南省最大的承包商和投资商。现有在职职工30 000余人，拥有各类施工资质240余个。集团业务涵盖基础设施投资建设、城市建设投资开发、房地产开发、新兴产业投资开发、国际工程投资与建设、勘测、设计、科研、咨询、职业教育等。经营范围覆盖全中国及南亚、东南亚、中东、非洲等地。集团连续25次入选中国企业500强；连续7次入选ENR（《工程新闻记录》）250强。

2016年4月21日，为深入贯彻落实党的十八大和十八届三中全会关于全面深化改革的重大战略部署，按照"搭建省级重要投融资平台，打造行业龙头企业，培育世界500强企业，发展壮大云南优势产业"的思路，云南建投集团作为云南省首家深化改革整合重组的企业正式成立。云南建投集团董事长陈文山指出，这次整合的关键在于思想文化的统一，成败在于思想文化的融合。根据"大重组、大整合、大融合、大发展"的指导方针，他提出以"思想文化大融合"为引领，奋力推动云南建投集团整合重组。在这一思路的指导下，云南建投集团在短时间内实现了组织机构大重组、人员资产大整合、思想文化大融合、生产经营大发展，取得了"1+1+1＞3"的良好发展格局。

他积极倡导并带头践行"爱岗敬业、珍惜岗位；诚实守信、依法经营"的核心价值理念，激发建投干部职工"一家人"情怀和"主人翁"精神，大力弘扬"狼性"精神和"高原铁军"精神，带领干部职工强化使命担当、加快改革发展步伐；他坚持推动发展为己任，全面构建集团发展战略规

划，号召全体"建投人"勇当省属国有企业转型升级、走出去的"排头兵"，争做"一带一路"和"五网"建设的"主力军"；他坚持将文化建设作为企业整合重组、改革发展的基石，持续巩固文化引领企业发展的战略思维，推动集团跨越发展，坚定不移迈向世界500强。

思想文化大融合助推整合重组

陈文山紧紧围绕"以'思想文化大融合'为引领，推动集团整合重组"的总体工作思路，领导云南建投集团以只争朝夕的精神，全面推进组织机构大重组、人员资产大整合。

在推动整合重组的过程中，陈文山提出，要创新活动载体，引导干部职工不断解放思想，坚定信心，提振精气神；要着力强化命运相连、休戚相关、风雨同舟、肝胆相照、荣辱与共的"一家人"意识和"主人翁"担当精神；要坚持弘扬大局意识和集体观念，坚决做整合重组的拥护者和实践者，坚决做国有资产的保护者和创造者。为此，集团大力开展"争做合格建投人"系列活动和"五讲五比"活动。通过《建投之歌》歌咏比赛、"争做合格建投人"主题演讲比赛、"我为建投献一策"金点子征集活动、"践行建投文化勇争先"、"整合重组作表率"的专题组织生活会主题征文活动，组织引导广大青年职工积极主动适应和融入集团整合重组、跨越发展的光荣征程，进一步统一思想认识，汇集改革力量，为集团顺利实现整合重组、开创工作新局面做出积极贡献，为集团发展激发无穷动力。通过开展"讲改革比正气、讲形势比担当、讲发展比业绩、讲管理比成效、讲人才比贡献"的"五讲五比"活动，推进"五讲五比"文化落地生根，充分发挥企业文化在集团改革发展中的引领和凝聚作用，进一步统一全体干部职工的思想和行动，进一步强化干部队伍建设，加快集团改革发展步伐。

通过一系列思想教育和文化融合工作，云南建投集团积极克服了原三家集团文化认识差异大、思想统一难度大、机构繁杂、历史遗留问题众多等问题，促进了人心的深度融合。全体干部职工讲政治、顾大局、守纪律，以成为"建投人"为荣，坚定支持改革，积极参与重组，全力推动发展，确保了整合重组顺利推进、确保了矛盾不上交、确保了企业和谐稳定、确保了国有资产保值增值。2016年，云南建投集团各项指标实现大幅增长，完成投资额507.6亿元，同比增长29.1%；新签经营额1 340.2亿元，同比增长43.7%；实现营业收入825.5亿元，同比增长34%；实现利润20.84亿元，同比增长18.9%，实现了整合重组与生产经营"两手抓、两不误、两促进"的目标，集团的综合实力和品牌影响力、社会认可度大幅跃升，发展成就和发展态势赢得了省委、省政府和社会各界的高度认同。

以核心价值理念打造命运共同体

只有在共同的价值准则基础上才能产生企业正确的价值目标。陈文山始终强调，企业做大做强，必须坚持发展依靠职工、发展成果让全体职工共享。云南建投集团，是全体"建投人"共同的家园，促发展、谋跨越是全体"建投人"共同的使命。他提出深入践行"爱岗敬业、珍惜岗位，诚实守信、依法经营"的核心价值理念，打造企业与职工的"命运共同体"，把个人的前途命运与企业的前途命运紧紧联系在一起，充分激发全体干部职工干事创业的激情，义无反顾地投身企业改革发展的实践中，为集团发展贡献力量。

　　集团两级党委坚定不移地推进对"爱岗敬业，珍惜岗位；诚实守信，依法经营"核心价值理念的宣传贯彻，通过宣传册、宣传片、宣讲大会，加深干部职工对核心价值理念内涵的把握与认同，层层推动核心价值理念的深入践行。把"爱岗敬业、珍惜岗位"根植于建投人的灵魂深处，成为永恒的信念，在集团形成爱岗敬业、创新创效、争做先进的热潮，把全体干部员工的积极性、创造性充分调动起来，营造出见贤思齐、奋发有为的浓厚氛围，形成争先进、争一流，你追我赶、万马奔腾的发展局面。把"诚实守信、依法经营"作为立根固本的自觉行动，牢固树立法制意识，坚持依法经营，坚持走正道、走大道、走阳光道，杜绝各种违法、违规、违约行为，致力于塑造百年名企形象。

　　为进一步认清形势，增强危机感、紧迫感、使命感，实现"确保2020年进入世界500强"这一目标，陈文山明确提出全体干部职工要"永葆忧患意识、弘扬狼性精神、强化使命担当、促进跨越发展"。要进一步弘扬"闻风而动、坚韧不拔、众志成城、敢于胜利"的狼性精神和"坚韧不拔、开拓进取，敢打硬仗、能打胜仗"的"高原铁军"精神，坚定不移地向着世界500强的行列迈进。集团两级党委通过网站、内刊、微信公众号等平台，深入宣传集团当前面临的形势，对"狼性"精神、"高原铁军"精神进行深刻解读，引导全体干部职工进一步增强危机意识、责任意识、担当意识，强化责任落实，困难面前不退缩、问题面前不回避，立足岗位、齐心协力，为实现云南建投集团迈向世界500强的目标而努力奋斗。

强化战略引领，奋力迈向世界500强

　　检验整合重组成败与否的关键是指标的增长，发展是整合重组的目的，全面加快发展离不开战略引领。陈文山高度重视集团战略发展规划与管理，全面构建集团"123555"（即"一个目标""二个市场""三个路径""五大业务板块""五大投融资平台""五大竞争力"）发展蓝图，即"确保2020年进入世界500强"的目标；积极培育和开拓"国内、国外"两个市场；按照"国有资本投资公司标杆企业—建设投资领域大型多元化集团—建设投资领域大型跨国集团"的"三个路径"成长；全面构建投资金融、工程建设、资产运营、设计科研、协同发展"五大业务板块"；全面搭建基础设施、城乡建设、房地产开发、海外投资、新兴产业"五大投融资平台"；全面提升投融资、工程建设、"走出去"、综合管控、资源整合"五大竞争能力"。

　　陈文山强调，要继续铸牢工程建设总承包主业，打造投资引领第一主业，积极构建"投资引领、产业支撑、产融双驱、投建管营"一体的发展格局。全面深化企业改革，不断完善现代企业管理体系，不断构建产权清晰、流转顺畅、权责明确、运转高效、管理科学、充满活力的体制机制。突出抓好整合重组、跨越发展、品牌经营、投融资带动、党建工作"五个重点"。努力补齐省外国外市场、资源整合、资本运营"三大短板"。坚持树立"以五湖四海接纳五湖四海人才，成就五湖四海事业"的选人用人理念，不断深化干部人事制度改革，深入实施"四考核一退出"机制，加大对年轻干部的培养，努力形成干部能上能下、职工能进能出、收入能高能低，干部人才在全集团合理流动的机制。通过战略引领，努力将集团打造成为国内一流、国际知名、行业优先、管理科学、员工幸福的现代化的大型跨国建设投资控股集团。

　　陈文山作为云南建投集团企业文化建设的总设计师，提出了思想文化大融合、核心价值理念、战略规划等一系列主张，为全体"建投人"指明了前进的方向，促使全体"建投人"与企业风雨同舟、甘苦与共，激励着全体"建投人"不为风险所惧，不为艰难所阻，攻坚克难、开拓奋进，努力建树无愧于"建投人"称号的骄人业绩。这是云南建投集团实现迈向世界500强宏伟目标的重要保证，更是云南建投集团企业长青的基础。

奋力开拓文化强企新路的卓越企业家

东北工业集团有限公司党委书记、董事长于中赤事迹

突出贡献人物简介

于中赤，男，中共党员，研究生学历，硕士学位，全国劳动模范，全国优秀企业家，第十二届全国人大代表，吉林大学客座教授。吉林东光集团董事长、党委书记，东北工业集团董事长、党委书记，兵器工业集团董事，其间于2011～2014年兼任兵器工业集团资产管理局局长。在企业战略谋划、资本运营、文化建设、市场营销、集团化管理、精益管理等方面拥有特长和骄人业绩。

企业简介

东北工业集团有限公司(以下简称东北工业集团)隶属于中国兵器工业集团，现有员工6700余人，下属12个分、子公司，科研生产基地分布于国内7个省、国外7个国家。国内外拥有17个产业基地，设有1个国家认定企业技术中心、2个博士后科研工作站、6个国家认定（CNAS）实验室，拥有国内有效专利382项、国际专利600多项。主要产品为汽车零部件、专业车及部分军品。汽车接收系统、转向管柱开关系统处于全球领先地位。先后获得"全国五一劳动奖状""中央企业先进集体""中央企业先进基层党组织"等荣誉。

2004年，当在民营企业打拼的于中赤成为中国兵器工业集团第一位市场化聘任、契约化管理的职业经理人时，他最大的愿望就是把自己在市场中掌握的各种先进的运营管理经验毫无保留地运用到企业，把东北工业集团这个以汽车零部件为主的军民结合型企业，打造成中国汽车零部件行业的领先者和跨国公司，把东北工业集团整体打造成有发展企业的强烈抱负和高度责任感、勇于追求事业成功、受到社会和市场尊重的优秀团队。

培育优秀文化，发挥一把手引领带动作用

于中赤善于用企业文化培育团队作风，引领各级领导人员不断提升工作能力和水平，推动企业按着科学的方式快速发展。由于他初到企业时，东北工业集团还是一个思维封闭、管理落后的企业，面对现状，他利用一切可以利用的机会开展教育和引导，竭力转变各级人员的思想观念、工作方法，提升他们的工作能力。特别是在每一项重大工作开展之前，或在企业发展的关键时期，他都要提出一些先进实用的理念，用以引导各级领导和员工及时转变观念、适应发展要求、

跟上发展步伐，同时用自己的实际行动进行教育、引领。于中赤的各种理念，在员工心中不断积累和沉淀，影响着企业发展的信念和追求。

他提出了"责任、创新、求实、成事"这一治企理念，并将其确定为企业精神。一是要求各级领导要对企业发展充满责任，要把作为领导者的权力用于发展企业，为管一任必须造福一方，任职一天就为企业的发展尽责一日。在选择和评价领导人员时，责任是第一位的，只有责任感强的人才可重用。二是在发展和管理企业上要有创新精神，创新精神首先表现在有争先意识，各级人员和分、子公司要勇于在企业发展中争先进、争标兵、敢为人先、敢做大事、敢于一搏，同时还要善于推进企业在行业中争先，做行业的领跑者，成为推动中国汽车零部件行业发展的主角。其次在工作中要有开拓意识、要善于通过各种方法把承担的工作做到极致，应该经常"换一种思路想问题、换一种方法做事情"。三是工作上求实，要求领导人员和管理人员要善于调查研究，踏踏实实工作，不做表面文章，不做理由不充分的决策。四是要成事，工作无论大小、无论怎么做，最终都要成功，只有每一项工作都成功了，东北工业集团才能不断发展。为此，正确的决策下达后，"只讲完成任务的办法，不讲完不成任务的理由"，集团上下都要全力执行决策，为了促进正确"执行"和最终"成事"，要对各级人员包括集团领导班子成员进行全方位绩效考核。

为了促进各级人员树立争先思想，引领企业不断做大做强，成为行业的领跑者，于中赤常教育大家的一句话是"人生能有几回搏，此时不搏何时搏"，要求各级领导要把人生的目标定得高一点，把企业发展的目标定得高一点，最终要把个人的人生目标融入企业目标中，在为企业发展做贡献的过程中体现个人价值。兵器工业集团要求东北工业集团每年的经济增长速度要达到20%，对此于中赤坚决落实，并且要求发展速度还要高于20%，无论遇到什么样的市场环境都必须实现。于中赤说："20%不只是一个数目，更代表一种责任，我们追求20%增长，就是履行一种发展企业的责任。"

于中赤认为企业要发展，必须改变过去那种故步自封、小进则满的思想意识，要解放思想、放大胸怀、放宽视野、提升境界，把企业发展放到广阔的国内外市场和行业中去谋划和运作。同时，他还认为，东北工业集团作为一个大型中直企业、一个成功转民的企业，必须要有追求大发展、快发展的紧迫意识，既要发展好自己，也要通过自身的发展推动国家零部件产业的振兴。为了实现这一目标，他用"胸怀决定规模，规模决定地位，地位决定发展空间"引导各分、子公司，并将其确定为企业的发展文化，使各分、子公司领导明确了胸怀抱负与企业规模、发展空间的关系，坚定了做大做强企业的信心和决心，明确在促进企业发展上要永不止步、永不满足、永远追求，才能努力促进企业更大更强。各级经营者因此拓宽了发展企业的思路和视野、提升了发展企业的境界和抱负，能够站在行业发展高度，根据国内外市场发展的大趋势，主动促进企业提升能力、拓展市场，甚至向国外拓展，实现规模快速增长。

追求企业发展质量，也是于中赤心中最重的发展责任，他强调企业在发展中必须追求效益，因此"要建设有效益的规模"，为此在企业经营中不断增加对经营质量的考核权重，全面促进了各分、子公司改善内部经营结构、加强基础管理、降低经营成本，实现规模、速度和质量、效益协调发展，企业利润年均增长42%，超过了规模增长速度。

除了用教育和亲力亲为工作引导各级人员的思想和工作方法外，于中赤还非常重视学习型团队建设。他经常向各级领导人员推荐好书，强制学习。自己亲自参加各种培训，亲自走上讲台授课。他不断地鼓励大家将所学运用于实际工作，推动企业进步。

在于中赤的教育、引导、推动下，东北工业集团已形成了以发展为目的、以责任为核心的优秀企业文化。这些文化深深地扎根在集团公司各级人员的心中，集团上下，呈现出积极主动、热情负责、组织意识强、善于执行、奋发向上的良好面貌，特别是发展成为共识、负责任成为风尚，不追求发展的领导、没有责任意识的员工，会受到普遍谴责。"东工人"良好的精神状态，备受各方面的赞扬和肯定，于中赤也因此感到欣慰。

关心员工生活、注重履行社会责任

于中赤一贯认为企业发展的最终目的，是改善员工生活、回报国家和社会，为此他高度重视改善员工的生活和福利，关注员工的事业发展，同时努力履行作为国有企业的社会责任。

于中赤刚上任时，除了面临机制体制变革难题和推动企业走出困境的重任外，还面临一大堆历史欠账：在欠员工的费用上，有一大笔医药费、一大笔没有返还的集资款、应该发给退休职工的独生子女奖励费；在欠政府的费用上，有一大笔住房公积金、一笔职工住房维修基金等。于中赤在企业困难、资金紧张的情况下，千方百计挤出资金，利用三年的时间，逐步将这些费用发还给员工，补交给政府。看到早年因企业一刀切政策内退的职工收入较低时，就主动为他们增加了收入；看到很多年轻员工没有住房，就想办法取得政府支持，建设了集资房，解决和改善了一大批员工的住房。看到员工的房改房没有办理产权证，就指派专人利用三年多的时间办理了全部产权证。看到员工居住的旧房多年没有维修、设施陈旧，就集中进行了维修，同时对生活小区进行了全面绿化，并在家属区建设了室外休闲场地，为离退休人员建设了多个活动室。看到企业没有为员工办理医疗保险、安全保险、意外伤害保险等，就为全体员工办理了各种必要的保险。于中赤还在企业内建立了规范的工资增长机制，员工工资与企业收入、效益挂钩，既调动了员工为企业发展做贡献的积极性，又可以每年为员工增加工资。于中赤的这些做法，既树立了东北工业集团领导班子的形象和威信，也增加了员工对企业的凝聚力、对企业发展的信心。

随着企业的发展，员工不仅在物质利益上有要求，还希望将自己的个人成长与企业的发展结合起来，因此于中赤利用新的人力资源管理体系建设契机，为员工设立了职业晋升通道，有志成才者既可以走领导人员通道也可以走专业人员通道。管理工作能手、技术人才、营销能手、技能高手等专业人才，可在专业人才通道中享受骨干、带头人、专家等待遇。于中赤还积极倡导把培训作为员工的福利，建立内部培训制度，每月都安排两次集中培训，各方面员工都能得到有针对性的培训。还与院所联办研究生班，提升各级领导人员和专业人员的理论水平和工作能力。

在给员工提供培训福利的同时，于中赤还非常关心员工的身体健康。重视文体设施建设。设立了员工综合活动室，建立了文体活动制度，使员工在工余时间和节假日能开展各种活动。建立了员工体检制度，每年为员工集中检查一次身体，并为女职工提供特殊保险。千方百计抓好安全生产，为员工改善生产工作条件，使员工在健康、舒心的环境中工作和学习。努力建好员工食堂，聘请员工代表监督食堂管理，调剂好员工用餐，确保员工饮食安全。建立了企业困病员工救济基金和员工子女金秋助学基金，每年都补助救济几十人。节假日于中赤还亲自去看望一些需要关心的员工和家属。

在关注员工利益的同时，还特别关注社会责任的履行。把产品质量、节能减排作为社会责任。为推动企业抓好质量工作，他把产品质量比作企业的脸面，要求各级人员要确保企业的脸面。积极进行节能改造，企业节能减排指标远远低于控制指标。在履行社会责任方面，于中赤个人还带头向需要救济的员工、地震灾区、红十字会捐款，并积极支持企业捐款。

多年来，各级领导给予东北工业集团高度肯定，国资委原驻兵器工业集团监事会主席称企业在机制体制建设和管理创新上走在了国有企业的前列。兵器工业集团领导高度肯定企业的文化建设、资本运营和集团化管控。

研讨会现场

建设"有抱负、负责任、受尊重的企业"，是兵器工业集团的发展要求，也是于中赤及其领导班子发展企业的强烈愿望，为了这一愿望，他始终牢记责任、胸怀激情、不懈进取，计划六年时间、分两步走实现百亿目标。如今，以他为首的领导班子正以高昂的斗志，推动东北工业集团向百亿目标奔跑，争当中国汽车零部件行业的领跑者，努力使企业担当起新国企的责任和使命。

筑牢文化根基　追逐百年梦想

成都华川公路建设集团有限公司党委书记、董事长、总裁谢应文事迹

突出贡献人物简介

谢应文，男，中共党员，1962年出生，重庆交通大学毕业，教授级高级工程师。先后任四川省汶川卧龙特区公路局局长、成都市公路养护管理总段副总段长、成都市公路养护管理总段总段长。先后荣获"国道213线都汶公路抗震救灾先进个人""四川省交通行业抗震救灾先进个人""西南国防动员建设十佳工作者"等荣誉。

企业简介

成都华川公路建设集团有限公司（以下简称华川集团）前身为成立于1958年的成都公路管理总段。集投资、建设、运营为一体，涵盖路桥、医疗、金融、生态农业、国际贸易等多元化产业竞相发展的大型企业集团，下辖各类专业子公司、参（控）股公司17家，拥有5家全资专业子公司，在职员工近1600人，具有国家公路工程施工总承包特级资质、市政公路工程施工总承包一级、路面路基桥梁隧道等专业承包一级资质和公路行业设计甲级、试验检测、交通安全、房地产开发等多项资质。先后荣获"四川省重点工程建设先进单位"、四川省优质工程"天府杯"金奖等奖项100余项。

在四川成都，有这样一个企业带头人，他始终秉承"我们的价值取向不在于一时的得失，而在于营造一个百年后仍然活着的企业，为更多的人造福！"的执着信念，在不到20年的时间里，带领团队奋勇拼搏，将一个从计划经济时代走来、经营困难重重、发展难以为继的事业单位，打造成为影响力辐射全国的大型企业集团，他就是华川集团党委书记、董事长、总裁谢应文。多年来，谢应文始终坚持文化建企、文化兴企，他认为，"有什么样的文化，就有什么样的企业，抓发展必须先抓文化，有了先进的企业文化，企业才能走得更稳健，走得更久远"。

传承国企先进文化，勇敢带领企业改制发展

华川集团自成立以来，全体职工发扬"开路先锋"精神，为成都市公路养护管理事业做出了重大贡献。但在20世纪90年代末，国家改革步伐加快，总段计划管理的短板日益突出，生产力低、吃大锅饭、员工劲头儿不足等问题越来越不适应快速变化的市场环境，企业一度到了生死存亡的重要关头。时任总段长的谢应文从甘孜州调任不到两年，就面临着总段发展何去何从的艰难抉择。谢应文沉着应对，超前谋划，敏锐地觉察到国家经济改革发展走向，当机立断顺应时代趋

势，于2000年，借全国交通系统改革之机，带领总段改制为成都华川集团，大胆变"铁饭碗"为"泥饭碗"，变"吃皇粮"为"自谋生路"。改制后，谢应文顶着巨大压力，坚持担责、让利、平稳原则，主动将优良资产和人员让给分段，使原本就基础薄弱的总段更是举步维艰，一度欠债达到2000多万元。面对领导层和员工的质疑，谢应文说："我们以前是总段，我们有这个责任；我们是党员，我们要有这个担当。在初步统一大家思想后，他提议果断保留了原总段党委，组织大家认真学习党和军队的光辉历史，学习老一代养路人默默无闻的路石精神，带领大家徒步重走长征路，从思想上、文化上夯实改制基础。

带头践行拼搏文化，努力探索改革发展道路

华川集团不平凡的17年，是谢应文带领团队艰苦探索的17年、脚踏实地的17年、锐意进取的17年。他提出，将"顽强拼搏，永不言败，敢为人先，追求卓越"作为华川精神。17年来，他吃住在办公室，扎根在施工一线，辗转于谈判桌前，度过了一个又一个不眠之夜。他心中只有一个信念，要冲出一条血路，把企业从低谷带出来，全力做大、做强、做优，走出四川，走向全国，建设让党和人民放心的企业，建设让中国人骄傲的企业，为更多的人造福。改制以来，为增强大家的信心和力量，他带领团队徒步重走长征路；为进入市场，他放下曾是"总段长"的身份，到处找项目；为了完成好成都市一环路改建任务，他立下军令状，带领全员扎在工地，硬是完成了不可能完成的任务。在他的不懈坚持下，集团形势逐步好转，并一步步发展壮大起来，市场很快从成都扩展到川渝地区，又从川渝地区滚动发展到了全国20多个省区市；企业资质从无到有，2016年成为取得公路工程施工总承包特级资质的全国路桥行业第一家民营企业；施工能力从只能修筑低等级道路到可以修筑各种条件下的高等级公路；产业范围也从单一路桥施工扩展到了农业、医疗、投资、金融等多个领域；产值从负债经营发展到总产值突破300亿元。谢应文仅用不到20年的时间，就带领华川集团走完了有的民营企业几十年也未走完的道路，成为四川路桥行业的一张靓丽名片，创造了四川民营企业发展壮大的奇迹。

牢固确立宗旨文化，始终坚持质量立企方向

谢应文反复强调，企业改制，只是经营方式的改变，任何时候都要牢记"创造价值，铸造精品"这一华川宗旨。过去的20余年，是我国经济大发展的重要阶段，谢应文引领集团顺势而为，抢抓机遇，团结奋进，始终瞄准"品牌强企、质量立企"战略，执着前行，实现了一个又一个战略升级和历史性跨越。他始终坚信，"企业的生命在于质量，质量的生命在于基础"。特别是公路工程建设，必须坚持"百年大计、质量为本"方针，多建优良路，多建精品路，多建示范路，始终做到让党放心、让民安心。他积极倡导管理先行理念，始终把严格管理、精细管理、科学管理，打造标准化、规范化、现代化企业作为不懈追求，领导建立完善了与现代企业相适应的综合项目管理系统、质量安全系统、人资管理系统、财务管理系统、信息化系统、档案系统、协同办公系统和党工团建设系统，大力提升企业管理水平。他坚持把人力资源战略作为核心战略，坚持引进培养高精尖人才为重点，中间人才为支撑，储备人才为保障的人才建设思路，大力加强人才

队伍建设。吸引了一批批大学生、优秀复转军人和建筑行业的能工巧匠加入集团，使集团形成了专业门类齐全、综合素质优良、结构层次科学的人才梯队，为企业发展提供了有力人才支撑。他坚持以创新为引擎，以国家、行业规范为指引，始终致力于技术沉淀、革新和研发，累计投入技术平台、工程科研、试验检测等方面经费超亿元，建立起了省级企业技术中心，总结形成了国家级工法10余项、省级工法100余项，主持参与四新科研项目60余项，取得专利技术40余项。承建的200多项重大工程项目，没有发生一起严重质量事故，赢得了市场肯定。

全力培育作风文化，奋勇带领全员攻坚克难

谢应文将华川作风总结提炼为"反应迅速，全力执行，团结协作，精益求精"，华川人以此为指引，在谢应文的带领下，一步一个脚印，大江南北，长城内外，到处都留下了华川人逢山开路的足迹、遇水架桥的身影，为国家和人民修筑奉献了一条条致富路、经济路、生命路。由集团参与修建的成都市二环路高架桥，集团在全线10个标段中独占其三，是承担任务最重、投资最大的企业。2012年4月进场，2013年5月就实现了全路段通车，全部施工时间不到400天，创造了市政施工奇迹。由集团参与修建的雅西高速公路，全线以超级高架桥和超长隧道为主，被称作中国高速公路建设史上的"逆天工程"。华川人在南桠河大桥施工期间，不惧环境危险，奋勇战塌方、排涌水，最终取得全面胜利，一举奠定了华川攻坚克难的品牌形象和行业地位。由集团修建的国道317线老折山大桥，是一座高海拔弯坡斜桥，为目前世界上海拔4000米以上的第一高墩。华川人克服高原缺氧、高原冻土、生态脆弱三大世界难题，成功建成了这一高桥，开创了华川在高海拔地区建设现代工程的历史先河。由集团修建的桃巴高速高家湾特长隧道，全长4209米，最大埋深731米，华川人迎难而上，先后解决了瓦斯、岩溶、偏压、断层、涌水、涌泥等难题，创造了当时四川省公路隧道建设的新纪录。党的十八大以来，谢应文积极适应经济发展新常态，稳步推进基础设施投资和资本运营。先后投资了成都天府新区、巴中、崇州等BT项目；成都第二绕城高速、湖南怀化至芷江高速等BOT项目和河北太行山PPP项目，使集团发展驶上了乘势提速、科学发展、跨越腾飞的快车道。

大力弘扬担当文化，积极引领全员真诚奉献

多年来，谢应文带领集团积极参与社会事业，勇担社会责任，在地震灾区、防汛前线、革命老区、贫困山区，积极开展抢险救灾、精准扶贫、支援国防、捐资助学等公益行动，赢得了人民群众的赞誉，得到了各地党委政府的肯定。2008年"5·12"汶川特大地震发生后，谢应文领着华川人不计得失、不怕艰险，冒着余震不断、随时可能牺牲的危险，炸危崖，清塌方，奋勇战斗在抗震救灾第一线，第一时间抢通国道213线受灾路段，为后续救援争取了宝贵时间。2013年"4·20"芦山地震发生后，谢应文又第一时间请战，当天就集结人员装备赶往灾区，连夜抢通了灾区生命通道，高水平完成"桥坚强"宝盛桥的维修加固任务，并带队持续保通灾区道路近114千米。近年来，捐资500余万元，修建了巴中王坪川陕革命根据地红军烈士陵园"红砥路"。向成都中医药大学捐赠200万元，设立"成都中医药大学华川名师奖"专项基金。向芦山灾区捐

赠各类物资近500余万元，积极参与邛崃市水口镇陈沟村精准扶贫工作。集团坚持常年参与抢险救灾，连续多年投入省内外抗洪抢险，被四川省交通运输厅指定为交通防汛抢险主力军。2016年11月，集团作为唯一一家民营企业，受邀参加了"全国公路交通军地联合应急演练"并出色完成任务。他始终把强化员工国防意识作为重要职责，作为预任四川陆军预备役高射炮兵师后勤部副部长，他全力支持驻川部队建设，集团2014年被四川省军区命名为"中国人民解放军四川陆军预备役高射炮兵师道桥应急抢险大队"，2015年荣获成都军区授予的"2014年度西南国防动员建设十佳单位"荣誉。

坚持创新党建文化，深入组织开展党建工作

华川集团由事业单位改制而来，具有深厚的"红色基因"和党建工作优良传统。多年来，谢应文围绕党的宗旨建设企业，坚持"围绕中心抓党建，抓好党建促发展"方针，确保了企业发展的正确方向。改制之初，他就确立了"百年华川、党建领航"的建设理念，把党建工作确定为集团"一把手"工程，自己亲自担任党委书记，并配备了专职党委副书记，从上到下建立起了党建工作队伍，创造性地开展组织建党、思想建党、制度建党、文化建党工作，在集团各层面广泛设立"党员示范岗"和"党员责任区"，组织"党员突击队"。深入扎实的党建工作，保证了党的路线方针政策落地，保证了集团建设发展正确方向，保证了全体员工全面成长，得到了集团内外的好评。有声有色的党建工作，已经成为华川集团的"金字招牌"，有力促进了企业建设发展。谢应文坚持文化兴企、文化育人理念，亲自总结形成了包括华川宗旨、作风、使命、目标、愿景和"一环精神""雅西精神""二环精神""抗震救灾精神"及"十三个共同共享"为内容的一系列华川文化理念。指导集团深入开展了文化工区、文明工地建设，办起了《百年华川》《华川党建》特色内刊，组织各级常年开展"读书、写字、思考"、体育健身、关爱员工、红色之旅、奉献爱心等丰富多彩的文化活动。

今天的华川集团，已经成长为一个有文化、有内涵、有活力的、昂首奋进的新型企业。

以文化为魂、以品牌为旗、以创新为剑　打造专行专业公司

北京东方雨虹防水技术股份有限公司董事长李卫国事迹

突出贡献人物简介

李卫国，男，1965年出生，无党派人士，现任北京东方雨虹防水技术股份有限公司董事长、北京高能时代环境技术股份有限公司董事长、北京德长固废科技产业有限公司董事长、北京江南广德矿业投资公司董事长，兼任中国建筑防水协会理事会会长、北京市政协经济委员会特邀委员、顺义区人大代表、顺义区政协常委、顺义区工商联副主席、全国青联委员、北京市青联委员。历获"全国优秀企业家""中国青年企业家""北京市劳动模范"等荣誉。

企业简介

北京东方雨虹防水技术股份有限公司（以下简称东方雨虹），1995年进入建筑防水行业，致力于为重大基础设施建设、工业建筑和民用、商用建筑提供高品质、完备的防水系统解决方案，成为全球化的防水系统服务商，同时涉及非织造布、建筑节能、砂浆以及能源化工等多个领域。形成了产品、应用、施工装备和生产工艺四大研发中心。控股50余家子公司，在全国各地设有17家生产研发物流基地，拥有多个品牌。各种专项防水系统成功应用于包括房屋建筑、高速公路、地铁及城市轨道、机场、水利设施等众多领域，产品远销德国、巴西、美国、俄罗斯、南非等100多个国家和地区。

管理为基，文化为魂，推动企业健康发展

李卫国坚持"以文化凝聚人心，以战略引领发展"的管理理念，遵循"为国家、为社会、为客户、为员工、为股东"的企业五为宗旨，将企业核心价值观与战略目标紧密结合，对内强化价值观，改善经营环境，规范公司治理，监测公司绩效；对外履行社会责任，追求和谐共赢，不断追求卓越。

创建独具特色企业文化，将文化打造成公司发展核心竞争力。李卫国高度重视企业文化建设，认为"任何资源都有可能枯竭，唯有企业文化生生不息"，在企业创立之初即搭建了独具特色的，以楚文化为精髓，以儒家思想为底蕴的雨虹文化体系。始终恪守"为人类为社会创造持久安全的环境"的企业使命，致力于带领全体员工打造全球防水行业最有价值企业。

建阵地、搭体系、立制度，将企业文化建设纳入企业经营管理的方方面面；定期举办企业文

化艺术节，利用各种载体向社会相关方传达企业文化精髓，成为企业快速发展的核心竞争力。高层领导充分认识文化在企业发展中的战略地位，建立了包括精神文化、制度文化、物质文化、行为文化的"入心、入脑、入眼、入行"文化体系，并成为企业《基本法》的核心内容。

战略导向，顾客驱动，推动企业健康快速发展。李卫国紧紧围绕市场需求，跟随国家宏观经济发展走向制定企业发展战略，审时度势，以文化凝聚人心，以战略引领发展，带领企业迅速成长为行业的一面旗帜。

2001年，获悉北京承办奥运会的消息，李卫国敏锐意识到奥运建设存在的巨大市场。为提升企业综合竞争实力，果断决策从美国引进世界先进的生产线，基于此公司先后承揽了85%以上的奥运场馆防水工程建设任务；2006年国家发布铁路中长期发展规划，李卫国又及时成立铁路事业部，针对铁路市场的特殊需求开发适合对路的产品，目前占据该市场约35%的份额，为我国铁路建设做出了重要贡献。

2008年，东方雨虹成功上市，成为防水行业迄今为止唯一一家主板上市公司。借此东风，李卫国带领团队加快全国市场开拓的步伐，建立了覆盖全国县镇级市场，工程渠道、零售渠道、重大业务、海外业务和工程施工业务纵横覆盖的立体化销售服务网络，因地制宜地为客户提供定制化服务，有力地支撑了企业健康快速发展。

以人为本，合作共赢，构建企业发展良好的生态环境。李卫国坚持以人为本，构建了结构清晰、职责明确、要素健全、管理规范的人力资源管理体系，高度关注员工成长，维护员工权益；坚持员工人人平等，不论资排辈，让员工享有同等的发展机会；坚持打造学习型组织，将培训作为员工的最大福利，持续为员工提供培训机会和提升空间；坚持员工利益优先于股东利益，为员工提供完善的薪酬福利和职业保障计划；竭力奖励奉献和创造，制订有吸引力和约束力的股票期权计划等激励机制，构建人才发展的良好环境。

面对上下游客户均强势的不利情况，李卫国充分发挥领导智慧，上与中石油、中石化等国内巨型企业，拜尔、巴斯夫等国际跨国集团结为战略供应合作伙伴；下为万科、万达等优质房地产开发企业，中建、中交、中铁等总包单位提供全方位战略服务，凭借对核心价值观的坚守，对产品和服务品质的追求，良好的绩效表现，赢得了社会各方的尊重。

系统管理，持续创新，永葆企业发展活力。李卫国坚持以卓越绩效管理模式为框架，以合法合规经营为基本准则，以过程管理为核心，以两化融合为手段，构建企业一体化管理体系推进企业系统管理，为公司战略目标的实现提供管理支撑。

李卫国成立创新委员会，建立创新管理机制，设立基于"班组、部门、业务单元和集团"四个层级的创新管理组织，建立了一系列创新激励政策，不断促进企业技术创新、市场创新、经营管理创新，通过全方位创新永葆企业发展活力。

李卫国亲自担任技术中心主任职位，构建了产品研发、工艺装备研究、防水系统设计和工程施工技术四大技术体系，并被国家五大部委认定为国家级企业技术中心，设立有国家重点实验室、博士后科研工作站等诸多技术开发平台，不断建立和完善技术创新体系，公司技术创新能力不断提高，成为企业持续快速发展的不竭动力。

勇于担当，持续创新，追求卓越

东方雨虹，中国建筑防水行业的旗帜。作为系统防水解决方案的提供者，东方雨虹开发了八大系列2000多个产品，能够满足不同工程不同部位的防水需求，雨虹专项防水系统成功应用于包括房屋建筑、高速公路、城市道桥、地铁及城市轨道、高速铁路、机场、水利设施等众多领域。特别是在人民大会堂，国家粮、棉库及鸟巢、水立方等85%以上的奥运场馆等国家标志性建筑和大量高铁、地铁等国家重大基础设施建设项目中，东方雨虹均发挥了防水系统优良的应用效果，获得用户及社会各界高度评价。在民用建筑领域，东方雨虹同诸多关注建筑品质的大中型地产商、建筑企业、家装公司建立了长期战略合作关系，构筑了遍布全国的工程和零售渠道网络，为构筑和谐人居环境贡献力量，全面践行"为人类、为社会创造持久安全的环境"的企业使命。

自1998年成立以来，东方雨虹年复合增长率高达40%以上，创立10年即成功上市，市值从2008年上市之初的10.54亿元上涨至100多亿元，2016年，东方雨虹销售收入突破70亿元，市值超200亿元。公司的盈利能力、资产运营质量、债务风险状况和经营增长状况均呈现良好状态。企业规模迅速壮大，控股20多家分支机构，建立有十几个工厂，拥有世界领先的生产装备，建设了布局全国的生产销售供应服务网络。

2014年在上市公司质量评价中，东方雨虹取得综合评分排名第一的好成绩，也是唯一一家综合评价分超过80分的企业；在2015年中国品牌价值评价中，东方雨虹以19.4亿元的品牌价值处于我国建材行业的领先位置，并成功入围全国质量奖，成为我国防水行业的旗帜。

高能环境，防渗领域的开拓者，固废污染防治领域的标杆。2002年，东方雨虹收购"北京高能衬垫工程有限公司"并对其进行股份制改革。2009年，其更名为"北京高能时代环境技术股份有限公司"（以下简称高能时代）。2014年年底在上交所成功主板上市，市值达百亿元。

高能时代是国内第一家从美国引进HDPE膜防渗技术的企业，自成立以来，专注于固体废物、废液等污染物防治技术研发和环境工程技术服务、施工与监测，是中国领先的环境工程系统服务提供商，已为国内外数百项工程项目提供专业服务。凭借领先技术、一流服务、优异质量，公司获得了中国市政工程金杯奖、鲁班奖、中国人居环境范例奖、詹天佑奖等国家级最高奖项。

积极履行社会责任，实现企业和谐发展

李卫国积极倡导企业经济价值与社会价值的和谐统一，始终秉承"为国家、为社会、为客户、为员工、为股东"的企业五为宗旨，坚持国家和社会利益至上的原则，建立了以利益相关方为关注焦点的社会责任管理体系和社会责任管理制度，通过制度保障社会责任持续有效运行。公司主动承担公共责任，规范公司道德行为，积极开展社会公益支持活动，每年投入上千万元承担企业社会责任，自2009年起每年发布《企业社会责任报告》，是中国建筑防水行业唯一发布社会责任报告企业。

坚守企业核心价值观，主动承担公共责任。李卫国始终倡导和强调 "绿色生产、低碳环保"的企业发展方向，对运营管理和质量安全、环保、节能、资源综合利用、公共卫生等各方面推

行标准化管理，推动导入并贯彻ISO9001、ISO14001、OHAS18001等体系标准要求，使相关工作逐步规范化、系统化和常态化。公司通过安全生产标准化2级审核，并积极开展清洁生产审核工作，累计投资上千万元，持续开展清洁生产方案，实现源头治理和过程消减。公司通过了产品环保认证、环境标志产品认证、欧盟CE认证等十几项认证，并荣获"中国环境标志优秀企业"。

李卫国强力推进"做尊贵有礼的东方雨虹人"活动，倡导绿色经营，即绿色产品、绿色施工、绿色生产、绿色办公、绿色生活，把节约资源、保护和改善生态环境、有益于消费者和公众身心健康的理念，贯穿于经营管理的全过程，以实现可持续发展，达到经济效益、社会效益和环保安全效益的有机统一。

遵守诚信准则，建立廉政管理体系，规范公司信用管理。李卫国高度重视企业诚信建设，构建公司信用体系，设立法务中心履行相关职责，正确处理企业内部之间、企业与合作者、公众、社会之间的关系，做到讲道德、守信用、遵合同、依法纪。

东方雨虹坚持"德才兼备，品质优先"的用人理念，制定企业文化手册，以"做尊贵有礼的东方雨虹人""榜样的力量""感动东方雨虹人"评选等为活动载体，通过正向激励和反向约束等手段监督执行，营造诚信守法氛围；建立廉政管理体系，设立违纪举报和招标投诉举报等平台，以及时接受员工及相关方在道德行为方面的监督；与所有员工及合作伙伴签订《廉政协议》，公开审计监督渠道，确保道德规范要求落地。

积极开展社会公益支持活动。李卫国热心支持公益事业，秉承"推动行业发展、普及防水知识、积极参与公益事业"的宗旨，将教育、环境保护、行业发展、以"服务百姓，拒绝渗漏"为主题的社区建设等方面作为公益支持重点领域，每年投入上千万元进行专项支持。

李卫国身体力行，带领团队无偿维修毛主席纪念堂；投资建设中国第一家建筑防水博物馆，每年免费接待参观人数上千人次；自筹资金开展上千场"服务百姓、拒绝渗漏"主题公益活动；为400多个特殊群体家庭提供免费渗漏维修；出资设立"雨虹奖学金"，助学扶贫、兴建希望小学，支持教育事业发展；积极捐赠资金和实物用于抗洪救灾、带头参加义务献血等一系列公益活动。

李卫国及公司积极投身公益事业、回报社会公众的义举，得到了各级政府的充分肯定，获得了社会公众的广泛赞誉，并屡获"环渤海地区建材行业诚信企业""全国（行业）顾客最佳满意企业""中国家居产业最具影响力企业"等荣誉。

充分利用社会职务，带动相关方履行社会责任。作为我国建筑防水行业的带头人，李卫国深感肩上担子的沉重。在保证本公司严格履行企业社会责任的基础上，还充分利用协会平台，倡导和推广可持续发展理念，发起成立"促进建筑防水行业健康发展产业联盟"，联合行业知名企业发表"质量诚信宣言"，加快行业质量提升进程。

他推动行业协会建立技术培训学校，引进德国技师培训体系，为行业培养专业的技术人才，积极推动我国防水专业技术的发展。

敢为人先的威宁文化"掌舵人"

南宁威宁投资集团有限责任公司党委书记、董事长黎军事迹

突出贡献人物简介

黎军，男，1969年出生，汉族，中共党员，本科学历，高级经济师，1990年参加工作。2013年11月至今，任南宁威宁投资集团有限责任公司党委书记、董事长。广西政协第十一届委员，南宁市政协第九届委员，南宁市第十次、第十一次、第十二次党代会代表，中共南宁市第十二届委员会候补委员。荣获2001年、2004年、2005年、2006年、2008年南宁市先进生产（工作）者称号，荣获2007年度、2008年度振兴南宁"创新经济效益杯"优秀厂长（经理）荣誉称号，2012年获评南宁市劳动模范，2015年获评自治区劳动模范，2015年获评"2011~2014年度广西职工思想政治工作先进工作者"荣誉称号。

企业简介

南宁威宁投资集团有限责任公司（以下简称威宁投资集团）成立于2013年12月，在南宁威宁资产经营有限责任公司、南宁沛宁资产经营有限责任公司、南宁市地产业开发总公司、南宁市储备粮管理有限责任公司整合重组的基础上组建成立，下辖16家一级监管单位。主要承担以下职能：管理及运营公共资产；文化、体育、教育、旅游等领域公共服务设施、保障性住房等准公益性项目及其他城市基础设施项目的投融资、建设、经营和管理。跻身2016中国服务业企业500强、广西企业100强和服务业企业50强；先后荣获"广西五一劳动奖状""广西优秀企业""自治区先进基层党组织"等荣誉。

"敢为人先，追求卓越"是威宁投资集团的企业精神，也是作为威宁企业文化"掌舵人"的黎军在企业改革发展、企业文化管理创新中始终不忘践行的信条。他积极贯彻中央、自治区和南宁市的战略部署，工作上务实严谨，管理上开拓进取，在他的带领下，威宁投资集团在经济发展大潮中披荆斩棘、快速成长。集团组建四年来，产业发展势头强劲、企业经营持续向好、融资能力不断增强、管理水平明显提升、可持续发展潜力巨大，成为南宁市国有企业的排头兵。

在抓好经济效益和企业改革发展的同时，黎军坚持以科学发展观统领全局，努力培育和构建具有威宁特色的企业文化。他通过大胆探索和创新管理模式，把企业文化建设活动融于经营、管理的各个环节，充分发挥了企业文化引导作用，使企业改革发展、队伍建设、精神文明建设等方面均实现了新跨越。和谐的企业环境和良好的经营业绩共同浇灌了企业快速成长的累累硕果。

着眼长远的"设计师"

黎军对企业文化"引领发展、塑造形象、凝聚人心、创造价值"的重要作用一直有着充分认识。他着眼长远、立足全局，自威宁投资集团组建成立之初，即以"四个到位"着力浇筑了威宁文化基石，为企业文化建设工作的开展提供了坚实保障。

第一，组织领导到位。在黎军的组织下，威宁投资集团成立了企业文化建设工作领导小组，领导小组下设办公室，办公室主任由集团分管领导兼任，成员由各部门负责人及各监管单位分管领导组成。领导小组负责研究决定、统筹协调集团企业文化建设的重大事项，部署企业文化建设的短期、中期及长期目标，审定集团企业文化建设实施方案、工作计划及其他重要事项等，为顺利开展企业文化建设工作提供组织保障。

第二，机构配备到位。威宁投资集团成立之初便设立企业文化部，逐步充实部门各专业岗位工作人员。企业文化部负责落实集团企业文化建设的各项具体工作，并向企业文化建设领导小组汇报。同时，黎军要求集团企业文化部督促各监管单位落实企业文化建设工作专责人员，迅速搭建企业文化工作网络，为顺利开展企业文化建设工作提供队伍保障。

第三，责任落实到位。黎军带领集团企业文化部研究制定了《威宁投资集团企业文化管理制度》，对系统开展企业文化建设的具体内容、任务、标准、要求、阶段性目标等进行明确，将企业文化建设阶段工作目标纳入集团重点工作内容，明确牵头单位（部门）、责任领导、工作要求，进行统一规划部署、统一实施、统一督查、统一考核，确保企业文化建设的各项任务落到实处。

第四，经费保障到位。根据企业文化建设总体规划与要求，集团将企业文化建设经费纳入每年年度预算，按照专款专用、科学谋划的原则，持续加大投入，威宁投资集团成立以来，在企业文化建设方面累计投入320多万元，有效保障了企业文化建设工作的开展。

睿智务实的"建筑家"

多年来，黎军一直主动学习研究国内外先进企业文化建设经验成果，积极探索企业文化建设与企业发展、员工成长相统一的战略规划与路径选择，结合企业发展实际，大力推动富有威宁特色的企业文化体系构建。

在他的高度重视、悉心指导和亲自参与下，威宁投资集团编制完成了《威宁投资集团企业文化建设规划（2016~2020）》及《威宁投资集团企业文化手册》。通过系统、持续的企业文化建设，集团正着力打造文化理念体系、形象体系、行为体系及子文化体系"四大体系"，并计划到2020年，全面形成符合威宁战略发展需求，具有特色鲜明、健康向上并为广大员工认同的企业文化体系，使之内化于心、外化于行、固化于制。

在文化理念体系建设方面。黎军多次深入一线，多方听取意见，亲自研究和部署集团企业文化发展方向和远景规划。他组织企业文化部牵头，动员集团上下积极参与，通过覆盖集团系统的问卷调查、奔赴16家监管单位进行实地调研走访、组织集团企业文化建设领导小组成员及各部门员工代表进行座谈讨论等一系列扎实工作，进行全面深入的企业文化现状诊断。在掌握大量一手资料、形成诊断报告的基础上，传承创新、提炼总结，编制了企业文化建设"十三五"规划，提出了"守正鼎新，利他立仁"的企业核心价值观，"敢为人先，追求卓越"的企业精神，"打造国有服务品牌，提升公共资产价值，共创都市幸福生活"的企业使命，"成为公共资产、公共服务设施首席运营商"的企业愿景，大大丰富了威宁文化理念体系的内涵。

在形象体系建设方面。威宁投资集团成立之初即已完成视觉识别系统（VI）建设，对名称、形象标识、标准色、中英文名称缩写等要素进行系统设计，制定制作标准，确定规范统一的视觉听觉识别系统，实现标志建设有规可依，规范管理和使用。并结合实际，对各类标志物按照寓意性、直观性、表达性和传播性进行系统推广宣传，使之成为集团文化的可视象征，正向引导公众对集团的认知、感受和评价。同时，因集团旗下监管单位众多，拥有各业态的不同品牌，黎军要求企业文化部在此基础之上开展集团品牌整合工作，目前品牌整合方案已制定发布，建立了"集团品牌+业务类别"的主副品牌模式，形成"一张品牌伞下，多个品牌百花齐放"的全新品牌体系。各监管单位将结合企业实际加以应用，力争威宁品牌效应最大化。

在行为体系建设方面。威宁投资集团以《员工行为手册》作为员工行为的基本规范，是集团员工落实企业核心价值观的行为指南。《手册》对集团核心价值观、企业精神、愿景等企业文化理念进行了系统归纳和深层解读，分层级提出了员工基本的道德修养、行为规范和职业要求。同时，集团完成制度流程体系建设，共建设有14类124种制度55个流程，与《手册》共同构建行为规范体系，进一步细化员工行为规范要求和优化集团工作机制。

同时，在子文化体系建设方面黎军也结合集团发展实际进行了深入思考。除了大力推动的廉政文化、安全文化、人才文化、服务文化等，他还认识到，集团监管单位十余家，涵盖行业广，行业特点不同，历史沿革不同，品牌特色不同，如何使各单位在开展企业文化建设的过程中不"跑调"、如何使集团共同价值观从抽象理念转化为员工具体的行动是要重点解决的问题。他提出在威宁企业文化建设中要坚持"一体多元，求同存异"的做法，努力营造各监管单位内涵统一、百花齐放的企业文化。当前，在强调核心价值观统一的前提下，威宁投资集团正积极推动各监管单位发挥创造性，根据各自实际打造具有自身特色的企业文化。

开拓创新的"探路人"

黎军坚持创新驱动发展的思维和理念，注重把握新时代的企业特点和发展规律，结合"互联网+"时代的企业特点，不断摸索提升威宁企业文化管理水平的途径，多措并举、狠抓落实，将文化建设积累的阶段性成果不断转化为推动企业快速发展的重要力量。

建设四大宣传平台。威宁投资集团以促进文化融合为目的，结合当今媒体传播新特点、新规律，开创"一网一刊一号一栏目"（威宁资产运营网、《威宁文化》内刊、微信公众号和电视《阳光威宁》栏目）四大宣传平台。各平台发稿质、量并重，宣传效果喜人，营造出和谐积极的宣传氛围。各平台所有信息基本由威宁系统各单位员工提供，充分展现了"人人做宣传"的参与精神。

营造特色文化氛围。积极探索营造别具特色的职场文化氛围的途径。将传统文化、警句格言、创新成果、优秀群体、模范人物等，集中进行展示、宣传，形成有助于全员汲取智慧和力量的"文化长廊"。在集团取得成功经验的基础上，逐步推广至各监管单位。同时建设开放集团企业文化展示室，成为集团对外展示的窗口及员工教育基地。

开展各类文体活动。建设集团员工阅览室，定期举办读书活动、书法比赛、摄影比赛、征文比赛、体育竞技等有益员工身心健康的活动，定期组织开展回报社会的公益活动，不断扩展企业文化建设阵地，推动企业文化建设取得良好成效。

加强人才队伍建设。先后建立集团通信员、特约撰稿人队伍，挖掘企业文化建设专业人才，通过组织培训、基层调研座谈等形式，提升企业文化及宣传岗位人才队伍的专业水平，为企业文化建设工作提供智力保障。

拓宽学习交流平台。充分发挥集团内部内训师队伍、"金种子"培训班学习平台等的作用，为从事企业文化建设岗位的员工提供良好的培训条件和学习环境，培养其不断超越自我的学习能力和创新能力。坚持"走出去、引进来"的企业文化建设思路，多次组织奔赴企业文化建设先进企业开展学习交流活动，学习经验，拓宽视野，进一步改进和提升集团企业文化建设水平。

沟通技巧与影响力提升培训现场

积极履行社会责任。威宁投资集团及各监管单位结合各自实际，多次组织及参与各类社会公益活动，积极履行企业社会责任。集团采取"1+X"模式推动监管企业基层党组织与驻点贫困村党组织结对共建，积极推进"六帮扶"工程，着力培育和打造一批村企互利共赢的脱贫项目；多次组织开展"中华慈善日·善行威宁"和扶贫日捐赠等公益活动，自2015年起发布威宁投资集团社会责任报告，树立了良好的威宁品牌形象，弘扬了国有企业正能量。

在黎军的带领下，威宁投资集团始终坚持以企业文化聚"魂"，以企业文化塑"形"，坚持在打造企业文化体系的过程中，逐步实现文化管理企业、文化发展企业、文化熏陶员工、员工创造文化的积极局面。威宁人将继续以敢为人先的勇气把握新机遇、迎接新挑战，以企业文化引擎突破发展桎梏，以企业文化建设新成果再造企业转型发展新动能，为利泽一方的梦想构筑一块更为坚实的地基，为破浪前行的威宁开拓一片更为开阔的海洋。

继承与创新中建设企业文化
责任与忠诚中践行光荣使命

青海银行股份有限公司党委书记、董事长王丽事迹

突出贡献人物简介

王丽，女，中共党员，研究生学历，高级经济师，十一届青海省政协常委、青海省政协经济委员会副主任。曾当选为西宁市第十一次党代会代表和十届省人大代表。历任西宁市商业银行党委副书记、执行董事、行长，青海银行股份有限公司党委副书记、董事长、行长；现任青海银行股份有限公司党委书记、董事长。先后荣获"省级优秀共产党员""省级三八红旗手""全国优秀创业女性"等荣誉称号。

企业简介

青海银行股份有限公司（以下简称青海银行），原名西宁市商业银行，成立于1997年12月30日，2008年11月更名为青海银行，是青海省首家地方法人股份制商业银行、唯一一家城市商业银行。截至2016年年底，资产总额1082.86亿元，下辖6家省内分行、6家管理行、3家直属支行、60家二级支行、5家社区银行和1家小企业金融服务中心。连续3年荣登"中国服务业企业500强"榜单；连续3年入选"青海省财政支柱企业"；连续4年荣获青海省政府授予的"全省工业经济运行突出贡献奖"；连续9年荣登"青海企业50强"榜单，排名逐年上升，2016年排名第15位。

作为一家地处祖国西部的城市商业银行，青海银行已连续3年荣登"中国服务业企业500强"榜单。很难想象，曾经一家组织结构不完善、业务发展不规范、人员素质不高、风险隐患突出、总资产区区3627万元的城市信用社是如何在激烈的竞争中不断完善自我、增强实力，最终站稳脚跟并取得如此耀眼发展成就和荣誉的。然而，当走进青海银行任意一家营业网点，整洁的营业大厅、笑容甜美的员工、贴心高效的服务，还有大屏幕里播放的文化视频都在告诉我们答案：青海银行之所以有今天的发展，之所以能在青海百姓中有如此好的口碑，企业文化的作用不可小觑。在青海银行20年的发展历程中，有一位功臣，她依靠过硬的业务能力、过人的智慧胆识带领大家大刀阔斧，勇往直前。她就是青海银行党委书记、董事长——王丽。

学习与思考，决策水平不落伍

平时工作之余，王丽一直保持着良好的学习习惯，每天抽出一小时静下心来学习习近平总书记讲话、学习中央文件精神、学习省委历次全会精神，甚至周末在办公室潜心分析最前沿的经济金融动态。靠着终身学习的好习惯，她的思想素养及理论知识水平持续提升。她坚持科学民主决策，善于调动一切积极因素，学习借鉴优秀城商行发展经验，努力用科学发展观推动各项工作，团结带领高管团队准确把握政策动向，在充分分析研究全国、全省经济金融形势的基础上，坚持理论联系实际，科学谋划，精准施策，经受住了新形势下的多重考验，开创了业务经营与管理工作新局面，有力地支持了全省经济社会发展。

火车跑得快，全靠车头带。王丽以高尚的人格魅力和卓越的管理才能，带出了一个经营业绩不断攀升、综合实力不断增强、发展前景十分广阔的地方银行。截至2016年年底，青海银行资产总额突破千亿元，达到1082.86亿元，较年初新增378.51亿元，增长53.74%。各项存款余额582.35亿元，较年初新增62.49亿元，增长12.02%。各项贷款余额417.31亿元，较年初新增60.32亿元，增长16.90%。实现各项收入41.34亿元，较上年多收2.88亿元，增长7.48%。各项监管指标全面达标。其中，资本充足率12.86%，拨备覆盖率168.99%，流动性比例35.56%，成本收入比28.67%，净资产收益率11.98%。

继承与创新，文化理念不老套

王丽始终注重企业文化建设，在她的积极倡导和倾力组织下，青海银行不断践行着"海纳三江，情注万家"的社会责任，形成了"为客户创造价值，为股东创造回报，为员工创造未来，为社会创造财富"的企业宗旨和"诚信包容、务实奉献、开拓创新、和谐奋进"的企业核心价值观，培育了"求稳、求实、求新、求高"的行业精神。她亲自作词创作了青海银行行歌《迈向太阳升起的地方》，抒发了青海银行人的追求、希望和目标，激励和鞭策每一名青海银行人顽强拼搏；她亲自参与设计的低调、大气、独特的形象标识成为高原一道亮丽风景；"职工之家"的建立和丰富多彩的文体活动极大地激发了员工的干劲儿。登录青海银行官网可以看到她牵头提炼出的青海银行12条企业文化理念，从"以人为本、尽人之智、倾人所能"的人本理念，到"违规就是风险，安全就是效益"的风险理念，从"凝聚产生力量，团结铸就辉煌"的团队观，到"持久的竞争优势来源于不断地学习"的学习观……字里行间透露出的都是青海银行的朝气蓬勃、科学发展和稳健经营。为积极探索丰富新形势下企业文化建设内涵，构建符合时代需求、符合现代金融企业需要、符合青海银行实际的文化体系，在原有的12条企业文化理念基础上，她亲自提炼出创新文化、管理文化、制度文化、信贷文化、风险文化、廉政文化、担当文化、服务文化、学习文化、家园文化十大文化，从业务发展、制度建设、风险控制、服务提升等全方面对青海银行文化建设提出了新要求、新目标。

走进青海银行任何一家营业网点的营业大厅，都可以看到滚动播放的青海银行企业文化视频和《文化之苑》行报，方便客户全方位了解青海银行。行报由她亲任主编，行歌由她亲自撰写，这些企业文化的精髓不断鼓舞着员工，久而久之，企业文化内化于心，外化于行，在加深客户对青海银行全面了解的同时，增强了员工的归属感和自豪感，为青海银行的业务经营发展保驾护航。

原则与信仰，履职担责不打折

作为一名金融高管，地位与职责的特殊性使她经常会遇到各种因素带来的人情、压力、诱惑，甚至贿赂。多年来，她对此始终保持着清醒的头脑和认识，忠诚于党、忠诚于青海银行，带头践行廉洁自律准则，带头倡导企业廉政文化建设，每时每刻都在提醒自己作为一名共产党员和金融从业者应该坚持的原则和恪守的道德规范。本着对党负责、对青海银行的发展负责，也为自己的事业、家庭和未来负责的态度和信念，她从未在任何业务和事务中丧失原则和标准，为他人或自己谋取不正当利益，并在长期的工作中形成了始终如一的作风和良好的形象。在各种业务营销和工作协调活动中，稳妥地把握组织营销、协调关系、沟通交流与不正当交易的关系，做到不出卖人格，不丧失原则，不出让权益，认真履行社会责任，完整地维护了企业利益。

作为董事长，王丽始终将持续的资本扩充工作作为全行发展的头等大事，亲自调研筹划、亲自沟通协调，从头抓到尾。在第三次增资工作中，她按照股东大会决议，亲自拿方案、定目标、做工作、商价格，先后与近50家国有企业、民营企业和中介机构联系、磋商、沟通、交流，反复筛选，十几次向相关部门汇报，争取政策支持。特别是由于日常经营管理的需要，很难有充分的时间出差，然而她与外地股东的沟通，几乎都是一次外出，白加黑，连轴转，或者利用学习开会之际、中午、晚上约谈、交涉、沟通，付诸了极其艰苦的工作，圆满完成了青海银行第三次增资，从根本上改变了青海银行的发展轨迹，彻底解决了影响监管评级的制约因素，大大提升了青海银行的抗风险能力，使全行的资本实力跨入全国城商行的中等水平。在整个募集工作中，王丽亲力亲为，精打细算，精心安排，仅花了30万元的审计评估费用，就全面实现了总量22亿元的资本金募集工作，为行内节约费用达2000万元以上。

青海银行新一轮资本扩充工作如今正紧锣密鼓地推进，她依然积极联络、亲自对接，只因责任二字。

认可与掌声，二十载青春不负心

功夫不负有心人。二十年来，她将自己干事创业的最佳时期全部无私奉献给了青海银行，并取得了卓越的业绩，自己也已然荣誉等身，获得多项殊荣。她掌舵的青海银行，经历了从小到大、从弱到强、从问题银行到城市名片的蜕变：市场竞争力稳步提升、风险管理水平显著提高、服务地方经济社会能力不断增强，成为老百姓最喜欢的城市商业银行。

如果总结青海银行取得重大发展进步最为重要的经验，就是王丽在推动青海银行发展的过程中充分利用了"企业文化引领企业发展"这一重要法宝，始终坚持"以文化凝聚人心，以工作统一步调"这一行为准绳，不断加强党委会、董事会、监事会、经营管理层之间的团结协作关系，积极营造领导班子内部相互支持、相互信任、相互尊重、相互配合的良好议事氛围，推动形成了团结高效的工作合力，持续推进了企业文化建设，培育打造了一支政治过硬、业务精通、充满活力的员工团队，全力推动了各项工作的开展，为推动青海银行科学稳健发展提供了坚强的组织保证和思想保证。

"洒一脸青藏高原的阳光，披一身世界之巅的新风，带着三江之水的圣洁，怀揣高原儿女的梦想，扬帆起航。怀一腔创新攀登的勇气，托一片股东客户的希望，载着全行员工的幸福，肩负社会发展的责任，奋勇向前。"这是摘自青海银行行歌《迈向太阳升起的地方》的一段歌词，它作为青海银行企业文化的一个缩影，映射出的是歌词作者王丽本人迎难而上、不畏艰辛的领头羊精神。一曲行歌倾注的不仅仅是岁月的沉积，更是一种深深的热爱！王丽——她将青春献给了青海银行，用满怀热忱带领全体领导班子和员工在青海银行发展的道路上昂首前行，义无反顾，且行且快乐。

企业文化建设的引领人

四川江口水力发电集团党委书记、董事长罗晓宇事迹

突出贡献人物简介

罗晓宇，男，生于1968年10月，四川宣汉人，中共党员，电子科技大学工商管理硕士学位、北京师范大学经济与工商管理博士学历，高级职业经理人、高级政工师、高级工程师、高级人力资源管理师，现任四川江口水力发电集团董事长、党委书记、厂长、省企联维权理事会副会长。先后获得"宣汉县'第二届十佳道德模范'""四川省劳动模范""四川省优秀企业家"和"全国'第十二届十大经济新闻人物'"等殊荣。

企业简介

四川江口水力发电集团（以下简称江电）系渠江水系洲河干流首级电站，属大型水库中型电站，电站于1987年11月开工建设，1992年5月全面竣工投产。2011年4月，成立了以四川江口水力发电厂为母公司，四川省远大铁合金有限公司、达州市普光建设开发有限公司、宣汉县金田冶金有限公司、宣汉县万象建材有限公司为子公司的四川江口水力发电集团，从事水力发电、冶炼、建材生产，同时兼营电力技术服务、基础设施建设、物流服务、旅游服务、投（融）资咨询服务等。先后获得"先进职工之家""劳动关系和谐企业""五一劳动奖状"等荣誉。

罗晓宇同志政治坚定，胸怀坦荡，勇于担当，无私奉献，履职尽责，清正廉洁。自担任江电主要负责人以来，始终站在企业发展的高度，以敏锐的洞察力，全新的视角，把握现在，开创未来，逐步形成了独具特色的企业文化。他将"坚定文化自信，弘扬工匠精神"视为企业文化发展的主旋律，贯穿于生产经营过程中，发动职工广泛参与文化建设，用核心价值观凝聚力量，用先进的文化规范职工行为，为企业持续发展提供强有力的思想保证、智力支持和精神动力。

将企业文化内化于心的引领者

2012年，江电成立了企业文化建设领导小组，设立了办公室，配备了专兼职工作人员，坚持每年拨付办公经费，罗晓宇任组长，亲自领导、统筹、规划和实施企业文化建设工作，编制了企业文化发展规划意见书，引领企业发展战略。企业文化建设领导小组的成立，对于统一全体干部职工的思想和意志、提升全员素质和道德水平、凝聚职工的战斗力量、激发职工的工作热情、保

障企业持续健康稳定地发展提供了坚强的组织保障和前进动力。

罗晓宇身体力行，处处做职工的表率，以自己的人格魅力、闪光言行和管理艺术感染着职工，使全体员工充分理解企业文化的深刻内涵：热爱企业，艰苦创业，感恩奉献，就是践行企业文化；安全文明，守望幸福就是践行企业文化；加强学习、崇尚科学、人人有文化知识就是践行企业文化；勤俭节约，反对浪费，珍惜资源就是践行企业文化；爱护环境，让企业鲜鲜亮亮就是践行企业文化；助人为乐，关心他人胜过关心自己就是践行企业文化。不知不觉中，江电职工自发地形成了具有自身特色的江电愿景、使命和精神：确立了"建设和谐幸福江电"的愿景，确定了"感恩、奉献、创新、奋进"的核心价值观，积淀了"敢为人先、艰苦创业、无私奉献"的江电精神，构建了较为完善的江电文化体系。工作之余，罗晓宇不断总结企业文化建设经验和教训，先后在《中国青年报》《四川工人日报》等报纸上发表文章、论文20余篇。

2010年8月，罗晓宇走上主要领导岗位时，面对企业人多岗少、债务沉重、设备老化、效率低下的现状，他没有退缩，而是采取因地制宜、潜移默化的方式，坚持"没有新思路就没有新出路，也就不可能取得新突破"的理念，积极探索并稳步实施了一系列行之有效的企业文化建设管理理念和制度。一是实施以"规范保安全精细出效益"为核心的"规范化、精细化"管理模式，建立现代企业绩效考核机制，推进薪酬分配制度改革，优化人力资源配置，从而改变以前"干多干少、干好干差一个样""吃大锅饭"的状况，充分调动了职工的积极性、主动性和创造性。二是多方争取，减免企业债务。他四处奔走，争取政策支持，于2016年年底，偿还电站建设本金5000余万元，减免利息近1.5亿元，使企业甩掉债务包袱。三是强化技术创新，加大设备改造。罗晓宇始终认为"技术是基础，文化是延伸"的理念是对工匠精神的诠释和升华。他亲自参与和组织技术团队针对设备缺陷进行技术攻关，先后引进的先进设备和技术改造达100余项，为厂增效近1000万元。

企业文化固化于制的创造者

罗晓宇以贴近职工思想、贴近单位现状和贴近社会民生为宗旨，将文化建设融入企业的生产经营中。充分利用企业宣传阵地，展开声势浩大的企业文化宣传普及：建设了文化长廊、荣誉室展览馆。在进厂主干道、宣传壁报栏、车间黑板栏、职工阅览室和办公楼楼梯口等场所悬挂企业理念牌板；把企业文化的理念贯穿到庆五一、庆七一、庆国庆和建厂周年文艺会演、职工运动会、登山比赛及不同层次的文体活动中，从而形成密集的企业文化意象群，使员工时时处处能感受企业文化的氛围、接受企业文化的熏陶，使企业文化理念潜移默化地扎根在员工心中。

将企业文化建设与企业的多元化发展有机结合，"一业为主，多元发展"的理念已深深地植入职工的脑海里，全体干部职工自觉地投身企业多元化发展，从而大大提高了企业的生存能力。一是成立了宇翔技术服务公司，大力开拓技术服务市场，通过"五化五强"（制度规范化、执行力强，竞赛指标化、战斗力强，技能复合化、创新力强，管理精细化、竞争力强，作风民主化、凝聚力强）班组建设、"岗位流动培训"和创先争优活动的开展，提高企业核心竞争力，成立至今，对外技术服务达到200余人次，服务企业近10家，年收入500余万元。二是在宣汉县委、县政府的大力支持下，成立了以江口水力发电厂为母公司的四川江口水力发电集团，年产值近8亿元，为宣汉工业园区的建设和招商引资工作奠定了坚实的基础。三是成立了阳光旅行社江电门市部和物业管理中心，承接国内外旅游业、厂生活区物业管理、园林绿化等业务，为企业年创收近200万元。这些举措使职工人均年增收3000余元，提高了职工的幸福感。

罗晓宇始终把职工的切身利益放在第一位，"爱厂如家，视职工为亲人"的企业文化理念在经营管理层蔚然成风。近年来，一些企业看重他管理创新的思维、善谋大局的意识、严谨务实的作风，纷纷向他抛来橄榄枝，并以年薪几十万元甚至上百万元的优厚条件聘请他，他却不为之心动，以舍不得宣汉这个风清气正的干事创业大环境，也舍不得江电一起成长的兄弟姊妹为由婉言谢绝。在个人利益面前，他毫不犹豫地选择了职工，丢弃了到口的"肥肉"，充盈了职工的"饭碗"，别人都说他傻，他却郑重地说："我是一个出生在农村的娃，在江电从一个普通工人一步步成长起来，是江电养育了我，我要在江电工作一辈子、奉献一辈子，用江电这个平台做些大家想干的事。"

罗晓宇以"四六群众工作法"践行党的群众路线，建立起干群连心桥。"四六群众工作法"：六必清——知职工之情（家庭状况、性格爱好、工作表现的优缺点、业余生活和社会交往、不同时期的思想变化、身体状况及情绪异常波动）；六必讲——答职工之惑（中央相关文件精神和相关规定、职业道德和工作态度、感恩和奉献精神、集团党委重要会议及重大决策和部署、各阶段的中心工作、重大事件及重大事故）；六必谈——排职工之忧（员工思想波动和存在苗头性及倾向性问题、受到批评惩罚、有矛盾摩擦、工作变动、工作相对突出或相对落后、出现违法违纪）；六必访——解职工之难（员工家里红白喜事、家庭发生矛盾、生病住院、家庭有困难、违纪缺勤、家庭发生重大变故）。罗晓宇经常深入生产一线，走近职工，倾听职工心声，了解职工疾苦，解决职工困难。他按照从严治党新要求，认真履行党建工作责任和党风廉政建设责任，自觉遵守党的政治纪律和中央八项规定，坚持"三重一大"决策制度和党委议事制度，严格党内政治生活，积极维护厂党政领导班子的团结和统一，大事讲原则，小事讲风格。

企业文化外化于行的实践者

文化也是生产力，江电文化建设要以培育和践行核心价值观为重点，重在认知认同、做到知行统一。这是罗晓宇对江电干部职工的殷切希望。他在江电内部喊响了"向我学习，向我看齐，争当企业榜样"的承诺，并开展形式多样的知识竞赛、技能大赛、体育比赛、文艺演出、红色教育和党性培训，坚持每年表彰诸如"四川好人"爱岗标兵赵宏、"身残志坚"最美江电人龙天友等一批具有感召力、号召力的典型和代表，教育引导党员干部要听招呼、懂规矩、守纪律，要在职工面前树标杆、做表率，在原则面前敢于碰硬、敢于认真、敢于抵制各种违纪违规行为，切实做到清正廉洁，不以权谋私，干净做事、明白做人，积极营造崇廉尚实、求真务实、风清气正的企业文化氛围。

罗晓宇关注民生，倾情回报社会。江口水力发电厂作为达州市上游防洪的第一道屏障，罗晓宇深知责任重大，始终把上下游人民群众的生命财产安全放在首位，坚持企业利益服从全局利益，坚持电调服从水调，水调服从洪调。特别是在特大洪水中舍小家、顾大家，听从市、县防洪指挥部指挥，及早放水腾库，科学调度，最大限度降低了上、下游人民群众的生命财产损失。

2016年，科学调度洪水作为新闻被四川省电视台和中央电视台综合频道播报。在扶贫工作中，用心做事，用情办事，先后给予对口帮扶村华景镇佛耳坝村、厂溪乡三角坝村等的人畜饮水等基础设施建设和公路建设共计投入220余万元资金。同时，走访慰问贫困村民、贫困学生和失学儿童30余名；为结对帮扶华景镇金萍村村民赵本前捐款2万元改造危房，帮助其脱贫致富。通过一系列回报社会的活动，江电在宣汉县和达州市树立了良好的社会形象。

在江电企业文化的教育、感染和塑造下，干部职工团结统一、奋发有为，忠诚于企业，忠诚于社会。成立20多年来，没有一起刑事犯罪案件、没有一件群众上访事件、没有一封人民来信。呈现出了生产势头旺、安全形势稳、改革步伐快、精神面貌新、整体状态好的良好态势。

作为达州市人大代表，从当选代表的第一天起，罗晓宇就认识到：人大代表不仅是一份荣誉，更多的是一种责任。他时刻以"人民选我当代表，我当代表为人民"为座右铭，怀着对党的事业无限忠诚、对人民的深厚感情，尽心尽力、认认真真履行人大代表职责。无论工作多么繁忙，他都挤出时间认真学习法律、法规，坚持定期走访车间、科室和班组，经常深入各企业特别是冶金行业和水电行业广泛调查研究煤矸石发电、铁合金资源、水力资源等现状、优势及发展前景，形成了质量较高的议案和建议。他提出的《关于成立洲河（渠江）流域联合调度机构的建议》方案，得到了省市水利部门的高度重视，被省人民政府采纳并成立了相关工作机构。

"中国梦"主题教育活动签名行动

长风破浪会有时，直挂云帆济沧海。面对成绩和荣誉，罗晓宇并没有满足，在他的文化建设发展蓝图中，将继续带领江电全体干部职工以党的十八大精神为引领，弘扬工匠精神，发扬创新精神，树立一往无前的进取意识、乘势而上的机遇意识、敢于担当的责任意识，进一步加强企业文化建设，助推企业发展，为地方经济建设做出新的更大贡献。

传承中创新　激情文化再续辉煌

红云红河烟草（集团）有限责任公司新疆卷烟厂厂长、党委副书记程振西事迹

突出贡献人物简介

　　程振西，男，54岁，汉族，经济师。1979至1984年在部队服役，1984年到红云红河烟草（集团）有限责任公司新疆卷烟厂工作，历任一车间书记、主任，生产技术管理科科长、市场营销部部长、副厂长，现任厂长兼党委副书记。多次荣获"先进生产者""优秀共产党员"等荣誉称号。

企业简介

　　红云红河烟草（集团）有限责任公司新疆卷烟厂（以下简称新烟）是新疆唯一的卷烟生产企业，始建于1960年，1986年上划国家烟草专卖局，1999年10月加入将军集团，2005年12月与红河卷烟总厂合并重组，2008年11月加入红云红河烟草（集团），2014年4月由奎屯市搬迁至乌鲁木齐，是国家4A级标准化良好行为企业，新疆30家重点扶优扶强工业企业之一。拥有"云烟""红河""雪莲"系列品牌卷烟。"雪莲"牌卷烟是新疆"名牌产品"，也是国家烟草专卖局百牌号之一。从2005年起，三次蝉联"全国文明单位"称号。

　　经过十几年的努力，新烟的企业文化建设取得了辉煌的成绩，不仅形成了独具特色的"贵和持新、激情超越"文化体系，而且构建了礼仪文化、廉政文化、执行文化、创新文化、质量文化、安全文化、精益文化等子文化体系。这些成就的取得，都与新烟厂长程振西密不可分。

并肩前行，共铸激情文化体系

　　程振西深刻地认识到加强企业文化建设对新烟发展的重要作用，并将企业文化建设作为重要工作全面展开。在新烟历经辉煌奋斗的十几年中，时任副厂长的程振西，与原任厂长一起携手并肩，共同铸就新烟激情文化体系。

　　新烟激情文化，具有丰富的文化内涵，激励着新烟人把工作当成一种信仰；激励员工把工作看作是上天赋予每个人的使命，是幸福和快乐的源泉；激励员工要有明确的工作目标，找准奋斗方向，以无限的激情，创造出几倍于他人的价值；激励新烟人热爱本职工作，成为员工干好本职工作的动力和源泉；激励员工要有高度的责任心和敢于担当的精神。

　　新烟激情文化体系确立后，在以程振西为首的领导班子推动下，新烟企业文化建设开始走

向体系化、逻辑化，并构建了新烟丰富的企业文化载体体系。包括25万字的企业文化专著《激情文化》，该书是对新烟激情文化的总结提升，系统化地诠释了激情文化的来源和内涵。为广泛吸引员工参与，还出版了《新烟员工企业文化漫画集——画说新烟》，该漫画集作品，全部出自员工之手，是全员参与企业文化建设的一次有益尝试，该漫画集也成为新烟企业文化建设的重要载体之一。同时新烟还拍摄了以企业文化建设为主线和表现内容的《企业文化宣传片——鹏程九万里》，该宣传片更加生动和直接地向人们展示新烟企业文化建设历程和企业文化内涵。新烟还制作了《礼仪文化动画片》，对礼仪文化进行全方位示范，使礼仪文化落到实处。

为促进全员尽快将企业文化理念内化于心，外化于行，新烟坚持进行企业文化培训工作，使新烟员工对企业文化理念的理解逐步深刻。同时还举行了企业文化知识竞赛、演讲比赛等多种文化活动，使企业文化建设更加丰富多彩。

积极贯彻中央精神，深化廉政文化建设

以程振西为厂长的领导班子，积极贯彻党中央反腐倡廉的精神，并从文化建设上推动新烟的廉政建设，使文化建设与廉政建设相得益彰互相促进。不但形成了新烟廉政文化体系，而且在每一位员工的内心树立起廉政观念。

在党风廉政建设系统中，程振西等新烟领导班子成员精确责任细化制度、深化教育规范监督，而这种特征所体现的思路与党风廉政建设的工作思路是相一致的。新烟在党风廉政建设工作中借助已经在烟草行业很多领域全面实施的精益管理理念，以"精确细致、深入规范"为理念指导，全面推进党风廉政建设工作。在廉政文化领域建立了一系列完善的管理制度，并以责任制、承诺制、倡议书等形式，实现从企业到个人到家庭的整体防范网络。

以程振西为厂长的新烟厂领导班子心正行直，坦荡磊落，带领全体干部职工辛苦创业，奋发图强，其突出的人格魅力和公正透明的领导作风得到了全体干部职工的高度评价和上级党委的肯定。

推动文化与管理相结合，构建精益文化体系

程振西大力推动精益文化建设，并大力提升精益管理水平。2015年3月，先后邀请专家来新烟进行精益管理讲座，并进行《红云红河集团精益C++管理模式宣贯》。2015年7月，立项专门推动精益文化建设，并于当年形成了新烟精益文化体系，同时开展精益内训师培训，加强了精益管理宣传工作，多次聘请外部专家，讲授经营管理知识和专业技能。

经过一系列的强力举措推动，新烟精益管理及精益文化建设成绩斐然。一是建立了精益组织。制定了《新烟精益管理实施方案》，成立了工厂精益管理推进工作领导小组和办事机构，通过全面推进精益管理，以内部挖潜、节支降耗为重点，向管理要效益，推进企业持续发展。二是营造了精益管理氛围。在新烟内部报纸开辟了"精益管理"专栏，建立了精益知识看板、内部刊物、海报、宣传栏、网站、征文、简报等渠道。三是强化了精益培训。购置了热门精益管理专业书籍，外出或聘请外部师资到厂里开展了分阶段、分层级、多渠道、多形式的精益管理培训。四是梳理了精益流程。对工厂所有技术标准、综合类管理标准、作业指导书，结合新厂

区的实际生产环境条件进行重新编制，共计修订126个、新增40个、废止19个标准文件或作业指导书。五是完善了现场管理。制定了《乌市新厂精益6S管理规划实施方案》，成立了相关工作小组，引入"目视化"管理方法，对新厂的现场进行规划，设计制作了各类看板、标示标牌，生产现场运用定位、画线、挂标识牌等方法对人、工具、物品、设备等进行标注，从而使现场一目了然。六是引入了问题管理。以推行精益管理为契机，以制丝车间为试点在全厂范围内推行精益改进，以此建立企业内部的问题管控体系，把内控体系的运行机制落实到精益管理之中。

树立创新人物标杆，创新文化落地生根

在国家局指导下，烟草行业经过一轮又一轮的重组和整合，之前一盘散沙、各自为战的局面，被大市场、大企业、大品牌的竞争格局所代替，烟草生产企业技术装备、人员素质、管理能力得到极大提升，集中表现在良好而稳定的产品质量、巨大的企业产能和强大的品牌效应。

但新烟不可能停止创新的脚步，否则就要被别人超越。新烟人就是在不断创新创造。为更好地推动新烟的创新活动，新烟构建了自己的"创新文化体系"。同时将创新文化落实到榜样人物身上，推出了"管理创新十大人物""技术创新十大人物"。并将创新人物的事迹编辑成《新烟管理创新十大人物》《新烟技术创新十大人物》两书印发，这两本书都有二十多万字。

丰富文化载体体系，文化建设走向深入

新烟加入红云红河集团后，继续深化和推进新烟的企业文化建设，并与红云红河集团企业文化相结合。

新烟在程振西带领下贯彻云南中烟的文化精神，并与自身文化相结合，使新烟文化方向更准确，体系更完备，理念更明晰、更加优秀。在继承的同时，企业文化必然具有创新性与个性。任何企业文化的形成，因地域不同，风土人文不同，具体发展历史不同，即便同处同一集团公司，各个分支机构的文化也必然具备个性，必然要进行创新。在程振西的带领下，创新新烟企业文化体系正是对上级公司文化体系的传承和发展。

2015年，新烟进行了红云红河集团企业文化与新烟文化相结合的全员企业文化培训，该培训全员参加，不落一人，这既使集团公司文化得到良好的贯彻，也使全厂员工更加深刻地理解红云红河集团文化与新烟文化的传承关系，使红云红河集团与新烟企业文化得到更好践行。

在结合红云红河集团企业文化进行深入培训的基础上，2016年又推出了红云红河集团企业文化与新烟企业文化相结合的全新《企业文化手册》。云南中烟"合和"文化手册与新烟"激情"文化手册，二册合一，鲜明地体现了新烟文化对云南中烟文化的传承，二册合一，更加有利于新烟在云南中烟企业文化的指引下发展，更加有利于新烟员工学习领会云南中烟企业文化的精神本质，更加有利于新烟文化对云南中烟企业文化的传承与发展。二册合一，是新烟企业文化建设中的一项重要举措，是新烟以实际行动传承和发展云南中烟企业文化，践行云南中烟企业文化的具体体现。二册合一，也必然有力地推动新烟企业文化的创新，推动新烟企业管理的提升，最终推动新烟的全面发展。

新烟还举办了中高层及员工骨干参加的"凝心聚力企业文化研讨营"，该研讨营在两天一晚的时间里，以全员参与活动为主，以专家讲解为辅，在主持人的导引下，开展了一场企业文化理念的头脑风暴，使参与人员触动心灵，激发观念转变。

正是这一系列的企业文化建设活动，推动了新烟企业文化步步走上新的台阶。

定制度立规矩，文化建设有保障

新烟在以程振西为首的领导班子带领下，时刻紧抓思想观念，树立全新文化理念，还时时加强制度建设，为企业文化建设树立制度保障。

程振西是一个激情四射的人，这种激情不同于创业时期的激情。时代环境在变，激情的形式也在变。今天的激情更多表现为一种科学精神。而不是过去的振臂高呼。为此他组织人员对企业进行全面调研，通过收集资料、汇总信息、分析研究等，撰写出详细的调研报告，为企业管理和企业制度建设提供了科学的依据。

程振西虽然性情温和，但对发现的问题既不避讳，也不手软，他目光独特，分析问题更能抓住本质。他曾一针见血地指出：新烟所有问题，归根结底都是人的思想问题。思想问题解决了，所有问题都不是问题。我们的设备不比别人差，甚至比别人的还好，但人家的设备能用10年，我们可能用两年就不行了。在企业里，存在着严重的浪费现象，仅商标纸一项，每年浪费的资金就达百万元之多。在巨大效益的背后，掩盖着巨大的浪费。还有一些干部，怕得罪人，总说不做。

诗歌朗诵会

制度是理念的保证。程振西组织人员，重新梳理了部门和岗位职责，清晰界定了工作职责和管辖范围；借助易地技改，组织工艺技术科员工，结合新设备的性能参数，重新设计了工艺流程，制定了员工操作标准，要求操作工无条件执行；为调动员工积极性，企业将集团发布的29项考核指标，一一分解落实到车间和员工，并与员工收入直接结合起来。

正是这种制度建设所取得的成果，不仅保障了新烟企业文化建设落地生根，也使新烟经营效益得到大幅提升。

紧抓转型升级机遇　争当文化强企模范

宁夏金昱元化工集团有限公司董事长代良云事迹

突出贡献人物简介

代良云，男，中共党员，工程师，清华英国威尔士大学MBA工商管理专业硕士。1991年7月毕业于兰州化工学校有机化工专业，同年进入原宁夏青铜峡树脂厂工作，先后担任过班长、技术员、车间主任、厂长、公司副总经理等职务。2010年出任宁夏金昱元化工集团有限公司（以下简称金昱元）董事长、党委书记。连续多年荣获自治区、吴忠市、青铜峡市、固原市"先进工作者""劳动模范"等荣誉称号。宁夏回族自治区石化协会副会长、宁夏环保产业协会会长。

企业简介

宁夏金昱元化工集团有限公司，成立于1991年，地处素有"塞上明珠"之称的青铜峡市。集团公司资产总额30亿元，员工近3000人，其中各类工程技术人员875人。业务涉及热电、氯碱化工、精细化工、乙炔化工、盐资源综合利用、固废综合利用等。是国家循环经济示范企业，全国千家节能示范企业，中国合成材料50强企业，中国化工500强企业，自治区环境友好企业，自治区十大民营企业和50家工业龙头企业之一。

作为一名企业家，代良云勤于学习。这使他形成了思考缜密、逻辑结构清晰的思考方式。对时事政策的透彻理解，对区域经济发展态势的敏锐洞察力，对行业技术的精通和强烈的事业心及社会责任感，使他能够牢牢地把握公司发展的历史机遇。他坚持诚信、创新，主动承担社会责任，从而使企业综合实力倍增，推动了企业和地方经济社会的可持续发展。

代良云十分重视企业文化建设，将企业文化建设作为抓好企业生产经营工作的龙头引擎，发掘和提炼出符合公司实际、顺应公司发展、能够有效整合公司内部资源、提升公司竞争能力的企业文化核心理念。打造了"团结、拼搏、求实、创新"的企业精神和"共创、共享、共富、共有"的经营发展理念，诠释了金昱元人团结、拼搏、实事求是、与时俱进的奋斗精神。同时，全面推行"四全管理法"（即全面目标管理、全面财务管理、全面质量管理、全面安全管理），以资本为纽带，以市场为价值导向，整合资源、优化产品结构，形成了以氯碱化工为龙头、以环保治理为基点、热电—氯碱化工—固废综合利用一体化的循环经济产业链，大大提升了企业竞争力，使公司发展成为西北地区较大的氯碱化工基地之一。新的文化理念和发展方向得到了公司上下的一致认同，成为企业文化建设的解码器，使企业文化理念务实易行，在细节和行为习惯中能集中体现，让员工随时随地能感受到，成为集团发展的强大精神动力。从而实现了企业管理机制和管理模式的创新发展，实现了企业发展速度的高歌猛进，金昱元人的可持续发展梦在这里得到了延伸。

2013年，倾心谋划了固原盐化工循环经济项目，在代良云的带领下入驻固原盐化工循环经济扶贫示范区（规划投资65亿元建设盐化工—热电联产—高性能树脂多联产—高端精细化工产品。），在金昱元决策层看来，固原项目就是帮助当地父老乡亲尽快过上好日子的理想选择，是实现"精准扶贫"的必然选择。

固原盐化工循环经济项目是金昱元集多年循环经济发展经验之大成，在"十二五"时期倾心谋划的标杆工程，寄托了金昱元二次创业、再次腾飞的希望。按照规划，固原项目全部建设投产时，金昱元年产值将跨越百亿元，跻身中国一流化工企业集团阵营。到"十三五"末期，固原盐化工循环经济扶贫示范区将进一步延伸，发展精细化工、高端新材料、盐资源综合利用以及塑料加工、高端机械制造等产业，形成完整的循环经济产业集群，为固原添彩，为宁夏增光。

代良云始终坚持以人为本的管理理念，发扬"团结、拼搏、求实、创新"的企业精神，奉行共同富裕、共创美好未来的经营理念。他说："一个没有优秀文化的民族，不能自强于世界民族之林，同样，一个没有优秀文化的企业，也不能自强于市场竞争之中，金昱元的发展离不开特色文化的支撑。"他非常重视企业文化建设。为深入推进公司企业文化建设工作，不断提升金昱元品牌形象，他殚精竭虑。在他的倡导支持下，在全公司干部职工的共同努力下，公司企业文化工作取得了明显成效。

组建企业文化核心机制，实现集团上下凝心聚力

根据公司企业文化建设若干指导意见，建立健全了企业文化建设组织领导机构，成立了以董事长代良云为组长，副董事长、党委副书记、监事会主席等为副组长的强有力的企业文化建设工作领导小组，落实企业文化建设工作措施，完善了企业文化建设的工作机制，保证了企业文化建设工作顺畅运行，为企业文化建设工作的有效开展奠定了坚实的基础。

以人为本，共创共享

"共创、共享、共富、共有"的发展理念，切实体现了以人为本的理念，这使全体员工形成了空前的凝聚力和战斗力。从股份制改制时在自愿基础上的全员持股、共分担同分享，到艰苦创业时期的领导班子带头冲锋在前，再到2012年后顶住氯碱行业市场每况愈下的压力、公开承诺并努力做到"三不"（不减员、不减产、不降薪），实现了职工队伍稳定、薪资水平的逐年增加，风险共担、成果共享、共同致富、共奔前程。2016年市场回转，金昱元继续发扬代良云提出的共创、共享、共富、共有的经营理念，为集团公司全体员工提高10%的工资待遇。正因如此，在金昱元，"把企业当成家、吃苦耐劳、勤俭实干"已经成为一种习惯和氛围。代良云经常跟企业中层领导说的一句话是"不要想着要干多大的事情，一天干一件小事，一月干一件实事，一年干成一件大事，一辈子干一件有意义的事情，这对企业、对职工来说都是一种负责的态度。"这句话为金昱元以人为本的理念做了最好的诠释。

积极履行社会责任，将责任文化融入公司的发展建设中

责任是企业文化的核心内涵，主动承担社会责任是公司生产经营工作的重要组成部分。回顾金昱元的发展历程，始终把社会责任作为企业义不容辞的责任，将"责任、关怀"融入公司生产经营管理的全过程。近几年，尽管生产经营运行基本正常，但主导产品PVC树脂和烧碱产品市场需求不旺盛，价格持续下跌。2015年，随着国际原油价格一路狂跌，与之相关联的化工行业及化工产品连遭重创，PVC市场逐步萎缩，与往年同期相比，PVC树脂价格下降，公司在严重亏损的情况下，坚持不减产、不减员、不降薪，稳定了员工队伍。

公司在不断发展的同时，积极参加社会公益事业，先后在四川汶川、青海玉树地震、南方发生旱、涝灾害和"向移民捐建一盘炕"等社会捐助活动中，积极行动，大力发扬"一方有难，八方支援"的精神，奉献爱心，共捐物100余万元；同时向宁夏山区发展促进会捐赠图书；赞助小坝社区建设；参加中阿国家能源化工展览会；向中卫市永康镇永新小学捐赠棉衣；自2011年以来，公司每年向考入高等院校的职工子女发放"爱心助学"奖励基金，已经累计发放"爱心助学"奖金20余万元，捐助100多人；鼓励员工积极参加市总工会医疗互助基金，参保率达60%，为患病职工减轻了生活负担。

加强公司发展战略的宣传和落实

企业文化是所有员工的文化，需要全体员工广泛参与，广大员工既是企业文化的创造者，又是企业文化的实践者。在引领员工对集团管理意图的执行过程中，制定指导实践的具体目标，每年逐层签订《生产经营目标责任书》，在生产过程中不断提升和变化"干到什么程度"，企业的经营理念通过各种方式被灌输、贯彻到全体员工心中，形成共同追求。同时，利用企业网站、内部报刊、宣传栏、召开学习会等形式，对公司的长远发展目标和发展规划起到切实做好企业发展战略的宣传和落实工作，使广大干部员工厘清工作思路，了解公司的发展方向，激发了他们的工作热情。

实现多层联动工作制度，建设和谐的企业文化之家

一是关注职工活动阵地，完善活动设施。公司投资80多万元，建设了职工活动中心和职工培训中心，配齐了活动设施，改善了培训环境，升级了设备档次，为员工提供了很好的学习平台和健身场所。

二是关注员工文化建设，推进学习型企业建设。以培养职工把读书作为一种习惯、一种职责、一种责任为目标，建设完善公司职工之家的管理，通过工会购书、上级工会赠书等多方筹集，实行全天候开放，员工随时借阅，自我管理。同时在公司及各基层单位开展学习型党组织建设活动。通过购进书刊，坚持党委和各基层党组织负责人的集中学习制度；指导各基层党组织利用各种会议组织全体党员、员工开展学习活动，分发学习资料，观看警示教育片，组织参加警示

教育培训会等形式的学习。加强了各单位干部和员工队伍建设，提高了全体员工的综合素质和学习力、创新力和凝聚力、战斗力，有效地推进了学习型企业建设。

三是开展丰富多彩的文体活动，调动了员工的积极性。如何缓解员工的工作压力，让他们在工作中保持旺盛的精力，这是备受公司董事长代良云关注的问题。因此，公司把为员工提供业余文化活动场所，组织开展形式多样、丰富多彩的业余文化娱乐活动作为一项重要工作来抓。在代云良的大力支持下，常年坚持组织开展春节游园、职工运动会、新员工军训、培训、安全知识竞赛、拓展训练等活动。通过这些丰富多彩、形式多样的职工业余文体活动的开展，极大地活跃了广大员工的业余文化生活，陶冶了情操，也让广大员工在紧张繁忙的工作之余得到了精神上的放松，激发了员工以饱满的热情、旺盛的精力投入到生产建设中的积极性，增强了公司的凝聚力和向心力，推动了公司企业文化的建设和发展。

四是重视特色主题活动的建设，推进企业文化宣贯。充分发挥公司宣传思想教育工作平台优势，利用企业文化长廊、橱窗、标语、电视、电子屏和公司内部刊物、网站等宣传载体，宣传《企业画册》《奋进中的金昱元》电视专题片、《企业文化手册》内容。促使集团公司的核心价值理念、道德规范、行为准则深入人心，真正成为职工信奉的精神信条。

企业在今后的发展征程中，代云良将更加重视金昱元公司的企业文化建设工作，带领广大干部员工坚持依法治企，不断完善企业管理体制，创新生产经营管理模式，紧抓项目建设，形成以"共创共享，共富共有"为核心，并具有自身特色的企业价值观、管理理念、管理模式和管理文化，增强干部员工的归属感、自豪感和使命感，有效推进公司的企业文化建设，为公司"三步走"战略目标的实现奠定坚实的文化基础，为企业的可持续发展提供不竭的精神动力和文化支持。

以诚取信　以义取利

太原六味斋实业有限公司董事长阎继红事迹

突出贡献人物简介

　　阎继红，女，中共党员，南开大学EMBA硕士，高级经济师。历任山西省第九届、第十届人民代表大会代表，太原市第十届、第十一届、第十二届人民代表大会代表、第十三届人民代表大会常委会委员。现任太原市第十四届人民代表大会常务委员会委员，山西省青年企业家协会副会长，山西省食品科学技术学会副会长，太原市妇联副主席，太原市女企业家协会会长，太原六味斋实业有限公司董事长。先后荣获"全国五一劳动奖章""全国三八红旗手""山西省特级劳动模范""山西省优秀企业家""全国财贸轻纺烟草系统扶持再就业带头人先进个人"等荣誉。

企业简介

　　太原六味斋实业有限公司（以下简称六味斋）是由始创于1738年的中华老字号"六味斋"于1997年改制成立的，注册资本3667万元，主要经营肉制品、豆制品、速冻食品、主食、小杂粮五大系列400多个品种，拥有400多家连锁专卖店和快餐店，形成了贸工农一体化，研产销一条龙的产业格局，是集种植养殖、食品加工、商业连锁、餐饮旅游、科研开发等多元产业的农业产业化国家级重点龙头企业。先后荣获"全国三八红旗集体""全国消费者喜爱的食品品牌""全国'3A'级信用企业"等荣誉。2016年企业总资产6.6亿元，主营业务收入近5亿元，上缴税收2000余万元，就业人员2000余人。

　　阎继红于1985年进入六味斋工作，从剔肉工做起，靠奋力拼搏的创新精神和诚信经营理念，一步一步将六味斋从一个前店后厂的小作坊发展成山西乃至华北地区食品行业的领军企业。自1997年担任太原六味斋实业有限公司董事长兼总经理以来，阎继红始终不断地加强对企业文化工作的理论探索和实践探索，充分发挥企业文化在企业经营管理和发展改革中的重要作用，形成了"做事靠良心，责任靠奉献，诚信靠德行"的核心价值观，实现了企业的快速发展，使六味斋这个曾经生产宫廷贡品的百年老字号从负债1100万元，隐亏600万元，5个月未发放职工工资的亏损企业，快速跃进发展成为集"中国驰名商标""中华老字号""国家级非物质文化遗产"三大国家级荣誉于一身的农业产业化国家重点龙头企业。

以坚守诚信之心筑牢文化基础

作为一个有着270多年历史的"中华老字号"，诚信经营是六味斋企业文化内涵的基本要求，是参与市场竞争的真正优势。改革开放之初，六味斋放弃传统，见利忘义，一心追求经济效益，最终是顾客不买账，产品难销售，短短两年时间，企业便濒临破产，几百号员工半年多领不到工资……而与此同时，阎继红在六味斋下属的一家门市部任店经理，她恢复传统，挑头"单干"，重启前店后厂经营模式，以诚实守信，用良心打造产品铺设销路，产品品质不断提高，服务质量交口称赞，短短一年多时间就恢复了生机，成为六味斋发展到今天的再生源头。

阎继红经常说："一个企业家身上应该流着道德的血液"。作为晋商后代和企业管理者，她始终把诚信作为第一要务，多年来六味斋一直秉承这个理念，将诚信作为企业的根本，全力以赴打造健康食品，全心全意满足顾客需求。"以质量求生存，以信誉求发展"不仅是六味斋生存的基本理念，也是六味斋发展的根本。

正是在阎继红的带领下，以诚信为根基，六味斋才在2008年席卷全球的金融危机中立于不败之地。阎继红始终坚持诚信建设的理念，她不断创新了六味斋诚信经营理念：从"继承、创新、诚信、卓越"的企业精神到"自尊敬人、平等互助、互惠互利、共同发展、诚信为本、文明经商、以义取利、以德兴企"的自律宣言；从"食品工业是良心工业""用良心打造放心食品"的诚信理念到"全力以赴打造健康食品，全心全意满足顾客需求"的企业宗旨，无不体现出阎继红建设"食品即人品""品质即良心"的企业文化的决心。

六味斋的"良心"早已渗透到原料采购、食品生产、销售、运输等的每个环节。六味斋酱肉系列制品不仅在原料选择上考究，在辅料使用上也严格按照有关标准进行监控，而且绝不非法添加和滥用食品添加剂，这才构成了六味斋酱肉系列制品的"独特风景线"；做豆制品时，始终使用食品级的卤块来点豆腐（食品级的卤块每吨的价格要比工业级的卤块价格贵6倍左右）。多年来对六味斋产品的质量监督检验，从没有检出过违禁物质。

以贯彻家和理念引领文化发展

六味斋在阎继红的带领下，坚持贯彻"让员工和企业共同成长"的家和文化新理念，创建了具有自身特色的和谐文化模式。多年来，阎继红把造福员工作为企业使命，时时刻刻把职工的冷暖放在心头，始终全心全意为员工着想。在她的支持下，六味斋每年都要举办职工文艺会演、运动会、技术比武、旅游考察、学习培训等活动，努力为员工创造和谐、愉快的工作氛围。同时为员工足额缴纳"五险一金"，免除员工后顾之忧。2014年，六味斋搬迁至占地500亩的清徐工业园区，为充分体现人性化管理，阎继红为员工设计建设了现代化公寓、茶吧、网吧、超市、图书室、篮球场、台球厅、乒乓球场等生活和文化体育场所，不仅建成了花园式厂区，还为员工免费提供四餐，让每位员工都能工作好、休息好、生活好、娱乐好。

在她的倡导下，由工会牵头，建立了企业"爱心基金"，为家庭困难的职工提供帮助。在捐资助困、爱心捐款活动中，她总是第一个伸出援助之手。多年来，已为6名患大病的职工及家属提供了4.8万元的资助。同时每年开展节日送温暖活动，近年来慰问600多人次，发放慰问金和物品累积价值逾12万元。

在不断完善职工福利的同时，阎继红非常注重对员工的教育培训，制定了学分制培训制度，采用了三级培训模式，即人力资源部—各部门—基层工段分级培训，各负其责，为员工打造了一个H型的晋升渠道，逐步形成了无处不在的"内训"模式。此外，根据员工的需要送员工到外面去进行专门的培训等，使他们成为有技术、有思想、有文化的现代化工人。

为了满足员工的精神文化需求，形成"爱学习"的企业文化氛围，阎继红积极推进"职工书屋"建设。在"职工书屋"建设过程中，组织开展了"全员捐助图书，建设职工书屋"活动，共有1537名员工捐助图书2318册。截至目前，"职工书屋"藏有各类图书8087册、杂志3055册，总计11142册，同时还藏有音像资料520套，报纸杂志订阅量超过30种。

以承担社会责任提升文化内涵

阎继红认为，百年老字号赋予六味斋的不仅仅是技术传承，更是社会责任的传承。因此，在她的带领下，六味斋在发展过程中，一直是将自己作为国家的"企业公民"来履行应尽的责任。

为解决社会就业问题，阎继红以为政府分忧、为下岗职工解难为己任，多次"挺身而出"，在解决社会就业方面做出了积极贡献。1997年成立六味斋豆制品厂和速冻厂，2006年成立好助妇餐饮公司和右玉晋西口杂粮公司，广开就业和再就业门路，先后安置下岗职工、社会闲散人员和高校毕业生3863人次，被中国财贸轻纺烟草工会评为全省唯一的"全国财贸轻纺烟草系统扶持再就业带头人"。

此外，在国家有难、同胞需要援助的时候，阎继红都及时伸出了援助之手。在"汶川"等地特大地震发生之后，阎继红带头捐款捐物，并且组织两批人员分别驾车行程2800多千米为四川省广元市和四川省都江堰市青山镇灾民送去价值近30万元的六味斋生产的食品，将20多万元的捐款和物品送到太原市慈善总会，将6万多元的"特殊党费"交给上级党组织，总共54.5万元的捐款捐物，展现了六味斋人的大爱之心，被太原市委评为全市只有10家的"抗震救灾先进基层党组织"。多年来，在太原市血库告急之时，阎继红带头献血，并多次组织企业员工参与献血，累计献血人数近千人次，献血量达391400毫升，有效缓解了太原市用血紧张难题；多次组织慈善一日捐活动，累计捐款达63278元人民币；参与市政府老年餐桌养老惠民工程，与太原市30多家社区合作，建立老年餐桌，为社区老人提供了新鲜可口的饭菜。在阎继红的示范作用下，六味斋人增强了社会责任感，服务水平大大提升，好人好事层出不穷，拉近了和顾客的距离，有力地促进了公司业绩的提升。

以问题为导向加强文化建设

在企业文化建设过程中，阎继红还特别注重企业文化与现代企业制度、与管理创新等的有机结合。近几年她在公司管理方面狠下功夫，先后推行"管理细化年""管理执行年""管理夯实年"等年度管理方案，引发了公司全体员工参与管理的积极性和主动性，形成了"全员抓问题、全员盯问题、全员参与管理"的创新管理氛围，公司自上而下目标一致，同心同德，公司发展再上了一个新台阶。

2014年，她提议成立了六味斋问题查找小组，由她亲自带队，每天对生产现场、销售现场、工艺流程、生产安全等方面进行检查，激发和碰撞出全体员工创新管理的思想火花。通过三年时间的不断完善和深入，问题查找小组已成为企业管理的常态化工具。2016年，她又继续创新工作方法和工作思路，分组进行专项检查，解决了不少重复性问题和突出问题，给公司的生产经营各环节提出了更高的要求，对于改进和提高管理水平、生产质量等起到了重要的推动作用。

2015年，她在全公司推出"三促四抓"问题整改大赛，"三促"即促反思、促查摆、促整改；"四抓"即抓制度建设，抓重要关键环节，抓过程管理，抓发展举措。通过各部门自查提出问题，公司检查组进行验证，以解决突出问题、关键问题、重复问题、机制流程问题为聚焦点，教育引导全体员工树立问题即是机遇的观点，推行问题管理，培育积极对待问题的企业文化，推动企业向标准化、规范化、精细化发展的路子上迈进。全年公司各部门自查自纠大大小小518个问题，整改通过率为100%。通过整改大赛的成功开展，进一步完善了公司制度建设，形成问题备案、问题台账、整改公开、责任追究的问题整改良性机制，促进了公司各项工作进入了管理的"新常态"、发展的"新常态"、员工精神面貌的"新常态"。

六味斋成立270周年学术论坛会

2016年，在阎继红倡导下，公司推出"增产节约、增收节支"主题竞赛活动，全年各部门踊跃参与，共提出改进措施222项，实施完成208项，完成率93.7%，人均劳效提高了13.5%，单位产量的费用下降了3%。"双增双节"活动的开展，不仅提升了各部门的节约意识，还使全体员工树立起了危机意识、责任意识、成本意识和节约意识。

在阎继红掌舵六味斋的32年间，她远见卓识，果断决策，带领六味斋传承着"以诚治企，以德兴企"的晋商遗风，秉承"全力以赴打造健康食品，全心全意满足顾客需求"的企业宗旨，将传统工艺、科学理念和人性化管理有机结合，使六味斋形成了"做事靠良心，责任靠奉献，诚信靠德行"的核心价值观。正是靠着这种企业文化核心理念的支撑，阎继红将一个濒临倒闭的老字号发展成为目前拥有近400家连锁店和快餐店的规模，形成了贸、工、农一体化，研、产、销一条龙的格局和种植养殖、食品加工、商业连锁、餐饮旅游、科研开发等产业多元化的发展态势，是山西省最大的中式肉制品和豆制品生产加工企业之一，她本人也赢得了政府和老百姓的交口称赞。

诚信经营　他让一个困难国企浴火重生

海南农垦八一总场有限公司董事长罗永华事迹

突出贡献人物简介

　　罗永华，男，瑶族，中共党员，华南理工硕士研究生。先后荣获"海南省劳动模范""海南60名功勋企业家""海南综合治理先进个人"等十多项省局级荣誉，2011年被中组部、海南省委推荐为"全国建党90周年50名优秀共产党员"候选人，2012年6月当选为海南省第六次党代会代表。2015年10月和12月先后荣获"全国第五届道德模范提名奖"和"海南省第五届道德模范奖"。

企业简介

　　海南农垦八一总场有限公司（以下简称为八一总场）始建于1957年6月，曾经是隶属于解放军总后勤部的一个军级单位，是国家大型二类企业，历经多年变革调整等政企分开、社企分离、兼并重组改革，成为海南省农垦规模较大且工业产值比重最高的农工商运建综合性较强的国有农场，形成了初具规模的集商业、金融、旅游、休闲娱乐、文化教育、地产开发为一体的中心城镇。主要产业有工矿建材业、农业种植业、养殖业、畜牧业、私营企业、旅游业、房地产等。先后荣获"全国文明单位""全国五一劳动奖状""海南100个特色产业风情小镇""海南省百强企业"等20多项国家、省局级先进荣誉。

　　罗永华是八一总场老军工的后代，也是海南农垦二次创业的带头人。2007年11月，罗永华被临危受命为八一总场场长，一直到现在，为推动企业文化建设呕心沥血，用他超常的行动践行了他简朴的诺言。

从大乱到大治再到大安

　　几年间，他带领企业一班人找商机、攻市场、抓管理、练内功，励精图治，苦心经营，创造了八一发展的奇迹，在2008~2016年，农场公司创造了六个"九年连续递增"和一个"九年连续递减"的经济奇迹：八一总场经济效益由2008年的亏损873万元到2016年累计盈利8187万元；职工劳均纯收入由2008年的15591元增加到2016年的43866元；生产总值由2008年的3.31亿元增加到2016年的15.9亿元；资产总额（不含土地资产）由2008年的4.72亿元增加到2016年的7.11亿元；固定资产净值由2008年的6 121万元增加到2016年的1.81亿元；土地纯收益由2008年的1669万元增加到2016年的8787.6万元；资产负债率由2008年的93%递减到2016年的56%。

短短的9年，罗永华兑现了他的承诺，八一总场由大变美、由穷变富，浴火重生；一举成为如今欣欣向荣的"海南十大最美小镇"和"海南100个特色产业风情小镇"。

开启第二次创业

2008年，八一总场全面推进政企分开、社企分离改革，原八一总场与海胶集团八一分公司分离，主业橡胶也随着剥离，让八一总场失去了赖以生存的支柱产业。2009年，随着海南农垦改革的深层次推进，八一总场与毗邻的红岭、龙山两农场进行重组。红岭、龙山除了带来672万元的负债外，还带来了600多名富余人员。面对严峻的维稳形势和巨大的经济压力，罗永华和他的班子以不等不靠、奋发有为的勇气，着力打造了"六大经济板块""五大开发公司"；率先在垦区实行了"公车改革"，年节约公车费用近200万元；在垦区首次推行了企业员工年休假制度；建设了垦区第一个电梯式花园小区；带头在垦区全面推行"卫星定位"管理6200宗职工自营经济用地；安置了1660名下岗再就业人员，盘活了闲置资产2366万元；矿山多种经营开发公司把单纯的开采卖矿做成多种经营，综合开发利用，在2011~2014年实现利润9161万元，仅按市场浮动价格出售矿石一项改革，一年就多增收660万元。

2010年，为了盘活八一水泥厂、八一金岭水泥厂两大工厂，同时也为了即将失去饭碗的900多名产业工人，罗永华带领场领导班子来到了农垦项目投资招商会上，一位事先约好上午10点来的客商，罗永华一班人等到下午3点还没到，当时大家都劝罗永华先去吃饭，但罗永华说，如果我们去吃饭时客商来了怎么办，我们就在这里等，肚子饿了就吃一碗方便面。就这样，一直等到了下午6点，客商才到达招商会的现场。当客商知道一个企业的一把手为了事先约好的时间而一直在等他们，甚至连吃饭都不去的时候，被感动了。这个名为浙江恒昌集团的大公司当即与八一总场签订了意向合作书。该集团负责项目的人说，就凭咱们八一总场的领导罗永华这么讲诚信，我们的合作一定成功。

经过几轮艰苦谈判，八一总场与浙江恒昌集团顺利达成了合作改建、扩建八一总场两个立窑水泥厂的协议，第一期第一条生产线投资9亿元，建成年产200万吨水泥的旋窑生产线，该项目已于2012年4月投产。投产后每年可以创造产值约20亿元，原八一水泥厂和金岭水泥厂的900多名职工都得到了妥善安置和再就业。另外，还组建了八一明湖公司、八一新岩公司、八一金明公司和八一明华公司等民营股份公司，目前这几大公司运行良好，成了职工收入的重要来源。

温暖职工群众的心

在他带领下，八一总场在经营中诚实守信，9年来，共完成上缴各项税收7881万元。在2009~2010年度被评为海南省纳税信用等级A级企业。

在对待企业职工上也充分彰显了一个领导者的博大胸怀。2009年，原八一总场与橡胶主产业剥离后，特别是职工社保移交地方后，垦区绝大多数企业都停发了离退休职工由企业发放的各类补贴，一方面是没有政策依据，另一方面是失去了资金来源。此时八一总场也是举步维艰，职工工资都难以发放，再加上其他单位也都停发了。企业也有不少声音要求停发离退休职工的生活补贴。但是罗永华时常对大家说，我作为一个八一子弟曾对这些老兵说过，我们农场公司就是剩下最后一碗粥，也会有老兵们的份。"承诺是金"，经济困难我们可以开源节流，但不能不讲诚信。就这样，为了保证965名1953年的老兵、1957年的老兵每人每月的80元，一年共需90多万元的生活补贴，一补就是9年。

民生工程，特别是住房建设是广大职工群众关心的热点、焦点问题。罗永华和他的班子曾经在职工大会上向大家承诺，在3~5年内建设一万套住房，基本解决全场职工的住房问题。2009~2016年，农场公司职工保障性住房建设和危房改造合计完成了11083套，面积613460平方米，占职工总户数的85%。还为退休职工完成危房改造1435户。修建道路：218.685千米，投入8073.03万元；修建职工饮水工程投入2370.20万元。

一件件诚信的事就像一缕缕暖流，温暖了职工的心。在他的带领下，八一总场这个过去全省最乱的单位，9年来没有发生过一起群体性事件，没打过一场架，没流过一滴血。2011~2016年，企业连续六年被儋州市评为"社会治安综合治理先进单位"。

诚信是金，短短九年，立信立言立行回报社会

"全心全意地为职工群众多办实事"是罗永华经常挂在嘴边的话。他是这么说的，更是这么做的。家住八一长岭农场27队的黎族老大妈符家英一说起罗永华，总是会用她那并不标准的普通话连连称赞。老大妈膝下无儿无女，属于五保户。多年来，罗永华和他的妻子每年春节前都会带着钱、棉被、大米和油来看望她。符大妈说，罗永华作为一个管着几万人的当家人，能坚持照顾像她这样的平民百姓，她感到十分感激。然而，符大妈并不知道，罗永华和他的妻子不仅关心着她，还一视同仁地时刻关心着全场的五保户和贫困户。

几年来，罗永华和他的妻子把企业发给他们的奖金全部都捐献给了全场的五保户、特困户和贫困学生，还资助几位孤儿和单亲家庭的孩子读完了大学，其中一个毕业后又考上了北京大学硕博连读研究生。

在他的亲自倡导下，9年来，八一总场向各地灾区捐款达486万元。汶川地震，他发动全场干部职工向四川灾区捐款92万元。在前些年的海南抗洪救灾中，八一总场又捐出救灾款和物资103万元。

助推企业健康发展

诗人歌德说过，"读一本好书，就是和许多高尚的人谈话"。而八一总场人就有这么一本书被广泛传诵。这本书的名字叫作《把信送给加西亚》，是前几年罗永华向大家推荐的一本励志读物，要求企业全体员工学习。书中讲述罗文中尉的送信故事，文中罗文中尉'没有任何借口'的精神，激发了员工的工作热情，坚定了员工为企业发展无私奉献的信念。在八一总场人看来，"心无旁骛干事业，一心一意谋发展"不是一句口号，而是一种企业文化，将八一总场人的成长同企业的发展紧密联系在一起。

有人说，企业文化对外是一面旗帜，对内是一种向心力，是企业形象的集中体现。而在罗永华看来，企业文化还有着另外一层意思。"优秀的企业文化是唯一能够传承并发扬光大，推动企业发展的持久动力"。他认为，一个企业的核心价值观和文化取向，决定着这个企业的发展未来，而优秀的企业文化则是企业的灵魂，是企业生存和发展的核心支柱。

罗永华常说，要让八一总场成为一家"百年老店"，就要做实企业文化。短短9年，罗永华始终把团队建设作为企业文化建设的重要内容，作为企业发展的决定性要素。在他的影响下，八一总场以海纳百川的胸怀广纳人才，吸引国内众多的企业管理团队与八一总场开发合作，带来了全新的管理文化和理念。为进一步挖掘八一总场军垦文化遗产，企业在保留着浓厚的军垦文化精神、八一军旅情怀的同时，还兼有儋州本土"调声""四季歌"等诗乡歌海文化。还将自身"礼行天下、文明八一"的企业文化内涵与"生态文化"相融合，罗永华撰写了八一场歌《八一颂》和《八年改革路》形象宣传片，并以创办"职工道德大讲堂""职工大辩论"等为推进企业文化发展的平台，激励广大干部职工踊跃参与，不断提升八一软实力和文化魅力。

职工大讲堂

穿行八一总场场部，矗立着铁拐李、蓝采和、张果老、曹国舅、吕洞宾、何仙姑、汉钟离、韩湘子"八仙"雕塑。罗永华说，八一总场始于军垦开发，拓荒者来自全国各地，这些雕塑寄托着"八仙过海，各显神通"的寓意。这种寓意的深层动因是不断冲刺新目标。如今，新组建的八一总场已经站在新的发展起跑点上，并且向着明确方向全力前进。

优秀
案例篇

在传承中推进文化创新 在自信中迎接兵器春天

中国兵器工业集团公司

中国兵器工业集团公司(以下简称兵器工业集团)成立于1999年,是国家安全和三军装备发展的基础、陆军装备研制生产的主体、三军毁伤打击和信息化装备发展的骨干、国家实施"走出去"战略的支撑和推进军民融合式发展的主力。除了为陆军提供坦克装甲车辆、远程压制、防空反导等主战装备之外,还从国家战略层面积极推进重型车辆与工程机械、石油化工与精细化工、光电信息与核心器件、海外石油与贵金属矿产资源等重大军民融合产业的发展。"十二五"以来,集团公司利润总额同比增长12%以上,连续12年和四个任期蝉联中央企业负责人经营业绩考核A级,在2016年《财富》杂志评选的世界500强企业中位列第134位。

近年来,面对全面从严治党、全面深化改革和宏观经济发展新常态的形势要求,兵器工业集团坚持文化治企,高举弘扬党的伟大精神和社会主义先进文化的旗帜,积极推进以人民兵工精神为根和以社会主义核心价值观为魂的企业文化建设,着力构建以精神、场馆、人物、产品、品牌等为元素的企业文化标识,为企业改革发展、转型升级提供有力的文化支撑,在坚定文化自信中加快建设中国特色先进兵器工业体系。

弘扬兵工精神,厚植兵器文化的传统底色

兵器工业是我党最早创建和领导的军事工业部门,红色基因底蕴深厚。1931年10月,我党我军历史上第一个兵工厂——中央军委兵工厂在江西省兴国官田村创建,揭开了人民兵工的光辉序幕。在85年来的发展历程中,兵器工业集团形成了"一切为了前线""把一切献给党""自力更生、艰苦奋斗、开拓进取、无私奉献"的人民兵工精神,涌现了以"中国的保尔"——吴运铎、"工人阶级的光辉旗帜"——倪志福、三代坦克总师祝榆生为代表的一大批英雄模范人物和科技领军人才。传承的红色基因、体现党的伟大精神特质的人民兵工精神,是兵器工业集团企业文化的坚固底色和根基所在,激励着广大兵工人不忘初心,在军品重点工程、科技创新、"一带一路"等方面攻坚克难。

让人民兵工精神"立"起来。2016年8月,由中共中央组织部党建读物出版社正式出版发行,并被该社列为2016年度重点出版书目的《红色基因》一书首次将"人民兵工精神"纳入我党伟大精神之一,明确了将"把一切献给党"作为人民兵工红色基因、崇高信念和兵工精神的内核,"自力更生、艰苦奋斗、开拓进取、无私奉献"作为新时期人民兵工精神形态的凝练概括;中共中央宣传部《思想政治工作研究》2016年第12期《国企精神专栏》用18个版面刊登"人民兵工精神"专题,从历史、文化、创新和责任等多个角度解读了人民兵工精神的内涵;编写出版

《人民兵工精神》图书，并作为全集团企业文化建设的主教材。可以说，人民兵工精神已成为党的伟大精神和国企精神的重要组成部分，成为广大兵工人的共同精神家园。

让人民兵工精神"火"起来。注重兵工文化旧址的挖掘和保护，按照"修旧补旧、恢复原貌"的原则，集团公司出资500万元对官田中央兵工厂旧址进行了修复，并将其作为全集团的教育培训基地；建成认定官田兵工厂、吴运铎纪念馆、黄崖洞旧址群等10家以兵器文化为特色的军工文化教育基地。开展了三线故事征集活动，联合央视摄制《军工记忆·三线风云》纪录片，编写《兵工人的抗战故事》图书，大力展现老一辈兵工人艰苦创业、无私奉献的精神风貌。结合纪念人民兵工创建85周年，组织基层党支部书记、党员代表分4批400多人到江西官田、黄崖洞等兵工旧址开展寻根式、体验式的红色教育，在心中根植下人民兵工的红色基因，不忘初心、继续前进的秉持得到更深的强化。

让人民兵工精神"红"起来。兵器工业历史上曾经涌现出吴运铎、刘鼎、倪志福、祝榆生等一批兵工英模，他们的光辉形象激励着广大兵工人不断把事业推向前进。集团公司联合出品了影片《吴运铎》，组织全集团18万名职工家属观看影片，并在2017年1月17日吴运铎诞辰100周年之际，通过召开座谈会、参观学习、撰写回忆文章等形式在全集团开展学习纪念活动。2014年10月"三代坦克总师"祝榆生逝世后，他的先进事迹引起社会舆论高度关注。2015年2月中央电视台、新华社、《人民日报》等十几家中央主流媒体，均在重要版面和时段，以重大先进典型播发报道了祝榆生感人事迹的通讯、评论和图片，在全社会引起强烈反响。2016年3月推荐三代坦克总师祝榆生参加国资委新闻中心"一线故事""十大最有故事工程师"评选活动并以高票成功入选，在推荐过程中，以此为契机组织开展三代坦克总师祝榆生投票学习活动，把投票过程作为学习过程，寓教于"投"，进一步激发广大职工深入了解祝老的先进事迹，使人民兵工精神内化于心、外化于行。

着力融入中心，凸显兵器文化的当代价值

社会主义核心价值观是社会主义先进文化的集中体现。兵器工业集团坚持以社会主义核心价值观为统领，以履行强军卫国使命、促进企业提质增效为出发点，把融入中心、贴近市场作为基本取向，着力创新改进，凸显企业文化的当代价值，让文化的软实力、生产力得到展现。2013年根据党的十八大精神及时提炼确立了集团公司核心价值理念体系并开展宣贯，推动建设集团公司核心价值理念为主干、各单位文化为特色的"一主多元"企业文化体系，在全集团推动形成"善于竞争、敢于担当、决不言败"等富有时代特色的兵器文化。

及时完善集团公司核心价值理念体系，在与时俱进中把企业文化统一起来。着眼出色完成党中央赋予的使命任务，适应军品竞争环境的变化和宏观经济下行压力的新常态，兵器工业集团以现代企业管理理念构建企业的价值体系，凝练企业文化要素，核心价值理念体系涵盖了企业使命、企业愿景、企业价值观、企业精神和子文化理念五个方面，并作为全集团企业文化建设的基本框架和规范。提出的子文化理念，即"简单、务实"的工作文化、"人品决定产品、产品反映人品"的质量文化、"零容忍"的安全文化、"做到履行政治责任、社会责任和经济责任的内在统一"的责任文化、"创新就在你身边、人人都可以创新"的创新文化、"个性化"的管理

文化、"'说到'和'做到'零距离"的执行文化、"管理精细化，改善无止境"的精益文化、"监督即保障"的监督文化、"天才就在员工中、人才即在你我中"的人才文化等10个子文化理念，具有很强的目标指向性和鲜明的经营导向，进一步赋予兵器文化在新的历史时期的生命力，提升了兵器文化理念的现实感召力，与人民兵工精神相承统一于强军卫国的核心使命，区别升华于更加具体化和形象化，更加接地气和可操作。2016年，围绕精益文化、质量文化、安全文化开展案例征集并编辑成书开展学习交流，免费发放到基层班组和职工，所属特能集团等单位以微电影、小品、演讲、情景剧等喜闻乐见的方式开展企业文化建设优秀成果巡展，让先进的企业文化走进班组、走进车间，走进员工心中，体现在生产经营各个环节。

注重推动二级单位个性化的"多元"文化建设，在各具特色中使企业文化深下去。兵器工业产品门类多、行业分布广，自上而下全套照搬一种文化话语体系指导所有的企业必然顾此失彼。如果把兵器企业文化比作一棵大树，那么人民兵工精神就是这棵大树的"根"，集团公司核心价值理念体系是树的主干，各二级单位各具特色的企业文化则是一根根"树枝"，让这棵大树更加繁茂、更具活力。其中，所属北方公司以跨文化为核心积极构建国际化企业文化生态，所属万宝矿产公司在蒙育瓦铜矿等海外项目中，提高聘用缅籍员工的比例，尊重当地员工的工作对企业的贡献，尊重当地宗教风俗，履行加强环境保护、提供就业、捐赠助学、纳税和公益活动等社会责任，跨文化管理在妥善化解项目建设风险中发挥了重要作用。所属北方车辆研究所作为我国唯一一家坦克装甲车辆总体研究所，积极培育"勤奋、包容、创新、引领"的科研文化，推动了坦克装甲车辆技术向国际一流水平迈进。所属北重集团的"阳光、开放、高效"文化、所属凌云集团的"员工满意、客户满意、社会满意、供应商满意、经营管理者满意、股东满意"的"六个满意"文化、所属东北工业集团的"责任、创新、求实、成事"文化、所属江南工业集团的"箭"文化等，都具有鲜明的企业个性和现实针对性，体现了企业适应现代企业管理变革和要求的治企理念、经营风格、产品特点和历史传承。

大力选树践行企业价值观的先进典型，在标杆示范中让企业文化感染人。近年来，开展了"最美兵工人"评选以及"工匠精神""感动兵器的故事""纪念人民兵工创建85周年"等主题宣传，发现、挖掘、选树了一批践行兵工精神、体现时代风尚、可亲可信可学的新典型，涌现出了一批以卢仁峰、张新停、戎鹏强、周建民等为代表的为国铸剑、技艺精湛的"大国工匠"以及以杨玉仙、杨芳、陈文学等为代表的爱岗敬业、乐于助人的道德模范、学雷锋"最美人物"，让标杆走进工作、走进生活、来到身边，更好地发挥典型引领作用，用榜样的力量鼓舞人、带动人，为生产经营提供源源不断的精神动力。其中，"工匠精神"宣传把镜头对准一线的优秀技能人才，借助央视、新华社、《人民日报》等中央主流媒体以及集团公司的新媒体矩阵大力宣传技能人才中的感人故事，唱响兵工人的劳动者之歌。"感动兵器的故事"主题宣传，注重挖掘和宣传在精神文明领域涌现出来的先进事迹，弘扬真善美，在全集团进一步树立讲正气、做奉献、促和谐的时代风尚。

秉承知行合一，坚定兵器文化的实践自信

强化文化治企意识，把增强文化自信特别是领导人员的文化自信作为企业文化建设工作的重

要内容，"领导人员要像教师一样，不断地向员工宣传企业文化、解读企业文化。"

发挥领导人员的示范作用。兵器工业集团党组书记、董事长尹家绪同志为全集团做出了示范，他坚持文化引领，身体力行倡导先进企业文化。2014、2015、2016、2017年连续四年在春节后的第一周，尹家绪同志在《中国兵工报》头版发表《兵器的春天》《春天的召唤》《耕耘在春天》《春天里，创新正当时》等署名文章，站在集团公司发展战略和应对内外部环境挑战的高度，深入浅出地解读企业文化、宣讲企业文化，用文化来统一思想、统一行动，呼唤竞争与开放、变革与创新、精益与实干，对推动文化融入企业经营、以文化引领企业转型提出了明确要求，带领集团公司转型跨界进入了前景广阔的北斗导航应用产业，在全集团引起广泛共鸣，在社会引起很大影响。尹家绪同志本人已经成为兵器工业集团的"文化名片"。着眼于集团公司科技创新能力的提升，集团公司党组主要领导大力倡导"科学精神"，在全集团开展大征文、大讨论，进一步丰富了兵器创新文化内容，促进了新的创新文化理念的传播。集团公司党组坚持企业文化一张蓝图绘到底，保持了核心价值理念体系的连续性和稳定性，为增强全集团的文化自信创造了条件。集团公司党组亲力亲为支持企业文化建设，具体指导协调祝榆生等兵工英模的先进事迹宣传报道工作，领队参加兵工旧址现场教育，对《兵工人的抗战故事》《人民兵工精神》《集团公司子文化系列图书——我们身边的故事》等编撰工作做出指导并执笔作序。

合理化建议表彰大会现场

推动文化与实践的有机结合。文化要落地，离不开具体的措施支撑，只有取得实实在在的效果，文化的自信才会更坚定、影响才会更持久，才会逐渐成为职工的文化自觉。比如，"创新就在你身边、人人都可以创新"的创新文化，其支撑就是2010年以来广泛发动一线职工立足岗位开展的合理化建议活动，活动旨在培育良好的创新文化和创新土壤，保护全员的创新意愿和创新冲动，对职工随时随地的创新和改善活动给予即时奖励，让职工真正从改善中得到实实在在的好处，这几年全集团每年用于合理化建议活动的奖励超过2000万元。比如，"管理精细化，改善无止境"的精益文化，2011年以来通过大力推动生产环节精益化及精益管理工具应用，并提升到全价值链体系化精益管理战略的高度来推行。目前，以精益、价值创造为核心的管理方法、管理思想已从生产现场延伸到研发、采购、营销、财务等企业价值链的各个方面，讲精益、践精益在全集团蔚然成风。

推动文化与制度的有效衔接。 出台了《中国兵器工业集团公司企业文化建设管理办法》《中国兵器工业集团公司企业文化建设管理考核评价办法（试行）》，推动企业文化与生产经营工作的要求相一致，并逐步与各项管理制度相衔接。同时在考核评价办法中，明确了领导班子在企业文化建设中的主要责任，把文化建设纳入领导班子的经营目标考核中，作为衡量领导班子和领导干部工作业绩的重要依据，做到目标、任务、措施细化和具体化，充分调动各方面积极性。

习近平总书记强调指出："坚定中国特色社会主义道路自信、理论自信、制度自信，说到底是要坚定文化自信，文化自信是更基本、更深沉、更持久的力量"。"十三五"期间，兵器工业集团将坚持"统起来、深下去、跳出来"的工作思路，在坚守底色、深化特色、融合他色中不断丰富企业文化的内涵，凸显企业文化的价值，释放企业文化的力量，在"知""信""行"三个环节上下功夫，持续推进企业文化的落地，引导全集团广大干部职工坚定文化自信、增强文化自觉，加快建设中国特色先进兵器工业体系，拥抱兵器工业的美好春天！

主要创造人：尹家绪　石　岩

参与创造人：程　军　杨　林　姜　彬　薛亚波

用中国高铁工人精神铸炼企业文化核心价值

——中国中车培育和弘扬高铁工人精神实践研究

中国中车集团公司

　　中国中车集团公司（以下简称中国中车）是经国务院同意，国务院国资委批准，由中国北车股份有限公司、中国南车股份有限公司按照对等原则合并组建的A+H股上市公司，是全球规模最大、品种最全、技术领先的轨道交通装备供应商，现有46家全资及控股子公司，员工17万余人。主要经营：铁路机车车辆、动车组、城市轨道交通车辆、工程机械；实业投资与管理；进出口业务等。建设了世界领先的轨道交通装备产品技术平台和制造基地，以高速动车组、大功率机车、铁路货车、城市轨道车辆为代表的系列产品，已经全面达到世界先进水平，制造的高速动车组系列产品，已经成为中国向世界展示发展成就的重要名片。产品现已出口全球六大洲近百个国家和地区，并逐步从产品出口向技术输出、资本输出和全球化经营转变。

　　伟大时代成就伟大事业，伟大事业孕育伟大精神。在中华民族伟大复兴中国梦的引领下，中国高铁事业取得了举世瞩目的成就，真正实现了从"追赶者"到"领跑者"的历史跨越。中国高铁工人精神正是这一伟大实践的历史产物。

　　中国中车通过深入调研，形成了以《产业报国 勇于创新 为中国梦提速》为题的调研报告，并将中国高铁工人精神凝练地概括为"产业报国，勇于创新，为中国梦提速"。通过提炼、总结、理论深化及宣传推广，将中国高铁工人精神融入中国中车企业文化，成为中国中车企业文化核心价值观的具体表达，通过打造中国高铁工人精神的立体传播路径，在落细、落小、落实上下功夫，让中国高铁工人精神在集团内部像空气一样无所不在。中国高铁工人精神的提炼与推广得到了国务院国有资产监督管理委员会的高度肯定，被确定为新时期国企精神的代表。

中国高铁工人精神的提出

　　中国高铁装备制造业的发展得到了中央领导的高度关注，国家主席习近平、国务院总理李克强等中央领导多次到中国中车所属企业视察指导工作。2009年6月1日，时任政治局常委、国务院副总理李克强，在唐山公司调研时指出："你们是中国的第一代高铁工人，不光要自己学习好，还要给后人留下宝贵经验，你们是很了不起的，是很光荣和自豪的。"2015年7月17日，习近平视察中国中车长客股份公司时，指出："高铁，中国产的动车是中国一张亮丽的名片，体现了我们中国的装备制造业水平，是一个标志性的产品、产业。"

　　中国中车成立后，对中国高铁工人精神进行了调研与总结，在大量调查研究的基础上，形成了关于培育中国高铁工人精神的情况报告《产业报国 勇于创新 为中国梦提速》，这份2万多字的调研报告，在总结提炼的基础上正式提出了"产业报国，勇于创新，为中国梦提速"的中国高铁工人精神。

以企业文化为内核提出中国高铁工人精神的内涵

中国高铁被誉为"中国一张亮丽的名片"，这背后是中国高铁成功实现由"引进来"到"走出去"、由技术跟随到技术引领跨越的传奇。传奇是事业的传奇，更是人的传奇。中国高铁工人精神的主要内容可以概括为三支队伍与五种精神。

三支队伍，是指中国工程院院士领衔的创新团队，全国劳模、技能大师领衔的制造团队，以及"辛苦我一人幸福千万家"的广大管理及服务团队，他们是中国高铁装备制造业宝贵的财富。中国中车的这支队伍共有员工19万人，其中中国工程院院士2人，在职全国劳动模范34人，享受国务院政府特殊津贴的技能人才47人，全国技术能手96个，高技能人才占技能工人比例达59.7%。

在总结中国高铁工人群体共同精神内涵的时候，以中国中车企业文化核心价值观"正心正道，善为善成"为基础，将中国高铁工人精神的内涵概括为"产业报国，勇于创新，为中国梦提速"，具体包括五个方面的内容，也就是五种精神："为国家争光，为民族争气，一定要打造出中国品牌"的爱国精神；"不畏艰辛，永不止步，在持续超越中不断进取"的创新精神；"融合全球，超越期待，中国高铁最可靠"的民族自信精神；"把标准刻进骨子里，把规则融进血液中"的精益精神；"用户第一，把客户需求当作前进动力"的服务精神。

"正心正道，善为善成"的企业文化核心价值观决定了中国高铁工人精神的性质和方向，而中国高铁工人精神是"正心正道，善为善成"核心价值观的具体表达。中国中车将中国高铁工人精神的内涵准确提炼为"产业报国，勇于创新，为中国梦提速"。对于中国中车而言，"正心正道"就要"产业报国"；"勇于创新"体现的"善为"，是一种具体的实现路径；"为中国梦提速"则是我们要达到的目标，"善成"的具体表达。

将中国高铁工人精神纳入企业文化价值体系，理论深化探索使之体系化、系统化

理论来源于实践，是对人们在实践中获得的认识和经验的概括和总结，科学的理论能够正确反映客观事物的本质和规律。科学的理论对人们的实践有重要的指导意义。深化对中国高铁工人精神理论的探索，有助于厘清中国高铁工人精神的内涵与外延，而这正是企业文化建设绕不开的事情。通过理论的深化及体系建设的探讨，将中国高铁工人精神作为中国中车的企业精神，并与企业的使命、愿景、核心价值观、组织氛围、工作作风一起，构建起中国中车完整的企业文化体系。

中国中车通过理论文章、系列评论等方式对中国高铁工人精神理论进行了深入探索，主要包括精神形成的历史背景、诞生的过程、精确的内涵与外延、与中国中车企业文化核心价值观及国企精神的关系、对企业日常经营的指导意义等，有以下几个方面：

高铁工人精神是中车人实践伟大复兴中国梦的最新成果。首先，中国高铁工人精神诞生于

中国铁路装备事业发展壮大的过程，这个过程正是实现中华民族伟大复兴中国梦的缩影。到中华人民共和国成立100周年时，中华民族伟大复兴中国梦一定能够实现。中国中车正以实际行动践行着中国梦的论述，经过100多年的发展，目前中国中车已经成长为产品遍及六大洲、102个国家和地区的世界轨道交通装备龙头企业，并在中国高铁工人精神的激励下，正向着打造受人尊敬的国际化公司的伟大梦想继续前进。其次，中国高铁工人精神的培育过程，是在党中央、国务院的关心关怀下成长壮大起来的，习近平总书记、李克强总理多次视察中国中车有关企业，并对中国高铁工人精神给予肯定和赞扬，这是中国高铁工人精神的理论来源。最后，把轨道交通装备打造成中国的"金名片"，成为中国高端制造走出去的代表，是中车人实践中国梦的具体方式。中国梦不是虚幻的，而是由千千万万个企业的梦想、千千万万个企业员工的梦想组成的。中国中车的愿景就是"成为以轨道交通装备为核心的，全球领先、跨国经营的一流企业集团"，这个愿景的实现离不开"产业报国，勇于创新，为中国梦提速"的中国高铁工人精神。实现中车梦，需要千千万万中车人的共同努力，实现这个梦想也能为所有的中车人打造事业的平台，实现与企业共成长的愿望，满足中车人对幸福生活追求的梦想。

中国高铁工人精神是对传统国企精神的继承与发扬，是新时期国企精神的代表。中国高铁工人精神是中华民族优秀精神的一部分，是对"大庆铁人精神"等优秀国企精神的继承和发扬，是新时期国企精神的代表，拥有属于自己的时代特色。它诞生在全球化大发展的时代，是中车人推进中国高铁事业实现国际化经营的产物，拥有鲜明的国际化特征；高铁是技术密集型行业，创新是它的灵魂，精益制造是它的生命；高铁最终要服务于人们的方便快捷出行，"用户第一，把客户需求当作前进动力"的服务意识是中国高铁工人精神的重要组成部分。

高铁工人精神是对所有中车人优秀品格的总结，是中车企业文化的重要组成部分。高铁工人团队不仅包括制造工人，而且还包括研发团队及管理销售服务团队，不仅包括高速动车组产业链上的企业员工，而且涵盖所有中车企业的员工，中国高铁工人精神既传承了机车车辆行业百年发展积淀的文化基因，又熔铸了经济全球化发展过程中形成的新的文化基因，具有融贯古今的精神特质。

加强内外宣传与推广，将中国高铁工人精神打造成新时期国企精神的代表

中国高铁工人精神是中国中车企业文化的重要组成部分，凝结着中国中车的发展理念，反映着中车员工的共同价值追求，是激励中车人在实现中国高铁由跟随到引领道路上继续奋斗的宝贵财富。在弘扬中国高铁工人精神方面，我们主要从两个方面用力：一是，在落细、落小、落实上下功夫，让中国高铁工人精神在集团内部像空气一样无所不在；二是，充分利用社会化新闻媒体威力，打造中国高铁工人精神的立体传播路径。

为了促进中国高铁工人精神在企业更好地落地，中国中车党委、行政、工会、团委联合发布《关于学习和弘扬中国高铁工人精神的决定》，号召各级党政工团组织深入开展学习和弘扬"中国高铁工人精神"的宣传教育活动，加强组织领导，明确职责分工，发挥整体合力。以该项决定为纲，中国中车全面布局高铁工人精神在集团内部的落地工作。一是充分利用公司网站、《中国中车报》《中车文化研究》杂志等自有媒体制作专题、开设专栏，编制专刊，并充分利用集团公

司与旗下各单位媒体的上下联动，形成良性互动；二是制作与高铁工人精神有关的横幅标语的宣传物料，进车间、上墙壁，发挥潜移默化、润物无声的作用；三是找准员工心灵的共鸣点，传递榜样的力量，在全集团范围宣传以院士为代表的创新团队，以全国劳模、技能大师为代表的制造团队，以及驻守在全球几十个国家的管理销售服务团队，同时各公司结合本单位持续地发掘中国高铁工人优秀代表，挖掘体现中国高铁工人精神的感人至深的故事，通过学身边人、身边人发挥示范引导作用；四是，工会、团委将学习中国高铁工人精神融入本系统的工作中，通过演讲、座谈会等形式研讨学习中国高铁工人精神。

在对外宣传方面，中国中车充分利用社会化新闻媒体优势，打造立体传播路径。充分利用中央电视台等权威中央媒体对中国高铁工人优秀代表进行了集中宣传。2016年，"五一"劳动节期间《新闻联播》头条以接近5分钟的时间报道了中国高铁工人姚智慧的先进事迹；此外，中国中车还与央视联手推出了《超级工程》《大国工匠》《解密中车》《了不起的高铁》等一系列节目，宣传推广高铁工人精神。中车长客股份公司高铁工人代表李万君还成功入选央视"感动中国年度人物"，产生了广泛影响。入选由中宣部、中央文明办、全国总工会共同评选的"全国最美职工"的中国高铁工人宁允展也受到了媒体的高度关注。

为了让中国高铁工人精神的宣传更加接地气，中国中车充分利用多用新闻传播手段，实现立体化传播。如发挥移动互联优势，利用中国中车官方微博、官方微信发布一些中国高铁工人的小故事，制作了介绍中国高铁工人精神的H5新媒体，制作有关中国高铁工人精神的宣传片在互联网上发布，目前宣传片的累计点击量已经突破100万次，此外我们按照计划编撰高铁工人精神有关的图书、纪念邮册等。

2016年4月12日，在国资委宣传局的统一组织下，新时期国企精神进行了对外发布，中国高铁工人精神正式被确定为新时期国企精神的代表。下一步，中国高铁工人精神还将参与中宣部、国资委、教育部统一组织的国企精神进校园巡回报告活动，掀起新一轮的宣传高潮。

主要创造人：曹钢材　涂厚广

参与创造人：邬群亮　孙书慧　宋焕民　涂鸿斐

深度文化融合　打造集团核心竞争力

新兴际华集团有限公司

新兴际华集团有限公司（以下简称新兴际华或集团），前身为新兴铸管集团，2000年，由解放军总后勤部及所辖78家军需企事业单位整编重组脱钩而来。目前作为国务院国资委监管的中央企业，是集资产管理、资本运营和生产经营于一体的大型国有独资公司。集团系国家级创新型企业，包含金属冶炼及加工、纺织服装、专用装备制造、商贸物流、置业等主营业务板块。拥有国家级企业技术中心和军需品检测中心，拥有国家级企业博士后工作站，拥有新兴和际华强人、际华3539、际华3523等中国驰名商标和际华皇家、际华园等高端品牌。2016年，位列世界500强第318位，获得第四任期"业绩优秀企业奖"和"节能减排优秀企业奖"等荣誉。在中国企业300强社会责任发展指数中排名前50位，跻身央企30优。

重组整合十几年来，新兴际华通过文化融合，将企业内不同特质的文化经过交流、沟通、认同，进而相互借鉴、吸收、渗透，并逐渐融为一体，形成具有鲜明特色的新兴际华企业文化。集团也从一个名不见经传的企业，发展为国家级创新型企业，是目前综合实力和技术水平位居世界前茅、产量销量居于世界首位的球墨铸铁管生产研发基地，世界最大的后勤军需品、职业装、职业鞋靴生产研发基地，也是国内最大的钢格板、高端纺织品生产研发基地，同时还是外军军需品市场的主要采购、加工基地，拥有军需装备出口权。

新兴际华"融合文化"的实施背景

行政接收军需企业（2000~2004年）。2000年以来，先是接收军队78家企事业单位，再由军队"打包"整体移交中央，后又接收3家军队企业，承担了14家军保企业政策性破产工作的历史重任。

并购重组外部企业（2003年至今）。对外兼并了芜湖钢铁、新疆金特、川建管道等不同背景企业，并在国外新设新印度钢铁公司、与印度尼西亚哈利达集团合资建设MSP公司。

重组整合内部板块（2006年至今）。按照集团管控、专业化管理的方针，将集团下属企业整合成为新兴铸管、际华股份、新兴重工、新兴发展、际华投资5个业务板块，实施三级管控，并推进际华股份、新兴铸管两家二级企业改制上市。

综合来看，集团重组整合呈现出"地域分布广、行业企业多、操作难度大"的特点，有效的融合文化及融合模式的选择是实现母子公司成功重组的关键所在。因此，迫切需要从企业文化融合方面提供有力支撑。

新兴际华企业文化融合后的体系内涵

集团坚持共建共享的原则，发动成员企业、全体员工，全程参与集团价值理念梳理、整合和推广。经过"核心企业—军需企业—国有企业—民营企业—海外公司"多次汇通融合，使"学习文化、军企文化"等最优基因不断复制、传承、融入，最终提炼并培育了系统完备的新兴际华集团价值理念体系，反映了全集团的价值追求。

核心理念：在学习中成长，在创新中发展；

集团价值观：互利共赢 同创共享；

使命：管通四海，装点五洲；

愿景：打造国际一流企业集团；

集团目标：站稳世界500强；跻身央企50优；冲刺世界品牌500强；

精神：自强不息 自我超越；

作风：求真 求实 求新；

团队理念：和衷共济 同心致远。

新兴际华"融合文化"的主要做法

十几年重组整合的过程中，集团将文化融合与战略规划、资产优化、业务调整、管理整合同步推进，同步实施，做到集团重组整合到哪级，集团文化培育就辐射到哪里。全方位延续并浸润集团文化血脉，用优秀文化基因将集团上下链接成一个统一整体，实现文化融合效应"1+n=1"，战略重组效应"1+1>2"。

培育同心文化，打造最大公约，增强向心力

一是发扬光荣传统，推动内部整合。集团广泛发动成员企业和全体员工梳理发展历程中的优良传统和宝贵财富，突出老军工令行禁止的工作作风，勇于拼搏的竞争意识，顾全大局的奉献精神，并将这些光荣文化传统打造成集团文化理念的建设根基，不断传承、发扬，激发全体员工的使命感和责任心，形成了强有力的核心竞争力，不仅多次出色完成了重大任务，受到社会各界的好评，也有效推进了各板块加速整合、改制上市。

二是形成集团文化体系，共创美好愿景。无论是内部整合还是外部兼并，要想赢得目标企业和员工认同，就要打造出"共同发展愿景"。在传承优良文化的基础上，提炼并培育了系统完备的新兴际华企业文化体系，全面反映集团的价值追求、体现各企业共同的使命担当，为战略实施提供了动力支持、能力支撑、精神支柱。同时，集团在修订、制定三个五年发展战略规划的同时，制定了与之相适应的企业文化建设发展规划，把集团文化理念渗透到经营中心工作中，用文化的力量凝聚全体员工最大合力，助推集团逐步实现各阶段发展战略目标。

统一规范，加强自查与督导，推进内部管控

一是在集团范围内统一核心理念。自集团成立不久，就推出落实《理顺集团公司与子公司（成员企业）价值理念关系的指导意见》，在所有成员单位扎实开展"在学习中成长，在创新中发展"

核心理念进文本、入人心、见行动，实现核心理念自上而下一贯到底。目前"在学习中成长，在创新中发展"的核心理念在集团内部员工认知率达到100%，已经成为集团文化的重要特质。

开展文化融合活动

二是规范集团形象识别体系。根据业务板块扩展，由集团企业文化部牵头，组织人员快速对集团标志内涵重新释义，并针对全部业务板块下发了《关于统一规范集团标识的通知》，并相继出台《品牌建设指导意见》《关于进一步规范和加强集团标识应用的通知》等文件，对集团标识进行了统一和规范治理，持续开展一系列文化建设活动，并适时跟进督导，推进成员企业对集团形象识别系统的理解和规范化应用，同时也扩大了品牌知名度和影响力。

建设专项文化，实现一主多元、百花争艳

集团尊重各成员企业的行业特点和企业个性，在集团文化体系引导下，培育各层级企业文化的特色性，涌现出诸如新兴铸管股份的"铸民族正气，管人间暖凉"、际华股份的"服务国防建设，装点百姓生活"、3501公司的"心态归零，勇争第一"等一批体现特色性、富有感染力的基层文化成果。在培育各层级企业文化过程中，按照"共享核心、分层定位、统分有序、各具特色"的企业文化管理原则，从而构筑了"集团文化—二级公司文化—三级企业文化—车间团队精神—员工格言警句"的企业文化层级体系，形成了三级法人体制下"既一脉相承又百花盛开"的"一主多元"文化，有效支撑了集团管控。

集团公司根据各企业实际需要，提出并培育以成本文化、劳模文化、创新文化、融合文化、品牌质量文化等为主要内容的专项文化。其间，对集团所属企业专项文化建设情况进行了摸底、调研；对43家企业的专项文化培育工作进行了梳理、评价；组织开展了专项企业文化建设推进会，选取武安、浙江铜业、3518等9家企业，对其专项文化建设经验进行总结提炼，并交流分享其建设成果，为其他企业提供学习借鉴，充分发挥企业文化在经营管理中的促进作用。

推动文化走出去，实现文化共融、经济共赢

一是以尊重当地人文为前提，做好沟通融合。作为集团在"一带一路"沿线走出去的成功案例，集团核心企业新兴铸管股份有限公司印度尼西亚镍铁项目部从项目建设前夕，就组织中方员工在国内分批成立培训班，专门学习印度尼西亚的语言、文化习俗和法律法规。并组织三批共260名印度尼西亚员工来华学习专业技术，培养出多名印度尼西亚籍技术骨干，在此过程中也增进了印度尼西亚员工对中国人生活、文化的了解。在项目建设初期，集团在施工建设的同时，为印度尼西亚员工专门建了清真寺、餐厅和医务所，并为施工现场附近村民修路、供水供电，受到当地人民的尊重与信任，这也成为推动项目建设快速实现达产、达效的重要原因。

二是发掘双方"文化交集"，搭建文化融合桥梁。以印度尼西亚镍铁项目部为例，春节期间，新兴际华集团镍铁项目部组织两国员工过新年：中方员工教印度尼西亚员工贴春联；大家一起吃年夜饭；并组织小型"春晚"，两国员工用精心准备的精彩节目全面展示两国优秀的文化和艺术。为增进两国员工的友好情谊和进一步交流，提升整体凝聚力，集团还分别组织开展了职工篮球、羽毛球友谊赛，受到两国员工的好评。

多种载体宣贯，推动企业文化入脑入心，增强辐射

一是整体联动渗透宣贯。各职能部门、各成员企业认真贯彻集团企业文化建设规划，强化文化宣贯责任。特别是抓住年度大型会议、重大庆典仪式等契机进行集团文化理念的植入和辐射。例如，2013年以来，集团公司每两年举办一届"感动集团人物"评选，从全集团范围内选举先进典型，引导广大员工持续弘扬集团核心理念和企业精神，为发展凝聚了精气神、传播了正能量，向集团内部乃至全社会传递了阳光、积极、坚定的中央企业形象。

二是"媒体组合"统一宣贯。由集团企业文化部牵头，对集中体现集团重要决策、反映集团重要事项、重要典型等内容一贯到底。先后创办《集团报》《新兴际华》杂志和集团网站等宣传企业文化的媒介，还充分发挥官方微信、微博等新媒体的传播效应，将企业文化的宣贯覆盖延伸至每个企业、每个班组、每名员工，使成员企业员工对集团有了最便捷、最直观的信息渠道，及时了解集团历史、认知集团精神，使集团发展目标逐步成为每一名员工的共同追求。

三是"在职培训"定向宣贯。集团领导带头为中高层培训班学员授课，讲解发展战略、规章制度，宣传企业精神，逢会逢班宣讲企业文化；凡是集团范围内员工入职培训，必有2个学时以上的集团企业文化学习课程。特别是对于重组新设公司，提前将员工培训纳入整体计划，引导或约束员工的行为，和员工做心灵上沟通、交流，实现集团内部思想价值观的统一。

四是派驻骨干示范宣贯。对重组新设公司，集团坚持帮助组建管理队伍，"植入"优秀制度，实现管理链接。特别是针对混合所有制企业，集团党委及时建立健全党政工团组织，完善企业文化建设队伍。在用好原有管理层的基础上，下派高层管理、业务骨干进驻，他们不仅担负经营管理工作，还在适应原企业文化环境基础上，示范集团理念和行为规范，宣传弘扬集团精神，做传播培育集团文化的"园丁"。重组企业也分期、分批组织骨干学习，参观体验集团文化，加深文化理解认同。

新兴际华"融合文化"的实施效果

促进了和谐稳定。集团在重组并购中没有发生一起群体性事件，重组企业实现了平稳过渡。成员企业员工对集团文化的认同感越来越强，集团凝聚力和向心力越来越强，员工满意度和流失

率实现"一升一降"。根据国务院国资委研发试行的"企业文化建设评价体系"测试表明，文化融合对企业凝聚力提升贡献率达到92%。

激发了竞合效应。按照五个业务板块重组整合为五大二级公司后，在板块之间营造了"你追我赶"竞相发展的竞争局面，实现了成员企业齐头并进。由7家企业整合成的新兴发展公司，发挥"产业协同"，仅三年时间就发展成为集团子企业的旗帜。根据集团发展战略重组整合后的新兴重工公司在武汉、珠海和成都先后启动了华中"安全谷"、华南"安全谷"和西南"安全谷"项目建设，形成全面支撑我国应急能力提升的高端要素产业集群。

推进集团快速发展。文化融合让成员企业达成"打造国际一流企业集团"的发展共识。经测评，集团发展战略在各二、三级企业领导班子成员中认同度达到95%以上，广大员工认知度达到90%。新兴铸管所属企业芜湖新兴铸管公司并购后，主营业务收入、利润大幅攀升，被安徽省政府誉为"国企改制的样板、重组并购的典范"。

主要创造人：戴和根　何可人

参与创造人：支文广　薛振宇　石　丽　郭大鹏

国际化进程中的跨文化管理模式探索

潍柴动力股份有限公司

潍柴动力股份有限公司（以下简称潍柴）成立于2002年，由潍柴控股集团有限公司作为主发起人、联合境内外投资者创建而成，是中国内燃机行业第一家在香港H股上市的企业，也是中国第一家由境外回归内地实现A股再上市的公司。资产总额1640亿元，全球拥有员工4.2万人（不含凯傲）。致力于打造最具成本、技术和品质三大核心竞争力的产品，构筑起动力总成（发动机、变速箱、车桥）、整车整机、液压控制和汽车零部件四大产业板块协同发展的新格局，形成了全国汽车行业最完整、最富竞争力的产业链，拥有工程机械行业最核心的技术和产品，发展成为中国综合实力最强的汽车及装备制造产业集团之一。

自2008年国际金融危机以来，潍柴化危机为转机、变挑战为机遇，顺势而为、走向世界，并购法国博杜安公司，与意大利法拉帝、德国凯傲、林德液压等欧洲顶尖企业实施战略合作，海外拓展的脚步不断加快，产业布局遍布全球，成为一个真正的国际化企业集团。

伴随着国际化而来的是跨文化管理问题日益凸显。如何进行有效的跨文化管理，推动与海外子公司的文化融合，潍柴围绕这一课题进行了不断探索和尝试。

潍柴"文化管理与文化融合"的实施背景

跨国并购为潍柴带来了国际化品牌和先进技术，同时，企业也面临战略性扩张和经营效益下降带来的矛盾，而背后起关键作用的，就是文化整合带来的风险。

文化整合认识不到位。潍柴海外并购之初，对双方企业背后的文化差异、理念不同等软性因素研究和考虑较少。企业跨文化管理缺乏顶层设计，行为方式无法快速适应当地法律法规、宗教习俗和社会文化环境的要求，出现明显的"水土不服"。

价值观不同带来的发展合力不强。中西方企业价值观在管理思想、决策方法、员工和企业关系等方面，表现出很强的差异性，导致潍柴在对海外公司管理中极易发生冲突，不利于协同效应的发挥。

企业发展水平不同带来的融合矛盾。潍柴企业跨国并购的目标都是欧美的成熟企业，这些企业对自己的民族文化和企业文化有着很高的认同度和自豪感。相比之下，由于社会经济环境、历史沿革以及企业文化建设滞后等多种原因，潍柴企业文化相对处于弱势，海外子公司对潍柴的企业文化存在一定的偏见。

跨文化管理团队还未有效组建。跨国并购完成后，潍柴缺乏真正懂语言、懂技术、懂文化、懂法律的综合人才。尽管企业在各海外公司派驻了高管，但是系统化、体系化的跨文化管理团队没有真正建立，对海外公司的文化建设、业务开展指导有限。

潍柴"文化管理与文化融合"的主要做法

注重包容性，进行跨文化比较和跨文化管理策略探索。在海外并购中，潍柴始终以包容的心态，开阔的胸怀，创新工作思路，为文化融合带动业务整合积极尝试。驻海外工作人员无论是从语言、行为还是饮食习惯等方面与当地不断磨合，在互相碰撞中取长补短。基于追求企业发展的共同目标，在管理风格、方法或业务技能上互相传授、互相学习；在生活习惯和方式上，互相交流、互相包容。

跨文化联谊活动

（1）开展文化比较研究。为探索有效的跨文化管理策略，公司借助企业文化研究会平台，促进国内企业文化部门和驻海外人员的信息沟通和资源共享，启动了中国与法国、德国、意大利、美国、印度等国家文化的差异研究。围绕海外板块企业文化建设，企业文化部门对派驻博杜安公司、法拉帝公司、北美分公司等海外板块的工作人员进行访谈调研，识别出这些文化差异点，为海内外企业融合发展提供理论支撑。

（2）探索文化管理策略。结合国际化发展所处阶段，以及海外公司股权结构特点，潍柴围绕开展本土化策略、文化创新策略和文化渗透策略开展研究，为总部文化和海外子公司文化交流提供理论指导，逐步推动潍柴文化在海外公司得到认可及推广。

（3）创建文化理论体系。潍柴在借鉴国外优秀管理文化的同时，着手创建一套能够融自身优秀传统、文化基因于一体的卓越文化管理理论和体系，目前已经启动的WOS运营体系推广就是一个很好的文化载体，最终实现集团统一的价值观标准和行为准则，为大集团文化融合提供制度保证。

注重引领性，强化文化理念引领和组织引导。潍柴的核心文化是"责任、沟通、包容"。在跨文化管理推进过程中，注重核心文化的输出和传播，突出文化的引领性，同时，逐渐搭建起文化交流与建设的组织架构，不断强化组织引导。

（1）召开全球CEO大会。董事长每年都会倡导召开全球CEO大会，通过恳谈会、团队文化活动等形式，进行深入交流，共谋发展大计，从而强化海外子公司CEO的文化认同。在2016年召开的潍柴大家庭恳谈会上，来自德国、意大利等海外子公司的管理团队成员一起敞开心扉，进行了开放式的文化交流，并在百米长卷上签名，庆祝潍柴跨越百年。

（2）出版《企业文化手册》（海外版）。随着海内外公司文化交流的频繁，在广泛征求海外子公司意见的基础上，公司出版了英文版《企业文化手册》，面向海外子公司员工介绍潍柴情况、潍柴文化、潍柴品牌等内容，促进文化交流，逐步强化对海外子公司的文化传播。

（3）建立海外子公司文化建设组织架构。在实施跨文化管理过程中，公司充分发挥派驻海外子公司项目组人员的作用，从管理思想、行为方式、文化理念等多方面，传递潍柴精神。

一是根据发展需要，成立潍柴动力企业文化研究会海外分会。海外分会由经历了企业不同发展阶段、深刻理解潍柴文化内涵的公司高管主导，既能在工作中传递出潍柴的文化理念，又能积极推动文化的传播和交流。二是建立海外子公司企业文化联络员队伍，在各海外子公司设立企业文化联络员，专门负责所在子公司的企业文化建设工作。至此，潍柴与海外子公司的文化共识初步形成，潍柴"责任、沟通、包容"的核心价值理念在海外子公司得到进一步宣贯。

注重贴近性，搭建跨文化沟通渠道和载体平台。在跨文化的沟通中，潍柴注重搭建起多元化，具有贴近性和灵活性的交流平台，丰富活动载体，把集团总部的文化宣传渗透到海外子公司，形成一种正向影响力。

（1）在国际化经营中，针对潍柴总部与海外子公司文化背景不同的实际情况，2014年，创刊了海外专刊《*WEICHAI PEOPLE*》，统一发往海外子公司，这是潍柴企业文化向海外子公司传播迈出的重要一步，进一步拓宽了文化交流、融合渠道。

（2）创新文化活动，为增强与海外子公司员工的文化互动，潍柴总部支持，海外子公司以"WE ARE ONE"为主题，开展了丰富多彩的文化互动活动。

（3）建立海内外公司企业文化交流群，推动文化交流日常化。以海外项目组成员为纽带，借助新媒体手段，建立了文化交流微信群、QQ群，实现文化信息的实时传递和共享。

注重相关性，固化跨文化培训和对口交流机制。

（1）在推进国际化进程中，潍柴不断加大对派驻海外人员的跨文化管理培训，促进培训系统化。尤其是2013年以来，组织了多期国际化语言培训、跨文化沟通能力培训、企业文化专题培训，其目的就是使派驻海外工作人员既成为优秀的管理者，也成为优秀的文化传播者。

（2）海外员工所处的岗位不同，对文化沟通作用的认识存在差异。潍柴总部与博杜安、法拉帝和凯傲等企业之间形成了工作交流计划，分层级、分专题开展沟通互动活动，集思广益，充分交流，达成共识。

一是公司工会与海外子公司共同推动，加强人力资源、工会工作、企业文化建设等层面的交流。每年海外子公司工会都会与潍柴总部工会互访、座谈，而总部工会也主动推进，促进多个业务层面的交流，起到了良好效果。

二是定期选派潍柴总部优秀员工"走出去"，组织海外公司优秀员工"走进来"，进行企业文化和团队建设专项培训。2016年8月，潍柴还专门成立调研小组，前往德国林德液压公司进行文化调研和培训。

潍柴"文化管理与文化融合"的主要成效

完善了跨文化沟通组织与渠道，搭建了规范高效的文化沟通机制。通过创办英文刊物《WEICHAI PEPOLE》，出版《企业文化宣传手册》海外版，建立海外联络员队伍，逐渐完善了跨文化沟通组织和渠道。潍柴总部与海外子公司文化互动活动主题化、系统化，不同层面中外籍员工沟通逐渐常态化。根据统计，仅2016年，就有业务模块、文化模块中外籍员工互访交流27次、文化互动活动9项，增强了海内外子公司员工的互相了解。

充分发挥派驻海外人员的文化纽带作用，逐渐培养起一支高素质的跨文化管理团队。潍柴不断从各业务层面选拔优秀中层干部派往美国进修，进修结束后大部分派往海外子公司从事管理工作，有效推动了文化交流与融合。海外子公司项目组成员也在海外子公司管理和业务推进中逐渐成长起来，成为推动跨文化管理的精干团队。

不断丰富培训手段与培训课程体系，跨文化培训常态化。针对海外子公司CEO、派驻海外项目组、海外子公司员工，公司组织专题设计、开发培训课程，创新培训方式。形成了包括文化理念、跨文化沟通、团队建设、WOS运营体系等12门课程在内的线上、线下培训体系，跨文化培训逐渐常态化。

潍柴总部与海外子公司的文化融合不断深化。海外子公司主动加强与集团的文化交流。凯傲不断推广中文课，无论是公司高管还是管理、技术人员，都积极学习中文；博杜安公司员工逐步接受潍柴文化，并主动要求穿上潍柴工作服；印度公司、法拉帝公司每年都组织外籍员工前来潍柴学习交流。在潍柴总部与海外子公司的共同努力下，文化融合的速度和进程在不断加快。

不同产业链和不同业务模块间的协同效应得以发挥。经过几年的业务整合、文化融合，海外并购企业均实现向好发展。凯傲集团继续保持健康发展，潍柴增持凯傲股份并成功并购美国德马泰克公司；法拉帝公司游艇销售同比增长17%；林德液压德国新工厂正式投入使用；法国博杜安公司产品成功进入菲律宾、土耳其、中东等区域市场。制造本土化战略稳步落地，印度公司当地化制造1135台，全年销售近7000台；公司与白俄罗斯马兹集团签署备忘录，未来将在白俄罗斯合资建设年产20000台的发动机制造基地。

助推企业转型升级，集团竞争力显著增强。潍柴业务的全球化促进了文化交流全球化，文化的全球化带动了产品和服务的贸易和交流，增强了市场竞争优势和集团竞争力。2016年，潍柴实现汇总营业收入1341亿元，其中海外公司营业收入464亿元，同比增长17%，占营业收入的34%；利润17.4亿元，同比增长53%，成为推动企业转型升级的重要力量。

主要创造人：王　勇　鲁文武

参与创造人：丁建庆　鞠　敏　王善美　杜媛媛　王新燕

以赛促建、以赛促改　传承优秀企业文化基因

中国广核电力股份有限公司

中国广核电力股份有限公司（以下简称中广核电力）是由国务院国资委监管的特大型企业中国广核集团发起成立，由10多家联属公司组成。是全球第一家以核电为主的上市公司，也是中国第一、全球第五的核电运营商。建立了与国际接轨的、专业化的核电生产、科技研发供应保障体系，已发展成为国内领先，国际具备较强竞争力的核电供应商和专业化的运营服务商。截至2016年12月底，资产总额2876.33794亿元，拥有员工20327人。共管理19台在运机组，装机容量为2038.4万千瓦，占国内在运核电市场份额的60.6%；9台在建机组装机容量为1135.6万千瓦，占国内在建核电市场份额的46.4%。

中广核电力作为以核能发电为主的清洁能源企业集团，在发展过程中始终坚持将安全放在第一位，坚持开展自上而下的安全文化建设，持续提升公司安全质量管理水平。多年的持续不断的安全文化建设过程中，沉淀形成了责任、安全、质量、创新、卓越、严谨、务实等优秀的中广核电力文化基因。正是在这些优秀文化的保障和引领下，走出了一条跨越式的发展道路。

中广核电力发展历程中形成的优秀文化是引领企业持续发展，业绩不断创优的基础和保障。近年来随着中广核电力的快速发展，业务布局和员工队伍的迅速扩大，一些深层次的矛盾也逐渐暴露出来。如责任、创新等未能与时俱进，出现弱化现象；中广核电力多年积累的安全文化的精髓在从大亚湾核电基地向其他核电基地复制推广的过程中，因对其内核的理解不一致，承接落实不够，导致一定程度的弱化；依据新的战略要求，转型发展中需要丰富的文化因子，如市场导向、价值创造等需要补充和丰富。如何继承和发扬优秀的企业文化是中广核电力在新时期面临的重大课题。

基于此背景，为了进一步弘扬优秀的核安全文化，营造公司内创优争先的文化氛围，中广核电力借鉴国际先进企业的良好实践，结合公司实际情况，组织策划了"中广核电力核电运营挑战赛"，通过以赛促建、以赛促改，传承优秀文化基因，推动安全文化落地。

精心策划，充分发挥领导智慧

在"中广核电力核电运营挑战赛"策划的初期，中广核电力就明确指出核电运营挑战赛是集团内部各核电基地公司交流、对标学习的重要平台，主要的目的就是评估集团内各在运核电机组过去一年的安全表现，并从中挑选获胜者和最佳运营单位，为其他核电机组持续改进和提高安全管理水平提供借鉴。评选方案既要科学客观，又要能体现中广核电力的特色。

在方案的形成过程中，中广核电力高层领导高度重视，积极参与，对奖项设置、评选规则提出诸多建议。核电运营事业部作为牵头单位，在借鉴国际先进企业良好实践的基础上，充分发挥

和吸收领导智慧，经过多轮的研讨沟通，反复修改，最终形成了"中广核电力核电运营挑战赛"策划方案。"中广核电力核电运营挑战赛"共设置四个奖项，包括"明星机组"专项奖、核安全优胜奖、职业安全优胜奖和电力营销优胜奖。各奖项的评比依据完全采用群厂安全生产客观量化的指标或公开数据。其中"明星机组"考察单机组的综合能力，对通过一票否决条件后的机组，从安全性、可靠性、经济性三个维度对机组的综合状态进行评价，既要求机组安全稳定，又要求机组经济创收。"核安全优胜奖"则重点考察基地各机组的综合核安全水平，以WANO业绩指标中的四项安全指标打分后在各基地间进行排名。"职业安全优胜奖"考察基地总体的职业安全水平，通过一票否决条件后的核电基地，从工业安全、消防、辐射防护等维度进行评分排名。"电力营销优胜奖"考察核电基地在市场营销方面所做的工作成效，考虑因素包括电价执行情况、发电小时数、集团考核电量指标完成率、营销合同和许可证按时完成率。

2016年"核电运营挑战赛"结果揭晓

名称		第一名	第二名	第三名
股份公司核电运营挑战赛	明星机组排名	大亚湾核电运营管理有限责任公司岭澳1号机组	阳江核电有限公司阳江2号机组	辽宁红沿河核电有限公司红沿河2号机组
专项排名结果	核安全	广西防城港核电有限公司		
	职业安全	福建宁德核电有限公司		
	电力营销	本年度空缺		

企业文化活动展板

为了提高各参评单位对评选方案的理解和认识，评选方案形成后，专项工作小组通过邮件、电话、微信等形式等就评选方案向各参评单位征询意见，针对反馈意见逐一答复解释，各方就方案达成高度认同。

另外，为了保证评选结果的合理性，专项工作小组还提前对各机组得分情况进行模拟，得到答案后再与实际情况进行比对验证，为后续评选工作的开展奠定了良好的基础。

跟踪宣传，提高获奖单位的荣誉感和成就感

由于"核电运营挑战赛"是第一次举办，如何让"核电运营挑战赛"在集团内打响知名度，切实增加获奖单位员工的荣誉感，成为"核电运营挑战赛"的关键环节和难点。为了提高各基地对"核电运营挑战赛"的认识和重视程度，专项小组与文宣中心紧密合作，开展了系列工作，取

得预期效果。

　　宣传也是生产力，专项小组与文宣中心，利用集团之声、集团微信公众号、中广核TV等多种媒体对挑战赛进行全方位的宣传报道，在年会报道上开辟【年会系列】专题，从赛前的预热、赛中的跟进、赛后的总结，多角度全方面地对挑战赛进行报道跟踪，为挑战赛营造浓厚的活动氛围，其中相关新闻的点击量超过3000次，为最终项目取得成功奠定良好的舆论基础。

　　在奖项的评选过程中，通过年会现场的展板布置，在显著位置突出获奖单位，邀请集团主要领导为获奖单位颁奖，安排获奖单位主要领导发言等方式，增强获奖单位的参与感。在奖项评选后，组织各获奖单位编制宣传材料，通过持续的、有针对性的宣传报告来提高获奖单位广大员工对于奖项的感知，增强获奖单位荣誉感和成就感，推动安全理念真正入脑入心。

创新形式，筑牢核电站安全管理生命线

　　安全文化实践方法需要紧跟形势，不断创新。安全文化的物质载体是最易被员工感受和理解的层面，在安全文化中安全理念是一以贯之的，但是安全文化的实现形式和载体是需要不断创新的。如何运用安全文化载体，以灵活多变的形式，生动活泼的内容来传递安全文化的内涵、贯彻安全文化制度，是安全文化建设不可忽视的环节。2016年核电运营挑战赛的开展，不仅是安全文化形式和载体创新的一次尝试，同时，挑战赛也搭建起各基地公司之间的交流与互动的平台，推动公司各核电基地安全生产业绩同步提升。在优秀文化的引领下，2016年公司管理的在运核电机组均保持良好的安全状态，机组安全水平再创佳绩。2016年，18台在运机组共有72.2%的指标达到世界前四分之一的先进水平，群厂平均能力因子近五年首次突破90%，达到90.31%，优于WANO同行平均能力因子84.15%。机组平均非计划停堆次数由2014年的0.36次/机组下降至2016年的0.05次/机组。

　　在中广核电力高速发展的今天，安全文化作为企业的核心竞争力的重要组成部分，对于核电企业的生存和发展至关重要，"核电运营挑战赛"的开展，进一步丰富了企业文化建设的承载形式，通过以赛促评、以赛促建，加深了广大干部员工对于安全文化的了解与认同，为中广核安全稳定和可持续发展提供了坚实的思想保障。

主要创造人：高立刚

参与创造人：苏圣兵　曾晓晖

坚持创新民企文化建设之路
助推企业健康可持续发展

万丰奥特控股集团有限公司

　　万丰奥特控股集团有限公司（以下简称万丰）是以先进制造业为核心的民营股份制国际化大型企业集团，涉足汽车部件、航空工业、智能装备、金融投资等领域。铝轮毂已实现在行业细分市场全球领跑，国际并购项目实现镁合金行业全球领跑，国内并购项目实现在涂覆行业细分市场全国领跑。在美国、加拿大、英国、印度、墨西哥、捷克等国家设有8个生产基地和3家研发中心，实现了资本、管理、人才、科技、品牌等五个国际化。先后荣获"全国文明单位""全国五一劳动奖状""全国模范职工之家""全国群众体育先进单位""全国劳动竞赛先进集体""浙江省先进基层党组织"等一系列荣誉。

　　万丰自创立以来，坚持以文化为魂，大力推进企业文化建设，经历了从"文化自醒—文化自觉—文化自信—文化自强"的历程，基本实现了从"人治"到"法治"再到"自治"的目标。2016年，万丰将文化建设融入全集团日常经营发展之中，围绕文化体系建设，展开"弘扬万丰文化，打造幸福企业"系列活动。

弘扬万丰文化，打造幸福企业

　　注重对企业文化建设的领导。万丰领导对企业文化有很深的理性思考且非常重视企业文化建设，对万丰的企业文化建设倾注了很多心血，曾东渡日本，对12家百年以上的著名企业进行考察，通过把握企业文化建设的认知背景、历史背景、现实背景、战略背景、社会背景，明确了"永恒提升价值、不断奉献社会"的企业文化核心价值观，制订了企业文化发展战略。每年落实工作经费200余万元，确保了企业文化建设有序推进。

　　注重总结提炼企业文化的内涵。通过感悟历史、学习借鉴、上下讨论等途径，总结提炼独特的企业精神和凝聚员工的价值观念，建立健全万丰企业文化制度，形成了7大系41项企业基本制度，概括出了包括使命、价值观、愿景、精神等在内的20个文化理念，编印了《追梦人》《万丰奥特成长之路——基业可以常青》《十年一剑》《感悟经营价值》《党旗飘飘》《员工手册》等书籍，集中展示了企业文化。

　　注重企业文化基础设施的建设。以建设花园式企业为目标，近年来投资300万元美化园区，不断改善员工工作和生活环境。投入上千万元，建成了职工之家俱乐部、电子阅览室、足球场、篮球场、网球场、羽毛球场、游泳池、广场大舞台、戏曲舞台等较为完备的文化设施，为员工开展丰富多彩的活动提供了场地和设施保证。

注重突出企业文化建设的重点。根据企业的实际和发展需要，突出重点抓文化建设，形成了具有万丰特色的战略文化、创新文化、红色文化、监督文化、人本文化、包容文化，为企业发展提供了保障。例如，万丰非常重视企业发展战略研究，自创立二十三年来，共制订五个五年规划，从而保持了健康、稳定、可持续发展。同时注重提高各级干部对战略的认知度、献智度、执行度，专门组织各级团队精英近300人汇聚新昌，进行"十三五"战略规划的研讨。

注重创新企业文化传递的途径。企业通过高管示范、媒体宣传、野马特训、学习培训、组织活动、制度建设等途径来传递企业文化，企业文化"内化于心、固化于制、外化于行"。通过万丰网站、万丰党建网、万丰创业十五周年纪录片、万丰论坛、《万丰之歌》（万丰人作词作曲）、编印《万丰报》和《万丰人》杂志、挂放宣传标牌、播放宣传片、传唱企业歌、着文化衫等方式，加强对万丰文化的宣传。创造性地运用"野马特训方式"，培育员工企业精神，已连续举办16期，培训员工1 200多名。

注重党建工作与企业文化建设的互动。把企业党建工作与加强企业文化建设有机结合起来，以"红色万丰"为龙头，充分发挥党、工、青、妇、兵各组织的职能优势，把企业文化体现在各组织的职能工作之中，努力打造"活力幸福企业"，先后被评为省级优秀基层党组织、省级"双强百佳"基层党组织，在提高企业党建美誉度中提升企业文化建设水平，促进企业可持续健康发展。

注重以企业文化促进和谐劳动关系。万丰党委通过精神文明联席会议形式，形成了以企业文化为灵魂，以技能和制度培训为重点，宣传、文体与提高生活质量相结合的工作机制，坚持以员工为本，深入实施"五大工程"。

打造具有万丰特色的企业文化体系

建设文化体系，企业文化工作有序开展。以野马精神为核心的万丰文化就是全体万丰人的灵魂。野马象征着企业在改革开放、优胜劣汰、竞争激烈的年代，以野马这种桀骜不驯的精神在市场经济的疆场上纵横驰骋，时刻准备着迎接风险挑战。万丰文化主要由三个层次组成：一是万丰精神，教导员工如何做人。万丰精神即"野马"精神，包含六种内涵：强大的活力、不被驯服的精神、良好的环境适应性、群体协作性、强健的体魄、吃苦耐劳的特性，"野马"精神体系具体包括"六词一形象"，即服从、忠诚、勤奋、眼光、气魄、毅力，精明强干、开拓创新、团结奋战的野马形象。二是万丰理念，教导员工如何做事。万丰理念也包括六个方面，即企业使命（为客户提供满意的优质产品）、价值观（永恒提升价值，不断奉献社会）、愿景（营造国际品牌，构筑百年企业）、目标（百强万丰、百亿万丰、百年万丰）、方针（万里之行，始于轮下；丰功伟业，基在创新）、作风（实事求是，艰苦奋斗；雷厉风行，一抓到底）；五种精神，即敬业精神、竞争精神、实干精神、学习精神、团队精神。三是万丰制度，员工的基本行为规范。依法治国是我国的基本方略。万丰非常重视制度建设，把制度作为企业的法律，每年的制度修订都要经过自下而上的层层讨论，制度颁布后各级干部带头进行集体学习，达到自我执行。

创新传递方式，企业文化深入人心。一是企业文化建设信息化。开展"微直播"，万丰领导带头建微博，要求每位党员、干部都开通微博，开通了"万丰奥特控股集团党建微博"，落实专人管理，每逢公司重大活动，集团党委都会进行"微直播"，2015年共开展"微直播"20多场，传播了"红色声音"。举办"微课堂"。万丰党委指定专人每周编发"手机课堂"短信，及时宣传党的路线方针政策和集团重要新闻、重大部署以及企业文化理念，加强对员工的教育引导。如，在党的十八大召开期间编发了23条信息，使广大党员及时了解党的十八大最新精神。建立"微短信"。建立集团"微信群""QQ群"，定期或不定期发送信息，加强彼此间的联系沟通。此外，党委还在集团网站开设党建专栏，并专门制作"万丰奥特控股集团党建网"，开设诸多专栏介绍集团党建特色亮点和最新时事新闻。二是多管齐下促宣传。高管示范、媒体宣传、学习培训、组织活动、制度建设等途径传递企业文化，使企业文化内化于心、固化于制、外化于行。如，通过万丰网站、万丰论坛、《万丰之歌》、编印《万丰人》杂志、《万丰报》（曾荣获全国优秀企业内刊特等奖）等方式，加强对企业文化的宣传。通过VI规范企业文化视觉识别系统，编印《追梦人》《十年一剑》《感悟经营价值》《党旗飘飘》《员工手册》等书籍展示企业文化。三是文化设施建设促保障。遵循"绿色万丰"理念，建设国际一流的现代化花园式企业，投入数千万元，建成了职工之家俱乐部、电子阅览室、足球场、篮球场、网球场、羽毛球场、游泳池、广场大舞台、戏曲舞台等设备较为齐全的文化设施，为员工开展丰富多彩的活动提供了场地和设施保证。

鲁迅文化跑

结合互动，企业文化有品牌特色。将企业文化建设与党建、思想政治工作、精神文明建设、构建和谐劳动关系有机结合起来，组织开展主题文化活动。一是与党建工作结合互动。把企业党建工作与加强企业文化建设有机结合起来，研究制定《党建工作五年规划》，以"红色万丰"为龙头，实施"企业文化知识宣传年、企业文化环境优化年、企业文化成果展示年、企业文化机制完善年"四个"系列企业文化主题年"活动，充分发挥党、工、青、妇、兵各组织的职能优势，把企业文化体现在各组织的职能工作之中，努力打造"活力幸福企业"。2016年，结合"纪念建党95周年"，开展"两学一做"专题教育活动，开展"红色传统"主题教育活动，成立万丰非公企业党建研究会，开展非公企业党建研究工作，开展谈心活动，举行入党宣誓仪式，在提高企业党建美誉度中提升企业文化建设水平。二是与构建和谐劳动关系结合互动。党委通过精神文明联席会议形式，形成了以企业文化为灵魂，以技能和制度培训为重点，宣传、文体与提高生活质量相结合的工作机制。在民主管理方面，每年召开职工代表大会审议职工代表提案并督促落实；在员工工资福利方面，全员签订劳动合同、全员办理五项社会保险和住房公积金，建立了互助基金帮助困难员工解决难题；在员工安居乐业方面，已办理团购商品房、争取经济房560余套；开展"好母亲、好妻子、好丈夫"评选、组织小万丰人进行《弟子规》《三字经》等朗诵活动，使企业文化的凝聚力从员工辐射到家庭。三是与丰富员工文化生活结合互动。每年有计划地组织开展丰富多彩的企业文化主题活动，以活动来教育引导员工，打造企业文化品牌。如每年定期举行"我爱我家"大型中秋晚会，每年举办一次职工运动会，每年开展劳动竞赛和技能比武，每年开展"红娘"活动，每周播放广场电影等寓教于乐的系列活动。

奉献社会，企业知名度和美誉度不断提高。遵循"永恒提升价值、不断奉献社会"的价值观念，在自觉履行社会责任、承担社会责任中体现企业文化理念，展示企业风采。一是自觉履行社会责任。始终坚持依法经营、诚实经营、节约资源、保护环境，加强综治管理和安全生产管理，建立GB/T28001-2001职业安全健康管理体系，层层签订安全责任书，每季大检查3次以上，将检查结果与薪酬挂钩，连续几年被评为市级"治安安全单位"、省级"社会治安综合治理先进集体"。加强生态建设，坚持走资源节约型、清洁生产型、生态保持型、循环经济型之路，建立了ISO14001：2000环境管理体系，投资700多万元建造污水处理站，废水排放远低于地区标准；2009年投资近1亿元，对生产线进行节能降耗技术改造，使单位万元工业增加值能耗比2008年同期下降5.5%，被列为浙江省首批绿色企业。二是积极参与社会公益事业。近年来，在抗震救灾、支持新农村教育、体育、文化事业建设上累计投入资金2亿多元。在绍兴市慈善总会设立了慈善基金1亿元，大力支持首钢男篮、世界女篮联赛、世界特奥会、发展调腔文化等，为汶川地震捐款350万元，回报社会、奉献爱心。2011年积极响应省委、省政府的号召，赞助第八届全国残运会，为残疾人搭建梦想的舞台，成为浙江十大爱心民企。公司领导积极响应十七大提出的推进社会主义新农村建设、以及省委省政府提出的"千村示范、万村整治"工程的号召，个人出资500万元设立了全省首个美丽乡村建设基金和捐赠1000万元用于"五水共治"，共建美丽家乡。积极参加上级人武部组织的民兵分队应急出动，先后荣获"非公有制企业国防教育先进单位""南京军区民兵工作三落实先进集体"荣誉称号。2016年10月30日，万丰冠名参与承办了"万丰奥特2016鲁迅文化跑"，在全国引起较大反响。

主要创造人：陈爱莲

参与创造人：金亦伟　王召正

战略调整　文化先行
坚持优秀文化引领企业创新发展的探索和实践

用友网络科技股份有限公司

用友网络科技股份有限公司(以下简称用友)成立于1988年，是亚太地区领先的企业管理软件、ERP软件、集团管理软件、人力资源管理软件、客户关系管理软件、小型企业管理软件、财政及行政事业单位管理软件、汽车行业管理软件、烟草行业管理软件、内部审计软件及服务等的提供商，致力于成为全球领先的企业与公共组织软件、云服务、金融服务提供商，在数字营销与客服、社交与协同办公、智能制造、财务/人力共享服务、金融服务等领域快速发展。

用友自1988年成立以来，就确立了"发展民族软件产业，推动中国管理现代化"的使命。28年来，在坚持继承和发展相结合的原则下，不断推进企业文化建设：经历了"用信息技术推动商业和社会进步"到"用创想与技术推动商业和社会进步"的发展，形成了今天"用户之友、专业奋斗、开放创新、诚信合作"的用友核心价值观、以"十大经营管理方针"为指导的经营管理理念，以及成为"全球领先的企业与公共组织软件、云服务、金融服务提供商；员工快乐工作、成就事业、分享成功的平台"为愿景的企业文化体系。

始终肩负使命，致力于推动商业和社会进步

1988年，用友从财务软件起航，通过普及财务软件的应用，推动了中国企业的会计电算化，这是用友发展的1.0时代。这一时期，用友的使命是"发展民族软件产业、推动中国管理现代化"；用友（寓"用户之友"）的核心经营理念是"与用户真诚合作，做用户的可靠朋友"。

1998年，用友开始进入以ERP为代表的企业管理软件与服务领域，这是用友发展的2.0时代。这一时期，用友始终在"用信息技术推动商业和社会进步"使命的引领下，通过普及ERP支撑了中国众多企业的信息化建设，推动了企业的管理进步。

如今，用友基于移动互联网、云计算、大数据和人工智能的新一代企业计算技术，形成了以"软件、云服务、金融服务"为三大核心业务的企业互联网服务，业务领域从之前的企业管理扩展到业务运营和企业金融，服务层级从企业级走向社会级，开启了用友发展的3.0时代。

互联网化和金融化是当代企业进步发展的重要历史进程，用友的公司使命也随之升级为"用创想与技术推动商业和社会进步"。用友已经在全体员工中启动了一个使命级的战略行动：普及企业互联网化。用友在1.0时期，普及了数十万个企业和组织的电算化。2.0时期在超过200万家企业中普及ERP应用。用友计划在3.0时期，把企业互联网服务普及到1000万家以上

的企业和组织。

用友28年的发展历程中，不断通过企业文化建设，引领和支撑着企业的战略调整和发展，面对企业互联网服务的"雄关漫道"，用友"而今迈步从头越"！

企业文化升级，总结提炼一整套工作方法

2016年年初，用友启动企业文化全面升级工作，通过文化建设引领和支撑企业的战略转型和发展。

文化重建，思想先行。连续组织五期"企业文化大讨论"，收集来自业务线和各序列基层员工的意见建议，从不同角度厘清企业存在的现实问题，吸收员工恳切建议，针对性开展员工满意度、员工职业生涯规划、员工薪酬满意度、员工离职原因等内部调查。

学习先进，吸收精华。面对新的技术挑战和社会环境的巨大变化，如何让升级后的文化3.0更能体现新一代员工的特点，具有用友特质又能使员工更好地认同和践行，成为3.0时期用友文化升级的着力点。

文化升级小组结合国内外多家著名互联网和创新型企业的文化进行对比，通过多场"行动学习"做深入研讨，分析总结用友文化2.0理念内容中需要摒弃的具体内容。

科技、培训交流

在研讨文化的过程中，每一次陷入停滞状态，参与其中的小组成员都会首先去考虑思路和方法是否正确，在不断的摸索和反思中，总结提炼出"保留、放弃、注入、行动"的四格"行动学习"研讨工具和方法，以及"聚焦问题、收集素材、萃取元素、确定框架、标识类别、整合创建、迭代优化的内容整合七步法"等独具特色的工作方法论。不但使文化理念升级工作逐渐从无序进入到有条不紊的状态，而且每次研讨的效率也大大提高，所取得研讨成果的质量也越来越高。并且将这一整套方法论复制应用到其他工作场景和业务中，广泛推广。

最终，历经半年时间，通过研讨、总结、提炼；反馈、复盘、再提炼的工作方法指导下，经过多轮优化迭代，在继承1.0和2.0时期的优秀文化元素"为梦想奋斗、做客户信赖的长期合作伙伴、专业化生存"的基础上，提炼出 "用户之友、专业奋斗、诚信"的继承元素，并增加了适用于新时期用友个性特点的文化元素"开放、创新、合作"等内容，形成"用户之友、专业奋斗、

开放创新、诚信合作"的用友核心价值观，并总结和提炼出用友"十大经营管理方针"，最终形成用友文化3.0，于2016年8月8日正式面向全员发布，此次文化理念的升级内容，也得到了员工的广泛认同和赞许。

内部全员轮训，用故事的力量感召凝聚员工

理念确立，落地才是重点。用友文化3.0的精神和理念如何能在全员中学习和普及，促使员工入脑、入心、践行，这才是关键。作为用友内部的培训组织——用友大学已经通过多年实践，上接战略下接绩效，把培训与业务紧密结合，此次的文化学习和普及，自然要借助培训的力量。

在用友文化3.0发布的后续3个月的时间里，迅速在全员中展开一轮大规模的学习和普及，以授权讲师和用友大学专职讲师定向支持的模式，先后在全国开班359场（次），13777人参与培训，以99.51%的培训人数完成率，达成了此次用友文化3.0的全员学习和普及。

并且通过培训课程的设计，把文化解读——入脑、讲故事——入心、与实际结合研讨形成可行性方案成果——实践的三步培训，让员工充分理解、感受和体验文化的力量，通过回忆讲前辈的故事，倾听前人的经验和教训，感知用友发展的精神脉络，把文化理念的精髓传达到员工的心里去，让员工在日常工作中去努力践行用友的文化精神。

文化全面落地，理念熏陶和选树模范相结合

通过用友司歌的重拍，以典型场景将用友文化3.0的内涵植入画面，让员工观其形解其意；用友文化墙的重建，将核心价值观以经典照片的形式加以解读，看前人楷模学其精神要义；文化手册的设计印刷、文化海报的印发，借助文字和视觉传播文化理念；开展各类文体活动，如引进京剧国粹演出，观看爱国电影，举办篮球、足球、羽毛球联赛，宣扬用友倡导的核心价值观和愿景；通过手机端企业空间和微信公众号、H5页面、内网等多种宣传途径，把企业文化渗透到企业运营和管理的方方面面，让员工感受到企业文化无处不在。

用友也在不断的对外接待活动中，把用友文化3.0传扬给前来用友产业园参观和考察的客户、伙伴和社会人士。宣传用友的价值观、使命、愿景和用友的"十大经营和管理方针"，并进行了相应制度的调整。

在员工中广泛开展优秀员工、总裁特别奖、十佳用友人、年度之星，优秀党员和优秀基层党组织等评选：比如用友烟草的年度智慧之星（创新）、魅力之星（服务）、管理之星（干部）、希望之星（新人）评选；用友政务季度优秀员工、年度优秀员工、总裁特别奖评选；畅捷通公司的十佳员工、十佳新员工、优秀部门、优秀项目组评选；用友审计的伯乐奖、售前达人奖评选，这些优秀员工占到员工总数的10%~15%，在公司内部树立模范，让员工学习。通过参加北京市、海淀区、中关村和海淀园的各类评优活动，评选出一批典型模范，在公司内部大力宣传和发挥模范带头作用，嘉奖表彰、优先提拔，为模范员工的成长提供广阔的平台。

用友在不断地壮大和发展中以高度的社会责任感严以律己，争当模范。当选过首都精神文明标兵，产业园东区研发中心分别获得绿色建筑二星和三星级证书，2016年发起并出资1000万元，

设立专注中国商业文化遗产整理工程和灾害救助的"北京用友公益基金会",履行用友的社会责任,体现企业的社会价值,为推进中国和全球商业文明和社会的进步不断做出贡献。

不创新毋宁死,把创新文化植入员工心里去

企业的互联网化又一次成为用友创新发展的发力点,在用友文化3.0中明确把开放创新作为核心价值观之一,要求员工要保持好奇和敏感,不断学习,主动洞察市场,把握趋势,创新突破,引领潮流,带动行业。坚持开放创新,与用户共同创新,与伙伴合作创新,与内部融合创新,向同行合法学习,从基层推动创新。注重创新文化的培育,建立一整套评选和奖励机制,对于创新成果贡献者,给予积极奖励。各成员机构(企业)和集团总部每年都会设立多个创新奖项、微创新奖,对年内产生的近百个创新成果和在创新上做出贡献的个人和团队进行表彰和奖励,选派创新模范前往美国硅谷考察学习,并在公司内部大力宣传创新成果和创新精神,营造和培育创新文化,把创新的先进典型作为员工学习的标杆,把创新精神根植进员工内心,培养创新思维和能力,激发自主创新的动力。

文化引领发展,学习型组织立足业务激发潜能

在用友内部,以用友大学为主的内部培训体系已经相当成熟,为建设学习型组织,公司每年投入几百万,注重和加强对干部和员工能力的培养和提升。

每月一期的"创变管理论坛"邀请清华大学、北京大学等知名大学教授、培训界大师、业内大咖,为用友人分享"中国宏观经济形势热点分析""转型浪潮下的组织变革管理与驱动"等广受好评和追捧的热点和焦点。

"规模轮训+公开课+定向支持"的培训模式已经在用友多年的培训实践中广泛开展,通过领导力、专业能力和通用能力的系列课程,全面的培养体系为新老干部、后备干部、新老员工提供了更为广阔的学习通道。

"友学堂"的线上交流分享、微课堂、学习平台的建立和建设为员工利用零散时间进行碎片化学习开拓了崭新的方式和方法,成为利用率极高的移动学习交流平台。

"悦读汇"读书活动,为员工提供读书、学习和交流的机会,聚集了一大批爱读书、爱分享的员工,把学习与工作相互融合,不断提升个人能力、激发潜能,为公司的发展贡献个人的才智和价值。

一直以来,用友都在努力建设先进企业文化的道路上不断探索和创新,也正是用友优秀文化的支撑和保障,使用友实现了1.0和2.0时期的高速发展,今天,我们期待用友文化3.0引领用友3.0的互联网化战略再创辉煌!

主要创造人:王文京

参与创造人:田俊国　魏　敏　杨业松　刘智勇

企业文化考核体系的设计运用

重庆银行股份有限公司

重庆银行股份有限公司（以下简称重庆银行）成立于1996年，是中国西部和长江上游地区成立最早的地方性股份制商业银行。下设140家分支机构，员工总数达4023人，网点覆盖了重庆市所有区县，并先后在成都、贵阳、西安设立了25家分支行。截至2016年12月31日，资产总额3731.03亿元，较2015年年末净增532.95亿元，增幅16.7%；客户存款2295.93亿元，较2015年年末净增302.95亿元，增幅15.2%。在中国《银行家》对资产规模2000亿元以上城商行的年度综合排名中，进入全国城市商业银行前三甲。重庆银行H股还入选摩根士丹利全球小型股指数（MSCI）和恒生可持续发展企业基准指数（HSSUSB），成为大陆首家也是迄今唯一被纳入该指数的城市商业银行。

重庆银行高度重视并大力推进企业文化建设，打造了以"有梦想、有精神、有爱心、有原则、有担当"的"五有"文化为精髓的企业文化。在企业文化建设的推进过程中，重庆银行制定了系统的企业文化考核指标体系，并在全行考核中进行了实际应用，取得了良好成效。

企业文化考核指标体系的设计背景

在设计企业文化考核指标体系的过程中，许多企业都遇到了以下三个问题。

一是企业文化考核指标量化难。企业文化指标与业务指标存在较大差异，业务指标大都是量化指标，容易考核，而企业文化指标主要是管理上的柔性指标、定性指标，不容易量化，在考核中容易受主观因素的影响。

二是企业文化对发展成果的促进作用界定难。在企业发展成效中，企业文化因素起到了多大的促进作用，同时在考核指标中如何体现企业文化的促进作用，界定较为困难。

三是企业文化年度工作成效与历史文化积淀区分难。企业文化的形成，既体现了考核年度企业文化建设的当期成果，也蕴含了长期以来企业文化工作的实效，对于如何确定和区分考核年度的企业文化建设成效，存在一定难度。

企业文化考核指标体系的设计理念

为着力解决企业文化考核中存在的"三个问题"，重庆银行经过充分调研，反复论证，规划设计了一套系统的企业文化考核指标体系，用以指导、考核各分支机构的企业文化建设。在设计中重点遵循了以下"三大理念"。

一是量化理念。"定量为主，定性为辅"。在重庆银行企业文化考核指标体系的设计中，将考核指标尽可能进行量化,即使是定性指标,也加入了可量化的内容,尽量做到客观公正,具体细化,操作性强。

二是时效理念。"重在当前,兼顾长远"。重庆银行企业文化考核以自然年为周期进行,关注的重点为本年度企业文化建设所取得的成效。但同时也兼顾长远,在设计指标体系时站在战略的高度,把握企业文化发展方向,制定了着眼于长远发展的考核指标。

三是发展理念。"立足践行,着眼发展"。在重庆银行企业文化考核指标体系设计中,重点考虑企业文化建设对业务发展的促进作用和成效。

企业文化考核指标体系的具体内容

重庆银行企业文化考核指标体系分为五个维度14个指标。详情见下表。

重庆银行企业文化建设考核指标

考核项目	考核指标	考核内容	单项分值	考核方式
领导机制 (20分)	1.明确企业文化分管领导和工作人员	出台领导分工文件	10分	查阅工作分工、岗位职责、工作计划等文件。查阅会议记录、工作简报,做调研座谈
	2.对企业文化工作进行年度安排和具体部署	每年召开1~2次会议研究和安排部署企业文化工作	5分	
	3.建立企业文化考核措施及奖惩机制	出台企业文化绩效考核文件	5分	
	4.成立企业文化小组	出台建立企业文化小组的文件	(加分项)	
宣传载体 (15分)	5.利用传统媒体宣贯企业文化	传统媒体2项以上	6分	现场查看,查阅宣传报道截图、照片
	6.利用新媒体宣贯企业文化	新媒体2项以上	9分	
组织推进 (15分)	7.组织企业文化专题活动	全年组织企业文化专题活动5场以上	10分	查阅相关简报、活动记录
	8.业务活动中融入企业文化	至少有2场业务活动中融入企业文化	5分	
员工践行 (20分)	9.员工认同"五有"文化,在日常工作中自觉践行	员工认同度95%以上	15分	查阅相关档案,发放调查问卷,征求纪检部门意见,召开座谈会、个别访谈
	10.遵守规章制度和行为守则	全行通报的机构、员工违规行为次数	(扣分项)	
	11.发挥先锋模范作用	获得行内、行外表彰次数	(加分项)	
发展成效 (30分)	12.发展业绩达标	完成总行年度下达的目标任务情况	15分	查阅考核情况
	13.不良率控制良好	低于董事会年初下达的不良控制指标	5分	
	14.经营发展稳定	出现重大经营责任事故情况	10分	

第一维度：领导机制。

指标1：该指标要求每个分支机构必须有1名班子成员负责企业文化建设的整体推进，1~2名专兼职人员负责企业文化具体建设的协调和运作。考核内容为分支机构是否出台了工作分工文件和明确了人员岗位职责。

指标2：该指标要求各分支机构必须在年初召开专题会议，部署全年企业文化建设工作，并在正式发文的年度工作计划中予以体现。同时要求在年末召开总结会议，总结梳理全年企业文化工作。考核内容为分支机构是否召开了企业文化工作会议和制订了年度企业文化工作计划。

指标3：该指标要求在员工考核办法中，必须纳入企业文化考核指标，必须明确对企业文化分管领导和经办人员的考核措施，同时对违反企业文化建设的个人予以处罚。考核内容为分支机构是否出台了考核和奖惩文件。

指标4：该指标为加分项，若分支机构成立了专门的企业文化建设小组，小组成员在3人以上，则获得5分加分，计算加分后的第一维度总得分不能超过20分。

企业文化工作会现场

第二维度：宣传载体。

指标5：该指标要求分支机构积极采用企业文化墙、企业文化标语、文化简报等传统载体宣传企业文化。考核内容为分支机构拥有传统企业文化载体的数量，每拥有1项得3分，该项总得分不超过6分。

指标6：该指标要求分支机构积极采用企业文化微信群、QQ群、微博等新载体宣传企业文化。考核内容为分支机构拥有新企业文化载体的数量，每拥有1项得4.5分，该项总得分不超过9分。

第三维度：组织推进。

指标7：该指标要求分支机构举行员工企业文化培训、歌唱比赛、演讲比赛、体育比赛、爱心家访、员工家属感受企业文化、客户感受企业文化等企业文化专题活动。考核内容为分支机构举行专题活动的数量，每举行1场活动得2分，总得分不超过10分。

指标8：该指标要求分支机构在业务营销中对外展示我行企业文化理念，如在业务传单中印制我行发展愿景、核心价值观，在精准扶贫中体现"五有"中的"有爱心"等。考核内容为分支机构举行融入企业文化业务活动的数量，每举行1场活动得2.5分，总得分不超过5分。

第四维度：员工践行。

指标9：该指标是考核体系全部14项指标中唯一的定性指标，考核员工对企业文化的认知、认同和践行程度。考核内容为企业文化知识考试、员工问卷调查、座谈交流等。

指标10：该指标为扣分项，若分支机构及其员工在全年经营发展中出现重大违规违纪行为或是重大声誉风险事件，每出现1项扣10分。

指标11：该指标为加分项，若分支机构在全年经营发展中本单位或本单位员工荣获行内、行外表彰，每获得1项加3分，计算加分后的第四维度总得分不能超过20分。考核内容为查阅表彰文件，其中，行内表彰认定以每年分支行长工作会的表彰为准，行外表彰认定以党群工作部登记为准。

第五维度：发展成效。

指标12：该指标要求分支机构完成年初总行下发的公司、小微、零售任务。考核内容为查阅各条线业务完成情况，每完成1项条线任务获得5分。

指标13：该指标要求分支机构在注重业务发展的同时，认真做好风险防控，做到稳健经营。考核内容为查阅风险部对分支机构的不良率数据，不高于年初董事会确定的不良率指标的分支机构获得5分，每超过1个百分点扣1分。

指标14：该指标由总行纪委、督导组以及相关业务管理部门综合认定，确认分支机构全年经营有无重大责任事故。无事故获得满分10分，有事故记为0分。

企业文化考核指标体系的应用范围

企业文化建设先进单位的评选。根据《重庆银行2016年度"企业文化先进单位"暨"五有之星"先进个人评选方案》，重庆银行将根据各分支机构企业文化考核的结果，评选出5家企业文化建设先进单位。该奖项作为全行固定的行级表彰项目，在每年初的第一次分支行长工作会上将对获奖单位予以授牌表彰。

分支机构等级行评定。根据《重庆银行分行等级考核管理办法》和《重庆银行直属支行等级考核管理办法》规定，企业文化考核的结果将用于分支机构的等级行评定，等级行的评定结果直接影响各机构全年的两率预算和各项业务权限，在银行系统中具有非常重要的意义。其中，在分行等级考核中企业文化得分占到30分（3%权重），在直属支行等级考核中企业文化得分占到15分（1.5%权重），若分支机构被评为企业文化建设先进单位，还将在等级行考核中额外获得20分加分（2%权重）。

企业文化考核指标体系的应用过程

成立企业文化考核小组。由企业文化与公共关系部牵头，人力资源部和党群工作部配合，共同组成考核小组。同时吸纳重庆市委宣传部、市国资委、市企业联合会等部门相关领导作为外部评委。

开展分支机构自评。根据考核指标体系，各分支机构提供自评报告，并逐项提供企业文化相关文件、活动图片、简报等佐证材料。

进行行内公示。将各分支机构提供的自评材料在OA办公系统中向全行公示，对重点分支机构组织开展调研，收集反馈信息，确保各项材料的真实性。同时由全行各部室、分支机构网上打分，公开投票。

开展考评打分。考核小组根据自评情况和全行公示情况，逐一对各分支机构进行评分，并将结果交由外部评委复核。

组织结果审定。对考核结果进行汇总后，提交行党委会审定。

发布考核结果。向全行发布企业文化考核得分情况，并将考核结果提供给财务部作为等级行考核依据，提供给人力资源部作为全行表彰和干部选拔任用的重要依据。

企业文化考核指标体系的应用效果

经过为期一个月的考核，全行47家分支机构平均得分90.5分，其中有2家机构获得满分100分，12家机构得分在95分以上（含95分），28家机构得分在90分以上（含90分），41家机构得分在85分以上（含85分），全行仅有1家机构得分在80分以下（77.5分）。

从5个维度逐项分析。

第一维度：领导机制。全行仅有1家机构被扣分，主要原因是未制订全年工作计划。其余46家分支机构都能做到企业文化建设与业务工作同计划、同部署、同考核。

第二维度：宣传载体。全行仅有1家机构被扣分，主要原因是未按照考核指标要求采取2种及以上新媒体进行企业文化宣贯。

第三维度：组织推进。全行有4家机构被扣分，主要原因是未开展足够次数的企业文化专题活动。

第四维度：员工践行。全行有13家机构被扣分，主要原因是未获得足够的行内外表彰。

第五维度：发展成效。全行有4家机构获得满分，主要原因是由于上年经济金融环境复杂多变，完成全部业务指标难度较大，但所有分支机构均能正常平稳发展，未出现重大经营事故。

从考核得分数据来看，重庆银行各分支机构的考核得分呈纺锤形结构，得分的分布区间合理，绝大部分机构（87%）得分在良好以上（85分），过半数机构（59%）得分在优秀以上（90分），与第三方权威机构中山大学管理研究所的调研评估结果吻合，证明重庆银行企业文化考核指标体系的设计较为科学合理，符合重庆银行企业文化建设现状。

主要创造人：甘为民

参与创造人：陈继红　张　天

争先文化助推企业转型发展

中国建筑第三工程局有限公司

中国建筑第三工程局有限公司（以下简称中建三局）成立于1965年7月，是中国建筑的子公司，全国首家行业全覆盖房建施工总承包新特级资质企业。市场遍布全国31个省（直辖市、自治区）和香港、澳门特别行政区，并拓展到巴基斯坦、阿尔及利亚、印度尼西亚等10多个国家。先后承（参）建了国内20个省区市第一高楼，累计获得179项鲁班金像奖（国家优质工程奖），位列全国同类企业前茅。综合实力多年排名中建系统工程局第一名、湖北百强企业前三名。先后荣获"全国文明单位""全国五一劳动奖状""全国实施卓越绩效管理先进企业"等荣誉。

中建三局诞生于国家三线建设的特定环境中。半个世纪来，历经初创、出征、变革、跨越、致远5个阶段的传承融合，孕育提炼出以"敢为天下先，永远争第一"为核心的争先文化，这是中建三局的原生态文化，具有个性鲜明的企业品格，为企业科学跨越发展提供了源源不竭的强劲动力。

董事长宣讲争先文化

在中建三局快速发展的过程中，"争先"成为每一个人的共同价值追求，是中建三局面对宏观经济下行仍然保持稳健发展的原动力。但随着企业转型升级，一些深层次的问题也逐渐暴露出来，对此，中建三局紧密结合战略规划的总体要求创新实施，系统推进，充分发挥文化在企业战略管控中的引领作用，切实提升文化管理效能，不断融入员工行为规范，就争先文化如何助力企业转型升级进行了深入的探索与实践。

文化融入战略制定，指引企业转型方向

引领"三大战略"的制定。新形势下，中建三局以建造为立业之本、投资为强企之道，致力于资源各安其位、管理整体协调、企业运营平衡稳定。在此背景下，中建三局聚焦时代背景、站在行业潮头、结合发展实际，顺势提出了坚持"七个并重"的战略思想（政治引领与作风建设并重、永续传承与锐意创新并重、企业转型与产业升级并重、国情意识与国际视野并重、规模提升与品质保障并重、争先精神与谦虚品格并重、企业进步与员工发展并重）、实施"两轮驱动"的战略路径（"建造+投资"协调发展模式）、致力"一最四强"的战略目标（"一最"是让中建三局建设成为中国建筑业最具价值创造力的现代企业集团，"四强"是让保持中建系统前两强和湖北前三强的地位，达到国际工程承包商100强和世界500强企业标准）。这是在争先文化的引领下，对中建三局发展战略和价值主张与时俱进的重大规划，是新时期、新常态下争先精神引导企业战略发展的生动写照。通过争先文化引领战略制定，为中建三局实现转型升级的宏伟目标把好了"方向盘"。

助推"三个转型"的目标。中建三局主动放弃中低端竞争，在大市场中抢占高端市场、在大客户中对接高端客户、在大项目中专攻高端项目；积极延伸建筑产业价值链，创新差异化服务模式，大力培育设计施工一体化能力，积极探索独具特色的工程总承包管理模式；在巩固建造优势的同时，实施投资业务"湖北化"发展策略，重点推进基础设施、房地产、城市综合开发，不断优化结构。实现了"三个转型"：经营布局从省内向"国内＋国外"转变、传统业务从一般建造向"高端化＋总包化"转变、业务模式从传统建造向"建造＋投资＋运营"转变。企业发展品质和价值创造能力显著提升，转型升级的步伐不断加快，成果初步显现。

致力实现"五个企业"的梦想。"五个企业"概念，即面对"十三五"发展新形势，中建三局坚持创新发展，加速转型升级，推动提质增效，追求价值创造，提出打造"卓越的建造企业、优秀的投资企业、成熟的跨国企业、杰出的现代企业、一流的文化企业"。这一概念的提出对中建三局转型升级具体实施成效有了新定位、新期待，对争先文化未来发展有了新目标、新憧憬，有利于进一步使争先文化在持续深入的融合发展和管理实践中发挥更加突出的引领作用，有利于进一步探究转型升级背后的文化驱动力。

文化融入管理升级，加速企业规范运行

制定管理准则。中建三局将争先文化融入企业改革发展和经营管理实践中，使之转化为企业创新开拓的坚定意志和强大动力，取得了显著成效。中建三局以争先文化核心理念为指导，从拓

市场、树品牌、创效益、育人才、优服务、强作风六个方面确立管理活动准则，将过程精品的质量管理理念、生命至上的安全生产理念、生态协调的绿色建造理念、持续创新的科技工作理念，贯穿于建筑产品与投资项目论证、设计、建造、服务的全过程，起到彰显争先品格、规范管理行为、提升企业绩效的作用。中建三局始终以前瞻性思维洞察行业发展动向，率先实施管理机制和管理模式变革，始终保持领先于同行的转型发展动能和前进方向。

夯实顶层设计。在领导体制改革上，中建三局在中建系统率先实施国有独资企业董事会制度。近年来，中建三局又率先进行试点，对现行党政正职分设的领导体制进行调整，在公司、分公司和项目中全面推行党政正职由一人担任的领导体制。同时，按照"制度是根本，人和是保证""既讲究程序，又注重效率"的原则，出台了三局党委常委会、董事长常务会和监督委员会议事规则，以及《局总部决策制度相关配套规定》《局属单位决策议事管理规定》《局属单位分支机构决策议事指导性意见》等系列决策制度，对相关决策平台、决策程序和决策内容进行规范，建立了各司其职的权力分配体系和有效制衡的运行机制。领先的企业体制改革和完善的管理流程成为企业转型升级的坚强后盾和有力支撑。

加强标化升级。在企业规模迅速提升的同时，中建三局更加注重集约科学、精细严谨的管理，使企业发展品质更加卓越。近年来，中建三局共梳理有效管理制度400多项，形成了一套系统全面的管理制度，并在中建系统内率先发布，被业内专家评价为"国内领先；将带动行业管理水平整体提升"。与此同时，中建三局又率先推行统一薪酬体系，完善绩效考核制度和指标体系，强化了效益导向，提升了企业绩效。2014年，中建三局编写出台企业管理、项目管理和岗位管理"三个标准"，颁布了企业管理大纲；推进标准化升级与信息化联动，加快构建全局一体化的综合管理信息系统，争做中国建筑"两化"融合排头兵，管理科学化、现代化水平进一步提升。争先文化在推动管理升级、管理科学化方面发挥出重要作用，使企业在转型发展过程中更加自信、更加顺畅。

文化融入员工行为，凝聚企业发展动能

推进多维度系统提升。站在转型升级、跨越发展的新起点，中建三局将争先文化集中升华为"豪气、锐气、灵气"的员工气质，转化成"担责、担难、担险"的实际行动。倡导广大员工秉持"知行合一、德业双馨"的作风观，做到重大局、讲团结，重状态、讲担当，重学习、讲实效，重清廉、讲格调，塑造良好的思想作风、工作作风、学习作风和生活作风。既强调个人道德情操的培养，又注重言行举止的表现，激发员工争先有为，把个人价值目标融入企业跨越发展的宏伟实践，推动企业科学发展、转型升级。为了推进文化落地、系统提升，颁布了《争先文化手册》，出台了《争先文化建设实施纲要（2014~2015）》和《"十三五"企业文化建设实施纲要（2016~2020）》，积极宣贯践行《十典九章——中国建筑行为规范手册》，进一步规范全局的文化建设与管理，打牢转型升级的思想基础，促使员工知行合一。

推进多形式学习践行。近年来，中建三局注重企业文化建设的整体推进，深入开展文化主题实践活动，如文化建设年、管理推进年、融合升华年等主题年活动，每年都有重点、有创新。持续开展员工积极参与的文化实践活动，将争先文化执行理念转化为员工的行为习惯，融入具体日

常工作之中，形成各具特色的工作品牌。中建三局党委召开企业文化深植培训会、宣贯推进会等专题会议，每年在近3000人的新员工入职培训班上，局领导都要亲自宣讲争先文化。积极开展各种以"争先"为主题的文化活动，如"我与争先文化"征文比赛、企业文化论坛、企业文化节、文化周及劳动竞赛、技术比武及"三文明一满意""三号联创"和"三联建"等载体活动，不断强化员工的"争先"自觉。近几年先后开展了"我为争先代言——最美三局人"全国巡回报告会、争先杯文化艺术创作及评比、文化创新成果展示等活动，参与员工8000多人。全局评选出企业文化示范单位、示范项目，表彰一批"争先达人""身边榜样"，通过典型带动，触发文化力量，激发比学赶超正能量。全局各单位还将宣贯活动向劳务队伍延伸，开展文化共建，在农民工业余学校进行集中宣讲，让工友们了解并认同争先文化。

推进多载体传播渗透。构建全方位的文化传播体系。充分发挥"两报两网一刊一微信"的立体宣传平台作用，整合内外媒体资源，讲好"三局故事"，传播三局"好声音"，为争先文化宣贯"搭台唱戏"。中建三局官方微信关注量突破10万人，月点击量40万人次，在国务院国资委介绍运营经验。构建高品位的文化产品体系。发布企业歌，组织"企业歌大家唱"，在第二届"全国最美企业之声"评选中荣获金奖；制作企业文化微电影、品牌形象展示片，编印报告文学、领导回忆录、员工故事集等，使企业文化从静态的"文本文化"走向动态的"案例文化"，充分发挥"润物无声、以文化化人"的文化效能。中建三局还设计了"争先文化墙"和"三局品牌墙"，在1000多个项目现场予以实施，展示企业品牌形象。

在争先文化的引领支撑下，中建三局转型发展的方向更加确定，路径更加明晰，动力更加强劲；企业管理机制更科学，管理效能得到极大提升；员工的争先激情不断高涨，和谐指数持续提升。在这一过程中，争先文化对企业发展的引领作用进一步凸显，干部员工对争先文化理念更加认同，凝聚起三局转型发展的合力，企业转型发展的后劲儿更足。与此同时，企业品牌得到重大提升，先后涌现出"全国学雷锋爱岗敬业标兵""中国好人""大国工匠"等一大批先锋模范，成为"争先文化"的代言人。2016年，中建三局新签订合同额3118亿元，完成营业收入1438亿元，首次达到世界500强企业标准，排名"中国建筑业竞争力百强企业"榜首。以文化"软实力"推动中建三局"硬发展"，在不断继承、丰富、提升争先文化中，为助推企业转型升级、打造"百年名企"、实现"一最四强"提供了源源不断的内生动力。

主要创造人：胡金国

参与创造人：张多见　张照龙

契约精神和人本关怀融合促发展

浙江泰隆商业银行股份有限公司

浙江泰隆商业银行股份有限公司（以下简称泰隆银行）是一家致力于小微企业金融服务的商业银行，成立于1993年，目前拥有6000多名员工、近300家分支机构，资产破千亿，服务范围涵盖浙江、上海、苏州、湖北等区域。截至目前，已累计向小微企业发放贷款300多万笔、共8000多亿元，直接支持了近200万人就业。先后5次被中国银监会评为"小微企业金融服务先进单位"，多次荣获"全国文明单位""全国先进基层党组织""全国职工职业道德建设先进单位"等荣誉。

"文化兴行"是泰隆银行一贯坚持的理念。在多年的经营实践中，泰隆银行凝结起为全体员工所认可的企业价值观、企业精神、服务理念、道德规范和行为方式，进一步明确了泰隆银行企业文化的内涵。

泰隆银行的企业文化建设紧扣企业的核心价值观、经营目标和企业愿景，积极体现人文关怀，履行社会责任，成为泰隆银行持续发展的精神支柱和动力源泉。泰隆银行致力于"打造泰隆银行软实力，增强文化凝聚力，扩大品牌影响力，增强客户向心力，提高自身执行力"的企业文化"五个力"建设，努力营造良好的经营环境，优化企业的生态环境，让企业文化成为泰隆银行发展不可或缺的精神力量和道德规范，从而提高企业的核心竞争力，为打造"百年泰隆银行民族品牌"奠定坚实的基础。

文化建设的体系

根据泰隆银行的发展历程、市场定位及人才现状，泰隆银行建立一套完整的企业文化体系。

核心价值观——德润其身，泰和共隆。"德润其身"是泰隆银行对自己、对员工、对客户的共同要求。谨守银行的商业伦理和社会责任，做义利兼顾的事业；修身养德、以德自律，以规范指导言行和工作；与小微企业携手成长，将企业的发展与社会的发展需要紧密结合。"泰和共隆"要求以稳健、和谐的态度，秉持和合共赢的目标，不断努力，实现与员工、股东、客户和社会的和谐共存与持续发展，创造兴隆的事业和美好的生活。

使命——服务小微，服务大众。以组织机制的灵活、高效，有效整合现代信息技术、先进的内控技术和风控技术，创造便捷、专业的产品和服务，积极满足小微客户多层次需求，与小微企业携手成长、共赢未来，积极推行普惠金融，服务"两有一无"（有劳动能力、有劳动意愿、无不良嗜好）大众，为社会经济发展提供源源不绝的强劲动力。

企业精神——居安思危，与时俱进。时刻警醒自身以及员工，拥有居安思危的精神，才能勇立潮头，不断前行。对于企业，要不断创新，紧跟时代的步伐，甚至走别人没走过的路，勇于探索，敢于试错。对于员工，要求大家具备危机意识和竞争意识，拒绝旱涝保收，拒绝原地踏步，只有与时俱进的人才才能为个人和企业创造价值。

愿景——百年泰隆银行民族品牌。依靠长期坚持差异化的市场定位、独特而符合国情的商业模式、充满人文关怀的企业文化、极富战斗力的员工队伍，力图在小微企业金融服务领域做专、做精、做透，努力成为民族的、有特色的金融品牌。

文艺活动

社会责任——义利兼顾，服务社会。秉承"德润其身 泰和共隆"的核心价值观，在实现自身发展的同时，时刻不忘回报这片赋予她生机和活力的土地。自成立之日起，泰隆银行就以支持小微企业发展为己任，不断参与社会公益事业，关注、扶持弱势群体，承担起应有的社会责任。此外，还设立了浙江省金融行业第一家慈善基金会——浙江泰隆银行慈善基金会，专门从事捐资助学、扶贫扶困工作，争做一个懂感恩、知回报、有责任的企业。

座右铭——做大事，更要做小事。做事一贯坚持"诚实、踏实、务实"的"三实"作风，把小事做扎实、做透彻、做出实效。以做好每一件小事为基础，步步为营，大事也就做好了。"三实"作风源自泰隆银行对自己的高标准、严要求。泰隆银行人坚持探求金融本质之道，诚实守信，踏实做事，求真务实。

企业文化建设主要工作方法

泰隆银行坚持差异化的市场定位，专注小微企业金融服务，钻研小企业金融服务的品质细节，力求打造一支适合泰隆银行商业模式、具备强烈"三誉三感"（"三誉"即信誉、荣誉、名誉；"三感"即认同感、责任感、使命感）素养的员工队伍。以契约精神和人本关怀为车之两轮、鸟之两翼，建设泰隆银行专属企业文化，对外打造服务小微企业"专业有温度""服务小微，服务大众"的银行品牌，驱动泰隆银行稳步向前。

坚持定位：服务小微，服务大众。泰隆银行自成立之初起，就致力于小微企业的金融服务。

泰隆银行坚持定位不动摇，且多年来不断下沉服务，下沉机构，将机构设置到城乡接合部，设置到市场里，打造社区银行，打通金融服务最后一公里，真正送金融服务上门。"更亲、更近"是泰隆银行的服务宗旨，这要求员工牢记企业的市场定位，清晰企业的服务对象，双脚迈出去，服务送上门，坚定不移地贯彻落实泰隆银行的市场定位，践行普惠金融。作为泰隆银行特色企业文化的重要部分，泰隆银行通过实时强调、氛围营造、机构设置、考核要求等各方面进行强化。

队伍建设：契约精神和人本关怀

泰隆银行以契约精神和人本关怀为车之两轮，打造一支能吃苦，有韧劲儿的员工队伍。契约精神的核心是以市场为导向，以优胜劣汰为筛选原则，企业与员工之间建立责任、效率、共赢的关系。契约精神体现了员工与泰隆银行双方基于自由、平等、守信的精神，而形成的利益共同体。员工的成长与付出成就了泰隆银行的事业，泰隆银行的事业也成就了员工的发展和幸福。

建立一套包含法定和泰隆银行特色相结合的福利体系。泰隆银行特色福利是指在为员工提供各项法定福利的基础上，逐步建立集"爱工作、爱生活、爱家人"于一体的福利保障体系，包括"幸福生活""亲情无限""节日畅享"等三大系列。如亲情无限中的亲情A+B：子女在泰隆银行上班，父母其中一方每月可以领到泰隆银行发放的500元工资，这一制度深受员工和员工家属的欢迎。

建立一套分层分类培训、唯才唯德选人的队伍建设体系。坚持90%以上的人都自己培养，建设一支适合泰隆银行商业模式，特别能吃苦、特别能战斗的人才队伍，以适应泰隆银行管理和业务发展的需要，并成为泰隆银行持续成长的动力源泉。

在人才管理上，泰隆银行奉行的理念有：①唯德唯才不唯资——泰隆银行大胆起用有德有才的年轻人，不唯资历论英雄。②责任重于能力——责任心体现职业素养，有极强的责任感和奉献精神是促使人把工作做好的最重要因素，勤能补拙，天道酬勤。③能上能下、能进能出——泰隆银行在内部人才的使用上引入能上能下、能进能出的活性竞争机制。管理者没有"铁饭碗"，胜任岗位的继续留用，不能胜任的退出岗位再行安排。④有作为才能有地位——泰隆银行以实干论英雄，对人才的评价以绩效为重要考量，让真正对泰隆银行事业做出实质性贡献的人才受到应有的尊重，得到应有的回报。⑤有多大能力就有多大舞台——泰隆银行以业绩证明能力，以实力体现价值。赋予员工不断成长的可能和公平、充足的职业发展机会，体现员工的价值。

泰隆银行于2010年6月创办了自己的大学——泰隆银行学院。泰隆银行学院被定义为泰隆银行的黄埔军校，致力于培育服务小微企业的金融专业人才，为全行提供规模化、体系化、专业化、特色化的培训。截至目前，学院已开展新员工项目36期，培养新员工8000余人次，搭建起针对各层级管理者及全行各条线员工的分层分类培训体系，自主研发课程500余门（含各条线、各层级的面授课程及电子课程），组建了一支350人的内训师队伍。通过完善的全行培训体系，实现员工成长成才、企业文化传承和商业模式复制。

"党工团妇"联动，营造人本关怀文化氛围。泰隆银行设立了党委、妇联、工会、团委等组织，常态化开展如红色大讲堂、泰隆银行吉尼斯技能大比武、歌王争霸赛、厨艺大比拼、企业文化月等各种活动，文化活动或总分行联动，或"党工团妇"间联动，营造氛围、形成声势、打出品牌。

"高效工作，快乐生活"。为丰富员工业余生活，增加凝聚力与向心力，设立近40个员工俱乐部。含"摄行泰隆银行"摄影俱乐部、"骑行"俱乐部、"爱心社"、"读书社"俱乐部等，不定期举办各类活动；营造平等、互助、关爱的内部文化，创造简单、温馨、和睦的人际关系，提倡坦诚、民主、直率、开放的沟通氛围。

企业文化建设效果

24年来，在企业文化力的驱动下，泰隆银行凝聚力、向心力、战斗力得到显著提高，员工以"我是泰隆银行人"为傲，以为企业创造价值为荣。泰隆银行知名度、美誉度和社会影响力得到很大提升，仅2016年，包括中央电视台、新华社、经济日报等中央级在内的媒体聚焦泰隆银行服务小微金融的报道达4000多篇次，"小微金融找泰隆银行""泰隆银行服务小微""泰隆银行服务好、效率高"等品牌印象深入人心。生产经营屡创佳绩，硕果累累。

组织架构完善、服务范围扩大。泰隆银行严格依照法律、法规的规定，按照"独立运作、有效制衡、相互合作、协调运转"的原则设立了"三会一层"，制度体系逐步完善，治理架构日益健全，日常运行规范有效。

进一步降低机构重心，以支持小微企业和实体经济为着力点，突出"支农、支小"，向下延伸服务触角，将有限的信贷资源重点向金融服务薄弱地区、县域和乡镇倾斜。在物理网点暂未覆盖的乡镇和偏远区域，泰隆银行通过业务相对全覆盖，分流部分专业化营销队伍进行展业，依托互联网的技术和手段，创新金融服务模式，丰富金融产品，将金融服务主动送到更多的小微客户、居民和村民手中，打通金融服务"最后一公里"，进一步提升普惠金融服务的可获得性，提高农村金融服务覆盖面。

建立了一支优秀的泰隆银行子弟兵队伍。泰隆银行强化培训体系建设，围绕"培养小微和普惠金融子弟兵"，激发正能量，进一步丰富培训资源，优化分层分类培训体系，积极创新培训载体，让学习和成长无处不在。为满足业务发展需要，梯队人才的建设仍是队伍建设的关键。泰隆银行构建了管理序列通道和专业序列通道构成的具有立体化的双通道职业发展体系，是扩宽员工职业发展通道，激励、保留优秀人才的有效途径。

公司发展稳健，载誉再前行。截至2016年年末，本行资产总额1208.61亿元，同比增长11.17%，负债总额1120.78亿元，同比增长10.23%，所有者权益87.83亿元，同比增长24.82%；各项贷款余额777.82亿元，同比增长22.61%，存款余额801.05亿元，同比增长1.26%。独特而符合国情的商业模式，使泰隆银行在小微企业金融服务市场上赢得了一片蓝海。实现了企业可持续发展与履行社会责任的相互交融、和谐共进。

主要创造人：李妙妙

文化发力　执行落地　提升企业核心竞争力

中铁五局集团有限公司

中铁五局集团有限公司（以下简称中铁五局）前身为铁道部第五工程局，始建于1950年，是中国中铁股份有限公司的全资子公司，总资产360.74亿元，现有员工21592人，年施工生产能力500亿元以上。具有铁路工程施工总承包特级及铁路行业甲Ⅱ级设计资质、房建总承包特级及建筑行业甲级设计资质、援外成套项目实施企业A级资质等。先后参加了全国120多条铁路、40多条高速铁路、150多条公路干线，以及全国各地建筑、城市轨道等工程的建设。所建工程创造了多项国家、亚洲和世界纪录，共有45项工程获鲁班奖、詹天佑奖、国家优质工程奖等国家级奖项。先后被评为"全国建筑行业百强企业""全国优秀施工企业"等，是国务院表彰的全国14家先进企业之一。

党的十八大强调要进一步深化国有企业改革，不断增强国有企业经济活力、控制力和影响力。中铁五局积极探索具有自身特色、适宜自身发展的转型发展之路，竭尽全力提升企业核心竞争力，推动企业持续健康发展。当下，面临"一带一路""长江经济带""中部崛起"等众多发展机遇，中铁五局领导乃至每一位员工都在思索同一个重大课题：如何才能立足时代潮头，把握时代主题，实现公司新的跨越式发展？在认真分析当前生产经营形势、职工队伍和企业管理的状况及深化改革所面临的矛盾和问题之后，中铁五局上下一致认为，在经济新常态下，势必要通过加强执行力来提升企业核心竞争力，通过构筑行之有效的执行力文化，催生企业凝聚力、促进企业大发展。

将执行力植入企业文化的土壤

执行力的关键在于通过企业文化塑造和影响企业所有员工的行为，从而提升企业的执行力。进而论之，执行文化就是把"执行力"作为所有行为的最高准则和终极目标的文化。要使"执行"成为员工的自觉行为，只有将执行力植入企业文化的土壤中，才能得到健康成长，并取得真正实效。

作为参与修建了新中国第一条铁路的中铁五局，在历史的脉络中走过峥嵘历程，并从企业持续发展中汲取精华，实打实地找到企业发展的精神命脉。在中国中铁股份有限公司"勇于跨越、追求卓越"企业精神的统领下，中铁五局提炼并打造了以"铺架王牌军"为核心的铺架文化、以安全生产为核心的安全文化和以廉洁从业为核心的廉洁文化。经过66年的积累沉淀，逐渐构筑起以"铺架王牌军"为核心的具有中铁五局特色的企业文化体系，成为推进企业改革发展的根本动力，成为企业应对挑战和机遇的智慧力量。

正是得益于厚重的企业文化基础，肥美的文化土壤推动执行力生根发芽。2016年，站在

"十三五"的新起点上，中铁五局提出了"一个品牌、两大板块、三大基石、四项提升"的发展战略目标，其中狠抓品牌建设工程，淬炼出"国内知名、行业领先"的品牌形象，成为企业调结构、促升级、转方式的关键要点，而加强执行力文化建设便成为了加快企业发展的必然要求。执行力文化以"知行合一、行胜于言"为核心，以"令行禁止、雷厉风行"为执行精神，将中铁人"勇担当、强作为、当先锋"的精神作为执行使命，并树立了"不推诿、不扯皮、不拖延"的执行准则，以及"细节决定成败"的执行态度。并由此打造了一本全新的执行力文化手册，将项目执行力文化建设的基本要求和具体内容加入文化手册中，指导工程项目的执行力文化建设，使VIS在工程项目的具体应用实例变成看得见、读得懂、摸得着的东西。

执行文化带来的变化让人耳目一新。如今，每当有新项目投入建设，最醒目位置都会第一时间悬挂"铺架王牌军"大型宣传广告牌，施工一线的大型铺架设备上则彩旗飘飘，"中国中铁""中铁五局""铺架王牌军"品牌标志清晰醒目；办公区制作的"铺架文化墙""展板""现场宣传栏"整齐划一，施工区、生活区的"安全漫画""安全图例""企业文化墙""电子显示屏""党、政、工、团组织机构框架图"等展示着公司和项目施工业绩，书写着企业理念、企业方针、企业精神、创建文明工地目标、项目员工道德观要求，具有强烈的视觉冲击力，促使"铺架王牌军"的形象入眼、入形、入心。

在一系列优秀文化品牌的影响与激励下，中铁五局员工的执行力在潜移默化的过程中得到了很大的提升。在急、难、险、重的施工任务中，大家积极发扬"铺架王牌军"的"顽强拼搏、攻坚克难、众志成城、永争第一"的精神，创造出破纪录的"深圳速度""成都速度"等骄人成绩。在执行力的作用下，全体员工形成了即事即办、攻坚克难的工作作风。

用制度建设推动执行文化落地

中铁五局通过制度来体现清晰、有效的工作标准、工作程序、岗位职责和考核标准，建立起施工管理和执行力建设相互匹配的机制，从而提升全员工作成效，是执行力文化建设的重要手段。

2014年，下发了《中铁五局督察督办工作实施细则》和《督察督办工作考核办法》文件，并组建强有力的执行力团队，把临时督办与定期督办相结合，对重大决策、重要工作部署、重要事项和各种文件、会议进行执行力督察，确保决策和决定的贯彻执行。具体做法上，由中铁五局办公室、党委办公室负责督办，由纪委办公室负责对承办部门进行执行力监察的组织实施。承办部门在办理过程中遇到无法解决的问题或因特殊情况不能按期完成时，要书面说明原因，及时反馈信息。对监察事项办理不及时、措施不得力的，发现未及时解决的问题和文件会在公司OA系统里进行通报处罚，而不论所涉及人员的职位高低。让广大干部职工形成了"用制度规范行为，按程序规章办事"的高度自觉，将办事效率低下、推诿扯皮、起不到职能作用的现象杜绝在各大部门间。

2016年，作为中铁五局的"执行力文化建设年"，在机关各部门加大对执行力文化建设的推进力度。特别是针对过去几年来未归档的文件进行了督察督办，对未能及时进行文件整改的部门利用"望、闻、问、切"的方式进行着重调查。"望"就是意识到有的决策没有执行好，产生了问题；"闻"就是通过群众反映了解问题；"问"主要是向执行部门质询有关情况，查找执行不力的原因；"切"就是找出解决的方法，并按照规定必须在一定的时间内整改完毕。强有力地执行使有着历史遗留问题的归档工作在数月内得以解决。目前，每月交班会上通报督查督办事项已成为例行公事，43件事项进行了执行力监察，涉及公司23个职能部门，办结43项，使领导干部和员工的执行意识得到了不断的提高。

有了规范性制度，员工行为就能够被约束到企业目标需要的方向和轨道上来。中铁五局将执行力作用于加强过程控制与目标控制，让安全施工贯穿于整体工作的全过程。如哈佳项目部就着眼于破除执行过程中的官僚主义作风，突出党政领导在项目中的安全责任，把工程项目班组长安全质量包保责任落到实处，使各部门、各班组管理人员、广大职工转变观念，身体力行，直接参与到安全生产的每一个环节，参与过程、分析目标，控制结果。自2016年3月制架梁复工以来，创造了连续4个月制梁突破160孔、架梁突破200孔的好成绩，提前10天完成1035孔T梁预制，按期完成1296孔桥梁架设任务，年度完成建安产值4.2亿元，为企业赢得了信誉。

宣贯执行力文化理念

中铁五局坚持企业目标与职工个人目标相统一，完善的创新激励机制成为中铁五局与员工激情迸发的一大动力。与各分、子公司签订《项目文化建设目标责任书》，并将项目文化建设工作列入各单位年度党建思想政治工作考核之中，促使分、子公司领导重视，主动作为。对于优秀的执行力文化建设单位给予现金和奖牌奖励，并在公司范围内推广。通过每年举办各类主题竞赛活动，适时重奖对各大重点项目和科研发展做出突出成就和贡献的有功之臣，激励职工努力工作积极向上，促进全体员工思想更加坚定、风格更加务实、执行更加舒畅、落实更加有力、合力更加强劲。通过不断地总结提炼，逐步建立起一套合理可行、具有特色和针对性强的管理制度，职工工作热情高涨，员工潜在智慧得到充分发挥。

以创新思路驱动执行力文化迈向深入

随着执行力文化的不断发展，中铁五局文化部进一步广泛动员、多方集智、全面规划、分步实施，深入开展了"打造执行力文化、争当中国中铁领军企业"的品牌提升活动。结合道德讲堂活动，在各大项目部陆续开展以"行动的力量"为主题的专题讲堂活动，通过推荐好书、经验分享、拓展活动等形式，更深入地培育、宣传、推进、弘扬执行力文化，让员工发现自身存在的不足，总结汇聚点滴进步，分享体会与大家共同成长，使执行力文化内化为员工"自重"的标准、"自省"的镜子、"自警"的标尺、"自励"的目标，从而增强执行工作的效果。

在执行力文化指导下，中铁五局注重在文化与实际工作中以执行的眼光发现人才和任用人才，以执行的方法锻炼人才和培养人才，精心打造才华卓越的工程技术队伍、技术精湛的能工巧匠队伍、激情创新的人才队伍和作风严谨的党务工作队伍四支人才大军，不断在教育培训、道德培养、观念更新、促进生产等工作上加大力度。

在项目部，领导班子大力倡导工作学习化、学习工作化，把所学知识转化为专业技能。如架梁分公司举办的架梁铺设技能和运输安全教育培训，结合文化建设和施工实际，按培训计划和培训内容，用辅以图文进行通俗易懂、熟知易记的培训方式，传教给施工一线每一个员工和劳务工。让他们在施工前接受技能教育，在施工中运用培训知识，在施工后进行问题交流，员工的整体业务技能和安全意识实现自觉增强。并利用广讯通、QQ、微信等交流平台，简报、宣传栏等载体宣传执行力文化，在大小会议和各种场合强调提高执行力的紧迫性和重要性。大力宣传教育，使员工耳濡目染，营造出人人遵守纪律、人人听从指挥的良好氛围，逐步将执行力文化转化成为一种自觉行为和习惯。

随着执行力文化的深入推进，中铁五局营造出践行、执行的浓厚氛围，员工精神面貌发生显著变化，工作风气焕然一新，执行力文化成果显现。2016年完成营业额接近500亿元，创下历史最高纪录，各项指标均超额完成，这一年也是公司施工项目最多、任务最重、责任最大、资源最紧、完成实物工作量最多的一年。如今，执行力大大增强的中铁五局，正以精细的管理、精干的队伍、精湛的技术、精良的装备、优质的服务，以蓬勃旺盛的姿态在国内外建筑施工领域大显身手。

主要创造人：涂中义　张回家

参与创造人：殷俊林　申长春　蒋方槐　张思琪

打造"创新梦工厂" 撬动企业创新文化建设

中国移动通信集团江苏有限公司

中国移动通信集团江苏有限公司（以下简称江苏移动）是中国移动全资子公司，现有员工2.3万人，资产规模775亿元，运营收入460亿元，上缴税费近49亿元，是江苏省内规模最大的通信运营商，综合经营业绩连续多年位居集团公司前列。先后获得"全国文明单位""全国五一劳动奖状""中央企业先进基层党组织""全国用户满意企业"等荣誉。

江苏移动坚持"创新、精细、均衡"三轮驱动发展理念，高度重视创新工作对企业经营发展的推动作用，积极营造浓厚的创新文化氛围，持续推动创新战略与公司发展战略的有机融合。创新文化建设要有可视化、可接触的活动载体，江苏移动以打造"创新梦工厂"为切入点，开启众筹创新模式，以点带面，撬动企业创新文化建设。经过多年运营实践，"创新梦工厂"已经成为江苏移动推动创新工作、营造创新文化的强大引擎，进一步激发了广大员工爱岗敬业、争创一流的企业精神。

坚持问题导向，搭建创新平台

江苏移动在长期的经营实践中，形成了底蕴深厚的创新文化——倡导永不满足、敢闯敢试、勇于担当、敢于否定的精神。创新已经成为破解企业发展难题、加快转型步伐的"发动机"。但是，随着企业不断发展壮大，在创新实践中也出现了一些新问题。一是虽然江苏移动内部重视营造创新文化、坚持创新驱动战略，培养、挖掘了不少创新想法、创新产品，但是仍缺乏统一的创新工作载体，既难以呈现创新各项成果，也难以对创新工作进行持续、长效的管理，创新成了阶段性、点状工作，缺乏长远规划设计。二是江苏移动传统的创新模式可以称之为"精英创新""圈子创新"，即按照"明确创新课题—组建专业队伍—开展创新实践—提炼总结推广"的模式开展创新，这种模式造成很多基层员工的创新想法得不到充分重视，涉及生产一线的实际难题得不到真正关注和解决，不少创新项目存在盲目性，甚至有不少是为了评奖而创新。久而久之，基层员工失去了参与创新的热情。三是公司员工虽有提出创意和想法的意愿，但由于以往的决策评审流程耗时漫长，难以进入专家评审通道，缺乏技术和资金支持，最终创意成了空谈，无法进入研发环节，更形成不了生产力，员工创新士气大受影响。针对上述问题，江苏移动亟须一个可以集聚群体智慧、面向生产一线、快速评估转化的创新平台。

江苏移动开始关注到近年来互联网上出现的不少创意协助平台，在这些平台上可以进行创意项目交流、融资，通过集体智慧实现方案策划与产品孵化。比较著名的平台有Kickstarter、点名时间等，都是为了解决"好创意、无钱、无技术"的困境。

受此启发，江苏移动决定搭建具备互联网特征的创新平台——"创新梦工厂"，作为开展创新工作的重要抓手。"创新梦工厂"于2014年4月正式上线，掀起了基层员工的创新热潮。

强化顶层设计，吸引全员参与

"创新梦工厂"是撬动江苏移动营造创新文化的重点工作，牵一发而动全身。管理层高度重视系统平台搭建，从"软环境""硬设施"两个方面统筹考虑，尤其关注平台顶层设计。通过构建"创新梦工厂"生态社区，推动全员创新理念落地生根，开花结果。

"创新梦工厂"建立了人人可参与的创新环境。任何员工均可自由发布创意，甚至包括基层员工在一线中面临的现实问题，这就消灭了创新门槛。所有创意全部上网，在网上接受员工群体评价，员工普遍认为好的创意才可能转入研发。这种方式调动了从一线人员到管理人员、技术人员的关注度，形成了创新的多维视角。通过在线交流、问答等众筹创新方式，将小点子变成大创意。创意发布者可以在线招揽志同道合的同事组成项目团队，开展项目推广。好的创意通过员工投票，专家评分的双重决策，在群体智慧中评估选拔，这种方式大大加快了创新审核流程，避免了盲目、无效创新。

"创新梦工厂"孵化项目一经推出可以获得全公司广泛资源支持。江苏移动将迅速启动项目引入落地工作，对产品落地方向和运营思路进行指导，支持项目团队继续进行产品迭代开发和运营。同时，江苏移动下属的ICT公司与有兴趣的项目团队开展合作，试点将相关demo产品嵌入已有的成熟业务系统中，评估产品的适用性，为最终实现商用铺平道路。原型产品还要再经过全省员工的试用、挑刺和评分，不断迭代优化，最终推向市场。"快乐减压"项目的成功是个典型例子。项目团队将原创减压内容、减压音乐播放器、压力评估等模块打包成"减压一刻"品牌，嵌入江苏移动现有"薪酬通"业务客户端，实现平台互通。业务上线后用户活跃度和应用内停留时间均大幅提升，第一年即产生数字化服务收入60万元。

"创新梦工厂"的开放性有利于对接内外资源，聚拢更多创新参与者。对内，独有的开发者社区资源，使众多创意实现平台化开发，大大缩短了创新原型产品的研发时间。"创新梦工厂"首创的"爱试用"模块，提供了平台开发、软件架构、数据库设计等能力，demo产品在"爱试用"板块得到了很多有效的产品建议，为产品改良迭代做出了突出的贡献。对外，提供对接其他移动系统的接口，可以整合系统内部各类能力和丰富资源，打造全国移动公司的创新平台，构建全移动万众创新生态社区，让创新文化在整个移动公司遍地开花。江苏移动"创新梦工厂"成功支撑运营了集团公司首届自主开发大赛，全国30个省份累计提交了436个创意参加集团公司的选拔。

加强平台运营，激发创新活力

好项目离不开强有力的组织运营，离不开周密细致的制度保障。自"创新梦工厂"上线起，江苏移动采取多项有力措施保障平台顺利运营，推进创新文化传播，结出丰硕成果。

一是进行创意闭环管理。"创新梦工厂"通过平台与制度的支撑，员工能自动自发地参与创新、孵化创意、研发项目、优化产品，构建了员工自创新、创意自孵化、项目自研发、产品自优化的闭环。

"创新梦工厂"通过建立爱创新、爱研发、爱试用三大独立模块让创新想法快速成为优秀产品。

——爱创新：针对员工还处在点子阶段的创意，通过员工投票筛选优秀的想法和创意，通过创意交流、创意审核与立项让优秀创意得到充分的讨论与筛选，群体智慧决策创新方案。

——爱研发：针对创意立项后进入研发阶段的产品，通过"创新梦工厂"自主开发社区，每个创意将组建专属项目团队，实现优秀创意方案的快速研发。爱研发模块还设立了研发交流论坛，让每位员工各显神通，通过学习交流提升自主研发能力。

——爱试用：针对产品研发完成后，进入"爱试用"版块，员工对产品评分、提出试用建议，与项目发起团队进行线上交流。项目团队根据员工反馈不断优化产品，形成试用、反馈、迭代的良性循环。

二是线上线下运营结合。"创新梦工厂"采用了线上线下结合的运营方式，前后组织了推广、讨论、专题等多个阶段性大型活动，组织了总经理专题讨论会等品牌活动，深入挖掘创新，加速孵化进程。

"创新梦工厂"线上活动由浅入深，引导员工认识平台，保持活跃，最后做到深度参与，积极创新。线上特色活动主要目的是鼓励员工参与，通过提创意拿奖励活动、评论有惊喜活动、企业社会责任专题和产品挑刺等活动，激发员工参与活动和积极创新的热情。

线下活动重点在于深入挖掘创新，江苏移动通过总经理见面会、总经理博客、员工论坛、OA公告等多个渠道进行大力宣贯推广，开展以创新、创业为主题的培训讲座、主题头脑风暴等活动，同时开展13个地市分公司线下讨论活动。江苏移动组织了"创新梦工厂"优秀产品发布会，对6个优秀产品进行了展示，项目团队现场接受观众评议。发布会仿效苹果、小米新品发布模式，通过视频电话会议、创新梦工厂网站、客户端等渠道进行直播，引起强烈反响和广泛参与。

三是筑牢周密制度保障。为规范"创新梦工厂"的创新活动，进一步激发员工创新热情，江苏移动制定了各项管理办法，保障"创新梦工厂"有效运营。

江苏移动先后制定了《"创新梦工厂"运营管理办法》《"创新梦工厂"孵化管理办法》《"创新梦工厂"双导师制办法》等制度，对平台运营的各个环节进行了明确。"创新梦工厂"运营流程明确了各级员工的创新积分管理办法及晋升机制，这一流程保障了"创新梦工厂"的运营顺利进行，并能带给员工创新奖励。创意孵化流程则明确了创意从筛选、研发到试商用各阶段的要求，并首次提出采用众筹模式评审创意。这一方式使得创新项目孵化过程变得简单，评审模式得到完善，优秀创新项目能更容易遇到伯乐，保证更多的优秀创新项目在平台上发光。"创新梦工厂"承载的创新项目均配置管理导师和专家导师，其中，管理导师由项目发起人所在部门行政领导担任，专家导师由"创新梦工厂"专家担任，保证了创新项目具有最专业的导师，帮助创新项目实现快速孵化。

四是加大员工激励力度。"创新梦工厂"构建了多层次激励体系。员工在参与创新、形成部分成果、产生效益等各阶段均可获得激励。江苏移动设立了虚拟积分与金币两种特色激励，员工只要参与创新，均可获取积分奖励，取得阶段成果还可获得金币激励。截至目前，平台共产生积分3051370分，金币106539个。另外，江苏移动设立"总经理特别奖励""创新梦工厂百万大奖"等奖项，对特别优异的孵化项目进行重奖。对"创新梦工厂"承载的各类产品创新，根据效益评估结果制定奖励方案。奖励分为前期激励与后期激励两部分，其中前期激励金额占比单个项目奖励总额的20%左右。同时，"创新梦工厂"孵化的创新项目可参与江苏移动各类奖项评选，获奖的创新成果纳入创新项目评奖积分。为了调动下属单位的参与热情，"创新梦工厂"平台积分换算成对应单位的经营业绩KPI考核加分，通过正向激励方式引导各单位参与创新工作，提升企业发展潜能。

依托"道德讲堂"开展先进典型故事巡讲

"创新梦工厂"自上线以来，在江苏移动掀起了一股全员创新的热潮，超过90%的员工参与其中。截至2017年3月，"创新梦工厂"页面访问量402万人次，累计创意5193个，展示创意1057个，评论共计791万字。有25个项目通过专家审核，6个进入了立项研发阶段。此外，40个商用产品通过"创新梦工厂"开展试用活动，收集了近万份产品建议。其中，孵化项目"听吗"已累计使用1.7亿次，实现收入过千万元，与滴滴打车、易到用车、链家、熊猫TV、饿了么等约400个APP开展合作。更可喜的是，"创新梦工厂"激发的创新热度一直持续不减，已经成为全体员工共同信奉的文化符号。江苏移动在创新工作领域不断取得新成绩，先后获得"通信行业企业管理现代化创新成果一等奖""全国质量管理小组活动优秀企业""第十八届中国专利优秀奖"等荣誉。

创新是人类文明进步的不熄引擎，是植根于每个人心中具有顽强生命力的"种子"。"创新梦工厂"让创新的"种子"在江苏移动每位员工的心中发芽、生根、结果，不但提升了江苏移动的创新工作成效，而且撬动了企业创新文化建设，让创新之光不断发扬光大，让企业之树始终保持旺盛生命力。

主要创造人：单绍勇　王春荣

参与创造人：童　恩　卢新奇　许玮祺　封　翼

弘扬诚信文化　打造百年豫联

河南豫联能源集团有限责任公司

河南豫联能源集团有限责任公司(以下简称豫联集团)是河南省铝工业转型升级示范性企业，现有总资产265亿元、员工13000余人，拥有422万吨原煤、90万千瓦发电、75万吨电解铝、配套15万吨碳素、100万吨铝精深加工的产业规模。形成了"以产业为主体、以科技创新和资本运营为双翼"的"一体双翼"发展模式，2016年实现销售收入328亿元、纳税5.81亿元，成功转型为国内首家全产业链的国际化高端铝合金新材料企业，连续多年入围中国企业500强。先后荣获"全国精神文明建设工作先进单位"、国家工信部"清洁生产示范企业"、首批"河南省企业环境信用5A级企业""河南省五一劳动奖状"、第九批"河南省节能减排科技创新示范企业"等荣誉。

弘扬"诚信文化"来自于企业的道德自觉

"诚信"是中华民族的传统美德，是社会主义核心价值观的重要内容，往往体现着一个国家、一个民族的精神追求与时代风貌，也往往决定着一个企业的价值取向与成败兴衰。豫联集团深刻认识到，市场经济既是契约经济、信用经济，又是法制经济、道德经济，诚信是市场经济的道德基石，只有坚持信誉为本、以信求利，企业才能够在市场竞争中永立不败之地。因此，自1975年建厂至今，豫联集团历经40余年的发展历程，汲取当地兴盛400年康百万家族"留余"豫商文化的精髓，以道德上的高度自觉，逐渐形成了以"诚信"为核心的"诚信为本、精诚团结、务实敬业、创新发展"的企业文化，将诚信文化融入企业的长期发展战略中，始终伴随着企业做优做强全过程，引领着企业可持续发展的方向。

全员行动，着力建设诚信文化

豫联集团把"诚信"作为企业的核心价值观，从发展战略、组织建设、资源配置、员工行为等各方面加强诚信文化建设，着力打造企业道德高地，使诚信文化的软实力全面转化为生产力、创造力和竞争力，推动豫联事业不断前进。

一是牢固树立"诚信是金"的发展理念。豫联集团将诚信文化融入企业中长期发展战略中，企业从巩义市地方县办电厂起步，先后经历了股份制改造、"铝电合一"、股票上市、豫联工业园区建设、中外合资、国际合作、投资建设转型升级高精铝项目等阶段，始终坚持党的正确领导、始终坚持改革创新、始终坚持积极承担社会责任，实现企业与社会的诚信共赢。

二是建立强有力的组织机构。豫联集团将"诚信文化"作为"一把手工程"，企业负责人亲自抓，成立了以党委书记为组长、各单位党总支书记为成员的文化建设领导组，建立了集团、分、子公司、车间班组多层次、全覆盖的文化建设网络，全员参与，大力弘扬诚信文化。

三是企业发展到哪里，诚信文化就传播到哪里。多年来，豫联集团通过资本运作，先后收购了数家企业，形成了煤、电、铝及铝精深加工的完整产业链，企业发展到哪里，诚信文化就传播到哪里，同时还吸收了被收购企业原有的先进管理文化，形成了更高层次的开放、包容、多元的豫联诚信文化。

四是不断丰富诚信文化宣传载体。豫联集团党委精心编印《企业文化手册》，员工人手一册；对企业标识Logo、VI视觉识别系统、企业网站及宣传册进行统一规划设计，整合诚信文化外在表现形式；以《豫联》内刊、广播、豫联微信等为载体，大力宣传诚信员工、诚信班组、诚信单位，弘扬一诺千金的凡人善举，学习交流各单位诚信文化建设先进经验，发挥先进典型的示范作用。

五是加强对员工的思想教育。豫联集团建立了员工诚信考核评价制度，使诚信成为员工的基本行为规范。无论是新进厂的大学生还是外聘高端人才，豫联集团都把认同"诚信文化"作为人才招聘的首要条件，对新员工培训的第一堂课就是学习豫联集团诚信文化。在日常工作中，对管理人员提出了"政治靠得住、工作有本事、作风过得硬、员工信得过"的要求，对普通员工提出了"政治坚定、思想进步、技术一流、诚实工作"的要求。

六是对诚信典型进行激励。豫联集团每年组织员工开展岗位练兵、技能比武、劳动竞赛等活动，大力弘扬"工匠精神"；组织劳模、优秀党员举行先进事迹巡回报告会，营造了尊重知识、尊重人才的氛围；常态化开展诚信员工、诚信家庭评选表彰活动，引导全员见贤思齐，提升文化品位。

诚信为本，和谐发展

豫联集团从一个地方县办小厂发展到国际化高端铝合金新材料企业，得益于党的正确领导和改革开放的好政策，得益于社会各界的支持，更得益于全体员工的诚信为本、和谐发展。

坚持创新发展。1993年，郑州市第一家实行国有企业股份制改造；1998年，国内铝行业第一家实行"铝电合一"经营新模式；1999年，全国第一家进行了自焙槽改为预焙槽的铝电解技术改造；2002年，开工建设了河南省第一个省级产业集聚区——豫联工业园区；2002年，中孚实业成为河南省首家核准制下在上交所上市的公司，也是全国铝行业第一家以"铝电合一"经营模式上市的企业；2006年引进俄罗斯Vi Holding公司，豫联集团转型为国际化公司；多年来，公司连续投产了国内第一条320千安大型铝电解生产线，创新开发了第一条400千安低温低电压铝电解生产线，第一家引进德国西马克世界先进铝加工生产线。管理体制机制的创新，科学技术的创新，使豫联集团走出了一条与时俱进、改革创新的道路。

坚持转型发展。自2010年至今，豫联集团积极响应国家上大压小、节能减排号召，率先关停了小火电、小电解槽等落后产能，不再上马新电解铝项目，为铝行业去产能做出了积极贡献。同时，豫联集团以"国际一流、国内领先"为目标，投资建设了转型升级高精铝项目。该项目是中国铝工业转型升级标志性项目，主要设备全部由德国西马克、西门子等国际一流企业制造，采用"1+4"铝板带热连轧+冷轧生产技术。项目立足于节能、环保、规模化、批量化、高端化生产模式，热轧及冷轧成品的凸度精度、温度精度和厚差、表面质量及生产成本均达到国际先进水平。经过长达6年的艰苦努力，2016年11月3日，豫联集团高精铝项目全线投产，俄罗斯工业和贸易部长曼图洛夫代表俄罗斯政府出席庆典仪式，对中俄经济合作的新成果表示热烈祝贺，标志着豫联集团由传统铝企业成功转型为全产业链的国际化高端铝合金新材料制造企业，为中国铝工业加快推进供给侧结构性改革开创了新道路，成为中俄经济合作领域的创新典范项目。目前，豫联集团铝精深加工产品已获得中国、美国、英国及挪威船级社产品认证和TS16949汽车板认证，取得了欧盟市场通行证，具备了压力容器用铝板带产品向欧洲供货的条件，罐体料、罐盖料、拉环料、高档铝箔坯料、汽车板、舰船板等高性能铝合金板材已走出国门，开始在全世界广泛销售，进军大飞机、轻轨、高铁等铝合金新材料高端领域，是豫联集团下一步的发展方向。

坚持共赢发展。一是诚信对待员工。豫联集团不断改善员工工作、生活环境，提高员工福利待遇，先后建成3200多套员工福利住房，常态化举办各类文化活动，关心青年员工成长成才，极大增强了员工的凝聚力和向心力。二是诚信对待合作伙伴。在融资经营工作中，企业贷款偿还无一逾期。控股子公司中孚实业上市至今，以良好的发展业绩给投资者以丰厚的回报。对于上下游合作伙伴，豫联集团始终做到诚实守约、讲究信用。三是诚信对待社会各界。自2002年至今，豫联集团吸纳社会就业13000余人，向国家纳税50多亿元，因淘汰落后产能面临失去岗位的近3000名员工全部在企业内部转岗就业，没有给社会造成任何就业负担，并为巩义市区供热、燃气、城市供水等社会民生工程投入5亿多元，支持社会公益事业数千万元，积极承担社会责任，发挥了骨干企业在经济社会发展中的示范作用。

员工技能竞赛

豫联集团诚信文化建设的启示

豫联集团在发展的长期过程中，无论企业性质如何改变，企业发展战略如何改变，都始终坚持诚信为本的企业文化，切实做到了建设诚信文化与企业发展战略、创造经济效益、以人为本、绿色发展相结合，不仅积累了雄厚的物质财富，而且树起了一座精神的丰碑。

建设诚信文化与企业发展战略相结合。发展战略是目标，企业文化是手段。企业的生存与发展，离不开战略和文化的引领。企业在发展过程中，任何时候都必须符合党和国家的方针政策，符合时代进步的要求和员工幸福的需要，豫联集团每一个发展战略的出台都是诚信文化一脉相承的必然结果，每上一个台阶都是诚信文化大力推动的必然结果。

建设诚信文化与创造经济效益相结合。豫联集团将诚信作为企业的金字招牌，在与金融机构、建设厂家、设备厂家、供应商、产品用户等合作伙伴的交往中，在与政府、外商及社会各界的交往中，都树立了诚实守信、一诺千金的外部形象，赢得了社会各界的信赖和赞誉，积累了宝贵的品牌价值和无形资产，为企业创造一流的经济效益提供了良好的外部环境。

建设诚信文化与以人为本相结合。豫联集团的愿景是"打造和谐富裕百年企业，实现广大员工安居乐业"，企业诚心实意地为员工办实事、办好事，事事以发展大局、员工利益为重，使诚信成为企业核心价值理念的重要基础，成为企业的道德基准和经营的信条，成为激励员工各方面发展的精神支柱。

建设诚信文化与绿色发展相结合。铝行业作为中国工业重要的战略行业，是国家"十三五"规划中的重要一环。因此，中国铝行业要符合新时代对绿色生产、高效生产的要求，实现全行业在下一个发展阶段的可持续增长，用技术创新实现绿色生产的前景。近年来，豫联集团累计投入10多亿元对在运产能进行节能环保升级改造，各项环保指标均优于国家排放标准。豫联工业园区绿化率达到30%，实现了"建设山水园林企业、打造环保生态工厂"的建设目标。

多年来，豫联集团通过全方位加强企业文化建设，坚持把企业文化建设融入企业中心工作，不断提升企业文化的内在品质，努力培育符合社会主义先进文化前进方向、具有豫联特色的企业文化，并深深根植于生产经营的各个环节，确保企业文化"固化于制""外化于行""内化于心"，以先进文化增强了企业的凝聚力，提高了企业的软实力和核心竞争力，企业品牌价值和知名度得到空前提高，实现了可持续健康发展。

主要创造人：白学成

参与创造人：刘玉蛟　吴松含

抓强核心价值观铸魂工程
促进太重转型升级"二次创业"

太原重型机械集团有限公司

太原重型机械集团有限公司（简称太重）前身为太原重型机器厂，始建于1950年，是新中国自行设计、建造的第一家重型机械制造企业。太重产品覆盖冶金、矿山、发电、交通、化工、建筑、新能源、航空航天等领域，太重技术中心在国家认定企业技术中心中排名第2位，居同行业第1位。太重逐步形成了以煤炭与矿山、冶金、轨道交通、海工装备、工程机械与液压领域六大领域并举发展的多元化产业格局，成为集装备研发与制造、设备总成套、工程总承包、设备租赁、物资贸易以及物流运输等为一体的现代化企业集团。主要经济指标近年来始终位于我国重型机械行业首位。先后获得国家级发明奖4项、国家级成果奖26项、国家科技进步奖22项，创造了440余项国内外第一，被誉为"国民经济的开路先锋"。

太重在60多年的发展历程中，先后筑垒起了以"为我先锋"为文化总源头，以"自力图强、求实创新、团结奉献"为企业精神，以"创建世界太重"为远景战略目标的"三座文化高峰"。在"三座文化高峰"的引领下，太重以争当"国民经济开路先锋"为责任，不断实现着快速发展。

凝练提出太重核心价值观，形成"第四座文化高峰"

随着中国经济进入以中高速、优结构、新动力、多挑战等为主要特征的"新常态"，中国经济的转型与升级也进入了新时期，国有企业的改革与发展进入了新阶段。太重准确审视国内外经济发展大势，担负中国装备制造业发展振兴使命，深耕企业60多年深厚文化积淀，将践行社会主义核心价值观有机融入企业文化建设之中，总结凝练提出了"诚信、创新、精益、卓越"的太重核心价值观。这八个字，凝聚了太重人的智慧，体现了太重人的品质，将在太重转型发展的实践中发挥强大的感召力、凝聚力和引导力，成为太重筑垒起的"第四座文化高峰"。

深入开展学习践行系列活动，凝聚价值共识

太重核心价值观提出后，在全集团公司范围内组织开展了全员学习践行太重核心价值观系列活动。活动的主题是"凝聚共识、汇聚力量、推动发展"；基本要求是"对照标准、找到差距、设法改进"；活动范围是全员覆盖，重点是科、处级以上领导干部；活动为期两个月，分

为集中教育、全面践行两个环节。

在集中教育环节，通过组织集中学习、座谈交流学习、自己找差距学习等方式，在一个多月的时间内，各单位每周组织进行有计划、有重点、有落实的学习，在显著位置设置太重核心价值观宣传栏（牌），宣传身边的典型人物和事迹。同时还组织成立了宣讲团，深入企业基层一线，以生动活泼的方式，宣讲了太重核心价值观的内涵要求、重要地位和重大意义等。

在全面践行环节，太重在国庆节前夕，组织举办了以"凝聚共识、汇聚力量、推动发展、践行太重核心价值观"为主题的黑板报比赛和演讲比赛。组织召开了学习践行太重核心价值观交流会，提出了一系列新思想、新观点，形成了建立学习践行长效机制的思路措施。

以价值观践行考评为抓手，强化铸魂工程、开启文化管理

科学制定常态化考评制度。太重在学习践行系列活动基本结束之际，开始着手制订经常性常态化价值观考评机制。在经过三上三下反复修改讨论、征求意见的基础上，2015年年初最终形成并下发了《关于构建常态化学习践行太重核心价值观考评机制的指导意见（试行）》，就实施价值观考评的总体要求、考评原则、考评内容、组织领导、考评实施等做出全面安排。同时进一步制定了每年《学习践行太重核心价值观考评检查办法》，为太重核心价值观学习践行考评工作的开展提供了明确方向和制度基础。

全面实施全员按月学习践行考评。太重在制定常态化学习践行机制、层层制定考核办法的基础上，从2015年开始实施以价值观学习践行考评为抓手的文化管理考评模式。

考评内容：诚信、创新、精益、卓越的综合要求与具体要求在实践中的运用情况。在考评中，考评办公室每季度根据中心工作的重难点和考评中发现的问题点，及时调整考评具体内容和项目。2017年，进一步推动核心价值观践行考评的深化拓展，将把核心价值观考评与岗位职责相结合作为重点，继续抓好分解转化，真正把太重核心价值观的践行要求落实到各个岗位，渗透到每个角落。

考评原则：考评坚持公开公正公平的原则。坚持以正面激励为主的原则。

考评对象：考评采取层层压茬有序推进的方式进行。集团公司党委考评直接管理的分、子公司和职能部门及其领导班子和成员，直管单位/部门考评所属单位/部门的干部职工。

考评频次：集团公司每季度末组织一次全面性考评，季度中组织一次日常性考评；各直管单位按月对本单位职工进行全员考评。其中，二季度、四季度分别与"两创"活动评比检查和精神文明建设年终检查合并进行。

考评方式：考评主要采取实地查看、查阅资料、随机提问、查看记录、拍照留存、问卷调查等方式进行。

打分方式：考评打分方式主要采取检查组成员分别打分，然后取平均分的方式。

考评结果运用：日常性考评分值和全面性考评分值分别占30%和70%的权重，季度考评分值在此基础上加权计算得出，并划分出A、B、C、D四个等级（其中，90分以上为A级；80~89为B级；70~79分为C级；69分以下为D级）。同时，由领导小组办公室成员通过投票方式产生直管中层领导干部践行典型。考评结果通过会议通报或OA网进行公开公布；各直管单位/部门按月公开

公布全员考评结果。

持续营造尊崇价值观的浓厚氛围。持续强化学习载体建设。太重积极组织企业文化课题组、特约研究员等，围绕价值观建设开展理论研讨、课题研究，形成了《太重核心价值观的重要历史地位、重大现实意义、重要指导价值》《太重核心价值观的五大丰富内涵》等高质量的价值观理论研究成果。特别是2016年组织人员编写了《文化手册》《太重核心价值观读本》《太重创业发展故事集》三本学习资料，不断丰富学习内容，为全体职工提供了更加丰富的价值观精神营养。

持续强化践行氛围营造。太重积极组织报纸、广播、电视等媒体，开展理论解读、典型做法、事迹宣传等，并连续两年组织开展了价值观主题演讲比赛，不断深化了职工群众对价值观的思考与认识。各基层单位也分别通过核心价值观宣传栏、分解转化标语、电子显示屏、电脑屏幕、工作指示牌、微信群等，不断形成了较为强烈的价值观视觉冲击和践行氛围。

持续强化榜样力量的发挥。太重在2014～2016年连续三年开展了"学习践行太重核心价值观十大典型人物"票选活动。2016年，专门选取两届"十大典型人物"中的6位代表，以他们真诚讲述学习践行太重核心价值观的真实事迹为主题，拍摄了6段感人至深的短片，组织全体职工进行观看。2016年9月，太重召开了核心价值观建设交流推进会，对在铸魂工程中表现突出的14个先进单位和10名先进个人进行了表彰记功，发挥出了榜样的示范引领和辐射带动作用。

逐步探索形成常态化考评机制。太重不断开拓了企业文化建设与管理相结合的路子，形成了"一个流程、两个重点、三个抓手"的工作机制。

"一个流程"即闭环工作流程。公司党委每季度初根据重点内容和存在的不足，形成了"制定季度考评办法→进行日常性和全面性季度考评→总结分析考评结果→通报公开考评结果→组织调研、交流座谈→总结经验再提高"的流程机制。同时，各基层单位也探索完善形成了"持续分解转化→制定考评办法→进行考评打分→选树践行典型→实施正激励→组织交流、督促改进"等为主要环节的、环环相扣的闭合循环考评工作流程。

"两个重点"即全员按月考评和按季度选树典型。在考评中，每季度都将"全员按月考评"作为一项长期坚持的考评项目，考评其是否全员覆盖、考评过程是否规范、考评痕迹是否明显、考评是否客观公正等，促使各单位全员按月考评的持续推进。

在坚持全员按月考评的基础上，把"按季度选树典型"作为另一个重点工作。每季度都将各单位典型选树过程是否公开、流程是否规范、典型事迹是否突出、职工知晓度和认可度是否高、典型引路作用是否明显等作为考评内容，不断推动形成"学习典型、争做典型"的生动格局。

"三个抓手"即抓关键少数、抓分解转化、抓正面激励。抓关键少数。抓住中层干部这个关键少数，根据中层干部按季度填报《领导干部学习践行核心价值观情况表》的方式进行考评。同时，以2015年赴天津大学参加培训的20名中层干部为试点，对其进行按月考评，并通报结果。抓分解转化。组织各单位根据本单位的工作性质、岗位特点，按科室/部门将价值观进行分解转化，提出具体的践行标准，并进一步将分解转化的标准纳入考评项目，从而使考评更有针对性。抓正面激励。太重在2015年四季度选取5家单位进行正激励试点的基础上，2016年年初下发了《关于对太重核心价值观学习践行进行正激励的暂行办法》，全面推行对各单位按月核定工资总额的5‰（全年总计300余万元）进行正激励。

太重核心价值观宣传墙

强化铸魂工程、开展文化管理，收获培育人、强管理、提品质的显著成效

树立了太重人的标准。太重通过核心价值观的学习践行考评，广大干部职工将自觉主动践行价值观作为检验自己是否是一名合格太重人的基本标准。可以说，太重的核心价值观已经成为干部职工做好工作的行动指南，战胜困难的制胜法宝，在全集团公司不断形成了运用核心价值观说太重话、办太重事、做太重人的良好态势。

赋予了企业管理新的内涵。学习践行太重核心价值观是实施文化管理的重要组成部分。通过学习践行考评，尤其是通过重点抓住"创新"和"精益"两个关键驱动，进一步提升了企业创新能力，强化了精细化管理，同时不断使产品和服务赋予了文化内涵，形成了将文化融入管理、将管理赋予文化的企业基础管理新特征。

提升了企业的品质。太重核心价值观是我们每个人做人、做事、做工作的总依据和基本遵循。通过学习践行考评工作的不断推进，太重进一步形成了把工作抓实、抓细、抓出成效的企业作风，不断提升全员对工作、对市场、对企业的认知，不断强化每个太重人为太重奉献价值的自觉主动性，更加锻造形成了太重人坚不可摧的企业之魂。

太重在坚持抓好生产经营中心工作的同时，始终持续抓强企业文化建设，特别是通过持续强化铸魂工程，开展以核心价值观学习践行考评为抓手的文化管理，促进了人的素质的提高、企业管理水平的跃进和企业品质内涵的提升，更重要的是，为企业推进转型发展、实现"二次创业"提供了强大的软实力支撑，形成了具有太重特色的管理运作模式和核心竞争力组合。

主要创造人：王创民　丁永平

参与创造人：刘录保　王原生　涂永健　郭小青

"一天也不耽误、一天也不懈怠" 中冶精神实践成效显著

中国十七冶集团有限公司

中国十七冶集团有限公司（以下简称中国十七冶集团或十七冶）是中国五矿集团旗下中国冶金科工股份有限公司控股的子公司，成立于1957年，注册资本20.5亿元人民币。拥有房建和冶炼工程施工总承包特级；建筑和冶金行业设计甲级；公路、市政公用和机电安装工程施工总承包一级；房地产开发一级以及多项专业资质，并首批获得了境外工程承包经营权。集EPC工程总承包、冶炼施工、装备制造、水泥工程、路桥建设、风力与太阳能发电、物流工程、房地产开发、环境保护、境外工程承包为一体的大型综合性企业，工程足迹遍布大江南北和海外几十个国家和地区。全国首家获得"国家技术创新示范企业"称号建筑施工企业。

中国十七冶集团作为中冶集团子企业，近年来，"一天也不耽误、一天也不懈怠"的中冶精神不断得到贯彻落实，不仅成功解决"三座大山"，实现"一年一大步，三年跨大步"目标，更推动了"聚焦中冶主业，建设美好中冶"发展愿景的逐步实现。中冶精神作为企业发展的精神支柱、行动准则，起到了不可估量的作用。中冶集团通过在全集团内培育和再塑企业精神，大力弘扬"五种作风"，提升"五种能力"，建设一支富有战斗力的、能够完成企业既定任务的强大员工队伍，推动企业稳健快速发展。公司发展显著提升，管理更加高效，责任更加明确，工作效率有效提高，经营业绩快速提升，企业实力大大增强。

中冶精神在十七冶的具体化

中国十七冶集团结合企业实际，于2014年年初推行实施"24小时工作法"，即总部机关受理人、部门负责人、分管领导、总经理、董事长五个管理层级各用不超过24小时的时间不停顿地为基层或项目办理需要解决的问题。公司将此措施上升到制度层面予以固化，同时要求二级公司、项目经理部对照此法执行。公司以此标准来约束管理人员的行为，对基层或项目反映的事项不能久拖不决或不管不问不报告。

"一天也不耽误、一天也不懈怠"，即今天把今天的事做好，不要放到明天；今天好好干，明天好好干，天天好好干。"今天把今天的事做好"，就是要在24小时之内将工作办结，"天天好好干"，就是不仅要把工作办结，而且还要办好，办出质量。"24小时工作法"将这两层要求进行了明确，谁来办、什么时候办、办到什么程度进行了责任落实。

中冶精神在十七冶的具体落实

企业精神体现着一个企业在社会中确立良好形象的战略意识，它一旦转化为企业员工的内在

需要和动机，就会产生目标导向作用，企业员工就会时时以企业精神为标杆来衡量和调整自身的行为。企业精神如何转换为员工队伍的凝聚力、向心力、战斗力和企业发展的动力，最终还是要落实到企业的管理上，体现在企业的经济效益上。"一天也不耽误、一天也不懈怠"其根本落脚点就在于树立效率意识、责任意识。

对中冶精神的认同。中国十七冶集团管理人员占比达到70%以上，员工大都受过专门的教育和训练，文化知识素养大幅度提高，而不再是传统企业管理中习惯于一味跟着别人跑，特别是青年员工都有自己的头脑，有自己的价值目标，他们要求领导和管理方式从"指挥式"转向"共识式"。管理者在决策时需要广大员工达成一致，让人人都有主人翁感。企业管理者的使命是争取员工全身心地投入工作，不仅仅需要薪酬、福利、职位晋升等手段，更需要实行"共识原则"，投身到"参与文化"之中，员工也因为与同他人建立起共识而获得满足感，这样企业才有可能成功。

十七冶企业文化理念将"效率效益""责任文化"融入其中，同时结合中冶集团倡导的"五种作风"和"五种能力"，将这种效率文化和责任意识深深植根于企业员工心中。因此，中冶精神一经推出，就得到了中国十七冶集团员工的广泛认同。

将中冶精神落实到企业顶层设计中。在企业经营中，发展战略为企业发展明确了目标。如何将其深入推进，除了需要制度的规范外，更需要企业精神凝聚员工，让员工产生自觉、主动地朝目标去努力。

在企业经营目标管理中，中国十七冶集团提高二级公司市场反应速度和能力，释放二级公司市场开发潜能。同时进一步明确领导责任，将市场开发任务和营业收入等经营指标任务下达到公司每位分管领导，并对每月的完成情况在公司OA办公平台上公示。

在用人导向上，公司倡导业绩、基层和青年"三个导向"、激励与职业规划（事业+情感+成长规划）管理，采取"三子"（位子、票子和职称的本子）激励制度，大力倡导业绩文化和效率文化，促使一批想干事、能干事、干好事的青年员工走上了重要管理岗位。

在项目经营中落实好红黄牌制度、OA公示制度、责任分级限时制度、管理竞争制度和五个绩效落脚点，从营业收入、新签合同、存货与应收账款、利润和劳动生产率五维度来考察各经济单元弯道超车的爆发力，凸显弯道超车的加速性，以此实现好战略、好经营、好市场、好产品和良好成长性的"五好"结果。

在企业机构改革中，充分做好"加法"和"减法"，提高运营效率。公司成立发展改革研究中心，提高对市场的研判能力、企业转型及改革方向以快速适应瞬息万变的市场环境；成立投融资管理部，为公司在PPP项目运作新型产业拓展创造条件，从而让十七冶成为中冶集团运作PPP项目和城市地下综合管廊项目量最大的子公司。公司拆减国际公司，将具体业务划归各专业公司，管理职能上调总部机关管理，优化了项目管理。将路桥公司拆分成路桥和交通两公司，实现了1+1＞2的效果，路桥业绩持续增长，由原来的占比不到10%增长到30%左右。将冶金公司拆分成冶金公司和管廊公司，在化解冶金板块富余资源的同时，集中资源开拓新兴产业，起到良好效果，新冶金公司摆脱传统冶金行业束缚，成长为具有30亿元规模以上的企业，管廊公司在城市综合管廊的市场开发、技术创新等方面取得了较大发展。将甘肃分公司的管辖关系由原来的冶金公司代管变更为总部直管，使其快速成长为中冶集团甘肃分公司，市场规模达到百亿元。成立西南分公司，整合西南区域各市场平台公司资源，强化市场开拓能力，使其达到60亿元市场规模，为公司形成总部、西南、西北"一体两翼"市场格局奠定基础。

中冶精神在基层的进一步细化。"24小时工作法"作为中冶精神在中国十七冶集团的具体落实践行形式及践行载体之一，在落实过程中，公司各单位在践行中，积极主动，利用多种形式推行。

在明确职责的基础上，公司推行"三个一"工作机制，即一线工作法、一级抓一级、一事一议一决。推行"一线工作法"，问题在一线解决，干部在一线检验，形象在一线树立；推行"一级抓一级"，建立健全问题收集、交办、督办机制；推行"一事一议一决"。部分二级公司还推行了"六不让"工作原则，即不让发展在我们这里影响、不让工作在我们这里受阻、不让标准在我们这里降低、不让形象在我们这里受损、不让遗憾在我们这里留下、不让腐败在我们这里发生，以此促进提高办事效率，增强服务意识。公司监察部门通过实地检查，通过OA、NC、PM、HR等管理信息系统对基层上报的各类报告、请示等跟踪监督检查，并公开接受基层投诉，督促基层问题的及时解决。对落实不到位的，责其说明原因；对属于主观不作为的，发现一起严肃处理一起。

中冶精神实践的成效。中国十七冶集团将中冶精神融入企业的顶层设计中，作为打造企业团队的精神支柱，全力推进中冶集团"中国冶金建设国家队、基本建设主力军、新兴产业领跑者，长期坚持走高技术建设之路"发展战略，确保了中国十七冶集团"422111"市场转型和"532"市场战略的实施。近三年来，公司的各项经营指标、业绩、企业管理等均取得了长足进步。2014年，公司新签订合同额236亿元、营业收入110亿元、利润总额3.6亿元。2015年，公司新签订合同额305亿元、营业收入135亿元、利润总额4.2亿元。2016年，公司新签订合同额超过410亿元、营业收入超过140亿元、利润总额超过4.6亿元。公司的综合排名逐年上升，由中冶集团第二梯队末尾进入第一梯队行列。

近年来，公司综合实力大幅提升，先后取得房建和冶炼工程施工总承包特级、建筑和冶金行业设计甲级、房地产开发一级资质；荣获国家知识产权优势企业，成为全国建筑业唯一一家首批通过的化融合管理体系评定企业。2015年年底，公司成为国家级企业技术中心，企业技术创新能力位居安徽省前列、中冶集团前茅。2016年，公司成为全国建筑业唯一一家，中国五矿集团首家"国家技术创新示范企业"。

在实践中解决中冶精神落地难题

将企业精神融入员工的工作思维，并最终转化为朝同一目标努力的员工统一行为，这一直是所有企业最难解决的问题。中国十七冶集团在实践中，通过多种方式让中冶精神在十七冶生根发芽，开花结果。

将抽象转化为具体。中冶精神作为精神层面的存在，首先是一个比较抽象的概念，看不见摸不着，如何实施？这就需要一个平台、一个媒介。通过这个平台或媒介将其转化为具体的东西，予以量化、具体化。中国十七冶集团通过"24小时工作法"这一具体制度对其进行具体化、量化，将"今天的事今天干""今天的事要好好干"用具体的"24小时"和"层级责任"进行了明确、固化。

　　将思想转化为目标。中冶精神的关键是"好好干""干就干好"，这个"好"的标准是什么？十七冶将之转化为"十七冶发展之梦"，在中冶集团赶先进位，积极向中冶第一方阵迈进。在目标落实方面，公司将指标落实到各位分管领导，领导带头"晒业绩"，目标逐级分解，落实层层明确，进而达到"干好"这一目标。

成立青年突击队

　　将精神转化为责任。思想决定行为，行为决定命运。同样，没有强有力的保障机制，行动容易偏离方向。"好好干""干就干好"不仅需要有明确的目标，更需要让其变为现实。公司采取红黄牌制度、OA公示制度、责任分级限时制度等保障措施，将责任明确到位，确保行动有力高效。同时将用人和激励机制与业绩紧密挂钩，用"赛马"来选人、用人，使目标与责任形成有机统一的整体，达到事半功倍的效果。

　　在大力践行中冶精神的过程中，中国十七冶集团自上而下、自下而上采取了多项措施，明确目标、追求卓越，在实施中将企业发展愿景与个人价值观紧密结合，达成共识，在实现自我价值的过程中追逐"十七冶发展之梦"，让中冶精神在十七冶结出累累硕果，企业管理水平进一步提高。在企业发展的新阶段，十七冶还要继续紧跟中国五矿和中冶集团的发展步伐，在企业精神建设上再接再厉，进一步明确企业发展战略和目标，改进激励机制，坚定步伐朝"聚焦中冶主业，建设美好中冶"愿景迈进！

主要创造人：钟康龙

放大"爱心邮路" 铸就行业精神

中国邮政集团公司江苏省分公司

中国邮政集团公司江苏省分公司(以下简称江苏邮政)是具有百年悠久历史的国有大型企业。根据国务院有关邮政体制改革方案,按照中国邮政集团公司统一部署,2007年3月,江苏省邮政公司正式挂牌成立,依法经营邮政专营业务,承担邮政普遍服务义务,受政府委托提供邮政特殊服务,对竞争性邮政业务实行商业化运营。2015年上半年,江苏省邮政公司正式更名为中国邮政集团公司江苏省分公司。目前,江苏邮政下辖13个地市分公司,49个县分公司,共有邮政网点2385个,从业人员约4.2万人。江苏邮政系统连续八次获得"江苏省文明行业"荣誉称号,多个集体荣获"全国五一劳动奖状"和"全国邮政系统先进集体"等称号,涌现出了如皋"爱心邮路"等全国重大先进典型。

邮政,上接政府,下连百姓,是一个紧密联系社会的公共服务行业,也是一个具有深厚历史积淀和文化底蕴的行业。江苏邮政自1998年邮电分营后,经历了政企分开、公司化运作等数次重大改革。在独立运营初期,面对企业亏损严重,发展举步维艰的严峻局面,江苏邮政大力弘扬创业精神,坚持改革创新,并积极推进企业文化建设,凝聚员工力量,先后提出了以领导人员"三立"(信立业、廉立身、公立心)、管理人员"三求"(事求实、思求新、业求精)、全体员工"三为"(诚为本、客为上、邮为业)为主要内容的《江苏省邮政职工职业道德规范》,提炼形成了以"社会、企业与员工同发展,共繁荣"为核心价值观的《江苏邮政企业文化理念》,为实现企业扭亏为盈和持续快速发展提供了精神动力和文化保证。

作为一个省级邮政企业,江苏邮政拥有7000多条邮路,遍布全省城乡各地,有10000余名邮递员每天走村入户,与邮路上的群众打成一片。自1998年以来,在长期服务群众的过程中,全省各地涌现出了以如皋"爱心邮路"为代表的邮递员主动帮扶邮路上的孤寡老人等困难群众的众多感人事迹。那么,作为一个自身发展都比较困难的企业,对于类似"爱心邮路"这样要付出精力、成本,却没有现实收益的行为,到底应该怎么看待,要不要鼓励?当时,在企业内部引起了广泛讨论。最终,江苏邮政领导班子经过调查研究,形成一致共识:邮政作为国有企业,履行社会责任义不容辞,这样的事情不仅要做,而且要在广度和深度上做得更好。

从2003年开始,江苏邮政通过不断的宣传引导,将"爱心邮路"推广到全省范围,不断拓展其内涵,使之成为企业精神文明建设的重要载体,进一步密切了邮政与社会、邮政与群众的关系。十多年来,这项工作一以贯之,"爱心邮路"精神逐渐融入企业价值观,成为企业文化的一部分,为企业持续快速发展创造了良好的内外部环境,走出了一条具有江苏邮政特色的国企改革发展之路。

从"自发"到"自觉"，"爱心邮路"实现邮政与社会的良性互动

邮电分营初期，在江苏如皋市邮政局，很多邮递员在常年投递邮件的过程中，与邮路上的群众形成了十分密切的关系。当看到邮路上很多孤寡老人无人照料，生活困难时，基于人与人之间最朴素的情感，他们利用工作上的便利主动去照顾帮助这些困难老人，力所能及地奉献爱心。虽然帮扶孤寡老人并非邮递员的工作职责，但当邮递员们自发的爱心行为得到了群众的广泛赞誉和政府的高度评价后，如皋邮政的领导开始意识到，无论对于企业还是社会，这都是一件具有重要意义的事情。尽管当时企业发展面临很大困难，如皋邮政仍然对邮递员的爱心行为给予了大力支持和鼓励，通过在全局推广、建立爱心基金、制定帮扶制度等，员工的自发行为成为有组织的集体行动。

邮递员探望邮路上的空巢老人，陪老人读报

十多年来，如皋邮政全体邮递员在137条、总长7300多公里的乡间邮路上，用真情、真爱先后帮扶了190多户280多位孤寡老人：老人生病时为他们求医问药，农忙时为他们助耕助种，雨雪天气时为他们上房堵漏，卧床不起时为他们擦身洗澡，逢年过节时为他们送上祝福……很多邮递员和帮扶的老人形成了"不是亲人胜似亲人"的亲密关系，在137条邮路上演绎了一个个尊老敬老、助人为乐的动人故事。邮递员们被老人看作"党派来的人"，邮路被乡亲们亲切誉为"爱心邮路"。从2003年开始，江苏邮政在全省范围组织开展了向"爱心邮路"学习的活动，并积极向省委宣传部门汇报，组织媒体赴如皋进行采访和跟踪报道，在社会上引起强烈反响。"爱心邮路"逐渐从地方走向全省、全国，影响日益扩大。2007年，"爱心邮路"获得了我国慈善领域的最高政府奖项"中华慈善奖"，并被中宣部列为精神文明建设全国重大典型，成为弘扬职业道德、社会公德和传统美德的典范。

"爱心邮路"还催生和引领了如皋"爱心城市"建设，对整个社会产生了积极影响。爱心

妈妈、爱心超市、爱心医疗队、爱心护学岗等在如皋应运而生，社会风气为之一新。与此同时，"爱心邮路"也为如皋邮政带来了地位、声誉和良好的发展环境，获得了社会的反哺。正是出于对邮递员的信任，如皋广大民众不管是存钱、买基金、买保险，都愿意到邮局办理。在如皋，全市有数十名被帮扶的孤寡老人主动担当起邮政的义务宣传员、吸储员、平信接转员。每年春节期间，全市许多邮政窗口出现民众排队存款的景象。近年来，如皋邮政各项业务得到长足发展，邮储余额在全省县级邮政企业中率先突破百亿，企业整体业务规模和职工收入均在全省位居前列。如今，坚持开展"爱心邮路"，主动服务人民群众，已经成为如皋邮政全体员工的自觉行为。

由"盆景"变"花园"，放大"爱心邮路"彰显国企社会责任

如皋"爱心邮路"作为江苏邮政精神文明建设的一面旗帜，多年来，在引领社会风尚、展示行业风貌、培育企业精神、涵养核心价值观等方面发挥了重要作用。江苏邮政从"爱心邮路"得到启示：邮政最大的优势就是与老百姓联系紧密，依托遍布城乡的邮路，邮政可以更好地承担社会责任，在服务人民群众的过程中实现企业的持续发展。从2010年10月起，江苏邮政以如皋"爱心邮路"为示范，由点及面，在全省发起了"特色邮路"创建活动，广泛开展扶危济困活动，发动广大邮政员工在做好本职工作的同时，关爱帮扶邮路上的孤寡老人、留守儿童、困难群众等特殊群体。这一号召得到了全省各级邮政企业的积极响应，各单位结合地域特点和自身实际，紧紧围绕群众所需所盼开展创建活动，做到因地制宜，各具特色。如南京邮政面向城市社区空巢老人，组织邮递员与社区结对共建"助老驿站"，为老人提供一对一的亲情服务；常州邮政与部分养老机构合作成立"志愿服务基地"，针对孤寡老人开展常态化慰问帮扶；宿迁、连云港邮政利用邮政资源主动关爱农村留守儿童；南通邮政响应政府加强农村法制建设的号召，与司法部门联手推进农村普法活动；徐州邮政与环保局进行合作，通过邮路开展生态环保宣传和监督劝导，赢得了社会赞誉。

通过全省邮政各单位的积极创建，"爱心邮路"逐步扩展放大为内涵更为丰富的"特色邮路"。创建内容从最初以帮扶孤寡老人为主，延伸至关爱留守儿童、贫困户以及协助政府部门开展文明、环保、法制宣传等更多领域。在"爱心邮路"的基础上，全省又先后涌现出"亲情助老邮路""护蕾邮路""雷锋邮路""致富邮路""普法邮路""环保邮路"等众多特色邮路。全省邮政由"爱心邮路"一枝独秀变成了"特色邮路"遍地开花，形成了百花齐放、各具特色的生动局面。

据不完全统计，活动开展以来，江苏全省共有约7000条邮路加入到"特色邮路"创建活动之中，受到帮扶的老人、儿童、困难群众超过20万人，发放的各类宣传资料达数百万份，充分彰显了邮政作为国企的责任担当，得到了各级政府和人民群众的高度赞扬。特别是自2015年起，由全国人大代表、江苏省泰兴市江平路邮政支局支局长何健忠发起，江苏邮政与检察机关共同创建"预防职务犯罪邮路"，充分利用邮递员走千家进万户的优势，开展预防职务犯罪宣传，使一条条邮路成为传播廉政文化的清风路。江苏"预防邮路"连续两年被写入最高人民检察院工作报告，并推广至全国范围。习近平总书记称赞"预防邮路"是一件有意义的事。

化"有形"为"无形"，将"爱心邮路"精神融入企业文化和价值观

"爱心邮路"以及"特色邮路"所展现的爱心奉献精神和对社会责任的担当，既是对中华传统美德的一种传承，也是对"人民邮政为人民"这一服务宗旨的生动诠释，一定程度上体现了江苏邮政的企业品格和价值取向。通过多年的坚持，"爱心邮路"已不仅是一条有形的邮路、一项具体的活动，更是一种承载精神的集合。为将这一无形的精神财富固化升华，使之成为全省邮政员工共同遵循的价值观和行为准则，江苏邮政自上而下进行了积极探索和实践。

一是加强规划部署，抓好整体推进。江苏邮政将"特色邮路"创建活动作为弘扬社会主义核心价值观、开展员工职业道德教育的有效载体，纳入企业文化提升工程和文明行业创建的重点内容，每年做出具体部署。先后下发《关于在全省邮政开展"创特色邮路 献邮政真情"活动的通知》《关于深化江苏邮政"特色邮路"创建活动的意见》等文件，明确"特色邮路"创建的阶段性目标、方向和工作重点，要求除邮递员以外，营业、营销、技术、管理等各个岗位的员工都要参与进来，形成共创格局，成为全员行为。全省定期召开"特色邮路"创建推进会、现场交流会，分享各单位创建工作经验，提升思想认识和创建水平。在"特色邮路"创建初见成效后，2013年10月，江苏邮政专门召开全省"特色邮路"命名表彰大会，对如皋"爱心邮路"以及各地新涌现出的多条"特色邮路"进行命名授牌，使之品牌化。2016年，又突出道德建设、诚信建设、生态建设要求，对全省13个地市分公司的"特色邮路"创建工作进行重点推进和检查验收，推动了创建活动的常态化、规范化开展。

二是健全制度机制，融入日常管理。江苏邮政在全省推广如皋"爱心邮路"创建经验，指导各单位从做好活动规划、设立工作台账、加强激励考核、定期交流评比等入手，建立一套较为完善的管理制度，使零散的创建活动变得系统规范，为"爱心邮路"精神融入企业日常管理、实现落地生根打下坚实基础。很多单位组建了"特色邮路"志愿服务队，安排专人对结对帮扶情况进行登记管理，积累日常活动的档案、台账和图片、影像等基础资料，在发生新老邮递员交接时，确保帮扶工作得到延续；建立日常帮扶与集中活动相结合的工作机制，组织管理人员与邮递员挂钩结对，在每年春节、儿童节、重阳节等节日期间，共同慰问帮扶对象；划拨专项资金用于日常帮扶和节日慰问，为创建工作提供资金和物资支撑。各单位还建立定期评比表彰机制，每年评选表彰一批"特色邮路"创建先进集体和个人，并将员工参与"特色邮路"创建作为评先评优和薪酬职级晋升的必备条件，有效提高了员工参与"特色邮路"创建活动的积极性和主动性。

三是弘扬爱心文化，注重典型引领。为将"爱心邮路"精神具体化、形象化，进一步提升广大员工的认同感和自豪感，江苏邮政在全省范围开展了系列宣传活动，大力弘扬爱心和公益文化。2013年，邀请江苏省社科院的专家学者赴如皋等地实地调研，以"爱心邮路"为主要研究对象，形成了题为《将无形的精神转化为有形的生产力——对"江苏邮政现象"的探究与思考》的研究报告，并作为国企精神文明建设的案例，面向省内媒体和一些研究机构进行发布。2014年，在全省组织开展"寻找最美邮递员"活动，利用中国江苏网集中展示"特色邮路"创建的先进集体和个人；拍摄"特色邮路"专题片《情洒邮路》，编印"特色邮路"专题画册《驿路邮情》，全面反映"特色邮路"创建事迹，大力弘扬"爱心邮路"精神。江苏邮政结合道德讲堂等活动，

坚持每年邀请在"特色邮路"创建中涌现出的先进典型做报告,在全省开展巡讲,以身边人讲述身边事、感染身边人,引发了广大员工的强烈共鸣,吸引更多人加入到创建活动中来。"爱心邮路"等先进事迹还作为企业文化必修课,纳入每年全省邮政新进员工的入职培训,推动"爱心邮路"精神在广大新员工中得到不断传承和发展。

通过多年来的持续推进和不断发展,在江苏邮政,"爱心邮路"精神已经深入人心,"特色邮路"创建也成为江苏邮政一项常态化、品牌化的文化建设活动,实现了社会价值、企业价值和员工价值的高度统一。首先,这项活动一定程度上缓解了困扰政府部门的孤寡老人、留守儿童等群体的社会管理问题;其次,邮政在主动承担社会责任的同时,也得到了百姓的信任、政府的支持、社会的反哺,获得了较好的发展环境;第三,广大邮政员工在参与活动过程中,提升了道德境界,强化了职业精神,赢得了群众的认可和企业的肯定,不仅取得了物质上的收益,也得到了精神上的认同。通过放大"爱心邮路",创建"特色邮路",铸就行业精神,江苏邮政员工队伍的整体素养不断提升,凝聚力不断增强,为推动企业改革转型,实现持续健康发展提供了重要的精神和文化保证,更为江苏邮政进一步深化企业文化建设提供了重要抓手,注入了丰富内涵,积累了宝贵经验。

主要创造人:王曙东　许定才

参与创造人:范玉刚　顾　民

"石油精神"寻根探源之旅
"石油摇篮"逐梦百年之魂

中国石油天然气股份有限公司玉门油田分公司

中国石油天然气股份有限公司玉门油田分公司(以下简称玉门油田公司)是中国石油工业的摇篮。1939年投入开发，是我国第一个采用现代技术开发石油的油田。中华人民共和国成立前10年，累计生产原油52万吨，占当时全国原油产量的95%，中华人民共和国成立后，油田被列为"一五"期间全国156个重点建设项目之一，1957年建成我国第一个现代石油工业基地，1959年生产原油140万吨，占当年全国原油产量的51%，撑起了新中国石油工业的半壁江山，先后向全国各油田和炼化企业输送骨干力量10万多人、各类设备4000多台（套）。现有员工10170人，主要从事勘探开发、炼油化工、工程技术服务、矿区服务等业务。先后荣获"中华老字号企业""全国精神文明建设先进单位""全国思想政治工作先进单位"等荣誉。

"源泉"主题宣讲活动的策划背景

正当以"弘扬光荣传统、重塑良好形象"为主题的重塑中国石油良好形象大讨论活动如火如荼开展之时，习近平总书记做出大力弘扬以苦干实干、"三老四严"为核心的石油精神的重要批示，为此，玉门油田公司组织开展了"源泉——弘扬石油精神，重塑良好形象"主题宣讲活动，把"干""实""严"的要求落实到岗位实践中，增强"我为祖国献石油"的责任感和"我当个石油工人多荣耀"的自豪感，引导广大干部员工传承大庆精神铁人精神、玉门精神等石油战线优良传统作风，自觉做石油精神的践行者，为推进稳健发展、建设百年油田凝魂聚气、涵养价值。活动开展以来，累计宣讲51场，听众12630余人；通过收看视频了解石油精神的有10万多人；有1万多人前来玉门现场参观，接受石油精神教育。

"源泉"主题宣讲活动的特色做法

"源泉——弘扬石油精神，重塑良好形象"主题宣讲活动自始至终坚持一个理念，就是把"石油摇篮"文化价值元素中最能体现"石油精神"的精华，聚焦精心保障、精品打造、精准传播、精彩呈现"四精"品牌，从宣讲队伍、宣讲内容、宣讲渠道、宣讲方法"四位一体"把控工作环节，采取宣讲员宣讲和多媒体呈现的方式进行，防范了宣讲工作中可能遇到的问题，把宣讲提高到新的水平。

聚焦精心保障，打造了一支组织有力、团结协作、敬业奉献的宣讲品牌团队。

一是抓好组织领导和品牌打造。公司党委宣传部整体谋划、统筹协调，把宣讲活动列入公司党委重点工作和宣传思想文化工作年度重点任务，先后提出精心保障、精品打造、精准传播、精细分众、精彩呈现的品牌目标和"五位一体"把关的工作措施，推动并保证了宣讲活动深入开展。宣讲团队修改文稿不厌其多，背记文稿不厌其变，组织工作不厌其细，资料运用不厌其精，沟通协调不厌其烦，确保了宣讲顺利开展。

二是抓好宣讲员选拔和教育。立足油田员工，组织有宣讲特长的人员进行试讲，公开选拔宣讲员6名，从员工中产生的宣讲能手，与群众距离最近，在把握群众需求上最有发言权。组织宣讲员参观油田展览馆、老一井、"603"岗位等企业精神教育基地，接受油田爱国创业史、艰苦奋斗史、求实奉献史、自强不息史的再学习再教育，重温玉门优良传统和作风，引导宣讲员更加自觉地用石油精神宣讲石油精神，为顺利实现由"受教育者"向"传播者"角色转换打下思想基础。

三是抓好宣讲员专业学习和培训。为了打造宣讲品牌，把6名宣讲员送到中国传媒大学进行为期一个星期的专业宣讲提高培训，对宣讲员从普通话语音、吐字发声技巧、语言表达技巧、文稿播读、广播电视节目主持、新媒体语言表达、朗诵与演讲等方面进行全面培训，并利用录音、录像等手段有针对性地进行专业辅导，解决宣讲中遇到的疑难问题，满足"源泉"宣讲高水准、有品位的需要。

"源泉"报告走进校园

聚焦精品打造，按照思想性、艺术性、生动性要求，深入挖掘、准确凝练、多媒体展示，宣讲报告荟萃石油摇篮精华。

一是突出思想性，深入挖掘玉门精神内涵。玉门油田公司把大力弘扬石油精神作为政治责任，引导广大干部员工积极做石油精神的传承者、践行者和创新者，凝聚起了油田上下干事创业的精神力量。通过对石油精神和玉门精神的再学习、再教育，广大干部员工对其实质和精髓认识更加深刻：以"苦干实干""三老四严"为核心的石油精神，是中国石油核心竞争力和独特文化优势的灵魂与根基，也是百万石油人打造企业良好形象的强大动力。玉门精神是大庆精神铁人精神的重要组成部分，是石油精神在石油摇篮的生动体现，是石油精神的源头之一，为中国现代工业文明宝库提供了宝贵的精神财富。

二是突出艺术性，多媒体报告精益求精。宣讲注重抓好传统讲稿宣贯向多媒体呈现的转变，充分发挥多媒体直观、生动的优势，力求让听众"喜欢看"；着力增强宣讲的渗透力，力求让员工"愿意看"。广泛收集筛选反映油田发展历程和玉门精神、玉门风格、玉门优良传统、经典故事的老照片、专题片、纪录片等音像资料，制作完成集文字、图片、音频、视频、背景音乐于一体的宣讲多媒体，努力还原当年艰难创业和艰苦奋斗的氛围，增强现场感和带入感。为了扩大受众的覆盖面，将宣讲多媒体转换成视频，并进行配音，发布在门户网，供基层干部员工下载学习。为了适应新媒体平台的传播需要，制作了精简版的《源泉——中国石油工业的摇篮玉门油田》专题片，扩大了传播范围。

三是突出生动性，报告语言以人为本、以情感人。宣讲内容包括艰苦奋斗铸就玉门油魂、无私奉献成就石油摇篮、自强不息建设百年油田三个部分，涵盖了在一次次支援新油田开发建设后，玉门油田在最艰难的岁月里形成的"一厘钱""穷捣鼓""找米下锅""小厂办大事""再生厂"等玉门精神；玉门油田作为我国第一个石油工业基地，自开发建设之日起，就将支援新油田、新炼厂作为自己的一种使命、一种责任，用"一援、二让、三上"的高尚品格，义不容辞地承担起大学校、大试验田、大研究所，出产品、出经验、出技术、出人才的"三大四出"历史重任，不断弘扬"慷慨无私支援别人，历尽艰辛发展自己""支援了别人还要发展自己，发展自己中不忘支援别人"的玉门风格；10多万玉门人、4 000多台（套）设备先后支援克拉玛依油田勘探开发建设、"二进柴达木"支援青海油田建设、奔赴巴山蜀水参加会战、大庆石油会战、长庆石油会战、"三进吐鲁番"参加吐哈会战，演绎了一场场"我为祖国献石油"的生动实践。这些内容既富理性思考、又有感性事例，既具精神内涵、又有实践做法，既侧重历史事实、又兼顾现实需要，极大地增强了宣讲内容的吸引力。

聚焦精准传播，运用媒介融合思维，综合发挥传统媒介与新型媒介优势，丰富表达手段。

一是充分发挥了传统宣讲主渠道的作用。"源泉"宣讲组深入油田各单位、走进校园、走进兄弟企业，赴兰州、西安、成都进行宣讲，中油测井、四川销售、川庆钻探、西南油气田、青海油田等许多企业员工聆听了宣讲，先后累计宣讲51场，12630余人直接聆听宣讲。集团公司"开展两学一做、重塑良好形象"石油英模报告团到玉门进行专场报告期间，玉门油田"源泉"宣讲组向报告团进行了专场报告，来自集团公司思想政治工作部、大庆油田、长庆油田、吉林石化、渤海装备、西部管道的报告团英模代表深受感动。

二是有效发挥了603岗位优良传统的典型引领作用。玉门油田老君庙采油厂603岗位优良传统是石油精神在基层岗位的具体体现，是玉门精神的缩影和活化石，与石油精神息息相关、一脉相承。通过"源泉"宣讲，使大家再次重温了"以'五件传家宝'为标志的艰苦奋斗、自强不息的苦干实干精神，以'七字管井法'为代表的严细认真、科学求实的精细管理理念，以'四坚持五过硬'为核心的自觉从严、出手过硬的务实创业作风"。

三是有效运用了传统媒体和新媒体的传播渠道和放大效应。发挥玉门油田自办媒体《石油工人报》、油田电视、油田网络，开设专栏、专题全面宣传"源泉"宣讲活动动态。对外宣传突出玉门油田公司的石油摇篮特色。人民网、搜狐、青海新闻网等媒体对"源泉"宣讲活动进行了报道。积极协助"石油探源丝路行"自驾游来玉门油田，宣传油田历史，弘扬石油精神。"源泉——中国石油工业的摇篮玉门油田"专题片，在腾讯、优酷、今日头条等媒体平台推送后，点击量10万+，在微信圈也被大量转、评、赞，使石油摇篮的美誉度和影响力得到了提升和传播。

聚焦精彩呈现，运用多种方法技巧，身体力行用石油精神宣讲石油精神，提高宣讲的亲和力、感染力。

一是增强亲和力，用心讲好每一场宣讲。怎么讲好发生在身边这片热土上的感人故事，让玉门精神深入人心、内化于心、外化于行，成为当代玉门石油人的行为准则和自觉行动，考验着每一位宣讲员。宣讲员都是油田员工，他们处处严格要求自己，在宣讲过程中坚持贴近性、情感性、形象性，坚持用心讲好每一场，把"铁人"雄风起玉门、祁连山下的"冬青树""祁连山下一口井""死亡之心"的坚守等一代代玉门石油人艰难创业的闪光足迹和感人至深的故事视觉化、形象化、艺术化，通过宣讲员的精彩宣讲展现新时期玉门石油人的过硬作风和良好形象。

二是增强感染力，用情讲好每一场宣讲。宣讲员牢记把每一场宣讲都当作第一场宣讲的要求，不断提高语言表达能力，增强语言的感情色彩，做到以声传情、以音动心、以情动人，提升感染力。在报告会现场，广大干部员工都深深被宣讲所吸引和打动，认真地听、认真地记，在报告会现场很多人都是流着眼泪听完报告。普遍反映，通过聆听宣讲报告，不仅对玉门精神了解得更加全面系统，对其核心、精髓和本质认识得更加深入透彻，而且触动了思想、震撼了灵魂，接受了一次深刻的精神洗礼。通过宣讲，广大干部员工的责任被进一步强化、热情被进一步点燃、力量被进一步激活。

"源泉"主题宣讲活动的实际效果

广大干部员工对油田的自豪感、归属感更加强烈。"源泉"宣讲，弘扬了石油精神，传承了玉门精神，激发了广大干部员工对油田的热爱和感恩之情，不仅在玉门油田掀起了一场回望光荣传统的热潮，更点燃了广大干部员工撸起袖子加油干的责任与激情。广大干部员工纷纷表示，要倍加珍惜这一宝贵的精神财富，越是在危难之时，越要弘扬优良传统，把干事创业劲头鼓起来。

"石油摇篮"的知名度和美誉度得到进一步提升。通过"源泉"宣讲，不仅使玉门精神、玉门风格、"三大四出"的历史贡献和深厚的"石油摇篮"文化得到大力弘扬，也对近年来的重大成果、经营业绩、社会责任进行了广泛传播。

促进了油田干部队伍作风转变和企业持续稳健发展。通过"源泉"宣讲，全体干部员工传承石油精神，干好本职工作，推进稳健发展、建设百年油田的决心和信心更加坚定。玉门油田公司各级领导干部把"是否深入基层、是否扑下身子、是否带头实干、是否促进了油田稳产上产、是否促进炼化减亏增效"作为是否称职的试金石。让机关围着基层转、干部围着井场转、员工围着钻台转，作业机隆隆作响"三转一响"成为一道风景线；使"干部一线工作法""工程技术人员一线服务法""三七工作法"等成为基本的工作制度。

主要创造人：陈建军　张兴祖

参与创造人：杨志义　闫忠民　邱建民　胡学荣

大唐精神在河南的落地实践

大唐河南发电有限公司

大唐河南发电有限公司（以下简称河南公司)成立于2005年，是中国大唐集团公司（以下简称大唐集团）在河南设立的子公司，主要从事电力能源开发、投资、建设、经营和管理，发展项目涵盖火电、风电、水电、生物质能发电等多个种类，电源点主要分布在河南省郑州、安阳、许昌、三门峡、洛阳、信阳、南阳、平顶山8个省会、地市和湖北省襄樊、荆门、咸宁3个地市，所属基层企业15家。目前，在役装机总容量1121万千瓦，居河南省8家发电主体之首。先后获得"全国五一劳动奖状""全国模范职工之家""中国大唐集团公司先进单位"和"文明单位"等荣誉。

2012年以来，大唐集团全面启动了文化理念体系的创新与升级，大力倡导、深入宣贯"价值思维，效益导向"的核心理念和"务实，奉献，创新，奋进"的大唐精神。

河南公司结合地域特点、企业经营等现实情况，从实际出发，博采众长、融合完善，在原有的大唐精神和核心理念基础上"提炼、提升和明晰"，将"大唐文化在河南""大唐精神在河南"作为文化建设的重中之重，生动阐述大唐集团核心理念与大唐精神的深刻内涵，努力激发7100多名员工"心之所向、心之所依、心之所属"的自豪感与使命感，有力推进了大唐精神在河南公司的落地，对于进一步推动企业科学发展，努力开创河南公司做强做优新局面起到了重要作用。

让精神融入企业的"血脉"

为推动大唐精神在基层企业落地，河南公司按照大唐集团的统一部署和工作要求，积极组织"大唐精神在河南"巡回宣讲报告会、成果发布会、大唐精神H5作品征集等一系列活动，持续加大宣贯力度，动员全体干部员工将大唐精神落实到具体行动中。同时，统筹协调，多级联动，持续推进新闻媒体阵地的建设和融合，多样创新宣传方式。为了让宣传发挥最大的功效，河南公司《大唐豫电报》创新提出了"纸媒+"的理念，将纸媒与其他工作深度融合，创造出一种全新的宣传生态，进一步完善了"大宣传"格局，做到报纸、网站、微信、电梯视频、电视等媒体全方位立体式发力，以纸媒为点，辐射连接各类宣传平台，让纸媒"有深度、有力度"的特点与网站、微信、电视等媒体"更快捷、更新鲜"的特点，以及对外媒体"更凝练、更高度"的特点相结合，实现宣传工作上下铺开和全面开花，使员工处处看到、时时听到、事事感受，形成自觉践行大唐精神的良好氛围。始终秉承"2、4"宣传法则，即重要会议、大事要事的新闻稿件，一定要在2小时内成稿、4小时内审核发布。为了让宣传更有思想、有温度、有品质，创新宣传模式，开展了"一线直通车"专题宣传，与一线班组对接，主动挖掘新闻线索，及时宣传报道企业所倡导的和员工所需要的。大力倡导做"有态度、有厚度、有温度"的党群工作者，围绕中心，聚焦一线，加大对外宣传工作的策划和实施，紧密围绕重点工作，启动了"好记者讲好故事"活动。

为了把大唐集团核心理念和大唐精神的要求融入企业的"血脉"，河南公司针对基层企业名称和地域的特点，提出文化落地关键词，如安阳公司"安基固本，辉煌永续"，许昌公司"龙行天下，在岗超越"，洛阳公司"落实责任，崇尚实干"，首阳山公司"首屈一指，敢为人先"等，浓缩提炼企业突出特点和文化特征。

2017年1月17日，在河南公司年度工作会议上，领导班子提出了"十三五"工作的总体要求是：以大唐集团"一五八"战略为引领，以"价值思维，效益导向"为核心理念，发扬"务实，奉献，创新，奋进"的大唐精神；以"五抓一创"（抓队伍，抓管理，抓发展，抓安全，抓党建，创一流）为抓手；以"超前谋划，追求卓越，勇于创新，敢于担当，善于落实，总结提升"这24字为工作理念；把加快做强做优做大，建设一流企业，实现企业和员工的全面发展作为工作的总目标；以"寻标、对标、夺标、保标"作为对标一流、全面提升工作的方法。

总目标、抓手、工作理念、工作方法，是河南公司管理层站在企业文化统领全局的高度，结合地域及企业实际，以核心理念为指导，以弘扬大唐精神为己任，积极倡导具有河南公司特色的落地理念，全力推动大唐精神在河南的深度对接、传承弘扬与落地生根。

河南公司通过多种方式，将理念故事化、信念人格化、案例身边化，全面解读大唐文化的内涵、传播大唐故事，把文化引领工作做得更加扎实、更加出彩、更有成效，促使全体员工真正将大唐精神内化于心，成为内生动力。

让精神固化于管理制度

河南公司高度重视安全文化建设，制定了安全文化建设规划，选取三门峡公司安全文化示范基地为试点，积极培育，以点带面，其他各单位分别结合当前工作实际，进一步总结和提炼安全文化建设的经验，从实践中总结出丰富的安全文化制度。在安全文化建设方面，积极探索、总结、梳理、改进，在加强安全文化建设的过程中，积极倡导和形成了求真务实、常抓不懈、敢于碰硬、敢于担当的"较真"文化，等等。

在廉洁文化建设上进行了深度探索。河南公司许昌龙岗公司与禹州市检察院联合成立了"廉政文化检企共建办公室"，共同研究以"廉"感人、以"廉"育人的新思路、新方法，自此踏上了廉洁文化建设的创建之路。通过对干部职工日常行为、职工形象和企业精神等方面进行总结提炼，最终确定了以"正、清、和"为核心的廉洁文化理念，得到了干部员工的广泛响应和认同。为实现文化落地，持续开展了廉洁文化"进机关、进社区、进部门、进岗位、进家庭"等活动，创建了廉洁文化教育基地、廉洁大道、廉政长廊、廉洁亭等文化景观。通过不断宣传引导和贯彻落实，廉洁文化已深入人心，并在河南公司系统内得到了广泛推广。

2016年10月，大唐集团在全系统6家分、子公司启动班组文化样板间创建工作。河南公司主动担当，对班组文化样板间建设的具体内容、标准和操作方法进行提炼和完善，通过"四个倾斜"（坚持职务晋升向班组长倾斜；坚持薪酬待遇向生产一线倾斜；坚持荣誉激励向生产一线倾斜；技能培训向生产一线倾斜）和"建家行动"，厚植班组文化生长的土壤，着力提炼和培育班组"家文化"，选树多个基层企业试点、多个专业班组进行实践和培育，着力突出"个性化、差异化，结合实际、因材施教"，逐步打造了定位准确、特征明显的班组文化样板间，让大唐集团文化成为班组建设的内生动力，也有力促进了班组各项工作的高效顺利开展。

在创新文化建设方面，河南公司以合理化建议常态化为重点，制定了实施方案，成立了管理机构，开通了"员工心声"信息平台，明晰了流程。员工随时可以提出合理化意见，合理化意见征集管理小组对合理化意见进行审核评定、"张榜公示"，由相关部门自行认领和执行，并对提出意见的员工进行表彰奖励。

在筑牢思想堤坝方面，通过多次尝试和研究，建构了"三色预警"机制（"三色预警"是指根据收集到的员工思想动态信息，分别进行汇总归类、合并同类项、找到分布规律，综合员工思想动态的形成原因、分布范围、发展趋势与可能产生的后果等因素，将员工思想动态分析结果划分为黄色、橙色、红色三种状态，根据不同层级采取相应级别的措施，及时解开员工思想疙瘩，凝心聚力，有效防控企业内部舆情风险）。该机制建立之后，公司又建立和完善了员工思想动态分析制度，同时，建立"反映问题—解决方案—反馈意见—落实跟踪"的员工思想动态分析闭环管理机制，"三色预警"的落实解决，真正使员工思想动态分析工作成果落到实处。

让精神体现在员工的行动中

通过多种举措，把大唐集团的核心理念和大唐精神融入发展战略规划、目标的实现中，融入企业的一切经营与管理活动中，融入全员的工作、任务中，引导和推动了企业的良性发展，真正实现了精神的外化于行。

电量为王千方百计争取。在近年来电力市场萎缩、平均单机容量不利的情况下，河南公司强化"电量就是生命线"的意识，坚持在计划争取上下功夫，从每一个细节入手，与省发改委、能源局和电网及时沟通、定期会面，并落实多项抢发电量闭环项目，责任到人，以周保月，以月保年，全力争发电量，在各种不利因素和复杂形势下，仍然取得了不俗成绩。

投身建设全力优化结构。2016年以来，工程建设任务重，点多面广，加之超低排放改造、机组大修等重点工作的开展，重重压力横在了河南公司的面前。河南公司不惧压力、不畏挑战，在工程建设上不断取得新进展、赢得新突破。如今，大唐集团首台百万机组的三门峡三期项目高质量投产，巩义发电勇夺大唐集团"精品工程"第一，用实际行动践行了大唐精神。

风舞中原追逐绿色电力。在追求超低排放的同时，河南公司积极寻找新的清洁能源。如今，大唐河南清洁能源实现平原风电"零"突破，核准容量更是突破百万，早已成为河南省最大的风电企业，在绿色能源之路上迈出了坚实而有力的一步。在河南省内各地设立多处测风塔开展测风工作，积极开发利用河南省内风电资源，切实提升企业竞争实力，争取打造内陆山区风电发展典范，创建国内一流清洁能源公司。在加快风电项目开发的同时，积极开拓生物质能、太阳能、水能发电等清洁能源项目，奋力实现做强做优、科学发展的战略目标。

戮力超改成就碧水蓝天。着眼节能环保为己任，积极履行央企社会责任，紧跟国家"五大发展理念"，坚持"价值思维，效益导向"核心理念，加速推进超低排放改造工程，彰显了河南公司节能减排、保护环境，实现企业可持续发展的魄力和决心。积极融入大唐集团战略规划，全力确保国家关于"推动燃煤电厂超低排放改造""打好节能减排和环境治理攻坚战"的战略部署在河南落地生根，2016年年底，全部完成26台火电机组超低排放改造任务，所有机组排放指标均达设计值，改造期间未发生轻伤及以上人身安全事故。

"大唐精神在河南"巡回宣讲报告会

众志抢险谱写战斗凯歌。2016年夏天，安阳公司遭受了一场前所未有的洪灾，面对强降雨、高水位和重灾情的严重威胁，安阳公司全体干部职工发扬"勇于担当、甘愿奉献、顾全大局、不畏艰险"的作风，全力抢险救灾，让大唐精神在河南公司、在安阳公司得到了实实在在的落地和体现。

多年来，河南公司在大唐集团发展战略和"务实，奉献，创新，奋进"大唐精神的引领下，在服务河南省经济社会发展的大局中成长发展，在积极履行经济责任、政治责任和社会责任的使命担当中提升管理、拼搏进取，用实际行动践行着大唐精神，走出了一条规模和效益同步增长、结构和管理持续优化的绿色发展、节约发展、清洁发展、优化发展之路。

主要创造人：展学平　卫青波

参与创造人：赵翠萍　时会礼　户　涛　滕璐璐

以"双动力"工程推动优秀企业文化落地

国网山东省电力公司乳山市供电公司

国网山东省电力公司乳山市供电公司（以下简称乳山公司）是山东电力公司的全资子公司，拥有固定资产5.45亿元，在册职工965人。现担负着全市15个镇（街道）、2个省级开发区，1668平方公里、57万人口的电力供应与服务工作。2016年，公司售电量完成11.23亿千瓦时，实现利税6882万元。公司先后荣获"全国五一劳动奖状""全国模范职工之家"等30多项省级以上荣誉。

乳山公司以文化引领、健康关爱"双动力"工程为活动载体，本着因地制宜、节约高效及方便员工的原则，围绕构建和谐企业、促进经营发展、企业安全生产、展现员工风采风貌等环节，构建多功能文化健康阵地，把文化健康阵地打造成为统一的企业文化"教育基地"、新进员工的"生动课堂"、员工家属的"情感家园"、对外传播展示企业形象的"文明窗口"，让文化健康阵地建设简约而不简单，推动了文化宣贯全员参与、全方位覆盖和全员践行，形成了凝心聚力，共谋发展的合力，助推了企业和谐发展。

"文化引领"传递和谐能量

建设力求简约化，让员工走出"自我"困境。乳山公司在文化活动阵地建设上本着因地制宜、节约高效及方便员工的原则，不搞重复建设，将中心设立在靠近员工住宿区、家属区的地方，打造五分钟文化圈（即从单位综合办公楼出发五分钟之内到达任一处文化阵地），利用原有的废弃厂房及到期的外租房进行简单粉刷、整修而成，不气派、不奢华，装饰使用的是员工创作的书法、绘画作品，桌椅、书架为多年前"退休"下来的，反而拉近与员工的距离，让前来休闲的员工产生一种返璞归真的感觉，既节约了建设资金，又达到预期效果。

乳山公司设立的文化中心让员工八小时之外有了联系、见面的机会，不同部门、不同爱好、不同年龄的员工走到一起，相互交流、相互倾诉，不仅增进了感情，还可以减少摩擦、缓解对立，进而产生信赖，密切合作，潜移默化地增强广大员工的向心力。尤其是离开工作岗位多年的老员工，将其日常行为置于公司视线范围之内，不仅可以及早了解情况、掌握苗头，而且有利于宣传解释、化解纠纷，避免问题越积越多。

管理规范网络化，让员工树立"统一"观念。乳山公司在文化阵地管理上，实施网络化管理方式，除了设立牵头部门、执行部门、维护部门外，按照功能区容量，实行网上自选预约，员工根据自己的时间安排，选取适当的时间进行。为达到消除思想隐患、缓解精神压力、提高工作效率的目的，公司联合市工会、妇联邀请当地心理咨询师定期网上坐诊，并邀请国家知名心理咨询师利用微信讲堂进行网上授课及个案咨询。另外，针对爱好娱乐的人员，将电影观看的片名、场次上网展示，满足员工需求；针对爱好学习的人员，将读书时间纳入公司网络化培训管理系统，设定积分量，把读书时间也作为员工培训内容，以增加员工参与培训的积极性。

乳山公司文化阵地设施虽然简单，但是员工却很享受，符合员工的胃口，符合他们的需求，是一种超越了金钱的福利。员工在休闲活动中，能够深刻体会到公司的良苦用心，从而自觉地维护来之不易的局面，实现思想统一。在遇到突发情况下，员工能够从公司的角度思考问题，避免产生不理智的行为。

需求爱好多样化，让员工增强"向上"意识。乳山公司在文化阵地设计上，多方兼顾不同员工的兴趣爱好。针对爱好运动的人员，在原有篮球场的广场区及羽毛球、网球的体育中心基础上，又增设了健身器、自行车、乒乓球的运动区。针对工作强度大的人员，设置了减压区、聊天室，缓解员工紧张工作产生的疲惫。针对青年人，设置了电影厅、音乐吧、咖啡吧，下班之后，喝一杯咖啡，看一部4K电影，听一阵无损音乐，可释放压力、缓解疲劳。设置了阅览区，通过捐献、购置图书数千册，并申请国家图书馆、国网图书馆、中电联图书馆等电子图书企业账号，让员工任意自选。针对喜欢创作的人员，设置文化沙龙，为爱好书画、读书、摄影、文艺、体育的人员提供主题讨论、技术交流的场所。针对离退休员工特点，设立老年活动区，配备象棋、围棋、麻将、扑克等棋牌设施，让他们自娱自乐。这些举措既让员工有高品质的享受，又促使他们自觉自发地走进活动中心。

文化活动中心除了具有文化氛围外，还能产生一种精神动力。各种高雅的休闲方式，活跃员工文化生活，舒缓员工工作压力，培养员工的阳光心态，使其以一种全新的姿态投入到岗位工作中，激发员工工作热情、主人翁意识，提高员工的企业归属感。

以文化中心为核心，辐射影响全局，带动全体员工以公司为中心，想事、干事，增强员工对企业的认同感，形成巨大的向心力、凝聚力，进而调动全体员工的生产、经营的积极性和创造力，与企业的思想和价值实现共振，推动企业持续向前发展。

乳山公司在加强员工思想教育、维护企业和谐稳定上，不是用"靠人管人"的老办法，也不是靠空洞的说教，而是将无形的教育融入有形的设施，将以人为本的理念文化根植活动中心，不仅为公司员工提供一个优质的文化活动场所，而且成为规范员工举动、激励员工斗志的"无形之手"，从而降低了员工八小时之外管控难度，为新时期加强员工思想政治工作建设提供了宝贵借鉴。

"健康关爱"实现员企双赢

关注思想，把握脉络，让员工充满"阳光"心态。为全面客观地了解员工思想状况，准确把握员工思想动态，2016年，乳山公司结合实际开展了员工思想动态调研活动。乳山公司党委成立课题组，结合多维度问卷、开放性问题、深度访谈等多种形式，全方位地调研员工对运营管理体系和管理方式的态度，深入了解员工的工作量和工作压力，系统考察员工的敬业度和忠诚度，全面分析员工对培训工作、职业发展空间、薪酬福利和考核方式的意见、建议。

为确保此次调研活动的科学性、准确性、系统性，课题组在本次调查中采用多种定性、定量调研方法，从年龄、劳动用工身份、工作层级和岗位类型等角度进行基于方差分析的分层梳理。

整个调研过程分成四个阶段：资料收集与分析阶段，收集了2016年乳山公司员工思想动态年度分析报告和部分基层供电所的员工思想动态月度分析报告等；前期预调研阶段，邀请了基层一线的10名党支部书记开展座谈，了解了广大干部员工关心的重点和难点问题；深度访谈阶段，邀请了26名不同管理层级、不同岗位类别的员工开展深度访谈，深度交流运营体系、内部沟通、工作职责、领导方式、工作量和工作压力、忠诚度和工作积极性、培训形式、个人发展空间、薪酬考核等问题；问卷调查阶段，在深度访谈和资料分析的基础上开展问卷设计工作，采用了制量表的形式，增加了正反表述题和验证题，提高问卷的有效性。

此次调研，课题组共收到问卷581份，有效问卷为548份，有效率为94.32%。公司通过统计分析调研情况，了解到了员工最关心、最迫切、最想表达的问题、意见和建议，为该公司有针对性地开展思想政治工作，从源头上化解矛盾、理顺情绪，积极解决员工的思想问题和实际困难奠定了坚实基础。

关注员工健康，让员工保持"乐观"情绪。为了让员工有一个健康的体魄，乳山公司启动了关爱员工健康系列项目。在项目开展推进过程中，公司跟踪分析和评估干预员工健康数据及健康状态，引导员工将关注健康变为自我管理健康，有效防控健康风险，努力实现员工健康建设目标。

为做好这一温暖工程，乳山公司经过3个多月的精心策划和缜密论证，完成了项目的前期准备工作，陆续开展员工生活方式、思想及心理状况问卷测试，建立员工年度体检和健康问卷分析数据库，形成专业的健康分析咨询报告、员工心理与思想状态综合分析报告和员工个人心检报告，并邀请国内知名专家举办高层次健康辅导讲座。同时，通过开展员工帮助计划、编写《关爱员工健康指导书》，分层分类实施健康管理，提升该公司对基层员工思想状况和心理状态的实时掌控能力。

职工书屋

乳山公司组织健康知识宣讲小组赴基层单位和供电所开展健康知识巡回宣讲，并邀请了省内外知名心理健康教育机构、医疗机构的专家讲授健康基础知识、心理健康、饮食与养生健康等知识。期间,宣传小组以一对一咨询解答的方式,引导员工以健康心理、科学的饮食习惯、日常营养知识预防常见疾病,学会在日常生活中保护自己。

乳山公司所属各基层单位还广泛开展了"关爱员工、关注健康""青彩虹关爱"等一系列活动。员工在生病时受到组织关怀,家庭出现困难时,组织给予帮助。在重要节日,公司领导深入一线和困难员工家中,慰问值班人员、离退休老干部、家庭困难员工等。一系列项目的实施,不仅营造了活力、快乐、健康的氛围,凝聚了人心,更对提升该公司整体绩效起到重要作用。

关心成长情暖意真,让员工体会"和谐"氛围。 为提高员工心理健康水平,乳山公司通过调研、座谈、走访等形式全面了解员工心声,掌握员工思想动态,想尽办法防止心理疾病入侵。为了让基层员工深入了解各项改革政策和关爱计划,公司领导班子带头深入一线,为广大干部员工解释普及涉及员工自身利益的政策和制度,并运用办公自动化系统、宣传栏等一系列渠道,将企业重大生产经营决策、班子建设、党风廉政建设和涉及职工切身利益的重大问题、职工关心的热点问题,及时、全面、真实地公开,确保各项政策制度在基层得到落实。

为了让职工在岗位上安心工作,乳山公司夏季组织"送清凉"活动,为他们送去西瓜、汽水、绿豆汤、藿香正气水等解暑饮食药品;冬季组织"送温暖"活动,为他们送去姜汤、热粥和棉手套,让广大职工切实感受到公司的关爱。为了给职工创造良好的工作条件,公司会定期走访了解,根据需要及时更新补充办公设施和工作器具。2016年,公司又为职工购置了工作服、微机和安全工器具,并将建立起功能强大的公司信息平台和"一卡通"系统,不断简化工作流程,减少手工操作,进一步改善职工的工作条件。

近年来,乳山公司年轻员工人数逐年递增,目前已占到总人数的61%。为了让年轻人尽快成长成才,该公司通过师徒结对、技能比武、专业知识竞赛等活动,提升员工岗位技能水平,并采取"请进来、走出去"的方法为员工送培训。截至2016年12月底,公司共举办生产、管理等各类培训2000多人次,开展涉及生产、管理培训96次,培训率达95.9%。新知识、新技能的学习为员工成长、企业发展注入了活力。

做好困难救助是公司一贯坚持的原则。公司每年都要开展困难救助、化解矛盾,全心全意为职工办实事、解难题。每年都会定期走访困难职工家庭,了解并帮助他们解决生活困难;组织职工子女成才座谈会;春节和重阳节上门给每位职工父母送去感谢信和慰问金,以情感人,进一步拉近了企业与职工之间的距离。公司还积极投身威海市总工会爱心互助补充医疗保险工程,为广大职工办理投保手续,让更多职工从中受益,公司被授予威海市"工会会员爱心互助工程"先进单位。

主要创造人:于英海

参与创造人:勇仁展　孙利波　张　杰

构建"五化"新媒体模式　提高企业文化传播力

中国石油化工股份有限公司胜利油田分公司河口采油厂

中国石油化工股份有限公司胜利油田分公司河口采油厂（以下简称河口采油厂）成立于1972年，管辖渤南、埕东、大王北、富台等14个油田，勘探开发面积5300平方千米，地质构造复杂、油藏类型繁多，素有"地质大观园"之称。现有在册员工7868人，三级党委（党总支）30个，基层党支部230个，党员4381名。目前，累计探明含油面积404.08平方千米、地质储量5.31亿吨，有油井3052口、注水井1005口。先后获得"全国模范劳动关系和谐企业""全国模范职工之家""全国'安康杯'竞赛优胜单位""省级文明单位"等荣誉称号和"富民兴鲁劳动奖状"。

河口采油厂始终注重加强企业文化建设工作，经过多年发展，培育形成了以"为油拼搏，为你喝彩"为核心的"心和文化"，孕育了大北文化、作业文化、车厢文化、食堂文化等系列子文化，文化建设工作蓬勃发展。

随着移动互联网的飞速发展，一方面，员工群众接收信息、自我发声、互动交流需求不断提升，呈现出思想多元、诉求多样的特点，传统媒体在企业文化传播方面，已经不能满足员工群众的精神文化生活和工作需求；另一方面，新媒体的快速发展也为企业文化传播提供了更加形象、更为灵活、员工群众更易接受的传播方式，迫切需要拓宽企业文化传播渠道，提升传播效果。

为提升企业文化传播成效，结合新媒体传播个性化强、受众面广、关注度高、更新速度快等特点，河口采油厂构建新媒体"五化"模式，着力提高企业文化传播力。

矩阵化建设，提升企业文化新媒体传播时效

在信息化时代，河口采油厂把握新媒体优势，构建新媒体矩阵化传播平台，快速传播企业文化。

在阵地建设上，层层建立官方微信、微博、微信群和QQ群，以"为你喝彩"官方微信为中心，串联全厂基层单位63个微信群、12个官方微博和15个QQ群，形成自上而下、纵向联动的企业文化传播矩阵，做到员工群众在哪里、新媒体传播阵地就建到哪里。目前，"为你喝彩"官方微信已拥有粉丝9 800多人。

在运行过程中，采油厂官方微信、微博不定期发布企业文化相关内容，各基层单位微信、微博层层转发，微信群、QQ群、朋友圈层层分享，形成自上而下、实时直达的传播矩阵，提升企业文化传播时效。2017年，全国"两会"召开后，"政府工作报告中的这些能源要点，和你我有关"这条微信通过微信新媒体矩阵，在第一时间被推送到员工群众手中，滑动指尖即可实时学习领会国企改革方针政策。在2016年采油厂春节联欢晚会上，宣传部门借助手机直播平台，对晚会进行网络现场直播，员工群众可在线观看晚会节目，塑造了良好的外部形象。2016年，结合持续

低油价形势，采油厂在改编网络热曲《大王叫我来巡山》的过程中，融入战寒冬、创效益石油元素，拍摄制作了MV《大王叫我来巡线》，通过微信、微博、腾讯视频等平台发布后，一周点击量即达到20万，成了激发斗志、提振石油人精气神的"心灵鸡汤"。

栏目化运维，提升企业文化新媒体传播质量

结合不同时期、不同形势、不同受众特点，坚持新媒体信息内容栏目化、对象化运维，借助新媒体平台，开发和打造企业文化专题栏目，保证传播品质。

利用"为你喝彩"官方微信平台，开设《榜样故事》《人在河采》《一路同行》《改革有我创效看我》《心和》等精品栏目，满足不同行业、不同岗位、不同层次的受众需求。其中，"为你喝彩"微信公众号立足于传播主流声音，开设"心和社区""今日河口""生活指南"三个板块，由20名员工兼职运维。《心和》电子杂志由宣传科负责，吸纳了10名编辑制作人员，集中传递政策形势、展示单位工作。《榜样故事》《人在河采》视频栏目以"用榜样价值能量，聚改革发展力量"为出发点，主要宣传典型人物，采取一人牵头、众人参与、分工协作方式，流水线运行人物采访、脚本撰写、节目录制、视频制作等环节，做到工作职责定人、工作进度定时、工作任务上定量，保证工作质量。《一路同行》栏目集观念引导、知识学习、生活娱乐于一体，以员工群众喜闻乐见的形式，开设"快乐出发""班车新闻台""心动音乐汇""我爱微电影""生活百事通"五个版块，提升传播吸引力。

结合员工群众普遍喜欢利用微信接收信息的实际，《榜样故事》栏目采取脱口秀方式，结合影像资料、现场采访，讲述榜样故事，制作视频专题，先后利用微信推出"中央企业优秀共产党员——单芳""抗战老兵——李允和""感动胜利事件——张京栋、崔俊红夫妇"等52个先进典型人物和事件，营造了"以榜样为镜、向先进看齐"的浓厚氛围。为满足全厂4 000多名乘车上下班员工的学习教育需求，《一路同行》栏目根据形势政策变化，每周更新视频内容，定期在班车上投放，把上下班路途变成了学习提素、转变观念之旅。

故事化创作，提升企业文化新媒体传播内涵

河口采油厂把大道理讲成小故事，创作符合形势发展要求、符合新媒体传播特点、符合员工需求的作品，在潜移默化中影响干部员工的行为。

坚持导向为魂，围绕形势任务、主流价值、优良传统、安全生产等重点，融入改革、安全、环保、廉政、创效等导向，创作新媒体作品，提升传播作用力。在适应新常态、应对低油价过程中，围绕"油价为什么会下跌、油田为什么要改革、我们为什么去创效"三个问题，创作时长44分钟的视频宣讲专题——《一起走过》，将上级政策精神、形势任务材料以及媒体评论有机融合，把大道理变小、大形势拉近，回答员工关切的问题，激发员工"我要改革"的内生动力，推出后网络点击量超5万次。围绕传播安全生产理念，组织拍摄《幸福的沃土》等四部安全教育系列片，以故事演绎、亲人嘱托、案例分析、幽默讽刺等形式，从不同侧面引发员工的思想共鸣。结合"两学一做"学习教育，拍摄制作的《党员马万能》微视频，全景呈现了一名普通党员发挥

自身特长义务修灯，为单位省下数十万元修理费的故事，传递了立足岗位保效创效的正能量。为引导干部员工廉洁从业，拍摄制作故事片《守望幸福》，展现油田基层干部的廉洁从业风范；创作的廉政教育微视频《一尘不染，自由自在》，通过拍摄一条金鱼在清水和污水环境中的不同生存状态，借物喻理，传播廉政大道理。

坚持受众为本，从员工关心的热点、焦点、难点以及身边的典型人、典型事选题，策划创作员工群众喜闻乐见的新媒体作品，提升传播吸引力。为提高员工防范电信诈骗的意识，在制作《小丫教你防诈骗》微视频时，大量引用电信诈骗违法案例和油区受骗员工经历，以案说法，提升警示教育成效。制作的以"两学一做"为主题的《誓言》微视频，通过在孩子与长辈之间设置党员话题，巧妙传递"红色气质"，使严肃的教育内容，变得富有柔性，易于接受。在宣传榜样事迹时，《单芳和油井的情歌》以老歌《小芳》拉开序幕，让观众对节目充满期待和憧憬，制造了悬念；为展现老班长金华的活力，在制作《好动女班长》时，把充满激情的邓亚萍比赛镜头作为片头，体现了人物特点；在表现员工牛猛难以割舍石油情怀，放弃读研回到油田工作的回忆历程时，则把"油二代"孩童时期的滚铁环游戏搬上荧屏，增加了代入感。

大众化参与，提升企业文化新媒体传播广度

坚持从群众中来到群众中去，河口采油厂引导广大员工群众积极参与创作新媒体作品，让基层员工采取自编、自演方式讲身边人、说身边事，在广泛参与中播种企业文化理念。

在制度建设上，把新媒体纳入企业文化建设体系，组建了200多人的新媒体人才库，分成新媒体运维、微视专栏、舆情管理、微电影拍摄等7个项目组，每年组织2次员工群众广泛参与的原创微信大赛、微博大赛和微电影大赛，共有8000多人次参与，构建起了覆盖全员、互联互动、直通基层的新媒体创作格局。

在日常运行上，根据项目组设置情况，以兴趣爱好为驱动，面向全厂员工，广泛吸纳具有文字撰写、策划创意、音乐、动漫制作、表演、绘画等方面特长和爱好的员工，成立不同运维组。在拍摄制作石油版《成都》MV时，采油、注汽、作业、护卫等系统的100多名基层员工自发参与，集中反映了低油价形势下员工保效创效的精气神。在创作《幸福的沃土》等四部安全教育系列片时，10名爱好微电影创作的基层员工策划制作拍摄剧本后，吸引了200多名员工群众自发参演，提升了安全生产理念传播的渗透力。以"快乐工作、幸福生活"为内涵的《菲菲的生日》视频，有十余个石油家庭参与。

大众化参与增加了新媒体作品的情感和温度，提升了企业文化传播的魅力。近年来，员工群众创作微电影、公益广告等微视频80余部，有17部作品分别在各类比赛中获26个奖项。在第二届"中国梦·劳动美·幸福路"全国职工微影视大赛中，《一尘不染 自由自在》获微视频金奖，《守望幸福》获故事片银奖，另有六部作品获优秀影片奖。第三届"中国梦·劳动美·幸福路"全国职工微影视大赛，又斩获两金一银，两个单项奖。《一尘不染 自由自在》获得"中国金鸡百花电影节第二届国际微电影展映优秀作品入围奖"。

一体化传播，提升企业文化新媒体传播成效

　　坚持新老媒体"一体化"联动，把握媒体传播规律，以符合不同媒体特点的内容同步推出新媒体作品，通过报纸、电视、网络、微博、微信等新老媒体，同时推出同一个主题，提升传播力、影响力，形成主流声音大合唱。

　　为扩大企业文化传播覆盖面，河口采油厂统筹盘活各类传播阵地，建立"上网、上路、上会、上墙、上门""五上"机制，形成"网上网下"一体化传播格局。反映安全环保、廉政建设、依法治厂、形势任务等企业文化的新媒体作品不仅可以通过微信、微博传播，也可反向输入到电视，转化成报纸新闻和图片故事。为引导员工群众"彻底丢掉幻想、彻底转变观念"，河口采油厂组织拍摄了时长31分钟的形势任务教育专题片《路在脚下》，通过微信、网络、电视等新老媒体，传播到了所有在职和非在职群体，激发了员工群众转变观念、投身改革的内生动力。2016年元旦和春节期间，河口采油厂精心策划，深入一线进行组团体验式采访报道，同步推出报纸《过新年，我们在北海》、微信《年味不变，新风拂面》两组作品，以不同形式展示石油人坚守岗位献石油的良好风貌，传递出了石油人的正能量，扩大了影响力。

　　典型是企业文化价值的有形体现。各类新媒体栏目采取"中央厨房"工作机制，在每次采编时，文字、图片、图像人员同步跟进，把栏目打造成了"一次采集、多种生成、多元传播"的全媒体作品集散地。栏目组根据传播平台的特点和需求，以多样的表现形式传播榜样故事，形成新老媒体一体化传播格局，提升榜样传播成效。在采访完员工马吉江义务修灯的故事后，栏目组分别在微信、报纸、电视等平台上推送发表了视频《灯》、文章《马吉江：把业务爱好做成创效主业》、图文电视《党员马万能》等作品，让榜样"叫得响""立得住"。采油技师夫妇张京栋和崔俊红的榜样故事被包装成了视频《采油树旁盛开爱情花》、文章《爱情，扎根在井站》等作品，在电视、微信、报纸上得到广泛传播。在挖掘中央企业优秀共产党员单芳的榜样事迹时，则根据不同传播平台，创作了微电影《守护》、榜样故事《单芳和油井的情歌》、微信《河口有个菇凉叫单芳》、报纸《柔肩挑大梁》等作品，形成了立体传播格局。

主要创造人：国　梁　姚建军

参与创造人：刘玉龙　吴梅　包正伟　王　忱

敞开大门　紧闭小门

——打造特色廉洁文化

泰格林纸集团股份有限公司

　　泰格林纸集团股份有限公司(以下简称泰格林纸)前身为岳阳造纸厂，成立于1958年。2000年9月22日，联合中国华融资产管理公司、湖南造纸研究所等单位及自然人共同发起成立了岳阳纸业股份有限公司。2004年7月1日岳阳林纸集团更名为"湖南泰格林纸集团有限责任公司"。2010年9月21日，中国诚通控股集团旗下中国纸业投资总公司与湖南省国资委等7家股东共同重组泰格林纸集团合作协议正式签订。2011年1月，重组方案获得国务院国资委通过，更名为"泰格林纸集团股份有限公司"。主要从事林业经营以及文化纸、包装纸和商品木浆的生产和销售。产品销往全国各地和东亚、西亚、东南亚、北非等。先后荣获"国家质量金奖""全国用户满意产品奖"等荣誉称号。

　　老子云："大道甚夷，而人好径。"说的是：大道平坦，宽阔而朗然，但总有不少人放着大路不走，却好羊肠小道，喜欢寻斜径，妄图走捷径。这一现象对于企业管理者来说，具有很强的借鉴意义——那就是如何使人多行大道，少走斜径，更进一步说，就是要把大道之门敞开，让小道之门紧闭。"敞开大门，紧闭小门"是泰格林纸廉洁文化的核心理念，泰格林纸以文化的力量助力反腐倡廉工作，促进企业健康发展，取得了较好成效。

廉洁文化的形成

　　作为一家老国企，泰格林纸并入中国纸业之前，具有其他老国企所共有的国企病、大企业病。经多年发展积淀形成的体制僵化、机制不活、冗员过多、效率低下、负担过重等弊端，造成企业竞争力弱，可持续发展动力不足。大家对利益的追求缺少正常、有效渠道，部分人通过体制外的手段去追逐，因此受到了法律的制裁。这个阶段企业反腐以惩治为主导，主要手段就是查处、惩戒，企业廉洁文化尚未形成。

　　并入中国纸业之后，是泰格林纸廉洁文化培育的重要时期。中国纸业"诚信、业绩、开放、创新"核心价值观得以宣贯，泰格林纸旗帜鲜明地提出了"物竞天择，适者生存；开放创新，追求卓越"的企业理念。在这种市场化理念的导向下，泰格林纸反腐倡廉工作也开辟了新的局面，由过去单方面的查处惩戒，转变为"导、疏、堵"相结合的防腐机制。倡导中国纸业的业绩文化，大刀阔斧实施市场化的系列改革，打破大锅饭思维，敞开大门，鼓励大家通过正当途径，以能力和业绩去获取正当利益。同时，大力实施中国纸业"修身正己，风清气正"的廉洁文化，使人"不愿为""不盲为""不能为""不敢为"腐败之事，努力打造全员参与、源头治理、全程在控的风清气正型企业。员工的"高压线"意识明显增强，廉洁的理念和制度成为大家的生活方式和价值取向。

敞开大门，机制建设是基础

敞开大门是从正激励角度出发，是中国纸业业绩文化、竞争文化的体现，也是能力体现价值，给行大道、行正道者以正能量，给有能力、有担当者以梦想和舞台。

倡导市场化的考核机制。根据预算指标，与子公司总经理签订经营者目标责任状，在责任书的框架下把大门敞开，让大家"跳起来摘桃子"，有为者可尽情发挥，业绩佳者得高薪，而且上不封顶。但是，绝不允许为个人私利而弄虚作假，甚至侵害企业利益。严格的监督和审计，制度和流程的规范都是把小门紧闭，防范邪术、伪道的发生。

推行人才选用的竞争机制。市场化的岗位竞聘，就是把大门敞开，"天高任鸟飞，海阔凭鱼跃"，使管理岗位成为"有意者竞之，有能者得之，有为者居之"的平台，使想干事、能干事、有本事的人有宽广的舞台和充分施展的空间。2013年，公司推进组织机构优化与管理人员精简改革，中层以上管理人员全部通过竞聘上岗，当年二级机构总数减少了30.9%。子公司班子人数减少22人，减少了27.2%；子公司的中层管理人员减少了33%，而有超过10余名基层普通管理者走上子公司班子岗位或中管岗位。通过竞聘上岗制度，把市场化的竞聘大门敞开，给所有想干事、能干事、有本事的人以宽广的舞台和施展的空间，而减少行政化的职务任命就是把小门紧闭，把那些想走关系、走偏门的人挡在门外。

推进全员性的创效机制。围绕"改革要有新举措，经营要有新思路，管理要有新办法，激活要有新机制"来开展工作。所谓"激活要有新机制"，其实质就是要求管理者要有创新的思维、开放的心态，给机会、给机制、给刺激，把市场化的大门打得更开阔，使"鹰击长空，鱼翔浅底，万类霜天竞自由"，就更能激发活力，鼓舞士气，给行大道、行正道者以正能量和宽阔的舞台。2014年推出的精益班组建设，实质就是一种全员性的创效机制，我们对于成效突出的改善项目，大张旗鼓地给予奖励兑现，通过这样的机制为广大员工参与管理、创新创效提供平台。

紧闭小门，"严"字当头是关键

紧闭小门是从防范、监督的角度出发，把那些妄图走斜径、行伪道的人挡在门外，没有机会、没有空间、没有指望，从而只能改弦易辙，改走大道。泰格林纸主要从四个方面着手。

教育倡导，弘扬廉洁文化。按照"教育在先、预防为主"的方针，始终把教育放在重要的位置，通过开展一系列教育活动，形成反腐倡廉的良好风气和氛围。在《泰格林纸报》上，专门开办了反腐倡廉专栏。纪委还与检察院合作，约请专职检察人员在公司内开展以"预防职务犯罪"为主题的巡回培训，组织中层管理人员和关键岗位人员先后到建新监狱反腐倡廉教育基地和君山区荷花廉洁教育基地进行参观学习，600余名党员干部、重点岗位人员受到教育。公司纪委还有针对性地对采购、验收、化验等关键岗位人员，开展反腐倡廉教育，请讲师团和党校教师上廉政课，帮助管理者和员工算好政治账、经济账、名誉账，引导大家努力践行《廉政准则》，进一步提高廉洁自律的自觉性。

健全制度，固化廉洁文化。为打造集教育、预防、监督、惩治"四位一体"的制度建设体系，从源头治理，实现不敢腐、不能腐、不想腐的有效途径。公司纪委组织力量对以往制定的制度进行了全面审核，编印成《纪检监察审计制度汇编》，为广大党员干部遵章守制、指导工作创造了有利条件。为了增强制度的生命力，纪委加大对各项制度落实情况的督查力度，除平时通过审计、巡视督查、工作指导时进行相应检查外，还在每年组织专门人员对各单位贯彻落实党风廉政建设各项制度的情况进行系统检查，对规章制度执行不力、落实不好的单位及时给予督导。

融入管理，落实廉洁文化。把廉洁文化融入生产、经营、管理的各个环节，进行全程监督、管控，确保廉洁文化在公司的各个角落落地生根。

一是借鉴中央巡视组和兄弟单位的一些做法和经验的基础上，结合公司实际，开展了巡视督查工作。目的是在各单位自身强化管理的同时，借助外部推动，进一步加强内部管理。对在巡视督查中发现的问题，在网站、报纸上给予曝光，同时宣传科学管理思想，督办不合格项整改工作，促进各子公司在标本兼治中不断提高管理水平。

二是通过紧抓影响和制约生产经营的"要害点"、企业当前的"热点"和企业管理上的"薄弱点"，开展效能监察，有针对性地查找、解决问题。特别是狠抓大宗原材料采购、验收的全过程监控，既是对员工的提醒和警告，又能达到保护员工、保障企业利益的目的。

三是开展各类审计监督。开展的审计项目类型主要有：经济责任审计、管理效益审计、内控流程审计、专项审计调查、工程项目审计、物资采购审计、招标审计等。既帮助查找问题，又提出相应的建议，帮忙解决问题，寓服务于监督之中，并采用"审后沟通"和"年终回访"两种方式，督促被审计单位持续整改，防止问题重现。

严肃惩处，保障廉洁文化。执纪不严就会使廉洁文化蒙尘。始终保持惩治腐败的强劲态势，加大查办案件工作力度，作为凝聚员工士气人心、构建企业健康发展"防火墙"的重要手段。我们积极研究新形势下违纪违规案件的特点和规律，不断改进办案方法。在办案过程中加强与检察院、上级纪委等部门的联系，借助这些部门的力量，增强我们的办案能力。对于举报信息，我们"有访必接，有案必查"，及时发现苗头性、倾向性问题，抓早抓小，努力将违纪违规行为消除在萌芽状态，同时对积极举报人员给予重奖。每年的信访案件报结率均达100%。2014~2016年，公司共查办较有影响的案件8起，查处违纪违规行为38起，103人受到法律和党纪司纪处分。

"敞开大道之门，紧闭小道之门"，是企业发展迈上康庄大道的保障。我们将一以贯之地建设中国纸业廉洁文化，把大门打得更开，把小门关得更紧，为企业发展注入健康与活力。

主要创造人：黄　欣

参与创造人：袁国利

引入PDCA管理工具　创新舆情管控模式

陕西飞机工业（集团）有限公司

陕西飞机工业（集团）有限公司(以下简称陕飞)位于陕西省汉中市，是1969年经中央批准建设，定点研制、生产大中型军民用运输机和特种飞机的国有军工企业，是国家重点保军企业之一。公司资产总额88亿元，职工近万人。建厂近50年来，经过不断改进改型，形成了以运八、运九为代表的运输机和特种机两大系列、三类平台近40种机型。特别是近年来以"空警200""空警500"为代表的多个重点型号飞机的成功研制，填补了国家多项军事装备空白，为我国国防现代化建设做出了突出贡献。

创新舆情管控模式必要性研究

随着形势发展和改革进程加快，国企呈现一些复杂矛盾，各方面希望通过思想政治工作得以有效解决。尤其是军工企业重点型号研制任务繁重，责任重大，长期实行 "611" "711"工作制，员工身心疲惫，抱怨增多，加之企业的一系列改革，导致一些舆情偏离方向，而新的管理理念、管理工具、管理手段的应用也使员工面临新的挑战……这给思想政治工作提出了新的要求。

舆情管控模式创新研究与实践

PDCA管理工具是全面质量管理中的科学方法，按照计划—实施—检查—反馈的顺序周而复始地运转，使工作质量不断提高。陕飞党委在舆情管控模式创新研究中，引入PDCA管理工具。第一步：制订舆情管控实施方案，科学合理地开展工作；第二步：拓宽舆情信息收集渠道，通过联动和响应机制，收集、汇总、分析、研判舆情信息，启动不同处置方案；第三步：按照定性与定量相结合的原则，综合考评舆情处置效果；第四步：根据运行情况，不断完善舆情管控工作机制和方法；第五步：重复第一步，并持续实施，推进工作水平和质量进一步提升，推动舆情管控工作闭环管理，有效增强思想政治工作针对性。

明确工作目标，构建科学合理的舆情采集机制（P）。陕飞党委整合各职能部门资源，建立了由舆情管控领导小组、舆情管控领导小组办公室、二级舆情管控部门、各单位舆情管控机构构成的舆情管控网络，形成了以舆情管控办公室、党委办公室、行政办公室、组织部门、宣传部门、纪检部门、信访部门、工团组织等相关部门为主的舆情信息响应机制，先后开发出六种模式，将舆情管控作为重要生产力介入企业中心工作。一是利用网络信息技术，在园区网开办员工论坛；在协同办公平台开设总经理、党委书记信箱；开通党建工作微信群、微信公众平台；成立网络舆情工作室,专人监测网络舆情。二是完善信访制度，发挥各职能部门优势，多渠道受理来信、来访、园区网信访、电话信访。三是建立联系点制度，公司领导班子每位成员负责一至两个单位，定期深入员工中了解各方面舆情。四是发挥党政工团组织优势，通过走访、召开座谈会、下发调查问卷、完善职代会提案和职工代表参政议政制度，收集、报告舆情信息。五是通过开展活动广泛收集舆情。如在群众路线教育实践活动、"三严三实"专题教育中专项征集意见。六是利用一系列考核体系广泛收集舆情，如专家、干部考核，党建工作考核、企业文化建设考核等。

明确工作细则，建立舆情分析研判机制（D）。按影响范围、影响程度，将舆情分为一般舆情、重大舆情和特殊舆情。对每周汇总的舆情，由舆情管控领导小组办公室牵头，就舆情发生的时间、内容、过程、背景、涉及的范围、已经形成或可能形成的后果做出初步分析、研判，按照舆情类别定义，以简报形式上报，舆情管控领导小组定期召开会议，再分析研判，制定差异化处置方案。对重大舆情，要求涉事单位4小时内书面报告；对特殊舆情，要求第一时间报告后，由领导小组召开紧急会议，科学分析研判，负责人亲自督办处置方案实施，同时报告上级机关。

实施项目管理，建立舆情处理机制（C）。一般舆情的处置，重点抓好相关部门、相关责任人、时间节点"三落实"，两日内报告处置结果。典型性、普遍性重大舆情，往往反映大多数员工真实意愿，有可能对企业当前或未来发展产生重大影响，其处置就要相对复杂得多，常常需要打出"组合拳"，所以陕飞党委实施项目管理，由党委书记牵头，多部门配合，明确目标，统一策划，制定措施，落实责任人，分层分级实施，狠抓过程控制，一旦出现偏差，立即纠正。

定性与定量相结合，建立综合考评机制（A）。在每一项目结束或实施至某一阶段时，陕飞党委都会本着定性与定量相结合的原则，综合考评实施成果。相对容易解决的问题，责任部门、责任人在项目完成后须按时报告，及时闭环；能定量考核的尽量以数据为依据考核，如针对相关部门组织的劳动竞赛是否取得相应成果的结论，则由综合计划管理部门依据竞赛前后主要经济指标等方面的综合数据对比得出；实施成果难以定量考核的，则以走访、调查、座谈等方式考核，每年年底，各单位舆情管控小组须报送年度工作总结，舆情管控领导小组办公室负责对其舆情管控效果进行专项测评，对成效突出的单位表彰奖励，否则扣减其创建"星级党组织"考核得分。

创新舆情管控模式取得的成效

主动作为，保持思想政治工作"恒温"。陕飞党委加强组织领导，统筹谋划舆情管控工作的开展，使一些影响企业改革发展的重大问题、关键问题得到及时处理；同时从舆情信息收集、分析研判到舆情处置、效果评估等，各级组织主动作为，对问题"提前预判"，及时决策，提前化解舆情风险，使"出现问题才去开展工作"的局面得到扭转。如舆情管控领导小组针对收集的舆情，通过定期召开舆情信息互通工作联席会议后分解至相关单位和部门，有效增强了舆情工作的主动性。同时，陕飞党委把新媒体建设成为信息传播的新途径、为职工群众服务的新平台，培养了一批专业评论员队伍、网络"专业型"意见领袖。如在园区网开设的"陕飞员工论坛"，形成涵盖"回音壁"、公司文化、建言献策、答疑解惑、朝闻天下、舞文弄墨、户外运动、摄影天地等方面内容的综合平台，员工关注的问题得到及时回复，不满情绪得到有效缓解，员工论坛通过论坛版主、论坛"名人"及相关部门实名账号的适时解读和引导，有效预防或疏导了不利于企业健康和谐发展的舆情，使内部问题能够在内部充分解决。

全覆盖，思想政治工作融入全过程。党政工团联动，使舆情信息收集渠道更广，不仅包括专门机构，而且包括各职能部门、职代会提案、领导干部考核、总经理和党委书记信箱、领导干部联系点、定期专题思想动态调研等。如为摸清公司员工真实的价值取向和思想动态，公司党群系统相关部门定期在全公司范围内组织开展文化问卷调查和员工思想动态调研，及时诊断员工真实的价值取向、意愿和期望，及时了解员工在严峻的科研生产任务形势和压力面前的所思所想、工作状态及影响员工积极性发挥的主要因素。根据问卷调查结果，形成分析报告，落实整改责任，指出舆情风险点，党政工团快速反应，各司其职，同频共振，使思想政治工作阵地得以拓展，触角得以延伸，覆盖各个方面、各个群体，融入企业经营活动全过程，为其发挥作用奠定了基础。

有效利用信息，增强思想政治工作的针对性。有效利用舆情信息，汇总各个层面、各个利益群体的"民意"，建立舆情"信息库"，分析、研判，找出产生舆情问题的真正原因及影响范围、影响程度、可能发生的舆情风险等，为思想政治工作的方向、目标、对象、方法提供客观依据，从根本上抓住影响企业改革发展的深层次问题，抓住员工最关心、最希望解决的问题，避免出现思想政治工作"眉毛胡子一把抓"、漫无边际，与企业中心工作"两层皮"、不切实际，做不深、做不细、做不透的弊端，针对性大大增强。

近年来，陕飞承担的重点型号研制任务极其繁重，为保周期、保交付，不得不实行"611""711"工作制。2015年，陕飞做出"五一""十一"不放假，全体员工加班赶工的决定。通知刚一发出，很多员工言辞激烈，对此决定十分不满。舆情管控领导小组立即启动应急预案，经分析、研判，将其列为特殊舆情并积极处置：一是讲清形势，广泛开展国情厂情、形势任务教育，激发员工的航空情、报国志，增强大局意识、使命意识、责任意识，教育员工"重点型号"研制不仅关系企业生死存亡，而且是关系国防建设的压倒一切的政治任务。二是主动融入，解决科研生产难题，责成相关部门狠抓零组件配套、优化工作流程、合理组织科研生产，尽量减少不必要加班。三是领导班子成员深入现场办公，解决实际问题。四是做好服务保障，为员工生活排忧解难，缓解员工情绪。五是通过开展演讲、征文、大讨论等活动，宣传敬业典型，做好舆情引导。六是政策激励，激发员工积极性，工会开展"送清凉、送关怀"活动；医疗小分队赴一线问诊，文艺小分队赴一线慰问演出；划拨400万元专款，全面开展"聚焦目标，汇力总装，全力以赴保交付"劳动竞赛、岗位立功竞赛、技术攻关赛……思想政治工作"组合拳"打出后，员工思想认识空前统一，工作激情普遍高涨，攻坚战、大会战接连打响，科研、生产线上捷报频传。

创新舆情管控模式引发的理论思考

针对性是思想政治工作的生命。当前，在员工思想观念、价值理念、心理状态、生活态度、生活方式、行为习惯发生重大变化的情况下，迫切需要国企党组织创新舆情管控模式，及时收集、研判舆情，准确把握员工思想动态，抓住典型性、普遍性、关键性问题，选择适宜的切入契机，开展形式灵活多样的工作，引领主流意识，化解矛盾，使思想政治工作立足于不断变化的客观实际，满足企业发展新要求。

把握舆情发展规律，谋划思想政治工作长远发展。舆情管控实践性、创造性极强，既要求准确把握其内在要求和基本规律，增强针对性、效能性，把为企业改革发展服务作为目标，又需要弘扬创新精神，开阔眼界，拓宽思路，多向思维，勇于探索、总结经验、不断丰富和完善，创造出符合实际的模式，不断提高立足全局、谋划长远、协调各方、见微知著的能力，才能使舆情信息在企业决策中"用得上""离不开"，思想政治工作才能顺应发展要求。

空警500

构建舆情管控联动机制，推进思想政治工作齐抓共管。构建上下畅通、各部门和各级组织相互协同、快速反应、统一行动的舆情管控联动机制，使各部门、各级组织信息共享、责任共担、齐抓共管，是合理处置舆情、搞好思想政治工作的关键。相对于企业整体而言，任何一个部门的力量都是单薄的、弱小的，单打独斗、各行其是，不仅浪费资源，还会因口径不一导致舆情快速发酵，进而演变为重大舆情风险，给企业带来负面效应。企业必须因地制宜，构建切合实际的舆情管控体系和联动机制，整合各方面资源，统一谋划，相互配合，打出"组合拳"，使各级组织的优势得以充分发挥，思想政治工作资源得到最佳配置。

打造人才队伍，提升舆情管控水平。培养和建立一支政治素养高、政策水平高、组织协调能力强、新媒体应用和驾驭水平高的舆情管控专（兼）职人才队伍，不仅是提升舆情管控水平的基础和保障，而且是企业发展的重要战略性资源。要建立新媒体平台和新闻发言人制度，及时主动发布信息，抢占舆论先机。同时，积极培养、挖掘"专业型"意见领袖，引导舆论。

引入信息技术，适应科学发展。网络媒介已被公认为"第四媒体"，成为舆情信息的主要载体之一，新的话语空间使舆情信息的传递更为隐秘、迅速，但同时增加了舆情管控难度。这就要引进信息技术，利用先进软件、监测设备、技术手段等全方位搜索、采集、过滤、研判，第一时间掌握员工思想动态，了解引起其情绪波动的事由及热点诉求，使舆情得以及早发现并掌握，为研判、处置赢得先机。

主要创造人：刘德安

参与创造人：常　畅　刘晓龙　符亮亮

文化融合为重组企业提供发展"核"动力

中铁武汉电气化局集团有限公司

中铁武汉电气化局集团有限公司（以下简称中铁武汉电气化局），是世界企业和世界品牌双500强——中国中铁股份有限公司旗下重要成员企业。主要从事高速铁路电气化、电力、通信、信号和城市轨道交通、公路交通、机电设备、输变电、楼宇智能化、工业与民用建筑等工程建设，拥有"4总6专及4项一体化"等20余项资质。中铁武汉电气化局于2014年8月由中铁电气化局集团第二工程有限公司整体及中铁一局、二局、三局、四局、五局电务公司部分人员和项目重组成立。注册资本为6.0616亿元，职工总数4608人。

中铁武汉电气化局重组以来，以文化融合为抓手，坚持理念先行、典型引路，统一五大理念、夯实五大基础，逐步持续推进"十二项"文化建设，为重组企业引领科学发展、支持公司治理、促进管理提升、凝聚企业力量、提升企业形象提供强大文化支撑。

中铁武汉电气化局的员工来自中国中铁旗下资深的"四电"施工企业，4000余名员工为了"打造电气化行业领军企业"的共同目标走到一起。然而，重组之后的各个分、子公司营销思路、管理模式、运行机制、党建文化等都存在着较大差异，想要解决这些压力和矛盾首先要解决文化融合的问题，解决发展信心的问题。

企业的重组成员单位均有着悠久的历史、辉煌的业绩和深厚的文化积淀。对于重组企业"中铁武汉电气化局"来说，企业文化就是集团公司崛起的动力、发展的支撑，融合各重组成员单位的文化构成了重组整合后企业持续前进的"核"动力。

实干，引领企业破冰前行

中铁武汉电气化局本着"勇于担当、不等不靠、超前谋划、统筹兼顾"的原则，顺利完成企业登记注册、资质变更，并成功召开公司成立大会。集团公司所属各单位在极短的时间内，用实干的精神、实干的作风和实干的成效，带来工作节拍共振、企业文化融合和奋斗目标同向。

为确保划转项目及人员移交，集团公司认真细致地编制重组人员和项目接收方案，严格按照股份公司重组工作18条意见要求，加强沟通，求同存异，妥善处理好项目、人员划转问题。项目移交期间，员工队伍思想稳定，施工生产有序可控。以项目精细化管理、工程项目实验室活动为抓手，不断完善制度体系，优化管理流程，推进项目信息化建设，逐步实现从"前台管理到后台管控"，从"后台管控到后台服务"的转变。深入开展经济活动分析，大力推行项目经济管理"一张表"制度，扎实推进双清治亏、"两金"压控等各项工作，企业管理成效逐步显现出来。集团公司出台一系列科学、系统、有针对性、满足"四电"专业需要的管理制度和办法846项，推动企业管理的制度化、规范化、标准化。

以武汉为辐射中心，中铁武汉电气化局组建一公司、北京、上海、广州、成都、西安6个综合分、子公司和城铁、建设、输变电、科工装备4个专业公司，以及设计院和物贸公司，形成比较合理的生产营销布局。树立"区域化经营、精细化管理、专业化突出"的发展理念，克服企业重组资质、业绩受限等不利因素，在协同经营、政策经营、情感经营上做文章，先后在25个省、市承揽各项工程共560项，实现新签合同额183亿元，获得中国铁路总公司对集团公司参与高铁"四电"投标认可，拿到进军高铁的"通行证"。

中铁武汉电气化局牢固树立"以现场保市场"的理念，建立施工生产片区管理和分级管理体制，制定里程碑管理办法，强化施工组织，优化资源配置，确保重点项目有序推进，安全优质地开通长昆、兰渝、海西、成绵乐、娄邵、宁西等30余项重点工程，开通里程达到3530正线公里，使集团公司成为名副其实的铁路电气化建设主力军。

信念，强化员工文化认同

围绕"打造电气化行业领军企业"的宏伟愿景，中铁武汉电气化局开展以讲形势、讲优势、讲前景、讲目标，讲机遇、讲挑战为主要内容的"六讲"活动，把员工的思想统一起来，建设企业共同的精神家园。

集团公司党委先后组织撰写了5篇宣传提纲，运用《电气化建设》、宣传栏、网络工作群进行横向到边、纵向到底的宣贯，对有关问题进行梳理解读。集团公司领导班子成员分片包干，亲自带队深入各分、子公司、项目部和施工一线开展形势任务宣传教育，确保企业重组精神传达到每一名职工家属，保持了职工队伍稳定，为企业重组之后的工作快速有序推进打下了坚实基础。

集团公司党委在全集团范围内广泛开展企业文化理念征集活动，员工通过书面、电子邮件、即时通以及QQ群等方法，提交了自己的建议和方案。征集活动收到建议142条，论文13篇，通过整理筛选和提炼，基本形成了企业愿景、企业使命、企业理念、企业作风等一系列核心价值体系，确立了企业文化建设总体思路。

集团公司制定下发《企业文化建设实施纲要》《企业形象识别系统》，制作企业宣传片、企业宣传册、企业员工手册，提出要以弘扬企业精神为核心，以建设学习型企业、实施文化型引领、建立效益型组织为方向，以项目文化建设为基础，大力推行以"诚信敬业"为重点的责任文化、以"标准精细"为重点的管理文化、以"本质安全"为重点的安全文化、以"品牌建设"为重点的形象文化、以"降本增效"为重点的效益文化、以"团结协作"为重点的团队文化、以"令行禁止"为重点的执行文化、以"人尽其才"为重点的人才文化、以"鼓励创造"为重点的创新文化、以"风清气正"为重点的廉洁文化、以"互利共赢"为重点的合作文化、以"关爱员工"为重点的和谐文化共十二项核心文化工程。

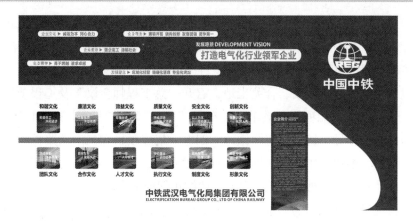

企业文化墙

火种，弘扬先进传播精神

中铁武汉电气化局高度重视先进典型的选树，大力培养爱岗敬业、创新创效、无私奉献的先进典型，总结宣传涌现出来的先进典型人物和集体的先进事迹，提升先进典型在企业内部和全社会的影响力，不断丰富企业文化内涵，推进社会主义核心价值观落地生根。

曾荣获"全国工人先锋号""湖北五一巾帼奖"的信号女子突击队，立足岗位、精中求精，培养出一个个技术能手，建设出一项项艺术品般的信号工程；荣获湖北五一劳动奖章、中国中铁劳模、中国中铁"十大专家型工人"的海西项目部中心库料主任陈伟勤于钻研、勇于创新，发明创新成果10余项，其中4项获得国家专利，并创造了预配单组腕臂用时47秒、吊弦17秒的国内纪录；还有获得"湖北省工人先锋号"的城铁分公司供电工程项目部、设计研究院试验中心等，以先进典型为蓝本拍摄制作了微电影《承诺》《超人陈伟》，这种示范效应以星火燎原之势，奏响促进企业发展的最强音。

重组三年来，中铁武汉电气化局党委先后在海西、兰渝两个重点项目，启动"党员管理创效"和"党员科技创新"行动，党员在生产实践中带头学习、带头实干、带头奉献。全局56个项目部、18个党工委、82个党支部积极开展活动，956名党员亮身份、亮职责、亮标准，充分发挥先锋模范带头作用。"三争一保""创效能手""科技标兵"，各项主题实践活动和竞赛评选活动如火如荼地展开，推动着集团公司党建文化蓬勃发展。

团队，创新创效凝智聚力

中铁武汉电气化局微信公众号"武小电"以清新、活泼的形象，定期反映集团公司生产经营、改革管理动态。"武小电"成为中铁武汉电气化局的代名词，受到企业员工的青睐并美名远扬。

以打造"四电"系统集成核心技术为目标，中铁武汉电气化局发挥QC攻关小组、科研课题组、专家组等团队的作用，开展自主创新、集成创新、委托创新、购买创新"四新"活动，通过与大专院校、科研院所建立产、学、研合作的模式，积极展开产业化运作，将创新成果实时转化为良好的经济效益。集团公司全面推广首段示范工程、重点项目里程碑制度，加快工程项目装备机械化、管理信息化、BIM技术应用化、施工调度优先化的"四化"进程。中铁武汉电气化局获得高新技术企业证书，拥有专利40项，其中发明专利1项。由该局参与承建的京沪高铁荣获国家科技进步特等奖，渝利铁路获国际菲迪克工程项目杰出奖。

中铁武汉电气化局先后在兰渝、合芜工地，召开"总工程师会议"及工程项目管理成果展示暨管理经验交流会议，展示12项管理成果，发布了"1236"工作法，交流8项优秀管理经验。工程项目管理实验室建设领导小组，以皖赣铁路"四电"集成项目和三南铁路扩能改造项目为"项目管理实验室"试点，细化工作职责、推进计划和联系人，形成集团公司制度清单、三级公司制度清单和项目管理手册，有力地推进了工程项目精细化管理工作。

2016年是中铁武汉电气化局的"企业文化建设年"，围绕"忠诚感恩·责任担当"的主题，制订活动实施方案，以"我为企业献一计"有奖征文、建设企业文化展示墙、举办"廉洁文化"书画展、征集"安全家书"活动、读好书共进步五项活动为支撑，开展丰富多彩的企业文化建设活动。重组之后，各分、子公司企业文化逐步深度融合，"勇于跨越 追求卓越"的企业精神、"诚信敬业 共建共享"的核心价值观、"创新创效 优质发展"的企业宗旨、"奉献精品 改善民生"的企业使命作风及"十二项"文化建设，构为"武小电"共同的核心价值观体系，成为践行社会主义核心价值观的具体体现。

家风，和谐发展责任先行

"忠诚感恩·责任担当"，在企业文化建设年推动下，集团公司党委发挥群团作用，营造"风清气正、人和企兴"的和谐发展氛围，汇聚企业发展正能量。

2016年5月，集团公司举办首届接触网技能大赛，第一名选手授予湖北省"五一劳动奖章"称号。陈伟劳模创新工作室和信号女子突击队创新工作室，充分发挥劳模引领示范作用，激发广大职工创新积极性。8月，在哈牡项目开展创建"廉洁示范项目"启动仪式，促进项目实现资金安全、项目安全、工程优质、干部优秀"双安双优"目标。12月，集团公司党委特邀中央电视台特约评论员杨禹作《全面从严治党永远在路上——从六中全会精神看"百年大党"的使命与责任》的报告，"廉洁自律桌牌""廉洁书画摄影作品展"《廉洁书画摄影作品集》等弘扬了良好的企业"家风"。

中铁武汉电气化局重组成立三年来，以"打造电气化行业领军企业"为发展方向，致力于中国铁路电气化建设。在沪昆高铁、海南西环、兰渝铁路、东海岛四电系统集成、武汉地铁等工程建设中，他们注重环保，推广创新，解决和带动就业，勇于承担央企的社会责任。2016年7月上中旬，中铁武汉电气化局相继在四川省三万铁路、湖北省长阳通信线路、安徽省皖赣铁路敬亭山附近、沪昆铁路湖南段、武汉地铁六号线一期供变电线路、湖北省应城东站铁路等险情发生地组织600余人次参与15处抢险工作。他们积极参与抢险救灾、扶贫助困、社区建设等社会公益事业，组织员工"幸福之家"志愿服务，推动"责任先行"的发展理念，打造"中铁武汉电气化局"文化品牌。

主要创造人：贾惠平

参与创造人：陈思贵 但汉来

构建"四新"外宣体系 讲好中国企业海外故事

中国电建集团海外投资有限公司

中国电建集团海外投资有限公司（简称电建海投）成立于2012年7月，是世界500强中国电力建设集团有限公司（简称中国电建）专业从事海外投资业务的法人主体，现在老挝、柬埔寨、尼泊尔、巴基斯坦、印尼、刚果（金）等十多个国家拥有7个投产、3个在建和10多个前期项目，在建及运营海外电力总装机300万千瓦，资产总额273亿元。电建海投成立以来，主要经济指标连年实现两位数以上增长，连年超额完成年度任务目标，在中国电建业绩考核和管理评价中均处前列。先后荣获"中国走进东盟十大成功企业""全国模范职工之家" "中国建设工程鲁班奖""全国电力行业思想政治工作优秀单位"等多项荣誉。

电建海投承载着中国电建调结构促转型、产业链价值链一体化、国际业务优先发展的重要引领、载体和平台作用，在"走出去"推动海外投资业务快速发展的过程中，坚持国家站位，主动发声，努力构建"四新"外宣工作体系，通过建机制、搭平台、定制度、选载体，整合资源，完善举措，加强策划，讲好中企海外故事，打造特色外宣品牌，传播中国电建文化，在凝聚队伍、激励员工、塑造品牌、培育文化、展示形象、传播友谊等方面都取得了显著效果。

构建"四新"外宣工作体系的实施背景

构建"四新"外宣工作体系，是服务国家战略和经济外交安排的战略需求。如何讲好中国企业海外投资兴业的故事，是服务国家经济外交大局的一项重要内容。通过外宣工作，丰富中企员工和中国产品在传播中国声音过程中的作用和能力，赋予更多的国家意识和国际传播责任，发挥好传播国家形象的主动性和正能量作用。坚持国家站位，加强国际传播能力和对外话语体系建设，也要求企业强化外宣工作，加强重大主题对外宣传，创新方式方法。

构建"四新"外宣工作体系，是推进海外投资业务健康发展的坚强保障。作为海外投资业务，在开拓市场的过程中，也会遇到来自所在国不同政党、地方居民的怀疑和抵制，也有来自各类国际组织的不同声音，需要通过扎实有力的外宣工作，摆事实、讲故事，用中国企业通过投资拉动当地经济发展，加快基础设施建设，改善当地百姓生活的鲜活事例，让所在国的政府和人民理解、接受和支持中国企业的投资项目。

构建"四新"外宣工作体系，是提高品牌价值推进文化建设的重要手段。"品牌"是一种无形资产，它代表了企业的知名度、美誉度，体现了企业的软实力。这就需要外宣工作贯彻企业理念，需要外宣工作促进跨文化融合，需要外宣工作推进专业化投资团队建设，通过外宣工作主动发声，增强感染力、说服力、亲和力、影响力，为海外投资事业发展提供文化支撑。

构建"四新"外宣工作体系的主要措施

电建海投紧紧围绕海外投资业务的特点，通过创新外宣机制、传播形式、外宣内容、宣传策划为核心，主动发声，讲好电建故事，传播中国正能量，在国际上赢得了良好的信誉和口碑，树立了良好的企业形象。

搭建新机制，激发外宣工作活力。一是完善工作机构。电建海投成立了以党委书记主管、党委副书记具体分管的外宣工作领导机构，以各项目公司党组织为单位设立宣传小组，明确宣传组长的职责，及时调整配齐各部门、各项目公司的宣传人员，建立起了一个覆盖各级党组织、各部门、各子公司的三级新闻宣传网络体系。同时建立外宣工作"绿色通道"，涉及海外重大题材的外宣工作，直接向公司分管领导和主要领导汇报。二是创新工作机制。电建海投建立和完善宣传工作制度，先后修订了《宣传工作管理规定》等一系列规章制度，促进了宣传工作的规范化、科学化、制度化；每年年初都召开新闻宣传工作会，总结经验成效，细化部署任务，明确提出年度总体宣传策划方案，做到年有总体宣传计划、季有新闻宣传线索、月有具体工作安排，并针对阶段性和重大活动进行专题宣传策划，形成了有组织、有计划、有落实的工作机制。三是完善激励机制。认真贯彻落实上级外宣部门的工作部署和要求，细化分解和抓好新闻宣传计划的落实。电建海投每年对各单位的外宣工作进行考核，对其落实情况予以评定，并将结果在党建工作考核通报中进行公布，与绩效考核挂钩。每年在宣传工作会上对新闻宣传先进单位和优秀通信员进行表彰。通信员在集团及外部网站、报纸发表的稿件，分别按字数和篇幅计发稿费，有效地提高了宣传人员工作的积极性。

丰富新载体，着力提升外宣成效。一是搭建新媒体平台。电建海投顺应互联网传播移动化、社交化、视频化的趋势，构建完成了"门户网站、微信平台、内部刊物、协同系统、橱窗、显示屏"等多样化的宣传渠道体系。注重发挥报纸、杂志、电视、广播、网站等不同媒体的优势，坚持融入中心、突出重点、精心组织的宣传方式，2016年除传统报道外，还采写了微信故事12个，制作微信小电影6期，对重要内容进行了一图解析；微信公众号推送42期，共336条消息。二是加强内宣推动外宣。电建海投创办了内部刊物《电建海投》，对门户网站的栏目和内容进行了策划和丰富，并针对外宣同步设计外文版本，使公司信息能够及时传递。同时以内宣为平台，引导新闻宣传工作人员和公司员工积极参与到宣传工作中，捕捉采写海外投资项目过程中的感人故事和动人事迹，然后把这些故事投放到外宣平台，实现了"内宣搭台练内功，外宣唱戏聚人气"，做到"墙内开花墙外香"。三是与外媒建立合作关系。依托各海外项目公司，积极主动地与所在国的报纸、电视台等主流媒体联系和对接，形成良好的战略合作关系。柬埔寨甘再项目公司与《高棉日报》《柬华日报》两家当地媒体签署战略合作协议，南欧江流域公司与《万象时报》等老挝主流媒体、卡西姆发电公司与《今日巴基斯坦》等巴基斯坦主流媒体也形成了良好的合作关系。

聚焦新内容，精准传播中国声音。一是聚焦"一带一路"，着力宣传投资项目的重大意义。电建海投投资项目大都分布在老挝、柬埔寨、尼泊尔、巴基斯坦等"一带一路"沿线国家，具有"三个吻合"的突出特征，即项目实施与欠发达国家绿色发展主流相吻合，与"一带一路"国家倡议相吻合，与国家商业模式创新的要求相吻合。电建海投以宣传投资项目的重大意义为切入点，重点宣传投资项目为所在国改善能源结构、注入能源动力、推动所在国经济社会发展的意义所在，重点体现"七个不一样"，即中国电建有着"不一样的视野、不一样的理念、不一样的愿景、不一样的目标、不一样的责任、不一样的能力"，最后体现"不一样的中国电建"。二是聚焦社会民生，精准传播绿色发展的动人事迹。电建海投坚持"绿色发展，科学开发"，注重生态环保的发展理念，通过在水电站库区放养鱼苗、项目周边区域植树造林等活动，保护了电站库区生态环境。电建海投针对老挝南欧江项目的环保举措，撰写了《情系南欧江的碧水蓝天》等一系列通讯报道，在中外引起了良好的反响。特别是在老挝，为保留当地民众的百亩稻田而变更了营地地址的故事，当地的老村长每次讲起，都会伸出大拇指，由衷地说一声："POWER CHINA, very good！"同时还制作了许多海外故事微电影，通过多种形式进行推送，取得了良好的国际影响。三是聚焦文化融合，精心演绎中外友谊的感人故事。电建海投各海外项目运营期25~40年，外籍员工占比30%~70%，在运行机制、管理方式、劳动用工、文化融合等方面，电建海投积极推进本土化经营。多年来，电建海投坚持为当地政府、军队、医院、学校、慈善公益组织、老百姓等捐赠物资、修缮房屋、架桥修路，积极履行社会责任。电建海投注重讲好电建故事，特别是外籍员工的故事；先后推出了《老挝南欧江的移民官》《卡西姆电站的"洋厨子"》《阿列格在中国电建的幸福生活》《巴铁哥们的电建情缘》等人物故事，成为企业传递正能量的小明星。

抓住新机遇，注重策划借机求显。一是针对重点投资项目做好专题宣传策划。电建海投围绕投资开发的"一带一路"沿线重点工程项目，利用开工庆典、投产发电等重大节点，提前进行专题宣传策划。针对老挝南欧江流域梯级电站项目，经过精心策划，组织实施了"3+N"专题宣传，即一本画册《大美南欧江》，一部纪录片《情满南欧江》，一本施工管理与技术专辑《水利水电施工》专版、外加N篇通讯报道。先后在新华网、《人民日报》、人民网、《大公报》、老挝《万象时报》等国内外主流媒体刊发长篇通讯报道20余篇次，被国内外网站转载达10万余次。二是周密做好新闻风险管控工作。电建海投不断完善新闻风险防范预案，做好新闻风险防范工作。2015年9月，柬埔寨受到台风"环高"影响，出现强降雨和洪涝情况，随后在社交网络"Facebook"及部分柬埔寨当地媒体，出现了关于甘再水电站的负面新闻报道。电建海投第一时间启动应急预案，连夜起草《声明》，以省政府的名义发布，让社会公众了解电站正常运行情况；并迅速联系当地主流媒体进行了一系列客观、正面的报道，有效澄清了事实；同时柬埔寨王国国家灾害管理委员会第一副主席发表讲话，肯定了甘再水电站在防洪度汛中的重要作用，有效反击了负面言论，化解了舆论危机。

构建"四新"外宣工作体系取得的成效

有效改善了海外发展舆论环境。扎实有效的外宣工作，使电建海投在海外的投资项目得到了所在国政府和民众的高度认可，特别是当地百姓了解到了投资项目对当地经济发展的重要意义，对改善自身生活所发挥的重大作用，能够积极主动的配合和支持库区搬迁等工作，为项目建设创造了良好的舆论环境。

显著提升了中资企业品牌形象。全方位、立体式的外宣工作，使项目所在国政府部门、合作单位、金融企业、保险机构和驻外使馆等，对企业业绩和实力有了更深入的了解，对电建海投海外投资兴业、拉动地方经济发展、造福当地百姓的事迹高度认同，有效提升了企业品牌形象，电建海投日益展现出一个有实力、可依赖、负责任的中国公司形象。

　　有力促进了跨文化融合与交流。电建海投本着"扎根当地，传播文化"的理念，尊重当地文化与习俗，积极宣传与推介以"海纳百川，投创未来"为企业精神的"海文化"，扎实推动跨文化融合与交流。精心制作的纪录片《情满南欧江》《筑梦马相迪》《燃情卡西姆》分别在老挝、尼泊尔、巴基斯坦播出后，受到了当地百姓的喜爱。《情满南欧江》还荣获了全国电力行业影视作品一等奖和中国电力新闻奖一等奖。

开展捐赠助学活动

　　扎实推动了国际化专业团队建设。电建海投先后推出了央企劳模何书海、央企楷模蔡斌、老挝籍翻译阿列格、巴基斯坦籍翻译杨帆等一系列有特色、接地气的一线中外先进典型，有力推动了复合型国际化专业团队建设。总部员工现平均年龄35岁，其中党员占58.5%，博士占4.4%，硕士占45.9%，本科及以上占98.6%，中级以上职称人员占52.7%；企业全员劳动生产率逐年大幅增长，为推进公司战略落地提供了有力的人才保障。

　　做好外宣工作，是企业发展赋予的重大责任和历史使命，在"走出去"的征程中，电建海投将不断完善"四新"外宣体系，使中国的好声音播扬五洲四海，使中国企业真正扎根海外，让中国员工与海外人民建立起深厚的友谊，也为打造具有国际竞争力的海外投资升级提供坚强保障和舆论支持。

主要创造人：盛玉明　杜春国

参与创造人：赵新华　李胜会　耿兴强

"一全二创三结合"为山东临工插上创新的翅膀

山东临工工程机械有限公司

山东临工工程机械有限公司(以下简称山东临工)始建于1972年,是国家工程机械行业的大型骨干企业、国家级高新技术企业、国家技术创新示范企业、中国机械工业百强企业。专业从事轮式装载机、挖掘机及其他工程机械设备、零部件以及配套产品的研发、制造和销售。其中,装载机连续多年实现国内销量、出口销量、运营效率行业第一,挖掘机销量在行业国产品牌中名列前茅。现有职工近3000人,主持和参与制定了29项国际、国家和行业标准,发布企业标准120余项。2014年荣获"山东省省长质量奖",2015年获"全国机械工业质量奖",2016年荣获"全国质量奖"。

"一全二创三结合" 创新管理模式的内涵

"一全二创三结合"创新管理模式的主要内涵:"一全"即全员参与,"二创"即管理创新与技术创新,"三结合"即管理人员、技术人员、生产工人相结合。

全员参与。在山东临工,全员参与创新表现在四个方面:一是横向的全员,即所有部门的参与;二是纵向的全员,即从最高领导到一线的每个员工;三是三结合小组自主创新活动;四是多部门跨模块甚至牵涉客户和供应商等的联合协作。

横向的全员,要求动员所有部门立足部门职能,以公司战略、市场质量运营为导向,按照卓越绩效模式,持续优化、改进提升公司的各项工作,不拘泥于目前状态,不断推陈出新。

纵向的全员,要求从公司最高领导到一线的每个基层员工,解放思想,实事求是,把创新工作摆在企业及个人发展的核心位置,不断"创新、创新、再创新",让创新贯穿企业及个人发展的一切工作,让创新在全公司蔚然成风。

三结合小组的自主创新,要求不同职能人员充分发挥自身掌握的资源及能力优势,取长补短,为了共同的公司发展远景和目标,相互协作,积极参与到持续创新活动中来,让个人的经验、知识和创造性得到充分发挥。

管理创新和技术创新。管理上,要把握企业管理创新发展的新趋势、新要求,不断进行管理创新,把创新渗透于管理整个过程中。要为员工发挥创造性才能搭设舞台,使每个人都有机会成为创新者。要注重个性文化的培养,创造独具特色的经营模式,使企业在市场竞争中立于不败之地。技术上,充分依靠技术创新加强企业发展转型动力,建立有效的激励机制和稳定的技术支撑体系,形成有自己知识产权的技术创新能力、有自己核心技术的项目,同时对项目有较强的控制能力。

管理人员、技术人员、生产工人相结合。发挥三者优势,做好结合文章,就能取长补短,实现"1+1+1>3"的效果。让一线工人侧重于问题发现、制作、安装、调试和程序开发等，技术人员侧重于方案策划、三维图纸设计、标准总结与制定，管理人员侧重于重点抓管理协调、抓计划跟踪、抓项目验收，实现了管理、技术和一线人员的融合，发挥出团队的最大正能量。

"一全二创三结合"创新管理模式的推进思路

山东临工结合公司经营的实际，按照"建制、搭台、创氛围"的工作思路，自上而下地开展创新管理模式的探索与研究。

"建制"（健全创新制度）。在实践中逐步建立、健全创新管理和激励制度。先后创新发布和持续修订了关于创新项目、成本节约项目、合理化建议的奖励管理办法、技术改造的相关制度、标准和流程；并通过年度评比、季度奖励、月度例会、双周材料汇报、单周现场调度等运行机制，将制度政策进行分解和落实，具体转化为可操作的实践行动。

"搭台"（搭建创新平台）。不吝投入，安排有专项预算，为全员创新积累了很好的物质基础。在每个生产车间，公司都设置了Kaizhen Shop（改善超市），配备了切割、焊接、机加工、装配等设备和工具，以及各种改善用材料，员工自己动手，进行制作和试验。改善超市成为员工开展改善创新作业、存储、交流、学习的场地。另外，公司通过为生产现场提供专用无线网络覆盖、员工合理化建议提报手机终端App、组织资源有效汇集并落实员工创新点子等方式，为全员参与创新提供便利条件。

"创氛围"（营造创新氛围）。第一是宣传：通过公司各种媒体、会议，传播创新人物、创新成果、创新事迹。第二是荣誉：以员工姓名命名创新项目，现场挂牌展示，计入员工档案，载入公司史册。第三是鼓励：对创新项目只奖不罚，允许失误，解除后顾之忧，鼓励大胆实践。第四是激励：除物质奖励外，注重精神激励。将创新成果作为评选先进、考核晋级、评定职称、聘任职务等的依据之一。第五是榜样：榜样的力量是无穷的。培育创新标兵，发挥标杆榜样的作用。第六是影响：利用社会媒体扩大社会影响。创新成果刻录成光盘，赠送给员工家庭；通过家庭日活动展示创新成果等。

创新管理模式成果展示

"一全二创三结合"创新管理模式的实施与运行

搭建管理平台。山东临工深入推进精益生产管理方式（LPS），坚持全员参与、持续改善，调动了全体员工立足岗位实施技改、革新的积极性和主动性。

公司创造性地开展岗位标准化（LWS）工作，成立LWS组织机构，开展流程再造与优化、岗位分析与设计、管理经验固化与分享等工作，实现知识传承、隐性知识显性化，促进工作流程化、流程标准化、标准信息化，为员工岗位成才和全员创新提供有效支撑。

公司遵循"效率至上，科技领先"，基于LTS（山东临工技术创新体系），建立研发绩效测量方法和指标，运用统计技术监测研发项目的实施，适时调整研发过程，持续满足过程设计要求，为技术创新提供了平台支持。

以LPS、LWS、LTS体系为依托，以创新管理标准、激励办法等制度为基础，山东临工成功搭建了创新管理平台，建立了面向个人、项目组、部门等各层级的激励平台，以及企业内外典型改善成果、经验共享平台，并通过OA系统进行可视化展示，让员工懂创新、愿创新、会创新。

重视人才培养。山东临工始终秉承"德才兼备，人尽其才"的人才观，为敬业者搭建平台，为成才者培植沃土，坚持把人的发展放在事业发展的中心地位，积极开展创先争优评比、技术比武、教育培训活动，完善员工职业发展通道，通过实施"531"人才工程、"1236"新进员工见习培养制度等，持续提升员工素质，涵养企业发展创新源。广泛开展合理化建议活动，制定出台了《合理化建议管理办法》，引导激励广大员工积极为企业发展献计献策，使创新成为员工工作的一部分。同时，发挥公司研究员示范带动和带徒作用，培养核心技术人才和紧缺人才，做好人才梯队建设。目前已设立5个"领军人才工作室"。

强化制度保障。山东临工先后发布和修订了《技术改造项目奖励管理办法》《会员激励制度》《OA技术改造平台使用管理平台》等相关制度、标准和流程，逐步建立并形成了一套较为成熟的完整的技改制度支撑体系，实现了技改相关制度从无到有、从有到完善的提升。

采取年度评比、季度奖励、月度例会、双周材料汇报、单周现场调度等具体举措，将制度政策具体转化为实践行动。所有批准、公示的命名项目，作为个人成绩计入个人档案，作为日后评选先进、考核晋级、评定职称、聘任职务等的依据之一；对于积极创新的员工，则采取"只奖不罚"政策，激励他们勇于实践、敢于创新。

领导率先垂范。董事长王志中经常深入基层，亲临一线指导、鼓励创新团队活动，"一全二创三结合"就是他在实践中总结提炼的。事业部总经理挂帅事业部创新项目，创新项目实行一把手责任制；事业部技术部部长为事业部创新项目总调度，各车间主任为具体创新项目实施责任人。同时，事业部各级领导贯彻执行精益生产"三现"原则，每天必须达到一定时长在现场、看现场、掌握现状，要和一线工人、技术人员、一线管理人员在一起，听取意见及建议，站在创新项目实施的全局高度上分析问题、处理问题并做出科学的决策。

注重协同合作。为有效加强部门协同，加强团队协作，公司成立了创新项目管理委员会、技术改造创新协会等，协调公司创新项目实施资源，加强创新团队协同合作；公司通过OA创新改造项目共享平台，推动创新项目资源的共享及管理，避免项目重复设计及建设，造成精力及资源浪费。

"一全二创三结合"创新管理模式的实施效果

创新热情高涨。山东临工深入推进技术改造工作，使创新观念深入全体员工的内心，并体现在日常的一举一动中。各生产及管理人员，热情高涨，积极参与技术改造创新，利用头脑风暴等模式发掘技术改造项目，采用项目认领法，自组技术改造团队，协力攻关解决难题。每年公司员工实施的改善革新措施达到2万条以上，人均劳动生产率200万元以上，主导产品外反馈故障率控制在5%以内，均处于国内同行业领先水平。

创新成果显著。58、650、1360……这一个个数字，见证着山东临工2012年以来重大技术改造项目完成项每年呈几何倍数扩大。近年来，公司坚持把创新驱动作为企业发展的"发动机"和"加速器"，为企业注入了"科技"的分量，产品附加值有了更大含金量。

各事业部从消除人为因素、工装、工位器具、流程科学、管理到位等角度出发，努力推动机、电、液、智能控制技术等的应用，大力实施自动化、半自动化、少人化、信息化等技术改造项目，为提高质量、提升效率、降低成本、改善环境等做出了突出贡献。

从项目实施的范围来看，技术改造从原先涉及个别生产环节，到逐渐覆盖每个生产领域，实施范围更广，覆盖面更大；从参与人员来讲，由单纯的技术人员实施到技术人员与基层人员、管理人员协调推进；从创新角度来看，技术改造由单纯的技术创新到技术创新与管理创新并举。由技术人员创新向集体化创新转化，由员工被动参与创新向主动创新转化，由员工分散创新向全员协同创新转化。

创新已成常态。近年来，公司共有40余项新产品成果通过了省级鉴定验收，LG6135E等8款挖掘机产品性能达到了国际先进水平，F系列装载机、VRT200变速箱、A508驱动桥的性能达到国内领先水平，部分主要技术性能指标达到国际同类产品先进水平；完成了装载机4款高端产品的样机试制，并获得了由国际检测认证的技术服务机构——德国莱茵公司颁发的CE证书；追求卓越绩效的管理体系更加高效；以故障率和故障处理成本降低为目标，持续开展质量攻关项目，六西格玛管理进一步深入推进，关键零部件反馈故障率下降了30%以上，各机型平均成本降幅达到9.5%。

主要创造人：王志中

用"罗钾精神"打造卓越企业文化阵地

国投新疆罗布泊钾盐有限责任公司

国投新疆罗布泊钾盐有限责任公司（以下简称罗钾）成立于2000年9月，2004年成为国家开发投资公司的控股企业，以开发罗布泊天然卤水资源制取硫酸钾为主业，是世界最大的单体硫酸钾生产企业。截至2016年12月，公司资产总额79.79亿元，拥有员工3294人。截至2016年，公司已累计生产销售硫酸钾1000多万吨，硫酸钾国内市场占有率达到50%以上。拥有国家级企业技术中心，累计获得专利36项。科研成果两次荣获国家科技进步一等奖。先后获得"全国创先争优先进基层党组织""中央企业思想政治工作先进单位""自治区民族团结进步先进基层党组织"等荣誉。2015年，公司被中宣部列为全国重大先进典型，参加了光明网"核心价值观百场讲坛"活动。

罗钾的发展历程表明，精神的力量是无穷的。面对基础设施几乎为空白，几乎无相关经验可借鉴的情况，罗钾人在罗布泊经历了艰苦卓绝的开发历程，用了不到5年的时间，完成了小试、中试及工业性试验，创造了世界盐湖开发史上的奇迹，凝结出以"情系三农，为国分忧的爱国精神；献身盐湖、艰苦奋斗的创业精神；一流技术、永不止步的创新精神；同心同德、敢于担当的团队精神"为核心的"罗钾精神"。正是这种精神的力量，成为罗钾人在不断创新发展中取之不尽、用之不竭的动力源泉，为罗钾打造"罗布泊"品牌，创造"罗钾速度"和"罗钾质量"，提供了无限动力。

以"罗钾精神"为引领，积极培育社会主义核心价值观

"罗钾精神"是社会主义核心价值体系在企业中的具体延伸和生动体现，能够引起员工在感情上的共鸣、在思想上的认同、在行动上的拥护，始终坚持以"罗钾精神"为价值引导，把社会主义核心价值观作为一种独特的生产要素和宝贵的发展资源融入企业生产经营全过程，持续开展社会主义核心价值观教育，积极探索用社会主义核心价值观培育企业文化、升华企业精神，引领企业明确发展方向。

首先，把培育和践行社会主义核心价值观融入队伍建设，纳入"三严三实"和"两学一做"学习教育，强化员工岗位意识和服务意识，号召党员干部带头践行"国家利益至上，艰苦奋斗、勇于担当"的罗钾共同价值观，把"罗钾精神"和国投"三为"企业文化理念落实到每个岗位和各方面工作中，广泛凝聚共识，不断激发员工企业主人翁精神，引导广大员工"把良心放在粮食中"，以生产中国农业和农民需求的"良心钾、放心钾"为目标，促进"快节奏、高标准、工作实、状态好"的良好工作作风的形成，锻造出一支爱岗敬业、无私奉献、思想稳定、技术过硬、能打硬仗的罗钾"时代先锋"队伍。

其次，将培育和践行社会主义核心价值观融入中心工作，紧扣"服务生产经营"这一中心，发挥宣传媒体的主阵地作用，利用新媒体资源，在落细、落小、落实上下功夫，在日常化、具体化、形象化、生活化上做文章，强化员工的敬业精神和责任担当。引导员工发扬企业精神，让"罗钾精神"贯穿全岗、全员、全程，力求见真章，现实效。持续开展岗位技能比武，志愿服务活动，开展党员示范岗、标杆班组、岗位能手、最美罗钾人等先进典型选树活动，引导员工敬业奉献、争创标杆。

最后，将培育和践行社会主义核心价值观融入"群团"活动，以促进员工岗位成长、岗位成才和职业成功为工作着眼点，把实现好、维护好、发展好员工的根本利益作为出发点和落脚点，依托行之有效的群团活动，不断完善员工晋升渠道，发扬广大员工的劳动热情，将爱岗敬业的奉献热情转化为一丝不苟、严谨精确的工作行为。依托员工喜闻乐见的文娱活动，用文化传播和滋养社会主义核心价值观，引导员工将弘扬核心价值观内化为精神追求、外化为自觉行动，凝聚广大员工的价值认同。

2015年年底，罗钾被中共中央宣传部列为全国重大先进典型进行宣传，公司"罗布泊的创业团队"参加了光明网"核心价值观百场讲坛"，被中宣部推荐为"时代先锋"，中央电视台《新闻联播》《焦点访谈》和各大主要媒体对公司进行了专题报道，称罗布泊钾肥让我国的硫酸钾肥料实现了自给，增加了粮食安全保障，降低了进口成本，减轻了农民使用化肥的负担，罗钾人的贡献值得被铭记。2016年7月，公司党委书记、总经理李守江被中央宣传部表彰授予"时代楷模"荣誉称号并在中央电视台《时代楷模发布厅》向全社会公开发布先进事迹，罗钾成为具有全国重大影响的中央企业先进典型，"罗钾精神"被誉为新时代的"大庆精神"。"罗布泊品牌"的知名度、信誉度和美誉度得到提升。

抓住宣传契机，企业文化建设融入国家战略

罗钾对十多年来扎根罗布泊、为国家钾盐事业奉献的文化成果和管理经验进行"再总结、再提炼、再提升"，对罗钾文化资源、人文精神进行抽丝剥茧的梳理和升华，其未来的发展战略完全融合中央提出的"创新、协调、绿色、开放、共享"的发展理念，通过"科技、管理、商业模式"三大创新方式与"协调、绿色、开放、共享"发展理念的有机结合，为罗钾新时期的文化落地提供了条件。

在创新发展上，始终把技术创新摆在核心位置，充分利用国家级企业技术中心平台，坚持以资本为纽带，产学研结合，多学科协作，着力突破关键核心技术，推动科技成果产业化。同时，大力弘扬工匠精神，让广大员工成为企业创新、创效、创优的主体，打造发展的新引擎，增强发展的新动力。通过增强创新自觉，提升创新自信，深化创新自醒，培育了一批创新型优秀人才。

在管理创新上，以体制和机制的创新为着力点。通过生产管理系统与经营管理系统的全面集成和深化应用，实现由传统制造业向智能制造方向发展，增强了企业的资源优化配置能力，提升了系统应用效率，有效支撑了公司精细化、科学化管理目标的实现，通过战略规划和内部改革实现了顶层设计的优化和管理层级的压缩。在机制创新上抓住"用人"和"分配"两个关键，通过不断完善公司法人治理结构，大力推行职业经理人制度，在公司重大技术问题上让专家说了算，

收入分配向一线技术人员倾斜，充分发挥精神激励、物质激励和股权激励三重作用，建立健全了人才培养机制、人才流动机制和人才评价激励保障机制。

在商业模式创新上，通过市场开拓、产品推介、品牌培育等增值服务来提升企业的效益。按照"分类、分等、分策"的精细化管理模式，深入市场抢抓机遇，发现、引导、培育一些新的需求，公司近期推出的52%含量高品质绿色硫酸钾产品，为推动硫酸钾行业新标准的制定以及行业落后产能的淘汰发挥了积极的作用。

在协调发展上，始终注重发展的平衡性、协调性和可持续性，妥善处理好坚持党的领导和促进经济发展的关系、工业化和智能化的关系、生产和销售的关系，不断补齐短板，化解突出矛盾，增强发展的整体性；注重企业发展与社会发展、个人发展的协调，增强发展的平衡性；注重战略规划和企业文化建设，坚持出成果、出人才、出品牌、出效益，增强发展的可持续性。

劳动技能大赛

在绿色发展上，在生产过程中，大力倡导清洁生产、绿色制造，始终坚持走"三低""三高"的绿色发展之路，"三低"即低消耗、低排放、低污染，"三高"即高效率、高效益、高循环；在销售过程中，我们始终坚持把良心放在粮食生产上，打造为中国"米袋子"和"菜篮子"负责的"良心钾""放心钾"。

在开放发展上，将目光放在全世界，通过"让产品和品牌"走出去、依靠技术合作走出去、抓住"一带一路"的倡议机遇走出去的"三步走"战略，将罗布泊品牌塑造成有实力、守信誉、负责任的世界级品牌形象，让罗布泊这艘硫酸钾航母走出罗布泊、走出新疆、走向世界。

在共享发展上，本着"让农民受益、让全社会受益、让出资人受益、让员工受益"的宗旨，通过让中国的农民用上质量最好、价格最便宜的硫酸钾肥，积极履行社会责任，促进新疆地方经济发展和长治久安，保障国家粮食安全，切实做到发展成果的共享，以实际行动践行"中国梦"。

注重传承与创新，促使文化建设结出累累硕果

面对全国经济下行压力加大、国际国内钾肥市场持续低迷等严峻形势，"罗布泊"牌硫酸钾仍然引领国内硫酸钾市场走出一波一枝独秀的市场行情，实现了"罗布泊"品牌价值稳步提升。这一成绩的取得，除了科技和管理创新等硬条件外，精神引领的力量以及由此培育出的"时代先锋"队伍，是公司砥砺前行的魂和根。

注重文化传承。"罗钾精神"中体现出来的"爱国、创业、创新、团队"核心内涵是国投人精神的写照，也是罗钾企业人格的化身。在企业文化建设中，罗钾总结创业初期地窝子艰苦创业历程，打造员工教育基地，激励员工胸怀感恩之心、敬畏之心，不忘罗布泊艰苦创业历程。2016年1月，由中宣部、国务院国资委组织的媒体采访团远赴新疆戈壁深处，到罗钾进行实地采访，解密"罗钾人"在死亡之海中的创新与坚守。同年10月，国务院国资委组织著名作家、艺术家走进罗布泊钾肥基地进行采风，深入挖掘"时代先锋""时代楷模"背后的感人故事。

注重文化的创新。在企业文化建设上，罗钾重视文化的潜移默化作用，强调员工融入，通过不断丰富和优化载体，员工不断感受罗钾文化的魅力，在具体的实施层面，创新性构建了党政工团齐抓共管、全员参与的工作机制，突破"两张皮"和"自我循环"的旧有定式，通过拍摄形象专题片、微电影、积极组织"青年论坛"、员工文化艺术节等活动，企业文化文艺创作、文化展演、创建等文化载体新颖丰富；通过以党建文化、群团文化、廉洁文化为支撑，公司的文化建设渗入反腐倡廉、作风建设、队伍稳定等热点领域，逐步形成"罗钾精神""一枝独秀"与党建、团建等各项工作"百花齐放"的活跃局面。

注重体系化推进。从创业期转入发展期，罗钾的企业文化建设立足"关心人、尊重人、成就人"的总目标，按照"内化于心、固化于制、外化于行"的总体要求，主动将企业文化纳入重要工作日程，健全组织体系和管理制度，培养骨干，让文化管理得到广大员工的认同和执行。持之以恒与坚定不移，使"罗钾精神"得到认同，带来的是凝聚力的提升，生产力的激活，使员工中蕴藏的文化创造力得以迸发并结出硕果。

爱岗敬业，善谋实干，为公司当好"智囊团"在罗钾称为新风尚，硫酸钾厂员工开展合理化建议和革新改造，实现矿耗、水耗、电耗降低，产品单位生产成本降低上百元，实现设计产能并连续多年超产；动力厂的检修突击队，利用检修期整改脱硫设备，实现绿色环保目标。公司前锋创新工作室、技能大师工作室、青年创新工作室创新创优创效，实现了出人才、出技术、出品牌的目标。

硕果累累，砥砺前行。罗钾文化还在发展，在今后的工作中，罗钾的企业文化建设必然要主动适应，常建常新，广大罗钾人必将牢记责任，继续挖掘"罗钾精神"内涵，讲好"罗钾精神"故事，推动"罗钾精神"践行，用企业文化带动人、鼓舞人、激励人，为促进企业创新、转型和提升，为新疆经济社会的跨越发展贡献更大力量。

主要创造人：李守江

参与创造人：王　英　甘绍娇

以阳光文化激发企业内生动力的探索与实践

华电淄博热电有限公司

华电淄博热电有限公司（以下简称淄博公司）始建于1952年，隶属于中国华电集团公司，现有装机规模104.6万千瓦，另有已核准光伏项目2万千瓦。先后荣获和保持了"全国五一劳动奖状""全国'安康杯'竞赛优胜单位""华电集团五星级发电企业""山东省文明单位"等荣誉。

淄博公司以阳光文化为引领，以文化管理为主线，以构建"阳光、合作、共赢"的企业管理格局为目标，积极践行社会主义核心价值观，从激发员工创造力入手，大力推行人格化管理，使一个拥有60多年历史的老企业焕发了生机与活力，开辟出一条集现代企业管理思维和优秀历史传承为一体的全新的管理路径。

背景探析与问题查找

长期以来，国有企业一直承担着过多的社会职能。国企员工对企业寄予的期望、国企自身承载的愿望都远远高于其他所有制形式的企业。而普遍安于现状，不能适应时代和企业发展的新要求，摆脱不了对"按部就班"的依赖和"墨守成规"的束缚，久居国企的优越，现代企业治理制度引入带来的管理转型及国企"去社会化"引发的落差，使得企业内部负面情绪逐渐累积、沉淀，企业情绪成本逐步增加，企业发展后劲不足。

淄博公司经过调查研究，找到了五大症结问题。一是企业"去行政化"不足，管理方式相对简单，以罚代管问题普遍存在，造成了管理者与被管理者的矛盾与对立，严重挫伤了员工的积极性；二是企业内部层级关系分明，员工表达意见与建议的渠道不畅通，提出的意见得不到答复或答复较缓，相关的职能部室也缺乏有效监管；三是部分激励政策不合理、不到位，影响了员工工作积极性；四是政策导向不清晰，尤其是个别干部选拔使用不当；五是员工职业发展路径狭窄，人才流动不畅，导致部分骨干发展后劲不足。

淄博公司认真分析问题产生的深层原因，究其根本是企业文化定位不清楚、作用不突出。具体表现为：一是现有文化不适应企业发展的需要。2008年推出的"竞优"文化，虽然在培养员工竞争意识和创新精神方面发挥了重要作用，但过分强调竞争也造成了恶性竞争和对立矛盾，影响企业向心力的凝聚。二是文化发展孤立化。由于领导职责与部门分工的差异，文化建设未能深度融入发展战略、管理思维、管理方式等层面，造成管理思维、管理方式与企业文化相悖。

针对这些问题，淄博公司在原来开展文化建设的基础上，创新实施以人格化管理为主要特色的文化管理，借鉴积极心理学的基本理论和实践，从降低负面情绪入手，通过规范行为、弘扬正气，挖掘员工内在潜能，提升正能量，培育并形成阳光、和谐、包容、互助的企业人文生态，走出了一条"以文化力推动发展力"的创新发展之路。

在国有企业推行文化管理激发企业内生动力的探索实施

淄博公司以"文化自信"作为实现百年淄电梦的强劲动力，借助于阳光文化管理的深入推行，大力实施人格化管理，最终形成了一套以阳光文化为引领、以制度建设为依托、以精益管理为实践的治理体系，称之为"阳光治理模式"。

淄博公司的阳光治理体系构建，一是意识形态构建，主要是阳光文化理念体系的构建与宣贯；二是管理体系构建，是以"阳光、合作、共赢"的阳光思维为统领，对企业管理思维、管理方式、管理制度进行全面、系统地梳理，将文化倡导与管理实践深度融合，形成发展合力，提升企业发展能力。

阳光文化论坛

实施文化创新，共建共享，让阳光和共赢成为企业发展的支撑。完善文化体系。淄博公司原先的"竞优"文化过多地强调了员工个体间的竞争，未能有效引导员工将个人成长与企业的发展相结合，导致了员工关注点的偏移。意识到问题后，2011年7月始，公司以培养阳光心态、激励阳光行为、固化阳光思维为内容，利用四年时间组织开展了"阳光淄电"系列活动；2015年，在获取广大干部员工的大力支持后，淄博公司推出了"阳光文化"，举办了阳光文化发布会，并开设"阳光文化论坛"，定期组织研讨，不断丰富阳光文化内涵。根据华电集团"三统一"要求，重新对阳光文化理念体系进行完善，将"阳光成就梦想"作为核心理念，着力构建以"阳光、合作、共赢"为特征的文化体系，将"人本观念""精益思维""创新精神"确定为公司的总体价值取向和企业文化之魂，更加强调以员工的成长促进企业发展、企业发展带动个人发展，形成"共赢合力""同频共振"。

建设单元文化。注重单元文化的发展。开展了丰富多彩的班组文化建设，鼓励大家以阳光文化为根基，结合各自工作实际，发展独具特色的单元文化，运行分场"阳光·笃行"文化，燃料管理"阳光·墨玉"文化，热控分场"阳光·五心"文化，物资公司"阳光·5J"文化等相继涌现，充分调动全体员工参与文化建设的积极性，形成上下互动、层层覆盖的大文化格局；在此过程中，不断强化品牌建设理念，创新开展"精实政工"党建品牌建设，将文化建设的日常管理纳入其中，实现了思想建设的虚功实做，有效推动了文化建设的蓬勃发展。

践行阳光文化，创新求实，让公平和秩序成为企业发展的基石。依法治企，搭建阳光高效的管理平台。淄博公司着力推动两大转变：即管理方式从事后查处向目标激励转变，管理思维从强化外部管制向注重内因激发转变，推动企业管理转型升级。放弃对单一指标的过度追求，重新调整燃料、运行和检修维护的定位和各板块之间的关系，努力实现整体效益最大化；将阳光文化融入制度建设，每年举办"制度学习与体检"活动，对制度与标准进行修订，58项管理标准、186项规章制度、61项技术标准等搭建出"以人为本""鼓励竞争""激励创新"的管理构架。

公正透明，完善阳光公开的运作机制。淄博公司不断优化组织机构，规范管理流程，优化绩效考评体系，形成了公开、公平、公正、科学的目标引导机制、绩效评价机制和监督反馈机制。机制构建中，薪酬收入坚持"向一线员工倾斜、向优秀员工倾斜"，推行阶梯式奖励手段，增强了员工的存在感与自豪感，管理资源以"建设文化制胜、管理一流、永续发展的百年淄电"为核心，保持了企业的科学发展；管理关系以"追求综合效益最大化"为目标聚拢，并实现阶段性的调整与平衡。新机制运行以来，员工气顺了、劲儿足了，企业管理秩序、工作秩序井井有条，确保了员工的每一分努力都转化为企业前进的动力。

坚持以人为本，尊重员工的个人价值实现，将尊重与信任转化为企业发展的动力。一是畅通三大通道：畅通技术晋级通道，每年面对全体员工开展"星级人才"评聘，不设名额和年龄限制，将员工为企业创造的成果、做出的贡献全部纳入评选内容，实现了员工业绩与职业晋升的有机结合；畅通技能提升通道，出台制度鼓励员工参与各类技术认证，提升业务技能；畅通职务晋升通道，推行后备干部推荐制度、干部任前征求意见制度、公示制度，实现了职务晋升通道的公开透明。二是搭建两个平台：搭建技术交流平台，定期举办各类技术比武、技能大赛，为优秀员工脱颖而出创造条件；搭建岗位交流平台，分层级组织本专业、跨专业岗位交流，拓展员工成长空间。一系列的举措使员工感觉"被尊重""被认可"，基层员工工作热情空前高涨。

给员工一个舒心的工作环境。一是理顺干群关系。淄博公司不仅干部选拔公开透明，还将公开、透明推行到在职干部管理中。通过改进中层干部综合测评办法，每半年由公司领导、中层干部、职工代表对全体中层干部分工作业绩、工作能力、工作态度三部分进行评价，测评得分网络公示。改进干群沟通方式，变训话为对话，变灌输为倾听，撤掉主席台，领导干部放下身段和员工平等交流。二是改进职能部室作风，以创建"阳光部室"为抓手，通过发布自律公约，开展作风讨论，履行部室承诺，整合办公场所，实施内务整理，组织综合测评等形式，从小事入手，化繁为简，切实规范管理人员行为准则，有效促进了管理人员作风的改进。三是改善员工的作业环境，引导员工养成良好的工作习惯，进一步提升职业素养，积极推行7S管理，从硬件改善入手，鼓励员工参与改善，实现企业内质外形大提升。美化班组环境，更换桌椅，配备学习室、更衣室，实现硬件设施升级；开展班组文化建设，鼓励员工自己动手，班组面貌焕然一新。小有受益后，员工内心不再排斥7S管理，并且积极主动参与其中，7S改善进一步推行到工作现场，专注于消除设备"七漏"。集中力量对生产现场各类漏点进行治理，"七漏"得到根本性消除，员工日常劳动强度也大大降低。工作环境好了，现场维护量少了，员工脸上的笑容多了。

鼓励员工追求工作与生活的平衡。淄博公司以"阳光淄电"建设为载体，以"阳光成就梦想"为主题，每年举办"阳光文化艺术节"，员工文化生活五彩斑斓。公司鼓励支持员工以自己的爱好为基础，成立各种协会。短短的时间内，足球、篮球、乒乓球、羽毛球、毽球、象棋、摄影、登山、声乐、舞蹈、健美、赏石等22个协会如雨后春笋般纷纷成立起来，花样繁多的协会活动不仅丰富了员工的业余生活，更充实了他们的内心世界，也拉近了员工与企业的心理距离，企业内部环境充满阳光、和谐。

推行文化管理激发企业内生动力的实施效果

企业发展态势呈历史最佳。淄博公司以"文化力"推动"发展力"，整体发展呈现小高潮。多项指标历史最优，发展势态日益向好。截至2017年3月31日，实现连续安全生产6809天。品牌建设亮点突出，凝聚员工智慧和汗水的燃料"绿色无尘化治理"和物资"360全覆盖仓储管理"响彻华电集团内外。三大板块协同发展，产业布局持续优化。火电板块价值贡献度大幅提升，经济效益和运维水平创历史最高。企业发展焕发出前所未有的生机与活力。

人才队伍建设硕果累累。文化的关键在于"化人"，以文化人，以文化心。员工在"阳光文化"的感召下，心气儿顺了，干劲儿足了，个人发展亮点频现，先后涌现出一大批耀眼明星；公司"不拘学历、不限年龄，不唯资历、只唯能力"的用人原则使得11名青年员工走向了中层管理岗位；员工的职业素质技能也得到了上级单位的认可，近年来先后向外输送人才33人，极大地提高了淄博公司的对外形象。

企业人文生态明显优化。管理机制的阳光、公开、高效运作，大大激发了员工工作主动性和积极性；形式多样的"四德教育"、丰富多彩的文化活动又进一步提升了员工的思想修养，拉近了员工与企业的距离。员工能够积极践行《华电宪章》精神倡导，踊跃开展爱心捐赠、贫困助学等"中国华电，度度关爱"志愿活动，彰显淄电人在社会责任面前的使命感和责任感，企业人文生态不断得到优化，"快乐工作、健康生活"成为员工共识。

主要创造人：殷绪强　李经升

参与创造人：陈雪芹　孙玉娟　郭　伟

新常态下特色企业文化的探索与实践

国投钦州发电有限公司

国投钦州发电有限公司（以下简称国投钦电）成立于2004年1月，是由国投电力控股股份有限公司、广西投资集团有限公司共同投资组成的有限责任公司，主要负责钦州电厂的建设与经营。公司立足钦州，服务广西，截至2016年12月31日累计发电511.92亿千瓦时。是广西大型的绿色电能平台，为"西电东送"主网架提供了有力的电源支撑。先后获得 "全国五一劳动奖状" "全国模范职工之家" "全国文明单位"等诸多荣誉。

自2004年成立以来，国投钦电始终秉持国家开发投资公司"为出资人、为社会、为员工"的"三为"理念，践行"创新发展，追求卓越"的公司精神，在广西北部湾一片汪洋大海之上，通过吹沙填海、艰苦创业，建立起了一座新型的绿色火电企业。

在国投钦电的创业、发展过程中， "三为"理念为公司发展奠定了坚实的思想基础。但从企业文化的发展历史来看，公司自2004年成立以来，经历了不同的领导班子，因此在文化的积淀中，既有精细化的管理思想，又有市场化的经营理念，既有成文的规章制度和管理方式，又有不成文的行为习惯和思维方式，既有健康向上的文化因素，又有不合时宜的落后文化；随着企业的发展壮大，来自全国各地的优秀人才汇聚于此，不同地域的文化习惯差异及新老员工认知思维的差异冲突；在企业文化积淀、形成的过程中，各种文化理念交错繁杂、散乱无序且不成系统，无法形成统一的可推广、可宣传、可执行、可深耕、可传承的企业文化系统；同时越来越多的国投钦电人开始意识到，在经济全球化时代，企业间的竞争已经从单纯的硬件竞争上升到软件竞争，从以技术产品为主的竞争上升到公司的社会责任理念及道德水准的竞争，先进的企业文化已经成为企业制胜不可或缺的核心能力。国投钦电的企业文化除了包含"三为"理念的精髓，还具有哪些特质和基因？这成为国投钦电人着重思考的问题。

基于此，从2013年开始，国投钦电把建设具有钦电特色的企业文化纳入公司发展战略，就如何打造新常态下的特色企业文化进行了深入的探求与实践。

制定宏观规划，明确企业文化建设的目标

思路决定出路。企业文化建设是一个系统工程，没有清晰的思路和规划，便无从做起。2013年，国投钦电经过深入调研、反复商讨，制定了《国投钦电企业文化建设发展规划》，指导当前和今后一段时期国投钦电的企业文化建设工作。

按照规划要求，国投钦电的企业文化建设被纳入公司发展的重要工作之一，其目标和方向是以文化为统领，结合生产效能、经营管理、工程建设三大内容，创建覆盖国投钦电全体员工的文化建设机制，营造持续创新、安全生产的文化环境，凝聚一流的文化建设人才，打造系统内一

流、行业内知名的文化品牌，形成行业内具有影响力的国投钦电"软实力"。

为了确保规划的全面落地，国投钦电切实加强组织领导，建立健全组织机构，成立了企业文化建设领导小组；分解目标分步实施，明确各阶段特点，确定2013年为企业文化开展年，明确"文化定位"，形成统一系统的文化体系。2014年为企业文化落地年，确保"文化落地"，支撑足够有力量的文化落地。2015年为企业文化深化年，开展"文化输出"，指向清晰有力量的文化传播。2016年为企业文化持续年，继续强化"文化输出"和文化传播。各个阶段所体现出来的是国投钦电从文化的意识提炼阶段、到文化塑造阶段、再到最终呈现阶段的完整企业文化落地的过程，而通过这几个阶段的建设，最终形成国投钦电的企业文化生命力。

构建中观体系，明确企业文化建设的内容

明确企业文化建设的目标和方向后，提炼企业文化理念，构建企业文化体系，成为探索国投钦电企业文化的基础环节。

2013年，在咨询公司的帮助下，国投钦电通过开展员工访谈、定性资料研究、概念提炼等环节，明确了国投钦电的基本价值理念，将国家开发投资公司的发展使命作为国投钦电企业文化的一部分加以阐释，使国投钦电的企业文化系统最终形成，整个企业文化系统包括三个体系的内容，即精神文化体系、行为文化体系和器物文化体系。

企业文化培训

一是在精神文化体系层面，国投钦电把企业宗旨、企业使命、企业愿景、核心价值观和企业精神作为基本价值理念，明确宣示了公司的奋斗方向、存在意义、重要责任、价值追求和精神境界，表明了国投钦电对国家、对社会、对上级公司、对合作伙伴、对员工所遵循的基本行为准则和价值判断，同时也明确了对宣传、管理、创新等层面的具体要求。

二是在行为文化体系层面，将"用诚信，聚真爱"作为国投钦电企业文化的核心内容，深刻地体现了"用心""诚心""信心""聚心""真心""爱心"六心的特质与内涵，因此国投钦电的企业文化也被称为"六心"文化。延展到行为准则，则具体表现为：用心工作，实现自我；诚心待人，团结协作；信心自励，求新进取；聚心超越，共创辉煌；真心感恩，爱岗敬业；爱心奉献，筑梦家园。行动准则是国投钦电全体员工所遵循的共同行为总要求，是承接企业文化理念下的文化行为导向，是对企业全员行为的条例化规定。

三是在器物文化体系层面，设计了企业文化标识、VI视觉规范，建设了"六心"广场、企业文化工作室等，提升了文化设施。

2014年，国投钦电召开大会向全体员工正式发布"六心"文化，吹响了国投钦电推进"六心"文化建设的号角。大会强调，"用诚信，聚真爱"是"六心"文化内涵的集中体现。国投钦电"用诚信，聚真爱"的"六心"文化，源于区域文化环境、企业使命责任和企业经营管理的实践，同时凝聚全员思想智慧，为企业实现持续发展、提升核心竞争力提供思想引导和行为指导。其中"用诚信"可分解为"用心""诚心""信心"，它们是实现目标的方法，"聚真爱"可分解为"聚心""真心""爱心"，它们是要实现的目标和过程，充分体现出方法、过程和目标的动态统一。

"六心"文化体系在形成的过程中，引起了国投钦电广大员工的强烈共鸣和一致认同，并逐步成为钦电人共同的精神信念和行动指南。

搭建微观载体，促进企业文化建设落地

企业文化落地是企业文化建设工作中的重要环节。为了推进"六心"文化的落地，强化"六心"文化对全体员工的思想引领作用，国投钦电注重搭建载体，通过开展培训、树立典型、加强宣传等方式，分别从仪式化、行动化、故事化、可视化、常态化五个方面推进文化落地，开展"走心五部曲"，为"六心"文化的全面落地打下了坚实的基础。

加强培训，增强员工的文化认同。企业文化体系构建完成后，如何让员工熟悉、接受和认可企业文化，让企业每一位员工都自觉成为企业文化的传播者和践行者，成为企业文化建设的主要目标之一。2013年以来，国投钦电先后成功举办"种子教官"策略营活动、"黄金战队"策略营活动、"行为仪式"策略营活动等形式新颖、参与性强、互动性强的教育培训活动，全体员工的文化认同感普遍增强，收到了良好的效果。

为了增强培训的效果，国投钦电为不同层级的员工定制了不同的培训内容，如面向基层员工举办的"种子教官"策略营活动，更注重寓教于乐，围绕"六心"文化主题展开一系列丰富多彩的活动，参加培训的学员在活动中深刻感受到了信任与沟通、竞争与合作、执行与细节的重要性，培养了团队精神和合作意识，拓展了视野和思维，收获了信任和快乐。而面向中层干部的"黄金战队"策略营活动则侧重企业文化的管理和落实，培养中层干部在企业文化建设过程中的管理和执行能力。

树立典型，激发员工的精神动能。一个典型就是一面旗帜。国投钦电以"六心"文化的精神要求为标准，通过选树先进典型实现价值观最生动、最真实、最具影响力的诠释，以先进典型激

励全体钦电人践行"六心"文化，投身奉献绿色能源、服务地方经济的伟大事业。

国投钦电通过联合当地主流媒体开展"寻找美丽钦电人""企业文化故事会""电力工匠"文化主题活动等形式，挖掘"敬业的典范""诚信的标兵""创新的勇士""越超的先锋""聚心的团队"等先进典型。2015年，共有20名钦电人被推选为"美丽钦电人"候选人，有9人获得"美丽钦电人"光荣称号。2016年，共有30个故事入选《企业文化故事会》优秀故事，8个故事入选精品故事。上述典型和事迹成为全体钦电人学习的标杆和榜样，成为鼓舞员工士气的精神动能。

加强宣传，营造浓厚的文化氛围。国投钦电以公司网站、"印象钦电"微信公众号、企业内刊等多个宣传平台，通过拍摄宣传片、出版特刊、举办颁奖典型等形式宣传"六心"文化；通过编印《企业文化手册》《最美六心文化故事汇编》等系列文化书刊，把钦电员工中蕴含的具有主流文化价值的好故事、好员工挖掘出来，感受钦电人的团队之美、平凡之美、感恩之美、成长之美，充分展现出钦电人阳光、积极、向上的精神风貌，强化了"六心"文化、典型事迹的宣传与传播，营造出浓厚的文化氛围，充分展现钦电人阳光、积极、向上的精神风貌，强化了企业文化、典型事迹的宣传与传播，激发了全体钦电人对"六心"文化的共鸣。

工作成效

2013年以来，通过有效的载体使全体国投钦电人参与了"六心"文化建设的全过程，加深了广大员工对"六心"文化的认识、理解与认同，全员的工作积极性和创造力普遍得到增强。在"六心"文化的引领下，国投钦电的经营管理、安全工作、班组建设等各项工作都取得了长足的进步。如，在企业文化的引领下，公司安全工作取得成效，形成了富有钦电特色的"六进式"安全文化管理模式，以此推动安全管理理念落地生根，全体职工自觉将安全文化内化于心、外化于行；在"六心"文化的引领下，班组建设工作蓬勃发展，化验班等4个班被授予"2016年度广西质量信得过班组"荣誉称号，公司五星班组达85%以上；在"六心"文化的引领下，国投钦电积极探索创新管理的新思路、新方法和新途径，引导全员提高创新意识，营造创新氛围。2016年成立6个创新工作室，分别为金摇篮工作室、敢干善成工作室、信息化工作室、企业文化工作室、同心工作室、攻坚克难工作室，并举行创新工作室授牌仪式。

通过全面系统的"六心"文化建设，国投钦电的知名度和美誉度得到大幅提高。通过建设具有钦电特色的"六心"文化，为新常态下国投钦电全面深化改革、推进转型升级、加快创新发展提供了强有力的思想保障，为国投钦电的健康稳定发展提供了源源不断的精神动力，为特色企业文化建设的探索与实践积累了宝贵经验。

主要创造人：龚小勇

参与创造人：刘光辉　罗　潇

"三厂一地"管理助力和谐企业发展

大唐彬长发电有限责任公司

大唐彬长发电有限责任公司（以下简称大唐彬长公司），属于典型的"坑口电站"，是国家规划的14个亿吨级重点煤炭基地之———黄陇煤炭基地（探明储量近150亿吨）的重要组成部分。中国大唐集团公司于2005年成立彬长煤电水一体化项目筹建处，正式启动项目前期工作。2008年，大唐彬长发电有限责任公司正式组建，由中国大唐集团公司投资80%、陕西彬长矿业集团有限公司投资20%组成。规划总装机容量6260MW，一期已建成2×630MW国产超临界空冷机组；二期2×1000MW超超临界空冷机组正在全面开展开工前的各项准备工作；三期规划建设3×1000MW超超临界机组。

大唐彬长公司自组建以来，坚持以大唐精神为引领，以价值思维、效益导向核心理念为指导，在建章立制、后勤保障、温情关爱等方面，积极探索"三厂一地"共建和谐企业的管理思路，为企业科学发展提供了精神动力和智力支持。

"三厂一地"管理的实施背景

大唐彬长公司内部同时共存担负承运承检工作的大唐户县第二热电厂、大唐略阳发电有限责任公司两家兄弟单位的项目部人员680人，大唐在陕三家企业1000多人组成的团队共同生活、工作在一个地方。三家大唐兄弟单位人员结构的多元化，原有的生活习惯、管理思维方式以及企业文化的差异，使得企业内部管理呈现复杂性、多样性和艰巨性。加之企业所在地地处大山环绕的山区，距城镇较远，环境相对封闭，生产生活条件较差，职工业余文化生活比较单调，给企业健康和谐发展带来了严峻考验。

大唐彬长公司从现实的角度和战略的高度出发，以大唐精神为引领，以价值思维、效益导向核心理念为指导，创新提出了"三厂一地"的管理思路，积极打造以人为本、富有亲情、体现关爱、充满和谐的人文环境，建立起互帮互助、诚实守信、平等友爱、融洽相处的人际关系，正确处理错综复杂的劳动关系，深入推进和谐文化建设，为建设和谐彬长、美丽彬长、效益彬长提供强有力的组织保障。

"三厂一地"管理的经验做法

建立"三厂一地"管理机制，成为助力和谐企业的催化剂。抓住三家企业同为中国大唐所属三级单位的特点，以提升企业管理水平，提升企业的盈利能力这个价值思维为根本出发点，从建立"三厂一地"的管理机制入手，抓住建章立制、统一协调、共同提升，将三厂职工思想和行动牢牢聚拢在一起，为企业和谐发展奠定基础。

建章立制，催化和谐。制定了彬长特色的《承运承检一体化管理办法》，明确了甲、乙双方的责任和义务，推行生产管理、安全管理、运行管理一体化，规范了管理流程，理顺了管理程序。坚持共同参与管理的原则，摒弃简单安排工作任务的办法，主动邀请项目部负责人参加企业重大会议和每日的生产早会，促使项目部及时掌握企业动态，摸清每天安全生产底数，积极协调解决承运承检工作中存在的困难和问题。

统一协调，赢得和谐。在检修维护的重点项目和外围运行重大操作中，坚持以统一协调原则替代指挥代管的工作方法，建立了融洽和谐的合作关系。建立了彬长公司、部门和项目部、班组三级安全网络，共同参与企业安全生产、治安保卫工作和内部综合治理，组织项目部人员每年参加统一的安规考试以及"春安""秋安""安全月""专项安全检查"等活动，形成安全管理联防联治的格局。

共同提升，推进和谐。注重发挥"大唐杯"劳动竞赛素质工程提升作用的价值思维导向，在一期工程建设期间，针对60万千瓦超临界空冷机组的特性和两个项目部人员未参与大型机组检修维护工作的实际，组织项目部人员一起提前介入设备安装调试过程中，全过程跟踪学习，及时掌握了机组的性能、特点，提高了工作技能水平，为机组由基建期顺利转入生产期打下了坚实基础。每年结合生产任务和根据科学技术不断发展的需要，邀请厂家的专家、技术人员同时对三厂不同层面的人员进行技术培训，不断提高人员素质。

创设"三厂一地"后勤保障体系，成为助力和谐企业的润滑剂。三家单位人员多来自大唐陕西公司系统单位，远离原来家庭居住地。大唐彬长公司与两家单位虽然在工作上是甲乙方关系，但更是兄弟单位，各种关系千丝万缕，各种联系十分密切。为了创建和谐的发展环境，大唐彬长公司从最大限度维护广大职工最基本的生活需要这个价值思维出发，坚持党委主导，各部门齐抓共管，确定专人具体实施，想方设法争取支持加大投入，积极创建"三厂一地"后勤保障体系，下大力气解决关系群众切身利益"六最"问题，努力改善生活居住环境。

一是建设共同居住的生活环境。安居才能乐业。在企业发展初期，在居住条件十分有限的情况下，该公司一视同仁，克服本企业职工住宿不足的困难，在公寓楼上挤出三层楼共94间房屋，同时对条件相对较好的招待所进行改造，腾出32间房，解决了这两个项目部部分人员居住问题。二是不断创造宜居生活环境。针对项目部临建房住宿条件较差的实际，2010~2013年，临建进行了修缮，配置了配套的空调、桌椅、床等设施。2014~2016年，建成可供700人居住的职工运行检修休息楼。三是打造优质餐饮服务环境。建立了可以容纳千人就餐的职工餐厅，实行食堂配送餐制度，保证运行人员夜班就餐和设备紧急抢修时的职工就餐需要。针对项目部关中、陕南人员差异问题，想办法为两个项目部建成各自的食堂，解决项目部人员不同生活习惯的问题。四是提供良好的物业服务。针对当地水质硬度较大的实际，建设了生活水处理设施。制定了五星级后勤服务制度，制作了物业服务卡，公布了送水人员和维护人员电话，实行专人负责，做到了随叫随到，方便了大家生活。五是建立完善的服务配套设施。本着服务职工、方便职工生活的原则，先后建设和完善了多功能厅、室外活动场所、自行车停车场等设施。相继引进了超市、卫生所、洗衣房、银行ATM自动取款机和移动通信服务网点等，为大家提供了便利。

创建"三厂一地"文化融合模式，成为助力和谐企业的黏合剂。三家单位同为大唐企业，人员同为大唐人,具有相同的目标和"务实,奉献,创新,奋进"的大唐精神。大唐彬长公司坚持以人为本,将大唐精神作为凝心聚力的重要载体,创建"三厂一地"的文化融合模式,通过制度建设、精神推动、真情关爱、活动凝聚起"同为大唐人、共筑大唐梦"的正能量。

一是用制度稳定人心。建立了由该公司出资牵头组织、项目部人员共同参与的特有的"三厂一地"的文化活动方式,建设了"一沟通一商议三必访"和"冬送温暖,夏送清凉"的关爱模式,将项目部人员吸纳到各种文化活动中。通过共同策划、共同组织、共同参与各种文化活动,建立相互交流、相互促进、相互提升的桥梁,不断提升职工道德素质和文化素质。二是用相互交流合作促和谐发展。加强党政工团沟通交流,用党性把三厂人员黏合在一起。借助节庆日,加强联系沟通,相互交流经验;换位思考,了解所需,增进理解。通过组织参加重大会议、座谈会、建言献策等活动,通过"我为减亏增效建言献策""全国安全月"等活动,引导三厂职工为企业减亏增效、管理提升等出主意、想办法,共促企业和谐发展。三是用大唐精神凝聚人心。充分发挥党委政治核心作用,大力宣贯和弘扬大唐精神,通过网站、展板、标语以及各种会议,全方位推行中国大唐视觉及目视系统,大唐精神人人皆知、深入人心。积极将大唐精神落实到稳定工作中,借助各种节庆日,与项目部干部职工座谈交流,加强联系沟通,相互学习交流工作经验,及时了解人员思想状况,协调解决生产、生活中的实际问题,相互理解,就地消化,增进了友谊和感情。四是用真情打动人心。注重发挥工会组织桥梁纽带作用,注重实施温暖工程,将两家项目部纳入实施温暖工程的对象,坚持逢节必访、逢修必访、困难必访,温暖人心。自2008年组建以来,访问项目部50多次,送去各种慰问品价值达9万多元。五是用活动激励人心。提出了"三厂一地"文化融合思路,实行"一体化"文化活动模式,打造文化活动平台将项目部人员的文化活动作为企业文化活动的一项重要内容。建立了"三厂一体"职工活动之家,设立了图书室、健身房和多功能厅,成立了篮球、乒乓球、棋类等六大协会,建设了"三厂一地"的文化体育平台,做到共同策划、共同组织、共同参与、增进情谊。自2008年以来,划拨资金近40多万元,组织活动60多次,项目部参与人数达2300多人次。

"三厂一地"管理取得的效果

"三厂一地"管理模式营造了"同为大唐人,共筑大唐梦"的和谐氛围,助推了和谐企业建设,大大增强了企业凝聚力,形成"1+2>3"的强大合力,大大推动了企业科学发展,企业管理水平逐年提升,经济效益稳步提高。

管理水平不断提升,在大唐陕西公司率先建成以安全生产一体化管控平台为依托的本质安全风险管控体系,率先建成以全自动监管系统、数字化煤场、数字化实验室为平台的"燃料三大项目",完成了2台机组的超低排放环保改造。企业创新能力不断增强,先后获得国家实用新型专利33项,国家发明专利1项,中国大唐科学技术奖4项,16篇科技论文在国家行业核心期刊发表。先后获得中国大唐先进基层党组织、特殊贡献奖等省部级以上荣誉40多项。

经济效益不断提升。企业组建以来,始终坚持"价值思维、效益导向"核心理念,在2009~2011年连续巨额亏损的不利局面下,2012年一举打赢扭亏为盈攻坚战,2013~2015年,企业盈利能力不断增强,巩固和保持了企业经营成果,实现了经营形势的逐年持续向好。截至2016

年年底，连续安全生产达到2588天。生产经营各项工作稳步推进，累计完成发电量411.25亿千瓦时，盈利9.4亿元，实现工业产值133亿多元，上缴利税近16亿元。

管理成果成效显著。1号机组2013年被中电联评为电力行业"可靠性A级机组"（全国415台600MW机组）；2号机组2012年5月被国家电监会授予全国（366台）600MW级火电机组"可靠性金牌机组"第1名，2015年连续荣获中电联全国火电600MW级机组能效水平对标一等奖（中国大唐12家）、国家能源局600MW等级机组可靠性评价对标第一名两项大奖，2016年再次获得中电联全国火电600MW级空冷超临界机组能效对标二等奖（中国大唐6家），这也是2号机组继2011年度以来连续5年以优良指标获得全国火电600MW级机组奖项。

"三厂一地"管理模式的启示意义

我国正处于全面建设小康社会的重要时期。国有企业在全面建设小康社会的征程上发挥着十分重要的作用。目前，国有企业也正处在全面深化改革的关键时刻，研究探索新时期企业和谐发展是国有企业现阶段的一个重要课题。大唐彬长公司作为中国大唐集团公司在陕西的大型骨干发电企业，在全面建设小康社会的征程中，在企业全面深化改革的过程中，在企业长期的生产经营实践中，全面贯彻落实社会主义核心价值观，积极探索大唐精神和价值思维、效益导向核心理念在企业的落地生根，认真系统地总结提炼三厂共处一地的管理模式，大力推动和谐企业建设。

根据企业共存系统三家单位实际和管理特点，大唐彬长公司探索出来的一条以"三厂一地"管理模式为切入点和突破口，以价值思维、效益导向为核心理念，让大唐精神在彬长的落地生根，形成强大的"三厂"凝聚力和核心竞争力。"三厂一地"管理模式之所以能大大推动和谐企业建设，必须坚持以构建社会主义和谐社会为统揽，以大唐精神为引领，以价值思维、效益导向为指导，以构建和谐企业为抓手，紧紧抓住企业人员构成多元化的新厂新制特点，牢牢把握"务实、奉献、创新、奋进"的大唐精神的内涵，认真研究、大力实施"三厂一地"的管理机制、后勤保障体系、文化管理模式，推动大唐精神落地生根，激发三厂人员"同为大唐人，共筑大唐梦"的共鸣，汇聚起三厂人员的强大合力，推动三厂人员在建设"价值大唐""绿色大唐""法治大唐""创新大唐""责任大唐"的道路上奋勇前行。

主要创造人：高　瑛

参与创造人：山　岚　王明潮

以创新发展为依托走持续发展的道路

四川水井坊股份有限公司

四川水井坊股份有限公司（以下简称水井坊）为成都水井坊集团有限公司（外资控股企业）控股39.71%并于1996年在上海证券交易所挂牌的上市公司，属"酒、饮料和精制茶"制造业，主营酒类产品的生产和销售。公司的经营模式为：原料采购、生产产品、销售产品。距今600多年的"水井街酒坊遗址"是公司独有的重要生产资源和品牌基础，是不可复制的、极为珍贵的历史文化遗产和有极高使用价值的"活文物"，被国家文物局列为"1999年全国十大考古新发现"，誉为"中国白酒第一坊"。公司拥有酿酒世家历代传承的固态发酵蒸馏白酒酿造的独特工艺和现代微生物技术等独立知识产权，在酿酒生物发酵菌方面获得的多项科技成果荣获市、省、国家级奖项。

2006年，水井坊与世界500强企业英国帝亚吉欧结为战略伙伴，外资的入驻，逐步改变了企业原有的体制和运作模式。体制的改变、白酒市场激烈的竞争以及日新月异的世界经济发展态势使企业比任何时候都需要融合与创新，水井坊急需重新梳理企业文化，并从传统的管理模式中破茧而出，与时俱进，迈开中外文化融合的文化变革步伐。

自上而下，领导层引领文化创新

为了缩小中外文化的差异，使公司的各项管理尽快与帝亚吉欧接轨，提高公司运营效率，增强企业内部控制和抗风险能力，水井坊管理层深入学习中央文件，深刻领会科学发展观的精神实质。2009年，水井坊在企业管理上迈出了至关重要的一步，正式引入卓越绩效管理模式，该模式是当今中国最先进的管理模式，与帝亚吉欧的管理模式具有同样的效应。企业文化为卓越绩效模式十一条核心价值观第一条卓越领导应高度重视和关注事项之首，在企业的各项管理中其地位的重要性由此可见。2010年和2017年水井坊分别聘请国内外知名咨询专业机构协助公司建立企业文化体系、重新梳理企业文化；对公司管理进行现场诊断，使公司意识到在企业管理方面有诸多亟待改进和提升的地方，传统的管理模式已严重束缚了企业的发展。从传统的管理模式中破茧而出，重建企业文化体系、重新梳理企业文化、加强企业文化建设、促进中外文化的融合已成为企业发展的迫切需要。

在不同历史阶段，水井坊的企业文化各有侧重。2013年前，国有转民营企业，企业文化的主题是利益文化；2013~2015年，历经白酒行业的寒冬，水井坊注重生存文化；2016年，通过营销取胜，利润有大的改善，水井坊着力打造健康可持续发展的企业文化。水井坊再三强调文化的重要性，多次在各种场合表示理想的公司文化是"有主人翁精神和团队精神、诚信；教化应重于规条；水井坊文化还应该从上而下，由我做起，并且融入生活"。

为了自上而下更好地向员工宣贯企业文化，自2013年起，水井坊每季度召开一次员工大会，在会上分享企业发展目标、完成情况，安排跨部门沟通以及员工问答等互动环节，使得领导层与基层员工，以及不同职能模块间加深相互了解，增强彼此信任，强化了员工的主人翁精神。通过领导层不断的引领以及同员工进一步的沟通，水井坊逐渐形成了"当责、诚信、团队、创新"的公司价值观。目前，水井坊正在探索如何进一步促进全体干部职工将公司价值观"内化于心，外显于行"。

营造文化氛围，培育打造具有新时期精神风貌的员工队伍

为了使员工能尽快将企业文化"内化于心，外显于行"，水井坊举办了各类企业文化培训班并采取多种形式进行宣贯。

加强员工培训。员工培训强化了员工专业技能，提高了综合素质，公司整体管理水平得到提升。2010年培训员工1241人次；2011年培训员工3519人次（不包括四场以会代训的企业文化培训）；2012年至今举办了91个培训班，培训员工2719人次。2011~2017年，仅企业文化培训就已经举办了百余次。通过以会代训、专题活动、培训，企业文化教育已覆盖全员。在2017年的"有效授权与绩效辅导"培训班上，公司董事长鼓励每位参加培训的学员要像海绵一样充分吸收知识。水井坊领导层还提出要融合中西方管理思想，进行启发式培养，做到管理科学、管理哲学、管理艺术和管理实践相结合。公司培训涉及面非常广，重点培训体现在提升领导力、提高管理能力、合规、商业道德、质量、食品安全、安全生产、水井坊酿造技艺、白酒品鉴等方面。

开展多种形式的宣贯。公司内刊《水井坊之声》及时通报公司创新文化进展，还以专题活动形式进一步强化企业文化：2012年4月10日开始启动的"水井坊企业文化暨合规与道德宣传月活动"在历时一个月的时间里，通过统一部署、宣贯落实、跟踪检查、测试总结三个阶段的工作，员工企业文化暨合规与道德意识有所提升。并在公司持续进行"文化变革项目"及"文化之旅"项目，企业文化的发展在公司拥有十足的生命力！自2012年起，在公司中心地带及人流量较大的地方设立6个展板一组的宣传栏2个、4个单独的宣传栏、15个张贴栏、28个彰显企业核心理念的展示牌。"水井街酒坊遗址博物馆"是公司文化宣传一大亮点，通过博物馆既可以对员工进行爱国家、爱企业教育；对外又能展示企业品牌文化，为企业搭建文化交流平台。此外，每年还举行员工文艺会演，为员工搭建才艺展示平台并以此增进中外文化沟通。水井坊还定期或不定期地举办党建、企业文化、合规、道德等方面知识竞赛。

通过员工培训及多种形式的宣贯，员工的价值观与公司所倡导的价值观不断趋于一致，个人综合素质及能力大幅度提升，员工有很好的职业生涯前景。在和谐稳定的环境里，员工身心健康愉快，从而更加热爱企业，更加努力地工作和学习。

企业文化校准与经营理念确认使管理制度更加完善、明晰

制度的改进与完善是企业文化体系健康运行的重要内容之一，企业文化校准是改进完善制度的重要依据之一。2011~2017年，公司分别召开了多次有公司高管及各部门主管参加的"企业'文化校准'系统研讨会"及管理会议，参会人员对现行文化及未来文化进行了认真思考，通过

排序，表达了对现行企业文化的看法和对未来所需文化的愿望。本着科学严谨的态度，台湾韬睿惠悦咨询有限公司的专家与文化项目组成员还将本次会议的结果与当时正在公司与战略项目组协作的北京诚君伟业咨询公司的专家及人力资源项目组、质量项目组的有关人员进行了沟通、探讨，听取他们的意见。并将这些需要强化的文化要素分解到各职能部门，并在检视和完善公司的各项管理制度的过程中得以体现。

经营理念是核心理念与管理制度的黏合剂，经营理念既有对核心理念的诉求，又有对经营方式、目标的指引。企业要实现这些经营目标，在很大的程度上又必须依靠制度，因此，经营理念具有高度的概括性。2011年通过对中外高管的访谈以及共识会的热烈讨论，水井坊最终形成以下经营理念。

一是"强调市场导向型创新，鼓励任何微创新"的创新理念。这一理念的主要内容是倡导四种方式，即以市场洞察为基础的创新；发展鼓励主动尝试的氛围和机制；加速创新决策并强调行动文化；鼓励任何能将现状变得更好的改变。主张以这四种方式来达到持续使客户拥有更高的产品价值和更好的使用经验的目标，并使员工在不断突破现状的过程中获得进步，提升自身价值。

二是"建立以市场驱动为成长方向的持续经营之道"的营销理念。这一理念主要倡导三种方式，即与时俱进的行销工具与多元渠道；全面性地掌握市场脉动并及时调整营销战术；持续投资品牌、构筑创新优势。主张以这三种方式来达到满足、引领客户物质及精神需求的目标。

三是"坚持质量永远领先一步，把产品视为作品"的质量理念。这一理念主要倡导三种方式，即通过持续提高、落实质量标准；共同精进由供应、生产至销售的整体流程；提升员工素质。主张以这三种方式来领先主要竞争对手与客户期待，并达到持续为客户提供高格调、优品质产品的目标。

四是"重德举贤，适才适所"的人才理念。这一理念倡导四种方式，即依据公司愿景及战略，培养能体现公司价值观的员工；以能为本，强调绩效文化；建立市场与绩效导向的薪酬体系；授能授权并提供多元招募、培训及发展平台。主要通过这四种方式达到员工与公司共同成长、共享成就的目标。

五是"传承、发扬以中国高尚生活元素为核心的品牌文化"的品牌理念。这一理念主要倡导三种方式，即培养高素质且体现公司价值观的员工；选择能认同公司价值观的合作伙伴；持续提供高品质、创新且富文化特色的产品。主张通过这三种方式达到创造各种客户层高质量与一致性的整体体验和生活方式的目标。

六是"安全至上、健康为先、环保为重"的环境、健康、安全理念。这一理念主要倡导三种方式，即善用资源专注于环保、健康与安全的议题；深化零灾害文化，消除高灾害风险领域；采取积极的行动营造绿能环保的工作场所。主张通过这三种方式强化公司的声誉与可持续的竞争优势，把水井坊建成中国与国际上环保、健康与安全的标杆典范企业，进而达到关爱生命、关爱地球，保护员工、社区以及环境的目标。

企业变革取得的成效

水井坊高层在创新思想的指引下，领导员工实施了一系列变革。从2009年以来，陆续开展了

"银杏计划""蝶控""全国质量奖"（下设企业文化）"人力资源""发展战略""合规""绩效考核""IT""法务""营销"等项目，谓之"群星项目"。这些项目都关系到水井坊未来的发展，因而有多家咨询公司的专家进驻给予"群星项目"开展以专业指导。"群星项目"的开展，使水井坊从领导到员工每一个人都经历了一场"革命"，即从思想觉悟到行为都经历了转变。在这一过程中，水井坊新设了合规部、法务部、审计部、IT部等，《水井坊员工手册》《商业行为准则》《职业健康管理手册》《通用费用管理制度》《授权审批体系》等管理制度文件纷纷出台，尤其是绩效文化、质量文化、品牌文化的开展直接触动每个人，也激励鼓舞着每一个人。

水井坊博物馆窖藏区

绩效文化的开展，改变了国有体制的大锅饭局面。让员工们明白干多干少、干好干差不一样；自己说好不算，有主要绩效指标做考量。绩效文化的开展开启了员工创造性思维，提高了员工的工作热情。

质量文化以"坚持质量永远领先一步，把产品视为作品"的质量理念为核心。在此理念下，每一瓶精雕细琢出厂的酒都凝聚着每个环节、每一道工艺员工所付出的心血并彰显出他们高度的质量意识和精湛的技艺。产品质量无疑加上了一道保险锁。2011年11月16~18日，中国质量协会、中国质量检验协会在广西柳州举办了2010年度"全国质量文化建设成果发布及经验交流会"。2012年3月，包装中心水井坊国际标准灌装线落成并投入生产。该中心在硬件配套、生产工艺及生产管理理念等方面均按照国家标准进行打造，使安全生产、包装工艺及质量控制几方面得到全面提升。

品牌文化主要通过学术研讨承担社会责任，提升水井坊酒文化与品牌形象。邀请文博界专家学者开展成都平原酒文化学术研讨。《水井坊及成都平原都市酒文化资料集成》《成都平原都市酒文化与水井坊酒史考述》两大课题研究目前已进入尾声，两大课题从天时地利人和来论证水井坊酒独特的都市酒文化风格，见证水井坊与都市文明的共进。史料丰富翔实，真实反映了成都平原的地貌特征、气候特点、古文明进程、文化经济相互促进共同发展。

在创新思想的引领下，水井坊企业文化建设健康有效运行，极大地促进了企业各项经济指标的提升，成功跨越了白酒行业的寒冬，迎来了水井坊的春天。

主要创造人：范祥福

基于车轮上的价值链 精细成本管控文化

中国石油天然气运输公司塔里木运输公司

中国石油天然气运输公司塔里木运输公司（简称塔运司）成立于1991年5月，是中国石油天然气运输公司的下属二级单位。主营运输修理、采油技术服务、油田生产技术服务、社会流通及矿区后勤五大业务，拥有各类常规车辆、特种车辆、工程机具等设备1031台，运输吨位17073吨，吊起吨位2658吨，施工能力10693千瓦。在册员工2126人，资产总额8.03亿元。主要为塔里木油田提供钻井搬安、原油运输、器材运输以及油气生产运维等服务保障工作，并全面接管青海油田危险化学品和普通货物运输，以及汽车吊、工程机具和特种设备服务市场。先后获得"全国五一劳动奖状""全国文明单位"、集团公司创建"四好"领导班子先进集体、自治区国有企业"创先争优"先进基层党组织、"全国模范职工之家"等98项荣誉，被誉为大漠戈壁的"辉煌铁军"。

塔运司自成立以来，逐步实现又好又快发展，尤其是"十二五"期间，实现了连年的快速增长，但同时客观上难免淡化了全体干部员工的危机意识，管理粗放、不计效益的现象时有发生，厉行节约的理念没有入脑入心、形成习惯，在车辆设备利用率、人工成本利润率、成本费用利润率、净资产收益率等指标上，与兄弟单位相比仍有差距。同时，运输行业社会化程度高，运输主体呈现多元化趋势，市场竞争激烈，而在同行业之间，竞争优势很大程度上取决于成本优势。

对此，塔运司将节支降耗的重点聚焦在占全年总成本近30%以上的车辆油、材料上，逐渐形成了基于车轮上的价值链精细成本管控文化，从而树立起重管理、重节约、过"紧日子"的理念，并贯穿于生产经营全过程，有效提高了成本管控水平和盈利能力。

以制度管理为抓手，培育无形文化的形成

经营分析促认识。塔运司建立了月度加季度的经济活动分析制度，运用模板分析加专题分析的方式，从机关科室、基层车队两个层面解析成本数据，把脉问诊生产经营运行过程中存在的"顽疾"，分析解决制约项目发展能力和成本管控的突出问题，为加强经营管理、提高质量效益"疗效"，为保证经济活动分实效，塔运司制定了常规车、特种车和服务小车的经济活动分析模板，明确了6大类37个要素，在分析中重点以单车核算分析为基础，以量本利分析为工具，围绕车型车况、任务分配、人员流失、运行管理、回程利装等因素，对标分析单车营运能力，车型的营运效果、利润、成本和各项费用与定额，以及车辆工作率指标等情况，让经济效益成为深入经营管理的"定盘星"。

考核管理促执行。塔运司将成本管理与生产过程紧密结合，做到成本指标和生产指标一起下达，生产会议和经营会议一起召开，经营干部和党务干部一起算账，成本指标和生产指标一起考

核兑现，将成本控制点源落实到了班组和岗位，推行班班有任务、人人有指标、交班有总结、每月有分析、问题有建议、结果有考核的"六有"做法。为进一步提升成本的控制能力，塔运司坚持全面预算管理，通过细化费用项目、完善费用控制，实现对刚性预算指标的全额控制，并每月按照《塔运司预算管理实施细则》及《塔运司预算管理补充办法》的规定，对预算符合率进行考核和公示，实行月度预考核、季度硬兑现。在塔运司基层车队聚焦成本控制已蔚然成风：员工在维修设备时，坚决以"能修的不换新，能自制的不外购"为原则，减少开支；驾驶员在行车过程中，更加注意规范操作，以减少燃油和材料的不必要消耗；基层管理人员在审核次月非生产性开支预算时，把支出项目一一分解到天、落实到人，将"钱袋子"攥得紧紧的；员工在工余时间讨论当月任务、利润完成情况时，怎样省成本、减少开支的话题变多了。这是塔运司将成本管控压力下移、层层传递的成果。

以生产组织为载体，促进无形文化向有形效益转化

精细定额管控，跟上"车轮"测油耗。油料是塔运司近千台车辆每天的"口粮"，由于油田运输车辆运行工况复杂，车辆存在不同年限、不同型号，道路存在常规、砂石、戈壁等不同类别，且车辆分布较分散，控制难度大，效益影响大。为确保油料消耗定额的科学性，减小误差，在测试方式上，塔运司定期采用跟车人工称重、油耗仪和车辆解码仪等三种方式进行比对测试。在测试范围上，分别对不同车型、典型路况、不同季节下的空、重车油耗进行全过程跟踪测试，获取油料定额原始数据。在定额的确立上，通过三种方式测定的实际油耗同理论油耗进行差异分析，综合论证制定科学的油料定额，并依据油料定额实行单车、路单、油票"三对口"加油，按派车单里程、行驶里程和百公里耗油量"三对口"考核，奖节罚超，从源头上杜绝了油料非正常损耗。

精细生产组织，提速效益"车轮子"。面对近年来日益严峻的市场环境和油田运输市场量价齐跌的态势，"要量"与"要效"的矛盾近乎不可调和。塔运司用市场价格倒逼生产成本，用盈利目标倒逼资源配置，并按照"平稳、均衡、效率、受控、协调"的方针，提出"细节创效"理念。在市场运作中抓价值细节，根据不同服务项目、不同竞争态势、不同市场区域和不同价值贡献，倒算成本账、分析支出账、梳理增效账、总结经验账。在生产组织中抓调度细节，以就近原则组织运力执行井迁任务，现场生产指挥人员以提高车辆吨位利用率为重点，根据车型、车辆载重标准以及货物大小情况合理装运货物，降低整体搬迁运输车次。在搬迁作业时抓现场组织细节，根据不同区域、不同井型的要求和特点，优化井迁运行方案，实行"一区域一模式、一口井一方案、一环节一对策"的优质快速运行法，采取"区块合搬、组合套搬、往返带回收"等一系列高效搬迁方式，细化驻井值班、吊装用车需求计划，采取"接力""穿插"作业优化运行，以实现车辆利用最大化。在出车前抓车辆保养细节，通过"以保代修"科学延长车辆修理周期，有效减少外围连续搬迁时车辆返厂检修频次。在生产物资管理上抓预算细节，每月统计单车油、材料的消耗情况，以月度经营分析的形式，将单车工作量完成情况与发生的成本费用进行分析对比，及时查找成本管理中存在的问题，强化了全面预算管理对成本的刚性约束力。

高效有序的井迁作业现场

精细安全生产，运行受控强保障。安全是企业最大的成本节约。因受业务性质、环境因素、人员安全素养以及生产点多、线长、面广等因素影响，致使塔运司面临的安全风险具有多样性、复杂性和不确定性的特点，安全环保管理难度大。塔运司坚持以建立完善的QHSE管理体系为基础，建立了以否决性、过程性、结果性和鼓励性指标为中心的绩效管理体系，完成了内控和QHSE体系融合，启动了以发挥视频直播"千里眼、顺风耳"功能的远程隐患排查常态化活动，并对塔里木探区内主、支干线以及坡道、弯道、交叉路口、水源地等风险点进行再识别，不断完善道路危害因素识别评价和"三规一限"警示图，打造了具有科学性、原则性、规范性和时代性特点的安全文化。如今，塔运司领导班子带头授课、分享经验，安全分委会每月调研解决问题，管理干部现场盲选单位进行安全审核，基层单位结对子"互查、互看、互比、互学"成为安全新常态。通过开展"安全里程碑""安全步步高""安全节节高"等系列特色安全活动，构建了安全利益共同体。

以群众性活动基础，催化成本管控文化持续发酵

要素提效，规范"控成本"。驾驶员的驾驶技巧、车辆的技术性能，是安全行车的重要保障，也是影响油料消耗的关键要素。塔运司在年初列出培训矩阵，按计划在各车队开展互动培训活动，实施技师上讲台、进车场的方法，组织多层面技术培训，普及节油知识，对经验不足和亏油较多的司机"开小灶"，提升车辆规范驾驶水平。同时，结合春、秋两季整车爱车活动，严格执行车辆整修技术标准和规范上井保养标准，确保每年车辆设备一级维护与检修率达到96%以上、二级维护与检修率达到100%，确保设备完好率、出勤率、保养率"三达标"，有效杜绝车辆油、材料异常消耗。

旧物利用，念好"挖潜经"。塔运司坚持倡导"成本无时不有，无处不在，无事不生"的成

本节约理念，发动全员立足岗位晒方案、比措施、亮成绩，进一步发挥了成本管控文化的作用。按照"用小不用大、能修就不报"和"能用旧不用新、能调剂不新购"的原则，加大推行修旧利废奖励机制，使"弯变直、坏变好、旧变新、小变大"活动在基层班组广泛推广，2016年通过使用报废车辆的拆车件和修复油箱、刹车毂、喷油器总成等零部件，共节约成本50余万元。

技术革新，结出"金豆子"。为进一步调动全员立足岗位，提升成本管理意识和能力，塔运司持续开展"金点子"征集活动，收集了大量促进生产运行、强化技术攻关、治理隐患、提升服务质量的"金点子"、好办法，解决了生产难题，也节约了成本。通过广泛推广LNG、CNG技术和推进车辆轻量化工作等技术革新措施，全年可累计增效100余万元。同时，为激发员工"创效"热情，不断提高金点子的"含金量"，塔运司通过吸收科室负责人、技术骨干成立评审小组，提升专业化工作水平，每季度对征集的合理化建议进行评审，并对每一条合理化建议给予及时的信息反馈。对评审出具有良好"创效"潜力和推广性价值的"金点子"，结合部门整体工作运行，加强与相关部门和基层的沟通，寻求支持、创造条件，有重点地进行攻关实施，以实际成果来激励员工。对没能被采用的建议，提出改进提升意见，保护员工的参与积极性，增加后期改进潜力，确保活动深入持续开展。

主要创造人：余炜皓

企业以员工为本　员工以企业为家

东方国际集装箱（锦州）有限公司

东方国际集装箱（锦州）有限公司（以下简称锦州箱厂）是由中国远洋海运集团有限公司2005年投资开工建设，专业从事国际标准集装箱及各种特殊用途集装箱设计、制造和售后服务，兼营房屋箱设计、制造环保垃圾箱、托盘、非压力罐体、箱用零部件、板材预处理和钢结构件加工与销售的外资企业。公司拥有一条具有国际领先水平的现代化集装箱生产流水线，从设计年产10万标箱发展到实际年产15万标箱，公司研发并申报了多项国家专利，目前已具备并形成了开顶箱系列、散货箱系列、矿石箱系列、超尺寸集装箱系列、迷你套箱系列、侧开门箱系列、房屋箱系列、环保箱系列、运输车架系列等多品种综合产品的设计和生产能力。

在市场竞争激烈的今天，企业的竞争，表面看来是产品和服务的竞争，其实质就是文化的竞争。经过长期的发展与积淀，锦州箱厂通过积极构建"家"文化，形成了以"爱心家园"为指导的较为完备的文化体系，公司上下形成了"企业以员工为本、员工以企业为家"的良好局面，企业的各项工作也因此得到发展、突破。

发挥文化引领作用，构建和谐向上企业

发挥导向作用，强化思想意识。锦州箱厂经过十余年的发展，先后确立了26条文化理念和两个企业文化模型。模型一是企业使命模型，取名"智圆行方"。模型上圆下方，一个绿色大圆里套着白、蓝、红、黄四个小圆，底座方方正正，四面分别镌刻着模型释义；模型二是"爱心家园"人文管理模型，取名"圆·梦"。模型上部分"爱心家园"为圆形，下部分为上部圆形投影形成的椭圆形柱体，寓意由一支卓越的团队、沿袭同一个文化、坚定同一个目标、怀揣同一个梦想，通过打造"爱心家园"，不断实现价值，圆成梦想。

公司坚持诚信经营，营造风清气正的良好氛围，对内潜移默化地感染职工，对外与客户建立信任，赢得肯定。锦州箱厂倡导"诚信博爱、卓越共享"的企业价值观和"企业以员工为本，员工以企业为家"的人本观，引导职工树立"互尊感恩、守信爱岗"的职业道德观，帮助他们形成良好的人格品质，爱心做人、诚信做事，通过打造和谐高效的员工队伍，团结一致出色完成工作。

发挥约束作用，提升员工素养。企业文化对职工的思想、心理和行为具有约束和规范作用。这种约束不是制度式的硬约束，而是一种软约束，这种约束产生于企业的文化氛围、群体行为准则和道德规范。群体意识、公共舆论等精神文化内容，会造成强大的、使个体行为从众化的群体心理压力和动力，使企业成员产生心理共鸣，继而达到行为的自我控制。

在企业文化建设过程中，锦州箱厂提出了"整洁三位、提升品位"的建设目标，即通过"6+1"S管理模式（其中"1S"为服务），打造出整洁的台位；通过创建温馨公寓，打造出整洁的床位；通过实施光盘行动，打造出整洁的桌位，继而提升员工的品位。当"整洁三位"成为一种自觉的习惯、当"提升品位"成为一种本能的需求，公司的文化就植根于员工的思想之中，成为日常行为中一种无形的自我约束要求。

发挥凝聚作用，构建爱心家园。创建"爱心家园"是锦州箱厂文化建设的指导思想，也是公司人文科学管理的终极目标。锦州箱厂始终坚信企业有了"家"的温馨，就可以把企业和员工紧密团结在一起，员工在企业找到了家的幸福感、归属感，就能像对待兄弟姐妹一样对待同事，互相关爱、互相帮助、团结一心，向着一个共同的目标努力。个人因团队的卓越而成功，团队因目标的一致而卓越，大家将公司的事情当作自家的事情去对待，将企业的荣誉当成自家的荣誉去珍惜。在这个温馨、和谐的大家庭中，每一个"家庭成员"都互尊博爱，不断向着"健康幸福、激情欢乐"的家庭愿景奋进。

发挥激励作用，实现个人价值。在文化建设的过程中，锦州箱厂尽可能从鼓励职工的角度出发，培养他们自觉的意识和行为，而"素质关爱"就是这样一种润物无声的关怀。公司倡导员工要充分提升自身素质和职业技能，在市场竞争中保持优势，更好地实现个人的价值。公司通过"光盘行动""爱心安全""卓越品质""温馨公寓"等活动，激励职工形成良好的生活习惯、自觉形成文明的行为操守。鼓励职工自主管理，公司的员工公寓就是由民主管理委员会进行自主管理，管委会主任由住宿职工推选。公司还适时地提出了建设"四长工程"，引导各台位负责人成为"车间里的台位长、餐厅中的桌长、公寓内的寝室长、生活中的兄长"。这项工程不但有利于激励职工从"管理者"向"服务者"转变，更在公司内部打造出平等、博爱的人际关系，从而真正体现出锦州箱厂"激情自信、协作创新"的企业精神。

发挥品牌作用，赢得客户认同。在文化建设的过程中，锦州箱厂形成了独特的企业品牌，并以此获得了国内外客户的认可与赞同。为树立"东方国际·锦州箱厂"的企业品牌奠定了基础。锦州箱厂的企业使命是"客户认同、员工自豪、回报股东、尽责社会"，公司遵循"向客户承诺的是诚信，让客户体验的是满意"的质量价值观，将对客户承诺的诚信，融入客户的满意之中，从而得到客户的认同。并在此基础上提出了"卓越品质"的理念，其核心在于打造出体现公司文化的高品质产品与服务，形成自己的特有品牌。

2016年8月，几位来自英法两国的客户莅临锦州箱厂进行特箱业务考察。参观过程中，花园式的厂区、"光洁清净"的职工餐厅、"整洁透亮净"的生产车间令他们啧啧称赞，员工的队伍激情自信、团队的和谐高效也让客户赞不绝口。他们说，从外国媒体了解到的是：中国的工厂是"脏、乱、差"的，中国的制造业是陈旧落后的，甚至连中国工人也是萎靡不振的……而锦州箱厂用馨香四溢的企业文化刷新了他们对中国工厂、中国制造业乃至是整个中国工人的印象。食堂里，每位职工都有自己固定的餐位，就餐后自觉将餐桌收拾干净；工人下班后，以班组为单位列队而行，整齐有序。与职工同吃、同行，英法客户和职工的每一次接触，都让他们更加沉醉于文化所散发出的迷人芳香，他们也牢牢记住了锦州箱厂这个品牌企业。文化无国界，因为文化的认同，让锦州箱厂与国际接轨，也是对文化的认同，让中国工业与"创新"和"优美"相连。

人文举措多管齐下，扎实推进文化落地

为使企业科学、可持续发展，锦州箱厂高度重视企业文化建设，结合公司发展实际，逐步培育形成具有公司特色的企业文化。

坚持企业文化建设与企业管理相融合。企业文化对管理的现实指导意义就在于挖掘文化管理的本质，丰富文化管理的内涵，提升文化管理的导向作用。文化是长期积累沉淀的，能传承的，利于公司、股东、职工的，能够让大家自觉遵守的；文化是全体职工的文化，是在企业的发展中形成的。脱离管理搞文化，片面追求文化，是推行不下去的。文化要结合管理手段，否则就没有载体。文化建设一定要融入管理中，让职工带着文化理念去工作，否则文化对于职工就是虚无缥缈的。因此，要将文化建设和科学管理完美结合，做到二者的辩证统一。锦州箱厂遵循着"在否定中创新、在创新中超越"的创新发展观，将企业文化建设同产品开发、市场开拓、生产经营、队伍建设、思想政治工作、"四好"领导班子建设等各项工作紧密结合起来，以企业文化建设带动和推进职工队伍的观念转变和企业的体制创新、机制创新、管理创新与科技创新，不断提高企业经营管理水平，促进经济效益的提高。

坚持企业文化建设要全员参与。要增强内部凝聚力和外部竞争力，推动企业可持续发展，必须使职工形成统一的理念，并且贯彻落实。锦州箱厂党政工团围绕中心，齐抓共管，通过宣传、培训等形式，增强职工对企业文化系统的认识，让职工人人参与在其中，从"要求我这样做"转化为"我应该这样做"，逐步实现按照企业文化管理的要求,用文化理念指导个人行为，使之符合企业发展的需要。来自公司各部门的党员干部和通讯员用满腔热血和对公司的挚爱，以文字、图片、视频等形式传播着企业的文化。他们顺应公司改革、发展的潮流，结合集团改革重组和锦州箱厂生产经营实际，以文化建设为己任，为客户和一线职工了解公司提供了媒介。通过几年的发展，公司形成了自己的"东方传媒"品牌，包含《东方风采》月报、《东方视角》月刊和《东方视线》视频等。

作为企业文化宣传最直接的手段——"联络员"制度是公司文化建设的一大亮点。"联络员"制度即公司党员干部、管理人员包干与一线员工进行交流座谈，听取他们对公司发展的意见和建议，使其牢固树立主人翁意识，真正参与到公司的生产经营当中。员工遇到问题，不论是工作还是生活方面，都可以第一时间与联络员联系，由联络员与相关部门进行沟通，而解决方案最迟第三天就会反馈至一线员工。

坚持文化建设要以人为本更要能本管理。企业既要追求利润，又不能忽略员工利益。以人为本有利于营造尊重劳动、尊重知识、尊重人才、尊重创造的氛围，使人力资源优势得到充分发挥。谁重视企业文化建设，谁就拥有竞争优势、效益优势和发展优势。锦州箱厂结合实际，提出了"以人为本是基础，能本管理是核心"的企业以人为本的能本观。采取措施，最大限度地提高和发挥每个职工的能力，从而实现能力价值的最大化，并把能力这种最重要的资源通过优化配置，形成推动公司全面进步的巨大力量。

一年一度的文化艺术节是职工自编自导自演、展示个人风采的文化盛宴，在停车场为骑电动车的员工统一安装插线板，每月下旬为当月过生日的员工组织一场别开生面的集体生日会，每

天为过生日的员工提供生日面条和生日蛋糕，在员工餐厅设立包括代购车票、工资咨询、充值办卡、意见征集、测量血压等项目在内的员工生活服务中心，员工自发用废料改制的湖心亭桌椅，人人可以进出的篮球馆、羽毛球馆、乒乓球馆、职工书屋，组织东方之子六一活动等，这些都是"爱心家园"的生动缩影。

公司举行辩论比赛

坚持企业文化建设的长期建设和不断创新。企业文化建设工作的长期性，在于它伴随着企业建设和发展的全过程，要使文化理念化为职工的自觉行为，必须有长期"作战"的准备。企业文化建设不是一朝一夕的事情，它需要领导和职工在经营企业的过程中去营造、培养和发展。锦州箱厂的"爱心安全"就是在坚持不懈中取得成果。2013年，公司提出"关注安全、关爱生命、关心自己、相互关爱、平安幸福"的安全理念；2014年，公司为员工发放了"爱的九页纸"，鼓励员工牢记安全理念，员工家属与公司一起联保安全；2015年录制了爱心安全视频：妻子的牵挂、父母的叮咛、儿女的期盼……亲情的呼唤，使广大员工无时无刻不将家人的"爱"装在心中，"爱"成为开展安全工作的利器；2016年，公司开展"爱心安全家庭"评选活动，综合评定后，10个家庭脱颖而出，被授予"爱心安全家庭"荣誉称号。特别值得一提的是，其中3个家庭作为代表登上了锦州箱厂"第三届文化艺术节"的舞台，锦州市总工会主席亲自颁奖。

文化建设的软环境要持续改善、公司的文化理念要根据生产经营的需求逐渐完善。在锦州箱厂，每个人都熟知精益化管理理念"日臻完善、潜力无限"，只有将这种意识渗透在员工的工作行为当中，才可以挖掘出最大的潜力，发挥巨大的能量。

企业文化建设可以将文化理念的感召力、团队的凝聚力、制度的约束力以及员工的创造力充分调动起来，文化在实践中形成，又反作用于实践，成为公司改革发展、锐意进取的强大竞争优势，为此，企业要牢固树立"用文化管企业""以文化兴企业"的理念，不忘初心，继续前行。

主要创造人：李前敏

参与创造人：鲍　骈

以"敢能实"文化引领企业创新发展

华能（天津）煤气化发电有限公司

华能（天津）煤气化发电有限公司成立于2008年12月，负责建设和运营华能天津IGCC电站（以下简称电站）。天津IGCC是我国第一座、世界第六座IGCC电站，被列为国家洁净煤发电示范工程和"十一五"863计划重大课题依托项目。IGCC技术融合了电力与化工两大行业技术特点，对煤炭的利用实现了"吃干榨尽"，发电效率高，环保性能好，粉尘、二氧化硫和氮氧化物排放量分别约为同规模传统燃煤机组的3%、2.8%、16%，远低于天然气电站排放标准，是目前国际上被验证的、能够工业化的、最洁净、最具发展前景的高效燃煤发电技术。

为应对全球气候变化，中国华能集团公司在2004年率先提出了"绿色煤电"计划，电站承担着华能集团"绿色煤电"计划第一阶段任务，规划建设我国首台250MW IGCC发电机组。电站积极践行社会主义核心价值观，在工程建设高峰期，开展"作风·能力"大讨论，经过反复凝练，形成了电站核心理念。电站企业文化建设整体规划、分层推进，在继承了华能"三色文化"优秀基因并结合核心理念的基础上，逐渐形成了"敢能实"工程建设精神。（敢——敢为先，不退不缩；敢担当，不推不诿；敢碰硬，不屈不挠。能——能创新，不休不止；能坚守，不离不弃；能吃苦，不言不怨。实——重实干，不骄不躁；重实际，不循不冒；重实效，不等不靠。）电站立足自身实际，为"敢能实"工程建设精神充实了安全、廉洁、管理、人才、工作、行为的六大理念，形成了"敢能实"企业文化体系。

电站将"敢能实"文化融入建设发展，以服务国家为宗旨，提出了"建成一座电站、成熟一项技术、建立一套体系、带动一个行业、培养一批人才、打造一个品牌"的"六个一"奋斗目标。在建设发展的不同阶段对"敢能实"文化不断实践、总结，促进文化落地深植，使"六个一"奋斗目标伴随"敢能实"文化的发展不断向前迈进，推动电站创新发展。

"敢能实"文化融入"三个平台"，推动天津IGCC工艺、技术、管理成型

电站摸索出了一条适合自己的新路，将"敢能实"文化融入工程建设、技术创新和企业管理三个平台，推动电站工艺、技术、管理成型。

"敢能实"文化融入工程建设平台，推动电站又好又快建成。由于种种原因使得天津IGCC项目核准前后经历了41个月，在这个阶段，参建职工要分流、项目要下马等消息纷沓而来。对此，电站不断对职工加强"敢为先，认准道路，坚定不移，波折面前不寻退路，困难面前勇往直前；敢担当，上下同欲，各负其责，以责任赢信任，方能无往而不胜；敢碰硬，坚韧不拔，不屈不挠，不为形势所惑，不为困难所惧，直至找到成功的支点"的文化理念教育，帮助职工树立集体

责任、使命意识，使广大职工的思想得到稳定，坚定了战胜困难、为国家IGCC事业奉献的决心。

在IGCC工程建设阶段，工作之繁重、任务之艰巨都是前所未有，尤其是工期，极具挑战性。电站先后开展了5次以"三大战役""大干100天"等为主题的"五比一创"劳动竞赛，践行"重实干，立足未来，抓住当下，不受外界干扰，戒'骄娇'二气，踏实走好每一步。重实际，实事求是，讲求规律，既不因循守旧，又不冒进犯险，以最小的代价获取最大的发展。重实效，立足自主，不等不靠，又好又快完成各项工作，推动绩效日新又新"企业文化理念，通过比安全生产、比科学管理、比技术创新、比又好又快、比团队和谐，共创国优工程。同时，组织编印《企业文化手册》《职工行为规范》，制作文化宣传片、专题展板，并通过广播、知识答题等途径，大力宣贯"敢能实"文化。在此基础上，电站将外包队伍纳入企业文化宣贯范围，提升了外包队伍对"敢能实"文化的认同。

电站先后完成诸多难以实现的任务，创造了气化炉钢结构到顶、气化装置八大件吊装等多项电力、化工领域的新纪录。建设过程凸显出了两大优点，一是造价相对较低，单价约为1.3万元，为美国同期同类项目的50%；二是建设快，建设工期为38个月，比国外同类项目建设周期缩短1年。

IGCC电站

"敢能实"文化融入技术创新平台，促进IGCC技术成熟与创新。电站秉承"能创新，坚持创新，不休不止，保持队伍旺盛的生命力，保证IGCC技术持续发展。能坚守，坚持坚守，永不言弃，争取最后的胜利。能吃苦，勤于吃苦，肯于奉献，辛苦却从不抱怨，贡献从不挂在嘴边，只为让地球母亲远离污染，让绿色煤电走进美丽中国"的文化理念，提倡挑战性思维，鼓励甚至奖励科技人才承担风险去尝试不同的创意，激发员工的创造力。在文化理念的引导下，电站成立了两个"首席工程师创新工作室"，设立"干煤粉气化炉煤种成渣特性研究""煤线稳定性改进研究"等6个课题组；鼓励职工积极提出日常工作中的创意发明，为IGCC技术创新提供源头活水；创办技术创新期刊《IGCC技术与管理》，对IGCC技术进行总结和提炼。

在此基础上，电站相继攻克一大批技术难题，IGCC运行稳定能力达到世界先进水平。IGCC项目三项国家"十一五"863计划重大项目课题顺利通过科技部专家组验收，关键技术获得国家科技进步二等奖和中国电力科技进步一等奖。

"敢能实"文化融入企业管理平台，助力管理体系建成与完善。电站工程的设计、监理、施工以及执行标准和规范都涉及电力和化工两个行业，由于行业标准不同，给工程管理带来特殊的挑战。面对挑战，电站在工程建设高峰期，组织全体职工反复凝练，形成了"科学、求实、拼搏、一流"的工作精神、"眼里有活、心中有数、手上有劲，用心用脑用力工作"的工作作风和"学习创新、系统思维、统筹协调、有效执行"的工作能力。电站编制了《班组文化建设指导意见》，各部室、班组立足自身实际，总结提炼形成了具有自身特色的班组文化。

将"精神""作风""能力"不断丰富、完善，分别发展成为电站的管理理念、工作理念和行为理念。面对电力与化工行业在安全管理方面的差异，确立了以"以人为本、安全发展"为核心的十大安全理念，并增加廉洁理念和人才理念，形成"敢能实"文化六大理念，促进电站管理体系建成。

"敢能实"文化引领"三步走"，促进绿色煤电人才基地建成

电站高度重视企业文化建设，将企业文化建设和示范工程的建设同步进行，电站建设初期便提出了"培养一批人才"的企业愿景，明确将人才队伍建设纳入电站"十二五"人才发展规划，为培养绿色煤电人才迈出了坚实的一步。随着企业文化建设不断完善，逐步形成"塑造狮子团队、打造人才基地"的人才理念，引导人才队伍建设发展。电站确立了"带队伍、搭舞台、建机制"的"三步走"工作思路，不断创新人才管理机制，塑造出了一支掌握了绿色煤电技术，并拥有超强的个人能力、超强的团队合作意识和永不言弃的坚强意志的狮子团队，绿色煤电人才基地初步建成。

以引进"外才"、培育"内才"和创新培训方式为手段，带出绿色煤电人才队伍。电站作为兼具新企业、新员工、新设备、新行业、新工艺、新技术"六新"特点的项目，建设初期面临绿色煤电人才极度紧缺状况。

电站及时出台了《绿色煤电人才引进及管理的意见》，为电站开辟了急需人才引进通道，顺利引进中石化、首钢等"外才"骨干18人；以党员活动日、职工政治学习活动为主要载体，加强对全体职工特别是党员干部的企业文化培训，规范完善了对职工的经常性教育，使企业文化真正被职工认同，促进文化落地深植，转化为职工行为意识，提升了职工素质；充分利用电力、化工老师傅多年积累的工作经验，把导师带徒活动作为培养人才的一条途径常抓不懈，累计有101名师傅与190名徒弟签订了《导师带徒合同》；创新培训方式，大力开展夜校培训，对新入职员工实施入厂安全、部门专业和班组安全三级培训机制，使新员工的技术水平得到实质性提升。

以人才工程为载体，搭建员工成才的舞台。电站以"青年文明号""青年岗位能手""青年突击队"和"青年安全生产示范岗"的"号手队岗"为载体，为青年员工提供锻炼平台。调试期

间，电站挑选优秀青年员工参与运行规程、气化炉典型故障等重要资料的编制工作，使其在工程调试这个大课堂里磨炼意志，增长才干。通过近年来努力，众多80后、90后青年已成长为各个岗位的骨干力量。

同时，电站厚植工匠文化，启动培养10名首席工程师、10名技术拔尖人才、20名金牌职工的电站"112"人才工程。将专业知识强的技术人才，通过"112"人才工程平台，培养成专业领军人物，解决了电站人才岗位晋升的"天花板"问题，拓宽了职工成才渠道。

以激励机制为抓手，建立人才培养机制。 在"敢能实"人才理念的引导下，电站以物质奖励、精神激励为手段，搭建"赛马""岗位成才""效率优先"等多项机制，为人才培养营造良性竞争氛围。

搭建"赛马"机制，制定《竞争上岗实施方案》，将合适的人才选拔到最合适的岗位中；搭建"岗位成才"机制，组织开展技术课题攻关、"安全知识"竞赛等活动，人才培养不断提速；搭建"效率优先"机制，建立实用有效的绩效考核体系，将考核结果与收入分配挂钩，有效激发职工工作热情，提高工作效率和执行力。在人才培养机制的作用下，电站产生良好的人才激励效应，人才不断脱颖而出，绿色煤电人才基地初步形成。

"敢能实"文化推动企业创造社会效益，助力打造IGCC创新发展、绿色发展品牌

电站作为华能集团"绿色发展行动"计划的具体实践，将"敢能实"文化作为思想政治工作媒介，依托宣传工作，对内坚持典型宣传，培养职工对IGCC创新发展、绿色发展品牌的认同感，形成职工与企业共兴衰、共荣辱的强大合力，实现"打造一个品牌"的文化愿景；对外积极宣传IGCC品牌，树立良好的企业形象，使IGCC品牌得到外界高度认可。

基建初期，华能集团便把电站示范工程列为公司"第一工程"和"天字号工程"，电站以"科学、求实、拼搏、一流"的文化管理理念全力开展工程建设，开始孕育IGCC品牌形象。电站不断加大环保投入，使IGCC成为我国最洁净的燃煤电站，文化推动电站创造社会效益，在整个国家乃至国际社会树立了IGCC洁净煤发电技术品牌形象。电站接待外国政府、国际组织和研究机构、国家部委和地方政府200余次参观访问，《人民日报》、中央电视台等媒体多次对电站进行报道，十六位中国工程院院士走进电站开展技术交流，高度肯定了IGCC在创新发展、绿色发展方面所做的工作。先后获得"全国美丽电厂""中央企业最佳社会责任实践"等国家级荣誉7项，省部级荣誉30余项，电站成为创新发展、绿色发展的代名词。

电站以"敢能实"文化推动"六个一"奋斗目标向前迈进所取得的成效，是"敢能实"文化推动企业发展的"验金石"；通过文化建设解决企业发展遇到的问题，检验了"敢能实"文化的实效性和先进性。电站将继续践行社会主义核心价值观，着重抓好企业文化建设，努力实现IGCC的"可复制、可推广"，为推动清洁煤技术发展、建设美丽中国做出应有的贡献。

主要创造人：秦建明　李振伟

参与创造人：纪桂芹　李　龙　于　洋　王翰林

"员工成长积分"体系引领员工成长

中国建设银行股份有限公司中山市分行

中国建设银行股份有限公司中山市分行（以下简称中山建行）成立于1988年，是建设银行辖下规模较大的二级分行。目前，在岗员工1284人，营业网点65个。2016年，全量资金（存款+理财产品）余额突破1200亿元，贷款总额（各项贷款+新型信贷业务）突破800亿元，资产负债规模及主要业务指标位于广东省系统内前列。先后获得全国文明单位、全国金融系统劳模（优秀技能人才）创新工作室、总行级文明单位等国家级荣誉13项，总行级荣誉86项，省级荣誉4项，省行级荣誉246项，市级荣誉104项。目前已发展成为一家具有客户群体广泛、经营管理基础好、盈利能力强、在全省具有相当影响力的大型银行机构，成为当地服务民生、服务实体经济的金融生力军。

中山建行始终坚持"五个第一"（党建是第一责任、转型是第一目标、发展是第一要务、服务是第一品牌、合规是第一保障）的经营理念，汇聚集体智慧，系统提出"1234567"为主线的经营管理体系，构建起执行文化、创新文化、服务文化、人本文化、温馨文化五大文化板块，实现经营发展与文明创建有机结合，成功创造了经营发展历史上的"黄金十年"，成为系统内及当地同业的"领跑者"。

在企业快速发展过程中，中山建行党委充分意识到人才队伍对经营管理可持续发展的重要性，不断深化人本文化机制建设，在总行绩效管理项目的指引下，2012年起，经过近两年的大胆探索，逐步完善，形成了一套具有创新性和前瞻性的"员工成长积分体系"，将企业的发展与员工的成长有机结合起来，形成相互激励、共同发展的机制，为中山建行转型发展的持续深化奠定了坚实的人才基础。

创新模式，构建科学评价机制

如何引导员工快速成长，是中山建行不断深化"人本文化"建设的重点课题之一。该分行成立以行领导为组长的"员工成长积分体系"课题项目组，遵从"以人为本"的企业文化思想，围绕业绩和品能两个维度，从岗位职责、素质能力、合规守纪、职业道德、社会责任五个方面建立起员工全面成长的发展模型，将分行的人才发展导向细化到具体的行为表现，量化到具体的评价指标，以积分的方式，科学、系统地记录员工成长过程，强化对员工职业发展的过程管理，引导员工形成自我管理、自我激励、自我约束、自我完善的内生机制。

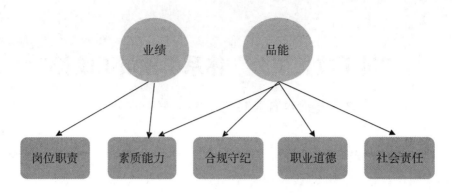

图1　员工全面成长的发展模式

"员工成长积分体系"按季度开展，以年度为周期，面向全行、各类岗位员工。积分体系在内容上奖惩结合，主要由业绩表现、合规守纪、自我提升三个模块体系、近170项指标构成。为科学、合理评价不同岗位的积分结果，该分行将全分行岗位划分为经营类、管理类和操作类三种基础类型，进一步分类分层为十大类团队、25个小组，分组分团队考核评价。分类方面，涵盖了部门、支行、网点以及前中后台各业务条线的经营、管理、销售、交易、保障等十大类团队；分层方面，涵盖了部门、支行、网点的负责人、客户/产品/大堂经理、综合管理人员、柜台员工等25个小组。同时，根据三种基础类型岗位的具体职责和职业素养、技能要求，分别对业绩表现、合规守纪、自我提升三个模块做差异化权重设置。

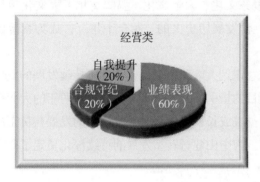
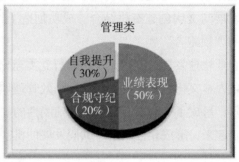
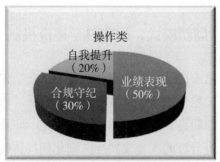

图2　三种基础类型岗位

三大模块，全方位量化评价

"员工成长积分体系"是一套关于员工综合素质的评价体系，业绩表现、合规守纪、自我提升三个模块的设置，是对员工价值创造的全方位量化评价。

"业绩表现"模块，涵盖了分行整个考核评价体系的内容，它直接将个人综合业绩得分转换为业绩表现积分，客观、多维度地对员工工作效能进行评价。综合业绩得分考虑关键业绩指标（KPI）、关键基础指标（KFI）、重要事项指标（KTI）和季度考评结果。业绩表现积分指标极大地鼓励了员工创先争优，涌现出总行青年岗位能手高美玲、百佳客户经理黄焕华等一批典型先进个人，同时也促进了中山建行的价值创造力、市场竞争力持续攀升。近年来，该分行KPI考核连续5年实现全省系统第一，10年保持全省前列，四行（工、农、中、建四大行，以下同）排名第一的指标由2007年年初的0项增加至12项。一般性存款、各项贷款余额成功超越农行、中行，四行排名跃居第二，中收系统贡献及四行占比稳居四行第二，客户规模实现质与量双提升，"三综合"考核2015、2016年蝉联全省第一，连续三年蝉联总行"平安建行"先进集体荣誉；十二项集约化经营指标实现四行排名第一。

"合规守纪"模块由会计、信贷、服务、考勤、合规管理五个方面构成，包括98类积分行为。为加大积分的应用力度，2015年起，该分行开展"星级员工"评选，根据员工"合规守纪"五个方面的积分排名情况，结合业务条线推荐，分别评选出"合规之星""网点负责人之星""营运主管之星""网点服务之星""大堂经理之星"等奖项，并在分行年度表彰会上颁奖，增强员工的荣誉感和归属感，充分调动各岗位、各条线员工的积极性。

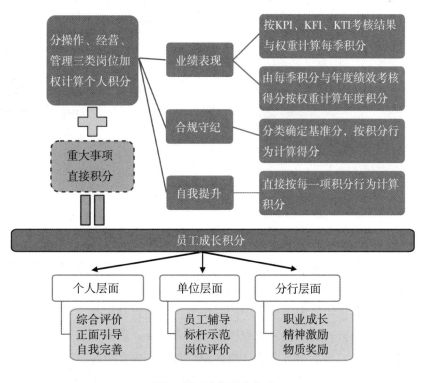

图3　员工成长积分体系

"自我提升"模块由荣誉表彰、宣传分析、继续教育、创新增效、文体修身五个方面构成，包括63类积分行为。在积分管理的带动下，该分行初级以上专业技术资格人数从2012年的606人，增加至1072人，增幅达77%，员工占比从48%提升到83%；宣传信息工作始终排名全省前列。与此同时，精神文明建设也是硕果累累，收获了多项集体荣誉，还涌现出一大批热心社会公益事业的员工。

自我管理，促进体系有效落地

为保证"员工成长积分体系"有效落地，中山建行制定实施《员工成长积分管理办法》，进一步细化和明确积分内容、积分方式、积分运用，并自主研发"员工积分管理电子化操作系统"配合管理办法执行落地。该系统由分行项目管理职能部门归口负责，各部门每季将本条线相关项目积分经部门负责人审核后导入系统，积分结果由项目管理职能部门统一向全行员工发布，经各单位组织员工核对确认。如员工对积分结果持有异议，可在系统内实时反馈，提交积分管理领导小组复议；如积分事项有遗漏，员工可在系统内登记，提交归口部门申报核实。对于参加社会化活动的积分行为，员工还可通过自我申报方式申请积分。

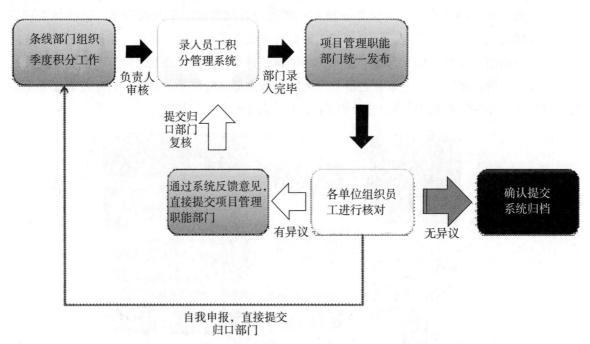

图4 员工积分管理电子化操作系统流程图

该系统为每位员工建立了电子档案，通过"导入—发布—核对—确认/反馈/申报"流程，实现员工全过程自我管理，让每一积分都能做到有章可循，有据可查。一方面员工可自助查询积分状况，及时了解积分排名在团队中、小组中所处位置，找出自身短板，采取措施主动补足；另一方面也可正确引导员工结合自身成长需求积极参加积分项目，提升完善个人素质。同时，该分行通过专题会、例会、晨会、班后会等形式，由各单位负责人向本单位员工广泛深入宣讲解读积分体系的政策导向、管理办法、操作流程，切实将积分体系在全行员工中推广开来，让员工清楚知道要实现个人的职业成长该"做什么、怎么做"。该系统上线运行以来，导入积分50372人次，对排名靠前的1586人次给予激励，近百人次先后荣获国家级、总行级、广东省、中山市系统内外多项荣誉。

多层级运用，助力职业健康发展

"员工成长积分体系"的评价结果反映了员工职业能力、综合素质持续发展的程度，是员工职业成长评价的一个重要指标。中山建行将积分评价结果充分运用于职业成长、精神激励、物质奖励、员工辅导四个方面，对员工起到行为导向和意识指引的积极作用，带动员工健康成长。

单位运用层面，以积分体系为平台，各单位结合评价指标、过程记录、积分结果及时开展员工辅导，针对薄弱环节，提出改进建议，形成员工对照积分要求，主动完善个人职业发展素质的良好氛围，提升单位管理效能；通过季度、年度积分排名，挖掘在各方面表现优秀的员工，树立标杆，形成"榜样在身边"的示范作用；在年度考评、岗位调整、提拔使用、岗位竞聘等方面广泛应用。随着积分体系的综合利用，分行已培养各类后备人才417名，共提拔管理岗位、专业技术岗位职务782人次，其中91人担任部门、支行、网点负责人，173人走上各类专业技术岗位。分行65名网点负责人，平均年龄34岁，为全省系统最年轻的网点负责人团队。

图5　后备人才选拔训练营

分行运用层面，将员工积分作为对员工行为的中长期评价，加大了积分体系在员工职业发展等方面的应用力度，将员工近三年的积分结果纳入提拔使用、竞聘上岗等事项考察内容；对于每季积分排名优秀的员工给予精神和物质奖励，其中"合规守纪""自我提升"两项积分还可兑换购书卡或公休假期奖励。系统运用以来，分行对积分表现优秀的员工共给予11万元积分激励，与此同时，仅2016年就有86人享受了公休假奖励，大大激发了员工努力创业绩，积极强素质，勤奋学技能，充分参与集体活动，充分履行社会责任，时时不忘合规自律的良好氛围。

中山建行的"员工成长积分体系"真实记录了员工的成长轨迹，把员工的价值提升运用到企业的发展中，把人的成长融合到企业文化体系的完善、成熟中去，实现了与建行总行绩效管理项目的有效衔接和融合，充分展现了中山建行经营管理模式精细化和企业文化落地实施的深入推进，为分行"转型发展、争先进位"提供了源源不断的新动力。

主要创造人：张真理　张　勇

参与创造人：王凝一　涂南海　李若莉　林永俭

优秀

成果篇

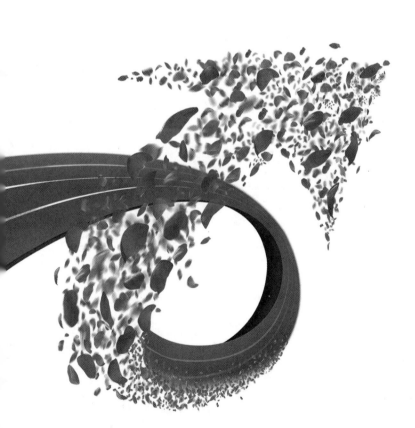

持续推进文化创新　矢志打造世界一流能源集团

中国大唐集团公司

中国大唐集团公司（以下简称大唐集团）是在电力体制改革中组建的中央直接管理的特大型发电企业，注册资本金180.09亿元。自2010年起，连续7年入选世界500强企业。主要从事电力、热力生产和供应，与电力相关的煤炭资源开发和生产，以及相关专业技术服务，重点涉及发电、供热、煤炭、金融、物流、科技、环保等业务领域。资产分布于国内31个省区市及境外的美国、缅甸、柬埔寨、老挝等多个国家和地区，员工总数9.8万人。拥有400多家企业，其中包括世界最大在役火电厂——内蒙古大唐国际托克托电厂，世界最大风电场——大唐赛罕坝风电场等。截至2017年1月底，在役及在建发电总装机容量1.66亿千瓦，其中运行容量1.4亿千瓦，清洁能源占32%，年发电量占全国用电量近10%。

大唐集团是2002年12月29日在原国家电力公司部分企事业单位基础上组建而成的特大型发电企业集团。大唐集团组建以来，将先进的企业文化作为企业持续发展的精神支柱、动力源泉和企业核心竞争力的重要组成部分，高度重视企业文化建设，于2006年推出了大唐文化理论体系。2012年以来，大唐集团大力实施文化创新，全面倡导新的核心价值理念体系，极大地鼓舞了10万员工的士气，引发了一场涉及生产方式、思维方式和价值观念的巨大变革，有效激发了改革发展的正能量，大唐集团走上了一条又好又快的发展道路。

铸企业之魂，持续推进理念创新

大唐集团组建之初，97家单位分布于全国14个省市区，分属于多家电网公司和省级电力公司，历史沿革、管理方式、行事风格等都不相同，原有的企业文化也有很大差异。2006年，大唐集团正式推出了大唐文化理论体系，确定了"人为本、和为贵、效为先"的核心价值观，"务实和谐，同心跨越"的企业精神，"权责对等，高效协同"的管理理念等17条文化理念，由此形成了一个具有大唐特色的文化理论体系。在当时的中国大唐核心价值体系中，"和谐""同心"和"跨越式发展"等要素体现了一个新成立的大型企业集团凝心聚力、快速发展的态度与追求。

随着时代的发展，企业的外部环境发生了深刻的变化，特别是2008年之后，全国电力需求下降，占火电成本70%的电煤价格一路飙升。大唐集团内部也逐步出现和积累了新的矛盾和问题，部分企业注重追求发展速度和规模，产业结构、机组结构调整任务繁重，非主业投资迟迟没有回报，少数干部奉献担当的精神有所削弱，高效执行的作风正在消退，创新能力、创新动力已经不适应形势的需要……大唐集团经营局面恶化，资产负债率持续升高，一度增长至中央工业企业最高位。

在深入分析内外部环境及基本矛盾与主要矛盾后，2012年，大唐集团提出要确立并深入践行"价值思维，效益导向"核心理念，这一理念，聚焦国有资本保值增值，要求发展方式更加注重质量效益，由关注规模速度的外延式发展转移到更加注重依靠科技进步、管理创新、素质提升上来。2014年2月18日，大唐集团正式发布了"务实，奉献，创新，奋进"的新时期大唐精神。2015年，大唐集团正式发布新的发展战略，明确了2015~2030年，发展的指导思想、目标愿景和战略重点等，大唐集团的理念体系完成了更新升级，成为10万大唐员工在大唐集团新的历史时期的理念引导与行动指南。

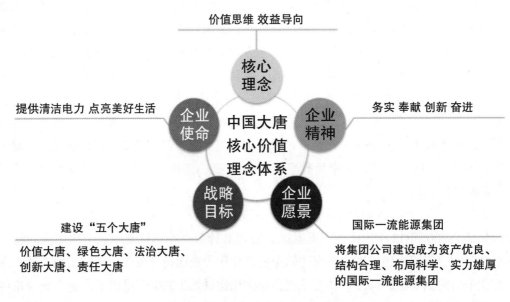

图1   中国大唐核心价值理念体系

固文化之基，持续推进理念"走心"

善用文化载体，进行全媒体传播。大唐集团拥有《中国大唐》报、中国大唐网站、中国大唐电视、《中国大唐》杂志、中国大唐官方微博、中国大唐官方微信六大传媒阵地。报纸每周一期、杂志每月一期，发到班组；电视中心每周制作30分钟节目，传送到系统100多家单位，通过闭路电视和内部网络向职工播放；网站、微博、微信每日更新。六大媒体充分发挥自身优势，唱响主旋律，打好主动仗，及时宣传报道大唐集团重要事件及系统各单位工作动态，全面构建企业与员工交流互动的渠道与平台。

讲好大唐故事，诠释文化内涵。故事承载历史、故事诠释文化、故事树立榜样、故事激发力量。大唐集团将"发掘典型案例，讲好大唐故事"作为解读理念内涵，促进员工认同、实践的重要途径。近年来，大唐集团发掘、传播了一大批优秀团队的管理经验和大唐员工的先进事迹。其中，有为了守护价值17亿元的国有资产，在战火纷飞的动荡地区和国家坚守水电站顽强发电的大唐团队；有在30摄氏度温差、3000米海拔、65%含氧量的戈壁滩中，常年驻守光伏电站的9人团队，他们的平均年龄只有26岁，每年为大唐创造着1000多万元的利润；有紧急赶赴我国新建交国家进行技术支援，得到所在国家总理高度评价的"大唐工匠"。近三年来，大唐集团七次组织大唐精神宣讲报告会，在全国各省市区巡回开展。系统内多家企业先后组建了上百个宣讲报告团，开展了300多场宣讲报告会，持续掀起了宣贯核心理念与大唐精神的热潮。

营造良好环境，形成文化氛围。大唐集团按照"规范、鲜明、节俭"的要求，在企业重要建筑物、重要场所、重要宣传载体上对文化理念进行展示。同时，组织开展大唐精神系列宣传活动，如大唐文化海报设计大赛、微电影创作大赛、微信H5创作大赛、"闪光的大唐"宣讲大赛等。在活动中，大唐员工既是"导演""编辑"，又是海报、电影与H5的"主角"，充分发挥员工的自主性与创造性，固化和增强宣传效果。

聚团队之力，持续推进理念落地

建立健全价值创造机制。大唐集团建立健全创新机制、狠抓落实，大力推进资产整合，压缩管理链条，构建了全面计划、全面预算、全面风险、全面责任"四全"管理体系，增强集团管控能力，优化内部资源配置，实现整体价值最大化。为了确保投产机组成为盈利点，新建机组成为"造血点"，一场以"优化设计、优化运行"为主要内容的"两优化"行动在系统各企业全面铺开，实现了对项目全生命周期的价值管理。与此同时，管理创新、机制创新全面推进，建立完成生产调度、资金管理、燃料管理"三大中心"，成立了招投标中心，打造统一管控平台，有力地提升了大唐集团管控能力和精益管理水平。

经营管理转变思维方式。大唐集团根据电力企业的特性和管理要点，将安全文化、人才文化、创新文化等作为文化建设的着力点，以新的理念、新的思维作为管理指引。在安全管理方面，大唐集团强调严管是最大的关爱，视未遂为已遂，"违章就是事故"的理念深入人心，在装机容量较快增长，煤矿、煤化工等高危项目陆续投产，管控难度持续加大的情况下，总体保持了安全稳定局面，没有发生较大及以上人身和设备事故，圆满地完成了党的十八大、APEC会议、"9·3"阅兵等重大保电、保民生任务。在人才文化建设方面，大唐集团坚持"严管与善待并重，培养与使用并举"的用人理念。近年来，先后调整300多名干部，启动了"80后"青年人才培养计划。大唐集团还多次举办转动机械检修、焊工、机组运行事故处理等多项技能竞赛，一批杰出的技术工人成长起来并脱颖而出。在创新文化培育方面，大唐集团倡导"人人是创新之人，处处是创新之处"，命名了首批共计15家"创新型企业"，创建并命名"职工技术创新工作室"261个，参与职工人数超过5200人，形成了全员参与、万众创新的工作格局，创出了成果，创出了效益，创出了氛围。

推进文化在基层深植。大唐集团持续深入地开展"大唐精神在基层"主题活动，引导系统各企业弘扬大唐集团核心价值理念、培育本单位良好作风，形成了各具特色的子文化。如大唐集团旗舰企业大唐国际发电公司，矢志打造"信仰坚定、纪律严明、作风顽强、勇争第一、让大唐集团党组放心的铁军队伍"，明确提出"坚持用铁的纪律做保证，始终坚持'争第一'精神和'120分'工作标准，始终保持干事创业激情"；四川的亭子口水利枢纽工程提前半年完成3万移民的搬迁，创造了国内同等规模电站从开工到发电的最快纪录，历时3年8个月，实现了当年投产、当年盈利，收益近8亿元，体现了"只要有1%的希望，就要尽100%的努力"的信念，为大唐精神做了生动的印证与解读。这些子文化，都是大唐集团核心价值体系在大唐企业的落地与延伸，反映了集团母文化的内涵和企业自身的文化积淀、文化特征，赋予了大唐文化新的活力与创造力。

立形象之牌，持续提升品牌魅力

珍惜传统，评选保护"大唐文化景观"。"大唐文化景观"是大唐集团系统各企业在历史发展进程中保留下来的具有纪念、教育意义和文化内涵的工业遗产、特定区域、标志建筑等。自2012年开始，大唐集团在中央企业中创新推出"文化景观"评选，每两年开展一次，共有24个项目获评。这些文化景观是大唐集团发展历程的重要见证，是大唐员工艰苦奋斗、建设企业的文化标志,也是展示大唐风貌的"窗口"与"名片"。

尊重公众，连续十年举办企业开放日。2007年，大唐集团在中央企业中创新推出"企业开放日"活动，邀请企业周边的居民、部队官兵、企事业单位人员、学生等走进大唐，了解能源生产流程、环保措施等，搭建普通民众走进中央企业的桥梁和通道。这一活动，已经连续举办10年，每年以不同的主题和形式面向社会开展。截至2016年，大唐集团的开放企业达到207家（次），5.4万名各界人士与大唐"零距离"接触，中央电视台、中央人民广播电台、《工人日报》、新华网、凤凰网、腾讯网等数百家媒体进行了报道。

图2　世界最大风电场——赛罕坝风电场

勇于担当，切实履行央企责任。大唐集团主动对接能源生产消费革命等重大国家战略，近年来，一批京津冀、长三角、珠三角热电联产项目和老区热电、太阳能精准扶贫项目前期工作取得实质进展；自觉落实能源供给侧结构性改革新要求，取消、缓核、缓建电源项目11个共1034万千瓦，关闭煤炭产能300万吨。水电、光伏扶贫项目全部如期建成，为惠民生做出了应有贡献。延安热电项目红色扶贫、红色招聘成为中央媒体"精准扶贫系列报道"开篇之作。

如今，"中国大唐"已经与"清洁电""安全电""可靠热""责任央企"等关键词紧密相连。2013~2015年，大唐集团经济效益连连刷新历史纪录，分别实现利润109.61亿元、120.58亿元和173.16亿元，同比分别增长了49.33亿元、10.97亿元和52.58亿元，国有资本保值增值率完成109.88%。中国大唐正在朝着"国际一流能源集团"的方向阔步前进。

主要创造人：陈进行　邹嘉华

参与创造人：刘智辉　田广河　杨　柳　云　端

坚定文化自信 "软实力"助力"走出去"

中国远洋海运集团有限公司

中国远洋海运集团有限公司(以下简称中远海运)由中国远洋运输(集团)总公司与中国海运(集团)总公司重组而成,总部设在上海,是中央直接管理的特大型国有企业。总资产6100亿元人民币,员工11.8万人。拥有船舶1040艘,8029万载重吨,船队规模和综合运力居世界第一。码头、物流、航运金融、修造船等上下游产业链形成了较为完整的产业结构体系。在全球拥有集装箱码头46个,泊位数超过190个,集装箱吞吐量9000万TEU,居世界第二。全球船舶燃料销量超过2500万吨,居世界第一。集装箱租赁规模超过270万TEU,居世界第三。海洋工程装备制造接单规模及船舶代理业务也稳居世界前列。是最早一批践行国家"走出去"战略的企业集团,完善的全球化服务筑就了网络服务优势与品牌优势。码头、物流、航运金融、修造船等上下游产业链形成了较为完整的产业结构体系。

中远海运前身中远集团、中海集团都是历史悠久、国际化程度高的航运企业。半个多世纪以来,中远海运立足航运主业,积极践行"走出去"战略,循序渐进、稳扎稳打,在参与国际竞争中不断发展壮大。

与此同时,中远海运始终坚定文化自信,坚持把跨文化管理作为"走出去"战略的一项重要工作,秉承"同舟共济"的航海精神,发扬和谐、开放、包容的海洋文化传统,讲究求同辨异、求同尊异、求同化异的管理策略,秉承传播中国文化、激扬文化自信、树立中国形象的管理原则,坚持主动融入、深度融入、巧妙融入的管理方法,尊重文化多元性,把握文化差异性,强化文化引领性,因地制宜、扎根结果,努力探索跨文化管理的新方法、新路子,不断提升跨文化管理水平,为实现中外双方情感共融、利益共享、合作共赢提供了有力支撑。

坚持"全球化"思维,丰富企业文化内涵

跨文化管理必须顺应全球化发展趋势,坚持"全球化"思维,坚持文化与战略相匹配,坚持中西方共通共有的价值理念,融合东西方优势,将文化理念融入各项管理制度、工作标准、考评体系中,构建"战略、管理与文化"三位一体的现代综合管理体系。

坚持文化与战略相匹配,以战略影响文化,以文化决定战略。中远的核心价值观从初创期的"艰苦创业,爱国奉献",到改革转型期的"求是创新,图强报国",再到21世纪的"全球发展,和谐共赢",企业文化的内涵不断丰富。与企业文化理念同步,中远从1961年4月27日新中国第一艘自营远洋船——光华轮赴印度尼西亚接侨开始,便秉承"全球化"思维,开启了艰辛的创业模式:和平轮打通新中国第一条远洋货轮航线;敦煌轮开辟新中国第一条不定期国际班轮

航线；红旗轮首航智利，打通南美航路；金沙轮首次完成环球航行。至1978年10月4日，中远平乡城轮装载着162个标准集装箱从上海驶往悉尼，拉开中国集装箱班轮运输的帷幕。1979年3月25日，柳林海轮首航美国西雅图港，恢复了中美两国中断30年的海上运输航线。自此，"走出去"成为中远长期追求的战略目标，"全球化"成为中远文化理念的一条主线。

坚持以诚信立足、守言信诺、互利共赢。诚信是世界的通行证。跨文化管理必须做到言行一致，言行并举。承诺的事情，就一定要在实际经营中得到实实在在的体现。中远刚开始收购希腊比雷埃夫斯港集装箱码头时，码头职工担心失去岗位，举行罢工示威。中远承诺不裁员，仅派7名管理人员，并帮助希腊码头工人提高技能，组织到国内培训。现在，希腊码头工人每小时操作箱量提高一倍以上，箱量从原来的年40万箱猛增到500多万箱，创造了希腊比雷埃夫斯港有史以来最好的业绩。在互利共赢的经营模式和管理理念下，中远也完成了从经营一个集装箱码头到收购比雷埃夫斯港口管理局多数股权的壮举，成为中希合作的成功典范。

坚持中西方管理方式融会贯通。中远海运学习借鉴西方现代管理经验，尊重规则秩序和契约精神，推行六西格玛管理、精益管理、系统集成、全球契约等经营管理理论和方法，构建具有国际化特色的管理体系和服务体系，提高管理水平和服务质量，增强企业核心竞争力。按照国际资本市场要求规范运作，健全制度，严格管理，提升企业管治水平。中远海运海外公司多次获得国际组织颁发的最佳公司管理、最佳承运人、优质管理大奖和杰出董事会奖等荣誉。

坚持"本土化"运作，夯实文化建设基础

跨国企业在"走出去"的过程中，必须尊重世界文化的多元性，必须适应所在国家和民族的本土文化，坚持"本土化"方针，承认差异、尊重差异、包容差异，加强文化相融，坚持"在碰撞中融合、在融合中创新、在创新中发展"，构建更加开放包容的新型文化，做到"入乡随俗""求同存异"。

坚持"就地取材"，实施人才本土化。中远海运雇用外籍员工7000多人，占海外员工总数90%以上。外籍员工大多从事航运、法律、财务、IT、行政管理方面的工作。中远海运倡导"进了中远海运门，就是中远海运人"的理念，打破"玻璃天花板"现象，无论中方员工还是外籍员工，只要爱企业、能力强、业绩优，就会被委以重任。中远海运各海外公司均有外籍员工担任常务副总、总经理或执行副总裁等高管职务，发挥了骨干作用。

强化制度保障，实施管理本土化。中远海运先后出台了几十项涉及海外管理的规章制度，规范中外籍员工管理，一视同仁，打破了国籍、宗教等界限，完善外籍员工管理和薪酬机制，严格落实工资、福利、保险、培训、晋级和休假制度，确保中外籍员工身份平等、责权利统一、人格相互尊重。

严守法律、法规，实施风控本土化。中远海运严格遵守当地法律、法规，聘请当地资深律师担任公司法律顾问，公司重大经营决策和业务拓展，都进行全面充分的法律咨询和风险评估，建立风险管理体系，有效防范国际化经营中的各种风险，维护企业权益。中远海运还聘请了一批国际政要和国际名人来担任公司的海外名誉顾问。如美国前国务卿黑格、英国前首相希思、中国香港特别行政区前特首董建华、日本前国会众院议长樱内义雄等。他们在很多关键时候，能利用自

己的国际影响力，为中远海运做好斡旋、协调工作。

坚持"人本化"理念，增进思想文化交融

中远海运坚持把企业"以人为本"与员工"以企为家"统一起来，采取各种有效措施，消除国籍、民族、区域、种族隔阂和政治干扰，增强外籍员工对企业的认同感和归属感，构建和谐劳动关系，营造平等互信的良好氛围。

发挥东方"人情味"管理优势。西方管理文化以法律、法规、体系为准绳，东方管理文化则富有人情味。中远海运发挥自身"人情味"的管理优势，促进企业文化深度融合。组织开展"洋劳模"评选活动，通过各种载体广泛宣传，并组织"洋劳模"到国内参观疗养。目前，在中远海外公司工作5年以上的外籍员工有2258人，对做出突出贡献的外籍员工我们授予其杰出贡献奖、开拓奖和忠诚奖，并颁发金、银、铜牌。此外，中远海运坚持以人为本，为外籍员工排忧解难。中远希腊码头公司专门为码头工人开设食堂，解决午餐问题。各境外企业还积极效仿国内工会"五必访"做法，外籍员工家庭遇到困难、生病住院，公司及时组织慰问，增进了外籍员工对企业的深厚情感。

尊重当地信仰风俗。中远海运海外公司都非常尊重当地员工的宗教信仰和文化风俗，在复活节、圣诞节等西方重要节日，举办酒会、晚宴等庆祝活动。中远西亚公司尊重外籍员工宗教信仰，在重要宗教节日给予外籍员工放假。中远澳洲公司号称"小联合国"，制定了员工身份平等、相互尊重的10项原则，充分调动了来自16个民族、123名外籍员工的积极性。

做好中华文化传播使者。中远海运外派员工不仅要与当地员工建立工作上的同事伙伴关系，还要当起中外文化交流的使者。各种中外节日，海外公司都会找机会举办活动。每逢中国的春节、中秋节、端午节，也会搞聚餐活动，送月饼、送粽子。中远欧洲公司各分部处在欧洲各个国家，平时天天有业务往来，但员工们却总是见不上面，通过举办"小欧洲杯"足球赛，为外籍员工创造了一个横向交流、增进感情的机会，同时也增强了企业凝聚力。

坚持"公民化"责任，提升文化品牌价值

跨文化管理必须强调共赢互利、遵纪守法、诚实守信和高度负责的"公民化"精神。中远海运积极履行社会责任，推进节能减排与环境保护工作，参与当地公益和慈善事业，造福当地社会和人民，受到国际社会、所在国政府民众的普遍认同。

促进就业、造福社会。中远海外事业发展不仅促进了当地经济发展，同时为其创造了大量就业机会。比如，2002年，面对美国波士顿港濒临关闭和马萨诸塞州政府请求，中远经过充分调研论证，开辟了唯一的亚洲直挂波士顿港的集装箱航线，拯救了波士顿港地区和海运息息相关的产业链，解决了9000名码头工人的就业问题，并间接创造了35000个新的就业岗位，受到美国马萨诸塞州政府和当地社会的广泛赞誉。

加入全球契约，履行可持续发展责任。2004年，中远加入联合国"全球契约"计划，在人权、劳工、环境和反贪污方面做出10项承诺。2006年，完成国内首份可持续发展报告，连续7年

荣登联合国"全球契约"典范榜，连续5年获得GRI A+ 评级。2015年，中远海运加入国际反商业贿赂联盟。通过调整船队结构、优化航线设计、降低航速及开发新技术等措施，使燃油单耗从2005年的5.17千克/千吨海里下降到2014年的3.54千克/千吨海里，下降了31.5%。中远单位货物周转量产生的二氧化碳排放量已经从2005年的16.07千克/千吨海里下降到2014年的11.02千克/千吨海里，下降了31.4%。中远美洲公司多次获得美国长滩港务局授予的环保奖旗"绿旗奖"和西雅图港授予的"绿色通道旗"奖。

巴拿马轮

扶危济困，开展公益慈善活动。中远美洲公司在2012年"桑迪"飓风过后，第一时间了解员工受灾情况，将中远慈善基金会捐赠的200万美元及时赶在美国传统的"感恩节"前发到美籍员工手中，中远美洲公司的供应商也深受感动，自愿免费为其制作捐款"大支票"；中远非洲公司积极开展对黑种人及有色人种和残疾人的就业、培训和对黑种人社会公益捐赠活动，促进了与Transnet签署码头班轮协议的资质。

主要创造人：集体

坚持文化价值引领融入管理　助推企业品牌塑造战略落地

中国邮政集团公司

　　中国邮政集团公司（以下简称中国邮政）是大型国有独资企业，实行总分公司一级法人体制，下设31个省（区、市）邮政分公司和中国邮政储蓄银行、中国邮政速递物流股份有限公司、中邮人寿保险股份有限公司、中邮证券公司、中邮资本公司5个控股子公司和集邮总公司等14个直属单位。中国邮政拥有94万名员工和遍布城乡的各类服务网点5万多处，主要经营邮政基础性业务和金融、速递物流、电子商务等邮政业务，承担邮政普遍服务义务，受政府委托提供邮政特殊服务，对竞争性邮政业务实行商业化运营。2016年，在《财富》"世界500强排行榜"中位居第105位，在"2016中国企业500强"排名中位居第21位，业务收入规模达到4421.4亿元，收入规模位居世界邮政第2位，利润居第1位。

　　中国邮政高度重视企业文化建设，始终将企业文化建设作为打造企业文化软实力、助推企业转型升级的战略举措强力推进。在多年的探索实践中，中国邮政传承邮政业几千年的优秀文化基因，总结邮政企业深化改革的宝贵经验和发展需要，汇集百万员工集体智慧，研究设计了具有鲜明邮政特色的中国邮政企业文化体系，研究建设了宣贯落地实施方案，并积极有效推动了其实践应用和成果转化，实现了文化建设与企业管理深度融合，为做优、做强、做大中国邮政提供了强大的精神动力和文化支撑。

中国邮政企业文化体系建设的实施背景和核心内涵

　　党的十八大以来，党中央先后提出了"'五位一体'总体布局""增强文化软实力""努力建设社会主义文化强国"等目标要求和战略任务。为落实文化强国国家战略、推动中国邮政战略落地、提升邮政企业核心竞争力，中国邮政按照"统一领导、综合协调、上下互动、内外结合"的工作思路和"以文化的面目呈现管理规则、以文化的视角透视管理需要、以文化的成果完善管理遵循"的研究方法，建设形成了包含"一个理念系统、三个行为模型和五个视觉模块"组成的"一三五"企业文化体系。同时秉承"文化引领、文化凝聚、文化管理、文化渗透"的原则，将文化理论研究与应用研究共举并重，配套形成了一套科学合理、易用易行的企业文化应用方案，充分发挥了企业文化的"软实力"作用。

　　中国邮政企业文化理念识别系统、行为识别系统和视觉识别系统相互联系、相互支撑，共同服务于中国邮政战略落地和形象塑造，共同构成了中国邮政"以文化理念为引领、以行为文化为支撑、以视觉文化为载体"的文化管理新格局。

中国邮政企业文化体系建设的主要做法

中国邮政企业文化体系建设根植于企业经营管理实践，同时也致力于推动企业管理转型升级，对企业文化管理具有思考的启发性和实操的导向性，在管理实践中发挥了精神动能和管理效能的作用。

提炼企业文化管理内涵，创新构建"一三五"企业文化体系。中国邮政坚持"高度概括与保持特色相统一、领导者主导与员工参与相结合、传承与创新相结合、集团文化与所属文化相结合"的建设原则，运用科学理论，从繁杂的管理现象中提炼文化意义、萃取价值遵循，创新构建了中国邮政"一三五"企业文化体系。其中，理念识别系统包括企业使命（情系万家，信达天下）、企业愿景（建设世界一流邮政企业）、核心价值观（用户至上，员工为本）、企业精神（创新、协同、诚信、担当）和服务宗旨（人民邮政为人民），是中国邮政企业发展的价值引领；行为识别系统设计为组织行为、领导者行为、员工行为三个行为模型，是中国邮政企业发展的行动规范；视觉识别系统设计为静态视觉、动态视听、文化活动、邮政榜样、环境建设五个传播模块，是中国邮政企业发展的传播指南。

强化培训宣传、凝聚思想共识。一是抓领导带头示范，印发了《中国邮政企业文化手册》，通过文件、会议、网院学习等多重"行政载体"推动。二是抓培训形成机制，选拔培训集团和省级内训师上千人，按照"理念+"的原则，针对不同受众群体，分层分类宣贯培训。将企业文化课纳入邮政党校、日常培训、员工晋升和入职考试的常规课程。三是抓宣传营造氛围，制定了理念宣传应用标准，加强视觉传播宣传。创作"漫话企业文化"等H5作品，利用邮政网院、微博微信等传播。开辟《中国邮政报》等企业文化宣传专栏。四是抓应用形成规范，制定《理念识别系统应用规范》统一视觉呈现效果，有效推动了企业文化的入心入脑。

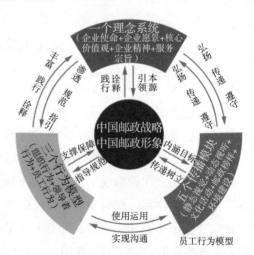

图1　中国邮政企业文化体系架构　　　　图2　中国邮政企业文化体系逻辑关系

建立协同机制，推动知行合一。一是研究制定了《中国邮政企业文化宣贯工作实施意见》，落实企业文化建设的组织和经费保障。二是设立了企业文化研究支撑办公室，建立了各级企业文化专兼职工作队伍。三是落实目标责任制，明确各部门和条线推动企业文化落地应用的目标责任，如人力资源管理部门负责把领导者行为和员工行为与干部考核、员工晋升等管理制度对接。通过建立责任清单、层层传递，有效将企业文化各部分内容融入企业经营管理。

健全考评体系，确保有效落地。一是推行宣贯、践行、评估、提升的闭环管理，坚持每年定期在全系统逐级开展企业文化建设评估考核。二是强化企业文化价值规范与员工成长深度融合，将企业文化纳入企业人才测评体系和岗位资格认证考核。三是推动企业文化示范点建设，着力打造和突出抓好100个企业文化建设示范点，以点带面，全面推进。

中国邮政企业文化体系建设的实践效果

邮政企业文化是邮政事业持续传承的重要标志，是邮政企业科学发展的精神血脉，是邮政干部员工成长的共同坚守。在"边研究、边建设、边宣贯、边实践"的原则指导下，邮政企业文化建设实现了内化于心、外化于行、固化于制，为发挥国企政治优势、推动战略落地和形象塑造、激励百万员工"建设世界一流邮政企业"注入了不竭的精神动力。

履行国企使命宗旨、强化责任担当意识显著增强。各级邮政企业认真践行"情系万家，信达天下"的企业使命和"人民邮政为人民"的服务宗旨，着力在服务社会上下功夫。一是努力提升普遍服务和特殊服务水平，确保公民通信权利，几年来在全国补建空白乡镇邮局所8440处，邮政网点乡镇覆盖率达100%。认真做好党报党刊发行，深入推进机要通信服务整治活动。二是坚持面向基层社区和广大乡村，全力推进综合便民服务平台建设，邮乐购便民服务站点累计33.8万个，深入城乡广袤腹地。积极承接政府公共服务项目，加大服务"三农"和小微企业工作力度，成立各级邮储银行三农金融事业部，积极践行普惠金融。三是认真践行央企社会责任，大力开展具有邮政特色的精准扶贫工作，全国乡镇以上邮政机构全部建有对口扶贫点，打造出邮政电商扶贫、金融扶贫、保险扶贫等特色品牌。这些工作都得到了习近平总书记、李克强总理、汪洋副总理等中央领导和地方党政部门的充分肯定，受到了社会各界和人民群众的广泛赞誉。

图3　企业文化推进会议现场

"创新、协同、诚信、担当"的企业精神得到大力弘扬。围绕"建设世界一流邮政企业"的愿景目标，中国邮政集团公司大力弘扬"创新、协同、诚信、担当"的企业精神。一是确定了以邮政便民综合服务平台为主体，金融、寄递为两翼的各板块协同发展的"一体两翼"经营发展战略，着力发挥邮政网络和多元业务的协同优势，取得显著成果。2016年中国邮政收入规模4421.4亿元，自2007年成立至今10年，年均增长15.2%，比GDP年均增幅高6.8个百分点，比中央企业年均增幅高5.8个百分点，利润规模年均增幅103.3%。二是全面深化改革创新，邮电分营后，特别是公司化运营以来，依托传统邮政业务创新发展了银行、保险、证券、电商、农资分销等新型业务，完成了邮储银行"股改—引战—上市"三步曲，募集资金总额达591.5亿港元，成为近两年全球最大IPO，有效激发了企业活力。在高举普遍服务大旗的同时，创新探索了公司化改革，实施了"子改分"体制，建立了现代企业治理结构。实施干线运输方式改革，打破了铁路运邮"一网独大"的传统模式，推动邮政网提速增效。三是科技引领成效凸显，竞争实力显著增强。完成了ERP系统的全系统上线使用，启动新一代寄递业务信息平台开发，在银行业率先完成集中授权系统建设。

　　"用户至上，员工为本"的价值理念扎实落地。全系统各级企业坚持为用户创造价值、为员工创造福祉。一是坚持以用户为中心，大力开展提升服务质量专项活动和无着邮件清理整治活动，普邮全程时限达标率达99.8%，邮政EMS节假日坚持正常寄递服务，邮政通信服务用户申诉处理满意率达96.3%，62个重点城市标快次日递率达到80%以上，城市包裹快递当日妥投率达到92.2%。二是关心员工成长发展、关怀员工切身利益和重大关切的氛围不断加强，制度政策明显向员工倾斜，五年来累计从劳务用工中转聘招录合同用工20.7万人，邮政全系统三次调薪，坚持把薪酬收入"向一线员工倾斜"，"十二五"至"十三五"期间，一线员工人均收入实现翻番。深入实施关爱工程，完善困难职工档案，加大了帮扶力度。印发《全国邮政系统劳动模范（先进个人）管理办法》，落实先进典型的物质奖励、慰问疗养、学习进阶等规定。大力推动职工小家建设，全系统共建成"职工小家"2.7万余个，受益职工总计52万人，职工满意率达96%。

　　邮政综合实力和品牌影响力显著提升。各级邮政企业和广大员工认真践行企业使命、核心价值观、企业精神和服务宗旨，紧紧围绕企业愿景目标，勤奋敬业，务实进取，以实际行动赢得了政府赞誉和社会认同，品牌影响力明显提升。出现了一大批诸如《边疆邮路行》《一个百年老字号的变迁》《中国邮政在路上》等引起社会震撼、传播邮政价值理念和服务品质的优秀作品，打造出一系列"爱心邮路""预防邮路"等有社会影响的特色帮扶品牌，培育出"最美邮递员""金方向盘驾驶员""全国邮政金融双先"等众多先进典型，涌现出王顺友、尼玛拉木等一大批甘于奉献、敢于吃苦、心系百姓的模范人物，树立了良好的国企形象。邮政品牌知名度和美誉度、国际影响力显著提升。

　　建设世界一流邮政企业是"中国梦"在邮政上的具体体现。中国邮政企业文化将会在社会和广大干部员工的普遍认同和积极践行基础上，不断注入新的元素，实现新的飞跃。作为邮政企业的根、邮政管理的魂，邮政企业文化必将激励广大邮政员工积极投身实现中华民族伟大复兴的建设实践。

主要创造人：李国华　李杰证

参与创造人：赵双占　陈剑锋　谢册　张宇

厚植企业文化优势　增强创新转型动力

绿地控股集团有限公司

绿地控股集团有限公司(以下简称绿地集团)自1992年成立以来，通过推动产业发展升级、实施经营管理创新、培育优秀企业文化、积极履行社会责任，实现了超常规发展。从当初2000万元注册资本金起步，到目前总资产已超过7000亿元，在全球范围内形成了"以房地产开发为主业，大基建、大金融、大消费等新兴产业并举发展"的多元经营格局，旗下企业及项目遍及全球四大洲、十国、百城，已连续5年进入全球企业500强行列。

思想是行动的先导，行动是思维的反映。在新常态下，企业要获得转型红利，比拼的是坚定转型目标不动摇的定力、以变应变顺势而为的眼力和创新驱动转型发展的动力。归根到底，考验的是企业文化的"软实力"。绿地集团始终高度重视企业文化建设，倾力打造以"卓越、发展、责任"为核心的价值观、以"两个永不"的进取精神为灵魂、以"一二三四五六七"为骨架的绿地文化体系，凝心聚力、同频共振，为集团创新转型、持续发展提供了强大的精神动力。

构建共赢文化，打造企业创新转型核心力

文化是唯一能够渗透到任何领域、无所不在的软实力，也是滋养各方实力的本源。绿地集团始终将塑造共同价值观作为增强企业活力的重要方面，形成了许多优秀的文化要素：如奋发有为、敢为人先、敢闯敢试的进取精神，坚韧不拔、雷厉风行的工作作风，简单思维、公平阳光的发展氛围，以结果为导向、唯成败论英雄的激励机制等。

价值取向统领。核心价值观是企业文化的灵魂，也是企业持续发展的"生命线"。绿地集团在长期的发展过程中，始终坚持一手抓战略规划，一手抓文化建设，用"卓越、发展、责任"的核心价值观，增强文化认同；用"绿地，让生活更美好"的企业愿景，引领发展方向；用"永不满足、永不止步"的企业精神，凝聚奋斗力量。

坚定社会责任担当。绿地集团始终倡导并践行"四个面向"的企业责任，把履行社会责任作为一种担当、一种自觉，在坚守社会责任中积聚诚信力量、塑造绿地品牌、展现企业形象。近年来，绿地集团先后大规模对口支援新疆系列项目，全力投入上海及全国各地保障房建设，无偿建设城市标志性公共绿地，接手上海申花足球俱乐部，冠名上海市第二届市民运动会等；此外，还建立了"绿地慈善公益基金""绿地心计划"专属慈善品牌。

分享改革发展红利。按照十八届三中全会精神，绿地集团抓住发展混合所有制、推动国资国企改革的政策契机，在"国有控股、职工持股"的框架下，果断推动增资扩股，成功引进社会资本，形成了国有及非公有资本交叉持股、相互融合的混合所有制。通过把员工的利益和企业的发展紧紧捆绑在一起，形成利益共同体，使企业管理人员和广大员工迸发出了强烈的"主人翁"意

识，自觉与企业发展同心同德、同步同向，极大地增强了企业持续发展的动力。

倡导进取文化，增强企业创新转型竞争力

绿地集团诞生于市场经济改革大规模启动的1992年，改革创新、转型升级是绿地集团成长的基因。25年来，绿地集团在从无到有、从小到大、从大到强的发展历程中，始终保持"归零"的心态和创业的朝气，始终坚持因时而变、顺势而为、乘势而上的文化理念。

坚持追求卓越。针对"三去一补一降"和"供给侧结构性改革"的新趋向、新情况、新问题，绿地集团按照"把握新形势、运用新思维、寻找新动力"的进取意识，充分运用"平台思维、跨界思维、互联网思维、价值思维和全球思维"，迅速推动产业结构转型，形成了以房地产为主业、大基建、大消费、大金融、大健康为一体的新型产业格局，并围绕移动互联网、物联网、高新技术等新领域、新业态，孵化和培育新的产业，确立了新一轮发展战略。

坚持市场导向。新常态蕴藏着新机遇。围绕"五大发展理念"，未来大规模的人口迁移、集聚，将意味着庞大的城镇基础设施建设、大量居民消费品的置办和更新，各类投资、消费需求会成倍增长，必将创造出巨大的市场需求。绿地集团始终坚持"想政府所想，为市场所需"的发展理念，主动调整结构、创新驱动，迅速成立绿地城市投资公司，发起设立了国内首只千亿规模的轨道交通PPP产业基金，并成功中标南京地铁5号线；积极推进进口商品直销，成立了海外商品直采中心，建立线上"微商"平台，为企业寻求新的经济增长点提供持久的动力源。

坚持超越自我。创新转型"等不得、熬不起"，与其临渊羡鱼，不如退而结网。绿地集团在不同的历史发展阶段，敏锐地把握机遇，不失时机地推动体制机制改革，与企业始终坚持"永不满足、永不止步"的企业精神是分不开的。任何妨碍企业发展的"条条框框"，都将成为绿地集团改革的对象，视转型升级为最有效的防风险手段，从而不断为企业做强、做优、做大开辟新路。绿地集团的创新转型实践证明，企业的动力、活力和竞争力来自于思变图强、争创一流的进取意识，主动改、积极改、争取改，是释放企业发展活力的必然选择。

企业文化讲堂下基层

谋求创新文化，激发企业创新转型驱动力

"与改革同步、与时代同行"，是绿地集团的"性格特征"。绿地集团始终把创新机制作为文化落地的载体、企业持续发展的根基，在国有控股体制下，坚持实施"国有是根本，市场是关键，混合是重点"的混血机制，把看不见、摸不着的"文化力"，创新转化为机制的激励力、执行力、约束力。

在用人机制上，坚持"能上能下"。绿地集团打破论资排辈、平衡照顾的用人观，不唯身份、不唯资历、不唯文凭，而是重能力、重实绩、重贡献，严格执行能上能下、能进能出的用人机制。集团所有干部员工（包括中高层领导）均严格进行定期考核，对业绩突出、考核优秀的给予升职、加薪；对不能与时俱进、无法胜任自身岗位的干部员工，严格依据考核结果予以降职及减薪，甚至辞退，形成了"能上能下"的用人机制。

在激励制度上，突出"结果导向"。为了激发干部员工的主观能动性，绿地集团建立了以市场化为导向的薪酬体系。重能力、重结果，把员工薪酬与其所在单位经济效益紧密挂钩；薪酬体系设计人性化，以待遇的级差体现绩效目标和干部员工个人能力的差异；体现市场化导向，不断采集外部薪酬信息，确保薪酬水平的市场化和竞争力。

在内部竞争上，注重"公开透明"。绿地集团内部不讲级别、只重类别，待遇、排位全透明。各单位每年按盈利水平、经营规模等，结合管理控制、战略引领类指标进行分类，不同类别的企业待遇拉开差距；鼓励经营业绩领先的单位对落后的单位进行内部兼并重组，激发其一心一意谋发展、不断做强、做优、做大的内在动力。

弘扬背影文化，汇聚企业创新转型影响力

面对来自不同产业、不同地域，遍布全球四大洲、十国、百城的员工，绿地集团坚持用"背影效应"建设团队、凝聚力量，用"绿地家规"规范言行、立德立身。

推崇做人做事。中国自古以来就有"立德、立功、立言"三不朽的说法。绿地集团在选人用人上，始终按照"忠诚、责任、担当"的要求，坚持"做事先做人，立功先立德"的原则，强调每一个绿地干部员工要善学善悟、知天懂地、敏感求新。

践行以上率下。在绿地集团讲得最多、流传最广的一句话就是："你要你的手下怎么做，就让他们看到你怎么做；你要问我怎么做，就看我怎么做；永远让你的手下看到的都是你的背影。"被绿地员工形象地总结为"背影效应"。无论是承担重大任务、攻坚克难，还是面临重大转折、逆势奋进，冲锋在前、坚守到底的一定都是各层级的领导和党员，这是一种潜移默化的精神，更是绿地集团共同的文化体系，从不同侧面生动展示并诠释了绿地文化和绿地精神，也使每一个绿地人在内心深处形成了强烈的使命感和持久的驱动力。

时刻自省自律。按照中央"八项规定"要求，绿地集团将"廉洁自律七条禁令"纳入企业文化体系之中，并细化了《廉洁从业若干规定》、制定了绿地集团"家规"，要求全体员工牢固树立廉洁自律是底线、是"高压线"的意识，切实提高纪律性、强化执行力，自觉规范职务行为、

抵制不正之风。

古人说："天下万物生于有，有生于无。"基业长青，靠文化制胜。面对当前"稳中求进"的经济社会发展总基调，绿地集团确立了"转变思想，再造团队，革新方法"的发展思路，坚定转型升级理念，坚持发展战略信心，坚守"两个永不"精神，通过无形的企业文化，引领集团战略转型，不断寻找发展新动力，释放发展新活力，创造发展新成果。

主要创造人：黄健

参与创造人：张海峰　金佳艳

文化引领　提升发展软实力

中国国际航空股份有限公司

中国国际航空股份有限公司（以下简称国航），其前身中国国际航空公司成立于1988年，其品牌历史创立的前身是1955年1月1日中央军委民航局北京管理局。2002年10月，组建中国国际航空公司。2004年9月，中国国际航空股份有限公司在北京正式成立。截至2016年12月31日，国航（含控股公司）共拥有以波音、空中客车为主的各型飞机623架，平均机龄6.36年；经营客运航线已达378条，通航国家（地区）41个，通航城市176个，通过与星空联盟成员等航空公司的合作，将服务进一步拓展到193个国家的1330个目的地，2007—2016年国航连续10年入选世界品牌500强，2016年品牌价值达到1156.89亿元，荣列中国民航第一名，成为中国民航唯一进入"世界品牌500强"的企业。先后获得"全国文明单位"、国资委"品牌建设优秀企业""首都精神文明单位"等多项荣誉。

中国国航作为唯一的载旗航空公司，十分珍视党和国家赋予的荣誉和使命。国航企业文化建设始终坚持以建设社会主义核心价值体系为根本，着力在巩固成果、提高水平、拓展深化、增强实效上下功夫，扎实开展文化建设活动，努力提高内部凝聚力和对外品牌形象，为企业的改革发展提供了有力的精神动力和思想保证。

夯实基础工程，以文化推发展，促进创建能力提升

健全机构，加强指导，夯实基础。国航成立了企业文化建设推进委员会，由党委书记、总裁亲自挂帅，各直属单位党委书记、总经理作为委员参与；成立了企业文化部作为企业文化建设的办事机构，下设专岗专员。各直属单位成立相应的企业文化建设推进委员会，并在党群部门下设专职或兼职人员负责具体事务。机构设置使国航企业文化工作层层铺开、层层分解、层层落实有了人员和体制上的保证。

完善制度，健全体制，规范基础。国航在2005年民航改革重组背景下产生的文化理念的基础上，2014年将"推进文化建设"列入战略管理点，追根溯源、取长补短，挖掘关键文化要素，为确立新的企业文化理念奠定基础。国航将企业文化建设纳入公司战略管理点，通过对标社会主义核心价值观和市场调研与细分、内外部意见征询等一系列工作，最终总结提炼出新版企业文化理念，员工认同度达到80.20%，确保了企业文化理念的与时俱进，起到用文化引领国航发展、奠定未来坚实基础的作用。

国航发布了《企业文化CIS手册》，规范了文化理念、文化行为和文化形象，确保企业文化在企业管理、生产经营各个领域起到重要规范和指导作用，并据此开始组织审核和定期检查落

实工作。根据企业内部改革管理和外部竞争需要，持续文化战略的调整，国航先后下发了《国航2010~2014年企业文化建设规划》，对国航企业文化建设工作的重要意义、指导思想、目标任务、基本原则、方法和步骤等具体工作提出了指导意见，进一步明确了企业文化建设推进思路；在此基础上，国航从2014年开始，持续结合本年度下发企业文化安排，进一步强化了企业文化建设的指导性、系统性和规划性；将企业文化建设指标纳入国航"四好班子"考核、工会和团委考核，确保多管齐下；相继下发了《国航楼宇VI管理规定》《中国国际航空股份有限公司视觉识别系统使用管理规定》等。系列制度和规范从制度和建设目标上夯实了企业文化建设的基础。

结合战略，渗透管理，深化基础。 国航以愿景、使命为根本出发点，制定了清晰的发展战略，并保持战略定力，坚持四大战略目标，积极推进七大战略重点，部署"十三五"战略，文化与战略的互融共促成为企业稳健发展的强大"推进器"。

国航企业文化始终围绕战略开展一系列工作。从梳理规章制度着手，以文化促管理，良好的岗位职业道德规范基本形成，企业文化系统培训教育工作推进，使企业文化进一步贯彻到服务、经营、安全、人才、团队建设工作中，用理念行为规范指导员工建立新的行为方式。从T3转场工作到客舱内饰及高端休息室形象设计等公司重大攻坚项目，均以符合国航文化内涵和特色为主旨，开展系列研讨、推进、评审、手册规范编写和下发等工作。

推进聚力工程，以文化聚人心，促进服务能力提升

国航开展以"一馆、一网、一刊、两微、一视频、一长廊"文化载体建设，丰富文化活动，培育和谐氛围为抓手的聚力工程，促进服务能力的提升。

打造企业文化立体传导平台，汇聚全员热情。 打造系统宣讲载体。编制统一宣讲提纲，各单位根据自身实际，成系统多层面铺开，组织专人深入基层单位，用生动的文化宣讲形式进行战略传导，统一思想，坚定信心。国航本着"面向基层、服务一线"的原则，先后组织开展了以"十二五""十三五"战略为主要内容的宣贯活动、企业文化理念宣贯活动，在总部、分公司和事业部、境外营业部进行了数十场巡回宣讲，万名干部员工现场接受了教育，用成就鼓舞士气，用目标凝聚力量，受到一线干部员工的广泛欢迎。

打造传承文化载体。2011年，完成国航展馆建设，400平方米的空间，从图示区、实物区、航线区到视频区，浓缩了国航从1955年至今的跨世纪发展之旅，凝结了几代国航员工的音容笑貌，承载着重要而深远的意义，成为对外展示形象的窗口和对内员工教育的基地。同时，建设了包含机队展示、战略传导、笑脸墙等定期更新的文化长廊，形成了国航分展馆——国航总队队史室、各分公司、直属单位的文化墙、宣传栏等各种载体，成为宣扬国航文化的生动载体。

打造内部传播载体。编辑、下发了《国航企业文化员工手册》《乐享飞行——国航员工企业文化小读本》，涵盖了国航概貌和荣誉、企业文化、应知应会四大系统内容，是国航职工学习企业文化、理解企业文化的第一手资料。编写出版了《文化国航》《〈国航〉里的国航人》企业文化系列丛书，推广企业文化建设成果，总结国航企业文化探索的结晶。创办了月刊《企业文化通讯》，2011年改版为半月刊《国航》，因紧贴中心工作和生产实际，已经成为展示国航企业文化建设成果和反映国航整体生产经营面貌的重要阵地，受到了基层单位甚至境外营业部的欢迎，纷

纷要求加印。

打造网络新媒体传播载体。以体现文化为主旨开展国航网站改造工作，在国航内外网设立了公司简介、企业文化栏目、国航风采、国航荣誉、企业文化动态等子栏目，贴近员工需求，贴近旅客关注点；开设了"青春国航"及各直属单位微信公众号，同时通过网络论坛和微博等密切关注员工思想动态，适时进行引导；2014年推出了国航人自己的电视台《国航频道》，聚焦战略步伐，展现一线风采，凝聚人心，鼓舞士气，目前已实现京内113个点全覆盖，正在推进京外地区建设。

"国航一家亲 兄弟姐妹情"体验活动

组织多种主题活动，提振文化精神。聚焦打造百年老店、基业长青的主题，陆续开展"赢在品牌"国航演讲比赛、"传承国航精神血脉"等一系列活动、"跨越百年 畅想未来"征集活动、"您的航程 我会担当"文化之旅，"有你更精彩"企业文化互动交流，为员工讲文化、议文化提供平台；聚焦安全生产经营，开设"企业文化大讲堂"丰富践行"安全第一"使命的系统思想和方法论；开启"天空第一课"，前置安全关口于招飞、招乘和新员工入职工作；组织"国航一家亲兄弟姐妹情"活动换位体验思考，打造安全链条，探寻多部门扣紧保障旅客全流程的安全之道。

营造内部和谐氛围，培育服务文化。一是积极倡导"双服务双满意"理念。秉持"只有让员工满意，才能让旅客满意，只有服务好员工，才能更好地服务旅客"的"双服务双满意"文化理念，致力于打造充满人文关怀的和谐企业环境，通过"和谐温度计"，测量企业劳动关系和谐度、设立员工学习地图指引、建立一站式员工服务中心、启动法律援助项目、首推员工心理咨询服务、建立员工综合医疗保障计划等一系列服务员工、关爱员工的举措，营造出家的氛围。二是以服务意识提升践行企业价值观。管理层开展"议服务、讲服务、带服务"活动；机关开展"研服务、抓服务、促服务"活动；一线员工开展"爱服务、懂服务、会服务"活动。通过三个层面的服务活动，凝聚共识，"人人都是服务员"的观念深入人心，涌现出一批爱岗敬业的先进典型，成为员工追赶的标杆。三是创新服务与时俱进。持续开展员工"金点子"工程、青年创新大赛等一系列活动，爱岗敬业，创新进取蔚然成风。近年来，通过改进服务软硬件、优化机队结构、丰富服务产品，服务质量得以持续提升。目前，国航拥有国内规模最大的宽体机队和高原机队，并引进了波音777-300ER和747-8、787-9等先进机型，改善旅客长途飞行的体验；机上宽带互联网、国际转国内通程登机行李免提、95583统一服务热线、"飞行管家"等服务产品，不断提升旅客的出行体验，丰富旅客的旅途生活。

推进品牌工程，以文化塑品牌，促进综合形象

提升以精、专、严，树行业标杆。搭建完善的安全管理体系，确保安全第一；搭建一体化运行体系，实现了一地控全球；搭建中国首个服务管理体系，以统一的服务标准带给旅客一致性的服务体验。国航努力成为行业标杆，飞行队伍技术精湛、作风过硬，在世界上海拔最高、情况最复杂的高原机场安全飞行51个年头，在奥运圣火传递、利比亚撤侨、汶川地震、海地地震等特殊飞行任务中圆满完成使命，创造众多"业内第一"；强大的运行指挥能力和系统化管控被媒体誉为"最强大脑"，自行研制开发了运行管理系统，成为国内第一家具有超远程监控能力的航空公司；机务维修取得了近20项国内维修项目的突破，获得了国家及省部委授予的50多项科技进步奖项，赢得了全球80多家航空公司的选择和信赖。国航代表队在第八届国际飞机维修技能大赛上，取得两个团体奖及四个单项第一的优异成绩。

追求国际品质，展现竞争实力。放眼世界，对标国际优秀航空公司，投入国际化竞争。坚定不移地推进枢纽网络战略，搭建北京核心枢纽、成都区域枢纽、上海门户协调发展的航线网络布局，北京枢纽的中转能力位居全国领先地位；不断加密航线网络，积极开拓新航线，成为中国首家开航六大洲的航空公司，续写"一带一路"宏篇；国航已成为中欧之间的第一大航空承运人，可以飞往伦敦、巴黎、法兰克福等17个欧洲主要城市，航线网络覆盖西欧、南欧、北欧、中欧的主要国家；在亚太地区，通过国航的航线网络，旅客可以到达东京、大阪、首尔等30多个重要城市。

展中华文明，为国旗添彩。国航作为中国唯一载旗飞行的航空公司，努力把践行社会主义核心价值观与体现中华文化魅力作为展示文明中国、富强中国的途径。国航将"重礼仪、传平安"纳入服务细节，倡导人性化服务，值机员提前为带小孩的旅客、年纪大的旅客留出方便的座位，航班延误时当班机长主动走进客舱与旅客交流……于细微处感动人心，展现中国式服务文化；将"展风采、递友谊"融入航线拓展，市场开发。北京—休斯敦航线开航，邀请姚明作为首航团成员，促进中美文化交流；北京—维也纳—巴塞罗那开航，创新开启了以"乘着歌声的翅膀"为主题的文化之旅，国航员工组成的合唱团，将中国之声一路唱到音乐之都维也纳等。通过一系列的活动，用文化传承中国精神、搭建沟通桥梁，讲好中国故事、传递中国声音、展示中国形象，塑造了值得信赖的中国品牌。

主要创造人：宋志勇　冯润娥

参与创造人：匡洪杰　朱　梅　石海燕

宣讲"石油魂"
为建设百年油田提供精神动力

大庆油田有限责任公司

大庆油田有限责任公司(以下简称大庆油田)是我国目前最大的油田,由萨尔图、杏树岗、喇嘛甸等52个油气田组成,含油面积6000多平方千米,勘探范围包括黑龙江省全境,内蒙古海拉尔,吉林延吉、珲春,新疆塔里木东部等16个盆地,登记探矿权面积19.15万平方千米。油田1959年发现、1960年开发,累计探明石油地质储量64亿吨,生产原油22.7亿吨,上缴税费及各种资金2.6万亿元。油田现有二级单位51个,员工24万人,资产总额3729亿元。业务范围主要包括勘探开发、工程技术、工程建设、装备制造、油田化工、生产保障、矿区服务、高等教育、城市公交、多种经营等,具有较为完整的业务体系。

2010年6月以来,中国石油天然气集团公司思想政治工作部和大庆油田党委共同组成"石油魂——大庆精神铁人精神"宣讲总队,开展巡回宣讲活动。截至2017年8月,近7年的时间里,宣讲总队深入中国石油各企事业单位,向广大干部员工面对面地宣讲大庆精神铁人精神,同时走出石油、宣传石油,充分展示了企业的良好形象。先后赴国资委、中华全国总工会、人民大会堂、天津市及中亚、中东、南美等进行宣讲,走遍全国31个省市自治区,行程近30万公里,累计宣讲超过500场,覆盖了中国石油所属各企事业单位、机关、基层一线和重点工程项目现场,直接受众人数达30多万人,逾百万人次通过视频在线、光盘等多种形式学习,成为中国石油近年来时间最长、场次最多、影响最广泛的一次思想教育活动,在企业内外引起强烈反响。"石油魂——大庆精神铁人精神"宣讲团被授予全国工人先锋号,这是中华人民共和国成立以来首次将这一荣誉授予精神传播团队。

开展"石油魂——大庆精神铁人精神"巡回宣讲活动的背景和现实意义

开展"石油魂——大庆精神铁人精神"巡回宣讲活动,是贯彻落实中央领导的一系列讲话精神,深化大庆精神铁人精神再学习再教育活动的具体举措;是践行社会主义核心价值观,推进社会主义文化大发展、大繁荣的必然要求;是转变企业发展方式,建设世界一流综合性国际能源公司的保障;是推进大庆油田振兴发展的有效动力。

开展"石油魂——大庆精神铁人精神"巡回宣讲活动的主要做法

突出"三重",在宣讲内容和形式上精雕细刻、精益求精

重宣讲内容:重温历史,回顾传统,体悟精神。"石油魂——大庆精神铁人精神"宣讲内容

涵盖了大庆石油会战、大庆优良传统、大庆精神铁人精神内涵及铁人英雄事迹。在内容上做到了既富理性思考又有感性事例，既有精神内涵又有实践做法，既侧重历史事实又兼顾现实需要。以精神引领增强思想性，宣讲报告对大庆精神铁人精神进行了全面系统的梳理。在宣讲大庆精神铁人精神的同时，还从企业管理、领导艺术、队伍作风等角度进行深入阐述，使观众对大庆精神铁人精神的核心、精髓和本质了解得更加深入透彻。以故事再现增强生动性，活动主要采取宣讲员宣讲和多媒体配合的形式进行，以故事再现，增强历史感和现场感。同时，还通过摆展板、签队旗、写留言、做采访、发书签等多种形式，营造氛围、扩大影响。以情感激发增强感染性，宣讲报告采用了大量珍贵的历史资料，选用故事具体阐述大庆精神铁人精神和传统作风，使观众身临其境，实现了真正的互动交流。

重宣讲手段：传统现代结合，简约经典相伴，内容环境统一。在信息多元、思想多元、价值观多元的今天，继承弘扬大庆精神铁人精神的途径要不断创新发展。宣讲是传统的思想政治工作方法，本身不好讲，但更要讲好。"石油魂——大庆精神铁人精神"巡回宣讲活动之所以能吸引人、感染人、震撼人，是由于采取了历史与现实并重的做法，采用了多媒体这种现代信息技术，融汇了更多的声音、影像资料，增加了可感性和信息量。多媒体配以大庆石油会战时期的历史照片百余张，音频资料、影视资料十几处，经典故事近二十个，以还原会战时艰苦创业的环境，同时采取面对面宣讲的方法，给人以更直观、更深刻的印象。这种形式既灵活，又有效，也很实际。

重宣讲人员：感悟先进入历史，感动从自我做起，成功从奉献开始。为了搞好宣讲活动，大庆油田共有61名同志参与其中，从铁人王进喜纪念馆、大庆油田历史陈列馆和基层单位选拔17名同志参加宣讲总队，并针对人员接续，不断培养宣讲新人。宣讲团队忠实地履行大庆精神铁人精神宣讲者、传播者、实践者的责任。

坚持"三进"，在受教育层面上深层次、多渠道、宽领域

宣讲活动坚持"进机关、进基层、进课堂"，扩大受教育面。宣讲团深入大庆油田厂、矿、队宣讲，实现了油田科级以上干部全覆盖、油田所属各单位全覆盖，并延伸到中国石油所有企事业单位，先后到中国石油所属的68个局级单位，面向各单位领导班子、各级机关干部进行集中宣讲；深入长庆油田好汉坡、塔里木油田塔中作业区、青海油田狮20井、玉门油田老君庙作业区等基层站队，为基层一线员工送去精神食粮。宣讲团走进课堂和培训班，为各类学员进行宣讲。在主要面向中国石油内部做好大庆精神铁人精神宣讲的同时，宣讲活动立足石油、走出石油、宣传石油，还应邀走进黑龙江省13个地市，石油大学、哈尔滨工业大学、海南大学等高校以及人民大会堂管理局、中国建筑工程公司、上海惠普公司等企事业单位，还参加了由中央企业创先争优活动领导小组、国资委党委举办的中央企业先进精神首场报告会，巡回宣讲27场。

围绕"三抓"，在活动运行上体制灵活、机制完善。抓好组织环节，确保责任落实

宣讲团制定了《宣讲活动工作手册》，对各项工作做出具体要求和安排。在组织运行上要求"五提前"，即提前进行沟通协调，合理安排场次，便于基层开展工作；提前调试会场效果，并与各单位结合现场具体事业；提前自备相关物品，最大限度减少基层单位的工作量；提前进入宣讲状态，将身体状态和情绪调整到最好；提前做好应急预案，备用一套设备以便应对意外情况。在队伍管理上要求做到"八注意"，即注意作风形象，注意遵守时间，注意团结协作，注意统一

行动，注意及时总结，注意贴近基层，注意遵章守制，注意保存资料。每次宣讲前，宣讲总队都要认真调试出正式和备用两套设备，做好充分准备。各企事业单位把宣讲活动既作为一次大庆精神铁人精神的学习教育，也作为一次新形势下对队伍作风的检查检阅。

抓好运行环节，确保不断优化。为满足不同群体、不同场合需求，提高内容感染力，宣讲过程始终做到"三个动态调整"：一是根据不同要求动态调整篇幅，撰写了集团公司内部、中央企业、地方、学校等文稿，形成了40分钟、60分钟、80分钟等不同长度的版本，内部稿增加了7个优良传统内容，相对而言更系统、更全面、更详细。二是针对不同对象动态调整内容，在保持整体框架不变情况下，根据对象不同、场合不同，对开头、结尾内容进行调整，对所讲内容进行适当增减，还根据各单位需求，在报告中适当融入与该单位相关的内容，做到"独家定制"。三是随时吸收意见动态调整细节，每一场次结束后，宣讲总队成员都进行集中讨论，就现场感受并综合其他人意见，对个别文字、语句以及语气进行微调，基本实现宣讲一场、修改一次，不厌其精、不厌其细，持续打磨，使文稿日臻完美。

抓好宣传环节，扩大活动影响。在宣讲进行过程中，充分利用各方媒体，把握节奏，开展"三个层次宣传"：一是一场次一宣传，主要是依托所属单位的门户网站、内部企业报纸、电视台等，刊登新闻、录制并播放宣讲实况录像，在该单位范围内进行宣传，扩大受教育面。二是一阶段一宣传，宣讲活动按照先集中后分散的方式开展，就是根据所属单位的方位，在单位相对集中的地区，如陕甘宁地区、甘肃青海地区、华北地区、北京地区、华东地区等进行巡回宣讲，以提高效率。在每次完成阶段性宣讲任务后，在《中国石油报》《石油商报》、中国石油报道、集团公司网站等石油媒体，进行综述式宣传，进一步扩大活动的影响力。三是一个亮点一宣传，就是在有重要意义或特殊意义的宣讲结束后，利用社会媒体进行宣传，如在赴西藏宣讲时，邀请中央电视台记者随队采访，吸引了新华社、《人民日报》各地分社及各地方媒体等对宣讲活动进行报道；在宣讲走进香港特别行政区后，吸引了中国新闻社、《香港大公报》《香港商报》《明报》等媒体积极关注并刊发消息，《中国日报》《参考消息》《深圳特区报》、新浪网、香港新闻网等多家媒体进行了转载，使得宣讲活动影响力得到进一步提升。

开展"石油魂——大庆精神铁人精神"巡回宣讲活动的效果

在6年多的时间里，宣讲活动走遍了国内石油企事业单位，走出了国门，并走向社会，反响强烈、效果突出，被媒体誉为"一次传播思想的文化长征，一场震撼心魄的精神洗礼，一篇凝聚力量的发展宣言，一个展示形象的全景舞台"。

进一步宣贯了企业发展战略，宣讲报告在系统讲解大庆精神铁人精神基础上，还集中阐述了集团公司发展目标，广泛宣传了"大庆新铁人"李新民等英模人物，做到用厚重的文化凝聚人，用恢宏的目标鼓舞人，用先进的典型引领人，把干部员工的智慧和力量凝聚到推动企业稳健发展上来。

进一步促进了各项工作的蓬勃开展，大庆油田充分利用宣讲活动的有利契机，对大庆精神铁人精神再学习再教育提要求、做部署，掀起了"身在大庆学大庆，学习铁人立新功"劳动竞赛热潮，用大庆精神铁人精神保稳产、谋发展、攻难关、闯市场，在实现5000万吨以上27年高产稳产后，又实现了4000万吨以上12年持续稳产，有力支持了国民经济发展。

"石油魂"宣讲现场

进一步展示了企业的良好形象，宣讲活动应邀走进地市、走进高校、走进其他企业，更加广泛地宣传了企业精神、发展理念，产生了良好的社会效应。意大利忠利保险公司与中石油合资的中意人寿、中意财产公司，在北京的总部和广东、深圳、成都等分公司，先后6次邀请2660人参加报告会，意大利总裁3次挤时间收听宣讲。在上海惠普这家外资企业，60多位高管眼含热泪收听宣讲，很多员工表示，中国石油的科技让人尊重，中国石油的精神更让人尊重。

2016年"两会"的召开让大庆石油人及"石油魂"宣讲活动的参与者备受鼓舞，进一步坚定了他们传承弘扬大庆精神铁人精神的文化自信和文化自觉，并形成共识：要坚定信心讲下去，坚持不懈讲下去，牢牢占据思想教育的主阵地，用先进的思想和文化引领队伍建设和企业发展，切实让大庆精神铁人精神入脑、入言、入行，成为我们与时俱进的不竭的精神动力。

主要创造人：盖立学　宋传修

参与创造人：王胜波　崔艳丽　于海明　王德伟

铸就创新文化之魂　引领产业发展引擎

亨通集团有限公司

亨通集团有限公司（以下简称亨通）成立于1991年，是服务于光纤光网、电力电网、金融和大数据互联网、文旅地产等领域的国家创新型企业，拥有全资及控股公司60家，在全国10省市和海外6个国家设有研发产业基地，是中国光纤光网、电力电网领域规模最大的系统集成商与网络服务商。拥有国家级企业技术中心、博士后工作站等创新平台，相继承担国家863、自然科学基金项目等国家级科技项目240余项，标准制定和专利数位居国内同行首位，全面服务于光纤光网、大数据、高铁地铁和航空航天、国防军工等高端市场领域，并创造多项"世界之最"。产业布局欧洲、南美、非洲、南亚、东南亚等国家地区，在全球34个国家设立营销技术服务分公司，业务覆盖130多个国家及地区。跻身中国企业500强、中国民企100强、全球光纤通信行业前3强。

亨通立足自身实际，融汇自身20多年的发展实践经验，将企业的竞争优势、党的群团优势、人才的创新优势融会贯通，形成了"以创新为核心的发展文化，以市场为导向的经营文化，以才选人、以贡献为本的用人文化，以精益化为目标的管理文化，以服务发展为抓手的党建文化，以贡献社会为己任的责任文化"的"六位一体"的创业、创新、创造文化体系，推动行业地位和经济实力的稳步提升。

战略创新，引领发展方向

亨通从2000年起邀请中国科学院和中国工程院院士、科研院所专家、国内外知名企业高管成立了发展战略咨询委员会，每三年就集团整体及各产业板块未来发展进行系统地战略发展规划，并在实施推进中通过战略年度目标、全年工作总部署、运营管理研讨及目标绩效评估等方面对战略进行不断调整。

通过战略创新，亨通确立了"四大转型"（生产研发型企业向创新创造型企业转型、产品供应商向全价值链集成服务商转型、制造型企业向平台服务型企业转型、本土型企业向国际化企业转型）发展战略，大力实施"四大融合"（产业经营与资本经营融合、制造服务与互联网融合、国内资源与国际资源融合、本土文化与外域文化融合），按照"市场国际化—资本国际化—品牌国际化"三步走的国际化实施策略，围绕"5-5-5"国际化目标（50%以上的产品为国际市场、50%以上的资本为国际资本、50%以上的人才为国际化人才），有序、稳健地迈入以资本和品牌输出为导向的国际化阶段，为亨通实现中国制造世界品牌、实施全球化运营指明了方向。

管理创新，激发发展活力

亨通结合"中国制造2025"及"互联网+"国家战略，以定位全球发展为导向，面向客户个性化、定制化的柔性制造，打造高端制造业全球化运营能力，推进全方位、多层次与国际接轨，加快亨通国际化进程，提升在国际舞台上的市场竞争力。亨通确立了以"三化促一化、一化带三化"的创建思路，全力打造"三化企业"（"一化"即国际化，"三化"即工厂智能化、管理信息化、制造精益化）。目标是要在三年内实现现有厂区产能翻番，实现"能用机器人的不用工人，能用机械手的不用人手"，同时尽量减少人为误差，通过数字化、自动化、智能化，从源头上实现制造质量的精准控制。

2013年起，亨通"三化智能企业"建设正式启动实施。在工厂智能化方面，亨通自主开发了具有全球领先水平的光纤、光纤预制棒制造全套自动化装备及控制软件，并被评为全省首批智能化示范车间；在管理信息化方面，亨通正系统推进五大信息系统建设（SAP、CRM、SRM、MES、OA），实现从供应链直至客户端的信息互联互通；在制造精益化方面，亨通正加快实现柔性化生产、定制化制造，达到成本、质量、服务的最优化，提供全产业链的解决方案和终端运营维护服务，打造中国质量世界品牌。

人才创新，构筑发展高地

亨通着眼于实现人才培养、选拔和使用的良性循环，全力实施人才领先战略，以"构建德才兼备的管理团队、培育创新钻研的技术团队、打造高素质高技能的员工团队"为目标，开展职业发展体系建设，为员工开辟适合其自身发展的职业发展规划和成长通道。

亨通大力实施五大人才工程（国际化人才工程、领军人才工程、复合型人才工程、高技能人才工程、后备人才工程），推动了亨通的稳健持续发展；亨通提出打造"百年学校"、提倡终身学习的人才理念，成立了亨通管理学院，建立在线学习平台，使员工能够随时随地通过互联网或手机进行学习提升；亨通制定了完善的员工培训体系，定期组织选派优秀的中高级管理骨干到国内著名高校、培训机构系统接受MBA、职业经理人等管理课程的学习和培训，选派优秀的经营管理人员到海外学习。亨通还建立了"内部培训师"制度，明确要求每个公司的经营管理者必须成为培训师，并将管理者的授课时长作为职位升迁、业绩考核的重要指标。

亨通不断健全职等体系、薪酬激励体系、培训体系和技能评价体系，形成了"师带徒、传帮带"代代相传的技能传承培养机制。通过开办"亨通专业班""技师班"，为亨通产业扩张输送了一批批新鲜血液。不断完善岗位练兵、技能比武，以赛促学、以赛促练的竞赛机制，形成机台赛天天有、班组赛月月有、公司赛年年有，这一亨通特色的"三级赛事体系"，锻炼了生产队伍、检验了员工的技能素质。通过多渠道、多方式的高技能人才培养，亨通已形成了七个等级的技能人才梯队。2015年，亨通在集团级奖项中专门增设了"技能工匠奖"。

亨通不断加速国际化人才队伍建设，目前已打造了一支不同国籍、不同文化的国际化队伍和全球领军专家团队，为亨通的国际化打下了坚实的人才基础。

市场导向，迈向高端发展

亨通围绕科技创新的"3-4-3"战略要求（超前3年进行技术储备，每年以营收的4%以上投入科技研发，每年高科技含量产品销售占比达到30%以上），瞄准产业尖端前沿，推进向高端产业、高端技术、高端产品延伸发展。

亨通的典型创新案例，即独立自主研发了光纤预制棒，此项研发成果彻底打破了光纤预制棒长期被西方国家封锁垄断的局面，填补了国内空白，为企业参与国际竞争提供了坚实的技术支撑。此后亨通还先后完成了光棒产业化核心装备、制造工艺、软件控制的自主研发，成为中国唯一掌握光棒尖端技术自主知识产权的民族企业，为中国大力发展光纤通信奠定了雄厚的技术基础，也把国内互联网、光纤网络等信息通信设施的建设成本降低了70%以上，使宽带中国、大数据、云计算时代提前到来，更为国家网络安全的保障做出了贡献。

亨通借助于在全国光纤网络中占1/4的市场优势，布局智慧社区和大数据产业，已在全国建成200多个智慧社区、覆盖70万户数字家庭，推进宽带驻地网业务运营。与苏州太湖新城吴江管理委员会签约，拟投资约20亿元在苏州太湖新城建设约190亩苏州湾大数据智慧产业基地项目；2017年4月19日，亨通再次迈出关键一步，与国内IDC龙头世纪互联合作，共同推广大数据管廊、量子数据中心等创新型未来信息基础设施及智慧社区与城市运营服务业务。

党建聚力，激活"红色引擎"

亨通提出，党建也是生产力。20多年来，亨通党建与企业同步成长，首创党建与经营双轮驱动模式，率先成立当地民企党委、民企纪监委、民企党校，坚持"一把手抓一把手"党建，推进党建五大融入法（融入生产经营、融入人才培养、融入企业文化、融入和谐共建、融入社会责任），打造雁阵式党建先锋梯队，实施党员与职工心连心结对工程，推进党建对外统筹共建，党组织在企业发挥了主心骨作用，弘扬了比作为、比贡献的拼搏精神，优化了企业营商环境，验证了"党建就是生产力"的实践内涵。

亨通党委以组织建设、制度建设、目标考核为抓手，为"融入式党建"营造了机制平台。亨通党建形成了"党委抓队伍建设、党校抓政治教育、纪委抓作风建设"的总体格局，强化"一把手抓一把手"党建责任，完善党建专职队伍，形成了一级抓一级的党建责任考核体系，促进党建工作落实落细。通过党建培训，举办党建研讨会，创新提升党建水平，摸索出雁阵式先锋梯队创建模式，通过APP党建随身行，实现了亨通党建全时空覆盖。

亨通党建与企业发展通过五大"双向融合"，实现了"把党的政治优势转化成企业的发展优势"。如今，亨通的"亮身份、亮承诺"已成为党员的实际行动，先后涌现出70多个"党员先锋岗""党员责任区"，在生产经营活动中，基层党员中超过75%成为高技能星级员工，创新拓展与重点项目中党员参与度超过80%，党员发挥了先锋模范作用。亨通党委大力实施"双向培养工程"。企业骨干人员中非党干部、先进分子，党员中非干部、非先进分子，突出双向培养。亨通已成为科技创新的人才高地、高技能人才的集聚地，党员成了人才梯队的亮丽风景，人才成为创新发展的原动力。

公益创新，书写责任担当

亨通在始终坚持与社会共享发展成果。 "比贡献，看纳税"，亨通把"守法经营、依法纳税"作为企业的基本社会责任和商业道德，正确处理国家、企业、职工、股东的关心，坚持依法经营，公平竞争、理性竞争，坚决维护规范有序的竞争环境。

亨通将"经济绝不能以牺牲环境为代价"作为发展底线，本着对国家、对人民、对子孙后代高度负责的精神，正确处理好经济发展同生态环境保护的关系。亨通每年都与生产型公司签订节能减排技改责任书，把资源消耗、环境损害、生态效益等生态文明建设指标纳入业绩考评体系。

秉承"得诸社会、还诸社会"慈善理念。 亨通积极投身社会慈善公益事业和光彩事业，成立江苏省首家民企发起国家民政部主管的非公募慈善基金会——亨通慈善基金会，先后开展云南少数民族地区贫困家庭先天性心脏病儿童救助项目、重庆"光彩爱心家园—乐和之家"关爱留守儿童项目等数十项公益慈善项目。2016年，亨通先后参加了"中国光彩事业德宏行"等慈善活动，与全国多家知名企业代表随中央统战部工作组，奔赴黔西南试验区开展村企帮扶系列活动，开展贫困地区"精准扶贫"活动，与定点帮扶对象签署"村企结对帮扶"协议、产业帮扶框架协议，助力当地打赢脱贫攻坚战。亨通的善举得到社会各界的高度评价和广泛好评，多次获得慈善领域最高奖。

创新蓝图，描绘全球版图

亨通紧跟国家"走出去"步伐，提出"看着世界地图做企业，沿着一带一路走出去"。亨通在国际化布局做了多方面的尝试：2012年，在巴西建立生产基地；2013年，在印度建合资公司；2015年，实施收购印度尼西亚VOKSEL公司、葡萄牙阿尔夫布拉电缆公司、西班牙萨拉戈萨线缆公司和南非阿伯代尔电缆有限公司等4家公司。至今，亨通已有6家海外产业基地，海外产业投资取得突破性进展。

亨通秉承"企业走到哪里，社会责任就要走到哪里"的理念，传承和弘扬丝绸之路友好合作精神，与相关国家的合作伙伴、政府、并购公司等结成互利共赢的共同体，分享积极的文化价值观、先进的专业技术和管理经验，实现风险共担和利益共享，携手当地共同发展。在海外投资贸易中遵守所在国法律，注重环境保护，尊重所在国习俗，维护当地员工合法权益。通过属地化管理提供3000多个就业岗位，在沿线国家广泛开展教育培训、扶贫开发、艾滋孤儿关爱、赈灾救灾等公益慈善活动，与所在国政府、民间深入开展交流，增进了彼此合作互信与认同。

主要创造人：孙智广

参与创造人：杨　炜　王晓辉

践行"贡献文化" 复兴"中华第一贡"

安徽古井集团有限责任公司

安徽古井集团有限责任公司(以下简称古井集团)是中国八大名酒企业之一，是以中国第一家同时发行A、B两只股票的白酒类上市公司安徽古井贡酒股份有限公司为核心的国家大型一档企业。前身为起源于明代正德十年（公元1515年）的公兴槽坊，1959年转制为省营亳县古井酒厂。1992年集团公司成立，目前拥有正式员工10000多名，致力于打造以白酒主业为核心的"制造业平台"，以地产、商旅、农产品深加工为主的"实业平台"，以金融集团为主的"金融平台"和以酒文化、酒生态、酒产业、酒旅游为核心的"文旅平台"。主打产品古井贡酒"年份原浆"，在中国食品工业协会白酒专业委员会成立30周年座谈会上，被授予"1985—2015中国白酒历史标志性产品"荣誉称号。

古井集团企业文化建设以"中华第一贡"为旗帜，以"贡"字为核心，以"忠诚、贡献、共享"为特征。

"贡献文化"起源于1800多年前的曹操献酒，经过"古井自古有名，贡酒应贡人民"的现代转换，最终形成了以使命——"贡献美酒，乐享生活"、愿景——"做中国最受欢迎、最受尊重的白酒企业"、价值观——"做真人，酿美酒，善其身，济天下"为主要内容的古井贡献文化。

"贡献文化"，源远流长

"贡献文化"，根源在于中国传统的伦理道德，而其被古井奉为企业文化的核心，则有特殊的渊源。公元196年曹操将家乡亳州产的"九酝春酒"进献给汉献帝刘协，这成为古井贡酒的历史源头，也是古井"贡献文化"的发端。中华人民共和国成立后，重获新生的古井贡酒经过"古井自古有名，贡酒应贡人民"（杨得志将军题词）的现代转换，成为贡献人民的美酒。几代古井人发扬贡献精神，相继提出"擦擦汗、拨拨灯，超额任务上北京"（创业期）、"团结创业，求真务实，敢为人先，奉献进取"（成长期）、"诚实守信、关爱分享、创新卓越"（调整期）、"做亳州工业的长子、地方经济的孝子、中华文化的赤子"（跨越发展期）等一系列核心理念，在企业迅速成长壮大的过程中，不断丰富和发展古井"贡献文化"的内涵。2014年，古井集团提出了以"做真人，酿美酒，善其身，济天下"为核心的一系列古井企业文化新理念，进而将古井"贡献文化"提升到一个新境界。

以"做真人，酿美酒，善其身，济天下"为主要内容的古井贡献文化，是在十八大精神指引下古井企业文化的最新表达，具有以下特点：一是体现了人类对于真（做真人）、善（善其身）、美（酿美酒）的无限追求。二是继承了中华文化修身做人、兼济天下的优良传统。三是将中国酒文化实实在在地融入企业经营理念及各种产品与服务当中。四是把社会主义核心价值观落实到企业实践及"灵魂"之中。

"贡献文化"，贵在践行

践行"贡献文化"，催生五种力量。内聚人心，滋生向心力；外树形象，打造吸引力；脱虚向实，强化执行力；支撑战略，提升竞争力；化成天下，孕育生命力。五种力量，对古井集团的发展战略、组织流程、人力资源、品牌形象、诚信建设、安全生产、产品质量等方面都产生了积极影响，推动古井集团快速发展。

内聚人心，滋生向心力。古井集团注重以文化管人——不直接管理人的行为，而是塑造人的心灵。古井集团管理团队，陆续提出"对员工友好""员工为天"的企业理念，并在企业管理中把这些理念落到实处。针对员工反映比较集中的问题，新增员工班车并安装空调和车载电视；新建、装修职工食堂，改善员工就餐环境；提高员工节日福利标准，组织员工集体免费体检，实行免费午餐，开展"医企共建"等，得到了员工的一致好评。2006~2016年，古井集团员工薪酬逐年增长，逐步赶上并超过白酒行业平均水平，在行业中更具有竞争力、吸引力。

2009年，古井集团引入"精益管理"理念，员工对"创新工作、改善工作的办法"积极参与，提出的改善提案逾两万件，内容主要涉及消除浪费、操作方法改善、设备改良等诸多方面，为公司节约几千万元的生产成本。员工士气高涨，古井集团也在这一时期得到快速发展。

新一届古井集团管理团队提出的"古井新理念"更注重员工素质的提升，"人才比产品更重要，成长比成功更重要"。倡导"人正事正、公平公正、风清气正"的企业生态。大多数员工都可以通过自己的努力，共享企业发展成果。

外树形象，打造吸引力。深入挖掘亳州市及古井集团的酿酒历史，斥巨资建设"中国白酒博物馆"；梳理自曹操献酒以来与古井贡酒、亳州有关的历史名人，建成了"古井贡名人馆"；把曹操《上九酝酒法奏》以来的重要历史文献资料整理归纳，建成了"古井贡历史文献档案陈列馆"。

每个到古井集团参观过的人，都会对古井集团深厚的历史文化留下深刻的印象。这些极具古井特色的景点蕴含着古井人对文化独特的理解，成为古井集团向社会各界传播中国酒文化和古井酒文化的"道场"。正因如此，中国作家协会把唯一一个企业创作基地设在了古井。

每年近十万人次的游客到古井集团参观、游览、品鉴美酒，所带来的口碑效应是任何广告都无法企及的。古井集团的众多景点建成以来不仅拉动、促进了古井贡产品的销售，更提升了古井贡的品牌，为传播古井酒文化，树立白酒新形象做出了突出贡献。

脱虚向实，强化执行力。古井集团搭建平台，不断健全企业文化，成立企业文化传播管理中心，专门负责企业文化落地的各项工作。

开辟路径、创建载体，把企业文化这一相对虚的概念，化成相对实的具体事物。古井企业文化传播管理中心专门先后编发《古井企业文化传播手册》《古井企业新理念解读》等，供各级员工学习；组织企业新理念宣讲团，深入各单位、各子公司进行巡讲；在厂区显要位置，如道路、生产车间、围墙等悬挂、张贴新理念标语。化虚为实，让企业文化可视、可感、可知。

组织活动、营造环境，从上到下、从点到面。古井集团定期组织感动古井人物评选、十大杰出青年评选、古井好人评选、五星级党员、三星级员工等各类活动,树立践行"贡献文化"的先进典型;设立"孝敬日(农历九月初九)""爱心日(公历3月5日)""觉省日(每季度第一个月的7号)""安全日(公历7月10日)""酿酒日(公历9月9日)""基层工作日(每月一次)""高管接待日(每月一次)",营造践行"贡献文化"的工作环境。化知为行,让企业文化可学、可亲、可行。

打造平台,联动提升。公司充分利用各类宣传平台,如《古井报》、古井广播、古井报道、集团官方微信等。打造企业文化讨论、传播、践行的平台,如《古井报》,从1989年创刊以来始终坚持"宣传古井,报道古井人,弘扬古井精神"的办报宗旨,是各个历史时期企业文化传播的重要平台。

支撑战略,提升竞争力。2015年,古井管理团队提出了开创"古井5.0时代"的构想。何谓古井5.0时代?就是适应新的移动互联网时代,以"用户思维"为指导,建立前端引流、中端体验、后端结算的企业经营新模式,进而对公司全部产业进行一体化打造。具体而言,即以全球呼叫中心为前端,整合"四大平台"及其他三个中心作为中端、后端,突出与消费者的直接连通与互动。让"四大平台"交相辉映,"四个中心"相辅相成,编织成一个"制造业帝国"的有机整体。

古井集团核心价值观

其中,企业文化更是"分身"成为"四大平台"之一。古井集团文旅平台的目标是高起点、大手笔、一体化打造"中华酒谷",它以大中原酒谷文化旅游开发有限公司为主体,规划建设古井质量科技园、酒神广场、张集生态酿造基地、古井贡酒酿造遗址公园、古井乐酒家园,精心打造中国白酒博物馆、中国白酒科普馆、中国白酒艺术馆,落地中原乡土文化,弘扬中国酒文化,发展体验式消费和快乐游购服务。并以此为依托,重点建设古井5.0时代的"中端体验",给予消费者全方位、独特、完美的美酒体验,直击未来消费的痛点,深刻体现移动互联网时代"用户至上,体验为王"的特点。

化成天下,孕育生命力。"贡献文化"不仅要求古井人入脑入心,最终还要落实在行动上。古井集团有一套系统的做法,先由外而内,让员工认识"贡献文化";再由内而外,让员工践行"贡献文化"。

由外而内，就是用系统的、贯穿于员工职业生涯的培训，让员工了解"贡献文化"。对于新入职员工，先由古井集团人力资源中心统一组织贡献文化、理论学习、军事训练、车间实习等课程。试用期间，由用人单位组织岗前培训。入职之后，实施"未来之星"培训项目；后面序时跟进"地基工程""天梯工程"等培训项目。同时，自主开发内训课程，培养内部讲师。建成包括采购、酿造、勾储、灌装、成品酒仓储物流五大功能教学区和6S管理、TPM、QC、素质提升四大专业管理模拟区的精益道场。对于入职时间较长的员工，每年组织"管理提升特训营"，人力资源部每年组织"古井学院后备管理干部研修班"，择优再培训。同时，每年度依据实际需求给员工提供外出培训机会。

由内而外，就是在员工绩效考核、职级评定、管理人员选拔聘用等员工成长成才的各个环节，优先选拔"贡献文化"的践行者。

闻道为智，体道为德。对"贡献文化"的认知、践行，再认知、再践行，贯穿于古井员工的整个职业生涯。"贡献文化"的生命力，就在这周而复始的螺旋式上升中更加蓬勃。

"贡献文化"，硕果累累

通过对企业文化积极深入的践行，古井集团形成了"人正事正，公平公正，风清气正"的良好企业生态，员工精神振奋、斗志昂扬。多年来，在古井"贡献文化"的熏陶下，企业员工不仅从无违法犯罪记录，而且好人好事不断涌现。

2013年，古井集团旗下的主业公司——古井贡酒股份有限公司率先建立诚信管理体系，并通过中国轻工联合会审核，成为安徽省首批诚信管理体系试点企业。古井贡酒股份有限公司获得"第二届安徽省政府质量奖"，成为安徽省白酒行业唯一一家获此殊荣的企业。

2015年，独具古井特色的"135精益质量"管理模式成为全国"工业企业质量标杆"，古井贡酒股份有限公司成为质量管理方面中国白酒业唯一入选企业，评比成绩全国第二。

2016年，古井集团实现营业收入76.07亿元，同比增长12.3%；利润总额11.04亿元，同比增长11.5%；上缴税收22.91亿元，同比增长14.2%；古井贡品牌价值高达492.59亿元，稳居安徽省酒企第一名，中国白酒第五名。

践行"贡献文化"，履行社会责任。近年来，古井集团通过民间公益组织"格桑花"向玉树灾区紧急救援及灾后重建工作累计捐赠234.14万元；出资500万元，完成对附近古井镇大塘小学（含幼儿园）的校舍改造。古井集团连续三年协助中央电视台举办"CCTV感动中国年度新闻人物评选"活动，赞助支持"心动安徽·最美人物"评选活动等，向社会传递正能量，树立企业良好形象。

"贡献文化"伴随古井集团的诞生、成长、发展，已融入古井人的血脉之中。现在，"贡献文化"已经成为古井集团的旗帜，成为古井集团复兴"中华第一贡"的核心驱动力。

主要创造人：梁金辉

参与创造人：杨小凡　吴　伟

培植企业创新文化　推动油田转型发展

中国石油化工股份有限公司胜利油田分公司

中国石油化工股份有限公司胜利油田分公司（以下简称胜利油田）是一家以油气生产为主的国有特大型企业。自1961年发现以来，经历了快速增储稳产、高速高产稳产、持续稳定发展三个阶段，实现了从陆地到海洋、从东部到西部、从国内到国外的三大跨越。截至2016年年底，已找到不同类型油气田81个，投入开发油气田74个，累计生产原油11.53亿吨，为保障国家能源安全、促进国民经济发展做出了重要贡献。先后荣获"全国文明单位""全国企业文化示范基地""新中国60年企业精神培育十大摇篮组织""中国石化创新型企业"等荣誉。

胜利油田作为资源采掘型油气生产企业，坚持从"基业长青，文化制胜"的战略高度，弘扬石油石化优良传统，培育践行"从创业走向创新，从胜利走向胜利"的胜利精神，在为国民经济建设和保障国家能源安全做出巨大贡献的同时，培育形成了特色鲜明、催人奋进的胜利文化。胜利油田始终突出"创新"的重要地位，大力实施"创新驱动"战略，强化中国石化集团公司企业文化建设新版《纲要》的贯彻落实，深入培植创新文化，把"创新"固化为企业价值观，在经营管理中植入创新内核，深入推进管理创新和技术创新，引领全员创新创效，用创新破解发展难题，使"创新"成为内在品质，推动油田提质增效转型发展。

培育创新理念，突出价值引领

强化创新理念引领。胜利油田一直注重文化理念创新，审时度势培育践行"以低成本应对低油价""创新才能创效""算清效益账，多干效益活，多产效益油"等理念，把价值思维、效益观念贯穿生产经营管理全过程。在新理念引领下，深入实施价值引领、创新驱动、资源优化、绿色低碳、合作双赢"五大发展战略"，着力推进高效勘探、效益开发、构建公司经营管理模式、"四供一业"及其他社会职能分离移交、优化资源资产配置、安全绿色发展"七项举措"，从而努力实现"三大目标"：油气主业价值创造、持续发展的能力明显增强，确保国有资产保值增值；油田市场竞争、生存发展的能力明显增强，实现企业"瘦身健体"、扭亏增盈；油田依法治企、规范管理的能力明显增强，保持大局和谐稳定。

拓展丰富文化载体。围绕推进创新理念认知认同，注重搭建载体平台，采取多种形式，加强创新理念传播。按照中国石化集团公司"转观念、勇担当、创效益"专题讨论安排，深化"两学一做"学习教育，组织开展以"转观念、转方式、转作风，创效益、创一流、创和谐"为主要内容的"三转三创"主题活动。把"转"作为前提，"创"作为目的，层层制定创效益、创一流、创和谐的任务、目标、指标，深入查找观念、方式和作风情况，推动层层转创、人人转创，用"转"的力度决定"创"的程度，以"创"的程度衡量"转"的力度，在真转上下功夫，在真创上见实效。深入挖掘身边人的鲜活事迹，采写故事、创作故事、演绎故事，积极开展"班前小故事""每周新故事"等丰富多彩的活动，引导大家多讲创新创效的故事，总结创新心得，分享创新经验，交流创新成果。连续4年举办讲故事分站赛和年度"故事汇"，用身边人传播创新理念，让小故事反映创效大主题，全力激发员工队伍创造活力。

积极营造创新氛围。加强创新观念宣讲引导，通过观念引导巡回宣讲、形势任务报告等形式，讲清当前面临的问题与挑战，增强开展创新的责任感和紧迫感。注重新兴媒体与传统媒体融合，发挥报纸、电视、手机报、企业局域网、微博微信等媒体阵地作用，开设专题专栏，采取编写文化手册、张贴宣传图片、悬挂创新理念等方式，广泛组织开展丰富多样的观念引导和文化宣贯活动，积极营造"创新无处不在、创新人人可为"的环境氛围，推进创新理念入脑、入心。2017年3月份，油田发挥新媒体优势，创新开展形势任务教育微信有奖答题活动，并将非在职群体纳入形势任务教育范围，共计5.47万人参与，答题次数超过5.9万人次，有效促进了形势任务教育工作沉到底、入人心、见实效。注重加强基层创新阵地建设，组织开展群众性管理创新活动，相继建成一批以劳动模范、高技能人才命名的创新工作室，作为创新成果的孵化器和创新骨干成长的平台，"以点带面"开展创新活动，鼓励全员参与，让创新成为常态。

深化管理创新，推动转型升级

创新管理模式。一是推进公司模式建设。突出精干高效，压扁管理层、整合专业化队伍，将484个采油矿、队整合为130个管理区，将生产辅助、后勤保障等204个专业化队伍剥离，整合组建十大类122支专业化队伍。2017年，围绕采油厂突出经营管理职能，采油管理区突出油藏经营管理责任主体地位，探索建立一体化技术决策、经济效益评价优化、生产运行和综合治理管控、政治保障、激励约束五大机制，改造传统运行方式和管理模式，进一步做实采油管理区。同时，推进"四化"建设，改造传统运行方式和管理模式，持续推进信息化提升，使生产经营更加科学高效有序。二是着力推进矿区（社区）改革发展。按照"职能要交、市场要留、队伍要稳"的要求，坚持政府主导，采取"先移交、再改造"的方式，扎实推进"四供一业"及其他社会职能分离移交。将矿区（社区）原来分散的维修、绿化、保安业务进行整合，组建了四大类、14支社区层面的专业化队伍，建立物业、绿化、保洁等专业化服务市场，配套制定了相关管理办法，为专业化队伍闯市场创收创造条件。三是提升社会化服务创效能力。充分发挥油田供电、供水、供暖、地热余热新能源开发利用等优势，统筹优化经营性业务，巩固优势业务，改造传统业务，培育新兴业务，打造胜利品牌，推动经营性业务实现扭亏增盈。四是优化资源资产配置。强化"轻资产"运营理念，建立完善资产共享优化平台，创新放开土地、房屋、车辆等资产流动，促进各类资产资源高效流动、合理配置、创造价值。推进人力资源优化配置。强化"能挣钱就是好岗位"等创新创效观念，使人员统筹配置"动起来"、培育优势"走出去"、政策鼓励"退下来"，用薪酬分配的市场化撬动劳动用工的市场化，形成勇闯市场、争创效益的浓厚氛围。

改进绩效考核。在创新理念和严峻形势的推动下，突出价值引领和效益导向，建立"经营绩效+风险管控责任"绩效考核办法，配套完善了"1+2+2"绩效考核体系（1个绩效考核办法，经营业绩和风险管控责任2个考核细则，人力资源和存量资产优化配置2个指导意见）。经营绩效考核就是将经营效益与员工绩效工资完全挂钩，完成目标保基本薪酬、多创效益挣绩效工资。打破"人均奖励"的概念，按单位创效增效额度进行总量考核、兑现绩效奖励；风险管控责任绩效考核包括生产过程、经营管理、领导班子建设和领导干部管理、"三基"工作和基础管理等风险管控，均与单位领导班子考核挂钩，单位员工考核主要与生产过程风险管控挂钩。在绩效考核的指挥棒的引导下，油田干部员工价值创造的活力进一步激发，3000多人开始"二次创业"。

突出优势转化。借鉴工程项目管理的理念、方法，研究优势构成要素、分析优势转化现状、建立优势转化模型、明确转化途径载体、细化措施持续推进，把政治优势转化成竞争优势、创新优势、发展优势、队伍优势。从严从实加强党的建设，落实党组"1+7"制度要求，出台党建工作"7项制度"，压紧压实党风廉政建设"两个责任"和"一岗双责"，常态化严抓中央八项规定精神落实，着力锤炼干部队伍过硬作风。扎实推进"全家福"文化行动，把安全、廉洁、和谐、帮扶、道德等措施捆绑起来，集中力量、优化措施，形成文化建设的合力，让职工群众幸福更加有保证，通过增强幸福感焕发更大的工作积极性。加强思想动态分析，2016年创新采用官方微信问卷调查，38799人参与，93%的人认识到"只要是能创效的岗位就是好岗位，劳务输出同样是创造价值"，90%以上的人拥护支持集团公司和油田持续深化改革。

激发基层活力。以"严细实"为主线，以创新实践为内容，着力培育以"有魂、有规、有情、有形"为要素的基层文化，丰富文化载体，对接管理指标，营造文化氛围，鼓励人人创新，争做创新工匠，引导基层员工把岗位作为创新阵地，立足岗位寻妙法、出实招。近年来，油田及时推广基层总结的"油井动态间开"、班站协作联动、剩余3.5厘米省焊条等300多个妙法实招，让点上经验在面上开花结果，转化为实实在在的效益。

注重技术创新，实现科技兴油

着力打造创新人才队伍。统筹推进经营管理、专业技术、技能操作三支人才队伍建设，专业技术序列设置了首席高级专家、高级专家等10个岗位层级，技能人才序列设置了首席技能大师、技能大师等5个岗位层级，人才发展向"职业发展"为主的多元模式转变。逐步形成了以4名首席高级专家、45名高级专家为龙头，以148名首席专家、430名专家为骨干，以1.6万名专业技术人员、7.2万名技能操作人员为基础的一支水平高、能力强的人才队伍，有力地支撑了油田创新发展，同时为石油石化行业发展输送了大量的优秀技术人才。

搭建联合攻关平台。建立专家职责和权利体系，成立高级专家委员会，组织专家牵头开展技术研究和课题攻关，参与重大项目、技术方案、科研课题的审核论证把关，开展高级专家论坛、胜利专家行，到生产一线进行集体"会诊"，建立完善导师制，开展名师带高徒、导师带徒，有效发挥专家在科技攻关、技术把关、技术服务、人才培养等方面的作用。积极推进重点实验室升级，目前建有各类实验室67个，其中油田重点实验室15个，升级为省部级重点实验室和研发中心达7个。制定油田科研创新团队管理办法，依托专家创新工作室、技能大师工作室，组建6个专家创新团队和10个技能创新团队，跨单位组建10个油田级创新团队，稠油开采、提高石油采收率等5个团队被评为"中国石化优秀创新团队"，改变了过去创新人才单枪匹马搞革新的局面，形成了多专业联合作战的新格局，在理论创新、技术突破上起到了带头引领作用，进一步提升了创新层次、推动了成果转化。

健全创新激励机制。油田制定了《企业管理现代化创新成果管理制度》《改善经营管理建议实施细则》等制度规定。建立带头人负责、学习交流、课题管理及成果转化、经费管理等多项制度，完善"技术调研—项目立项—攻关研究—效益评价—成果推广"管理体系，努力形成创新合力，激发广大技术人才创新热情和创造活力。出台了项目负责人、技术首席岗贴管理办法，中期评估为优秀、结题验收为优良的省部级、油田级项目负责人、技术首席可享受岗位津贴，最高每人每次2万元。为激励拔尖人才创新，修订了"科技英才奖"奖励办法，优化授奖人的量化评选指标，提高了奖金额度，金、银、铜奖奖金从税前10万元、6万元、3万元分别提高到税后20万元、10万元、5万元。为鼓励团队创新，修订了科技奖励、专利奖酬等两项管理办法，增设了国家、省部级奖励的配套奖金，省部级一等奖配套奖金30万元。职务发明专利提高了授权奖励，发明专利授权奖金由原来的3000元提高到2万元，有效激发了创新活力。

打造智能油田

经过持续推进创新文化建设，在油田面临严峻挑战的关键时期，为各项工作提供了支撑、注入了活力。一是在低油价下队伍保持了良好精神状态。当前形势严峻，前所未有，干部员工在文化理念引领下，适应新常态、保持好状态，各级干部紧紧围绕提质增效想办法、破难题，基层员工立足岗位出实招、降成本，形成了全员创新创效的生动局面。二是在面对新形势新挑战上增进了理解认同。通过创新文化引导，队伍的效益、市场、改革创新意识得到进一步强化，对各项调整变化，总体都能理性对待思考、理解认同，保证了改革顺利推进。三是在提质增效、升级攻坚中增强了竞争实力。油田创新文化既注重理念引领，也强化氛围吸引；既体现为软实力，也物化于硬指标。特别是在低油价形势下坚持创新驱动、低成本发展，有效地推动了"软实力"发挥"硬作用"，为油田转型升级提供了文化支撑，凝心聚力"为美好生活加油"做出积极贡献。

主要创造人：杨昌江　韩　辉

参与创造人：刘彦国　邹笃锋　潘为英　张志斌

发扬"小草房"精神　打造中国自主品牌

奇瑞汽车股份有限公司

奇瑞汽车股份有限公司(以下简称奇瑞)成立于1997年1月8日，是我国改革开放后,通过自主创新成长起来的最具代表性的自主品牌汽车企业之一。成立20年来，始终坚持自主创新，逐步建立起完整的技术和产品研发体系，产品出口海外80余个国家和地区，打造了艾瑞泽、瑞虎、QQ和风云等知名产品品牌，同时，旗下两家合资企业拥有观致、捷豹、路虎等品牌。截至目前，累计销量已超过600万辆，成为第一个乘用车销量突破600万辆的中国品牌汽车企业，其中，累计出口超过125万辆，连续14年位居中国乘用车出口第一位。

奇瑞文化的先进性："小草房"精神

精神，是历经艰难险阻而永不改变的身心状态，是企业和个人最强大的力量。"小草房"精神是奇瑞人代代相传的精神品格。形成于第一代奇瑞人披星戴月、夜以继日地艰苦创业过程。是奇瑞人不畏艰难、不改初心、顽强拼搏、追逐梦想的精神写照。"小草房"精神不仅是奇瑞最宝贵的财富，而且也是奇瑞今后战胜各种困难的精神保障，需要每个奇瑞人继承并发扬。

有骨气，敢担当；不惧困难，永不放弃；用有限的资源，创造无限的梦想；永远保持忧患意识。

奇瑞文化的系统性：奇瑞文化发展的三大阶段

20年来，奇瑞始终把企业文化建设放在首要位置，奇瑞文化发展经历了以下三个阶段。

激情燃烧的创业岁月（1997—2004年）。在激情燃烧的创业阶段，奇瑞汽车高举"自主创新"理念大旗，提炼、形成了艰苦创业时期"自立、自强、创新、创业"的小草房精神，鼓舞了无数中国汽车人投身汽车制造业，为中国品牌的发展奠定了文化基石。

在这个阶段，奇瑞谋于陋室，成于荒滩；在这个阶段，奇瑞秉持着"自立、自强、创新、创业"的"小草房"精神；在这个阶段，奇瑞人凭借着"钢铁般的意志、大海般的胸怀、冰山般的冷静、初恋般的激情"，以"打造一支队伍、实现一个梦想，完善一套机制、建立一个品牌"为目标，奋力拼搏。

1997年3月，"奇瑞第一柱"见证奇瑞不屈不挠的精神；1999年11月，奇瑞文化传播平台《奇瑞人》报创刊。正是在这些强大文化氛围的感召下，在没有造车目录的大环境背景下，1999年12月18日奇瑞第一辆汽车下线，圆了中国人、奇瑞人造轿车的梦想。

打造中国自主品牌的名片（2005—2010年）。从艰辛的创业到打造中国自主品牌的名片，初具规模的奇瑞需要理念的充实，奇瑞文化的发展需要从自发到自觉。

在这个阶段，"造中国老百姓买得起的好车"成为企业使命，2007年2月，公司领导在干部大会上系统阐述了企业文化的"十二字方针"：创新、敬业、诚信、勤俭、廉洁、和谐。同时期，"48字"企业核心理念诞生。2007年8月22日，第100万辆整车下线成为奇瑞成长道路上的里程碑。

战略转型（2011~2014年）。2011年，奇瑞正式宣布实施"战略转型"。2012年7月，奇瑞太平湖战略研讨会议，确定重新梳理企业文化，奇瑞企业文化发展也随之进入"战略转型阶段"。

2013年4月16日，主题为"技术奇瑞中国梦"的奇瑞汽车企业新战略和新品牌形象发布典礼在安徽合肥举行。在发布仪式上奇瑞正式发布了打造"技术奇瑞"的企业战略和新的品牌发展战略；发布了其通过多年自主技术积累的核心技术平台——"iAuto"，以及代表全新奇瑞品牌形象的新LOGO；正式公布企业发展战略、品牌战略和产品规划。这一事件标志着实施战略转型后的"新奇瑞"正式启航。

2014年6月，新一轮企业文化梳理开始。43名奇瑞主要领导通过学习和研讨，统一对企业文化内涵和作用的认识，共同分析了公司文化的现状，制定了企业文化建设3~5年规划；逐步开展企业文化理念体系建设。

在这个阶段，奇瑞企业文化建设收获了三项有形成果：《奇瑞公司企业文化发展规划》《奇瑞公司企业文化分析报告》《奇瑞公司企业文化理念体系》。

奇瑞文化的实效性：文化的提炼物——使命、愿景、价值观

卓越、独特的奇瑞文化，能增强合力，提升动力，扩大魅力，形成奇瑞的核心竞争力，全面促进公司各项效益提升，实现奇瑞的新发展。了解企业的企业文化理念体系，深入理解公司的使命、愿景和价值观，便于奇瑞将个人的发展与追求与奇瑞的长远发展相融合，从而找到属于每个奇瑞人自己的舞台。

使命。是奇瑞想创造的核心价值，是奇瑞能继续存在、发展的根本理由，也是奇瑞一切活动的最终目的。"创新奇瑞，让你更精彩"是全体奇瑞人的共同使命。我们希望立足用户的需求和体验，携手合作伙伴，共同创造出符合甚至是超出客户期望的精品汽车，让你更加精彩。"创新奇瑞，让你更精彩"的奇瑞使命，高度概括了用户、合作伙伴、国家及社会各方对奇瑞的要求和期望。

奇瑞致力于洞察并满足用户的期望。以更安全、更节能、更环保、更精致、更智能、更便捷的汽车产品和服务，助力用户创造更加精彩的人生品质；

奇瑞致力于与合作伙伴共同成长，同舟共济，相互尊重，协同改进，助力合作者赢得更加精彩的发展未来；

奇瑞致力于为所在城市和区域打造支柱产业，创造绿色环境，促进社会和谐，承担更多社会责任，助力我们的城市变得更加精彩；

奇瑞致力于提高中国汽车工业的国际地位，创自主国际汽车品牌，引领民族汽车工业发展，让中国汽车在国际舞台上更加精彩；

奇瑞致力于将自己的员工培养成杰出人才，让奇瑞人充满价值感、自豪感和幸福感，以更有品质的职业生涯让人生变得更加精彩。

愿景。是奇瑞创造价值、兑现承诺、实现目的所必须具备的理想条件，是奇瑞奋斗的目标，也是奇瑞希望达到的境界。"匠心打造卓越品牌"是全体奇瑞人的奋斗目标，奇瑞希望成为一个卓越的汽车品牌，拥有出色的创新力、技术力、制造力、管理力、团队力和品牌力，最终以体系竞争力脱颖而出，成为受人尊重的汽车名企。"匠心打造卓越品牌"的愿景，反映了奇瑞人在使命的召唤下，对自身内在品质的要求和憧憬，也是对实现奇瑞使命所必须条件的高度概括。

拥有卓越的创新能力。能以更领先的思维方式、更超前的技术运用、更高效的管理模式实现企业综合实力的不断进步；

拥有高超的技术能力。以我为主，整合世界优质资源，追求技术创新和技术领先，打造中国技术一流的产品和服务；

拥有精良的制造能力。注重制造能力建设，工艺、技术、技能精良，传承有序；

拥有出色的服务能力。用心洞察用户的潜在需求，能为用户提供专业、高效、满意，甚至是超出期望的服务；

拥有高效的管理能力。管理体系健全，机制完善，管理效率达到行业先进水平；

拥有优秀的员工队伍。员工有梦想，有激情，有智慧，有协作，队伍专业、专注，团队结构合理，关系融洽，协作顺畅；

拥有先进的奇瑞文化。以绩效文化、安全文化、质量文化、创新文化、团队文化、环境文化、党建文化、品牌文化等内容形成先进的奇瑞文化体系，全面促进公司各项业务持续改善。

价值观。是奇瑞达到目标、完成使命的关键策略，是指导奇瑞从现实走向成功的路线保障，也是奇瑞必须共同遵守的基本准则。"客户至上、以人为本、自主创新、开放包容"是我们必须共同遵守的基本准则，唯有如此，我们才能逐步达到我们的愿景，完成我们的使命。

客户至上，要求奇瑞永远把客户摆在第一位，始终以客户需求为导向，最终以出色的产品和服务，满足甚至超越客户期望，赢得客户赞赏。及时有效识别客户的需求或期望，将客户的需求和期望作为公司一切行动的起点；全方位建立与客户感受密切互动的机制，形成与客户"同呼吸、共心跳"的氛围；将"满足客户期望"作为评价每位员工工作成果的最终衡量标准。

以人为本，要求我们在满足客户、创造价值的过程中，必须高度重视人的作用，尊重、信任、培养员工，最大限度发挥个人创造力和团队力量，实现个人和企业共同成长。每位员工都是奇瑞大家庭的一分子，视员工为家人，尊重大家的合法权利、劳动成果和发展诉求，维护其尊严；信任员工，重用员工，公平公正，鼓励他们立足岗位，自主发挥作用；培养员工，使员工不断进步，胜任岗位持续增长的新要求；激发员工，使员工有能力抓住更好的发展机会，打造高品质的职业生涯，获得价值感、自豪感和幸福感。

自主创新，客户不断变化、增长的需求要求奇瑞必须广泛吸收、自主创新，在各个领域不断发展最先进的技术和方法。坚持技术创新，不断提升产品和服务品质；坚持经营和管理创新，立足奇瑞实际，不断探索、创新奇瑞的经营和管理方式，逐渐形成独有奇效的奇瑞发展模式；坚持文化创新，不断提升、优化思维品质，为各类创新打好思维基础；坚持务实创新，从点滴做起，善于挑战和发现问题，现地现物，持续改进。

开放包容，满足客户需要我们团结一切可团结的力量，要求奇瑞以开放性业务往来关系为基础，相互包容、尊重、信任、支持，共生共存共成长。公司能够开放包容地接受外界意见和建议；员工之间开放、谦虚地接受他人的意见和建议；能够以开放的心态和开阔的视野，接受新技术、新思维，不断寻找新的发展机遇；尊重、信任合作伙伴，带着感恩的心态开展合作，相互支持，共同成长；善于向社会、合作伙伴学习，尤其善于向竞争对手学习；员工之间善于相互学习。

20年的拼搏与思考，20年的探索与智慧，成就了今天的奇瑞人。今天，在奇瑞20周岁之际，在行业竞争日益加剧之时，奇瑞比任何时候更需要这种精神来鼓舞其百折不挠的斗志，激发其创业创新的豪情。

主要创造人：尹同跃

参与创造人：金弋波　刘　德

主题年文化 开启企业转型升级发展的金钥匙

陕西法士特汽车传动集团有限责任公司

陕西法士特汽车传动集团有限责任公司（以下简称法士特）始建于1968年，旗下拥有10多家控、参股子公司，在泰国建有独资工厂，在美国设有分销公司，是中国齿轮行业唯一一家年产销超百亿元的企业。以研发生产AT液力自动变速器、AMT自动变速器、S变速器、客车变速器、轻卡变速器和液力缓速器、离合器、减速机八大系列新产品以及轮边减速机、纯电动汽车传动系统等新能源产品。目前已形成年产销汽车变速器100万台、齿轮5000万只和汽车锻件10万吨的综合生产能力。产品出口美国、澳大利亚、东欧等十多个国家和地区。重卡市场占有率超过70%，市场保有量超过600万台。位居中国汽车工业30强、中国机械工业100强、中国制造业500强行列。先后荣获"全国文明单位""全国五一劳动奖状""全国国企十大典型""全国模范职工之家"等荣誉。

作为汽车传动系领军企业，法士特始终坚持企业文化建设不放松，打造独具特色的企业文化，注重创新文化理念的丰富和落地，持续开展的主题年文化成为法士特人特有的一种文化。

在法士特高速发展的过程中，主题年文化活动接连不断贯穿企业发展始终。这一串串主题年活动，仿佛一组组法士特齿轮，环环相扣，传动不止，为企业发展源源不断地输送强大动力。自1998年开始，法士特主题年活动已持续开展了19年。主题年活动不仅塑造了法士特员工共有的理想信念、价值取向、行为准则，更打造出法士特独特的文化品牌，成为推动企业不断迈向高端的重要文化支撑，成为开启企业转型升级发展的金钥匙。

主题年文化活动的形成和内容

法士特主题年文化活动就是将企业先进的文化理念贯穿于企业生产经营全过程，并以企业文化为支撑不断推进企业创新发展，使主题年活动呈现出企业独特的个性和文化品位，成为开启企业转型升级发展的金钥匙。

自1998年开始，法士特紧紧围绕企业生产经营中心，先后开展了"产品开发质量年""营销管理年""科技进步年""改革发展年""战略调整年""学习提高年""机遇挑战年""思考提升年""自主创新年""和谐感恩年""重新创业年""整顿提升年""KTJ推进年""四新启航年""产品质量年""三问推进年""两化推进年"等一系列主题年活动，使企业发展年年有主题、有方向，更激励每一位法士特员工始终保持着蓬勃向上、意气风发的工作热情。

为了适应经济新常态，法士特加快转型升级步伐，全力推进信息化、智能化发展步伐，将2016年、2017年确定为"两化"推进年，加速研发新产品，为企业快速适应经济新形势、占领行业制高点指明了方向。在法士特上下一心、同舟共济的努力下，企业"两化"建设效果明显，多个新产品迅速由科技成果转化为市场热销产品，为完善企业产品型谱和加快企业发展步伐增添了无穷动力。正所谓"艰难困苦，玉汝于成"。这只是法士特主题年文化推动企业发展的一个缩影，但同时也是最真实的写照。

主题年文化活动推动企业文化建设创新与繁荣

法士特之所以能够得到持续健康发展，一个重要原因就是对企业文化持续不断的探索、丰富与创新，而这种丰富、创新的力量正是来源于每一次的主题年活动。

通过"战略调整年"，法士特确立了"我靠法士特生存，法士特靠我发展"的企业文化核心理念；"机遇挑战年"，引导全员树立了"再认真一点点"的工作行为理念；"两化"推进年，坚定了企业走科技自主创新、产品自主研发、企业自主发展之路，激发了全体员工学习新知识、新技能的内生动力，推动企业转型升级、迈向高端。持续开展的主题年文化活动，促使法士特相继建立起了符合发展战略要求、具有时代气息和独具特色的企业文化，形成了与企业愿景、战略目标、企业精神、公司使命、企业价值观、企业哲学观相互呼应的文化体系，成为法士特发展的动力和制胜法宝。

在企业文化的完善丰富与创新发展中，主题年文化源源不断地衍生出许多具有企业特色、健康向上的新文化理念，如"再认真一点点"行为理念、"三敢（敢想、敢创、敢为）三实（求实、踏实、忠实）"研发工作理念、"KTJ（科学改进、提高效率、降低成本）"创新理念、"RJZ（热情、积极、主动）"工作精神等，顺应了企业发展新阶段的需求，丰富和繁荣了法士特文化体系建设，不断引领企业迈向高端。

主题年文化不断提升企业经营管理水平

方兴未艾的主题年文化活动贯穿了法士特高速发展的19年。主题年文化开展之初的1998年，企业产值刚过亿元，由于国内重型汽车市场正处于低谷，导致法士特的前身——陕西汽车齿轮总厂资金紧张，经营十分困难。为使产品结构和质量有所突破，法士特将这一年定位为"产品开发质量年"，全力拓展产品型谱，提升质量，当年便开发出了6J82、6JS120、7JS100等10多款新型变速器。在四个半月发不出工资的困境中，企业咬紧牙关申请通过了ISO9001质量认证和美国跨国公司的第二方质量体系评审，为企业摆脱困境、实现发展奠定了坚实的基础。经过近二十年的快速发展，企业生产的重型变速器年产量已连续十一年稳居世界第一，各项经营指标连续十四年名列中国齿轮行业第一。创造这些奇迹，靠的是主题年文化形成的强大凝聚力和竞争力，靠的是企业通过主题年文化活动一步步建立起来的文化自觉和文化自信。

正是依靠稳步扎实推进主题年文化活动，企业有目标地成功推行了精益生产管理、卓越绩效管理模式、"大质量"管理体系、全员预算管理、内控管理、对标管理、全员设备管理、万人千万创新机制等先进经营管理理念，提升了企业的综合竞争实力，并在规模经营、产品创新、技术改造和技术服务等方面形成显著竞争优势，持续实现了跨越式高速发展，一路赶超成为中国齿轮行业的"领头羊"。

主题年文化活动造就团结务实员工队伍

　　企业发展的关键在人才，人才兴，科技兴，企业兴。法士特在开展主题年活动中，始终把人才队伍建设摆在首位，始终坚持为管理人员、技术人员、一线工人"搭梯子、建台子、铺路子"，建立阶梯式的人才培养机制和多渠道的职业发展通道。通过开展"科技进步效益年""学习提高年"和"自主创新年"等主题年活动，积极推行多种激励举措，坚持培育创人才，倡导创新精神，建立起与时俱进的创新型企业文化。

　　2013年"法士特大学堂"开班，进一步拉动了企业教育培训体系的整体完善和提升，仅2013年全年，开展各类培训680多项，共有5000多人次接受了岗位培训，为企业创新发展提供了强大的技术和人才保障。据统计，截至目前，法士特已有近9000名员工先后参加了公司组织开展的各类员工技术比武、技能竞赛等活动，先后有近50名操作工在省、国家级技能大赛中脱颖而出获得奖项。2016年开展的"寻找法士特工匠"活动，在140名工匠中产生了在职业素养上精益求精、追求卓越，在所从事的岗位上认真执着、追求完美的"法士特十大工匠"。其中工匠代表曹晶，正是在企业提供的良好成长环境中，从一名普通技校生一路成长为陕西省技术状元、首席技师、全国技术能手、西安市劳动模范和全国人大代表。良好的企业文化氛围，催生广大员工努力追求实现人生最高价值的积极性，也使每一位员工深切感受到自己在企业中的主人翁地位，进一步增强了工作的创造力。

文化雕塑——员工·企业·市场

　　人才是企业的宝贵财富，只有尊重人才、善待人才，才能增强广大员工对企业的归属感和忠诚度，激发员工为企业发展贡献聪明才智的积极性和主动性。在法士特，人才不受学历、职位、年龄等外在因素的限制，只要扎实做好本职工作并做出突出贡献，你就是企业所需要的人才。装五车间的数控操作工石泉就是其中一例，由于其在本职工作岗位的突出表现，被公司破格提拔任命为车间主任。在企业发展最困难时期，无论是科技人员，还是技术工人，都是法士特实现发展的"顶梁柱"。实践证明，促进法士特持续跨越式发展的最大财富，正是因为企业通过一系列主题年文化造就的一支实力雄厚的科技人才队伍和一支敢打硬仗、顽强拼搏的技术工人队伍。

主题年文化活动加快企业转型升级步伐

当今，中国汽车零部件产业的发展尚处在粗放式、传统管理模式向精细化发展的过渡阶段。面对未来发展新形势，法士特提出了"文化引领、创新驱动、科技发展"的发展理念和打造百年企业的宏伟目标。生产实践中，法士特坚持以结构调整为方向，以科技创新为支撑，不断丰富主题年文化活动的内涵，创造性地整合主题年企业文化，大力推动企业由技改型向研发型、制造型向销售服务型、单一传统型向多元化型、区域型向国际型稳步转变，并取得了显著的成效。

进入新常态的中国经济面临转型时期的诸多矛盾叠加、风险隐患增多的严峻挑战，只有坚持发展不动摇，才能更好地把握战略机遇、更加有效地应对各种风险和挑战。面对新的形势，法士特及时制定了企业"十三五""5221"战略目标，即到"十三五"末期，实现传统市场销售收入占比50%、智能化与新能源产品市场销售收入占比20%、国际市场销售收入占比20%、资本市场和新业态收入占比10%，为企业未来发展描绘了一幅美好的蓝图。

以主题年文化活动为主要形式的法士特文化建设取得突出业绩，不仅塑造了法士特员工共有的理想信念、价值取向、行为准则，更提升了企业的综合竞争实力，持续实现了跨越式高速发展，一路赶超成为中国齿轮行业发展速度最快、发展实力最强、发展水平最高、发展规模最大的现代化企业集团。

主要创造人：李大开　严鉴铂

参与创造人：陈　兵

"中国酒魂"信仰体系助推企业发展

山西杏花村汾酒集团有限责任公司

　　山西杏花村汾酒集团有限责任公司（以下简称汾酒集团）为国有独资企业，以生产经营中国名酒——汾酒、竹叶青酒为主营业务，年产名优白酒7万多吨，是全国最大的名优白酒生产基地之一。集团公司下设5个全资子公司、10个控股子公司、1个分公司，员工11000人。核心企业汾酒厂股份有限公司为公司最大全资子公司，1993年在上海证券交易所挂牌上市。

打造独具特色的"中国酒魂"体系

　　深入思考，回答根本问题。2009年，汾酒集团组建了新一届领导集体，上任之初，就明确提出："经营企业，就是经营一种思想；改变企业，就是改变一种观念。"汾酒集团经过深入调研和思考，决定把回答"什么是汾酒""怎么做汾酒"这两个根本性问题作为架构汾酒集团全新精神文化体系的方向和基石。构建中国酒魂信仰体系，正是汾酒集团对上述两个根本性问题全面、准确的回答。汾酒是中国白酒产业的奠基者，是传承中国白酒文化的火炬手，是中国白酒酿造技艺的教科书，是见证中国白酒发展历史的活化石。汾酒是国酒之源、清香之祖、文化之根，更是中国酒魂。

　　底蕴深厚的文化基础。汾酒集团对于酒文化资产的收集、整理、研究，在中国酒类企业当中堪称起步最早、成就最为卓著。自20世纪70年代开始，当时的汾酒厂就开始了浩繁的汾酒文化整理、研究工作，历经40余年积累，汾酒研究学者经过系统挖掘、整理，已形成极其丰硕的研究成果：

　　（1）杏花村汾酒的酿造史6000年，名酒史1500年，白酒史800年，而且从未中断过。杏花村汾酒文化是中国白酒中唯一可以与中华文明携手而行的品牌文化。

　　（2）中国酿酒史上，经历过三次大的变革。第一次是从浊酒向清酒转变；第二次是由米酒向成熟的黄酒转变；第三次是由酿造酒向蒸馏酒转变。在这三大转变中，杏花村汾酒都是率先变革、率先成功。同时，在这三个时期，杏花村汾酒的不同形态都是同时期的国家级名酒。

　　（3）杏花村汾酒酿造工艺，是中国白酒业最原始、最卫生、最纯净的生产工艺。这种生产工艺，在明清两代传播到了中国20多个省市自治区。

　　（4）中国白酒业的组织形式，经历了手工作坊制、东伙制、私有股份制、国营制、国有占主体的股份制等阶段。在每个阶段，汾酒都是最早的开创者和先行者。

　　（5）杏花村汾酒人在6000年的传承与坚守中，形成了"报国、诚信、创新、开放、坚韧、儒雅"的汾酒精神。

（6）杏花村是中国最早酿酒的地区之一；杏花村汾酒是唯一荣获巴拿马万国博览会甲等金质大奖章的白酒品牌；杏花村汾酒是共和国第一国宴用酒。

……

这些文化研究成果，成为中国酒魂信仰体系产生的文化基础。

"汾酒信仰"的市场基础。由于中国白酒的产业格局是杏花村汾酒人几百年间开创和奠定的，所以800年的白酒史，有700多年是以汾酒为代表的"汾"香型酒为主流的历史。消费者对"汾型酒"有着执着的正统信念，他们把汾酒在各地的变种、不属于清香型的白酒，统称为曲酒。一直到20世纪70年代，清香型白酒的市场占有率仍然高达75%左右。

特别是汾酒的核心市场，在山西及环山西市场，消费者对于清香型白酒仍然非常执着。尤其是山西省，清香型白酒的市场份额在90%以上，汾酒主流产品覆盖的价格区域，以及汾酒占有率也在90%以上。而且在山西，有许多非汾酒不喝的消费者，有许多代代相传的消费家庭，有许多非汾酒不经营的经销商。这种现象被称为"山西现象"。究其原因，山西经销商对汾酒是有品牌信仰的，山西消费者对汾酒形成了固有的习惯和执着的信念，以汾酒品牌为荣，以饮用汾酒为乐，把汾酒作为一种神秘而亲切的饮品。这种现象，也可以提炼总结为"汾酒信仰"。

除山西之外，汾酒在全国许多市场也存在类似的现象。汾酒营销的"五星红旗"市场战略，就是基于这一独特市场效应而制定的。这也构成了中国酒魂信仰体系的市场基础。

"汾酒 中国酒魂"的独特定位，构建了中国酒魂理论体系，开启了中国酒魂新时代。

中国酒魂体系有三大内涵——中国酒的核心力量、核心精神与核心价值。其核心力量是文化力量；核心精神是民族精神；核心价值是产业价值。

中国酒魂的三大内涵分为9个层面。中国酒魂，是中国酒体之魂、中国酒人之魂、中国酒史之魂、中国酒工艺之魂、中国酒品牌之魂、中国酒文学之魂、中国酒艺术之魂、中国酒企之魂、中国酒乡之魂9个层面的综合体。

（1）酒体之魂：无论是几千年前的原始酒、浊酒、清酒，还是后来的黄酒、白酒，酒体之魂都是一脉相承，纯正归真是其最鲜明的特质。汾酒的酒体特征，可以概括为清香纯正，一清到底。这样的酒体特征已经保持了1500年。

（2）酒人之魂：中华几千年来的酿酒人是中国酒魂的奠基者。他们以诚信、创新、坚韧、开放的民族精神，使中国酒从无到有，不断革新，最终成就了泱泱大国五彩斑斓的恢宏酒业。汾酒人，是中国白酒产业的奠基者、是传承中国白酒文化的火炬手、是中国白酒酿造技艺的教科书、是见证中国白酒发展历史的活化石。

（3）酒史之魂：与伟大的中华文明同根、同源、同行，开创了中国酒的先河，开创了中国酒的各个时代，始终代表着中国酒业的前进方向，从未中断。汾酒史，是中国酒史唯一的完整版。中国酒史6000年，从原始酒、浊酒、清酒、成熟黄酒到蒸馏白酒，只有汾酒史从未中断地经历了这五个过程。

（4）酒工艺之魂：酒曲被誉为中国的"第五大发明"，固态制曲、固态酿造、固态蒸馏、纯粮酿造是中国白酒的基本特征。酒工艺之魂，就是中国白酒工艺最精华、最传统、最具独创性的白酒工艺精华。元代时，汾酒以这种独特的固态发酵法直接加以蒸馏，创造了与世界其他蒸馏酒迥异的中国大曲白酒，成为中国白酒的核心工艺。

（5）酒品牌之魂：汾酒是中国白酒中最早定名的品牌，也是最早登上国家级宴会的白酒。从康乾盛世第一次"诗坛大会"，到巴拿马万国博览会甲等大奖章、国宴用酒、中华人民共和国成立后五次蝉联国家名酒称号等。可以说，汾酒品牌在中国酒的品牌史中，一直代表着中国酒类品牌的文化特质，一直代表着名牌的境界，具有典型的中国气派、中国风格、国际风范，代表了中国白酒的产业价值。

（6）酒文学之魂：在中国，有诗无酒，失魂落魄；有酒无诗，终落俗格。集诗酒于一身之人，如李白，谓之诗仙；集诗酒于一身之酒，堪称"酒魂"。一句"借问酒家何处有，牧童遥指杏花村"，不仅使山西杏花村妇孺皆知，而且使杏花村成为酒家的代名词。仅汾酒集团就收藏了包括庾信、曹树谷、巴金、王蒙、乔羽、金庸、梁羽生、古龙、郭沫若等文豪在内的文学作品5000多篇，除此之外，歌咏杏花村的诗文尚不计其数。中国诗酒之魂，非杏花村莫属。

（7）酒艺术之魂：中华文化宝库中，与酒有关的艺术作品不胜枚举。酒器、酒具、书法、绘画，洋洋大观。酒的灵气与艺术的灵气融为一体，谓之酒艺术之魂。汾酒集团，是名副其实的中国酒艺术宝库：从夏商周到民国历朝历代、从陶器、青铜器到漆器、瓷器、金银锡器无所不包的中国酒器、酒具艺术珍品；从董寿平、范曾、吴冠中、黄胄到关山月、黎雄才、阿老、潘洁兹等大师级画作的中国画作品1000多件；从启功、舒同、沈鹏到赵朴初、溥杰等大师级书法家作品在内的书法作品3000多件，无一不在。

（8）酒企之魂：中国酿酒业在经过几千年手工作坊式经营之后，历经数次变革，进入现代企业时代。酒企之魂，就是中国酒企最杰出、最高境界的企业文化体系。早在100多年前积贫积弱的旧中国，义泉涌汾酒老字号就率先提出了"振兴国酒、质优价廉、决不以劣货欺世盗名"的企业理念，喊出了中国酒企实业报国的最强音，从此"报国、诚信"就成为汾酒字号不变的誓言。2010年，汾酒集团总结出了"汾酒 中国酒魂"的独特定位，构建中国酒魂体系，开启了中国酒魂时代。

（9）酒乡之魂：每一个名酒之乡，都是一片神奇的土地。"诗酒天下第一村"，是她的别名；千年古井、马刨神泉，是她的血液；清香大曲，是她的骨骼；"一把抓"高粱、优质豌豆、大麦，是她的奉献；6000年酿酒史、1500年名酒史、800年白酒史、300年品牌史，是她的荣光。这是一片神奇的土地，这是陶醉了人类最伟大民族几千年的伟大酒乡。

启动"中国酒魂"工程，用多种形式宣贯"酒魂"文化

组织开展企业文化宣贯落地活动。通过多种方式进行，举行"中国酒魂"征文、书法、绘画活动；开展企业文化拓展训练，传播"中国酒魂"文化；连续多年的劳动竞赛，让大家在比赛中学习、进步。训练内容丰富多样。训练带来的团结合作、其乐融融、积极向上的文化氛围，让员工焕发活力、增添了动力，使整个公司的凝聚力和向心力得到提升。

在工作面前，"中国酒魂"文化成为引领员工奋力拼搏、攻坚克难的一面旗帜。从领导到普通员工，都用自己的实际行动践行这种精神。

建立信仰营销体系。汾酒的"信仰营销体系"是建立在中国酒魂体系基础之上的，分为战略篇、市场篇、保障篇三大板块，共包含18条法则。战略篇包括文化战略法则、目标法则、授权

法则、边界法则、"诚信文化"博弈法则、公益责任法则；市场篇包括黄金分割法则、清香板块聚焦法则、梯形产品法则、核心圈法则、吸引力法则、战略值控法则、品牌活跃度法则、动能法则；保障篇包括营销安全法则、影响力法则、大客户法则、服务法则。

在信仰营销体系的指引下，汾酒将引领"中国酒魂"时代，走出一条跨文化的国内、国际市场信仰营销之路，使汾酒成为世界第一文化名酒，竹叶青品牌成为世界第一养生酒品牌，杏花村成为最受大众喜爱的第一"民酒"。可以预见，汾酒信仰营销正能量会感染越来越多的人，会凝聚越来越多的行业力量，加入推动"汾酒中国酒魂"的建设事业中，共同实现汾酒"振兴国酒"的中国梦。

汾酒中国酒魂体系，要引领白酒行业的正面发展，就要建立信仰营销体系，就要坚持诚信营销。汾酒的自信，不是凭空的想象，而是汾酒人祖祖辈辈踏踏实实做出来的。汾酒作为千年品牌，拥有1000多年的品质传承及文化积累，正因为拥有如此深厚的根基，汾酒自然拥有绝对的文化自信、品牌自信、价值自信和品质自信。无论面对怎样残酷的市场竞争，汾酒一直坚持诚信营销。

"中国酒魂"企业文化建设效果

近年来，在中国酒魂体系的影响下，汾酒集团的凝聚力、向心力、战斗力得到显著增强，知名度、美誉度和社会影响力得到大幅提升，生产经营屡创佳绩，硕果累累。2016年，营业收入143.39亿元，与同期相比增长了11.54亿元，同比增长8.8%，完成国资委年度考核指标的110%。

在中国酒魂体系的指引下，汾酒形成了新的发展思维，为未来中长期的健康发展奠定了良好的基础。一是创新营销理念，变革体制机制，确立了以市场为导向、以营销为龙头的企业管理模式；二是经营管理上了一个新台阶，母子公司关系得到了明确和理顺，标杆化管理得到逐步推行，人才队伍建设得到有效推进，科研创新实力明显增强，食品安全内控率先采用国际标准，建立了产品质量可追溯体系，并达到了行业领先水平；三是产能规模化，装置机械化和自动化取得了突破，打造了全国一流的保健酒生产基地和白酒现代化生产物流基地，产业链建设初具规模；四是产融产文结合迈出了实质性步伐。山西汾酒参股商业银行，成为交城农商银行的第一大股东。成功竞购CBA团队，成立了专业化运作的汾酒篮球俱乐部；五是职工工作和生活环境不断改善，职工收入和子女就业率不断提高，幸福指数持续提升。

主要创造人：李秋喜

参与创造人：柳静安　冯文静

绚烂绽放的文化之花

江苏苏美达集团有限公司

　　江苏苏美达集团有限公司（以下简称苏美达）成立于1978年，是世界500强企业中国机械工业集团有限公司的核心成员单位。经过近40年发展，已发展成为专注于贸易与服务、工程承包、投资发展的现代制造服务业企业集团。业务领域涵盖园林工具、电动工具、发电设备、纺织服装、汽车配件、医疗设备、机电设备、大宗商品贸易、环境工程、能源工程、船舶工程等，目前在职员工10500余人，2016年营业收入491亿元。

　　苏美达依托中国机械工业集团的优秀平台，坚持以市场为导向，重视发挥文化的引领和支撑作用，积极探索混合所有制的实现形式，将国家、企业、个人三者利益紧密结合在一起，有效激发了企业发展的内生动力，形成了"不用扬鞭自奋蹄"的生动局面，经营业绩逆势增长，创造了"10年翻10倍"的惊人业绩。苏美达围绕中心工作、立足产业特点，持续不断实践、总结，摸索出一套行之有效的"组合拳"，努力使本本文化转化为行为文化，让员工从被动接受转化为自觉践行，在苏美达这片沃土上绽放出绚烂的文化之花。

职工运动会开幕式

匠心独具播理念

　　苏美达在多年的经营管理实践中，着眼于解决发展中的问题，总结提炼了多条文化理念，并用一个个充满哲理的小故事生动阐述每条文化理念背后蕴含的深刻内涵。比如，明确的目标是我们前进的动力。用一个美国游泳选手挑战横渡海峡，因在浓雾中看不见对岸而在仅剩半英里之处放弃挑战的故事，告诉大家拥有明确目标的重要性。又如，做事不要找借口。讲述了经典的西点军校学员跳伞的故事，在降落伞打不开经历初始慌乱后迅速冷静、回忆训练口令而成功解救自己的案例，告诉员工工作遇到困难抱怨于事无补，唯有"停止抱怨、冷静思考、立即行动"才能解决问题。再如，将差异化服务进行到底。以一位青年因怀才不遇而轻生，在海边巧遇老者，通过向沙滩扔沙子和扔珍珠的方式，让青年放弃轻生念头、幡然领悟的故事，阐述了人无我有、人有我优、人有我创的差异化服务内涵。还如，资源整合、团队协作。讲述了一个小男孩用尽全力无法搬走大石头，而求助于身旁的叔叔轻而易举搬走石头的故事，告诉大家只有把周围的资源全部用上才叫作全力以赴，生动诠释了团队协作的重要性。

这些小故事不仅能帮助大家理解文化理念的内涵，而且能把看似抽象的理念具体化、形象化。通过一个个经典的小故事，一条条优秀思想理念播撒给员工，将一股股正能量传递给员工，渗透进大家的心灵，使之成为一种习惯，并自觉运用到工作生活中，发挥了巨大作用。

换位思考助成功

企业文化能促进企业获得更好的发展，但只有员工发自内心地认同，文化才能真正落地，文化才会爆发力量。事实上企业发展本质上源于员工的成长。苏美达从无到有、由小到大的发展历程，本身也是一幅员工成长成功的生动画卷。在他们的企业使命中，就有这样重要的一条：帮助员工成功。为此，通过各种扎实而有效的举措来帮助员工成长直至成功。一是传递关爱热度。每位新进公司的员工都会收到一本新员工手册，在这本手册的第一页上，有这样一段寄语："你的到来，我们共同的选择；你的成长，我们共同的责任；你的成功，我们共同的约定。"这段寄语，让每位新员工从进入公司第一天起就感受到浓郁的文化芬芳和温暖的企业关爱，让员工更加愉快地融入企业的大家庭中。二是搭建晋升通道。通过业务的拓展和组织架构的升级，制定量化的考核标准，不断为员工打开晋升通道。业务员的个人利润达到200万元就可以提升为业务组长，个人利润达到400万元就可以提升为部门经理等，让每位员工在每个阶段都有明确的目标，鞭策他们"付出不亚于任何人的努力"，茁壮成长。三是丰富培训体系。他们秉持培训是最大的福利的理念，持续完善多层次立体化的培训体系及持续优化薪酬激励机制等等，以实际行动践行帮助员工成长成功的使命。他们还坚持"在赛马中识马"的做法，以公平公正的态度，从制度上保证人才不断脱颖而出，在实战中着力锻炼和提升员工的才能。

把公司打造成优秀的平台，让人才竞相来到这个平台，并在这个平台上成长成功得更快。平台好就能吸引更多优秀人才，拥有了人才优势就能不断创造客户价值，带来公司的持续发展，让更多员工分享公司的发展成果，拥有更好的发展平台和发展空间，实现自身更大的价值。这样，优秀的人才、公司的发展、员工的成功就形成良性的互动，呈现螺旋式上升形态。

文火炖汤现执着

企业文化的落地，还有很重要的一点是要用积极的思想和正确的理念来武装头脑、凝聚人心、鼓舞士气，打造凝聚力工程。人的思想和理念是内在的、无形的，想改变不是易事。因此，苏美达将企业文化建设看作是熬一锅汤，不是急火速成，而是文火慢炖，持之以恒地坚持开展系列工作。第一，持续开展文化活动。每三年举办一次运动会、篮球赛、乒羽赛，每两年举办一次职工摄影比赛、职工演唱比赛、职工文艺会演，每年举办"自强·感恩"主题活动等，形成大型活动届次化、小型活动经常化的生动局面。第二，系统举办企业文化节。随着公司的持续发展、新人的不断加入、文化的日益丰富，定期举办全员参与的企业文化节，公司主要领导亲自做主题宣讲，并通过大型征文、获奖作品演讲大赛等系列主题活动，讲身边人，说身边事，感悟文化、共话成长。第三，坚持学习与分享。定期组织企业文化研讨会，就加强企业文化建设进行"头脑风暴"。经常举办企业文化专题讲座，邀请专家学者解读文化、指点迷津。利用集团党委会、总经理办公会、战略研讨会、党委中心组学习会等机会，结合经营管理中心工作，阐释企业文化的丰富内涵，分享企业文化的深刻感悟。

上下同欲绘蓝图

在近40年的发展过程中，苏美达始终坚持将有形的管理与无形的文化熏陶相结合，坚持精雕细琢，使得苏美达的特色文化好比一锅美味浓汤，越品越醇香，营造出越发浓郁芬芳的文化气息，真正起到春风化雨、润物无声的效果。如今，"创新超越、行稳致远"的企业精神已经深深镌刻在苏美达的躯体之中，成为区别于其他企业的鲜明特质。而"诚信、协作、创新、卓越"的核心价值观已经流淌进了苏美达人的血液之中，成为他们做人做事的根本要求。正是在优秀企业文化的滋养下，他们一路披荆斩棘、迎风破浪，事业发展取得长足进步。

上下同欲者胜，同舟共济者赢。虽然企业组织结构日趋复杂，员工人数日益众多，管理难度不断增大，但由于他们营造了充满关爱与正能量的优秀文化，树立了全员的共同理念和价值追求，使得企业内部人文气息浓郁、氛围和谐、风清气正，公司上下同心同德、凝心聚力、和衷共济，整体精神面貌朝气蓬勃、斗志昂扬，员工与员工之间交流沟通坦诚、真诚友爱，整个企业目标一致、方向一致、步调一致。

厚积薄发显特色

综观苏美达的发展史，在其高速健康发展的背后，企业文化发挥了不可替代的巨大作用。优秀的企业文化激励人形成推动力，关爱人形成感染力，凝聚人形成向心力。概括而言，苏美达的企业文化具有以下特点：一是形成了"创新超越、行稳致远"的企业精神。正是对这八字企业精神的坚守，使苏美达这艘商海巨轮在近40年的航行中，始终没有偏离正确的航线，并且在一次又一次关键转折点上，做出具有前瞻性的判断，源源不断获得前进动力。二是确立了"诚信、协作、创新、卓越"的核心价值观。他们恪守诚信，赢得了良好的社会声誉和广泛的商业伙伴，已有34家银行为其授信，商业信用可见一斑。他们倡导协作，别人自我封闭、单兵作战，他们开放经营、团队协作，而协作已成为他们赢得市场优势的重要法宝。他们坚持创新，从"贸工技金"一体化的发展战略到骨干员工持股的体制机制，再到"四位一体"物资银行的商业模式，创新已成为其推动发展的核心驱动力。他们追求卓越，将明确的目标作为前进的动力，坚持效率第一，坚持不懈学习，坚持精益求精，寻求最大的价值体现。三是构建了系统完整的企业文化体系。科学制定了包括企业使命、企业愿景、核心价值观、系统经营管理理念、企业规章制度、统一形象识别系统等在内的较为科学完备的企业文化体系，还坚持从工作实际出发，着眼于解决具体问题，总结提炼优秀的理念、经验、做法，不断丰富和完善企业文化的内涵。

当前，苏美达正向着打造备受投资者信赖的优秀上市公司、成为一流现代制造服务业企业集团的宏伟目标坚实迈进。在经济发展全球化、网络化、信息化的新格局和加强国有企业党的建设的新形势下，苏美达将着力加强党的领导，突出文化引领，强化成长服务，不断提升干部职工的向心力、提振干事创业的精气神，努力实现有质量、可持续发展，以更加优异的成绩向党的十九大献礼！

主要创造人：杨永清

参与创造人：张格领　张　渊　胡晓兰

成就重药梦想　服务健康中国

重庆医药（集团）股份有限公司

重庆医药（集团）股份有限公司（以下简称重庆医药）是重庆市国资委重点骨干企业，是重庆化医控股（集团）公司的控股子公司，是国际医药批发商联合会会员单位，是中央和地方两级药械定点储备单位，也是中国三家经营麻醉药品和第一类精神药品的全国性批发企业之一。是一家立足医药商业、医养健康、医药研发三大板块协同发展的医药健康产业集团。拥有全级次分、子公司80家，地跨中西部12个省市，现有员工6466人。先后荣获"全国文明单位""全国五一劳动奖状"等荣誉。

企业文化是企业的灵魂，是增强员工凝聚力，是推进企业发展的强大动力。重庆医药（集团）股份有限公司不忘初心，着眼未来，紧紧围绕集团的发展战略和生产经营，在传承"献身医药、追求卓越"企业精神的基础上，形成了重庆医药独特的"阳光文化"，引领企业持续健康和谐发展。

重庆医药文化体系建设

阳光是生命之源，它温暖心灵、点亮希望。医药是生命之光，它守护健康、拯救生命。重庆医药秉承阳光的精神，认真梳理发展历史进程，对自身的文化资源进行整合、传承和创新。在"献身医药、追求卓越"企业精神的基础上，主动融入重庆化医集团"和谐、美好、健康、美丽"的母文化，建设了富有特色的阳光文化，形成了"1365"企业文化建设思路。

一个目标：服务健康中国，建设中国一流，国际知名的医药健康产业集团；

三个定位：管理精、品牌精、业务精；

六大理念：感恩、忠诚、担当、融合、创新、诚信；

五大文化阵地：爱心医药、故事医药、唱响医药、舞动医药、缘定医药。

确定一个目标，明确文化建设方向

重庆医药企业文化建设目标紧紧围绕集团经营发展目标，与集团发展愿景高度一致。以文化为支撑，通过资本、品牌、产品、研发、营销、服务等整体竞争力的全面提升，实现医药商业、医药研发和医养健康三大板块协同发展，成为具有西部带动力、全国影响力的医药供应链服务提供商、创新的药品研发制造商和大健康产业的有力竞争者，服务健康中国，打造成为中国一流，国际知名的医药健康产业集团。

明确三个定位，助推文化建设落地

夯实制度建设，力求管理精准。实施质量、环境、职业健康安全三个标准一体化的管理体系，在日常管理中对工作任务层层分解，责权分明，使问题明晰化、精细化，在问题处理过程中真正实现看得见、摸得着、说得准。制度实施精严。严格把控对规章制度、责任、要求的贯彻执行，通过严格的实施方案，保障规章制度的有效执行。在安全管理方面，每年投入安全环保资金1000余万元，不断完善安全生产的各级管理体系和管理网络。多年来从未发生过重大安全环保事故。

引领行业方向，成就产业精品。重庆医药代理了80000余个品规的药械，与5000多家国内外供应商有紧密合作关系，与辉瑞、强生、葛兰素史克等世界50强医药企业有长期稳定的战略合作关系，是众多国内外知名品牌在重庆乃至西部地区的唯一经销商。着力打造"和平物流""和平药房""颐合健康"等子品牌；与国内医药巨头强强联合，共同出资设立平台公司，与全国30多个省市各级客户建立长期合作关系，在重庆市三甲医院的销售份额达重庆市医疗机构销售总额的70%，居全国领先地位，确立重庆医药在医药行业的品牌地位，从而全面提高重庆医药品牌竞争力。

凸显核心能力，锻造精湛业务。坚持商业板块为主导，实行以医院纯销为企业核心、商业分销为规模支撑、终端配送为潜力市场、零售连锁为未来主业的业务策略。大力开拓大健康板块新兴业务，提供各类与健康相关的信息、产品和服务，如探索公立医院改革，打造高端医养示范项目和中高端医养综合体。组织"千名销售员培训大会"等多种形式的培训与竞赛，帮助员工提高业务能力，鼓励员工学习专业知识，强化专业地位，运用专业知识把工作做到极致。

践行六大文化理念，凝练文化建设特色

感恩社会。重庆医药把为社会提供优质的健康产品和服务作为己任，旗下"欣特公益"，与全国各大慈善机构合作，开设"欣特患教中心"，服务于15000余名患者，已累计发放5亿多元的援助药品，各级企业多次开展健康义诊、健康咨询、爱心赠药，以及安全、环保、药品质量等一系列主题公益活动。感恩客户。把客户视为企业的利益共同体，把为客户提供优质的服务作为使命，从普及药械知识，到供货、发货，再到售后服务，不懈怠每一个环节，保证最优质的服务。加强与客户的沟通交流，让合作伙伴一起感受公司"快乐工作，健康生活"的文化氛围。感恩员工。重视员工的成长，珍视员工的付出，对员工实行人性化管理。不断改革和完善薪酬福利体系，把提升员工职业价值落实到公司的规章制度里。内部晋升制度、后备干部培训、新员工培训、合理化建议等活动，为员工成长和施展才华提供资源和平台，切实增强了员工的获得感、归属感。

忠于国家，诚于事业。忠于国家。重庆医药始终坚持党的领导，积极践行新时期企业的五大发展理念，采取有效措施开展稳增长工作，积极稳妥推进供给侧改革，调整布局结构推动企业转型升级。落实全面从严治党责任，构建良好政治生态，严守政治纪律，忠于党、忠于人民，为企业新常态下实现跨越式发展提供坚强的政治保证。诚于企业。67年来重庆医药人在各自岗位上尽职尽责、一丝不苟，把个人利益与企业利益相统一，处处为工作着想，事事从企业利益出发，为重庆医药的开疆拓土积极作为。忠于事业。着力提升员工专业技术能力，成立培训中心，邀请中国药科大的专业老师授课，运用情景模拟等多种培训，每年约有1000余人次员工来到培训中心接受系统培训与继续教育。

担当责任，奉献社会。敢于承担社会责任。重庆医药承担着保障人民健康权利，提供社会所需药品，响应国家医疗政策，遵守社会信用及法律，保护社会资源和生态环境，提高人们健康保

健意识的责任。在汶川地震、尼泊尔地震、抗击埃博拉等自然灾害和突发事件中，及时有效地保证了药械供给。创造更大社会价值。重庆医药作为一个国有控股企业，不仅仅是谋取自身利益最大化的经济体，更是社会整体财富积累、社会文明进步、环境可持续发展的重要推动者。2015年实现利税超8亿元，2016年实现利税超15亿元，有效地保证了国有资产的保值、增值。认真履行职责。在日常运营中，有效保障了药械零事故、零差错。当疫情、灾害和突发事件发生时，总能第一时间将药品安全送达。

优势融合，与时俱进。近年来，重庆医药兼并重组了多家企业，从各行业进入集团的人才也越来越多，在企业文化建设过程中，坚持理念融合。重庆医药将"健康中国"理念融入企业发展战略，融合企业自身优势与国家政策导向，提出立足医药商业、医养健康、医药研发三大板块协同发展的战略思路，以及"做中国一流，国际知名的医药健康产业集团"的企业愿景。实施"互联网+"理念，构建互联网医药云商健康服务平台，打造DTP互联网互动平台，建立电子病历数据平台，抢抓难得的发展机遇。坚持文化融合。重庆医药在各分、子公司积极开展企业文化大讨论，广泛征求干部员工意见，对企业文化理念进行了深层次的梳理提炼，最终形成重庆医药特色阳光文化。同时，组建"文化宣讲团"，组织演讲、征文、辩论等多种形式的文化活动，运用重庆医药的一首歌《健康梦医药情》、一首诗《荣耀礼赞——献给重庆医药集团65周年》、一张报纸《重庆医药》报，以及重庆医药集团外网、OA网、微信公众平台等多元的宣传载体，引导广大员工融入、融合、融通阳光文化。坚持业务融合。对三大业务板块进行了横向融合与纵向整合。融合医药流通、医养健康、"互联网+"，大力发展健康养老、智慧健康等业务；融合传统销售网络与医药电商的B2B、B2C、O2O业务，形成两网互动，向最终端客户及患者延伸增值服务。

勇于创新，引领潮流。思路创新。重庆医药打破"一亩三分地"的思维局限，提出商业板块要"以重庆为核心，夯实西部、挺进中原、走向全国"，在其他企业布局较为薄弱的西部地区率先布局，构筑西部地区省级营销体系，形成商业业务板块效应。在搭建省级商业平台的同时，不断完善二级市场网络布局，深耕细作终端市场。实施"一张地图、两张网络、三级配送、四个业态、五个支撑"的商业板块"二十字发展方略"，发挥商业板块的引领效应。业务创新。重庆医药抓住时代机遇，找准自身优势与国家政策导向的契合点，积极探索医院投资模式，切实拓展医疗养老市场，创新开展第三方医学诊断服务，积极布局基层卫生诊疗机构，探索切入医疗器械研发和制造领域，与中科院重庆绿色智能技术研究院共建重庆生物医药研究院，运用"渝新欧"铁路+空运方式，从欧洲直接进口药品。管理创新。内部创新管理模式，实行"1+1+1"管控模式，对管理人员从"管理者""执行者"和"监督者"三个层面进行立体式考核评价，促进了管理水平的进一步提升。外部创新营销模式，打造"云医院"，开展移动医疗、远程医疗，构建分级诊疗、医药支付、医药联动生态体系，搭建全方位的智慧医疗大健康服务平台。

依法合规，诚实守信。依法合规。在践行诚信文化方面重庆医药做到了依法合规经营，严格遵守《药品管理法》《药品管理实施条例》等有关法律法规，在阳光下守法经营。按照GSP要求规范药品经营行为，建立良好药品经营秩序，确保公众用药安全有效，促进医药经济健康发展。诚实守信。以"诚实守信"为经营理念，以诚待客，将"守诚信"变成一种文化软约束，时刻提醒每一个人言而有信、文明经营、公平竞争、诚实交易。多年来，从未发生过售卖假劣药品事件。诚信经营。严格遵守医药行业规章制度，对客户坦诚相待，每年都会投入大量资金，在环保局等部门指导下，委托有资质的公司集中清理销毁过期失效药品，仅2016年上半年，集团就销毁价值300余万元的过期失效药品，防止其被改换包装再次流入市场，用行动坚守医药企业的底线，维护行业规范，对市场中的假药、劣药给予了致命打击。

打造五大文化阵地，创新文化建设载体

爱心医药。集团开展内部慰问、到贫困山区献爱心等活动。在集团党政支持下，每年募集上百万元资金，成立"爱心基金"，在总工会补助的同时，为每位建档困难职工每年额外发放补助金2000元；对因病或突发事件致病、致残的职工进行特别补助，最高可达10万元。开展对口扶贫工作，修建乡村公路，建设希望小学；开展义务献血、千里赠药、健康义诊、捐资助学等公益活动。累计捐款捐物数千万元。故事医药。讲述重药故事，传播重药声音，展现重药形象，传承重药精神。在年会、五一表彰会、七一表彰会上讲述先进员工、劳模、先进党员的故事。拍摄"感动医药"十大人物微电影，组织"我心中的重庆医药"企业文化征文、演讲活动和"发现重庆医药的美"摄影大赛等，用故事的力量去激励员工。唱响医药。成立了重庆医药合唱团，修订完善企业歌《健康梦医药情》，举行了多次千人歌咏比赛活动，参加重庆化医集团举办的"春天与梦想"歌咏比赛，获得冠军。不定期举办"重药好声音"歌手选拔大赛，唱出激情、唱出梦想。舞动医药。集团成立了舞蹈队，不定期举办健康舞比赛、员工技能大赛、员工运动会等活动。在重大活动及多次重大投资发布会上，自编自创舞蹈节目，深受广大客户的肯定。缘定医药。每年在"三八节""11·11节"举办单身员工与外部企业联谊活动。携手重庆主流媒体、大型医院、大型国有企业，举办了"牵手重庆医药，情定浪漫金秋""青春有约·绿动未来""制造幸福相约健康"等活动，搭建平台，交流友谊。

重庆医药企业文化建设成效

企业经营健康发展，竞争力显著增强。重庆医药销售收入不断增加，2016年销售收入204.9亿元，比2006年增长近4倍，年均增长率超过13%。重庆医药保持中国药品流通行业批发企业主营业务前列，位列西部第一。

企业员工凝神聚力，外塑形象内强素质。重庆医药核心价值观已融入员工血液，成为全体员工认知、认同并遵循的行为准则，重庆医药使命和愿景逐渐成为激发全体员工努力奋斗的目标，激发了员工的积极性、创造性，一大批先进典型和先进事迹得到了广大员工的推崇，形成了良好的精神风貌、工作作风、价值标准和文化氛围。

企业文化提档升级，忠诚国家服务社会。重庆医药坚持开展阳光文化建设，企业软实力及核心竞争力显著增强，极大地推动了企业发展，品牌和服务获得社会和客户的广泛赞誉，社会满意度和认可度显著提升，取得了巨大成就，得到了国家、地方政府和公众的高度肯定，中央和地方多家主流媒体多次进行报道。

主要创造人：刘绍云　杨清华

参与创造人：刘晓丹　李源钢　秦安庭　张惠娟

创建特色文化　促进基业长青

中国电力国际有限公司

中国电力国际有限公司（以下简称中电国际）于1994年在香港注册成立，主要从事电源项目的开发、建设、运营，海外投融资和资本运营。2015年，中国电力投资集团公司与国家核电技术公司重组，成立国家电力投资集团公司（以下简称国家电投），中电国际成为国家电投的重要骨干企业，经营业绩一直处于集团公司二级单位前列。截至2016年年底，总装机规模2808万千瓦，清洁能源占比33.37%，同比上升5.67个百分点,资产总额1242亿元。资产分布在全国23个省、市、自治区和香港、澳门特别行政区。同时，海外发展正稳步前行。先后荣获 "全国文明单位" "全国文明诚信示范单位" "中央国家机关文明单位" "全国电力行业思想政治工作先进单位" 等多项荣誉。

一直以来，中电国际积极进行文化兴企、和谐共进的探索实践，在集团公司文化引领下，创建了独具特色的企业文化，为引领企业战略发展，提升管理水平，促进基业长青提供了不竭的精神动力，树立了良好的企业品牌形象。

精心培育，铸就企业发展之魂

企业文化在企业发展中应运而生。面对全新的形势变化，中电国际确立了 "审视自身，找准定位；明晰战略，加快发展；人才强企，团队兴业；持续创新，推动变革；静水深流，构建文化" 的40字管理方略，为公司加快发展提供了战略导航。2006年，中电国际推进以 "体制改革、机制创新、制度建设、企业文化" （"三制一化"）为主要内容的管理创新，逐步构建和完善了整体发展战略体系，成功搭建了 "中国电力、中电新能源、中电检修、国际化业务" 四个战略发展平台，奠定了企业科学发展、和谐发展、可持续发展的战略基石。在此过程中，中电国际的企业文化逐渐破土发芽，并最终以成熟的姿态、完整的体系精彩绽放，在企业的创新发展中积极发挥着巨大的引领和推动作用。

企业文化在融合创新中不断发展。2015年以来，对于集团公司统一企业使命、统一企业愿景、统一核心价值观、统一企业运营重要理念的文化建设要求，中电国际以高度的政治觉悟和大局意识，主动融合吸纳 "和文化" 理念体系，并传承锤炼出 "静水深流" 的企业品格，"责任、诚信、智慧、价值" 的企业精神，"人才强企，团队无价" 的团队理念，"立德强智，学以致用" 的学习理念，"真诚用心，追求卓越" 的服务理念，以及 "天人合一、义利合一、人企合一、知行合一" 的企业意境等特色企业文化理念，形成了既具备集团公司共性又体现企业个性和特色的企业文化体系。

企业文化为企业发展指明航向。在优秀的企业文化引领下，中电国际树立了企业创新发展的坚定信念和战略定力。秉承"责任，诚信，智慧，价值"企业精神，中电国际一直牢牢把握"转变经济增长方式、实现科学发展"的主线，着力于"五个坚持"：坚持发电主业，忠实履行责任；坚持做强做优新能源，致力绿色发展；坚持产融结合，推动企业稳健经营与可持续发展；坚持存量管理和增量开发并重，促进规模、质量与效益协调发展；坚持管理创新，持续提升核心竞争能力。在新的历史条件和发展形势下，中电国际进一步明确了企业战略：以建设核心竞争力突出的创新型国际化、综合能源现代国有企业为目标，以成为集团常规能源业务的核心子公司、常规能源业务和资产整合的最终平台、科技创新和体制创新的领先者为定位。面对火电行业当前的发展困境，中电国际更以央企的责任担当和战略智慧，提出了"转型发展、突破提升"的发展举措。

企业文化彰显出企业的意境追求。中电国际始终坚持以"知行合一、人企合一、义利合一、天人合一"的意境追求，致力于一流企业建设。"天人合一"，是指倡导企业注重社会责任，建设环境友好型、资源节约型企业，致力于环保清洁能源，注重给世界提供光明和动力的同时，还要给子孙后代留下一片碧水蓝天；"义利合一"，是指积极履行国有资产保值增值责任，依法合规诚信经营，为企业、股东、国家做出贡献的同时，也体现团队、个人的价值；"人企合一"，是指提倡群策群力、团队无价。以统一的价值取向、统一的规范行为、统一的目标激励、统一的有力行动，实现凝心聚力；"知行合一"，是指鼓励不断学习，勇于实践，提升素质能力，转识成智，转智成行，勇于创新。

春风化雨，促进文化落地深植

注重顶层设计指导。2006年以来，中电国际通过制定企业文化建设规划，开展"企业文化建设年"系列活动，举行企业文化建设专题讲座和企业文化建设研讨会，邀请著名企业文化专家教授专题辅导，请国资委有关专家指导，制定了企业发展战略和包括企业文化发展战略在内的各个子战略。2016年，制定了企业文化建设"十三五"工作规划，为企业文化未来发展指明方向，确立目标。

创新宣传方式方法。通过编印员工文学作品集、员工书画摄影作品选、企业文化故事集等系列丛书；举办主题演讲比赛、乒乓球赛、员工书画摄影作品展等丰富多彩的文体文化活动；拍摄制作企业成长纪录片和宣传片，创作录制了企业歌曲；开展企业成长报告巡讲活动和"唱响光明行 共筑中国梦"文化主题活动，使系统员工对企业文化特质内涵的领会不断加深，对企业的认同感、归属感和使命感不断强化和提升，传承光明事业、致力碧水蓝天、坚定发展信心、续写新辉煌的工作激情进一步迸发。

大力开展全员宣贯。企业的文化宣贯得到集团公司高度认可，先后两次在集团公司层面做交流发言。主要是积极开展企业文化的全员宣贯，公司本部及系统各单位领导积极带头宣讲；认真落实集团公司VI系统的推广应用，打造统一的品牌形象；全员发放文化读本《我们的方向》《和的智慧》《文化之道》等书籍；统一安装"和文化"理念电脑屏保，悬挂和张贴"和文化"理念海报；组织参加集团公司司歌征集和"好声音"大赛，荣获集团司歌征集活动优秀组织奖、"好声音"大赛最佳组织奖。

充分发挥平台作用。通过企业官方杂志、网站、微博、微信等宣传平台，积极营造良好舆论氛围，凝聚推动企业和谐发展的正能量。各基层单位充分利用宣传展板、企业文化手册、报刊、资料汇编、图片、标语等进行企业文化宣贯。中电国际本部及旗下中电新能源、平圩、姚孟等单位建设了企业文化展室，全面记录企业发展历史，传承企业精神，弘扬企业文化。

创新实践，打造企业特色品牌

天人合一，文化引领绿色发展。 中电国际的发展紧扣时代脉搏，提出的"碧水蓝天"的绿色发展理念，与党的十八大描绘的天蓝、地绿、水净，人与自然和谐发展的"美丽中国"，与五大发展理念高度契合、和拍共振。

秉承"致力清洁发展，奉献绿色能源"的企业宗旨，通过实施传统能源升级换代、先进能源技术创新、清洁能源开发、电源结构调整、节能减排等战略，致力建设资源节约型、环境友好型、可持续发展企业，为社会经济发展提供经济、环保、稳定的绿色能源。企业已经由当初单一火电发展成为水、火、新能源并举的格局，清洁能源比例达到33.37%，成为最清洁的海外上市的独立发电商，走出了一条绿色低碳发展之路。率先实施"上大压小"，推动传统能源的优化升级。倡导并引领新能源的发展，于2006年年底创立中电新能源，开创了国内电力新能源市场化运作的先河；在国内率先开创新能源与智能电网结合的创新产业模式。

义利合一，文化铸造良好品牌。 中电国际积极践行和谐共生的发展理念，切实履行企业的社会责任，积极参与社会公益事业，奉献慈善大爱，在行业内和社会上树立了企业良好的品牌形象。

——履行社会责任，彰显大爱情怀。企业圆满完成奥运保电、世博保电、抗冰保电、抗震救灾等多项重大任务。热心公益慈善，联合有关组织成立李硕勋教育基金会、北京扶助贫困儿童就医健康基金会，共资助了1520名优秀学子，奖励了505名优秀教师。在湖北、四川、甘肃等地援建了多所希望小学。系统广大员工自觉参加抗洪救灾、扶贫济困、义务献血、爱心助学等活动，2008年抗震救灾中，两次捐款400余万元，党员交纳"特殊党费"近70万元。

——创建和谐企业，助力社会稳定。通过"上大压小"、滚动发展，使老企业脱胎换骨，新厂朝气蓬勃，骨干企业欣欣向荣，员工的幸福指数也不断提升。公司系统建立特重病救助基金，救助会员及受益人1000余人，发放救助金1200余万元。即使在经营最困难的情况下，也没有将一名员工推向社会，为社会和谐稳定做出了积极贡献。

人企合一，文化凝聚团队合力。 坚持"以奋斗者为本"的人才理念，以及"人才强企，团队无价"的团队理念，培养高素质人才，打造精干团队。

——加强培训，提升员工素质。注重团队建设和人才培养，把员工个人理想融进企业的共同愿景，鼓励员工岗位成才，与企业共同成长。先后建立了清河、姚孟、平圩、常熟等四个大型火力发电技能培训基地，并取得国家职业技能鉴定站资格，培养技师、高级技师近3000人，为系统内外培养了大批优秀的技能人才。

——技能竞赛,选培技能人才。近十年来，在全国、电力行业以及集团公司举办的技能竞赛中，中电国际有158个团体和个人获得优异成绩，多名员工荣获"全国五一劳动奖章"和"中央企业技术能手"荣誉。

——表彰奖励，激励岗位成才。注重技术专家培养和员工队伍技能培训。实施技术专家评聘制，动态考核管理，享受津贴待遇；建立劳动模范评选表彰制度，激励员工爱岗敬业、岗位成才。

——选树典型，弘扬奋斗精神。通过开展"十大奋斗者人物"评选活动，开展学习《以奋斗者为本》读书征文，编印《奋斗者之歌》书籍，通过不同的形式宣传奋斗者，讴歌奋斗者，营造了"以奋斗者为本"的浓厚氛围，大大激发了干部员工的奋斗激情。

"以奋斗者为本"的人才理念和"人才强企，团队无价"的团队理念已化为干部员工的内生动力，干部员工在一次次抗洪抢险、抗冰保电、机组检修等急、难、险、重任务中彰显出干事创业的精气神。在沿海滩涂建设的江苏大丰风电项目，建设者们以团队智慧和力量，克服地形复杂、环境恶劣等困难，开创了国内滩涂建设风电的先河，项目获得"中国电力优质工程奖"。检修队伍常年离井别乡，经常多地同时检修，他们顽强拼搏，攻坚克难，在核电检修等市场赢得了业主方的信任和尊重。

知行合一，文化融合管理创新。中电国际注重将企业文化融入企业生产经营管理全过程，实现文化与管理的对接融合，创新引入国际先进管理方法和现代管理手段，不断提升企业精细化、规范化、标准化管理水平。

——企业管治协调有效。按照现代企业制度和监管规则，建立以"法人治理、企业管理、系统管控"三位一体、有机统一的"企业管治体系"；推进以"体制、机制、制度、企业文化"三制一化为主要内容的管理创新；构建以董事会为核心的法人治理结构，形成结构合理、管理专业、运转协调有效的一体化管控模式，做到治理完善、管理规范、管控得力。践行"依法治企，科学治企，从严治企"的管理理念，企业的稳健发展得到有力保障。

——国际化发展稳步前行。中电国际成立之初就担负着国际化发展的使命。多年来，充分把握好境内境外"两个市场"和"产融结合"，不断创新融资渠道，为企业可持续发展提供强大资金支持。以香港、澳门特别行政区和中国周边国家和地区的电力业务为平台和起点，加快拓展境外实业的创办与发展，培育企业新的经济增长点，提升企业管理水平和海外影响力。

——生产运营和检修管理水平不断提升。机组多项技术经济指标位居集团公司前列，在各类全国大机组竞赛中，创造多项长周期运行纪录，取得数十个金牌机组、状元机组和标杆机组等全国荣誉。借鉴核电安全文化，形成了"事故预防、风险预控"的特色安全理念，企业安全生产形势保持平稳。借鉴核电先进的运行检修理念和管理模式，在国内率先开展火电检修监理，监理足迹已经遍布国内20多个省、市、自治区近百个电厂。企业"策划、程序、修正、卓越"的工作理念得到很好的诠释和践行。

目前，中电国际正在国家电投的正确领导下，面向未来，传承创新，按照新的发展定位，继续探索和实践企业文化建设新思路、新方法，引领企业新发展，不断提升品牌形象，持续增强企业发展的软实力。

主要创造人：余兵

参与创造人：曾雪峰

以促进人、企、社会和谐发展的"三为"企业文化建设

新疆华源投资集团有限公司

　　新疆华源投资集团有限公司(以下简称华源集团)是集房地产开发、生物制药、城市供热、建安施工、物业管理、幼儿教育、农业种植、新能源开发等多领域于一体的大型民营企业集团，企业资产总额65亿元，员工总数5862人。目前，集团已成为国家住宅产业化基地、全国规模领先的维吾尔药业生产基地和节能减排指标达到欧盟水平的供热标兵企业。先后荣获"全国五一劳动奖状""开发建设新疆奖状"等百余项荣誉。

　　华源集团经历20多年产业化发展，成为新疆具有一定规模和影响力的民营企业，得益于企业文化的引领和推动。华源集团以为企业做实事、为员工做好事、为社会做益事的"三为文化"为核心，企业发展与文化建设并驾齐驱，企业文化为集团经营发展保驾护航，通过"三为"文化有效促进人、企、社会和谐发展，成为企业发展壮大强有力的助推器。

"三为"企业文化体系实施背景

　　企业自身发展的需要。作为现代化企业集团，华源集团始终将企业文化建设纳入顶层设计和战略布局，自企业进入规模化发展、转型升级关键阶段后，如何在新阶段、新模式下更好地发挥华源文化保障和引领作用，实现企业文化的与时俱进、创新和发展，成为当前形势下企业的重要课题。面对企业发展难题、管理瓶颈和建设美丽边疆的重任，需要更强的文化软实力整合资源、凝心聚力，达到企业持续健康发展的目的。

　　升级企业品牌的需要。企业品牌知名度、美誉度和忠诚度的形成，需要优秀的企业文化作为支撑。企业文化是品牌的灵魂和依托，是凝聚在品牌上的企业精神、渗透到商业运行全过程、全方位的一种制度文化，需要与时俱进来实现企业品牌升级。

　　构建企业核心竞争力的需要。企业文化软实力是企业核心竞争力的重要组成部分，要想在激烈的市场竞争中立于不败之地，必须用企业文化来统一思想、凝聚智慧和力量，吸引优秀人才加盟。因此，"三为"企业文化的构建与实施已迫在眉睫。

产业发展中构建"三为"企业文化体系

　　从创业初期1994—2000年，秉承产业报国的企业情怀，华源集团完成资本原始积累和三大产业格局的搭建，在管理实践中孕育和总结出凝聚着全体员工心血、智慧和力量的"一丝不苟、艰苦奋斗、努力拼搏、追求卓越"的康居精神与"严谨、科学、标准、规范"的康居作风，并形成"华源是个大家庭、我们都是亲兄弟"的企业团结观，初步显现出员工艰苦奋斗、企业追求卓

越、对社会勇于担当的企业格局和高度。

从2001~2009年，华源集团步入规模发展阶段，多元化产业的不同特色为"三为"文化注入了丰富内涵和新鲜活力。2001年集团成立了企业文化建设领导小组和企业文化部，导入企业CIS战略系统工程，创办企业文化内刊《华源先锋》并启动"主题年建设战略"，从"资源整合年"到"品牌创新年"，每年的主题年号都是华源集团企业文化发展历程的真实写照。2002年，集团发布《企业文化建设纲要》《企业文化员工行为准则》《企业文化管理制度》，清晰确立了以华源康居精神、康居作风为核心、以"华源是个大家庭、我们都是亲兄弟"的团结观、"勤于思考，终身学习，永远做事"的学习观及"真善美"的管理哲学观为内涵的文化建设体系。

2010年至今，华源集团进入产业优化转型阶段，伴随着产业转型升级，华源集团"兰草作风"（团结、守纪、高效、攻关）与"四实三力"（踏实、真实、诚实、老实和学习力、实践力、创造力）等新的文化理念应运而生。在遵循集团文化体系所积淀的丰富文化资源的基础上，于2011年启动企业文化体系修订工程，对原有企业文化进行萃取、提炼、升华，形成新时期"为员工做好事、为企业做实事、为社会做益事"为代表的企业文化体系，实现了企业文化体系的转型升级，成为引领产业发展的新引擎。

"三为"企业文化的主要内容

"三为"文化从人、企、社会三个层面出发，促进人、企、社会和谐发展。其中，"为员工做好事"涵盖华源团结观和学习观，不断提升员工的思想境界，激发员工的学习力、实践力和创造力，体现将以人为本作为企业发展的最高价值取向；"为企业做实事"涵盖华源康居文化、管理哲学观与"四实三力"等，展现华源集团务实发展、建设美丽边疆的坚定信念，引领企业科学发展方向；"为社会做益事"是企业的责任担当，是企业发展、产业报国的崇高使命，带领企业从优秀走向卓越。

把握"五项重点"推进"三为"文化落地生根

以"双核心"为引领，将"三为"文化和党建相结合。2004年，华源集团党委提出：各级党组织要成为企业"经济工作的保障核心""优秀企业文化的创建核心"，彰显企业文化建设在思想政治工作、企业科学发展方面的导向作用。华源集团把企业文化建设与党建、精神文明建设有机结合，在决策发展上当好参谋，在生产经营中做好监督，在内部管理上当好后盾。围绕企业中心工作和"三为"文化，集团党委结合下属产业发展特点，创建了技术创新、精细化管理、安全生产、优质服务、特色教学五个产业示范基地，引领各产业科学发展。通过举办各类讲座、开展"双优一先""最美华源人""双十佳"评比活动，组织各类主题演讲、知识竞赛、党日活动，营造文化建设氛围，弘扬企业文化精神，彰显员工精神风貌，有效促进了"三为"文化落地。

以"双爱"为抓手，强化"三为"文化向心力和凝聚力。深入开展"企业关爱员工、员工热爱企业"活动，使"三为"文化建设有声有色，发挥凝心聚力作用。一是推行工资集体协商，将"薪资福利稳步增长机制"与"依法规范劳动用工机制"纳入企业发展战略，有效维护职工利益，使员工共享企业发展的物质、精神成果；二是建立了"华源爱心互助基金"，对患重大疾病的员工给予定额资金补助，并实施"夏日送清凉、冬日送温暖、节日送福利、生日送祝福、困难送关爱"机制；三是每年通过组织开展劳动竞赛、职工运动会、文艺晚会等活动，丰富员工精神文化生活；四是高度关注劳务工群体，按时赴工地现场发放工资，修建浴室、冲洗式卫生间与图书室，每年组织工人文化艺术节和优秀劳务工评选，将"三为"文化传递到施工一线。

以创新工作为着力点，发挥"三为"文化强大推动力。"三为"文化倡导为企业办实事是企业发展的核心所在，华源集团以创新工作为重点，实施企业创新工程，进一步发挥企业文化对企业发展的强大推动力。发布《华源集团创新工程实施方案》，鼓励全体员工开展管理创新、技术创新，并通过课题攻关切实解决企业发展难题。集团董事长拿出个人存款100万元设立"董事长研发奖励基金"，下属子公司设立"技术创新基金"，用于支持各类课题的实施与表彰奖励技术骨干和岗位能手，激发广大员工立足岗位为企业做实事的积极性，有效促进集团改革创新和转型升级。近年来，集团先后申报、实施，完成国家、自治区各级课题项目218项，获得国家级管理成果2项，彰显了集团创新实力，有力促进了工艺革新、节能减排和降本增效。

"卓越团队全面提升"学习培训工程

与人才建设相结合，突出"三为"文化人才培育作用。"三为"文化致力于让员工成才、让团队优秀、让企业卓越，在人才建设上体现了"终身学习、人企共进"的用人导向。一是建设创新型组织、学习型团队和造就学习型人才。企业提出并组织实施"三百人才队伍"建设工程，即在集团内部培养100名工程师、100名管理师、100名技术骨干，企业领导班子带头学习，形成企业全员学习、终身学习的浓厚氛围；二是针对性地建立具有华源特色的学习培训工程。与大专院校在企业联合办学，进行MBA研修教育和本科班学历教育，引进清华大学企业远程学堂，启动"卓越团队全面提升"学习工程，选派管理人员和技术人员到国内外参观考察等；三是建设"团结、守纪、高效、攻关"的产业化团队。通过开展"师傅带徒弟"、劳动竞赛、首席员工评比等活动，结成师徒对子268对，评出首席员工72人，华源劳动模范30人，最美华源人18人，85个班组获得省市和国家级的"工人先锋号""模范职工之家"等各类别综合荣誉。

与企业责任相结合，彰显"三为"文化奉献社会的引领作用。一是以创新实践向社会贡献育人文化。充分发挥企业在技术创新中作为知识传播者新角色主体作用，自觉肩负起为社会培养人才、塑造人才的责任。建立校企合作促进人才发展新模式，已被数十所高校和群团组织设立为实习就业、教学科研基地，无偿划拨土地用于校区改造、在大中专院校设立"华源奖学金"、支持新疆"双语"教育事业，开展精准扶贫结对认亲，切实帮助少数民族贫困地区发展。二是勇担社会责任践行企业感恩文化，将为社会奉献爱心作为"三为"文化建设重要职责，全力维护社会稳定，积极参与光彩事业，切实为帮助少数民族贫困地区发展奉献企业爱心，累计向科、教、文、卫、城建等行业，向地震受灾、贫困地区、妇女儿童慈善事业等捐款捐物达3800余万元。三是强化团委作用弘扬青年志愿队文化。集团团委成立"原动力青年志愿者服务队"，组织青年志愿者围绕建设生态文明、履行环保责任等开展社会实践与志愿者服务活动，在彰显青年员工青春活力的同时树立积极阳光的企业形象，弘扬企业正能量。

"三为"文化建设助力企业转型升级

转型升级效益显著。通过多层次推进"三为"文化建设，营造了"企业关爱员工、员工热爱企业、企业社会和谐发展"的良好发展环境，助力企业在转型升级时期突破管理瓶颈，为企业改革创新注入鲜活动力，成功促进企业发展理念转化为企业管理效能，极大地推动企业健康、持续、跨越式发展，使华源集团在行业中起到示范和引领作用。

品牌影响力不断提升。"三为"文化的落地生根，使企业文化内涵更加生动形象、传播载体更加丰富、形式更加灵活多样，实现企业与员工共济，企业与客户共赢，企业与行业共融，形成了合作共生的良好局面，已然成为企业的软实力和核心竞争力，里程碑式的荣誉是三为文化建设最真实的见证，华源集团先后荣获百余项省部级荣誉。

形成优秀的人才团队。通过"三为"文化推进"三百人才队伍建设"，涌现出大批优秀管理技术人才，累计培训员工71920人次，完成骨干管理人员、班组长的本科学历教育326人、MBA职业教育60人、国家高级职业经理人认证资格培训50人，拥有专业技术职称、职业技术资格人员占比超过53%，初步形成了独具华源特色的产业化人才团队。

员工幸福感倍增。"三为"文化极大地增强了员工对企业的认同感和归属感，已在员工心中生根发芽，成为集团强大的精神动力、道德规范和全体华源人独特的精神气质。员工能够自觉地、积极主动、满怀热情地投入工作之中，共享企业的发展成果，感受到在华源这个大家庭实现自身价值，幸福感倍增。

主要创造人：李　俊

参与创造人：夏岚亭　于　朋　曾　涛　李欣兴

构建"智道合一"企业文化 引领轨道科技发展

中国铁道科学研究院

中国铁道科学研究院（以下简称铁科院）始建于1950年，是我国铁路唯一的多学科、多专业的综合性研究机构。2000年正式由事业单位转制为科技型企业。目前已发展为集科技创新、技术服务、系统集成、成果转化、咨询监理、检测认证、人才培养等业务为一体的大型科技型企业集团。现有职工8000余人，下设17个单位，院属全资公司32个、控股公司9个、参股公司7个。建设有5个国家级实验室，配备有各类专业实验室40余个。在高速铁路建设及运营维护、装备现代化、既有线提速、重载运输、安全和信息化等方面取得了一批具有世界先进水平的创新成果。

著名桥梁大师茅以升主持铁科院工作长达30多年，他最先提出的"一切为科研、科研为运输"的工作方针，是一代代铁科人矢志追求铁路科技进步的基本遵循；转企后，我院提出了"行业服务为立院之本、成果转化为兴院之策"的建院方针和"创新、严谨、勤奋、和谐"的院风；新的历史条件下，我院提出了"智道合一"的企业核心价值观，与科技支撑铁路发展的灵魂和精神一脉相承。

企业文化体系

为了适应新阶段铁科院发展战略的要求，铁科院在充分继承历史积淀的优秀文化元素的基础上，提出了与铁科院发展战略和行业特征相匹配的先进文化理念，构建起铁科院的企业文化理念体系。

使命：引领轨道科技，创造交通未来。

引领轨道科技：凭借在高速铁路建设及运营维护、装备现代化等方面所取得的一批具有世界先进水平的创新成果，以及在城市轨道交通领域积累的较大科研优势及市场影响力，伴随中国高铁"走出去"大潮的方兴未艾，铁科院要责无旁贷地担负起引领中国乃至世界轨道科技的历史重任，为轨道交通事业发展做出更大的贡献。

创造交通未来：伴随21世纪科学的快速发展和技术的飞速进步，为适应经济社会发展要求，打造绿色交通、智能交通和人文交通，必将成为轨道交通未来发展的方向和趋势。铁科院要充分发挥轨道科技优势，科技引领、创新驱动，积极践行"中国制造2025"战略，努力研发轨道智能制造的中国标准、技术、产品或服务，长袖善舞，构筑未来交通蓝图，成就未来交通梦想。

愿景：创建世界一流轨道交通科技集团。

这是铁科院动态发展的远景目标与市场定位。铁科院立志在服务中国轨道交通事业的同时，走出国门、走向世界，跻身国际轨道科技最前沿，成为世界一流的轨道科技系统解决方案提供商，成为全球领先的轨道交通科技产业集团。

核心价值观： 智道合一。

"智+道"，正是铁科院所从事的"铁道、科研"双结合事业独特而又极具个性化的写照。"智""道"合一，也是铁科院和广大铁科人一切行为立事的价值准则。

智为道用，道助智行，智道合一，同行同向。不仅是对"一切为科研，科研为运输"的传承和凝练，也是对"行业服务为立院之本、成果转化为兴院之策"的包容和提升，更是对铁科院实现未来使命、愿景的行为牵引和升华。

首先，"智"是科学技术；"道"是轨道产业。"智""道"合一，指导广大铁科知识工作者专注轨道科研，矢志不移，与道同在，与道共进，与道同行。其次，"智"是专业技能；"道"是道德品行。"智""道"合一，要求广大铁科人守纪律、明规矩，做到德才兼备、厚德任事。最后，"智"代表科学研究，"道"代表方向和规律，"智""道"合一，要求铁科人要善于把握轨道交通科技发展方向，积极探索创新驱动发展的规律、方法和途径，努力掌握核心关键技术，不断提升科技支撑铁路发展的能力和水平。

企业精神： 笃真求卓，创新致远。

笃真求卓：铁科院成立60多年来，无论是老一代科学家还是新一代铁科人，始终坚持严谨、务实的工作精神和做事风格，坚持科学求真、追求卓越。

创新致远：置身21世纪大变革时代的铁科人，为成就铁科院伟大的使命和愿景，当更加崇尚开创立新、健行致远，奋力助推轨道交通科技事业蓬勃发展。

管理理念：

战略管理理念：注重战略引领，创新资源配置，协同院所发展，强化绩效导向；组织管理理念：服务战略，市场导向，决策高效，运行有序；人才管理理念：以人为本，激励创新；科技研发管理理念：自主创新，开放合作；营销管理理念：品牌为上，整合传播；信息化管理理念：整合共享，创新协同；管理决策理念：创新高效，民主科学。

经营理念：

行业服务理念：引领技术创新，服务运输大局；产业发展理念：产研互助，产融共进，集群发展；市场经营理念：客户导向，合作共赢；国际化理念：合纵连横，创新开拓；资本运营理念：资本驱动，产融结合。

思想政治理念：

党组织引领理念：思想引导，组织保障，人才支撑，文化凝聚；崇尚先进理念：先锋带全员，模范树标杆；全员和谐发展理念：荣辱与共，和谐同行；防腐廉政建设理念：强教育，立规范，重防控。

企业文化建设背景

建院67年来，伴随着新中国铁道事业的蓬勃发展，铁科院文化建设经历了五个主要历史阶段，形成了丰厚的文化积淀。第一阶段，即以科研为中心阶段，从建院开始到1990年共40年左右；第二阶段，即以科研成果应用为中心的产业化、工程化探索阶段，从1991年到2000年；第三阶段，企业化发展探索阶段，从2001年到2004年；第四阶段，科研应用和引进吸收再创新阶段，从2005年到2012年；第五阶段，进入全新历史阶段，铁科院从2013年开始强调自主创新和文化管理的阶段，工作重点放在建立、加强自主创新的体制机制，强化文化建设，全面推进企业文化改革。　2014年11月，铁科院经过反复的酝酿，决定邀请北京求是联合管理咨询有限责任公司合作推动铁科院企业文化建设工作，共同总结提炼出新的企业文化理念体系，并推动落实。

企业文化实施

企业文化实施原则

传承创新原则；协调发展原则；持续改进原则；注重实效原则；全员参与原则；院所联动原则。

铁科院史馆

企业文化实施总体计划

第一阶段：导入期。其主要工作是围绕企业文化的宣贯来展开，通过大范围、高密度的宣传培训，铁科院广大员工认知本院的企业文化核心理念。

这一阶段的目标是：①培养一批企业文化宣贯骨干；②完成核心理念的学习与培训，使全体员工熟知我院的核心理念；③完善公司企业文化传播网络；④对外宣传企业文化，树立我院良好形象；⑤培训覆盖率100%，95%以上的员工认知企业文化核心理念，50%以上的员工认同企业文化核心理念。

第二阶段：深化期。其主要工作是在加强导入期宣贯工作和巩固宣贯成果的同时，围绕企业文化落地，在文化宣贯、文化培训、制度建设等各个方面发力，使企业文化理念变成员工内心所信奉的准则和信念，变成员工工作和生活的内在指导。

这一阶段的目标是：①院机关和各所/子公司企业文化管理机构有效运作，各项文化管理活动有序开展；②各项文化理念和行为规范为广大员工所认同，成为自觉的行为准则；③外部对院企业文化认知有较大提升；④完成人力资源制度的修订和完善，使之符合企业文化理念；⑤75%以上的员工认同企业文化核心理念，员工满意度增高。

第三阶段：提升期。提升期的企业文化建设工作，要在巩固前两个阶段工作成果的基础上，继续全面纵深推进各项工作，并在推进中不断总结、不断完善、不断提升，为以后的企业文化建设打下坚实的基础。

这一阶段的目标是：①具备规范、有效的企业文化管理组织和能力；②企业文化成为管理者最主要的管理语言和管理手段；③新员工能够很快被优秀的文化所同化，并成为企业文化坚定的信仰者和传播者；现有员工能够自觉按照企业文化理念规范自身行为。

目前，铁科院第一阶段导入期各项工作已经完成，正在推进第二阶段深化期，2016年，启动了"企业文化管理年"专项系列活动，通过评选感动铁科人物。征集铁路故事、广告语、文化节目、专项扶贫等十大活动，推动文化落地深化。

企业文化实施保障

组织保障：建立起由党政主要领导挂帅的企业文化建设领导小组，专门成立了企业文化部，与党群部两块牌子，一套人马，具体负责企业文化的组织与实施，部门内部专门设置企业文化岗位，院属单位、机关部门建立了企业文化联系人队伍。

资金保障：重视企业文化建设投入，将企业文化所需资金纳入院资金预算，每年根据工作需要，由我院企业文化归口管理部门提出预算报告，经院研究后决定，单列使用，日常机动费用按要求打签报审批专用，能够确保企业文化建设经费。

考核保障：企业文化推进实施工作不仅纳入部门考核督办指标，同时也纳入对院属单位经营业绩的考核体系。

企业文化建设成果

铁科文化园（院史馆）落成。 铁科文化园位于海淀区大柳树路2号中国铁道科学研究院院内，依托历史悠久而闻名中外的京张铁路试验专线修建，具有独特的文化视角、人文背景和科技氛围。作为国内少有的以铁路文化为主题的园区既是展现铁路科技文化的重要窗口，也是集爱国教育、科技成果、文化交流、学习培训、铁路文博、历史展陈等为一体的多功能综合性文化活动场所。铁科文化园的主要设施：铁路文化展区、院史教育馆、茅以升厅、文化广场等。

品牌运维全面展开。 注重品牌与文化的融合，关注品牌形象对企业文化建设的促进作用。为了纪念铁科院建院65周年，铁科院与央视科教中心联合制作了院史专题片《岁月·守望·荣光》；制作院形象歌曲《风雨兼程》，并全院学习；开展了院属单位歌唱比赛，大合唱《风雨兼程》是歌唱比赛的规定曲目；在铁科院内部微信平台上发布了青春活泼的铁科院小苹果、与道同行等视频节目，受到铁科人的广泛关注和普遍认可。

文化传播体系建设。 铁科院也高度重视新媒体的作用，切实利用新媒体展示铁科院的文化魅力，传播好铁科院的价值观念，提升铁科院的文化软实力。根据新时期企业文化建设的要求对铁科院的官网进行了优化设计，并通过OA系统、网络课堂等方式加速文化的传播。铁科院微信公众平台于2014年10月28日开始运行，得到了铁科院内部和外部人员的普遍关注和好评。

文化活动丰富多彩。以"企业文化管理年"为主题,开展一系列具有铁科院特色的企业文化活动:积极培育和选塑示范性的院属单位特色文化建设典型;开展优秀特色文化建设评奖活动;在全院范围内广泛征集能够体现铁科院新时期企业文化核心理念、具有典型示范价值的人物故事;评选出50个具有代表性的"铁科故事";开展"文化的力量——企业文化大家谈"系列活动;与贫困地区"结对子",开展一次"科技下乡"活动;在全院范围内开展"感动铁科"年度人物评选活动等。通过开展丰富多彩的活动,进一步增强了全体职工投身企业文化建设的参与感和践行意识,有效地推动了企业文化落地实施。

科研成果显著。企业文化建设有力地发挥了引领发展、凝聚力量的积极作用。铁科院职工秉承铁科院"智道合一"的核心价值观,"笃真求卓,创新致远"的企业精神,为铁科院的持续发展注入活力。先后取得了3300多项科研成果,获得825项各类科技成果奖,其中国家级科技奖176项,省、部级科技奖649项。

主要创造人:王同军　施卫忠

参与创造人:路海平　廖志刚　杨　锐　朱萧湃

锻造"勇立潮头"排头兵
实施"六和塔"式卓越企业文化建设

国网浙江省电力公司

国网浙江省电力公司（以下简称浙江电力）是国家电网公司的全资公司，是一家以电网经营为主的国有特大型能源供应企业，负责浙江电网的建设、运行、管理和经营，为浙江省经济社会发展和人们生活提供电力供应和服务。先后荣获"全国文明单位""全国五一劳动奖状""全国职工职业道德建设先进单位""中央企业思想政治工作先进单位"等荣誉，6次入选"浙江省最具社会责任感企业"。

2012年以来，浙江电力积极践行社会主义核心价值观，大力弘扬国家电网公司"努力超越、追求卓越"的企业精神，秉持浙江精神，坚持以统一为基础，以卓越为导向，着力在协同协作、实际实用、融入融合上下功夫，实施以锻造"勇立潮头"排头兵为塔顶、以政工一体化体系为塔体、以创新六项文化载体代表"六和"、以"四个融入"为塔基的"六和塔"式卓越企业文化建设。

卓越企业文化建设的体系内涵

浙江电力全面实施"六和塔"式卓越企业文化建设。锻造"勇立潮头"排头兵是塔顶，也是工作目标。弘扬"努力超越、追求卓越"企业精神，始终在服务国家电网公司和浙江省发展中走前列、做标杆，当好"干在实处、走在前列、勇立潮头"的排头兵。政工一体化体系是塔体，也是工作格局。积极构建政工一体化工作体系，形成一个多层次、全覆盖、纵到底、横到边的企业文化建设责任体系和组织架构。六项文化载体代表"六和"，也是工作抓手。"六和塔"有两层意义，身、口、意从个人自我做起；戒、见、利从行为扩大，由内而外。微电影展播、"最美员工"评选、文化阵地建设是从员工自我感知层面传播，道德讲堂建设、阳光心灵家园建设、志愿服务体系建设是从员工自我践行层面传播。"四个融入"是塔基，也是工作基础。只有融入中心工作、融入企业管理、融入制度标准、融入行为规范，才能推动使命、愿景和价值观的有效落实、企业文化扎根落地。挺拔高耸的六和塔，象征卓越企业文化自上而下的传播宣贯，自下而上的生根发芽。

卓越企业文化建设的应用与实践

在协同协作上下功夫，形成"一体化"的管理体系

（1）建立"横到边、纵到底"的工作格局。2012年以来，浙江电力积极构建"党组统一领导、党政共同负责、党政工团齐抓共管、专兼职政工干部队伍为骨干、职工群众广泛参与"的政

工一体化工作体系，建立健全工作领导、会议协调、稳定风险防控、督导督办、考核评价和信息共享等六项机制，统筹部署企业文化建设工作，定期研究工作过程中遇到的重大问题，调动各方力量、运用各种资源，形成上下互通、横向联合、齐抓共管的企业文化建设工作格局。

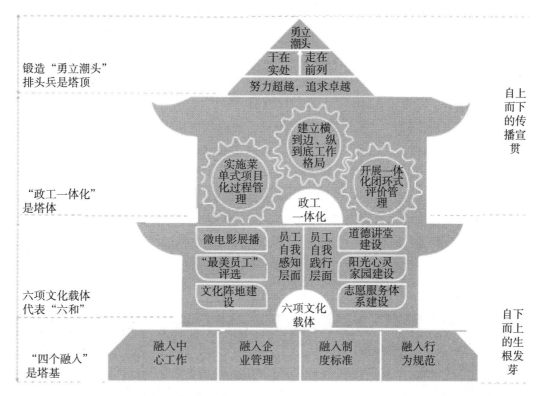

图1　"六和塔"式卓越企业文化建设实践模型

（2）实施"菜单式、项目化"的过程管理。浙江电力每年年初通过立项申报、项目审核、核准发文，建立企业文化建设重点项目库；以月度反馈、中期交流推进等形式，动态做好项目建设进度的督导，年底开展企业文化十佳成果、案例的评选表彰。2014年以来，浙江电力又建立"菜单式"项目认领机制，强化上下协同，挖掘资源潜力，推进企业文化建设管理模式创新，深化企业文化工作实践。

（3）开展"一体化、闭环式"的评价管理。浙江电力每年年底坚持开展涵盖精神文明和企业文化建设等八项检查考核的政工一体化考评。强化考评结果的应用，把企业文化建设考评结果一并纳入基层单位绩效管理体系，作为各单位、部门年度绩效考核、综合评定、领导干部考察任用的重要依据，按规定进行奖惩。强化问题导向，对企业文化建设考评中发现的问题，以督导的方式持续跟进，实现闭环管理。

在实际实用上下功夫，营造"立体式"的传播氛围

（1）立足"耳旁有声"，开展微电影创作展播。充分利用微电影这一现代传播载体直观、感性、"短平快"的特点，以"弘扬卓越企业文化"为主题，举办微电影创作大赛，在基层供电营业厅和主流网站、微博、优酷等平台广泛展播优秀作品。

（2）立足"身边有影"，选树宣传"身边的最美"。2011年，"不倒的铁塔"江小金作为全国重大先进典型予以学习宣传。江小金先进事迹广播剧《他心中有座高山》获央企精神文明建设

"五个一工程"殊荣。2012年以来，连续5年获评"感动浙电——最美员工年度人物"，连续3届获评百名公司劳动模范，涌现出了"全国道德模范提名奖、中央企业道德模范"邹林根、"全国最美志愿者"钱海军、"最美国网人"张亚芬、蒋海云、裘愉涛等一批最美人物。

（3）立足"眼前有形"，开展文化阵地建设。有序开展电力博物馆、企业文化展示厅（馆）建设，充分利用现有办公、营业、廊道等公共空间，广泛建设文化长廊。目前已建成文化展厅（馆）89个，文化长廊700余个。在县供电公司、供电所、基层班组打造企业文化建设示范点，推行企业文化建设《实践指导手册》和《实践应用指南》，并通过组织示范点竞标答辩，开展现场交叉考评，以及集中观摩创建成果展示，达到文化建设相互观摩、相互学习、共同提高的目的。

（4）立足"文化入脑"，推进道德讲堂建设。建成实体化道德讲堂110个，每年开堂讲课300余期，年计参与人数2万余人次。为了提升道德讲堂的传播效果，提高参与度，扩大覆盖面，在各实体讲堂基础上，推出形式多样、生动有趣的"网上道德讲堂"。随着"线上""线下"道德讲堂的建成和使用，起到了弘扬主旋律、传播正能量的目的。

（5）立足"文化入心"，实施"阳光心灵家园"建设。将专业心理学引入企业文化工作，开展"阳光心灵家园"活动，建立"阳光心灵港湾"阵地92个，培养具有国家注册心理咨询师资质的企业内部心理咨询师200余名，编印《心的开始——阳光心灵指导手册》，深入开展员工心理健康状况测评和员工心理疏导活动，有效提升员工的幸福指数。

图2　"卓越号"企业文化大篷车进基层

（6）立足"文化入行"，推进志愿服务体系建设。成立共产党员服务队132支，共计党员2130名、队员2948名，在为民服务、抗灾抢险、G20杭州峰会保电及互联网乌镇峰会保电等急、难、险、重工作中发挥了党员的先锋模范作用，获得省委、省政府主要领导的高度肯定。组建学雷锋党(团)员志愿者队伍,广泛开展"阳光为民学雷锋"主题志愿服务活动,积极参与浙江省"五水共治"、文明劝导活动。"小草"志愿服务队获评"全国学雷锋活动示范点"。

在融入融合上下功夫,构建"全覆盖"的落地渠道

(1)注重"文化融入"。一是融入中心工作。浙江电力围绕创建"两个一流"战略目标,提出树立率先、创新、担当、精细、求实"五种意识",凝结广大干部员工的意志和力量,以此推动社会主义核心价值观和国网公司卓越文化在浙江电力的落地,推动工作更扎实、更高效、更出色地开展。二是融入企业管理。坚持以人为本,积极倡导"与企业共成长"的理念,鼓励员工将个人职业规划与企业发展蓝图相结合,实现员工与企业同进步、共成长。坚持正确的用人导向,做到"鼓励多干多对、帮助多干有错、批评少干少错、撤换不干不错",充分激发员工的进取心、责任感和成就感。三是融入制度标准。坚持依法治企、以德育企,贯彻落实国网公司法治企业行为指引,严格执行国网公司通用制度,深化"三全五依"法治企业建设,提升全员法治素质,增强领导干部法治能力。四是融入行为规范。注重加强职工思想道德作风纪律建设,落实《国家电网公司员工守则》、"三个十条"和基本礼仪规范,提升企业素质和员工素质。

(2)注重"文化融合"。浙江电力审时度势,基于国网公司的发展战略和企业精神,提出构建"一体两翼"布局,创建"两个一流"的发展战略,确保实现"率先引领电网发展、率先引领公司发展"。构建"一体两翼"布局、实现"两个率先"是国网公司战略部署在浙江公司的落实落地,是与中央"干在实处、走在前列、勇立潮头"指示精神、国网公司"努力超越、追求卓越"企业精神和浙江"敢为天下先"精神的深度融合,更是号召公司全体干部员工向着更高目标奋进的战斗号角。

卓越企业文化建设的特色与亮点

在文化创新中,坚持统一性与多样性相结合。"六和塔"式卓越企业文化建设,既坚持价值观的"统一性",也注重落地实践的"多样性",在国网公司卓越文化的框架内,主动作为,努力"化文本为行动、化理念为实践"。

在文化传播中,坚持传统性与现代性相融合。"六和塔"式卓越企业文化建设,融合了企业文化工作的现代元素和传统元素。一方面,它将心理学引进企业文化工作,并充分利用微信、微博、微电影等新媒介的作用;另一方面,它是从先进典型选树、文化阵地建设等这些传统企业文化工作经验的土壤里生长出来的。

在文化落地中,坚持感知度与满意度相契合。浙江电力把以德育企、文化兴企纳入公司的发展战略,重视广大干部员工对企业文化建设的感知度、参与度、认可度和满意度,组织开展了大量有益的探索与实践,使得企业行为与员工响应达成高度契合,做到内外兼修、表里如一、知行合一。

卓越企业文化建设的成果与成效

提高了经济效益、管理效益和社会效益。"六和塔"式卓越企业文化建设,不仅提升了企业的文化软实力和向心力,而且提高了员工对企业战略目标、管理制度等的认同度,无形间降低了企业的管理成本，提高了生产效率和绩效管理水平，产生了不可估量的经济效益、管理效益和社会效益。

提振了干部员工精气神。浙江电力广泛开展"践行核心价值观，争做最美国网人"活动，引导广大员工发现"最美"、崇尚"最美"、传递"最美"、争当"最美"，提升队伍精神风貌，激发队伍积极性，推动公司工作顺利开展。

促进了卓越的企业文化传播落地。开展微电影展播、各类心理讲座、文化沙龙等活动，潜移默化地让广大员工更加易于接受企业的核心价值观和企业精神，感受到更加温馨的企业人文关怀氛围。

企业下步努力方向

（1）打响一个品牌。即打响"六和塔"式卓越企业文化建设的品牌度，在电力系统甚至社会上有一定的知名度和美誉度。

（2）完善一套机制。即完善制度，继续将员工"文化福利"落到实处，将卓越文化促进企业发展的功能落到实处。

（3）壮大一支队伍。即完善卓越企业文化建设骨干网络，发挥好企业内部心理咨询师团队、最美员工团队、劳模团队、共产党员服务队协同作用，不断推进卓越企业文化建设。

（4）打造一批阵地。即因地制宜建设示范文化长廊、示范道德讲堂、阳光心灵港湾等活动阵地。

（5）形成一批成果。即形成一批卓越企业文化建设成果，做好"六和塔"式卓越企业文化建设经验总结和成果巩固推广工作。

主要创造人：肖世杰　陈安伟

参与创造人：吕　坚　蒋　欣　陈富强　史常宝

运用系统工程的方法培育文化竞争力

中国航天科工集团第二研究院

中国航天科工集团第二研究院（以下简称二院）是我国最重要的导弹武器装备研制生产基地，是中国空天防御事业发展的领军单位，是国防科技工业的中坚力量，肩负着铸就空天神盾，佑我中华圆梦的重要使命。先后承担并圆满完成了我国第一代、第二代、第三代地（舰）空导弹武器系统及我国第一个固体潜地战略导弹、固体陆基机动战略导弹等型号的研制并定型装备部队。研制的国防产品涉及陆、海、空、天各个领域。共获得包括4项国家科技进步特等奖、4项国家技术发明奖、2项国防科技进步特等奖在内的各级各类科技奖励2500余项。现有员工19000余人。先后荣获首届中国质量奖、"全国五一劳动奖状""全国先进基层党组织""全国文明单位""全国模范职工之家"等荣誉。

二院确立了"军民融合、创新驱动、人才强院、质量制胜、文化兴企"的发展战略，按照"引领科学发展、坚持价值导向、贯彻以人为本、继承创新结合、突出实体特色、追求务实高效"的企业文化建设指导思想，创造性地运用系统工程的设计理念和管理方法，建立了一套以"国家利益高于一切"为核心价值观、以"科技强军，航天报国"为企业使命、以"建设国际一流空天防御技术研究院"为发展目标的企业文化建设体系，探索并实践出"一条主线、两个目标、三个机制、四个着力、五大平台、六项落地"的企业文化建设新路子。特别是发扬光大了以"两弹一星"元勋黄纬禄为代表的"黄纬禄精神"，成为新时期航天精神的集中体现。

运用系统工程方法推进企业文化建设的实践

围绕一条主线，搭建四维文化建设体系。二院企业文化建设的创新之处，在于加强顶层策划，运用系统工程的设计理念构建四维文化体系，建立了包括内容维、母子维、对象维、时间维在内的四维企业文化建设体系。其中，内容维涵盖精神文化、制度文化和物质文化；母子维涵盖集团公司文化、二院文化、车间文化、班组文化；对象维涵盖创新文化、型号文化、保密文化、安全文化、品牌文化等专项文化；时间维反映文化随着企业历史变革而传承、创新与发展。四个维度的文化建设相互联系、相互作用、相辅相成，形成了纵向联动、横向互动的全方位、立体式文化建设格局。

实现两个目标，增强文化引领发展的竞争力。二院提出企业文化建设要实现两个目标。对内实现凝心聚力的目标，统一思想，履行职责；对外实现树立形象的目标，做出承诺，践行使命。不断发掘优秀的思想文化，激励二院人在困境中拼搏、在逆境中奋进、在顺境中超越，进一步增强企业和员工的凝聚力、战斗力、归属感和自豪感，将企业文化转变为推动二院发展的竞争力。

建立三个机制，确保企业文化建设规范有序。组织保障机制。组织保障到位。文化建设由单位领导、企业文化部门、各职能部门和基层一线组成"四位一体"的组织架构。明确了企业文化建设工作与科研生产中心工作同研究、同部署、同实施、同检查、同奖惩"五同时"工作要求，推进实施到位。明确了"年初工作总策划、月度工作细计划、年度工作定目标、月度年度做检查"的工作机制，保障了企业文化建设的顺利推进。

示范带动机制。定指南。二院通过制定一系列专项文化《企业文化建设指南》，明确了企业文化建设路径。建机制。通过组织评选、现场观摩、经验交流等活动，形成了"试点先行—指南引路—示范带动—总结推广—持续改进"的企业文化建设示范带动机制。树示范。推树了多家院属单位为二院企业文化建设示范单位，推动了各单位文化建设的蓬勃开展。

考核评价机制。将卓越绩效评价方法引入企业文化建设考核，设定了包括"组织领导""理念认同""推进工作"等在内的25项指标，对企业文化建设情况进行全面量化考核，促进了文化建设的持续改进。

抓好四个着力，确保文化兴企战略目标实现。着力推进创新文化建设。明确了"创新是灵魂，创新是动力，创新是基石"的创新价值观，通过组建自主创新实验室、研发团队、青年创新工作室、"双创"活动蓬勃开展，激发职工的创新热情和创造活力。

着力推进质量文化建设。强化"质量是生命，质量是责任，质量是财富"的二院质量价值观，征集质量文化故事、编印质量文化手册、组织质量文化系列宣传，扎实推进群众性质量活动的党政联动推进机制。

着力推进研究室文化建设。全院100%一线研究室和车间全部总结提炼了文化理念，如以张奕群研究室为代表一线研究室提炼文化理念、建立文化展示区，定期组织主题文化活动，有力推动了文化在基层的落地。

着力推进品牌文化建设。加强企业形象识别体系建设，树立"中国航天科工"的整体形象。打造多个知名品牌。打造"智慧城市"品牌，将智慧城市业务提升到信息技术发展的重要战略地位，通过"智慧城市"项目带动重点产品研发形成完整产业链，奠定了二院在国内智慧城市建设的引领地位。叫响"航天安保"品牌。圆满完成了北京奥运会、上海世博会等安保科技系统建设与运行任务，打造了航天安保知名品牌。

搭建五大平台，不断创新企业文化建设载体。搭建企业文化传播平台；丰富内宣载体。对内整合了院级报、刊、台、网等媒体资源，创立了涉密宣传载体《空天防御内宣》，拓展了微博、微信、《二院家书》等新媒体，在院区内设立了电子屏、广告机、文化墙、车载播放器等文化阵地，命名"黄纬禄图书馆"，对文化建设成果进行集中展示。拓展外宣渠道，持续开展"媒体走进二院""走进试验队"活动，与中央电视台、《人民日报》、新华社等数十家省部级以上媒体建立联系。

搭建企业文化联建平台。搭建军地文化建设平台。以"军地文化共建、共育、共享"为主题，二院及院属各单位与驻地军代表室开展了共建项目文化、共建质量文化、共建人才文化、共建和谐文化等主题活动，军地双方建立了共同的价值追求，为促进融合、提升装备质量奠定了基础。搭建单位、部门之间文化建设平台。在文化建设中，单位之间、部门之间、党支部之间结合工作性质，开展对标活动和文化联建，相互学习借鉴，共同推进文化建设。

搭建企业文化队伍建设平台。组织认证培训：积极推进二院企业文化队伍专业化、职业化建设，组织有关人员参加高级企业文化师国家职业资格认证，多人取得了国家资格证书。加强学习调研：二院先后组织从业人员赴晨光集团、中航工业等企业学习调研、开拓思路、提高本领、培养企业文化工作的行家里手。

搭建企业文化研究平台。结合党建政研工作：加强企业文化研究工作的前瞻性和针对性，每季度召开党建政研会，开展理论研讨和经验交流，每年组织企业文化成果评选，指导企业文化建设实践。推进研究成果转化：二院不断总结文化建设实践，二院申报的《用系统工程方法构建"6+5"典型宣传模式》作为优秀研究成果被收入国资委出版的《榜样的力量——企业典型宣传经验与案例》成果集；国资委创新论文二等奖；多项课题在2015~2016年中央企业政研课题表彰中获奖。

搭建群众性文化建设平台。主题活动弘扬文化理念。开展"道德讲堂""二院感动人物""身边榜样"、征文、演讲比赛等主题活动，发掘和报道了一大批身边榜样，讲好普通职工的感人故事，激发干事创业的正能量。文体活动丰富职工生活。组织开展职工运动会、职工文化节、青年风采大赛、红歌会等文体活动，既满足了职工的文化需求，又真正地把文化融入职工的日常工作生活，增强文化的感召力。

推进六项落地，促进企业文化落地。内化于心，推进核心理念认同。在职工中组织开展道德讲堂、大讲堂、微论坛等活动，宣贯集团公司和二院核心文化理念；积极推树先进典型，二部张奕群研究室获"央企楷模"，206所邱旭阳总师获国资委"十大最有故事工程师"，马昀获北京市见义勇为人员。一大批先进模范不断涌现，引导职工树立正确的价值追求，用共同的理想凝心聚力。

二院研制的"红旗九号"参加阅兵

外化于行，推进员工素养提升。加强职工行为文化建设，完善细化领导干部及管理、技术、技能等各级各类人员的职业道德规范和行为准则。试点设立职工行为报表，建立正负面行为清单制度，明确受到客户表扬、工作创新等正面行为与安全隐患、保密隐患、不文明行为等负面行为，并定期检查和公示。

固化于制，推进文化建设规范化。先后制定《二院企业文化建设指南》《二院班组文化建设指南》《二院创新文化指南》等一系列规章制度，将文化分解到每一项管理工作和工作目标上，推进了文化建设的规范化、制度化，不断提高企业文化与实际行动的匹配度。

显化于物，促进文化成果彰显。加强文化成果的固化，全方位、立体式地宣传文化建设成果，院所两级编印《企业文化手册》《员工手册》《二院文化故事（理念篇）》《二院文化故事（型号篇）》《二院研究室文化成果集》《二院班组文化建设成果集》等宣传资料，充分展示了二院的企业文化建设成果。

泛化于众，夯实文化建设基础。以母子文化建设为抓手，深入推进文化建设向一线深入，狠抓与职工联系最直接、最广泛的处室、车间、班组文化建设，从文化理念提炼、文化展示、文化主题活动等方面深化文化建设，建立了广泛的群众基础。

进化于变，推进文化传承和创新。全面梳理了二院创建成长期、改革振兴期、全面发展期和转型升级期等不同时期的企业文化建设做法和成果，积极探索新形势下企业文化建设的创新与发展，丰富完善文化体系，努力实现文化建设与企业发展的良性互动。

运用系统工程方法推进企业文化建设取得的成果

把文化转化为凝聚力，促进了科研生产和重点工程的发展。始终坚持企业文化建设与中心工作同研究、同部署、同实施、同检查、同考核，实现了文化建设与中心工作的良性互动。近年来，二院科研生产成绩卓著，科技创新能力显著增强，千名研发人员拥有发明专利数量不断攀升；军民融合重点产业发展和外贸市场开拓取得实质性进展，航天安保成功护航深圳大运会和亚欧博览会，全国首个智慧城市样板工程在武汉落地；微波雷达等产品技术助力交会对接圆满成功，受到了党中央、国务院、中央军委的表彰；在国内率先提出云制造理念，研发的国内首个云制造服务平台在贵州、襄阳等地应用，列入"中国制造2025"试点推广，助力我国由制造大国迈向制造强国。

让文化激发创造力，培养造就了思想过硬、作风优良、技术精湛的人才队伍。二院不仅为国家生产武器装备，为社会创造经济价值，而且也培育了以航天"三大精神"为代表的航天文化，培育了以"两弹一星"元勋黄纬禄院士为代表的"黄纬禄精神"，成为二院文化具体化、人格化的真实体现。原中国工程院院长宋健，原中国科协副主席、探月工程总指挥栾恩杰等18名院士都曾经在二院工作、学习；现有两院院士6名和一大批国内知名专家，形成了在国内具有较强竞争力的高层次专业技术和技能人才队伍。

以文化提升影响力，党建思想文化建设成果丰硕，彰显了二院实力和品牌。通过运用系统工程推进企业文化建设的实践，院两级党委班子切实提高了科学发展引领力、稳定全局控制力、坚定不移执行力、和谐向心凝聚力、攻坚克难战斗力，党委政治核心作用显著增强。

主要创造人：马　杰

参与创造人：杨笔豪　王　琦　罗朝晖

传承管道文化 引领企业发展

中国石油天然气股份有限公司管道分公司

中国石油天然气股份有限公司管道分公司（以下简称管道公司）是隶属于中国石油天然气集团公司的地区公司，始建于1970年，后经多次改革，于1999年与中国石油天然气管道局分立，重组为管道公司，下属企业及油气管道分布在全国14个省市自治区，员工1万人，资产总值700亿元人民币。主营业务为原油、天然气、成品油和水的管道运输；原油商业储备和船运、铁路转运；油气管道运输业务链的技术服务、研发、维修抢修、输气管道用燃气轮机驱动压缩机组维检修等系统服务；自建管道工程项目的管理。直接运营的长距离、高压力、大口径输油气管道16000余千里，是我国境内成立最早、输送介质最全、储运业务链最完整、建设管理功能一体化的管道运输企业。

在管道公司40多年的发展中，形成了以"管道为业、四海为家、艰苦为荣、野战为乐"的"管道传统"为内核的管道文化，并成为员工普遍认同和遵循的价值观及行为准则。

①管道为业：管道员工的职业定位，是管道员工成就事业的舞台，是管道员工对管道运输业价值最大化和美好愿景的无限追求。

②四海为家：管道建设到哪里，管道人就在哪里安营扎寨，管道延伸到哪里，哪里就是管道人的家。四海为家既是管道人与管道事业共成长的生活态度，也是新时期对公司人性化管理的要求。

③艰苦为荣：运营和建设长输管道的工作性质，决定了管道人必须时刻面对艰难困苦的挑战。无论在物质贫乏的过去，还是在经济发展的今天，管道人都在用一种奉献精神诠释我为祖国献石油的核心价值观。

④野战为乐：无论是运营管道还是建设管道，管道人都要在野外或是偏远地区工作，野战为乐不仅体现了管道人激昂的斗志与乐观的工作态度，更体现了管道人与自然和谐共处的追求。

多年以来，管道文化已经成为管道公司的精神支柱，为管道事业的发展提供了强有力的思想保障、政治保证，使管道公司经历数次重组与业务调整，始终能够以崭新的姿态谋求新路径，实现新发展。

艰难创业期孕育管道文化，助力公司发展

1970年，大庆油田产能已超过2000万吨，但由于铁路运力紧张，原油无法及时外运，被迫"以运定产"。为解决这个问题，毛泽东主席和周恩来总理亲自圈阅批示：集中人力和物力，力争用最短的时间修建一条从大庆通往抚顺的大口径输油管道，以缓解铁路运输的紧张问题。同年8月3日，东北管道建设领导小组在沈阳召开了大庆至抚顺输油管道工程的第一次会议，根据会议

召开的时间，将管道建设工程定名为"八三"管道工程，至此"八三"管道会战轰轰烈烈地打响了。截至1975年9月，5年中，管道公司建设输油管道8条，共2471千米，每年可输油4000万吨，相当于2万多列罐车的运输能力，大大地缓解了东北铁路运输紧张的状况，彻底解决了大庆油田原油外运困难。

在特殊的历史条件下，工程建设采用了"打人民战争"的方法，克服重重困难，完成管道建设工程。在这个过程中，广大管道员工继承和发扬"大庆精神铁人精神"，陆续提出了"艰苦创业、勇于实践、团结协作、无私奉献"的"八三"精神与"管道为业、四海为家、艰苦为荣、野战为乐"的"管道传统"，后逐渐形成以"管道传统"为核心的管道公司企业文化，传承至今并不断赋予其新的时代内涵，被管道员工高度认可。管道公司创业初期，在工期短、任务重、缺乏施工经验、缺乏技术人员，缺乏材料设备的情况下，在交通靠走，通信靠吼，挖沟靠手，运管靠牛的艰苦条件下，管道文化支撑着全体管道人渡过了那个艰难时期，探索出符合中国国情的管道建设和管理模式，奠定了中国原油管道勘察设计、工程建设和运行管理的规范基础，开创了中国管道运输事业的先河。

加强管道文化建设，促进公司发展

管道公司40多年来不断加强管道文化建设，注重企业精神的培育，依靠文化的力量形成强大的内动力，促进公司的繁荣与发展。

完善企业文化制度，加强企业文化建设领导。管道公司党委专门设立了管道公司企业文化建设指导委员会，进一步加强对企业文化建设工作的领导，按照"继承创新、系统思考、立体推进"的工作思路，深入探索企业文化引领公司改革发展。制定了《中国石油管道公司企业文化建设管理程序》等企业文化指导纲要和体系文件。

提炼企业文化理念，优化企业形象。管道公司从行业特点出发，着眼于企业发展，不断提炼企业文化理念。为了更好地宣贯企业文化理念，编制《管道公司企业文化手册》。手册完整准确地表述了企业核心文化，多角度展现了管道公司40多年来的辉煌历程。同时管道公司持续优化企业形象，加强视觉形象识别系统的构建，编制了《管道公司视觉形象识别手册》，明确司徽、司旗、劳动保护用品、标识等，对内增强了员工对企业的认同与热爱，对外产生了良好的市场影响力。

建设企业教育基地，构筑文化合力。管道公司自2004年来先后在辽宁铁岭、吉林长春、河北廊坊、黑龙江漠河建成了4所中国石油企业精神教育基地，记录、展示、传承管道文化。每年都有大批员工在此接受教育，感知管道文化。同时，4所企业精神教育基地还接待了国内外来宾数万人，充分发挥了其宣传、激励、引领作用，产生了较好的文化辐射效应。

注重培训，筑牢企业核心价值观。管道公司坚持把弘扬管道传统、宣贯管道文化作为员工入职、入团、入党教育的第一课、必修课。使员工从走上工作岗位第一天起，就被打下深刻烙印，并伴随其职业生涯的全过程；在日常培训、三会一课、中心组学习等学习、培训中也定期宣贯管道文化，使管道文化根植于心，使员工传承和发扬管道文化的自觉性不断增强。

打造文化精品项目，践行文化认同。近年来，管道公司编撰《四十年风雨历程》《长歌黑龙》《我们在八三集合》《行走国脉》《镇守神州北极》《血脉贯神州》等一批记录管道人文历史、记载管道事业历程的书籍；创作企业歌曲，形成企业歌曲歌词集；制作公司宣传片、企业文化建设专题片、企业文化微电影等，打造了一系列文化精品项目。在文化产品的制作中，坚持把创作过程变成发动广大员工接受企业文化熏陶的过程与参与企业文化建设的过程。在这个过程中，还完成了管道公司近10年来的企业文化成果梳理，建立了企业文化建设资源库。这些文化产品，不但激励着广大管道员工奋勇前行，也成为社会了解管道公司的重要媒介。

选树典型，激发创先争优正能量。注重典型引路、榜样示范，健全完善先进典型的选树激励机制，坚持在急难险重中找先进、在重大工程中树典型，用先进典型的事迹和精神来激励和感染员工，调动工作热情和积极性。2016年，管道公司历时3个月在26家处级单位举办25场"中国梦·管道魂·新形象"劳模、先进人物事迹报告会，行程21000千米，5000多人听取了报告，报告会后制作并传播"一书一光盘"等文化产品。管道公司通过宣贯先进典型践行管道传统的事迹，有效激发了全员爱岗敬业的责任感和使命感。

开展特色文化活动，满足员工文化需求。利用传统节日开展各类文娱活动；利用公司重大事件或定期开展"八三"管道节系列活动，以及"学铁人、忆传统、树形象"等管道特色活动；组织"学铁人，当能人"评选表彰活动；组织劳动竞赛等各种技术革新、技术比武活动，引导员工提高技能和业务素质，认同企业，忠诚企业，推动企业发展。

构建大宣传格局，不断强化企业文化传播。管道公司实行多举措、全方位、立体化的宣传方式，宣贯管道文化。公司建立高质量内宣门户网站，制作内刊《管道时代》，并开通官方微信公众号"管道宝石花"、微博"中石油管道公司"，充分利用新媒体；公司积极加强与社会媒体的沟通联系，开展了"媒体走基层——感知管道公司"、管道保护法宣传等大型宣传活动；借助行业内外报纸杂志、网络、电视媒体等大众媒介，宣传公司发展成果、典型人物事迹、企业文化建设情况。2016年，邀请11家中央媒体采访中俄原油二线工程，刊发多篇报道，并在央视新闻联播播报；通过对外交流、参展、青年志愿者宣传等活动宣传管道公司的良好形象。以上多种方式方法营造的宣传格局对员工接受管道文化起到了积极作用，同时也为公司发展营造了良好的内外部环境。

持续发挥管道文化作用，引领公司发展

凝心聚力，有效推动公司发展。管道文化在管道公司创业初期、重组改革等多个重大历史时期，起到了坚定员工理想信念、提升员工的归属感、增强了员工的责任感的积极作用，使管道公司能够不断适应时代发展，把握历史机遇，实现新发展，为促进国民经济做出积极贡献。2015年，管道公司利润总额为23.04亿元，2016年利润总额为23.09亿元，超额完成了中石油集团公司保增长任务，管道公司绩效评价连续多年均为A级。3年来，管道公司超前化解各类不稳定因素，信访件次和数量呈现明显下降趋势，成功对1700多名富余人员进行转移安置，未发生一起信访事件。5年来共获得全球管道奖2项，国家科技进步一等奖1项，国家技术发明二等奖4项。2013年获得"全国工人先锋号"称号，2013年获得"中央企业先进集体"称号，2015年获得"全国模范职工小家"称号，2016年获得"河北省文明单位"称号，并多次获得中石油集团公司"安全生产、环保先进企业"称号。

　　传承发展特色文化，满足公司发展需求。管道公司所辖管道分布在全国14个省市自治区，点多、线长，不同地区在文化、习惯等方面存在着差异，管道公司下属各分公司在传承管道文化的基础上，结合自身实际，逐渐发展衍生了"镇守神州北极，为共和国加油"的北纬53°文化、"家"文化、"扎根荒原大漠、守护塞上油龙"文化、"边陲油龙"文化等20多种特色文化。这些特色文化的产生既体现了管道文化的活力与适应性，又为助力公司发展起到了积极作用。

巨龙破冰　风雪无阻

管道建设

　　增值裂变，滋养管道行业。管道公司是国内成立最早的管道企业，西南管道公司、西部管道公司、西气东输管道公司、北京天然气管道公司等多家管道公司，有的是从管道公司分离成立，有的在成立后得到了管道公司技术、管理、人员方面的大力支持，因此管道文化也被带到了这些公司，并一直延续发展。管道文化的增值裂变滋养了整个管道行业，对整个管道行业的企业文化建设产生了深远的影响。

　　　　　　　　　　　　　　　　　　主要创造人：丁建林　崔　涛

　　　　　　　　　　　　　　参与创造人：李青春　隋　溪　吴继祥　霍超尘

"三色文化"引领下的"六个小湾"建设

华能澜沧江水电股份有限公司小湾水电厂

　　华能澜沧江水电股份有限公司小湾水电厂（以下简称电厂）是国家实施西部大开发战略的标志性工程。电厂总装机容量420万千瓦，设计多年平均发电量190亿千瓦时，总库容约150亿立方米，大坝为世界首座300米级双曲拱坝。小湾工程于2002年1月开工建设，2009年9月首台机组投产发电，2010年8月最后一台机组投运。现有职工176人，劳动生产率行业领先。先后获得"全国创先争优先进基层党组织""中央企业先进基层党组织""全国文明单位"等荣誉。

　　电厂秉承华能集团的"三色文化"和澜沧江公司"能源于水、有容乃大"的"三色水文化"，注重文化的传承和创新，围绕创建国际一流水电厂的总目标，形成了"六个小湾"的企业文化体系，即建设生产安全、经营安全、政治安全、形象安全的"安全小湾"；提质增效、节能降耗、精细管理、勤俭节约的"精益小湾"；注重环保、低碳节能的"绿色小湾"；和谐奋进、厂地协调的"和谐小湾"；物质文明和精神文明同频共振的"文明小湾"；员工朝气蓬勃、锐意进取的"激情小湾"。有效促进了"三色文化"和"三色水文化"的落地、深植和发展。

培育"三厚九重"安全文化，打造"安全小湾"

　　电厂从理念、制度、行为等方面创造良好安全氛围和安全环境，以安全理念推动责任落实，以责任落实推动员工安全行为文化的养成，形成了"三厚九重"（三厚：安全氛围浓厚、安全基础厚实、安全素养厚积；九重：重安全设施监管、重制度标准管控、重现场风险预控、重班组文化建设、重技术技能培养、重主体责任落实、重企业人文关怀、重企业科技创新、重企业本质安全）的安全文化体系，安全生产形势稳定。截至2017年4月1日，连续安全生产2766天，连续五年实现机组"零非停"目标。

　　树立了"一切事故皆可预防，一切事故皆可避免"的安全理念。电厂通过建设"安全活动室""安全文化长廊"，开展"安全大检查""安康杯""安全知识竞赛""安全警示标语征集""安全故事演讲""反违章专项行动"等主题活动，将安全文化与具体实践相结合，逐步完善形成"安全就是信誉，安全就是效益，安全就是竞争力"的安全价值观，"第一责任、第一工作、第一效益"的安全愿景，"零违章、零缺陷、零伤害、零事故"的安全目标，"打造本质安全型企业"的安全使命，使员工牢固树立"一切事故皆可预防，一切事故皆可避免"的安全理念文化精髓，促使安全生产"硬件"和"软件"协调发展。

　　夯实了"量化为主、分级管理、逐级负责"的安全制度。电厂着力完善安全管理机制，构建横向到边，纵向到底的"三级"安全网，制定落实"安全生产管理体系""员工主体安全责任量化考评""隐患违章量化考核"等管理制度，推行7S管理、可视化巡检，外包安全文明施工标准化及检修标准化等安全标准化管理，打造了具有小湾特色的安全制度文化。

养成了"我的安全我负责，他人安全我有责，企业安全我尽责"的安全行为。电厂建设体验式安全培训中心、建立风险管控数据库、在作业过程中采用"菜单式安全确认法"等，将员工岗位工作标准与风险防控有机结合，提高员工预知风险、安全操作、应急处置能力。创新实施员工安全信用评价、外包工程安全工作信用评价，充分发挥安全文化的正向激励和反向约束作用，促进员工从"要我安全"向"我要安全"的转变，促进了本质安全型企业建设。

培养精益管理文化，打造"精益小湾"

创立"运维合一"的生产管理模式，提升生产管理水平。结合自身特点，遵循"精简、效能、先进、合理"的原则，创新提出"运维合一"生产管理模式，合并传统电厂的运行部、维护部、检修部，组建运维部，简化机构设置，培养"一专多能"复合型人才，大大提高了人员素质和劳动生产率，降低生产成本，提升生产管理水平。

加强对标管理，推进设备运维管理精益化。坚持与国内、国际先进对标，将精益管理文化引入"创一流"对标管理，细化分解"安全与质量、设备与技术、效率与效益、节能与环保"等关键绩效指标13项，优化指标体系。开发动态数据分析平台、信息化管理平台及设备缺陷管理、两票管理、点检管理、运行管理等系统，以数字化、网络化、信息化推进管理精益化，形成了"凡事有人负责、凡事有章可循、凡事有人监督、凡事有据可查"的精益管理氛围。

提高成本意识，促进降本增效。秉承"省一分钱比挣一分钱容易"的理念，通过节能降耗、成本控制、物资集约化管理等手段，持续开展降本增效工作。以2016年为例，通过照明、通风、技术供水系统节能改造，节约厂用电189万千瓦时。严控费用支出，生产成本较预算下降6.25%；压减应收账款、清理低效库存、系统内调剂闲置物资，增收4175万元。

依托科技进步，实现创新创效。完善科技创新管理制度和激励措施，形成了以技能和技术带头人为引领，以科技进步奖申报、专利申报、技能大师工作室活动、党员攻关、"五小"攻关、软科学研究及QC活动为抓手的科技技术创新体系，多项成果获国家级表彰，获专利24项。

践行"低碳、环保"理念，打造"绿色小湾"

坚持"生态优先、统筹考虑、适度开发，确保底线"理念，工程建设与生态环保协调发展。按照"在开发中保护，在保护中开发""开挖到哪里、绿化到哪里""弃渣到哪里、防护到哪里"的建设理念，实施绿色发展战略。建设金光寺自然保护区、绿孔雀自然保护区、猕猴保护点，开展珍稀植物移植保护，建立人工鱼类增殖放流站，保护生物多样性。

实施环保设施"三同时"制度，实现施工及生活污水100%回收利用，防止水土流失。开展各区绿化，种植各类乔灌木十万余株，可绿化面积绿化覆盖率超过98%。

践行"绿色发展行动计划"，争做节能减排的"排头兵"。水电是可再生的清洁能源，是节能减排的主力军。截至2017年4月1日，电厂累计发电1219亿千瓦时，相当于节约4876.36万吨标准煤，减少二氧化碳排放1.22亿吨、二氧化硫排放365.73万吨、氮氧化物排放182.86万吨，为发展低碳经济、促进节能减排做出了积极贡献。

严守 "预防为主、防治结合" 原则，做好环保风险防控。按照源头严防、过程严管的思路，健全完善环保管理制度体系。在工区设置环境保护、水土保持宣传牌，开展节能环保劳动竞赛，加强环保宣传。建立环境监测网，建设环保水保管理中心和环境监测试验室，加强对库区水质、水温、泥沙观测和水生态环境监测。设立环保措施专项费用，保证各项环保设施正常运转。

坚持 "五个一" 水电开发理念文化，打造 "和谐小湾"

落实 "百千万工程"，服务新农村建设。电厂地处大理南涧、临沧凤庆两县贫困多民族地区，企地和谐稳定难度大、问题多。 "百千万工程" 和新 "百千万工程" 是华能集团支持新农村建设云南行动的重大举措。2006年启动以来，电厂按照积极参与、量力而行、尽力而为、务求实效的原则，从解决当地农村群众最直接、最迫切、最关心的问题入手，帮助改善生产、生活、文化、医疗条件。建设完善农村中小学项目11项、卫生室6个、文化室9个、整治村容村貌17项、新建人畜饮水工程和农田灌溉沟渠13条，资助库区周边310名乡村教师、100名乡村医生开展业务知识培训，资助4万名群众参加新型农村合作医疗，资助7615名农村劳动力就业转移转业培训，资助250名初、高中毕业生就读职业技术学校，直接受益百姓已逾51000多人，成为企业发展带动当地新农村建设的典范。

美丽电厂

开展企村结对共建，实现企地融合发展。电厂水库党支部与岔江村党总支结对，创造性地开展结对共建。通过开展共过组织生活、邀请专家举办讲座、党员代表座谈等活动，促进思想交融。连续8年选派15名新农村建设指导员，通过文化知识宣传、家庭走访等方式，提升群众素质和发展意识。支持教育事业，员工个人出资捐款累计66万元，开展 "一对一" 爱心结对、圆梦大学、 "校外辅导员" 活动，结对帮扶中小学生400余名，资助大学生124名。支持少数民族文化建设，帮助挖掘本地彝族文化，宣传打造 "打歌" "跳菜" 等特色品牌。

创办合作社，创新产业扶持。落实国家精准扶贫要求，采用 "企业—政府—库区困难户" 模式，支持创办两个专业合作社，通过群众入股、技术支持、人才培养、参与电厂运行维护等方式扶持地方经济发展。合作社主营经济林果种植、绿化与养护、公路保通与保洁、生态养殖等项目，长期用工达到270人，2016年解决当地群众就业80500人次，不仅有效地缓解了"留守儿童""空巢老人"的现象，也为维持周边和谐稳定做出了重要贡献。

践行社会主义核心价值观，打造"文明小湾"

搭建"三讲"平台，传播文明正能量。电厂以"开阔员工视野、拓展人文知识、培养职业品格"为目标，创办"小湾讲坛"61期、"员工讲学"86期。按照"唱一首歌曲、学一个模范、诵一段经典、发一个善心、送一个吉祥"五个环节，特色开展"先进模范""一线故事""廉洁自律"等道德讲堂活动，构筑员工道德精神家园。

常态开展志愿者活动，行走大山，践行使命。以"帮助他人，快乐自己"的服务理念，组建青年志愿者服务队，开展慰问周边困难群众、"送文具、送书本、送电影、送知识、送文艺"进校园等志愿服务活动，截至2017年，电厂青年志愿者走村串寨2000余千米，开展志愿服务100余次，帮助驻地困难家庭400余户1200多人次。

实施典型引路，激发文明创建活力。电厂以创建"文明单位、文明部室、青年文明号"为抓手，发挥"四强四优、党员标兵、员工之星"等先进典型的示范作用，汇编《峡谷深处党旗红》《小湾十年》《文明之路》等书籍画册，选树、宣传"忠诚敬业，团结自信"的员工形象。

营造"朝气蓬勃、锐意进取"氛围，打造"激情小湾"

完善人才培养激励机制，激发员工工作激情。电厂始终坚持以人为本的管理思想，围绕"人皆有才、人尽其才"理念，通过开展职业生涯规划、建立人才考评系统，不断完善人才培养、激励机制，形成"干部能上能下、员工能进能出、薪酬能增能减"的良性激励机制，营造"想干事的人有机会、能干事的人有舞台、干成事的人有地位"的工作氛围。

注重教育培训，激发员工学习激情。电厂坚持"终身学习，学以致用"理念，按照"专一会二懂三"人才培养原则，通过"导师带徒""张卫民大师工作室"、技术技能竞赛，打造善于学习、敢于创新、进取向上的员工队伍。2009年以来，先后向流域内各单位输送了412名管理、技术人才，成为澜沧江公司人才培养基地。

营造健康向上的氛围，激发员工生活激情。电厂注重人文关怀，以创建"温暖健康之家、志愿帮扶之家、文体协会之家"为主线，营造"有声有色工作，有情有义相处，有滋有味生活"的氛围。开展员工生日慰问、困难慰问、节日慰问1946人次，开展帮扶活动117次；组织篮球、文学、摄影等文体协会活动1000余次，增强了员工体质、陶冶了员工情操；成立"青年艺术团"，编演的舞蹈《激情小湾》，先后参加中央电视台、国家能源局、华能集团组织的系列活动，展示了小湾人昂扬向上的精神风貌。

主要创造人：南冠群　鲁俊兵

参与创造人：张立胜　阮跃红　邱小华

以 "10H" 文化推动实现企业的卓越绩效

南京国电南自自动化有限公司

南京国电南自自动化有限公司（以下简称南自自动化）是由中国华电集团直属子公司国电南京自动化股份有限公司（以下简称国电南自）与ABB集团（以下简称ABB）共同组建的合资公司，其中国电南自占股51%，ABB占股49%，投资总额17.45亿元，于2012年1月1日正式运营，行业排名前三。2016年，销售收入20.01亿元，利润总额3.01亿元，现有员工1707名，其中拥有中、高级职称的员工人数约占总人数的18%。研发管理通过CMMI3级评估，拥有国家级企业技术中心、博士后流动站、企业院士工作站，是省级工程技术研究中心、江苏省重点研发机构。作为国内二次设备的主要供应商之一，南自自动化在南京拥有大型的生产制造基地和国际先进的生产线，销售及技术支持网络遍及全国30多个省市。业务领域涉及智能电网、电厂及工业自动化、充电桩、智能微电网、信息与服务等。

"10H" 文化的实施背景

作为中国电力工业历史上 "大国企" 与 "大外企" 合资的经典案例，问题也随之而来。国电南自是我国智能电网产业的龙头企业，拥有76年的品牌发展历史，ABB是电力自动化技术领域的全球领导厂商，双方在企业文化和管理模式等方面存在较大差异，因此文化融合成为企业发展的首要课题。

实现企业文化融合的需要。为了解决好文化的碰撞，更好地推动两种文化的融合，南自自动化自成立之初就致力于建设公司经营战略的企业文化。2013年，公司首次提出了 "10H" 企业文化理念。"10H" 企业文化由10个以 "H" 为首字母的单词或词组构成，代表合资公司倡导的10个价值理念。"10H" 企业文化在实践过程中发挥着 "融合思想、规范行为、倡导精神、引领价值" 的巨大作用，能有效激发员工的干事激情和创新热情，极大地增强了企业的凝聚力。

提升企业整体管理水平的需要。通过推行 "10H" 文化，进一步细化企业的核心价值观，逐步规范员工的行为方式，南自自动化在 "经营管理理念" "人才梯队培养" "业务模式创新" 等方面积极探索创新策略。在不断总结以往管理、运营经验的基础上，精炼出以 "10H" 企业文化为引领的卓越绩效管理框架，并与国家标准 "GB/T 19580卓越绩效评价准则" 进行无缝对接，全面促进公司提升管理水平。

实施企业发展战略的需要。南自自动化构建了以 "10H" 企业文化为核心的卓越绩效管理框架，通过高层领导的正确引领和模范推动，形成全体干部员工高度认同的行为规范和价值追求，明确公司中长期战略目标和定位，制订以战略为导向、顾客市场为驱动的市场营销策略和行动计划，通过自主开发和采用综合信息管理系统，实现对人、财、物等资源的高效配置，同时实施全员、全过程参与的大质量管理，监控全价值链过程，基于4Q质量分析改进工具对企业经营管理流程进行持续改进，提高公司产品与服务质量、经营质量和发展质量，增强市场核心竞争优势，促进组织持续发展，在企业管理实践中探索出一条追求卓越、通往成功之路。

"10H"企业文化的内涵

南自自动化始终秉承"科技服务电力、发展回报社会"的企业使命，以"做世界一流的电力自动化整体解决方案专家"作为合资公司的发展愿景，努力践行"以人为本、科技创新、诚信合规、勇担责任"的核心价值观，并建设符合合资公司自身发展特点的"10H"文化。南自自动化的"10H"文化倡导用"脑"（Head）去创新，用"手"（Hand）为客户提供高质量的产品、用"心"（Heart）服务客户的理念，强调"职业健康安全/诚信合规"（Honesty/HSE）的重要性，提倡员工之间"相互协作"（Help）、"相互倾听和学习"（Hear），鼓励员工在"努力工作"（Hard Work）、"追求高绩效"（High Performance）的同时，保持"快乐工作"（Happy Work）的态度，共同来营造"和谐的工作环境"（Harmonic Environment）。

南自自动化的"10H"文化

以"10H"文化推动实现企业卓越绩效的主要做法

企业文化建设与企业管理制度相融合。南自自动化致力于将企业文化理念作为制定规章制度的指导思想，将企业倡导的精神、价值观和行为模式在制度规定中体现出来，以此引导、约束员工行为，倡导全体员工自觉地按照正确的价值观和行为准则来严格规范自己，通过严格有效的制度管控为实现公司经营目标提供助力。

企业文化建设与员工思想和行为相结合。南自自动化将"10H"文化渗透到了工作的各个环节，对员工的工作作风、工作风貌起到导向性作用。纪律和制度是刚性的约束，以此来规范、改变员工的工作行为和习惯，而企业文化和政治思想工作则是柔性的引导，以此来教育、提高员工思想和认识。

"10H"文化强调"诚信合规（Honesty）"的重要性，合资公司设立专职法律顾问，全程参与公司重大经营事项和经济纠纷的决策过程，定期对公司业务部门进行法律风险防范培训；设立专职合规官及纪委书记，高度重视廉政和反腐败工作，定期对全体员工进行在线和现场培训，用真实的案例教育员工遵守公司合规制度，精心打造合资公司"廉洁文化"。并通过举办"5S先进个人""优秀党员示范岗""青年安全生产示范岗""劳动模范"等创先争优活动正确地引导员工思想和行为，将个人奋斗目标融于企业的整体目标中，激发员工的使命感，逐步建立合资公司的"制度文化"和"行为文化"。

企业文化建设与员工安全和社会责任相结合。合资公司自成立以来，始终坚持并强调安全文化的重要性。南自自动化"10H"文化理念中的 Honesty/HSE，把职业健康安全和环境与诚信合规一同作为企业和员工的行为底线和红线。在合资公司的各个区域都能看到全员签署的安全承诺书和安全海报，重点推进安全箴言"拒绝视若无睹"，员工积极提交安全事件报告，安全工作通过安全文化的建设逐渐深入人心。

南自自动化成立了"第一反应"应急救援队，三十余名急救队员均接受了严格、专业的急救培训并取得急救证书，八套AED自动体外除颤器和急救箱科学地分布于园区的各个区域。急救队除了为员工提供紧急救援外，还为社会的大型赛事提供公益支持，比如为"上海国际马拉松""南京幕府山10公里善跑"等赛事提供急救保障；通过积极参与"上海嘉年华""南京科普周"等公益活动传播和推广急救知识，用实际行动践行了公司"10H"文化理念中的Heart和Help，同时体现了公司"以人为本"的价值观和"不忘初心、服务社会"的社会责任感。

企业文化建设与员工培养相结合。南自自动化始终坚持创新学习的文化理念，自公司成立之日起，就深入开展打造"学习型企业，创建学习型班组，争做学习型员工"的活动，以"10H"理念中的"Help（相互协作）""Hear（相互倾听和学习）"，鼓励员工以"Hard Work（努力工作）""High Performance（追求高绩效）"为基础，大力实施人才强企战略，将员工素质提升工程融入企业总体发展战略之中。

从管理人员到普通员工，南自自动化每年都为其制订详尽的学习培训计划，培训内容包括质量安全、通用技能、管理能力、产品技术等各方面；采取高校合作、网络培训、面授、现场操作辅导、对外交流等多种灵活的培训方式。同时建立完善的"培训管理制度"，对培训档案的建立、培训费用的报销等都有明确规定。推行"内训师制度"，打造内训师队伍、开发内训课程，促进先进经验的共享和员工的成长。

兼顾合资双方员工的职业发展规划，南自自动化将卓越人才的培养纳入企业发展战略，通过建立健全人才评估、人才发展以及人才流动体系，设置面向管理人员的PDA+360°评估方式，制订有针对性的人才激励方案，并打通管理类和技术类的"H"型发展通道和内部的竞聘竞岗，逐步实现员工纵向和横向的双向发展。

在用"脑（Head）"创新文化的引领下，通过创办以提升组织能力及培养人才为目的的JV大学，设置面授、在线学习、模拟操作等丰富多样的培训方式，帮助员工提升专业能力和综合素质，为公司业务发展提供人才支撑；同时，公司与东南大学、河海大学等高校共同推出了"卓越工程师"计划，既为企业培养了优秀人才，又在高校中提升企业影响力。

企业文化建设与员工关怀相结合 。以"相互倾听和学习（Hear）" "快乐工作（Happy Work）"为出发点，南自自动化关注员工的生活，重视员工精神层面的感知与感受。通过开展形式多样、喜闻乐见的文化健康活动，着力构建和谐的劳动关系，加强人文关怀和心理疏导，开展各类心理讲座，努力实现快乐工作、健康生活的目标，不断增强员工参加企业及社会活动的愉悦感；在企业内部设立"合便利"超市，并开设"合餐厅"为员工提供质优、价平的自助餐，以提高员工的用餐品质，丰富员工的用餐选择；向南京市江宁区政府申领"人才公寓"，并统一配备各类家电、家具，给予青年员工更多的人文关怀和生活保障，增强员工在企业中的安全感、自豪感和归属感，让员工感受到"Here is Home，Here is Hope"。

以"10H"文化推动实现企业的卓越绩效的实施效果

经营业绩逐年提升。 "H"企业管理体系实施以来，南自自动化经营绩效继续保持稳步增长态势。近三年累计实现订货76亿元，创造利润9.05亿元。在市场拓展方面成绩显著：成功中标扎鲁特—青州、锡林郭勒盟—胜利等多个特高压工程，占国网1000kV继电保护设备全年招标的30.7%，排名第一。喜获近200座智能变电站，我们的10kV二次设备舱成功登上了海拔4600米的西藏尼玛县；赢得了安哥拉SK输电项目、厄瓜多尔、港珠澳大桥等多个海外变电站项目。

研发及产品管理硕果累累。 南自自动化继续推行"两个平台"＋"三个业务方向"的研发规划，完成专利受理138项，获得专利授权72项；高端人才引进、技术成果转化等项目获得政府部门专项资金2765万元；喜获中国华电集团"科技进步一等奖" "2016年度中国电力创新三等奖"。

卓越运营成效斐然。 2016年公司持续推行21个卓越运营项目，库存周转率较年初提升51.7%；实现供应链降本5980万元，优化工程技术方案降本3940万元。近年来，公司通过大力推行卓越运营，运营绩效得到大幅提升，荣获ABB全球CEO卓越运营金奖。

提升经济实力和影响力。 南自自动化完成"H企业管理体系"与GB19580卓越绩效体系的全面对接，经营质量显著提高，并受到了政府部门、集团公司的高度认可和表彰：先后荣获"全国质量标杆" "中国年度创新软件企业" "国家级企业管理现代化创新成果二等奖" "江苏省高新技术企业" "江苏省两化融合转型升级示范企业" "江苏省质量奖" "南京市市长质量奖" "南京首批智能工厂示范企业"以及"华电集团五星级科工企业"等多项荣誉。

主要创造人：杨 刚

参与创造人：刘 颖 詹智仪 陈亚强 刘 激

以契约精神为基石　构筑美欣达合伙人文化

美欣达集团有限公司

美欣达集团有限公司（以下简称美欣达）创始于1993年6月，历经20余年的创新创业，逐步发展壮大成为科技型、品牌型、集约型的较大规模民营企业集团，现已形成以绿色环保为主干、金融投资和实体经济为两翼的"飞鸟型"产业结构，主要从事环保能源、纺织印染、房产物业、金融投资、大健康等产业的生产经营和新兴产业的投资发展。下属子公司94家，形成网络化的集团公司组织结构体系。连续多年进入中国民营企业制造业500强。

美欣达企业文化建设顺应时代发展潮流，坚持开拓创新，与时俱进，与企业同诞生、同成长、同提升。2003年，建立企业文化建设委员会，颁行《美欣达企业文化建设实施纲要》，着力于企业价值理念体系、形象识别体系、员工行为规范体系、群众性创建活动体系等体系的打造。经过20多年如一日持之以恒的培育和提升，美欣达奉行的"立志超越、契约精神、开放包容，成果共享"的核心价值理念持续弘扬，不断深化，精神文明建设成果正在转化为物质文化建设成果，对于培育公司高管层和员工队伍的团队奋斗精神、创新创业意识、敬业勤奋作风、和谐融洽的文化气氛，提升思想道德和文化技能素质，扩大品牌知名度和美誉度，促进企业攻坚克难和转型升级，引导企业可持续发展向更高目标迈进，发挥了积极作用，取得了一系列阶段性成效。逐步形成了以契约精神为本的美欣达合伙人文化体系，营造出人人争做"美欣达合伙人"，全员争创"新主人翁精神员工"的良好企业文化氛围。

重融合，文化助推产业发展战略落地

明确树立企业文化对公司发展的引领作用，产业与文化双轮驱动。美欣达产业和美欣达文化同出一源，企业文化在产业发展中萌芽、成长、进步，有纲领、有目标、有组织地建设和推进，发挥了导向、激励、凝集、规制和展示功能。2017年，美欣达管理层明确文化对企业发展、企业战略的引领作用，引进专业的第三方管理咨询机构，经过多轮研究并最终定稿《美欣达集团文化与产业融合发展展望报告》读本，使之成为2016~2020年期间，指导集团公司及其各产业与企业文化融合发展的行动指南。

文化建设遵循六点方向，做强长板，补齐短板。第一，文化建设以战略方向为指引，美欣达企业文化中的使命及愿景，指引着美欣达中长期战略的制定。第二，文化建设与产业发展相融合，强劲产业和先进文化互为表里，深度融合。第三，文化建设在企业管理中落地，文化是管理的支撑软件，而企业管理体现着企业文化的深刻内涵。第四，整体推进和重点突破相结合，美欣达管理层和文化建设委员会整体推进文化理念的宣贯，致力于使文化理念渗透到企业的各个层级、各个部门乃至每一名员工。第五，领导垂范与全员参与相结合，领导干部对企业文化理念的一致认同是文化建设顺利实施的必要条件；同时，员工又是企业文化建设的主体，企业文化理念必须贯穿到员工工作的每一个环节和日常的每一个行为中，让员工形成"我是美欣达人"的自我认同。第六，榜样示范和精神激励相结合，美欣达文化理念以榜样英雄事迹作为载体，向企业英雄学习，做自己的"岗位主人翁"；美欣达还通过对员工行为进行各种形式的精神、物质奖励，正向强化员工的个人行为，培育良好文化氛围。

重契约，借由契约精神打造美欣达合伙人文化

追求和谐、奉献社会，对社会恪守契约精神。美欣达致力于环保产业，践行契约精神，履行社会责任，以开创优美环境、发展生态社会为己任，美欣达在全国范围内承担固废处置、环保产业生态链的打造。2016年12月21日晚，新华社等央媒相继报道长江口非法倾倒垃圾事件，垃圾来源涉及浙江省海盐等地，为履行企业社会责任，将海盐短期内无法处置的"打捞垃圾"送往美欣达旺能环保垃圾发电厂处置，这一勇担社会责任的"义举"得到了赞扬。多年来，热心慈善公益事业已形成传统。捐款210万元在湖州市慈善总会建立美欣达冠名慈善基金，为支援社会主义新农村建设，发起建立总额为1000万元的"美欣达农村困难群众救助金"，开展多种形式慈善救助活动，参加红十字会公益活动、捐资助学、扶贫济困，坚持十年如一日"重阳节"慰问驻地村庄社区老人，救助本市农村因病困难农民、外来贫困孕产妇等。多年来，用于慈善救助和赞助大型社会公益活动的捐款累计达2000万元。通过与市慈善总会合作，成立美欣达慈善超市，将慈善由"掏口袋"变为"自造血"，慈善超市这一创举受到中央电视台《走进中国》栏目组专题报道。

一诺千金、信守承诺，对客户恪守契约精神。多年来，坚守质量诚信理念，贯穿于产品生产和营销服务全过程。企业初创时期，与上海某公司签订了一份灯芯绒的购销合同，但在生产过程中，由于受当时技术条件的局限，坯布投料已20多万元，产品质量还是达不到客户要求，如果继续投料则面临亏本，而不投料则面临违约。关键时刻，"不管要投多少钱，一定要保客户满意。"试制小组工程技术人员和一线员工集中精力技术攻关，投入60万元工本费，终于产出了符合要求的产品，赢得了客户的赞赏。而这样不计盈亏、信守对客户契约的行为，在美欣达企业生产经营活动中比比皆是，大家以"60万元买信誉"的故事为榜样，将对客户的契约精神升华为美欣达集团讲求质量诚信的传统。

制度保障、机制完善，企业对员工恪守契约精神。对待员工，以合法合规为底线，人性关怀为目标，秉承员工事无小事，通过内部驱动履行对员工的职业契约。每一年，都会依据上级政府部门的相关规定，主动在全产业条线开展劳动关系合法、合规大检查，通过自查自办，确保用工规范；通过"用工机制+激励体系"的建设，切实提升员工岗位满意度。通过打造劳动关系和谐企业，连续多年劳资纠纷"零发生"。

自动自发、自我驱动，员工对企业恪守契约精神。讲求凡事都不能等待，学会自我调整，充分发挥主观能动性在工作中的作用，凡事讲求"美欣达速度"。做好本职工作就是恪守员工与企业的契约，号召全体员工做岗位的"新主人翁"，大力开展爱岗敬业、创优争先活动。从2007年开始，美欣达将"新主人翁精神"的培训作为每一名新入职员工的"必修课"，培养员工职业素

养中的契约精神和岗位责任心。每年都举办"新主人翁精神"先进集体和先进员工的评选，并组织表彰和奖励，号召全体员工向"新主人翁精神"先进集体和员工学习，做自己的岗位"主人翁"。

重实效，"体系+机制"提升参与度　杜绝"两张皮"

打造合伙人文化制度体系，创新管理模式，合伙人撸起袖子放手干。推崇华为重契约、合伙人文化模式，倡导"在美欣达，少一点上下级关系，多一些契约精神"。2016年，分批组织美欣达管理层、下属产业负责人走进华为、学习华为、对标华为，致力于从管理理念、机制配套等方面将契约精神的实质植入合伙人文化体系中来。通过管理理念和模式创新，引进合伙人模拟经营、合伙人参股等模式，机制配套到位，激发员工主观能动性，合伙人与企业真正实现了风险共担、利益共享。

打造合伙人文化传播体系，充分宣传美欣达合伙人文化理念。把合伙人文化传承、固化，并使它成为美欣达人所共有的价值取向。为了使文化宣传更贴近员工也更接地气，停刊了已开办15年的《美欣达报》，转而创办了湖州市民营企业首本企业内刊《美欣达合伙人》杂志，经由杂志平台传播美欣达的核心价值理念、宣扬企业文化正能量。在发力传统媒体的同时，借助新媒体手段，企业文化建设插上了信息化的翅膀，集团网站于2016年全新改版，界面更人性化、交互更便捷、新闻传播更迅速。借助微信平台，开办"活动召集令""员工心声信箱""党建天地"等品牌栏目，组织开展线上线下联动，举办"环保一日行"等大型公益活动，截至2016年12月底，微信关注粉丝数超10000人。借助各类文化平台，打造立体化的美欣达企业文化宣贯体系。

打造合伙人文化孵化体系，管理学院助力、党政工团联动。尊重知识、尊重人才理念融合在文化创建活动之中，设立"美欣达管理学院"这一人才培训、知识储备、经验交流的平台，邀请清华大学、复旦大学、浙江大学等名校名家及行业内的精英人才来学院任教开课，帮助广大员工树立学习意识，打造合伙人文化孵化平台。从2014年管理学院开课起，累计有近1000人次通过管理学院这一文化"黄埔军校"的多元化培训，得到了专业技能、文化理念等多方面素质的提升。美欣达集团党委于2017年3月成立"党委红领学院"推动优质学教资源下沉一线，补短板、提成效、强保障，"红领学院"激发红色活力。通过科学分析，从而有针对性地结合不同员工实际提供适合的发展通道，美欣达借助外力、勤练内功，走出了一条内外结合的企业文化宣贯之路。

打造合伙人文化关爱体系，"美好家园共建"品牌活动提升企业员工满意度。一直致力于和谐劳动关系建设，近年来，以"美好家园共建"系列活动为载体，先后组织开展了征文、游泳、歌唱、摄影等比赛，尤其是致力于全员参与的趣味运动会、员工Team Building等品牌活动的打造，受到了广泛好评。为了丰富员工沟通渠道，开辟"小美热线"并安排专人值守，热线向全员开放，为员工提供答疑解惑、沟通咨询、心理辅导、就业指南等多方面的服务。2017年，在美欣达集团新春团拜会上，发布全新修订版的《美欣达员工手册》，做到全员发放，全书分"企业、文化、关爱"三大篇章，将员工在企业想要了解的方方面面分门别类归总，便于查阅。美欣达基于员工年龄结构、专业技能背景不同，通过群众性创建活动的模式，开展差异化社团建设。美欣达成立了员工摄影协会、员工"蓝地球"环保组织、员工毅行组织"美跑团"、员工通信员联络队伍等员工文化团体开展系列活动，将企业文化宣贯工作润物细无声地开展进行。

重传承，文化播种引领产业新跨越

传承美欣达合伙人文化，助力实现创新发展梦想。在党和国家"创新、绿色、协调、开放、共享"五大发展理念指引下，充分发挥叠加优势，凝心聚力推进绿色环保、金融投资、工业制造实业和现代服务产业的可持续发展，培育新的经济增长点，向大环保、大金融、大健康、大服务产业转型升级，促进文化与产业融合发展。

传承美欣达合伙人文化，发扬英雄文化基因。传承具有美欣达特色的合伙人文化，树立彰显美欣达优秀文化基因的英雄文化。从湖州东郊织里开办"湖州绒布厂"开始，经过20多年的发展，招贤纳士，广纳人才，创办合伙人制度，发布《美欣达合伙人》杂志。美欣达合伙人不仅仅是一句泛泛而谈的口号，更是企业事业合伙人文化的外在表象。他们是美欣达的企业英雄，企业英雄是企业价值观的化身，是组织力量的缩影，是企业文化的代表性人物。传承合伙人文化，发扬英雄文化基因，让文化建设的宣贯蔚然成风。

传承美欣达合伙人文化，与时俱进发展新文化。美欣达的企业文化是美欣达在20多年的发展和实践中形成及积累的能彰显美欣达特色的优秀文化，并一脉相承下来被大家所认可的理念和行为习惯。它服务于产业的战略发展，助推产业的发展与壮大，为公司的发展提供保障力和竞争力。美欣达企业文化的传承不是传承旧有的文化，而是在旧有的文化的基础上传承优秀的、能彰显企业文化正能量的文化，不断推陈出新，革故鼎新。传承和发扬的文化包括符合美欣达核心价值理念的关于立志超越、契约精神、开放包容，以及共享美好成果的合伙人文化，同时也要发展与时俱进的符合美欣达企业特色的新文化。在共创、共建、共赢、共享的理念指导下，让"美欣达创造美好新生活"的励志格言成为全员共识和创业动力，让每位美欣达人在和谐一体大家庭里施展才华，实现价值，共创事业，共享成果，不断改善生活水平和质量，在创新发展中收获更多获得感和成就感。

主要创造人：单建明

参与创造人：芮　勇　沈　燕

以卓越的企业文化引领企业健康持续发展

国核电力规划设计研究院有限公司

国核电力规划设计研究院有限公司（以下简称国核电力院），隶属国家电力投资集团公司，拥有全国最高等级设计资质——"工程设计综合甲级资质"证书，是国家发改委委托投资咨询评估任务的咨询机构、北京市高新技术企业。具备AP1000三代核电工程、百万级大容量高参数火电机组、特高压电网工程、新能源工程四大板块，以及规划、咨询、勘察、设计、技术研发、EPC、运行技术支持七大领域能力。是国内第一家具备AP1000、CAP1400、高温气冷堆先进核电常规岛全过程设计能力的设计院，工程设计实现从低参数小容量到高参数大容量各类型火电机组工程全覆盖。先后荣获全国"五一劳动奖状""全国文明单位""全国实施卓越绩效先进企业"等荣誉。

在50多年的生产经营实践中，国核电力院经历划转国家核电、企业重组、进军核电、迁驻北京二次创业、国家核电与中国电力投资集团公司重组等内外部重大变革，在加速企业发展的进程中坚持"两手抓、两手硬"，把企业文化建设作为企业重大变革时期维护队伍稳定、转型发展时期淬炼团队、凝聚共识，助推企业持续、健康、科学发展的重要抓手。国核电力院在实践过程中不断进行文化沉淀，形成并传承"精诚文化"，吸纳北京精神与地域文化，融入核安全文化要求，引入卓越绩效管理理念，吸纳国家电投"和"文化，形成了以"精诚 创造 卓越"为核心价值观，包含"发展、经营、管理、人才、廉洁、服务、质量、安全"八大理念，支撑起"建成国际知名工程咨询公司"企业愿景的内涵丰富、积淀深厚的企业文化体系。在为社会奉献清洁能源、为客户创造核心价值、为员工带来幸福生活的实践中做到更好。

以加强思想教育促进文化落地，弘扬新风正气

加强思想建设，传递文化价值。积极贯彻落实《公民道德建设实施纲要》，编制《员工行为规范》，发布《团队文化理念》，策划开展持续的宣贯活动，宣贯集团公司及国核电力院文化理念。通过设置办公电脑文化屏保、编发文化理念桌牌、开设内网专题网页等方式，专题开展宣贯工作，促进了员工的认知、认同，极大发挥了文化在凝聚共识、统一思想等方面的作用。

面向全院发布"降本增效"32条及改进工作作风20条，通过细化管控措施、落实责任目标、编制拍摄降本增效主题短片等措施，极大降低了企业运行成本，提高了员工践行低碳生活、坚持勤俭节约的意识。

履行央企责任，传播良好风尚。打造"爱四溢"公益活动品牌，建设学雷锋青年志愿服务队，依托"核安全科普·释疑义"行动，立足专业技术优势，做好核电、电力科普宣传，面向周边学校、政府机关、社会团体先后开展各类科普活动300余次，受众约4787人次，促进公众对电

力知识的了解，努力消除公众对核电安全的认识误区。依托"旧衣物捐献·送暖意"行动，每年组织两次活动，先后为新疆和田、北京顺义儿童福利院的孩子们捐献旧衣物及学习、生活用品万余件。依托"进村镇慰问·表心意"行动，组织青年员工赴北京太阳村与孩子们交流；依托"环北京植树·添绿意"行动，建起5处"国核电力青年林"，以实际行动播种绿色希望。

强化典型带动，激励创业士气。依托《院报》、"国核电力通讯社"微信订阅号等媒体，围绕年度最佳员工等各类典型，开展先进人物、典型事迹系列专题访谈报道、展示100余次；刊发《空谈误企，实干兴院》等评论员文章8篇，营造了学习先进、争当先进、赶超先进、干事创业的良好氛围。创建青年科技创新园、"青年突击队"创建活动激发青年员工创新创造创业的积极性。把握重大节日、重要时间节点，策划开展相关活动并形成常态化活动机制，每年举办"业务重组五周年暨创业北京周年"座谈会，提升员工的荣誉感、成就感，强化员工创先争优、争当标杆的意识和实践。

以加强环境建设耕耘文化土壤，营造和谐氛围

抓好园区功能优化。国核电力院园区除了正常的办公空间以外，还专门设置了职工文体中心、企业展览馆等员工文体活动和文化展示平台。近年来，在持续消缺的同时先后针对会议中心的报告厅和展览馆进行了改造升级，通过引进现代化的设备、强化相关区域的展示功能，进一步增强了园区实用功能，促进了企业内质外形的提升。

推进和谐企业建设。充分发挥工会、共青团组织的作用。每年举办足球、篮球等系列文体赛事，开展"快乐工作，健康生活"郊游活动，面向新入职应届大学毕业生策划开展"携手·启航"迎新主题活动，隔年交替举办职工运动会或文艺晚会，组织最佳员工游园博会，开设瑜伽、太极健身班，营造了健康、积极的文化氛围，丰富员工业余文化生活，加快团队文化融合步伐，构建了和谐团队氛围。

帮助员工解决实际问题。先后12次组织开展住房团购、团租活动，举办青年员工联谊、集体婚礼和庆祝员工集体喜迁新居仪式，与环保园翠湖蓝天幼儿园等周边学习联系，积极帮助职工解决员工子女入托、入学问题，从员工实际出发，助力员工解决现实问题，不断传递企业关心，增进团队融洽，提升员工的归属感和向心力，加快了员工安居乐业的进程，又使员工将更多精力放在了企业创业发展上，保证了企业创业北京各项工作的扎实起步和有序开展。

以提升团队能力保障文化发展，助力文化落地

坚持以中心组学习为平台，紧紧围绕企业改革发展中的热点、难点、焦点问题，以年度为单位编制学习计划，以月度为单位开展专题学习。几年来，领导班子先后围绕中央文件精神、企业文化建设等内容，开展专题学习活动，通过专家授课、集体研讨等方式，促进了领导班子理论水平的提升，强化了理论联系实际的能力。同时，开展经常性的理论学习和思想教育，坚持每年举办1~2次中层干部培训班，助力干部队伍整体素质、能力、文化的提升，提高了干部带队伍、谋发展的能力。

以文化建设推动企业发展，形成强大合力

提升员工使命感和责任感。 深入开展"争做驻京创业第一代功勋"系列大讨论活动，通过召开企业分立、驻京创业座谈会、设立"青年文明号"创建示范岗、开展质量安全月活动、组织年度最佳员工参观世博会、组团学习创业海阳精神，不断强化了员工队伍投身三代核电自主化的使命感、责任感和紧迫感。

增强员工对事业的信心。 在日本福岛核事故发生的第一时间，组织召开专业技术人员会议，在院网站开设专栏进行跟踪报道，在院报全文刊登董事长发表在《求是》杂志上的署名文章《在确保安全的基础上高效发展核电》，在"五四青年"大会上邀请公司专家委员会的专家进行专题讲授，开展核安全宣传与征文等活动，消除了由福岛核事故所引起的各种不良情绪，增强了广大员工对发展三代核电技术的信心。营造了争创一流、争做功勋的舆论氛围。

企业文化是一种氛围、一种理念、一种精神，是企业的灵魂。 国核电力院依靠文化的力量，充分发挥文化在凝聚人心、增进共识等方面的作用，形成强大的思想动力。企业整体风貌、员工创业面貌一点一点发生着可喜变化，切身感受到了企业文化建设实践为企业发展所带来的巨大推动作用和具体实际成效。

自企业二次创业以来，国核电力院走过了2008~2012年 二次创业初创期，走过了2012~2016年二次创业成长期，即将进入2017~2020年 弯道超车突破期。2012年，国核电力院确立了"两型两化、国际知名"的战略思路，在这一战略指引下，我院已初步搭建起了核电、火电、电网、新能源四大业务板块，规划、咨询、勘察、设计、EPC、寿期服务、运行技术支持七大业务领域协调发展的格局，升版形成战略2.0，指明建设国际知名工程咨询公司的发展方向，企业内涵式发展持续深化。

"学雷锋"青年志愿服务队

在企业文化的凝聚下，国核电力院紧扣企业战略实施，持续推进企业改革重组，取得了一系列实实在在的成绩：实施事业部运行模式，事业部改革成效显现，企业焕发生机活力；推行卓越绩效模式，树立科学的理念、方法，开展两次大规模的制度修编，实现依法合规治企；确立"科

技立院，创新发展"理念，完善专业学科体系，搭建科技创新平台，组建专家委员会，企业走上内涵式发展道路；大力推进国际化发展，国际业务实现从无到有，从小到大，承担了一批当地国家标志性工程，业务已分布至23个国家；加强"三条通道""三支队伍"建设，畅通人才发展路径；核电、火电、电网持续做大做强，新能源业务不断发展壮大，四大板块逐步呈现均衡发展态势；海阳一期和高温堆完成全部施工图设计，进入现场调试阶段；CAP1400项目具备开工条件；电网实现特高压交直流双A包、双B包和1100kV直流线路突破；投融资业务实现突破；总承包业务实现突破，储备合同近20亿元；配网通信、节能改造、综合智慧能源等新经济增长点呈现快速发展的良好态势。

打造了一批精品工程，如华电莱州获国家优质工程奖，淮南至上海特高压交流输电示范工程获国家电网公司科学技术进步特等奖，新疆哈密、土耳其泽塔斯、埃塞复兴大坝、锦屏至苏南特高压等陆续投产，矗立起一座座精品工程丰碑。

成就了一批优秀人才，拥有全国工程勘察设计大师1人，核工业勘察设计大师2人，全国电力勘测设计行业资深专家4人，获国务院特殊津贴1人，公司专业技术带头人7人。

获得了一批综合荣誉，获评"全国文明单位""全国质量奖鼓励奖""中国技术市场金桥奖""中国工业大奖表彰奖"等荣誉；入选ENR设计60强，并获得"最佳效益企业"称号。

收获了一个强大团队。五湖四海的队伍已由最初的相识、相知进入深化融合的阶段，在团队协作、彼此配合、共同创业、携手发展方面产生了更深层次的化学反应，一个坚实的利益共同体、事业共同体、文化共同体、感情共同体正不断形成。

主要创造人：伊廷瑞

参与创造人：涂悦荣

中国核电卓越文化的实践与创新

中国核能电力股份有限公司

中国核能电力股份有限公司（简称中国核电）成立于2008年，2010年开始实体运作，由中国核工业集团公司作为控股股东，联合中国长江三峡集团公司、中国远洋运输（集团）总公司和航天投资控股有限公司共同出资设立，2015年6月10日，成为A股第1家纯核电企业成功上市。截至2017年6月10日，拥有控股子公司22家，合营公司2家，参股公司3家；控股在役核电机组16台，装机容量1325.1万千瓦；控股在建核电机组9台，装机容量1037.7万千瓦，总资产规模超过2800亿元，员工总数超过11000人，累计发电量超过6000亿千瓦时。

中国核电作为中核集团控股的核电板块，在成立之初，就高起点地开展企业文化工作，大力推进文化融合，形成以"卓越"命名的核电特色文化体系，并扎实推进文化落地，促进企业创新发展。

从1985年秦山核电站开工到2008年中国核电正式成立，中国核电在开拓创新的实践中不断追求卓越，企业文化经历"艰苦创业、勇担国任"的文化积淀期，形成深厚的文化底蕴；从2008年至2015年6月，中国核电逐步构建企业文化发展所需的组织、制度、物质基础，以"追求卓越，挑战自我"为价值观，引领公司从高起点起步，经历追求卓越、挑战自我的文化成长期，成功实现公司上市；以2015年6月公司上市为标志，公司发展和企业文化建设迈上新起点，中国核电秉承继承与发展的原则，在传承卓越基因的同时，引领中国核电本部和各成员公司文化发展，全面深化企业文化融合和建设，进入"追求卓越、超越自我"的文化引领期。

提炼卓越文化体系，形成文化引领的发展自觉

综观中国核电发展历程，从秦山核电的"国之光荣"到自主三代核电"华龙一号"落地福清，中国核电人作为我国核电事业的开拓者和引领者，30多年对卓越矢志不渝的追求成就了中国核电事业。作为公司文化的基因——卓越，融入公司管理，保障核安全，成就经营业绩，引领公司发展。

中国核电卓越文化体系包括以"追求卓越，超越自我"价值观为核心的文化理念、卓越文化树模型、卓越文化徽章等内涵和外延。

卓越文化理念

精神：事业高于一切，责任重于一切，严细融入一切，进取成就一切；愿景：做最具魅力的国际一流核能企业；使命：奉献安全高效能源，创造清洁低碳生活；价值观：追求卓越，超越自我；安全理念：安全是事业的生命线、安全是企业的生存线、安全是员工的幸福线；团队理念：

上下同欲，凝心聚力；发展战略：规模化、标准化、国际化；形象传播语：魅力核电 美丽中国。

卓越文化树模型

在卓越文化体系提炼过程中，中国核电梳理各成员公司的文化共性，融入文化理念而凝练形成卓越文化树模型。其中，中华优秀传统文化作为源泉，这是树依存的"养分"，是树能够保持茁壮成长的营养来源；核安全文化作为根本，这是树的"根系"，是树能够屹立不倒的保证；核工业文化作为基础，这是树的"土壤"，是树能够根深叶茂的基础；追求卓越作为导向，这是树的"主干"，是树生长的方向；子文化作为特色，这是树的"枝叶"，是树能够吸收阳光确保成材的保障；"国际一流"作为目标，这是树的"果实"，是树不断生长的价值追求。

卓越文化徽章

图1 卓越文化徽章

卓越文化树是中国核电卓越文化体系的代表，体现中国核电枝繁叶茂的文化建设成果。卓越文化徽章是"卓越文化树"模型的抽象表达，整个图形由蓝、黄、绿、红、紫5种颜色构成，分别象征着中国核电深入贯彻"创新、协调、绿色、开放、共享"的发展理念；以双手为主干，体现出全体中国核电人勤奋进取、拼搏开拓、实干兴企的精神风貌，手指向上以击掌的动作展示出中国核电一家亲，中国核电人团结自信、乐观向上的和谐氛围；树叶象征着子公司文化，体现出上下同欲、凝心聚力的团队理念，在卓越文化的引领下，实现百花齐放的特色文化；树冠上方"追求卓越 超越自我"象征大树始终向上茁壮成长，中国核电在"追求卓越，超越自我"的价值导向下逐步成为最具魅力的国际一流核能企业之一。

实施卓越文化落地 打造同行领先的竞争优势

两点间最快的路线是一段旋轮线，即著名的"最速曲线"。"最速曲线"还有一个鲜明的特点，即线上几个不同的质点在不同位置同时出发，能在同一时刻抵达终点。中国核电推进企业文化融合的路径就是这条"最速曲线"——各成员公司都培育形成了各具特色的优秀文化，只是各自所处的水平和阶段有所区别，就像处于不同位置的质点；中国核电文化融合工作，就是让各成员公司的企业文化沿着这条曲线前行，力争用最短的时间、最低的成本，让各成员公司企业文化在同一时间到达目的地，从而汇聚形成整个中国核电的文化合力，提高中国核电安全高效发展的核心竞争力。

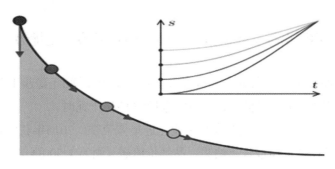

图2　最速曲线

形成一系列文化制度、产品，筑牢企业文化落地的基础。中国核电发布《企业文化管理制度》《中国核电视觉形象识别手册》《中国核电卓越文化体系》《中国核电员工行为规范》《中国核电卓越文化体系培训教材》等文化基本制度；形成《重新定义安全》卓越核安全文化图书、卓越文化徽章的实体产品。结合公司科普传播的需要，原创的"核电宝宝""华龙宝宝"等吉祥物和微信聊天表情包受到广泛欢迎。

加强文化工作网络建设，形成骨干文化工作队伍。中国核电成立企业文化建设管理委员会，按照"总部统筹、上下联动、专业支持"的方式组建覆盖全板块的文化工作队伍。开展全板块的卓越文化宣讲师认证培训，举行全员卓越文化知识竞赛，形成卓越文化知识体系领导层精通、管理者认同、员工知晓并践行的良好局面。

持续推动安全文化建设，增强公司健康发展的文化动力。中国核电主动与WANO（世界核电运营者协会）及国内外核电同行对标，在核安全文化领域率先发布《卓越核安全文化的十大原则》开发十一大防人因失误工具，打造防人因失误技能实验室，创建防人因失误职工技能竞赛的活动品牌，摄制防人因失误教学视频，定期开展核安全文化的内部评估并定期接受外部同行评估；每日一条安全信息、状态报告、无人因失误时钟、观察指导等都成为中国核电人共同的核安全文化仪式和行为烙印。

创新实施文化品牌传播，增强公司的知名度和美誉度。自2012年以来，一年一度的青年主题实践活动成为中国核电闪亮的"青"字号文化品牌。2014年，中国核电举办首届青年主题微电影大赛，活动评选出多部优秀微电影作品，选送的五部作品获得第二届亚洲微电影艺术节"金海棠奖"。2015年，中国核电举办的"魅力核电，微信微秀"活动再次获得广大青年好评，点亮板块青年文化。2016年，举行青年卓越文化节文化的微话剧比赛活动。

中国核电还连续5年举办"魅力之光"全国中学生核电科普知识竞赛和夏令营活动，参与人数累计超过100万人，网络关注达到1亿人次。发布5份社会责任报告，2016年发布我国核电行业首份公众沟通白皮书和公众沟通的上海倡议，开国内先河。每年都举办公众开放日活动，开展上市周年活动。

落实落细落小落常，激发基层文化创新活力。中国核电注重激发基层单位的文化创新实践。

全资子公司中运行开展"微视角""微举措""微镜头""微景观""微视频""微组织""微平台""微公益""微形象"九微文化实践，其创造的《核电小苹果》互联网浏览量近千万，作品被纳入2014年度中国企业新媒体传播十佳案例。江苏核电践行卓越绩效模式，荣获核电行业首家全国质量奖。

测评卓越文化成效，巩固公司发展的文化优势

公司业绩持续优秀。机组发电量、主营收入、利润总额连续6年稳步上升。2016年，公司主营收入300.09亿元，利润总额92.32亿元，机组发电量870.3亿千瓦时。

对外影响不断扩大。2013年获全国中央企业先进集体荣誉，2015年获中核集团业绩突出贡献奖，2016年荣获金蜜蜂社会责任报告领袖奖，品牌价值居《财富》500强第209位，2017年年初，中国核电作为主要倡议人发起的WANO第五中心落户上海，获WANO全球理事会批准，标志着中国核电企业参与全球核电业的治理迈出了关键一步。

文化英雄模范辈出。中国核电先后涌现出何少华（2014年第十二届中华技能大奖获得者）、姚建远（荣获"全国五一劳动奖章"及"全国劳动模范"称号）等为标杆人物的安全文化和技能英雄团队等。

中国核电将进一步加强文化建设和管理，以强党建为引领，弘扬"四个一切"核工业精神，不断"追求卓越、超越自我"，以安全为本、以创新为要、以责任为魂，大力实施"企业文化落地、社会责任践行、品牌传播推广"专项工程，为企业创造价值，为股东创造利润，为员工创造幸福，为社会创造财富，引领实现"做最具魅力的国际一流核能企业"的愿景，真正从优秀迈向卓越。

主要创造人：陈　桦　吴秀江

参与创造人：陈　华　杨　龙　罗路红　左　跃

以海文化领航　打响广西首家千亿强企品牌

广西投资集团有限公司

　　广西投资集团有限公司（以下简称广投集团）成立于1988年6月，是广西壮族自治区重要的投融资主体和国有资产经营实体，肩负着参与广西重点项目建设、培育发展资源优势产业、壮大国有资本、创造价值、服务社会、成就员工的光荣使命。主营金融、能源、铝业、医药医疗健康、文化旅游、国际业务六大业务板块。注册资本66.79亿元，拥有参控股企业167家，截至2016年年末，资产总额达2862亿元，营业收入1166亿元，利润24.5亿元，员工22000多人，是广西壮族自治区首家营业收入超千亿元企业。连续9年入围中国企业500强，2016年排名中国企业500强第166位，拥有双AAA级信用评级。

　　广投集团经过近30年的发展，积淀了深厚的文化底蕴，文化强企长久以来一直是广投集团发展战略的重要组成部分和全体员工的共识。新常态下，立足于企业的现实发展需求，着眼于未来战略目标实现，在充分汲取传统文化、行业文化和地域文化的优秀基因的基础上，系统提炼构建了以"海文化"为核心的新的企业文化理念体系。广投集团制定"海文化"建设规划和实施方案，坚持"一体多元"系统化推进，突出母子文化特色，按照"四季之法"建设模式搞好文化宣贯落地工程的策划。借助科学管理技术，以达标工作为切入点，制定企业文化建设考评体系，实施标准化管理，并指导下属企业科学有序地开展文化建设工作。

广投集团企业文化体系

　　广投集团企业文化发展共分为四个阶段，即文化奠基期、文化融合期、文化发展期和文化升华期。28年来，广投集团在责任中坚守，在担当中成长，在进取中壮大，在包容中凝聚，经过几代广投人的不懈努力与传承发展，从成立之初"积聚财富，服务广西"，全力服务广西壮族自治区社会经济建设发展，到构建"体面工作，体面生活"以人为本的和谐发展氛围，再到新常态下，实施新战略打造新业态，构建"产业为本、融通天下"的发展新格局。

　　"海"企业文化理念体系。"海文化"理念体系基础架构依照"文化特色—核心理念—管理理念"分为三个层次。其中文化特色是指"海文化"，"本源润泽广，容魂势梦蓝"为海文化的十字文化品牌；核心理念涉及企业使命、企业愿景、企业定位、企业精神、企业形象、企业品牌六大方面；管理理念涵盖发展理念、经营理念等十一大分支文化。

　　培育广投四大特色文化。责任文化。责任，是一种使命，广投集团始终以服务广西地方经济发展为己任。广投集团作为一个28年逐渐成长起来的地方国企，责任就是热爱祖国，听党指挥，履行国企职责，在实现国有资产保值、增值的同时，打造民族品牌，服务广西地方经济社会发展，为实现国家的繁荣富强和中华民族的伟大复兴做出贡献。责任包含对党和国家的责任、对社会的责任、对企业的责任和对员工的责任。

担当文化。担当，是一种气魄，广投人有着驾驭全局、深谋远虑的智慧。长期以来，广投集团始终秉承着诚信经营、勇于担当的理念，把企业经营好，在完成企业责任和使命的过程中，集团也获得了快速的发展，形成了金融、能源、铝业、医药医疗健康、文化旅游、国际业务等六大业务板块。在危机中承担桂江公司债务，控股北部湾银行，为政府解忧；敢于探索，成功运作国家首个BOT试点项目——来宾B电厂，并使之成为BOT投资方式的经典案例；广投集团的发展壮大又反哺了地方经济社会发展，使政府在新一轮的经济体制改革机遇下，将作为广西国有资本运营公司试点，承担国资国企改革新的使命。

进取文化。进取，是一种毅力，广投人有着冲破藩篱、挣脱束缚的勇气。广投集团不断地按照市场的变化来调整集团的战略，在推进市场化改革过程中，打造了"国海模式""广银模式"等具有混合所有制特色的发展模式；奋勇争先，自主建设了总装机容量为45.6万千瓦全国第一、世界第二灯泡贯流式水轮发电机组的桥巩水电站；抢抓机遇，精心操作，成功取得中恒集团的控股权，开拓集团医药医疗健康新领域；积极进取获得广西天然气管网项目的控股权和经营权，推进"铝电结合"政策的落地；引进国际知名品牌打造高端文化旅游项目；成立广投集团国际打开境外资源开发和融资新平台。

海文化成果发布大会

包容文化。包容，是一种情怀，广投人有着平等宽容、深厚仁泽的气度。广投集团是以海纳百川的心态广纳贤才，营造尊重员工、关爱员工和成就员工的人文环境，为员工提供"体面工作、体面生活"的基础条件，使员工在工作和生活中都获得幸福感。通过开展三项制度改革，实行全员竞聘上岗，激发选人、用人活力和机制，使广投集团逐步形成了能者上、平者让、庸者下的竞争格局；引入管理职系岗位与专业职系岗位职业发展双通道模式，使职工结合自身的实际情况有了更加明确的职业发展目标。

广投集团独具特色的文化建设模式

广投集团在企业文化建设过程中，以完备的工作机制保证，充分利用各种平台资源，积极创新宣贯载体和丰富内涵，不断促进广投新文化落地生根。

"一体多元"的母子文化建设指导方针。为保持广投集团内部的文化统一性，增强凝聚力、向心力，树立完整统一的公司形象，同时考虑推动丰富多彩、百花齐放的文化大繁荣，广投集团在集团系统内推动文化建设过程中遵循"一体多元"的指导方针，即"整体统一、多元共存"。

"一体"，是指集团公司及其所属企业的文化具有一体性，集团所属企业的子文化统一于、从属于集团"双体之道"母文化。在集团文化的一体性上，重点把握好三个要点：一是核心理念统一，集团所属企业的核心理念与集团公司的表述应完全一致；二是视觉识别系统统一，视觉识别系统是集团对外传播最核心的内容，是企业形象认知识别的最基本信息，因此在运用过程中集团各企业必须规范统一；三是在价值观的倡导方向上，各企业应当与集团公司保持统一。

"多元"，是指在"一体"的前提下，各所属企业可发展多种形式、多种特色的个性文化。在与母文化相符的前提下，广投集团鼓励各企业结合本地区、本行业、本企业实际，总结提炼自身的企业精神，在集团公司价值观和员工行为准则的指引下，形成具有特色的企业价值观，延伸细化企业的员工行为规范，为本企业的改革发展稳定提供强有力的文化支撑，同时也丰富集团公司的文化内涵和形态。

"四季之法"的工作机制。广投集团采用"四季之法"的文化建设模式，"四季之法"将一个文化建设周期分为四个阶段，每阶段制定不同的工作任务和重点，循序渐进，不断深入。一个建设周期对应一年，一年内四个阶段以自然界春、夏、秋、冬四个季节来做比喻，故谓之为"四季之法"，即"春耕——全面宣贯、内化于心"；"夏长——可观可触、外化于形"；"秋收——管理实践、固化于制"；"冬藏——总结提高、实化于行"。

广投集团"四季之法"文化建设模式可根据每年工作目标的不同，以及上一年度、上一阶段工作的反馈信息，设立不同的文化要求和任务，动态化、创新性地管理文化建设工作，强化文化的人性特征，以人为本，从人的需求出发，塑造能够适应变化的企业文化。

另外，"四季之法"体现出动态式的上升和前进。"四季之法"不仅是简单的单环式循环，而是螺旋式循环上升。每一次循环都比以往更深入、覆盖面也更广，文化建设的内容也更丰富，从而推动广投集团企业文化臻于至善。

制定企业文化落地标准化体系。为了全面系统地引导下属企业开展企业文化建设工作，提高执行力，广投集团根据自身实际情况和借鉴先进企业的经验，修订了企业文化落地的系列制度，《企业文化落地实施指导意见》《基层落地实践指南》《企业文化建设考评操作手册》。此考评体系的功能是以制度化、标准化的形式推动企业文化建设工作，使集团企业文化建设真正做到了与基层企业管理、生产经营深度融合。

广投集团打造企业文化竞争力实践及成果

企业文化战略规划成为集团发展战略的重要支撑。2016年，广投集团为积极贯彻落实广西壮族自治区领导给予打造广西国企企业文化建设标杆单位的指示精神，在制定《"十三五"企业文化建设发展规划》的基础上，制定了《打造广西国企"企业文化建设"实施方案》，方案明确了广投集团要在2~3年的时间里成为广西企业文化建设的标杆单位和全国企业文化建设示范基地的目标。方案树立了"全面贯彻落实企业文化理念体系，将企业文化理念与落实集团经营管理的各项任务紧密融合，强化集团的整体凝聚力，建立起与社会主义市场经济相适应，与现代企业制度相符合，与企业发展战略相符合，反映企业特色，与企业和职工共同发展需求相一致的企业文化体系"的总体目标。

企业文化标准化体系促进母子文化建设协同发展。企业文化最关键、最难的工作在于落地实施，而宣贯落地过程中最难的也在于下属企业的文化认同和文化建设。对此，集团先后修订了一系列制度，并从2017年年初开始，以开展企业文化建设达标评优活动为载体，计划用两年的时间，通过考评和自评，使各所属企业的企业文化建设达到合格标准，使集团母文化与企业的子文化同步建设、协同发展。

企业文化故事唱响广投企业精神。广投集团28年的发展历程中也演绎了许多可歌可泣的文化故事，如广投集团成立之初的"八人公司"的故事、集团面临撤并危机的故事、吴坤同志舍身救下属英勇牺牲的故事、桥巩水电站打造世界第二灯泡贯流式水轮发电机组的故事、推动国海证券上市、四个月控股中恒集团等，有的表现了广投人艰苦朴素、孜孜以求的创业精神，有的表现了广投人不畏艰险、奋勇进取的开拓精神，有的表现了广投人团结协作、舍己为人的献身精神，有的表现了广投人敢为人先、追求卓越的创新精神。这些动人的故事成为集团企业文化建设的重要成果，成为集团干事创业的精神指引，成为全体广投人值得引以为豪的精神财富。

主要创造人：冯柳江

参与创造人：容贤标　郭　敏　李　娟

加强办公文化建设
为企业改革发展提供有力保障

北京铁路局

　　北京铁路局（以下简称铁路局）是以客货运输为主的特大型国有企业，成立于1953年，覆盖京津冀全部区域及山东、河南、山西省部分地区，企业员工18万人，总资产5 281亿元。北京铁路局办公系统以局办公室（党委办公室）为核心，承担着北京铁路局及管内各单位的应急值守、机要保密、调研信息、督查督办、外事管理、档案管理、会议接待、后勤服务等综合性保障职能。

办公文化的主要内涵

　　北京铁路局办公室（党委办公室）（以下简称京铁办）在挖掘历史资源、探索办公系统内在规律、把握工作特点的基础上，以理念文化为引领，以制度文化为保障，以素质文化为支撑，以环境文化为熏陶，加强全局办公系统文化建设，为企业改革发展提供有力保障。

理念文化
核心价值观：忠诚、尽责、勤勉、进取、和谐、自律。

京铁办公精神：忠诚为要、尽责为先、勤勉为源、进取为荣、和谐为上、自律为基。

职责理念：思想库、智囊团、参谋部、督战队、服务部。

制度理念：规范化、标准化、科学化、精细化、信息化。

素质理念：讲政治、重品行、业务精、作风硬。

执行理念：执行第一、落实为重，定了就干、干就干好。

参谋辅政理念：站位高、谋事实、敢担当。

文稿起草理念：言之有理、言之有据、言之要实、言之要简。

督查督办理念：强化机制、强化能力、强化监督、强化问责。

环境理念：净化、美化、绿化、文化。

廉政理念：守纪律、有规矩、重小节、讲操守。

发展愿景：高标优质的定位、科学严谨的管理、热情细致的服务、端庄得体的仪表、整洁有序的环境、心齐家和的氛围。

发展目标：提高基层公信度、提高机关认可度、提高领导满意度，营造内部"家"的氛围。

制度文化
以制度建设的规范化、标准化、科学化、精细化、信息化为重点，围绕铁路局转换经营机制、转变发展方式、全面走向市场的新要求，修订完善办公系统组织结构、管理规章、服务保障制度机制等内容。以问题导向、严格管理为基础，以精准管理为过程、以自我管理为目标，把办公文化渗透到管理制度整合和重建之中，理顺工作程序，优化工作流程，提高管理效率，增强管理效力，助推了适应新的要求、便于实际操作的办公管理制度体系的形成。

素质文化

以人员素质讲政治、重品行、业务精、作风硬为重点，加强思想道德、职业技能建设，创新教育培训内容、方式、机制，开展读书荐书活动和学习、比武、练兵活动，提高干部职工以业务素质为主的职业素养，激发职工的内在潜力，建设一支知识型、技能型、创新型的干部职工队伍。建立"典型引领"长效机制，选树办公系统先进典型，命名特色工作法，提高办公系统工作的知名度和美誉度。

环境文化

以净化、美化、绿化、文化为重点，优化职场和人际环境，把理性的说教和感性的启发结合起来，把有形的载体和无形的力量结合起来，突出人文化、亲情化特征，通过建立优美的工作环境、和谐的人际环境、宽松的学习环境、良好的舆论环境，使办公系统硬件设施完备、现场规范有序、工作环境优美、人容仪表整洁，营造环境友好型氛围，使职工在宽松和谐的环境中始终保持心情舒畅，增强环境对于办公工作的影响力。

办公文化建设的主要做法

通过加强学习宣传推进。开展"办公文化建设"主题研讨活动，在"京铁办""京铁政工"微信平台、"京铁办"手机报、办公网"京铁调研"开设学习研讨专栏，撰写刊登交流学习体会180余篇，引导干部职工充分理解办公理念、制度、素质、环境文化的内涵，树立核心价值观，践行京铁办公精神。

通过强化基础管理推进。开展规范基础管理整治，健全完善制度，修订岗位职责，优化工作流程，做到格式化、明示化，加强办公信息化建设，建立数字化沟通平台，形成准确、生动、快速的信息传递，确保管理有章可循、有条不紊。

办公系统文化建设推进会议

通过提高工作标准推进。对照各项工作标准，重点提高办文、办会、办事的能力水平。开展"专题调研""体验式调研""跟踪式调研""系列式调研"，建立循序督查、联合督查、跟踪督查、回访复查等工作方法，引入职工评价监督、邀请普通职工参与联合督查，创新调研督查相结合的抓落实方式，深入一线协调解决问题，确保全局执行高效、落实有力。

通过树立良好形象推进。牵头组织开展全局全员全领域创新工作，从管理、科技、生产、经营、政治工作等创新领域，为有梦想、有意愿、有能力的干部职工搭建创新舞台，形成崇尚创新、岗位建功的浓厚氛围。办公系统干部担当高铁、临客值乘任务，在全局作巡回报告，展示了勤奋进取、忠诚履责的良好形象。

通过开展主题活动推进。评选"办公系统文化建设示范单位"，在北京、天津、石家庄三个区域，组织150余个单位办公室人员进行现场观摩交流，召开办公系统文化建设工作会议，进行成果展示、经验介绍、集中研讨，对完善提升办公文化发挥了促进作用。组织开展丰富多彩的特色活动，以活动为载体和抓手，促进文化建设落地生根。①学习教育类。如"书香四溢"荐书读书活动；文秘人员集中练笔活动；"强基达标、提质增效、建首善之局"主题教育活动；"适应新常态，创效做贡献"主题教育活动；"转观念、闯市场、增效益"主题教育活动。②专题竞赛类。如以学习促文风、以文风促作风；从细节看服务、从服务看形象"双促双看"竞赛活动；青年干部岗位成才主题实践活动；好信息、好调研、好公文、好讲稿，"四好评选"活动。③典型引领类。如"明星厨师、明星服务员、明星驾驶员"评选；办公系统服务之星、文秘之星、驾驶之星、学习之星、道德之星、自律之星等"十大明星"评选；月度先进个人、季度先进科室评选。④奉献类。如"我是党员我奉献、助力扮靓机关院"奉献活动；"我为创效献一策"金点子活动。⑤文体类。如"中国梦·铁路情·办公缘"书画摄影比赛；"健康·快乐·和谐"文化体育活动季；飞镖、跳绳、踢毽、书法、绘画、摄影专项比赛；"颂歌献给党"歌唱比赛；健步走活动。⑥固化成果类。如《"强基础、提标准、树形象"学习文集》《"书香四溢"作品文集》《文秘人员练笔文集》《践行"五个坚持"体会文集》，等等。

办公文化建设的主要成效

办公文化建设实施以来，创新形成了"四体系、四平台"。

形成了制度流程管理体系。建立健全学习、培训、廉政建设等10项管理制度，修订完善161项岗位职责，制作揭示上墙。编制公文办理、机要保密、调研督查、会议组织、外事接待等15项流程图，使各项工作格式化、明示化。

形成了日常工作提质提效体系。每年2至3次牵头局机关6个部门，开展"贯彻落实路局、路局党委部署要求，推进重点工作"调研督查。建立信息综合利用机制，由反映一般工作动态、工作进展，向多层次、多角度深度发掘转变。建立重点时期"双人双岗"值班制度。实施公文管理、会议管理、服务接待闭环审批制度。实施标准化档案室验收评比，提升档案管理整体水平。

形成了工作质量综合评价体系。建立个人月度考评、科室季度考评办法，建立工资收入与工作质量挂钩考核办法，建立工作人员失职失误和违纪违规责任追究管理办法，考核重点工作执行落实不到位6人次，建立办公室廉政风险内控机制。

形成了突出问题专项整治体系。针对办公系统易发多发问题，制定实施"五个突出问题"专项整治办法，即文明行为和首办负责专项整治、办公环境专项整治、办文规范化专项整治、会议服务专项整治、结合部管理专项整治，补强短板、提升质量。

建立了信息化管理平台。健全完善无纸化办公、电子公文、网络电报流转系统，建立政务值班签到系统、重大事项报告系统、政务督办系统、机关后勤保障管理系统、会议管理自动化系统、档案目录电子数据库，提高了政务管理的信息化水平。

建立了新媒体宣教平台。建立"京铁办""京铁政工"微信平台，"京铁办"网站、手机报，"京铁调研""京铁信息""京铁督查""京铁情况通报"数字化栏目，建立"京铁办~北京""京铁办~天津""京铁办~石家庄""京铁办~文秘"4个微信群，以内部刊物、手机报、微信平台、网站为核心的新媒体平台在加强宣传、推动工作上发挥了重要作用。

建立了人员素质提升平台。连续五年组织召开全局办公系统工作会议、办公系统业务培训暨办公文化建设经验交流会，采取国内知名专家学者授课、各科科长登台讲解、现场命题写作、学员互动答题等多种形式，提高全局办公系统人员能力素质。组织副科职以上人员收听全面从严治党、企业管理、战略思维等精品课程，开阔视野，拓展思路，掌握先进的学习理念。

建立了展示作为平台。牵头组织开展北京铁路局全员全领域创新工作，中央电视台《新闻联播》以"人人创新焕活力，企业节支又增效"为题，《人民日报》以"创新挤出新运能"为题，对这项工作进行了报道。全局办公系统管理理念实现了有效转变，发挥"思想库、智囊团、参谋部、督战队、服务部"的新时期办公系统核心职能，成为各级办公室、党委办公室的思想自觉、行动自觉。

近年来，北京铁路局办公室（党委办公室）荣获中央办公厅组织的全国党委办公厅（室）"五个坚持"征文优秀组织奖；撰写的《用新媒体打造思政工作新格局》，在中宣部主管的刊物《思想政治工作研究》上发表；连续多年被评为北京铁路局机关文明处室、服务型好处室。研究课题《特大型铁路运输企业应对转型发展构建办公系统科学管理体系的探索与实践》荣获北京市企业管理创新成果一等奖；《办公室系统管理文化的构建与实施》被评为北京铁路局重大管理创新成果；《"强基础、提标准、树形象"全局办公系统科学化管理的研究》荣获北京铁路局科技进步一等奖。

主要创造人：鲁　尚

参与创造人：魏　暹　王　轶　毕劲松　任旭恒

构建大舞台　创办大学校　营造大家庭

厦门国贸集团股份有限公司

厦门国贸集团股份有限公司（以下简称国贸）是隶属于福建省厦门市的一家国有控股上市公司，成立于1980年12月。厦门国贸控股集团有限公司是厦门市国有资产监督管理委员会的投资监管企业。经营领域为供应链管理、房地产经营和金融服务。2016年营业收入980.77亿元，同比增长52.77%；归属于母公司所有者的净利润10.43亿元，同比增长62.34%。位居2016年中国上市公司贸易行业第2位、贸易、进出口行业最受赞赏中国公司第4位，中国上市公司500强中排名第90位，从事服务中小微企业的综合金融业务位居福建省同行的前列。先后荣获"全国模范劳动关系和谐企业""全国职工之家""福建省文明单位""厦门市基层先进党组织"等荣誉。

国贸是一家与厦门经济特区同时诞生、一起成长的国有控股上市公司。37年来，在几代国贸人的共同努力下，国贸历经风雨，不仅经营能力和经济实力不断发展壮大，而且形成了一个富有特色的企业文化，我们把它总结为"大舞台、大学校、大家庭"。在作为公司发展战略的重要组成部分之一，国贸的企业文化凝聚了人心，激发了员工的积极性，汇集了富有活力的人力资源，有效地促进了公司持续快速健康地发展。

构建大舞台，打造创新型发展团队

快速发展的国贸，着力为员工构建可以施展才华的大舞台，帮助员工演绎自己的精彩人生,而广大员工特别是青年员工的快速成长又有力地推动了国贸的快速成长。同时，企业文化也只有与经营管理相融合，才有生命力。

提供员工成长的广阔空间。进入21世纪以来，国贸实现了持续快速健康地发展，经营规模和经济效益屡创新高，其主要经营行业分别名列中国100强；公司经营区域也发展到大江南北、境内境外，目前境内在上海、广州、天津、成都及合肥、南昌等地设有区域公司，境外在中国香港地区、美国、新加坡、新西兰等地设有分支机构；国贸的经营范围也从传统的贸易，扩大到今天的供应链管理、房地产经营和金融服务三大领域，这些都为员工的成长提供了可以充分施展才华的广阔空间。

随着公司的快速发展，一大批优秀团队和人才慕名加入了国贸，一大批青年骨干在国贸迅速成长。这几年，国贸大量新业务、新投资、新项目锻炼了青年员工，一大批青年员工已经成长为公司业务和管理的骨干。很多员工都表示，加入国贸很大一个原因就是被其富有特色的企业文化所吸引，一些员工因为家庭等原因依依不舍离开了国贸，后来有了条件毫不犹豫地选择回到公司。

形成员工成长的制度保障。厦门国贸从事的都是完全竞争性的行业，人才是公司生存发展最为宝贵的资源。

在国贸，以人为本不仅仅是一句口号。公司着力提升人力资源管理体系，从招聘、培训、绩效、薪酬、职业生涯规划等各个方面为员工成长搭建舞台。公司把以物质激励为基础的外在动力和以职工综合素质提升为核心的内在动力相结合，构建了一个富有人文内涵的有机体系。

国贸已经形成了一个干部能上能下、优秀人才可以脱颖而出的用人机制，建立了绩效管理和问责制度，公司建立了覆盖从高管到一般员工的全面绩效管理制度。近年来一批70后高管、80后中层已经迅速成长起来。一些表现突出的骨干从校园到中层正职干部只经历了4年的时间。

建立员工成长的激励机制。榜样的力量是无穷的，为更好地激励青年员工，公司在最佳员工奖项中设置了"最佳新人奖"，专门奖励新加入公司的员工。这些举措，有效地形成了一个比学赶帮超的氛围。为落实"创新、恒信、进取"的核心价值观，每年都要表彰一批"优秀创新成果"。

创办大学校，推动学习型组织建设

国贸长期致力于建设学习型企业，力求使每一位员工在国贸的职业生涯中都能得到学习和提升。

重视知识的学习和能力的提升。公司内部已经建立了一个多层次、广领域、全覆盖的培训体系，注重内外部资源的充分利用、内部各层级的有效分工和中短期培训的合理安排。

国贸已经形成了集团、事业部和部门三级培训体系，调动各方面的积极性，有分工、有计划地开展各项培训。2016年，全集团共举办各类培训逾千场次，参训人数超过3万人次。组建了一支内训师队伍，50多位员工获得认证。在集团组织的培训中，内训师授课场数占了一半以上。

国贸鼓励员工在职进修提升，与多家高校、科研单位建立了合作共建关系，拓宽了员工的培训渠道，近年来有百余人在职取得硕士学位，数百人获得中高级职称，公司在厦门大学专门为中高层干部举办了EMBA国贸班。公司注重对新员工的培训，常年开展新员工入职集中培训，为新员工入职指定引导人，帮助新员工制订成长计划。

近年来，国贸还探索内部培训的新形式，针对不同对象制订不同的培训计划，如近年来针对新提拔中层干部的"腾飞计划"、针对商业零售店长的"战将计划"、针对青年骨干的"翱翔计划"、针对地产人才的"筑梦计划"、针对人力资源从业人员的"HR百人计划"等。

国贸努力为创建学习型组织创造条件，投资建立了一个覆盖各异地公司的视频系统；每年按照工资总额的2.5%计提教育经费；建立了一个职工书屋，通过公司网站、微信平台、小报等多种媒介，搭建学习交流的平台。

注重员工素质的提高。作为省级文明单位，国贸十分重视精神文明建设，经常开展社会主义核心价值观教育，建立道德讲堂，在企业内部大力宣传精神文明先进典型。积极参与文明城市创建活动，在厦门首批主动认建认养一个街心公园（国贸凤凰园），组织员工参加道路交通安全和公共场所秩序的维护，长期与厦门警备区船运大队开展军民共建，与同安区湖柑村开展城乡共建，与厦门多个大、中、小学开展校企共建活动，与所在居委会建立了社区共建活动。通过这些活动，不断提升员工的文明素质和爱心意识。

国贸一贯热心社会公益和慈善事业，自觉履行应尽的社会责任，在厦门重点工程、城市建设、文教卫生、赈灾救灾、扶贫济困中处处可见国贸人的身影。多次上榜中国国有上市公司企业社会责任榜。国贸常年开展"爱与梦飞翔"公益活动。目前与同安湖柑村和厦门特教学校建立常年帮扶关系，在学校设立爱心基金，建立爱心图书室，组织学生参观科普基地，帮助添置教学设备，共同开展文体活动。在活动中，员工受到教育得到提升，目前国贸是厦门市残疾人基金会理事单位。

建设大家庭，营造和谐型企业氛围

国贸长期推进企业民主管理，致力于和谐企业建设。国贸是厦门首批全国模范劳动关系和谐企业、全国职工之家，连续多次当选厦门最佳雇主。在国贸，每一位员工都能强烈感受到置身于一个温馨大家庭之中。

开展企业民主管理。国贸有健全的职工代表大会制度，凡涉及职工切身利益的事项都必须提请职代会讨论。公司建立集体劳动合同、工资集体协商合同和女职工特殊权益保护合同三项集体合同，保证了员工的基本权利。开展企务公开，重大事项向职工群众公示，接受职工群众的监督。领导和员工之间已经建立了常态化无障碍的交流沟通渠道，公司常年开展合理化建议征集活动，充分听取职工群众对公司经营管理工作的意见和建议，国贸主要领导每年都要召开驻外员工座谈会、青年员工座谈会、驻外员工家属座谈会，切实帮助解决职工群众工作和生活中的实际问题和困难。在厦门首批获得"全国模范劳动关系和谐企业"称号，国贸工会为"全国职工之家"，公司连续多年蝉联"最佳雇主"荣誉。

创建学习型企业培训

关心员工的切身利益。用三个集体合同确保职工收入稳定增长，用年金制度为职工的退休养老提供补充保障，用体检和开保健课来关心职工的身心健康，用投保人身保险和设立爱心基金为职工解决后顾之忧。领导坚持每年到各区域公司慰问，到条件比较艰苦的岗位慰问。坚持开展每天的工间操和眼保健操，2006年起，由员工自愿捐款、公司补充资助建立了"国贸爱心基金"，11年来共有近百名员工获得资助近百万元。国贸及其员工还积极捐款100万元参与控股股东公司的"关爱基金"，有数十人从中获得资助数十万元。

常年开展富有特色企业文化活动。多年来，创办了元旦欢乐家庭日、元宵职工大联欢、中秋青年歌手赛和俱乐部体育比赛四大品牌企业文化活动。每年元旦，国贸领导都要和员工及其家属一起度过欢乐的新年第一天，元宵都要展现一台由员工自编自导自演的精彩文艺节目，在中秋青年员工歌手赛上加强员工的交流。近年来，为更贴近经营管理工作，又开展了英语演讲、战略发展辩论赛、读书征文等新的活动形式。

自2002年起，采取职工自治、公司赞助的办法组建了多个职工文体俱乐部，常年会员有数百人。这种形式既丰富了职工的业余文化生活，又培养和锻炼了一批文体骨干，使之成为公司企业文化活动重要的生力军。

国贸的文化建设重视内外兼修，着眼于"三大"的内涵建设，落脚在和谐企业的创建，形成了自己的特色。

国贸企业文化建设靠的是领导重视，体制健全，理念清晰，持之以恒。领导重视体现在公司主要领导亲自挂帅企业文化领导小组，经常关心，悉心指导，并为企业文化建设提供专项经费保障。体制健全体现在党政工团齐抓共管，三级组织上下互动，职工群众积极参与，在集团层面，企业文化工作已经列入了对人力资源部绩效考核的重要内容之一。理念清晰体现在公司制定了明确的企业使命（持续创造新价值）、愿景（成为令人尊敬的优秀综合服务商）、核心价值观（创新、恒信、进取）、企业精神（激扬无限，行稳致高）、文化理念（大舞台，大学校，大家庭）和品牌口号（集大成，通天下），并写进企业发展战略，宣传到位，形成共识，深得人心。同时明确企业文化要有利于企业的健康发展，有利于经营管理工作的开展，有利于调动员工的积极性和创造性。持之以恒体现在正确处理好传承与创新的关系上，体现在与党建、团建、工会和精神文明建设等各项工作协调开展中。

重视文化建设对内可以凝聚人心，提高员工素质，增强企业的核心价值。对外可以提升企业的品牌形象。国贸历经风雨苗壮成长，很重要的一点正是得益于这种深深扎根在广大员工内心的国贸企业文化，得益于这种深受包括员工家属在内社会各界理解和认同的国贸企业文化。我们将传承历史，持续创新，不断为企业文化注入时代的新内容，使之成为推动国贸事业不断向前发展的强大动力。

主要创造人：集体

大力强化企业管理　创建一流企业文化

山东大海集团有限公司

　　山东大海集团有限公司（以下简称大海集团）始建于1988年，是一家集"纺织、新能源、新材料、有色金属、房地产、国际贸易"等于一体的跨行业、跨地区、跨国际的综合性大型企业集团。公司总资产295亿元，职工6000余人。2016年，公司实现销售收入652亿元，入围中国企业500强、中国民营企业500强、中国制造业企业500强、山东企业100强等排行榜。先后荣获"全国诚信守法企业""AAA级信誉企业""省级守合同重信用企业""省级文明单位"等荣誉。

　　大海集团自成立以来，始终坚持以科学发展观为指导，以服务企业发展为宗旨，以打造大海品牌为切入点，始终着眼于提高企业核心竞争力，着力于提高员工整体素质，着力于增强员工的凝聚力和向心力，积极打造符合自身特色的企业文化建设发展模式。培育企业精神，规范企业行为，塑造企业形象，促进了企业精神文明和物质文明协调发展，提高了企业文化建设水平。

领导重视，构建和谐文化体系

　　领导重视，文化立企。坚持党委统一领导、董事长亲自抓、综合办组织协调、部门各负其责、职工群众积极支持参与的工作机制，把文化建设工作纳入公司总体工作规划和各分公司方针目标责任书中，不断深化主要领导负总责，分管领导具体抓，一级抓一级，一级对一级负责的工作格局，使企业文化建设成为公司名副其实的一把手工程。

　　建塑体系，文化治企。将企业文化提升工作纳入每年年度工作会议中，将企业文化提升目标融入党委工作意见，加强对企业文化体系的指导性。重点完善资金保障机制，统筹安排活动开展和设施建设支出，纳入财务整体预算。加强政工队伍建设及企业文化课题研究，注重企业文化及政研骨干队伍的培养，保持企业文化和思想政治工作理论研究活动常态化开展。建立完善企业文化建设责任考评机制。把企业文化建设纳入本单位绩效管理、基础管理工作，与日常经营生产工作同时研究布置，与文明单位、党建工作、思想政治工作一并检查考核。

　　强化宣传，文化兴企。在企业文化理念修订完善的基础上，分层次、分步骤地在全体员工中开展企业文化学习活动，以真正实现文化理念"内化于心、外化于行"。一是通过《大海周报》、办公网、宣传栏、入职培训、班前（后）会等载体广泛宣传企业文化理念，让文化理念能够入心入脑；二是通过建立看板文化管理制度，全面推广看板文化管理，将企业文化理念通过看板形式宣贯到企业的每一个角落。

　　全员参与，文化强企。为大力营造具有大海特色的企业文化，广泛开展企业文化理念征集活动，借助各种会议、集体学习、班组活动等机会，组织干部职工对上述理念进行逐一讨论，重点从理念组成定位、文字表述等方面提出意见或提供更好的表述。经过丰富完善后，企业文化理念具体包括：企业愿景、企业精神、企业目标、企业核心价值观等管理理念。

突出重点，深化特色文化建设

坚持制度文化。始终坚持"制度第一、流程至上、领导第二"的制度文化建设。坚持将所有的议事规则、所有的操作、所有的决策确保在阳光之下，确保在制度的约束监督之下，领导不能凌驾于制度至上，一旦制度确定了就必须执行，必须以流程的执行来成为制度刚性执行的保证。通过方针目标、经营评价、绩效考核、督办反馈等多种手段，督导目标达成，形成"办实事、求实效"的工作导向，确保各项目标任务顺利完成。

坚持沟通文化。将与基层员工谈心作为一项制度确立下来，每月组织一次干部与基层员工谈心，为员工答疑解惑；通过谈心全面了解基层员工的思想动态，减轻员工的心理负担和压力，增强发展信心，创造和谐发展氛围。

企业文化推进会

坚持诚信文化。诚实守信，是一切价值的根基，也是公司一切经营活动的准则。大海集团一直把顾客的要求当作最高标准，制定了高于国家标准的企业内部标准，不达到内部标准的产品不能出厂，绝不生产假冒伪劣产品，坚决杜绝不合格品出厂，在社会上赢得了诚信经营的美誉。

坚持安全文化。始终把安全工作切实摆在各项工作的首位，与各单位层层签订安全生产目标责任书，对于生产事故实行"一票否决制"。各单位"一把手"是安全生产的第一责任人，把安全生产目标责任落实到部门、班组、岗位，将安全承诺签订到每一位在岗职工，形成了"公司统一领导、单位全面负责、职工广泛参与"的共同责任网络。

坚持环保文化。坚持低碳环保先行，相继关停印染厂、织造厂，并向新能源、新材料、生态林业、现代物流、电子商务等新兴产业转移。以低碳发展为目标，坚守低能耗、低排放、低污染的低碳"红线"，通过科技创新引进的太阳能级硅片项目、太阳能光伏组件项目等；充分利用生态林场排碱沟资源优势，大力开拓国内光伏应用市场，围绕小城镇建设、学校、医院等公共场所，实施一大批屋顶光伏发电项目；全力打造"绿色企业"和行业"环境友好型企业"。

坚持创新文化。 不断加大科技创新和产学研相结合，投资500多万元与青岛大学合作成立了青岛大学—山东大海集团纺织实验中心。投资180万元与中山大学建立了产学研战略合作伙伴关系，组建了大海新能源研发中心，加大对新能源项目研究和技术研发，目前已有15项实用新型专利。与中科院理化所等科研单位建立合作关系，投入专项资金，努力争创省级实验室、国家级实验室，提高企业的研发水平，积极培育自主品牌和拥有自主知识产权的创新产品。

坚持节约文化。 通过实施分之合管理模式，强化成本核算，在产、供、销、财务等各个环节加强管理，把生产成本中的原材料、辅助材料、燃料、制造费、行政费等项中每一项费用细化到单位产品成本中，使成本核算进车间、进班组，到人头。变成本的静态控制为动态控制，形成全员、全过程、全方位的成本控制格局，使节约成本落实到每个职工的具体行动中。发挥领导模范作用，引导全体职工从自身做起，自觉养成节约一度电、一张纸等良好习惯。突出抓好节约用水电、节约用车、节约通信费用和精简会务接待等，达到降本增效的目的。

坚持楹联文化。 积极弘扬中国传统文化，传承楹联文化。通过形式多样的企业文化创建活动，使企业文化更加贴近实际、贴近生活、贴近职工，使楹联作品更具生命力，大大提高了企业文化建设的形象，有力地促进了企业的精神文明建设。楹联文化使广大干部员工深受教育，陶冶了情操，形成了积极向上、学习先进艺术文化的价值观，活跃了职工生活。

坚持学习文化。 不断打造学习型团队，大力实施人才强企战略，将职工素质工程融入企业总体发展战略之中。重点抓好党员干部的党性修养、理论修养、道德修养和业务修养，充分发挥各级领导干部和共产党员在创建学习型企业中的示范带头作用，组织全员学习《长松组织管理培训》等企业管理书籍，开展提升员工自身素质和业务技能的培训活动，组织学习《国学》《职工职业技能提升》等大型培训活动20余次。

坚持廉政文化。 大海集团出台了一系列廉政建设制度，自上而下、由内而外的逐级签订廉洁自律合同，形成了公正、公平、廉洁、自律的制度文化，成为干部职工共同信守的价值观念。组织开展了廉政文化宣传月、廉政文化"进基层、进班组"和"职工点评领导、一线点评后勤"等活动，印发了《工作人员职业道德规范》，通过这一整套规章制度和细则推进廉政活动的全面开展。

求实创新，打造特色品牌文化

勇担社会责任，热心回报社会。截至目前，已先后向社会各类公益事业、慈善事业捐款达1000多万元。2003年"非典"期间，无偿捐赠12万元；菏泽、临沂等地区发生特大洪涝灾害，捐款、捐物折合人民币3万多元；出资5万元帮助闫口村修缮街道；出资30万元帮扶西家村小学搬迁；为四川汶川地震灾区募捐资金100余万元等。与团省委成立了"大海·扬帆"助学工程，先期注入资金50万元作为启动资金，以后每年注入20万元，不断扩大奖学助学基金规模。设立困难职工帮扶基金，每年注入20万元对困难职工进行帮扶，迄今为止，共有390余名职工接受帮扶。

制定管理创新奖励办法，定期开展创新建议活动，并对积极创新、富有成效的单位和个人予以奖励，每月末按照员工月度创新建议的数量和质量进行综合评定，评选出若干个"金点子奖"。每年年末根据各个公司创新建议的申报情况、创新项目的实施情况进行综合评定，评选出若干个"年度优秀组织奖"。以此来充分保护员工创新的积极性，增强创新工作的活力。

强化措施，提升文化建设水平

积极开展技术比武和操作竞赛，增强企业文化的"辐射力"。积极引导职工充分发挥聪明才智，全身心地投入企业经济建设中去，达到经济工作和企业文化建设相互促进的目的。通过开展岗位练兵、技术比武、合理化建议、"安康杯"竞赛等活动，培养职工忠诚企业、奉献岗位、渴望成功、献身远大理想的高尚情怀。目前，生产人员持证上岗率达95%。

丰富业务文化生活，增强企业文化的"渗透力"。引导职工参加形式多样、健康向上的文体活动，坚持在比赛中培养职工集体荣誉感和不怕吃苦、勇于拼搏的向上精神，使企业文化渗透到寓教于乐的体育活动中去，以增强活动的"渗透力"，营造浓厚的企业文化氛围，让职工在健康有益的文体活动中理解、接受、认同企业理念。

以人为本，增强企业文化的"亲和力"。根据各个不同时期的工作重点组织开展慰问活动，比如，逢年过节"送温暖"、防暑降温"送清凉"等。以关心关爱职工的"困难职工帮扶""大海扬帆助学工程"活动为载体，注重解决好困难职工的帮扶工作。设立大海公益基金，建立健全困难职工的档案，对生活上暂时遇到困难的职工，从感情上体贴他们，生活上照顾他们，用心、用情把这项工作做实、做好，让职工感受到企业大家庭的温暖。

实施"暖心"工程，增强企业文化的"向心力"。"暖心"工程建设是多年以来常抓不懈的一项重点工作，在职工中得到了广泛的认同。对入厂新员工由公司预支300元餐费补助。在高温高湿季节，免费给员工发放冰糕、清凉油、送绿豆水等降温防暑物品。高标准化的员工公寓全部安装了卫星电视、中央空调、淋浴设备等。投资50多万元为工厂生活区广场增添了健身娱乐器材。继续实施全体干部员工公费旅游，旅游时间由"一日游"延长为"两日游"。通过"暖心"工程，使企业和职工之间架起了一座"桥梁"，让每个职工在"家"里有种舒心、舒畅、温暖、温馨的感觉，让每个职工在"家"里能够有所获、有所得、有所提高，在"家"里找到心灵的归宿，在"家"里找到奋斗的动力。

主要创造人：刘福海

参与创造人：孙美香　张玉亮

以"传承与创新"为双驱动
探索高端酒店科学经营模式

北京市北京饭店

北京市北京饭店（以下简称北京饭店）始创于1900年，是富有传奇色彩的著名高档商务酒店。中华人民共和国成立前，曾经历了法国、意大利、日本、国民党四个管理时期，被誉为20世纪30年代"东亚最豪华的酒店"。中华人民共和国成立后，是党和国家举办重要国务活动的场所，见证了一个个具有历史意义的时刻。曾经被外宾们誉为"政府宾馆"的北京饭店始终以出色、圆满完成国际政要、高端政务服务接待任务而享誉中外，是2008年第29届奥运会"奥运大家庭总部饭店"，连续多年荣获由美国优质服务科学会颁发的"五星钻石奖"，此奖项是酒店业国际最高荣誉。北京饭店连续荣获第十二届、第十三届和第十四届"首都旅游紫禁杯最佳集体奖"，并获得永久保存"紫禁杯"的殊荣。首都旅游紫禁杯代表了北京市旅游行业的最高荣誉。

在新常态下，确立了"传承与创新"的企业文化基调

面对新形势和新趋势，北京饭店主动适应新常态，确立了以传承与创新为"双驱动"，作为北京饭店这一百年老店，富有历史文化色彩又与时俱进的企业文化基调，并以此为指导全面开展创新经营工作，明确"调整优化、转型发展"的创新主线，紧密围绕市场需求变化和酒店经营的难点节点问题，在挖掘历史文化积淀的基础上，以深厚的历史文化和服务传统为依托，每年落实一个创新主题，持续推进经营模式的创新深化。几年来，北京饭店转变了思想观念，强化了市场定位，挖掘了消费需求，调整了经营结构，拓展了营销渠道，创新了经营模式，创造了产品服务的客户新体验，打造了北京饭店的品牌新形象，有效遏制了经营下滑的幅度，市场定位更加明确，经营结构更加合理，客源结构更加优化，发展后劲更加强劲。

所谓"传承"的企业文化就是持续发掘北京饭店特有的、无可比拟的历史文化积淀，即从空间上重现历史氛围、从产品上重塑历史品貌和从服务上挖掘历史积淀三方面入手，将北京饭店深厚的历史文化所积淀的优良基因注入餐饮、客房产品系列，通过"转变观念看市场，放下架子做市场，调整结构占市场，中国服务赢市场"的深刻抉择变革，闯出了一条老字号大型国有企业经营模式创新转型之路。

而与"传承"的企业文化相对应，互为驱动的"创新"企业文化就是确立"做精高端政务、做实高端大众"的独特市场定位，秉承"政要定制，文化体验"的服务高端品质，彰显"中国服务"的品牌特色内涵，以深度挖掘市场需求为龙头，及时调整产品结构，不断提升服务理念、强化服务标准，持续优化经营结构和管理流程，深化激励机制改革，促进团队绩效提升。

图1　特色服务技能大赛现场

北京饭店确立传承与创新企业文化的背景

　　国家经济变化促进北京饭店经营模式创新。北京饭店面临着持续性、行业性的市场深度调整和全面转型的严峻挑战，只有主动适应经济发展新常态，才能抓住新的战略机遇。转变北京饭店企业文化的思维观念，改变固有模式，不断为消费者提供更好的服务产品和商品，就是经济发展的新动力，变革创新成为一种必然。

　　市场新形势倒逼北京饭店经营模式创新。因国内外经济复苏缓慢，高端酒店市场形势与之前相比出现了陡然变化，餐饮消费骤降，北京饭店原来的优势变成了劣势，长板变成了短板；北京市五星级酒店已发展至60余家。目前进入北京的国际饭店管理集团已有21家，激烈的市场竞争也使高星级酒店业务普遍出现严重下滑；北京饭店身处王府井商圈，其商务气氛要小于其他商圈，而旅游气氛浓厚。因此，积极推行差异化创新战略，是北京饭店规避恶性市场竞争的最有效手段。

　　传承与创新的企业文化促进北京饭店经营模式创新。北京饭店作为北京酒店行业唯一的百年品牌，拥有的不仅仅是历史，更是在发展过程中的经验积累和文化积淀；北京饭店有着承担中央和北京市重大接待任务的传统和服务经验，在受到广泛好评的同时，也扩大了北京饭店的影响力；通过与国际著名酒店品牌相互学习借鉴，优势互补，进一步巩固、提高了北京饭店的经营绩效和科学管理服务水平，为实现具有"世界品质，东方气派"的高端商务酒店品牌定位提供了高水准的发展平台；历时多年创新经营工作的顶层设计和深入实践，使北京饭店的转型发展需求更加迫切和持续。

北京饭店以"传承与创新"为核心的企业文化的主要内容

　　北京饭店始终坚持"传承与创新"企业文化思想理念，以市场为导向，以构建服务产品体系为突破口,顶层设计和重点落实相结合,领导规划创新和全员实践创新相结合,打造"三四二创新工程",构筑"六大创新平台",不断加强创新管理,使企业传承与创新制度化、体系化,有效实现了传承与创新的双重目标,推动了企业的转型发展。

北京饭店企业文化的内涵,目的。以"打造新的服务产品体系"为突破口,积极构建新的服务模式和经营结构,提出"转变观念看市场、放下架子做市场、创新经营占市场、中国服务赢市场"战略发展思路,以传承促进创新,以创新促进转型,以转型助推传承,在做精政务高端市场的同时,不断开拓大众高端市场,进一步丰富北京饭店的服务产品结构和品牌内涵,让大众"进得来、坐得住、体验好、还想来"。持续深入地解放思想、转变观念,提升全员传承与创新的意识和能力,为企业的持续创新发展夯实基础,力求探索出一条较为清晰的高端酒店转型发展的新路径。

实现企业文化目标。按照企业文化以传承与创新的经营管理理念为核心的总体安排,发挥北京饭店政务接待、优质品牌、服务创新的三大优势,打造"家庭宴系列""节日宴系列""休闲美食系列""商务家苑系列"四大创新产品,达到巩固原有高端市场、同时开辟大众市场两大成果的目标。

以北京饭店企业文化为核心实现经营模式创新的主要特征

继承历史,强化优势,挖掘市场。北京饭店深度发掘其特有的、无可比拟的历史人文积淀,以历史品貌为手段丰富消费产品、以历史文化为载体提升服务体验,将企业丰富的历史积淀转化为竞争优势。围绕"政要和大众"消费群体,重塑企业高端定位,彰显高品质服务。以"中国服务"核心服务理念为统领,强化北京饭店"政务接待、优质品牌、服务创新"的三大优势,以开拓市场为着眼点,以消费需求为导向,全方位贴近市场,利用各种渠道和手段充分挖掘市场趋势和消费需求,使创新工作的开展更加有的放矢,使创新项目的目的和价值更加突出。

解放思想,转变观念,开发心力。面对经营困境,面对创新需求,北京饭店长期通过培训、座谈会、案例分享、研讨会和市场开发等多种形式,对管理者和员工进行创新意识和潜能的激发。截至目前,创新热情已被点燃,创新意识已被强化,创新能力已被提升,市场观念更加深入人心,"出现问题找市场"成为共识,为饭店实现华丽转身奠定了坚实的基础。

着眼未来,统筹设计,持续发展。北京饭店全员认识到,企业的创新需要在与企业文化战略对接的基础上,进行体系化设计、安排,营造一个以传承与创新为核心价值,以实践创新为核心方法,以产生创新为必然结果的企业文化,并以此展开有规律、坚持不懈、连续不断地创新流程,这是保证企业可持续发展的要求,也是保证企业可持久创新的要求。

北京饭店以企业文化创新为核心创新经营的方法实施

"三四二创新工程"。创新产品是北京饭店实现市场转型,调整客源结构的突破口。通过推出的四大创新产品,将原来只面向高端客人的客源结构,转型到了既面向高端政务,又面向高、中端大众的"二元"客源结构上。

"三四二创新工程"一览表

构成	内涵
三大优势	政务接待、品牌积淀、服务特色
四大创新产品	家庭宴系列，节日宴系列，休闲美食系列，节日、周末家庭房系列
两大成果	巩固原有高端市场、开辟大众市场

设计"喜庆良缘中式婚宴"等家庭宴系列产品，使大众对北京饭店不再望而却步，初步达到了企业向大众化转型的目的。

推出了"合家欢年夜饭"等节日宴系列产品，很好地吸引了大众客源，逐步实现品牌化。

为年轻人量身定做了时尚美食，吸引了很多年轻人的光临，满足了青年一代休闲日益时尚化的需求；

推出节日家庭房、周末家庭房系列，并提供适合家庭出行的旅游线路设计等个性化服务，增加了服务的附加值。

"六大创新支撑平台"。

新观念：提出了"做精高端，同时开辟大众市场，并将高端服务向大众服务延伸"的经营战略，突出市场意识，强化服务大众。

新组织：成立创新团队，有计划开展创新工作，构筑企业创新发展的研发平台，为建立创新的长效机制奠定了基础。

新渠道：构成一个完善的餐饮管理平台，构建了数据库，建立了新的营销型网站，形成了新销售渠道平台。

新客源：建立了"客户资源开发"机制，增加交流与互动机会，根据客户的喜好和需求改革创新餐饮产品。

新管理：对原有固定的劳动管理模式进行了集约灵活地创新改革，一是服务岗位单元化，二是人力使用集约化，三是人员使用量化，四是技能多元化。

新机制：改革创新激励机制，完善培训机制，转化服务意识，强化宗旨服务，形成良好的创新氛围。

图2 六大创新支撑平台

取得的成果：

继续发挥高端政务市场定制化、个性化、精致化的品牌优势，发掘政务接待市场的增长点，圆满完成各项重大政治接待服务任务。特别是圆满完成了习近平主席会见宴请德国总理默克尔的服务任务、李克强总理会见宴请联合国秘书长潘基文等重大高端政务接待服务活动，在服务中北京饭店所呈现的中华美味、中国文化和中国服务令中央领导和国际贵宾叹为观止，给予了高度肯定。充分巩固了北京饭店高端政务接待市场的一流品牌地位，确立高端大众市场品牌优势，形成产品独有的历史文化特色，形成市场的口碑化美誉度，铸造了独具特色的高端服务接待模式。

丰富创新产品，促进企业深化转型，提升企业经济效益。2016年全年餐饮部预算6970万元，实际年收入约8100万元，完成预算116%，2016年月平均出租率为49.64%，较2015年同期上升了0.62%。2016年全年平均房价为826.73元，较2015年同期提高了44.75元。

"互联网+"战略思维，深化企业转型。在"互联网+"的时代下，北京饭店继续开展了多平台新渠道营销。2016年北京饭店官网客房预订有效订单555个；发布图文微博32条，累计关注人数3180人，微博单篇最高阅读量达到3024人次；在大众点评网推出的北京饭店婚庆店铺，浏览量已达8000人次；通过大众点评预定的婚宴达46场，接到的咨询电话有240余次；在百度糯米推出了4种不同价位的团购套餐，已售出307份。

以"传承与创新"的企业文化理念，进一步发掘市场的创收潜力，开拓以家庭为中心的新客源。北京饭店推出了创新产品——"节日家庭房、周末家庭房系列"，为家庭入住提供联通房，并提供适合家庭的个性化旅游线路设计等超值服务。根据节假日市场特点推出灵活、亲民的价格促销策略。其中2016年春节、五一、端午节、十一黄金周等节日期间客房爆满，市场收入为人民币785万元，同比增长18%。婚寿宴方面制定多种价格标准，提供婚宴的"一条龙"服务，制订有传统特色的婚庆布置方案。

北京饭店未来创新经营或者说"突围"的方向就是继续以北京饭店传承与创新"双驱动"的企业文化，探索新常态下高端酒店经营模式的创新与发展转变成平台型公司。北京饭店创新经营的未来就是做以"传承与创新"为企业文化双引擎的"互联网时代的新型企业"。

主要创造人：王泉生

参与创造人：王栋凤 艾 文 刘 刚 吴佳君

以文化力激活企业转型发展新动能

中国电信股份有限公司广东分公司

中国电信股份有限公司广东分公司（以下简称广东分公司）是中国电信集团属下最大的省级分公司，基础网络与服务网点遍布广东城乡，总资产约900亿元，在岗员工4.6万人，经营收入达500亿元，年缴税近50亿元，位列"广东省百强企业"第21位。先后荣获"全国五一劳动奖状""全国模范劳动关系和谐企业""广东省最佳诚信企业"等荣誉。

在"互联网+"新时代，广东分公司坚持以全面加强党的建设为统领，实施文化引领战略，积极探索转型期的企业文化建设新路子，不断强化文化的战略导向和战略的文化支撑，推进企业文化建设制度化、常态化、体系化，充分发挥企业文化在全面深化改革和战略转型升级中的引领示范作用。近年来，重点强化"创新、人本、排头兵精神"三大核心理念，作为以文化力激活企业转型发展的新动力、新动能，全面促进企业价值、员工价值及工作效率的"三大提升"。

党建统领，保障企业文化建设的正确导向

广东分公司将国有企业的党建优势转化为企业文化建设的政治优势和思想保障，充分发挥党组织"把方向、管大局、保落实"的领导核心和政治核心作用，牢牢把住企业文化建设的正确航向。

健全领导机制。广东分公司持续优化党委领导思想政治工作和企业文化建设的机制，成立党委书记任组长的企业文化建设领导小组，统筹协调党政工团完善责任明确、上下联动、密切合作、高效畅通的工作机制，形成党委领导、党群主抓、各部门协同的大文化格局。制定企业文化建设总体规划和年度滚动计划，每年划拨企业文化建设专项经费，企业文化工作与业务发展、客户服务等生产经营工作同部署、共落实、相促进，进一步提升了企业文化建设的制度化和规范化水平。

创新闭环机制。充分发挥思想文化对企业改革发展的助推器作用，针对重大企业文化活动，创新建立"党委统筹领导—支部组织实施—行政配合开展"的闭环工作机制，虚功实做，务求实效。比如，针对近年来市场环境激剧变化，部分员工思想上产生波动和困惑，特别是新入职大学生离职个案增多的情况，2016年年初，广东分公司按闭环工作机制在全省基层单位创新推行员工思想工作导师制，全省695个支部确定辅导对象1104人，评聘导师918人，结对813对。思想导师与辅导对象进行结对帮扶、释疑解惑和职业指引，提升其对企业的认同感和归属感、满意度和敬业度。如江门分公司以前平均每年新入职30多名大学生中都有3~5名离职，2016年实施员工思想工作导师制后，42名新员工仅有1人出现离职苗头，由于思想导师及时发现，分公司党群部、人力部协同开展细致的思想工作，使这名员工打消了思想顾虑。

强化价值导向。广东分公司以社会主义核心价值体系建设引领企业文化建设，以"道德讲

堂"为载体，将常态开展社会主义核心价值体系的学习教育作为企业文化建设的重中之重。将"道德讲堂"建设工作纳入公司"企业文化示范单位"测评体系，设立"广东电信道德讲堂"易信公众号强化价值理念传播力度，结合中心组扩大学习、创新论坛、文化沙龙、专家讲座、先进典型颁奖等活动统筹开展道德讲堂活动。例如，2016年11月请著名作家毕淑敏为500多名员工进行"幸福密码"讲座，使听众在感受文化魅力的过程中形成正确的幸福观。

强化文化管理。广东分公司党委坚持"融入中心，服务大局"的指导思路，促进企业文化建设从分散化的"文化建设"向制度化的"文化管理"演进。2015年以来，先后制定企业文化三年规划实施意见，配套建立健全《企业文化建设管理办法》《企业文化量化考评体系》、企业文化示范单位评选机制、划小单元团队"四个一"文化支撑实施方案、《思想政治工作责任制》《员工思想工作导师制》等制度规范，推进企业文化进基层、进员工、进管理，有效促进了企业和谐稳定发展。2016年年初，广东分公司以文化引领企业互联网化运营转型的典型经验，被广东省直工委编辑出版的企业文化丛书《耕耘》收录。

规划先行，体系化推进企业文化建设

广东分公司以文化变革作为组织变革的先导，以文化再造促进企业转型升级，运用精细化管理理念，对企业文化建设进行科学规划，体系化开展企业文化建设工作。2015年4月，公司党组（2017年改设党委）出台《在企业互联网化转型过程中进一步加强企业文化建设的指导意见》，系统描绘三年企业文化建设路径，制订年度滚动计划，以"三弘扬三创新"为主线，有计划、有步骤地推进企业文化建设，打造创新文化，以创新驱动发展。伴随着公司经营业绩的稳健增长，2016年员工敬业度同比2014年提升9.43%，文化力有效转化为企业核心竞争力。

弘扬创新精神，创新企业运营机制。广东分公司顺应国家和广东省实施创新驱动发展战略的要求，将创新融入文化基因，持续不断营造全方位的创新氛围，引导员工养成创新的习惯，让员工成为创新的主体，形成岗位创新、全员创新、协同创新的局面，推动公司层面在网络、产品、运营、服务等领域的前沿创新及员工层面在具体岗位上的微创新。迄今公司已有17个二级单位建立"员工岗位创新工作坊"69个，近年来评选表彰群众性创新活动标兵（状元、能手）累计1568名。

弘扬人本精神，创新人本关怀机制。以人为本是广东分公司长期坚持的核心价值理念，包括以客户为中心、以员工为根本。创新关爱客户的机制，将人本主义情怀注入产品设计、渠道销售、沟通服务等环节，打造极致客户体验；引进移动互联网的平台、思维和方法，创新服务模式，微信、微博、易信、QQ等客服新媒体服务占比达43%。创新关爱员工的机制，适应"大众创业，万众创新"时代要求，打造创新孵化基地，完善员工创新机制和平台；安排专项资金开展基层"四小"建设，打造和美电信家园；将人本理念落到实处，完善为员工办实事机制，多频次开展关怀慰问活动舒缓员工压力；成立济难解困互助会，为的就是"不让一名职工因病致困，不让一名职工因工伤致贫，不让一名职工子女因贫失学"。

弘扬排头兵精神，创新典型激励机制。"排头兵精神"是广东分公司的优秀文化传统，其核心是敢为人先、追求卓越、勇创一流。创新运用品牌化战略思维，打造全省统一的"爱明星，学明星"典型示范品牌，各单位结合实际，灵活创新独具特色的典型示范子品牌，如深圳分公司的"群星璀璨"、广州分公司的"我是明星"、江门分公司的"英模文化"。在基层中心—县—市—省（公司）层层递进开展典型示范品牌化活动的过程中，积极发挥"三个作用"——党委的领导核心作用、党支部的战斗堡垒作用和党员的先锋模范作用，激励广大员工增强排头兵观念，树立排头兵责任感，开展排头兵实践，争当"三个排头兵"——岗位排头兵、单位排头兵和行业排头兵。2014年以来，公司上下共选树各类典型6640人/团队，全省层面统一宣传各类明星531人/团队，7人、8个集体受到国家级、省级的表彰。

文化深植，激活员工谋发展促转型的内生动力

广东分公司不断将企业文化建设从制度的层面向行为文化深植的层面推进，使"创新、人本、排头兵精神"等企业文化核心理念为广大员工所熟知和认同，进一步激活广大员工谋发展促转型的主观能动性，自觉投身到全面深化改革和企业转型升级的时代洪流中。

举办主题活动

百花齐放，构建新形势下的企业文化"三宣"新模式。广东分公司积极适应移动互联网时代对企业文化传播的新要求，充分运用移动互联网的思维方法工具，大力构建融移动互联网传播新手段与传统宣传手段于一体、线上线下同步传播的企业文化"三宣"（宣贯企业文化理念，灌输核心价值观；宣传公司战略与制度，统一思想与步骤；宣讲先进典型事迹，引导和规范员工言行）。新模式运用"三屏"媒体（电视屏IPTV，电脑屏OA，手机屏易信、微信等）打造先进文化传播新阵地，扩大传播受众面，提升企业文化传播的时效与实效。2016年，广东分公司全年制作"中国电信战略转型3.0宣贯"等各类视频及新媒体产品100多项，在遍布全省21个地市分公司和直属单位的"三屏"新阵地发布各类宣传品300多期，唱响主旋律，引领新观念，培育好风尚。

嵌入支撑，让文化基因在基层落地生根。强化对基层的文化支撑，通过做示范、树典型、

建平台，针对划小单元"翼家人"团队文化建设研制下发"一张表、一面墙、一堂课、一承诺"系列模板、工具、成果案例。党群线牵头组成虚拟工作团队，进驻划小单元开展"四个一"团队文化建设嵌入式支撑，从团队建设现状调查、诊断分析、特色文化因子全员征集，到团队建设提升计划制订，为划小单元团队建设减负增值。目前，省公司各级党群系统响应814个划小单元的嵌入支撑需求，通过省公司层面"四个一"支撑的创新举措及基层单位"星级评定""五步法""100%家访""驻点跟岗"等特色举措，实现嵌入支撑团队文化建设覆盖率超56%，有效提升了基层团队的凝聚力和战斗力。

主要创造人：唐永丽

参与创造人：黄　杰　刘志先　莫世杰　黄旭敏

锻造滨南文化体系　引领滨南跨越发展

重庆滨南城市综合服务股份有限公司

重庆滨南城市综合服务股份有限公司（以下简称滨南股份）成立于2008年，是一家立足西南、服务全国，专注于城市综合服务，为政府提供城市综合服务解决方案的规模企业。公司规模在业界遥遥领先，现有职工5196人，业务遍布重庆、云南、四川、贵州、广西、湖南等省（市）。公司主营业务为城市公共环境服务（含环境卫生一体化服务、园林绿化一体化服务和公共物业一体化服务）及城市公共设施建设和管护等。先后荣获"中国创新示范企业""中国清洁（环卫）十佳清洁服务企业""中国清洁（环卫）行业十大著名品牌""中国清洁（环卫）行业优秀企业""全国最美环卫工人""企业信用评价AAA信用企业""爱心助残单位"等20多项荣誉。

企业文化体系描述

企业文化发展历程。第一阶段，从无到有。滨南股份成立初期，市场开拓难度较大、品牌知晓度不高、自身实力相对有限，企业文化建设尚处于摸索阶段，主要是解决了有和无的问题，其主要宣贯手段也以理念灌输为主。第二阶段，取其精华，去其糟粕。滨南股份历经多年发展后，实力不断壮大，因此，对外重塑形象、对内凝聚人心的重任再次落在了企业文化建设的肩上，公司借转型调整之际对企业文化建设重新设计、定位。第三阶段，自成一体。滨南股份转型改制成功，组织架构与制度设计都已落地，公司又明确做出要做国内一流城市综合服务企业的战略定位，企业文化建设再次紧跟公司发展步伐，及时调整更新，"人才定制化"的人才理念以及"服务家政化、精细化、一体化"的服务理念再次出现在大众面前。

企业文化体系。

核心价值	忠诚、敬业、自强、感恩
企业愿景	做一流城市综合服务企业
企业使命	环境产业与城市综合服务提供商
发展理念	站在新起点、抢抓新机遇、实现新跨越
员工理念	共创造　共担当　共分享
行为准则	做事先做人
战略定位	具有国内领先地位的城市公共管理综合服务提供商

滨南文化源自中国博大精深的传统文化，是滨南股份企业管理的重要基石。"忠诚、敬业、自强、感恩"的定位承继了滨南股份的成长基因，是企业精神内涵与特质的象征。"忠诚"体现在员工对公司的忠诚；"敬业"体现的是企业对客户、员工、股东以及利益相关者应有的尊敬和

关注；"自强"体现的是滨南人顽强不屈、英勇奋斗的气概与胆魄；"感恩"内则体现员工对公司常怀感恩之心，外则寓意公司对社会常怀感恩之情。

在此基础之上，围绕公司核心价值观、结合公司实际发展情况、提炼出滨南"服务家政化、精细化、一体化"的服务文化、"安全重于泰山"的安全文化、"党工团共建、争先创优"的党工团文化、"和谐一家亲"的幸福家文化等文化分支，共同构建起滨南股份的文化系统和网络。

企业文化的主要举措

完善企业文化相关制度建设。组织领导机制：一是建立企业文化建设领导小组，由董事长亲自任组长，由公司其他5个主要领导出任组员。二是下设公司一级职能中心——企业文化建设中心，由1名总经理主体负责，1名企业文化主管统辖具体工作，4名企业文化专员负责具体工作运作实施，各司其职。三是各职能中心、分公司、项目部分别设立1名通信员。保障机制：一是物质保障，公司每年分拨200万元作为企业文化建设专用经费；二是人力保障，总部专门抽调6名专职人员负责企业文化建设工作，各职能中心、分公司和项目部设立1名通信员，负责保证文化运行流畅。运行机制：公司所有办公地点企业文化标识以及VI必须上墙；办公材料、对外联系所用物资企业和理念标识统一化、规范化；每年定期对新入职员工进行企业文化培训；发放企业文化手册；主办内刊、杂志、网站、微信等自媒体。宣贯机制：一是创新载体，强化宣传。借助宣传栏、画册、宣传片等载体全方位、立体式宣传。二是强化培训，普及推广。根据企业文化宣贯实际需要，开发出文化宣贯教育系列培训项目，让企业文化深入人心。三是正面引导，强化激励。通过大张旗鼓宣扬好人好事，大张声势表彰工作先进，弘扬企业正气，抵制歪风邪气，从而促进企业文化理念的传播和影响。四是应用识别系统。五是使员工行为规范化。六是使文化活动常态化。考核机制：一是对员工考核。每月对办公室规范化、标准化的环境与行为进行考核，计入个人绩效体系。二是每月对自媒体稿件投送进行量化，稿费奖励与缺稿惩罚双轨并行。三是企业文化督查工作由企业文化专员负责，项目督察员同时肩负各地项目标准化、规范化的作业流程和企业文化的贯彻落实情况，一经发现违规操作，立即通报批评或惩戒。

企业文化建设纳入公司发展战略。将企业文化建设列入企业的年度方针目标中，在企业发展中不断推进企业文化建设。2014年明确提出要提炼、升华企业文化，赋予文化建设与生产经营相匹配的地位。2015年，紧扣发展战略制订企业文化建设规划并成立新的职能部门专门负责企业文化建设工作，明确了企业文化建设的总方向、总目标、实施步骤。

贯彻文化理念渗透工作。进一步挖掘、提炼和丰富企业文化内容，统一员工的思想和认知。企业文化建设中心每年还开展如，演讲比赛、读书活动、书画摄影大赛等，力求将企业文化渗透进职工的日常生活中。此外，还在公司工作和作业场所制作理念文化标志牌，推进企业文化落地、上墙工作。

指导分公司开展文化建设。在核心理念的基础上，不断丰富质量理念、服务理念、生产理念、安全理念、风险理念、党工理念等各应用体系的文化理念，满足各板块的文化需求。企业文化中心深入到分公司和各项目部开展分公司文化建设调查与回访，指导开展文化建设，通过各种方式进行深度传播。将公司文化理念融入基层管理、制度流程中，通过具体可感的活动传播渗透，效果明显。

企业文化建设活动有序开展。每年投入大笔资金建设"一刊一报两张网一平台"。一刊是指滨南股份两月刊的内部参阅杂志《理想城市》；一报是指滨南股份的内部周刊《滨南风采》；两网是指公司微官网与公司官网；一平台指的是公司微信公众平台；同时宣传册每年一部；宣传片每年两部。组织读书、征文、绘画、摄影等活动，同时穿插各类群体协会开展的活动，不断增强员工对企业文化的直观体验与感受，形成健康向上的文化生活氛围。同时每年对新入职员工进行企业文化教育培训，让新员工接受滨南文化的熏陶和洗礼。

打造品牌文化，融入滨南文化。公司以社会主义核心价值体系为指导，积极创新活动载体，形成了企业文化建设的六大品牌，即创先争优品牌——优秀员工/滨南之星、党建工作品牌——党内民主评议制度、学习型企业品牌——滨南读书/征文活动、群众工作品牌——职代会制度、企业文化品牌——滨南员工文化节、稳定工作品牌——员工贫困帮扶制度。

企业文化与企业经营管理有机融合。滨南股份依托文化理念，积极实施企业组织结构变革、优化业务流程、创新管控制度，通过制度流程逐步固化企业理念，落实企业文化要求，把企业文化真正内化为企业员工的行为。其中，滨南股份的忠诚文化、敬业文化、质量文化、服务文化、安全文化、党工文化等理念经历了从无到有，逐步健全、规范，直至现在在滨南股份生产经营行为和员工行为中得以体现，慢慢成为自觉的行为习惯。

开展企业文化相关书籍的编写。撰写和编制企业大事记、宣传画册、企业文化手册、员工故事、企业案例、企业文学作品、文明服务礼仪指南、作业安全指南、员工手册、制作企业宣传片和集团公司旗帜，全方位展示集团公司的企业文化。

安全文化宣传活动

因地制宜促进不同地域员工文化融合。在面对民族文化和区域文化差异时充分发挥地方能动性，及时沟通交流，消除隔阂与差异，求同存异，促进企业文化落地融合。一是根据公司发展及时对企业文化理念做出扩充与调整，结合不同地域、不同民族文化理念，取其共性填充丰富文化理念。二是充分发挥地方能动性，在少数民族聚集地区，专门成立少数民族员工队伍，保持内部团结统一，外部合作协调发展。三是及时对不同地域员工进行换岗轮岗，尽量结合其实际情况相同岗位不同地区之间的搭配，促进内部交流融合，每年年会、工作会等重大会议抽调不同区域员工代表参会，及时沟通交流，消除隔阂与障碍，加强文化交流与融合。

企业文化建设取得的成效

确立新型战略规划，以文化建设促进转型升级。 2008年滨南股份的前身所处的正是风头正盛的房地产行业，在当时原有的体制机制、发展模式已经不适应新的形势。公司决定借助强有力的企业文化建设，解决转型升级关键时期的瓶颈问题。为此，公司以企业文化建设为有力抓手，促进滨南股份在城市综合服务领域的生产经营顺利进入快车道，连续多年进入全国环卫清洁企业100强行列。

以文化建设促进人才的新旧交替和定制化培养。 在人才文化建设上下功夫，一是解放思想，使思想观念得到更新；二是改革业绩考核，员工内部驱动力得到激发；三是改革竞争选拔，管理队伍得到优化。中层干部竞争性选拔比例超过了50%，一大批年轻优秀人才脱颖而出，极大优化了人才队伍的结构。此外，公司于2016年还与重庆工商大学、重庆能源职业学院签订战略合作协议，形成人才定制化培养机制。

以文化引领锻造滨南责任。 从战略高度部署开展员工幸福文化建设，用爱的纽带，努力营造全体员工受尊重、共命运、享成果、被需要的幸福文化，员工心齐气顺，凝聚力和归宿感进一步增强，对滨南这个大家庭的认同感和自豪感得到升华。积极投身于履行社会责任的工作中，抢险救灾、抗洪抢险、捐资助学、爱心助残等活动无不彰显着滨南强烈的社会责任感。

企业文化建设与企业形象和品牌影响力相得益彰。 滨南股份企业文化为"做一流城市综合服务企业"建设注入文化元素，使得品牌与文化结合，打造品牌永恒的生命力和卓越的文化品质，如公司的忠诚文化、敬业文化、质量文化等。经过多年的努力和发展，滨南股份的业内知名度不断提高，现已成为环卫清洁领域的知名企业。

企业文化建设是无形投资。 滨南股份旨在做强做大的同时，以"做一流城市综合服务企业"为目标，持续提升管理水平和服务质量，加大技术创新投入，努力创建专注、科技、绿色的城市综合服务企业。将滨南文化打造成为影响清洁环卫行业与城市综合服务产业文化发展的风向标。滨南股份通过做强、做大这些产业，在提高自身生产水平、质量水平、管理水平、人员素质的同时，也通过文化的潜移默化和传播，形成一定的社会影响力。

主要创造人：李　鹏

参与创造人：范玉晶

开发红色资源　传承红色基因
用红色文化助推哈局转型发展

哈尔滨铁路局

哈尔滨铁路局（以下简称哈局）始建于1896年，至今已经走过了120年。其间经历了中东铁路、民国铁路、伪满铁路和人民铁路4个时期，1946年12月12日正式成立哈尔滨铁路局。管辖线路覆盖黑龙江省全境和内蒙古自治区呼伦贝尔市。有干线、支线和联络线96条，营业里程7386.6千米。电气化里程达到959.7千米。配属机车1025台、客车4363辆、动车组67组536辆；管辖车站449个。全局管辖运输站段53个、运输辅助单位11个、非运输企业14个。截至2016年年末，全局职工总数180033人。

红色文化创建思路

哈局是中华人民共和国成立以来建立最早的铁路局，被誉为"共和国铁路的长子""人民铁路的摇篮"，见证了中国铁路从衰弱走向强盛、从战火纷飞走向和平发展的历史足迹。一代又一代哈铁人艰苦创业、勇于奉献、爱国爱路、负重前行，在创造物质财富的同时，积蓄了无愧于时代的精神财富，积淀了深厚的红色文化底蕴。

哈局红色资源十分丰富，局管内被列入国家、省（自治区）、市县级重点文物保护单位的百年老站房、俄式住宅、俱乐部、机车库、烈士墓等铁路不可移动文物共有111处，其中，最具代表性的应属中东铁路管理局旧址，现为哈尔滨铁路局办公大楼，1904年竣工落成，是典型的俄罗斯艺术风格建筑，见证了哈尔滨铁路的百年历史。这些红色资源是激励和鼓舞哈铁人不忘初心、砥砺前行的最好的教科书，对于传承哈局红色文化、滋养哈铁人的精神家园具有十分重要的意义。

红色文化内涵

共同价值观

基本表述：忠诚、严谨、开放、精进。

主要内涵如下。

忠诚：是首要素质。是指对国家、民族、党和人民，对铁路事业和岗位使命的忠诚，包括责任意识、执着追求、使命担当。

严谨：是立企之本。更是铁路企业的鲜明特点。包含严明严正、履职承责、严字当头、铁的纪律、尽心竭力、一丝不苟。

开放：是发展源泉。主要指思维和理念开放、意识和心态开放、眼界和胸怀开放、规则和操作开放。坚持开放出活力、开放出动力、开放出生产力，以更加开放的姿态融入社会、融入市场。

精进：是不竭动力。其含义为向善向上、精益求精，拓展为做人崇德向善、做事追求卓越，追求尽善尽美无缺憾，也预示企业不断开拓进取、创先创优。

企业使命

基本表述：用户创造价值，让员工品味幸福。

主要内涵：企业使命分解为两个层面，对外坚持用户至上，以用户体验为中心，不断满足用户需求，依靠服务赢得市场、创造价值，形成开放平等、互利互惠、合作共赢的关系；对内顺应员工追求美好生活的新期待，坚持以人为本、尊重员工、惠及民生，让员工共享发展成果。

红色文化建设的主要做法

加强组织领导，健全完善工作机制。一是成立红色文化建设领导小组，主要负责哈局红色文化建设整体规划及红色资源的开发利用；二是制定下发了《局党委关于加强全局企业文化建设的实施意见》，确保各项工作干有遵循、做有标准、落有保证；三是将红色文化建设重点任务细化分解，列出责任清单，确保每项工作有人管、有人抓、有人落实。

整体规划设计，增强使命担当意识。一是切实承担起文化引领发展的责任，形成了以"打造一个红色教育基地、建设一个哈铁博物馆、编辑一套红色书籍、评选表彰哈局建局70周年'十大功臣'"为主要内容的红色文化建设思路；二是组成考察组，深入国内知名的红色革命发源地，通过观摩交流，学习做法，提高思考和建设红色文化的能力；三是将红色教育基地划分成党史教育区、局史教育区、廉政教育区等多个区域性或系统性的项目，明确各部门对各自项目的规划设计、施工组织推进的责任，使整体工程推进更加合理有序。

建设红色场馆，物化光荣革命传统。一是选择了具有110多年历史的原一面坡机务段旧址作为主场区，建成了集课堂教学、情景教学、拓展训练、实践锻炼等各类培训功能于一体的综合性培训基地。基地内设置了"六馆十区"，较好地将哈局红色文化融入其中。通过实施以红色教育为主要内容的培训，不断增强干部职工的光荣感和使命感。二是整体开发利用具有百年历史的哈铁文化宫老剧场，建设集陈列、展示、收藏于一体的哈铁博物馆，全面展示哈尔滨铁路百年发展历程，开展党史、路史、局史教育，成为进行社会主义核心价值观教育的重要阵地。三是着眼强化党性教育，在全局车间以上层面建立了800余个党员活动室，根据实际情况设置党的发展历史节点性内容，以及党内各类先进人物的事迹和照片，体现了浓浓的"党味"，成为基层党组织的坚实阵地。

讲好红色故事，筑牢爱局爱路情怀。一是组织编辑了《哈尔滨铁路百年史话》《红色记忆》《光荣与梦想》等职工教育读本，选取了每个历史时期的重要事件和代表性人物，生动地展示了哈尔滨铁路工人的百年奋斗史。熏陶干部职工以这些精神为动力，立足岗位，苦干实干，不断创造无愧于时代的骄人业绩。二是先后挖掘了抗日名将吕正操、抗美援朝功臣范永等一大批抗战英雄故事，通过编书立传、编排情景剧，请老红军、老战士讲述等形式，激励干部职工立下革命大志，积极投身到哈局建设发展的实践中来。三是以弘扬中华人民共和国成立以来，涌现出的一大批爱国爱路先进典型精神为契机，利用哈铁报、哈铁电视、局官方微信等平台，大讲典型故事，影响和带动着一代又一代哈铁人不畏艰难、勇往直前。四是围绕哈齐高铁、哈牡客专等重点工程策划新闻选题，集中力量展开新闻报道攻势，全面展示铁路助推发展的重要作用。紧紧抓住春运、暑运等关键时间节点，主动与央视、新华社、人民日报社等中央媒体对接，着力讲好"一张火车票背后的故事"；深入挖掘铁路鲜为人知的岗位故事。

一面坡红色教育基地

弘扬红色精神，扛起转型发展大旗。一是深入开展哈局精神文化体系学习教育活动，通过学习和各级各类培训，深刻领会内涵实质。结合形势任务教育，采取基层访谈、巡回宣讲、网络课堂、道德讲堂等多种形式，多层次、多渠道地开展学习交流活动和群众性普及教育，将哈局精神文化体系贯穿到教育培训的方方面面。二是将红色故事、红色人物有效融入哈局精神文化体系宣贯各个环节，充分利用宣传栏、电子显示屏、班组教学电视、刷屏机等宣传阵地，形成强大的视觉和听觉冲击力，打造宣传强势。充分利用互联网和新媒体平台的传播优势，通过互动交流、典礼仪式、知识竞赛等多种途径，不断扩大宣传教育效果。三是研究制定了《哈局三年发展规划》，描绘了哈局未来发展蓝图，确定了任务书和路线图，通过大力实施市场化运作、优化技术装备配置、盘活人力资源、改善职工生产生活条件等举措，实现企业效益和职工收入稳步增长。

扩大社会影响，彰显哈局文化底蕴。一是将哈铁博物馆作为展示哈铁文化的主要场所，室外"詹天佑广场"纳入市政管理公共区域，使哈铁博物馆真正成为人们共有共享的文化家园，更好地发挥以文化人、以文育人的作用。二是利用一面坡红色教育基地和哈铁博物馆教育资源，通过举办专题讲座、文博沙龙、历奇活动、知识竞赛等，把专业性、知识性和趣味性、观赏性有机结合起来，更好地普及文博知识、传播哈铁文化，进一步增强建设美好哈局的责任感和使命感。三是积极配合黑龙江省重要的文化交流活动，着力打造特色品牌，提升一面坡红色教育基地和哈铁博物馆的知名度。同时，抓住全国各地来哈尔滨公务、商务、旅游等契机，广泛宣传推介，让更多的社会团体、公务人员、观众游客走进红色教育基地和哈铁博物馆，了解哈局的历史文化，不断扩大哈铁文化的社会影响。

红色文化建设取得的成效

改变了精神面貌，凝聚了干事创业合力。哈局在走向市场的实践中逐渐探索形成了"互联网＋运输"、集约化生产、精细化管理、"深化货改、走向市场"、旅服经营等一系列转型发展新思想、新战略、新思路，让哈局站在了新的发展起点，开启了百年哈局转型发展新征程。

保证了现实安全，取得了历史最好成绩。哈铁人始终把人民生命财产安全放在第一位，加大安全基础设施投资，持续优化安全管理，健全完善安全风险管理制度体系，强化了各系统、各层级的安全责任有效落实，确保了全局安全生产持续稳定。截至2017年3月31日实现安全生产1750天，安全生产登上了新台阶。

拓展了市场空间，促进了客货增收上量。观念的转变带动了哈局向现代物流企业快速发展，全局干部职工向市场要效益、用转型求发展，推动了全局客货运量持续攀升，让哈局转型发展迈出坚实步伐。2016年，旅客发送量、客运收入、全年日均装车、货物发送量等均呈增长态势。

强化了企业管理，夯实了强局富工根基。持续深化"数字哈局"建设，推进互联网与铁路运输深度融合，构建起了信息化管控服务网络，使生产要素得到全面整合，生产资源配置及管控流程得到空前优化，生产力得到了进一步释放，全局干部职工的综合素质显著提升。

推进了文化建设，营造了和谐向上的环境。深入推进安全、服务、经营等重点领域文化建设，带动了全局整体工作水平。深入开展企业文化示范基地创建活动，抓住全局基础建设的有利契机，系统规划了沿线各单位的环境文化建设，推出了以哈南站区、齐齐哈尔北车辆段等为代表的一大批花园式站区和单位，优美的职场环境让职工舒心愉悦地工作和生活。

抓实了建家工程，坚定了改革发展信心。把改善职工生产生活条件作为凝心聚力的重要手段，着力用做好事、办实事、解难事、鼓士气、增干劲。2016年，通过努力增收创效、节支降耗，全局职工平均工资增长4.65%。改善职工休息条件和就餐质量。落实职工带薪休假制度，安排职工健康体检，帮扶救助困难职工，职工切实感受到"家"的温暖，增强了归属感和自豪感，更加坚定了转型发展的信心和决心。

透过哈尔滨铁路的光辉历程，不难发现，哈局的红色文化是一个逐渐积累的过程，不是一朝一夕、一举一动形成的，哈局传承红色文化的实践告诉我们，只有坚定理想信念，持之以恒地抓生产、抓建设、抓民生，才能破解改革发展道路上的一道道难题；只有依靠职工群众，真心实意为职工做好事、办实事、解难事，才能有效激发职工的创造潜能，形成推动转型发展的强大力量；只有铭记革命历史，用红色基因校准人生坐标，用红色文化导航前进方向，才能更好地开创未来。

主要创造人：朱希民

参与创造人：王万友 李冬浩

坚守优秀企业品格　文化驱动创新发展

旭阳控股有限公司

　　旭阳控股有限公司（以下简称旭阳）1995年1月创立于河北邢台，总部设在北京，是一家集化工、焦炭、金融、地产等业务板块协同发展的大型能源化工集团；拥有邢台，定州，唐山京唐港、曹妃甸，沧州黄骅港五大综合化工园区；旗下近50家子公司和合资公司。年产焦炭1000万吨，并为城市供应煤气、天然气和工业余热；拥有20余套化工装置，可生产九大类50余种产品，总产能达300万吨等。拥有3家国家级高新技术企业、1个国家级检测中心、1所设计院、2个省级工程技术研究中心、2个院士工作站、1个博士后工作站。连续9年荣登"中国企业500强""中国制造业500强""中国化工企业500强"，在全球独立焦化及化工产品供应商中处于行业领先地位。

　　1995年旭阳创立之初，是一个只有1座12孔改良焦炉、年产6万吨焦炭的小公司。20多年来，旭阳以惊人的速度崛起为河北百强、全国500强的大型企业集团，销售收入由18万元到342亿元。旭阳从行业"小卒"到产业"巨人"的跨越，表面来看是一个规模变化，本质上是一种企业文化驱动下，干部员工团队融合、精神凝聚、激情不泯地创造、创新实践的过程。从这种意义上讲，旭阳是在做企业，更是在做文化。

培植质朴文化土壤确定高远目标孕育伟大事业

　　旭阳"用人三看""两个优秀"，培养忠诚、有为的创业人才团队。20多年来，旭阳坚持选才用人三原则：一看忠诚；二看积极性；三看能力，以这样的逻辑选定人才，确保干部员工既有能力，又有激情，更与企业目标一致。旭阳坚持唯才是用、竞聘上岗，干部员工全部从大中专院校和国企离职人员中招聘。旭阳从两个层面和标准提出了《如何做一名优秀旭阳员工》《如何做一名旭阳领导者》的要求，按高标准打造卓越的干部员工团队。

　　勇争一流的开拓精神和持续成功的事业理念，奠定旭阳的未来。旭阳初创思想是"大家到一起来不仅为搞一个项目，赚多少钱，而是为了创造一项事业"。旭阳企业信念"创造一流环境，培养一流人才，成就一流事业"，为了这项事业，旭阳人共同创造并诠释了"倾尽全力，锲而不舍，永无止境，志在必得"的企业精神。旭阳创业时很小，但目标很远，理想很大，"为自己更为旭阳，为现在更为将来"的企业理念将旭阳人与旭阳企业、眼前环境与长远发展的关系和谐联系起来。

　　"全员创新"文化，让旭阳发展保持长久激情和竞争力。创新文化是旭阳的巨大引擎，也是永远的动力，"不断创新"是旭阳永远的文化追求。旭阳20多年践行"科学决策，规范运作，严格执行，广泛监督，不断创新"的管理模式，并提出"全员创新、全面创新、系统创新、协同创新"的具体要求。特别是2007年以来，旭阳将技术创新作为推动产业发展的核心要素和主要盈利点，倾力打造出独具特色的研发创新体系，投资近4亿元，逐渐形成了以"北京旭阳科技公司"为研究院、河北各产业园区研发中心为实施主体，各生产公司技术人员参与，包括小试、中试、产业化和催化剂生产"全产业链"（全过程）的三级研发体系，形成企业发展的独特竞争力。旭阳的产品由最初的单一焦炭延伸到50余种，实现了煤焦化到煤化工，到石油化工、生物化工、盐化工结合的大化工的跨越。旭阳集团的人均劳效由2010年年底到2016年增长了近3倍。

构建企业与员工、客户、社会的和谐共赢文化，助力旭阳跨越发展

构建新型企业与员工关系，以文化感召激发最大创造力。"员工是企业的上帝"是旭阳朴素的员工观。旭阳确立的企业宗旨"创造财富，完美人生"也由此形成。旭阳创立的意义就是带领全体员工共同创造财富，同时让更多的员工完美自己的人生。旭阳致力于与每位员工都达成"合作"而"非雇佣"关系，员工与员工、员工与部门、员工与公司之间充满亲情。2008年起，旭阳以"相逢旭阳·同聚爱心"为基本宗旨，长期推行"旭阳关爱行动"，成立了常设的关爱互助组织机构——"旭阳员工互助公社"，践行旭阳"对员工的责任是旭阳最大的责任"的企业文化思想，让那些突然遭遇重大变故和不幸的困难员工，能及时得到救助与扶持。"公社"以发挥"公司行政管理体系之外员工之间互助"为实施方式，培育员工之间，员工与公司之间的感情，让每一位员工在旭阳感受到企业大家庭的温暖和生活工作安全感。

联盟合作行业上下游，旭阳与众多客户携手共赢发展。"客户是企业的父母"是旭阳朴素的客户观。旭阳在此基础上，提出并遵循"以客户为中心，为客户创造价值"的理念，与社会各界客户朋友共谋发展。旭阳有开放的胸怀，更贵在能够站到客户和合作者的利益角度考虑一切问题，成功实现了多个跨界、跨省、跨国合作，使旭阳集团迅速做强、做大。如2003年与大型央企中煤能源集团合资建设了200万吨焦化项目，为当时全国独立焦化单体规模最大。2008年，旭阳与世界500强企业冀中能源合作建设20万吨煤气制甲醇项目。2011年，旭阳与美国企业500强、全球技术最先进的炭黑生产企业卡博特公司合资建设30万吨炭黑项目等。

主动承担社会责任，为社会创造价值，把企业成长融入社会发展大潮。旭阳认为，一个健康发展的企业，从创建开始就要担负起社会赋予的责任，就必须履行社会所要求的相应使命，把企业成长融入社会发展大潮之中，与国家同呼吸共命运。旭阳提出"国家战略是企业最大的战略"的思想，20多年来学习国家战略，顺应国家大势是旭阳能够做大、做强的核心。从产业发展角度，旭阳创立本着"真诚服务于社会，努力造福于人民，使员工共同富裕"和"占领邢台煤气市场，提高市民生活品质"的初衷。2015年，旭阳成功制取氢气和天然气，直供市区居民和工业使用，年外供天然气约1亿立方米、氢气约2.2亿立方米。同时，旭阳继续实施民生工程，利用工业余热向市区居民供暖。紧随国家发展大势，关切民生是旭阳的基本方向。

培育优秀企业品格、打造卓越团队、构建新型企业文化

独特的"管理检讨"文化，打造风清气正、富有战斗力的干部员工队伍。旭阳与其他公司

年终总结、表彰的形式不同，自1998年开始创立一种独特的"管理检讨"文化。旭阳管理检讨会是让大家系统总结、检讨、反思自身不足，及时调整自己的战略和战术，不断改进提升，成为旭阳最重要的一种会议形式，也是旭阳20多年来管理、发展过程中最直接、最有效的一种文化管理机制。目的和意义，一是有阶段、有目标地提升个人、部门、系统的能力；二是增进干部员工之间的沟通和相互理解；三是提出工作困惑，查找自身存不足；四是请同事及上级领导帮助指出自身有待改进的地方；五是在思想认识、生活态度、工作态度上进行交流；六是找到切实可行的措施，消除工作障碍，解决思想阻滞，提高工作效率。配合旭阳的管理检讨文化，还有全员自查自纠、廉洁自律、合理化建议和举报制度，及借鉴党的"民主生活会"形式。

年终管理检讨会

旭阳制度与文化高度匹配，保证人本为基础的企业管理机制。旭阳把文化作为管理的核心，要求一切管理举措突出以人为本的理念。围绕这种规则，旭阳建立了一种"文化制度审计"方法。通过5年一次综合体系审计和重要制度即时审计两种模式，组织相关专业部门，逐条罗列制度条款，填写《旭阳管理制度文化匹配性审计表》，分析每一制度条款反映公司倡导的文化导向，逐条对比分析制度与文化的匹配度，然后研讨改进形成《旭阳制度审计报告》。2008年，旭阳开展了首届全员文化大讨论，并形成每两年一次的惯例，让员工感知旭阳文化和制度高度匹配。2009年制定了《旭阳人行为规范》，包括思想道德素养、职务行为、工作行为、财务行为、生活行为、主要场所（或环境下）行为规范等各类条款321条。《旭阳人行为规范》的出台使旭阳实现了"企业愿景—工作目标—文化理念—行为规范"的系统化。

"标杆带动"与"案例警示"齐举，明确扬正抑负文化导向。一是用榜样的力量牵引旭阳"业绩和贡献"的文化导向。旭阳企业文化建设按照正向激励，以物质奖励与精神奖励相结合，对优秀干部员工实施月度、年度及各类司庆功勋奖励，突出"业绩贡献"导向，激发调动员工积极性、主动性和创造性。旭阳的优秀人物和团队创造了业绩，更起到了旭阳精神和价值观的榜样作用。旭阳企业文化传播宣贯，除了通过《旭阳文化手册》《旭阳理念与方法》《旭阳文化365问》等详尽完备的标准阐释外，最特色的做法是通过真实的人物、故事打造优秀标杆，将员工身边的榜样从三个层面编辑成系列文本《旭阳榜样三部曲·基石·中坚·脊梁》。

二是用真实的工作故事挖掘基层旭阳文化因子，诠释旭阳文化精神。20多年来，旭阳涌现出许多优秀的人物和感人的故事，通过"掘金行动"征文收集沉淀在旭阳基层的文化因子，从"人物""故事""情感和思考"三个侧面展示旭阳人的风采，形成系列文本《旭阳风采三部曲·激情·步履·荣光》，让所有员工都能够在真实而生动的故事中了解、学习、感悟，最终认知旭阳文化的存在。

三是真实案例做好警示教育，全员慎独、自省抵制不良文化倾向。凡事都有正反两面，旭阳的文化同样重视对不良现象的抵制。旭阳创业初期，就号召全员慎独、自省，列举提出了《员工的二十四种不良表现》，并对应制定了整改要求。旭阳有意识地对企业发展过程中，发生过的各类大小案例梳理汇编成《旭阳案例三部曲·迷失·驱雾·朝阳》。旭阳通过真实的案例，教育员工对自身行为进行自觉约束，增加对违规、违纪行为的抵抗力。

构建综合文化平台，丰富文化生活助力企业发展

旭阳建立了以集团企业文化建设委员会为指导机构，以企业文化中心主导管理部门，以各级管理者和广大员工为基础，从集团和旗下公司两个层面协同管理的"三级两层"企业文化建设的组织体系。旭阳文化中心作为专职企业文化管理机构，按照系统组织、体系管理，逐渐形成了一套综合性企业文化建设平台和宣贯体系。

文本阅读类的"旭阳内刊体系"，包括以纸质《旭阳杂志》《旭阳报》、旭阳文化典籍（"董事长专辑、基础认识篇、调研分析篇、经营管理篇、纪实记事篇、技术方法篇"六类），以及旭阳电子副刊传播形式互为补益的内部宣贯体系。

"视频展示体系"，包括旭阳企业形象片、企业发展历史纪录片、专业技术讲解报告片等可视性文化宣传内容。

"实景展览体系"，包括旭阳历史展览馆、企业发展综合情况场景展示等。旭阳以企业发展历程为主线，以图文、音频视频、场景还原为主要表现形式，在河北邢台建造了包括企业历史文化深蕴的旭阳展览馆，成为旭阳员工最重要的文化观摩学习基地。

"社会品牌体系"，自2016年开始，旭阳建造开设长期可容纳近300人的"旭阳公益大讲堂"。通过这种形式实现旭阳企业品牌的有效延展，将"社会文化"与"旭阳文化"完美结合，实现为社会大众奉献、服务的社会效益和经济效益的双赢。

主要创造人：张顺兵

参与创造人：杨智华　李志恒

"大唐文化"助推百年老"电"全面提升

大唐南京发电厂

　　大唐南京发电厂（以下简称南京发电厂或南电）始建于1910年，是中国第一家官办发电厂，经历了抗日战争、解放战争炮火的洗礼。具有百年历史、深厚的文化底蕴和革命传统，见证了近现代中国电力的发展史，隶属于中国大唐集团公司。2009年启动"上大压小"异地搬迁重建工程，拆除原有位于南京市区中山码头的两台125MW燃煤机组，整体搬迁至远郊龙潭街道马渡村，2010年相继投运。搬迁之初，企业有在职员工1000余人，现有员工764人，搬迁以来，南京发电厂连年盈利。先后荣获中国建设工程"鲁班奖"、中国大唐集团公司"先进单位""一流企业"、江苏省、南京市"文明单位"等称号。2015年5月通过电力企业AAAAA级"标准化良好行为企业"确认。

作为中国大唐集团公司旗下最"年长"的全资企业，历经百年的南京发电厂有着辉煌的发展历程和光荣的革命传统。2010年以两台660MW超超临界机组一年双投为起点，百年老厂在大唐旗下实现了华丽转身，百年积淀的文化传统在大唐文化的统领下得以传承和发展。

在机组搬迁扩建之初，全厂职工发扬优良传统，"5+2""白加黑"，保证了两台机组的顺利投产，成为中国大唐集团公司首个火电"示范电厂工程"。但随着机组的稳定运行，企业连年盈利，职工的工作、生活条件有所改善，安逸的生活让大家渐渐忘记了创业之初艰苦的条件、拼搏的精神，企业缺乏奋发向上、人人争先的文化氛围，职工忧患意识减弱，进取心不足。同时随着社会经济的飞速发展和国有企业改革的不断深入，企业的竞争力日渐下降，老国企人员结构老化、机制体制固化、企业文化建设与职工日益增长的文化需求不相符等问题已经影响了企业的可持续发展。

基于南京发电厂面临的现状，如何通过企业文化建设形成新的发展原动力，凝聚人心，激励斗志，促推企业各项中心工作，是南京发电厂面前的一个迫切需要解决的问题。为此，在中国大唐集团公司"价值思维效益导向"核心理念及"务实，奉献，创新，奋进"大唐精神的引领下，南京发电厂进行了一系列积极的文化探索与实践，通过显化于物、内化于心、固化于制、外化于行的宣贯活动和具体实践，推进"大唐文化"的落地实践与百年老"电"的优良传统有机融合，凝练出"让南电永远年轻"的文化观念，并被越来越多的职工所认可和接受，为百年南电注入了年轻的活力，成为百年南电全面提升的新动力。百年南电丰厚的文化积淀得到了传承和创新，"大唐文化"在基层企业的落地实践不断巩固和延伸，并成为南京发电厂全面提升的强大动力和智力支持。

"大唐文化"的落地实践

结合企业实际探索大唐文化落地之路，是时代发展赋予南京发电厂的重要课题。基于南京发电厂本身具有悠久的历史和深厚的文化底蕴，在企业涅槃重生的时候，百年南电的提档升级是新一代南电人的不懈追求，在"大唐文化"体系的落地实践过程中，南京发电厂以物质文化阵地建设、行为文化载体创新、特色分支文化培育"三大工程"为抓手，逐步构建认知、再认同、践行的"知—信—行"文化落地实践模型，确保"让南电永远年轻"的文化观念入脑入心和"大唐文化"建设取得实效。

文化落地之一：建设物质文化阵地建设，外化于形，营造浓厚文化氛围

坚持文化视觉系统建设，春风化雨，润物无声。南京发电厂在新厂建设初期，即把企业文化视觉系统建设纳入工程建设同步规划、同步实施。全新的视觉系统摒弃了以往严肃生硬的宣贯形式，从年轻员工的视角出发，构建多维度、立体式的企业文化视觉系统，用轻松愉悦、阳光朝气的视觉氛围，打造"大唐文化"品牌。在新厂区，道路、栈桥、河流、花园均围绕"大唐文化"和核心理念进行命名，在清新、轻松的氛围下潜移默化地对职工进行文化熏陶；通往机组主厂房和维修部的门厅里，青年职工笑脸墙喜迎同事、宾客，企业文化理念及释义整齐上墙；"提供清洁电力点亮美好生活""价值思维效益导向等"大唐文化"理念关键词都制作成造型别致的文化景观石坐落在花草丛中；"务实、奉献、创新、奋进""让南电永远年轻"等宣传牌高居厂房和办公楼顶醒目位置，蔚为壮观；厂史陈列室、京电轮模型、样板示范展示间……一切都是新的，一道道独特的风景线已经成为南京发电厂的文化标记，员工目之所及均能感受到"大唐文化"的切实存在。

坚持新闻宣传阵地建设，以文化人，积微成著。南京发电厂紧跟时代步伐，不断完善新闻宣传阵地，通过开辟"南电好声音"微信公众号，更新企业网站版面设计，把握舆论导向，有效进行思想引领。打开企业主网站和"南电好声音"微信公众号，企业新闻、部门动态、主题活动、企业文化等报道全面及时、图文并茂，职工文学、书画才艺充分展示；橱窗、展板、活动看板、宣传条幅、企业简讯、宣传活页紧跟阶段工作节拍，推陈出新。以"搬迁扩建"工程竣工投产和百年庆典为契机，精心拍摄制作了工程片，记录下新一代南电人继往开来，奋战基建现场，再创样板工程的精神风采。百年南电纪录片曾在集团公司年度工作会上展播，产生了深远影响。近几年来，企业更是围绕中心工作，大力开展展示职工精神风貌、体现职工技能技艺、反映职工丰富多彩生活等多方面的立体式宣传报道，分别在内部网站和集团公司各大媒体发表，不断宣扬特色企业文化和增强企业品牌影响力，成功营造了浓厚的"大唐文化"氛围。

文化落地之二：创新行为文化载体，内化于心，促推企业中心工作

主题活动形式创新，激发活力，同心攻坚。青年员工是企业发展的生力军，在"80后""90后"青年占员工总数比例不断增加的情况下，南京发电厂充分发挥"大唐文化"建设对中心工作的促进作用，精心策划、组织开展各类职工喜闻乐见、服务企业中心工作的企业文化主题实践活动，在寓教于乐、潜移默化中推进文化入心、文化落地。2014年，在2号机组大修和超低排放改造即将全面开展之际，为实现2号机组大修和超低排放技术改造工程按期、优质、高效地完成，组织开展了"我与机组共成长"专项主题活动，通过"导师带徒""你操作、我点评""大家来找碴"等活动形式，鼓励员工主动担责、比学赶超。以"大唐文化"为引领，凝聚员工力量，充分发挥企业员工在完成企业重点、难点任务中的骨干冲锋作用，确保了2号机组大修和超低排放改造顺利完成，开创了中国大唐集团公司应用超低排放技术的先河。活动中涌现了一批吃苦耐

劳、勇于担责的青年骨干，造就了一批兢兢业业、服从大局的中坚力量，为企业的持续发展夯实了人才基础。几年来，围绕"大唐文化"的文化理念，一共组织"让历史辉映未来"文艺晚会、"大唐青春牵手行"志愿者活动、企业开放日等各类主题活动近百项，激发了企业活力，推进了和谐快乐的南电家园建设。

"大讨论"活动内容创新，解放思想，凝心聚力。为打破束缚企业发展手脚的传统思维模式，推进机制体制创新。近几年来，南京发电厂以每年一个讨论主题的形式，相继开展了"如何提高工作标准？如何提高工作效率？""如何实现人才强企"及"对标一流、全面提升"等多主题的大讨论活动，每年的"解放思想、更新观念"大讨论活动，都是南京发电厂意识形态和发展理念方面的一件盛事，职工积极撰写心得体会，为企业经营发展建言献策。经过深入讨论、认真总结反思，广大干部职工的思想认识普遍得到提高，精神面貌进一步转变，创新意识不断增强。

文化落地之三：增加南电文化积淀，异彩纷呈，丰富企业文化内涵

一是厂史教育。百年的磨砺，铸就了南电人百折不挠、艰苦创业的脊梁。南京发电厂在员工中大力开展厂史教育，专门建立了厂史陈列室以展示企业百年发展的脉络和事迹；职工自己动手打造象征企业光荣革命传统的"京电轮"模型；挖掘出伴随着企业走过近百年历程的民国"小红楼"文化景观；邀请老职工开展"传统与传承"厂史讲座；在团员青年中开展以厂史教育为主题的宣讲活动；制作关于百年厂史、示范工程建设、送出工程建设、小红楼文化景观等多部电视片；自行编制企业百年画册、工程建设画册等，用翔实的图文影像资料记录下企业百年发展的艰辛历程和辉煌成果，教育青年职工传承历史、珍惜今天、展望明天。

二是廉洁文化。南京发电厂紧扣"坦坦荡荡做人，兢兢业业做事"的廉洁文化理念，全力实施廉洁文化体系的落地行动。先后制作了《廉洁文化手册》《廉洁文化宣传片》《廉政准则图解集》等宣传手册并加以推广；创新教育方式，由单一静态转变为立体动态的教育模式，不断增强宣教工作的针对性和有效性，先后开展了以"弘扬清风正气、建设廉洁工程""建设廉洁工程"为主题的廉洁文化宣教活动；印发廉洁自律手册、制作廉政桌卡、寄送廉洁家书、举办廉洁演讲比赛和青年廉洁讲堂等活动，一系列的活动使干部职工潜移默化地强化廉洁从业意识，营造心无旁骛、风清气正的干事创业氛围，在思想源头上预防和遏制腐败。目前，"清风"画廊、"清风"书苑、"清风"会议室、"清风"钥匙扣、"清风"桌卡、"清风"印章等周边产品已在企业得到推广普及。

三是安全文化。针对企业搬迁后路途遥远、通勤不便，职工与家人聚少离多的实际情况，南京发电厂的安全文化从"人文""亲情"着手，联合家庭共同构筑企业的安全保障体系。邀请送出工程工作组成员家属和子女参观线路建设情况；在六一儿童节，邀请职工子女参观新厂并写下亲情安全嘱托卡；在检修班组开展安全全家福活动，把职工全家福照片和安全提示相结合；开展"亲情助力安全"职工家属联谊活动，家属观摩职工作业、送安全嘱托到现场；向职工征集安全短信、安全语录、"安全家书"并将优秀作品在厂网展播等。亲情融入安全的文化引导，有效促进了安全文化的深入人心。用亲情呼唤安全意识作为企业安全管理制度和措施的必要补充，给企业安全工作提供了有力保障。

文化建设成果丰硕

灵活的经营策略成为企业永葆年轻的动力。坚持"价值思维、效益导向"的经营理念,以电量工作为重点,按照"半度不丢、度电必争"的要求,调动一切力量全力以赴抢发、多发电量。近3年累计发电量225.38亿千瓦时,完成利润17.64亿元。机组利用小时数继续保持区域领先,供电煤耗多年保持集团公司同类型机组第一名。

长效的竞争机制成为企业永葆年轻的核心。打破老厂旧制,以"干部年轻化"为用人导向,建立了竞争性的人员选拔机制。以岗位公开竞争、"公推直选"等方式,在选人、用人机制上进行大胆尝试,鼓励青年员工走上管理岗位。近5年来,补充应届大学生近150人,35岁以下青年职工比例由15.4%上升为32.2%,其中近20名"80后"年轻员工走上了企业助理及中层领导岗位。

一流的职工队伍成为企业永葆年轻的基石。打造职工不断学习、自我超越的平台,锻炼一流的职工队伍。通过创办职工书屋,举办技术交流、学习论坛、党员素质同提升等活动,为职工提供全方位的学习条件,搭建创先争优的舞台。其中,南京发电厂送出团队在87公里送出工程的"生命线"上谱写"送出精神",克服了村庄多拆迁难、路线多跨越难、部队多协调难、山区多施工难等诸多不利因素,使线路提前一个月实现全线贯通目标,成为一流职工队伍中的杰出团队等。

"人才强企"大讨论动员会

快乐的企业氛围成为企业永葆年轻的源泉。积极营造"一家人"氛围。通过全力完善职工生产生活设施,以"职工满意餐厅"创建活动为契机,改善职工就餐环境;加快单身公寓楼的建设进程,努力改善职工住宿条件。深入推进"三送"活动,重点做好特困职工、大病职工的送温暖工作,开放职工文化体育活动中心,组织竞技性群众活动,丰富职工文化生活。南京发电厂职工队伍稳定,企业氛围持续向好。

主要创造人:王忠清　张鹏程

参与创造人:姜永峰　章文达

党建引领文化建设　助推企业改革发展

华能重庆珞璜发电有限责任公司

华能重庆珞璜发电有限责任公司(以下简称珞璜电厂)于1986年设立，于1988年9月正式动工兴建，2007年1月全面建成。目前，珞璜电厂总装机容量264万千瓦，是西南地区最大的绿色环保型火力发电厂，重庆市最大的主力发电厂。珞璜电厂作为华能早期运营管理的电厂之一，在国内首家引进国外先进大型烟气脱硫装置，开创了国内火电厂绿色环保发展的先河。先后获得了"全国五一劳动奖状""全国模范职工之家""全国精神文明建设先进单位""全国减排先进集体""全国文明单位"等多项荣誉。

珞璜电厂历经三次扩容跨越，形成了艰苦创业、敬业奉献的优良传统，积淀并呈现出丰厚的文化底蕴。近年来，珞璜电厂坚持建设为社会增添动力的能源企业、为股东创造回报的一流企业、为员工谋取幸福的和谐企业，企业文化理念步步升华、丰富发展，形成了独具特色的"三为"文化体系。它明确展现了企业的使命与担当，直观反映了企业的价值和追求，具体体现了职工的风貌和精神，持续助推企业焕发新活力，成为企业改革发展的力量源泉。

紧密结合形势任务，问题导向明确目标

当前，珞璜电厂面临着国企改革、外部市场竞争加剧、设备老化，企业市场地位下降等问题，职工的思想动态、利益诉求也有所变化。以问题为导向，珞璜电厂明确文化建设的四项目标。

指明建设方向，推动企业转型升级。面对全面从严治党、国企改革等带来的挑战，需要与时俱进的文化，引领职工团结拼搏、积极作为。珞璜电厂发挥文化软实力作用，促进企业从传统的生产型向兼顾生产、经营和服务的市场经营型企业转变。

明确建设重点，促进企业管理提升。社会在发展进步，企业原有工作模式、标准也在发生变化，珞璜电厂以文化凝聚集体智慧和力量，攻坚克难，保持领先。

瞄准建设关键，助力人才队伍建设。珞璜电厂以文化激发老职工发挥余热、引导青年职工成长成才，解决因人才输出、职工退休潮等因素导致的管理人员，高级技术、技能人才的缺员和断层问题。

拓宽建设阵地，繁荣职工文化生活。职工对文化生活的需求日益提高，原有文化建设手段和模式显得落后。珞璜电厂在倡导"奉献"的同时，更加注重"以人为本"，努力营造"快乐工作，幸福生活"的氛围。

植根历史凝聚力量，书写国企责任担当

发扬逢山开路、遇水搭桥的创业精神。20世纪80年代，创业者们风餐露宿，削平18座山头，建成三座公路桥。种种创业壮举，成为改革开放下"没有做不到，就怕想不到"精神的生动写照。进入新世纪，这种新时期的"愚公精神"，持续激励后来者在基建、技改等任务中，继承发扬优良传统，勇攀高峰。

激发热血拼搏、产业报国的赤子情怀。珞璜电厂建设中多次遭遇外籍专家束手无策的情况，但中方人员沉着应对，化解了难题。也正是同一批技术人员，为我国相关设备国产化做出了贡献。这些实践成为改革开放之初，在引进消化西方的技术和管理的过程中，一批批热血青年献身产业报国的缩影，更是当前创新发展的精神财富。

坚守积极进取、创造业绩的责任担当。珞璜电厂累计发电已超过1950亿度，发电高峰时，重庆每消耗10度电，就有3度来自珞璜。企业连续多年荣膺重庆市工业企业五十强，涌现出多名全国技术能手、中央企业技术能手。无论酷暑寒冬，职工始终坚守岗位保发电，守护山城万家灯火，这种责任与担当已经融入骨髓。

当前，珞璜电厂提出建设"三为企业"，即为社会增添动力的能源企业，为股东创造价值的一流企业，为员工谋取幸福的和谐企业。从服务国家、服务企业、服务员工三个层面，从建设能源企业、一流企业、和谐企业三个维度，对珞璜电厂进行定位，作为全体珞电人追求的目标。提出"三业精神"：永不言弃、勇往直前的创业精神；务实创新，责任担当的敬业精神；快乐工作、幸福生活的乐业精神。坚持"三坚作风"（坚持不懈、坚定不移、坚决果敢的管理作风）和"严细实"的工作作风。

党建引领文化重塑，行稳致远履行使命

党建引领，为企业文化建设提供组织保障。以党建引领文化建设，拓宽党建工作外延，使党的作用进一步加强，激励员工建功立业。珞璜电厂在文化建设上，坚持党委领导、行政支持、群团配合、职工参会，党政工团协力推进。一是明确党委在文化建设中的主体职责。通过修订管理制度等方式，从源头将文化建设作为党群工作的"硬任务"，明确工会在党委领导下配合做好企业文化建设的职责。二是明确企业文化建设的重要地位。将企业文化建设作为党组织日常工作，要求各党支部、各部门将其作为工作"必须项"，纳入综合绩效考核。三是成立专门的企业文化创新机构。组织成立企业文化创新研讨会，担负理论研究导向作用、信息沟通媒介作用、方法创新探索作用等职能。每月开展活动，形成工作常态。四是将企业文化建设融入班组建设。班组每周五下午开展班组建设活动，以班组层级的有效实践，不断丰富和发展企业文化。有检修班组提出"修必修好，变废为宝"的班组质量理念，有运行班组提出"定时定责，到岗到位"的班组管理理念。

以党的先进思想和理论，指导文化实现重塑。一是用党建理论新成果武装文化内涵。运用党的思想理论指导企业文化建设，保障文化的先进性，确保建设方向的正确性。尤其注重学习习近

平总书记系列重要讲话精神，消化吸收讲话精神，不断完善现有理念。比如为了让"三严三实"的要求落地，成为党员职工思想和行动上的自觉，电厂党委结合实际、针对问题，将"忠诚、干净、担当、实干"作为企业文化征集的重要内容，将"严"和"实"的要求融入文化体系中，用"严"和"实"的精神为企业文化铸魂；面向全体职工开展了"履职尽责"党员职工评选活动，通过选树职工广泛认同的先进典型，让"严"和"实"可视化，引导干部职工履职尽责、见贤思齐。二是借鉴党建宣传成熟经验建设新文化。在企业文化建设中做到"有口号、有载体、有检查、有总结"，注重针对具体工作提炼宣传口号，采取化繁为简的手法提炼、宣贯。从20世纪80年代提出"打造重庆市'天字一号'工程"的创业主张，到当前"供洁净电力，还蔚蓝天空"的环保理念。珞璜电厂每一个理念的形成，每一句口号的喊出，都做到了与时俱进、结合实际。三是在企业文化建设中坚持群众路线。从职工群众身上寻找文化闪光点，通过面向全体职工、特别是退休老同志征集企业发展中的感人故事，别样记录企业发展足迹，增强企业凝聚力。

多管齐下实践运用，着力入微入细入情

结合形势，融入中心践行文化理念。 在应对新常态中，教育引导职工树立危机与风险意识、市场与竞争意识、改革与创新意识、勤俭与节约意识、责任与进取意识，于深入浅出中融入管理，推动企业中心工作。针对青年人占比近50%的特点，开展理想信念教育、感恩责任教育、作风纪律教育、爱岗敬业教育、企业文化及道德教育、团队精神教育、技术技能教育和廉洁教育"八个教育"。在应对急难险重任务时，以"联责挂钩，共同包保"践行服务理念，发动管理部门职工深入现场，共同承担起安全监督职责。

与时俱进，借助新媒体传播文化。 在企业网站的建设上注重"准确定位、快速反应"，将每一个新闻稿件撰写人员视为企业文化宣讲员，做到"当日事当日撰稿审核发布"。面对新媒体的广泛应用，建立各类微信公众号、微博账号，发动绘画爱好者，及时通过图文并茂、生动有趣的形式，将信息推送给职工。在职工微信群每天发布职工生日信息，营造出家的温馨感。

生产集控室

形成合力，借助社会力量展示形象。注重与新闻媒体的合作，向新闻媒体宣传企业文化，然后借助新闻媒体的权威性，宣传企业良好形象。重庆日报等多家媒体采写并刊发多篇专题文章，树立起了良好的知名度和美誉度。以职工坚守岗位保发电真实案例拍摄的《保电先锋》纪录片，获得全国总工会"全国职工微影视大赛金奖"。此外，在厂区周围，树起了形象宣传广告牌、宣传橱窗和灯箱，向公众宣传企业核心价值观。

瞄准亮点深化打造，发挥文化品牌效应

"三为"文化的深入实践，为职工提供舞台、搭建平台，让职工真正成为企业文化建设的主角，形成了多个品牌。文化品牌引导全体职工履职尽责、敬业担当、勇往直前。

建设书香珞电，营造好风气。打造"职工书屋"，倡导全员阅读。职工在工余时间边喝咖啡边品读经典，阅读观影兴趣组定期举办沙龙活动，推荐好书或分享读书心得，产生多名读书明星，缕缕书香为美丽珞电增添华彩。

开办道德讲堂，唱响好声音。广泛开展道德讲堂活动，打造活动阵地，拓宽活动形式。厂级、部门、班组三个层次打造规模不等、内容丰富的道德讲堂，形成了以劳动模范、先进典型为主的宣讲团队，有力提升职工思想道德修养和企业精神文明建设水平。

开展志愿服务，传播主旋律。与社区共建市民学校，发动职工参与社会公益活动。先后前往酉阳渤东小学、珞璜镇和平小学、潼南县寿桥镇小学、江津马宗敬老院等，资助留守儿童，关爱空巢老人。

打造"珞电之夜"文化品牌。连续17年以新春联欢会形式，为职工才艺表演搭建舞台，涌现出多个以援藏、迎峰度夏、春节坚守岗位等为主题的文艺作品。2016年精品节目《奉献》，讲述的是一名即将退休的老师傅，一辈子任劳任怨、坚守岗位、默默奉献的平凡故事，通过精心编排，以音乐情景剧形式呈现，节目朴实无华、真挚感人，引起职工共鸣，令职工感动落泪。

面向未来持续创新，推动企业改革发展

文化传承着历史，牵引着未来，看似若隐若现，却又万千纷呈、无处不在。珞璜电厂在文化软实力推动下，集体智慧和力量得到凝聚，始终追求并保持了卓越领先；企业参与改革，服务改革，彰显了责任情怀。实践证明，"三为"文化具备高度的包容性和开放性，顺应了经济新常态下国企改革和电力体制改革的潮流，它以内在动力的形式，支撑珞璜电厂从容应对出现的新形势、新变化和新情况，引导企业全体职工在顺境中居安思危、不骄不躁；在逆境中凝心聚力、攻坚克难。"三为"文化的深入实践为企业文化建设带来了显著成果。

主要创造人：文成明　王百泉　王廷江

参与创造人：朱　猛　严　谋　程焕洋　刘永胜　陈雅清　杨　言

践行和灵文化　激发企业动力

远东控股集团有限公司

　　远东控股集团有限公司（以下简称远东）创建于1985年，前身为宜兴市范道仪表仪器厂。主营智慧能源和智慧城市技术、产品与服务及互联网、物联网应用的研发、制造与销售；智慧能源和智慧城市项目规划设计、投资建设及能效管理与服务；智慧能源和智慧城市工程总承包等领域，致力成为全球领先的智慧能源、智慧城市系统服务商。截至2017年4月30日，总投资企业数量达到339家，累计实现上市91家（其中新三板28家），过会等待发行2家，预披露14家。现为全球投资管理专家、"亚洲品牌500强""中国企业500强""中国民营企业500强""中国最佳雇主企业"。目前年营业收入近400亿元，品牌价值达352.68亿元，员工11000人。

　　远东控股集团有限公司自成立以来，坚持创新、发展的原则，在32年的创业实践和总结思考基础上，打造了远东企业文化的核心和精髓——"和"与"灵"，形成了"永不满足、追求卓越"的企业精神，"以品绩兼优者为本""以科技为动力""以创新为灵魂""以质量为生命""以品牌为目标""以市场为导向""以资本为手段""以效益为中心""以管理为保证"的经营理念和"备受员工自豪、备受社会尊敬"的企业理想为核心的文化理念。经过近几年的发展，远东步入一个全新的发展阶段。新时期、新形势、新条件，与之相适应的企业文化必须要有新发展、新高度，赋予新的时代特点和新的内涵。远东相继举办 "和灵再深化""和灵再解读""和灵再传承"等一系列活动，不断深入阐释"和灵"，传承"和灵"。特别是坚持把文化引领作为加强企业文化建设的重要着力点，形成了具有鲜明特色的和灵文化，也成为企业发展中的强大推动力。

强化协同，文化制度齐头并进

　　随着远东的发展不断壮大，必将存在不同公司间文化、理念、制度的差异；面对这种情况，既要在观念上对远东的和灵文化、制度文化有充分自信，更要在实践中积极宣贯，强化认同，协同发展。

　　以制度、文化促协同。按照"先固化、后优化"的理念，远东集团系间的制度、文化协同不断加深。远东集团系各职能条线走进所有控股子公司，共叙和灵文化，行对接制度与OA，打造统一的高效办公与沟通平台，交流品牌与文化打造，通过增进制度认同，促进文化认同。

　　以协同增价值。协同的根本目的在于创造价值，远东以共同的价值理念为指导，充分深挖远东集团系大平台的技术、资金、人才、客户等优势资源，协同增效。通过流程创建、营销制度对接和宣贯，实现综合产品的销售和EPC项目的落地，协同营销效果显现；智慧能源优化平台及线下业务成立培训小组并下沉到营销片区进行面对面业务培训，业绩稳定提升；统筹远东集团系的资金，显著降低资金成本。

培育人才，厚积薄发积蓄后劲

任何事业的成就，人才是关键。因此，远东审时度势地将人才理念由"以人为本"转变为"以品绩兼优者为本"，将公司的资源和平台向品绩兼优者进一步倾斜，进一步促进员工良性竞争，激发员工的工作热情，形成良好的内部竞争环境、优化公司内部资源配置。在远东，优秀员工的选拔重点考察两个特质——"品"和"绩"，"品"是指品德和价值观，员工需要认同并模范践行企业文化，"绩"是指业绩和能力，员工的业绩指标需要有效承接公司战略并出色完成。

制度流程顶层设计，明确资源分配导向。为确保"以品绩兼优者为本"的理念落地，集团和智慧能源着重修订了涉及薪酬、干部晋升晋级、职称评聘、员工聘用、购房、核心员工持股等共11份制度文件，通过制度的顶层设计，明确了品绩兼优员工在资源分配上的优先权，激励优秀员工。

以品绩兼优者为本，构建卓越人才队伍。坚持以"找、用、育、留、汰"为抓手，对远东中高层管理人员和关键技术岗位，尤其是世界500强、中国500强、上市公司及行业内优秀人才，主动找寻，逐步提升学历层次和能力层次；要求中高层管理人员将不少于三分之一的时间和精力用在人才引进和培养上；严格按照361绩效考评法则，逐步淘汰无成就、无责任、无追求和负能量的员工。

铸就品牌，价值影响持续提升

远东作为行业领军企业，自建立之初就着手落实品牌文化建设工作。远东制定了品牌战略实施方案，规划全面品牌实施战略，开展重点品牌宣传工作，形成了从规划、执行、提升的品牌实施体系和评价体系，实现品牌文化中心主实施、各职能部门配合实施的执行模式。确立"为全球电力传输提供优质服务"的使命，"成为世界电缆业的领导者"的愿景，"诚信务实，创新创优，和灵共赢"的价值观。远东以市场为导向，以质量为生命，以科技为动力，以服务促发展，全力打造"远东线缆"品牌，走品牌占领市场的品牌竞争之路。在3~5年里，品牌价值每年增加5亿元人民币，知名度、美誉度、满意度每年上升1%，品牌忠诚度达99%以上。

品牌价值和影响力不断提升。远东连续六次入围"亚洲品牌500强"；品牌价值增至352.68亿元，同比增长25%；荣列"中国企业500强"榜单第431位，较2015年上升43位；位居"中国制造业企业500强"榜单第215位，较2015年上升31位。智慧能源荣获"2016中国上市公司创新品牌100强"。

借力品牌影响力，增强营销服务。协助远东控股子公司做好官网及官微建设、百度官网认证，打造统一品牌形象，其中，智慧能源APP上线，极大地促进智慧能源系列产品及服务的知名度；电缆网和买卖宝粉丝量累计超过10万人；与头条、网易、搜狐、新浪等门户网络媒体平台合作，促进品牌的营销推广；持续关注、管理好负面舆情，助力公司价值提升；开展两次"和灵再传承"大型活动，推动和灵文化，以品绩兼优为本的文化理念深入人心。

五元营销，品牌推广模式创新

远东创新形成了"团队+电商+宣传+专卖店+技术"的五元营销模式，并延伸出"基于五元营销（F-east）的品牌推广模式"。

团队营销聚合力。远东拥有一支1200余人的营销团队，在国内分区域建立了820个销售网点，配备了"首席运营官—营销分管—市场总监—营销经理"四级营销管理人员，设开发服务部、产品调配部、技术服务部三个部门，建立了一支专业技术服务工程师团队负责对用户的全寿命集成服务。同时，为推广远东品牌，特设首席品牌官、品牌管理委员会和品牌文化中心。

技术营销创口碑。坚持以创新为驱动，把产学研相联合，不断进行技术创新并推出具有自主知识产权的新产品，科技含量高、附加值大。

电商模式拓新路。借助互联网平台于2011年成立了"买卖宝"，实现了"线下+线上"全覆盖，解决了买家与卖家信息不对称问题。同时，在天猫、京东开设远东电缆专卖店，实现线上有效宣传和营销。

宣传方式多维度。创立了书、报、网、视、会等多种品牌传播方式，摆脱了传统的打广告式的宣传方式，以低成本达到最大宣传效果。

专卖店营销扩张力。远东在行业内率先推行专卖店建设，至今为止在全国各地相继开设174家电缆专卖店，为行业首创。

基于远东五元营销模式，远东电缆的营销能力得到较大提升，不仅在电网、电力建设等领域继续保持国内领先地位，而且还多次参与国内重大基础设施建设项目、重大电网工程建设及改造项目。从长江三峡输电工程到上海世博工程、上海环球金融中心，再到"天宫二号""神舟十一号"航空项目、港珠澳大桥、华龙一号核电工程……远东智慧能源传导着强劲的智慧动力，服务国家精品工程、铸造民族品牌形象。

勇立潮头，践行社会责任

引领责任，行业带动。远东被称为中国电缆行业的"黄埔军校"，为电缆行业培养了大批人才。电缆行业的许多企业都是"远东人"创办，对此，远东也深为自豪。为了推广远东管理经验，公司与"浙江万马、亨通集团、新疆特变电工、重庆科宝电缆、宝胜、中天科技"等建立对标学习机制，形成既竞争又合作的关系，其中公司与亨通集团、浙江万马等建立高层领导互访机制。

2014年，远东还与哈尔滨理工大学合作，在远东大学开展"电缆本科班"和"工程硕士班"，为行业培养技术人才。到目前为止，电缆本科班已组织两届，培养人才120余名；工程硕士班培养人才32人。

心系家乡，共同发展。远东在自身发展的同时，仍然坚持与地方特色的相关企业、上下游企业协同发展，打造出了连续10多年蝉联中国线缆行业NO.1——远东为核心的"中国电缆城"，形成了具有地方特色的经济模式，为提高宜兴在全国的知名度、美誉度及综合地位、在安置当地居民就业等方面做出了贡献。

　　远东心系青少年的健康成长，主动承担社会责任，热心于教育事业，特设立教师发展奖励基金及学生素质发展奖学金。自2010年起，远东慈善基金会助力范道教育事业发展，迄今已发放奖学金、奖教金总额近200万元；自2017年起，远东慈善基金会"远东奖学金""远东奖教金"将进一步向宜兴市所有中小学覆盖，首期20年，每年将拿出约600万元共计1.2亿元的善款对全市中小学优秀学生、优秀教师给予奖励，以促进全市整体教学水平的进步，稳定家乡教育优秀的师资力量，提升家乡教育水平。

　　慈以济世，善暖人心。远东始终践行"授人以鱼不如授人以渔"的慈善理念，2007年成立了"远东慈善基金会"，以"慈以济世·善暖人心"理念为公益志业，将特有的"五创"（创业、创新、创优、创富、创福）慈善密码注入慈善事业，将远东慈善打造成"暖心平台"，开创新型帮扶模式，凝心聚力，帮助自强不息、怀揣梦想的人们推开创业之门、创新之门、创优之门、创富之门和创福之门。自创建以来，远东累计向社会捐款捐物超过3亿元。

"和灵再出发"论坛活动

　　远东坚持不懈致力于帮扶身障人与社会弱势群体，经历了从起初简单的捐款捐物——身障人就业岗前培训——安置身障人就业——帮扶身障人创业的发展历程，不断地在探索和创新中走出了一条远东特色的慈善公益新路子，多次开创国内慈善公益事业的先河。远东曾荣获"中华慈善奖""环球慈善企业奖""亚太最具社会责任感大奖""江苏慈善奖""社会福利企业"（行业唯一）等荣誉，2016年在中国第三届公益节中获"2016年公益先进集体"称号。

主要创造人：蒋锡培

参与创造人：涂浩然　周东佼　许国强

谱新时代创新精神　树非经典管理文化　铸国际化百年老店

研祥高科技控股集团有限公司

　　研祥高科技控股集团有限公司（简称研祥）成立于1993年，是中国最大的特种计算机研究、开发、制造、销售和系统整合于一体的高科技企业；主要从事特种计算机（包括工业级、军用级）、嵌入式软件、智能工控、智能检测设备、工业控制网络等技术，以及产品的研究、开发、生产、销售和系统整合。遍布全球的分公司及办事处达到49家、3个研发中心和1个欧洲技术中心。先后荣获国家级创新型企业、国家级高新技术企业、国家火炬计划重点高新技术企业、中国电子信息企业100强、中国企业500强、中国民营企业500强、全国"质量标杆"等荣誉。根据CCID数据显示，2006年至今，研祥在同行业排名中连续11年位居中国第一，世界第三。

企业文化理念体系

　　研祥深知文化的重要性，认为"企业的终极竞争是文化的竞争"。1993年，大量外资高科技企业进入中国市场，其实，在特种（工控）计算机行业，中国只存在代理公司。基于当时情形，研祥提出了"诚信祥和、永继经营"的企业宗旨。为了提高公司初期同事间的沟通和管理效率，提出"一张纸、一支笔、写清楚、给专人""如实简单、提供建议"的管理理念。

　　随着国民经济的发展，国内各行业开始进行大规模的设备改造、升级，对特种（工控）计算机的需求急剧增加，研祥公司进入快速发展阶段，经营规模日益壮大，并进行了股份制改造。在这段时期，公司形成了由宗旨、使命、愿景和价值观组成的企业文化。基于互联网的普及，发展了"用电脑、用网络、写清楚、E专人"的管理理念；研祥公司成功推出自主品牌，但市场份额尚未占据鳌头，主要目标仍是扩大市场，因此形成了"诚信原则、以市场为导向、管理层操盘、永远的改进、以成败论英雄"的独具特色的价值观。

　　2003年，研祥在香港创业板上市成功。此后几年，公司经营业绩和规模都得到了飞跃发展，在中国内地特种计算机行业市场地位名列前茅，产品线也得到了丰富，自主研发的专利技术年年增长。创新和全球领先成了公司新的使命和愿景，"恪守诚信、鼓励创新、永远的改进"形成了公司持续发展的核心价值观。2009年，公司在规划未来5年的发展战略时，将使命、愿景和核心价值观纳入其中进行评估，并做了适当的微调。

　　通过体系领导层不断对企业文化调整、修正和丰富，形成了由宗旨、使命、愿景和价值观组成的企业文化和独特的"非经典管理"理念，其特征是：根据不断变化的内外部环境，不断调整管理方式，因地制宜，因时制宜，针对具体情况，量身打造，不唯书，不唯上，只唯实。

　　企业宗旨：诚信祥和，永继经营；

企业使命：不断创新，为客户创造价值，加速全球智能化进程；

企业愿景：坚持在特种计算机领域专业化发展，成为全球领先者；

核心价值观：恪守诚信、创新发展、协作共赢。

研祥当前的核心竞争力是：战略管理能力、综合创新能力、团队决策能力、国内营销能力和文化凝聚能力。

研祥的核心竞争力主要体现在：以企业创新为核心，通过战略规划、科研生产、市场营销、企业文化的整合和高效团队决策机制而使企业获得长期竞争优势，为达成"加速全球智能化进程"的研祥使命奠定了坚实的基础。

企业文化建设主要工作方法

创新为核心、与时俱进的企业发展战略。以"诚信祥和，永继经营"为宗旨，以"不断创新，为客户创造价值，加速全球智能化进程"为使命，以"坚持在特种计算机领域专业化发展，成为全球领先者"为愿景，根据不断变化的内外部环境，历经"规模化""国际化"，以及当前"品质、利润"为核心的企业发展战略。通过不断调整战略方向，确立企业在激烈的竞争环境中的快速稳步发展。

秉持专事专人做，新事新做法；雷同永远落后，创新才有发展；允许工作出错，不许拖延不做的创新原则。公司开展一系列职工全员参与的创新活动，鼓励员工立足岗位，从企业发展实际出发，积极创新，不断改进，制定了设立"金点子"有奖建议箱，每个月评选"建议之星"等制度来为企业产品产业化、市场化创新提供根基。

追求效能的组织运营。以市场利润最大化和科技创新能力最强化为目标，面向不断调整的业务模式，每年或每两年对企业组织架构进行调整、优化、合理设计，最大限度地实现企业的运营效能。同时，围绕企业发展战略开展品质提升管理、财务预算管理、风险控制管理、智能化和信息化管理等工作，促进企业发展。

崇尚诚信廉洁的规章制度。研祥倡导"做事先做人"，着力培育守法经营和道德行为的经营环境。将"诚信祥和"列为公司宗旨，倡导崇尚诚信、崇尚廉洁、崇尚和谐；将廉洁条款纳入采购、营销合同或相应文件，约束相关各方；高层领导在公司内部倡导并推行简单坦诚的双向沟通，禁止称呼职务，提倡直呼姓名，从形式和心理层面减少沟通障碍，以形成和谐的工作环境；建立、完善各项规章制度（包括《道德行为管理基本规范》）和管理体系，规范合约经营行为、管理行为和员工的工作行为；建立了领导行为管理指标与监测指标，预防和监测道德及法律风险，制定了《研祥领导行为规范》《研祥全面风险管理规范》。

以人为本的人力资源管理。从招聘、培训、人员配置、绩效考核、职业发展五个方面，遴选和培育符合企业发展的人才团队。在人才选拔方面要求有"研祥味儿"，注重人才与公司价值观的一致性；人才培育方面，由经验丰富、成绩卓越的骨干员工引导培训，并在岗位上一带一，帮助新人尽快胜任工作；人才配置实行全面竞岗制度，为人才发展提供平台和机会；关注绩效的考核和改进，通过多维度测评，全面了解人才职业胜任力和实现人才的能力提升；建立专业、技术、市场、管理的职业发展通道，员工可以根据自己的特长选择通道，也可在通道之间进行转换，进一步扩展发展空间；同时，通过丰富的员工活动，提供积极活跃的企业氛围，在"吃穿住用行"方面构筑完善的生活圈，为人才的成长建立良好的环境。

主题活动

顺应时代的全网化产业营销。以行业龙头为牵引，作为会长单位主导"全国工商联科技装备业商会""深圳市海洋产业协会"工作，成立了"中国工控机产业联盟"，构筑了产学研用的创新链，在推动企业发展的同时还促进了行业发展。同时，采取多元化营销模式，开拓研祥网上商城、天猫商城、微商城、微信营销，成立新通路、研祥智谷学院等进入互联网时代B2P销售模式，改变原来面对面的销售模式，使销售和利润水平得到了重大突破。

简单务实的"非经典管理"企业文化。追求实用主义，淡化级别，追求效率永无止境。研祥的企业理念来自于企业长期实践中所获得的认识和思考，有一写一，逐渐积累，其实用主义追求非常明显。研祥在公司发展到十几人时就提出"一张纸、一支笔、写清楚、给专人"，从务实的角度一针见血地抓住了管理的要害之一：提高沟通的效率。事实上，做企业就是实现多人间的合作，而合作的过程就是信息交换与处理的过程，很多合作中的失误和矛盾都是由沟通产生的。格言现在升级为"用电脑、用网络、写清楚、E专人"，其内涵不变。

凡组织都有职位，有职位就不免有级别，级别对组织功能的实现有积极作用，但同时也有消极作用。在民营企业中，提倡以职责及工作为导向的沟通作风，淡化级别，减少其所具有的消极作用是有必要的。级别的消极作用主要有：容易形成僵化的沟通程序。如逐级汇报、分部门逐级传达等，妨碍了沟通的效率；级别很容易成为局部利益的保护者；级别是官僚主义、腐败行为的温床。以上消极作用都会降低企业的运作效率，最终带来企业效益的损失。研祥为淡化级别，在全公司内，要求所有员工相互间必须直呼其名，不得以"×总""×总监""×经理"等称呼；研祥不设任何与职务相联系的公司消费，公司很少专门为高阶主管设置独立讲究的办公室，而是根据工作的独立性要求设置少量的独立办公室，此点不仅是为了淡化级别，更主要是加大了日常工作沟通的方便性和透明度。

淡化级别的核心是一切以工作为导向，凡属工作需要的条件、方法不分级别都应予满足、认可，凡属工作不需要的条件、形式，同样不分级别都不予配置、采纳。无级别意识已经成为研祥员工较为普遍的工作习惯，在这种习惯下，大家知道并且只关注"解决这个问题要找哪些人"，而不关注"自己和要找的人之间的组织、级别关系"，特别是通过电子邮件形式，直截了当，直奔主题，将工作效率提到最高。

"要么左转，要么右转，就是不要刹车"，事实上，许多工作是要在做的中间才能找到调整的方向，大多数工作也不是一旦开始就覆水难收。因此，当下属因为各种理由，包括请示没有被回复而将工作暂停时都要受到严厉的批评。不等，有可能错，但还可以调整，但等则是绝对的错。倡导工匠精神，开展挑刺活动，成立挑刺小组，集结全员的智慧和力量，改善工作环境和服务品质，形成了简单高效的工作氛围。

丰富多彩的企业文化活动。研祥积极开展企业文化队伍建设和举办企业文化活动，制定了企业文化构建体系，设置专职HRBP（HR Business Partner），保障公司企业文化的落地执行，并支撑业务的持续良好发展。创办研祥E族电子刊物，举办年度核心价值理念梳理、风云人物、感动人物、春晚、企业文化沙龙、知识竞赛、年度人物评优、烛光奖、面试官培训认证、员工满意度调查、研祥Style人物专访、趣味运动会等一系列活动。

企业文化建设效果

多年的行业耕耘，研祥在企业管理创新上做出突出成绩，先后出版了《研祥—非经典管理》和《研祥—再造非经典》两本专著，全面总结了企业在管理上的各种创新理念和方法，深刻剖析了非经典管理经验的内在根源，以"不唯书、不唯上、只唯实"的文化精髓，成为众多管理教学的经典案例，对推动产业创新发展起到积极的作用。研祥在"非经典管理"文化引领下，公司的凝聚力、向心力、战斗力得到显著增强，知名度、美誉度和社会影响力得到大幅提升，生产经营屡创佳绩，硕果累累。

面向未来，研祥将不断谱写新时代的创新精神，充分发掘适合企业自身发展的模式，继续丰富非经典管理文化，为企业的高质高效发展提供不竭精神动力，倡导工匠精神，不忘初心，砥砺前行，推动行业不断向前发展！

主要创造人：陈志列

参与创造人：林诗美　耿稳强

用愚公移山精神引领行业前行

河南豫光金铅集团有限责任公司

河南豫光金铅集团有限责任公司（以下简称豫光）创立于1957年，历经60年发展，已成为以有色金属冶炼为主兼多元化经营的大型企业集团,成为中国有色金属行业大型骨干企业，形成以铅、锌、铜三大主导产业为支撑，矿山、循环经济、物流贸易、化工、合金、贵金属制品、机械制造、新材料等多个延链、补链产业为补充的完整产业链，是中国最大的铅冶炼企业、最大的白银生产企业、最大的再生铅企业，河南省首家铜冶炼规模企业，电解锌生产规模位居全国前列。连续多年跻身中国企业500强，中国制造业500强，中国财富500强之列，2016年位居河南省百强工业企业第11位。

作为愚公故里唯一一家国有企业，河南豫光金铅集团有限责任公司从成立之初，便把愚公移山精神的传承和发扬深深地融入企业的发展命脉中。在企业60年的发展历程中，豫光认真地总结、挖掘、提炼愚公移山精神，把愚公移山精神作为豫光企业文化的精髓，融入每一名员工的血脉之中。60年来，豫光集团资产总额从建厂初期的4.5万元增长到1500亿元，上缴利税80亿元，用实践和业绩再次诠释了愚公精神的新内涵。从1996年开始，豫光开始逐步规范完善企业文化理念体系，对多年的生产、经营、管理实践进行梳理，对发展目标、经营宗旨进行凝练和升华，使企业文化理念成为豫光价值观的集中体现，成为豫光职工统一的行为规范。

愚公移山精神之传承——规范建立的企业文化理念体系夯实豫光文化的根基

企业发展理念：愚公移山，产业报国。其基本内涵是"愚公移山，追求卓越，团结务实，产业报国"。这是全体豫光人基于对愚公移山精神的传承形成的共同价值取向，是要像愚公移山一样，立足实际，追求卓越，敢为人先，瞄准世界先进技术，干实事，求实效，增实力，创实业，以开拓进取的创新精神，将先进技术与创新观念，转化为企业发展的资源优势、技术优势、人才优势、竞争优势、发展优势，使企业更高、更强、更优发展。

企业精神：团结奋进、创新求实。团结奋进，创新求实是豫光人精神的集中展示。豫光的发展史是一部艰苦奋斗、艰苦创业的历史，也是一部开拓进取、追求卓越的历史，更是一部敢为人先，创新求实，勇往直前的历史。豫光企业精神的精髓是艰苦创业，在豫光60年的发展中，打破传统，创新发展，成就非凡，这种不甘落后、向往发展、顽强进取、自我超越的精神，影响教育了一代又一代的豫光人，也成就了一代又一代的豫光人。

企业使命：打造经典环保有色制造工业。环保是一种生存的观念，环保是企业发展的信念，环保是企业发展的社会义务和责任。环保，也是豫光的终极目标。有色制造工业是重要的基础工业。而致力于工业绿色环保是有色制造工业的伟大使命，豫光承担了这一使命，不断以技术创新解决环保问题，引领着行业发展方向，擎起了振兴民族工业、打造经典环保有色制造工业的大旗，以坚实的步伐，迈向最经典、最有话语权的有色制造工业。

企业愿景：做世界最具竞争力的公司和产品。这是豫光人共同的愿景，是1957年豫光建厂以来，一路秉承愚公移山精神的豫光人矢志不渝、艰苦创业的追求。正是这样的信念和追求，才使得豫光从小到大、从地方小厂发展到中国500强企业，豫光品牌从无到有、从弱到强，一举成为世界知名品牌。

企业核心价值观：共享成功、共享生活。豫光一直践行的核心价值观，就是共享成功、共享生活。共享成功，就是为客户、投资人和员工提供的终极体验，是成功的职业生涯、成功的工作经历、成功的人生感悟。共享生活，就是共享优质生活。提高员工生活品质是豫光落实科学发展观、构建社会主义和谐企业的必然要求，是彰显豫光特色和优势的重要举措，是豫光所有实践的根本指向。

企业经营理念：替用户创造价值。豫光诚实守信，以信立企，致力于把产业的链条拉到最长，把产品的质量做到最好，把资源的配置做到最优，把利润的回报做到最大，把管理的细节做到最精，把市场的定力做到最强。其最终的目的，不仅是让员工满意，更是做到替用户创造价值，让用户满意。

企业管理理念：以人为本，人企合一。60年来，企业和员工荣辱与共，休戚相关。豫光的经营管理者尊重职工，激励职工，依靠职工，不断创造开放、平等、文明、宽松、和谐的人文环境，做到企业关心职工，职工忠诚企业，企业和职工共同成长、共赢发展。

企业资源理念：循环开发，再生发展。是豫光作为资源型企业、作为国家循环经济首批试点企业、作为铅锌工业示范型企业，所选择的一种科学发展模式。尤其是再生铅和原生铅相结合的发展之路，更是成为再生铅发展的中国样本。

企业人才理念：人人是才。是指要用发展的眼光去看待每一名员工，善于发现每个人的优势和特长，通过事业留人、感情留人、价值留人、科学用人，最大限度地满足人才的发展需求，做到用人所长，避人所短，深入挖掘每个人的潜能和特长，充分发挥每个人的聪明才智，实现个人价值和企业价值的双赢。

企业执行理念：永远没有借口。良好的执行有利于工作的开展和个人的成长。要求职工精准、精益、精细、精心地把日常的工作一次做好，使复杂的事情简单化。执行也即落实，要求员工做到的，领导者更要率先做到。执行中要令行禁止，高效专注，不折不扣。一句话，对于要执行的事情，不仅仅是拒绝借口，而是永远没有借口。

企业质量理念：三品引领、绿色冶炼、至精至诚。豫光始终以"绿色冶炼"为宗旨，专注品牌培育和推广，通过品质、品相、品牌"三品引领"，坚守质量红线，坚持自主创新，建立覆盖产品研发设计、采购、冶炼、检测及服务为客户创造价值的先进质量监管体系和指标体系，完善、固化"精细制造、诚信服务"的"至精至诚"豫光质量管理模式，持续提供多种高品质的有色金属产品和超越顾客期望的高品质服务。

愚公移山精神之内涵——以愚公移山精神为核心的四种精神构成豫光文化的特色

艰苦奋斗的创业精神。建厂初期，32名干部职工开始了豫光艰苦创业史，掀开了豫光60年的辉煌历程。发展中，企业不仅一次面临生与死的考验，每一次，都响亮提出"不要工资要路线，艰苦奋斗闯难关"的口号，他们打气卖豆腐、补轮胎、炒红丹，积极开展生产自救，一路披荆斩棘、勇往直前、力挽狂澜于危难。创业时期的这种艰苦奋斗精神，为后人留下了一笔极为珍贵的精神财富。

敢为人先的创新精神。豫光通过自主研发、自主创新，历经铅冶炼工艺四次革命性升级，使硫的总利用率达到98%左右，处理出的工业废水达到人体直接饮用标准。

豫光在全国首批全面淘汰了中国沿袭多年的烧结锅炼铅工艺，首家应用拥有自主知识产权的非定态二氧化硫转化技术，结束了中国铅冶炼二氧化硫尾气高空排放的历史，开创了铅冶炼企业综合回硫、生产硫酸的新局面；联合开发富氧底吹熔炼–鼓风炉还原熔炼工艺，并首家实现工业化；目前采用的液态高铅渣直接还原炼铅新工艺是国内外铅冶炼行业最先进的生产工艺之一；自主研发的双底吹连续炼铜工艺刷新了世界铜冶炼史；形成了独有的底吹技术集群技术，用于铅、再生铅、铜、再生铜等多种有色金属回收，成为豫光的核心拳头技术。

回报社会的担当精神。豫光连续多年冠名河南女篮，累计投入1000余万元，以实际行动支持河南体育事业的发展。建设春蕾班，捐助贫困失学儿童，捐资数十万元；向四川汶川地震、青海玉树地震等各类自然灾害灾区爱心捐款累计达千余万元；公司还常年坚持向中华慈善总会、残疾人协会、社会福利院等捐款。累计捐款总额达2000余万元。多次中标援古巴气象服务系统技术现代化项目、玻利维亚电脑等援助项目。

是关心员工的人本精神。豫光一直秉承"两个全心全意"（全心全意服务职工，全心全意依靠职工），提出不让一个员工掉队，让每一个员工都体面地工作、幸福地生活。2009年，经济危机的冲击使许多企业停产减员，豫光向职工承诺"不减员，不放假，不降薪"，在困难的时候，让员工充分上岗，体现了对员工最大的关心。先后建设了多处职工住宅小区。建设了职工疗养院，投资数百万元建设了高标准职工洗浴中心。即使在2016年最困难的时刻，豫光也没有降低职工工资福利待遇水平。

愚公移山精神之实践——先进的文化力转化为企业发展的核心竞争力

先进文化力的核心在于一个好的领导班子。豫光把加强公司领导班子建设作为企业文化建设工作的核心，大力加强领导班子、高管人员执行力和管理能力建设，结合"两学一做"学习教育，不断提高班子成员思想政治素质；完善党委议事和决策程序，建立和落实委员分工负责制，坚持落实"三重一大"决策制度，促进了企业文化建设组织化、制度化、具体化；创新中层管理人员选拔机制，加大竞争性选人、用人和多岗位交流轮岗的力度，实行公开竞聘上岗、梯队建设、层级晋升制度，让心中有党、心中有民、心中有责、心中有戒的"四有"干部成为公司管理人员队伍的主流。公司领导班子被命名为河南省国有（国有控股）企业创建"四好"领导班子。

用先进文化力支撑"十三五"战略目标，创建中国有色行业标杆。豫光建设了具有时代特征和豫光特色的企业文化理念体系，形成了豫光人共同的价值观和思想、行为方式，这种先进的文化力逐步成为支撑企业发展的重要力量。

2017年恰逢豫光集团建厂60周年，站在新的历史起点上，企业提出"创建中国有色冶炼标杆企业"的目标，用先进的指标体现一流，用持续的发展保持一流，力争"十三五"期间实现铅、锌、铜冶炼关键可比指标和主要细分指标全面达到行业最优，企业竞争实力和行业引领能力显著增强，为落实"十三五"规划目标提供切实保障，并夯实企业长远发展基础。

用先进文化力创造"豫光炼铅法"，实施技术领先战略。豫光坚持推动科技创新与生产经营深度融合，对关键技术组织攻关，一批自主创新、自主知识产权的重点科研项目取得重大进展，多项关键技术获得突破性进展。"重金属清洁冶炼关键技术"成功列入国家863计划。与恩菲合作开发并首家工业化应用的"双底吹"连续炼铜技术，较好地解决了国内现有铜冶炼工艺低空二氧化硫污染、耐火材料单耗高、生产自动化水平低等问题，显著提高了我国在世界铜冶炼产业的市场竞争力，引领了我国铜冶炼行业技术创新的发展，刷新了世界铜冶炼历史。

用先进文化力铸成"豫光模式"，打造世界再生发展的"中国样本"。豫光从2002年开始走再生循环之路，其开创的再生铅和原生铅相结合的发展模式，被誉为"世界再生铅发展的中国样本"，形成独具特色的"豫光模式"，在我国首批通过《再生铅行业准入条件》，拥有三套18万吨/年废铅酸蓄电池处理系统，年可处理再生铅54万吨，再生处理能力为全国最大。

豫光废铅酸蓄电池回收网络体系项目，是国内首个布局合理、网络健全、设施适用、服务齐全、管理科学的全国性废铅酸蓄电池回收体系。项目总投资近10亿元，建设周期36个月，投资回收期8.72年，全面建成达产后，年可回收废铅酸蓄电池72万吨，增加就业岗位938人，年增加利税1.5亿元。

用先进文化力激发党建活力，构建和谐新豫光。豫光坚持把人才培养与党员发展有机结合，实施"双培养"机制，即把各类技术人才、业务骨干发展成党员，通过入党培养过程，不断提高他们的思想素质和政治觉悟，激发干事创业的动力；把党员培养成各类技术人才、业务骨干，通过积极为党员搭建提升平台，让普通党员在企业的发展中提升能力、干事创业，近年来，有78名业务骨干被发展为党员，公司工段级以上管理人员党员占67%，为企业的发展奠定了坚实基础。

喜迎60华诞的豫光，历史是辉煌的，未来是美好的。今天，豫光正以优异的经营业绩、积极稳妥的发展步伐、高度的社会责任意识，唱响着愚公移山精神的主旋律，在有色冶炼行业的天空闪烁着耀眼的光芒，引领着有色冶炼行业不断前行，为实现中国有色冶炼行业的可持续发展，为民族工业的崛起做出更大的贡献。

主要创造人：杨安国

参与创造人：张小国　孙晓萍

创新文化引领　打造中国工业标杆

北新集团建材股份有限公司

　　北新集团建材股份有限公司（简称北新建材）是国务院国资委直属央企中国建材集团旗下的A股上市公司，1979年在邓小平同志的亲切关怀下成立，目前已发展成为全球最大的石膏板产业集团（业务规模21亿平方米）和中国新材料行业龙头企业。北新建材以"绿色建筑未来"为产业理念，为各类建筑和家庭客户提供石膏板墙体吊顶系统、矿棉板吊顶吸声系统、金邦板外墙屋面系统、内外墙环保涂料系统、岩棉防火保温系统等节能环保新型建材全套解决方案。2016年，经国务院批准，北新建材荣获中国工业领域最高奖——中国工业大奖，并被国资委作为"中央企业瘦身健体提质增效标杆企业"上报国务院。

创新文化的实施背景

　　北新建材是中国新型建材工业的龙头企业，多年来一直在品牌、技术、质量、规模等方面引领着中国新型建材行业蓬勃发展。自2004年明确了集中发展石膏板主业的战略后，更是逐渐步入发展的快车道，从最初的北京总部单一基地，陆续扩展到全国60个基地，石膏板业务产能从最初的4500万平方米，增长到20亿平方米。另一方面，在经济全球一体化的浪潮下，市场竞争已由劳动力和低成本的竞争转向核心技术的角逐。外资企业国际品牌带着强大的杀伤力蔓延到世界每一个本土市场，伴随着无声的烟火。由于建材行业竞争激烈，求新求变激活企业"造血"能力成为当前的迫切需要。优秀的企业文化是企业的灵魂，创新文化建设是培养创新型人才、建设创新型企业的必由之路，建立并贯彻一套清晰的价值理念，是企业基业长青的基础。基于此，北新建材大力发展创新文化建设，坚持"以人为本、创新发展"的原则，塑造核心价值观，以"内"养"外"，同时构建工作载体，使核心理念成为员工的自觉行为，促进企业形象和经营质量的不断提升。

企业文化与技术创新合力，形成推动企业滚滚向前的"车轮"

　　围绕核心价值观，建立完善的技术创新体系。北新建材以"推进建筑、城市和人居环境的绿色化"为使命，以"绿色建筑未来"为产业理念，把"技术创新"作为公司的战略引擎之一，将技术创新与企业使命、产业理念相结合，让绿色和创新文化所形成的价值观成为指导企业员工共同的行为准则和奋斗目标。以"创新发展"的文化为背景，北新建材进一步实施技术创新，除了一直延续的管理创新成果发布和QC活动以外，近年来，北新建材加大科技投入，每年将年销售额的3%～4%用于科技创新，促进研发与企业发展的良性循环。北新建材建立了完善、合理的科研梯队，并以自有的技术研发机构为依托，借助与各大科研院所的合作，围绕产品端、生产技术端、应用技术端，在总部的研发中心、技术工程部、整合营销部和覆盖全国的60个产业基地等多个层面构建了协同、开放、立体的技术创新体系。

北新建材还十分重视制度建设，根据技术创新的特点，结合企业实际情况，先后出台了多项鼓励技术创新的制度和规定。如北新建材的技术开发管理制度、技术秘密和非专利技术管理制度、科研成果管理制度、技术创新奖励制度、博士后工作站和工程硕士站管理制度；北新建材标识使用管理规定、北新建材标识使用规范手册等。还有两个重要的激励制度《北新建材技术创新奖实施细则》和《北新建材专利发明奖实施细则》，从制度建设上为技术创新的实施保驾护航。

创新大会，建立长效的激励机制保持创新文化的生命力。 2007年，北新建材出台了鼓励企业职工开展自主创新的奖励政策，并延续至今。成立了由技术、工会、管理干部和相关专家组成的北新建材技术创新评审委员会，对企业内的科技创新项目和有贡献的单位、个人进行表彰和奖励，从2007年起每年评审一次，2009年，北新建材斥资百万元作为奖励资金，并召开北新建材创新大会进行奖励，共设有"技术创新先进个人""技术创新管理先进单位""专利发明奖""技术创新奖""年度创新人物""终身成就奖"等类别，获奖者涉及企业多个部门。

全员创新，将创新文化渗透到生产第一线。 北新建材已经形成了自己独有的企业创新氛围，每一个工厂、车间，甚至班组，都有自己激励技术创新的办法。北新建材技术创新活动的员工参与率高达80%，技术创新类奖项获奖者大部分为公司的技术骨干和一线技术人员以及为数众多的技术工人。

——苏州北新精加工车间乙班加工组长詹一彬，虽然文化程度并不高，但凭借长期的刻苦自学，对精加工设备缺陷进行了大大小小十几项改造。他把粗加工调刀尺寸刻在了刀架上，此项小发明不仅缩小了调刀时间，也使废品率降低了近十成，更使员工的人身安全得到了保障，同时大大降低了工人的劳动强度。

——北新建材的龙牌矿棉吸声板"米兰花"系列产品遍布中国的大江南北，甚至走出了国门，它的诞生凝聚了普通职工的心血。这种全新矿棉板材被研发出来时，一位参与了研制过程的普通检验人员王雅君，想出了一个优美而富有遐想的名字——"米兰花"，恰如其分地描述了产品的视觉特点——如米、如兰、清新、典雅。

——如何降低龙牌石膏板生产过程中的接头废品率，一线工人们也下了不少功夫。经过钻研，原来一次放废三块板改为取一米长度放废，仅一次放废就减少了8米长左右的石膏板，一班就可以减少80平方米左右的放废，一年就能减少15万元左右的废品损失。

——"龙牌漆没味道，让您生活有味道"，在北京饭店的施工现场，施工队工人根据现场感受，总结了这句顺口溜广告语。这句顺口溜后来成为北新建材龙牌漆产品特点最形象最经典的概括。

技术创新小举措，创造了惊人的"蝴蝶效应"。作为业内唯一一家国家创新型企业、国家技术创新示范企业，北新建材多年来专注于石膏板产业的自主创新和技术突破，目前产品质量技术性能指标已超过外资品牌，生产线成套技术装备达到世界先进水平，并拥有100%自主知识产权。

北新建材所拥有的"以脱硫石膏为原料的年产3000万/6000万平方米纸面石膏板生产线成套技

术"打破了国外技术垄断，并率先在国内推广应用，为燃煤火电厂工业副产品脱硫石膏的高效循环利用提供了新途径。

管理创新，整合、发展企业文化，推动人才的全面发展

独创"双线择优"管理模式，建立信任与尊重的员工关系。北新建材通过多年探索和实践，确立了"四个充分"的管理原则：上级对下级要"充分信任、充分授权"，下级对上级要"充分透明、充分监督"。根据"四个充分"的管理理念，北新建材逐步探索和实行"双线择优"的管理模式。

双线择优，是指业务的运行与决策，不是由一个部门独立"黑匣子"运作，而是要有第二个部门的参与和见证，即通过交叉参与审核机制，实现发起方对审核方的透明，审核方对发起方的监督。具体而言，就是在投资、采购、生产、销售、技术、项目建设等各领域，按照充分授权的思路由发起部门做出最终的决策，但是该决策要面向相关部门开放透明，接受相关部门的审核，在保证第一条线的决策自主权的同时，发挥第二条线的监督作用。

双线择优，不同于实线虚线各自分工有主有次的矩阵式结构，每一条线都可以提出更优的方案替代另一条线的方案，也就是说每一条线都可以成为实线；双线择优，不同于僵化的金字塔科层结构，打破总部和区域、职能和业务、上级和下级的界限，在持续优化"正确地做正确的事"方面成为扁平化、网络化的智慧组织；双线择优，不同于简单的集中结构，每一个部门都不能垄断某项关键经营信息和权力，比如采购工作，既有总部统一集中的采购商务部，负责适宜全公司统一采购的物资，又有适宜各区域公司、各工厂基地的区域统一采购物资，每一条线对于其他线负责的采购工作负有监督和优化替代的责任，并且把这种责任要细化到工作流程机制和绩效考核；双线择优，不同于九龙治水的分权结构，每项工作明确负责部门和负责人，让他们积极地接受、鼓励、支持其他"线"对本工作的改善和贡献（哪怕是否决替代了本部门发起的现行方案，比如区域公司发起对某项总部统一采购物资的供应商替代），让他们有压力地改进部门工作，经得起其他"线"的考察和替代方案的PK，这些都有利于促进本项工作业绩，利益是一致的。双线择优，不是双备份、双系统设置的重复浪费，而是分工各有侧重、既互补又耦合的两条线。

目前，北新建材单位产品的人工成本不仅低于外资同行，也低于民营同行企业，劳动生产率领先同行，极大地增强了企业的竞争优势。"双线择优"管理模式荣获"2016全国国有企业管理创新成果一等奖"。

直面人才竞争，营造爱才氛围。北新建材充分将创新文化纳入绩效管理体系，与员工的晋升、奖励、薪酬等有效对接，确保企业的各种行为是符合创新文化又有突出成果的行为，这样不但强化了企业文化，使企业文化深入人心，而且可使创新文化来指导企业的业务，优化企业业务活动的结果。

为有效激励技术人员的进步和成长，提供专业的发展空间，北新建材构建了内部人才体系，开通技术晋升通道，制定了《工程技术人员专业晋升标准与评级办法》。工程技术系列共分为工艺、机械、电气、研发、土建、应用技术、IT七个领域，每个领域设置技术员、一级工程师、二级工程师、三级工程师、四级工程师、五级工程师等6个专业技术等级，每年评定1次，通过评审

的技术人员除了获得荣誉外，还会获得相应的技术津贴，此举措给予了专业技术人才极大的激励，也使北新建材的员工迅速成长。

　　荣誉文化是企业文化的组成部分，是企业文化的延伸和深化，是提升企业凝聚力、向心力、员工荣誉感、竞争意识的有效载体。在北新建材的各个工厂内，以员工名字命名的优秀技改项目是北新建材给予有突出贡献员工的一份回馈。为响应"降本增效"号召，苏州外墙板工厂利用原有闲置故障设备进行改造，实现5000端头锯区域上板自动化，此项目减少了人为操作损耗、降低了人工成本与安全隐患，设备改造投入使用后，4个月收回改造成本，年单台节约人工成本12万元。这个项目成果最终以主创人命名——刘成机械手。在涿州矿棉板厂也有"石伟机器人编程创新小组"，该小组通过自主创新，将矿棉板生产过程中的输送系统由人工改造为自动化，不仅每年节约人工成本15万元，还使生产效率提高了33%。

石伟机器人编程创新小组办公室

　　"要像办学校一样办工厂"的理念已深入北新建材各个基地。企业即人，建设学习型组织，加强人文关怀，推动人的全面发展，善待干部员工，互相尊重，倡导快乐工作是北新建材的企业精神。做到公平正义，让干得多、付出得多的人"流汗不流泪"。

内外兼修，攻守兼备，文化与品牌同发展

　　"品牌建设"是北新建材快速发展的重要战略引擎，而且是行业内首家将此上升到公司战略高度的企业。明确打造高端品牌，不搞低价竞争，以超越外资品牌为目标，着力打造绿色建筑新材料行业的世界一流品牌，是北新建材的品牌定位。北新建材通过研究发达国家石膏板行业的发展轨迹、行业竞争形势、发展机会、自身优势以及企业使命，瞄准世界一流，打造国际高端品牌，以发展工业品、高档品的思路来发展石膏板，突破中国产品一定处于中低端的思维定式，明确"龙牌"的品牌定位要高于老牌外资石膏板品牌。在此定位基础上，提出"打造世界级中国名

牌"的品牌战略。推行"树立中国工业自信、为中国制造代言"的质量文化，从"中国品牌"走向"世界品牌"，从工业品牌延伸成为家喻户晓的消费品牌，从一般制造业品牌迈向备受国人尊敬、拥有世界级核心技术研发能力和研发创新的高技术工业品牌。

北新建材以"龙牌"为产品主商标，高度重视品牌推广与传播工作，建立了品牌中心，聘用专业人员运用多种不同形式如广告宣传、媒体报道、展会、推广会、终端展示等进行全方位的品牌展示与推广，费用投入连年增长，最大范围地影响公司的不同客户群体，并"以客户之心为心"满足用户需求，不断提升北新建材的品牌知名度与美誉度。北新建材"龙牌"石膏板和轻钢龙骨是中国制造业中为数不多的、比世界500强外资品牌卖得贵、卖得好的中国品牌之一。

北新建材经过多年的探索和实践，建立了"创新型"文化体系，保持了企业核心竞争力的持续提高、经济效益的持续增长、经营质量的持续改善。2004年以来，北新建材实现连续13年年均净利润复合增长率达27%，每年经营性现金流超过利润总额，应收账款占公司销售收入比例降至3%以下，资产负债率降至27%；石膏板业务从中国第三跃居全球第一，在一个充分竞争、完全开放的普通制造业赢得了50%的市场份额，打造了质量、技术、效益、规模全面超越外资世界500强同行的中国高档自主品牌——"龙牌"，品牌价值高达405亿元；连续6年按照可分配利润的30%左右进行现金分红。北新建材全国60个生产基地已有6家实现"投资1亿元，净利润5000万元"的全球领先绩效。2016年，经国务院批准，北新建材荣获中国工业界奥斯卡——中国工业大奖；并被国资委作为中央企业提质增效和传统制造业转型升级的新典范，首次以专刊工作简报上报国务院；同年荣获全国质量奖。北新建材也实现了从中国产品做到中国品牌，从中国制造做到中国创造，从"中国第一""亚洲第一"做到"世界第一"的目标，成为拥有自主品牌、自主知识产权、核心业务排名世界第一的中国工业标杆企业。

主要创造人：王 兵

参与创造人：管 理 陈 燕 王远林

服务国家"一带一路"倡议
推进"路桥口岸"经营文化建设

乌鲁木齐铁路局

乌鲁木齐铁路局（以下简称路局）成立于1958年10月25日，是以客货运输为核心的物流服务企业，地处新疆维吾尔自治区境内，承担着进出新疆维吾尔自治区（以下简称新疆）的客货运输和我国与哈萨克斯坦等中亚、欧洲国家的陆路物资运输任务。截至2016年12月底，乌鲁木齐铁路局总营业里程6165千米，全线设置车站233个。全局管辖生产站段41个，运输辅助单位13个，非运输企业11个，从业人员总数64052人。配属机车745台，配属客车2927辆。全局固定资产总额1832.52亿元，路局实现营业收入231.4万亿元。

"企业文化核心价值理念体系

企业使命：服务新疆经济社会发展，服务各族人民群众。

企业愿景：让钢铁动脉安全畅通，让员工价值绽放异彩。

企业核心价值观：安全为本，服务至上，责任最重。

总体发展思路：①经营发展思路：走规模化发展道路、向客货增量要效益；②安全工作思路：一手抓当前，一手抓长远。抓当前，盯住问题、严格管理。抓长远，强基达标、综合施策；③客运工作思路：打足打满管内、直通摆向两翼、降低站售比例、吸引外局进疆、拓展延伸服务；④经营开发思路：厘清业务经营界面，明确经营定位，培育优势产业，提高资产经营效率和效益。

企业文化理念体系：①总体发展理念：安全是根基、市场是方向、效率是生命；②安全理念：基本规章是保证、管理标准是先导、协调高效是关键、管理体系和能力是根本；③客运经营理念：优化产品设计、激发市场需求；④运输组织经营理念：向创新运输组织要能力、向精准运输组织要效率、向规模化生产要效益；⑤路局民生发展理念：以人为本、共享发展；⑥职工队伍建设理念：在全局范围努力打造知识型、技术型、创新型职工队伍，培养全员干部职工竞争意识、效益意识、创新意识、担当意识。

企业精神：①企业精神："乌铁人五种精神"，即扎根边疆的创业精神、艰苦奋斗的献身精神、高度负责的主人翁精神、团结协作的集体主义精神、勇于创新的开拓精神；②在一线岗位大力弘扬：劳动精神、劳模精神、工匠精神；③在管理岗位大力弘扬：团队精神、配合精神、专业精神。

"路桥口岸"经营文化的主要做法

树立市场思维，积极培育理念文化。①构建经营理念文化体系。发起"我们的经营理念、我的创效格言和我的职业信条"征集活动，组织开展"最认同的经营理念"网上投票评选，在路局"安全是根基、市场是方向、效率是生命"发展理念的引领下，45个基层单位全面构建起内涵丰富、贴近市场的经营文化理念。并经过形式多样的文化展示和认知认同教育，在职工内部形成了普遍的价值认同。②深化经营理念认同教育。一是抓好形势任务教育。在全体干部职工当中组织开展"转观念、创市场、增效益"主题教育活动，采取集中学习、分层宣讲、座谈讨论、专题研讨等方式，引导干部职工认清经营形势，增强经营创效的责任感。二是抓好正面激励教育。在全局范围内组织开展"我的创效故事"征集，组织营销能手"讲故事、谈体会、做报告"，开展"创效格言我来谈""创效故事我来赞"系列活动，引导干部职工向好的经营思路、运作机制和管理方法看齐学习。三是抓好经营法规教育。路局和站段两级机关主动邀请法检两院法律人士走进"机关大讲堂"，开展140多场法律法规和经营发展专题讲座，助力各级管理层提高依法规范经营的法律意识。四是抓好诚信经营教育。收集铁路企业违背诚信经营的典型案例，通过分层组织各单位学习研讨、问题反思、案例剖析、陋习曝光等，引导干部职工转变观念、提高认识。③抓好经营理念培育践行。经常性组织客运、货运和资产经营开发的人员积极参与市场调查研究、营销宣传，了解掌握客户对铁路服务的感受和需求。在全局范围内广泛组织开展"闯市场，创效益，比贡献"主题实践活动，围绕"争优秀团队""当营销状元"广泛开展岗位立功竞赛，引导干部职工立足岗位践行工作理念。

运用市场方法，积极构建制度文化。①建立导向市场的经营考核评价机制。一是建立面向市场的增收创效激励机制。进一步下放市场审批权限，实行"一放到底"的价格机制，做到价格与市场快速规范衔接，有效释放了货运市场活力。二是完善提升管理效能的内部激励机制。充分发挥经济杠杆作用，先后实施货运增收、列车运行时间到达、枢纽解编能力提升、客票代售（补）票奖励，以及运输其他业务联责奖惩等激励措施，进一步调动了生产经营环节的内驱动力。三是建立经营创效激励机制。着力调动干部职工开拓市场、主动营销的积极性，建立了《经营效益与职工工资挂钩考核办法》等一系列管理办法和政策激励措施，健全了覆盖全员的"按效取酬"的岗位分配机制和"面向市场"的营销激励机制。②建立导向市场的人力资源优化配置机制。一是在组织架构上做到全面创新。积极探索货运中心事业部制管理，与路局大客户建立"一对一"的服务关系，深度挖掘客户需求，拓展了经营合作空间。二是动态优化调整生产组织关系。紧随铁路生产力发展和生产要素动态调整，动态核定部门、单位、岗位定员标准，不断优化生产力布局调整，有效提升生产力水平与劳动生产率。三是加强经营人才队伍选拔培养。倡导"有为才有位"的用人导向，建立适合市场竞争的选人、用人机制，把一些懂市场、善经营、有干劲的优秀人员选用到重点部门、关键岗位，培养成为项目经理人或者市场营销的职业经理人。③完善依法规范的运营监督机制。一是建立科学规范的约束机制。加快推进与现代企业和市场经济法律体系相统一的财务、审计制度，加强经营过程监督。二是建立科学规范的防控机制。按照"制度+科技"的要求，充分应用信息技术等手段，加强权力制衡。三是建立监督检查机制。强化公众监督,严肃党内监督、民主监督、舆论监督,健全网络、电话举报平台,加强信访举报核查力度。

围绕市场需求,努力提升行为文化。①完善工作标准规范。一是建立职责标准体系。围绕市场调查、市场营销、谈判技能、客户维系等多个方面,建立健全了干部职工的行为规范体系、各级管理人员的职责体系和车间班组生产经营标准流程。二是建立服务标准体系。建立完善铁路物流服务标准体系,按照图示化、明示化的思路,统一揭挂在职场、作业岗位,引导干部职工落实服务标准,主动接受社会监督。三是建立岗位工作流程。健全完善财务、物资、经营风险防控各项企业标准和流程,提高了企业科学规范化运作水平。②强化营销技能培训。一是加强专业知识教育培训。分期举办经营管理、市场营销、财务管理等学习培训,加强经济规律、市场规律课题研究,持续优化管理层人员知识结构,提高了适应市场、捕捉商机、开拓创新、防范风险的能力。二是组织参观交流学习。组织干部职工走进现代物流企业,学习交流现代物流管理、大数据运用、市场营销调查、客户发展维护等,通过观摩学习、座谈交流,跟班体验等方式,引导干部职工在岗位实践中拓宽思路,提升了从事经营管理的专业素质。三是持续深化岗位素质能力动态考核评价。严格落实岗位准入资格制度,抓实职工岗位胜任能力动态考核评价,全面提升了职工岗位标准化作业水平。③深化岗位践行活动。一是抓好岗位劳动竞赛。以货运系统"五比五创"、客运系统"三个出行"劳动竞赛为主要抓手,围绕企业经营目标开展好立功竞赛,确保年度各项指标任务完成。二是组织开展课题攻关。组织干部职工开展形式多样的群众性课题攻关、合理化建议和金点子征集等活动,大力宣传推广职工的营销法、工作法,引导职工在积极参与中转变观念、提升能力。

列车驶出国门

坚持市场导向,着力打造品牌文化。①大力选树宣传经营创效典型。加大营销创效的模范团队和先进典型选树力度,路局举行隆重表彰大会。②打造"坐着火车游新疆"旅游文化品牌。瞄准新疆丰富的旅游资源,全面启动"引流入疆"工程,开行"大美新疆"旅游专列。经过6年的实践探索,路局打造的"坐着火车游新疆"旅游文化品牌已全面叫响。③打造全品类的货运班列品牌。一是全年加快推进中欧(中亚)班列乌鲁木齐集结中心建设和全方位的形象包装,年内组织开展国际货运班列超过100趟，实现每周一列常态组织开行的目标。二是打造"环疆集快"班列品牌。从标识、班列颜色方面进行统一设计，在到发时刻、接取送达、门到门服务等方面创新提质、优化流程、提高速度，列车满载率达到75%，成为自治区内零散白货流通的主渠道。三是打造"东联集快"特需班列。瞄准跨局和疆内两大市场、紧盯大客户需求，在集散方式、到发时刻、专属服务等方面精心设计。按需开行棉花、乙醇、果酱等700多趟特需班列，成为客户提前预订的热门产品。四是打造国际"西行班列"。加快推进东联西行班列乌鲁木齐集结中心和三坪、准东等17座物流园建设，成立国际物流公司，全面推进阿拉山口、霍尔果斯向经营口岸转型和"一关两检"一站式办理，积极协调哈萨克斯坦共和国、俄罗斯等多个国家，按照"五定"要求图定开行。

"路桥口岸"经营文化建设的成效

形成服务国家战略推动创新发展的文化导向。通过大力培育"路桥口岸"经营文化，干部职工树立起全新的市场理念，彻底打破了传统铁路的优越感，自觉承担起了服务国家战略、融入国家战略，打通"东联西行"运输通道，建设"路网大局、运输强局"的历史责任。做出经营格局由"货运为主"向"客货并举"，市场增量由"直通拉动"向"管内拉动"，产品开发由"适应市场"向"创造需求"转变的科学判断，全面推出"东联集快"、国际"西行班列"和自治区内"环疆集快"货运班列品牌。

推动了路局加快向现代物流企业的转变升级。路局先后建立"经营效益与职工工资挂钩、内部模拟市场清算、经营效益考核排名、机关经营职能转变"等17套导向市场的经营考核机制；整合缩减2个货运中心，成立大客户服务部，探索事业部制管理模式，分区域或品类构建营销网络，扩大专业营销团队，有效强化了货运中心市场功能。

提升了全员适应市场参与竞争的素质和能力。引入竞争性淘汰机制，全面实施经营人才队伍战略，全面推行岗位素质能力动态考核。建立干部职工行为规范、岗位职责和作业流程113项；分期举办经营管理、市场营销、市场研究等专题培训27期，组织参观交流1300多人次，推动经营管理和创效能力全面提升。

推进"路桥口岸"经营文化建设，有力助推了国家"一带一路"倡议，为新疆经济社会发展做出了突出贡献。2016年，新疆铁路货运发送量全年突破6901万吨，同比增长10.7%、增幅全路第一，其中管内增长67.1%。路局运输组织效率大幅提升，日均装、卸车同比增长13.2%和33.1%。路局客运市场也取得了长足进展，全年客运收入同比增长1.6亿元，旅客发送量增运436.8万人，增幅全路第三，路局运输其他业务利润同比增幅达到56.2%。

主要创造人：单立军　马叶江

参与创造人：牛　权　潘新先　赵国新　王彦州

培育践行精细管理文化　铸就企业稳健发展之路

中国石油天然气股份有限公司华北油田分公司

中国石油天然气股份有限公司华北油田分公司（以下简称华北油田）隶属于中国石油天然气集团公司，油气勘探开发建设始于20世纪70年代，以当年勘探、当年开发、当年建设、当年收回全部国家投资的"四个当年"，创造了当代石油工业史上前所未有的高速度，开创了我国潜山勘探的新领域，形成了古潜山开发和"新生古储"石油地质新认识。勘探区域集中在河北、内蒙古自治区、山西，拥有矿权区域面积6.35万平方千米，累计探明石油地质储量13.39万吨、天然气和煤层气地质储量近3 100亿立方米。建成了世界最深储气库群，燃气业务涉及京津沪等九省市，煤层气年产量突破8.77亿立方米。

在华北油田的发展过程中，始终坚持将践行石油工业优良传统与现代化管理思想相融合，把打造精细管理文化作为应对各种挑战、提升综合实力、实现健康发展的重要法宝，持之以恒实践，经过不断探索创新，精细管理的思想、理念渗透到生产经营的各个层面、各个环节，培育形成了独具特色的华北油田精细管理文化。

持续探索实践，锤炼形成精细管理文化

孕育萌芽阶段。20世纪80年代中期至90年代后期，作为国家最后一个以会战形式成立的油田，面对人员多、原油产量持续下降、包袱重的困难，华北油田提出了"以管理求生存、求发展"的思路，打破"三铁"，细化指标分解，强化经济责任，强调树立良好精神状态，总结提炼了"脚踏实地、负重登攀"的企业精神，使华北油田渡过了发展历程中最为艰难的一个时期，为精细管理文化的发展形成奠定了基础。

发展形成阶段。1999年，中国石油重组改制后，为适应市场竞争、提高经济效益，华北油田公司立足实际，总结提出了"责任、量化、效益"的精细管理理念，探索形成了"细分管理单元、量化考核指标、管理主体责权利相统一"的精细管理做法，制定了《华北油田精细管理指导意见》，涵盖了生产经营的各个环节，精细管理文化建设从分散化、表面化向制度化、规范化深入，油田原油产量走出低谷。

持续完善阶段。2008年，华北油田重组整合后，提出了更加注重"整体、系统、效率"的精细管理理念，精细管理文化内涵进一步丰富，形成了"全方位整体优化、全要素经济评价、全过程系统控制"较为成熟完善的精细管理模式，制定了《关于深化精细管理的指导意见》，走上了内涵式、集约化的持续发展之路。2009年，中国石油上游业务精细管理现场经验交流会在华北油田召开，中国石油在集团公司内部全面推广华北油田精细管理经验。

丰富升华阶段。2012年以来，华北油田将精细管理融于科学管理，在各项工作中持续深入地

推进，使精细管理文化体现在公司政策、制度和广大员工的日常工作中，成为推动华北油田"持续、有效、稳健、和谐"发展的内在驱动力。经过40年的发展，精细管理在华北油田从感性到理性、从自发到自觉、从局部到整体，逐步升华为广大干部员工的思想习惯，成为一种广泛的文化认同，成为指导各项工作的指南。

精细管理文化的基本内涵。华北油田精细管理是科学精神、创新精神和艰苦奋斗优良作风的有机统一，是应对诸多风险和挑战，突破发展进程中各种瓶颈制约，实现科学发展、稳健发展的指导理念和文化支撑。

精细管理文化的核心：低成本；精髓：精是科学、细是作风，创新是动力；基本要求：有质量、有效益、可持续；基本方法：细化、优化、量化。

实现精细管理的要素包括纵横两个层面：纵向上就是"三全"管理，横向上包括优化体制机制、细化制度流程、量化考核激励和强化支撑保障。本质就是将精细管理的思想和理念贯彻到各个层面、每个环节，对各项管理活动和操作项目制定相应完整、规范的制度和标准，强化过程管控，强调严格执行落实，使每个部门、每个环节、每个岗位及每项操作都得到有效控制和规范管理。

坚持继承创新，持续深化精细管理文化

坚持弘扬传统。华北油田精细管理与石油工业传统管理一脉相承，华北油田在精细管理文化建设上的每一次探索尝试，都是石油工业优秀传统管理经验的传承和发扬，"四单井""五单核算""六分四段"等管理方法和"双增双节"等活动的思想、理念、做法都是"三老四严""四个一样"、岗位责任制等石油工业优秀管理经验在华北油田的丰富发展。

善于总结经验。围绕精细管理"是什么""今后如何加强和改进"等基本问题，从决策层顶层设计着手建章立制，到基层班站、岗位员工的贯彻实践，各层面对精细管理经验进行再思考、再剖析、再总结，进一步厘清思路、提炼经验、总结提高，不断丰富精细管理的内涵和外延，构建更为系统的精细管理制度体系，使精细管理文化更加丰富和完善。

注重全员参与。精细管理文化只有深深根植于基层的土壤之中，才能茁壮成长并能开花结果。"一井一法""一组一策"需要根据每口油水井的实际情况制定相应的方案措施，把这些工作量落实到位，需要广大基层员工的责任心和执行力。正是广大干部员工对精细管理文化的理解认同，落实到岗位实践上，体现在具体操作中，才得以实现从文化到行为的落地。

勇于创新突破。从"细化、量化"理念到"三全"模式，华北油田精细管理文化突破旧有认识的局限，将传统管理和创新理念相结合，在创新中充实、在创新中实践、在创新中发展，始终保持兼容并蓄、与时俱进的特质。始终把"质量、效益、低成本"作为出发点，始终把"细化、量化、优化"作为精细管理的基本方法，既发挥领导、骨干在创新上的引领作用，更善于发挥广大员工群众的创新积极性，形成全员创新的生动局面，使精细管理文化不断创新发展。

实施系统工程，推进精细管理文化深植落地

故事化工程。华北油田在通过多种形式深入开展精细管理文化宣贯的基础上，广泛开展精细

管理故事、格言、警句、制度等征集评选活动，组织精细管理文化故事宣讲，编印了《精细管理文化故事》《特色文化在基层》等书籍，生动展示精细管理文化的丰富内涵。组织文联和各协会文艺骨干，以文学、美术、书法、摄影、舞蹈等多种形式创作、展演有关精细管理文化建设的文艺作品，实现广大员工群众对精细管理文化的高度认同并转化为自觉行为。

示范化工程。创建精细管理文化示范点，分油田公司、二级单位、基层单位三级打造，体现特色，充分发挥教育、引导的功能。建设形成了以精修细定制度建设、精雕细琢现场管理、精控严防安全生产、精耕细作技术创新、团队建设精诚和谐为核心的精细管理文化示范点——王四联合站，以刚性制度强保障、柔性培训素质、安全活动搭平台为重点的精细安全文化示范点——永清气处理站，培育出了充分体现精细管理文化理念的8个集团公司级和18个油田公司级企业精神教育基地。

典型化工程。先进典型是华北油田精细管理文化的人格化、具体化和形象化。华北油田把培育、选树和宣传精细管理中涌现出来的先进典型作为精细文化建设的重要任务，搞好规划，创新载体，加强协作配合，发挥整体优势，逐步形成长效机制，充分发挥先进典型的导向、示范和激励作用。先后选树了以"中国石油·榜样"曹树祥、靳占忠为代表的精细管理先进典型66个，形成了层层有典型、行行有样板、事事有标杆的良好局面。

成果化工程。利用油田内外、行业内外媒体，大力宣传精细管理文化建设成果，在全体员工中形成广泛的认同，并成为大部分员工自觉行为，在油田内外形成影响。在每年召开工作会、基层建设推进会上，对精细管理文化建设阶段成果进行交流推广。分阶段对各层面形成精细管理方法进行梳理，编辑出版《精细管理方法集》4集。对精细管理经验进行全面总结，先后在《人民日报》《光明日报》发表，精细管理文化典型经验在中央企业精益管理文化现场会进行了交流，"战略管理+精细管理"的典型经验在国内多家主流媒体刊发。

长效化工程。建立长效化机制，使精细管理文化内化于心、外化于形、固化于制。把深化精细管理文化建设列入转变发展方式、推动科学发展的战略研究之中，深入研究精细管理理念及方法在主营业务深化，向综合服务业务、多元开发业务全面推进的方法途径。将精细管理文化纳入《企业文化建设管理程序》，列入建设规划，建立健全符合实际的保障体系。建立健全精细管理文化品牌培育与优化提升的长效机制，形成了技术、产品（服务）、人才、管理和特色文化五个核心竞争力品牌为主体，以工作品牌、形象品牌为支撑的品牌建设体系。

精细管理文化引领，助推企业稳健发展

打造了过硬的工作作风。经过精细管理文化的熏陶，华北油田精细管理文化理念深入人心，打造了一支特别讲大局、特别讲奉献、特别能吃苦、特别能战斗的干部员工队伍。在艰苦的条件下创造了连续10年原油年产1000万吨的成绩，在困境中大力发展炼化、开拓国内外钻井和地面建设等业务，拓展了发展空间，孕育出了具有华北油田特色的二连油田艰苦奋斗精神、山西煤层气开发执着奉献精神和勘探系统担当创新精神。建成了中国第一个数字化、规模化煤层气田，发展形成了辐射京津沪等九省市的LNG、CNG清洁能源业务，建成了世界最深的苏桥储气库群，并成为京津冀重要的用气调峰基地。

精细管理文化渗透到生产一线

提高了企业管理水平。精细管理文化建设促进了文化管理与科学管理的有机结合，使华北油田的企业管理水平得到全方位提升。通过优化体制机制，管理层面减少17个部门，执行层面增加7个单位，布局更合理、业务更高效；细化制度流程，实现了体系全覆盖、过程可追溯、环节更顺畅、管理更规范；量化考核标准，强化战略引领，严格过程管控，建立形成了"1+23"生产经营一体化考核体系，指标更精细、考核更到位；强化支撑保障，85%基层队站实现标准化建设达标，智慧油田建设探索出了老油田转型升级新路，基础更稳健、支撑更牢固。华北油田精细管理经验被国家列为新时期国企改革发展典型，成为华北油田最鲜亮的名片和最显著的优势。

提升了企业效率和效益。增强了企业的发展动力和活力，为华北油田的稳健发展注入了持久的文化动力。2016年，实施了14个千万元级挖潜增效项目，调剂使用各类闲置资产上万项；基本运行费、人工成本和专项费用压减均超过5%，节约采购资金5%以上；制定并落实了开源节流九个方面29项措施。华北油田连续5年三级储量上亿吨，连续13年储量接替率大于1，综合递减率控制在6%以下。华北油田已累计生产原油2.7亿吨、天然气121.1亿立方米、煤层气35.2亿立方米，为国家建设发展做出了重要贡献。

主要创造人：袁明生　周荣学

参与创造人：高贵民　许德杰　王洪波　李　勇

打造企业文化软实力　助推企业可持续发展

中国五冶集团有限公司

中国五冶集团有限公司（以下简称中国五冶集团），拥有近70年的光荣历史，是中国中冶的核心骨干子公司，集工程总承包、钢结构及装备制造、房地产开发、项目投资为一体的大型综合企业集团公司，下设分、子公司50余家，现有员工11000人。拥有冶炼、房建工程总承包双特级资质在内的多项工程总承包和专业承包资质；拥有工程设计冶金行业、建筑行业甲级资质；拥有钢结构制造特级资质及特种设备制造、安装、检测许可证。累计荣获国家、部、省各级优质工程奖近500项，其中鲁班奖、国优奖30项；形成了700余项国家专利、9项国家级工法、20余项国家及行业技术标准。先后荣获"全国优秀施工企业""全国建筑业竞争力百强企业""中央企业先进集体""全国五一劳动奖"等荣誉。

中国五冶集团在68年的发展历程中，积淀下了丰厚的文化底蕴，经过不断吸纳、再生，形成了独具个性特质的优势文化。在中国五冶集团持续发展的过程中，企业文化一直紧密结合企业发展实际，根据不同时期的发展需求不断完善其内涵，成为推动企业发展的重要支撑软实力。

尤其是近几年来，面对日趋激烈的市场竞争，中国五冶集团在"携手客户、回报股东、成就员工、奉献社会"为企业核心价值观的基础上，以"敬业、忠诚、团结、进取"的企业精神和"创新、责任"的主流文化为基本的文化元素，逐渐形成了"做优、做强、做大"的发展文化、"严细、新实"的管理文化、"敢担当看疗效"的责任文化，在市场竞争中形成了较强的文化软实力，助推了企业持续发展。

坚持"做优、做强、做大"的发展文化，保障了企业科学健康发展

中国五冶集团按照党中央、国务院和中冶集团的相关要求，扎实践行"做强、做优、做大"，通过认真分析自身优势，仔细研判不同时期企业所面临的具体形势，形成了具有推动力、向心力、激励力的战略目标。2003年，中国五冶集团面对国企改制，审时度势地提出了加速式发展战略，并制定有效政策机制，使企业快速摆脱了亏损局面，全力保证了国有资产的保值、增值。2004~2008年，相继提出了跨越式发展，持续、健康、协调发展，创新提升转型式发展和又好又快发展……这些战略确保了企业的经营质量和企业综合实力的快速提升。2009年，结合国家科学发展观的相关要求，中国五冶集团提出了科学发展战略，推动企业发展。2013年，中国五冶集团提出了"高位平稳可持续提升式发展"的战略目标，使企业成为中冶集团骨干子公司，成为中冶集团名副其实的"台柱子""钱袋子""命根子"。

2015年，作为中国五冶集团"三五"规划的收官之年，"三五"规划期间，中国五冶集团主

要经济指标连年攀升，企业发展平稳持续。一是经营规模稳步增长。5年来累计实现营业收入795亿元，其中2015年实现营业收入190亿元，较2010年增长68%。二是盈利能力明显增强。5年来累计实现利润32亿元，其中2015年实现利润7亿元，较2010年增长122%。三是企业实力显著增强。净资产5年来净增加19.9亿元，2015年较2010年增长138%；累计上缴国家税收32亿元、上缴中冶集团红利为5.1亿元。四是员工收入大幅增加。5年来累计发放工资总额27亿元；2015年在岗员工人均收入为10.5万元，较2010年增长96%。五是综合实力、社会声誉显著提升。被国资委评为"中央企业先进集体"。在中冶集团的排名和地位不断提高，由2010年财务绩效考核第7名跃升至2014年综合业绩考核第1名。

2016年，中国五冶集团提出了"转型提升扩张发展"的战略目标，并对未来5年发展进行了长远规划，实施了"四五"规划，即按照中冶集团做"冶金建设国家队、基本建设主力军、新兴产业领跑者"的战略定位，以转型、提升、扩张发展为主线，将中国五冶集团打造成为"全球较强、较优、较大冶金建设国家队"的核心成员，成为在房建、市政、交通等领域具有自身特色和竞争优势的建筑产品全产业链综合服务商。

无论是在任何时期，中国五冶集团始终紧紧跟随国家战略步伐，制定不同战略规划，始终围绕做优、做强、做大国有企业为中心思想，不断增强了企业活力、影响力和抗风险能力，提高国有企业经营质量，进一步发展并壮大了国有资本。

坚持"严细新实"的经营管理文化，为企业健康发展保驾护航，在中国五冶集团把"严细新实"的经营管理文化融入企业发展的各个方面，贯穿于企业发展的始终，渗透到每位员工日常的工作中。"严细新实"，看似简单的四个字，实则是中国五冶集团企业核心价值观、企业精神及主流文化的衍生和升华，也是中国五冶集团快速提升、持续发展的法宝。

"严细新实"管理文化进项目现场

"严"体现为"管理意识和工作态度严谨，执行制度严格"。中国五冶集团经营管理文化中的"严"，首先，表现在职工的管理意识和工作态度上。即在管理的思想观念和价值取向上，力求严谨、严肃、严格。其次，是执行企业管理制度严格。然而，执行制度严格的前提是拥有一套完整的管理制度。最后中国五冶集团在管理制度涵盖到企业生产经营的各个方面，做到了真正的无缝对接，保障企业在正常运营的过程中各项工作都有相应的流程可循，都有相应的制度可依。同时，根据市场需要和企业管理的实际，中国五冶集团运用现代管理的原理、方法，不断地对各项管理制度进一步梳理，查找各项基础管理漏洞及短板，优化相关管理制度、机制。

截至目前，中国五冶集团制定的各类管理制度已超过200项，涉及市场营销、经营管理、安全管理、人力资源等多个方面；在具体实施过程中，还对各项管理制度不断修订完善。尤其是在风险管理方面，中国五冶集团以系统为平行单元，以合同签约、履约过程为纵向线条，实施全面风险管理，通过梳理查找出容易产生内控偏差近500个控制点，从而将内控管理与风险管理有序相容，相互印证，相互提升。

"细"就是要关注细节问题，工作用心细致。中国五冶集团一直以来都非常重视管理细节，围绕企业经营生产的各个方面制定相关标准，形成业务模块，并对应管理岗位形成了操作手册，促使各项管理制度化、操作手册化。从深入推进全面预算管理到强化清欠与回款及结算管理，从深化投资管控到成本费用管控，从加强审计把关到积极开展监督与效能监察，从持续完善人力资源管理到抓实党群工作，从提高物资管理水平到有序推进后勤辅业管理等，中国五冶集团不断把管理的触角延伸到企业经营的各个层面，突出细节管理，使企业整体管理水平不断提高。

仅在项目管理中，中国五冶集团就从合同评审、项目策划、合同履约、项目后评价等方面细化管理，提高了项目全面履约水平，增强了项目经营能力。合同评审以"细"为切入点，把好项目合同准入关口，突出从源头上控制项目风险，确保经营稳健；全面推行项目策划制度，策划内容涵盖确保工期、质量、安全、项目效益及风险防范、项目现场文化包装等各个方面；在推行合同全面履约管理阶段，制定相应的标准和管理办法，分别从发包和分包合同履约管理两个方面找出管理重点，形成合同履约动态控制标准，设置了300多项履约偏差监测点，每个控制点根据风险程度设置"蓝、黄、橙、红、黑"五种不同风险等级，全面推进项目履约。

"新"意为树立新观念，拿出新办法。创新是中国五冶集团文化的旗帜，它贯穿于企业发展的历史长河，渗透于企业的方方面面。近年来，中国五冶集团以观念创新统一思想，以战略创新统领全局，以机制创新激发活力，以技术创新助推发展。中国五冶集团通过各级管理人员培训，以各种媒介、形式为平台，提倡永不满足，再攀高峰的观念，让员工改变旧有、落后的思想和观念，帮助员工树立与企业发展相一致、相协调的新观念、新思路。现在，创新已经深深融入中国五冶集团每位员工的思想精髓。

中国五冶集团积极推进制度、机制改革创新，有效进行资源合理分配，充分调动员工积极性，不断增强企业竞争力，在一轮又一轮的竞争中占据有利地位。2015年，中国五冶集团在发展类项目营销、大项目拓展、高端项目运作等方面取得显著成绩，继续保持了传统冶金领域的平稳发展，实现营业收入190亿元。

中国五冶集团将技术创新工作纳入责任考核体系当中，完善各项考核评价机制，在此基础上，研究、引进、推广应用新技术，大力开展新技术领域的科研开发，研究专利技术、工法技术、成套技术，形成了具有知识产权的核心技术成果，提升企业核心技术竞争能力。

"实"则主要体现在措施落实，效果真实。中国五冶集团沉淀了"务实"的企业精神，员工形成了"务实"的工作作风。观乎人文，以化成天下。在社会发展的历程中，人是一切生产要素中的决定因素。经营企业离不开人，管理企业最终靠的是人与文化的紧密融合。为了突出工作效果，确保管理制度落地生根，中国五冶集团进一步明确和完善了领导责任制等相关制度，在公司上下逐渐形成了追求高效，敢于负责任的主流文化，使追求实效、扎实工作的经营管理文化深入每名员工的骨子里。

对各分、子公司实施综合业绩考核，对机关部门实施工作目标考核，明确了各个岗位相应的学历、职称要求，对未完成指标或未匹配岗位需求的情况，无论是系统、团队及个人，都会严格考核，逗硬奖罚。近两年，中国五冶集团相继出台了《岗位责任管理实施办法》《效能监察办法》等多项管理条例，对两级机关按照新的定位和职能划分，重新制定了工作职责和各级管理人员岗位责任制，分解落实工作目标，加大了监督检查力度，做到了有标准、有规范、有布置、有计划、有检查、有考核；形成了目标明确、责任清楚、管理有序、落实到位的有效机制。

坚持"敢担当看疗效"的责任文化，确保战略规划得到有效实施。

较真逗硬。中国五冶集团制定的对各分、子公司、机关部门的季度考评、年度考评细则，严格打分，严格考核，严格奖罚，提升了机关工作的严格化、精细化管理水平，提升了下属单位尽职履职、完成目标的意识。目前，中国五冶集团的严细文化已深入管理、生产经营等各个角落，并逐步根植于员工的思想中。全体员工从思想上避免麻痹大意，公司两级经营团队身体力行，敢抓敢管，敢于较真，敢于逗硬。以中国五冶集团每个季度的考核为例，要求各部门各系统认真按照考核细则细化考核工作内容、工作目标、完成数量等，并以此进行考核奖惩。

用业绩"说话"。中国五冶集团构建的责任文化以"忠诚"为先决条件，以"业绩"为检验标准。要求员工忠诚企业、忠诚事业、忠诚岗位职责；各级经营团队阳光操作，不徇私情，不谋私利，廉洁从业，慎独自律，敢于承担责任，做忠诚执行的模范和榜样；经营者要完成经济指标，管理者要完成管理目标，员工要完成工作任务。尤其在选拔人才、任用人才方面，特别注重职工的"业绩"。

实施责任追究。通过加强责任教育、责任管理，将责任文化融入每项工作、每一岗位，切实做到尽责与失责、履职与渎职、勤奋与懈怠、有业绩与没业绩不一样的结果。该罚则罚，该奖则奖，做到奖罚分明。奖罚兑现，尤其是对因不负责任、违章操作造成的项目亏损和单位亏损的相关责任人，坚决按公司的管理制度实施责任追究。如在强化安全质量管理方面。中国五冶集团制定了严密的管理制度，要求全员把好安全红线，强化质量提升，狠抓责任落实，突出问责追究。公司责任清，则效果明。责任文化渐入人心，责任氛围渐浓，员工各司其职，努力工作，企业面貌蒸蒸日上。

主要创造人：张玲玲

参与创造人：曾 尧

时尚"快乐鸟" 多彩"心家园"

太平鸟集团有限公司

太平鸟集团有限公司(以下简称太平鸟)始创于1989年,历经20余年来的不断发展,已成为以服饰品牌的创意、设计和营销为产业核心,多元化发展时尚家品、汽车贸易及综合商业的民营零售企业集团,旗下太平鸟时尚服饰股份有限公司于2017年1月在上交所A股主板上市。2016年,全集团实现零售收入202亿元,总资产达200亿元,有员工12000多名。多年来,企业规模一直稳居全国服装企业前10位,是全国民营企业500强、浙江省百强私营企业、宁波市纳税50强。

在经济新常态下,太平鸟正抢抓时代机遇,坚持"创新、时尚、快乐"的发展基因,以服装板块为主体,同步在汽车、供应链等板块实现多元化、专业化经营的现代企业功能框架。

伴随着物质规模的日益增大,太平鸟不忘注重加大对企业软实力方面的持续投入,认为优秀的企业文化是一个企业成功和成熟的重要标志,打造了一套以"快乐""时尚"为关键词,科学结合企业日常经营的文化运行体系。

文化运行体系的实施背景

设立"快乐、时尚"企业文化体系的必要性。作为最早在中国提出"快时尚"概念的服装企业,太平鸟重视具有较高附加值的产品设计开发和终端营销网络两块功能,并一直秉持"不做服装做时尚"的产品主张。这意味着,太平鸟必须对时下最流行的元素保持高度敏感和快速反应,向市场推出最流行、最新颖、最时尚的服装款式。

鉴于此,太平鸟打造了自己独特的企业文化——以一种快乐、时尚的文化体系来熏陶内部员工,感染外部消费者,这既是"快时尚"商业模式下的必然选择,也是公司发展战略的时代要求,更为全体太平鸟人营造了一个心心相印的温暖家园。

设立"快乐、时尚"企业文化体系的目标。围绕"快乐""时尚"的企业文化关键词,形成上下同欲的良好内部氛围,通过年近万款的设计能力进一步向消费者传导太平鸟倡导的时尚体验,提升企业品牌形象;通过内部各类丰富多彩的组织活动、俱乐部建设,向万余名太平鸟员工宣贯快乐主张,展示企业创始人对于将公司打造为温馨家园的愿望,同时向社会输出"快乐就是生产力"的管理哲学。

文化运行体系的内涵

一是基本内容。近年来,太平鸟坚持社会主义先进文化前进方向,积极践行社会主义核心价值观，以企业文化建设工程为有效抓手，大力推进企业文明创建活动。

以建立一套"时尚型、学习型、亲情型"的企业文化体系为目标纲领，结合公司发展战略和市场定位，并在广泛征求员工意见的基础上，太平鸟逐步形成了以"让每个人尽享时尚的乐趣"为使命、以"创建卓越的时尚品牌零售公司"为愿景，从而沉淀出"我们信任人/我们坚持诚信/我们热爱时尚/我们致力于不断惊喜客户/我们拥抱变化、渴求创新/我们力求简洁/感恩创始人和每位伙伴"的企业核心价值观，最终实现"共创事业、共享财富"的企业发展理念。核心价值观是太平鸟企业文化体系的灵魂，是全体太平鸟人履行使命、达成愿景的根本动力和精神源泉。企业发展理念则是核心价值观在实践过程中的具体体现。

二是体系特色。不同于其他企业较为缥缈的企业文化口号，太平鸟的文化主张简单平实，快乐时尚，这有利于被广大员工认知认同、自觉行动，成为言行举止对照的具体坐标；有利于借助精神文化的促进作用，切实提升企业各领域生产力，增强核心竞争力；有利于塑造出企业鲜明的品牌形象，向社会输出强大正能量，从而令每一名员工更具尊严与获得感。

文化运行体系的主要做法及实施效果

为了有效应对企业规模的迅速扩张带来的方向迷失、精神缺钙及作风懒散等一系列"大企业病"，太平鸟集团超前谋划，向艰苦的创业历史要"信仰"，向变化的市场要"秘诀"，向"宁波帮"精神要"良方"，探索出一套独具太平鸟特色的企业文化运行体系，为企业的不断发展保驾护航。

指导思想和建设原则。牢固树立为企业经营发展提供有力支撑的指导思想，秉持以下企业文化体系建设原则：一是要围绕太平鸟的发展战略来进行，从发展战略、组织流程、人力资源以及产品质量上，搭建能对这些领域产生积极影响的文化体系。二是把建设一支高素质的人才队伍、增强员工向心力与归属感作为中心任务。三是坚持与管理相结合，把精神文化建设与行为建设有机融合，让柔性机制更好地服务于刚性约束与管理。四是坚持公司领导层的率先垂范作用，一级做给一级看，绝不让企业文化沦为空洞的标语和口号。

发挥企业工会桥梁作用

太平鸟集团历来重视以党建工作为引领的群团工作开展，现有集团党委领导下党支部11个，中共党员200余名，定期组织党内民主生活会并开展各类与外部单位的共建活动，加强员工对党建工作的具体认识。其中，太平鸟提出的"七彩工会"概念，设计橙色代表家园、黄色代表关爱、绿色代表公益、青色代表学习等不同种类的"工会色"，在公司内广泛开展文体健身、扶贫帮困、垃圾分类、在职培训等工会活动，同时以党员为先锋模范带头参与，号召身边群众积极响应，创造出一个集团党组织引领、同事间互帮互助的多彩企业文化生活面貌。

制定企业文化发展规划

根据公司经营第五个5年规划，公司高层同时制定了企业文化体系建设的"五五规划"，2016~2020年的建设主题分别为"快乐工作""创享青春""幸福生活""感恩社会""最佳雇主"5个主题活动。2016年，配合"快乐工作"的文化年主题，太平鸟提出"逢节必过"的文化主张，小到"三八"妇女节的爱心烘焙活动，大到"双十一"期间声势浩大的"鸟人音乐节"活动，每一个节日的每一个活动，公司在人、财、物上都给予了大力支持，只为员工切实感受到在太平鸟工作与生活是一件快乐的事情。

按照企业文化建设"五五规划"总纲要，太平鸟把"时尚、快乐"的文化体系贯穿于每一个活动之中，以活动为载体扩大企业文化影响力，逐步形成公司"最佳雇主"的品牌美誉度，提升公司文化对人才的强大吸引力。

探索"弹性工作制"作息方式

为体现企业文化体系的"快乐"内核，太平鸟除了在流程管理、人力资源等方面设置了较为严格的刚性制度标准，做到权责明晰、责任到人，还结合不同岗位的现实需要，打造了一套与之相适应的柔性机制。例如，针对营销、设计等岗位经常加班的实际情况，公司积极试点"弹性工作制"作息方式，以项目完成情况逐步取代传统的"坐班制"工作方式。

通过科学灵活的考勤方式，不仅降低了以往因为特殊工作性质导致的上班迟到率，反而提升了工作效率，并获得员工的连连好评。"弹性工作制"的落地执行解决了部分岗位长期存在的规律性迟到问题，给予员工充分安排工作时间的自主权，这正是太平鸟快乐文化的具体体现。

建立丰富多彩的员工自组织

创建卓越的时尚品牌零售公司，是太平鸟的企业愿景，而制造时尚离不开年轻人的思想活力，这决定了太平鸟雇员中存在着大批"90后"。公司高度重视他们的发展，针对年轻雇员个性开放、渴望被认同、业余生活丰富等特点，近些年太平鸟培育出13个形式多样的员工自组织，致力于为他们带去家园般的关怀。例如，太平鸟为内部单身员工专门搭建了"青鸟巢"交友平台，定期举办户外拓展、桌游扑克等年轻人喜欢的联谊活动，以增进单身男女伙伴之间的了解。

此外，由员工自发组建的以关爱自闭症儿童为宗旨的公益队伍"爱心鸟窝"，通过结对自闭症儿童、捐衣捐物、贫困助学等多样形式，号召企业全体员工积极参与公益事业。与此同时，公司内部每周两次的瑜伽活动，正以"运动+公益"的方式传递出全新理念：每有一名员工参加瑜伽活动，就意味着将有一份爱心文具盒被寄往甘肃山区。2017年1月，在北京举行的第六届中国公益节上，"爱心鸟窝"和"瑜伽俱乐部"自组织荣获"年度公益创新奖"与"年度公益践行奖"两个单项大奖。

自组织活动的蓬勃开展适应了年轻员工渴望交流、渴望认同、渴望成就的心理特点，"时尚""快乐"的文化气息通过一个个具体的人在太平鸟的各个方面弥漫开来，而后反作用于每一个产品的设计理念及营销模式的创新上，反作用于履行社会责任的公益态度上，最终提升了企业的经济效益和社会效益。

打造别具一格的品牌文化

以象征自由、快乐、美丽的和平鸽为原型，PEACEBIRD太平鸟品牌于1996年诞生。从最早的单一休闲男装业务，蝶变为如今集"男装""女装""童装""少女装""家品"等多品类的综合品牌零售集团，太平鸟重视品牌文化对企业长久经营的意义并坚持走品牌建设之路。例如，为迎合"时尚宝贝""都市少女""街头朋克"等不断涌现的新消费群体，太平鸟先后设立Mini Peace童装、乐町、MATERIAL GIRL女装等子服装品牌，参与细分市场竞争，并不惜在新品发布会、新品海报、跨界宣传等策划形式上投入大量经费，营造集团旗下品牌视觉魅力，提升时尚品位，从而增强消费者对太平鸟品牌的立体观感。例如，在创牌20周年之际（2016年），太平鸟耗资3000多万元在总部所在地（浙江宁波）举办了声势浩大的"鸟人音乐节"，邀请年轻人喜爱的当红歌星前来激情演绎，不仅吸引了上万人前来观看，而且还通过网上直播的形式向消费者宣扬自己的品牌主张。

扶贫帮困公益活动

"鸟人音乐节"再一次扩大了太平鸟品牌的影响力，为公司赢得了新的消费群体。以品牌文化输出的方式在消费客群心中植入设计理念，同时利用互联网思维全面融合产品生产环节，是太平鸟正在全力追求的全新零售方式。而新零售的成功，离不开企业文化的保驾护航。

主要创造人：胡文萍

参与创造人：蔡国鹏　涂维娜

以德育企　尚德立人
深入推进社会主义核心价值观扎实落地

国网河北省电力公司石家庄供电分公司

国网河北省电力公司石家庄供电分公司(以下简称石家庄供电)是国家电网公司大型供电企业，担负着石家庄市所辖8区14县、1.58万平方千米、1050万人口的供电任务。解放战争时期就担负着为原党中央所在地西柏坡燃起第一盏电灯的光荣使命。公司拥有35千伏及以上变电站396座，变电总容量为3019.32万千伏安，输电线路8392.68千米，初步形成了"南北互通、东西横贯、运行灵活、经济高效"的区域电网。2016年，实现售电量386.65亿千瓦/时，同比增长2.12%，同业对标位列河北省公司系统第一名。先后荣获"全国五一劳动奖状""中央企业先进集体""全国安康杯竞赛优胜企业"等多项荣誉，连续四届保持"全国文明单位"荣誉称号，连续28年保持"河北省文明单位"称号。

石家庄供电深入贯彻党的十八大、十八届三中、四中、五中、六中全会等一系列重要讲话精神，积极培育和践行社会主义核心价值观，弘扬"努力超越，追求卓越"的企业精神和"诚信，责任，创新，奉献"的核心价值观，以构建坚强智能电网为己任，从服务地方经济社会发展的大局出发，着力加强企业文化建设，充分发挥企业文化的引领和保障作用，坚持以优秀文化塑造卓越员工队伍，为企业和电网科学发展提供坚强保证。特别是坚持长期开展员工道德建设，积极探索践行核心价值观的方法、途径。随着不同的历史时期和不同的时代特点，通过不同的主题活动将道德建设分为5个自然发展阶段，将道德的种子扎根"土壤"、精心培育，使其"开枝散叶""百花齐放""硕果累累"，用生动的培育过程让道德教育人性化，用榜样的力量让核心价值观人格化，逐步在全公司形成以德育企、尚德立人的文化氛围，带动全体员工主动投身企业发展，为实现"两个转变"、全面建成"一强三优"的现代公司提供强大的道德支撑和文化保障。

与时俱进，不断创新"尚德"载体

石家庄供电所实施的"以德育企、尚德立人"工作实践，是在深入践行社会主义核心价值观的基础上开展的全员参与、全面覆盖、全过程管控的道德建设系列活动。其除了具有思想政治工作都具备的广泛性、群众性、普遍性的特点外，最具特色的一点是与时俱进、不断创新的道德建设载体。

长久以来，石家庄供电就有着良好的思想道德建设传统。自20世纪90年代末，公司以贯彻《公民道德建设实施纲要》为切入点，持续开展"一日三德三做，传播文明新风"主题实践活动，被国家电力公司授予"精神文明建设创新奖"。此后的2007~2010年，公司开展"讲述身边的故事"企业文化传播实践活动，征集职工身边的12个系列近2000个小故事。

近年来，石家庄供电注重持续性与创新性相结合，以社会主义核心价值观教育为核心，以道德典型的选树、培育、宣传为重点，以全员参与道德实践为目标，通过形式多样的主题实践，逐步塑造形成了石家庄供电"以德育企、尚德立人"的道德建设特点。

2012年，出台《弘扬优秀文化，争做文明员工》主题活动方案，每月征集推荐文明员工的典型事例，年终评选"十佳文明员工"进行宣传表彰。配合活动开展，组织参与了"道德的力量"和"身边的榜样"文明员工事迹宣讲，以"选"与"评"的方式培育道德典型，用"讲"与"演"的形式宣传道德模范，使"尚德"品牌的塑造具备了深厚的群众基础。

2013年，印发《深化道德建设"双优工程"》实施意见，号召公司员工"八小时内做优秀员工，八小时外做优秀公民"，推选各类道德典型200余人，其中4人曾荣获省公司十佳文明员工称号，2人荣登中国好人榜，1人获评河北省道德模范，在市、县公司两级开展"道德讲堂"19场，近2000人直接收听、收看，公司道德建设实现了全员参与、全面覆盖、遍地开花。

2014年，启动"寻找最美员工""首善省会，行业标兵人人争"和"十大孝子、十佳好人"评选等3项主题活动。建立公司级企业文化宣讲团，进行3场巡回宣讲。引入新媒体，建立"微信"平台，拍摄"微电影"，开设"微党课"，形成多层面、多维度、多元化的拓展活动形式。其中，"寻找最美员工"主题活动获国网公司企业文化建设优秀案例二等奖。

| 一日三德三做 | 讲述 | 弘扬优秀文化 | 道德建设 | 寻找 |
| 传播文明新风 | 身边的故事 | 争做文明员工 | "双优工程" | 最美员工 |

图1 不断创新"尚德"载体图

石家庄供电的员工道德建设工作延续了将近20年，且随着不同时段、不同要求、不同环境变换不同主题。载体的变迁适应着时代的不同需要，而道德建设所坚持的"以德育企、尚德立人"的主旨一直坚守至今，公司上下始终保持一种昂扬向上的精神状态，公司软实力、道德感召力、社会影响力均得到全面提升。

丰富实践，全面塑造"尚德"品牌

石家庄供电开展的道德建设实践，基本走出了一个"从平面宣传到立体展现""从语言讲解到表演再现""从传统评优到多元化选树"的一个渐进式发展过程。如果将道德建设比作一棵参天大树，那么各种主题活动的开展就是一个从生根、发芽再到开花、结果的过程，而这个过程也是公司道德建设不断深化、拓展和完善提升的过程。

扎根土壤——发现身边好人。道德建设始终坚持"从群众中来，到群众中去"，多年来坚持深入基层，深入一线，深入职工群众，广泛收集基层员工的文明事例，建立起文明档案和事例台账，每月进行汇总、评价，并择优推荐。事不论大小，人不分岗位，只要找到员工身上的闪光之处，就采纳宣传，有效突出了道德建设的普遍性与群众性。各类典型均从基层逐步推选，有个人自荐，有群众推荐，有基层保荐，自下而上的选，自下而上的评，力求使具有深厚群众基础和工作基础的典型进一步涌现。有关部门在公司网站开设网络投票专栏，进一步体现了员工的参与、尊重了员工的选择。近5年来，公司共征集社会公德、职业道德、家庭美德等各类典型事例800余件，汇编道德典型故事集5个系列，"老党员闫随顺见义勇为带头扑救大火""'80后'青年刘辉孝老爱亲赡养4位患病老人"等百余例，推荐并报送至省公司、市委宣传部、石家庄电视台等单位和媒体，在社会上引起强烈的反响。

精心培育——造就传播使者。要使事迹宣贯得好、传播得广，必须要有人能讲、会讲，事迹让人想听、爱听。石家庄供电专门组织了两支队伍，一支"创作班子"，负责对精选出的各类事迹再创作，以确保语言精练、优美、有生活、接地气、有感染力；另一支是"讲解团队"，以企业文化宣讲团为班底，持续吸收热爱文化传播的青年骨干，再通过组织集中培训、专项训练，以及各种形式的竞赛比赛，全面提高宣讲员的形象、口才等综合素质。宣讲员与创作者经常一起办公，由作者针对宣讲员的个人特点对典型故事反复加工，再由宣讲员把员工评价高、反响好的典型故事讲出来，甚至用情景剧、小品、音诗画、微电影等更为生动的形式展现出来，让故事人物更加丰满，故事感情更加充沛，故事场景离员工更近、更亲。近5年来，公司组织"身边的榜样""道德的力量"等不同类型的宣讲活动50场，参与近万人次。

开枝散叶——丰富道德实践。传统的文化宣讲或"道德讲堂"更多的是停留在会场、展示在讲台上、传播在台下，受众群体有限，宣传面、覆盖面都比较小，而石家庄供电开展的道德建设活动，重点抓好传播与实践的结合。2014年，开展"寻找最美员工"主题活动，除了要找出"最美"、讲出"最美"，还组织职工拍摄"最美"。而"最美"在哪里？其实就在每个员工的身上、在每个人的心里。员工自拍、彼此互拍、班组群拍，这种以身边摄影的独特视角所展示出的"美"的瞬间，更能得到员工们的普遍认同。以道德实践带动员工道德素养的点滴养成，潜移默化地引导每一名员工争做道德表率，更加促进了新风正气的广泛弘扬。

百花齐放——处处皆有典型。在员工道德建设全面深化的同时，公司也多元化开展各类评先评优活动。典型分层面，先进分类别，而不再单纯以工作、业绩、指标来"论英雄"。近年来，公司先后评选出"十大劳模""十佳好人""十大孝子""十大行业标兵""十大杰出青年""最美员工""尚德之星"等各类典型上百人。各个层级、各个专业、各个岗位几乎都有不同类型的典型涌现，虽然类别、人数众多，但是各类评先都有一个不变的宗旨，那就是"德才兼备、以德为先"。公司建设展室、制作视频、新闻追踪，以及通过各种座谈会、报告会、宣讲会，大力发扬典型引领作用，以道德典型作电网先锋，以先进人物为文化引领，激励和带动广大员工进一步焕发工作热情、释放创新活力，推进了思想道德建设的不断升华，并逐渐成为推动公司创新发展的核心力量。

硕果累累——实现"育企""立人"。如果说"以德育企"是社会主义核心价值观在公司践行和发展的直接印证，那么"尚德立人"则是企业核心价值理念全面落地的生动体现。这种体现不是简单的挖掘和宣传，更多是体现在对员工思想道德的践行上。邢少仑同志是信通公司运维一班的一名普通员工。截至到2017年，他坚持19年无偿献血208次，献血总量达到293 200毫升，相当于58个成年人血量总和，先后3次获得全国无偿献血金奖。在坚持无偿献血的同时，他还积极参与各种志愿服务活动，被"全国红十字会"授予红十字志愿者终生荣誉会员。2015年，邢少仑荣获"全国道德模范提名奖""中央企业道德模范"、国家电网公司"最美国网人"称号。石家庄供电要求全体干部员工向邢少仑同志学习，成立"邢少仑爱心联盟"，进一步推动志愿服务常态化、社会化、规范化。现如今，这支"爱心联盟"已扩大到整个公司，2700余人参与其中，并成为河北电力系统一个公益服务的品牌。

图2 举办"道德讲堂"活动

凝聚力量，推进社会主义核心价值观扎实落地

坚持以德育企、尚德立人，是社会主义核心价值观在石家庄供电落地的具体实践。一系列全员参与、全面覆盖、遍地开花的道德实践活动，起到了滚雪球般的链式传播和辐射效应，职工的思想意识、文化层次、工作秩序、生活习惯等各方面都在潜移默化中追求更高标准、更高层次，员工更加主动地把个人成长进步与企业发展联系在一起，精神面貌焕然一新，工作热情有效激发，企业发展更加精益规范高效。近年来，职工技术创新取得丰硕成果，400余项创新获得国家专利，11项获得国家、省部级奖项；任朝辉、闫随顺、郝国军、王生廷4人当选"中国好人"，救人英雄梁磊、献血大王邢少仑、最美"80后"刘辉、国家电网金牌共产党员服务队等一大批先进典型和先进事迹得到了广大员工推崇，并在社会上引起广泛好评，企业美誉度大幅提升。

主要创造人：朱薪志　董庆陆

参与创造人：刘玉兰　马伟强　董　明　刘春华

忠爱立企　气聚人和

广西中烟工业有限责任公司

　　广西中烟工业有限责任公司（以下简称广西中烟）成立于2003年，是全国唯一一家少数民族地区的省级中烟公司，也是广西壮族自治区唯一税利总额和上缴税金双双突破100亿元的企业。拥有国家级实验室、国家博士后科研工作站和行业级、省级技术中心。企业主导品牌"真龙"获得"中国驰名商标"认证。先后荣获"全国制造企业500强""全国纳税企业百强""中国信息化标杆企业""4A级标准良好行为企业""全国文明单位"等荣誉称号。截至2016年年底，公司拥有总资产192.33亿元，在岗员工3072人。卷烟生产规模为147.73万箱，卷烟销售收入201.42亿元，实现税利总额139.67亿元，上缴税金133.9亿元。"十二五"期间，累计实现税利703.74亿元，累计上缴税金604.95亿元。

以"五个对接"为要求，建设"忠爱"文化

　　坚持继承、发展的原则，积极对接全面从严治党、企业改革、"国家利益至上、消费者利益至上"的烟草行业共同价值观、行业发展战略、民族传统文化，形成了"忠爱"文化体系。"两个至上"是社会主义核心价值理念体系在烟草行业的实践要求，表明公司坚决把国家利益和消费者利益摆在高于一切的位置，作为一切工作的根本出发点和归宿。"忠爱立企，气聚人和"是对中华优秀传统文化和"两个至上"的传承，忠爱立企，就是把忠于国家、忠于卷烟事业、忠于企业、热爱消费者、热爱家人、热爱社会作为企业和员工的行为导向和标准，作为公司的立身之本。"气聚人和"将发展人、发展企业统一起来，实现人的发展与企业发展的和谐一致。

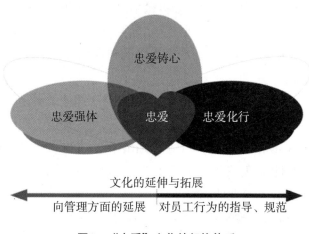

图1　"忠爱"文化的架构体系

图2 广西中烟"忠爱"文化逻辑图

统筹"五个维度"，推动"忠爱"文化落地

高度——以"忠爱"文化理念作为重要业务工作指引。深入践行"两个至上"行业共同价值观和"忠爱立企，气聚人和"企业文化主题，坚定"为增强中国烟草整体竞争实力做贡献"和"为建设富裕文明和谐新广西做贡献"发展定位，形成了"一个统领，三大工程"工作主纲。"一个统领"即以从严从实抓好党建和思想政治工作为统领，体现了公司开展"三严三实""两学一做"的思想成果，体现了公司的政治觉悟。"三大工程"即强基工程、龙腾工程、人才工程，体现了公司对经济新常态的清醒认识，是公司发展的方法论。

深度——让理念融入员工心灵。多措并举推进"忠爱"文化宣贯，构建了文化长廊、主题板报、内部报刊、广播电视站、微信企业号、办公信息平台《焦点新闻》和《企业文化》栏目等宣贯阵地体系，构建了书刊、宣展、优秀团队、主题竞技、员工关怀、社会公益等"六座文化桥梁"，坚持以"忠爱"作为策划组织活动的思想内涵和宣传价值主线，成功营造了积极学习文化、积极践行文化的好氛围。

实施关怀员工工程。构建"四条人才通道"，丰富员工职业发展途径。关心员工身心健康，积极组织各类健康类讲座，支持员工成立书法、摄影、钓鱼、球类、形体各类业余爱好协会共13个。加强校企沟通，累计帮助了300余名员工小学适龄子女、200余名员工初中适龄子女顺利进入当地教育资源较好的学校就读，解决了员工子女"上学难"的问题。启动危旧楼房改造项目，改善员工住房条件，提高了员工对企业的满意度。

广度——积极向社会播撒忠爱文化。真心关怀烟农。大力帮助烟农提高种植水平，切实推进减工增效烟叶科技工程。构建以农艺师、分级技师带队的烟叶技术团队，深入烟区村屯，搞好技术指导、培训和服务，及时将新技术、新方法传授给烟农，让广大烟农做到轻松种烟、快乐种烟、高效种烟。

真心关怀客户和消费者。努力帮助商业企业和零售户增强赢利能力。一批低焦油、低危害、毛利率较高的卷烟规格相继研发成功并投入市场，为消费者提供了新的选择，为烟草商业和零售客户提供了利润增长点。积极帮助零售户提升动销状态。累计派出20000余名(次)员工先后赴区内外重点市开展市场大走访、大调研。推动"新商盟"信息平台建设，在信息平台开展了丰富多彩的宣传活动，直接拉动零售环节的产品销量。2016年，8元以上真龙商业销量同比增长6.84%，实现了"工—商—零"赢利水平共同提升的好局面。

积极融入社区，共建和谐社会。自广西中烟成立十多年来，累计为公益事业投入了4亿余元。先后为南宁、柳州、贺州等地武警消防部队改善了装备，为广西地方40多所中小学改善了办学条件，持续支持广西南宁市办好"东盟博览会"和"国际民歌节"等文化盛事，为广西、云南、贵州、湖南等地的烟田建设持续投入巨额资金，为四川、广西等地发生的巨大自然灾难及时提供援助，累计帮助2000余名困难"准大学生"顺利入学，帮助1500余名在校困难硕士研究生在校安心学习。开展精准扶贫，派出3名干部到富川瑶族自治县担任贫困村"第一书记"开展帮扶工作，创造性地将"互联网+公益慈善"等精准扶贫有效结合，打造了"希望微物""微助八桂"两大互联网公益扶贫品牌，让社会各界看到了责任中烟、爱心中烟企业的形象。

力度——持续、坚定开展文化宣贯。以规划保证企业文化建设的力度。编制了企业文化建设"十一五""十二五""十三五"工作规划，科学明确了五年期企业文化建设的指导思想、主要任务、效果要求和重点载体建设，使企业文化建设工作在一段时期内，始终有主线、有重点、有目标。

以计划保证企业文化建设的力度。每年均以公司党组和公司文件，下发企业文化建设年度工作计划，结合各年度的上级主题教育部署以及公司员工的思想观念问题，策划组织有针对性的文化实践活动。

以领导重视保证力度。广西中烟总经理周涛对企业文化建设高度重视，多次在重要会议上就企业文化建设工作以及如何深入做好理念实践工作提出要求、做出部署。公司领导班子成员亲自带头践行企业文化理念，为全体员工树立了榜样。公司领导带队开展"送温暖"活动，坚持在劳动节、中秋节、春节前看望公司先进工作者、老干部和分管部门员工，主动深入困难职工家庭慰问。

坚持以考核来保证力度。将学习践行"两个至上"和"忠爱文化"任务明确写入《员工岗位说明书》中，将企业文化建设纳入企业各部门和员工绩效考评体系，坚持每月考评1次，每季进行全面检查1次，为企业文化建设工作提供了有力的组织监督保证。

时度——结合时季题材精心策划宣贯活动。注重研究时间特别是各传统节日的内涵价值，及时抓住时政舆论热点迅速启动主题文化活动。充分利用清明节、中秋节、春节这些富含"忠爱"文化元素的重要节日，相应开展一系列传统文化活动，增强了文化活动的亲和力。及时抓住中央领导发表的重要讲话、影响大的社会事件、公司内部问题，迅速策划主题文化活动。先后组织开展"中国梦"学习讨论活动、"五大发展理念"主题教育、"树立百名真龙工匠，推动公司精益制造"主题宣传活动等。由于巧打"时间牌"，扩大了企业文化活动的"眼球效应"，增强了文化教育活动的渗透力。

打造"五项成果"，以"忠爱"文化凝聚正能量，推动企业持续发展、创新跨越

坚持将"忠爱"文化融入"两烟"生产、融入管理、融入科技、融入品牌、融入服务，聚焦"做好这包烟"，凝聚一切有利于发展的正能量，使广西中烟在五个方面取得了重大进步。

融入"两烟"生产，推进品质提升。坚持以技术提升、精益生产（种植）作为主要任务，教育引导在卷烟生产、烟叶种植战线上的员工，把"忠爱"文化理念转化为对提高技术能力和产品质量的不懈追求。物资采购中心倾情帮助烟农提高技术水平，显著提升原料保障水平：2016年采购上等烟叶占比达52.54%，烟叶基地化供应率达到66.27%。结合"优秀卷烟工厂"创建，南宁、柳州卷烟厂积极开展了富有自身特色的班组文化建设、车间文化建设、团队思想作风建设等活动。五年来，公司卷烟成品二、三级质量抽检合格率为100%。

融入基础管理，推进管理能力提升。实施强基工程，开展"问题导向，全员改善"主题活动，夯实企业管理能力。认真研究在企业管理工作中真正运用、实现、展现"忠爱"文化，认真梳理、发掘卓越绩效管理、TPM、对标创优等重要基础管理工作中的所蕴含的"忠爱"文化元素，做到相互影响、相互促进。实施系统化标准项目，先后通过了ISO9001（质量）、ISO14001（环境）、OHSA18001（职业健康安全）、ISO10012（测量）管理体系"四标一体"认证。开展"践行忠爱文化，争创五个一流"管理对标创标活动，2016年有7个管理指标高于行业水平，11个指标同比取得明显进步。

图3　企业文化故事大讲堂

融入科技工作，推进技术创新。践行"拼搏、创新、卓越"的企业精神，落实"情系消费者，创新永传香"的科技理念，坚持以人文关怀作为科技创新的价值导向，实施"龙芯、龙艺、龙装"技术工程，让"真龙"品牌走上"绿色、环保、生态"的轨道。围绕"减害、增香、保润"技术目标，广西中烟在功能咀棒、天然香料、特色烟叶使用等领域均取得了重大进步，截至2016年，取得了授权专利241项，兑现了"烘焙甜香"的品质风格承诺。

融入品牌，形成优秀品牌文化。以"忠爱"文化为指引，围绕内涵、个性、责任三个方面加强"真龙"品牌文化建设。结合传统龙文化所追求的成功卓越、活力和谐的内涵以及建设社会主义和谐社会的美好愿景，设计并推出"真龙游天，气聚人和"的真龙品牌新广告语，赋予真龙品牌亲和力与活力。推进"互联网+"创新营销，构建以二维码为基础技术平台，微信、社群、网站和个性化定制项目为支撑的"互联网+"卷烟营销体系，增强了对真龙消费者的吸引和拉动。真龙二维码会员积分平台注册会员突破70万人，扫码量超过3000万人次，真龙微信公众号粉丝超过30万人，增强了消费者对企业的好感。

融入团队，建设高素质员工队伍。实施人才工程，多措并举帮助员工提升职业素质。为参加在职硕士、在职研究生班学习的员工提供时间与经费"双保证"，公司目前已毕业和在读研究生员工人数突破200人。加强职业技能的培训工作，仅2016年一年就组织开展了各类培训班412期，培训员工10000余人次。积极开展职业技能鉴定和职称评定工作，使公司中高级技师人员和中高级职称人员双双突破300人，持证上岗人员突破1000人，形成了一支以中高级职称、中高级技师、中高级学历为主体的员工队伍。

展望未来，广西中烟将在"中国梦"的激励下，继续抓好"忠爱"文化落地生根，始终坚持以从严从实抓好党建和思想政治工作建设为统领，合力推进"强基工程、龙腾工程、人才工程"，努力打造基业长青的百年企业。

主要创造人：周　涛　王　全

参与创造人：唐格莲　周国辉　赵云渤　刘丹丹

安全文化建设与安全管理互融实践

中石油克拉玛依石化有限责任公司

中石油克拉玛依石化有限责任公司（以下简称克拉玛依石化公司）创建于1959年，隶属于中国石油天然气股份有限公司，是年原油加工能力600万吨的特色炼化企业，是中国石油最重要的高档润滑油和沥青生产基地，也是西北地区低凝柴油、喷气燃料的主要生产基地。现有主体装置35套，固定资产原值85亿元，员工3660人。目前可生产各类石油化工产品160多种，主导产品40多种，28种产品获省、部优产品称号。先后荣获"全国'五一'劳动奖状""中国企业诚信经营示范单位""中国石油'质量管理卓越企业'"等荣誉。

石化企业作为一种特殊企业，大多数物料具有易燃、易爆、有毒、腐蚀性，安全生产管理难度极大，安全防火、防爆要求相当严格，因此，安全文化建设对于石化企业的意义就显得更为重要与迫切。克拉玛依石化公司坚持以"以人为本"的现代理念贯穿安全文化建设全过程，将先进的安全文化理念向安全管理逐步渗透，使安全管理从内涵和外延方面趋于完善。针对安全生产管理特点，通过开展多种安全文化实践活动，不断提高员工的安全文化素质，用安全文化去影响和教育员工，规范员工的行为，科学操作，安全生产，让每个员工都必须具备自主管理的能力。保障企业的可持续发展和经济效益的提高。

认真分析，承认现状，认清安全文化建设短板

克拉玛依石化公司安全文化建设现状：

（1）形成了公司安委会—专业部门—基层单位—安全监督—班长—班员的安全管理体制，由此形成安全文化建设体系，并为安全文化建设提供了组织保障。

（2）安全文化建设于2008年启动，并在此方面做了大量工作，全员安全生产意识保持了较高水平。通过坚持开展形式多样的文化实践活动，于2014年8月确定了安全愿景目标等安全文化理念，并在宣贯和员工安全行为的改变方面做了有益尝试和实践。

（3）在规范、统一和完备员工个人安全防护及防护措施、环境硬件的同时，安全管理水平的提升主要还是依靠完善制度实行刚性管理。员工的安全生产行为仍需管控和监督。

（4）安全文化建设方面仍有不足，一是安全管理人员对安全文化的认知度还有待提高。还没有将安全管理提升到安全文化的高度。二是理念灌输还有待加强。在融于员工思想，引导员工思维方面还欠缺行之有效的方法。三是安全文化建设没有完全与公司HSE管理体系相融合，导致推进工作成为一个或几个部门的事情，还没有形成有效的全员参与和运行机制。

找准核心，梳理思路，确定完善安全文化理念

2014年，通过开展全员安全文化理念征集活动确定了克拉玛依石化公司安全文化理念。2016年3月，开展了全员参与的安全管理理念征集工作，经过征集筛选、专业部门讨论后，将原有的安全操作理念，扩充调整为涵盖管理、操作和施工作业人员的安全受控理念。完善后的公司安全文化理念由宏观（核心理念、愿景目标、行为理念、安全训诫）和微观（受控理念）两个层面的"4+1"模式构成。

核心理念：环保优先，安全第一，质量至上，以人为本。

"环保优先"是企业生产的准生证和生存的资格证，实现清洁生产，环境友好，社区和谐，这是企业必须承担的社会责任；"安全第一"是企业经营生产的前提和基础。安全生产是企业的命脉，"生产必须安全，安全才能生产"；"质量至上"是企业生产经营的宗旨和目标；"以人为本"是社会进步的动力和源泉，企业发展要基于"立于人，利于人"的思想，必须实现本质安全。

愿景目标：自主管理、本质安全。

自主管理：①个人知识、承诺和标准。个人掌握与工作相适应的安全生产知识，并承诺遵守公司的各项安全要求，企业建立健全各项规章制度。②内在化。安全理念、意识及有关的安全知识入脑入心，从内心关注安全。③个人价值。企业及员工都充分认识到个人在企业安全生产中的价值，企业为员工实现个人价值提供平台，员工为实现个人价值而努力。④关注自我。员工能够关注自身在企业生产经营活动的行为，并努力适应企业的要求。⑤实践习惯行为。员工主动践行企业的各项规章制度，各项安全要求固化为员工的习惯性行为。⑥个人得到承认。员工以个人得到企业的认可为荣誉，企业对员工的良好表现予以肯定。

本质安全：致力于系统追问，本质改进。通过设计等手段，生产设备或生产系统本身具有了安全性，即使在误操作或发生故障的情况下也不会造成事故。通过追求企业生产中人、机、物、法、环、管等诸要素的安全可靠和谐统一，使各种危害因素始终处于受控制状态，进而逐步趋近本质性、恒久性安全目标。实现思想无懈怠、管理无空档、设备无隐患、系统无阻塞，质量零缺陷、安全零事故。

行为理念：安全态度决定安全行为。良好的安全行为是从良好的安全态度开始的，态度不能决定一切，但一切从态度开始。正确的安全态度，决定正确的安全管理思路和方向，形成良好的安全行为。如何形成良好的安全行为？安全教育是重要手段。安全教育包括安全知识教育、安全技能教育和安全态度教育三个阶段。而安全态度教育是安全教育的最后阶段，也是最重要的阶段。

受控理念：只有规定动作，没有自选动作。体现生产受控的HSE体系的核心。是对"作业和操作要受控"中关于操作要求（操作有规程、卡片化）的进一步解释，是各级管理人员及操作、施工作业人员必须遵循的思想和行为准则。

对于各级管理（含技术）者，要严格落实"四有工作法"，即工作有计划、行动有方案、步步有确认、事后有总结。坚决反对不认真制订工作计划、不评价风险、不制定可行方案，就随意安排生产、经营和其他工作；对于操作人员，要严格依据操作规程、操作卡操作；对于施工作业

人员，要严格遵照作业规范，必须做到"作业有票证，风险有识别，措施有落实"。

安全训诫：安全来自长期警惕，事故源于瞬间麻痹。麻痹产生事故，这是从事故中，从血的教训得来的结论。工作中的"大概""可能""应该没问题"等思想，都是造成事故的根源。

安全活动的对象是事故，而事故是非正常事件、个别事件、稀少事件，在空间和时间上，在状态和后果上，都有很大的不确定性，发生的可能性往往很小，但一旦发生，其后果可能很严重。由于目前安全工作的加强，使事故发生的可能性得到降低，但由于事故间隔期延长，其间接产生的是人们心理上安全感的增强。有时，由于安全投入、管理上措施在短期内往往给人以"劳而无功"的错觉，使得心存侥幸的人忽视、放松安全。安全伴随着生产，只要生产不停安全就长期存在。

明确定位，厘清关系，文化实践促安全管理提升

安全文化理念宣贯紧贴安全管理。确定2015年为安全文化建设推进年。按照公司HSE工作总体安排部署，遵循"积极倡导、稳健务实"的原则，推进安全文化建设。2015年3月23日启动了安全文化理念5分钟有奖答题活动。活动采取各单位预约的方式，利用员工开会前5分钟的时间进行。2016年，采取统一领取奖品，由各单位根据实际自行组织的方式，开始了第二轮5分钟有奖答题活动，并重点把理念的调整作为答题内容，活动覆盖了全公司，2000多名员工参与了现场答题活动，有1000多人获奖。

克拉玛依石化生产厂区

2015年组织了安全招贴画征集活动。共收到基层单位37幅作品，经评选确定8幅优秀作品，均统一制作后在各单位橱窗进行了展示。策划组织了"检修一日拍"活动。在2015年大检修期间，邀请克拉玛依市6名摄影专家，采用实地帮带"1+2"的方式，即一名专家带两名员工，共同走进大检修现场进行拍摄。坚持开展"安全生产大家谈"征文活动，共刊登公司员工撰写的文章49篇，进一步营造了安全文化氛围。

安全文化活动体现安全管理功能。在2014年"向不安全行为告别"月活动的基础上，于2015年

启动了"向不安全行为告别"系列活动，即"向不安全行为告别·日常生活""向不安全行为告别·生产现场""向不安全行为告别·文化生活"。通过活动，使公司的安全文化理念的宣贯拥有实实在在的落实载体，以活动的"实"，化解理念的"虚"，并深入于心，实践于行。

建立"安全文化·克石化"微信群。成员由公司领导、安全管理专业人员、各单位安全第一责任人、安全监督员（安全员）组成，目前为133人。成员间通过微信群传播公司安全文化理念，实现信息共享，充分发挥了其在安全管理方面的作用。

安全目视化管理项目稳步推进，助力安全管理标准化。完成厂区一号门两侧公共区域，30多套装置的目视化实施工作。涉及厂区属地标识牌、生产区安全要求告知牌、车间属地标识牌等十余种大型标识牌700多个；设备类标识牌近5000个；安全类标识牌2500多个；装置划线近70000米；厂区内仪表类标识牌8000多个；管线标识60000多处。

互融共建，强化意识，文化建设引领作用显现

安全文化与安全管理互融共建，确保了公司HSE管理体系的规范推进，进一步促进了安全管理水平的提高。

安全文化的功能得到进一步体现。"有感领导、直线责任、属地管理"的安全管理理念逐步推行并不断深化。全员的安全观念普遍实现转变。各级领导带头开展安全经验分享，安全方面以身作则；员工普遍认识自己是安全的最大受益者，执行安全标准的自觉性普遍增强。

安全文化氛围浓厚，员工操作行为日益规范。"只有规定动作，没有自选动作"安全受控理念成为管理者及操作、作业人员认可的行为准则。员工安全习惯正在从工作中向工作之外延伸，且影响着家人等。这为实现公司"自主管理，本质安全"安全愿景目标奠定基础。

实现安全文化的引领、服务功能。安全文化建设与安全管理工作进一步融合。实现了安全文化建设与安全管理工作同安排、同计划、同落实、同总结表彰。从而使安全文化建设工作有了力度和张力。

完善机制，落实责任。建立了安全文化建设定期通报机制，形成了安全文化建设与安全管理同步"齐抓共管"的格局。机关各处室安全文化引领安全管理的意识进一步增强，基层各单位参与安全文化建设的积极性进一步提高，"文化管安全"的意识在安全管理中进一步体现。

全面完成年度HSE指标。即杜绝一般事故A级及以上生产安全事故、杜绝一般及以上环境污染责任事件、新改扩建项目安全环保健康"三同时"执行率100%、职业健康体检率>98%、职业病危害检测率>98%的HSE工作目标，安全环保形势总体稳定受控。

生产经营业绩保持良好。2016年，共加工原油557万吨（其中稠油364万吨），生产汽油103万吨、柴油187万吨、航煤22万吨，分别完成年度计划的106%、100.2%、112%；在三、四季度调减17万吨加工量的情况下，全年实现主营业务收入200亿元，再创历史新高；上缴税费89.4亿元,创历史最好水平，圆满完成了总部下达的各项业绩指标，继续保持了较好的竞争实力和盈利能力。

主要创造人：涂焕田

参与创造人：付永玲　何智晴

精工善筑　诚达天下

中国水利水电第八工程局有限公司

　　中国水利水电第八工程局有限公司（以下简称水电八局）是中国电力建设集团公司旗下的骨干企业，拥有水利水电+建筑工程施工总承包双特级资质，为国内拥有此双特级资质的唯一一家企业，现已形成国内水利电力、国际、国内基础设施、铁路、投资等五大业务板块。承建或参与建设了水利水电工程300余项座，中国十大水电站参建其九站，是三峡工程建设主力军和第一度电的生产者，总装机容量4000多万千瓦。项目遍布亚、非、拉美三大洲30多个国家，承建工程70多项；在全国20多个省（市）承建了基础设施工程200余项。有100余项工程荣获国家和省部级优质工程奖。有200多项重大科研成果获国家和部、省级科技进步奖。先后荣获"中国建筑业竞争性百强""中国电力行业十佳企业""全国五一劳动奖状"等数百项荣誉。

　　水电八局高度重视企业文化建设工作。在中国电建集团和集团党委的领导下，积极探索新形势下企业党建工作模式和企业文化建设工作，提出价值思维理念，聚焦市场和现场，提升党建工作价值创造力，建设以"诚文化"为核心理念的企业文化体系，充分发挥文化的引领、凝聚、约束、激励和品牌辐射作用。

转换思维，价值创造理念深入人心

　　长期以来，国企企业文化建设工作面临着诸多难题。一是重形式，轻核心文化建设；二是重视领导意志，轻视员工参与；三是重视模仿，轻视创新。具体表现在企业文化口号化、广告化和文体化，缺乏持续性、群众性和创新性。究其原因，在于没有坚持以价值创造为导向的企业文化建设理念，没有充分认识到企业文化在企业管理中的作用，没有充分挖掘企业文化在企业管理、品牌营销方面的价值。

　　针对这些问题，水电八局提出"聚焦两场、彰显价值"的文化建设理念，把是否创造价值、创造效益作为衡量和检验工作成果的首要标准，努力把企业文化建设与企业管理提升相结合，不断提升党建工作和企业文化价值创造力。

　　价值思维是一种把创造价值、创造效益作为决策依据与评价标准的思维方式，本质上是一种务实、创新、开放、合作的思维。在价值思维的引领下，水电八局主动适应新形势，主动服务改革发展大局，主动融入企业管理和生产经营中心，不断推出企业文化产品，激发企业文化价值创造力。

集思广益，文化核心理念初步形成

水电八局高度重视企业文化建设工作，设立企业文化部，与党委工作部合署办公，制定企业文化建设三年规划，充分发挥文化的引领作用。

面向公司全体员工征集企业文化理念表述语和企业文化故事。征集文化理念表述语1415条，涵盖了核心价值观、企业愿景、企业精神等12项子理念；企业文化故事115则，生动反映了企业精神、工程建设和员工风采。深入项目基层开展文化调研活动，召开文化理念评审会议。着力提炼符合水电八局特色的企业文化，"诚"文化体系初步形成。

在提炼企业核心理念过程中，水电八局把是否彰显企业文化底蕴、是否被广大员工认同、是否有效推动企业改革发展作为衡量标准，充分挖掘"诚"文化的深刻内涵。"诚"文化融合了中华传统、西方文明、湖湘底蕴、电建精神和水电八局特色，既吸收了各方文化的精髓，又彰显了水电八局的企业特质。"诚"文化既是一种管理文化，也是一种人文文化；既是一种时代文化，也是一种传统文化；既是一种企业文化，也是一种个体文化。"诚"文化是水电八局的立业之本、守业之法、兴业之道。"诚"是对本心的坚守，对大道的遵循，对造物的敬畏，对他人的承诺。"诚"文化其内涵有科学、法治、诚信、担当、包容、共赢、和谐7个方面。

同时，水电八局积极倡导"敬业、专业、人品、精品"的工作理念，以敬业培养员工职业精神，以专业提升员工工作能力，以人品塑造企业优秀基因，以精品成就百年老店梦想，有效激发了员工工作积极性与创造性，文化驱动力持续彰显。

推陈出新，文化精品与活动不断呈现

水电八局积极宣贯中国电建集团企业文化手册和企业文化核心理念，落实企业文化建设各项举措，不断推出新颖活泼、内涵丰富的文化产品。编辑《向幸福出发，我们同行》纪念画册，拍摄专题片《历程》，排演大型文艺节目《大江奔流》，集中展示了水电八局企业文化底蕴，极大地增强了员工的归属感和成就感。建设水电八局形象展览室，编写员工礼仪手册，连续出版了公司综合业务、机电业务、基础设施业务、国际业务、铁路业务等系列画册。

以企业文化推广为依托，加大品牌营销力度，制作了企业形象宣传片《八局是支好队伍》《向幸福出发》。大力培育先进典型，涌现了全国道德模范提名奖获得者刘国义、大国工匠刘杰等一批模范人物。春节、七一等节日期间，常态化举办升国旗活动。组织开展"忠于职业，忠于企业，做优秀员工"主题教育巡回演讲，深入18个基层项目，行程12000千米，5000多人参与，并受邀到股份公司演讲，激发了员工爱企如家、爱岗敬业的热情。水电八局还注重讲好企业故事，传播好企业声音。注意挖掘普通一线故事中的人性之美、品格之美、平凡之美，用新颖活泼的形式讲好企业故事，传播好企业声音。企业文化故事《纸飞机飞》讲述了一个关于坚守、思念、亲情、梦想的故事，一位普通的海外员工因为思念家乡，在非洲加纳布维大坝上每天放飞纸飞机，情节非常普通，却引起了广大员工的共鸣。《因为爱情》讲述了几对普通员工的工地婚礼，得到了无数员工、业主、监理朋友的祝福。

水电八局企业文化建设卓有成效，先后荣获"中国企业文化建设优秀单位""践行社会主义核心价值观企业文化模范单位"等荣誉，多个案例成为企业文化优秀案例。

品牌营销，社会影响力稳步提升

水电八局把企业文化建设与品牌营销有机结合，与地方媒体开展战略合作，积极探索网站、微信平台为一体的立体营销模式，不断提升企业文化的社会影响力，扩大企业品牌美誉度和知名度。

水电八局积极探索媒介融合，整合资源，打造全媒体品牌营销平台。网站具有版面大、信息量大、内容丰富、单向传播等特点；微信则短小精悍、信息流转快、互动性强，具有二次传播、倍数效应、涟漪效应等特点。水电八局根据其不同特点，对二者进行了重新定位。官方网站主要发布一般性动态消息及评论性文章、深度报道等"高大上"的内容，微信则主要展现故事性强、趣味性强、创新性强、精简短小等接地气的作品。

就产品而言，从画册与文字为主到微电影、微视频、歌曲、MV、图文作品全面开花。互联网时代是图文时代、视听时代，"一图胜千言"，水电八局党委把创新作品形式和内容作为重要工作任务。精心策划推出了原创歌曲、微电影、精品图文等，充分展现了水电八局的精神风貌和文化内涵。

就传播方式而言，传播者从企业单体发布到人人都是中心、每一个用户都是媒体转变，传播特点从直线式上传下达到网状辐射转变，传播方式从传统纸质媒体发布到线上、线下O2O相结合推广转变。水电八局充分利用线上主流及地方媒体、集团网站微信、内部网站微信、朋友圈、微信、QQ群，线下各种交流调研考核现场、地方会展、形象展示室，推介企业形象展示作品和文化产品，开展立体式品牌营销。

水电八局新媒介品牌营销成效显著。"八局之声"微信公众号关注人数突破10万人，阅读总量约500万人次。《水电八局2015年度工作总结》《八局名片》等单篇点击突破10万人。创作了《纸飞机飞》《因为爱情》等图文作品，推出《八局好儿郎》等歌曲视频作品，得到社会各界的高度认可，《说唱八局》获得第三届"全国最美企业之声"金奖。在由国资委联合清华大学、《中国青年报》、中国经济网等机构推出的央企子企业新媒体指数榜中，"八局之声"排名第10位。

多点着力，子文化建设有序推进

在价值思维的引领下，水电八局子文化建设成效显著，全面开花。水电八局大力推进廉洁文化建设，制定了《中国水电八局有限公司廉洁文化建设推进意见》，开展了廉政教育、"家庭助廉"、廉洁文化建设示范点创建等系列廉政文化建设活动。大力推进安全文化、质量文化等文化建设，确定了"安全第一、生命至上"的安全管理方针和"敬业、专业、人品、精品"的质量管理方针，以安全质量理念为指导，开展了安全月、质量月等系列安全质量文化建设活动。

水电八局人工砂石业务被中国工业设计协会、《人民日报》市场部等5家权威机构评为"中国行业十大影响力品牌"。举办砂石文化节，提炼"砂石精神"，发行《大道同行》纪录片，实现了砂石品牌从产品品牌到企业形象品牌的跨越。论文《从产品品牌到企业形象品牌的跨越——中国水电八局砂石品牌文化建设综述》以不同标题在《施工企业管理》《企业文化》《当代电力文化》等杂志发表转载。

海外业务针对境外员工远离祖国、远离家人、生活单调、精神无依的情况，开展"家"文化建设。开展"六创建"活动，即建设温馨之家，传递爱的力量；建设安康之家，倡导快乐工作；建设文明之家，展现团队风貌；建设学习之家，提升素质能力；建设民主之家，营造和谐环境；建设效益之家，增进员工幸福。通过建"家"活动，全面落实人文关怀各项政策，积极开展管理增效活动和文体活动，营造了良好的内外环境，为国际业务健康稳定持续发展提供了强有力的保障。

三峡工程全貌

价值思维是水电八局开展企业文化建设工作的重要导向，"诚文化"是水电八局文化的精粹。水电八局将继续以价值思维为引领，继续加大"诚文化"宣贯力度，不断深化企业文化建设工作，在引领发展、凝聚人心、塑造品牌、营造和谐上彰显企业文化价值，不断推动企业健康平稳持续发展。

主要创造人：朱素华　姜清华

参与创造人：刘技专　全　红　叶　兴

以价值观的"最大公约数"凝聚企业发展正能量

昌河飞机工业（集团）有限责任公司

昌河飞机工业（集团）有限责任公司隶属中国航空工业集团公司(以下简称中航工业昌飞)始建于1969年，是我国直升机科研生产基地和航空工业骨干企业，具备研制和批量生产多品种、多系列、多型号直升机和航空零部件生产的能力。现已形成军机、民机和国际合作项目协调发展的新格局，产品基本覆盖1吨级到13吨级直升机型号，主要产品有直8、直10、直11、AC310、AC311、AC313等系列直升机。与美国西科斯基公司、波音公司、意大利莱昂纳多公司、中国商飞公司等国内外知名航空企业开展深层次转包合作生产。先后荣获了"全国先进基层党组织""全国五四红旗团委""全国工业企业质量标杆""全国实施卓越绩效模式先进企业"等多项荣誉称号。

"四位一体"企业文化体系的实施背景

中国航空工业集团成立以来，构建了以"航空报国、强军富民""敬业诚信、创新超越"为核心的文化理念体系，并要求所属各成员单位在集团的愿景战略、核心理念、标准字标准色、名称司徽、司旗、司歌等六个方面做到规范统一，保证集团文化在成员单位的落地。

中航工业昌飞围绕集团文化建设要求，把"文化强企"上升到战略高度强力推进，初步构建了一个较完整的"四位一体"企业文化落地体系，获得了行业内外的好评。

"四位一体"企业文化体系的内涵

中航工业昌飞"四位一体"企业文化体系，其核心是通过价值观高度趋同凝聚发展"最大公约数"，促进全体员工普遍由"要我干"向"我要干""要干好"转变。

基本构成。中航工业昌飞企业文化体系主要包括四个层面：第一个层面是宗旨信仰——"航空报国、强军富民"。"航空报国"是航空工业的核心价值观，也是全体昌飞人为之努力奋斗终身的共同信仰和价值追求。围绕共同的宗旨信仰，公司进一步提出"努力打造技术先进、效益优良、持续发展、客户满意、员工幸福快乐的现代一流航空企业"发展目标和"品牌、质量、诚信、创新"方针，齐心协力向"精益昌飞、创新昌飞、和谐昌飞、幸福昌飞"的愿景共同前进。

第二个层面是思想理念。内容是"敬业诚信、创新超越"和"精益求精、团队快乐"。中航工业昌飞大力倡导员工将"认真才能做好，细节决定成败""我的工作无差错，我的岗位请放心""每天做好岗位要求的每一件事是我的职责""团队高效，竭尽全力，永远不为自己找借口""科技打造品牌、诚信赢得市场"等作为座右铭，推动员工把理念落到实处，转化为基本的工作态度。

第三个层面是行为准则和行为底线。在共同的宗旨信仰和行为理念的引导下，航空工业昌飞确立了以"执行第一、表单办事、问题透明、日清日毕、数据说话、持续改善"为主要内容的员工岗位行为准则，把敬业、诚信、创新、精益等理念转化为岗位行为规范。其中"执行第一、表单办事、问题透明、日清日毕"侧重于科研生产计划任务的完成，"数据说话、持续改善"侧重于通过统计分析发现差距或问题，逐步实现持续改善。行为底线从"人与人、人与事、人与企业、人与社会"四个方面，划定了20条不可为、不可干、不可碰触、不可逾越的禁止类行为。通过建立"底线"警戒机制，促进全员形成按规矩办事的习惯。

第四个层面是品牌形象。目标是"质量至上、客户满意、形象一流"，要求围绕质量和客户，建设一流的企业形象、产品形象和员工形象。

企业文化体系有效运行的基础是道德。如果企业或员工不能够讲诚信、知敬畏，那践行企业文化就是空谈。为此，中航工业昌飞全面实施诚信管理，从5个方面明确了14种不诚信表现。单位或员工如果有了不诚信表现，将被作为污点扣分并记在诚信档案中，以此促进全员讲诚信、守本分。

在中航工业昌飞"四位一体"企业文化建设体系中，宗旨信仰主要用于聚焦目标，强化"航空报国、强军富民"的价值牵引。思想理念主要用于统一员工思想，强化"敬业诚信、创新超越，精益求精、团队快乐"的员工心态。行为准则告诉员工"怎么干"是对的，是公司当前及今后较长时期内制定各项管控制度的基本依据；行为底线告诉员工什么"不能干"，通过制度（法）来约束。品牌形象着眼于铸就基业长青，通过强化品牌价值导向、狠抓产品质量和优质服务这个关键，不断做强、做优、做厚企业的品牌积淀。

中航工业昌飞"四位一体"企业文化体系

序	构成	理念内容	道德基础
一	宗旨信仰	航空报国　强军富民	
二	思想理念	敬业诚信　创新超越 精益求精　团队快乐	
三	行为准则 行为底线	执行第一　表单办事　问题透明 日清日毕　数据说话　持续改善	诚信 敬畏
		禁止诽谤伤害　禁止滥用职权 禁止弄虚作假　禁止玩忽职守 禁止损公肥私　禁止泄愤破坏 禁止造谣泄密	
四		质量至上　客户满意　形象一流	
		集团文化要素"六统一"及公司企业文化要求	

"四位一体"企业文化体系的建设目标

在企业文化建设十三五纲要中，中航工业昌飞提出了公司企业文化建设"形（品牌形象）""心（价值观）""言（诚信）""行（行为准则行为底线）"四个方面的重点和目标。

在"形"方面，强化品牌形象建设，把"质量至上、客户满意、形象一流"的品牌形象深植到员工心中，并赢得客户的满意。

在"心"方面，大力弘扬社会主义核心价值观和"创新、协调、绿色、开放、共享"五大发展理念，深植中航工业昌飞集团价值观，强化宗旨信仰和思想理念教育，以客户为中心、以奋斗者为本，营造全公司激情奋进、创新超越、干事创业的浓厚氛围。

在"言"方面，以诚信为本，讲好"昌飞"故事，大力倡导言行一致、务实诚信的员工品格。

在"行"方面，大力弘扬新时代"工匠精神"，深入做好员工岗位行为准则和行为底线的宣传，使员工岗位行为准则和行为底线人人皆知，成为基本的岗位素养，形成高度的行动自觉，达到"内化于心，外化于行"的知行合一境界。

"四位一体"企业文化体系的主要做法

中航工业昌飞通过"管理"与"培育"双向发力，遵循管理改变习惯、习惯形成素养、素养提升道德、道德约束思想、思想决定行动、行动打造环境、环境孕育文化、文化促进管理"的企业文化运行逻辑，齐抓共管，不断改进，促进企业文化的不断繁荣发展。

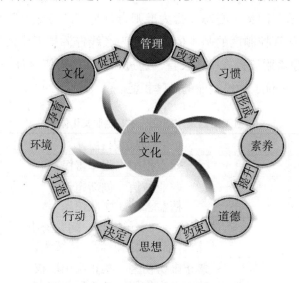

图1 中航工业昌飞企业文化体系运行逻辑

第一，做好企业文化体系的顶层策划。 中航工业昌飞结合企业发展战略需要，从决策、管理、执行和监督四个层面，进行了企业文化体系的顶层设计，初步建立了基于诚信敬畏的"四位一体"企业文化体系。

第二，做好企业文化理念的总结提炼。 中航工业昌飞将集团文化理念与企业的文化基因、管理现状和发展实际相结合，提炼形成了与企业发展相适应的"行为准则、行为底线、品牌形象、企业愿景、企业目标、企业方针"等系列理念。在员工岗位行为准则、行为底线的梳理中，公司要求各单位每个员工、岗位都要梳理上报各自的岗位行为准则和底线，每个岗位6~8条，共有210多个岗位梳理上报了各类准则、底线1500余条。在此基础上，公司层面召开各类型讨论评审会8次，并两上两下广泛征求意见，提炼出6条行为准则、20条行为底线。通过全员参与、提炼升华，把企业文化理念总结提炼的过程转化为价值理念普及推广的过程。

第三，做好企业文化理念的宣传推广。 中航工业昌飞充分发挥企业内刊、电视、看板、微信、OA网等宣传媒介的作用，可视化宣传身边的人和事，通过展示看得见的行为与形象，宣传看不见的文化内涵，增强企业文化的影响力和凝聚力。

第四，做好企业文化的教育培养。 中航工业昌飞充分发挥党校、继续教育学院、党委中心组、中干分片集中学习及各单位内部的教育培训阵地作用，建立专、兼职结合的师资队伍，编制企业文化建设作业指导书，坚持每月开展干部互动式学习。2012年以来，公司及各基层单位累计讲课培训1500余次，促进全员形成价值创造的基本观念。

第五，通过严格的管理来形成习惯素养。 中航工业昌飞把企业文化建设要求纳入综合管理内审，从管理的角度审核各单位企业文化的推进和落地情况，重点审核是否按公司要求，做到有制度、有管控、有成效，以严格的管理来促进企业文化的落地，促进良好习惯的养成。

第六，引导员工自我学习感悟。 中航工业昌飞坚持每年举行升国旗、司旗仪式，举办劳模颁奖晚会、司歌大合唱等各类文化活动，评选企业文化示范集体、建设文化教育基地、编印文化故事书籍、在厂区灯杆上悬挂劳模道旗，通过活动倡导、典型示范促进文化入脑入心。

第七，做好企业文化的量化考核。 中航工业昌飞对企业文化建设实效进行科学考核，将考核内容与科研生产、经营管理数据挂钩，按季度对各单位开展考核评估，与KPI绩效挂钩，使企业文化建设工作抓得住、看得见、可衡量。

"四位一体"企业文化体系的实施效果

一是促进了企业和员工价值观的高度趋同，打造了富有军工特色的"航空报国"文化。 结合军民用直升机型号研制的重、难点任务，中航工业昌飞先后组建了18支公司级党员突击队，247支基层单位级党员突击队。2000余名党员和业务骨干踊跃参与，赛作风、赛进度、赛质量、赛管理、赛创新、赛实效，有效助推了科研生产任务的顺利完成。在"9·3"阅兵、国庆60年阅兵、直8索马里护航、汶川抗震救灾等重大任务中，中航工业昌飞生产的直升机多次精彩亮相，支援保障队伍全力以赴，不辱使命，体现了企业的社会责任，展示了军工企业的风范。

二是增强了全员岗位诚信意识，打造了具有行业特色的质量"诚信"文化。 中航工业昌飞提出"品牌、质量、诚信、创新"工作方针，"说老实话、办老实事、做老实人"蔚然成风，把诚信作为品牌和质量工作的基础，构建了基于诚信敬畏的自主式质量管理模式，大力推行"三自一专"（自加工、自检验、自记录、检验员专检），开展"质量信得过个人暨质量印章"等级评定，成立快速响应中心，实现了企业质量管理由"被动式"向"自主式"转变，产品质量水平和顾客满意度处于行业领先。

三是形成了全新的工作语言和方式，打造了基于行为准则的"精益"管理文化。 中航工业昌飞通过把行为准则的运用情况纳入到单位、各级干部广大员工的绩效评价中，使之成为员工普遍接受的岗位语言和沟通方式。结合"表单办事"，公司广泛推行业务工作表单化，完成各类表单设计2 500余份，覆盖24个业务域、216项业务，以表单为载体保证了业务工作的流程化。围绕

"问题透明"，公司广泛推行SQCDP看板管理，可视化畅通问题提出和解决的渠道，从员工到班组、从班组到车间、从车间到部门，重要问题甚至反映到公司层面来研究解决。通过建立"数据说话"精益考核体系，提升了各环节成本控制和持续改善的意识和成效，实现精益生产。围绕"日清日毕"，在所有车间推行基于配送的6S管理，生产现场焕然一新，零件配送精准高效。

图2　企业文化墙

四是提升了直升机核心研制技术，营造了浓厚的"创新"文化氛围。中航工业昌飞定期召开管理创新和科技创新大会，表彰创新典型，树立创新标杆，营造了浓厚的创新文化氛围。依托国家高新工程、863项目及国防基础预研课题和航空支撑项目，提高自主创新能力和技术水平，提升直升机研制的核心技术。中航工业昌飞数字化集成制造及管理、复合材料制造等方面取得长足进展，成为国家国防科技高效数控工程中心及工信部首批智能制造试点单位。公司产品直8、直10系列型机达到国际先进水平。

主要创造人：周新民　胡世伟

参与创造人：余建华　熊文华　万首明

弘扬企业文化　做强民族医药

齐鲁制药有限公司

　　齐鲁制药有限公司(以下简称齐鲁制药)创立于1958年，2003年改制为民营企业，是山东省最大的治疗药物生产企业，主要从事肿瘤、抗感染、心脑血管、精神、神经、眼科等领域的疑难、多发疾病的治疗性药物研发、原料药和制剂的生产及国内、外销售，除人用药原料及制剂外，还涉及动物疫苗、农兽药原料及制剂等领域。下设13家子公司。2016年，实现主营业务收入144.7亿元，同比增长12.86%；出口创汇3.94亿美元。先后荣获"全国五一劳动奖状""山东省省级文明单位""全国医药工业50强""药品质量诚信示范型企业"等荣誉。

　　齐鲁制药以振兴民族医药工业为己任，积极践行"有国有厂才有我们幸福的家"的企业文化价值观，向着"建成中国最强大医药企业、跻身世界医药强者之林"的战略目标阔步前行。

企业文化的实施背景

　　齐鲁制药核心价值观形成。20世纪80年代初期，齐鲁制药提出"国内有名、国外有声"的工作目标，"我是齐鲁人，为齐鲁争光，为齐鲁争气，为齐鲁自豪"和以"求实、进取、拼搏、严谨、节俭、文明、诚和"为特质的企业精神。核心价值观"有国有厂才有我们幸福的家"，是伴随着齐鲁制药历史发展而凝练提出的，并带有齐鲁精神文化特性，为全体齐鲁人认知接受的用于指导思想行为的文化理念。它为齐鲁制药不断发展始终提供着价值支撑，同时为全体员工素质提高提供着价值力量。它既是齐鲁人追求的目标，又有具体工作的落脚点。

齐鲁制药文化发展历程

发展时间	发展阶段	文化特色
1958~1980年	公司初创，从无到有，艰苦创业	形成了"吃苦耐劳、任劳任怨，以厂为家、敬业奉献"的企业品格，提出了"团结拼搏，开拓进取"的口号
1981~1990年	乘改革开放东风，拉开快速发展、做强做大的序幕。公司研发国家二类新药卡铂，筹建平阴分厂，1990年年工业总产值首次过亿元，利税过千万元，跻身"济南市20家产值过亿元重点企业"行列	提出了"以改革为动力，以人才为根本，以市场为龙头，以科技求发展，以质量求生存，以管理求效益"的企业方针；倡导振兴中华，爱我齐鲁；做齐鲁人，为齐鲁争光、为齐鲁争气、为齐鲁自豪
1991~2004年	步入"全剂型、多规格、大规模、高产能"发展时期。先后建立了粉针剂车间、小容量注射剂车间、片剂车间、无菌冻干车间、软膏剂车间等，整体收购原济南最大医药企业——济南制药厂	"造最好的药表达我们的爱""争做世界级企业""有国有厂才有我们幸福的家"

发展时间	发展阶段	文化特色
2005年至今	建成八大生产基地，产品结构科学合理，国内外市场占有率不断提高。2014年销售过百亿，2018年计划翻番，实施"市场战略、研发战略、人才战略、精品战略"，实现"创新、规范、提速、突破、超越"	多想想同胞，多想想父母，多想想同事。人人都要为人类、为民族、为同事多奉献出自己的爱。团结、求实、进取、拼搏、严谨、节俭、文明、诚和的齐鲁精神 争做中国最强大的医药企业，跻身世界医药强者之林

企业文化的内涵与体系

"做最好的药表达我们的爱"成为员工一切行动的自觉标准，全面打造优秀特色文化。"做最好的药表达我们的爱"是齐鲁制药的使命，是在生产质量管理方面的根本准则，同时也是员工认真对待工作、不断进行创新提升的内心愿望和自觉行动。

"五湖四海齐鲁人，团结奋斗建家园"，企业关爱员工，员工奉献企业。齐鲁制药重视人文关怀，高度关注员工发展，着力使企业发展与员工发展并轨同步，使员工在工作中实现自我价值。

党委组织开展"两学一做"争当齐鲁先锋和红色学习参观活动。为把爱祖国、爱齐鲁、爱岗位教育活动有机结合起来，树立助人为乐、诚实守信、敬业奉献、孝老爱亲的典范，争做"齐鲁最美员工"。组织学雷锋志愿服务献爱心活动、城乡牵手帮扶活动、助学公益行活动等为广大员工提供才艺展示的平台。近几年公司投资兴建了青年公寓、高标准职工餐厅、购置班车，每年定期组织员工健康查体、提供午餐补助、赠送员工生日蛋糕等多种形式的民生服务活动，构建了和谐幸福温馨的大家园。

"多想想同胞，多想想同事，多想想父母，人人都要为人类、为民族、为同事多奉献出自己的爱"，积极履行社会责任，促进和谐健康发展。作为医药企业，齐鲁制药一直拥有强烈的责任感和使命感，并默默践行着自己的社会责任。2016年，集团上缴国家税金为16.11亿元，为地区经济发展做出了贡献。多年来持续开展"希望工程救助""爱心助学"等活动，累计扶持资金达1500多万元；积极参与救灾援助，在第一时间内捐款捐物，多次获得省"红十字会"颁发的博爱助人奖、捐款工作先进单位；设立"齐心爱"爱心基金，对病困职工、社会困难群体表达爱心，救助伤残孤寡老人90余人，长期结对救助贫困学生20人；组织了全国"申捷"产品救助行动，提供400万元药品用于贫困患者，减轻了患者治疗负担。

企业文化价值理念

近60年的发展，齐鲁制药梳理形成了企业核心价值观、愿景、使命、齐鲁精神、企业方针、企业目标等精神理念，还进一步丰富发展了子文化理念、行为规范等。

子文化理念：经营理念——领先一步，共创辉煌；管理理念——抓紧、抓实、抓具体；生产理念——精益生产，精细管理，打造精品，服务市场；质量理念——全面、全员、全过程，持续改进；EHS理念——安全为本，环保先行，健康你我；人才理念——海纳百川，人尽其才；团队理念——凝心聚智，群策群力；学习理念——勤学善学，学以致用。

行为文化：维护公司利益——做有素质的齐鲁人；加强团队合作——做优秀的组织成员；努力提升自我——做追求卓越的好员工。

党员干部工作标准：总体要求——以实施人才战略为主线，着力建设好党员干部队伍，实现公司战略目标，保持稳步、持续、健康发展；思想政治——有理想信念，忠诚于党，忠诚于国家，忠诚于齐鲁，讲政治、讲大局、讲原则，要有奋斗、奉献情怀；工作能力——要在其位，谋其政；要想干事，能干事，攻难事，干成事，干大小事；工作作风——要身先士卒、以身作则、向我看齐；行得正方能站得稳，严要求方能干成事；不推诿、不扯皮、不懈怠，敢于攻坚，敢于较真，敢于担当；道德修养——要严以修身，严以用权，严以律己，反对享乐主义、奢靡之风；要懂得感恩、学会感恩、行动报恩，珍惜工作平台及机会。

员工行为规范：行为规范总则——员工在生产劳动工作实践中的行为准则；职业规范——忠诚企业、勤奋工作、安全操作等；形象规范——佩戴上岗证、不同场合着装要求等；举止规范——岗位站姿、坐姿规范，路遇客人礼让先行等；语言规范——多用文明用语，接人待物和蔼、诚恳等；其他规范——会议规范要求、遵守社会公德等。

企业文化建设的主要措施及效果

健全组织管理体系，保障文化建设持续推进。齐鲁制药高层领导高度重视企业文化建设，逐步建立起公司党委组织领导，工会党办、总经办、人力资源部协同负责，党工团妇各级组织共同参与的企业文化管理体系，组建了以总经理为组长的企业文化管理推进小组，全面负责企业文化管理推进工作。

推进文化落地。高层管理人员在企业文化建设中发挥主导和垂范作用，是企业核心价值观的"倡导者、践行者、宣传者"。初步建立了集团文化建设体系框架，组建了一支专、兼职结合的企业文化建设队伍，共同营造积极向上的企业文化环境。

加强党群组织建设。建有党委、工会、妇工委、共青团组织管理体系，根据各自工作职责，发挥各自工作优势，能够积极主动组织开展各类特色活动，积极有效地开展党群外联工作，创造企业良好外部工作环境。

加强宣传媒体建设。创办了《齐鲁奋进报》《齐鲁视点》杂志、齐鲁制药广播电台、电视台，建有网站、官方微信、宣传板报、文化长廊、宣传橱窗等宣传阵地，定期刊发播出，实现了集团公司文化传播立体式全覆盖。

加强职工思想教育。加强干部员工思想教育，开展先进事迹报告会、演讲比赛、征文活动等，大张旗鼓宣传齐鲁文化，弘扬齐鲁精神，争做"四有"新人。举办升国旗、唱国歌、宣誓词活动，各种集会会议唱国歌、宣誓活动，教育干部员工爱祖国、爱齐鲁、爱岗位。

建立管理保障机制。明确管理分工，健全管理架构，形成公司相关部门和党工团妇各级组织共同参与的文化管理体系。

建立考核激励机制。把企业文化建设工作每月考评意见纳入各单位经济责任制考核，实行月度考核，绩效挂钩。

创建浓厚文化氛围。由企业文化管理推进小组负责企业文化建设，健全制度。通过开办企业文化培训、职业道德讲堂、组建网络文明志愿者队伍等形式，开展讲文明、树新风主题活动，并利用公司报纸、杂志、电视等媒体宣传，广泛宣扬社会主义核心价值观、孝文化、文明礼仪等，使企业文化理念深入人心。

企业文化建设取得的成果

坚持"建百年齐鲁，做中国药企第一，跻身世界医药强者之林"的愿景作为总体战略方向。通过实施人才、研发、精品工程和市场等四大发展战略，进一步提高了齐鲁制药的药物研发水平、产品制造能力，成本控制水平、产品质量水平及临床有效率，使其均达到国际同类产品中的先进水平，使产品品牌及国际市场占有率稳步上升，企业综合实力接近或达到国际同类公司的水平。

坚持"以人为本"的用人策略，大力实施人才战略。全方位地培养和引进各类人才，建立各类人员及梯队的管理创新机制，通过科学、全面的员工培训体系和公平的测评、晋升机制，帮助员工制订并实现自己的职业发展计划，提高了公司员工的科研能力，提升了员工的综合素质，为公司业务的发展提供了良好的契机和广阔的平台。

坚持"以改革为动力、以市场为龙头；以人才为根本、以科技求发展；以质量求生存、以管理求效益"的品牌战略方针。系统规范地开展品牌培育工作，建立了科学合理的品牌培育管理体系并实施运行，凭借过硬的产品质量，在医药领域树立了齐鲁品牌，产品遍布全国各大省市，远销北美、欧盟、日本、澳大利亚等50多个国家和地区，齐鲁品牌认知度和美誉度不断提升。

主要创造人：李伯涛　李　燕

参与创造人：毕　宁　张延铭　申　丽

AE文化凝聚共识 助力企业转型提升

中广核工程有限公司

中广核工程有限公司（以下简称工程公司）是中国广核集团的主要成员企业，成立于2004年2月，是我国首家专业化的核电工程建设和管理公司。战略定位为"专业化AE公司"，以全面掌握核电设计建造技术为基础，以高效的核电工程建设资源配置能力、项目组织管理能力和科技创新能力为手段，提供核电站系统集成和核电专项技术服务。公司目前员工人数约6000余人。

中广核工程有限公司AE文化的产生与发展

历史的召唤，催化了AE文化的诞生。

从2008年开始，工程公司进入岭澳二期、红沿河、防城港等多个核电项目、多台机组同步建设的集群建设阶段，工程量急剧增加，任务的复杂性超越中国核电建设的任何时期，对资源的合理配置、精准协同能力大幅增长，安全质量管理难度大大提高，面临的困难和挑战可想而知。如何按照工期要求，高效、安全、经济地完成所有核电的建设，除了资源投入、能力提升，更需要一种特别的精神和文化支持、鼓舞所有的核电工程人同心协力、勇往直前、不达目标誓不罢休。

2009年，岭澳二期2号机组在工程关键阶段汽轮机高压缸隔板定位筋断裂时，工程人员沉着淡定，严格按照安全第一、质量第一的原则，精密计算、制定周密方案，宁可牺牲工期也要高质量完成修复……像这样发生在工程公司的故事还有很多，一直伴随着工程公司的成长，成就着工程公司的事业。

13年来，工程公司铸就了世界瞩目的核电建设业绩，在集团公司以"一次把事情做好"的核心价值观引领下，以"安全第一、质量第一、追求卓越""大团队协同精神""将士用命，全力以赴""咬定目标，咬牙坚持""淡定不浮躁、稳健不冒进"等众多独具AE特色的优秀文化应运而生，在工程公司的建设事业中发挥着至关重要的作用，它虽然无声无息，但是却又这么真实地存在，指引着工程人脚踏实地、积极向上、以感恩的心态，向着一个又一个目标前进。

AE文化的主要做法

近年来，工程公司企业文化建设重点围绕两个"核心"开展工作，一是抓好以"讲好工程人的故事"为核心的载体机制建设；二是抓好以"带头示范文化"为核心的行为文化建设。

载体机制建设方面。从文字类、视觉类、活动类、平台类、仪式类、语言类、制度类七个方面为重点切入，做好策划和组织，讲好工程人的故事，充分展现有高度、有深度、有广度、有热度、有温度的"五度"文化宣传产品。

文字类方面。印制发放了企业文化手册；在内部网络平台宣传工程人的故事，全年刊发各类稿件3600余篇，其中文化栏刊发逾1000篇；围绕五四、七一评优，工程建设模范、青年标兵、岗位能手评选，选树、宣传先进典型；围绕热点，通过内部网络平台刊发《特约评论》、NEW网专访等文章，传递管理思想和要求，其中关注度最高的三篇文章，员工点击率累计超过10万次，评论条数达700多条。

视觉类方面。策划"总经理新年致辞"视频、"总经理给您拜年啦"微信电话语音拜年等形式新颖的产品，树立管理层亲民、关爱员工的良好形象。围绕热点，策划了"你问我来答"系列视频产品，邀请职能管理人员就员工提问进行解答；策划了"来聊吧"一系列视频产品，分享思想，引发员工广泛关注，两部作品仅发布3天点击率就破1万。制作企业文化主题海报、漫画，结合女排夺冠等，定期在各办公区展出。

活动类方面。举办了安全文化震撼教育，总经理部班子成员、各部门"一把手"参与20余次；开展"让安全成为一种生活方式"标语口号征集大赛，举办"美丽AE"书画、摄影比赛，评选优秀作品；举办万人徒步、百变庆生、"核二代体验营"等形式多样的企业文化周活动，增强企业认同度；举办了公司运动会大型体育赛事，展现了工程健儿英姿；推进文体设施建设，依托工会、协会开展多层次、多形式的文体活动，开展4批次职工疗养活动，帮助员工放松身心、舒缓压力；开设心理健康辅导讲座，疏导员工负面情绪；注重岗位成长成才，举行各类职工技能竞赛约90场；建立AE青年人才文化库，汇编"奋斗的青春最美丽"励志故事汇，展示青年风采；组织"白鹭飞越万重山"艰苦教育之旅，依托团青大讲堂讲述最新前沿科技、国际形势，提升广大员工文化视野；积极履行社会责任，组建公司义工队，注册义工近4000人，占总员工人数约2/3；通过与社会团体开展共建，建立起多层次的志愿服务平台，激发广大员工社会责任履行的意愿，人均志愿服务时间超过2小时/年。

平台类方面。推进一网（NEW网）、一信（企业微信号）和电子显示屏三大内部传播平台的优化，为工程公司转型提升积极营造良好内部舆论氛围，激发员工积极建言献策。优化、改版内部网站（NEW网），设置"特点聚焦""视界""文化""国际视野"等栏目，增设评论功能，实现管理层与基层员工的线上互动。成立工程公司党委书记挂帅的社委会，设置主编与副主编，以及评论部、编辑部、采访部、创意部、产品部，以专职文宣人员为班底，一套班子两套人马，实施专业化运作，旨在打造有高度、有深度、有广度、有温度、有热度的文化宣传产品。开发企业微信号，实时推送工程公司文化宣传资讯，实现企业文化在员工手机端的无时限传播。开发总部、各异地办公区电梯、大堂、电视等电子显示系统，集中、同步传播工程公司企业文化产品。

仪式类方面。进一步规范企业文化理念及VI标识使用，开展抽查，整改不符合项。在重大会议、活动开展过程中，按规定使用司旗、司徽，增强员工对企业文化标识的认同。

语言类方面。开展了工程公司"一把手"讲企业文化课，加强安全文化教育，宣贯企业发展战略规划。开展企业文化复训，覆盖率高达100%。畅通沟通渠道，开展"一对一"谈心活动，总经理班子成员通过"和谐号直通车"活动每月与员工一对一谈心，各级管理干部与基层员工每季度开展一对一谈心。通过内部网络平台定期收集员工意见和建议，每月向公司党委汇报，并制定改进措施。特别是在内部网络平台策划推出了《转型提升最强音》《求贤问计 邀你拍砖》等一系列报道，掀起了一场关于国企转型提升的思想解放大讨论。逾6000名员工系列文章总点击量超过5万人次，单篇《NEW网专访工程公司总经理陈映坚："公司若再不自我革新，就只有等着丢饭碗"》文章更在公司引起广泛关注，阅读量超1.7万人次，留言超过170条，其中44条意见和建议被转型提升工作组采纳。为次层落实方案制定提供大量的有效输入，为转型提升各项举措赢得全员认可，为后续方案实施增加助力。专题宣传不仅很好地凝聚了人气，营造了公开透明的氛围，而且也使得参与的每个人都成为转型提升的拉车人。就员工重大关注热点问题，汇集员工意见和建议，形成职代会1号提案，并推动落实，促进公司科学决策与民主管理。

制度类方面。开展了工程公司制度程序与文化匹配审查工作，结合员工在内部网络平台评论意见和建议，梳理出与文化不匹配的主要程序制度，并推动完成修订工作。同时，全面梳理与优化了公司文化宣传相关管理制度，修订了对各部门文化宣传工作评估制度。公司完善与员工沟通机制，开展员工关爱行动，对员工家有红白喜事、生病住院、子女升学等方面的情况，及时给予慰问与帮助。优化员工关爱基金管理办法，提升对特殊困难员工的关爱力度。

行为文化建设。要求各级管理者或者文化宣传人员在传播文化过程中，言行符合企业文化要求，带头讲文化、示范文化、引导文化，做到以"尊重人"为出发点，以"了解人"为切入点，以"关心人、提高人、规范人、激励人、依靠人"为着力点，最终达到"凝聚人"的效果。

领导者作风之弊，必将导致文化之短；领导者作风之正，必将塑造文化之长。工程公司企业文化建设抓住作风建设这个"牛鼻子"，以各级领导干部作风的改进，带动公司作风的好转，为企业成功转型、实现新发展"送东风"。

工程公司结合新形势，发布了《公司关于进一步加强和改进作风建设的实施方案》，以"发挥文化引领、聚焦关键少数、营造良好环境"为主线，从"聚人心、立规矩、建渠道、树典型、强监督、促提升"六个方面提出了31项具体措施。明确了公司作风建设改进的重点对象和前进目标，厘清了公司上下沟通的常态机制。从上到下，逐级传达公司发展战略，全方位关爱员工，带头示范，增强了公司团队凝聚力；从下至上，"在现场"等活动拉近了领导与员工的距离，提高了员工满意度。2016年，各部门按照六大举措，开展了一系列良好实践，已解决近200项员工关注重点难点问题，信访举报数量同比下降。各级领导干部带头践行企业文化行为规范，率先垂范，善于经营，关爱员工，公正廉洁，主动做到知行合一，以上率下，作风建设取得阶段性良好进展。

企业文化建设取得的成果

完善了文化建设方面的制度。企业文化宣传相关管理制度得以全面梳理与优化，有力促进文化建设；同时，一批不符合企业文化理念，或有悖于"以人为本"理念的制度程序得到了修订和调整。

促进良好文化氛围的形成。通过狠抓两个"核心"，进一步深化了干部员工对"一次把事情做好"的核心价值观和公司AE特色文化的认同，同时公司倡导的"脚踏实地、积极向上、常怀感恩"的氛围也在逐渐形成。

员工归属感、获得感、荣誉感有提升。通过搭建沟通平台，营造鼓励员工畅所欲言、管理层广开言路的舆论氛围，增强了员工对企业的归属感；通过传递关爱员工理念，推动并宣传企业为员工办实事，增强了员工的获得感；通过加强宣传人物事迹，让每一位员工都有机会展示自我，增强了员工的荣誉感。

圆满完成各项工程建设任务。截至目前，公司在13年内已建成机组16台，创造世界核电建设史的又一奇迹；在建机组数量8台，在建总装机容量达到1130万千瓦。在建机组数量和装机容量自2010年以来一直居世界第一。

促进企业转型提升等中心工作的开展。通过企业内部宣传平台和各类产品的打造，及时传递公司"一把手"管理思想和要求，统一了思想；宣传"华龙一号"示范项目建设、英国核电通用设计审查项目取得的成就，鼓舞了士气；在推动转型提升方面开展解放思想大讨论，广泛征集、采纳意见建议，凝聚了共识。

促进了企业民主管理。公司定期梳理员工意见建议，通过形成职代会1号提案、党委会决议事项等措施推动管理改进，有效促进了企业科学决策与民主管理。

主要创造人：陈映坚　冯　雷

参与创造人：张荣书　邹　沐　唐刚强　赖虞瑜

全煤首创"1+8"企业文化助力企业转型升级

陕西煤业化工集团神南矿业公司

陕西煤业化工集团神南矿业公司(以下简称神南矿业公司)是陕西煤业化工集团重要的支柱企业,位于陕西省神木县,成立于2008年12月,下属五矿两公司,分别为红柳林矿业公司、柠条塔矿业公司、张家峁矿业公司、孙家岔龙华矿业公司、中能煤田公司、红柠铁路公司和神南产业发展公司。到2016年年底,资产达336亿元,累计生产煤炭3.8亿多吨,实现收入1058亿元、利润408亿元,上缴税费超过284亿元,社会公益捐助超过4亿元。

"1+8"企业文化实施背景

神南矿业公司在推进供给侧结构性改革过程中,积极贯彻中央五大发展理念,以"五位一体"总体布局及"四个全面"战略布局为总遵循,直面煤炭行业转型升级与提质增效的发展难题,按照"一轴主驱、两手同抓、九强打造、五线同谱"的实践总纲,以打造"二优三商"一流神南为核心业务,顺应新常态,奋力转型升级这一本质发展,打造煤炭工业4.0版。在公司成立之初,以"六种关联文化"作为实现企业跨越快速发展的有效载体,并付诸实施,党的十八大以后,为适应经济发展新常态的需求,在不断总结、提炼、更正、修改后,形成了目前的"1+8"企业文化体系,以适应新常态下企业全面转型升级的新要求。公司的企业文化建设被中煤政研会评为全煤"企业文化和五精管理示范基地",并在各所属单位形成了"心·xin"文化、"家"文化、"和"文化、"众"文化、"春"文化、"实"文化和"勤"文化7个子文化体系。

"1+8"企业文化体系内涵

以打造"二优三商"一流神南为总定位,以实现"行业领先,世界一流"为企业愿景目标,形成了"1+8"企业文化体系,编印了《"1+8"企业文化手册》。"1"代表神南矿业公司企业文化建设以质量效能型为统领,"8"代表八种关联文化,即创值增盈的使命文化、创新升级的发展文化、过程五精的运行文化、令行禁止的执行文化、依靠职工的团队文化、长治久安的安全文化、精优制胜的质量文化、风清气正的廉洁文化。

"1+8"企业文化主要做法

使命文化争创"双百"目标。将煤炭完全成本不足百元,全年利润实现百亿元作为使命文化目标。一是推行体系式成本管理，以一优、一算、一包、一生、一责、一创、一单"七个一"循环工作流程，运用ECRS四大新法（取消、合并、调整、简化）实施体系成本审视，所属单位"43-85"和"系统单元包干责任制"体系成本管控模式形成了亮点特色。二是实施产品定制化生产，形成统一煤炭销售、统一铁路运输、统一生产服务、统一物资供应和专业化生产、专业化服务的"四统两专"专业化、模块化运营模式，按市场需要生产多种类洗选煤产品，并优化生产接续安排，优质煤种生产量化结构调整，目前已细分煤种20余类，制定了翔实的产品目录和参数清单，2016年全年销售煤炭5373万吨，煤炭平均发热量5743大卡，实现销售收入126.17亿元，利润36.93亿元，将好煤卖出了好价钱。三是全面推行设备全生命周期管理，建立了设备全生命周期管理信息化平台，实现了设备健康诊断在线监测，大型采掘设备所属各单位统一调剂，2016年共盘活闲置设备22036.32万元，实现租赁费收入2362.19万元，盘活物资10231.4万元，节约采购资金10亿元，提高设备利用率20%，降低采购成本3%~5%，降低设备故障率10%~30%，降低库存20%~30%。四是优化组织用工，撤并机关部门，缩减组织层级，统一专业中心设置，严控用工总量，清理外委用工和外部承包队伍，大力推行包岗、包工、任务包干、薪酬包干等制度，机关部门由原来的94个调整为83个，共减少11个，取消二级机关15个，共减少科室93个，累计减少用工1685人。

发展文化再造经济增量。 在质量和体量上实现双再造。一是全员"双创"再造一个神南，积极响应国家"大众创业、万众创新"的号召，从组织、全员、社会三个层面推进全员"双创"，全面实施"全员创客"工作，成立了神南煤炭科技孵化公司，2016年共完成创新项目3464项，有效率达61.8%，创先指标3项，创效9890万元，实施各类科研项目36项，新技术应用26项，获得专利授权146件，获省部级科研项目奖17项，具有国际领先水平1项，国际先进水平1项，国内领先水平3项。二是将打造"三型四化"（本安型、绿色型、智能型、机械化、自动化、信息化、智能化）矿区作为提质升级方向，率先实施井工长壁开采世界首个厚煤层"110—N00工法"生产试验项目，被誉为第三次煤炭开采技术革命，建成了全国第一个6.3米大采高智能化综采工作面，运用井下胶带巡检机器人、轴承温度计算机3D模拟技术等实现井下智能监控。矿井三维一张图可视化平台实现了安全监测信息的深度分析与综合利用，井下固定岗位实现了"有人巡检、无人值守"，技术升级减少井下用工总量210余人，采掘效率提高了7%。

运行文化打造五精现场。 "五精"管理式的现场持续化、实效化。一是发展"四个"特色的安全质量标准化工作管理体系，按照"去杂归核""四类业务价值优化"的要求，目前已经形成"四个特色"（陕北地质开采条件下的区域特色；"三型四化"矿井建设下的管理特色；一流综合评价指标体系下的指标特色；精细管理创值增盈下的工作特色）的安全质量标准化工作管理体系建设框架，达到了矿区内部共享与推广的发展目标。二是着力打造"五精"式现场，按照"六零六有六菜单，五创五美五优化"的要求，以"九定十二查，五带五拓展"为重点，全面推行干部跟班现场走动式管理，实行即时严格的机环双检，做实"四项技术"，全过程关注安全、质量、物耗、环节、节点的管控，实践中总结了多项精优作业法和卓越管理法，打造"五精管理示范岗"，提升现场管理水平。

执行文化体现制胜合力。 从日常行为点滴着手培养员工100%执行力。一是做实准军事化"列队制、指挥制、报告制、复命制、军礼制"五项制度，坚持每年开展一次准军事化训练，用标准军事化的风格塑造员工日常的执行意识，准军事化训练也被陕西陆军预备役步兵第一四一师评为2016年度军事训练先进单位。二是制定了高效执行十八环节标准流程和十一不准要求，严明工作纪律，严肃考核，严格奖惩，坚持一把尺子一个标准，制度下无特权例外，执行看结果，用结果来检验执行的效果。

团队文化突出能力锻造。打造"三基九力"团队，实现"集体创优创新达优秀，个人人尽其才显身手"目标。一是强化员工"三功三素三绝"基本功修炼，编制了各岗位作业指导书，全员3000字岗位描述必须过关，编印了《三绝成果百项训练法》，涌现了145名具有绝技绝招绝活的"民间高手"，演绎了"出彩神南人"的时代风采。二是突出员工的职业化管理，分三类人员进行：针对经营管理人员队伍，以"千优人才库"为载体，建立管理人才梯队，以"三功三素三绝"考核为手段提升管理人员的素质素养水平；针对专业技术人员队伍通过不断完善职称评审流程和办法，以及规范职务聘任等办法来鼓励技术人才的专业技能能力发挥；针对技能人才队伍，以煤炭行业技能大师、技术能手为引领，"劳模工作室"和"大师工作室"为平台，职业技能鉴定、技术比武、岗位练兵为途径全面打造高技术、高素质的技能人才队伍，2016年4人获"煤炭行业技能大师"荣誉，两个工作室获全煤"技能大师工作室"荣誉，1人获"全国青年岗位能手"，6人获"陕西省技术能手"荣誉。三是突出区队和班组建设，推行"十强班组、十强区队"建设，从安全管理、生产组织、设备管理、精细化管理等10个方面着手，建立动态的考核激励机制，打造了一批具有示范带动作用的班组、区队。四是全面实施对标管理，对标"中国工业大奖"标准，2016年对标、指标27项，达标27项，并形成了12项对标工作的实践创新，其中《以转型升级为引领的"九强神南"建设实践与探索》获得煤炭工业协会2016年煤炭企业管理现代化创新成果特等奖，《二维点阵考核体系的创新研究实践》获得国务院国资委系统国有企业管理创新成果一等奖。

安全文化实践本质安全。以打造非高危本安型矿井为目标实构建安全文化。一是制定了《非高危安全闭锁"155"管理体系标准》，确立了七个方面51项108个三级体系指标，围绕安全基础和安全现场管理，形成了紧盯7个短板、聚焦8个转变、实现9零目标的安全管理"789工作法"。二是确立了"质疑一切"的安全质量监察理念，认真落实隐患排查治理"八步法"，突出安全风险管理的重点难点，突出岗位作业的流程标准，突出现场"三维"事故的预警预防，形成了安全实效管控"七大体系"，所属矿井安全生产周期均超过了2800天以上。三是加强绿色环保体系建设，建成了"五全、四绿、两友好"的绿色环保管理标准体系，加大环保节能新技术应用推广，各类污染物实现了达标排放，杜绝了一般及以上环境污染事故。

质量文化建塑企业品牌。质量效能型为统领对标"中国质量大奖"。一是大力推进企业品牌建设，把品牌建设和质量管理纳入了公司发展目标责任考核体系，导入GB/T19001—2008/ISO9001：2008质量管理体系，实施卓越绩效管理模式的导入，所属各单位先后顺利通过了认证中心的审核，取得了ISO9001：2008认证证书。二是强势推进产品质量建设，以"提品质、增品种、创品牌"为核心，所属红柳林、柠条塔、张家峁完成了商标注册，其洗块煤、混煤产品都被评为"陕西省名牌产品"，所属产业公司"煤亮子"O2O互联网工作平台投入运行，目前已注册企业客户90余家，签约企业24家，完成交易5800余万元。

廉洁文化推动从严治党。旗帜鲜明正风肃纪聚焦主责主业为企业转型升级提供强有力的政治和纪律保障。一是构建预防腐败责任体系，以落实"两个责任"为重点，制定了落实党委主体责任"136"工作机制和纪委"四防五步工作法"，建立了岗位廉洁风险防控"131"工作机制，推广实施纪检监察"双三角"管理模式和"八步定位—四层织面—双方抓点——体防控"廉洁风险漏斗防控体系，累计排查各类廉洁风险源点4680余个，有效抑制和消除一般性廉洁风险2750余个，党风廉政建设责任制落实和惩防体系构建取得明显成效。二是增强党员干部廉洁从业意识，以党的专项教育为有利契机，强化《党章》《准则》和《条例》等党纪、法规制度宣贯，紧抓学习教育，邀请资深专家学者进行党风廉政专题授课，开设廉政讲堂，走进监狱现身说法教育，广泛征集廉洁文化文艺作品，增强党员干部廉洁从业意识。三是强化自身作风建设，制定了《作风建设"六类十六条"负面清单》和《开展规范化管理"回头看"工作八类68项负面清单》，推广落实《党政"十条纪律红线"》，系统梳理了《党风廉政建设责任落实谈话清单》，紧盯重大节日、重要环节、重点领域，加强对违反中央八项规定问题的明察暗访和专项督查，坚持问题导向，对出现的问题——对照逐项整改落实，公司各类文件、会议、三公经费、办公经费降幅达到20%以上，党员干部的工作作风有了明显的转变。

主要创造人：吴群英

参与创造人：张　森　朱清睿

文化兴企　凝聚人心

海天塑机集团有限公司

　　海天塑机集团有限公司（以下简称海天集团）始创于1966年，已发展成为集注塑机、数控机床、伺服驱动、压铸机产业为一体的大型跨国集团，拥有海天塑机、海天精工、海天驱动、海天金属成型等70余家海内外子公司，下辖两家上市公司——海天国际控股有限公司、宁波海天精工股份有限公司。集团员工近8000名，总资产和年销售产值均超过100亿元，年出口创汇约3亿美元，产品及客户遍布全球120多个国家和地区。连续10余年入围中国民营企业500强、中国机械制造企业100强，是中国塑机协会会长单位。先后被评为"中国优秀民营企业""全国首批创新型企业""全国创建和谐劳动关系模范企业"。海天品牌价值居中国机械设备类第4位。2016年，产值达125亿元、销售额为123.9亿元、利税为27.1亿元，各项经济指标再创历史新高。

企业文化价值理念

　　海天精神：务实、开拓、创新、持恒。海天宗旨：忠于客户、服务员工、回报社会。海天使命：装备中国、装备世界。海天利益观：员工利益为本，集团利益至上。员工价值观：同甘共苦、荣辱与共，愿为海天发挥自身最大价值。

　　海天战略观 —— 品牌战略：打造性价比最高的产品。产业战略：产业相关、共性发展。创新战略：人无我有、人有我优、人优我"廉"。发展战略：自我积累、自我调整、自我发展；在发展中巩固。人才战略：培育人才、发展人才；德才兼备、以德为主；善当伯乐，勇争千里马。

　　海天管理观 —— "两个"上帝：客户、员工。

　　"三本"管理：人本、成本、资本。

　　管理"三原则"：缩小核算单位、提倡信息小循环、形成内部竞争机制。

　　管理"四法宝"：团队精神、科技创新、抓住机遇、回报社会。

　　班组管理：抓班组建设，促精益生产。

　　工作方法：多用"疏"，少用"堵"。

　　海天质量观 —— 先质量后数量，保质量争数量，以人品制造精品。

　　质量意识：要保不要包——保证产品质量，而不是包修产品问题。

　　质量管理：推动PDCA循环，持续改善产品质量。

　　质量方针：优质高效、精益求精、至诚服务、誉满全球。

　　海天客户观 —— 共创卓越，同续辉煌。市场是最大的课堂，客户是最好的老师。

企业文化的主要举措

热心环保，为当地带来福祉。 投资7000多万元，占地100多亩，在2003年年底，海天建成了公益性公园——海天公园。为小港人民提供休闲娱乐的好地方，每天有晨练，每当节假日、双休日，公园内总是热闹非凡，成为当地亮丽的一道风景线。2011年，公司还出资500万元捐助森林碳汇基金，以实际行动阐释了低碳事业、低碳理念。

双重模式，解决员工住房难题。 海天集团一直秉承"以人为本"的治企理念，致力于实施安居乐业工程，带领广大员工走共同富裕道路。为了吸引并留住外来高层次人才，海天启动人才公寓建设、提供婚房贷款等多种途径，想方设法保障员工切身利益。在当时员工人数少、国家土地政策宽松的背景下，集团公司建设了海天一村、二村、三村，供员工购置，公司一直实施开放的人才政策，在安家落户、子女择校等方面给予了最大力度的支持。对于普通家庭而言，幸福简单似乎又遥远：一套适用的房子、一个温暖的家。在过去的10多年时间里，海天帮助1000余户住房困难的职工家庭找到了属于他们的温暖。

近几年国家土地供应政策逐步收紧，2008年起改革了土地供应方式，限制企业自主用地，并统一实行"招拍挂"出让，客观上限制了海天自建住房的扩增进程。同时，海天步入高速发展期，目前正式编制职工已突破6600人。海天自建住房与职工的需求在一段时间内还无法同步。由此，海天因势利导推进安居房建设工程，包含了已建的海天五村、筹建中的龙角山路公建房等，都将以租赁形式为员工解决住房问题。尤其对于许多有刚性需求的年轻人而言，这是避免房价重压、提高生活幸福指数、平稳过渡到购房阶段的理想方式。这一举措也与现阶段政府加强保障性住房的政策相吻合。

多样化培训，正确引导员工业务文化生活。 注重人文关怀，主动想员工所未想、感员工所未感是海天一贯的优良传统，早在海天探索起步、筚路蓝缕的20世纪70~80年代，为提高职工文化技术素质，厂部通过创办"职工业余夜校"、设立"职工文化技术教育校务委员会"等途径，配专职人员处理教育事务，在抓生产的同时，坚决推进职工文化素质的提升，鼓励自学成才。近年来，根据发展战略规划需要，建立了内部培训团队，在大力开展企业内部培训的同时，不忘把政府机关和相关专业的专家请进来，积极推动外部培训。海天鼓励并支持员工不断学习，并为员工提供各种培训与发展的机会，每年为员工提供不少于30个课时的培训。如集团党委每月举行一期主题培训，研究生协会每一季度进行一次动员发言，这些举措无不有利于引导高素质人才的培养。

2014年开始，创办了海天集团科技大会，2017年已经举办了第二届。表彰技术先进的团队与个人，通过此平台进行新技术论述，以科学发展观，提高集团总体技能。2014年，海天集团举行了第一届"海天杯"职工技能竞赛，有106名职工参加了比赛。

以企业内刊为载体，大力推进文化阵地建设。 随着海天企业文化逐渐丰满、文化活动精彩纷呈、员工对企业刊物这一思想舞台的期盼，在条件并不很充足的情况下，积极筹备，号召有文才的员工一起努力组建编辑部。1996年6月28日《海天报》正式创刊，迄今为止，海天内刊《中国海天报》已经出版了127期。编辑部人员6名，通讯员100多名，报纸从编辑到排版都由编辑部独立完成。

《中国海天报》分新闻版、科技版、专题版、海天苑共4个版面，记载了海天集团的发展壮大过程，充分展示了和谐海天人情风采与情操。

周年庆典成亮点，缤纷明星登场助阵。1996年10月26日，海天隆重举行了创业30周年庆典活动；2006年12月28日，海天隆重举行了创业40周年大庆；同年，由著名音乐人浮克作词谱曲的企业之歌《海天路》创作完成，并在庆典晚会上首次亮相，引起强烈反响；2011年1月30日，海天又隆重举行创业45周年庆典，海天艺术团与明星同台演出，为广大观众献上了一台精彩纷呈的艺术晚会。2016年12月27日，海天集团迎来创业50周年大庆，来自国内外数千名客户与公司员工一起共享欢庆的慈善晚宴。

年末《海天之春》，为员工献上新年礼。海天集团每年进行"海天之春"职工文艺会演，到目前已成功地举办了20届；从最初的小礼堂演出到目前的北仑体艺中心演出，规模越来越大，节目越来越丰富；从中也挖掘了一些文艺人才，成立了一个核心的策划团队，把海天的群众性文体活动办得红红火火，造就了海天员工齐心协力、团结向前的氛围。现在每年要投入60万元来打造这台文艺演出。

借梯登高，利用乒乓球打造社会的品牌名片。2000年3月9日，海天塑机集团和浙江乒乓球省队在杭州举行"浙江海天乒乓球俱乐部"签字授牌仪式，标志着海天正式进军职业联赛。此后的6年间，海天对乒乓球的热情有增无减，从甲A的三年300万元，到征战乒超时公司每年投入500万~600万元，公司投入了大量的财力和精力打造队伍。2006年，经批复，宁波海天乒乓球俱乐部正式成立，并落实了北仑体艺中心的联赛主场，海天首次拥有了自己组建的球队，2007年和2009年，海天乒乓球俱乐部两次问鼎职业联赛冠军，实现了历史性突破。2011年4月，面向全体职工的乒乓球俱乐部正式成立，俱乐部成立短短半年，已多次代表公司参加北仑区及宁波市比赛，并取得优异成绩。

集体旅游，增强员工凝聚力、归属感。从1986年开始，海天集团几乎每年都要组织职工旅游。早年由于交通不便，仅是坐火车去一次北京，路上就要花70多个小时。但公司仍然精心组织、周密安排。目前，海天正式员工人数已达6600多名，尽管订单不断、生产忙碌，但依然每年分批安排外出旅游，旅游人次约占员工总数的1/3。

1996年1月，公司分批组织"海天员工告别长江三峡"旅游活动；1999年，公司首次包了7架飞机，组织2000多名员工前往昆明游览世界园艺博览会，轰动了整个春城；2002年1月，公司分批组织员工到海南岛6天观光游。逐渐形成了两年一次的集体旅游传统，足迹遍布厦门、北京、桂林、深圳、广州、珠海、云南等全国知名旅游景点；2006年1月，公司精心安排员工集体旅游，分6条线前往北京、海南、桂林、西安、成都、重庆、大连和青岛6地，观赏祖国大好河山；2008年1月，公司组织新春欢乐游，4382名员工及其家属分6路，前往北京、昆明、海南、张家界、桂林、成都和港澳地区等线路旅游。2011年1月，公司春季游斥巨资共安排2000多名员工分6路赴北京、西安、云南、海南、湖南等地旅游6天。

海天为员工创造优厚待遇的同时，也在努力完善福利体制，使员工建立自豪感、归属感，海天员工不再是孤立的打工者，而是与企业同呼吸、共命运的一员。

16个俱乐部，构建员工多彩的业务生活。海天集团历来十分重视职工文体活动，在1997年建设江南新厂区时，就把文体活动场所建设排上议事日程，累计投资500万元。建成标准游泳池一座，可放4张乒乓球台的乒乓球房一座，还有80平方米台球房和20平方米棋室，还在宿舍区设了乒乓球台和台球各4桌。公司工会配有体育干事1名，基本形成了适合本公司实际情况的群众性体育系列活动，尤其是乒乓球、中国象棋、篮球、拔河、太极拳、羽毛球等活动。

目前，各俱乐部总人数即将突破2000人，公司每年为改善员工业余文娱生活投入近1500万元，员工参与文娱互动、文化共建的热情很高，涌现了不少在区市省甚至全国比赛中获奖的优秀队伍、优秀作品。在公司党委和工会的重视和支持下，俱乐部人数仍在不断壮大，以海天现有的场地资源，远不能满足所有俱乐部开展日常活动的需求。针对这个情况，集团公司高层领导和工会想方设法，通过多方沟通，为俱乐部争取到了江南中学——"海天体育馆"作为羽毛球俱乐部的定点活动基地，并且由专人负责羽毛球场地的清洁、维护、管理和一些活动前的设施准备工作，考虑到气候因素，还为球馆添置了空调，确保俱乐部成员能在一个舒适的环境中尽情享受羽毛球带来的乐趣。

为使海天文化的新一轮发展顺利实施，真正适应文化建设的要求，公司目前正在投资5000万元，着手在堰山新总部一带打造海天崭新的文体活动中心。该项目建成后，既能满足广大海天员工参与文体活动的迫切需求，又能对周边街道社区产生文化辐射效应，推动基层先进文化的传承、发展和繁荣。这对于树立北仑地区重要的文化窗口、满足居民群众日益增长的文化需求、构建和谐社区，都具有十分重要的意义。

回报社会，服务职工。2015年1月，帮助那些因重大突发事件导致家庭生活陷入困境的职工，从而减轻职工负担，体现"一方有难，八方支援"的互助精神。爱心互助基金目前有4575人，每人每年上缴互助金200元。帮助因地震、火灾、车祸等其他天灾人祸及其直系亲属因突发重大疾病、在职病故、突发意外事件的职员渡过难关。

集团工会与海天慈善基金，每年到贫困山区进行扶贫，2014年到丽水最边远的一所贫困学校——交塘小学进行扶贫慰问，给该校104名学生、12名老师送去了学习用品及慰问金。集团工会每年支出15万元帮助困难职工，安心工作促和谐。

"装备中国，装备世界"，这是海天集团承载着的历史使命，是每个海天人心中的信念之光。不论市场经济的洪流如何跌宕起伏、甚至危机重重，海天人将继续凭借弄潮儿的姿态，以攻克核心技术、推动产业链的全面革新为愿景，以投身复兴路、强国梦的步伐为己任。一万年太久，只争朝夕！

主要创造人：张静章

参与创造人：王金忠

坚持以文化人　汇聚发展内生动力

中国新兴建设开发总公司

中国新兴建设开发总公司（以下简称新兴建设）前身为中国人民解放军总后勤部工程总队，1998年12月与军队脱钩，正式更名为中国新兴建设开发总公司，并入中国新兴集团，成为中央企业。拥有房屋建筑工程施工总承包特级资质，下辖一至十二分公司、建筑设计院、房地产开发、道桥、设备安装、试验检测等门类齐全的专业公司，在上海、天津、重庆、山东、辽宁、河北、广东等地设有分公司。先后荣获"全国文明单位""全国优秀企业（金马奖）""全国最佳施工企业""首都文明单位标兵"等荣誉称号和"全国五一劳动奖状"。

近年来，中国新兴建设开发总公司认真贯彻党的十八大以来有关社会主义先进文化建设和文化强国的重要精神，积极培育和践行社会主义核心价值观，深入构建和完善企业文化理念体系，落实企业文化运行体系，强化企业文化效果考核，在开展企业文化促进全面建设、提升企业核心竞争力方面取得了明显成效。

企业文化建设的实施背景

新兴建设领导班子历来高度重视企业文化建设，始终坚信"昨天的文化是今天的资源，今天的文化是明天的资本"，充分发挥企业文化在促进生产经营中心工作、推动全面建设中的重要作用，使之与时俱进、创新发展成为新兴建设企业文化的显著风格。自2003年启动以"金鼎"命名的企业文化塑造工程以来，在构建企业文化体系基础上，保持了创新、丰富、发展的前进步伐。特别是在2013年建司60周年时，对企业文化进行了新的有效整合，使其形成品牌文化，成为企业的核心竞争力，在推进企业做强、做优、做大的进程中发挥最大作用。

企业文化建设的体系内涵

理念识别规范（MI）。理念识别规范的核心内容是企业核心价值观，其基本架构包括基本信念、行为信念、道德信念、服务信念四部分、共29项内容。其中核心价值观、企业目标、企业愿景、企业精神、经营理念等15个核心理念以及企业标语、对内精神口号、《新兴建设之歌》共同组成新兴建设企业文化的精髓。

行为识别规范（BI）。行为识别规范体现着企业精神理念指导下的企业行为准则，包括员工行为规范、领导人员行为规范和礼仪规范三部分。员工行为规范规定了员工职业行为的基本要求，包括仪容仪表、工作纪律、工作程序、待人接物、环境与安全、素质与修养等；领导行为规范对领导人员的素质要求、工作角色、工作要求进行了明确规定；礼仪规范则对企业公务行为中的基本礼仪，包括公关礼仪、文书礼仪等做出了明确规定。

视觉识别规范（VI）。视觉识别规范是CIS三个组成部分中最外在、最直观的部分，也是具体化、视觉化的传达形式。包括基础部分、办公用品和施工现场用品三部分共40个子项。其中基础部分包括企业名称、司徽、司旗、标准字、标准色、标志组合、标语组合等。

理念识别规范、行为识别规范、视觉识别规范三部分由抽象到具体，共同诠释了CIS，形成企业的无形资产。其中理念识别规范是核心，是企业的大脑和灵魂，行为识别规范是CIS的骨骼和肌肉，视觉识别规范是CIS的外表和形象，三者相辅相成，融会贯通，构成完整的CIS。

企业文化建设的主要做法

强化组织领导，加强制度建设，推动企业文化建设责任落实。为使企业文化真正成为推动企业发展和全面建设的强大动力，新兴建设研究修订了《企业文化建设实施纲要》，明确企业文化建设的总体目标、基本原则、主要原则和实施步骤，要求各级领导把企业文化建设作为一项重要工作纳入议事日程，与生产经营工作同部署、同检查、同考核、同奖励。总公司、公司两级党政主要领导是企业文化建设的倡导者、组织者和带头实践者，履行企业文化建设第一责任人职责；两级党务部门是企业文化建设的职能部门，具体负责企业文化建设的组织实施；各职能部门分工负责，安排专人负责企业文化建设的相关工作，保证各项工作落到实处，切实形成党委统一领导、党政工团齐抓共管、党务部门组织协调、有关部门支持配合的运行机制。

推进企业文化持续深入开展，需要有效的机制制度做保证。为确保工作落实，新兴建设党委将企业文化建设工作作为重要内容纳入党建思想政治工作责任制。在每年年初，由总公司党委书记、总经理与各二级单位签订《党建思想政治工作管理目标责任书》，对各单位当年度企业文化建设规划、总公司企业文化主题培训参与率等内容明确定性和定量要求，规定了量化分值，做到工作有据可依。对企业文化工作开展情况，平时进行抽查，半年交叉检查，年底考核兑现。年度考核结果与领导班子评价、任免和奖惩挂钩，并在年度党建思想政治工作会议上进行公布和讲评，极大地调动了基层开展创建活动的积极性。

明确主题主线，持续开展宣贯，推动企业文化内化于心外化于行。自2004年开始，新兴建设确定每年的五月为企业文化月，坚持每年一个主题，开展企业文化宣贯。近年来，更加注重企业文化体系建设的宣贯执行与创新丰富，更加注重围绕企业生产经营中心工作，将形势任务教育融入企业文化培训内容，特别是在内容和形式上不断推陈出新，进一步发挥了企业文化凝聚共识、鼓舞士气的重要作用，也培育了一批素质过硬的企业文化讲师队伍，不断推动培训工作接力展开。

2012年，新兴建设以"推进文化融合，提升发展质量"为主题，以深入宣贯两级集团企业文化为切入点，探索集团与总公司企业文化的融合，吸收借鉴再创新；2013年，是新兴建设成立六十周年，以"创两百亿产值，迎六十年华诞"为题，见证发展脚步、把握发展机遇、共绘发展蓝图，教育和激励广大职工以创新发展的新成绩向总公司六十华诞献礼；2014年，以"深化改革创新，加快转型升级"为主题，结合当前形势，重点培训"中国梦""企业梦"的科学内涵及实现途径，教育全员树立改革创新精神，践行核心价值观；2015年，以"认识新常态、把握新机遇、实现新发展"为主题，对广大员工进行新常态下形势任务和企业文化教育；2016年，以"提质增效上水平，转型升级促发展"为主题，分析总公司发展面临的外部形势和应对举措，引导广大员工积极投身总公司提质增效、转型升级的生动实践，取得了较好的培训效果。

坚持多措并举，凝聚全员共识，推进文化实践活动持续深入开展。新兴建设全方位、深层次推进企业文化建设，通过一系列有计划、有主题的活动，把文化理念融入生产经营中，体现在员工具体行动中，展现到创新创效中，彰显企业文化引领作用。

强化理念灌输。实施"三盘两册一活动"计划，将三个规范的内容制作成《CIS规范宣传盘》《新兴建设之歌》制作成MTV盘，整个企业文化构建活动制作成DVD盘；编印《CIS规范手册》，收集汇编企业动人故事和典型事例编印成《企业文化案例手册》（一辑至五辑），做到员工人手一份；文化月期间，围绕主题组织企业文化文艺会演，开展文化进工地、进社区，做到墙上有理念，橱窗有图片，集会有司歌，报纸有版面，网站有页面，微信有专栏；使培训经常化，理念案例化，成果系统化，领导示范化，促进企业文化深入人心，实现精神理念的全员认同、自觉统一。

企业文化培训

注重作风养成。把《领导人员行为规范》《员工行为规范》《礼仪规范》等作为行动准则，通过会议宣贯、知识竞赛、专题培训等方式，使广大员工熟悉和掌握规范内容；积极履行社会责任，为失独母亲、地震灾区捐款，完成灾民安置用房建设任务、奥运会交通保障和首都道路桥涵维稳等志愿服务；突出抓好核心价值观践行，大力开展"学雷锋"便民服务和文明单位、文明工地、文明职工创建，在实践中引导员工积极践行核心价值观，被评为首批"首都学雷锋志愿服务站"；评先选优，大力宣扬劳动模范、"三八"红旗手、十佳青年等先进人物事迹，用典型引路；推进人才强企战略，建立人才培养、评价、考核、激励约束机制，实现员工个人价值和企业价值的有机融合，引导员工将企业文化理念转化为自律意识和自觉行为。

融入管理实践。坚持以精神理念为指导，把文化理念融入各项管理制度之中。按照企业核心理念的原则和精细化管理的要求，全面梳理、完善和修订企业规章制度，在坚持制度本身的严肃性和科学性的基础上，加强制度管理与文化管理的融合，进而形成完善的制度文化。按照建设先进企业文化的要求，用先进的企业核心理念指导技术质量、经营核算、文明安全、人力资源以及党建思想政治工作，提高贯彻企业文化的执行力。

加强形象塑造。广泛推广应用企业标识，使文化形象以统一标识的形式在企业内外无处不在；按照相关理念要求，从各个系统、层面塑造企业整体形象，规范人的行为和物的状态，树立员工良好形象；办好报纸、网站和微信等，全面宣传企业全面建设的成果，系统展示良好的企业品牌形象。

深化学习创建。以学习型组织创建为载体，在转变观念、优化管理、提升技能、创新体制、塑造企业文化上见行动。建立完善"专题培训体系、学历教育体系、专业技能培训体系、反思反馈共享体系和读书自学体系"五大教育培训体系，不断增强员工创业意识、创造精神和创新能力；开展合理化建议活动，加强企业管理人员与普通员工的交流沟通；开展技能比武、劳动竞赛等活动，形成在工作、学习、实践中创造的浓厚氛围。

企业文化建设的实施效果

通过深入持久地宣贯企业文化，职工队伍的整体素质和文化素养不断增强，企业的品牌形象和综合实力全面提升，文化软实力在企业核心竞争力中表现出了强大优势和巨大潜能。企业文化已经成为完成生产经营任务的强劲内生动力，（在员工身上焕发了巨大的创造力。）尽管建筑市场竞争激烈，拖欠款严重，但新兴建设不断创新企业发展模式，提升企业发展质量，呈现出跨越式发展的良好势头。

以文化化人，制胜未来。新兴建设致力于用优秀文化统一员工思想，汇聚内生动力，让新兴建设这艘以优秀企业文化为强大引擎的航船，在市场经济的海洋中，乘风破浪，驶向远方。

主要创造人：马健峰

参与创造人：沙吉培　李荣军

丰富企业文化管理内涵　服务油田持续健康发展

中国石油化工股份有限公司中原油田分公司

中国石油化工股份有限公司中原油田分公司(以下简称中原油田)隶属中国石油化工集团公司，1975年发现，1979年投入开发，2011年跨入千万吨级油气田行列，截至2016年年底，累计生产原油1.41亿吨、天然气869.68亿立方米，缴纳税费940.7亿元，现有用工总量3.33万人。先后荣获"全国五一劳动奖状""全国模范劳动关系和谐企业""国家守合同重信用企业"等多项荣誉，2005年以来连续四届被评为"全国文明单位"。

"十三五"时期，石化行业处于转型升级、爬坡过坎的关键时期。面对经济发展新常态、低油价、寒冬期的挑战，中原油田紧密围绕转方式调结构、提质增效升级中心工作，与时俱进丰富企业文化管理的内涵，积极推动社会主义核心价值观落细落实，加强石油石化优良传统教育，弘扬以"苦干实干、三老四严"为核心的石油精神，将企业文化紧密融入生产经营和企业管理，做到文化铸魂、文化育人、文化塑形。油田干部员工的观念和行为受到日积月累、潜移默化的影响，持续展现出乐观向上、开拓进取的新风貌，形成了奋发有为、共谋发展的强大合力，为推动千万吨级油气田持续健康发展提供了强大的文化支撑。

推动社会主义核心价值观落地生根

宣贯价值观入脑入心。思想是行动的先导，价值观是文化的核心。从推动社会主义核心价值观入脑入心着手，将价值观宣传教育纳入各级中心组理论学习和员工业务培训，充分发挥报纸、电视、网络、新媒体等阵地作用，阐释价值观的深刻内涵，设置"我们的价值观"公益广告，实现了公园、广场、街道、社区全覆盖，营造了浓厚氛围。开展"践行价值观"微电影征集，吸引员工亲身参与设计、导演10多部优秀作品，生动形象地诠释核心价值观。油田员工创作两首社会主义核心价值观歌曲，在油田和濮阳市广泛传唱，受到各界好评。油田被中宣部确定为全国"践行社会主义核心价值观百家经验谈"重点宣传单位，《人民日报》中央电视台等中央媒体进行了报道。

实施全员敬业行动。将弘扬石油精神与生产运行、岗位建功等紧密结合，印发《全员敬业行动实施方案》，结合采油管理区数字化改造、外闯市场需要成立新机构等实际，制定《岗位说明书》2398份，印发敬业承诺书，实现员工人人签订、个个承诺。分板块、分行业组织开展创新创效竞赛，在油田机关开展"强素质、转作风"活动，在油气开发、油气服务板块开展"赛技能、比贡献"活动，在公共服务板块开展"优质服务进万家"活动，引导全员立足本职、敬业进取、争创一流，涌现出一批中国石化红旗采油（气）厂、五星级站（库）、金牌队（站），创国内、国外钻井纪录16项。油田在河南省濮阳市承办的全国全民敬业行动工作经验交流会上做了典型发言。

探索建立考评机制。将宏观抽象的价值准则细化为明确具体的行为规范，通过定期考核、严格兑现，推动践行价值观落到实处。印发了《践行价值观考核工作的实施意见（试行）》，将"爱国、敬业、诚信、友善"转化为"严格遵守劳动纪律""坚持'三老四严'""遵守社会公德"等29条要求。建立百分制考核制度，把重点考核内容分解为35个扣分项和14个加分项，使考核便于操作、易于执行。明确各单位党委、党支部负责本单位员工的考核实施工作，实行月度考评、季度通报、年度总评，一级抓一级，层层抓落实。论文《员工践行价值观考核工作的探索和研究》获得央企党建思想政治工作优秀研究成果一等奖。油田成功承办了中央企业社会主义核心价值观建设交流会，并介绍了经验做法。

继承石油石化优秀文化基因

开展优良传统教育。坚持通过各种形式，回顾油田发展建设的艰难历程和辉煌成就，增强员工的荣誉感、使命感和责任感。以"弘扬传统、鼓劲加油"为主题，开展一系列教育活动，组织文艺工作者编演大型史诗歌舞《中原颂》，组织拍摄电视专题片《辉煌的历程》，引起基层员工的强烈共鸣。开展"中原人·石油梦"文艺作品征集和"影像中原·魅力油田"摄影比赛活动，收集文学、书法、美术及摄影作品累计2600余篇（幅）。编发《社会责任报告》，阐释油田积极履责、敢于担当，促进生产与生态和谐共处、企业和地方互促共进、企业与员工共同发展的生动实践，激活干部员工打赢"转方式调结构、提质增效升级"攻坚战的信心和动能。

举办"明德讲堂"活动

加强文化理念宣贯。注重完善企业文化体系建设，强化上层设计落地、中层理念支撑。加强《中国石油化工集团公司企业文化建设纲要》宣传，开设企业文化建设专题讲座，举办党政干部、宣传科长、骨干通信员培训班，集中学习文化理念释义，提高认知度和认同感。组织开展深入研讨，引导参培学员到样板队（站）实地观摩，加深思想认识，增强贯彻上层设计的执行力。结合油田实际，完善企业文化理念体系，以"创业创新创效、建设和谐油田"为企业精神，"立足中原、走出中原、发展中原"为发展战略，引导全员闯市场、外部增收益，为油田"赢战寒冬"提供爬坡过坎、攻坚克难的精神指引。组织油城广场文化活动，开展"踏着铁人脚步走""心中有条石油河"等专题广场文化演出、电影晚会、艺术展等活动600余场次，激发干部员工对美好生活的向往。

丰富基层特色文化。基层是文化的源头活水。油田坚持以上层文化理念为统领，结合基层实际，指导提炼具有自身特色的文化理念，普光分公司提炼了"责任聚变能量，创新成就梦想""严细准确，争创一流"等理念，保持国际一流高含油气田开发水平。内蒙古探区培育了"承载油田发展未来""建成管理一流、合作高效、内外满意的油田主力油气生产基地"等愿景，打造了油田后备资源接替阵地。各油气生产单位培育"像对待工艺品一样管好设备，像对待孩子一样管好油水井，像对待家庭一样管好计量站"的井站文化理念，激发了全员干事创业的主动性。石油工程单位深化"班校家"文化建设，为"建设世界一流能源化工公司"夯实技术服务根基，被誉为勇闯国际市场的"旗帜"和"标杆"。《工人日报》以"'班校家'激活内动力"为题做了专题报道。

紧密融入生产经营和企业管理

深化安全文化建设。着力提升企业文化与安全生产的融合度，发挥安全文化导向作用，把安全管理落实到生产运行、操作执行的每个环节。提炼"为生命安全和家庭幸福而工作""敬畏责任、从心开始、仰视生命"等安全理念，开展安全文化进班子、进机关、进基层、进班组、进社区、进家庭"六进"活动，营造人人重视安全、人人参与安全的文化氛围。梳理"理念、行为、物态与管理"四类23项内容，将安全警示、安全防范、安全操作、隐患治理、安全督查、安全奖惩等内容程序化、标准化、系统化，成为新的安全管理指南。油田连续7年无安全生产责任事故，荣获全国"安康"杯竞赛优胜单位称号，在河南省"安康杯"竞赛活动总结表彰暨经验交流会上作典型发言。

深化法治文化建设。以打造法治油田为目标，大力开展群众性法治文化活动，提高全员法治素养，引导干部职工尊崇法治、自觉用法。充分发挥党员干部示范带动作用，组织撰写领导干部学法用法文章，提高"依法、合规、公平、诚信"法治文化理念的影响力。开展法治文化宣传教育，组织法治油田建设科级干部集中轮训，举办9期法治文化专题培训，参培人数2000余人，强化了法治精神和依法治企思维。不断深化法律进班子、进机关、进基层、进社区、进家庭、进学校、进项目"七进"活动，扎实推进各项管理工作步入法治化、规范化轨道。油田荣获中央企业"六五"普法先进单位，在中国石油化工集团公司法律工作总结会上介绍了经验。

深化廉洁文化建设。把廉洁文化建设作为党风建设和反腐倡廉工作的基础工程，在油田范围内分片区开展"算账式"警示教育活动。通过剖析典型案例、填写算账对比表等多种方式，引导算好人生政治、名誉、经济、家庭、亲情、自由、健康"七笔账"，明确纪律底线，明辨是非得失，自觉做到遵纪守法、廉洁从业，筑起远离腐败的"防火墙"。发挥传统媒体作用，开设"廉洁风险防控系列谈"，录播"廉洁文化大家谈"等节目共45期，提升干部员工的纪律意识和法制观念。扎实推进廉洁风险防控，梳理职权流程，排查问题易发"风险点"，绘制防控流程图，完善风险防控制度体系，及时预警处置，狠抓责任落实。油田在中国石油化工集团公司廉洁风险防控工作研讨会进行经验交流。

选树先进典型发挥示范带头作用

典型选树常态化。 坚持把选树先进典型作为加强企业文化建设的重要方法，定期开展油田劳动模范、职业道德"双十佳"、感动油田人物等评选活动，深入挖掘职工群众身边的敬业奉献、诚实守信、孝老爱亲等方面的典型人物。"中华技能大奖"获得者卢建强、"海外市场领军人物"宋保健、"廉洁从业敢于担当优秀领导人员"曹英斌、"闯市场、增效益、促发展"先进个人王建翔、"不离不弃守护重病妻子"的巡线工李运法等一批先进典型脱颖而出，形成强大的正能量群体，在油田内外引起强烈反响。油田共12人入围"中国好人榜"，3人入选"中国好人"。近5年来，有140余人荣获国家级、省部级奖励，被中国石化领导誉为群星璀璨、英雄辈出的"中原现象"。

典型宣传多样化。 充分利用新闻传播平台和典型事迹报告会、故事会、演讲赛等方式，多渠道、多载体展示先进典型的感人事迹和可贵精神，引导人人争一流、比学赶帮超。开设"十大杰出劳模""寻找最美敬业人""中原石油人风采"等专栏，广泛宣传爱岗敬业先进典型的感人事迹。举办"劳模论坛"演讲190余场，组织劳动模范与基层员工面对面交流，讲故事、谈感受，受众达7万人次。发挥劳模的传帮带作用，支持他们冠名成立工作室126个，带领员工围绕生产技术"瓶颈"开展攻关，完成790项，解决生产技术难题3000多个。油田荣获"全国能源化学系统示范性劳模创新工作室"称号。

典型效应群体化。 一花独放不是春，万紫千红春满园。油田员工宋丽萍先后获得全国百名优秀志愿者、第四届全国道德模范提名奖、全国岗位学雷锋十大"最美人物"等荣誉。为确保点燃一盏灯、照亮一大片，油田支持她成立"宋丽萍爱心志愿服务队"，带动更多的职工群众参与公益事业，成为传递文明的使者。该志愿服务队定期开展志愿服务、扶困救弱等活动，被评为"中央企业优秀志愿服务团队"。在爱心志愿服务队的感召下，油田职工群众自发成立"烛光心理辅导服务队""三月爱心社"等多个爱心团体，参与人数达4 000多人，形成了全民共建美好家园的生动局面。油田先后有22人被评为"河南省学雷锋先进个人"，油田志愿服务总队被评为省志愿服务工作先进单位。

主要创造人：冷　潜　王寿平
参与创造人：丁学成　韦红庆　王燕丽　程淑景

"工匠精神"丰富"西部铁军"文化内涵

中国十九冶集团有限公司

中国十九冶集团有限公司（以下简称中国十九冶）成立于1966年，是中国唯一独立连续承担过从矿山开采到型、板材冶金全流程施工的大型综合建筑企业，是中国冶金科工股份有限公司全资子公司。具有冶金、建筑工程施工总承包特级资质。在高炉施工、房建、市政、交通等多个领域独具优势，拓展了能源、化工、建材、电力、水利、有色等行业，业务遍及国内30个省市自治区和海外20余个国家和地区，创造了数百项国家、省（部）级优质工程奖，先后获得"全国优秀施工企业""全国模范劳动关系和谐企业""全国用户满意企业""国家技能人才培育突出贡献单位"等殊荣，连续11年获评"工程建设社会信用AAA级企业"。

"西部铁军"——中国十九冶，诞生于20世纪"大三线"建设时期，是为响应党中央号召而组建的一支冶建大军。半个世纪以来，这支特别能战斗的队伍为祖国钢铁事业和国家现代化建设建立了不朽的功勋。从"不穿军装的解放军"，到"冶建脊梁"，再到享誉大江南北的"西部铁军"，其中既涌现了"八闯将""六金花"等先进模范人物，又有"全国劳动模范""中华技能大奖"获得者，还有在世界赛场上为国争光的技能人才明星，这支队伍始终传承和发扬着"艰苦奋斗，追求卓越"的铁军精神，以敢攀高峰的勇气、雷厉风行的作风、千锤百炼的底蕴、精益求精的品质、为国争光的责任，彰显出具有鲜明时代特征的"工匠精神"，形成了"尊重实干创造、崇尚精益求精"的文化氛围，为"双核"驱动的"西部铁军"文化——品牌建设管理模式注入了全新的内涵。

锻造优秀文化，重塑"西部铁军"队伍魂魄

50年创业历程凝练独具特色的企业文化。中国十九冶的创业历史承载了"三线建设"的国家使命，几代人用青春、热血，甚至生命炼铸了以自我牺牲为核心、以艰苦创业为内容、以自力更生为基础，以开拓创新为支柱的企业文化基因。这些文化基因是攀枝花精神的主要组成部分，由此形成的"艰苦创业、勇于创新、团结协作"的"三线精神"，成为中国社会主义核心价值观的重要来源。中国十九冶的企业文化资源就其存在形式而言，最初处于一种"自在"的状态，随后其潜在价值渐渐从自发的意识演进为自觉的行为，通过"自在"与"自为"的互动，文化建设和品牌建设协同发展，双核并驱，不断地从社会主义核心价值体系中吸取养分，进而形成了独具特色的被专家称为"双核驱动"的"西部铁军"文化——品牌建设管理模式。

企业文化对铁军队伍的"文化反哺"。毋庸置疑，"西部铁军"是中国十九冶企业文化的创造者，是铁军文化从"自在"到"自为"的"发掘者"。在此基础上，企业文化不断完善、持续

创新，依托先进的理念，对"西部铁军"进行文化"反哺"，使其重塑魂魄，打造出富有"西部铁军"文化特质、与时俱进的铁军队伍：西部地区建设行业的精英之师；忠诚贯彻党和国家方针政策的忠义之师；作风过硬，诚实守信，在任何条件下都能生存发展的威武之师；永远以国家利益和民族利益为最大利益，提升行业发展水平，强壮国家竞争力，不断拼搏的责任之师；以人为本，和谐为重，高知名度、高认可度、高信誉度的文明之师。

"工匠精神"是承载铁军队伍向品牌队伍过渡的桥梁。精益求精、追求完美的"工匠精神"，与以"艰苦奋斗、追求卓越"精神为核心的"西部铁军"文化相得益彰，融会贯通。作为建筑企业，追求精工品质是不二法则，而以技能人才为代表打造"大国工匠"，是中国十九冶形成品牌队伍的一项重要举措。近年来，中国十九冶以助力国家实现制造强国目标培养更多的"大国工匠"为契机，将"工匠精神"融入企业愿景、企业宗旨、管理理念、人才理念和质量理念等企业文化核心理念中，使"西部铁军"文化既有厚重的三线企业历史底蕴，又有鲜明的现代创新特色；使"西部铁军"队伍不仅塑造了符合社会主义核心价值体系的行为模式，而且更加注重实干与创新，实现了企业文化的有效落地，有力地维护了品牌形象。

"西部铁军"品牌建设研讨会

培育大国工匠，引领"西部铁军"队伍建设

实施人才战略，健全人才培养组织体系。近几年，中国十九冶全面实施"人才强企"战略，制定了人力资源发展规划目标、中长期人才发展规划纲要等，按照"以技能人才队伍建设为突破口，着力推进专业技术和经营管理人才队伍建设，促进企业快速发展"的工作思路，推动技能人才培养"三步走"。第一步，通过建立完善的培养体系，高效培育素质过硬的技术工人群体，夯实技能人才队伍建设基础；第二步，通过建立科学的评价机制，拓宽成长通道，让更多高技能人才在技术工人群体中脱颖而出；第三步，通过健全、创新保障措施与激励措施，促进高技能人才

深挖潜能，实现自我超越，并最终成为行业的专家和领军人物。在"人才强企"战略引领下，中国十九冶技能人才群星闪耀。迄今为止，拥有"中华技能大奖"获得者1人，享受国务院政府特殊津贴4人，全国及省级五一劳动奖章获得者4人，全国技术能手17人，省部级技术能手、技能专家80余人。在1700余名技能工人中，高技能人才比例达83.7%。

搭建成长平台，夯实技能人才成长基础。一是"校企融合"，增开技能人才之源。攀枝花技师学院是中国十九冶创办的人才输送基地，通过加强企业与学校的融合度，培养符合企业和社会发展需求的"订单式"技术工人。据统计，攀枝花技师学院已为中国十九冶输送包括曾正超、王晨宇、杨金发等国内外大赛冠军在内的1200余名优秀技能人才，为社会培养输送10491名优秀技能工人，先后对企业自有技工、社会技工群体约12500余人次开展职业技能鉴定。二是巩固"师带徒"技能培养法。通过结对子、拜师傅、"传帮带"等形式，在高技能人才（技能专家）与年轻技术工人之间形成一种纽带，使"绝招""绝活"无缝传承。金牌教练周树春和他的10多名冠军徒弟就是这样的典型。三是建立"请进来、走出去"综合培养法。以企业技术工人为培养主体，通过讲座、培训、专家交流、选派专业人员到国外考察取经等多种途径引进最新技能技艺。四是加强班组建设。近几年，中国十九冶对300多个班组的电焊工、电气设备调试工、砌筑工班组长开展了各类培训，培养专一门技术、懂多门技能的新型产业工人。五是以战代练，成立专业突击队，以优秀高技能人才、技能专家为主体，通过国内外重点工程的磨炼，培养攻克"急、难、险、重"任务的技术力量。

打造技能工匠集群，"大国工匠"脱颖而出。2005年至今，中国十九冶参加国内外各层级大赛31场，五人获团体第一名，3500多人次经过大赛得到锻炼，180余名高技能人才获个人奖励，成为企业优秀技能人才的模范代表。此外，在焊工、电调工等4个主要技术工种建设了国家级、省（自治区）级、市级共计10个技能大师工作室。其中，"周树春焊接技能大师工作室""刘建川工程电气设备安装调试工技能大师工作室"为国家级技能大师工作室，中国十九冶由此成为四川省三家"双国级"技能大师工作室单位之一，也是中冶集团唯——家拥有"双国级"技能大师工作室的子企业；"全国技术能手"王晨宇21岁便成为国内最年轻的省级技能大师工作室领办人。目前，中国十九冶逐渐形成在焊接领域有周树春、曾正超等，在建筑金属加工领域有刘定律、庄学宇等，在电气设备安装调试领域有刘建川等，在起重领域有刘攀等多工种多层级技能工匠集群，"大国工匠"层出不穷，技能人才高地优势明显。

担当时代使命，厚植"工匠精神"文化土壤

大力宣贯核心价值观，引导员工以"技能成才、技能报国"为己任。持续开展社会主义核心价值观教育，在员工中倡导"技能成才、技能强国、技能报国"精神，担当起"中国制造"向"中国智造"转变的时代使命。曾正超、杨金发包揽新西兰大洋洲技能挑战赛焊接项目金、银牌，曾加彩、舒品吉包揽建筑金属构造项目金、银牌；宁显海、付磊包揽美国焊接国际技能比赛金、银牌；连续四届代表中国参加世界技能大赛，为国家培养输送焊接、建筑金属构造两个项目国家队队员13名，教练组长2名，助力中国队获得1金1银（中国参加该项赛事的"首金"和"首银"）和2个优胜奖，向世界展示了中国"大国工匠"的风采。

追求精益求精，以一项项优质精品工程诠释"工匠精神"内涵。紧急支援中国妥乐东盟十国产能峰会会议中心工程、为首届军民融合职业技能竞赛解决技术难题……技能人才杠杆持续发力，一支技术精湛、技能高超的专业队伍常年活跃在一线。在孟加拉国AKG集团145万吨电炉炼钢工程，"周树春焊接工程突击队"突破诸多焊接难题，填补了中国企业在铝管、碳钢管、不锈钢管焊接国际资质证书方面的空白；在越南台塑钢铁项目，突击队焊接的25600条焊缝上只检查出了"6个焊接漏点"，合格率达到99.9%，创造了冶金建设的奇迹。

其发挥了"大国工匠"示范和榜样作用，建设高素质"西部铁军"品牌队伍。王晨宇当选广西青年联合会副主席、曾正超当选共青团四川省委委员、杨金发被评为"感动西昌人物"……在一批批"大国工匠"的带动下，铁军队伍素质能力、精神风貌、工作作风显著提升，无论是管理人员还是技术人员，再或者是技能工人，都恪守职责，立足岗位，不断追求进步、创新。从一枚螺钉到一条焊缝，从一个高技术含量的项目到一个零星工程，每一名铁军将士无不精益求精，用自己的实际行动诠释"匠人精神"，大批优秀人才脱颖而出，成为企业倚重、社会认可的高端人才。近年来，中国十九冶博士、硕士团队呈几何级数增长，100多名各专业精英型成熟领军人才成为推动企业发展的中坚力量。专业技术人才占在册职工人数的比例增加到55.1%，"享受政府特殊津贴专家""四川省突出贡献专家""攀枝花市学术技术带头人""攀枝花市突出贡献专家"等各类专家由70人增加到156人。

增强"大国工匠"的归属感和认同感，大力营造"尊重实干创造、崇尚精益求精"的文化氛围。一是以多种潜移默化的形式，如制定"西部铁军十大军规""三严三实"专题教育等，向员工灌输"艰苦奋斗、追求卓越"的铁军精神，用优秀的企业文化不断修正广大技能人才的价值观、人生观与事业观；二是大力宣传优秀高技能人才的典型事迹和感人故事，在国家级媒体推广人才培养的成功经验，营造重视人才、珍惜人才的良好环境；三是进一步拓宽技能人才的晋升通道，积极探索高级技师（技师）与高级工程师（工程师）"双师"融通人才培养模式，帮助技能人才提高理论水平和文化素养。四是加强"产学研"合作，统筹推进"有技术、懂管理、善经营"的复合型人才，提升团队素质；五是坚持"企业树人、人才兴企"的人才理念，积极推荐优秀人才参与劳动模范、政府特殊津贴等荣誉的评选，量身定制"首席技师""西部铁军突出贡献奖"等荣誉，使广大员工体会到企业无微不至的关怀。

主要创造人：谢维贵

参与创造人：周　萍　罗志贵

实施战略导向型"大树文化"体系建设方法
不断提升企业核心竞争力

中国电子科技集团公司第三十八研究所

中国电子科技集团公司第三十八研究所（以下简称38所），是中国电子科技集团公司下属二级成员单位，1965年建于贵州都匀，1988年年底整体迁建安徽合肥，现有员工7000人，平均年龄34岁，是国家一类骨干研究所。建所50多年来，共先后取得1500多项科研成果，其中国家级、省部级科技进步奖100多项，多项成果填补国内空白、居于国际领先地位，先后培养了以王小谟院士、吴曼青院士为代表的一大批国防科技工作者。拥有安徽四创电子股份有限公司等7家子公司。先后蝉联四届"全国文明单位"，荣获"全国先进基层党组织""全国精神文明建设工作先进单位""中央企业先进基层党组织"、连续9届"安徽省文明单位"等荣誉。

国务院国资委在"十二五"初期提出，世界一流企业应当具备13项要素，其中，明确提出要具有先进独特的企业文化、要建设具有中国特色和本企业特色的企业文化。根据中国电科党组战略部署要求，38所在中长期规划中，明确提出了建成世界一流科研院所的战略目标，并将企业文化建设作为重要指标。在落实完成该目标的过程中，逐步培育形成了战略导向型的"大树文化"体系建设方法。

战略导向型"大树文化"建设的内涵

战略导向型的"大树文化"体系建设方法可以总体概括为：瞄准企业总体战略目标落地，通过实施"大树文化"体系方法，对企业文化进行"选苗""耕耘""植树""浇灌""培育""成长"和"修剪"的系统规划和全过程管理，一方面通过实施管理提升活动，实现企业行为规范再造；另一方面通过实施员工行为规范的标准化，为战略落地提供强大的能力支撑和精神动力。

以战略导向为企业文化培育和根植方向。文化建设高于战略建议又服务于战略落地。38所在文化建设的过程中，始终坚持战略导向，以中国电科总体战略和38所的战略思路为引导，对接中国电科"引领电子科技，构建国家经络，铸就安全基石，创造智慧时代"企业使命和"成为电子信息领域具有全球影响力的科技型企业集团"企业愿景，将企业战略的落实细化到一个又一个文化要素根植和培育上。

精心培育和种植"企业文化树"。38所"企业文化树"，又称为"大树文化"体系，在"大树文化"方法体系中，将建设企业文化比作培育一棵树，把各种元素全部归入"企业文化树"之中，经历从开垦土壤、树木成长到开花结果的过程。在38所大树文化体系中：

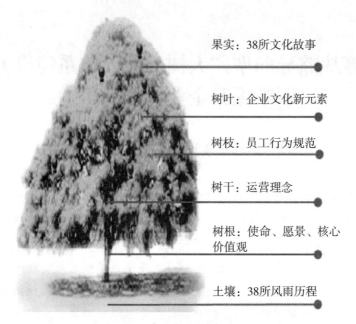

果实：38所文化故事

树叶：企业文化新元素

树枝：员工行为规范

树干：运营理念

树根：使命、愿景、核心价值观

土壤：38所风雨历程

图1　38所大树文化体系

土壤代表38所50多年来走过的创新创业风雨历程。

树根是38所对接的中国电科企业使命、愿景和核心价值观。

树干为38所的运营理念。 38所提倡员工"勤于探索、勇于创新、敢于竞争、乐于奉献"，鼓励和要求员工"共同参与、共同思考、共同成就、共同分享"，要求员工树立"危机意识、责任意识、健康意识、感恩意识"，继续保持"开放的心态、谦虚的心态、学习的心态、包容的心态"，善于做到"多一点发现、多一点思考、多一点创新、多一点行动"。

树枝是38所员工的行为规范。 包括已有的规章制度、需要根据新的形势和任务重新修订的规章制度及新建的各项规章制度。员工行为规范是38所全面依法治所、依章治所的依据。

树叶是38所企业文化建设的新元素。 代表了企业文化建设面临的新形势、新任务和新需求，树叶根据企业科研生产需要，源源不断生长出衬托果实的企业文化新元素，如管理元素、科技创新元素、制造能力提升元素、质量改进元素等。

果实是38所一个又一个企业文化故事。 企业文化果实生长并收获于38所科研生产过程中。

重视建立战略导向型的"企业文化树"的成长和自我更新机制。38所"企业文化树"是一个完整的生态系统，培育、种植及自我更新企业文化这棵大树，需要经历"选苗""耕耘""植树""浇灌""培育""成长"和"修剪"的过程，才能确保38所企业文化越积越厚，不断实现自我更新和完善。

选苗中的沟通互动： 规划企业文化时，深入企业内部，了解员工认识，分析战略目标和中国电科企业使命、愿景和核心价值观，结合行业标杆文化，初步提出企业文化架构。

耕耘中的文化设计： 结合员工认知与企业发展战略，设计一整套适合自己的企业文化体系（形象、理念、企业定位、发展目标、文化基因等）。

植树中的调整确认： 提交企业领导、管理层及员工代表讨论，对初稿进行适当调整，得到大部分员工认可。

浇灌中的宣传培训：不断丰富企业文化内涵，多方面进行宣传，并在一定范围内进行必要的培训，促使在整个企业内形成成型文化理念。

培育中的建设维护：利用多种形式，如VI、文化宣传品、刊物等，将内在文化表于形式；以致通俗易懂、易于接受、便于宣传。

成长中的不断评估：针对企业文化工作，从认知程度、宣传效果、企业文化成果分析等方面进行企业文化工作评估。

修剪中的不断塑形：对"企业文化树"长出的"分支"和"树叶"进行及时修剪，剪掉一些不符合38所企业文化建设目标的"树枝"和"树叶"，确保剩下的树枝长出的果实更大、更甜，获得丰收。

战略导向型"大树文化"建设的主要做法

通过"战略牵引—管理提升—文化形成"三轮驱动，培育"大树文化"土壤养分。紧扣38所中长期发展战略，在企业文化树种植中，结合发展目标及年度业务中心工作，重点聚焦执行层对具体战略的执行，在人物引领、创新引领、产业化、国际化上分别实施了系列管理提升活动。如在落实人物引领战略方面，38所实施了个人绩效管理、项目绩效管理、人才盘点、职业层级设计、领导力提升、五元薪酬改革等人力资源管理提升活动。在落实创新引领方面，先后实施了标志性技术、标志性产品赶超工程，在数字阵列技术应用上，取得了一系列突破，形成了空警500预警机雷达、JY26等一大批先进装备产品。2011年以来，38所通过每年提出一个管理主题年、一年推进一项管理创新理念，以5年为一个闭环，螺旋式上升推进管理创新。通过年度管理提升，形成了一个又一个企业文化故事，实现了38所企业文化树的从小到大和逐渐枝叶繁茂，收获了一个又一个38所企业文化果实。

通过建设和践行企业和员工行为规范，在员工行为和企业生产经营中，繁茂"大树文化"枝叶。在企业行为规范建设上，38所主动对接中国电科核心理念、经营文化纲要、员工行为规范、品牌体系建设、视觉识别系统等五大工程要求，除了积极做好中国电科企业文化五大工程在38所落地之外，38所还结合自身中长期企业发展战略，树立了"鼎天下，成国器"企业定位、"服务国防安全与公共安全，成为军事电子王牌军和国际高端电子防务装备供应商"企业目标、"国字当头、创字为先、改字开路"文化基因等38所独有的文化理念要素。在规范员工自觉履行企业行为规范上，积极宣传和调动员工践行中国电科核心价值观，如在共和国预警机事业遇到无法解决载机平台过小问题时，38所人主动承担研制和批产新一代数字阵列机载雷达任务，空警500预警机雷达研制成功，实现了人民军队预警机小平台大预警功能，在预警机雷达的研制上体现了38所人的责任、创新、卓越、共享的理念。

通过及时的宣传引导，在文化传播中不断输出"大树文化"果实。每年七一建军节前后，38所均在所内开展先进党支部、十佳党员、优秀党员示范团队、优秀党员示范岗、优秀员工示范团队、优秀员工示范岗的申报评选活动，在"七一"表彰大会上，每年表彰5个先进党支部、十佳党员、10个优秀党员示范团队、10个优秀党员示范岗、10个优秀员工示范团队、10个优秀员工示范岗。每年年底，通过投票评选出38所十大新闻事件和38所感动人物、杰出员工、先进员工等各项荣誉，并在年底总结大会上统一表彰。在"七一"和年底表彰以后，针对各类先进典型获得者，通过38所"两网（内部局域网、外部企业门户网）""一报（《38所通讯》）""一刊（管理内刊《携手》）""一书（企业文化系列丛书）""一屏（覆盖园区的实时更新电子屏媒）""一窗（覆盖生活小区的宣传橱窗）""一公众号（电科博微微信公众号）""电梯墙"（电梯内部墙体宣传海报）等传播平台，不断对外输出传播38所企业文化果实和一个又一个生动的企业文化故事。

战略导向型"大树文化"实施效果

实现了中国电科企业文化的推广落地和38所文化基因的强化。近年来，中国电科构建了统一的企业文化体系，并在各成员单位推广落地。38所在战略导向型"大树文化"培育和塑造过程中，完成了中国电科企业文化各项工作任务和要求，在38所推广落地。在对接中国电科"引领电子科技，构建国家经络，铸就安全基石，创造智慧时代"的企业使命、"成为电子信息领域具有全球影响力的科技型企业集团"的企业愿景、"责任、创新、卓越、共享"核心价值观中，进一步强化了38所"国字当头、创字为先、改字开路"的文化基因。

图2　企业文化建设工作推进会

有效促推了38所改革发展取得新突破。38所实施战略导向型"大树文化"体系建设，坚持将企业文化建设的最终成果，体现在38所企业精神的塑造和中心工作的推动和落实上。比如，在打造38所"两学一做"学习教育品牌，引导干部职工做"合格党员""合格员工"方面，从38所年度工作计划和中长期发展战略出发，实施了在"责任落实、市场争取、难点攻关、业务开拓、提质增效"五大工程完成中，做合格党员合格员工，有效促推了38所改革发展，2016~2017年，连续两年实现百亿经营目标，为中国电科进入世界500强做出了贡献。

得到了内外部认同，塑造了良好的企业形象。38所企业文化建设的方法和路径，在所内外得到了认同，"大树文化体系""管理主题年""年度十大""国字当头、创字为先、改字开路"文化基因等已固化到38所企业文化内核中，员工能够熟记并主动积极参与企业文化塑造实践中。38所员工投身国防事业，如在博鳌亚洲论坛、"9·3阅兵"等盛会安保任务、阅兵参演上和多次作战部队演习中，38所员工主动承担大量高强度出差保障任务，圆满完成各项工作任务，38所员工的敬业度和展现出的整体精神风貌，多次受到了部队首长的赞同。近年来，38所浮空器、太赫兹安检仪等核心产品多次在中央电视台的新闻联播、走近科学等栏目中专题亮相。38所空警500预警机、反隐身雷达、系留气球、平台载荷一体化无人机等核心产品登陆珠海航展，向国内外传播了中国电科的影响力，有效增强了38所企业文化软实力。在38所人的努力下，近年来38所蝉联了四届"全国文明单位"、国家科技进步二等奖、全国工人先锋号、高技术武器装备发展建设工程重大贡献奖、国家引进国外智力示范单位等多项荣誉，有效塑造了良好的企业形象。

主要创造人：陈信平　陈学军

参与创造人：孟月民　涂　昀　王　旭　骆　勇

文化润企助推企业健康持续快速发展

山东科达集团有限公司

山东科达集团有限公司（以下简称科达集团）成立于1984年，以山东科达集团有限公司为主体，拥有42家成员企业，形成了基础设施、金融服务、互联网、高新技术四大产业板块，在北京、上海、深圳、中国香港地区、阿联酋迪拜等地设有下属机构，在全国12个省市设有工程项目部。主要从事基础设施投资，房地产开发，功率半导体器件和生物技术产品的研发生产，进出口贸易，金融服务及互联网等业务。2006年以来，获国家专利51项，主编国家行业标准1项，获国家级工法3项，获省部级工法48项。2016年，连续11年入选中国企业500强、中国民营企业500强、中国建筑业企业500强、中国企业信息化500强。先后荣获"全国五一劳动奖状""中国建筑工程鲁班奖（国家优质工程）""全国守合同重信用企业"等多项国家级荣誉。

科达集团实施"一基、一金、一互联"的发展战略，履行"筑就文明、奉献社会"的企业使命，发扬"艰苦奋斗、无私奉献、敬业报国、追求卓越"的企业精神，践行"视企业为生命、建绿色润人民"的核心价值观，以一流的管理、一流的质量、一流的信誉，创造一流的业绩，回报股东、回报社会。科达集团从实际出发，积极贯彻社会主义文化强国建设的战略目标，将企业发展与文化建设相结合，坚持以人为本的发展理念，落地文化强企战略，将企业发展与企业文化精神建设相融合，构建积极、团结、奋进的科达集团。

科达集团的文化体系

企业品牌层面。

第一，通过企业发展内强实力。科达集团立足六大产业、42家成员企业，是基础设施行业综合实力最强、规模最大的民营企业，通过转型升级力争打造成为国内知名的城市建设运营商。进军战略性新兴产业，投资47亿元收购8家互联网公司，目前是主板上市的唯一一家互联网营销公司，力争建成国内领先的数据服务公司。

第二，丰富宣传手段外树形象。一是充分利用媒体资源，以新闻报道、专题片等形式通过中央电视台、山东省电视台、东营市电视台、各大报纸刊物等宣传公司品牌。二是组织参与行业交流会，利用集团成立30周年契机，举办企业发展研讨会；抢抓综合管廊建设机遇，举办山东省地下综合管廊建设座谈会；不断扩大企业知名度，参加山东省城市建设博览会。三是加强荣誉申报工作，通过争取荣誉，增强创品牌的意识和积极性，更好地发挥品牌优势。

企业形象层面。科达集团的形象文化战略，通过理念识别、行为识别、视觉识别进行深化实践，具有独特性、鲜明性，在员工内具备认知力和认同力。

第一，建立MI（理念识别）系统。经过不断积累与沉淀，科达集团提炼出了符合本企业实际的文化理念，并在实际工作中不断加以贯彻与强化。集团的企业使命是"筑就文明、奉献社会"，企业愿景是"做行业先锋、建百年科达"，核心价值观是"视企业为生命、建绿色润人民"，企业精神是"艰苦奋斗、无私奉献、敬业报国、追求卓越"，人才理念是"海纳百川、人尽其才"。通过多年的运行，该理念获得了全体员工的认可，对规范行为、统一思想，具有积极的推动作用。

第二，建立BI（行为识别）系统。行为是理念的动态展示，对内，公司编纂《科达集团企业文化手册》，约束企业伦理道德，规范领导和员工行为，规范工作作风、服务态度、商务礼仪等内容。对外，通过系统性的培训学习，强化员工的公共意识、市场行为、公益事务等内容。依照以人为本的思想，塑造一体化的员工队伍形象。

第三，建立VI（视觉识别）系统。科达集团结合基建行业的基本色调，以红、蓝、灰为原色制定了统一的企业标识。统一标志、旗帜、歌曲、色彩；统一工作环境、生产环境和生活环境的色调要求；规范公司、部门、职务简称；规范办公设备、办公器具摆放要求；统一采购职工工服；统一宣传标牌、广告牌的装置规格和设置区位。通过组织化、系统化的视觉方案传达科达集团的经营特征、精神理念。

文化载体层面。

第一，搭建媒介载体。一是印发刊物，依托《科达人》报，每月出版两期，及时反映公司动态、政策动向，刊印企业宣传画册，统一官方信息；二是利用网络媒体，建设集团网站、企业内网（OA）、微信公众号等媒介，及时更新新闻事件，搭建交流平台；三是编纂书籍，撰写出版《印象科达》《刘双珉的企业哲学》《科达十歌》等，传播企业理念、核心价值观与行为准则；四是完善硬件设施，设置集团展厅、宣传栏，完整地向来访者展示科达的发展历程、各大产业发展情况、未来规划等内容。

第二，丰富活动载体。通过不断创新活动内容与形式，丰富员工的业余文化生活，加强企业的凝聚力与向心力。一是开展文艺活动，举办庆元旦、庆春节联欢会等活动，承办全国京剧票友艺术节；二是开展体育活动，举办足球、篮球、乒乓球、羽毛球等比赛活动；三是开展趣味活动，举办爬山采摘、趣味运动会、相亲联谊会等活动；四是开展评选活动，组织评选"三八红旗手""尊爱之星""敬业之星""优秀党员""优秀团员"等荣誉称号；五是开展教育活动，举办"中国梦·科达情·劳动美"和"爱党·爱国·爱科达"演讲比赛，组织党员到刘集党支部旧址参观、重温入党誓词爱国主义教育、中层以上人员到垦利看守所进行警示教育等活动；六是开展技术比武活动，针对6人以上岗位开展比武竞技，对在技术比武中表现优秀的技术能手给予物质和职位方面的奖励；七是开展创新创效活动，在集团范围内开展"五小"活动，通过小发明、小设计、小革新、小改造、小建议，鼓励员工在日常工作中创新创效。

科达集团的文化特色

以文兴企。紧紧围绕企业发展是科达集团企业文化的鲜明特色。一是筑牢思想基础，32年来，科达集团始终坚持"视企业为生命"的核心价值观，公司内部涌现出一大批维护集团利益的典型代表，实现了企业核心价值观内化于心。二是战略驱动，以"一基一金一互联"的战略发展目标为引领，确保各项工作、活动开展与集团战略有机结合，通过文化、情感的宣传教育，实现公司战略选择与员工价值追求的同向，有效激活企业科学发展的内生动力。三是制度保障。建立与战略、组织和内控体系相结合的文化建设制度和管理体系，促进了企业文化落地生根。通过加强制度约束，让企业文化与生产、经营、管理融合，推动传统形式化管理逐步转变为文化型管理，核心价值观逐步固化成为员工行为规范和习惯。

以文载道。 社会属性是科达集团企业文化的另一个鲜明特色。科达集团"润民而立"的特质决定了企业发展经济的同时要兴业报国，回馈人民，勇担社会责任。一是在社会建设方面，为东营市修建市政道路60余条，完善了城市功能，推动了区域经济发展；二是在文化建设方面，公司内先后涌现出10余位省市级劳动模范、五一劳动奖章获得者，多名员工因拾金不昧、见义勇为等行为受到社会各界的表扬。三是在公益事业方面，汶川特大地震发生后，组织捐款捐物1000多万元，并组织施工队伍援川建设；四是在教育事业和民生工程上，拿出667000多平方米住宅用地，投资3亿元用于科达伟才（国际）幼儿园、科达小学和科达华苑农贸市场等公共设施建设；五是在文体事业发展上，投资200多万元举办首届黄河口马拉松邀请赛，投资80多万元兴建孙子文化广场；六是在参与光彩事业上，多次为广西、贵州等地光彩企业捐赠衣物，累计捐赠价值427.5万元，赴光彩学校招用学生，累计安排就业人数达3000余人。

文化主题活动

以文化治。 跨界发展、产业众多是科达集团的产业现状，也是历史特色，工业制造与工程建设的文化碰撞，六大产业领域不同特色文化的融合统一，形成了科达集团独有的包罗万象的文化土壤。科达集团的企业文化在不同的文化"气场"中提炼、沉淀，最终落地生根、充满活力、富有特色，形成了科达化完整的、系统的体系。公司推进企业文化建设统一的过程，就是将员工文化与企业文化结合的过程，将制度建设与企业文化固化的过程，将行业价值观与企业价值观协调的过程，最终企业文化的建设统一在"无形"中化为"有形"，推进企业管理的转变提升。

科达集团的体系建设

党工团统领企业文化建设。科达的企业文化建设队伍由集团党委统一领导，下设党工团办公室，党委、团委、工会分别设有专兼职负责人，目前共有5个党支部、5个工会分会、11个团支部定期开展党工团活动，确保企业文化正确的发展方向。

建立自上而下的运行机制。行政部、各二级单位党群组织和办公室负责企业文化建设的具体推进与落实工作。一是集团层面，制定宣传工作管理制度，包括集团宣传工作内容，专职宣传员工作职责，兼职通讯员工作要求等。二是职能部门层面，在行政部门设置专职的宣传文字和企业文化工作人员4人，负责整个集团的企业文化建设，主要内容包括文化理念提炼、宣传载体建设、文化活动开展、对外品牌推广等方面。三是二级单位层面，设置兼职通讯员24人，负责维护科达集团在各分支机构的形象建设，通过及时挖掘新闻素材、更新宣传栏、分发传阅报纸构建多层次、立体化和强有执行力的宣传网络，为企业文化建设工作开展提供了组织保障。

文化建设是企业的生命工程，优秀的企业文化氛围有利于促进企业的健康长远发展。科达集团将发挥优势，积极创新，不断打造更加先进的、符合实际的、具有特色的企业文化，鼓舞广大职工为实现百年科达梦想而努力奋斗。

主要创造人：刘双珉

参与创造人：刘风华　牛家旭　侯双龙

基于企业可持续发展的"三心"工程创新实践

国网辽宁省电力有限公司大连供电公司

国网辽宁省电力有限公司大连供电公司（以下简称大连供电）成立于1991年5月4日，是国家电网公司31家大型供电企业之一，以建设和运营电网为核心业务，承担着保障更安全、更经济、更清洁、可持续的电力供应的基本使命，供电区域1.26万平方公里，用电客户376万户。下设11个职能部室、8个业务实施机构和9个供电分公司，在职职工4387人。固定资产原值253.22亿元、净值101.55亿元，资产总额113.75亿元。管辖66千伏及以上（含35千伏）变电站255座，变电容量2386万千伏安，输电线路6103千米。先后荣获"中央企业先进集体""全国五一劳动奖状""全国文明单位""全国用户满意企业"等荣誉。

"三心"工程的实施背景

大连供电作为国家电网公司大型供电企业，依据供电企业供给侧改革的要求，依托企业两化深度融合的抓手，大力推进"三集五大"体系建设，持续推进企业全面创新。通过大力实施基于企业可持续发展的"三心"工程创新实践使大连供电的效率、效益、效能得到了显著的提升，为建设现代化企业打下了坚实的基础。

"三心"工程是加强和改进思想政治工作的新途径。思想政治工作要充分考虑人的主观能动性，关注员工心理变化规律，顺应员工心理情感需求，增强针对性、科学性和实效性，达到化解矛盾、统一思想、凝聚力量的目的。以实施"三心"工程为契机，尊重员工的个性特点和心理诉求，强调沟通和互动，解决思想困惑，提高思想政治工作的吸引力、感染力和说服力，实现工作成效和价值的最大化，为公司科学发展提供精神动力。

"三心"工程是实现优秀企业文化落地的新方法。关爱员工、设置"精神福利"是一项系统工程，需要从管理优化、流程梳理、团队建设、价值发现、生活帮助、心理辅导等各方面入手，改进员工工作的软环境。积极落实"以人为本"的理念，将人文关怀与管理优化紧密结合，倡导员工全面、和谐、可持续发展的理念，培育健康、幸福的员工，使员工在工作中得到享受，使之快乐工作。通过实施"三心"工程，促进员工提高文化自觉、增强文化自信，为企业文化建设注入阳光元素，增强穿透力和影响力，推进企业文化建设落地生根，形成促进科学发展的文化动力。

"三心"工程是提升企业素质和员工素质的新手段。充分发挥提高员工士气、优化人际关系、激发组织活力、增进团队绩效的重要作用，促进员工素质提升，从而带动企业整体素质的提高。以更加开放、包容、欣赏的角度看待员工，帮助员工自我认知、自我发现，提升以信心、希望、乐观和韧性为核心的心理资本，激发投入工作的深层动力，增强解决复杂问题的能力。

"三心"工程的体系内涵

确立员工价值发掘和快乐工作主线。依据价值与科学相统一的原则，充分挖掘现代思想政治、人力资源、企业文化等企业管理的新理论、新方法，注重员工价值发掘，促进员工积极品质和正面思考习惯的养成，营造平安、健康、快乐的工作氛围，释放企业内在活力和潜力。

确立"以人为本"的目标导向。从尊重人、理解人、关心人、提高人出发，尊重员工的实际需要和个体差异，发挥"柔性管理"在企业科学发展中的作用，树立全面、和谐、可持续发展的企业文化理念。

确立"三心"基本内涵。"心文化"是"三心"工程的基础。以"以人为本"为导向，关爱员工为抓手，提升员工心理资本为核心，员工幸福阳光、企业和谐稳定为目标，旨在打造文化治企的"新文化"。"心动力"是"三心"工程的核心。用更开放、欣赏的角度看待员工个体，梳理员工的价值观、人生观、世界观，帮助员工自我认知、自我发现、自我激励。"心发展"是"三心"工程的目标。促进员工全面发展，发掘员工自身潜力，实现自我价值；建立具有高心理资本的员工队伍，以个人成长促进管理绩效提升，推动企业科学发展，从而实现员工和企业的"新发展"。

确立内外结合的企业文化管理模式。调动内外部资源协同推进，在外部专业机构的技术支持下，逐步实现内部的职能化管理，摸索出一套由外而内、内外结合、以内为主的常态化的企业文化管理模式。

"三心"工程的主要做法

强化组织体系建设。成立"三心"工程领导小组，把"三心"工程当作企业的中心工作，实施一把手工程，党政齐抓共管，组建了多部门协同工作机制，各二级单位也建立相应的组织机构，自上而下的组织体系为"三心"工程实施打下了坚实的基础。经多方调研和考察，选定专业咨询机构，提供技术培训和指导。同时组建企业内部辅导员队伍，构建人文关怀体系建设，颁布《"三心"工程辅导员管理暂行办法》中，明确了辅导员条件、工作职责和考核要求。

搭建平台构建机制。一是搭建测评平台，通过信息化技术，开发了相应的应用系统平台，组织开展了员工思想动态调查、员工"幸福指数"测评和项目效果评估，全面系统地掌握员工的心理健康状况，科学评估项目实施效果。二是搭建宣传平台，建立内部网站"三心"工程专栏，帮助员工了解工程，自觉接纳心理服务。编制《心灵阳光》电子期刊24期、宣传海报29版，编发《"三心"工程简报》6期，编印《幸福指南针——心理健康自助手册》。举行"三心"工程宣讲会25场，发放爱心卡和宣传卡7000余份。举办了"幸福加油站——发动积极与乐观的引擎""积极阳光心态"等专题讲座，有效地提高心理健康知识普及率。三是搭建咨询平台，持续开通心理咨询辅导热线，提供员工在线心理咨询服务。心理咨询专家深入公司工作场所，开展有针对性的、专业化的心理调适、疏导帮助。累计举办"阳光心态"驻场团体辅导24场、一对一面询80余场，受益员工2000余名。

建立两个体系。一是建立心理危机预警体系。深化应用问卷调查、个体访谈、咨询情况反馈等评估结果，辅以日常观察等手段，辨识具有高抑郁倾向的员工，及时开展有针对性的心理关怀和疏导，预防和排解危机。二是建立"幸福指数"指标体系。根据员工"幸福指数"测评结果和日常咨询反馈情况，对重点关注变量进行相关和因果关系分析，梳理影响公司员工心理状况的关键驱动因素，确定一级维度、二级指标以及各维度权重和计算方式，初步建立了公司"幸福指数"指标体系。

开展"幸福在我心，我心为企业"主题实践活动。组织员工"晒幸福"，开展"幸福的方法"讨论活动。举办职工文化艺术节，开展"我与'五大'同行"演讲比赛、"我的班组我的家"主题征文以及书画摄影、原创歌曲、电脑桌面、屏幕保护征集活动。针对员工普遍关心的子女教育问题，举办了亲子教育沙龙和"子女沟通课堂"等专题讲座，让员工学会应对子女教育、婚姻家庭中面临的问题，促进家庭和谐，保持良好心态。

注重队伍建设，提升干部职工素质。树立正确选人用人导向，严把确定标准、规范程序、参与考察、推荐人选关，让思想政治素质、实绩、能力都突出的人才脱颖而出。实施360度干部考核，广大干部担当意识、领导能力明显增强。广泛开展各类劳动竞赛、技术比武，实现人才双通道发展。持续减轻班组负担。建成10个专家（劳模）创新工作室、专家（职工）创新工作组。按照量化的个人业绩推出薪点绩效激励政策，把工龄、职称、业绩、成果等要素折算成加薪点，使每个人的贡献与个人效益挂钩。

注重氛围营造，持续推进和谐企业建设。聚焦中心工作，聚焦先进典型，聚焦基层一线，加强与宣传主管部门及新闻媒体的沟通联系，强化正面发声，扎实开展主题传播。创作的微电影《爸爸的姥姥》荣获第三届亚洲微电影艺术节优秀作品奖；原创MV《光明青春》在系统内外产生较好反响。深化"文化蒲公英、文化郁金香、文化满天星"传播工程，开展了"践行核心价值观，争做最美国网人""传递信的温暖"主题活动，举办了道德讲堂。深化"五统一进班组""文化航标"落地工程，创建企业文化建设示范点、文化长廊，评选"最信任的带头人、最信服的身边人、最信实的感人事"，推进了企业文化进基层、进班组、进站所。

"三心"工程的实施效果

国网大连供电公司采取抽样问卷调查的形式，针对项目总体情况、项目实施前后员工心理健康数据对比、接受过与未接受过项目服务的员工数据交叉分析等，对"三心"工程进行了效果评估。

评估结果显示：一是项目得到员工认可，总体评价较高。92%的员工表示整体感受好，对自己有帮助；90%的员工认为"三心"工程提高了自己的工作积极性；88%的员工能够正确看待工作中的压力；85%的员工认为拉近了领导和员工之间的距离。二是员工心理健康状况有较大程度改善。公司高压力员工比例由67.2%降至38.5%；员工积极情绪状态得分由2.16提升至2.23，升幅3.1%；主观幸福感得分由4.47提升至4.85，升幅8.5%。三是员工主动工作的热情得到全面提高。企业发展的同时，员工的能力提高了，价值得到了体现，企业是员工个人的荣耀，自觉奉献、主动工作成为员工的共识，这个正反馈形成的正能量其聚合力是企业可持续发展所必需的。四是交叉分析体现项目实际效果。参与过"三心"工程的员工较未参与过的员工，在心理压力、积极情绪、抑郁倾向、主观幸福感等指标上，有更大程度的改善。

"三心"工程实施5年来，大连供电公司累计完成投资77.68亿元，新增220千伏和66千伏输电线路1016千米，变电容量699.2万千伏安。500千伏电网实现3通道、6回路与辽宁主网相连，220千伏电网分区运行，抵御自然灾害能力明显增强。售电量提高了9.91个百分点，综合线损率下降0.42个百分点。公司发展速度、质量和效益全面提升。全面建成"三集五大"体系，构建了以信息化为支撑，基于"五位一体"新机制的企业架构，公司发展方式实现重大转变，企业工作效率、经济效益、综合效能均不断得到提高。

大连供电公司"心文化、心动力、心发展"工程启动会

对于长期的、难以量化的指标，"三心"工程也显示出其独特的价值与影响。一是营造了"三个心"的组织氛围。组织"关心"：领导层关注心理项目，建立了内外结合，员工自我调适、组织调适和专业调适分级防控的工作模式；管理者"用心"：中层和基层管理者学会使用心理技巧，增强团队的凝聚力和战斗力；员工"知心"：员工了解心理健康知识，能够以积极的心态和理性的思维自我调适，塑造阳光健康积极心态。二是为企业改革发展增添了精神动力。在国家电网公司"三集五大"体系建设的关键阶段，印发了《改变的环境 开放的心》《人生，需要不断跨越》等以变革时期的心理调适和应对为内容的海报2000余份，引导员工正确认知压力，疏导员工在科学管理变革时期的情绪变化。同时，通过加大政策解释和思想疏导力度，破解员工认识误区，发现并消除管理盲区，积极化解矛盾和冲突，确保了改革顺利向前推进。三是提高了思想政治工作科学化水平。变传统的"思想教育"为人文的"心理关怀"，将"思想转变"柔化为"心灵沟通"，有效提升员工以信心、希望、乐观和韧性为核心的心理资本，促使员工充分挖掘潜能，保持最佳活力状态，彻底转变了传统思想政治工作的方式方法，提高了供电企业思想政治工作的吸引力、感染力和说服力。

通过实施"三心"工程，大连供电公司总结出符合企业发展实际，具备一定适用性和推广价值的做法和经验。成果推广应用以来，新华网、《财富（中文版）》《中国电力报》《国家电网报》《大连宣传》等多家媒体进行了相关报道，并在大连市委宣传部和电力系统相关会议做经验介绍。

主要创造人：王如伟　唐如海

参与创造人：董新宇　杨万清　吴江宁　刘英豪

以"文化引领力"助推集团融合发展

湖南粮食集团有限责任公司

　　湖南粮食集团有限责任公司(以下简称湖南粮食集团)是经湖南省政府批准，整合湖南省有关优势资源成立的国有大型综合性粮食企业，总资产近100亿元，现有在岗职工4000多人。主要业务有粮油收储、粮油加工、中转物流、种子繁育、生态板业等。拥有15个粮油收购储备公司，仓（罐）容量220万吨；拥有5个粮油加工企业，年加工能力近200万吨；拥有长沙国家粮油交易中心，年交易量320万吨，交易额近80亿元；拥有2条铁路专用线，6个两千吨级泊位，年货物吞吐能力500万吨。拥有粮食集团、金健米业等4个农业产业化国家级重点龙头企业。拥有"金健""金霞"等五大品牌。产品向米、面、药、休闲食品等多元化发展，营销网络立足湖南，布局全国，辐射欧洲、美国、日韩、东南亚等地区。

　　湖南粮食集团自成立以来，深入落实中央精神，以确保粮食安全为己任，以转型发展为重点，以效益提升为目标，按照"大粮食、大品牌、大市场、大物流、大金融"的发展思路，面对激烈的市场竞争和粮食流通体制改革的压力和挑战，积极推进符合集团自身特色的企业文化建设，进一步统一公司员工的思想行为，规范集团所属单位的经营理念和管理方式，增强企业凝聚力，提升企业整体素质，提高企业知名度，持续开创集团富有激情、富有活力、富有创新力的新局面。

企业文化的体系内涵

　　湖南粮食集团结合战略规划，依据自身实际，梳理、提炼、整合文化资源，完善企业文化体系，逐步形成了员工认同、外界认可、责任突出、竞争力强的企业文化品牌，持续打造与战略目标相匹配的企业文化软实力，做到"三统一"（核心理念与价值观的统一、企业形象识别体系的统一、员工行为规范管理的统一）、"两结合"（企业文化建设与集团发展战略相结合、具体经营管理探索与实践相结合）、广覆盖（贯穿各个层级、涉及各项工作）、重行动（文化内化于心、外化于行）。

　　湖南粮食集团企业文化体系涵盖文化理念体系、行为制度体系、落地执行体系、测评反馈体系四个板块。文化理念体系是对湖南粮食集团以往文化理念沉淀的精辟概括和升华，是对未来发展的系统思考，为美好未来确立了愿景，指明了方向，涵盖企业愿景、使命、核心价值观、人才理念、经营理念、管理理念等内容，是一个不断思考总结、熔炼企业"魂"的过程。行为制度体系重在规范执行，致力打造以价值观为本的卓越执行团队，推进企业变革与商业模式更新，助力企业文化生根，涵盖管理行为规范、员工行为规范、办公环境5S管理规范等内容。落地执行体系旨在明确企业文化管理职责与分工，发挥企业文化导向、激励、约束作用，形成相互支撑的理念文化与行为文化系统，涵盖培训宣贯、活动促进、人才培育等内容。测评反馈体系，组织开展企业文化竞争力测评，对文化建设的系统性、针对性、实效性等方面进行综合评估，以期不断支撑和推动企业战略落地实施。

企业文化的主要做法

夯实文化基础，巩固文化发展之源。建立与时俱进的文化内涵，完善企业识别系统（CIS）建设，营造统一的企业文化理念宣传文化氛围。按照湖南粮食集团企业文化建设规划的要求，通过群策群力，结合召开企业文化建设专题会议、开展问卷调查、召开座谈会等方式，认真总结、提炼形成了"打造最具品牌影响力和核心竞争力的世界级食品投资控股集团"的战略愿景，形成了"产业脊梁，品牌先锋"的企业使命，"领先，永不停步"的核心价值观等文化理念。

完善文化宣传，塑造文化导向之势。为调动全体员工的参与意识，增强企业文化感知与认同，建立线上、线下企业文化宣传渠道和管理责任，丰富宣传方式，充分调动集团总部、各职能条线、分、子公司资源，实现文化宣传自上而下的全覆盖。

一方面，形成了文化物质展示系统，制作了企业宣传画册、《视觉识别系统管理手册》，统一企业稿纸、信封、纸袋、水杯等用品设计标识，制定了《员工行为规范》《员工文明礼仪手册》及《南粮之声》内部刊物，使广大员工形成了共同遵守的工作和行为方式。

另一方面，注重文化传播实效，通过内容丰富、形式多样的传播方式，让全体员工感知、理解、认可企业文化。一是实施文化培训，开展"传统文化和企业发展"巡回宣讲，将传统文化精华与企业文化精髓融合发扬；二是通过组织开展青年活动、职业技能竞赛、专题性文化活动、文化体育等丰富多彩的活动；三是畅通数字化宣传渠道，完善线上集团官网、集团OA网页、"悦学习越精彩"微信公众号等渠道。

促进文化转化，结出文化特色之果。通过对团队建设、领先意识、团队融合、执行力、担当精神等文化内涵的专题建设，保障战略和计划落地，并结合制度体系梳理、考评督导机制等推动企业持续健康发展文化与人才机制建设。落实"黄金万千、不及一贤"的理念，通过开展人才培养，提升干部队伍素质，创新人才培养方式，强化"金穗、金禾、金苗"后备人才综合素质与职业技能培养，为集团长远发展储备力量。

文化与学习组织建设。通过举办湖粮大讲堂、理想信念、素质提升课堂等培训班，启动"悦读智慧，乐享书香"读书活动等方式，培养建立内部学习型组织，激发员工工作热情与创造力。

文化与业务、管理提升。保持文化的生命力与先进性，通过各项举措把文化内涵和业务发展、管理运营紧密结合，将文化转化为实实在在的效益。一是业务发展方面，坚决贯彻"领先，永不停步"文化，推行"业绩上去了下不来"发展举措；二是秉承"世界级食品投资控股集团"愿景，组织外部标杆企业交流学习；三是突出"文化引领力"作用，通过设置管理创新奖、业绩突破奖等奖项对有特殊贡献的单位或个人进行专项奖励。

企业文化的主要成效

在企业文化的支撑与推动下，湖南粮食集团整合以来历经6年的砥砺奋进，积极应对内外部复杂形势，克服行业发展瓶颈，整体效益进入了全国行业前十强。

在发展中变革求新。湖南粮食集团秉持"打造中国最具品牌影响力的现代粮食产业集团"愿景，实施相关多元化的发展路径，整体规模与效益实现了跨越式发展。提出了"打造最具品牌影响力和核心竞争力的世界级食品投资控股集团"的战略愿景，明确了以粮食全产业链为核心，以食品工业为重点，产业与金融双轮驱动，综合性、市场化、多元化的现代大型投资控股标杆企业集团的战略目标，构建"一链四业多园区"的产业格局。

人才管理机制日趋成熟。湖南粮食集团秉持"黄金万千、不及一贤"的人才理念，始终坚持尊重人才、信任人才、培养人才、善用人才的管理方式。为及时匹配集团相关多元化发展下对人才的数量与质量的需求，从选、用、育、留四个维度建立了闭环的人力资源管理机制。一是人才选聘上，建立了以岗位任职资格为标准人才选拔体系，对不同专业领域、不同层级的人员设定了专业知识、管理能力、价值观评定标准；同时鼓励行业内、集团内部的人才推荐。二是人才任用上，坚持"厚德立本、大志立业"的工作精神，通过内部竞聘、职业技能竞赛、专业等级评定三大平台充分挖掘潜力人才，并结合集团范围内的岗位与人员调配及时匹配需求。三是人才培养上，建立"两横一纵"培训管理体系、分层分类的项目体系和进阶的课程体系，通过后备人才项目、专业条线、素质课堂、中高管培训等项目搭建起相对完善的人才培养机制。四是人才留用上，结合具体环境不断完善激励机制，探索物质、精神、职业发展多维度的人才激励方式。

举办湖粮大讲堂

管理优化提升经营效益。湖南粮食集团落实"文化引领、制度护航"的管理理念，紧跟业务发展需求，不断优化集团管控模式和各项职能流程。一是强化了组织领导，明确任务目标，以"两降一去""两提一拓"为抓手，综合实力与盈利能力进一步提升；二是加强财务管理，执行全面预算，定期或不定期开展财务检查，严肃财经纪律，工作程序进一步规范；三是强化制度建设，梳理完善公司治理、财务管理、经营管理、党建纪检工会等40项制度纳入汇编，生产经营管理科学化、制度化、规范化程度进一步提高；四是扎实推进绩效管理，确保"人定岗、岗定责、责定标",制度执行效能进一步提升;五是优化职能部门组织架构及审批流程,全面发挥经理层的经营管理职能,提高工作效率,集团综合管理水平进一步提升。

统筹兼顾提升品牌效应。湖南粮食集团秉承"崇尚品质,尊重市场"的品牌理念,结合市场实际需求,精心统筹、合理安排,创新市场推广模式,成为湖南省运动员食品供应商,助力奥运健儿征战里约奥运;冠名环洞庭湖国际新能源汽车拉力赛,将集团坚持绿色环保发展的理念完美地植入赛事;参加首届粮食科技成果转化对接推介活动,推动粮油产品供需精准对接,促进科研技术成果转化,提升知名度与竞争力;参加中部(湖南)农博会,首次携旗下全产业链全系参展,传递科学、生态、环保的健康生活新理念,为进一步提升集团品牌影响力与品牌价值注入了更多动力。

防微杜渐做好安全工作。湖南粮食集团强化安全工作职责,定期开展季度安全生产检查工作,建立并完善企业安全生产管理长效机制;加强安全宣传教育,开展安全生产月活动,组织开展消防培训及灭火、疏散与逃生演练,全面提升广大职工的安全意识;扎实做好信访维稳工作,及时排解矛盾纠纷,畅通信息渠道,切实解决群众反映的问题,做到了诉求合理的问题及时解决,诉讼无理的及时开导教育,行为违法的及时汇报处理,为集团健康发展营造了良好环境。

在充分竞争的市场环境中,企业的组织结构、盈利模式、渠道与产品容易被复制,但是员工创造力、执行力等思想与行为上的表现却难以被模仿,这就是企业文化能够创造的竞争力价值。湖南粮食集团在融合发展中不断强化企业文化建设,重视文化的促进作用,促进文化成果转化,在助推集团转型升级、提质发展等方面取得阶段性成果。未来,湖南粮食集团将围绕发展建设这个中心,持续打造文化竞争力品牌,为实现企业基业长青和可持续发展提供更多的发展动力。

主要创造人:谢文辉

参与创造人:杨永圣　唐晓玲

以创新文化引领国电大渡河智慧企业建设

国电大渡河流域水电开发有限公司

国电大渡河流域水电开发有限公司（以下简称大渡河流域水电）于2000年11月在成都高新区注册成立，是中国国电集团公司所属水电专业公司，主要负责大渡河流域开发、西藏帕隆藏布流域开发，拥有水电资源约3000万千瓦。截至目前，资产总额为902亿元，投产装机1011.24万千瓦，约占四川统调水电总装机容量的26%，是四川电网安全稳定运行的基本保障，是国家十三大水电基地之一。公司先后获得全国"五一"劳动奖状、中央企业先进基层党组织、中央企业思想政治工作先进单位等荣誉。

近年来，大渡河流域水电认真践行党中央提出的新发展理念，大力贯彻落实中国国电集团公司"一五五"战略和"家园文化"理念，深入研判国资国企改革形势和大型流域水电企业发展方向，增强文化自信，积极培育创新的土壤和文化，深入实施创新驱动战略，大力开展智慧企业建设，综合管理创新、技术创新及管理和技术融合推动模式创新，在业界首次系统提出了建设智慧企业的思路和举措，以智慧企业建设为载体推进创新文化落地取得了显著成果，有效探索了一条创新文化内化于心、外化于行的路径，着力转变水电企业传统管理模式，提升大渡河流域水电发展的质量和效益。

创新文化建设的实施背景

推进创新是国企义不容辞的重大责任。党的十八大以来，党中央提出了治国理政新思想、新理念和新举措，把创新摆在新发展理念第一位，大渡河流域水电作为国有企业必须坚定不移地落实中央决策部署，强化责任担当，以创新发展推动产业转型升级。

推进创新是突破发展瓶颈的现实需要。我国经济发展进入新常态，国资国企改革全面推进，电力行业发展环境发生了深刻变化，大渡河流域水电要突破发展瓶颈，必须走创新发展之路，以创新思维破解企业发展的矛盾和问题，推动发展方式由规模扩张型向质量效益型转变，实现企业更有质量、更有效益的可持续发展。

推进创新是提升核心竞争力的必然选择。当前，信息技术、能源革命、管理创新正在引发新的变革，电力行业属于技术密集型产业，大渡河流域水电必须抢抓机遇，充分运用先进的现代技术，融入传统水电管理模式中，与工程建设、安全管理、运行维护、水库调度、设备检修等生产经营各环节紧密结合，创新推动电力工业转型升级，形成独特的市场竞争能力。

推进创新是加强企业管理的重要内容。当前，社会和科技飞速发展，数据驱动决策成为趋势，企业治理面临挑战，单纯靠经验和简单行政管理难以适应企业现代化、规范化、市场化管理的需要。大渡河流域水电上千千米管理战线，人员和设备都在地质灾害易发区，面临设备运行及人员环境安全的挑战,逼迫大渡河流域水电要积极应对,主动拥抱先进技术,使得一线人员更精干、设备运维更智能、风险识别更灵敏。

创新文化建设的主要做法

高度重视,构建文化建设体系。大渡河流域水电成立了以总经理、党委书记为组长的企业文化建设委员会,落实了工作部门和工作人员。公司每5年制定企业文化规划,每年进行工作计划、总结,年中检查部署,年底纳入党建工作一并考核,考核结果与各单位工资总额、领导人员年薪及评先选优相挂钩,形成了闭环管理。企业文化建设经费纳入企业年度预算管理,保障工作正常开展。公司建立了网站、微信公众号、手机报、报刊等宣传媒体,建设智慧企业展厅、荣誉室等文化阵地。

突出特色,确立创新文化理念。将创新文化全面融入企业整体战略,以国电集团"家园文化"及"追求卓越、逐日求新"创新理念为指导,以大渡河红色革命文化为底蕴,确立了"打造幸福大渡河、智慧大渡河,建设国际一流水电企业"的愿景目标,提出了"从基建生产型企业向经营型企业转变、从行政管理模式向智慧企业管理转变"的执企思路,提炼了"敢担当、讲奉献"的大渡河人优秀品格,明确了智慧企业建设以"自动管理"为最高目标,以"自动预判、自主决策、自我演进"为典型特征,提出了"业务量化、统一平台、集成集中、智能协同"的建设路径,着力推动公司转型升级、科学发展。

加强宣传,营造创新浓厚氛围。成立智慧企业建设宣讲团队,由主要领导及专家学者开展宣讲授课,讲解创新运用对带动管理升级、提高工作效率的重要性和必要性,提升全员参与建设的主动性与积极性。利用大渡河流域水电各类文化宣传阵地,进行多角度、立体式宣传,举办了智慧企业青年论坛,编印了《大渡河人 担当与奉献》《大渡河故事 自信与忠诚》文化丛书,经常性开展"文化下基层"等文化活动,营造浓厚的人人参与创新、人人争当创客的氛围,使创新成为公司的一种价值导向、一种文化氛围。

"智慧企业"建设专题讲座

精心组织，完善创新工作机制。 坚持创新文化与企业管理实践紧密结合，成立了智慧企业建设领导小组作为专门工作机构，总经理、党委书记亲自抓、分管领导专业推进，形成了一个总体规划引领、多个专业规划协调推进的工作格局。成立了水电科技咨询中心，制定出台了《公司发明创新、优化技革及管理提案建议奖励办法》，创建了青年创新工作站、劳模创新工作室，在全系统范围内选拔思路开阔、思想活跃的人才骨干，集中开展技术攻关，通过广泛搭设科技创新平台，更好地调动干部职工参与创新工作的热情，形成了鼓励创新、宽容失败的良好氛围。

借助外脑，加强创新资源引进。 加大了创新工作"走出去"力度，加强校企合作、企企合作、政企合作，组建了以原中国工程院常务副院长潘云鹤院士为总顾问、一批国内知名专家学者组成的顾问团队，聘请承担杭州智慧城市建设规划咨询的浙江城云科技公司为咨询单位，开展智慧大渡河战略规划研究。充分汲取先进企业经验，经过反复论证，历时一年时间编制完成《智慧大渡河战略研究与总体规划报告》。经专家审定，于2015年发布了业内首份智慧企业建设总体规划，为智慧企业建设全面推进提供了战略指引。

保持领先，注重创新技术运用。 结合水力发电企业的管理特性，重点运用了云计算、大数据、物联网、移动互联、人工智能等创新管理手段，有效运用到水电工程建设、运行、调度、检修、库坝管理及市场营销等各环节，有效地将先进技术、创新资源转化为推动中心工作的实际成效。大渡河流域水电注重智慧企业建设过程的总结与提升，及时锁定经验成果，积极做好专业标准制定及专利奖项申报。加强创新成果转化和衍生产品开发，挖掘商业价值，打造新跨界合作、多方共赢的产业链。

创新文化建设的实践成果

企业管理更加规范。 在公司层面，强化经营管理中心、投资中心、利润中心的职能，成立若干个专业化数据中心，强化专业归口管理和职能集中管控，打通了部门间信息交换壁垒，提高了专业覆盖深度，优化了人力资源配置和审批决策流程；在基层层面，强化安全管理中心、利润中心和成本控制中心职能，通过四大业务单元建设，实现了工程建设的全生命周期管理和建设过程风险预警、预判及智能决策，实现了对生产和建设的物资计划、采购、运输、出入库、核销等全过程信息化、可溯化。将创新文化建设与落实管党治党责任紧密结合，开展智慧党建云系统开发，完成了党组织和党员数据库建设，在试点单位较好地解决了党员分散广、组织生活集中开展难、监督考核不便的问题。

机构人员更加精简。 在公司机关，突出了部门规划管理职能，将原来承担的专业服务职能交由数据中心负责，机关人员由2014年的117人减至目前的107人；在基层企业，深入推进组织机构改革，形成了专业化、扁平化管理，打破了传统层级间、部门间的管理壁垒。瀑布沟、大岗山等电厂，推广运用自主研发的智能安全帽、智能钥匙、巡检预警机器人，让人员进一步精简。提升了流域电站集控中心管控能力，基层电厂撤销了中控值班室，现场机构进一步优化。改革了公司库坝安全管控中心职能，通过提升自动化测报水平，撤销了基层电厂水工班和观测班（过去每个电厂都配置20余人），目前库坝安全管控中心仅配置70人，不仅承担了全流域各电厂库坝安全监测管理任务，而且还承揽了系统外部分单位监测及咨询业务。

创新氛围更加浓厚。随着智慧企业建设不断深入，创新理念日渐深入人心，干部职工逐渐习惯依靠创新的思维、方式、手段来思考工作、解决问题、推进实践。孵化和锁定出了大量创新成果，从2014年启动智慧企业建设至今的3年里，新增知识产权授权70项，其中发明专利15项，实用新型专利50项，软件著作权5项（2013年前的10余年，获得知识产权授权39项）。2017年前5月，累计获得知识产权授权5项，目前正在申请授权的知识产权有72项。

经营决策更加科学。建立了对气象、水情实施精准预测的系统平台，构建了与市场、调度实现快速响应的管理机制，运用大数据分析处理技术，开展水情、雨情预测分析，日预报精度达到95%，月、周预报精度达到90%，年预报精度达到85%，远高于行业平均80%预报精度，为经济运行与防洪调度提供有力保障。在国内首创大渡河瀑布沟、深溪沟、枕头坝一级三座电站经济调度控制模式。通过设备在线状态检测平台大数据挖掘，可实现提前3~6个月对设备运行健康度进行超前预判，促使检修管理手段由计划性检修、事后检修逐步向状态检修、改进型检修演进和转变。

安全管控更加到位。建立了风险分级预警模型及决策知识库，实时掌握水库大坝及山体边坡沉降、位移、变形等趋势，动态感知各类异常现象，确保了风险预警及时准确、安全隐患及时治理。大力推进安全生产标准化建设，依靠先进的在线监测系统，自动采集各类设备特征数据，智能识别、精准定位故障缺陷，提高了设备安全管控水平。2016年8月，成功消除了瀑布沟水电站1号机组冷却水中断重大安全隐患，在人工无法巡回到位、不具备停机条件、不拆卸设备排查的情况下，通过SMA2000在线监测系统，准确锁定故障所在位置，及时进行消缺处理，避免了定转子击穿的重大事故。

经济效益更加凸显。推进云数据中心建设，整合全系统网络通信资源，每年可节约软硬件建设资金、电费、运维费近2000万元。通过智慧工程建设，在沙坪二级水电站建设过程中，已产生综合效益4500余万元。通过智慧调度建设，实施流域中下游瀑深枕三站EDC科学调度，每年可增发枯期电量约1.2亿千瓦/时，创造直接经济效益超过5000万元。通过智慧检修建设，超前预警预知运行状态趋势等，每年可节约检修费超过1000万元，树立了专业化检修品牌形象。通过检修大数据的运用，成立了中国工业设备管理云平台，为全国各地发电企业提供状态诊断与趋势分析等增值服务，形成了全新的水电产业商业模式。成立了大汇物联、大汇智联、大汇环保等产业平台，将自主研发的智能巡检机器人、智能安全帽等创新产品进行推广，形成了经济效益预期增长点。

社会认同更加广泛。成功承办了全国首届智慧企业创新发展峰会，与400余名全国各界专家学者、企业同行交流智慧企业建设经验，获得了智慧企业建设国内"三个首次"（首次系统提出了建设智慧企业的思路、首次系统阐述了智慧企业理论体系和框架、首次在大型国有企业进行探索与实践并取得了显著成果）的高度评价，70余家中央和省级主流媒体宣传了公司智慧企业建设成果。组织承办了四川省国资系统智慧企业建设现场推进会，与80多家中央在川企业、省属重点骨干企业交流智慧企业阶段性成果和创新实践经验，为四川国有企业流程再造、管理提升、转型升级和提质增效发挥了积极的推动作用。

主要创造人：涂扬举　何仲辉

参与创造人：周业荣　陈　刚　贺玉彬　罗立云

跨文化管理助推企业更好更快"走出去"

中国铁建国际集团有限公司

中国铁建国际集团有限公司（以下简称国际集团）是中国铁建股份有限公司的全资子公司，是代表中国铁建"走出去"的专职外经单位。2012年12月5日，正式揭牌成立，注册资金30亿元。定位为"商务管理"型工程承包集团，主营业务主要有工程承包、铁路运营、海外投资、国际物流贸易等板块。市场布局已覆盖亚太地区、欧亚地区、非洲地区和美洲地区的57个国别市场。在28个国家，设有正式机构，其中在建项目的国别市场有18个；在29个国家，进行市场开发和项目跟踪。其中，覆盖"一带一路"沿线国家有30个，占"一带一路"沿线国家总数的一半。先后获得首都文明单位、火车头奖杯、中沙经贸合作突出贡献奖、阿尔及利亚特殊贡献奖等荣誉。

国际集团成立以来，在"走出去"的进程中，在紧跟"一带一路"倡议的实践中，在不同国家、不同领域及不同宗教文化背景下，面对市场竞争激烈、发展环境复杂、文化差异巨大的挑战，积极开展跨文化管理分析实践，有效破解文化冲突、强化企业内外管理、凝聚中外员工合力，将中国铁建既有的企业文化与属地文化融合共生，发挥组织建设，履行跨文化管理"六个坚持"，跨界融合开源共创，以包容性心态进行多元文化战略整合，构建组织生态系统，为企业又好又快"走出去"提供了有效的保障。

跨文化管理实施背景

国际集团在"走出去"开展海外经营的具体过程中，面临着市场竞争激烈、发展环境复杂、文化差异巨大的挑战。

宏观形势波诡云谲。 海外生产经营中，政治与经济环境差异对企业在东道国的发展影响深远，甚至直接影响企业的战略发展布局。随着国际工程承包模式的不断发展，项目国与中国的政经关系、"中国资金"的支持等对中国企业获取项目的决定性影响也在进一步放大。

安全环境恶劣复杂。 社会治安方面、自然环境方面、恶性偶发事件等出现的负面情况，使海外团队和员工对相应国家产生一定的心理负担和抵触，加大了企业在当地的管理难度。

文化习俗差异明显。 在海外从事国际工程承包业务，接触或管理的人员主要有本国人员、东道国人员和第三国人员，由于语言、历史文化等方面诸多差异，在交往沟通中往往容易产生各种各样的冲突。

商务交往复杂多样。 在国际谈判及商务交往中，由于文化价值观和意识形态不同，谈判双方在谈判风格、沟通方式上呈现不同特征，不同的表达往往会直接影响谈判效果。

以"六个坚持"开展海外跨文化管理

针对这些情况和问题，国际集团通过充分研究调研，收集了综合问卷、访谈、个案分析等大量数据，深度开展《中央企业海外跨文化管理》课题研究，形成了基于尊重项目所在国当地社会的文化，主动融入当地社会，善尽社会责任，努力消除跨地域、跨语言、跨环境、跨文化带来的管理障碍的跨文化管理模式，在具体的实践过程中，努力践行"六个坚持"，赢得当地政府和人民的高度赞扬，有力地推动了企业海外经营的发展。

坚持形势研究，把握大势谋而后动

开展形势分析。始终坚持紧跟国家"走出去"步伐，持续做好对世界政治经济宏观形势的研究分析，先后邀请了中国进出口银行、中国社科院等单位的专家学者举办专题知识讲座10余次，内容涵盖海外项目工程管理、法律风险管理、拉美政经知识、中东地区形势等。特别是随着"一带一路"倡议的提出，全面开展沿线国家形势的研究分析，精准把握目标国家和市场的整体形势，专门邀请外交部做专题讲座，对参与"一带一路"建设提供了实用的指导建议，为企业经营布局、科学决策提供依据。

摸清项目"底数"。坚持牵头组织设计、施工、金融等单位人员组成"联合舰队"全面摸清项目"底数"；先后对20多个国家和地区的法律制度等相关体系进行专业研究，研究出台规范合同文本8个，建立了相关国家风险信息库，对396个潜在风险点进行了梳理并制定了管控措施，着力提升项目评估及管理水平，全过程规避项目风险。

加强沟通培训。国际集团各驻外经营机构始终保持与相应外事机构的密切联系，坚持定期向大使馆、经参处"双汇报"。目前，9个海外单位成为当地中资企业会长、副会长、理事及成员单位，协助参与了"中阿建交55周年"一系列活动、慰问我海军亚丁湾护航编队等一系列活动，得到中国驻外使领馆的充分认可。组织学习商务部发布的《对外投资合作国别（地区）指南》，制定下发《行走海外—国际集团出国人员手册》，先后对招聘4批次近200名大学生新员工进行跨文化交流培训等，特邀专家学者做"阳光心态与压力管理"专题心理讲座，帮助出国员工更好融入当地社会。

坚持安全至上，强化防范多重保障

加强人员教育管理。在海外10个项目公司成立了安全工作领导小组，各项目设立专职安全员或安全官。在部分局势相对动荡或社会治安相对较差的地区，我们及时传达使领馆的安全提醒，每年海内外组织开展员工安全培训、外事培训、保密培训等40余次，不断强化员工自我防范和自我保护意识；在马航失联、阿尔及利亚航班坠毁等事件发生后，我们及时组织开展员工心理沟通及疏导，最大限度降低国内外员工对相应国家和地区的忧悸心理。

强化项目安防投入。在海外安全防范工作上舍得投入，海外各公司及项目部配备了完备的安保力量。在安哥拉，针对当地社会治安环境较差的情况，通过联合军警和雇用保安公司双重防护、修筑公司驻地围墙、开展彻夜巡防等，有效防范潜在的恶性治安事件。各海外项目全面加强安全管理和投入，实现连续4年安全生产零事故。

保障员工健康安全。在自然条件恶劣的地区，面对疟疾、登革热、埃博拉、中东综合呼吸症等各类传染病毒，海外各公司持续警惕，加强防范，在项目上配备专职医生及应急药品20余种，保持与当地医院的沟通联系，定期对员工进行全面体检，为员工的生命健康安全提供多重保障。

坚持属地策略，跨国融智培养人才

规模聘用"当地面孔"。国际集团组建伊始，便积极探索在区域中心、国别公司或项目实施本土化员工比例方案。截至目前，聘用的外籍员工已占企业员工总数的50%以上，分别来自近20个国家和地区，储备了10个语种的专业人才，企业"国际化面孔"越发明显。

技能培训"授之以渔"。结合属地劳务人员工程施工生产技能相对较差的实际情况，坚持"授之以渔"，广泛开展属地员工技能培训和"导师带徒"活动，结对师徒200余对，先后三次累计对36对师徒进行了"优秀师徒"表彰。阿尔及利亚公司通过举办工地技术讲堂、选派属地员工来华进修学习，为当地培养了120余名项目管理人员、专业工程师、设计师、机械操作手等技术性人才。

员工培训

规划管理外籍员工。外籍员工管理方面，逐步完善相关人员任用、晋升机制，目前，已在阿尔及利亚、沙特、泰国、马来西亚等地雇用了70余名外籍员工担任管理骨干。阿尔及利亚公司阿籍女员工法米特2007年加入中国铁建并一直工作至今，其间她自学汉语、英语和专业知识，并通过公司考核，由一名后勤服务人员成长为公路事业部的业务骨干，深受广大员工认可。

坚持形象塑造，履行责任积累口碑

大力彰显"社会责任"。在阿尔及利亚，积极参与当地雪灾、洪灾抢险，调集专有设备为灾民开拓"生命之路"，定期为当地捐赠图书、开展"希望工程"、参与义卖资助贫困百姓等活动，赢得了业主、当地政府及群众的赞扬和感激，中国铁建成为当地闻名的"有责任、能担当"的外企品牌；在马来西亚遭遇水灾期间，第一时间捐赠急需的救灾物资，当地媒体报道"中国铁建为灾区民众解了燃眉之急",受到当地政府高层及普通民众的广泛称赞。

媒体交流"借势扬名"。始终注重加强与属地国主流媒体的交流合作,积极展示企业形象实力,提升在属地的知名度和影响力,不断为企业发展"造势""壮势"。2014年以来,先后接待了来自墨西哥、马来西亚及东南亚五国等5批次属地主流媒体来华交流并实地参观采访,有效提升了中国高铁、中国铁建在当地的知名度;积极参与阿尔及利亚主流媒体《人民报》"中阿建交55周年纪念征文"活动,来华参观的获奖者回国后主动发表文章,宣传推介中国铁建。

文化品牌强化认同。在学习借鉴中国铁建中文画册的基础上,认真组织翻译,形成了英、法、阿、西文版的中国铁建企业宣传画册;同时以中国铁建中英文宣传片为蓝本,加入小语种配音,分别制作了企业宣传片,并持续更新完善,为企业市场开拓和经营承揽提供了有力支持。2014年,国际集团拍摄制作《承诺·责任—沙特轻轨运营专题片》,全面展示中国铁建履行承诺、践行责任的中国央企形象, 3000多名官员、合作伙伴和相关人士先后观看,引起政府高层、项目业主决策层等各方的情感共鸣,对推介企业品牌、增强对方对中国铁建的认同发挥了显著作用。

坚持细节制胜,多元包容合作共赢

细节在于表达。国际集团海内外现有10个语种的翻译人员220余人,高素质的翻译队伍在交往表达过程中注重细节,发挥了积极作用。在阿尔及利亚,虽然官方语言是法语,在谈判双方陷入僵局的情况下,一句地道的阿拉伯当地俚语,往往能起到事半功倍的效果,有效缓解谈判气氛;在沙特,同合作伙伴第二次见面时,热情的拥抱和贴面礼远比礼貌的握手更能得到沙特朋友的认可与信赖。

细节在于理解。全面开拓拉美市场,先后与该区域10多个国家和地区开展业务交流与合作,针对拉美国家人民普遍对自己的国家、企业有着强烈的自尊心和自豪感的实际,我们在商务交流中会有意识地称赞对方的文化、企业实力,这样往往能赢得好感,增进认同,促进合作;墨西哥人并不把时间看得十分重要,但他们却把人际关系看得极为重要,对于约定时间会谈、会见等,墨西哥人有时可能迟到,但这并不意味着不尊重对方,我们往往抱之以理解尊重。

细节在于尊重。国际集团成立以来,先后接待各国团组、访问团及合作伙伴达400余次,在接待过程中尤其注重细节,充分尊重,形成了完善的接待操作规范及流程。

坚持尊重关怀,内和外顺和谐发展

建立日常关心关怀机制。严格遵守当地劳工法律,在福利待遇、休息休假等方面,始终给予员工以充分保障;不断加强海外职工之家、职工食堂的建设,先后购置800余册图书分发到海外各职工书屋,持续为员工提供安全、舒适的工作环境;时刻关注员工的思想、心理状态,定期开展中外员工座谈会、个别访谈等,及时疏导化解中外员工的心理情绪;不定期组织开展联谊、植树、体育比赛等各类职工喜闻乐见的文体活动,先后组织50余次职工生日宴活动,丰富中外职工业余文化生活。

主要创造人:卓 磊 冯来刚

参与创造人:孙利民 李 红 谭 漪 姚林博

紧贴中心工作　做实企业文化
助推传统产业转型升级创新发展

吉林化纤集团有限责任公司

吉林化纤集团有限责任公司(以下简称吉纤)是吉林市市属国有控股企业，1964年建成投产，现已有53年的发展历史，总资产149亿元，现有员工12000人，下辖包括3家上市公司在内的20家子公司。主导产品包括人造丝、腈纶、竹纤维、碳纤维原丝和竹、棉浆粕、纱线等六大系列450多个品种。产品主要销往全国20多个省、市和亚、欧、美、非等10多个国家和地区。目前已成为世界最大的腈纶纤维生产基地、竹纤维生产基地，全球最优质的人造丝生产基地，全国最大的碳纤维原丝生产基地、全国唯一的保健功能纺织品原料基地和国家差别化腈纶研发生产基地。先后荣获全国文明单位、全国纺织行业党建工作先进示范企业、吉林省先进基层党组织标兵等10余项省级以上荣誉。

近年来，由于受到国际金融危机的冲击，全国纺织行业增长乏力，下行压力持续加大。面对严峻形势，吉纤以"一个精准、三个抓实"为举措，强化企业文化建设，充分发挥企业文化在发展中的导向作用、凝聚作用、激励作用和辐射带动作用，为企业创新发展、脱困转型注入了新动力。近三年，公司净资产年均增长23%，销售收入年均增长8%，员工收入翻了一番。2017年一季度，实现工业总产值19.29亿元，销售收入20.76亿元，同比分别增长14.6%和36.4%，均创历史新高。

精准提炼精神理念，引领冲破发展"瓶颈"

企业精神是企业文化的思想精髓。吉纤无论在什么时候、在什么情况下，始终坚持把文化建设融入中心工作，创建企业精神，搭建平台"抓手"，助力企业发展。过去，在优秀企业带头人付万才的引领下，企业不断地取得一个又一个的成功与辉煌，成为全市、全省乃至全国学习的榜样。今天，吉纤在传承企业优秀历史文化的基础上，精准总结提炼了"奉献、敬业、负责、创新、自律"的新时期吉纤"五种"精神，并在这"五种"精神的助力与推动下，企业再次逆风展翅、困境崛起，创造了发展史上新的光荣与梦想。吉纤及各子公司、车间、班组在全面贯彻和弘扬吉纤"五种"精神的实践中，又创造出具有吉纤特色的新的文化精髓，比如，"成事思维，问题导向，倒逼机制"的工作理念、"像经营家庭一样经营企业、像爱护自己财产一样爱护企业财产"的意识、"天天琢磨，不停完善"的工匠精神，以及"两人工作一人干，抽出一人搞基建""钱算分、时算秒，志坚精准保达标"的建设者精神。在企业精神的引领下，公司上下形成了想大事、议大事、破"瓶颈"、做成事的良好作风，形成了着力化解公司资本不足、资金效率低下、资产利用率不高等重大难题的共识，形成了分工负责、齐抓共管、全面推进的良好工作格局，使公司"资本、资金、资产"的"三资"运作取得重大突破，有效化解了发展中的关键性障碍。

抓实先进典型培树，发挥典型激励与辐射带动作用

典型培树是吉纤文化建设的重要内容之一。为了让典型引路，让员工"学有榜样，做有标准"，结合不同时期、不同时段的中心工作，强化对典型的培养与宣传，大力营造学典型、做典型、当标杆的浓厚向上氛围，塑造了积极进取和奋发有为的优秀团队。近年来，通过"道德讲堂""岗位练兵""创新论坛""导师带徒""电子书屋""校企合作"，以及"院士工作站""博士后科研工作站""技术研发中心""首席技师工作站"等，培树了全国和省市劳动模范14名，全国最美纺织女工、技术能手、拔尖人才，吉林省优秀志愿者、江城好人等12名。每年还结合年度工作，培树党员标兵、管理标兵、巾帼标兵、青年标兵、技术能手、吉纤大工匠、最美吉纤人、先进思想政治工作者、优秀宣传报道员等各类先进典型2000余人，占公司总人数的6%，并通过《化纤报》《丝绸之路》《见证足迹》和《精神的力量》专题片等，大力弘扬典型事迹，发挥先进典型激励与辐射带动作用，使员工的学习力、行动力、执行力明显增强。各部门、各单位紧紧围绕着工作效率、管理效率、经营效率这"三效"的提升，积极找措施、寻办法、解难题，促进了企业健康优质发展。

抓实特色载体设计，搭建工作推动平台

按照《集团公司企业文化建设五年规划》的部署，坚持哪里有重点任务，就把企业文化延伸到哪里的做法，搞好顶层设计、划分好大载体与小载体的关系和推动作用，力争做到助力见效，做到不"跑偏"、不"跑空"、不走过场。

一是夯实中央组织开展的载体活动。 抓住党的群众路线教育实践活动、"三严三实"专题教育、"两学一做"学习教育等重大契机，集中加强党性教育，把领导人员讲党课、中心组学习、党员微党课等制度化、常态化，拧紧"思想总开关"，夯实"两个"责任，提升党员干部对创新发展的引领力、组织力、推动力和创造力。

二是打造员工丰富多彩的业余文化生活。 多年来，公司结合"三八"妇女劳动节、"五四"青年节、党的生日等重要节日，及时组织开展了《唱给奉献者的歌》《闪光的足迹》《青春在吉纤启航》等大型文艺演出活动。完善文化宫、体育馆、运动馆、职工小家、乒乓球室、羽毛球场等80多个健身场地；开展征文、演讲、摄影、书画、素质拓展、球类棋类比赛，极大地活跃与丰富了员工的业余生活，为员工输入正能量，凝聚共筑吉纤梦的高尚情操，员工参与面达90%以上，员工在活动中享受到了成长与快乐。现有2名员工已经成长为国内知名书画家。

三是依托重点任务打造立功竞赛载体。 近年来，结合项目建设、技改攻关、提质提速等重点工作，先后组织开展了多种行之有效的载体平台。比如，"保扭亏、促发展、惠民生""讲理想、比贡献""大干100天、向七一献礼""三比、三查、三看"等劳动竞赛455项，成立党员突

击队、先锋岗、攻关组140个，实现技改攻关1055项，推行先进操作法211项，发布QC攻关成果565项，主导产品关键技术有7项填补了国内空白，生产成本显著降低，创效6700多万元，有5个班组荣获"郝建秀小组式全国纺织先进班组"称号，公司也先后获得中国纺织工业协会科技进步奖、科学技术贡献奖和产品开发贡献奖，展现了广大员工想事、干事、成事的精神风貌。比如，为提高产品竞争优势，开展"传统产品优质化升级做高、规模产品差别化做宽、新产品产业链一体化做长的"三化"创新攻关活动，成效明显。

"两学一做"知识竞赛现场

抓实企业人文关爱，释放凝心聚力功能

化纤集团是劳动密集型、技术密集型企业，员工人数多，传承企业精神、弘扬企业文化、关爱企业员工、凝聚企业力量至关重要。

一是坚持用发展的成果惠及员工。在企业取得长足发展的同时，不忘把发展成果惠及员工。近三年，员工的收入年均增长21%，与此同时，对工作热情高、贡献大、技术优的850多名劳务工破格转为正式员工，极大地提升了企业凝聚力、向心力，现在到公司参加岗位应聘的大学生络绎不绝，改变了以往招工难的问题。

二是压实推进"送温暖工程"。从员工最急切、最盼望、最忧心的问题着手，及时走访慰问。每年拿出60多万元作为帮扶资金，通过"金秋助学""大病救助""结对帮扶"等办法，使困难员工不再困难，让员工在组织关怀中收获温暖与友爱，促进了"人岗和谐、人人和谐和人企和谐"，增强了企业的"和谐度"。

三是推行"五小"工作法。为了让万名员工时时都能心连心、刻刻都能手拉手、天天都能团结并肩向前走。公司推行了"讲清小道理""开展小活动""解决小问题""做好小事情""宣传小人物"的"五小"工作法，做实思想政治工作，努力把公司营造成为人际交往的净土、员工成长的沃土、互助无忧的乐土，让员工在企业发展中看到希望、得到实惠、找到归属、实现价值。

　　乘风破浪会有时，直挂云帆济沧海。近年来，吉纤从"夯实主业、加快升级、适度多元化"的战略高度，采取抓党建、强党建，抓文化、强文化，抓管理、强管理，抓创新、强创新等一系列新举措，把企业带入了创新发展的"高速路"，得到了业界的高度认可和一致好评，先后有中央电视台、新华社、《人民日报》《经济日报》、全国网络媒体，以及《吉林日报》《江城日报》等50多家媒体聚焦吉林化纤，从多角度、全方位地对企业转型升级的做法和成果给予了大力宣传和报道，也为企业发展营造了良好的外部环境。今后，吉纤将紧紧抓住中央振兴东北老工业基地的有利时机，进一步打牢企业文化建设的基础，进一步发挥企业文化的独特优势，进一步在助力企业发展上做文章、下功夫，力争通过"十三五"期间的奋发努力，把集团公司发展成为全球一流的化纤生产企业，为地方经济社会全面振兴和纺织强国建设贡献力量。

主要创造人：刘宏伟

参与创造人：刘凤久　王　宏

以质量兴业为背景的企业文化建设

天津力神电池股份有限公司

天津力神电池股份有限公司（以下简称力神公司）成立于1997年12月，是一家拥有自主知识产权核心技术，专门从事锂离子蓄电池技术研发、生产和经营的高新技术企业，产品囊括了圆形、方形、聚合物电池、动力电池、光伏及超级电容器六大系列上百个型号，应用范围涉及个人电子消费领域、交通领域和储能领域等多个方向。目前已具有10万辆纯电动汽车配套电池和9亿安时锂离子电池的年生产能力，在高端配套市场中的份额达到7%以上，市场份额稳居全球前5名。注册资金12.5亿元，总资产94.23亿元，在岗员工6000余人。先后获得"国家高技术产业化十年成就奖""国家锂离子动力电池工程技术研究中心"等多项荣誉。

以质量兴业为背景的企业文化建设的实施背景

落实公司推进企业文化建设部署的要求。近年来，面对新能源行业机遇与挑战并存的快速发展期，力神公司领导班子把加强企业文化建设摆在谋求企业更好、更快发展的突出位置，深入研究制定企业文化建设总体规划，系统部署各年度工作任务，继续秉承"技术质量，国际一流；绿色能源，造福人类"的企业愿景，相继提出了质量兴业的核心文化理念和人才文化理念、安全文化理念、速度文化理念、成本文化理念等。

培育符合公司要求的高素质人才队伍的需要。力神公司秉承高端定位的战略，着重培养高素质人才队伍，高素质人才队伍是履行"质量兴业"文化的核心要素和中心环节，是生产出符合市场和客户要求的高质量产品、谋求公司的稳定发展的基本途径和根本保证。开展以"弘扬工匠精神，追求卓越品质"为主题的质量月活动，培育"力神工匠人"工作机制日趋完善，已成为公司最突出的工作亮点和最鲜明的文化积淀。围绕深入践行公司核心理念和人才文化、学习文化理念，通过打造"力神工匠人"特色品牌，实施目标管理和精细化管理，促进"力神工匠人"工作措施的系统完善和"质量月"活动的持续深化，建立符合力神公司企业文化理念要求并具有力神文化特色的育人工作机制，营造人人重视质量的浓厚氛围。

发挥新能源行业中心引领作用的需要。力神公司是新能源行业的标杆单位，随着国家对新能源行业的要求越来越高，加之新型号产品的不断快速投入，相应工艺的持续更新，要当好行业的领头羊，确保产品快速研发，确保产品质量安全达到国家规定的新标准，面临着时间紧、难度大等诸多挑战和考验。为此必须树立更高的工作标准，围绕践行公司HSE文化理念、质量文化理念、安全文化理念，采取目标管理和系统精细管理方法，打造力神公司质量体系、建立《质量绩效考核管理》制度、《安全生产责任追究管理细则》制度，提高生产经营管理水平，履行当好行业标杆的使命。

结合产品特点推进精细化管理的需要。因锂电池性能受温度、物理撞击、火烧等多种因素影响的特点，产品异常会直接涉及人身安全。近年来，力神公司紧密结合产品及公司分布特点，坚持以人为本的理念，把生产技术、质量一流的锂离子电池作为推进精细化管理的基本点和着力点，将质量管理作为各事业部、子公司KPI指标中的重要考核内容，以重点项目为单位成立质量专家组，围绕日常生产经营活动提炼出了"安全、速度、成本"三大工作核心要求，初步形成了具有力神特色的质量管理方式。要巩固和扩大工作成果，就必须按照公司管理文化理念，结合力神公司的基本特点，通过确定打造"技术质量，国际一流"这一目标，系统完善保证措施，建立符合自身特点的深入践行公司管理文化理念的工作机制，进一步提高各分公司、生产单位的质量管理精细化水平，以促进力神公司整体管理水平的提升。

以质量兴业为背景的企业文化建设的内涵和做法

以质量兴业为背景的企业文化建设的内涵：力神公司结合历史文化积淀和历史，确定以质量兴业为核心理念，以安全、速度、成本为主要目标和主体构架，通过建立组织体系，明确工作职责，分解目标任务，开展标准讨论，深化理念和标准宣贯，系统完善并保证落实保证措施，形成上下联动、左右分配、全员互动的推进企业文化建设特色框架模式和目标管理、项目管理、精细化管理工作机制，促进员工与企业共成长，全面提升力神公司经营管理水平和对外形象。

班子先行研讨，谋划工作思路。把班子先行放在首位，着力把企业文化首先成为领导者文化。每年年初组织专题学习活动，对公司企业文化核心文化和相关子文化理念、一些先进企业成功经验等进行认真学习和领会。本着学习和研讨思路相结合的办法，围绕力神公司未来规划，紧密结合"技术质量，国际一流；绿色能源，造福人类"的文化积淀和处于行业技术引领的定位，以生产经营为中心全面把握质量要求的特点，深入研究建立符合力神特色的企业文化建设模式。通过研究确定以质量兴业为核心文化，以"安全、速度、成本"为主要目标和核心工作内容，以质量体系管理、强化质量责任、强化过程控制、加强标准化管理、提高标准化水平、强化安全管理、抓好节能管理等活动为主要载体，按照"三定、三力、三落实"（三定：定目标、定任务、定措施；三力：挖潜力、增活力、提高执行力；三落实：组织的落实、人员的落实、责任与绩效的落实）的部署和"创新、协调、绿色、开放、共享"的发展理念，推进各年度工作，构建企业文化建设特色模式的总体思路。

加强组织领导，建立组织体系。为加强对企业文化建设，以质量兴业为中心，开展以"安全、速度、成本"为核心工作内容的组织领导，确保工作系统有序地开展，采用横纵交叉和项目化管理的组织管理模式，从各层级贯彻落实到各小组贯彻落实，让质量兴业的文化理念充分与生产经营活动形成有机的融合。分别成立了重点新品开发项目小组、力神公司技术质量管理委员会、重点技术项目管理小组、质量考核评价管理办公室、质量体系工作领导小组、安全生产管理办公室、节能办公室、新材料开发委员会。各小组成员分别由公司党政领导、技术专家牵头，由各单位质量、安全、节能专职人员组织。按照各自小组的职责和要求，做好日常工作的组织、协调和督导。

为形成以"安全、速度、成本"为核心工作内容的工作组织领导体系，各单位车间分别成立了对应的工作小组。

多层级推进质量文化建设，变理念为制度、机制。坚持公司领导班子先行，宣贯质量文化理念和标准，通过不断修订规章制度、强化规范和履职督导的管理活动合力抓好制度落实。质量是企业的生命，是企业技术、设备、管理、员工素质等综合能力的反映，没有产品安全就没有业务的理念时刻贯穿工作前后，重点突出产品质量和产品安全为各项工作的首要位置。

一是完善体系管理，强化质量责任。建立《质量绩效考核管理》制度，将质量管理作为各事业部、子公司KPI指标中的重要考核内容；实施《质量稽核管理》，确保重大质量问题反馈的及时性及准确性。二是进一步发挥公司技术委员会的作用，完善重大质量问题的专家审理制度，加强新产品在开发设计阶段的质量策划和质量评审，减少质量损失。三是从质量月活动和培训着手，开展技术改善、良品率提升等重点共性工艺技术项目，强化全员质量意识，确保全公司综合质量成本降低20%和全年无重大质量安全事故。

多角度推进质量文化建设，强化质量文化落地。通过各组织质量文化建设的推进，从公司各方位、各方向做起，实现公司质量文化落地。

强化过程控制。加强新产品质量监控及改进，提高新品质量水平；开展重点工序工程能力提升活动；大力推进质量改善工作，全年共完成公司级质量提升项目34项。

加强材料进检和供应商质量管理。强化供应商质量管理，进一步推动重点供应商的驻厂制度。将供应商质量评级作为重要指标，纳入公司采购策略中，形成公司对供应商管控的合力。

加强标准化管理，提高标准化水平。制定少型化、标准化、自动化、规模化、信息化的公司战略。按照三落实的要求，技术质量管理部设立专职人员负责标准化的审查和管理。要求各部门提高认识、增强意识、总结提炼、论证审查、建档执行。做到设计标准化、型号标准化、工艺标准化、材料型号和零部件尺寸的标准化、流程的标准化，提高公司的核心竞争力。

以质量活动为平台，全面推进质量文化理念。宣扬质量文化，大力鼓励科技创新，激发员工工作激情。建立申报专利奖励制度，对成功申请国家专利的员工进行精神和物质奖励；开展"讲理想、比贡献"活动，对出色完成各创新型项目的员工，进行精神和物质奖励，通过宣传采访、趣味竞赛、力神工匠评选等多种形式活动大力弘扬企业质量文化，倡导精益求精的工匠精神，营造人人重视质量的浓厚氛围。充分利用网络平台加大质量文化宣传的力度及广度，以公司质量信息发布、质量知识宣导、在线答题及网络投票等方式调动员工积极性和参与度，强化全员质量意识。加大公司质量培训力度，从质量意识、质量体系流程、质量工具等方面着手全面提升员工质量知识水平，提高解决问题能力。

以质量兴业为背景的企业文化建设取得的成果

多层级的质量文化推进实现了四个初步转变。一是标准体系由务虚粗放到务实精细的转变；二是组织实施由单一推动到系统联动的初步转变；三是实施过程由重年终评选到重过程控制的初步转变；四是育人重心由提高技能到提高综合素质的初步转变。四个转变增强了质量文化推进的系统性和实效性：2016年，公司"新能源汽车动力电池及系统开发创新团队"入选天津市人才发展特殊支持计划，并被评为"天津市高层次创新创业团队"的称号。力神公司研究院在研发一代技术方面，完成了300Wh/kg动力电池第一阶段研究、全固态电解质电池试制、4.45V聚合物体系平台开发、聚合物电芯3C及以上快充体系开发等7个重点项目，并取得了实质性的突破。

多角度的质量文化推进实现了四个加强。一是加强了工艺质量管理。公司全年综合质量成本6.61%，同比下降25%。二是加强了质量体系管理。顺利通过ISO9001、TS16949认证。三是加强了指标控制。特别是通过加强完善拳头产品管理，全年共设立30个拳头产品项目，实现销售收入28.4亿元，毛利润5.5亿元，完成改善项目127项。四是加强了过程控制。实现了连续3年产品重大安全质量事故零发生。其中《方型电池全自动线良品率提升》《聚合物高电压平台电池直通率提升》及《动力电池负极极片直通率提升》三个项目获天津市质量攻关优秀成果一等奖。

初步形成了推进企业文化建设特色模式。通过质量兴业文化的不断深入推进，结合力神公司自身文化积淀和特点，深入践行公司企业文化理念的工作亮点及工作特色，以质量兴业为核心文化，"安全、速度、成本"为主要目标和核心工作内容的主体架构的企业文化建设工作模式初步形成，为持续推进企业文化建设，全面实现"技术质量，国际一流；绿色能源，造福人类"的企业愿景积累了宝贵经验，奠定了良好基础。

主要创造人：倪　磊

参与创造人：朱小勇

以心为本的"走心管理"卓越文化实践

国网浙江省电力公司衢州供电公司

　　国网浙江省电力公司衢州供电公司（以下简称衢州供电）是国家电网浙江省电力公司所辖的部属大型供电企业，担负着衢州市4县（市）2区8841平方千米、100多万营业客户的供电任务，负责衢州电网的规划、建设、改造、运行、维护和调度，现有员工1980余人。公司先后获得"全国文明单位""全国五一劳动奖状""全国用户满意企业""国家电网一流供电企业"等荣誉。

"走心管理"的实施背景

　　"走心管理"是国有企业深化供给侧改革的现实需要。随着供给侧改革的不断深化，服务标准越来越高，业务流程精简优化的同时也意味着员工的工作量不断增加，工作中管而不理（考核多梳理少）、理而不顺（理事情多理心情少）、顺而不利（讲道理多讲实效少）等问题逐渐显现出来。企业要想不断提升电力服务质量，一定要聚拢人心、提升队伍素质。探索"走心管理"卓越文化实践，可以在改革形势下稳定人心，在经营管理中理顺人心，在跨越发展中凝聚人心，从而不断激发员工能力与活力，持续提升企业服务水平，彰显责任央企形象。

　　"走心管理"是加强国企党建思想政治工作的最新要。习近平总书记在国有企业党建思想政治工作会议上明确要求，国有企业要进一步强化从严治党责任。当前，国有企业党建思想政治工作基础薄弱、方法单一等问题依然存在，党建工作需要更加注重载体化、形象化、机制化，更加进一线、入人心、聚人气。实施"走心管理"，不仅关注刚性的制度执行，更重视柔性的"五力"（动力、压力、活力、战力、合力）引导，使党建思想政治工作掷地有声。

　　"走心管理"是激发员工幸福力的有效途径。员工的幸福力就是现实的生产力。当前，影响企业员工幸福力的主要因素有员工自我价值的实现、非物质的精神因素、员工之间的融洽程度和对民主平等的强烈意识等四个方面，如何使员工成为"幸福人"、提升幸福力，成为亟待解决的重要课题。实施"走心管理"，精准引导员工破解幸福密码，激励员工向上、向美的价值追求和行动，以幸福企业、幸福员工成就共同事业，建设共同家园。

"走心管理"的体系内涵

　　衢州供电围绕"理人心、稳人心、聚人心"文化课题，以"提升员工幸福力、企业竞争力"为目标，以"平等尊重"为基调，以"先理心情、再理事情"为导向，坚持"刚柔相济、上下互动、内外结合"的原则，落实一体化组织责任，搭建问题驱动、全员参与、流程闭环的智汇平台，建立工单式流程工作机制，制定以听心声、解心结、暖心窝、鼓心劲、拓心胸为内容的"五心套餐"，有效破解了企业管理中的热点、难点问题，促进了企业高起点、跨越式发展。

"走心管理"的主要做法

落实责任，健全"走心管理"网络。建立健全"走心管理"三级联动组织，细化柔性管理责任，为实施"走心管理"奠定扎实的组织基础。

（1）健全三级联动组织。按照"分层分区、重点突破、整体提升"的组织策略，构建三级网络体系（见图1）。一是领导小组，由总经理、党委书记任组长，统筹规划"走心管理"的策划、组织和实施。下设以党群部为总牵头的工作小组，负责方案制定和落实。二是工作组织，建立健全"工作组—工作站—工作点"三层工作组织，实现网格化全覆盖。三是推进实施，明确按支部建"工作站"实施、班组建"工作点"落实，形成了各负其责、全员参与的工作格局。

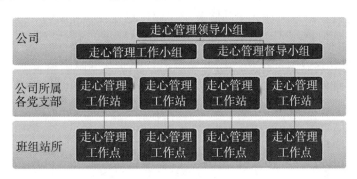

图1 "走心管理"三级联动组织

（2）成立"一室一团"。成立"朱光宇书记工作室"，发挥政工工匠在党建思想政治工作中的示范引领作用和政工干部队伍中的传帮带作用，提供强有力的智力支撑。成立"走心宣讲团"，组建以退休党员、二线干部和基层党员代表为宣讲团队，常态化开展走心宣讲活动，推进走心管理融入基层管理，渗透各个环节，深植员工内心。

（3）细化柔性管理责任。基于业务工作实际，围绕人格上诚信相待、工作上诚恳相帮、情感上诚挚相融、生活上诚心相助、沟通上诚意相通，细化柔性管理责任清单，成为开展"走心管理"、提升管理行为的基本要领。

搭建平台，贯通"走心管理"路径。建立智汇平台和APP服务平台，畅通线上线下"O2O"需求受理渠道，引导员工积极为企业建言献策，不断激发员工参与管理的积极性，为实施"走心管理"搭建统一的平台，贯通"走心管理"路径。

（1）通道上立体集成。线上，建立走心APP，设置"工作动态""走心团队""心语热线""网上预约"等功能模块，方便员工通过手机终端全面了解"走心管理"，实现走心服务需求的网上自助预约；线下，依托智汇平台18种问题输送渠道，将员工建言献策有序集成起来，便于全面了解员工的思想问题和实际问题，促进员工各种诉求的快速响应和解决。

（2）办理上流程闭环。建立以"问题评估定级—分级分层管理—问题穿透分析—明确整改路径—形成典型案例"为内容的全流程管理机制，使各类基层员工诉求得以快速响应和解决，真正做到有问必答、有惑必解、有难必帮（见图2）。

细化流程，推进"走心管理"实践。编制"走心工单"，明确"走心工单"派发机制，制定"听心声、解心结、暖心窝、鼓心劲、拓心胸"五大走心套餐，进一步畅通细化工作流程，深化"走心管理"实践。

（1）建立"走心工单"派发处置机制。编制"走心工单"，工单内容主要包括走心需求侧（单个员工或者群体）的基本信息、所属部门、问题描述、所选走心团队（或个人）、处理时限、满意度评价及意见建议。建立走心工单的逐级派发机制，按照工单颜色分层级、分急缓进行派发。

（2）选择工单处置"五心套餐"。结合员工典型心理问题的穿透分析结果，科学地、系统地制定了五大走心套餐，开展走心行动。一是"听心声"套餐。坚持"平等沟通、认真倾听"，通过谈心谈话、走访调研等方法，收集员工反映强烈的热点、难点问题，畅通沟通渠道。二是"解心结"套餐。坚持"专业疏导、文化引领"，通过EAP心理帮扶、"欢乐课堂"进班组等方法，解决员工工作压力、职业生涯困扰等个性化问题，引导员工合理抒发情绪、排解困惑。三是"暖心窝"套餐。坚持"细致关怀、主动服务"，通过建立爱心互助会、打造"幸福号"职工服务中心，丰富文化活动，温暖员工心灵。四是"鼓心劲"套餐。坚持"典型激励、职业规划"，开展最美评选、定制成长方案等活动，用最美价值、职业发展激励员工成长成才。五是"拓心胸"套餐。坚持"共享发展、战略引领"，以理想和事业感召员工向标杆看齐，促思想变革，为员工创造素质提升培训和职业生涯发展的空间，与员工共享企业发展成果。

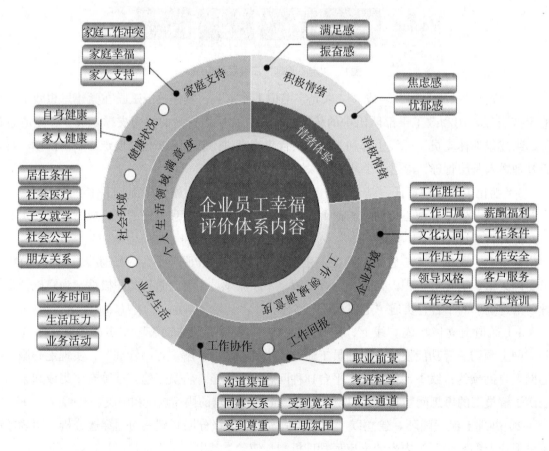

图2　员工幸福指标体系结构图

持续改进，强化"走心管理"保障。建立健全"三化"管控、综合保障机制，配合和支撑了中心工作和内外形势的变化，实现了长效运转、闭环管控和持续提升。一是项目化运作，按照"走心管理"实践规律，紧密对接中心工作和形势任务变化，精心选题立项，深入开展项目化运作，先后实施了《基于动态评价系统的员工幸福提升工程》《建设"美丽驱动"体系，卓越践行核心价值观》等"走心管理"相关项目，获得了国家电网公司精神文明建设创新奖二等奖等荣誉。二是动态化评估，通过政工例会、书记座谈会等平台，分析评估实施成效、存在不足，采取措施，改进提升。三是指数化评价，构建包含3个系统指标、9个要素指标、36个观察指标三层递阶结构的员工幸福指数评价体系，开展员工幸福指数季度监测评价，建立起员工满意指数到具体过程实施的闭环管控，确保有效运转、持续提升。

"走心管理"的实施成效

理顺了人心，人力资源管理水平显著提高。公司牢牢把握"走心管理"的本质，立足于心齐、心正、心聚，找准目标，稳步向前。公司领导走基层做调研，党委、支部、班组三级联动，以"严细实新"的工作作风，耐心、细致地与员工面对面、心贴心地沟通交流，将员工问题放在"心"上的同时也走进了员工"心"里，帮助员工理顺了心情，走出了一条发现问题、解决问题的实效之路。2016年，公司全员劳动生产率87.54万元/人·年，同比增长4.99%，超额完成既定目标。在G20杭州峰会保电现场，衢电人凝心聚力，出色完成了保电任务，完美诠释了保电精神，员工心气顺了，企业发展的"心动力"也更足了。

图3 G20杭州峰会保供电

稳定了人心，各项改革工作平稳有序推进。通过实施"走心管理"，切实把企业管理工作做到员工的心坎上，走进员工的心里，以公开、透明的操作获得了员工的理解与包容，用平等、尊重赢得了员工的支持和信任，促进了劳动关系的更加和谐。走心工作组多次走进供电服务机构优化调整部位、员工创新攻关团队，为员工答疑解惑、疏导压力，激励员工创业创新。2016年，公司创新项目《业扩E键通》在国家电网青创赛决赛中表现优异，在激烈的竞争中从60个优秀项目中脱颖而出，勇夺第一，并在国网公司座谈会上做经验交流，项目同时在全省试点推广。2017年以来，公司供电服务优化改革成效显著，全面开展一窗受理集成业务践行"最多跑一次"的承诺，深受客户好评，员工的干劲儿更足了，企业服务质量更高了，流程更顺了，客户更满意了！

凝聚了人心，激发内生动力实现了跨越式发展。通过实施"走心管理"，激发了员工的活力与心智，丰富了公司企业文化的内涵，为公司的人文环境优化、企业文化建设注入了"心"元素，增强了员工对组织的归属感和对公司的认同度，凝聚了人心、汇聚了力量。2016年，公司多名员工在各级技术技能比武中屡创佳绩，公司员工邵孜辉入选2016年"中国好人"，荣获"感动衢州供电—2016最美员工年度人物"荣誉称号，公司年度业绩考核取得历史最好成绩。种种收获都得益于公司上下"全局一盘棋、上下一条心、拧成一股绳"的集束效应。企业各项工作乘上了人人发力的"动车组"，驶入了干事创业的"快车道"。

主要创造人：吕　坚　钱仲文

参与创造人：王　瑛　劳浙龙　张亚平　袁忠华

培育工匠精神　传承中药文化

上海市药材有限公司

上海市药材有限公司（以下简称上药药材）建于1955年，是上海医药集团股份有限公司的全资子公司，大型综合性中药企业。以首创性技术成果，生产规模及同期所在的全国占比，成为我国中成药现代工业的摇篮；以集约经营的方式，广域分布的购销网络、齐全的商品品类、完整的仓储设施与技术力量，成为我国中药材现代经营的翘楚。业务涵盖中药材、中药饮片、中药保健品及中成药等品类，拥有"雷氏""杏灵""沪光"和"神象"四大驰名、著名商标，并以现代中药制造业为核心，成功打造覆盖种植（GAP）、生产 （GMP）、营销（GSP）的中药全产业链质量保证体系。

在长期生产经营中，上药药材形成了独特的中药文化底蕴和氛围，成为推动企业奋力前行的不竭动力。近年来，上药药材根据外部环境变化和发展内在需求，审时度势，全方位重塑企业文化，提炼并宣贯核心价值观"责任、专业、合作、创新"，大力倡导"工匠精神"，成为企业文化建设的一大亮点。上药药材开展企业文化重塑，着重于文化建设与企业实践的相结合，无论是宣传"五项意识"、培育雁式团队，还是倡导"工匠精神"、强调"品质优先"，都无不紧扣着企业发展主题和运行脉搏，引导群体意识，不断培育能工巧匠，提升员工队伍素质，使得培育"药材工匠"成为文化建设渗透于企业生产经营的一个重要接口。

培育"工匠精神"与文化建设一脉相承

"工匠精神"是对产品品质及专业技能的精益求精、不断超越和力臻完美。它体现了工匠们的信念和意志，饱含着工匠们的辛勤和奉献。在向用户提供卓越产品和服务的背后，呈现了工匠们追求极致的品格和匠心。这种理念和态度与上药药材核心价值观高度吻合，与上药药材一贯秉持的职业理念一脉相承。

为庆祝建司60周年，上药药材编撰出版《辉映甲子》一书。通过书中讲述的许多实在生动的历史小故事，员工们真切地看到，倡导"工匠精神"在上药药材是有深厚的文化资源积累的。在企业发展史上，上药药材涌现过许多享誉业内的药材专家和鉴别大师。中药师孔庆蕃，他提出的野山人参看"气魄"的鉴别观点，后被奉为经典之说。正是他和同行们的努力，"林下参""移山参"等品类成为国家新标准，他领衔研制的国产加工"石柱参"赢来市场一片赞许。他还不辞辛劳，编写了数万字的培训讲义，把毕生技能授予下一代，成为"全国名老中医药专家学术继承人"工作的首批指导老师，当之无愧地成为人参鉴别领域的国宝级专家，是一位真正的药材工匠。荣获"2015年度国家科技进步一等奖"的《人工麝香研制及其产业化》，是中药新药研发的一座巅峰，上药药材承担了中间体海可素Ⅰ、Ⅱ的研制任务。科研人员查阅了大量的文献资料，经过无数次实验，终于走通了工艺路线，拿出了药物一期和二期临床所需要的全部样品。长达20年的研究开发过程中，科技人员倾注了大量心血，他们为了这个中药一类新药问世和量产，贡献了自己的全部智慧和青春年华，他们是新中国红旗下成长起来的一代"药材工匠"。

上药药材正是有了这样一批又一批中药行家里手和专业达人，在其发展历程中留下了许多闪光的印记，国内第一支中药注射剂、第一个中药颗粒剂、第一个中药滴丸剂……才能得以在此诞生。

上药药材倡导"工匠精神"，实际上是要在全体企业成员中培育"匠心文化"。班子成员带头，结合本企业的实际，在各个条线、各个层面组织开展专题宣讲和学习，并逐步有意识、有步骤、有规划地引导广大员工对倡导"工匠精神"达成共识。逐渐形成刻苦钻研争做行家里手，奋勇争先实现自我价值的良好氛围，从"工匠精神"的角度诠释企业核心价值观。同时，相继制定了培育企业工匠、造就核心队伍的长远规划和落实措施。

寻载体搭平台促进"工匠精神"落地深植

中药文化的活力基于传承，成于实践，功在开拓，重在创新。上药药材在文化建设中，十分重视"工匠精神"的传承和落地，力求在途径上开拓，举措上创新。主要通过两大抓手来推进和引导：一是以不同类型的劳动竞赛为载体，二是搭建落实"工匠精神"的平台。

组织开展优质型、增值型、创新型、技能型、安全型为主要形式的劳动竞赛。在竞赛活动中，注重把好劳动竞赛的立项、实施、检查、评审等环节，积极推广先进操作法和优秀管理案例，加强雁式团队建设，发挥领头雁作用。

积极搭建培育"工匠精神"的平台，主要是开展高师带徒工作和创设劳模及首席技师工作室。积极探索多层次，可持续、有计划的五级培育平台，通过师承学习的途径，培育既了解中药传统经验又懂得现代科学知识的中药高技能人才。

中药人才五级培育分别为：开展国家级的全国老中医药专家学术经验继承工作和中药特色技术传承人培训项目；铺开市级的首席技师千人计划，包括上海市技术能手、技能大师；进行有行业级的"雷氏杯"中药行业职业技能竞赛；实施集团级的上药集团技能竞赛和浦东新区"技师育高徒"活动；以及通过单位级的师带徒工作来培养企业的高技能人才。五级培育平台为倡导和落实"工匠精神"，提供了有效的孵化机制和厚实的人力资源。

创设劳模和首席技师工作室是企业实施高技能人才培养的重要措施，也是企业培育"药材工匠"的一项重要举措。劳模和首席技师工作室紧密围绕企业发展对高技能人才的需求，发挥高技能领军人才在技术攻关、技术创新、技术交流、传授技艺和传承中药文化的引领作用，进一步增强企业自主创新能力和核心竞争力，推动企业职工技能水平整体提升和梯次发展。

上药药材各基层单位相继组建了"成本海劳模创新工作室""张雄毅首席技师工作室"等。在企业的经济运行中，劳模和技师工作室积极发挥着各自的技术专长，将专业知识与工作实践融为一体，将工作任务与经营发展有机结合，为企业的科研进步和技术攻关努力发挥"领头雁"的作用。这些工作室的创设和运行，不仅推动了"工匠精神"逐步深入人心，提升了工作质量和业务品质，而且也对整个企业文化建设起到了很好的正面促进作用。

造势引领促进"工匠精神"深入人心

为更好地倡导"工匠精神"这一文化建设主题，上药药材在示范上造势，氛围上引领。通过经验交流、事迹介绍、实例剖析、主题演讲及微信专栏等各种活动形式宣传劳模事迹，对激励员工发扬"工匠精神"形成了强大的精神感召力。

榜样的力量是无穷的。上药药材以表彰劳模为契机，组织开展劳模事迹宣讲，张贴劳模宣传海报，积极营造学习劳模、尊重劳模、争当劳模的良好氛围。弘扬劳模精神，使其成为培育员工"工匠精神"的催化剂，就是要让更多的员工感到劳动光荣，劳动伟大，拥有产业工人的自豪感，让更多的员工在自己的岗位上不断进取，不断超越，涌现更多的能工巧匠。在宣传劳模的同时，投入大量的人力、物力和精力，有意识地、多层次地组织了首席技师工作室经验交流，连续编撰《企业文化案例汇编》，倡导爱岗敬业，刻苦钻研，精益求精，追求卓越的职业精神，营造培育"工匠精神"的土壤。

上药药材通过选树"药材工匠"，充分发挥他们的示范和引领作用，由此来进一步提升职工的岗位责任感、职业荣誉感、企业归属感和历史使命感，加快打造一支与公司发展战略相适应的高技能领军人才队伍。在企业内，进一步形成了掌握先进技术、创造优质产品、追求高效业绩、提供一流服务的企业文化氛围。

企业文化培训

政策和机制保障"工匠精神"生根开花

为了深入开展培育"工匠精神"，上药药材除了坚持企业经济可持续发展原则，促使职工工资增长水平与企业经济发展水平相匹配，更着眼于建设以业绩为导向原则，不断完善责权利相一致的薪酬分配机制。为鼓励生产一线职工提升岗位专业技能，2015年工资集体协商重点对在生产一线工人岗位工作，且职业技能与岗位工作相匹配的高级工、技师、高级技师，实行技能津贴。2016年，结合推进"工匠精神"的培育，又对高技能等级的津贴标准做适当调整，同时还增加了首席技师、技能大师两个等级，进一步加大激励力度。通过这些举措，极大提高了生产一线职工钻研专业技能的热情，也为企业培育能工巧匠创造了十分有利的条件。

上药药材主营中药材及饮片、中成药与参茸保健品，十分注重技艺传承和创新。为促使员工自觉钻研，岗位成才，把发扬"工匠精神"落到实处，企业党政工一起拟定了配套激励机制，在企业各个层面进一步推广和深化"师带徒"工作，对悉心带好徒弟的老师傅给予各方面的支持和薪资奖励，对学有所成的员工提供更多的施展身手的机会，创造更大的实现自我价值的舞台。

正是由于企业在分配制度、激励措施上大力倾斜，在组织保障、运作机制上不断强化，上药药材倡导"工匠精神"，培育专业人才的工作，开展得风生水起，不断结出硕果。为鼓励和促进销售团队的成员不断"冒尖出挑"，上药药材在政策制度上提供了各种扶持和保障，制定了《营销人员晋升和发展政策》《青年人才培养计划》等一系列激励政策，为员工规划职业生涯，实现自身价值搭建了平台，极大地调动了员工干成业务、干好业务的积极性和能动性，也为销售队伍里涌现"药材工匠"创造了条件，提供了空间。

发扬"工匠精神"是基业长青的内在坚守

上药药材坚持中药全产业链发展战略，通过强化拓展药材源头建设，掌控产业链上游资源；通过探索尝试中医医疗服务，延伸产业链终端。同时与国际著名药企联手，发展配方颗粒，充实中间业务。

上药药材以企业经济整体发展为轴心，以宣贯企业核心价值观为纽带，层层推进企业文化重塑，不断创新和完善精神文化、行为文化、制度文化。强调"品质优先"，倡导"工匠精神"，这一主题的提出和展开，使得企业文化建设又多了一个与公司经营实践高度契合的抓手。倡导"工匠精神"，不仅帮助广大企业成员更有效地理解和体现"责任、专业、合作、创新"核心价值观，也促进企业不断挖掘和培养各种项目领衔人物和专业技能人才，为经济步入发展快车道的企业，提供源源不断的人力资源和智力支撑。也正是倡导"工匠精神"符合了企业发展的需要，使得企业文化建设更加贴近实际，更容易引起广大员工的共鸣和响应。在培育药材工匠的过程中，蕴藏在职工心里的热情和智慧被充分激发出来，反过来也有力地推动了企业经营面貌迅速改观。近年来，上药药材整体运行质量及竞争能力明显提升，盈利能力连年呈现突破性增长，经营净利润3年复合增长率达到70%以上。在倡导"工匠精神"等企业文化正能量的推动下，2016年企业净盈利再创历史新高。员工收入也随之持续改善，关键岗位，关键人才更是得到了政策扶持和薪酬激励。在共享改革发展红利的同时，干部员工的工作态度发生了深刻转变，面对市场竞争和环境变化的适应能力明显增强。企业文化建设真正发挥了保障企业发展、引导企业进步的巨大作用。

在企业文化重塑过程中，尝到倡导"工匠精神"甜头的上药药材，正在以更大的力度培育更多的业务明星，孵化更多的药材工匠，使企业在竞争中立于不败，发展中基业长青。"工匠精神"支撑着上药药材的今天，更寄托着上药药材创造更加美好未来的企业梦想。

主要创造人：陈军力

参与创造人：凌文婕　金望东

以儒家优秀思想推动企业和谐健康发展

国网山东省电力公司济宁供电公司

国网山东省电力公司济宁供电公司（以下简称济宁供电公司）始建于1966年，是山东省电力公司直属的国有特大型供电企业，拥有35千伏及以上变电站223座，下辖10个县级供电公司、156个营业网点，担负着为济宁地区1.1万平方千米、328余万用户提供安全可靠供电的任务。被首批命名为全国一流供电企业，先后荣获"全国文明单位""全国精神文明建设先进单位""全国五一劳动奖状""全国安康杯竞赛优胜企业"等荣誉，连续18年在全市行风测评活动中名列公共服务行业第一名。

济宁供电公司成立以来，始终坚持"以人为本、文化引领、和谐发展"的理念，深入践行国家电网公司"五统一"企业文化，倡导以德育企、以文化人，推动公司由制度管理向文化管理转变，推动实现企业和谐健康发展。尤其注重发挥地域文化优势，着力将深厚的儒家优秀思想内嵌到企业文化建设中，丰富企业文化内涵、创新文化实践，大力推进"仁德和赢"文化实践、"道德长跑"计划、"善小"卓越实践，创新开展"读论语讲安全、读论语讲管理、读论语讲人生""清风儒训"廉洁教育等主题活动，构筑了"企业—员工"共同精神纽带、"企业—社会"和谐共生网络，增强了广大员工的文化自信、文化自觉，形成了承载国家电网核心价值理念、具有孔孟之乡特色的企业文化实践模式。

深化以德育企，构筑道德高地

坚持以德育企的方针，实施"道德长跑"计划，运用儒家礼乐化育理念，强调"循序渐进、氤氲化生"，持之以恒地加强员工思想道德教育，使道德理念内化于心、外化于行。

建立长效化机制，培育道德典型。传承"讲仁爱、重民本、守诚信、崇正义、尚和合、求大同"的儒家思想，建立"道德讲堂"长效机制，做到讲有其所，打造全国职工书屋示范点、"圣地之光"企业文化展厅、车间职工之家、"宁电先锋"微信公众号等线上+线下教育阵地；做到讲有其制，构建覆盖部室、车间、班组、供电所的道德讲堂网络，将道德讲堂建设纳入绩效考核，作为评先推优和岗位竞聘的重要依据；做到讲有其物，邀请大学、党校的专家学者举办专题讲座，定期组织道德模范巡讲会、道德故事分享会等活动，编发《中华传统文化读本》等书籍；做到讲有其法，结合安全生产、优质服务、善小公益等工作，构建先进典型的选树、培育、宣传、激励体系，开发员工"荣誉档案"平台，开展善行义举"四德"模范评选活动，选树可学可鉴的身边榜样，利用微信、网站、展板等载体开展感性化传播，把道德模范的榜样力量转化为员工的具体实践。

践行核心价值观，培育最美精神。弘扬"诚信、责任、创新、奉献"企业核心价值观，带动员工积极践行社会主义核心价值观，扩大主流价值观的影响力，渗透到员工工作、生活的各个方面，彰显儒家文化的当代价值。精心打造"最美"主题实践，举办"最美国网人""最美工匠""最美青工"系列活动，策划"国家电网人的一天"主题传播，激励员工发现"最美故事"、实践"最美精神"，涌现出山东好人刘巨海、徐保庆等先进典型。以优质服务、文明礼仪为主题，与电视台合作打造"彩虹进万家"电视栏目，设计制作员工行为示范片，评选设立党员先锋示范岗、明星员工服务窗口，做到细心服务"零差错"、亲情服务"零距离"、主动服务"零超时"，引导员工培养良好的行为习惯，引领社会形成新风正气。

深化家文化建设，传承优良家风。 践行儒家"齐家"理念，注重修身养德、整齐家风，营造"企业以员工为本，员工以班组为家"的氛围。开展"我的班组 我的家"主题活动，组织班组提炼家风家训、班组公约、团队理念，编发"家文化"实践手册、家风家训故事辑，打造班组文化长廊、职工之家等思想道德教育阵地，组织举办班组长风采大赛、班组故事分享、"我的老班长"等活动，宣传先进典型，传承优良家风。建立班组道德文化辅导员队伍，组织开发系列精品课程，每月举办班组文化课堂，做到有文化故事、有经典名言、有古代先贤、有当代先锋，实现核心价值观教育与儒家优秀文化传播的有机结合。实施"德润班组"示范项目建设，选择文化积淀厚、员工道德基础好的基层班组，建设一批"叫得响、推得开、有特色"的文化示范点，打造"照亮人生""宁电先锋"等德育文化品牌。

开展"我的班组 我的家"主题活动

践行和善理念，培植善小品牌

倡导"礼之用，和为贵""仁义忠信、乐善不倦"的崇和向善理念，深化"善小"卓越实践，凝聚向上、向善的道德力量，实现企业与客户、社会、员工和谐共进。

实施爱立方行动，落地善小实践。 践行"以和为贵、乐善不倦"的理念，实施"爱立方"善小志愿服务行动，建立组织领导、管理、典型激励"三位一体"的保障机制。在组织领导上，成立济宁供电公司爱心志愿协会，打造32支活跃在孔孟之乡的"乐善"义工队、"善小"服务队和彩虹共产党员服务队,1600余名员工积极参与其中。在管理机网络上,搭建"善小"志愿服务信息平台,建立"善小"服务网格和服务档案,实施亮化积分制管理,激发广大员工参与热情。在典型激励上,运用网站、微信、微博、微电影等立体传播手段,深度挖掘"善小"典型人物和典型故事,评选表彰优秀服务项目和先进服务典型,广泛传播交流"爱心妈妈"服务队的先进事迹和典型经验。"爱心妈妈"服务队坚持"家人化关怀、代用化资助、长效化帮扶"的理念,10余年来结对帮扶贫困留守儿童700余名,服务队入选"山东十大凡人善举"。

提供最好的服务,勇担社会责任。深化"你用电,我用心",将"善小效大"的理念转化为优质服务客户、勇担社会责任的具体实践,开展进社区、进学校、进乡村、进企业"四进"服务活动,把服务延伸到8小时以外,把爱心传递到客户心中。智慧服务"进社区",大力宣传电e宝等便捷服务方式,打造城市10分钟交费圈;推广居民电、水、热、燃气"多表合一"采集,建设规模和运行成效全国第一,打通服务居民最后1000米。亲情服务"进校园",捐建国家电网希望小学,推进"爱心妈妈"服务站进驻校园,结对帮扶贫困留守儿童,开展安全用电、传统文化教育等活动。阳光服务"进乡村",落实中央精准扶贫要求,实施"阳光扶贫工程",实现农田灌溉机井"井井通电"和自然村"村村通动力电",选派管理经验丰富的党员干部担任对口帮扶贫困村"第一书记",助力农民脱贫致富。增值服务"进企业",定期组织彩虹共产党员服务队、"善小"服务队上门走访,帮助客户排查用电安全隐患,累计排查客户2.6万余户,保障客户用上安全电、放心电。

构建大健康机制,保障员工健康。将"善小"理念融入员工关怀中,构建"身、心、魂、形"大健康机制,保障员工身心健康、道德健康和形象健康,促进企业和谐健康发展。以"强身"为基础,成立网羽、读书、书画等"十四大文体协会",建立文体明星"群英榜",开展"明星带徒"活动,培育员工健康向上的兴趣爱好。以"育心"为根本,建立员工心理健康服务中心,聘请心理专家辅导,配置心理体检专业设备,帮助员工塑造阳光心态;全省率先挂牌成立党代表工作室、职工代表工作室、员工诉求中心,即"两室一中心",构建覆盖车间、班组的民主管理网络,畅通员工诉求表达和建言献策渠道,做到政通人和、同心同德。以"铸魂"为关键,发挥员工思想道德辅导员队伍作用,大力开展道德讲堂、文化讲堂、道德模范巡讲等活动,坚持以德铸魂,培育出各级劳动模范、道德模范160余人。以"塑形"为导向,把思想、作风、道德建设贯穿队伍建设始终,广泛开展善小志愿服务、"彩虹共产党员服务队"竞赛、"四进"服务等活动,彰显"有难必帮、急公好义"的乐善形象。韩志刚彩虹共产党员服务队推出家务式服务模式,视客户为家人、把服务当家务,14年来开展上门服务、零点作业1800余次,出色完成了湖南郴州抗冰抢险、奥运会保电等急难险重任务,被评为国家电网公司"十佳彩虹共产党员服务队"。

突出价值引领,构建和谐企业

传承"仁、义、礼、智、信"儒家文化价值取向,以"五统一"企业文化为引领,创新开展"仁德和赢"文化实践,推动儒家优秀思想与企业文化建设、经营管理有机融合。

注重内涵式发展,塑造内质外形。深入挖掘"仁德和赢"文化价值,在企业管理中大力开展"四倡导"活动，夯实企业内质外形建设。倡导"仁爱"，经常性开展"员工遇到特殊困难必访""员工与他人发生矛盾纠纷必谈"等"四必访、五必谈"活动，每年推出服务员工"十件实事"，建立员工之间、员工与企业之间的良好关系。倡导"信德"，落实国家电网公司"三个十条"，全员开展"诚信在岗位 争做最好的自己"劳动竞赛，建立员工诚信档案，激励员工爱岗敬业、恪守承诺。倡导"和谐"，持续开展"读论语讲安全、读论语讲管理、读论语讲人生"系列活动，推进儒家文化融入安全生产、企业管理、员工行为，创造和谐稳定的环境。倡导"共赢"，以客户为中心，实施永不竣工的"彩虹工程"，开展"彩虹 心服务 新价值"主题活动，出台"阳光扶贫"等32项服务落地措施，着力为客户提供最好的服务。

汲取文化正能量，涵养为政之德。践行"为政以德""廉为政本"的理念，强化党员干部廉洁、政德教育，为新时期党风廉政建设注入强大的思想道德力量。探索运用课堂教学、现场教学、体验教学、礼乐教学相结合的廉洁、政德教育模式，创新开展"清风儒训"廉洁教育，举办"儒训·德廉"大讲堂和"以案说廉""读书悟廉"活动，编发《儒训·德廉》教育读本、"清风儒训"廉洁故事读本，通过学习廉洁文化故事案例、邀请专家讲授儒家政德思想、观看政德教育影片、撰写廉洁家书等多种形式，教育广大党员干部严于修身、严于用权、严于律己。组织全体党员干部参观济宁政德教育基地，近距离、多角度感受孔孟先贤做人、修德、为政的深刻思想，增强政治定力和文化自信，从思想上筑牢拒腐防变防线，实现了依法治企和以德育企的有机融合，荣获"全国五五普法先进单位"等荣誉。

主要创造人：李作兵　涂晓强

参与创造人：姜良民　涂保友　赵以排　杜爱民

明珠文化建设的实践与研究

华能伊敏煤电有限责任公司

华能伊敏煤电有限责任公司（以下简称伊敏煤电公司）是国内首家煤电一体化企业，是中国华能集团公司全资企业，由华能呼伦贝尔能源开发有限公司管理。主营煤炭、电力生产及销售，目前发电装机340万千瓦，煤炭年产能2200万吨，总资产181.36亿元。先后获得国务院颁发的全国民族团结进步先进集体，荣获"全国五一劳动奖状""全国文明单位""中央企业先进集体""国家环境友好企业"等国家层面和省部级一系列荣誉。

华能伊敏煤电有限责任公司在成长壮大的发展历程中，秉承华能集团"三色"企业使命，创造了独具特色的"伊敏模式"，逐步形成了以践行"三色"企业使命为基本特征，以树行业典范、塑草原明珠、铸绿色品牌、创一流企业为科学内涵，用个性鲜明、富有明珠色彩的文化理念，为公司可持续发展提供了强劲的文化软实力。

明珠文化建设的形成和背景

"明珠文化"的演变与发展	孕育期（1976~1988年）	艰苦创业时期
	成长期（1989~2007年）	生产建设时期——"草原明珠"有了第一次记忆
	成熟期（2008~2012年）	科学发展时期
	升华期（2012年至今）	创一流、管理提升时期

图1 "明珠文化"的演变与发展

明珠，取其璀璨、绚丽、明亮之意。明珠文化历经孕育、成长、成熟至升华四个阶段，从1976年16名创业者来到草原"安营扎寨"开始，到1989年3月由国务院批准为全国第一家煤电联营试点项目，再到2011年，煤电一体的"伊敏模式"作为引领调结构、转方式的典范，纳入了国家"十二五"发展计划和华能集团公司"绿色发展行动计划"。如今的伊敏煤电，以"一流的运营管控、一流的经营业绩、一流的人才队伍、一流的品牌形象、一流的可持续发展能力"为主要内容，立足提标准、强素质，重创新、树形象，努力把公司打造成为国内领先、世界一流、具有综合竞争力、持续成长型的大型煤电能源基地。40年来伊敏人艰苦创业、开拓奋进，靠着"创业、献身、进取、实干、友爱"的"伊敏精神"，在发展中积淀，在传承中升华，在创新中不断丰富，形成了同"三色"使命与愿景一脉相承的企业明珠文化。

三色"明珠"，在创造中律动，在发展中闪光

煤电一体铸明珠之魂。煤电一体是"伊敏模式"的核心要素，是明珠文化的魂魄。伊敏煤电公司代表了能源产业结构调整的正确方向，引领了一大批煤电联营或一体化项目建成投产，充分证明了煤电一体化是在市场经济条件下，提高资源利用效率、突破行业壁垒、省却运输环节、降低燃料成本的最成功的实践。目前，伊敏煤电公司能源基地建设战略规划已经出台。这是为国家经济发展、社会进步、民族团结和人民生活水平的提高而履行央企使命的集中体现，是"为中国特色社会主义服务的'红色'公司"企业使命的生动实践。明珠之魂融入了"红色"文化。

环境友好蕴明珠之髓。环境友好是"伊敏模式"的关键要素，最突出的亮点是美丽与发展双赢，蕴涵了明珠文化的精髓。输煤除灰全部通过封闭式皮带走廊来输送，在工艺流程上实现了清洁生产。截至2016年，露天矿完成排土场复垦面积727.86公顷，绿化面积593.71公顷，复垦率达98.3%，绿化率达99.11%，精心打造了樟子松林、多生灌木、生态牧草等植被，恢复"三大示范区"。发电厂6台机组各项排放指标全部符合国家要求，进行环保改造，实现超低排放目标。通过污水及中水处理系统实现生活和工业污水处理利用率高达100%，不让一滴水污染草原。"注重科技，保护环境的'绿色'公司"的企业使命，在伊敏煤电公司落地生根。明珠之髓融入了绿色文化。

循环经济立明珠之本。循环经济是"伊敏模式"的本质要素。在工艺流程上，实现了煤、电、水、灰、土的循环利用。煤矿为电厂直供发电燃料；发电产生的灰渣提取铁粉、制作建筑材料及销售粉煤灰；煤矿剥离的表层腐殖土，作为植被恢复再生资源，为排土场再披新绿；经综合处理后的生活和工业污水回送到发电厂再利用。这种资源高效循环利用，为全面建设环境友好型、资源节约型社会做出了突出贡献。创建一流企业，已成为伊敏煤电公司奋勇超越提升经营业绩，追求卓越推进科学发展的不懈努力。明珠之本融入了蓝色文化。

和谐团队赋明珠之韵。伊敏煤电公司在内部培育和形成了现代企业制度条件下和谐、融洽的新型人际关系，创造了尊重人、关心人、理解人、培养人和人尽其才的良好环境，依靠广大员工思想、道德、文化、技术素质的不断丰富和提升，使明珠文化在提档升级的进程中成为广大员工高度文化自觉和强烈责任意识的助推器。"三色"炫"明珠"，"明珠"映"三色"，明珠文化与"三色"使命交相辉映、根脉相系。

文化"明珠"，在引领中发展，在提升里凝聚

正确定位，持续建设，企业精神文化引领企业可持续发展。伊敏煤电公司在总结、概括、提炼多年文化积淀、汲取华能集团"三色文化"精髓、借鉴国内先进企业文化理念的基础上，初步形成了符合企业实际、适应发展要求、体现员工意愿的企业文化体系，并把企业精神文化体系作为指导企业生产经营和发展活动的群体意识、价值观念和理想道德的总和。

企业精神文化	**企业使命**：为中国特色社会主义服务的"红色"公司；注重科技、保护环境的"绿色"公司；坚持与时俱进、学习创新、面向世界的"蓝色"公司。
	核心价值观：坚持诚信，注重合作；不断创新，积极进取；创造业绩，服务国家。
	企业精神：千辛万苦、千方百计的敬业精神；逢山开路、遇水搭桥的开拓精神；自找差距、自我加压的进取精神；敢为人先、敢为人所不能的创新精神。
	企业作风：善开拓、讲效率、重信誉、勤俭办事。
	战略目标：以煤电一体化为核心，走循环可持续发展之路，建设产业结构优、经济效益好、队伍素质高、综合实力强的伊敏能源基地。
	发展理念：强基固本、做强做优，转型升级、科学发展。
	文化理念：三色使命托举草原明珠，明珠文化铸就品牌企业。
	品牌理念：树行业典范、塑草原明珠、铸绿色品牌、创一流企业。
	安全理念：安全是生命、安全是幸福、安全是责任、安全是效益。
	人才理念：建设一流人才队伍、实施人才兴企战略。
	廉洁理念：廉洁树形象、勤政促发展。

图2　华能伊敏煤电有限责任公司企业精神文化体系

融入管理，发挥作用，企业制度文化保障企业健康发展。伴随着明珠文化的孕育、成长和成熟，伊敏煤电公司的组织机构、体制机制和规章制度，作为一个相对独立的分支文化系统，从组织形态和管理形态彰显了经营管理特色。以"三重一大"决策制度实施细则等为基本形式的集体决策与监督制度涵盖了公司生产经营、改革发展的各个方面；以四项绩效目标体系为基本内容的约束、评价、考核机制贯穿到日常工作每一环节；以职工代表大会制度和厂务公开制度为平台的职工民主管理落实到每个岗位、每一名员工。以基本职责、工作行为、礼仪举止为主要内容，制定了《伊敏煤电公司员工行为准则》和《伊敏煤电公司职工道德规范》。在制度文化建设中，建立并不断完善各项规章制度及规范、标准等278项。

重点突出、务求实效，企业物质文化体现企业效益发展。以物质载体物化形态为表现形式的物质文化建设是明珠文化的直观反映。伊敏煤电公司创造了多项行业第一、国内外领先的标志性项目：伊敏电厂成功实施了国家重点科技攻关项目"数字化电厂关键技术开发"。伊敏露天矿国内首例采用GPS技术，首家建成数字化露天矿，并引进世界第一条自移式破碎机半连续生产系统，首开我国露天煤矿采煤工艺先河，连续13次被评为全国安全高效露天矿。在创造利润的同时，伊敏煤电公司把利润目标与环境建设作为有机整体，全面实施华能集团"绿色发展行动计划"，通过营建生态植被恢复"示范区"；以伊敏河大街、"七五三"高地、穿山公路生态植物园为特征的防护林带，实现了万里草原与原始森林的完美组合；街区美化亮化格局，改写了边陲高寒小镇见绿不见花、有光难放彩的历史，形成了工业场区园林化、行政街区广场化、生活小区公园化"三位一体"的又一景观（如图3）。

图3　打造绿色能源基地

"品牌明珠"，在践行中发展，在创新里璀璨

　　组织策划部署到位，明珠文化落地生根优势凸显。伊敏煤电公司围绕"建立一套适应企业发展战略要求、体现员工根本愿景、展示企业品牌形象、激励凝聚员工力量、助升企业综合实力文化体系"的目标，确立了"融合认同、协调统一，服务经营、引领发展，统筹兼顾、相互拉动，与时俱进、勇于创新，以人为本、全员参与"的建设原则，形成了党政工团齐抓共建，广大职工共同推进的良好氛围。在企业文化建设中牢牢把握集团公司"三色文化"主基调和"五统一"的原则，完成视觉识别系统的全面导入，逐步形成了"'三色'使命托举草原明珠，明珠文化铸就企业品牌"的文化脉络，实现了母子文化一脉相承、个性文化亮点纷呈。建立了文体活动中心、休闲运动中心、"七五三"展览馆、明珠文化广场等四大标志性文化阵地，建有陶然园等体现民族风格和企业特色的休闲文化公园，完成公司"七五三"展馆升级改造，并被命名为自治区级爱国主义教育基地。

　　培育核心价值理念，文化内涵辐射明珠光芒。把培育企业核心价值、塑造高素质员工队伍作为人才兴企的首要任务，以学习型党组织建设为统领，启动了"全员学习、终身学习"价值理念提升工程。通过开展"六型"（机制创新型、凝心聚力型、推动发展型、提升管理型、优质服务型、和谐稳定型）党组织建设，为公司所属不同单位分别构建党组织培育核心价值的平台；通过实施"五亮"（干部亮作风、党员亮形象、组织亮品牌、员工亮精神、团队亮业绩）行动，为塑造员工核心价值观拓展空间。把群众性精神文明创建活动作为培育核心价值的重要渠道，开展了以"六创六树"为内容的文明创建活动；启动了"道德讲堂"建设工程，形成了"授课讲堂、舆论讲堂、活动讲堂"三位一体的活动阵容，有近6000余人次进入讲堂接受教育，营造了"崇德尚善"的浓厚氛围，好人好事层出不穷，崇德向善、爱岗敬业已蔚然成风。企业的发展壮大得到了党和国家亲切关怀和各大媒体的赞誉。《人民日报》、中央电视台等多家中央媒体来公司实地采访报道。

积极创新活动载体，努力营造浓厚文化氛围。致力于构建和创新多姿多彩的文化宣贯载体，营造浓厚的文化氛围，在南北两大界门建立起文化擎天柱，对核心街道、工业重点场区，以"三色文化"音符为基准、以创建一流煤电企业为主题进行形象装饰，浸润着草原明珠的和谐韵味。组建了乒乓球、羽毛球、文学、摄影、音乐等13个群众性业余文化体育协会，每年集体组织开展文化活动30余项。以自营电视新闻、自编企业内刊《伊敏煤电》、自建手机新闻客户端《华能伊敏》、自创《明珠》书画、自导文化剧目为形式的文化传媒载体，畅通了广大员工抒发情感、陶冶情操的绿色通道。

实现员工成果共享，尽显央企社会责任。公司坚持以人为本，员工共享发展成果。通过社会化协作，解决员工子女就业近2000人，在百里之遥的海拉尔兴建住宅新区，使员工实现了都市生活梦；聘请国内知名医护专家，定期为员工进行健康体检；金秋助学、困难救助形成长效机制。明珠文化的人道风操成为广大员工健康生活的福祉，实现了员工愿景与公司发展的"同频共振"。在发展的同时，社会贡献逐年加大。累计上缴各种税费达110多亿元，在属地鄂温克旗财政贡献率达70%以上，有力地拉动了地方经济社会发展，在3万多人口的伊敏河镇，承担着当地公共基础、精神文化、生活服务、医疗卫生等大量社会职能，为伊敏河镇进入全国文明镇的行列搭建了坚实平台。对周边牧民群众的定点帮扶、赈灾救援实现常态化。面对社会公众，实施公共交通、广播电视、休闲健身等惠民工程，增进民族团结，爱心奉献社会。

伊敏煤电公司实施企业文化管理是一次全方位企业文化战略重构，实现了企业文化与发展战略的和谐统一，公司发展与员工发展的和谐统一，文化优势与竞争优势的和谐统一，为企业可持续发展构筑了一道崭新的"文化景观"，开辟了一条煤电企业文化管理的"时代通道"，正在描绘着"三色炫明珠，明珠映三色"的精彩画卷。

主要创造人：刘增荣

参与创造人：黄　琳　孙燕捷　王　猛

加强班组建设　促企业文化落地生根

佛山华新包装股份有限公司

佛山华新包装股份有限公司（以下简称华新包装）是一家大型包装股份集团企业。以造纸包装产业为支柱，集造纸、印刷、包装于一体，控股子公司包括珠海红塔仁恒包装股份有限公司（以下简称红塔仁恒）、华新（佛山）彩色印刷有限公司（以下简称华新彩印）。红塔仁恒从事高档涂布白卡纸的生产与销售，造纸总产能60万吨，主要产品包括170~400克/米系列卷筒纸、平板纸和个性标识码防伪涂布白卡纸等，其在烟草包装白卡纸市场处于领导者地位，产品品质达到国际先进水平。华新彩印重点向安全和环保方面发展，在行业内处于领先地位。先后荣获"中国轻工业前十强企业""全国造纸行业利税第一名""中国轻工业科技进步一等奖"等荣誉。

华新包装以中国纸业投资有限公司企业文化和发展战略为指引，结合自身实际，大力开展企业文化建设工作，以班组建设为抓手，使其成为企业文化建设的着力点和落脚点，以企业文化凝聚员工，引领员工，推动企业发展。

班组，是企业的细胞，是企业落实生产经营各项工作的根本。华新包装企业班组数量较多（249个）、集中在生产一线，班组长素质参差不齐。企业不同工作板块的班组，其工作任务、工作特点大不一样。目前企业步入新的转型发展时期，要求我们要把握班组建设的规律，要注重针对性和有效性，夯实基础，激活能量，探索提高，助力经营。

中国纸业党委高度重视班组建设工作，早在2008年就组织人员赴宝钢学习交流班组建设经验，随后在华新包装中开展了劳动竞赛、班组长培训、创建优秀班组等工作，这一时期的班组建设发挥了凝聚人心、构建和谐的成效。2010年开始，中国纸业引领各级基层党组织，领导工会开展班组建设工作，在企业生产经营中发挥了重要作用。华新包装紧密结合企业实际，围绕安全生产、提升员工素质和加强民主管理等主要指标推行了"四无四有四达标"评选"五星班组"的品牌活动，在宣讲战略、精细化管理、降本增效等班组活动中取得了良好成效。

2012年以来，以中国纸业系统班组建设推进会为标志，华新包装班组建设工作进入了巩固提高的阶段，结合国资委关于创建"五型"班组（"效益型、技能型、管理型、创新型、和谐型"）的要求，结合中国纸业企业文化建设工作，全面组织实施"三高"（高效益、高技能、高品质）班组的创建。

荣誉成体系，制度筑文化

华新包装在多年的班组建设中，建立了班组和班组长荣誉体系，形成表彰制度。设"五型班组""五型班组长"荣誉。几年来的班组建设推进，华新包装的班组长在训练中不断成长，不但能做事情、创业绩，还能带队伍，在"夯实企业基础、提升产品质量、构筑优秀团队、引领员工成长、督导民主管理"方面取得了良好成效，逐步形成了"人人都是一颗星，年年都有里程碑"的良好班组建设文化。

通过行之有效的考核制度、技能竞赛制度，引导、推进班组建设向纵深发展。"物竞天择，适者生存；开放创新，追求卓越"是华新包装核心价值观，"物竞天择，适者生存"是班组建设的基本要求，"开放创新，追求卓越"是班组建设的主线。公司在每年班组建设中，高度重视企业文化的导向作用，强调严格的制度管理与个性化管理相结合，通过执行《班组绩效管理制度》《班组质量管理制度》《班组流程管理制度》，在班组中以制度保证运营、保证管控，要求员工提升技能、增强岗位竞争力，"适者生存"。《班组文化活动制度》则是从个性化角度，引导班员自行约束、自行控制、自行点检；合理化建议奖励制度则是鼓励"开放创新"，追求工作的进取性和灵活性。最终将企业文化的各要素落地到班组，培育"开放创新，追求卓越"的班组文化。过去两年的班组建设成效可概括为：红塔仁恒推行"业绩考核""人文关怀"激励员工创造价值，效益明显；华新彩印推行"跨岗培训""技能提升"增强员工的责任心和担当力，成效显著。

华新包装公司班组建设工作先后获得"中央企业先进职工、中央企业红旗班组、中央企业技能竞赛优秀个人、广东省技能竞赛先进组织、优秀个人"，以及一批市级先进班组等荣誉。工会被授予"全国模范职工之家"。

技能促成才，管理增效益

不断提升班组长的管理素养和员工的技能水平，是做好班组工作的关键，是提升班组长和员工竞争力的体现，也是提升企业竞争力的重要一环。

班组长，是班组的灵魂，是生产经营一线的直接指挥者，是生产经营任务落到实处的关键所在。大力提升班组长的素养和能力，是班组建设的关键。自国资委与清华大学联合推出班组长远程培训工作以来，华新包装选派部分班组长参加培训，其中红塔仁恒的高贵景和华新彩印的刘新作为优秀学员到北京参加了现场培训，目前，他们已经由基层管理者走上中层管理岗位，由班组长升任部门经理职务。

一年之计在于春，每年春节过后，企业就制定班组建设年度方案，通过灵活多样的方式，如征集合理化建议、企业班组建设主题、班组口号、班组形象展示图、班组内部个性活动方案设计、搭建班组之间的交流平台等，调动基层班组长的积极性和创新能力。每年3月份举行华新包装年度班组建设表彰暨经验交流会。

郑嘉飞同志是一名在珠海红塔仁恒3号线工作了13年的"老班长"，他常说"班组长就是公司与一线员工的黏合剂，对班组建设要有高度的责任感。"2013年，他根据红塔仁恒产品转型升级工作要求，按员工熟练程度与突出点及时调整班组人员，进行责任分工，同时改进生产流程，制定了"生产巡检人员分配—稳定快速改产—快速引纸复产分工"的流程，快速提升了工作效率。他对每一项班组任务，都会考虑到对部门及公司任务的影响，努力高效完成，体现了一个优秀班组长的良好责任感和前瞻性。在他的带领下，珠海红塔仁恒3号线每个员工都感受到了班组凝聚力的增强、个人价值的提升和竞争力的提高。其本人也凭借优秀的工作业绩，于2014年被提升为线长。

华新彩印公司一贯重视技能提升，生产线创建"车间课堂"，在跨岗培训和竞赛中实现一岗多能。使老员工的技巧经验与新员工的新知识新思维碰撞升华。"安全没有终点，娴熟的技能是安全生产的重要保证"，总经理至机台班长都认定为硬道理。

创新思维，构建和谐

华新包装近两年的班组建设规划中，鼓励企业开展"三高"（高效益、高技能、高品质）登高行动，激励班组立足岗位，对标找差，持续改进岗位业绩，不断创造"今天比昨天做得好，自己比别人干得好，我们班组效益又提升了"的班组文化，广大员工活跃思维，和谐共处，多想多做，实实在在降本增效。

华新彩印柔印部Y12B班长刘明，2010年通过竞聘上岗当上班长。他依靠过硬的技术，创新思维，勤动手勤帮带，领导班员解决了印刷糖包产品跳印、压力调节等一系列印刷技术难题，提高了产品合格率，大幅增长了产能，有效、快速地消化了公司积压的订单，保障了公司的业务扩张。刘明多年被评选为年度OEE（设备综合效率）之星，被授予2013年度华新包装效益型优秀班长。

红塔仁恒纸业一是通过细化班组核算，用奖罚杠杆调动班员参与和谐班组建设。培养了班员精打细算意识，降低了煤电成本，减少了纸浆浪费。二是通过提高创效能力，采取提高设备开机率、工时利用率、优等产品率，开展修旧利废、小改小革、质量创优、合理化建议活动等措施，提高了班组创新无次品意识，营造和谐工作氛围。

班组是企业生产经营计划实施的最小执行单位，而班组长是企业从事生产经营活动的一线直接指挥者和组织者，是生产经营现场的直接管理者，也是把经营指标责任落实到岗位的关键。因此，加强班组建设是我们的战略性、基础性的工作，事关华新包装发展的大局，加强和快速推进班组建设刻不容缓，必须抓紧抓好。

今后，华新包装将按照中国纸业的战略部署和企业文化建设要求，把班组建设纳入企业文化建设序列，完善机制，坚定方向，明确目标，进一步深入推进"五型"、深化"三高"，充分发挥班组建设对全面提升员工综合素质、促进企业不断创新、提升效益的重要作用。切实加强优秀班组建设，强化"五型班组"品牌创建，以"三高"为依托，以"五小"（小发明、小革新、小改造、小设计、小建议）为抓手，深入开展"提升竞争力、共同谋发展"的活动。重视更好地发挥优秀班组、优秀班组长的骨干和引领作用，以点连线带面，在班组建设中将企业文化落地生根，推动生产经营的快速稳健发展，为中国纸业更好、更快地发展做出应有的贡献。

主要创造人：洪　军

参与创造人：季向东　任晓明

重塑文化之魂　引领改革发展

重庆市盐业（集团）有限公司

重庆市盐业（集团）有限公司（以下简称重盐集团）是重庆市属国有重点骨干企业，其前身是新中国西南盐务局，成立60多年来，坚持提供安全、健康、放心、优质的盐产品。下辖20个全资、参（控）股子公司及32个盐业分公司，现有员工近2803人，企业注册资本47745万元。截至2016年年底，资产规模38.73亿元，全年实现营业收入35.34亿元，实现利税2.18亿元。先后荣获"全国模范职工之家""全国文明单位""全国五一劳动奖状""中国服务企业500强"等荣誉，被国家工信部确定为"中国工业企业品牌培育试点企业"。

重盐集团围绕"改革、管理、发展"三大任务，深化改革、开拓创新、克难攻坚、砥砺前行，推动重盐集团从一个主要依赖政策保护支撑的传统专营企业，迅速成长为一个更多依靠市场驱动发展的工贸一体化、产业多元化的现代公司制企业集团。

当前，我国经济发展已步入新常态，面对企业内外环境的巨大变化，面对深化国有企业改革和盐业专营体制放开的巨大挑战，面对网络经济对实体企业的多角度冲击，面对提升企业持续盈利能力的竞争压力，重盐集团新一届领导班子制定了"4335"改革发展总体思路，提出了"构建先进企业文化，进一步巩固企业核心价值观、营造创先争优文化氛围"的顶层设计思路，以"继承、简约、充实市场元素"三大原则重塑重盐集团企业文化。

重盐企业文化体系的内涵

重盐集团领导班子高度重视企业文化重塑升华工程，成立了发展改革工作领导小组企业文化组。企业文化组通过层层分解目标、反复甄选合作机构，最终确立充分利用自身最了解企业实际的优势，自主进行重盐文化重塑工作。

重盐集团企业文化组研究了国内众多先进企业的文化基本架构，参考学习优秀企业的文化精髓，结合重盐集团发展改革战略，本着企业与职工共同成长，充分反映企业精神风貌和文化特征为基础，用先进文化助推企业发展的理念，以过去的重盐文化手册为基础，从企业发展改革实际出发，全面构思、反复提炼、面向市场，形成金字塔结构（111312型）的重盐企业文化构架。

重盐文化以使命为指引，以愿景为目标，以核心价值观为根本价值标准和价值信仰这"三个以"的灵魂为金字塔尖。

重盐使命：秉承"构建和谐商业生态，创造健康美好生活"的使命，在重盐集团实现持续科学发展的同时，要达到企业利益相关者的均衡发展，为员工及社会大众创造健康美好的生活。

重盐愿景：重盐的发展方向是"成为以盐为根基的供应链组织者"，旨在以市场为导向，以盐为立足之本，衍生至周边产品，以专业化能力构建良好商业生态。优化供应链管理水平，以职业化的精神精耕细作市场，成为中国盐行业一流的供应链管理企业。

重盐核心价值观：以"忠诚爱企，敬业成长"为核心价值观，重盐集团每个员工将前程和命运与企业发展繁荣紧密结合，与企业同舟共济、共担风险、共克时艰、共赢商机、共谋发展。

重盐精神、重盐准则和重盐作风是群体意识的集中诠释，是全体干部员工共同信守的基本理念、价值标准及精神风貌，构成了金字塔的三大支柱。

重盐精神：以"自强不息，勇于竞争"的精神气节，肩负起重盐改革发展的重任，在激烈的市场竞争中，认清形势，顺应时代，充分发挥主动性和创造性，勇于竞争，善于竞争，把握发展机遇和主动权。

重盐准则：以"卓越服务，高效执行"为行为准则聚焦客户需求，通过超出客户期望的专业化服务、雷厉风行的作风、果敢有效的执行力，在激烈的竞争中获得成功。

重盐作风：以"真抓实干，勇于担当"的作风，肩负起企业改革发展的重任，面对困难迎难而上，面对危机敢于挺身而出，勇敢攻克前进道路中一个又一个难关。

金字塔的底层由"外部关系、内部关系、人事关系"三组"十二块基石"构成，内外兼修，强化人的内在根本性作用，共同构筑重盐企业文化基石。对内关系包括：经营理念、服务理念、营销理念、品牌理念；对外关系包括：质量理念、产品与技术理念、成本与盈利理念、管理理念；人事关系包括：人力资源理念、学习理念、团队理念、安全理念。

以文化之魂，凝聚内生动力

传承巴盐文化，履行国企使命。五千年巴盐文化，是一部人类嗅着盐的味道而不断前行的历史。重庆作为中国井矿盐发源地，曾孕育了灿烂的巴文明，而今，重盐人秉承"构建和谐商业生态，创造健康美好生活"的使命，以盐为本，以厚德载物之态势履行国企使命，构建和谐商业生态，不断完善公司治理，以"重盐云商"电子商务平台、"重盐配送"物流运输、2万多家快消品网络终端等专业化能力推动重盐改革发展，为客户提供更优质的产品和服务，为员工创造更良好的环境和发展空间，保障食品安全，为社会大众提供高品质商品，协同利益相关者共同创造和谐、健康、美好的幸福生活。

率先开疆破土，夯实重盐根基。为实现"成为以盐为根基的供应链组织者"的愿景，重盐集团以"市场为先，集成资源"为经营理念，突出市场导向，整合聚集优势资源，串起产供销链条，增强企业核心竞争能力和盈利能力。倾力打造盐业产销一体化企业集团，拥有合川盐化、云阳盐化在内的4个国家食盐定点生产企业和省级专营批发企业许可资质，以盐产品供应链为基础构建了集团本部8家区域子公司、32个业务单元和6个市外销售大区的全国专业销售组织体系，并按照市场化机制组建培养市内1000人、市外500人的专业化销售员工队伍；同时率先引入快消品经营模式，倾力打造"重盐配送"现代物流配送体系，与中粮、郎酒、娃哈哈、重粮等14个全国和地方知名品牌建立长期战略合作关系，形成了以食盐为核心的六大类约2000个品项的生活必需品产品体系。

再造商业模式，提升服务能力。重盐集团以"诚信为本，尽心竭力"的服务理念服务大众，拥有以食盐经销客户为核心的客户资源优势，拓展出全国30余个省级食盐市场，分销客户突破6 000家，终端客户突破3万家，间接客户突破30万家；重盐集团积极探索"互联网+盐业"商业模式创新，建立以手机移动互联为基础的生活必需品电子商务平台"重盐云商"，平台建立半年以来，上线卖家9家，开17个店铺，买家突破5159家，有效订单突破13 500单，交易额突破5 430万元。

提升品牌价值，增强核心竞争力。重盐集团确立"传递价值，赢得忠诚"的品牌理念，旨在通过重盐品牌的树立，向相关者传递重盐集团的经营理念、价值追求、产品品质、优质服务与文化内涵，激发共同利益和情感兴奋点，不断提升品牌价值，用品牌溢价与增值赢得美誉与忠诚。

潜心培育人才，搭建事业平台。重盐集团确立"人尽其才，精干高效"的人力资源理念，最大限度激发员工专业能力与创造潜能。每年花费上百万元组织新员工培训、品牌战略培训、市场调研、经营管理培训等30余项实战教育培训活动，基层单位创建20家市级"职工书屋"，每年为干部职工送去专业书籍，促进员工"完善心智，超越自我"。建立后备干部人才库，储备各层级后备干部57名，每年组织后备干部培训，关注年轻干部成长，把成熟的优秀人员提拔到合适的岗位。每年通过征集专题合理化的形式鼓励职工积极为企业建言献策。

歌咏比赛

丰富业余生活，共建和谐家园。为增强员工凝聚力、向心力和创造力，重盐集团每年都组织丰富多彩的文体活动。2016年组织120名职工参加了化医集团举办的"春天与梦想、唱响化医、协同奋进"歌咏比赛，荣获一等奖；组织参加市商委组织的渝中区总部企业职工运动会、市总工会和市体育局举办的重庆市第二届社体大赛场乒乓球和登山比赛；组队参加重庆市职工乒乓球比赛；每年在全系统范围内举办摄影大赛，共收到展现重盐一线工匠精神、高尚情操的摄影作品1 000多份，获奖作品在重盐集团展出，选送优秀作品参加中盐集团摄影协会举办的摄影展；成立了乒乓球、篮球、羽毛球等兴趣小组，以"展重盐风采，显乒乓魅力"为主题举办三届"晶心杯"乒乓球比赛；组织职工参加"信心2016—中国移动4G—重庆百企万人跨年跑"活动；在微信公众平台开展"拿起你的手机和重盐集团天一井钙盐合影"活动，得到广大民众的踊跃参与。

强化安全责任，平安保驾护航。重盐集团将关爱生命、保障安全作为工作和生活的第一原则，确立"安全于心，责任于行"的安全理念。以"安康杯"竞赛为契机，通过安全培训、隐患排查、夏季五防、深化"打非治违""消防安全大排查整治"专项行动、发放宣传资料、组织观看安全常识、典型事故案例、警示教育片等形式，在广大干部职工中牢固树立安全意识，调动职工的积极性、自觉性，形成"人人关心安全、人人重视安全"的浓厚氛围。荣获多个全国"安康杯"竞赛集体、班组、个人优胜奖。

坚守责任担当，履行国企职责

重盐集团积极响应市委、市政府号召，认真落实对口帮扶，以发展产业项目为抓手，先后投入大量资金促进万州、巫溪、云阳等对口区县社会经济发展。向对口扶贫的巫溪县捐赠了扶贫款60多万元，帮助巫溪、酉阳县改善办学条件和修建农村道路，现已建成了巫溪、酉阳两所盐业希望小学。集团公司职工还积极参加各种"献爱心，送温暖"的活动，为贫困地区和受灾地区捐款捐物。为改善巫溪县花栗盐业希望小学幼儿园办学环境，投入5万元为幼儿园购置值班教学设备，出资3万元为100名品学兼优且经济困难的儿童开展送温暖慰问活动。为满足农村贫困地区群众文化生活要求，重盐集团开展送电影进乡村大型公益活动，为群众免费送了4000多场电影，丰富了边远山区和社区群众的精神文化生活。

多年来，重盐集团一直关注帮贫扶困工作和自然灾害救助。举行"送温暖、献爱心"慈善活动，元旦、春节等传统节日为贫困户送上大米、食用油等慰问物资，坚持既扶贫又扶志，不仅从物质上给予帮助，更从思想上进行帮扶，帮助他们转变思想观念，树立自强、自立意识，由被动"输血"变为主动"造血"，贫困群众增收渠道得以拓宽，贫困户自我发展能力明显提高。2008年，重盐集团召集党员为"汶川地震"受灾地区捐款，募得特殊党费33380元；2010年，重盐集团为"玉树地震"爱心捐款10.21万元；2013年，"4·20"芦山大地震发生后，全体党员干部员工自发捐款13万元，帮助灾区人民抗震救灾渡难关。

在重盐集团各级领导的坚强带领下，全体干部员工的共同参与、努力践行下，重盐集团一定会肩负"构建和谐商业生态，创造健康美好生活"的使命，秉承"成为以盐为根基的供应链组织者"的愿景，践行"忠诚爱企，敬业成长"的核心价值观，共同实现"美好生活，重盐开始"的愿望！

主要创造人：曾　毅

参与创造人：秦红霞　王　燕

传承少数民族文化　打造中国绿色旅游

云南湄公河集团有限公司

云南湄公河集团有限公司(以下简称湄公河集团)是浙江金洲企业集团投资全资独立法人单位，主营生态旅游业，兼营生物科技和旅游地产业务，项目主要分布于昆明市、普洱市和西双版纳傣族自治州，现在拥有云南金孔雀旅游集团有限公司、湄公河旅游有限公司、金三角旅游航运等十八个经济实体。2016年，集团实现销售收入2.8亿元，一跃成为云南省旅游业龙头企业。先后被评为"云南旅游业发展突出贡献先进集体""普洱市重点龙头企业""中国最佳旅游景区""兴滇十大品牌企业"等荣誉称号，成为"云南省科学普及教育基地""中国儿童文学创作基地""'森林云南'建设省级示范基地""云南省生命教育生存教育生活教育实践基地"等。"野象谷景区"在"中国最值得外国人去的50个地方"评选活动中获得金奖。

1995年4月18日，怀揣"百年金洲，报效祖国"企业理念的著名浙商——金洲企业集团，与西双版纳傣族自治州旅游局签订协议，以现金8600万元，投资兴建4A级西双版纳原始森林公园。湄公河集团的起始原点从此诞生！高举鲜红的党旗，坚持绿色发展，传承少数民族文化，似一股春风，吹遍澜沧江两岸！

湄公河集团企业文化体系与内涵

愿景：做"中国绿色旅游引领者"。

坚持绿色发展，以生态养生旅游为主导产业，开发绿色技术，生产绿色产品，提供绿色服务，倡导绿色消费，引领绿色生活。从保护生态环境、关爱生命健康的高度出发，共同建设地球家园，为促进人与自然和谐共生、永续发展而努力。

为了这个愿景，湄公河集团苦苦探索20年，投资数十亿元，其中酸甜苦辣，不亲身经历无法体会前进中的坎坷与羁绊，折磨与痛苦。为了"绿色"常在，为了提升人民生活质量，作为党领导下的一个民营企业，心甘情愿，撸起袖子加油干。2009年湄公河集团将投资重心由西双版纳转向普洱，建立了普洱太阳河国家公园、普洱茶马古道景区等14个旅游项目，资产综合逾20亿元，为本地提供了2000多个就业岗位，2016年各个景区入园人数超过700万人次，实现销售过双亿元。

使命：保护原始森林，爱护野生动物，传承少数民族文化。

原始森林作为地球之肺，是最强大的生态系统。要按照以保护为主，开发是为了更好地保护的原则，维持森林原始状态，适当增加文化元素，开展素质教育，吸引人们走进森林，多与自然世界进行物质元素交换和精神信息交流，提高生态意识，共同保护好"人类曾经的故乡"。

野生动物作为世界生物基因宝库中的重要资源，也维系着生态链的平衡，具有珍贵的价值。

要继续大力开展对濒危、病危、受困野生动物的救助，并按照科学的规划，维护原生态环境，建立属实安逸的动物家园。适当开放一些动物萌态展示，以增加人们的喜爱度，共同爱护好这些"人类的亲密朋友"。

少数民族文化是中华民族精神瑰宝中的重要组成部分，具有教化育人、怡乐身心的重要功能。要充分开展挖掘、保护和集成、传播工作，发掘蕴含其中的敬畏生命、尊重自然的深刻内涵，为人们保留下一片"心灵游历的空间"。

湄公河精神：坚韧、危机、创新、厚道。

坚韧意志——保护性开发自然资源和人文资源，实现经济效益和社会效益同步发展，是一项利在当代，功在千秋的艰巨任务，任重而道远，必须具有坚定的信念和坚韧的意志，咬定青山、保持后劲、勇于担当、主动奉献，锲而不舍地向着既定目标奋勇前进。

危机意识——从太湖南岸到澜沧江边，实现跨行业扶贫式开发，一路上风雨无阻。随着知识经济时代和互联网时代的到来，传统旅游业面临着新的严峻挑战，稍有不慎就会面临落伍的危险，必须变压力为动力，在发展之中寻找危机，发现转机，把握先机。

创新思维——由于国家经济发展进入新常态，如何实现转型升级，满足多元化、复合型、高标准的旅游需求已成为新的课题。必须集中精力，全身心地投入，以提升服务满意度为出发点，创新旅游产品和企业管理，不断增强竞争力，实现可持续发展。

厚道品行——在社会分工日益细化和角色多重性日益加速的年代，最为重要的是营造一个合作共赢、互利共生的良好社会生态。必须以亲、诚、惠、容的厚道精神，建立起与消费者、合作者、周边居民、内部员工等的有效沟通、和谐互动机制，开展公益事业，培养团队精神，形成向心力和凝聚力。

宗旨：保护生态、绿色发展、健康人类。

保护生态——按照人与自然、人与社会相互融通、和谐共生的大生态观念，积极参与全域型旅游开发，致力保护自然生态环境。同时大力建设和弘扬优秀企业文化，树立奉献意识，担当社会责任，促进生态与经济、社会、文化的全面健康发展。

绿色发展——坚持短期利益服从长远利益，加大环境保护治理和科研投入力度，努力发展资源节约型和环境友好型产业。在保护好清新空气和洁净水源涵养地的同时，开发循环经济，生产绿色食品，提供颐养服务，推进绿色事业。

健康人类——保护生态、绿色发展的终极目标是为了人类自身的健康成长。工业化、城市化、老龄化带来的亚健康、慢性病问题与日俱增，保健康、治未病已经成为旅游业的核心价值。引导人们回归原始环境，享受人文关怀，重置原版生活，联通精神气血，恢复生机活力，是湄公河人的价值追求。

管理理念："三个一样"。即"工作像军队一样，学习像学校一样，生活像家庭一样"。

在工作上向绿色军营看齐，强调"严明军纪，令行禁止"，以集团的利益为出发点，做到目标一致，流程清晰，责任明确。要求员工在明确目标后，有责任，有担当、不畏艰险、勇往直前，主动执行、快速执行、创造性执行。

在学习上营造团结、紧张、严肃、活泼的氛围，将学习变成一种常态，在工作中加强学习，不断充实自身，增强业务技能和综合素质，在学习中结合实际，积累成果，创造精品，用创新撬动未来，以实力走向国际，最终完成自我价值的实现。

从湄公河是"幸福之母"的寓意出发，提倡快乐工作、幸福生活。通过不断改善工作环境，关爱身心健康，提供良好发展平台，让员工自觉地将自己的命运与湄公河集团的命运紧紧捆绑在一起，最终实现员工以企业为"家"的文化境界。提升团队合力，为共同的使命而奋斗。

湄公河企业文化主要做法

共产党人的情怀和梦想，铸就了湄公河企业文化的根基，成就了湄公河事业发展的战略。着眼当代的自然生态保护，放眼未来可持续发展目标。除了运营好常规的旅游业态外，在提高国民生活质量，提供健康生活产品上下功夫，在"旅游+"上做文章，从而赋予公司转型升级后以新的文化内涵。

旅游+教育，深度挖掘景区的自然特质，创意性开发旅游产品，将"研、学、游"作为青少年科普教育与自然教育的重要载体。我们设计了订制游品牌"云霞客"，从"中华小天使夏令营"到"奔跑吧，孩子"系列品格培养游学系列产品，为旅游自然教育营地打下了基础。

旅游+体育，成功引入与创立一系列国内、国际精品旅游赛事："China Ultra 100""普洱大三铁""普洱太阳河山地马拉松"。对于国民健康意识的提高，具有深刻影响力，对于市委市政府打造普洱体育旅游目的地，提供了经验和案例。

旅游+文化，"天赐普洱，世界茶源"积极配合当地政府茶文化宣传，在景区内陆续开展了具有浓郁地方特色的茶道、香道、摄影、绘画、禅修、瑜伽、辟谷等一系列文化艺术产品。

旅游+健康，创建生物科技公司，研究开发普洱茶和石斛等药材。融合传统傣医药学、细胞医学和基因工程等尖端医疗，不久将完成中国抗衰老中心西双版纳大渡岗社区建设。

众心齐，泰山移。湄公河集团2500多名员工齐心协力，创造了20年的荣耀。建立了一支有大局意识、服务意识，能团结协作、吃苦耐劳的优秀团队。在团队建设方面，可以说是多管齐下。

首先，强化党在企业的核心领导地位，不仅成立了湄公河集团党支部，还在其他5个子公司中分别成立了5个党支部。建立了对党员干部职工的优秀评选考核系统。创立党员示范岗，百分制考核，评选优秀共产党员。用中国共产党"党章""条例""准则"统领公司发展方向。

其次，健全群团组织，工会发放员工生日卡、新婚红包、特困补助，组织文化体育娱乐活动，丰富了职工业余生活，增强了干部职工间的沟通与交流，为持续改进集团的工作，提供了答疑解惑主动做思想工作的第一手参考资料，构建了良好的干群互动氛围。

再次，建立规范化管理体制，从员工的指纹考勤、月度评分考核、年度基础管理考核、岗位责任状、评先进、实行办公自动化流程等，到工程招投标等系列制度管理，创造了有章法、有纪律、顺畅的工作流程，从而构建了严谨的工作环境。

最后，立足本地，聘请主力军，面向全国，诚招将帅才。不拘一格降人才，是最具特色的用人方略。在这里的员工，小学文化不稀奇，大学本科随处见，硕博大咖擦肩过，三代同堂共事业。

埋头企业发展，不忘社会责任。2001年11月6日设立云南省野生动物收容拯救中心，近十年收容动物约10900只，230余种。为地震灾区、困难家庭助学，为慈善总会捐款合计达到243万元。与森林武警普洱支队建立了"军民共建"单位。成立民族艺术团，为弘扬和传承少数民族历史文化，深入村寨挖掘，采用歌曲、舞蹈、器乐、杂技等艺术表现手法，创作了《茶马古道》大型演艺项目，公开演出后，好评如潮。

响应国家新农村建设要求，投资1000余万元，再造基诺族山寨，成为全国唯一综合性集中以展示基诺文化为主题的旅游体验地，通过女神像、图腾柱、卓巴房、大公房、基诺婚礼、织布、特色手工艺品等生活场景展示创作了一台西双版纳首创的实景乐舞表演。

"旅游+教育"少儿游学活动

为了固化普洱地区的茶马历史渊源，再现商贾云集的茶马互市的繁荣，投资10亿元，复原茶马古城旅游小镇，复活茶马古道景区。

"绿色是生命的颜色，绿色的浪漫是生命的浪漫，我选择绿色的世界馈赠给你！"这是一个云南退伍老兵俞锦方的青春梦，是矢志不渝20年的湄公河集团的企业梦，更是人类向往美好生活的中国梦！

主要创造人：俞锦方

参与创造人：鲍建斌

以"卓越"文化引领企业科学发展

华电莱州发电有限公司

华电莱州发电有限公司（简称华电莱州公司）位于山东省烟台莱州市，濒临渤海，是华电集团公司重点建设的八大煤电、港电基地之一，规划容量6×1000MW，一期工程建设两台1000MW超临界燃煤机组，配套建设两个3.5万吨级通用泊位，于2012年年底投产发电，年发电量达120亿千瓦/时，是山东省和华电集团公司首个以百万机组起步的电港一体大型能源基地项目。截至目前，共建设4个风电场，装机容量达18.8万千瓦，成为华电集团公司乃至全国电力行业的一面旗帜，已初步建成了电港一体、风火并举的大型能源基地。

"卓越"文化的实施背景及内涵

华电莱州公司深谙"文化"对于企业发展的重要性，自创业伊始就着手企业文化的建设和培育。莱州项目作为华电集团公司"转方式、调结构"的重点项目，自筹建之初，就对其提出了要建设"大容量、高参数、环保型、景观式"国际一流发电企业的目标，华电莱州公司准确把握集团公司定位要求，系统分析资源优势，立足高起点，坚持高标准，致力建设成为世界上最好的发电厂。从设计开始，就时刻瞄准行业标杆，深入国内外电力企业调研，在设计中博采众长、优中选优，"追求卓越，不断超越"的信念推动着"卓越"文化的萌生。随着企业的发展，"卓越"文化不断升级完善，成为助推企业发展的强大内动力。

"卓越"文化全称为"让优秀成就卓越"，寓意凡事力求最好，让优秀成为习惯，并不断提升优秀的标准，以每一次成功的积累实现优秀到卓越的飞跃。

"卓越"文化包括"诚信、求真、和谐、创新"的核心价值观；"输出清洁能源、成就员工发展"的企业使命；"行业标杆、幸福家园"的企业愿景；"四个有利于"工作原则，管理、安全、环保、发展、廉洁、人才、工作、员工相关理念和"同心同行，永争一流"的企业精神。"卓越"文化成为华电莱州公司统一思想、凝聚力量，推进企业科学发展的强大精神动力。

"卓越"文化实施过程

"以文兴企"——锻造"卓越"文化体系。华电莱州项目自2007年筹建以来，一期（2×1000MW）机组工程在前期发展中经历了项目评优、上大压小等政策性变化，在工程建设期又遭遇融资难度空前紧张、建材价格急剧攀升、人力组织异常艰难等前所未有的内外部形势，可谓一路坎坷。面对困难，华电莱州公司广大干部员工坚持"建设一流发电企业"的目标不动摇，与企业同呼吸、共命运，共同攻克了一道又一道难关，取得了一个又一个胜利。在此过程中，逐渐形成了"追求卓越、超越自我、实现优秀"的员工发展理念，以及"艰苦奋斗、永争一流"的企业精神，"让优秀成为习惯"的员工行为准则深入每位员工的内心，逐渐形成了基建期的企业文化雏形。

科学规划。华电莱州公司充分利用筹建期是完善企业战略、健全组织架构、建章立制的关键时期，在项目筹建期就启动了企业文化建设工作，制定了企业文化建设方案，明确了企业文化建设的指导思想、原则和步骤。做到了企业文化先行一步，在企业战略实施过程中体现企业价值主张，实现了企业文化与发展战略实施的协调共进、完美融合。

强化领导。为了提炼出符合企业发展需求，凝聚员工共识的企业文化，华电莱州公司加强对企业文化建设的组织领导，专门成立了企业文化领导小组和企业文化建设办公室，定期听取企业文化建设工作汇报，并利用党委会、总经理办公会、党委中心组学习、政工例会等形式多次对企业文化理念体系形成和修改提出了意见和建议，进一步明确了企业文化建设的重点和推进步骤。

全员参与。在"卓越"文化形成过程中，华电莱州公司先后召开了10余场文化专题座谈会，借助专业咨询公司围绕企业文化建设开展了深度访谈和广泛调研，采取单独访谈和团体访谈的方式，共计访谈50余场、200余人，共发放问卷280份，员工参与率达到90%。充分分析了企业所处的内外部环境，掌握了员工的关键行为要素和对企业文化建设的认同度、期望值，把广大员工高度认同的优良文化因子进行总结提炼，同时赋予时代精神，形成了独具特色的"让优秀成就卓越"文化理念体系，使企业文化一发布，就得到广大干部员工的一致认同。

"以文化心"——激发企业内生动力

扩展分支，充实文化脉络。华电莱州公司注重"卓越"分支文化的发展，于2014年全面启动安全文化、创新文化和廉洁文化建设工作。在安全文化建设中，在职工中广泛开展安全文化理念征集和安全大讨论活动，历经两年，经过反复研讨，于2016年提炼的"预控"安全文化以其精简的理念和贴近实际的特点，在全厂上下营造了"不安全不工作"的良好氛围。在廉洁文化的提炼过程中，以莱州当地历史上"杨震却金"典故中的"天知、地知、你知、我知"为启发，提炼出具有华电莱州公司地域特色的"四知"廉洁文化体系，在丰富公司文化的同时，对地方文化起到宣传作用，帮助员工融入当地，增强员工的归属感和企业的凝聚力。同时，班组发挥主观能动性，结合工作特点提炼班组文化，以热控分场的"金线"文化为代表，呈现出百花齐放的生动局面。

强化宣贯，理解文化内涵。开展企业文化专题讲座，帮助员工理解企业文化对于企业发展的重要意义；举办企业文化训练营，让员工在活动中感受企业文化的含义；将企业文化纳入班组学习内容，通过不断的学习，加强对企业文化的理解。另外，企业文化故事征集、企业文化故事演讲比赛、企业文化故事微视频大赛、企业文化知识竞赛等活动，让员工在全过程参与感知企业文化，进一步理解企业文化的内涵，让企业文化真正入脑、入心。

丰富载体，营造文化氛围。根据华电集团公司"三统一"要求，开展VI规范应用自查整改工作，在企业网站、宣传栏等传统平台上开设企业文化专栏、企业文化园地等，同时，在厂区主要楼宇增设8台广告机，5个LED显示屏，滚动播放企业文化理念。在华电莱州公司公众微信平台上，推出企业文化故事，以员工喜闻乐见的形式，将企业文化进行推广。另外，印发"卓越"品牌系列丛书，安全文化长廊、"四知"文化廊等正在设计施工建设中，文化阵地得到不断扩展，在企业内部形成了浓厚的企业文化氛围，让文化入眼、入心。

"卓越"文化真正成为引领员工前进的灯塔、鼓舞员工拼搏的号角、指导员工言行的坐标、振奋员工精神的旗帜。

"革故鼎新"——为文化建设提供不竭动力

动态调整，形成文化生态循环。随着电力体制改革的不断深入，为适应企业跨越式发展，华电莱州公司于2014年开始对"卓越"文化进行修订。通过调研、专访、研讨训练营等方式，深入调研自文化发布以来的文化新形态。最终，将"卓越"文化定位进行适当地改造和再定位，让文化更加接地气，更加体现人的诉求。在坚持继承的基础上，融合新的发展阶段的新要求、新的领导班子的治理理念、员工的新期待等内容。动态调整后的文化体系内涵更加丰富，更能适应企业发展实际，更加有利于形成企业文化与企业发展良性互动的"生态循环"。

绩效评估，定期开展文化诊断。华电莱州公司还制定《企业文化建设评价办法》，并以此为工作框架，完善评价指标和评价方式，开展建设效果评价。该公司将企业文化建设列为年度重点工作之一，与生产经营工作同部署、同检查、同考核、同奖惩，并纳入经济责任制考核。每年对企业文化建设情况进行审计诊断，用好调研数据，使公司的企业文化评估和激励机制更加合理与完善，确保了企业文化健康发展。

企业文化的实施成效

以文化促发展，建设了"电港一体、风火并举"的大型能源基地。长期以来，华电莱州公司始终坚持"科技、人文、自然"的发展理念，以"输出清洁能源，成就员工发展"为使命，激发出广大干部员工的创业豪情，推动着企业健康、快速、可持续发展。一期工程于2010年3月开工，2012年年底投产发电，2012年9月，2×3.5万吨级码头投入运营，2015年火电二期两台百万机组项目获得核准。风电装机容量达18.8万千瓦，已初步建成了电港一体、风火并举的大型能源基地。

以文化加动力，提升精益管理水平。企业管理的最高层次是文化管理。在企业文化建设实践中，华电莱州公司坚持以文化心、以制度人，"卓越"文化融入管理体制机制建设，将企业管理工作由靠制度"硬约束"提升到靠文化"自我管理"，由靠制度"他律"提升到靠"文化"自律，"求实、求精、求效"的工作理念渗透到生产经营管理的各方面，创新开展的四个策划、基建经营一体化、全过程投资管控等多项管理经验得到华电集团公司的全面推广，并以规范化、制度化、标准化建设为基础，对有效管理标准及管理制度进行了梳理、修订，进一步优化了管理流程，促进了企业精益管理水平的提升。华电莱州公司持续深化对标管理，机组供电煤耗、发电厂用电率等各项指标均居国内百万机组先进水平，荣获"国家安全生产标准化一级企业"称号，一期工程荣获2013~2014年度"国家优质工程金质奖"，连续3年荣获华电集团公司"五星级发电企业"，树立起了华电集团公司新建企业的管理标杆。

以文化聚合力，培育最优秀的团队力量。 从建设之初，华电莱州公司就提出，要通过打造一个精品工程，引导和树立一种优秀的企业文化，锻炼和培养一支高素质的员工队伍。秉承"海纳百川、人尽其才"的人才理念，不断激发干部员工的积极性、创造力，努力为员工才能发挥搭建平台，根据员工的需求制订详细的培训计划，每年组织中层干部培训班、班组长培训班，开展"莱电讲堂"，从专业技能到人文情怀等多方面丰富职工的精神世界，增强了员工的归属感和企业的凝聚力。无论是在艰苦的创业期，还是在紧张有序的生产运营期，在华电莱州公司的各个领域，广大干部员工自觉践行"让优秀成为习惯"的理念，工作标准显著提升，攻坚克难能力显著增强。2012年以来，通过公开选拔任用的管理干部、专工近20人，1名同志荣获全国青年岗位能手，5人在华电集团公司技能大赛中获得优异成绩，10名"80"后青年员工成长为中层干部，为企业发展提供了坚强的人才支撑。

以文化激活力，唱响"智慧·生态·美丽电厂"品牌。 在"卓越"文化指引下，华电莱州公司内在活力激增，外在形象更优，企业凝聚力、竞争力不断提升。在企业发展、工程建设、管理创新等各个方面均走在了华电集团公司乃至全国电力行业的前列，受到了行业、各级政府和社会各界的广泛关注，其深入贯彻落实科学发展观，积极履行社会责任，高起点规划、高标准建设、全过程管控的实践经验被中央电视台、新华社等国内多家主流媒体广泛宣传报道，被中央电视台《新闻联播》誉为首家智能化生态电厂。"呵护蔚蓝·清理海滩"志愿公益活动荣登央视荧屏，成为践行社会主义核心价值观的典范。同时，华电莱州公司还荣获了"中国美丽电厂"唯一环境美称号、山东省"富民兴鲁劳动奖状"，并连续7年保持"山东省文明单位"称号等，"华电莱州"品牌知名度得到不断提升，企业影响力和员工自豪感显著增强，树立了"智慧·生态·美丽电厂"的良好形象。

主要创造人：秦世贤　孙学军
参与创造人：谷　涛　刘　艳　贺　佳

以文化融合为引领
推动企业中心工作持续发展

中铁十四局集团建筑工程有限公司

中铁十四局集团建筑工程有限公司（以下简称建筑公司）是中铁十四局集团有限公司的全资子公司，中铁十四局集团有限公司隶属于中国铁建股份有限公司，前身是中国人民解放军铁道兵第四师，组建于1947年，1984年集体转业并入铁道部，2011年改制为母子公司的管理体制。建筑公司于2014年9月由原建安分公司和水利水电分公司等单位合并组建而成。2016年公司承揽任务20项，合同金额61.3亿元，完成产值33亿元。共获得中国建筑工程"鲁班奖"2项，"火车头"优质工程奖3项，山东省建筑工程质量"泰山杯"奖5项。先后荣获山东省"富民兴鲁"劳动奖、山东省"安康杯"劳动竞赛优胜单位等荣誉，并连续13年保持"山东省文明单位"称号。

建筑公司自成立以来，始终坚持继承与发展的原则，不断推进企业文化的塑造，秉承中国铁建"诚信、创新永恒，精品、人品同在"的企业价值观、"不畏艰险、勇攀高峰，领先行业、创誉中外"的企业精神和集团公司"诚信、合作、创新、卓越"的经营理念，以继承和发扬"铁道兵精神"为基础，以"文化融合"为引领，提出了"融合、超越、共享"的企业文化理念，以文化聚人心，以文化促管理，以文化谋发展，推动企业走上了快速健康发展的轨道。

以思想文化的融合促进职工能动性的发挥

思想观念融合，强化文化认同感。 建筑公司注重职工思想观念的有机融合，一方面从思想上、心理上加快"我们都是建筑人"的角色转变，融入新的文化氛围；另一方面将原有优秀的教育方式，融入新企业的文化建设和精神文明建设中，以继承促进创新。通过会议宣讲、座谈讨论、活动交流、典型教育等多种形式，迅速提高了职工对建筑公司的认同感，形成了感恩企业、爱岗敬业的良好氛围。建筑公司继承原建安公司"孝老敬亲"文化传统，每个月为职工发放"感恩父母孝顺奖金"，并在年底为每位职工父母寄发春节慰问信，提高职工孝敬感恩意识，增强了职工对企业的认同感；组织职工参观曲阜政德培训基地，重点对国家主席关于传统文化的指示和"儒家文化"进行学习，提高了职工的文化自信和民族自豪感；编排的舞蹈《铁建小苹果》网络点击量超万次，展现了职工积极向上的思想意识和活力迸发的精神状态，扩大了企业影响力。

人文情感融合，增强企业凝聚力。 合并企业如何消除职工和职工之间、职工和企业之间的情感障碍？建筑公司双管齐下，一方面推进职工喜闻乐见、形式多样的集体活动常态化，通过文化活动增进职工间交流，消除情感障碍；另一方面着力解决职工群众的实际困难和关心的难点、焦点问题，落实服务宗旨，共享发展成果，增强了企业凝聚力，提高了职工爱岗敬业的主动性。建筑公司充分发挥工团组织的优势，积极开展丰富多彩的文化和体育活动，职工运动会、唱红歌、主题诵读、演讲比赛、志愿服务、青年联谊等活动在欢乐健康中融洽了情感，"星级食堂、星级宿舍"评选、"冬送温暖，夏送清凉，全年送健康"、元旦春节"送温暖""金秋助学"等关爱活动温暖了职工的心。截至2016年年底，建筑公司各级组织为职工群众办实事好事126项，得到了职工群众的普遍认同，增强了文化建设的凝聚力和企业发展的向心力。

愿景目标融合，实现思想精神统一。建筑公司通过调研摸索，明确提出企业文化建设理念和公司发展战略定位，形成全员共同的奋斗目标，促进了和谐的工作氛围。建筑公司在中国铁建"铁道兵精神"的基础上，吸取中铁十四局集团企业文化精髓，结合公司发展实际，提出了"融合、超越、共享"的企业文化建设理念，以融合为基础，以超越为追求，以共享为目的，把企业持续发展和职工共享发展成果相结合，用企业文化建设为公司发展提供坚强动力。多年来，形成了"上下一心求发展，众志成城抓落实"的良好态势，年年超额完成中铁十四局集团下达的承揽任务和产值任务，形成了强劲有力的发展势头。

以管理文化的融合促进企业管理水平的提升

制度章程融合，实现管理效率最大化。建筑公司成立以后，全面梳理编制管理制度体系，先后制定41项经营管理制度办法，下发党建和党风廉政建设管理文件21个，形成了公司管理文件汇编、党群文件汇编两项成果，从制度层面强化管理的统一性，规范企业管理行为。通过建章立制，推动企业文化建设，以制度管人，以制度管事，克服了管理行为的随意性，提高了办事效率，使公司治理有了完善的制度保障。2016年，建筑公司严肃处理涉及各类违章违纪案件12人，维护了制度的权威性，确保了公司管理制度的全面落实。

岗位机制融合，实现人才利用最大化。建筑公司坚决贯彻"五湖四海、任人唯贤""德才兼备、以德为先""注重实绩、群众公认"的干部选用原则，提出科学公平的用人文化，明确"以业绩论英雄"的选人、用人导向，切实消除原两个单位的"亲疏"之别，增强干部职工对新公司的认同感、归属感，极大地调动了干部职工干事创业的积极性，增强了广大职工提高岗位技能的主动性。建筑公司所有项目中高层管理岗位均采用公开竞聘的方式，对项目两位主管实行原两个单位的交叉任职，消除了"隔阂"，避免了因文化差异造成的人才流失。职工发展以"成绩"和"工龄"为考察主线，消除"按资排辈"的弊端，为想干事、能干事、干成事的职工提供广阔发展空间，已有20余人按程序进入项目领导班子，50余人成为项目中层管理骨干，为公司持续发展奠定了人才基础。

经营模式融合，实现企业效益最大化。建筑公司继承发展原两家公司"区域化经营"和"属地化经营"的成熟模式，深耕市场，培育核心用户，树立"干好工程赢得市场"的经营理念，播下"品牌信誉"的种子，收获良好的"社会效益"，形成了"以干促揽树社会形象，滚动发展赢行业市场"的发展模式。先后在招远、内蒙古自治区、杭州等地建立项目群，在浙江、云南、四川、南京等地实现滚动发展。项目群的建设和属地化经营促进了项目所在地商贸经济的发展，解决了大量剩余劳动力就业问题，维护了当地社会稳定，受到项目所在地、海外政府的高度认可，取得了良好的社会效益。

参观学习曲阜政德培训基地

以行为文化的融合提升企业品牌效益

强化视觉识别标准化，全面提升企业对外形象。建筑公司以中铁十四局集团《企业文化手册》《视觉识别系统》为指导，以"三高"（高标准、高起点、高品位）"三化"（标准化、制度化、规范化）为标准，着重体现央企的文化风范。在标准化建设中坚持"四位一体"管控，即将项目文化建设与安全质量、标准化工地、建家建线工作紧密结合一体，坚持项目文化建设与施工生产同步部署、与施工生产同步检查、文化建设资金与项目资金计划同步安排，为标准化建设工作提供了保障。建筑公司24个在建项目驻地，实现了工装、旗帜、标牌、标识统一，项目设计和工地建设统一，建家、建线标准统一。

强化组织行为一体化，全面提升企业内部执行力。建筑公司注重通过文化建设推动企业组织行为一体化，在项目建设中，坚持以"两案"（施工组织设计方案和企业文化建设方案）为标准，从源头上统筹协调；坚持以《管理制度汇编》和《目标责任考核》为标准，加强过程管控，规范管理行为，提升管理质量。建筑公司各项工作形成党政主管共同负责、业务部门齐抓共管、项目部积极落实，上下联动，层层传导，组织行为一体化的工作格局。2016年，建筑公司临安项目部获得中铁十四局集团"建家建线模范项目部"称号，国际城B座项目获得国家"AAA级安全文明标准化"工地，北京项目群、枣庄市立医院等10余个项目获得省级"安全文明标准化"工地，公司本级连续13年获得省级"文明单位"称号。通过树立"精品工程"的建筑理念，以质量保证、客户满意为目标，促进企业行为识别的提升。多年来，公司获得省部级以上工程奖项50余项，推动了公司的进一步发展。

强化职工行为规范化，全面提升企业文化建设的层次水平。建筑公司通过职工行为规范的统一，强化行为识别系统建设，提升企业文化的层次水平。通过深入开展"弘扬优秀文化，抵制不良言行"一系列活动，形成了影响企业发展的十大不良言行及对应的符合企业文化理念的好习惯、好作风。建筑公司领导班子成员以上率下，带头遵章守纪，规范言行举止。广大职工自觉抵制不良言行，践行行为标准规范，促进了企业文明发展。公司每年利用"三八""五四"等一系列活动，邀请专家讲座，提高职工行为规范标准化，职工的言行举止、着装打扮、待人接物等行为有了进一步提升。通过一系列措施，职工形成了言行规范的自觉性，文明行为贯穿整个工作过程。西安项目部经理陈生田出差途中，在沈阳高速救助车祸青年，被誉为"高速无名英雄"，树立了敦厚山东人的良好形象，被中铁十四局集团评为"十佳道德模范"。云南梨园项目团员青年长期坚持为山村老人义务劳动，项目部义务为群众送水缓解旱情，得到社会各界的广泛好评，企业创立了良好的品牌效应。

以长效机制巩固企业文化建设

建立监督考核机制。加强监督管控，建立考核机制是促进企业文化建设的有效手段。建筑公司采取日常检查和年底考核相结合的方式作为项目部企业文化建设考核制度，涵盖"四好班子"考核、"政治工作目标责任书"考核、"党风廉政目标责任书"考核、"工会工作目标责任书"考核等制度，对于考核不合格的单位，取消年底评先评优资格。

建立评先评优机制。在企业文化建设过程中，建立一套完善的评先评优机制，可以为文化建设的健康发展创造积极动力和有利条件。建筑公司建立考评领导小组，形成了以"企业文化建设优秀项目部""企业文化建设先进个人""建家建线先进单位""标准化工地""模范项目部"等为评优目标的工作机制，适时组织向"先进"学习，向"榜样"靠拢等活动。

建立业务培训机制。建筑公司将企业文化建设作为一项日常性工作，制订培训计划，举办培训班、学习班、组织到先进单位考察，邀请上级领导讲座。自公司成立，每年利用项目经理业务培训、项目书记集中培训、新学员集中培训、优秀项目考察轮训等机会至少组织四次集中培训，培训范围包括项目主管、总工程师、办公室主任等，通过实践培训，职工素质得到进一步提升，涌现出了一批企业文化建设人才。

建立理论创新机制。加强理论研究创新，成立企业文化建设领导小组，加强对公司企业文化建设的理论研究。对"如何创新，创新什么样子"的企业文化课题做深入研究，采取"请进来"与"走出去""网上学习"与"线下实践"相结合的方式。公司党群口牵头建立企业文化工作队，团队人员达百余人，项目适时建立"劳模创新先进工作室"，增强理论创新能力。

主要创造人：代显奇

参与创造人：朱岩桥　任江山　负相民　郭寿海

"家园"文化建设实现人企和谐共赢

陕西德源府谷能源有限公司

陕西德源府谷能源有限公司(以下简称府谷公司)成立于2005年8月,由神华国神集团和陕西煤业化工集团按7:3的股比共同出资组建,规划建设2×600MW+2×660MW+2×1000MW空冷燃煤发电机组及配套年产900万吨煤矿,是国家"西电东送"北线方案的重要组成部分。其中电厂一期2×600MW机组分别于2008年7月、11月投产,电厂二期2×660MW超临界燃煤空冷机组于2016年3月获得核准,目前一期共发电644亿千瓦时,实现收入235亿元,完成利润总额105亿元,盈利水平名列前茅,是神华国神集团的效益支柱。先后被授予陕西省"节能减排功勋企业"和神华集团"先进基层党组织""提质增效先进单位"等荣誉。

陕西德源府谷能源有限公司坚持文化聚力、建"家"强企,针对企业地处边远、人员流失严重、职工归属感不强这一难题,全面组织实施"家园"文化建设,以"企业关爱员工、员工忠诚企业、人企和谐共赢"为工作宗旨,从"企业关爱员工,着力提升员工的职业幸福感和生活幸福指数"与"员工忠诚企业,树立感恩忠诚责任意识,爱岗敬业、建家兴企"两个纬度开展工作,努力培育"企业是广大员工赖以生存和倍加珍爱的共同家园"的文化理念,大力弘扬感恩、忠诚、责任、学习、奉献、关爱的"家园"文化价值观念,真正实现了员工成长与企业发展的和谐共赢。

"家园"文化建设的战略思考

人才是企业发展的关键,但近几年各发电企业到处"跑马圈地"对项目造成了人才的"你争我夺",更造成边远地区发电企业人才流失问题异常突出。府谷公司就面临这样的困局,机组投产后职工流失率逐年增加,仅2012年就流失骨干员工30多人。如何留住人才,激活现有人力资源?府谷公司通过综合调研,发现员工离职的原因主要有以下三个方面:一是企业地处偏远不能满足员工的生活需求,员工外出、医疗、夫妻分居、子女教育等问题凸显;二是员工职业幸福感不强,企业在发展过程中缺乏对员工的职业规划,导致一些技术人才选择跳槽;三是过去引以为傲的电力企业失去已有的"光环",导致一些人才为追求好的生活品质而离开。

面对实际情况,府谷公司坚持文化聚力、建"家"强企,把"家园"文化建设的最终目标定位在为员工实现自身价值搭建宽阔平台、为员工舒心生活创建服务机制、为企业管理提升构建合理体系上,让员工感受"家"的亲和力、体会"家"的温馨度,让员工怀有兴"家"的使命感、拥有在"家"的成就感,力争通过"家园"文化建设为偏远地区电力企业解决人才流失和队伍稳定问题探索出一条新路。

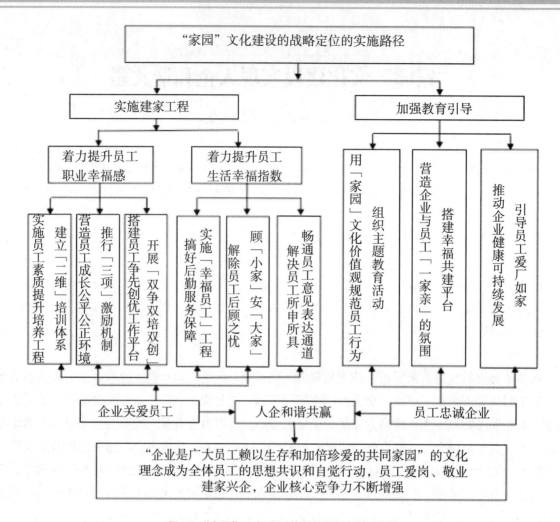

图1　"家园"文化建设战略定位的实施路径

"家园"文化建设的落地运行

企业关爱员工：实施建家工程

着力提升员工职业幸福感。建立"三维"培训体系，实施员工素质提升培养工程。建立"公司、部门、党群组织"三维培训体系。公司层面，抓重点、抓骨干，集中组织开展管理人员、班组长和党员素质提升培训，并主动打通员工学习提升通道，与华北电力大学联合开办了工程硕士班，开设了员工在线网络课堂等；部门层面，抓技能、抓日常，将员工专业技能培训融入日常，通过技术讲座、技术比武、每日一问、每月一考、每季一练等方式，培养素质过硬的专业技术骨干；党群组织层面，建平台、抓载体，通过党委"府能大讲堂"和"党群每月一讲"、工会"劳模创新工作室"、团委"青年微课堂"等，为员工搭建"业务交流、思想交融、知识共享"的平台，积极推进学习型企业建设。

推行"三项"激励机制，营造员工成长公平公正环境。推行岗位激励机制，凡参加上级比赛比武获奖人员在岗位竞聘中给予加分，并将日常培训学习的成绩作为提岗的重要依据，比如运行部在员工竞岗中日常学习的考试成绩占竞岗总分值的40%；推行培训激励机制，选拔优秀的班组长和专业技术人员参加集团和其他培训机构组织的脱产学习，进行技术技能的深造。仅2015年，班组长参加脱产培训达46人次，专业技术人员脱产培训达157人次，共计15640个学时；推行目标激励机制，将员工学历提升、职业技能职称提升纳入先进评比和员工带家公寓分配中，同时打通员工职业上升通道，严格后备干部推荐程序，使一批群众认可、年轻且有能力的员工走上干部岗位，营造了一种尊重知识、尊重人才、尊重先进的氛围。

开展"双争双培双创"，搭建员工争先创优工作平台。本着夯实基础、带好队伍、创新提升的工作宗旨，党委积极为党员带领员工争先创优搭建平台。"双争"，即抓队伍建设，干部争当"优秀干部"，党员争当"党员先锋岗"，通过干部作风建设专项治理、党员"亮身份、亮承诺、亮业绩、做合格党员"等充分发挥了典型引路作用；"双培"，即抓能力建设，把党员培养成业务技术骨干，把业务技术骨干培养成党员，全面提升了广大党员和员工队伍的综合素质；"双创"，即抓支部建设，创建"标准化党支部"和"特色先锋党支部"，形成了"一本指导手册、一个党建信息化工作平台、一套标准化记录台账、一项考核评价制度"四位一体的标准化党支部工作格局和"坚持精准提升，一个支部一个品牌"的特色先锋党支部工作体系，检修创建"党员红旗设备区"、运行开展"党员操作无差错"竞赛等，极大地提高了党员和员工队伍的凝聚力。

着力提升员工生活幸福指数。实施"幸福员工"工程，搞好后勤服务保障。不断增加后勤保障投入，加强厂区单身公寓和县城带家公寓管理，实现了拎包入住的目标；建设综合活动场馆，其中包括篮球场、羽毛球场、乒乓球室、台球室、健身房、阅览室等；开设理发室、平价超市、医务室等，为员工生活提供便利。顾"小家"安"大家"，解除员工后顾之忧。着力解决员工婚恋问题，经常组织地企单身青年联谊活动，帮助多名员工组建了幸福的家庭；着力解决子女教育问题，积极与地方联系，员工子女在当地最好的学校实现了入托入学；着力对困难员工家庭进行帮扶，建立困难员工档案，坚持员工重病住院、遭遇急困、亲人逝世、家庭发生重大矛盾纠纷时的"四必访"，各级干部主动深入员工家庭，给小家送去关爱。

畅通员工意见表达通道，解决员工所思所盼。坚持员工思想动态月度分析，制定相应解决措施，对需要解释的问题及时进行政策宣讲，对职工关注的检修班组夏季太热等现实问题想办法落实资金加以解决，及时疏导职工情绪，切实起到了源头释疑作用；坚持拓宽员工反映问题渠道，建立并实施了《党政负责人联络员制度》《公司领导接待日制度》，并通过领导信箱、班子成员联系点等，及时了解职工思想，及时处置反映问题；坚持职工工作压力大、思想不稳定、同事间关系紧张、工作发生变动、发生违规违纪时的"五必谈"，主动关心帮助职工，2016年共计谈心、谈话31人次，做好了一人一事的思想教育和引导。

员工忠诚企业：加强宣传教育。

组织主题教育活动，用"家园"文化价值观规范员工行为。组织开展"感恩·忠诚·责任"主题教育，通过全员读书、集中观看主题教育片、开展"爱岗敬业、建家兴企"演讲比赛等，在广大员工中形成了感恩企业、忠诚企业的共识；组织"身边人讲身边事、身边事教育身边人"活动，利用网站、文化长廊、道德讲堂等大力宣传劳动模范、技术能手的先进事迹，增强了"企兴我荣"的责任感和使命感；组织开展"找差距、思职责、转作风"反思讨论活动，共召开反思讨论会37场，完成部门、专业和班组反思整改报告37份、个人反思心得体会190份，反思查找问题1000余条，并坚持即思即改、立行立改，调动了广大员工把工作干得更好的积极性；组织各部门、班组制定"家园"文化行为规范，通过凝练准确的语言，归纳形成了能够体现"家园"文化理念的各部门、班组的行为规范；组织编制《"家园"文化指导手册及作品集》、建立"家园"文化网上展室，坚持立体化、形象化、多层次地展现"家园"文化建设成果，增强了员工爱家、建家、兴家的责任感和使命感。

搭建幸福共建平台，营造企业与员工"一家亲"的氛围。组织"我爱我家""寻找我身边的感动"等活动，推进"家园"文化进班组，并为员工制作"幸福"摆件，不断汇聚和弘扬充满爱与温馨的正能量；组织员工生日"送祝福"活动，为每位员工建立生日档案，开通网站生日送祝福专栏，并在员工生日当天送上党政负责人签名的"生日关爱卡"和"生日蛋糕"；组织开展我的"家"文化作品征集，从我的成长故事、我的幸福生活、我的真情呵护、我的责任与坚守方面，逐步展播了350多个作品；组织开展"同心同乐、家和业兴"职工才艺展示、"府能梦、神华情"迎新春联欢、"家在府能"职工家属趣味运动会等一系列"家"字号文化活动，使广大员工及家属在活动中感受到了企业"大家庭"的温暖和企业"家园"文化的魅力。

图2　开展"家"字号文化系列活动

引导员工爱厂如家，推动企业健康可持续发展。注重加大网上宣传引导力度，开通公司门户网站，设置了厂部新闻、员工论坛等18个板块和专栏，搭建了上情下达、下情上传的网络平台；注重讲好府能故事，将镜头对准一线和普通职工，组织开展"府能人的一天"系列宣传报道，坚持每半月编辑一期，目前已编辑44期，全方位、多角度、立体化挖掘和展现广大员工爱厂如家的感人场景、感人事迹和先进事例；注重传播"家园"文化理念，策划制作"家园"文化主题宣传片、主题宣传橱窗和部门形象展示微视频，激发干部员工干事创业的热情；注重强化活动引领，通过组织促安全党员"三保三帮三带"、劳动竞赛、青年突击队等，调动员工做好本职工作的积极性和主动性。

"家园"文化建设取得的成效

员工忠诚企业成为行动自觉。员工深刻认识到企业兴衰与个人成长进步、生活品质息息相关，增强了广大员工与企业荣辱与共的责任感和使命感，提升了广大员工爱岗敬业、建"家"强企的原动力和创造力，目前"企业是广大员工赖以生存和倍加珍爱的共同家园"的文化理念已逐步成为全体员工的思想共识和行动自觉。

企业凝聚力、向心力不断增强。员工真正感受到来自企业大家庭的温暖，从内心形成了与企业一股合力、一股凝聚力、一股向心力，广大员工主动以主人翁姿态贡献聪明才智，为企业发展助力加油，实现了员工与企业的同进步、共成长，促进了员工队伍的稳定，实现了人企和谐共赢。

企业综合实力得到显著提升。员工对企业的感恩、忠诚、责任、奉献意识不断增强。企业发展蒸蒸日上，2014~2016年共完成发电量241亿千瓦时，实现利润38亿元。企业逐步成长为神华集团内部发电企业的"旗帜"，成为国内煤电一体化企业的"领跑者"，企业形象和美誉度不断提升。

"家园"文化得到延伸发扬。在"家园"文化熏陶下，员工柳小峰带头组建了"柳小峰爱心志愿服务队"，承担起资助、照顾周边两位抗美援朝老战士的责任，并牵头筹建"府谷县麻镇慈云幸福院"，将来可容纳120名孤寡老人居住。同时，很多员工自愿加入长城保护协会，纷纷为边区群众捐衣捐物，投身到民生服务和公益事业中。

主要创造人：刘红梅

参与创造人：宋 军 肖 雄 卢 同

文化引领发展　和美铸就未来

宁波慈溪农村商业银行股份有限公司

宁波慈溪农村商业银行股份有限公司（以下简称慈溪农村商业银行），是在宁波慈溪农村合作银行基础上改制组建的，成立于2014年12月，股本总额100516.8万元，总资产664.43亿元，是慈溪辖内存贷款规模最大、支农支小户数及金额最大、纳税贡献最大的金融机构。至2016年年末，全行有1个营业部，27家支行，106个分理处，共134个营业网点，ATM、CRS共392台，"微银行"319家，在岗员工1300余人。连续多年被评为宁波市"综合百强企业""竞争力百强企业""服务业百强企业"；2015年被银监会评为全国"农村商业银行标杆银行"；2016年获评中国服务业企业500强、浙江省服务业百强企业。

慈溪农村商业银行作为一家地方性金融机构，自成立以来始终以"和美"企业文化为精神引领，秉承"惠泽慈溪、成就你我"的企业使命，对内深入开展文化建设、有效构建和谐的劳动关系，对外积极践行和美理念，着力推进普惠金融工程建设，积极履行社会责任，积极推动企业内外"小社会"与"大社会"的和谐统一，较好地实现了相关方的利益共享。

凝练和美企业文化，树立全行核心价值观

在总结农信发展历史经验、研判未来发展趋势的基础上，慈溪农村商业银行以落实"和美"文化理念、深化"和美社区银行"品牌为抓手，由内而外、由表及里，不断丰富和扩展"和美"企业文化的内涵和外延。

以理念为先导，形成和美企业文化的目标愿景。2006年，慈溪农村商业银行开始导入企业形象识别系统，通过开展多次干部员工访谈、举办封闭式理念识别系统策略营等活动，提炼出初期"和美"文化，"和"即和乐、和畅、和谦，"美"即美感、美范、美心，形成了以"诚待客、严律己"为核心理念、以"社区金融的服务专家"为市场定位、以"帮你理财的好邻居 成就你我的好银行"为经营口号的理念识别系统，引领慈溪农村商业银行持续稳健发展。2014年，根据当前经济金融形势和行社发展情况，该行启动实施了"和美新动力"企业文化升级工程，对和美企业文化作了进一步提升和完善，实施"做小、做农、做散、做短、做实、做优、做精、做强"的新"八做"战略方针，且对"和美"进行了更深层次的诠释，要通过对"和的关系"的思考，来引领"美的品质"的建设；反过来，也要通过建设"美的品质"来强化"和的关系"，实现和美相生。同时通过内外调研、开展访谈、举办启动仪式、能动营等，形成了以"诚待客、严律己"为核心的价值观，以"打造社区金融的服务平台"为经营定位，以成为"慈溪人心中最和美的银行"为企业愿景，以"汇泽慈溪 成就你我"为企业使命等在内的文化理念系统，并汇编形成较为

系统的《企业文化手册》一书，提高全行员工对企业文化理念的认知度。

以务实为根本，推动和美文化建设。2015年，在"和美·新动力"的基础上全面展开"和美·行动力"企业文化推进工作，以行动推广理念，以理念凝聚力量。行总部层面，通过举办面向全体员工的新文化推广动员会、巡回宣讲，开展企业文化学习月、和美新文化征文等活动，推动和美价值观的全员深植，促进全员和美价值文化认同。各单位层面，42家单位各自制定和美行动力计划，结合群团组织重点工作积极执行，开展学习会、业务技术竞赛、球类比赛、"金点子"、和美服务小分队、服务特色做法、开放日、营销智囊团等主题工作，促进"和美"文化理念转化为员工共同恪守的行为准则和信念。

以实践为目的，提升和美服务工作质量。慈溪农村商业银行提炼并推广以"起身相迎双手接，眼神专注笑常在，快速办理显专业，温馨提醒爱相随"为基本内容的"和美服务工作法"，有效提升了服务水平，该服务工作法也先后获评"浙江省先进职业操作法""宁波市首批职工品牌服务法""宁波市青年文明号二十周年最具影响力品牌"等荣誉。结合和美新文化，在2016年启动实施了"和美·心动力"服务提升年工作计划，以"星级营业网点"创建活动为抓手，强化了全行员工"贴心服务 合身定制"的服务理念、"全面了解客户 全心贴近客户 全程满足客户"的服务准则，并通过全行考评与各单位自查自评相结合、检查与辅导相结合、行内检查与行外人员检查反馈相结合的形式，进一步促使全行员工将服务理念、服务准则内化于心、外化于行，有效提升和美服务质量。

以发展为动力，推进和美品牌形象建设。根据不同市场需求、服务产品特征，分别整合提炼出针对"三农"的"和美享丰收"、针对中小企业的"和美赢未来"、针对个人生活消费的"和美慧生活"，以及满足小微贷款市场需求的"和美小贷"等四大产品系列，并通过设计形象主画面、制作形象宣传片、设计企业吉祥物等多种方式，加大推广应用，促进和美价值观的广泛传播。

深化企业文化建设，构建和谐劳动关系

慈溪农村商业银行注重以人为本，从激励机制、素质提升、人文关怀等方面多管齐下，激发员工创造热情，提升员工归属感，进而促进和美文化可持续发展。

完善考核激励机制，明确全员努力方向。一是持续优化薪酬机制。通过组织不同层面员工开展座谈讨论、意见征求等活动，慈溪农村商业银行逐年优化薪酬考核分配体系，形成了一套由岗位任职体系、薪酬体系和绩效考评体系构成的薪酬管理体系，引导全行干部员工通过增强自身纵向的岗位跨越能力、横向的专业能力来提升薪酬水平，有效增强员工积极性。二是建立职务晋升机制。以公正、公平、公开为原则，建立竞聘上岗为主、组织推荐为辅的干部聘任制度，并建立中层干部、客户经理、会计主管等后备队伍，为员工搭建成长成才平台。三是建立员工培养机制。全面实施"定岗、定编、定员"、应聘者与聘用者"双向"选择的"三定双聘"，促进员工在全行范围内合理流动；按年制定员工培训计划，建立"和美"学院，举办各类开放式、专题式、派送式等培训，促进员工能力提升。

营造争先创优氛围，提高全员业务素质。一是每年举办业务技术竞赛、和美服务工作法操作

竞赛，持续扩大竞赛参赛对象，加大对竞赛项目、竞赛方式的创新力度，以竞赛提升员工业务素质、服务水平。二是积极开展各类创岗创优活动，发挥群团组织作用，借助各条线的创岗创优活动，促使广大员工以更高的标准衡量自身工作，以更高的要求提升自身工作能力。在员工素质不断提升的同时，该行也先后涌现了中国银行业"文明规范服务千佳示范单位""文明规范服务五星级营业网点"、全国级"巾帼文明岗"、省级"青年文明号"等窗口单位，实现各支行文明单位、青年文明号、巾帼文明岗"满堂红"。

加强员工人文关怀，提升全员身心健康。一是完善员工福利体系。制定员工福利制度，出台员工福利计划，每年安排员工体检，缩短员工疗休养间隔期限，参加工会职工医疗互保工作，做好全员节假日、生日慰问及病、产、伤等"六必访"工作；改善员工就餐环境，该行总部食堂获评宁波市"示范职工食堂"；实施员工心理关爱工程，聘请专业心理咨询公司，通过编印心理关爱期刊、开通心理咨询热线、集中心理辅导等，帮助员工疏解压力。二是丰富员工精神生活。按年制订精神文明计划，拨出专项资金，统筹安排各项活动，隔年举办文艺会演和员工运动会，每年举办巡回宣讲、员工沙龙等活动；组建合唱队、篮球队、足球队、羽毛球队、摄影队、太极拳队、登山队、乒乓球队、读书俱乐部9个文体活动队，搭建员工交流平台，增强团队凝聚力和向心力。

延伸和美品牌形象，助推地方社会发展

作为地方性银行，慈溪农村商业银行以"兴一方经济 富慈溪百姓"为己任，积极发挥银行职能，长期专注于为当地"三农"、小微企业提供融资、结算、投资等一系列金融服务。同时，积极参与社会公益，为构建和谐社会奉献一己之力。

实施普惠金融工程，服务地方经济。实施创业普惠，降低大众创业门槛。根据不同创业群体，推出近20个"小微企业主营行业和美系列贷款"，有效满足各类创业群体的创业资金需求。每年合计为创业者减少财务成本1640万元；多年加盟当地创业导师团，开展创业青年结对培训，提高创业者业务技能；不定期与相关部门合作举办创业大赛，积极为创业者搭建舞台。

和美服务工作法操作竞赛现场

实施便捷普惠，打通金融服务最后"一公里"。慈溪农村商业银行于2013年全面推进"微银行"建设，目前已在全市319个村（社区）设立具有小额存取款、转账，以及存折补登、付费通缴费等功能的"微银行"，满足农村居民（尤其是60多万户老年社保户）足不出村的基础金融服务需求。近年来，相继推出网上银行、手机银行、微信银行、PAD银行等，与相关部门合作实施"电子商务进万村"工程，成功创建三家"宁波市网上支付应用示范区"，不断改善电子银行服务环境。同时，聘请700余名各村干部，行业协会、农民专业合作社等负责人为金融服务联络员，普及现代金融知识，提供金融咨询等服务，建立与所在地村民（居民）常态化沟通交流渠道。

实施阳光普惠，积极改善区域金融生态环境。慈溪农村商业银行坚持支农支小方向，承担60万社保户资金收缴、代发，推动实现农村金融服务均等化；实行ATM取款跨行取现转账手续费、手机银行转账手续费、银行卡年费等16项服务费用全免。针对社会困难群体资金需求，推出"养老贷""助学贷款"等民生类贷款产品。面对当前"资金链""担保链"风险不断积聚的现状，运用政府应急专项资金、续贷政策，积极帮扶经营基本面较好、企业主诚信的困难小微企业脱困。仅2016年，慈溪农村商业银行帮扶411家困难企业，涉及资金9.11亿元。

积极投身公益事业，促进社会和谐

作为地方性社区银行，慈溪农村商业银行以成为"慈溪人心中最和美的银行"为发展愿景，在以普惠金融方式履行社会责任的同时，积极参与形式多样、内容丰富的公益活动，传递和美正能量，助推社会和谐发展。一是组建公益服务队伍。2007年以来，慈溪农村商业银行组建500人"和美"志愿服务大队、"和美"服务小分队，并借助党工团妇等群团组织，积极发动全行党员、团员等参与各类社会公益活动。二是拓展公益服务项目。在开展金融知识普及、环保宣传、无偿献血等常规性公益活动的基础上，慈溪农村商业银行与当地城管部门合作，开展城管义工活动；与团市委等部门合作，举办青年创业大赛、开展慈溪市"和美志愿服务月""小鱼治水"等活动；与体育部门合作，每年主办全国女排精英对抗赛、邀请美国篮球巨星慈溪行等活动；与古塘街道团圈社区、浒山街道浒西社区助困结对，与古塘街道旦苑社区开展文明共建，与龙山镇方家河头村开展帮扶结对，共同制订村经济发展规划，改善基础设施建设，帮助村经济增强造血功能。三是建立公益服务资金保障。建立和美关爱资金，成立6000万"和美银行"慈善基金，每年开展"慈善一日捐"活动，积极帮扶特定困难群体，支持社会公益事业发展。

企业文化的建设发展是一项长期性工作。今后慈溪农村商业银行将继续以"和美"文化为引领，进一步优化员工队伍管理，持续推进普惠金融工程建设，努力构建银行与员工、银行与客户、银行与股东、银行与社会、银行与政府的和谐关系，为和谐社会建设贡献自身力量。

主要创造人：吴　政

参与创造人：应利广　沈雨凤

以品牌文化为核心的高速公路企业文化管理模式的构建与实施

北京市首都公路发展集团有限公司京沈高速公路分公司

北京市首都公路发展集团有限公司于1999年9月成立，产业经营围绕高速公路为主业，初步形成了智能科技、交通工程、物流枢纽、园林绿化等多元式集团化经营。北京市首都公路发展集团有限公司京沈高速公路分公司(以下简称京沈分公司)是首发集团的下属分公司之一，成立于1999年9月21日，负责高速公路收费运营工作，目前负责京哈高速公路(北京段，39.891千米)、通燕高速公路(北京段，13.8千米)、京承高速公路(北四环望和桥至六环路酸枣岭立交桥，21千米)等8条高速公路共计297.844千米的收费运营管理工作，下设11个部室，下辖白鹿、白庙、京承等12个收费管理所。员工队伍平均年龄不到28岁。

首都高速公路具有"政治意义重大、社会关注度高"的特点，京沈分公司负责首都东北部高速运营管理工作，又在京津冀一体化发展和建设北京城市副中心战略中的位置举足轻重。针对高速行业的特殊性，京沈分公司大力开展以品牌文化为核心的特色企业文化建设，发挥文化导向、教育功能，实现凝聚人、激励人、引导人的效果，以解决运营管理实际问题。

以品牌文化为核心的高速公路企业文化的特点

创新性。高速运营服务品牌的创建就是全体员工智慧和辛勤劳作的结晶，是从员工的服务技巧、服务经验、服务心得发展而来，是员工创新过程的浓缩。品牌创新正如"发动机"一般迸发智慧火花和创新动力，带动着全体员工进行创新。

引领性。品牌服务代表着先进、优秀的服务品质和方向，激励着广大员工不断提升服务技能、提高综合素质，这种正向能量推动、引导企业不断发展，形成了良好的企业氛围。

保障性。通过发展品牌，京沈分公司建立了一整套相关的管理制度，从侧面推动了整个京沈分公司管理制度的整合、完善，保障分公司科学、规范、有序运转。同时，在管理中越来越重视"内部服务"，关注员工工作、生活中的诉求，并进行引导和解决，起到了内部"稳定器"的作用。

凝聚性。在品牌的创建过程中，越来越多的员工主动参与其中，形成了默契，团队合力显现。品牌文化如同"凝聚剂"，把全体员工团结在了一起，开创了员工全方位参与京沈分公司企业文化建设的局面。

实施以品牌文化为核心的高速公路企业文化管理模式的主要做法

京沈分公司在创建"秋子服务"品牌的过程中，通过提炼理念、建设团队、完善制度、规范行为，打造了系统的品牌文化，并以此为焦点全面丰富企业文化建设。

以品牌文化的创新带动企业文化的创新发展形成创新机制。从2010年开始，分公司正式开启"秋子服务"品牌创建工程，以品牌为重点大力开展创新活动，营造出了"创新引领发展"的氛围；2013年，推动创新体制机制建设，成立创新领导小组、制定奖励办法、定期总结创新成果，并在运营管理中应用，发挥了重大作用。分公司从单一的服务创新，发展成了集"管理+技能+素养+理论+能力"为一体的多元化创新机制。

打造创新团队。京沈分公司创新团队的形成和发展可以分为三个阶段：第一阶段，在2010年前是分散式的小团队。由业务骨干对收费技能进行小窍门、小技巧的总结和提炼，收费所进行整合形成所级标准和规范，这是创新团队的雏形；第二阶段，2010年以成立品牌创建团队为标志，形成分公司层面的创新团队，属于单一的业务创新团队；第三阶段，以品牌创新团队为基础，发展成了涵盖员工层面、管理层面、决策层面的全员性创新团队，使创新文化根植于企业文化之中。

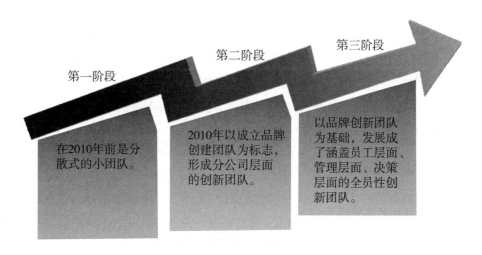

第一阶段

第二阶段

第三阶段

在2010年前是分散式的小团队。

2010年以成立品牌创建团队为标志，形成分公司层面的创新团队。

以品牌创新团队为基础，发展成了涵盖员工层面、管理层面、决策层面的全员性创新团队。

京沈分公司创新团队形成历程

建设创新载体和平台。经过多年发展，京沈分公司创新工作实现了由理念创新到行为创新、由虚拟创新到实体创新的快速发展。以品牌为例，从最初的单纯理念创新，发展成了由七本标准化教材和"秋子服务"示范岗组成的系统化、规范化创新实体，并最终形成了以"秋子服务"示范站、创新工作室、文化园为主体的创新体系。这为整个分公司的文化创新提供了载体和平台，实现了企业文化实体化建设。

以品牌文化建设，引领企业文化综合发展

通过企业文化建设，搭建员工展示风采平台。一是员工自我建设。"秋子服务"品牌LOGO的设计和选定都是员工决定的，在设计上，分公司共征询了200多个员工的设计方案；在选择上，经过了两次集中投票，选择了员工集中认定的标志作为最终方案。二是员工自我参与。结合员工的特长和兴趣，组建了"秋子服务"多媒体小组，拍摄了品牌宣传片、系列教学片。一个简短的片子凝聚的是员工的智慧和汗水，这种亲身参与的文化建设，不仅深刻而且更加贴近员工生活，更加符合公司实际，深受员工和社会肯定。三是员工自我展示。京沈分公司积极鼓励员工参与社会大型活动，推荐了以方秋子为代表的一大批优秀员工，广泛参与了"感动交通十大人物""国企楷模·北京榜样"等评选活动，展示首发人风采和优秀文化的同时，激发了员工的自信心和自豪感。

通过企业文化建设，丰富员工工作、生活内容。一是积极组织企业文化故事讲演、职工运动会、联欢会等群体性文娱活动，组建各类职工社团，丰富员工文体活动，激发员工的工作积极性和合作意识。二是积极开展常态化志愿服务和公益活动，增强员工服务社会的主动性和积极性，引导员工将个人价值与社会价值正确结合起来。三是开展各种职称培训、团队素质拓展活动等，不断提高员工综合素质，促进分公司整体工作水平的提升。

通过企业文化建设，树立标杆，形成正能量。多年来，京沈分公司涌现出了以全国劳动模范方秋子为代表的一大批先进典型，他们的行为就体现着企业文化精神，宣传典型人物就是在宣扬文化。通过用员工身边的人和事展现企业文化魅力，更容易让员工接受，让他们看得见、摸得着。也激发出了员工争学先进、争做典型的斗志和进取心，从而推动了企业文化在员工心中生根发芽。

通过企业文化建设，加强交流，扩大行业影响。高速公路是连接区域的通道，同时也是打通人与人内心的桥梁。分公司注重企业文化的向外扩展，通过南来北往的车户传播到全社会。加强与电视台、电台广播、报纸杂志等社会媒体建立联系，对分公司特色保障措施、"秋子服务"品牌等企业文化进行立体化、连载式报道，树立良好的社会形象。组织策划品牌推广活动，开展媒体体验式采访，使社会公众对收费员和高速服务行业有了更深层次的认识，拉近了首发员工和社会车户的距离，展示出了交通人服务社会、尽职尽责的良好风貌。

以品牌文化为抓手，完善体制机制，提高企业文化的保障能力

结合重点工作，建立严密的制度体系。先后制定了《"秋子服务示范岗"管理办法》等一整套规章制度，保证了品牌的建设实施、人员动态管理、服务技能提升的顺利进行。以此为基础，分公司大力开展制度建设，全面体现企业文化精髓，提升了整体运营能力。引入了ISO9000质量管理体系，建立了集岗位职责、工作规范、规章制度和操作程序为一体的制度体系，通过了环境、职业健康、信息安全管理体系认证，提升了科学化、规范化水平。

倡导人文关怀，营造和谐环境。坚持"以人为本"，把企业文化的保障特点体现在日常工作之中。升级改造了站区环保厕所、加装了保温洗手桶；在各收费所设立了职工洗衣房、建立了职工健身房、员工休闲水吧、规划建设了瑜伽室和妈咪屋；一次性投入资金对白鹿所、京承所、瞳里所员工宿舍、楼道进行防潮改造和装修；在员工宿舍安装了电视机、实现了无线WiFi全覆盖，真正体现了以人为本，增强了员工对企业的认同感和忠诚度。

一是注重精细化培训，针对不同岗位特点，开展区别化培训，提高了全体员工的能力和水平。二是广泛开展管理人员竞聘、储备人才库调整等工作，完善选人、用人、育人的管理机制，畅通了员工职业发展道路。三是坚持物质奖励和精神奖励，建立了以"按劳分配"为主体的奖金分配制度，激发了工作积极性。

以品牌文化为途径，发挥组织作用，扩大企业文化的凝聚作用

一是将中国特色社会主义理论体系、上级重要文件精神融入思想政治工作教育内容中，深入学习、准确把握、贯彻落实。二是分层制订中心组学习计划、储备人员教育培养计划以及业余党校学习计划，明确学习目标，并定期举办专题讲座、座谈研讨会、主题实践、观影参观等活动。三是推出"一二三四"工作法，丰富活动的方法和途径。即树立一种学习理念，牢固树立不断学习和终身学习的理念；着眼两个水平提高，着眼于党员思想道德水平和业务知识水平的提高；创新三个方面工作，创新党员教育的学习内容、学习形式和学习媒介等工作；完善四类工作制度，

修订完善了《党建质量手册》《党建工作程序手册》《党群工作手册》和《党支部工作手册》四大类工作制度。

一是在机关及所辖12个收费管理所建立了党支部、工会分会、团支部等基层组织。在位置偏远、保障任务重的4个收费所设置了专职副书记，完善了组织设置，对京沈分公司的稳定和发展起到了极大的促进作用。二是狠抓党、工、团组织的规范化、标准化建设，使其作用得到有效发挥。三是组织开展党的工作者培训学习，提高基层组织工作者的工作能力和综合素质，形成了党委统一领导，工会、共青团齐抓共管、各负其责的思想政治工作体制。

一是加强领导人员队伍建设。以创建"四好班子"为目标，加强学习型班子建设，领导班子每年年初确定1~2个调研课题，深入基层开展调研，与员工沟通思想、增进理解、形成共识。二是严控党员发展、预备党员转正程序，严把党员队伍入口，注重向一线倾斜，确保党员质量。开展民主评议党员、群众评议工作，教育和提高党员为民服务的思想意识，加强对党员的监督。三是积极组织储备人才、管理人员、班组长、一线员工参加素质工程培训，以提高管理及技术水平。

以品牌文化为核心的高速公路企业文化管理模式的实施效果

创新能力增强。在企业文化建设中，京沈分公司积极倡导"坚持创新驱动，建立创新激励机制，鼓励全员立足岗位创新，努力打造创新型企业"的创新理念，大力推动群众性创新活动，形成了"人人敢于创新，人人乐于创新，人人想创新，人人能创新"的浓厚创新工作氛围。

员工素质提高。京沈分公司实施以品牌文化为核心的高速公路企业文化管理模式管理以来，员工离职率逐年下降，越来越多的员工将个人利益和集体利益紧密联系在一起，把公司真正当成自己的"家"，成为分公司的中流砥柱。分公司以"人才梯队"建设为核心，针对不同类型人才的特点，制定培养规划，创新培养模式，多渠道、多形式培养、储备各类人才，全面提升了员工整体素质。

团队合力增强。通过企业文化的熏陶，增进了员工对企业的了解和认知，增强了员工的责任感和荣誉感，培育了"主人翁"意识，提高对企业的忠诚度，在潜意识里产生凝聚力。企业文化的深化建设在京沈分公司内形成了昂扬向上、团结奋进、开拓奉献、追求卓越的良好氛围，极大地提升了凝聚力、向心力、战斗力，推动京沈分公司的协调健康发展，形成了助推企业发展的强大合力。

运营能力增强。在品牌文化的熏陶培育下，企业精神源源不断地转化为发展的动力，收费运营服务水平不断提升，车户满意率逐年递增。员工的服务能力和服务质量随之大幅度攀升，与车户的摩擦稳步下降，投诉事件数量逐年减少，构建起了路方与车户较为和谐的通行关系。

提升了整体形象。通过不断发展和建设企业文化，向社会展示了良好的企业精神风貌、价值观念和管理风格。几年来，累计收到各类锦旗155面，接到表扬电话7000余次，为企业树立了信誉，扩大了影响，提升了整体形象，扩大了分公司的影响力。

主要创造人：周淑芝　刘存来

参与创造人：刘自轩　王　戈　赵　亮　张　良　董　铭　骈志昕

构建诚信评价体系　铸造诚信企业

国网山东省电力公司莱芜供电公司

　　国网山东省电力公司莱芜供电公司（以下简称莱芜公司）成立于1993年，是国网山东省电力公司所属全部直供直管的国有特大型供电企业，承担着规划、建设、运营莱芜电网，为莱芜国民经济和社会发展提供安全、可靠、优质电力供应，优化全市电力资源配置的重要责任，担负着莱芜市6323个企事业单位、1236个自然村、53.91万户的供电任务。公司先后荣获"全国五一劳动奖状""全国文明单位""山东省富民兴鲁劳动奖状"首批"山东省诚信企业"等荣誉。

　　莱芜公司认真贯彻党的十八大"加强政务诚信、商务诚信、社会诚信和司法公信建设，培育自尊自信、理性平和、积极向上的社会心态"的要求，始终践行社会主义核心价值观，推进国家电网公司核心价值观落地，以诚信建设为切入点，构建起诚信评价体系，着力铸造诚信企业。

　　自2009年以来，莱芜公司广泛开展"人人讲诚信"活动，2010年探索实施了《诚信评价体系》，并逐年完善、建立健全了涉及各个岗位的诚信评价规章制度和管理办法，2015年建成"诚信计量"企业文化室，2016年构建应用"互联网+诚信"评价系统，不断将诚信建设推向深入，激发诚信建设潜力与动力，以期进一步深化诚信体系建设，把公司建设成为信用意识强、管理制度严、经营业绩优、品牌美誉度高的诚信企业，实现持续健康快速发展。

诚信评价体系的源起

　　诚信建设是公司健康快速发展的必然要求。诚信是人类最基本的道德范畴，是中华民族的传统美德。如今，诚信也作为公民个人层面的价值准则写入24字社会主义核心价值观。国家电网公司更是将"诚信"放在了公司核心价值观的首位，说明诚信在公司发展中的重要性。人无信不立，企无信不兴，弘扬诚实守信的传统美德，引导员工树立"诚信为本、操守为重、守信光荣、失信可耻"的道德风尚是现代企业义不容辞的责任。

　　实施诚信评价是公司深化诚信建设的必经之路。企业诚信建设需要在企业内部建立一套公平、合理的诚信评价体系，对每位员工实行动态考核，让失信的员工受到惩处，让诚信的员工得到物质和精神的双重褒奖，这样才有利于促进诚信建设的良性循环。莱芜公司以诚信建设为切入点，建立健全诚信评价规章制度和管理办法，与绩效考核制度挂钩，激发诚信建设潜力与动力，实现公司健康快速发展。

诚信评价体系概述

构建诚信评价体系大事记。2009年，国家电网公司倡导全面开展"人人讲诚信"活动；2010年，莱芜公司制定并全面实施《诚信评价体系》；经逐年完善，建立健全了涉及各个岗位的诚信评价规章制度和管理办法；2015年，建成"诚信计量"企业文化室；2016年，运用"互联网+"思维，构建应用"互联网+诚信"评价系统。

诚信评价体系设计原则。对一个企业来说，诚信可划分为外部诚信和内部诚信，外部诚信是企业所处市场经济环境中的诚信，是企业诚信；内部诚信则存在于员工与其工作岗位、员工与员工及员工与管理层之间的诚信。开展诚信评价，推进诚信建设，其基本原则须坚持企业诚信和员工诚信的融合统一，以此推动公司各项事业的发展。

诚信评价体系内容构成及指标设定。内容构成：由公司诚信评价标准、单位（部门）诚信评价标准、班（所）诚信评价标准、岗位诚信评价标准、员工个人诚信承诺书五部分构成。

指标设定：

（1）公司诚信评价标准。全面完成与省公司签订的承包合同，指标数据真实；企业为社会提供了合格的电能，得到客户的肯定；公司能够全面履行社会责任，得到党委政府认可；公司能够全面兑现向社会公布的服务承诺项目；企业关心员工成长，实现企业和员工的共同发展；公司行为符合党和国家法律、法规要求，真实作为，有良好的社会形象。

（2）单位（部门）、班（所）诚信评价标准。通用部分参考公司诚信评价标准执行；专业部分结合工作特点自行设定标准。

（3）班（所）诚信评价标准。通用部分参考该单位（部门）诚信评价标准执行；专业部分结合岗位特点自行设定标准。

（4）岗位诚信评价标准。

通用部分：热爱祖国，拥护中国共产党的领导，坚定社会主义道路，自觉践行社会主义核心价值观，与时俱进，开拓创新。自觉遵守宪法、法律和公司的各项规章制度，增强法制观念，树立"我以企业为家、企业以我为荣、我与企业共发展"的主人翁意识。认真开展批评和自我批评，勇于修正缺点，充分发挥自身主体性作用，把外在的行为规范和诚信要求内化为自身的诚信意愿。把道德操守和诚信理念贯穿于企业生产经营全过程，使诚信为本、守信光荣、失信可耻的道德观念深深植根于企业员工心中。

专业部分：由各单位（部门）根据各岗位工作实际，收集员工意见，经单位（部门）审核后设定。

（5）员工诚信承诺书。我的诚信诺言是：

在社会活动中，我要遵纪守法；在日常生活中，我要诚实真挚。

在工作学习中，我要敬业勤奋；在与人交往中，我要言而有信。

讲诚守信是我追求的人格尊严，我以人格担保，将诚实守信。

诚信评价等级划分。分为4个等级：AAAA级（90~100分）：诚实守信。具有良好的道德品质。用绿色标识。AAA级（80~89分）：基本做到诚实守信。用白色标识。AA级（60~79分）：有不诚实守信的行为发生，需要进一步约束自己的行为。用黄色标识。A级（59分及以下）：有多次不诚信现象发生，情节严重。用红色标识。

实施诚信评价的具体步骤。①诚信评价办公室下发诚信评价通知，从遵纪守法、工作任务完成、维护企业形象、道德操守四个方面制定诚信评价标准和诚信承诺书。②由各班（所）/单位（部门）及所在党支部、诚信评价办公室逐级审核后实施。③逐级签订诚信承诺书，该单位、班组及员工获得100分的诚信基础分。④诚信评价办公室建立各单位（部门）诚信档案并负责管理；各单位（部门）建立班（所）诚信档案并负责管理；班（所）建立员工诚信档案并负责管理。⑤每月诚信评价办公室对各单位（部门）、各单位（部门）对各班（所）、各班（所）对员工，运用减分制进行评价。⑥年底诚信评价办公室进行总评，各党支部配合评价，综合全年减分和额外加分情况，得出诚信评价等级。⑦评价结果、评价等级定期公开公示，各支部设立"诚信监督箱"，公司设立"诚信热线"。⑧评选诚信标杆集体和诚信之星，发挥典型作用。⑨评价结果纳入绩效管理。

构建"互联网+诚信"评价系统

"互联网+诚信"评价系统的构建原则。莱芜公司以"公平、公正、公开"为原则，以"简易、高效"为标准，运用"互联网+"思维，搭建网上评价系统，实现线上诚信评价，自动计分晾晒。

"互联网+诚信"评价系统的功能。评价系统共设置标准、评价、公示、建议、个人中心、诚信之星六大模块，实现标准录入、承诺书签订、在线评价和公示、提报合理化建议、查看得分排名、晾晒"诚信之星"等功能。

"互联网+诚信"评价系统的特色。①依托成熟的线上评价体系，评价、计分、公示实现线上操作，简化程序，实现全过程"线上评价"，评价结果即时呈现。②创新引入"建议模块"，采用激励机制，广泛征集合理化建议，汇聚员工智慧，助力诚信评价体系不断优化提升，实现可借鉴、可复制、可推广。③量身打造诚信档案，明确在诚信养成、诚信待人、诚信做事等方面的优点和缺点，发扬优势，查缺补漏，实现进阶式提升，培养AAAA级诚信员工。④搭建"微型大数据库"，实现集中晾晒，营造"人人学诚信、人人讲诚信"的氛围，树立"诚信之星"。

融入中心，以诚信评价促诚信建设

党建工作融诚信。莱芜公司党委将实施诚信评价融入公司党支部工作标准化体系建设中，结合"电网先锋党支部"创建，把诚信教育作为党委中心组学习和党课的重点内容，召开"人人讲诚信"主题党课，加强党员干部诚信教育，树立党员干部良好形象。

"三百服务"展诚信。开展供电服务"百日零差错、百日零超时、百日零投诉"，即"三个百"活动。全面推行供电优质服务、诚信服务，努力打造信用意识强、管理制度严、公司记录好、经营业绩优、品牌美誉度高的诚信企业形象。

"跟踪体系"抓诚信。定期查摆推进，认真解决诚信问题，确保"不复燃"。一是建立承包制，层层承包，层层抓整改。二是建立党支部委员联系班组制度，施行联责制，"一荣俱荣，一损俱损"。三是建立诚信问题整改跟踪卡，自查、互查与检查相结合，实现动态管理。

典型引领，以"诚信计量"企业文化室助诚信建设

莱芜公司在首个诚信评价AAAA级基层单位计量室建立"诚信计量"企业文化室，从"诚信千年""公正立诚""公道为诚"等9个方面，结合计量工作对诚信文化进行具象化表达，结合实际对诚信文化落地实践进行实例化描述。文化室设置承诺墙和公示区，公开晾晒诚信承诺和评价等级。

"诚信计量"企业文化室建成以来，对内组织员工观摩学习2832人次，传播了卓越文化，对外邀请地方政府、企业客户和社会群众参观交流425人次，展示了公司形象。

实施"诚信评价"的效果

截至目前，莱芜公司累计开展诚信评价2246次，授予计量室、变电二次运检班等50个部门、车间和班组"诚信标杆集体"，授予李岩、刘仲香等86名同志"诚信之星"，形成了人人参与诚信建设的氛围。

以深化诚信教育为基础，进一步增强了诚信意识。莱芜公司诚信评价体系的应用，促使广大干部员工转变了观念，统一了认识，员工诚信意识明显增强。2015年，莱芜公司迎接中宣部和省委宣传部诚信建设工作调研，受到了"载体扎实、特色鲜明、成效明显"的高度评价。

以诚信评价体系为核心，进一步健全了诚信机制。莱芜公司把完善诚信建设长效机制作为重要任务来抓，通过梳理、完善183项管理制度，逐步建立员工诚信教育、管理、评估、监督等机制，诚信体系日趋完善，为推进诚信企业建设提供了制度保证。

举办企业文化知识调考竞赛

以融入中心工作为落脚，进一步保障了优质供电。将诚信建设融入安全生产，把确保全市安全可靠供电作为诚信履责的首要任务。消除了1.1万农村用户长期与季节性"低电压"问题，恪守供电服务"十项承诺"，细化客户沟通"三句话"、用电服务"明白纸"等21项措施，营业窗口实现全年"零投诉"。截至2016年11月16日，公司实现连续安全生产8090天。

以提升队伍素质为目标，进一步营造了诚信氛围。诚信评价体系的建设与应用，使广大干部员工诚信意识明显增强，各级领导干部以身作则，广大员工自觉说实话、办实事，公司上下人人学诚信、人人讲诚信，推动了公司发展不断再上新台阶。近3年，作为山东省电力系统规模最小的地市公司，连续荣获山东省电力公司同业对标综合标杆、业绩标杆和管理标杆单位，实现历史性突破。

以整治突出问题为重点，进一步提升了诚信形象。莱芜公司从解决员工反映的突出问题抓起，深入查找在大局意识、责任意识、诚信意识等方面的问题和不足，以重点问题的突破带动诚信建设的整体推进，累计查找整改公司层面问题9项，车间层面问题34项，班组层面问题121项，基层266条意见建议全部落实到位，整改销号率高达100%。

主要创造人：张志明　吴远波

参与创造人：李晓亮　赵希希　张　伟　董刚德

打造高效保障品牌文化　助推燃气事业跨越发展

合肥燃气集团有限公司

合肥燃气集团有限公司（以下简称合肥燃气集团）始建于1982年，是集天然气储配与销售、燃气设计、管道安装、燃气器具制造于一体的市属国有独资大型企业。目前主要承担合肥市建成区（除滨湖新区）、庐江县和寿县新桥产业园的天然气供应任务。截至2016年年底，集团拥有资产总额52亿元，员工1541名，燃气民用户146万户，工业、公建和商业用户5615户，燃气管网5555公里，管道天然气供应规模在安徽省城市供气行业中排名第一。企业先后荣获全国五一劳动奖状单位、全国文明单位、全国优质服务品牌文化奖、全国模范劳动关系和谐企业、全国精神文明创建工作先进单位等18项国家级重大荣誉。集团连续四年在合肥市窗口行业行风评议中名列第一。

合肥燃气集团始终将"首要责任是对用户负责、第二责任是对员工负责、第三责任是对社会负责"的企业文化核心理念与党建、发展、安全、服务、和谐等重点工作有机结合，在保障政治属性的文化实践中书写党建新篇章，在保障社会稳定的文化实践中助推燃气大发展，在保障民生服务的文化实践中提升用户满意度，在保障企业和谐的文化实践中凝聚道德正能量，着力打造高效保障的品牌文化，致力于成为受人尊敬的标杆燃气企业。

在保障政治属性的文化实践中书写党建新篇章

新形势下，合肥燃气集团全面贯彻党的十八大和十八届三中、四中、五中、六中全会精神，深入贯彻落实习近平总书记系列重要讲话精神，践行社会主义核心价值观，扎实开展"两学一做"教育活动。突出党委核心作用，铸牢国有企业政治属性。党委坚持对企业重大事项实行集体领导和民主决策，建立每周一次的党委例会制度。强化"党政同责、一岗双责"，做到党建工作与生产经营同部署、同考核。严格落实"靠制度选任干部"的选拔机制、"让员工评价干部"的监督机制和"以业绩论英雄"的考评机制。突出党政合力，筑牢党建工作基石。各党支部（总支）根据工作实际开展党建主题活动。如市场发展部党支部开展了"党徽在工地闪光"、工程公司党支部开展了"一个党员一个放心工地"等活动。促进党建工作与生产经营深度融合，彻底解决党建与生产经营"两张皮"的问题。开创党小组"4+N"活动，结合形势政策学一篇文章、结合理想信念讲一次微党课、结合党员承诺谈一次体会、结合"三零管理"查一次隐患；结合实际情况，自行开展特色活动"N"，有效实现党建工作重心下移，确保支部堡垒作用的发挥。突出先进典型示范，引领员工队伍建设。常年开展"导师带徒""劳模带徒"活动。先后组织全国劳动模范吴雄飞分享参加习近平总书记2017年4月26日在安徽调研时召开座谈会的亲身感受；组织十八大党代表徐辉汇报2016年10月24日列席党的十八届六中全会的感悟并传达全会精神等。在公司内部形成尊重劳模、学习先进的良好氛围。突出廉政文化建设，确保企业风清气正。集团通过建设党风廉政长廊、党风廉政示范点、廉政电影进企业、参观廉政教育基地、开通节前廉政短信提醒、开展全岗位廉政风险点排查等活动，切实将廉政建设落到实处，为有效促进企业发展和国有资产保值增值奠定了坚实基础。

在保障社会稳定的文化实践中助推燃气大发展

合肥燃气集团作为关系民生的公共服务型企业，保证做到"供好气、不断气"。为此，集团注重将保障社会需求的理念渗透在燃气发展事业中，做细、做实生产和经营各个环节的安全工作和气源保障工程建设。

"千方百计保用户，不仅保现在，还要保未来，这就是责任的体现"。为此，集团于2008年率先在华东地区前瞻性地建设了LNG工程，大大增强了天然气应急调峰能力，对合肥市多次成功应对雨雪天气、保障城市供气起到了关键性作用。2009年11月29日，时任国务院副总理李克强同志专程视察了燃气集团，对企业不惜牺牲成本、肩负社会责任、优先保障民用的做法给予了充分肯定。

2011年，为了让市民享受到"西气"和"川气"的双气源保障，企业又自筹资金，将"川气"成功引入合肥。2014年，更进一步加大投资，加速推进绕城高压管网工程、北部应急LNG气源工程等重点工程的建设。2015~2016年，又快速推进环巢湖高压管网工程、合肥都市经济圈工程项目等建设，使得合肥市的燃气供应保障能力位居全省之首。

城市的老旧小区改造是保障百姓生活的民生工程。为了让主城老旧小区用户尽早用上天然气，集团积极配合、加速推进老旧小区改造，截至目前，共完成改造项目403个，惠及用户13万余户。此外，为了消除地下管网老化带来的漏气隐患，由企业出资启动了铸铁管网改造工程，截至目前，完成改造112项，总长度56公里，惠及12800余用户，彰显了企业对用户安全的重视、惠民服务的决心和保障社会稳定的责任。

在保障民生服务的文化实践中提升用户满意度

为践行"让用户办顺心事、用放心气"的服务宗旨，集团在新装业务上推行"一站式"服务，只要用户跑一趟，后续工作由集团内部协调处理。实行"重点客户零次上门"服务，帮助大的"招商引资"工业用户第一时间用上绿色环保的天然气。蓝焰热线（65133333）24小时为用户提供温馨服务。开展"安全服务进社区、进企业、进机关、进学校、进菜场"的"五进"服务活动，将服务关口前置。通过"徐辉假日小分队""吴雄飞爱心班""庐江蓝焰之光小分队"等志愿服务平台，常年坚持深入社区开展义务安全知识普及和安检维修等。举办"燃气安全文明进社区"大型公益活动，并开展"安全文明社区评选及安全文明义务宣传员评选"，不惜花费200多万元与合肥电视台合作联办民生类安全公益广告和《燃气安全宣传大课堂》等栏目，强化用户安全意识和安全管理能力。

为践行"对用户负责"的理念，2016年以来，集团广泛开展了"增值服务和差异化服务"。

比如，为了解决城区边缘区域市民缴费难的问题，推出了"流动营业车"服务。在上门服务过程中，提倡为用户随手拎走垃圾、为老人烧开水、为用户修下水管道等"增值"小举动，受到了广大用户的肯定和赞扬。

据不完全统计，近3年来，集团平均每年收到用户表扬120次以上，这是用户的真实心声。在广大用户心中，合肥燃气集团就是他们冬日里的一团暖焰！

在保障企业和谐的文化实践中凝聚道德正能量

企业员工文明素养和道德水平的高低，直接影响对外服务的品质和企业的和谐氛围。多年来，集团坚持在员工中开展"社会公德、职业道德、家庭美德和个人品德"教育，注重将社会主义的核心价值观和践行中国梦、"讲文明·树新风"等融入企业文化各项活动的宣贯和实践中。通过"道德讲堂"和燃气学院等平台，邀请专家学者进行道德礼仪、诚信文化专题培训教育，开展"道德经典诵读"，引导员工做到文明守德。制定出台并宣贯《员工社会生活行为规范》，进一步拓展对员工八小时以外的行为管理，教育员工注重"在政治上守纪、在社会上守法、在生活中守德"。

"西气"门站

为了践行"对员工负责"的理念，不断满足员工精神文化需求，2016年，集团结合"管理改进·文化提升"的推进，对《我们的信念》、企业愿景、"安全零隐患，服务零投诉，管理零容忍"的"三零理念"、安全文化、单位（部门）子文化、班组文化等进行归纳、提炼、修订，并利用各种形式进行宣贯，在新常态下持续强化企业文化的软实力作用。此外，投入资金强化文体活动场地建设，集团建有室内乒乓球室、篮球场、羽毛球场、健身房、棋牌室及室外足球场等，并进一步规范了篮球队、威风锣鼓艺术团、员工合唱团、女员工爱心捐助社、书画摄影协会、蓝焰桥牌俱乐部等各类文化社团的建设和活动常态化开展。连续20多年开展企业文化艺术节等系列活动。常年开展学习型企业建设，通过开展各层次的学习培训、技能比赛、上台讲课、心得体会、感悟交流等活动，有效增强员工企业忠诚度和归属感。

作为全国文明单位，集团还注重公益活动的开展和精神文明的传播，常年坚持开展捐资助学、关爱留守儿童、关爱空巢老人、关爱环境社区，认真做好美好乡村对接帮扶活动，同时还大力推进城市造绿活动，尤其是腾出燃气综合服务楼北面的自有土地，建设开放式绿地"合燃公园"，为周边市民提供休憩场所，用实际行动践行"对社会负责"的承诺。

"高效保障"品牌文化实践的成果

合肥燃气不仅给合肥的家电生产、汽车制造、新能源等工业和园区带来了发展的强劲推力，更为社会和百姓生活带来了便捷和"福气"，集团也在"高效保障"品牌文化的实践中，实现了企业与城市大发展的同频共振和跨越提升，更快迈向了"受人尊敬的标杆燃气企业"。

近10年来（2005~2015），合肥燃气集团用户从25万余户增长至131万余户，年均增长率18.09%；燃气供应量从5835万立方米增长至49037万立方米，年均增长率为23.72%；建设管网长度从967公里增长至4632公里，年均增长率为16.96%；储气能力从28万方增长至1027万方，年均增长率达到43.36%。自2000年以来，公司未发生重大安全生产责任事故、未发生重大服务责任事故、未发生重大交通伤亡等事故。

主要创造人：吴正亚

参与创造人：李 永 章 祝

以打造中国一流安防企业为目标的企业文化建设

天津天地伟业数码科技有限公司

天津天地伟业数码科技有限公司(以下简称天地伟业)成立于2004年,是以监控产品的研发、生产、销售为主营业务的物联网民营企业,是我国北方最大的安防产业化基地,是国家火炬计划重点高新技术企业。注册资金10亿元,现有员工2000人,其中科技研发人员700余人,主持和参与制定国家/行业标准17项,申请专利278项。方案及产品先后应用于天安门、鸟巢、上海世博会、巴西世界杯、厄瓜多尔平安城市等大型项目,产品远销美国、加拿大、新加坡等60多个国家和地区。2016年获得"国家技术创新示范企业",2015年获批"国家企业技术中心"和"国家地方联合工程实验室",连续4年被评为"中国软件百强企业",连续13年获得"中国安防十大品牌"和"中国安防最具影响力品牌"。

以打造中国一流安防企业为目标的企业文化建设的实施背景

安防企业初期应对复杂市场环境的迫切需求。天地伟业成立初期,复杂严峻的安防环境给天地伟业等科技型安防企业带来了巨大挑战与压力,人才引用困难、原材料成本较高及技术创新能力不足,已成为行业的"新常态"。如何在此环境下,保证企业在市场中占据主导地位,是迫切需要解决的问题。只有在完善企业文化的基础上,加强人才培养,提高自主创新能力,研发创新性核心技术才能使企业长远发展。所以,天地伟业必须将优化企业文化管理摆在突出位置,以打造良好的创新文化氛围助力企业发展,间接提高经济指标。

增强企业竞争优势的迫切需要。由于国际、国内市场竞争日趋白热化,与国内外先进企业相比,随着经营地域和领域的拓展,天地伟业不仅在规模、装备、技术等硬实力方面存在差异,在管理、品牌、人才等软实力方面的差距更是不容小觑。天地伟业要在激烈的市场竞争中发展,必须不断发挥研发机制、质量水平、营销服务、品牌影响和人才建设等方面所具备的突出优势,尤其在技术上应发挥自主创新的优势,追求人无我有、人有我优、人优我精,坚持走特色的企业文化建设道路,打造一流企业文化,实现企业做优做强。

培养适应公司发展职工队伍的需要。系统性培养综合素质较高的人才队伍是履行天地伟业"以人为本"的人才战略,推动企业发展的基本途径和根本保证。2008年,天地伟业提出人性化的"选、用、留"三步走模式和三留人政策,人才队伍建设机制逐渐成为企业文化的工作亮点,持续推进符合企业文化理念特色的育人工作机制的建立势在必行。

以打造中国一流安防企业为目标的企业文化建设的基本内涵和主要做法

建立企业文化体系，深入贯彻企业文化理念。天地伟业公司企业文化体系主要由企业文化、企业精神、企业愿景三部分构成。

（1）企业文化——真诚、平实、创新、热情。

（2）企业精神——天行健，君子以自强不息；地势坤，君子以厚德载物。

（3）企业愿景（见下图）。

企业愿景

为了贯彻企业文化理念，天地伟业将企业文化理念融入党建中，提出"三宣贯"原则。一是以培训促宣贯。每年对党支部书记专题培训辅导4~5次，对中层以上干部和职工骨干专题培训1次；二是以学习促宣贯。以党员领导干部为重点，统筹制订普通职工、党员、领导干部学习公司企业文化理念计划，严格督导落实；三是以氛围促宣贯，为员工设立体育设施，积极鼓励员工参与各种文化活动，营造良好的企业文化氛围。

提出独特的管理体系，建立制度化、流程化工作机制。天地伟业在组织管理方面结合波多里奇的卓越绩效理念与稻盛和夫的阿米巴经营，创新性地提出一套名为PCT的人性化的管理模式，即Profit Community Team 的首字母缩写，意为"利益共同体"，是一个成员有共同愿景、有独立考核，且以利润最大化为目标，以客户价值为出发点，以公司价值为主导，以奋斗者为荣，让所有奋斗者实现梦想的管理单位。

该模式目的在于在公司层面与员工层面找到平衡，使员工与公司的利益最大化；从传统的行政驱动向PCT驱动转变，培养员工经营的意识，而不是简单的工作意识；为员工搭建创业平台，实现与员工共同参与公司经营，共同分享企业成功，享受荣誉感及提高员工主人翁意识。

天地伟业作为一个大的PCT单位，由许多个小PCT组成，每个PCT组织需有团队、有领导、有管理班子，要有明确的、可量化的PCT收入和PCT支出，还要有共同愿景、明确的功能、独立的考核指标。只要符合以上条件，就可以成立一个PCT组织。

每个PCT的利润按：利润=收入×X−支出×Y来计算，其中X和Y分别是收入和支出的比例系数，每个PCT组织在企业内部相当于独立的"小公司"，所有的支出包括人力、水电等都算作是PCT支出，所有的收入都算作是PCT收入，这些小公司按照XY的规则进行"交易"，每个PCT组织都有明确的收入支出项，收入支出变更需经公司决策委员会同意。

PCT组织管理者可由组织的盈亏情况实时控制PCT的收支，在过程中追求PCT组织的利润最大化，即"培养经营者意识"。所有PCT的利益最大化造就了公司整体PCT的利益最大化，这就实现了"共同参与企业经营"。

为了将PCT模式推进下去，公司提出了对PCTleader的奖惩方案，人数≥10人的PCT组织，利润排名第一奖励现金5000元，倒数第一处罚2000元；人数<10人的PCT组织，利润排名第一奖励现金4000元，倒数第一处罚1000元。该方法目的在于将PCT模式推进下去，而最终目的是通过这种模式实现各PCT的利润分成，真正地实现"共同分享企业成功"。

天地伟业采用制度化、流程化的辅助方法带动PCT管理推进，制定了139个相关制度和180个相关业务流程，且全部流程采用OA上线，即利用网络、计算机、信息化，提供一个给多人沟通、共享、协同办公的软件平台，OA系统不仅给办公人员带来快捷和便利，而且还大大提高了工作效率，大幅度降低了公司成本。

注重人才体系建设，增强企业实力和发展后劲。 天地伟业视人才工作为企业发展的重要抓手。天地伟业提出"以人为本"，将"人才是公司的最高竞争力"作为公司战略之一。提出"选、用、留"三步走模式。在"选"人方面，除社会和校园招聘两种方式外，还设立了人才专项基金和伯乐奖，鼓励员工进行"内部推荐"。在"用"人方面，在系统化培训及轮岗制的前提下，以员工个人发展为导向对其进行合理性规划，员工可参考公司意见进行双向选择。在留人方面，提出"三留人"政策，即"待遇留人""事业留人""文化留人"。

（1）待遇留人。提出"工资、奖金要有竞争力"，为此设立了项目奖金并发布了股东贷款优惠政策，对优秀员工颁发年终大奖，鼓励家人一起上台领奖，增加员工荣誉感。

（2）事业留人。提出"员工持股计划"，目前25%员工持股。以双通道模式培养人才，每季度优秀员工可登英雄榜。业绩突出的人才，公司成立以其名字命名的专家工作室，全面发挥专家对技术的引领作用。

（3）文化留人。积极开展企业文化活动，丰富员工的业余生活。设立兼职部，员工可自愿参加并在兼职这个大平台上发挥特长。2017年，提出"创建幸福企业"的人性化概念，致力快乐幸福的工作氛围。

坚持以质取胜的经营之道，以质量赢得企业发展。

（1）为保证技术成果扎实落地，严把质量关。天地伟业按照"一切以客户为中心"的营销战略，要求员工必须具有强烈的质量诚信意识。在PCT模式的引导下，创新性地提出"品质在营销"的概念，由于各PCT直接与市场挂钩，所有市场信息会第一时间传达至PCT，从而实现快速响应。

（2）天地伟业一直秉承"以质取信"的质量方针。从成立之初就定期发布企业质量信用报告，为提高质量诚信评价，建立包括来料检验过程和客户返修过程的质量追溯体系。

扩大品牌影响力，联手国际知名企业打造品牌强企形象。

（1）找准品牌高端定位。瞄准国家重点工程和高端终端用户需求，以市场为导向，积极推进产品结构和产业技术升级，增强企业自主研发能力，扩大国内外市场的占有率。

（2）打造卓越的文化品质。将"以客户为中心的技术领先"的企业发展战略与企业文化相结合。以精于产品、专注行业，坚持高清化、智能化、行业化、集成化为发展方向，打造以客户为中心的技术领先型品牌形象。

（3）联合国际知名企业，打造品牌强企形象。凭借过硬的技术实力、可靠的产品品质等优势，致力于为国内外一流知名企业定制高品质创新型产品。天地伟业是中国30家金牌诚信安防供应商、是华为的核心供应商、中石油天然气集团物资供应商和各省市政府采购供应商，拥有稳定的客户忠诚度及极高的品牌美誉度。以此扩大了企业知名度和品牌影响力。

以打造中国一流安防企业为目标的企业文化建设的实施成果

完善特色企业文化建设，经济指标不断提高。结合天地伟业自身文化积淀，深入践行公司企业文化理念，以打造安防一流企业主体目标，天地伟业创新型的人性化业文化体系建立完成并得以完善。

荣获多项科技奖项，为国防建设做出突出贡献。天地伟业主持和参与制定国家/行业标准17项，申请专利278项。为推进安防市场的发展及完善当前的安防建设，自主创新研发了多项核心技术并取得了较大突破，例如，天地伟业在国内企业中率先实现了星光级技术的研究，填补了国内的技术空白。一方面，作为业内首推星光卡口解决方案，不用闪光灯，即频闪可达到要求，解决了城市中交通卡口对司机眼睛的影响；另一方面，天地伟业在国内率先将H.265技术应用到视频采集设备，目前已成熟应用到销售产品中，大大解决了目前海量视频的处理问题；在结构化语义发展初期，天地伟业就实现海量数据中的秒级检索，在节省人力、物力成本的基础上，为国家安防建设提供了便利。

建立特色的工作机制，完成人才培养。公司员工2000人，研发人员800人。公司培养高管12人、高级技术工程师17人、中级工程师237人，建立"三留人"政策，实现企业员工股权制度，设立"双正职"岗位。公司提供给员工良好的工作氛围及文化氛围，现已基本实现了"以人为本"的人才战略。

基于企业文化，赢得品牌高成效。天地伟业始终将品牌与文化相结合。2016年8月，创新型技术"星光级"获得了中央电视台《新闻联播》、中央人民广播电台《中国之声》《人民日报》《光明日报》的集中宣传报道。

天地伟业精于产品、专注行业，坚持高清化、智能化、行业化、集成化的发展方向，天地伟业以客户为中心的技术领先型的品牌形象已经深入人心，良好的品牌效应推动企业可持续发展。

面对未来，天地伟业将进一步加大企业文化建设，不断加强科技创新能力建设，驱动企业乘势而上，早日实现跨越式增长，为社会贡献力量，像天地伟业超星光摄像机一样，照亮"中国智造"。

主要创造人：戴　林

参与创造人：王　健　张毅强

以创新为引领　构建优秀文化　助力企业发展

柳州两面针股份有限公司

　　柳州两面针股份有限公司（以下简称两面针公司）起源于1941年成立的亚洲枧厂等5家小型私营肥皂厂，1978年组建"柳州市牙膏厂"，1980年新厂建成，1994年改制为股份公司，2004年成为行业首家在上海证券交易所挂牌上市的公司。两面针公司是全球最大的中药牙膏生产企业之一，是中药牙膏行业标准牵头起草单位，是行业内首家通过ISO9001国际质量体系认证和首家获准设立博士后科研工作站的国家高新技术企业。1978年，两面针公司率先成功研制出国内第一支中药牙膏，并连续20多年在国内同类产品中产销量第一，2002年"两面针中药牙膏"率先被评为"中国名牌产品"，2004年两面针牙膏被认定为"国家质量标准示范产品"和"全国用户满意产品"。"两面针"商标为中国驰名商标，并被评为"中国最受公众喜爱的十大民族品牌"之一。2012年两面针中药牙膏系列产品荣获"2000~2012年行业重大科技成果二等奖"，2013年两面针消痛系列中药牙膏的成功研制填补行业空白，2016年两面针公司被评为行业"特殊贡献单位"。经过几十年的发展，两面针公司已成为拥有日化、纸业、精细化工、医药、房地产五大产业板块，从事"大消费 大健康"产业的综合性公司。

　　两面针公司成立以来，以敢为人先、创新创新、开拓进取为基石，持续推动企业健康发展，形成由"价值基点""轻重标准"与"道德规范"三大部分组成的企业文化。两面针公司推崇"人第一、质量第一、科技第一"，以"顾客重于企业，质量重于数量，效益重于产值，人才重于设备，创新重于守成，实绩重于宏论，机遇重于条件，长远重于眼前，法律重于长官，国家重于一切"作为做事创业的标准，以"诚信为本、公平友善、不贬低对手、读好书干实事、遵法纪顾大局、永远讲真话、自律自强、艰苦奋斗"规范企业和员工行为，逐渐形成"企业建在文化上，文化融于企业中"的发展理念，并植根于员工心中。2002年，两面针公司荣获广西首届企业文化节"企业文化之星"金奖；2004年，内刊《针》报荣获首届"中国百佳优秀企业内刊"一等奖；2010年，两面针公司被评为"全国企业文化建设优秀单位"。从创新性开发出第一支国内中药牙膏，到组建自己的销售队伍并打造销售网络，到开创性做电视广告和车身广告营销，到成为牙膏行业的领导品牌，两面针人以坚韧不拔之志开创属于自己的事业，把"两面针"打造成为柳州乃至全国响当当的名片。

以开拓创新助力企业从绝缝中得到快速发展

　　产品创新奠定企业发展基础。在两面针中药牙膏诞生之前，还处于牙膏车间向牙膏厂转变过程中的两面针人，只好用不断推出新品牌来争取销路。到1978年柳州市牙膏厂组建时，已拥有南方、红宝石、白鹭、兰香等20余个品牌的牙膏，但没有一个是真正受到消费者好评的。1978年第三季度，两面针人意识到普通牙膏销量将趋饱和，产品必须以特色制胜，否则新生企业将有可能死于襁褓中。广西素以中药材资源丰富著称，而中药是老祖宗留下的瑰宝，中药用在牙膏里还鲜有听闻，这会不会是一条正确的生存与发展之路呢？方向找到了，但要想从种类繁多的中草药中寻找到护理口腔的良方，并配伍运用到牙膏中无异于大海捞针。为了寻找、筛选适用的中草药材，科研人员分成若干小组，分别深入柳州、南宁、玉林等地进行考察，访问中医院、中药收购站、中草药店，并向老中医、老牙医请教，经过漫长的寻药、选药、提药历程，最终选定了生命力极强、药源充足的野生两面针中药作为中药牙膏的主药，并最终于1978年成功研制出第一支色味俱佳的两面针中药牙膏，并向各地试销。在试销过程中，车间派出技术人员和销售人员到各地召开消费者和商业人员座谈会十多次，90%以上的消费者认为该产品治疗口腔疾病的效果很好。1980年1月柳州牙膏厂成立，当年就实现了牙膏产量1333.78万支的销售量，产值457.4万元，利税86.09万元。

营销创新迅速打开产品销路。有了产品还得有销量，两面针公司大胆尝试，从车间和各科室选拔了一批有经营头脑的干部职工成立了专门的销售部门，从经济相对落后的西南地区开始向全国各地推进。统购统销取消后，两面针人采用墙体广告、大篷车宣传、公交车身广告等形式，进行产品推广，成了现代营销的"探路者"和"吃螃蟹人"。20世纪80年代中期，电视台壮着胆上了两面针的广告，从此两面针牙膏凭借好的功效和强大的营销，从桂中腹地走向全国，逐渐被国人认可。

恪守质量至上催化业绩提升。"质量是企业的生命，员工的饭碗"，这不仅仅是两面针公司挂在墙上的口号，更是两面针人对消费者的郑重承诺。在牙膏打开市场、赢得消费者信赖的同时，两面针公司更加注重产品质量并逐步开展全面质量管理。自1986年起，建立了32个QC小组，全厂近240人、近三成职工参与了QC小组，先后制定和完善了《质量管理教育制度》《质量事故报告制度》《用户访问制度》《产品质量审核管理制度》《工序质量审核管理制度》等，还开展了"以产品质量为中心的全面整顿"，专门组织员工学习《产品质量法》，还以质量曝光内部展览、广播、板报宣传等多种形式对员工进行经常性的质量教育，将质量意识提高到法律的高度。通过多次技术改造，确保生产技术和产品质量始终处于行业领先地位，比如，1990年，牙膏厂对制膏设备进行大型技术改造，引进当时国际先进的意大利TE-3制膏设备，达到行业技术领先水平；2004年，两面针公司再次进行大型技改，投资9000万元引进德国IWK高速线，实现牙膏30万级洁净GMP化生产，使公司的牙膏生产技术水平再次跃升世界前列。1991年，牙膏厂荣获"年度轻工部质量管理奖"；1992年，两面针牙膏获"国货精品特等奖"；1992年，两面针公司已成为税利总额行业排序十强企业，两面针牙膏连续4年获全国畅销国产商品"金桥奖"；1993年，两面针公司成为中国500家最大工业企业之一；两面针公司先后于2002年、2004年被评为"质量效益型先进企业"，受到中国轻工业联合会的表彰。

打造优秀企业文化推动企业持续健康发展

构建文化传播平台，营造文化兴企氛围。1994年《两面针》报出版，并经历了《仙葫工人报》《政工简报》《踏遍青山人未老》等名称演变，最终于2002年创刊《针》报并持续办报，至今《针》报已办刊112期。2014年7月，在柳州市新闻出版局的大力支持下、在两面针公司党委的正确指导下，《针》报由原来的4开4版改版为对开4版、出版频率由两月一期改为每月一期，并创新性地开设了《言论》《历史的天空》《最美两面针人》等专栏，总结梳理两面针公司发展历程、挖掘身边优秀的人和事、引导全体员工为企业发展贡献力量。每一期的《针》报均下发至柳州各单位，并邮寄给异地子公司，确保员工人手一份，让员工随时随地了解企业发展情况。此外，两面针公司还建立了官方网站，把企业文化有机嵌入其中，并及时上传公司重大新闻以及媒体对两面针公司的报道，及时让员工和消费者通过网络渠道全方位了解两面针公司。2016年以来，两面针公司通过官方微信公众号，有效推送近200条各类信息，尝试以新媒体传播企业文化建设成果。

编撰企业文化读本，打造优秀企业文化。2001年，两面针公司企业文化办成立，开始梳理、提炼、定格企业文化内容及精神，并于2002年起陆续编撰出版了《两面针企业文化》简明读本（共两本）以及《生活在行动与思考中》，把两面针公司的基本价值观、理念与准则、外在形象等进行固化。两面针公司自行编撰的有关企业文化的书刊，做到人手一份，并通过闭卷测试、随机问答、员工宣讲等形式，让员工熟悉企业文化的内容及内涵，并通过把企业文化精髓制作成宣传标语上墙，使员工每天都得到公司企业文化的耳濡目染，引导形成良好的工作习惯。两面针公司还通过讲习班、报告会、演讲、文化沙龙、文艺表演等多种形式，大力宣传和弘扬企业文化精神，形成浓厚的文化建厂文化兴企氛围，邀请杨叔子院士等知名人士到公司进行宣讲。自成为两面针公司的一员起，每位新员工都必须学习企业文化知识，强化对企业文化的认同，并"内化于心、外显于行"，使认同转化为强大的执行力，推动企业发展，让员工与企业共成长。

建设企业文化长廊，弘扬优秀企业文化。2002年，两面针公司着手建立企业文化长廊，把企业发展历程中的具有里程碑意义的设备、产品、奖杯、牌匾、历史照片以及企业经营发展理念、员工业余文化生活、党和国家领导人的关怀等有机整合在企业文化长廊里，形成了企业历史展厅、产品展厅、荣誉展厅、文化展厅以及集牙膏生产现场观摩、企业宣传片播放等于一体的立体式文化长廊，免费向来宾开放，传播两面针公司经营发展理念和优秀企业文化。自文化长廊投入使用至今，据不完全统计，累计接待各类宾客超20万人次，"扎根民族沃土，创造世界品牌"的愿景得到广泛传播。

首届广西企业文化节在两面针公司举行

创建全国质量教育基地，引导员工和中小学生树立质量意识。 2011年，两面针公司整理三十多年来的企业质量管理经验，向国家质检总局申报创建"全国中小学质量教育社会实践基地"。经过严格的筛选，两面针公司被批准成为"全国中小学质量教育社会实践基地"，这是全国首批16家中广西壮族自治区唯一一家单位，入选的其他单位都是全国各行业具有品牌优势和较高质量管理水平的知名企业。两面针公司通过创建全国质量教育基地，一来总结三十多年来的质量管理工作经验，进一步夯实"质量第一、质量重于数量"的企业文化理念，二来通过免费向中小学生开放，向他们普及质量知识、爱牙护牙科普知识以及国家有关质量法律及法规，提升学生的质量意识、品牌意识。自2012年以来，累计接待来自柳州高中、景行小学、柳州十二中学、广西大学、广西科技大学等学校学生达12000人次。

丰富企业文化内涵，引领企业复兴发展。 自2013年起，"发扬两面针人敢为人先的创新精神，持续追求人均效率和效益的提高，持续追求产品创新、营销创新和制度创新"的企业核心精神，仅每天在电子屏上滚动播放，现早已获得员工认同并深入人心。"传承·健康·时尚"的大消费大健康产业理念得到两面针公司员工和经销商及合作伙伴认同，"管好你的人，管好你的事，管好你的地盘，管好你的业绩"在管理层扎根，"以更加开放的心态、更大的勇气来实现两面针公司的复兴发展"已成为员工的自觉选择。2016年以来，公司大力号召员工争做"两面针的奋斗者"，吹响进军并拓展东盟中药日化产品市场的号角，强化执行、追求创新、务实求效，已成了两面针人的共同追求。

主要创造人：钟春彬

参与创造人：谢鸿武　施如献

坚持文化引领战略　助推企业创新发展

桂林三金药业股份有限公司

　　桂林三金药业股份有限公司（以下简称三金）前身为桂林中药厂，始建于1967年，是以中药、天然药物研发、生产及销售为主业的国家高新技术企业、国家创新型试点企业、国家技术创新示范企业，也是广西壮族自治区最大的医药企业。1985年以来，主要经济指标连续20多年位列广西医药行业首位，并稳居中国中药行业50强前列。先后荣获"全国企业管理杰出贡献奖""全国'五一'劳动奖状""中国制药工业百强企业""全国安康杯安全生产先进企业""自治区主席质量奖"等荣誉。

　　三金50年砥砺前行，从一个中药作坊式小厂历经5次腾飞成长为广西医药行业的领军企业，跻身全国中药行业50强前列，这得益于每个发展的关键点采取正确的战略决策，得益于创新核心竞争力的持续培育，得益于在实践中形成的独具特色的三金企业文化。"崇信、创新、争先、勤实""敢为先"的三金精神，"药精济世、忠实科学"的企业宗旨，"一个企业要发展，每隔3~5年就要进行一次深刻的反省和改造，再造一个新企业""没有思路就没有出路""从爱出发，从严治厂""想人所未想，为人之不能，出奇制胜""眼睛盯着昨天是懦夫，盯着今天是平庸，立足今天放眼明天才是现代企业的胸襟"等发展理念，已深深扎根于每位三金人内心深处，并形成一致的价值取向，成为引领企业发展大方向的三金之魂，滋养着一批批三金人敢为人先、勇攀高峰、引领潮流。

厚积薄发，系统打造文化强企战略

　　坚持大健康战略统领，因企制宜，领跑现代中药。三金从传统的熬蜡制壳、炼蜜为丸的简陋作坊式小厂，到拥有咽喉口腔用药和泌尿感染用药两大全国第一品牌的现代中药企业，每一次转型都紧密结合市场变化，弄潮市场前沿。

　　1984年，三金紧跟改革开放的大潮，组建销售队伍，由生产型转为生产经营型，制订了"二年基础，三年改观，五年腾飞"的企业发展规划；1989年，三金引入联营机制，与中国药材公司进行全方位联营，获取资金、技术、信息、管理等方面的支持，开始企业发展的"二级跳"；1994年，组建桂林三金药业集团，当年企业产值、销售首次突破亿元大关，步入快速高质增长期；1997年年底，集团乘着"十五大"东风，进行股份合作制改革，成为桂林市首家由国有企业改制为股份合作制企业，当年产、销首次突破3亿元。2000年，三金开展中药国际化探索，一次性通过国家GMP认证和澳大利亚GMP认证，"三金"商标被评为全国驰名商标。2009年7月，三金以高成长、高效益的崭新面貌，成为国内IPO重启首家上市企业，跨入了由自我滚动式发展迈向利用社会资源跨越式发展的新阶段。2010年，在桂林临桂新区秧塘工业园区建设三金现代化中药产业园。2014年年底，顺利通过广西壮族自治区食品药品监督管理局组织的新版GMP认证；2015年5月，中药产业园投产运营，实行三金"以中药为核心、以生物制药与大健康产业为两翼"的"一体两翼"战略，开启三金再创业的新征程。

重塑企业文化顶层设计，与时俱进，实现三金新跨越。三金对自身企业文化的认识和所抱持的态度，经历了从自发向自为的变化过程。20世纪90年代初期，三金从长期发展实践中总结提炼出"崇信、创新、争先、勤实"的三金文化，并通过一系列推广和实践逐步深入员工内心，推动了企业历次跳跃式发展。伴随着企业成功上市，为强化企业文化顶层设计，健全和完善企业文化体系建设，不断丰富企业文化内涵，公司董事长、总裁亲自参与指导，成立专门的企业文化建设管理机构，会同专业战略策划公司对原有的企业文化进行重新梳理，在有效传承三金核心企业精神的基础上，进一步升华发展，强化勇于突破、进取、争先的元素，提炼以"敢想、敢做、敢创、敢爱"为核心价值观的企业理念。坚持"内化于心、塑化于行、固化于制、外化于形"的方针，建立以切实的目标任务、明确的职责分工、完善的制度规范、有效的标准体系、齐备的人员落实、坦诚的沟通氛围为标准的闭环评价体系，使三金企业文化建设达到大音希声、大象无形的境界。

以文化人，构建企业文化传播工作大格局

创新载体，推进文化阵地建设，营造良好互动氛围。为更好地在员工中普及企业文化，内强素质，外树形象，凝聚发展力量，三金积极进行氛围营造，灵活运用宣传平台和载体，努力创建企业文化阵地，让企业文化更立体、更全面、更生动。三金通过理念宣贯、制定行动导引、打造目视系统、利用多媒体宣传平台等方式来传递公司使命、愿景和价值观。通过对"崇信、创新、争先、勤实"这四大基石的深度解析和"敢想、敢做、敢创、敢爱"的企业核心价值观的溯源精炼，充分挖掘企业文化对企业健康持续发展的源动作用。开展文化故事征集活动，深度发掘企业发展历程中、中药城建设过程中发生的感人的新老故事；开展"两学一做""学企业文化，学员工手册，做优秀员工"知识抢答赛，把党建知识和企业文化结合起来；结合VI系统、OA办公系统、三金微平台强化对企业理念、行为和视觉三个识别系统的认知和认同，激发员工的主人翁意识。2017年，三金将迎来建企50周年庆典，"我和三金共成长"征文"书写三金、三金情画"书画作品征集"致敬五十年，各部齐献礼"等一系列活动陆续开展，形成了上下互动、共创共荣的文化氛围，促进了企业文化全面健康发展。

塑造品牌，提升品牌价值，实现"名牌产品、明星企业、名人企业家"的名牌战略。20世纪80年代末期，三金率先引入专业策划概念，在国内较早推行的学术推广模式，以及竞标央视、投放电台、户外广告等多媒体联动策略，使得桂林三金的企业和产品的知名度不断提升，从桂林的本土企业走向全国，成为业内知名的制药企业。随着网络媒体和新媒体的崛起，三金迅速搭建了网页、微信、微博、电商等全媒体平台，再一次让药香搭上信息的翅膀，进军广阔的全球市场。近年来，三金每年投入上亿元用于品牌传播推广，与电视、广播、报纸、门户网站、论坛、视频网站、户外及机场、高铁等媒体平台及专业杂志进行全方位的广告和内容合作，全面推广桂林三金品牌。

品牌的核心就是品质，在保证产品和服务品质的基础上，三金依托自动化设备与集成信息系

统技术，建立数字化生产质量管理系统平台，实现从原辅料采购、半成品生产到产品出库全过程质量控制体系，形成了 360 度的品牌外延，使三金产品的市场抽检合格率连续多年保持100%。"新中药，心中药"将三金品牌文化的内核阐述得淋漓尽致，所有三金人在潜移默化的文化传承中都秉承了"做良心药、放心药"的职业理念。目前，桂林三金品牌拥有中国驰名商标、中国中药名牌产品、三九健康网"百姓最放心药品品牌""健康中国"行业领军企业、"TMA"移动营销全场大奖提名、口腔咽喉用药店员推荐率最高品牌等荣誉。2015年，桂林三金被"世界品牌实验室"列为"中国500最具价值品牌"，品牌价值达81.69亿元。

大力支持公益事业，企业公信力及社会声誉稳步提升。"三金药业，造福于民""企业发展不忘回报社会"，三金领路人邹节明率先垂范，积极投身社会公益事业，用真情回报社会。但凡扶贫、助残、给下岗职工"送温暖"、给贫困山区"献爱心"、无偿献血等活动，三金总是动员早、行动快。1998年，长江流域发生特大洪水，三金向湖南、湖北等重灾区捐赠抗灾药品210万元；2003年，三金主动与桂林周边4个县、88个学校签订定向捐资助学协议，资助187名贫困学生，公司被评为"广西希望工程工作先进单位"。近年来，企业投入400多万元在北京中医药大学、武汉大学、广西中医大学等高校设立奖励基金；据不完全统计，三金用于社会教育事业、对口支援帮扶、扶贫救灾助残的捐款、捐物等共计千万余元。

敢为人先，共创百年三金基业长青

独辟蹊径，依托地方资源优势，研究开发特色民族医药。三金秉承"继承不泥古，发扬不离宗"的原则，有效依托广西药材资源优势不断创新。由何梁何利基金获得者邹节明教授率领的包含国务院特贴专家、国家百千万人才工程、广西十百千人才工程组成的科研团队，坚持"以中医药理论为指导，临床经验为基础，现代科技为手段，本地中草药资源优势为依托，研发能体现中医药特点和优势、拥有自主知识产权的现代中药新药"的研发思路，从促进企业发展和行业进步的责任感出发，摒弃低水平仿制、抄袭的老路，自主创新，创自己的名牌，并坚持产品创新为核心，以原创性新药开发、原始创新为重点，技术改进、群众性小改小革等技术开发为辅助和补充，创造性地提出并实施"四维"梯队技术开发战略，即以市场、用户需要为导向，技术创新为主线；新产品开发形成："生产一批，储备一批，研制一批，构思一批"的良性循环；老产品开发形成："产一代，拿一代，研一代，想一代"格局；生产开发形成：传统技术、一般技术、先进的高新技术相结合的多层次结构；市场开发呈现："播一批种，选一批苗，育一批材"的态势。目前，三金拥有200多个注册品种和13个药品剂型，拥有桂林西瓜霜、西瓜霜润喉片、三金片、脑脉泰胶囊等自主开发的独家特色品种42种，并在咽喉口腔用药和泌尿系统用药方面已形成较强的专业和市场优势。代表产品三金西瓜霜系列、三金片系列多年稳居全国同类中成药的第一品牌，"三金"牌商标被国家工商行政总局认定为"中国驰名商标"。

为了传承弘扬中医药文化，三金人付出了巨大的努力，也换来了丰硕的成果。经过10多年的技术开发与国际标准对接，目前，公司三金西瓜霜喉片、三金西瓜霜喷剂等8个中成药产品，以"创新与质量的极致"，通过了澳大利亚TGA认证和上市；西瓜霜—舒咽清通过美国FDA认证注册，积极探索中成药国际化之路。

企业文化研讨营

典型引路，全员参与，推进创先争优常态化、长效化。为建设学习型的企业，三金积极为员工创造良好的"赶、学、比、拼、超"的学习环境，完善学习培训体系，建立了从员工入职到在岗的一整套终身职业培训机制，打造学习型组织文化。三金注重发挥个体的主导作用，为营造全员参与管理的氛围，促进文化与生产经营的深度融合，三金每年固定开展节能降耗、工艺改进、产能提升、管理创新、营销创新等各类改进创新和评优、评先活动，使常态化的改进和创新成为职工的行为习惯，积淀为企业的文化底蕴。打造了提取车间"年度之星"、营销公司"销售冠军"等几大品牌评比竞赛，更有两年一次的"三金十大魅力员工"重量级评选活动，充分弘扬了"敢为先"的企业精神，树立三金"敢想、敢做、敢创、敢爱"的核心价值观，达到了宣扬正能量、提振士气的预期效果。

面对新的契机和挑战，三金人将继续秉承"泽及生命、关爱健康"的理念，根据自身实际和市场变化，不断优化公司组织架构和产业、产品结构，并借助品牌优势整合社会资源，抓住国家发展中医药产业及广西壮族自治区将生物医药列为自治区十大重点发展战略新兴产业之首的历史机遇，推动三金迈向新发展、新高度。

主要创造人：邹节明　王淑霖

参与创造人：付丽萍　李煜红　王树青　曾静萍　王露露

以文化人　以质取胜

深圳市维业装饰集团股份有限公司

深圳市维业装饰集团股份有限公司（以下简称维业股份）成立于1994年，注册资金1.36亿元，是国内建筑装饰领域的知名企业，已连续14年入选中国建筑装饰"百强"企业前列，连续23年被广东省工商局评为"守合同重信用"企业，荣获"中国建筑装饰30年行业开创型企业""改革开放30年建筑装饰行业发展突出贡献企业"等称号，打造了人民大会堂系列经典工程、故宫慈宁宫、海南博鳌国宾馆、深圳湾1号、腾讯大厦系列、万达广场系列等一批精品工程，多次获得鲁班奖、全国建筑工程装饰奖等国家及省市级奖项，与华润置地、万达集团、华为等知名企业建立了长期的战略合作伙伴关系，在提升建筑品质、推动中国经济发展等方面做出了应有的贡献。

维业股份在深圳这片改革开放的热土上崛起、成长和壮大，推动并见证了建筑装饰行业和国民经济的快速发展。维业股份自成立以来，始终秉承"唯诚、唯信、优质、高效"的企业理念，注重发挥企业文化建设的示范引导作用，形成了以诚信文化、工匠文化、关爱文化为特色的企业文化体系，使企业文化成为推动企业发展、凝聚团队力量的"软实力"和"新引擎"。

诚信文化打造企业名片

维业意为"唯诚、维信，业竟成"。忠诚，是对个人和组织最起码的道德要求；信用，是个人和组织最具有渗透力的事业标准。自创立之初，维业股份就以诚信务实的原则开创事业，在企业信用、安全生产信用、经营信用、纳税信用、环保信用等各方面都建立了自己的标准体系，做到在商业经营中不失信、坚决履行合同条款，在工程管理中不违规、确保工程的安全与质量，依法履行纳税义务、不偷税、漏税、逃税，不使用污染材料，提倡绿色环保材料等，着力提升"诚信文化"的内涵与价值，使诚信成为每个维业人的自觉追求。维业股份诚信建设取得了显著的成效，并获得了多项荣誉。诚信文化已成为维业股份的一张亮丽名片和核心竞争力之一。

工匠文化筑造经典工程

作为一家建筑装饰公司，维业股份视工程质量和效率为企业的生命。维业股份传承并发扬"开拓进取、团结协作、精益求精、追求卓越"的维业精神，以"精益求精、追求卓越"的工匠文化和"做一项工程，树一块品牌"的精品意识，将工匠情怀融入装饰设计、施工管理、材料采购、质量监管等各个环节当中，以科学管理、精湛工艺、卓越品质筑造出"过程省心、结果放心、居住舒心"的"三心"精品工程；以人民大会堂金色大厅、国家接待厅、新闻发布厅、全国人大常委会会议厅及各地方厅等为代表的高端政务场所装饰工程；以北京华尔道夫酒店、海南博鳌国宾馆、深湾会顶级私人会所等为代表的星级酒店、国宾馆、会所工程；以北京首都国际机场、深圳地铁、长江黄金三号豪华邮轮等为代表的轨道交通工程；以慈宁宫雕塑馆布展工程、中国伞博物馆等为代表的文化精品建筑；以深圳湾1号、南宁华润幸福里、惠州金融街等为代表的住宅精装修工程……这一项项的匠心之作，是维业人践行"构筑科学舒适的空间环境"企业使命的见证，成就了维业的品牌丰碑，在行业发展史上留下了时代的印记和历史的足迹。

关爱文化凝聚企业力量

维业股份高度重视人文关怀工作，把每一位员工都当成家人，努力营造"家文化"的氛围，围绕"345"（即达成"三个"目标，打造"四大"文化工程，搭建"五个"员工平台）的企业文化方针，以关爱文化凝聚员工力量，增强企业荣誉感。

达成"三个"目标。将企业文化内涵和价值渗透到客户、员工和社会当中。以客户为尊，为客户提供贴心、周到、及时、优质的服务；将员工当作企业发展的资本，为其搭建施展才华、创造价值、实现梦想的平台；以工匠精神不断追求工程质量的精益求精，为社会奉献更多的匠心之作，最终使维业股份成为"受客户尊敬、受员工喜爱、受社会认可"的百年企业。

打造"四大"文化工程。"维业之声"大赛——以"维业之声"为窗口，展现维业人的才艺与梦想，通过唱歌、演讲、演艺等形式，为员工提供展示个人才艺的平台，以此挖掘公司人才，增强员工自信，活跃公司气氛，并在周年庆、新春年会等重大活动方面鼓励员工自主编排节目，创新节目形式，成为增强企业文化活力、激发员工热情的一条重要纽带。

"维业关爱"行动——通过对内和对外的关爱行动，全面体现对员工的关爱，履行社会责任。

对内开展"三八节关爱女员工""闹新春、抽红包"、赏大片、员工旅游等活动。设立困难员工补助金，解决员工工作、生活中的困难。完善企业福利制度。在传统节日发放过节费及礼品，在员工生日、结婚等重要日子发放祝福礼金，提升员工幸福感；设立员工食堂，发放人才补贴，为满足条件的员工提供宿舍及人才住房等措施，全方位关爱员工的工作、生活及成长。创办企业内刊、设置企业文化墙，成为传播企业文化、推动品牌宣传的有力载体；营造和谐的劳动关系，坚持规范化管理，无违反劳动法规，无拖欠职工工资，无涉税问题，展现关爱文化的温暖力量。

"维业强健"计划——将日常体育锻炼和重大体育活动相结合，调动员工参与体育锻炼的积极性，增强员工体质。定期组织员工开展登山、徒步和打乒乓球、羽毛球等体育活动，参与了深圳市企业运动会、深圳市企业篮球赛、深圳市装饰行业篮球赛等重大赛事，在赛场上赛出了水平和风格，向社会展现出运动、健康、活力、向上的维业人形象。

"维业学院"进修——学习是人类进步的阶梯，也是企业长青的"基因"。维业股份鼓励员工在工作中学习，不断更新知识，提高综合素质及技能，以适应企业发展的需要。公司设立图书借阅室，根据员工需求订阅不同类型的书籍供员工借阅，让员工从书海中汲取营养，获得智慧，打造"职工书屋"；高度重视培训工作，通过"维业学院"进修计划，给不同岗位、不同职业阶段的员工提供相应的培训学习计划；健全培训体系，创新培训形式，把内训和外训、线上和线下培训相结合，推行微学习平台，使培训内容覆盖到每个人，实现全天候学习、移动化学习，努力创建学习型组织。

主题活动

对外热心社会公益事业，履行社会责任，展现企业的责任担当。成立义工志愿者爱心服务队，动员广大员工参与爱心公益事业，传递维业正能量。维业股份始终秉承一颗对社会的公益之心、责任之心、感恩之心，积极回馈社会，坚持不懈地支持文化、教育、救灾等社会公益事业，多次为社会贫困儿童、少年捐款，为优秀学生提供助学金，为洪涝、地震等灾区捐款捐物累计数千万元，为陆河县人民医院捐赠救护车辆，捐资兴建河田中学维业体育馆，在四川农业大学设立维业奖助学金，为陆河县河田中学捐书数万册等，以爱心公益发挥行业领军企业的导向性作用，在社会上树立了爱心企业的典范形象。

搭建"五个"员工平台。将员工个人发展与企业发展相结合，搭建自我成长、创业帮扶、快乐工作、利益共享、专项扶持等五个平台，形成共创、共享、共担、共赢的事业生态链，增强员工对企业的归属感和认同感。

"资源是会枯竭的，唯有文化可以生生不息"，在维业股份的发展道路上，创始人张汉清先生精心培育维业股份的企业文化，并将其融入企业的经营管理活动当中，以文化塑造出了企业的灵魂，以品质赢得信誉和品牌。未来，维业股份还将矢志不渝地强化企业文化建设，"以文化育人、以质量取胜"，努力实现"创百年维业、铸世界品牌"的远大目标！

主要创造人：袁卫国

创建方大家文化　塑造国企新品牌

山东方大工程有限责任公司

山东方大工程有限责任公司（以下简称方大）始建于1953年3月，隶属具有百年历史的山东能源淄矿集团。注册资本2亿元，具有国家房屋建筑工程施工总承包一级资质、矿山工程施工总承包一级资质、钢结构工程专业承包一级资质、消防设施工程专业承包一级资质，非煤矿产资源开采采掘施工安全生产许可证。已发展成为一家集矿建、土建、安装、专业化工程施工，新型材料、节能建材、清洁能源产销和锅炉运营与研制集控于一体的综合性企业。工程建设施工足迹遍及山东、内蒙古、河南、陕西等8个省、19个地市。产品销售覆盖全国20多个省份200多家用户。先后获得"泰山杯""全国煤炭先进施工企业""全国煤炭系统文明单位"等荣誉。

独特厚重的"家"文化底蕴

方大的发展史，是一部创业史，也是一部奋斗史。方大人始终发扬煤矿工人特别能吃苦、特别能战斗和国有大型企业产业工人主人翁精神，为企业发展奋斗，为社会创造财富。企业员工多数常年工作、生活在条件环境极其艰苦的野外，不计个人得失，舍小家顾大家为国家的家国情怀，这正是建设"家"文化最直接、最现实的思想起源。同时，也有厚重久远历史文化的起因。淄博是齐文化发源地，"重商重教革新求变"的商业文明赋予方大人"利从义取、创新求变"的理念。方大"家"文化的提出可以追溯到中华人民共和国成立初期，翻身得解放的煤矿工人深深感受到当家做主人的光荣与自豪。他们发自内心"爱企如家""以企业为家"，把自身的命运与企业命运紧紧相连。伴随着改革开放的深入，方大人把现代管理理念和中华传统文化的"以人为本"的思想结合起来，运用到企业文化建设之中，结合员工常年远离家乡，默默为煤矿建设"钻井""打巷"的特殊性，以"在外建小家、全员建大家"的文化管理定位，尽最大能力为员工提供家的关怀、家的温暖、家的情感，通过十几年的不断实践、总结、提升，逐步形成了完整的"家"文化管理体系。

"家"文化的理念体系

核心理念

核心价值观——明德立新 包容超越；企业精神——自强不息 创新进取；"家"文化定位——以"爱"为核心的管理文化；"家"文化总体要求——人人建小家 全员建大家。

"家"文化核心理念：家规——有信念 守规矩 严管理 明奖惩；家训——人为本 和为贵 诚为基 创为魂；家风——特别能吃苦 特别能战斗 特别能忍耐 特别能奉献。

基本内涵：奋斗家园、创新家园、精益家园、安全家园、成长家园、共享家园。

奋斗家园：奋斗精神是方大特定的文化元素。方大公司的发展是一部艰苦奋斗的创业史，奋发图强的拼搏史。矿山建设的特殊环境条件形成了方大人"特别能吃苦、特别能战斗、特别能忍耐、特别能奉献"的创业精神和求真务实、严谨规范的科学精神。这些是支撑方大公司无论在任何困难条件下保持快速健康发展的精神支柱。

创新家园：创新是方大发展的灵魂和动力。方大公司的发展是创新发展的过程。历任领导班子带领全体员工，从思想解放、理念创新、体制机制创新，到科学技术创新、管理模式创新，每一步跨越式发展、每一次重大转折，都记载着方大人创新求变的创新战略；每一项精品工程、项目的竣工都是方大人科技创新、超越自我的创新发展成果。

精益家园：管理是企业永恒的主题。方大公司在发展过程中注重运用现代管理思想、理论及成果与本企业的管理实践相结合，不断创新管理思想。近几年，把精益管理的理论，创造性地引入企业管理全方位、全过程，提出用精益管理思想建设精品工程、培育精品人才、打造精品企业，形成超越自我、追求卓越的精益管理模式。

安全家园：对于一个人来说，安全意味着生命，对于一个家庭来讲，安全意味着幸福，对于一个企业来言，安全意味着发展。因此，安全是幸福的前提，只有安全平安才有幸福快乐的家园。"安全"对于以矿井建设为主业的方大人来说更有着特殊的含义。"高高兴兴上班、安安全全回家"成为方大人朴实的幸福追求。"安全"首要是安全生产，人的生命是最宝贵的，确保生产安全是"以人为本"的基本体现。方大公司强化安全生产一票否决，坚定不移地贯彻到生产经营全过程，为员工切实提供安全保障。安全家园还包含了为员工提供安全稳定的工作、生活、学习环境。在这里，践行社会主义价值观成为每个员工的自觉行为准则，坚定国有企业报效祖国、服务人民的价值追求。建一个工程，树一座丰碑，方方大大做事，大大方方做人，清正廉洁，弘扬正气，让社会放心，让客户满意，让家属安心。

成长家园：企业与员工、客户、社会共同成长，是方大人的价值追求。方大公司是淄矿集团的国有全资子公司，"奉献社会、成就员工"是方大公司发展的责任定位。企业与社会共成长忠诚履行国有企业的社会责任；企业与客户共成长实现合作共赢的经营方针；企业与员工共成长为员工个人发展提供学习、成长、成才的舞台。

共享家园："共享"是方大"家"文化的出发点和落脚点。它体现着企业真诚为社会服务、为客户服务、为员工服务的价值理念。让社会感受到国有企业的高度责任感；让客户感受到合作共赢的发展成果；让全体员工与企业同甘共苦，每时每处都能感受到家的关怀、家的温暖，成为员工工作、学习、生活、成长的幸福家园。

分项理念

管理理念——人本　科学　卓越；销售理念——诚实守信　共创共赢；质量理念——标准至尊　质量至上；成本理念——投入精当　控制精细；作业理念——干就干最好　争就争一流；学习理念——主动学习　持续更新；人才理念——德才兼备　人尽其才；安全理念——安全是天　以人为本　预防为主；廉洁理念——诚信勤廉　正气兴企。

企业宣传用语：

创新发展方兴未艾　搏击市场大展宏图

方方大大做事　大大方方做人

"家"文化构建过程和主要做法

构建过程

方大公司"家"文化建设是从2010年提出，经历了系统总结、提升、完善的过程，至2017年，完成《"十三五"企业文化建设规划》为标志，形成了以"家"文化为特色的比较完善的管理文化体系。

提出实施阶段（2010~2013年）。提出并初步确立以"实体家园、情感家园、希望家园、秩序家园"为主要内容的建设思路；明确以"在外建小家，全员建大家"的总体要求；强调必须坚持以人为本、全心全意依靠职工谋发展、依托客户求生存和发展成果与职工、客户共享的指导方针；把企业目标的实现与职工自我价值的体现和客户利益的获取结合起来，实现企业、职工、客户三者价值利益最大化的建设宗旨。

巩固提升阶段（2013~2015年）。根据企业发展需要，结合员工成长愿望、客户服务要求和履行社会责任等实际情况，适时对"家"文化建设的内涵进行提炼和完善。编制下发了《家文化建设实施方案》《家文化建设理念手册》，提出"奋斗家园、精益家园、人文家园、创新家园、和谐家园"五个家园建设的内涵框架，并在全体员工中深入学习宣贯，做到年度有部署、有总结，季度有培训、有活动。并把企业文化建设纳入企业效能考核。

完善创新阶段（2015~2017年）。贯彻创新、协调、绿色、开放、共享"五大发展"理念，结合企业战略发展的新要求，把"家"文化建设纳入企业发展的总体规划，同时制定了企业文化"十三五"规划，在原有理念的基础上，确立以家训、家规、家风为核心理念更为完善的文化理念体系，提炼出"奋斗家园、创新家园、精益家园、安全家园、成长家园、共享家园"的六个"家园文化"理念内涵。把精益管理思想纳入"家"文化建设。

文化落地

全员宣贯，注重培训实效。一是全员参与宣贯，夯实"家"文化建设根基。在培训时，从基层、基础做起，将"家文化"融入企业生产经营管理、安全管理、后期服务等各个环节、所有细节，与每个部门和每个岗位息息相关。宣贯时，聘请基层的技术负责人、安全管理责任人、离退休的劳动模范和新招聘到公司的院校学生，走到项目部、员工中，用自己的亲身体会和事例，讲述如何结合自己的学习、工作、生活建设"家"文化。二是上下互动宣贯，扩大"家"文化影响。仅2016年，开展宣贯活动15次，同步召开座谈会、大讨论、大沟通会议30多场次，参加人员达到3000多人次。扩大了企业文化理念的影响面和参与面，使不同层次的员工都思考"家"文化的意义所在、目的所在、作用所在、效果所在。三是创新宣贯载体，加深对"家"文化的理解。组织开展了演讲比赛、征文比赛、文娱活动等文化活动，还开展了"家"文化故事讲述，通过方大老一辈讲"家"文化故事，传承历史；中年职工画"家"文化榜样，激励后人；青年一代学"家"文化内涵，励志担当。同时采取编制《家文化手册》、拍摄《家文化短片》、制作《家文化牌板》、编排《家文化节目》等形式，让员工、客户、社会对方大"家"文化有更深刻的理解。

融入管理，建设精益安全家园。方大的"家"文化建设来源于企业实践，又服务于企业。

一是侧重于战略管理，把精益管理的理论，创造性地引入企业管理全方位、全过程，提出用精益管理思想建设精品工程、培育精品人才、打造精品企业，形成超越自我、追求卓越的精益管理模式，逐步形成企业生产经营全过程的精益管控覆盖渗透。二是彰显出以"精"求"益"，随着精益管理工作在公司的全面推行，员工从上到下逐渐品尝到了精益管理"甜""苦"味道，精品工程、精品工地的创建赢得了客户、社会的认可。三是强化安全意识，落实监督责任。建立安全诚信体系，突出以个人安全生活、安全行事和企业安全生产、安全经营的诚信守则的本质，引导员工人人自觉形成安全意识，履行安全责任，感受安全幸福。四是持续推行以全面预算管理、全面风险管理、全面对标管理、全面绩效考核等为主要内容的"五全"管理和标准化、市场化为主要内容的"两化"项目部建设，不断提升了企业的管理水平。

全员建家，共享发展成果。一是积极营造全员建家的氛围。在各办公室、办公用品、生产场所等处张贴或喷涂"家"文化标识，统一服装，统一标识等，设立"家"文化宣传栏、微信群、QQ群、论坛等，及时公布"家"文化推进情况，邀请员工和家属参与"家"文化活动，使企业文化气息渗透到每一个角落、融入每一名员工心里，让"家"文化和"家"文化品牌在工作学习中看得见、抓得住。二是让员工感受"家"文化带来的变化。围绕"家"文化理念，开展各类文体活动，不断丰富员工的文化生活，增强组织的凝聚力和战斗力，在组织中营造出人人实践"家"文化、个个争做"家"文化明星的良好氛围。同时，在一线项目部建设职工学习娱乐活动室，有练兵台、图书角、文化墙、亲情板等文化设施。节假日项目部领导为职工做饭，与职工聚餐、生日送祝福、为困难职工捐款、开展思想沟通会等关心活动，让一线职工真心感受到了"家"的温暖。随着人才培养的规划落地和各类专业人才的重奖补贴，让各级管理人员体会到了"家"文化的尊重。三是让员工共享"家"文化建设成果。围绕员工的需求、愿望和后顾之忧，实事求是地为员工解决实际问题。坚持"领导带头结对帮扶"的做法，已帮助200多户特困职工渡过了难关，100多户困难职工孩子如愿走进大学；实施的"鹊桥工程"，为120名员工找到了心仪对象；在项目部开办了"工地幼儿园"，建立了探亲家属之家，并配备了专门的生活设备及用品，使探亲家属享受到了家的幸福；先后投资300万元对两片生活区供暖管路和医院进行了改造，投资400万元对两片生活区道路铺设沥青和天然气入户，美化绿化环境进一步改善。"家"文化建设成了员工受益新渠道。

严格考核，完善保障机制。一是量化指标，责任到人。从公司到各分公司、各项目部都制定了落实措施，定年度任务目标，明确分管责任人、落实责任人。二是考核兑现，奖罚分明。始终把"家"文化建设与安全生产、经营管理同部署、同推进、同落实、同考核，制定具体考核细则，严格兑现奖惩。三是人财保证，资金到位。设立"家"文化建设专项经费并纳入年度预算，不断加大"家"文化建设软硬件投入，为"家"文化建设提供必要的资金支持和物质保障，自"家"文化建设以来，先后投入1000多万元，用于职工素质技能提升和硬件设施改善。

"家"文化建设实施效果

企业发展战略更加明显。面对煤炭行业前所未有的困难，方大大胆地提出主动摆脱"煤炭依赖"，转变"唯煤思路"，以组建产业集团为抓手，着眼四种转型模式，积极搭建四个管理平台，着力构建三大产业板块，全力打造三个方大的"4433"的转型发展总体思路。

企业精益管理深入人心。以6S管理、提案改善、全面生产维护（TPM）三个工具为基础，以"五全"管理为内控，以市场化项目部建设为保障，以标准化项目部建设为支撑，以效率效益提升为目标，建立了"331"精益管理模式，形成了精益管理机制。

企业安全管理保障发展。围绕安全发展提出了一系列新理念，创新安全管控方式方法，持续推进"科技兴安"战略，着力在系统完善、装备提升和设施改进及解决关键性难题上求突破，实现科技保障、智能管理。"十二五"期间，各项安全投入累计达到1.3亿元，连续3年没有发生一起安全事故。

企业经营成果持续攀升。面对复杂多变的市场形势，及时转变发展理念，优化发展方式，把工作重心和着力点转移到增内涵、挖内潜上来，依靠内生动力抵御了外部市场冲击，保持了经济的健康平稳运行。销售收入从2009年的6.5亿元增长到2016年的14.5亿元，实现了一年一个台阶的递增，8年增长了1.5倍。以质量塑品牌，施工的工程合格率达到了100%，精品率达到98%以上，创出全优工程100多项，获省部级优秀奖86项，赢得了客户的广泛赞誉。

主要创造人：白国伟　王希冉

参与创造人：段志东　蒋裕忠　刘金海　韩建军

以深化技术经济活动文化　助推转制院所创新创业

南京玻璃纤维研究设计院有限公司

　　南京玻璃纤维研究设计院有限公司（以下简称南京玻纤院或院）成立于1964年，隶属于中国建材集团，是我国唯一从事玻璃纤维研究、设计、生产的综合性科研院所，1999年7月转制成为科技型企业，目前主要致力于国防军工配套、工程装备服务、玻纤制品制造三大主业。现有中国工程院院士1名，国家杰出工程师1名，拥有一系列国家、行业、省、市重要创新平台和行业服务平台。资产总额达25.38亿元，营业收入近14亿元，年均上缴税金8500余万元，是全国首批"创新型企业""国家火炬计划重点高新技术企业"。曾荣获"全国五一劳动奖状""国防科技工业协作配套先进单位""江苏省文明单位"等荣誉。

　　南京玻纤院作为转制科研院所，坚持"一体化管理"和"一家人"发展理念，发挥自身创新特色，紧密结合生产经营实际，围绕发展战略和中心工作，以强化制度建设、拓展活动平台、创新活动模式为抓手，不断深化群众性技术经济活动、建强职工技术经济活动体系，切实把激发广大职工积极性和创造性统一到院转型发展大局上来，凝聚发展智慧和力量，有效促进职工与企业共成长。

围绕发展实际，正确把握技术经济活动文化定位

　　转制院所是推进"科学技术化、技术工程化、工程产业化、产业规模化、规模价值化、价值资本化"（简称"6化"）的重要载体，主要特征是知识密集、创新能力强。为此，转制院所的群众性技术经济活动定位要体现培育创新能力、推动技术进步、促进科学发展，重点围绕技改创新、降本增效、规范生产等方面，最大限度地调动员工的积极性和创造性，通过活动实践实现员工与企业"双促进、双提升"。一方面，结合院发展实际，坚持将群众性技术经济活动与院发展目标相一致，围绕院"12345"战略思路和"6化"实施路径，结合强化创新孵化平台、行业服务平台、产业化平台建设，着力破解改革发展难题，突破关键核心技术，强化提质增效攻坚，促进院全面协调和可持续发展。另一方面，通过技术经济活动，引导员工立足岗位，培育匠心筑梦文化，树立"勇于创新、精益求精、持之以恒、勇于担责"精神，把握实现个人梦想与南玻梦、中国梦相统一。

夯实工作机制，不断健全技术经济活动文化体系

　　围绕一个中心。围绕院创新转型发展的中心任务，把握活动的切入点和着力点，聚焦研发

关键阶段、生产关键时刻、改革关键时期的难点疑点问题，认真组织攻关，有力推进实现技术突破、工艺改进、提质增效、规范管理。

健全两个机制。一是夯实组织领导机制。建立"党委领导、行政支持、工会实施、部门配合"的工作机制，成立"职工技术经济委员会"，加强对群众性技术经济活动的指导，建立和健全各级技术经济活动组织网络，制订活动计划，明确目标任务，适时组织有关专家成立督查小组、评审小组，实行分类指导、条块结合、整体推进的组织管理模式。二是建立评价和激励机制。制定各工种、各岗位的经济技术创新成果评价标准，形成《院劳动技能竞赛大纲》，建立《厉行节约、合理化建议提质增效活动方案》，不断完善技术经济活动成果评价体系，确保活动成果科学化、规范化、标准化。

打造三个平台。坚持每年开展"劳动技能竞赛、合理化建议和厉行节约"活动，做到天天有节约、月月有革新、季季有比武的群众性技术经济新格局。一是打造劳动技能竞赛平台。在竞赛范围上求广，从2006年起，院组织开展各具特色的劳动竞赛活动，并将活动延伸基层和异地工厂，促进劳动技能竞赛全覆盖，及时调整竞赛重点、内容与形式，在设置20个专业工种和3个通用工种竞赛项目基础上，结合院工作实际，新增计算机辅助设计项目，劳动竞赛"提档升级"。在竞赛内容上求实，竞赛分为理论知识和实操两部分，保证促进职工在苦练操作技能的同时，钻研学习专业理论基础知识，为技能水平实质性提升奠定坚实理论基础。二是打造合理化建议活动平台。从2008年起，持续开展合理化建议活动，建立健全合理化建议管理制度，制定有关合理化建议项目《申报、评审及奖励办法》，从初期启动、征集，到中期的监督、实施，以及后期的评审、奖励、推广、"回头看"，全部实行程序化管理。在认真组织推进的基础上，重点抓好优质建议的采纳推广，落实奖励激励制度，充分调动职工为企业发展出谋划策的积极性，真正把职工献计献策融入改革创新的全过程。三是打造厉行节约活动平台。持久深入地开展厉行节约活动，对生产经营过程中的各种消耗、支出和创收渠道进行认真分析和梳理，针对关键环节制订重点活动实施计划，指定专人负责抓好计划落实，基层单位根据活动方案和计划定期对单位活动进展情况进行督导。此外，充分发挥各种宣传媒体工具的作用，及时宣传报道活动开展的情况和典型人物的先进事迹，营造开展活动的浓厚氛围。

突出四个结合。一是突出与经营任务相结合。围绕年度目标责任书，细化考核指标，把解决经营任务中的难点和薄弱点作为主攻方向，结合安全生产、经营管理工作中的重点、难点、薄弱点，丰富活动形式，全面推进年度目标完成。二是突出与重点专项相结合。重点围绕优化存量、发展增量、瘦身健体、提升质量等专项工作开展。优化存量坚持瞄准机械化、自动化、智能化制造方向持续技改创新；发展增量突出国家战略性、先导性和支柱性技术攻关，增加新型品种，加强新兴产业培育，推动新技术、新业态、新模式；提升质量着重弘扬工匠精神，提高品质，打造精品。三是突出与建立学习型组织、培养知识型职工相结合。通过技术革新、劳动竞赛、合理化建议等有效平台，结合活动开展效果与实际存在不足，组织有关技能学习和岗位培训活动，推进职工素质和技能提升，让员工在现场就能及时解决生产中出现的各类问题，既提高了职工技术素质，又实现了降本增效。四是突出与弘扬工匠精神相结合。通过技术经济活动的开展，大力弘扬工匠精神，推崇坚定理想信念、崇尚劳动、敬业守信、精益求精、敢于创新精神，推动技术技能人才成长为支撑"中国制造"走向"优质制造""精品制造"的生力军。

发挥自身优势，积极打造技术经济活动文化特色

形成集比赛、培训、鉴定于一体的完整职工教育体系。有效促进职工技能水平不断上等级，职工队伍的技术素质不断有提高。一方面，通过技术经济活动，发现职工普遍存在薄弱环节，组织院内有关工种技师或专家对员工进行有针对性的现场指导和培训，成功举办多期电工、钳工、拉丝工培训班；另一方面人力资源部门根据职工掌握知识状况，组织有关工种的技能鉴定，利用院行业职业技能鉴定站，开展玻璃纤维及制品工、玻璃配料工、玻璃熔化工、玻璃钢制品工、化学检验工、材料成分检验工、玻璃分析检验员7个职业（工种）的初级、中级、高级、技师、高级技师的职业资格鉴定，累计已有200多人次通过技能鉴定，取得职业资格证书。

建立"弘扬工匠精神"职工道德讲堂。结合群众性技术经济活动开展，打造弘扬工匠精神的职工道德讲堂，营造积极向上的企业文化。邀请全国五一劳动奖章获得者、"江苏最美职工"、有关劳动模范代表作《中国制造和德国制造的区别》等报告或讲座，有力地诠释了"严格标准、规范操作、潜心钻研、精益求精"的工匠精神深刻内涵。创办国学班，建立以中国传统文化与企业文化相结合的国学讲堂，进一步强化工匠精神认识与实践，近40人获得结业证书。在此基础上，基层单位充分发挥道德讲堂平台优势，结合产业状况、围绕"十三五"规划，开展一系列主题活动，拓展职工技术经济活动正能量，有效形成以社会主义核心价值观为引领，弘扬"工匠精神"，培育匠心筑梦文化氛围。

完善"院士、专家、工程师、工匠"四个层级的人才培养体系。建立"院士、专家、工程师、工匠"四个层级的人才培养思路，积极打造经营管理、技术、生产三支人才队伍，强化工匠队伍建设，开展"首席工人"评选试点工作，制定院首席技师、首席技术能手和首席操作能手评选办法和标准，成立评审小组，加强评选、表彰、定薪定岗工作力度，激发员工积极性和创造性发挥，营造"比、学、赶、帮、超"的工作氛围。

构建活动成果转化平台。及时将技术经济活动产生的新技术、新方法应用于生产实践，转化为经济效益，结合院成果转化体系，依托院创新孵化平台及青年创新平台建设，加大技术经济活动成果转化力度，促进院科学稳健发展。2014年，以培养年轻人、促进科技成果转化为目的，建立青年创新平台，实行党委领导、团委牵头组织实施的工作模式，共申报项目20项，获批11项，资助近50万元，获授权专利8个，部分成果已应用于生产实践和市场，取得一定的经济社会效益。

立足创新创业，逐步凸显技术经济活动文化成效

推进生产效率大幅度提高。通过群众性技术经济活动，进一步规范制造工艺、挖掘生产潜能、提高人工效率，有效改善院所小批量、多品种、技术难度大的重工轻料生产模式，促进形成差异化产品标准化生产模式，保证了院所成果产业化和国家战略物资批量化。基层膜材料产品通过活动不断突破成本管控极限，制袋工段日完成量增长30%，膨胀圈缝纫工序人工节约90%；先材产品面对研制品多、技术要求高，通过活动推动关键技术突破、规范工时定额，生产效率大幅度提升，满足了国家战略订单需求；特纤产品拉丝工段通过"一步法""多分拉"合理化建议实

施和"废丝回用""节能降耗"厉行节约等活动，有力地促进单位经济效益持续向好。

计算机辅助设计竞赛现场

形成优秀技术工人骨干群体。通过群众性技术经济活动，激发了广大职工创造热情，提升了技能水平和素质能力，为承担国家重大科技攻关项目和国家重要武器装备配套提供有力的支撑。活动开展以来，累计参赛人数逾千人次，有1名同志被授予"全国建材行业岗位技术能手"称号，近10名同志获得集团或总部劳动模范称号，近40名同志获江苏省教科工会"科技创新标兵""管理创新标兵""岗位技术能手""服务保障标兵""五一巾帼标兵"等称号，近200名技术工人成长为各产业制造岗位的重要骨干，发挥着重要的示范引领作用。

促进竞争实力持续提升。近10年，院资产总额增长近3倍，营业收入增长近3倍，利润总额增长近3倍。截至2016年年底，全院获授权专利252件，其中发明181件，国际专利5件，国防专利13件，主持制修订国际标准11项，其中颁布9项，主持制定国家玻璃纤维行业标准68项，占行业标准总数的87%，主持制定国家绝热材料行业标准59项，占行业标准总数的57%，有关标准填补国内空白。代表国家参加ISO组织，并在中国成功举办两届ISO/163年会，牵头组建国家碳纤维标委会。取得一系列科研成果，获国家级科技奖励39项，获省部级科技奖励142项，其中获国家科技进步一等奖1项、国家技术发明二等奖3项、科技进步二等奖11项。拥有国家玻璃纤维及制品工程技术研究中心、国家玻璃纤维产品质量监督检验中心、信息中心等一系列先进创新平台和行业服务平台，进一步奠定了未来发展根基。

主要创造人：郭　伟　何朝远

参与创造人：张文进　朱云青　姜海燕　陈　阳　王　婷

打造和谐文化　提升综合价值
建设群众满意"明星"

四川明星电力股份有限公司

四川明星电力股份有限公司（以下简称明星电力）地处四川省遂宁市，始建于1958年，1988年进行股份制试点，1997年6月27日在上海证券交易所上市（代码600101），是一家以电力、自来水生产供应为主，兼矿产资源开发、水电工程建设、酒店宾馆服务等多种产业为一体的公用事业类上市公司，服务区域1 876.2平方千米，服务用户70余万户、人口160万人。截至2016年12月31日，总资产28.19亿元，现有6个分公司，14个全资（控股）子公司，在岗职工1849人。先后获得全国模范职工之家、全国劳动争议预防调解示范单位、全国青年文明号、国家级"守合同重信用企业"、省"模范劳动关系和谐企业"、四川省最佳文明单位、四川省五一劳动奖状等国家级、省级荣誉20项，市级荣誉28项，在2015~2016年度遂宁市公共服务行业类政风行风满意度测评中排名第一。

明星电力供区位于中国观音文化之乡——四川遂宁，企业针对经济社会发展基础性产业和公用服务行业的特点，积极打造企业和政府、企业和客户、企业和员工、企业和股东及企业和社会"大和谐"的企业文化，形成了建设"六型"上市公司的企业愿景、"对股东负责，为社会服务，为员工谋福祉"的企业使命、"诚信、友善、创业、奉献"的核心价值观、"努力超越、追求卓越"的企业精神，将企业文化建设工作和改革发展、管理提升、队伍建设和思想政治工作紧密结合，培育形成了"科技兴企、二次创业"的创新创业文化、"我要安全、共建安全"的安全保障文化、"你用电用水，我用心用情"的服务文化、"共进共赢、和谐共生"的命运共同体文化等一系列符合时代要求、富有"明星"特色的特色文化。

明星电力对内建立起企业与员工之间内在的文化纽带和情感纽带，实现企业战略选择与员工价值追求同向，有效激活了促进企业发展的内生动力；对外将企业文化建设渗透到优质服务各个环节，塑造了优秀的"明星"品牌，为企业创造了优良的发展环境，提升了企业和利益相关方的综合价值，助推了企业的持续健康跨越发展，取得了显著的经济效益和社会效益，成为业绩优秀、各方满意的公用事业上市公司。

创新创业文化，促进企业实现跨越式发展

2006年，省电力公司入驻明星电力，但历史形成的供应能力不足、配网薄弱、职工向心力不够等问题，导致拉闸限电和水网爆管频繁、安全事故和营销事件不断发生，难以满足地方经济社会快速发展的需要。2012年，明星电力紧紧抓住电水主业发展滞后、员工整体素质和管理落后的

主要矛盾，确定了"科技兴企、二次创业"战略和建设"六型"上市公司目标，凝聚人心、集中资源，带领员工创新业。通过5年多的负重奋进，公司电、水网络建设实现跨越提升、生产经营显著改善，结束拉闸限电、限水历史；实现跨越发展、弯道超车，为地方经济社会发展提供了坚强的要素保障。2015~2016年在全市公用服务行业群众满意度测评中排名第一。明星电力也在此过程中形成了"依托科技、勇于赶超、负重奋进、争创卓越"的创新创业文化，涌现出了一大批先进集体和优秀个人。

科技兴企，加大科技创新投入和成果运用，实现企业提质增效。建成电网调度、控制一体化和发电梯调集控系统，实现了生产由劳动密集型向技术密集型的跨越转变。成立运维检修中心，变电站、开闭所实现无人值班、集中监控，发电站实现无人值班、少人值守，发电效能提高约5%。发电站、变电站值守人员累计减少168人，减幅达52%。实施配网自动化改造、投运智能光纤在线监测系统、建成自动检表和智能仓储系统，完成"电水气"三表合一试点，实现远程监控，建成首座智能化营业厅、开展无人机巡线、完成电动汽车充电桩建设试点，供水集中调度，自来水产能增长80%，形成"三纵四横"水网架构，供水保障显著强化，有效解决了因历史原因造成的电水网管理分散、专业水平低、生产效率低等问题，2016年主营业务收入达到13.61亿元，比2012年增长98.7%，主营业务收入占比从2012年的75.44%，提升到2016年的98.33%，资产负债率低于33%。连年上缴利税超亿元，多年位居遂宁市纳税大户前列。

坚持做强电水核心产业，做优工程建设、发展优质线路的二次创业发展路径，电网安全性、可靠性和运行灵活性大幅提升，有效解决了引电瓶颈和配网薄弱问题，企业生产、资本经营成果近5年中逐年提升，主网引电能力、日供水能力较"十二五"初期分别增长205.71%和53.85%，结束了拉闸限电、限水历史，实现了企业发展大突破。

安全文化保障企业稳健高效发展

明星电力始终坚持"安全第一"的理念，通过深化安全教育、强化安全管理、落实安全责任、逗硬奖惩问责，全方位营建安全保障文化。安全责任体系不断强化，安全管理制度不断完善，安全责任切实落实到科室、到班组、到人头；持续增加安全投入，安全工器具购置、应急配备上档升级，建设远程视频监控平台，应用到各个作业现场进行安全监察；深入隐患排查治理，强化员工安全培训，员工安全应急和抢险处置能力显著提高。尤其在2012年"11·28"违章操作人身伤亡事故发生后，明星电力更是以壮士断腕的决心，猛药去疴，对连续发生安全事故的基层领导班子严肃问责、集体免职，掀起了铁腕治违和全面强化基础管理的浪潮，并逐步提高违章成本，处罚金额从50元/人次增长到500元/人次，反违章管理成效明显；开展标准化建设和标准化作业，开设安全教育警示室，开展平安家书活动，深度强化员工安全意识，形成了共同的安全价值观，员工安全理念发生了根本性转变，由"要我安全"转变为"我要安全"，安全成为员工的自觉行为，在负荷屡创历史新高的情况下，企业连续4年实现零事故，保证了企业生产经营安全、员工人身安全、社会电水供应保障安全，促进了地方经济社会稳定发展，为和谐内外部环境提供了安全保障。公司通过了电网企业三级安全管理标准化评级，被评为四川电力安全生产先进集体、遂宁市安全生产先进单位。

应急抢险

服务文化大幅提升企业核心竞争能力

作为能源供应和窗口服务企业，明星电力积极打造服务文化，强化优质服务，以客户需求为己任，想客户所想，急民众所急，做了大量提高服务质量、提升品牌形象的工作。树立"你用电用水，我用心用情"的服务理念，以优化客户体验为导向，以营销信息化、一体化为手段，拥抱互联网+、整合企业内外资源、全面创新营销模式、提升服务效率，建成10分钟缴费圈和农村缴费不出村，全面化解缴费难，离柜缴费率达60%，智能化营业厅自助业务增加30%；改善营业厅硬件环境，规范窗口服务行为，建立营销流程一站式服务，业扩接电时间缩短10天；实施网格化管理、建成30分钟抢修圈，用户抢修回访满意率高达100%。与各区县、园区签订战略合作协议，主动上门服务招商引资项目，严控线路计划停电次数，实施大客户协商停电制度；营业厅爱心母婴室人文关怀获得广泛点赞；开通门户网站、微信公众平台及时公开各类信息、宣传"明星"品牌，实现了服务品质和服务形象"双提升"，在2015~2016年度遂宁市公共服务行业类政风行风满意度测评中排名第一，企业与客户关系极其和谐，每当发现电杆、电线、标台等出现异常时，当地百姓都会主动打明星电力服务电话及时告知；在明星电力进行抢修时，更是主动帮助疏通道路、设置警戒线、拉抬电杆等；遇到抢修需临时停电时，更是一改以前百般阻挠、不允许抢修人员拉闸的情况，主动奔走相告，帮助做好解释工作；更有甚者是明星电力周边的面馆老板只要看见是明星电力员工前来用餐，每碗面条主动少收费1元。

命运共同体文化保证企业实现可持续发展

明星电力坚持强化企业与员工、企业与股东、企业与社会、企业与政府共建共享、共同发展的理念，实现了企业与员工、企业与股东、企业与社会、企业与政府关系和谐、共进共赢。重视职工劳动保护、不断推进民主管理、持续改善员工生产生活条件，建立公正、公平、公开的选人、用人机制和激励机制、教育培训机制，为员工职业生涯规划、个人价值实现提供广阔空间，企业人才当量密度为0.8835，较省公司控股初期增长63.58%，多名员工获四川省五一劳动奖章、市劳动模范、市首席职工、优秀晋级职工，员工对成长成才充满了希望，并用自身的成长和进步推动企业的不断发展，实现了企业与员工和谐共进。

坚持战略至上，着眼长远，提出"科技兴企、二次创业"战略和建设"六型"上市公司目标，坚持做强电水核心产业总体思路，核心业务更加突出，优势更加明显，经济效益逐年攀升，截至2016年年末，净资产收益率为4.17%，每股净资产为6.09元，股价长期保持在10元以上，企业增效、股东获利，实现了企业与股东和谐共赢。

强化网络建设，解决电、水供应瓶颈，结束限电、限水历史，实现电力、自来水要素保障相对地方经济发展的适度超前，企业战略定位和发展方向符合地方党委政府要求，保证了地方经济社会高速发展的需要，为遂宁市各项指标全省名列前茅，在要素保障上做出了重要贡献；积极响应地方党委政府号召，融入遂宁富民强市七大提升行动，大力实施电力助推扶贫攻坚，加快农村电网升级改造和"低电压"治理，提升农村供电保障，落实稳增长、调结构、惠民生政策，创优服务地方招商引资项目等，实现了企业与地方党政和谐共赢。

明星电力主动回馈社会，投入3400余万元开展母亲河整治、精准扶贫白马镇青峰村、开展关爱留守儿童等社会特殊群体、实施"爱心结对帮扶"工程、成立福利院儿童"C平方基金会"、无偿献血、义务劳动、慈善捐助、抢险救灾、服务新农村建设等活动，构建和谐社会，彰显明星大爱，实现了企业与社会和谐共进。

明星电力通过一系列企业文化的创建，有效地促进了和谐文化成果的形成，成为员工成长的摇篮、股东利益的源泉、社会需求和地方经济发展的坚强要素保障，真正形成了人企共进、和谐共生的和谐局面，成功构建起企业内部的和谐及社会环境的大和谐。

主要创造人：陶　明

参与创造人：滕德辉　唐红萍

民营企业基于"员工快乐"的企业文化建设

吉林省通用机械(集团)有限责任公司

吉林省通用机械(集团)有限责任公司[以下简称通用机械(集团)]始建于1965年,1994年"军转民",2006年改制为有限责任公司。历经两次转制,目前已拥有15家分、子、合资公司;在欧洲控股2家公司。在欧洲独资设立1家研发中心。2012年以来共建成4个工业园区,生产能力达到100亿元规模。2016年,销售收入突破20亿元,出口1亿元,现有员工2100余人。公司以汽车零部件为主导产品,包括轮毂、轮毂轴、车轮支架、转向节、摆臂、换挡机构总成、手刹车总成、工程液压缸、球头销总成、拉杆等。是大众、宝马、奔驰等主机厂的核心供应商,同时为美国通用、丰田、日产等主机厂供货,是全球知名汽车底盘轻量化零部件供应商,是吉林省汽车零部件行业的支柱企业。

基于"员工快乐"的企业文化建设的背景

通用机械(集团)自建厂以来,经历了"军转民"、企业改制,但始终坚持把文化建设放在首位,在党的先进文化的思想指引下,以发展眼光和战略思维构建企业文化体系。通用机械(集团)的企业文化以"员工快乐、用户满意、伙伴愿意、企业盈利、股东受益、社会赞同、做百年企业、创一流团队"为经营理念,代表了通用人的精神气象、做人的态度与做事的风格,是企业管理的重要基石,是企业精神内涵与特质的象征。独具特色的通用文化是众志成城的同心文化,是勇于突破发展的创新文化,是忠诚敬业的职业文化,是讲求信誉的诚信文化,是健康和谐的人际文化。通用文化体现的是企业对全体员工应有的真诚和关注。通用机械(集团)在企业文化方面的创新,将为企业的未来战略提供坚实的文化支撑,引领企业持续、快速、稳健发展。通用机械(集团)大力弘扬"以人为本、依法治企、严格管理、以质量求生存、以品种求发展、以规模求效益"的治企方针,把完善品牌建设、企业形象建设与企业安全文化建设紧密结合,进一步统一员工的价值取向和行为准则,开展形式多样的企业文化建设活动,让通用文化被广大员工认知认同,使企业的愿景、使命、目标和任务真正成为员工的自觉行动,从而提升企业发展的软实力,展示企业发展的新形象。把通用文化贯穿到集团生产经营的全过程,运用先进文化力对企业进行全方位的规范整合,组织广大员工认真学习贯彻理念,全面提升员工的综合素质,树立鲜明的企业形象,打造强大的核心竞争力,对企业发展起到了至关重要的推动作用,描绘出企业美好愿景,成为引领员工前进的灯塔;以经营理念为核心的企业文化系统,凝结着企业的价值体系,成为鼓舞员工拼搏的号角;以制度文化为核心的行为系统,涵盖了企业管理的主要范畴,成为指导员工言行的坐标;以企业标识为核心的视觉识别系统,塑造出企业的鲜明形象,成为振奋员工精神的动力。

基于"员工快乐"的企业文化建设主要做法

企业文化是企业的灵魂和支柱，是推动企业品牌形象不断提升和发展竞争力持续增强的重要因素。近年来，通用机械（集团）在传承优秀文化的基础上，通过不断丰富和发展，初步形成了具有通用特色的企业文化体系，对集团发展、打造行业领军企业发挥了重要作用。

健全组织，上下同欲，构建和谐文化体系。通用机械（集团）是传统的军工企业，积淀着深厚的文化底蕴和优良传统，秉承"逢山开路，遇水架桥，勇于创新，一往无前"的优良传统和工作作风，形成了以"真诚做人、踏实做事、以德载物、以行为本"的企业核心价值理念，逐步形成了具有通用特色的企业文化体系，营造了浓厚的文化立企氛围。

领导重视，文化立企。为确保企业文化建设工作长效开展，通用机械（集团）坚持集团统一领导、党政齐抓共同管理、党委组织部组织协调、全体员工积极支持参与的工作机制，把文化建设工作纳入党政总体工作规划，不断深化"主要领导负总责，分管领导抓具体工作，从分、子公司到车间，从车间到工段、到班组，一级抓一级，一级对一级负责"的工作格局，使企业文化建设成为公司精神文明建设的重中之重。

形式多样，强化宣传。通用机械（集团）在企业文化理念修订完善的基础上，分层次、分步骤地在全体员工中开展企业文化学习活动，实现文化理念"内化于心、外化于行"。一是通过企业内刊《通用文摘》、办公网、宣传栏等载体广泛宣传企业文化理念，让文化理念能够入心入脑。二是通过建立看板文化管理制度，全面推广看板文化管理，将企业文化理念通过看板的形式宣贯到企业的每一个角落。从不同维度展示了通用机械（集团）特色企业文化，文字简洁朴实，图片翔实生动，诠释了通用的文化精髓。

突出重点，精心培育，深化特色文化建设。文化是软实力，但对企业而言往往就是"硬"实力。近年来，通用机械（集团）在企业文化体系日趋成熟的基础上，逐步探索具有通用特色、促进企业经营发展的企业文化。

坚持制度文化建设。在通用机械（集团）这个庞大的整体运行过程中，始终坚持将所有的议事规则、所有的操作、所有的决策确保在阳光之下，确保在制度的约束监督之下，领导不能凌驾于制度之上，一旦制度确定了就必须执行，必须按流程办事成为制度刚性执行的保证。公司通过目标绩效考核、督办反馈等多种手段，督导目标达成，形成"办实事、求实效"的工作导向，确保各项目标任务顺利完成。

坚持沟通文化建设。通用机械（集团）领导率先垂范，坚持同员工谈心，传达当前企业发展面临的形势，以及经营管理等方面的方针政策，为员工解疑释惑；通过谈心全面了解基层员工的思想动态，减轻员工的心理负担和压力，增强发展信心，创造和谐发展氛围；通过谈心掌握基层员工在经营管理发展方面好的思路、经验、办法，不断总结经验，开拓思路，促进工作，推动通用机械（集团）健康可持续发展。

坚持融合文化建设。通用机械（集团）自改制以来，逐步由生产单一的汽车零部件产品发展为集数控机床制造、工业机器人研发与制造、自动化生产线研发与制造、工装研发与制造等产品为一体的综合性制造企业。为适应新的发展形式，公司秉承"生产经营树形象、资本运营促发展，团队发展做保证、人才发展是基础"的指导方针，主要包括各业务板块的融合、团队的融合、与外部环境的融合。提升各业务板块相互理解、相互支撑的水平。在团队融合上，着力打造"家"文化，提升专业化服务能力和凝聚力。

坚持环境文化建设。与制度文化、沟通文化并列的环境文化同样是集团构建特色文化的重要组成部分。2012年以来，通用机械（集团）在长春市双阳经济开发区规划投资350亿元，建设500万平方米的产业园区，下设20个工业园区，截至2016年年底已经完成4个工业园区的建设，占地面积100万平方米，具备100亿元的生产能力，随着园区的不断建设，极大地改善了公司的生产和办公环境，提振了员工士气。公司还着力提升环境软实力，在公司内部开展5S评比制度，普及精益生产方式，通过定期检查、通报、评比等方式加强环境管理，营造整洁、优美的生产、办公环境，进一步发挥环境育人的作用。

以点带面，树立形象，打造特色品牌文化。通用机械（集团）改制后，经营业态、经营格局发生了根本性的变化，面临着激烈的市场竞争。公司通过传承和创新建设特色企业文化来培育公司独有的品牌文化，升华公司的品牌形象，树立其他任何企业都无法复制的品牌优势和核心竞争力。通用机械（集团）始终坚持"企业为员工而战"的理念，为员工建造高规格的餐厅和舒适的公寓；为解决员工后顾之忧，让员工在公司找到家的感觉，为每一名员工开辟绿色"解困"通道，共为100多位员工提供了资助。多年来，公司没有1名员工因为没钱而放弃治疗，没有1名员工子女因为没钱而放弃学业，没有1名员工因为没钱交取暖费而受冻。让每一名员工"更幸福、更快乐、更有尊严"。同时，通用机械（集团）还积极承担社会责任，汶川地震期间，第一时间把5万元钱交给上级党组织代为捐献。2016年9月，听说双阳区19岁女孩闫月因家境困难无法治病时，汇款1万元以解其燃眉之急。

搭建平台，务求实效，提升文化建设水平。通用机械（集团）通过党政工青团齐抓共管的形式，不断提升文化建设水平，增强企业凝聚力，形成了诸多特色做法。

全员"练兵"，增强企业文化的"辐射力"。通用机械（集团）积极引导员工充分发挥聪明才智，全身心地投入到企业发展建设中去，达到工作和企业文化建设相互促进的目的。通过开展岗位练兵、技术比武等竞赛活动，培养员工忠于企业、奉献岗位、渴望成功、献身远大理想的高尚情怀。

迎新春联欢会

　　寓教于乐，增强企业文化的"渗透力"。通用机械（集团）坚持在比赛中培养员工集体荣誉感和不怕吃苦、勇于拼搏的奋斗精神，使企业文化渗透到寓教于乐的文体活动中去，以增强活动的"渗透力"。坚持开展各类丰富多彩的文体活动，每年组织开展乒乓球、羽毛球比赛、"三八"广场舞大赛、"五一"越野接力赛、"五四"青歌赛、"七一"党员活动、"十一"红歌赛、篮球赛、足球赛、乒乓球赛、羽毛球赛、员工节、员工趣味运动会、迎春晚会等一系列职工文化活动，把生动活泼的文体活动与企业文化建设紧密联系起来，把开展文体活动作为企业文化建设的重要方面，营造浓厚的企业文化氛围，让员工在健康有益的文体活动中理解、接受、认同企业理念，在文体活动中养成高度自觉、符合规范的行为习惯，培育团队精神，有力地促进企业文化的普及和渗透，最大限度地凝心聚力、稳定队伍。

　　延伸平台，增强企业文化的"亲和力"。通用机械（集团）根据各个不同时期的工作重点组织开展慰问活动。例如，工会每年春节开展为公司困难员工"送温暖"活动、为员工婚嫁"送祝福""送帮助"等活动。以关心关爱员工活动为载体，依托公司工会的力量，注重解决好困难员工的帮扶工作。近年来，已经建立了救急解困、互助保障等基金会，建立健全困难员工档案，对生活上暂时遇到困难的员工，从感情上体贴他们、生活上照顾他们，用心、用情把这项工作做实、做好，让员工感受到企业大家庭的温暖。

基于"员工快乐"的企业文化建设的效果

　　通用机械（集团）通过多年的企业文化建设工作，使得全体员工无论在工作上，还是生活上都能感受到企业这个大家庭的温暖，同时也乐意为企业的快速发展贡献自己的力量。2006年企业销售收入不足5000万元，经过10年的发展，2016年企业完成销售收入20亿元，10年时间翻了40倍，这在制造业的民营企业中实属罕见。公司在发展的过程中逐步形成了"内制式生产模式"，不断延长价值链，增强企业的核心竞争力，使企业在同行业的竞争中，处于绝对领先地位。

　　总之，建设具有通用特色的企业文化是一项复杂的系统工程，不能孤立地进行，也不能一蹴而就。继续探索具有通用特色的企业文化建设之路，用基于"员工快乐"的企业文化管企业、聚人心、塑精神、促发展，是一种长远的企业发展战略。

主要创造人：李吉宝

参与创造人：李晓轩

打造德馨服务软实力　提供转型发展硬支撑

中国建设银行股份有限公司德州分行

中国建设银行股份有限公司德州分行(以下简称德州分行)成立于1952年,现有机构网点46个,其中城区24个,县域22个,在岗员工1088人。2016年,实现主营业务收入10.99亿元,增幅2.42%,实现拨备前利润7.62亿元,增幅9.64%。一般性存款余额、新增均居四行第二,个人存款余额居四行第一、新增居第二,对公存款余额及新增均居四行第二。各项贷款新增20.2亿元。中间业务收入总量、增量均居四行第二。对公结算账户数、基本账户数、有效客户新增均居同业第一、系统前列。不良率1.95%,资产质量四行最优。连续三届荣获"山东省服务名牌"称号,先后获得"山东省道德建设示范基地""山东省精神文明单位"党建工作先进单位、支号等荣誉。

近年来,建设银行山东省德州分行认真贯彻中央及上级行党委部署,围绕"聚焦发展防控风险"的总体思路,持续加强以"德馨服务"品牌为核心的企业文化建设,使"德馨服务"有机融入全行经营管理全过程,努力打造"受人尊重的银行",树立了良好社会形象,促进建设银行各项事业健康稳步发展。

完善机制,明确德馨文化定位

山东省德州市地处鲁西北,区域经济相对落后,地区生产总值居全省第11位,城镇和农村居民人均可支配收入居全省末位。居弱图强,德州分行党委充分认识到文化是企业最具价值的软实力,实现逆势发展要靠文化保证,靠激活人、激活业务,带出员工队伍的精、气、神,培养建行员工的精神气质和文化品位。

强化领导班子建设。德州分行领导班子首先统一思想认识,健全企业文化建设组织机构,形成党委领导、主要领导负责、各部门齐抓共管、全员共同参与的创建氛围。实行"一把手"责任制,把企业文化与业务发展同部署、同检查、同落实,把企业文化建设关键指标纳入领导年度工作目标进行考核。

积淀服务文化底蕴。德州分行有着多年规范化服务基础和深厚的服务文化底蕴。1998年,德州宁津支行推出普通话服务和"六步服务流程",开全国建行"规范化服务"之先例,在系统内外引起强烈反响和广泛关注。转观念、树理念,抓落实、严奖惩,德州分行开始全面推广、强力推进规范化服务。经过十几年、几届班子坚定不移、坚持不懈地不断传承与发展,经过零售网点一、二代转型的打磨洗礼,规范化服务逐步落地生根,实现了服务与转型、服务与营销的高度契合,形成德州分行独具特色的标准化、流程化、精细化、差异化网点服务模式,沉淀出深厚的服务文化底蕴。

定位"德馨服务"品牌。2014年，经过反复酝酿、斟酌，德州分行将品牌命名为"德馨服务"，列入总行服务品牌重点打造目录，标志着我行服务正式进入品质提升、文化培育的新阶段。在品牌定位方面，其基本内涵包括崇德服务、温馨服务、得心服务、得信服务。其核心就是要把服务做到客户心上，以德为本、从心出发，努力为客户提供完美的体验式服务。围绕品牌打造，德州分行专门聘请专业公司进行了LOGO设计、品牌释义、海报制作等工作，举办揭牌仪式，以更直观、形象的方式逐步进行品牌的宣传、理念的引导，实现全行员工对品牌内涵认知和价值认同。

以德为本，厚植和谐发展氛围

"在有德之州，做有德之人"。"德"就是践行社会主义核心价值观、中国建设银行核心价值观，遵循"客户至上、注重细节"的服务理念，坚持诚信经营、诚信服务，履行建行社会责任，坚持以德立身、以德兴业、以德树行，努力做有道德、有品位、有追求的银行。

塑造良好氛围。在办公区域建立文化长廊、摆放崇尚道德文明温馨提示，在46个营业网点建立"文化墙"、张贴"德馨服务"宣传海报、"德馨服务"等宣传语，多种方式展现建行核心价值观、服务理念及"德馨服务"理念宣传，营造浓厚氛围，增强品牌社会影响力。

抓好文化载体。举办了道德讲堂，传播"德馨文明公约"，开展"文明礼仪进建行""十小文明创建"等活动，让广大员工自觉成为文明道德的传播者和践行者。利用每周"大晨会"平台，设置"德馨文化"板块，宣讲道德箴言，展现员工风采；编制"德馨服务"画报，建立"德州建行德馨服务"微信公众号，全方位推进文明活动宣传；组建"德馨服务"志愿者团队，开展关爱贫困家庭、环卫工人、乡村小学学生，以及社会福利院老人儿童捐助、联谊等各类活动，向社会各界传递友善、关怀和关爱。

发挥榜样力量。深入挖掘身边故事和典型形象，开展评选"十大资深魅力员工""十大敬业奉献之星""身边最美建行人""感动建行十大人物"等活动，鼓励全行敬业爱岗、忠诚事业、扎实工作、甘愿奉献。以陵城支行滕艳先进事迹为主线，并制作了"生命的坚守"专题教育片，通过道德讲堂、全省巡回演讲等方式进行了大力宣传推广。

从馨出发，赢得客户信赖与支持

"善建者行，成其久远"，"善"者"德"也；"以心相交，成其久远"，心者"馨"也。"馨"是给客户温暖、温馨的服务体验，彰显人性化、亲情化服务特色。

营造温馨网点环境。德州分行本部是当地四大银行业最简陋的办公楼，但网点环境投入是四行第一。2014年，以德城支行创建中国银行业文明服务千佳示范网点为契机，在网点建设过程中体现人文精神、注入文化内涵，实现网点形象、网点文化、服务管理、客户体验、员工关爱和经营管理、业务发展的和谐统一。整洁的服务环境、完备的服务设施、亲切的服务态度、得体的服务礼仪、高效的服务流程，营造出高雅舒适、如坐春风的服务氛围，获得验收组和广大客户的高度评价。全省建行系统网点建设现场会在德州召开，成功经验在系统内推广复制。

提供温暖客户服务。坚持"规范服务",创新"7+7"服务流程,以热情周到的服务态度、自然大方的文明礼仪、细致周到的人性化服务、专业专注的增值服务,夯实"德馨服务"品牌的基石。播撒"爱心服务",在营业网点设置爱心窗口、爱心座椅,配备便民服务设施,为老、弱、病、残等特殊客户给予优先服务和上门服务,获得客户广泛赞誉;致力"便利服务",普及离行式设备,发展电子银行业务,2016年全面推进智慧柜员机,为客户提供高效快捷服务渠道,电子银行和自助渠道发展成绩均居全省前列。做好"主动服务",针对近年来爆发的客户资金盗刷态势,积极主动向客户宣传防诈骗知识,及时拦截和帮助客户追讨资金,多名客户送锦旗表达感激之情。

强化品牌管理。"德馨服务"品牌的打造离不开长效管理机制的有力保障。近年来德州分行全面推进服务积分管理,建立了一套完整有效的服务检查、通报、问责、考核、整改的管理机制,其中员工个人服务积分与员工职业发展紧密联系。在此基础上,进一步推进网点德馨服务督导员管理制度、服务周点评制度、客户投诉整改制度,常抓不懈、历久弥新。德州分行连续多年获得全省系统服务积分考核前两位,连续获得当地服务最满意银行荣誉。

关爱员工,激发"德馨服务"原动力

"得客户心先要得员工心",这是"德馨服务"品牌深层次内涵。德州分行坚持以人为本,以关爱员工、和谐发展为目标,全方位加强对员工的人文关怀和心理疏导,有效激发员工主动服务、用心服务的工作热情。

"德馨服务"品牌内涵阐释

坚持从严治行。严管是厚爱。严管出战斗力，厚爱出凝聚力。始终把纪律放在前面，切实做到从严要求、从严管理、从严监督、从严问责，打造风清气正的工作氛围，树立干事创业的工作作风，带出一支高素质的干部员工队伍。

尊重员工权力。坚持行务公开，民主治行，行党委推行"一线工作法"，深入一线、深入员工，全方位了解员工家庭、生活和工作情况，提高解决实际问题的能力，切身体验员工反映的热点、难点问题，及时为员工排忧解难；健全职工代表大会的各项管理制度，对涉及员工和家庭切身利益的重大问题一律提交职代会通过后方予执行。

关心员工生活。制定实施了暖心工程十件实事，重点加强小餐厅等涉及员工切身利益的关爱措施落实，为网点配备新风系统，安装净水器，建立职工（小）餐厅，员工中午就餐问题全部解决。实行青年员工岗位成长导师化，为新入行的大学生配备导师，加强新员工的职业生涯管理。

丰富员工活动。坚持开展健康向上、丰富多彩的文体活动，先后举办了亲子趣味游戏比赛、亲子羽毛球比赛，举办全行职工运动会、迎春表彰晚会、"建行好声音"歌唱比赛等活动。立足"职工之家"，成立了羽毛球、乒乓球、骑行、太极拳等多个职工协会组织，举办了网点健身操、健步走、够级比赛等喜闻乐见的文体活动；员工生日之际，除了送上生日蛋糕，还在分行网站开辟专栏，行领导送去温馨祝福，激励员工自觉把个人职业生涯融入建行发展进程之中。

关爱员工家庭。把以人为本的理念延伸到员工家庭，设立了困难员工救助基金和员工孤儿救助基金，组建困难员工档案，建立扶助困难员工的长效机制，最大限度地解决职工生活中遇到的实际困难。每年为金榜题名的职工子女送去贺礼，营造了企业与员工"心相通、情相融、力相合"的和谐发展环境。

唐代刘禹锡《陋室铭》曰："斯是陋室，惟吾德馨。"得人心者得天下，得客户心者得市场，"德馨服务"为建设银行德州分行转型发展事业注入了强大动力，助推分行发展行稳致远。

主要创造人：靳晓海

参与创造人：周　毅　马红霞

弘扬工匠精神　传承钟表文化　推进创新发展

珠海罗西尼表业有限公司

珠海罗西尼表业有限公司(以下简称罗西尼)成立于1984年，位于珠海高新区的罗西尼钟表产业园区，主要从事手表设计、生产、销售及服务。集设计研发、生产制造、品牌运营、钟表博物馆、旅游参观为一体。2016年工业总产值10.1亿元，利润总额3.0亿元。连续八年获"同类产品市场综合占有率第一位"和"连续十四年同类产品市场销量第一位"，是中国轻工业钟表行业十强企业、广东省制造业百强企业；连续九年荣登世界品牌实验室"亚洲品牌500强"。2016年品牌价值达102.05亿元。

企业文化体系内涵

罗西尼在发展的过程中，基于对企业文化和钟表文化内涵的深入研究，结合领导文化及集团文化的传承，不断发掘企业文化对钟表文化的作用力，把企业文化作为DNA注入产品，赋予其具有罗西尼基因的生命力，形成特色的产品定位和品牌价值；以时间为主线，确立"让生活的每一刻拥有价值"的使命、"开百年老店、创世界名牌"的愿景，形成战略支撑，指引企业发展方向；践行社会主义核心价值观，制定"顾客至上、科学管理、持续改进、和谐发展"的企业核心价值观，树立企业自觉行为；积极构建"和谐大家庭"，提升员工的归属感、成长感、成就感和使命感；贯彻"底气、正气、霸气"的三气领导文化；弘扬"工匠精神"，坚持开展"技术创新、营销创新、品牌创新、管理创新"，打造高质量、高品位、高技术的"三高"计时产品文化和"分秒精准"的质量文化，建立立体化的企业文化传播途径，使科学系统的企业文化建设体系融入经营管理全过程，形成富有特色的企业文化，最终以企业先进的文化引领和支撑，实现社会效益和经济效益的提升，促进罗西尼健康可持续发展。

企业文化建设的主要做法

罗西尼坚持构筑富有特色的企业文化，通过总结、提炼员工认同的企业使命、愿景、价值观，指导企业战略制定，通过有效的机制建设和具体措施使企业文化得以落地，并构筑有效的传播途径实施传播。

企业文化建设工作机制和运行机制。高层领导身体力行推进企业文化建设。为展现罗西尼品牌的魅力、打造特色企业文化，罗西尼高层领导积极推动企业文化提炼，邀请专家共同编制《企业文化手册》，积极宣贯并带头执行，引领员工良好行为养成；倡导开心工作、愉快生活，常下基层与一线员工聊工作、聊生活，倾听员工心声和解决员工困难；以严谨、细致、高要求的工作作风和积极、健康的人生态度，使员工精神面貌始终保持在信心十足的状态，形成一种相互协作、相互竞争、积极乐观的"罗西尼精神"。成立了企业文化工作小组，由党政工团负责人和专家顾问协助参与组织领导，生产、企划、企管等7个职能部门共同组成工作机构。

企业文化规范化、常态化和制度化。制订企业文化工作计划，建立各种例会制度，经常检查狠抓落实，把企业文化建设落实情况，取得效果等纳入年度考核范围。通过多年学习、宣传和实践，罗西尼企业文化理念深入人心，得到高度认同。

每年编制企业文化建设经费预算。用于基础设施建设与完善、传播载体建设、广告宣传、开展员工文艺体育活动、组织员工旅游、激励优秀员工等多个方面。近三年年均投入850万元，有力地保证企业文化建设工作的开展。

发挥党组织的核心作用，模范带头践行企业文化。罗西尼作为合资企业建立了党支部。党支部现有党员40余人，入党积极分子10余人，党小组3个分布在各部门，设立专门党员活动室。党支部积极开展党建工作，充分发挥党员先锋模范作用，通过党员志愿者活动、红色专题文化教育、党章知识竞赛等活动，积极宣传、践行社会主义核心价值观，在企业文化建设工作中充分发挥党员的模范带头作用。

寓教于乐、传播企业文化。工会组织围绕企业文化建设工作，积极组织开展企业员工喜闻乐见的文体活动，组建篮球队、羽毛球队、军乐队等21个员工兴趣协会及艺术团队，参与人数达600余人。通过这些活动，使企业员工得以充分展现自我、激情释放、愉悦身心，对企业文化的认同和归属感得到进一步加强。

独辟蹊径的立体化贯彻体系传播企业文化。罗西尼《企业文化手册》是新员工入职培训的必修课程。通过专题宣讲、学习讨论、典型发言，先入为主的灌输企业文化的核心理念，使新员工在入职时就有一个全新的思想认识，逐步领会罗西尼企业文化的基本要求，提高自觉意识，增加认同感。通过开展企业文化评先表彰、技术比武、文体竞赛等丰富多彩的活动，以及刊物、看板展示、标识标语、会议座谈、年度总结、官网、官微等多种方式，持续不断地营造罗西尼企业文化的浓厚氛围，以期达到"内化于心"的效果。

在《罗西尼》双月刊（刊号：粤C L0150007号）开设"企业文化专栏"，发放至各销售店面及每位员工、部分顾客，传播企业使命、愿景、价值观和企业文化建设工作，获得员工、顾客及交流团体的认同和好评。

罗西尼以员工是公司最重要的财富，员工素质和专业知识水平的提高是公司财富的增长的人才理念，以鼓励员工勇于承担、发挥才干、努力提升和开展良性竞争，培养员工依靠工作和自学提高自身素质和能力及提倡良好、融洽、简单的人际关系为原则，制定《员工手册》和各项规章制度，规范员工思想和行为，并通过入职培训、绩效考核充分贯彻执行。

建设华南首个钟表博物馆、钟表文化工业旅游景区，传播钟表文化，普及钟表知识，传承民族经典。在向社会传播钟表文化历史的同时，传递企业文化核心价值理念，使企业文化成为罗西尼持续发展的核心竞争力。景区总面积11280.60平方米，博物馆馆藏展品约1600件，截至2016年年底，累计接待国内外游客60余万人次，是国家4A级景区。

面向社会全方位促进文化交流。罗西尼注重与政府和各行业专业协会建立良好的互动关系。近3年，共计接待参观交流团体150余个，通过交流诠释本企业文化的同时，也认真学习各地的优秀文化，汲取好的做法和经验，对罗西尼企业文化的内涵有了新的认识和提升。

用企业文化营造特色企业氛围，增强企业向心力和凝聚力

倡导"构建和谐大家庭"，打造和谐企业氛围。罗西尼倡导"开心工作，愉快生活"的企业文化氛围，激发员工的创业热情；打造花园式工厂、舒适整洁的环境、公平合理的薪酬待遇、优异的福利、多向的职业发展通道、多个兴趣协会和艺术团队及活动场所等基础建设，创造和谐工作环境；通过规范的规章制度、人性化的管理、积极的激励措施引导员工之间的工作和谐，打造和谐工作团队；通过设立"和谐关爱互助基金会"、生活环境专项改善活动、两年一次全员旅游、每年妇检和职业健康体检、每两年全员健康体检等关爱员工；持续维护和谐氛围，有效树立员工行为自觉和自信。

人才培养与员工素质提升。罗西尼推行"以人为本"的人性化管理，在人力资源管理中引入竞争和淘汰机制，通过内部和外部的人才置换，促进优秀人才脱颖而出，实现人力资源的合理配置和激活沉淀层。罗西尼建立产学研、校企合作、内外部培训等多种学习平台，创造各种机会营造全员学习氛围，建立管理职级、专业职级、综合发展等员工职业发展通道，开展比学赶帮、技能比武等活动弘扬工匠精神，以员工的成才和发展来保证企业成功。

罗西尼重视员工素质的提高，积极开展职工法制、诚信、自觉行为的宣传教育，聘请法律顾问、倡导诚信、营造健康氛围、制定员工行为规范、落实员工行为养成。

积极开展创新活动、激活企业创新潜力。罗西尼积极开展品牌创新、研发创新、管理创新和营销创新。建立品牌培育管理体系，致力于企业文化与品牌文化的融合发展，对品牌管理过程进行控制、评价、改进与创新，使品牌价值不断提升。

罗西尼重视销售模式创新，工业旅游和电子商务是罗西尼从传统生产营销型的精密制造企业向线上线下结合、实体营销和文化营销融合的现代营销模式创新转型的有益尝试。积极完善技术创新活动的激励制度、内部职称评定和专业技能人才激励机制，发挥员工的创新潜能和积极性。

秉承"持续改进"价值理念，构建可持续发展原动力。罗西尼追求可持续发展，秉承"持续改进"价值理念，不断提升研发、生产和管理能力，增强员工持续改进意识。罗西尼明确持续改进工作的管理机构，制定改进管理流程和激励措施，通过技术革新、小改小革、QC活动、专项改进活动等，使持续改进活动全面渗透公司经营管理全过程。同时罗西尼定期开展企业文化与价值观的测评，评价文化贯彻的有效性、渗透性和普及性，使富有凝聚力的企业文化，不断地提升和完善。

正向激励，提高员工的凝聚力和创造力。罗西尼制定了《员工激励管理方案》，采用项目改进激励、专项活动激励、升职培训、加薪晋级、专业技术职称和专业技能人才评聘等激励机制，形成评价、改进、创新和分享的学习循环，为每位员工提供平等竞争实现自我价值的机会。

支持社会发展，秉承企业使命。罗西尼积极开展节能、降耗、减污、增效等活动，2015年度万人总产值综合能耗较2014年降低25%；积极履行社会责任，近五年投入3709.71万元用于支教助学、慈善扶困、科普教育、钟表文化传播、支持行业发展、支持社区发展六个方面。

经营管理水平全面提升

罗西尼积极开展标准化建设，获得"4A级标准化良好行为企业"认证；依托质量管理等多体系和卓越绩效管理模式，管理成效显著。

技术创新实力雄厚。罗西尼拥有一支技术创新实力雄厚的研发团队，技术创新硕果累累，是国家高新技术企业，获国家认定企业技术中心、中国轻工业工业设计中心、广东省博士后创新实践基地等，拥有专利数量，参与修订国际、国家和行业标准数量均居国内行业领先地位。

企业文化长廊

系统性推进两化融合工作。罗西尼系统性推动信息化与工业化融合，成功实施具有明显的创新性ERP系统、DRP分销系统、分部事务管理系统、手表身份识别系统和客户服务系统等，对企业发展起到了积极推动作用。

创新销售模式。罗西尼重视销售模式创新，以每年翻番的强劲势头拉动了销售，对中国传统民族钟表行业的转型升级起到了积极的示范作用。

拥有稳定的员工队伍。罗西尼重视人才教育培养和职业技能培训，大专以上文化程度占员工总数的42.32%以上，拥有一支结构合理、梯次配置、思想稳定、技术精湛、业务能力强、文化素质高的管理、科研和一线工人的员工队伍，近3年一线员工离职率保持在年均1.10%，确保企业成功发展。

主要创造人：商建光

参与创造人：王永宁　江国梁

激发市场活力　助推企业扭亏为盈

武汉重型机床集团有限公司

武汉重型机床集团有限公司（以下简称武重）是我国"一五"时期156项重点项目之一，是国内生产重型、超重型机床规格最大、品种最全的大型骨干企业。近年来，武重坚持"打造消费者价值"的核心理念，研发了一批首台首套具有自主知识产权的国产化高档数控机床产品，满足了国家重大项目的加工需求，为提升我国装备制造业水平做出重要贡献，实现从2013年亏损1.8亿元到2016年的扭亏盈利。

武重作为中国重型机床行业龙头企业，产品规格最大，品种最全，在极限制造领域具有突出优势，曾为新中国装备制造业创下无数个"第一"。但随着近年来机床行业形势的下滑，武重大而不强、技术与市场的融合差、缺乏客户思维的问题日益凸显，随之而来的是订单量严重不足、"两金"占用居高不下的困境，广大员工对企业发展信心不足。2013年7月，武重在营销体制改革中首次提出"打造消费者价值"的核心理念。"打造消费者价值"的提出，为困境中的武重指明了前进的方向。董事长、党委书记杜琢玉身体力行，带头践行，不断丰富"打造消费者价值"的核心文化理念的内涵，以实际行动影响着武重人的行为和观念，推动企业文化融入全价值链的各个环节，助推企业发展，为实现扭亏为盈奠定了坚实的基础。

准确把握新常态　找准企业文化定位

充分调研。党委工作部牵头，采取访谈、问卷调查、座谈会等方式，在基层各单位和企业员工中就企业文化工作进行了专题调研，调研中，我们发现，企业发展陷入困境，广大员工对企业发展面临的现实问题思考能力极强，传统、简单的文化引导作用有限，建立并形成"契合时代、市场认可、企业需要、员工认同"的"四位一体"文化理念体系，是统一员工思想、凝聚员工力量、塑造员工正确价值观、形成强大合力的关键，对企业实现扭亏脱困有着重要的现实意义。

统一认识。在经济新常态的背景下，武重从曾经的"亚洲明珠"进入到特困企业名单，发展陷入困境，这种巨大的落差使广大员工深刻地认识到，只有把握市场脉搏，融入新常态发展大势，以市场为导向，深化改革，才能解决发展中的障碍，只有改革企业才能获得生存，只有生存才能实现企业的发展，企业发展了才能提高员工的收入。

理论形成。在此背景下，武重提出"打造消费者价值"的核心文化理念，凸显了市场导向这个核心、用户应用这个关键和价值创造这个追求。"打造消费者价值"强调实现三个转变：由以产品为中心向以用户为中心转变（"服务+"）；由单纯提供单机向提供个性化定制、系统解决方案和工程总承包转变（"产品+"）；由机床数控化向机床智能化转变（"互联网+"）。

在竞争中历练，培育市场文化

激发企业新活力。武重在经过充分的市场调研后，围绕"打造消费者价值"的核心理念，做好顶层设计，制定精准的战略布局和发展定位。2013年以来，武重领导班子将提升市场拓展能力摆在首位，用市场拓展构建"机床与专机并重"的布局结构，明确"重型机床做品牌、加工产品带费用、专机产品做利润"的产品定位，深耕两个市场（机床、专机），积极创新商业模式，通过调整营销网络、加强售后增值服务等举措，市场运作能力得到全面提高，各板块市场份额逐年提升，公司于2016年6月提前实现扭亏盈利，一举扭转了连续三年亏损的困难局面。

展示企业新形象。重型机床是制造业"母机"，代表一个国家的工业基础水平，作为重型机床行业的领军企业，武重把推动行业进步、填补国内空白、振兴民族工业，作为自己义不容辞的责任。近年来，武重牢牢抓住技术创新的"牛鼻子"，把科技创新作为培育新的经济增长点的根本手段，大力实施创新驱动发展战略，提升原始创新能力，培育企业核心竞争力。2013年以来，武重为三峡水利枢纽、中国核电工程、"神舟"飞船、"长征"运载火箭等国家重点项目提供了多台（套）具有自主知识产权、代表国际先进水平的重型装备，使得武重的品牌形象得以重塑，形成了企业与用户双赢的良好局面。

形成发展新优势。在"打造消费者价值"核心理念的强力带动下，"产品反映人品，人品决定产品"的质量文化、"人人讲求精益、事事追求精益"的全员精益文化以及"零容忍"的安全文化等子文化在全员中得到广泛认可，一套以市场为导向的文化体系，为武重的改革发展提供了更有力的支撑。近年来，武重牢牢抓住供给侧结构性改革的重大机遇，紧跟客户个性化定制需求与提档升级步伐，将武重技术优势融入用户现场工作，着力提升供给的品种、质量和能力，实现以产品为中心向以用户为中心的转变。随着产品产业结构的不断深入调整，"机床、专机、铸锻、金结、再制造"并举的产业格局已经建立，武重产业结构单一的问题得到极大改善，企业发展的新优势正在形成。

董事长讲文化

凝聚全员共识　提升企业持续发展力

建立健全企业文化建设考核评价体系。公司把企业文化建设工作纳入到《武汉重型机床集团有限公司党建和企业文化建设考核评价办法》中，充分发挥考核评价的导向作用，加强对各级领导人员企业文化落地目标任务的考核，实行企业文化与领导人员绩效挂钩，明确领导人在文化落地过程中应承担的职责。在考核办法中，坚持即时奖励机制，对于做得好的单位和个人即时给予奖励，反之则给予提醒以及处罚，鼓励更多的员工遵守企业文化，立足本职为改革发展做出贡献。这样"一岗双责"的文化管理考核体系，使全体干部职工真正参与到企业文化建设中来，形成领导干部亲自抓、广大员工广泛参与的良好机制，为公司改革发展营造了良好的文化氛围。

健全员工荣誉自信文化机制。为了让全体干部深入理解"打造消费者价值"的内涵，武重通过"寻找最美武重人""转变观念、服务生产、增强活力、提高效率"主题实践活动，召开青年职工、女职工和劳模座谈会，领导基层调研等方式，引导企业上下加强对发展形势的理解，统一员工对市场、对消费者价值的认识，增强发展的危机感和紧迫感，激发员工干事创业的激情。通过劳动竞赛、优中选优等方式评选出劳动模范、先进人物，充分发挥先进模范人物在推进企业文化落地中的典型示范作用，邀请全国劳动模范吴何庆、全国五一劳动奖章获得者魏红权等讲述自己的故事，使劳模有地位、受尊重；对践行"打造消费者价值"核心理念的先进单位和典型人物给予表彰奖励，并以案例故事的形式讲给员工听，引导员工从身边的典型案例中领悟企业文化的内涵。

丰富文化内涵，激发员工活力。武重围绕"打造消费者价值"的核心理念，对职工文化建设活动进行积极有益的探索，初步实现了"五个一"：成立了一个文化社团——成员已超过100人，定期开展主题读书会、科技沙龙、辩论会等一系列活动；创办了一本期刊——《武重政工研究》，集中展现广大干部员工在文化建设学习、研究、竞赛中的成果、风采；锻造了一支骨干队伍——各基层单位近10名企业文化专员自发组成"讲师团"，利用业余时间，到基层单位和班组中开设文化"微课堂"；培养了一批文化"精英"——支持文化建设的员工，越来越多的员工加入到企业文化建设的活动中来，不少青年员工主动参与各类主题实践活动，为企业改革发展和文化建设建言献策；掀起了一股文化热潮——三年来共1000余人次参与了企业文化学习、征文、竞赛系列活动，职工书屋中企业文化类书目借阅率居高不下。

武重集团董事长、党委书记杜琢玉表示："带着豁出去的精气神，怀着满腔热血来到武重，面对发展的困境，想过成功、想过失败，唯独没有想过放弃"。武重人从自己的实际工作中提炼出属于自己的特色文化，并将文化的力量作为武重转型升级、扬帆奋进的无限动力。武重将立足前期打下的良好基础，把"打造消费者价值"的核心理念作为一项文化精品工作来抓实抓好，助推武重实现成为国际一流的高端装备制造领域系统集成服务商的目标。

主要创造人：杜琢玉

参与创造人：余中华　方　萍

酿造快乐生活

杭州千岛湖啤酒有限公司

　　杭州千岛湖啤酒有限公司(以下简称千啤) 创建于1985年9月，1998年6月转制成立股份合作制公司，2006年12月与全球十大啤酒商——麒麟麦酒株式会社并购合资，目前具有30万千升实际生产能力，是目前浙江省唯一一家坚守自有品牌的啤酒生产企业。市场覆盖浙江、江苏、上海、福建、安徽、河南等各大省市。公司已跨入了全国啤酒行业十强企业，全国啤酒行业第二家国家高新技术企业，纳税额超亿元。先后荣获"全国模范职工之家""浙江省纳税大户""浙江省绿色企业"荣誉称号。公司拥有省级技术研发中心，是浙江省啤酒行业唯一荣膺"双绿"（"绿色食品"和"绿色企业"）称号的单位。千岛湖啤酒被评为"国家级优质产品""国家绿色食品"，并先后荣获"中国驰名商标""浙江名牌""全国食品博览会金奖"等称号。

　　千啤坚持"创新完善品质，诚信塑造品牌"的核心理念，利用"千岛湖"独特的地理、生态、品牌等资源优势，不断强化千岛湖啤酒"安全、健康、生态、绿色"的品牌形象，率先倡导生态啤酒的理念，酿造快乐生活。

　　千啤依托理念的指导，实施企业组织变革、优化业务流程、创新管理制度。通过制度流程逐步固化企业理念，落实企业文化要求，把企业文化真正转化为企业员工行为，进而规范了企业经营管理行为。企业文化体系顺应时代和战略发展，企业文化建设活动有序开展，企业文化与企业经营管理进一步融合，企业文化建设与企业形象和品牌影响力相得益彰。

快乐——千啤企业文化的精髓

　　企业文化源于我们日常点点滴滴的工作，首先要从历史中提炼。千啤经过30年的历程，从一个只生产塑格啤酒的小厂发展成为现在年产30万千升规模的、中高品类齐全的、国家大中型啤酒企业。在30年的风风雨雨中，沉淀了支撑员工思想的理念和精神，这些理念和精神，包含在企业创建和发展的过程之中，隐藏在一些关键事件之中。

　　快乐元素的提炼。从2012年开始，专门成立了企业文化管理委员会，历时一年多时间，收集整理了公司30年发展过程中的大量信息，然后进行提炼、完善、再提炼、再完善，最终确定了千啤的使命、愿景、价值观以及口号、企业精神、核心价值观。在对与企业文化相关的使命、愿景、核心价值观等进行构建的过程中，采用问卷调查、高层访谈、文献阅读、资料分析、网络征集、头脑风暴等研究方法，运用KJ法、德尔菲法、元分析与编码等管理工具，把隐藏在这些事件中的精神和理念提炼出来，并进行加工整理，从中发现"让员工满意是我最大心愿""快乐工作、快乐生活"是真正支撑企业发展的深层次精神和理念，这些都是千啤企业文化的精髓。

快乐元素的营销。以"啤酒给人带来快乐"的寓意，千啤创新品牌营销思路，近年来开展了"生态好啤酒 快乐千岛湖""生态好啤酒 向快乐出发"等品牌推广活动，线上与电视、电台、网络合作导入微营销，上千万粉丝每天在微信上晒图翻盖，每年全国各地近1200名幸运儿畅游千岛湖，畅饮鲜啤酒，尽情狂欢。线下开展了"生态好啤酒 快乐千岛湖"主题推广活动近千场次，极大地提升了品牌影响力，向全国的消费者、商家、经销商展示千岛湖啤酒品牌的风采，让他们共同分享千岛湖啤酒成长的快乐，在快乐旅行、畅饮狂欢中，享尽啤酒美食，肆意挥洒快乐。

快乐元素的延伸。从2006年开始积极发展工业旅游，有集参观、游玩、品尝、娱乐、购物等综合旅游为一体的"啤酒文化长廊"，集景点游玩、休闲度假、激情狂欢为一体的"啤酒激情广场"，这些高档次综合性的休闲活动场所，不仅让全国各地的游客、消费者感受到千岛湖啤酒文化的历史，还领略到千岛湖文化的内涵，体验各项文化创意活动，品尝最新鲜的啤酒，参与各项娱乐活动。应用互联网经济全新思维打造的全国首个酿活啤体验馆，成功开启了企业新商业模式的运营，在给千万个粉丝送去快乐的同时，提供了千万个梦想创业平台。尤其是打造了国内首个以啤酒文化为主题的特色啤酒小镇，打响"日游千岛湖、夜游啤酒城"的旅游新品牌，成为千岛湖"旅游美食集散地、旅游休闲集散地、旅游娱乐集散地"的亮点，千岛湖啤酒小镇——"世界千岛湖 万人狂欢城"，不仅仅是千岛湖旅游区的一个新亮点，也是中国首个啤酒风情小镇、亚洲最大的啤酒温泉，未来千啤必将成为千岛湖地区另一张响当当的金名片，中国知名的旅游景点。

快乐元素的升华。30年的发展历程中，涌现出了许多可歌可泣的故事，形成了企业独特的文化。酿造快乐生活，是千啤执着坚持的企业使命；成为生态啤酒引领者，是千啤人共同奋斗的企业愿景；创新完善品质，诚信塑造品牌，是千啤沉淀形成的核心价值观。

在30年的发展历程中，千啤人秉承不断学习、不断创新、不断完善的企业精神，发挥千岛湖独一无二的水资源优势，首次开创生态啤酒的理念，真诚酿造每一瓶千岛湖啤酒，打造"安全、健康、生态、绿色"的高端品牌形象，千岛湖啤酒成为长三角地区知名品牌，品牌知名度和美誉度进一步增强。

在30年的企业发展历程中，千啤人自强不息，永不言败，朝着目标奋斗始终无怨无悔，孜孜追求，他们热爱企业、热爱工作、热爱生活，他们充满工作激情和生活乐趣，他们倡导快乐工作，酿造快乐生活，从而奏响了一曲曲快乐的千啤之歌。

酿造快乐生活——千啤30年再出发的动力

一直以来，面对日益激烈的啤酒竞争市场，千啤加强企业文化建设，培育团结进取、积极向上的企业文化，使企业的凝聚力、激励力、约束力、导向力、辐射力大大增强，广大员工快乐工作，快乐生活，努力创造劳动成果，有力地促进了企业快速稳定的发展，增强了竞争实力，2016年公司实现工业生产总值达9.7亿元，实现纳税突破亿元，千岛湖啤酒已列入浙江省啤酒行业第3位，全国啤酒行业排名第10位。

提升了企业形象。"质量是企业生命"的质量理念，成立了省级企业技术中心和市级技术研发中心，相继研发出7度、8度、9度系列的清爽型啤酒，适应了不同层次消费者的口味，还专门投入了300万元建立中试室，设立研发中心，采用"隔氧酿造、瞬间杀菌、无菌灌装"等国际一流的酿造技术，精心酿造的千岛湖啤酒，晶莹剔透，口感纯正，泡沫细腻，被授予"国家级优质啤酒""绿色食品""浙江名牌"，千岛湖啤酒商标获评中国驰名商标。

塑造了品牌影响力。 LOGO标志"CHEERDAY"，寓意"快乐每一天、为快乐干杯"。千岛湖啤酒通过提升产品质量，赢得了市场和消费者青睐，开展了各类"生态好啤酒、快乐千岛湖"的主题推广活动，通过美食、美酒、娱乐，近距离与消费者互动交流，将千岛湖啤酒"生态、快乐"这一概念烙印到消费者的心坎里。

培育了企业精神。 经过多年的沉淀形成了千啤特色的企业精神——"不断学习、不断创新、不断完善"。坚持用企业精神引领职工，用典型的先进事迹教育职工，开展的"传承千啤精神、争做千啤标兵""千岛湖啤酒工匠""最强师傅"等系列活动，选树了一大批展现千啤精神的先进人物。

营造了企业文化。 员工是企业最大的财富，千啤弘扬以人为本的企业文化，始终以"千啤一家人"为纽带凝聚人心。在职工业余生活上，专门创办了文体活动室、职工书屋、篮球场；在困难职工援助上，积极向工会争取资助并上门慰问；在关心职工权益上，参加各类保险，每两年进行一次健康体检；在职工生活上，创造温馨和谐家园，让员工有个舒适的"家"。通过"送快乐、送关爱、送温暖"行动，让大家的心更齐，凝聚力更强。工作了10年、20年甚至30年的员工在千啤随处可见，他们以厂为家，热爱企业，热爱工作，快乐生活。

增强了企业凝聚力。 每年由党委、工会、团组织、妇联联合开展各类文化活动，做到月月有活动，月月有精彩。硬笔书法、征文、摄影、知识竞赛、拔河、跳绳、乒乓球、篮球等综合性文体比赛，还组织员工外出参观学习，建党节"红色之旅"，接受传统革命教育；建军节观看革命影片，保持"退伍不褪色"；团拜会上各部门自编自演的文艺节目，充分展示员工的风采。同时通过《千啤简讯》《千啤报》、宣传栏、车间黑板报以及公司网站、微信公众号、办公自动系统，加大员工风采的宣传，使员工个人价值得到更大体现，激发他们热爱千啤、奉献千啤的信念，提高企业的凝聚力。

企业文化建设项目启动会议现场

加强了企业文化建设。2012年成立了企业文化管理委员会，提炼了使命、愿景、价值观、企业精神。将企业文化建设纳入公司的发展战略，列入年度目标中。2014年，公司紧扣企业发展战略，开展了公司企业文化建设落地培训，印发了《企业文化手册》。2015年，制订了《公司战略规划》，本战略规划具有较强的操作性并且可落地实施。2016年，制订了《企业文化管理体系》，更好地指导企业文化建设，促进企业文化落地实施，确保可持续发展。同时开展了企业文化相关书籍的编写。撰写和编制《企业大事记》《宣传画册》《企业文化手册》《员工手册》《安全手册》《公司卓越绩效管理白皮书》《千岛湖啤酒报》《千啤简讯》多方位展示公司的企业文化。

通过几年来坚持不懈地加强企业文化建设，广大员工在千啤文化的鼓舞下，自信自强，大胆创新，开拓进取，创造出许多辉煌的业绩，涌现出一批无私奉献、争创一流的优秀员工，千啤已跨入浙江省最佳经济效益、行业最佳经济效益工业企业行列。

如今，千啤文化已深深融入公司发展战略规划中。酿造中国绿色、生态啤酒，是千啤的发展"轴心"，以文化长廊、激情广场为平台的旅游项目，以啤酒文化为主元素的假日酒店，以"快乐、新鲜、活力"为主调的啤酒小镇，以"精酿活啤体验馆"打造全新休闲方式的啤酒餐吧，都彰显了千啤特有的"健康、休闲、快乐"文化元素。酿造快乐生活，是千啤人坚定的使命，更是引领千啤向更高目标前进的动力，千啤"30年再出发"，誓将快乐进行到底，创造辉煌的明天。

主要创造人：郑晓峰　郑名传
参与创造人：商觉琴　汪拥军

"三大系统"成效显 "六抓六促"谱新篇

太原供水集团有限公司

太原市公共供水始于1940年，1949年7月正式命名为太原市自来水公司，为全民所有制国有企业。2013年10月，改制为国有独资公司太原供水集团有限公司（以下简称太原供水），集产、供、销于一体，担负着太原市建成区范围内的城市公共供水任务。截至2016年年底，资产总额51.76亿元，有7座水厂、8座加压站，输配水管道2100千米，供水人口256.16万人，城市供水覆盖率达88.28%，综合供水能力93万m^3/日。设有17个处室、12个直属分公司及中心、大队，7个控（参）股子公司，在职职工3208人。先后荣获并保持"全国文明单位""全国五一劳动奖状""全国模范职工之家""山西省100强企业"等荣誉称号。连续多年荣获"太原市双拥标兵单位"荣誉称号。

太原供水走过了70余年的风风雨雨，以"德泽百业，水润万家"的精神、"纳百川水、穿千层石"的劲头砥砺奋进，积淀了深厚的文化底蕴。太原供水高度重视企业文化建设工作，建立了以党政主要领导为主任的企业文化建设领导委员会，总结归纳了供水企业文化的六大文化优势、五大文化短板和十个关键文化要素，提炼和形成了独具特色的太原供水企业文化体系。

近年来，"三大识别系统"（理念识别系统、行为识别系统、视觉识别系统）在全体职工中逐步落地生根，"六大文化工程"（责任文化、绿色文化、安全文化、服务文化、成才文化、和谐文化）稳步推进。《企业文化手册》人手一册、企业歌曲全员唱响……企业文化贯穿企业经营的全过程，助推效果显著。

抓精细压实，突出作为担当，促责任文化

"忠于职守，勇于担当"是干事之本，提倡职工忠诚于供水事业，履职尽责；提倡职工勇挑重担、攻坚克难。

细在职责横向的考核管理。太原供水不断加强精细化管理，完善制度考核。完善了年度目标责任制考核机制和《精神文明建设长效工作机制考核方案》，修订部门职责及工作标准，将企业经营各项目标细化，责任到人；出台了《职工行为规范》《职工违纪处分办法》以及《关于实施约谈的暂行办法》等规章制度，以问责常态化激发担当意识。

细在职务纵向的分层压担。对领导班子，要求以高度的责任心自觉服务大局、担当大局、谋划全局；对中层环节干部，在突出"勇担当、善作为"导向的同时，画出"底线"、明晰"红线"；对基层一线职工，将"工匠精神"与"劳模精神"融合发展。

细在思想动向的及时把握。在新形势下坚持"职工教育、党建先行"，通过集体约谈、支部委员谈心日等活动，及时掌握职工思想动态，对有苗头性、倾向性的问题及时提醒并督促整改；

开展了"珍惜岗位、心怀感恩""珍惜岗位、敬业担当"等一系列主题活动,进一步培育了职工立足本职的敬业精神和职业道德观念。

抓长效机制,倡导用户至上,促服务文化

"点滴见情、服务至诚",牢固树立"以服务促效益"的意识,从细微处着手主动服务,持续改进,拓宽服务渠道,丰富服务内涵。

在用户"看见"的方面狠下功夫。健全完善优质服务考评体系,出台了《供水服务规范》,并与精神文明长效机制联动考核;始终贯穿主动服务意识,每月公开水质信息,建立跟进服务机制,加强供水企业与用户的良性互动;长期开展"心系群众、水润万家"大型服务进社区活动,覆盖机关企事业、社区、医院、学校等重点单位;全市供水营业网点达10个,并按照视觉识别系统统一装修改造;启用"太原供水"官方微信公众号,"同城缴费"模式投入运行,供水服务方式更加多样化、个性化。客户热线办结率、及时率、满意率均为100%。

在用户"看不见"的方面严阵以待。太原供水的水质监测中心现检测能力达8类产品180项参数(国标为106项),每日、每月对水源水、出厂水、管网水进行检测分析并定期公布,水质全方位保障体系更加完善;设立供水管网维抢修服务基地10处,打造"30分钟供水服务圈";高度重视供水设施巡视监护、持续推进户表改造、规范二次供水管理,水质综合合格率、管网压力合格率、供水设备完好率均达到100%。

依靠党建品牌实现"内部造血"。推行"一站式"服务、"延伸服务""亲情服务"等项目,创建了"爱民服务队""建威巡视""河西党员抢修队""笑脸查收队"等一批有特色的党建服务品牌,在急难险重任务中,快速反应,吃苦耐劳,赢得用户好评。

抓督促检查,严把四道关卡,促安全文化

"预防为主、重在细节",太原供水提倡预防为主,未雨绸缪,从细节处着手构筑坚实的安全防火墙。

严把安全责任落实关。认真贯彻"党政同责、一岗双责、失职追责",以安全生产责任制测评体系为抓手,逐项分解安全生产任务,切实把责任落实到具体岗位,加大安全考核力度;将问责作为推动安全主体责任落实的"撒手锏"。

严把安全风险管控关。坚持实施供水隐患排查治理"闭环管理"模式,深入细致地搞好安全隐患排查和安全大检查工作;修复、维护水源井,对水厂供水设施进行了扩容改造;大力推广可视化安全色彩管理的先进经验,不断强化现场安全的管控能力;交通安全、消防安全、反恐维稳等各项安全工作与生产安全同步谋划、同步安排、同步推进、同步考核,形成全方位、多角度的安全管理和考核长效机制。

严把安全应急联动关。制定了《太原供水集团有限公司突发事件应急预案》,并出台各类专项预案,进一步完善安全保障体系和高效指挥应急联动救援机制,适时组织开展各类抢险应急演练;强化应急值守和突发事件报告工作。不断提高各部门之间的联动协作和应急处置能力。

严把安全文化教育关。强化安全教育培训，开展了安全负责人业务知识培训、有限空间作业培训，组织了安全知识答题、消防演练等活动，出台了《手指口述操作规程》等安全操作规范流程。

抓岗位成才，激发创新热情，促成才文化

"奋发有为，人尽其才"，职工积极向上，提升能力，立足本职，有所作为；企业建立富有活力的人才管理机制，尽力做到位适其才，才位相宜。

健全激励机制，鼓励岗位成才。制定了《职工素质提升五年规划》，以思想教育和岗位培训为重点，开展集团公司、分公司、段组三级培训模式；建立综合配套的人力资源管理和薪酬、考核体系，创新落实了劳动模范、技术能手待遇，对技术比武表现优异的职工在工人职称评定时破格晋级。极大程度上保护和提高职工的工作热情，促进集团公司的健康发展。

深化岗位练兵，营造创新氛围。立足于"实际、实用、实效"的培训理念，开展切合岗位需要的多样化职业技能培训。针对新聘任中层、一般管理人员开展公文写作、管理素质提升等培训；加大对特殊工种、断档岗位进行重点人才培养；发挥"师徒结对"等活动的"传、帮、带"作用；以生产运动会、"五小"竞赛活动激发职工创先争优意识，涌现出各级劳模48人、"五一劳动奖章"17人，"五小"发明45项。

建设学习型组织，打造书香文化。以党委中心组学习，党委委员上党课、"三会一课"、专题讲座等形式，及专题教育活动的开展，提升全体职工政治素养；开展新职工岗前培训、职工全员军训、劳模先进心理辅导等培训；充分发挥12个职工书屋的阵地作用，每年开展"职工读书月"活动，成立了青年读书会，组织了"人人读好书，经典进班组"、经典诵读比赛、"我要上讲堂"等读书学习活动，集团公司工会职工书屋获"全国职工教育培训示范点"称号。

抓环境优化，实现人企和谐，促绿色文化

"优化环境、健康生活"，太原供水积极倡导低碳生活理念，开展生态文明实践，美化环境，实现人水和谐、人企和谐的最终目标。

翻修新建并举，改善办公环境。新建了河西营销分公司、计量检测中心办公大楼，完成调度大楼、兰村制水分公司、草坪营销分公司等办公、生产环境的整修，改善了职工办公条件；全面实施厂站标准化、园林化建设，新增乔木灌木10万余株，草坪3万余平方米，修建小型绿化小区15个，达到了绿化、美化、亮化、净化的标准，营造了人与环境的和谐统一。

以管理促节约、确保节能降耗。深入开展"勤俭节约"宣传教育，提高资源的使用效能。实行无纸化办公；张贴节约用水用电温馨提示；电梯、空调定时开关节能控制。建立健全节约增效规章制度和考核标准，出台了《办公用品管理办法》；修订了《车辆油耗等费用控制实施方案》，实行公车油耗和车辆维修定额管理。开展"文明餐桌"行动，倡导职工节约用餐，文明用餐。

增进水源地保护，实现绿色发展。太原供水积极报请市委、市政府通过了《关于进一步加强城市供水安全管理的意见》，不断加强各水源地水源井的保护维护力度，保证原水水质安全；继

续开展关井压采工作，有效保护和涵养地下水资源，推进水资源优化配置和可持续利用。

抓道德教化，担当社会责任，促和谐文化

"感恩包容、互信共赢"，太原供水努力营造真诚协作、和谐融洽的人文环境，使企业、用户、职工及社会和谐共处。

注重价值观养成，硕果在实践中不断巩固。以巩固"全国文明单位"创建成果为目标，以践行社会主义核心价值观为核心，培育文明礼仪，弘扬敬业诚信，提升道德素养。出台了《关于培育和践行社会主义核心价值观的实施意见》；重新修订和完善了《职业道德规范》《职工基本行为规范》《文明出游》等制度；开展了有关社会主义核心价值观的征文、演讲活动；征集"我爱我家——家规家训和家风故事"450余篇；举办"全民文明礼仪养成行动大讲堂"；加快推进"太水历史陈列馆"建设步伐；每年开展一次"劳模宣传月"，每季度公布一次"善行义举榜"，每月举办一次"道德讲堂"。创新"一报两网"，增强了对先进人物的宣传频次和力度，达到"提振精气神、传播正能量"的目的。

突出文化引领，人心在活动中不断凝聚。以重大节日、纪念日为契机，丰富职工精神文化生活。开展多场红色主题大型合唱会演；坚持每年开展"全民健身月"活动；组建了职工合唱团、"尚水书画社"、篮球排球队；经常性举办职工歌唱比赛、舞蹈比赛、书画比赛、健排舞比赛等。以中央文明委倡导的"我们的节日"活动为载体，开展各类活动，形成积极向上的精神追求和健康文明的生活方式。

担当社会责任，形象在奉献中不断提升。"德泽百业、水润万家"，太原供水积极履行社会责任。建立学雷锋志愿服务长效机制，成立了9个学雷锋志愿服务队，注册志愿者人数达90%以上；坚持开展"博爱一日捐"、网络文明传播、绿色环保志愿行、关爱"失独家庭"、慰问养老院孤寡老人、"爱心助考"等活动；与古交市岔口乡大应寒村结对帮扶共建；密切军地联系，与66068部队共同举办了篮球友谊赛、军民联欢会等活动。

在太原供水企业文化的引领下，领导班子勇于担当、全体职工凝心聚力、企业发展稳中有进、多措并举着力服务民生、城市供水安全平稳。今后，太原供水会继续以"德泽百业、水润万家"的使命责任，努力成就"卓越超群、源远流长"的企业梦想，不断深化企业文化内涵，探索创新，全力谱写企业文化新篇章。

主要创造人：阎继忠

参与创造人：武 洁 闫 镁 温 涛 李 莎

唱响企业文化　建设和谐企业

江西金丽陶瓷有限公司

江西金丽陶瓷有限公司(以下简称金丽陶瓷)于2010年投资1.8亿余元在江西省高安市田南工业园创办，主要生产各种规格的仿古地砖、抛光砖、全抛釉及供各种配件的建筑用的陶瓷产品，现有固定资产5亿元，企业员工600余人，2016年实现销售收入3.5亿元，同比增加11.5%，实现利税6000余万元，同比增加10.2%。企业多个品牌荣获国家省级知名品牌；先后荣获全国城乡十大品牌"、"全国保障性住房建设用材优先供应商"、江西省宜春市及高安市优秀企业等荣誉。

金丽陶瓷自成立以来，十分重视企业文化建设，始终坚持以人为本的思想，着力凝聚人心，夯实发展基础，大力改革创新，优化企业管理，提高职工素质，保障职工权益，展现企业形象，企业得到了持续、健康、快速、和谐发展，经济效益和社会效益取得了双丰收。

企业文化建设与企业发展核心相结合

金丽陶瓷始终坚持把企业文化建设摆上重要议事日程，把企业文化建设与企业党建、企业品牌建设、职工思想建设、安全环保建设和忠心孝心爱心建设有机地结合起来，采取召开会议、集中学习观看投影、建立板报和墙报等形式，在全体员工中大力弘扬务实创新、拼搏成长、共享发展的金丽企业精神，树立"缔造家居产品，创造美好生活"的金丽企业使命，坚持以国家法律、法规为基本准则，以社会和顾客需求为关注焦点，以先进的产品、稳定的质量、认真的态度、周到的服务、诚实的信用赢得顾客，占领市场。几年来金丽陶瓷依靠这种文化，坚持这种理念，吸引了越来越多的客户，产品销售半径由500千米扩展到2000千米，甚至出口他国，在日益激烈的市场竞争中取得了自己的份额，确立了稳定的市场根基。

企业文化建设与提高职工素质相结合

金丽陶瓷围绕企业生产经营这个核心，着力提高内在素质，开展企业文化建设活动。一是开展了党的路线方针政策和企业发展方面的政策、法规教育活动，增强了企业职工的政治意识、法规意识和全局意识，树立遵法、守法的大局观念。二是开展创先争优活动，结合企业实际，针对不同岗位开展争创岗位能手、业务尖兵、销售精英、节约标兵、管理高手等一系列的创先争优活动，着力在广大职工中，练内功，强队伍，促发展，有的每月进行，有的每季度评比，年终进行总评，获得月奖、季奖、年度奖的先进个人及先进车间工段班组，公司拿出一定经费，进行物质奖励和精神奖励。三是组织专题学习培训，针对新工艺、新设备、新要求，公司采取送出去、请进来的办法，对有关工段、有关人员进行专业培训，学习新先进理念，学习新专业知识，学习新操作模式，有效地提高广大干部职工适应现代机械操作工艺的要求，使每个员工都能驾驭自己的岗位，充分发挥人和设备（工艺）的最大潜能，有效促进企业生产上产量、产品上质量、管理上效益的目标。

企业文化建设与制度建设相结合

金丽陶瓷十分重视抓好企业管理制度的建立，针对企业生产经营过程中出现的问题及时建立、健全和完善相应的管理制度，重视制度的执行、考核、激励机制，根据企业现实需要，公司分别建立了企业投资管理、财务管理、供应管理、销售管理、固定资产管理、成本费用管理、人力资源管理、考核与责任管理、工资福利分配、技术创新管理、安全生产与环保责任管理、企业党建团建、思想工作与企业文化建设等数十项管理制度和企业规章，并落实专人专室定期检查，督促考核和落实执行。

由于制度完善，有章可循，企业令行禁止，各负其责，各有担当，使企业的各个层面的人员恪尽职守，守土有责，努力工作，力争上游。公司规定对生产经营活动中的投资、物资采购、原材料选定、项目建设等，凡是能由市场机制来进行比较选择的事情，都采用招标、投标、竞标比质比价等市场手段公开、公正、公平进行操作，为企业减少了很多麻烦，避免了人情世故对企业的影响，为企业节约了大量的人力、物力和财力，促进了企业运行效率和增产增效。

企业文化建设与安全环保建设相结合

建筑陶瓷生产企业，用电、用水、用煤、用工量大，且有大量的窑炉、机械、机电设施，安全环保任务重、责任大。从保证员工生命财产安全，建设生态文明企业的要求出发，金丽陶瓷高度重视企业的安全生产、环保达标和职工职业卫生工作，把职工生命安全、身体安全，企业环保达标当作头等大事来抓，坚持"安全第一，预防为主"的方针，认真贯彻落实《安全生产法》《环境保护法》《职业病防治法》和《妇女权益保障法》等有关法律、法规，全面落实《安全生产责任制》《环境保护责任制》等一系列安全环保规章制度，加强职工安全培训，及时淘汰危及职工生命安全和身体健康的落后设备和生产工艺，不断改善劳动安全生产条件，搞好生产作业现场危害防治，开展一系列"安全生产月"活动，创办安全环保宣传简报，组织安全生产和道路交通安全讲座、消防演练等活动，投入足额资金改善生产条件，加大除尘、除硫和排水达标系统设施的建设与投入，确保排放达标等系列工作，有效提高了企业安全环保管理水平，职工中由要我安全转变为我要安全。与此同时，公司定期开展安全检查和督查，及时发现隐患，及时进行整改，努力将隐患消除在萌芽之中，由于各项工作到位，公司自成立以来，没有发生一起重大安全生产事故、重大设备事故、重大交通事故、重大火灾事故，环保排放基本达标，多次得到了安全环保部门的好评和肯定。

企业文化建设与关爱员工相结合

员工是企业的主人，也是企业的第一生产力，关爱员工就是提高生产力。为此，几年来金丽陶瓷着力把企业文化建设与关爱员工，尊重人才结合起来。

实行企务公开。坚持企业一切依靠员工，一切相信员工，一切关爱员工的方针，关心爱护员工的生产生活，尊重员工的合法权益，激发员工的首创精神，生产经营管理与考核分配制度公开透明，企业管理实行民主化、规范化、科学化；生产任务、工作任务完成实行绩效管理，公开、公正、公平。有效密切了党群、干群关系，管理层与员工的和谐共处。

维护员工合法权益。严格执行《中华人民共和国劳动法》的规定，企业与员工均签订了劳动合同，合同内容规范，全面合法，各项程序到位，签订、续订、解除、终止劳动关系内容明确，相互清楚，员工在企业拥有主人翁权利，享受应该享受的各种法定福利待遇。

积极开展"关爱行动和送温暖活动"。视员工为上帝，把员工当亲人，时时刻刻把员工的冷暖挂在心上，坚持常问候、常走访，员工生病住院及时看望，员工红白喜事及时慰问，困难员工家庭重点关心照顾，经常开展关爱困难员工、送温暖等活动，组织员工捐钱、捐物，同时企业每年拿出几万余元扶贫解难，帮困助学。

坚持以人为本。始终坚持以人为本的原则，关心、关注员工群众的疾苦，及时帮助员工改善生产、工作、生活条件，创造优美企业环境，按时、按月、按标准发放工资，适当提高员工福利待遇，为员工参保工伤保险，费用由公司承担，逐步推进办理其他社会保险，关爱女职工特殊权益，在女职工经期和妊娠期调整工作岗位，按规定给予女职工产休假，并发给基本工资。

企业文化建设与开展丰富多彩的员工文体活动相结合

金丽陶瓷坚持一手抓好生产经营，一手抓丰富员工文化体育生活，坚持把职工文体活动作为企业文化建设的重要组成部分；一是加大文化体育设施投资，建设了篮球场、羽毛球场、棋牌室，购置乒乓球桌、台球桌，建设了文体走廊、职工活动之家，购置了一批文化性、知识性、专业性、趣味性的书刊，丰富职工业余时间阅读；二是组织开展各种文娱体育活动，经常开展健康有益、喜闻乐见的文化体育娱乐活动，如跳绳、拔河、乒乓球、篮球、象棋、扑克等活动，极大地丰富和活跃了员工业余文化生活，陶冶了员工情操；三是组织员工外出参观学习旅游，每年组织1~2批次先进个人、优秀员工外出学习参观，到外地休闲旅游，放松身心陶冶情操，公司上下文化繁荣、人气兴旺，企业呈现勃勃生机，有效增强了企业的生机和活动，企业更加充满了向心力和凝聚力。

企业文化建设与企业环境建设相结合

金丽陶瓷把企业文化建设延伸扩展到企业绿化、美化、亮化等企业环境建设上，投资上千万元，先后对厂区面貌，厂区环境进行全面改造提升。拆除旧厂房5000余平方米，兴建高标准展厅、厂房、仓储16000余平方米，植树10000余棵，植被种草3000余平方米，整理沟渠5000余平方米，同时，对职工生产环境进行大力改善，优化各类设施设备，确保通风、通气、无尘、无污染，办公场所进行了全面改造，确保了环境整洁、设施齐全、环境优美，自动化、信息化程度逐步提高。

厂区

先进文化的占领，不仅增强了企业内涵，而且更加促进了企业持续健康快速发展，从2011年投产到2016年，5年间企业主营收入翻了3番，税收贡献翻了5番，员工收入翻了2.5倍。改革创新取得新的突破，每年有10~20个新产品问世，产品越来越呈现多样化、高端化、前沿化，企业各项经济指标在同行业中位列前茅，得到同行和国家建材部门的首肯。

企业文化的建设与渗透，我们看到了一个全新的金丽陶瓷，员工精神面貌焕然一新，团队意识大大增强，企业实力不可阻挡，我们有理由相信，金丽陶瓷将在新的征途上高唱凯歌，迈开大步，越走越好，越走越远；朝着光辉灿烂的明天，拼搏奋进，再展雄风，取得新的更伟大的成绩。

主要创造人：贾常定

参与创造人：吴细梅　朱学文

"日新"文化塑造卓越团队

靖远第二发电有限公司

靖远第二发电有限公司（以下简称靖远二电），是1995年12月18日成立的，西北最大的中外合资火力发电企业，由国投电力控股股份有限公司投资51.22%、美国第一中华电力合作有限公司投资30.73%、甘肃电投陇能股份有限公司投资18.05%共同组建，总部设在甘肃省兰州市城关区，发电厂位于甘肃省白银市平川区。现有规模为4台330兆瓦燃煤发电机组。

作为西北地区重要的电网枢纽和电源基地之一，靖远二电以国投集团"一流目标""二次创业""三为宗旨"等理念为指导，以"日新"文化支撑和引领企业发展战略，并以前瞻的理念塑造了公司愿景：管理卓越的国际一流发电企业。凭借灵活高效的管理机制，靖远二电坚持自主开展管理创新和科技创新，经过多年的艰辛努力，公司生产经营和管理工作取得了丰硕的成果，形成了独具特色的"靖远管理模式"，并在IPRM系统（一体化电厂资源管理系统）中成功固化应用，取得了显著的经济效益、管理效益、资源环保效益和社会效益。为企业高效稳定发展，打造行业标杆企业发挥了重要作用。

"日新"文化的形成

2002年1月，靖远二电开始独立运营，并同期从靖远电厂整体划转了近1000名生产一线员工。独立运营之初，靖远二电面临前所未有的困境：一是近千名刚从国有体制脱离出来的一线员工，对于突然"降临"的"合资"身份无所适从，思想状态不稳；二是内部管理还未理顺，管理制度和组织机构不健全，工作头绪纷乱；三是电力体制改革深入进行带来的市场竞争日趋激烈；四是中外股东赋予了很高的期望值，企业必须迅速摆脱困境，寻找属于自己的发展道路。

随着电力体制改革，全国电力系统即将分解为五大发电公司和两大电网公司，新的商业运作体系正在构建，发电企业迈出了地域而被划分到新的企业集团，并将作为独立发电公司参与市场竞争。面对挑战，靖远二电如果不从管理上进行深层创新，根本找不到企业发展的动力所在，达不到预期的经营业绩，也就实现不了独立运营的目的。在这种情况下，靖远二电坚持以创新作为发展动力，力求从传统的电力企业经营模式中开辟出一条新的有效途径，进而获取市场竞争的主动权。于是，新的挑战带来了新的理念："改革创新是唯一出路，墨守成规将被市场淘汰，先做起来再推动观念转变。"实践证明，这种"先做起来再推动观念转变"的理念，就是"日新"文化的优质土壤，是"日新"文化的萌芽。

正是因为"日新"文化的创新理念，靖远二电才能打破电力行业经营管理的传统做法，先后成功施行先进的管理方法30项，创造了以"日新"文化为统领，以现场管理、资源管理、经营管理和人本管理为支撑的"靖远管理模式",被中电联评为"电力企业现代化管理的标杆"。

"日新"文化体系构成

"日新"的来源。"日新"即"苟日新,日日新,又日新"。语出《礼记·大学》。寓意是"如果能够一天新,就应保持天天新,不间断地创新"。"日新"包括两个概念:一是持续改进;二是不断创新。

日新文化的内涵。"日新"文化的内涵是改革创新、不断超越、坚守责任、争创一流。其核心包括:使命、价值观、愿景。

使命:为客户提供稳定便利、价格低廉的电力产品,为员工创造提升价值的发展平台和优越的工作生活环境,以长远的利益回报股东,以洁净环保的能源造福社会。

价值观:团队、创新、执行、绩效。

愿景:实现"管理卓越的国际一流发电企业"。

管理卓越:拥有同行业中独特的、先进的管理理念和管理方法;值得其他企业学习、借鉴的管理模式;稳定、畅通、快速的管理;专业化的管理团队。

国际一流:一流人才、一流技术、一流业绩和一流环境。

长效执行,建塑"日新"文化体系

靖远二电通过"日新"文化的日常管理体系和"日新"文化的品牌载体,实现了"文化落地",形成了企业文化的常态化管理。同时,把"日新"文化建立纳入企业党群系统考评机制和部门文化管理能力考评。

"日新"文化的日常管理体系

领导率先践行"日新"文化。靖远二电管理团队努力营造"日新"文化的氛围,是"日新"文化不断传播和持续发挥影响力的决定因素。靖远二电举办"日新"文化大讲堂、"日新"文化回头看等一系列活动,公司管理团队都主动参加,有效地推动了企业文化的执行。

制定年度企业文化工作要点,并分解到月度。靖远二电将企业文化作为企业发展的动力,每年制定企业文化建设工作要点和计划,并按月度分解目标,实施计划、检查、考核、改善的工作循环。

建立《部门文化落实对照表》日常管理体制。以部门为单位,建立《部门文化落实对照表》,指导各部门落实部门文化。通过确立并对照部门关键行为准则,结合部门工作重点,来确立部门文化提升的重点,改善部门团队氛围,改进工作的不足,实现"日新"文化日常化管理。

建立部门文化管理能力标准。靖远二电建立了部门文化管理能力标准,通过"重视力、示范力、支持力、参与力、影响力、知识力"六个能力16个指标,有效测量部门文化管理能力;在年底进行"部门文化管理能力评估"工作,将文化管理能力基础标准纳入中层人员年度综合考评。

总结成果,传承理念。靖远二电在"日新"文化建设中,及时将学习成果总结、相关案例、文章编辑成册。先后策划编印了《靖远管理模式》《日新文化手册》《员工行为规范手册》《员工礼仪手册》《部门文化手册》等一系列书籍，向员工灌输价值取向，传承文化理念。

营造日新文化氛围。从2005年起，靖远二电就通过使用日新文化的视觉识别系统，占领文化阵地。目前，靖远二电大型建筑物、大门、主厂房、主设备、办公用品、展示板、宣传喷绘和安全管理标识，都有国投集团视觉识别系统。这些标识营造了文化氛围，提升了企业的知名度，靖远二电也成为国投集团在甘肃的形象代表。

打造文化品牌载体。日新文化在形成发展的过程中，逐渐形成了自己的品牌载体，主要有：员工节、颁奖晚会、年度"主题"活动、《能之源》刊物。这些品牌载体，使企业的内部沟通形式更加多元化，企业创新精神体现得更加多样化。

"日新"文化的品牌载体

员工节。1995年7月18日，靖远二电迎来了第一位员工，这一天成为"员工节"。从2003年开始，已经成功举办了14届员工节。每一届员工节都由许多系列活动组成，都有不同的主题。通过员工节，充分表达了公司对全体员工辛勤工作的认可，传递公司"激情投入、快乐工作""动力源于紧密无间""责任成就梦想"等文化理念，让大家通过员工节彼此熟知。

颁奖晚会。每年岁末年初，靖远二电都会举办春节联欢暨颁奖晚会，迄今已经举办了12届。颁奖晚会一方面是一起回顾一年的工作，对辛勤工作的员工进行答谢；另一方面是对年度各类先进员工进行表彰。晚会通过让获奖员工踩着红地毯走向颁奖台，在大屏幕中播放获奖员工的事迹等形式，展示企业的价值取向。

主题活动。每年开展贯穿全年工作的主题活动，并通过"提高责任意识、塑造卓越员工"主题活动、"延伸日新内涵、建设部门文化"主题活动和"增强精益管理意识、争创精细工作岗位""推进标准化建设、提升精益化水平"主题活动，从党、政、工、团各种组织，从公司、部门、班组、家庭各个层面触及员工，在潜移默化中灌输了企业理念，拓展延伸了日新文化内涵，有效地推动公司各项工作顺利开展。

《能之源》刊物。以员工最关注的话题为内容，精心设计出版了公司特色刊物《能之源》。因其优美的文字和图片，极强的时代感而获得员工的普遍认同，很好地承担了建设员工精神家园的重任。《能之源》不断地在潜移默化中灌输企业的价值观、企业文化、职业道德和社会公德等内容，为企业发展和不断提高职工素质起到积极的促进作用。

上下同欲，"日新"文化融入公司所有的管理工具

"日新"文化的渗透，让靖远二电的各种管理工具都渗透着文化的力量。

现场管理融入"日新"文化。通过"日新"文化的渗透，员工由被人管理转变为自主管理，这是从企业刚性管理向文化管理的成功过渡。靖远二电"6S"管理、TPM管理和NOSA管理等一系列管理活动得以广泛深入地开展，就是因为"日新"文化的精神内涵已经深入员工内心，从细微处入手发现问题、改善问题，成了员工们主动的行为。截至2017年4月，靖远二电累计完成改善提案超过3万多条，改善率达到100%。而这些日积月累的改善成就了公司技术改造和管理创新的成功实施。"磨煤机运行中石子煤输送系统"等六项科技成果获国家知识产权局颁发的实用新型技术专利证书。因此，靖远二电被认定为国家高新技术企业，成为全国第一家通过国家高新技

术企业认定的火力发电企业。同时，获得"最佳机组增容改造电厂"和"亚洲电力技术创新银奖"等多项国际荣誉。2013年，靖远二电被国家电力监管委员会评为"电力安全生产标准化一级企业"。

主题活动

"日新文化"的实践，为人本管理提供了有效的载体。人本管理与日新文化的有机融合，在物质方面表现为员工生活环境和工作环境的极大改善，员工远离城市却享受到了一流的工作生活条件，体现"人造环境，环境育人"的理念。

在精神方面，公司给予员工全方位的关怀，激发员工的使命感和归属感。为了最大限度地发挥员工潜能、实现员工价值，公司建立了五类岗位资质模型、结构化访谈、360度评价工具和员工职业生涯管理制度，使每位员工都能找到最适合自己的发展道路和工作岗位。

"日新"文化重视员工的健康管理。靖远二电利用各种方式体现企业对员工的关爱。每年组织涉及职业危害的员工参加职业健康体检；针对体检情况，邀请专家做营养和健康的咨询活动。公司不仅关心员工的身体健康，而且关注员工的心理健康。通过配发相关书籍、开展讲座、提供心理健康咨询的机会，为全体员工及家属提供心理服务。靖远二电设立了员工体能监测站，定期组织员工进行体能监测，使员工了解自己的体质状况，指导员工科学健身。此外，公司给困难员工建立档案，走访慰问并发放慰问金；凡员工生日，都送上一句祝福的话、一个生日蛋糕；凡新婚员工，必登门祝贺并送上礼金；凡员工生病住院，都进行探望慰问，尽力解决后顾之忧；凡员工直系亲属去世，必上门慰问；建军节期间，组织公司的复转军人开展活动，重阳节来临之际，组织50岁以上的员工召开座谈会；六一儿童节，给公司员工子女发放礼券。

靖远二电，一个在2002年起独立运营的发电企业，凭借以"日新"文化为统领的靖远管理模式，创新、求变，在祖国的西部树立了国投集团品牌，在中国现代化工业发展征程中，点燃激情、加速前行！

主要创造人：马　斌　周凤禄

参与创造人：郭新民　刘津评　杨　林　胡维刚

弘扬优秀传统文化　助推企业跨越发展

济南市公共交通总公司

济南市公共交通总公司（以下简称济南公交）是市属国有大型一类公益性企业，至今已有69年的历史。截至2016年12月，职工总人数为12590余人，营运车辆5300余部，客运出租车辆1600余部，公交线路251条，日均运送乘客240多万人次。先后荣获"全国城市公共交通十佳先进企业""全国五一劳动奖状""全国文明单位"、中国首批"节约之星"等多项荣誉和中国质量协会颁发的中国质量满意鼎。

多年来，济南公交不断探索中华优秀传统文化与企业文化建设的结合点，传承并将《论语》精髓植入公交企业文化建设和精神文明建设中来，先后编辑出版济南《公交论语》《公交车厢论语》，开展了"《论语》进车厢、进站房、进车间、进社区、进家庭"等系列活动，逐步形成济南"公交论语"文化品牌，用中华优秀传统文化强大的感染力指引职工的工作、学习和生活，着力打造公交流动道德课堂。

济南"公交论语"内涵

2006年以来，公司积极推进中华优秀传统文化与企业文化建设的融合，先后编辑出版了《公交论语》和《公交车厢论语》，实施《论语》普及工程，开展了"《论语》进车厢、进站房、进车间、进社区、进家庭"等系列活动，为实现企业的和谐发展提供了精神动力。

济南"公交论语"产生背景

《论语》中体现了中华优秀传统文化讲仁爱、重民本、守诚信、崇正义、尚和合、求大同的境界追求，而济南公交"让乘客满意、让政府放心、让员工快乐、为社会奉献"的企业核心价值观与儒家文化高度吻合。

《论语》是人类的思想文化宝库，传承《论语》精髓是解决企业现实问题的金钥匙。20世纪80年代的一个初春季节，75位诺贝尔奖获得者集聚巴黎，他们在会议宣言中写下："如果人类要在21世纪生存下去，必须回到两千五百年前去汲取孔子的智慧。"近年来，随着国学热的不断升温，人们越来越关注《论语》，期盼通过阅读《论语》来了解孔子，找出为什么这样一本书会影响中国社会两千多年的答案，更希望通过阅读这本书获得解决大家面临的社会现实问题的方法和路径。济南公交编辑出版《公交论语》《公交车厢论语》，是更好地指导公交管理运营生产等工作的一个大胆尝试，也营造了一个和谐的车厢氛围，使10米车厢成为传文明、提素质、促和谐的重要窗口。

齐鲁大地是孔孟故乡，传承《论语》精髓具有得天独厚的优势。随着社会的不断发展，公共交通在城市发展中扮演着越来越重要的角色，公交车作为市民出行的重要交通工具，已经成为城市文明的窗口与名片，充分发挥公交职工、运营车辆等公交资源作用，以优质的公交服务，提升公交企业形象，以优秀的传统文化指导市民乘客的工作和生活具有重要的现实意义。在孔子的故乡山东济南，济南公交有得天独厚的地理位置优势，为获得儒家文化的滋养，为济南"公交论语"的形成和发展提供了土壤和舞台。

《论语》的核心思想是"仁"，传承《论语》精髓是公交企业凝心聚力的必由之路。城市公交是一个点多、线广、人员分散的行业，一个车厢就是一个小社会，各色人等俱有，这给企业管理造成了一定的难度。作为中华优秀传统文化经典的《论语》，其核心思想是"仁"，强调"仁、义、礼、智、信、温、良、恭、俭、让"，对于提升济南公交的"凝心聚力"工程具有重要的指导意义。为更好地调动职工的工作积极性，提升公交服务水平，济南公交大力实施"《论语》普及"工程，在"学《论语》、做君子"的实践和体验中，凝聚职工心力，不断提高服务意识与服务技能，促进企业科学发展。

济南"公交论语"形成过程

编辑出版《公交论语》。2007年，为推进中华优秀传统文化与企业文化建设的融合，济南公交在中国孔子基金会的指导下，编辑出版了《公交论语》一书，分别从"学习、管理、服务、礼仪、敬业、修养、交友、处事、荣耻、和谐"十部分，对《论语》的名言做出通俗解释，结合公交行业的工作实际进行阐发，并配合精彩的励志故事，对孔子名言进行延伸阅读。书中内容贴近公交职工的工作生活，指导职工正确处理工作、学习、做人等实际问题，实现了60多年济南公交企业文化与五千年中国传统文化的有机结合。

编辑《公交车厢论语》。2008年4月，公司与中国孔子基金会、济南市委宣传部、济南市文明办共同开展了"《论语》进车厢"活动，通过《齐鲁晚报》《生活日报》《山东商报》等多家新闻媒体开辟专栏，设立热线电话，向社会公开有奖征集《论语》名句，并从中摘选了最受欢迎的论语名句，在中国孔子基金会的大力协助下，编辑成《公交车厢论语》一书，分别从"学习篇、修养篇、处事篇、服务篇、奉献篇、和谐篇"六部分对公交车厢论语进行了阐释。把儒家文化与贯彻落实《公民道德建设实施纲要》及践行社会主义核心价值体系有机结合起来，通过公交文明窗口，将优秀传统文化宣传普及。山东大学一位教授在《公交论语》座谈会上讲到，我在公交车上看到《公交论语》后深受感动，《公交论语》让国学搭上了公交快车，凸显了中华优秀传统文化的当代价值。

开展"《论语》进车厢、进站房、进车间、进社区、进家庭"活动。公司把《公交车厢论语》中的名言警句制作成精美的展板、宣传画，悬挂在全市5300多辆公交车厢、公交候车亭、BRT站台、月票发售窗口和公交站房、车间，制作展板在社区宣传"公交论语"，使广大职工和市民在潜移默化中感受论语的内涵，体会古老文化的魅力，不仅弘扬了中国的传统文化，而且有助于人们树立正确的人生观、世界观，让乘客在乘车的同时，受到优秀文化的陶冶与洗礼。受其熏陶，驾驶员在工作中能规范操作，文明驾驶；乘客自觉遵守乘车规章，文明乘车，礼貌让座；

驾驶员和乘客更加理解与包容，驾乘关系日益和谐。与此同时，借助职工培训和职工家属座谈会，将"公交论语"引入职工家庭，提升家庭成员的道德修养。

《论语》中提到"见义不为，无勇也"。公交车厢是一个小社会，见义勇为、保护国家财产和乘客安全是公交驾驶员应有的社会担当。济南公交把见义勇为作为职工教育的重点内容，坚持不懈地进行讲授，使见义勇为成为广大公交职工普遍认同的价值观。2013年6月，中宣部主管杂志《时事报告》对济南公交大力推进"《论语》进车厢、进站房、进车间、进社区、进家庭"系列活动，建设流动道德课堂进行了专题报道，引起了良好社会反响。

济南"公交论语"取得的效果

济南《公交论语》《公交车厢论语》不仅传承了《论语》的精髓和内涵，而且融合了公交实际工作，自推出以来，获得了广大市民乘客和公交员工的一致好评。济南"公交论语"的实施，提高了乘客、员工素质，构建了文明、和谐的驾乘关系；提高了服务管理水平，创建了济南公交优质服务品牌，为城市经济社会发展做出了积极贡献。

提升公交职工队伍素质。《论语》中对学习有很多非常经典的阐述，济南公交一向提倡建设学习型企业，将培训作为给职工的最大福利，号召员工做知识型员工。《公交论语》《公交车厢论语》都是将"学习篇"作为开篇之作，引导公交员工无论是在学习上，还是在为乘客服务上，都应该坚持不懈，自觉自愿，做到持之以恒。在职工培训中，公交职工学校开展了《公交论语》晨读活动，定期开展"公交论语"学习大讨论，撰写学习《公交论语》总结和心得体会；在每两周召开的公司办公会上，第一项内容就是学习《论语》名句；2015年6月，"孔子学堂"落户济南公交，又为公交职工学习优秀传统文化提供了新平台；公司还将《公交论语》知识纳入企业管理人员竞聘考试的范围内，员工要参加考试、通过选拔，必须首先认真学习《论语》，熟记熟知《论语》经典名句，并能将所学知识与自己的本职工作相结合。

提升公交整体管理水平。儒家文化的核心思想是仁爱，注重对人的爱与尊重。济南公交汲取《论语》精华，结合企业实际，总结提炼出"以人为本、科学高效"的管理理念。各级管理人员真心实意干工作，对职工给予关怀、信任、尊重、体贴和帮助，全面推行以人文关怀为基础的"情绪管理"体系，以"部室包队、管理人员包线"形式畅通一线员工的诉求渠道。在基层推广驾驶员心情指数"晴雨表"，利用"BRT心情驿站"、心情信箱、领导接待日、"人体生物钟"三节律观察和防控机制等方式帮助职工排遣过滤不良情绪，确保一线职工特别是司乘人员以健康的情绪和饱满的状态工作在岗位上。

在儒家思想中，诚信是道德范畴的重要一项，强调"无信不立"。对公交企业来讲，服务就是企业的产品，必须诚信经营，才能让市民愿意乘公交、更多乘公交。济南公交通过实行"星级管理、星级服务"制度，开展"微笑服务"活动，不断提升服务品质，满足乘客出行需求。在全国首创"守时公交"服务举措，积极构建零时公交网，推出"定制公交"；利用大数据分析技术，对市民出行规律进行调查，积极探索建设高峰通勤网新型服务模式，逐步建立"分区—分层—分级"的公交网络，规划设计了高峰通勤线路网。截至目前，已开通201路、202路、205路和209路4条高峰通勤线路，实现了运送乘客的快速、高效，满足了市民长距离高峰出行需求，缓解了城市交通拥堵。公司认真落实残障人免费乘车政策，济南市所有残障人可以凭证办理"爱心卡"免费乘车；认真执行65周岁以上老年人免费乘车和60~64周岁老年人半价乘车政策；采购清洁能源车辆，认真履行节能减排社会责任。与此同时，开通了济南公交官方网站、微博、微信，在公交车载移动电视开通《济南公交之窗》专栏，推出369出行APP，为市民提供更加便捷、准确的信息服务，方便市民出行。

流动道德课堂启动仪式

打造公交流动道德讲堂。《论语·里仁》："德不孤，必有邻。"儒家文化强调仁义，重视社会责任。公交车厢是公共场所，是城市文明的窗口。济南公交按照"人人是窗口、车车是形象"的要求，在车厢的醒目位置处张贴《济南市民文明乘车公约》标语，号召乘客、市民要把讲文明、重礼仪视为己任；结合车厢文化建设，把儒家文化、社会主义核心价值观、道德建设等宣传展板悬挂在车厢的主体位置上，便于乘客阅读学习，增强车厢文化的可读性、教育性和感染力，让车厢文化真正与乘客产生互动，使市民乘客和公交职工在潜移默化中受到中华优秀传统文化的洗礼。公司还在车厢内设置老幼病残孕专席、让座提示语音，车内LED显示屏滚动播出让座提示语，将每月17日定为"乘客让座日"，鼓励乘客为老、弱、病、残、孕等特需乘客让座，使文明让座行为在济南市蔚然成风，成为泉城一道靓丽的风景线。

作为传播文明、提升素质的服务窗口，济南公交将以建设人民满意公交为目标，以传承弘扬中华优秀传统文化为切入点，继续扎实推进"公交论语"文化品牌建设，在精神文明建设工作上积极探索创新，打造流动道德课堂，为经济社会发展做出新的更大贡献。

主要创造人：薛兴海

参与创造人：刘　波　赵东云　李红卫

承载安全　传递微笑

怡达快速电梯有限公司

怡达快速电梯有限公司（以下简称怡达快速）成立于1996年，形成了从研发、设计、制造、销售到安装维保的完整服务链。如今，公司投资总额已超过4亿元，在全球拥有员工400多人；公司在总占地面积约109亩的新厂区，引进了当今世界最先进的高自动化生产设备，建立起世界一流的电梯专业工厂，制造世界一流的智选电梯。从南浔走向全国，从中国走向世界，怡达快速为全球60多个国家和地区带来了安全、高效、节能的电梯上下体验，也收获了越来越多的赞誉。

怡达快速自成立以来，一直积极构建优秀的企业文化，在经营管理实践中，培育了"承载安全 传递微笑"的核心价值观，建立了科学的企业文化体系，为公司持续健康发展发挥了实实在在的作用。如今，在怡达快速，高耸的试验塔直指云天，现代化的车间拔地而起，首家电梯博物馆承载历史的印记，朝气蓬勃的员工队伍整装待发，无一不展示着公司昂扬向上的文化风貌。

注重持续改善，提升管理水平

文化是企业发展的土壤，管理是企业腾飞的翅膀。先进的文化理念需要科学的管理制度去承载和体现，同时又为企业提升管理水平提供了有力的指导和保障。落实"承载安全 传递微笑"的核心价值观，首先就是秉持"怡达即品质"的信条，不断为客户提供高品质、安全的电梯产品，这就需要公司持续改善生产管理水平，提高产品质量。在怡达快速，持续改善不是工具，而是一种文化理念，深入到企业发展的骨髓中。

为此，怡达快速积极参与了企业可持续发展项目（SCORE）。SCORE是国际劳工组织和国家安全监管总局探索开展、促进中小企业改善工作场所的管理培训和咨询项目。2015年5月，湖州市南浔区成为SCORE的东部试点地区，怡达快速成功入选南浔区SCORE首批试点企业。同年6月，怡达快速开始实施SCORE项目，公司通过实施6S管理、消除8大浪费、构建双向沟通平台、推行质量管理系统、开展生产场所合作等方式，充分采用职工提出的合理化建议，从工作场所、职业健康与安全环境等方面入手，形成了一系列具有针对性、操作性、有效性的生产管理制度，企业管理、安全生产水平明显改善，工作环境更加整洁优美，办公区域宽敞明亮，生产车间井井有条，小到植物，大到机器设备，全部定置定位管理；地面干净，标识清楚醒目，现场一目了然，卫生不留死角。这样的管理模式，不但让员工形成了良好的工作习惯，提升了工作效率，也激发了员工高昂的士气和责任感。

在实施SCORE项目的过程中，怡达快速鼓励员工积极查找生产现场物品的定置定位、安全通道划分、厂房屋顶改造、员工休息区设置等方面的不妥之处，消除安全隐患。这些安全措施的强化，对保障员工生产安全具有重要作用。员工提建议的积极性很高，整改后安全生产条件显著改善。据统计，截至2017年3月，收到员工的改进建议超过200项，经评估有效的建议共193项，完成改进项目170多项，涉及现场管理、员工安全、工艺改进、工作环境等各个方面。为了激励提出有效建议的员工，公司还专门举办了表彰大会。

在合理化建议活动的基础上，公司进一步完善沟通机制，倡导有困难就提，有问题就改，有好建议或意见就采纳。在早会时，员工会分享工作上的技术难点；在业余时间，员工经常与领导、同事谈心，促进了员工与领导、员工与员工之间的和谐相处，让来自不同地方、不同年龄的怡达人组成了一个大家庭。

坚持以人为本，激发工作热情

"企"字去"人"则"止"。企业的一切工作都要以人为中心，没有人，企业发展就无从谈起。公司将人作为企业发展的基础环节，把关爱培养员工作为公司每年工作的重中之重。无论是培训费用的大量投入，还是员工活动的开展，抑或是员工福利的制定，都是为了更好地提升员工幸福感和归属感，将"人"置于"企"之上，打造真正的人本文化。

一是用关爱温暖员工。走进怡达快速的生产车间，处处能看到对员工的关怀。公司先后引进了多台智能化设备，用机器人作业替代传统手工作业，大大降低了员工的劳动强度；在车间建立了宽敞舒适的休息区，不仅有展示员工文化的各种看板，还有报纸、杂志，丰富员工的业余时间，培养员工的阅读习惯。

怡达快速每年都会举办一系列的员工活动。举办演讲比赛，让平时不善言辞的员工走上讲台，讲述工作或生活中的故事，传递正能量，激发员工潜能，挖掘员工闪光点；举办元宵灯谜会，让员工在破解谜底、赢得节日礼物的同时，加深对公司企业文化和中国传统文化的了解；举办趣味运动会，既有助于员工锻炼身体，丰富了员工的业余文化生活，又增强了员工的集体观念和团结合作意识，增强了企业凝聚力，营造了良好氛围。

二是用安全保障员工。作为制造企业，安全生产是重中之重，公司十分重视员工健康与安全问题，定期举办安全讲座、知识竞赛、消防演练、急救指导等安全培训。通过培训，切实增强安全把控力和员工安全感，着力提高企业主要负责人和管理人员的安全生产意识，确保生产经营安全。

三是用精神凝聚员工。公司注重企业文化宣传引导，不断创新宣传的载体和手段：一方面，充分运用各种活动、知识竞赛、培训等形式，对员工进行全覆盖式宣传教育，潜移默化地将怡达文化植入人心；另一方面，充分利用企业内刊、宣传栏、微信、OA平台、网络等载体，扩大传播范围和影响面，不断提升企业宣传的层次和影响力。

四是用技能武装员工。公司十分重视员工自身发展，2015年，公司与电梯专业培训学校合作，为员工量身定做了一系列培训课程，由专业老师亲自执教，依托车间课堂的模式，让车间员工对理论知识有了更深的体会。通过培训，也让不少员工成长为技术和管理人员，成为企业的骨干。2016年10月，在"全国第二届电梯维修工职业技能竞赛总决赛"中，公司作为湖州地区唯一一家晋级本次全国总决赛的电梯企业，一路过关斩将，从全国70支队伍140人中脱颖而出，团队综合成绩位列第二，参赛的两位选手分别获得"操作技术能手"荣誉称号。

打造电梯文化，彰显品牌形象

怡达快速高度重视品牌与文化的融合，不断挖掘提炼自身优秀文化元素，总结行业文化特点，将自身的企业文化与世界电梯文化、中国电梯文化融会贯通，渗透到品牌策划和商业推广的全过程，创建了国内首个"电梯博物馆"。博物馆内，一台台年代悠久的电梯诉说着历史，一页页照片资料纪念着电梯的过往，一部部智能电梯新品展现着新型技术，向参观者深入诠释了电梯在人类历史进程中由古到今、由外到中的发展轨迹，展示了怡达快速由小到大、由弱到强的奋斗历程。它不仅传承弘扬了电梯文化，也成为怡达快速企业文化的名片，不断向外推广传播，极大提升了怡达品牌的知名度和美誉度。

公司着力打造工业旅游示范基地，形成了以电梯博物馆、智能化车间、电梯实验塔、CNAS实验室认可检测中心等四个项目及若干个小项目组成的工业旅游特色站点，将工业与旅游业互融互利，进一步展示了"浙江制造"和"怡达快速电梯"的品牌魅力。众多参观者纷至沓来，为海内外人士更好地了解、选择和信赖怡达快速电梯奠定了坚实的基础。2017年1月，怡达快速被浙江省旅游局和浙江省经济和信息化委员会联合认定为"浙江省工业旅游示范基地"。

电梯博物馆

强化责任担当，追求永续发展

怡达快速认为，企业不能把利润作为唯一目标，而是要在创造利润的同时，承担起对员工、消费者、股东、社区、环境等相关方的责任，特别是在当前我国经济社会转型发展的关口，企业要更加主动履行社会责任，这既是国家发展和时代进步的需要，也是企业能够长久发展的关键所在。长期以来，怡达快速一直在经营管理各个方面不断强化责任意识，不懈努力，躬行实践。

公司将产品质量落实到电梯选材、设计、生产、检测、维保的每个环节，提供具有国际水准的适配产品和卓越服务，这是对客户的责任。

公司保障每位员工的权益，关怀每位员工的发展与成长，积极提高员工的幸福感，这是对员工的责任。

公司投入运营EAP系统，有效整合了销售合同录入、生产排产、发运等环节，通过该系统，直接将生产任务、生产图纸传递到设备，实现无纸化生产，做到了低碳环保，这是对环境的责任。

公司领导带头，号召员工出资参与赈灾、扶贫、助残；赞助教育、体育、文化事业，参与南浔区慈善总会"慈善一日捐"，助力南浔区"五水共治"，赞助湖州老年书画展、儿童公益演出活动等，这是对社会的责任。

总之，公司提倡为客户提供安全可靠的产品，提倡节能减排、清洁生产，提倡合规操作、安全生产，提倡关怀员工、保障权益；提倡行业公平竞争，提倡为更多人提供就业机会……林林总总，都是怡达快速重视责任担当的证明，折射出怡达人特有的人文情怀，也使公司赢得了更多的尊重。

主要创造人：沈方根

参与创造人：沈方忠

擘画"国内领先，国际知名"强院的宏伟蓝图

中联西北工程设计研究院有限公司

中联西北工程设计研究院有限公司（以下简称中联西北院有限公司）肇始于1964年，隶属于中国机械工业集团有限公司，是以"民用建筑设计为核心、工业与环境工程设计为特色、工程总承包为主业"的国家大型全案式工程建设集成专家。自成立以来，累计为国内外巨献6000余项精品工程，300余项科研成果获得国家和省部级嘉奖，获批国家及陕西省科技计划项目37项，授权国家专利50项，主编和参编各类标准和规范20余项。拥有国家各类注册师300余人次，省部级专家30余人次，保持了20％以上的年均增长速度，连续5年斩获陕西省技术交易工作先进单位。先后荣获全国"守合同重信用企业""勘察设计行业创优型企业"、西安市"先进集体"等殊荣。

在53年的创业实践中，中联西北院有限公司深耕咨询设计沃土，服务三秦社会经济发展，创新创业，先思先行，在积极改进经营管理、适应市场竞争环境的过程中，不断完善和健全创新型企业文化价值体系，将企业文化丰富为1使命、1愿景、1价值观、1精神、1操守、1理念、1宗旨、1方针和8个子文化。

创新型企业文化价值体系的日臻完善

长期以来，中联西北院有限公司坚持以"成为构筑精品工程的卓越者"为企业文化总纲，以"国内领先，国际知名"为企业愿景，聚焦当代企业文化的精髓，形成了极具中联西北院有限公司特色的企业文化精神和经营理念，具体包含以下6个方面：

以"构筑精品，服务社会"为企业使命。中联西北院有限公司充分驱动并发挥国有体制、市场机制的竞争优势，搭建起"民用建筑、工业与环境工程、规划市政、新能源与电力工程、工程建设"五大业务板块齐头并进的产业模式。6000多项工程实践、近百项国家专利和标准规范、300多项国家和省部级奖项的创新积淀，使中联西北院有限公司跻身为行业设计咨询骨干企业和区域民用建筑设计品牌第一梯队。

培育"价值共创，成长共享"核心价值观。中联西北院有限公司始终以人性化的管理方式和激励措施、多样化的物质满足和精神认可，构筑出以人为本的企业文化氛围，以科学弹性的人力资源管理体系，为中联西北院有限公司广大干部员工提供了实现个人价值的大舞台，将企业目标与个人目标和谐统一，让员工在生活与事业中找到最佳平衡点。

共建"创新务实，专业卓越"的企业精神。始终不负科技型企业的市场定位，致力于打造技术密集型企业与学习型企业。随着BIM技术的应用推广，陕西省众创空间示范基地、陕西省首个"四主体一联合"省级新型工程技术研究中心——陕西省能源环境与建筑节能工程技术研究中心

顺利获批，绿色建筑、医疗卫生、设备集成、海绵城市研究4支国内领先的重点科技创新团队创新引领，中联西北院人躬身践行"创新务实，专业卓越"的企业精神，聚强铸核，向提供工程价值增值服务的全案式工程建设集成专家阔步挺进。

持续凝练经营理念、服务宗旨。秉承"为顾客创造价值，为社会奉献精品"的经营理念，"顾客至上，迅达完美"的服务宗旨，公司高度强调人的价值与诚信重诺，服务客户从传统的"介入式服务"等战术层面上升为"为客户创造价值"的战略层面，建立满意忠诚客户群，为顾客提供全方位、全过程、全产业链的增值服务，并致力于服务地方社会经济发展。

执行"三标一体化"科学管理方针。根据GB/T19001—2008、GB/T24001—2004、GB/T28001—2011标准要求，持续加大对"三体系"的宣贯培训、理性研判经济发展态势、重视客户调研回访和质量投诉、内引外联构建和谐团队、扎实推进信息化建设5项措施的实施，贯彻执行"工程全案，追求卓越；美化环境，严控风险；对标提升，矢志创新"的管理方针。

衍生出全方位诠释企业价值体系的8个子文化。学习文化——高度重视人的因素，注重企业和干部员工的协调发展，鼓励个人学习和自我超越，营造"以学益智，以学修身，以学增才"的学习氛围；激励文化——采用360度绩效考核法，建立了能上能下、能进能出、优胜劣汰、唯才是用的人才激励机制；危机文化——在市场竞争和行业发展中保持警醒的头脑和敏锐的嗅觉，领导干部先思先行，以居安思危的意识保持企业航向的科学性；关爱文化——通过制度化、常态化的《员工亲情慰问管理办法》，建立了公司亲情慰问与重点帮扶工作体系及细则，持续开展人文关怀活动；沟通文化——通过职工代表大会、企情沟通会、EAP心理援助、员工接待日等常态化工作加强企业各级、各部门的沟通与联系，畅通了上传下达、建言献策和反馈意见的渠道；生活文化——为坚持事业与生活兼顾的原则，浓厚文化熏陶，让员工感受休闲之乐，为广大设计师提供丰富的文娱活动，持续提升干部员工的收入水平和福利保障，提高生活品质与生活质量；慈善文化——践行"国机责任"，参与献爱心、结对子、抗震救灾、国机爱心日等各类慈善活动，实现企业社会价值与责任担当；廉洁文化——以公司党委、纪委为主体建立廉洁自律监督体系，构建廉政风险防控体系，全方位树立风清气正的工作作风。

创新型企业文化价值体系的主要载体

加强党建工作引领地位，创新员工的组织生活，彰显企业政治工作亲和力。为着力解决党建与业务"两张皮"现象，在系统内率先开展党支部工作目标责任签约考评，将党建工作由"软指标"变为"硬任务"。通过深化"党员先锋号工程""党员服务示范岗"创建活动，激发广大党员在急、难、险、重工程中发挥先锋模范作用，促使职能管理和辅助生产部门持续改进作风、增强实效。2016年，中联西北院有限公司17个生产部门党支部共申报"党员先锋号"19项，266人次参与创建活动，其中，党员占参与总人数的80%，项目类别涵盖办公建筑、学校教育、医疗卫生、酒店商业、居住建筑、工业工程、城市规划和项目管理8个业务类型；经过考评验收，4个党支部被授予"党员先锋号"。13个职能管理和辅助生产部门共申报"党员服务示范岗"10项，共52名党员干部参与其中，创建内容几乎涵盖了各部门职责范围内的所有重点工作；经考核评定，最终表彰2项。

持续创新党的学习教育的方式、路径和载体，承办了省委科技工委系统"两学一做"微电影大赛，建立了八路军西安办事处纪念馆、西安事变纪念馆两个爱国主义教育基地，动员广大党员积极参加"我要上井冈——入党誓词书写比拼"竞赛活动，在寓教于乐中做到学用结合、深化提高。通过各党支部自主申报一定金额活动经费的形式，积极鼓励和支持各党支部开展"两学一做"体验式、现场式学习。

创建学习型企业，注重员工的全面发展，培养企业持续发展创造力。通过开办"学新·知新·创新"大学堂、在职培训与脱产培训相结合、自我开发与教育开发相结合的人力资源开发方式，不断加强新员工入职培训、执业资格培训、继续教育培训、干部能力培训和员工执行力培训等。专设职工书屋，提供咖啡、奶茶等饮品与休息区，上百本报纸杂志持续更新，为休闲读书提供温馨场所。在中层以上干部和职能管理及辅助生产部门员工中扎实开展了"董事长推荐读好书"活动，在各级党组织中全面开展"两学一做"学习教育读书活动，在团员青年中持续开展"每天一小时，随身一本书"读书活动，将读书学习由"一阵风"变成"常态化"，助推了"让书籍丰富人生，以书香融合企业"学习氛围的形成。

积极推进创优争先，增强员工的集体荣誉感，凝聚企业开拓进取战斗力。聚焦"国内领先，国际知名"的卓越梦想，中联西北院人以创优争先作为印证品牌价值与强院实力的直观方式，累计300余项科研成果获得国家和省部级嘉奖，获批陕西省科技计划项目36项，授权国家专利50项，主编和参编各类标准和规范20余项，连续5年获评陕西省"技术交易工作先进单位"。

搭建人文关怀平台，丰富员工的文娱生活，催生企业朝气蓬勃的生命力。充分发挥党工团组织号召力，完善了夏送清凉、冬送温暖、新婚祝福、定期体检、生日慰问、员工心理援助（EAP）、员工接待日、重阳敬老、"五必访"慰问等人文关怀体系，并通过《员工亲情慰问管理办法》制度化、常态化。开展了"抗震救灾，重建家园""援建南郑村党组织活动场所""结对帮扶，传递爱心""抗旱灾，献爱心""同城同心，能帮就帮"等10余项主题公益活动，累计捐款捐物150多万元。

创新文体活动的内容与形式，先后举办了"篮球、足球、羽毛球、知识竞答、拔河、摄影、文艺会演等丰富多彩的文体活动，并组建了"篮球、足球、羽毛球、乒乓球、书法"五大文体活动俱乐部，不断满足员工日益增长的、多元化的身心需求。

打造立体式宣传格局，传播员工的"正能量"与"好声音"，输出企业品牌影响力。全方位、多角度的宣传平台是拓展业务、战略合作、广纳贤才、吸引顾客的前沿橱窗。借助传统媒体、新媒体，以至自媒体的创新融合，通过《中联西北院报》《创新与和谐》杂志、企业形象展示片、宣传册、宣介PPT、网站、宣传橱窗、微信公众号、企业形象展厅等多形式媒介交互作用，将立体式宣传体系打造为生产经营与科研创新的助推器，架构起市场、行业、客户与企业之间的紧密纽带。

建设创新型企业文化价值体系的重要意义

建设创新型企业文化价值体系，有助于在企业内部形成强大的凝聚力，增强员工的企业认同感。所谓企业文化，其实质就是建立在共同的企业精神、企业理念和共同的价值观念之上的价值取向和相同的行为模式。创新型企业文化价值体系，能够将广大干部员工拧成一股绳，以饱满的工作热情、统一的步调方向、高度的使命感和责任心，为企业和个人的事业共同体献智献策、建功奉献。

建设创新型企业文化价值体系，有助于形成助推企业一线生产经营的文化软实力，为搏击市场凝聚力量。企业文化建设为中联西北院有限公司的发展壮大提供了强有力的精神支柱，潜移默化地影响着企业一线生产经营的方方面面。以"无形的手"来影响企业的"认识论"和价值判断标准，以"润物细无声"的感染力来培养员工的职业素养、工作态度、团队意识和创新热情，锻造出"国内领先，国际知名"强院卓越的风姿面貌。

建设创新型企业文化价值体系，有助于巩固企业的价值认可度和品牌影响力。半个世纪以来，中联西北院有限公司以其卓越不凡的企业文化孕育出"国内领先，国际知名"的行业美誉度、市场信誉度和政府认可度，综合竞争力位居西北地区同行前列，为中联品牌位列全国工程设计企业前10强做出了卓越贡献。

主要创造人：于文海

参与创造人：梁晓光　秦　虎　金　涛

建塑"简单、朴素、尊重、和谐"核心文化理念

龙口煤电有限公司梁家煤矿

龙口煤电有限公司梁家煤矿（以下简称梁家煤矿）位于胶东半岛西北部、渤海湾南岸的龙口市境内，是我国目前最大的现代化海滨煤矿，井田面积约48平方千米。主要产品为煤和油页岩。煤种属变质程度较高的长焰煤，发热量4150~5800大卡，灰分和有害杂质少，具有"0"型血和绿色燃料的特点，可用作动力、化工和民用燃料。油页岩主要作为炼油原料。梁家煤矿于1983年破土兴建，1992年11月28日正式投产，核定生产能力为280万吨。目前，全矿共有员工2750人。

在山东能源集团"明德立新、包容超越"核心价值观的指引下，梁家煤矿牢固树立"安全第一"思想，提炼了"简单、朴素、尊重、和谐"的企业核心文化理念，确保了矿井发展持续稳定。

梁家煤矿自1992年11月28日投产以来，栉风沐雨25年，经历了煤炭行业的跌宕起伏，承受了经济大潮的冲刷洗礼，一路走来，历经磨炼、饱经风霜。企业发展过程中也产生了丰厚的企业文化积淀。经过提炼总结，梁家煤矿明确提出了一个崭新的企业文化管理理念："简单、朴素、尊重、和谐"。"简单、朴素"就是简单管理、简单从事，追求务实的作风，追求简单的人际关系，追求节约节俭、朴素朴实的工作氛围。"尊重、和谐"就是创造一个相互尊重、关系和谐的人文环境，让员工增强归属感，提升认同感，稳定人心、稳定队伍，激发干事创业的积极性、主动性。梁家煤矿依托"简单、朴素、尊重、和谐"的核心文化理念，秉持朴素、朴实的管理本色，重视构建人本和谐，重视提升内在品质，应时而动、顺势而为，实现了稳步增长、内涵发展。

繁则减除，安全形势持续稳定

大道至简，生活越简单就越幸福，人际关系越简单就越轻松，制度办法越简单就越容易执行，机械设备越简单相对越可靠，系统环节越简单就越高效。面对近年来煤炭市场低迷的形势，梁家煤矿倡导全员做任何事情都要踏实、务实，不追求花里胡哨。在"简单朴素"文化的指引下，大力推行"六减"工程，确保矿井安全生产。

"减少用人"。对煤矿企业来讲，依靠"人海战术"的粗放式生产方式已经过时。近年来，梁家煤矿坚持"无人则安""减人提效"的理念，通过信息化、自动化手段替代人，推行无人值守。通过优化岗位、作业地点、工序工艺以及设备升级改造等，避免了人员密集作业，有效降低了安全系数。通过主动瘦身，在册员工由2012年的3300人，精简至现在的2750人。

"减少系统、工序、环节"。少一道工序，少一个环节，就少一次发生事故的机会。为此，

梁家煤矿针对采、掘、机、运、通几大系统，打破专业界限，消除不必要的系统、工序、环节。例如，对煤4、煤2、煤1三个煤层相近位置的4个工作面的布置方案进行了精心研究，共用部分联络巷，减少了工程量1225米，减少工程投资490万元。

"减少作业地点"。少一个作业地点，就少一点事故风险。近年来，梁家煤矿针对矿井返修工程多的情况，科学摆布队伍，集中人员集中作业，尽可能减少"四面开花"式作业，也通过减少固定岗位减少了用人，提高了安全系数。

"减少重复劳动"。多重复一次作业就可能增加安全风险、隐患。为此，梁家煤矿提出了"标准化"的管理要求，从工作面设计开始，系统考虑施工方案，能一次性施工到位的一次性施工，上一道工序要为下一道工序服务，杜绝了反复施工浪费人力。例如，在1108面和1105面掘进期间，直接安装了采煤用的一米皮带，切眼一次性扩刷大断面，缩短工作面安装工期10天、少投入100万元。

"减轻劳动强度"。围绕缩短作业时间、班次以及推广使用先进工器具等方面，来减轻员工的劳动强度。梁家煤矿从"施工工艺、工器具、旧物利用"等方面入手，进行全员技术革新创造，提高安全系数，改善劳动环境，先后自行研制或推广使用了新式气动注浆泵、风动葫芦、链式喷浆机、风水联动喷雾等设备和工器具。

"减少班次"。打破以往"三八班"、24小时作业的传统观念，通过优化设计、优化人员摆布、合并班组等手段，把人员集中起来，减少班次，尽可能地取消夜班或缩短夜班时间。目前梁家煤矿返修作业地点均取消了夜班作业；在掘进专业推行了集产集休，既缓解了人员不足的压力，又缩短了员工劳动时间，掘进效率提高了6%，安全生产也得到了保障；采煤专业通过优化工艺和劳动组织将夜班作业时间缩短了1个小时，生产组织彻底消灭了"突击""决战"的成分。

智慧管理，经营理念持续升级

近年来，煤炭市场形势空前严峻残酷，保生存成为煤矿企业的主要任务。因此，梁家煤矿依托"简单、朴素、尊重、和谐"的核心文化理念，提出了"控员、科技、标准、效率、堵漏、考核"的经营管理十二字方针，取得了较好的经营管理效果。

控员。梁家煤矿大力开展"三项制度"改革，树立"精用工"思路，本着"不求所有，但求所用"的原则，变招工为招队伍，降低用工成本。推进人员分流，撤销、分流或转岗文书、材料员等管服岗位35人，积极响应国家"大众创业、万众创新"的号召，努力为员工搭建创业平台，98名员工与矿井签订了自主创业协议。

科技。充分发挥科技创新优势，突出抓好以支护改革为代表的科技降本增效工作。矿井地质条件属于典型的"三软"岩层，多年来一直应用"锚网喷+U型棚"的支护方式，巷道延米费用最高时达8000元，支护材料费用占材料费总额的近70%，而且工人劳动强度大，掘进效率低。2013年以来，矿井深入开展软岩巷道支护改革，成功实现了锚索（锚注）支护替代U型棚，巷道延米费用平均节省2000元以上，并且节省未来二次返修材料和人工费每米达7000元以上，几年来节省费用亿元以上。

标准。将"标准"纳入矿井经营管理当中，将标准化、规范化、正规化、流程化、系统化的科学管理方式，融入企业生产经营的各个环节、各个方面。矿井大力推行标准化、标准件、标准工序管理，将巷道断面统一为9种规范断面，对设施、配件、装备等能统一标准的统一标准，能通用的互通互用，减少重复投入和无效劳动，200多种加工件实现了统一标准，全矿通用。

效率。梁家煤矿本着"简单、实用，易操作"原则，全面深化市场化运作，选择了几个试点单位，整理、形成了市场化运作体系实例。根据市场、现场以及计划完成情况，对采煤、掘进工资单价上下浮动，工资分配优先保证采掘一线，提高了采掘工的积极性。在辅助单位中实行承包单项工程、包零工挣奖金的办法；在机关科室中倡导干零工、组织下井劳动、承包单项工程来挣办公费、修理费。

堵漏。近年来，围绕堵塞经营管理漏洞，梁家煤矿用"望远镜""显微镜"查找问题。在材料管控方面，以前计划、领取、使用等各个环节互不"搭腔"，通过反思查找经营管理中存在的问题，对材料实行"一条龙"管理，即对计划进行集中审查，防止重复提报；过程中加强管控，每旬对各单位使用情况进行"指标预警"；将材料节超与区队班组长以上管理人员挂钩，强化各级责任落实。通过各级管控，矿井原材料成本每年降低3%以上。

考核。围绕经营绩效考核，梁家煤矿始终坚持"公开、公平、公正"的原则，突出"责、权、利"相结合的原则，按照"一月一考核，一季一兑现，年终综合考核"的原则，提出"人人肩上有指标，过程考核最重要"，进一步加大从矿副职、专业、部门、单位到岗位各级经营绩效考核力度，其中专业副总之间最高考核差距达2万余元，真正实现了全员绩效考核，以绩论资。

文艺演出

尊重和谐，员工队伍持续稳定

"水能载舟，亦能覆舟"。员工感受不到被重视，便不会以高业绩回报企业，甚至做出极端事件，危害企业健康发展。因此，创造"尊重、和谐"的工作环境和工作氛围对于员工工作积极性的影响要远远大于工资薪酬的提升。

让员工从"尊重、和谐"的环境中感受关爱。员工作为矿井发展的主要力量，承载着安全生产、创造效益、攻坚克难的重担，矿井的发展离不开员工的辛勤付出和无私奉献。梁家煤矿长期开展"尊重劳动、关爱员工、向一线员工学习、为一线员工服务"大讨论和创建服务型机关活动，大力弘扬一线员工甘于吃苦、无私奉献、任劳任怨的精神，积极营造"尊重、和谐"的浓厚氛围，让员工切身感受到尊重和关爱，更好的助力矿井持续发展。与此同时，进一步改进了机关服务态度，提升了服务质量，凝聚起攻坚克难、全面完成矿井任务指标的正能量。

让员工在"尊重、和谐"的环境中做主人翁。员工有着丰富的工作经验和阅历，能够第一时间发现工作现场存在的问题和隐患，能够最早发现企业在管理中的漏洞。梁家煤矿广开言路，纳谏听议，让员工"知无不言，言无不尽"，毫无保留地为企业发展积极建言献策。矿井为员工创造发言条件，用心去接受、尊重员工提出的每一条意见、建议，并及时落实反馈给员工，让每位员工从心底里体会"当家做主"的权利，更多地为企业管理出谋划策，为企业发展尽心尽力。凡是员工为矿上提出了有实用价值的合理化建议，每条给予200元~1000元的奖励，仅此一项，矿井每年就奖励15万元以上。

让员工从"尊重、和谐"的环境中体会温暖。近年来，梁家煤矿积极倡导"尊严"思想，让员工体面劳动，受尊重、有尊严。最大限度地改善员工的工作环境，降低劳动强度。对纯净水设备进行改造，对职工公寓室内用品进行更换，补充了食堂服务人员，提高了服务标准，投资160万元对职工公寓进行了供暖系统、手机无线上网系统改造，为员工业余生活提供便利。建立了员工思想动态分析和信息披露制度，在矿网站开设了"矿情发布"专栏，及时发布员工关注的政策、规定，解疑释惑，凝心聚力。确定了"先工人，后干部；先井下，后地面；先一线，后其他；先骨干，后一般"的四项工资分配原则，抓好了基层单位厂务公开、区务公开的监督检查等，维护了员工队伍利益，凝聚了人心，提振了士气，温暖了人心，营造了员工与企业"同呼吸、共命运、始终在一起"的和谐共融氛围。

梁家煤矿积极倡导"简单、朴素、尊重、和谐"的企业文化，不断营造浓厚的氛围，将其本质深入融合到日常工作中，使之落地生根、开花结果，增强了内涵发展动力，矿井整体工作呈现出协调并进、和谐发展的良好态势。2012年以来，在煤炭市场疲软的形势下，上缴利税达4.5亿元以上。先后获得"全国文明煤矿""煤矿安全程度评估10A矿井""特级安全高效矿井""中国优秀企业形象单位""山东省文明单位"等多项荣誉称号。

主要创造人：王德超　陈士松

参与创造人：张承业　孙大峰　朱永庆

初心永存担大义　匠心独运聚人心

淄博大染坊丝绸集团有限公司

淄博大染坊丝绸集团有限公司（以下简称大染坊）是集科、工、贸一体化的大型企业集团，拥有百年丝绸生产历史。旗下拥有10家参控股公司，在广西建立了茧丝绸原料生产基地；在上海、苏州、杭州、嘉兴、天津、深圳等均设有营销机构。是国内唯一具有缫丝、织造、染色、印花、家纺制品、服装服饰完整产业链的丝绸企业；是国内真丝服用面料及特宽幅真丝家纺面料的龙头企业。公司的4个生产厂区占地220余亩，总资产3亿元。拥有各类生产设备1500台（套），拥有国际先进水平的意大利舒美特剑杆织机200余台等。产品门类齐全，年丝绸织造生产能力年产为1500万米，产品覆盖全国，远销美国、欧洲、澳大利亚、日本、东南亚等50多个国家和地区。

大染坊在党建引领下，融合中国传统的齐鲁文化、丝绸文化，汲取当地商埠文化，形成了以"关怀、公平、忠诚、责任"为核心的价值理念，以"让更多的人和更大的团体因大染坊的存在而受益"为终极目标，以"初心永存、匠心永恒"为主体的新时代大染坊精神，构筑了"党建工作引领人，工会建设培育人，文化建设凝聚人"的企业文化建设体系，为建设和谐企业、凝聚职工力量、引领职工树立"爱岗、敬业、奉献、博爱"职业道德观、激励职工抱定初心情怀、坚守工匠精神发挥了重要作用。

企业背景

大染坊的前身为20世纪90年代初，通过行政合并、破产重组等多种形式将原山东淄博丝织一厂、淄博丝绸印染厂、淄博丝绸复制品厂、淄博丝绸批发站4家老国有企业组合到一起的山东天力丝绸有限公司。这种行政化的人为组合，没有解决国有企业固有矛盾和僵化机制等问题，生产效率低、产能低、成本高，机构臃肿、企业负担重等一系列根本性的矛盾暴露无遗。

2004年年初，大染坊新的领导班子成立，利用3年的时间进行了产权制度、经营机制、生产经营模式、职工身份置换等重大的涉及上万人切身利益的改革，创造了1500个就业岗位；稳妥地处置了5.7亿元各类债务；妥善安置了4000名下岗职工，使全部职工身份得到了彻底的转换。在整体的改制中，面对尖锐的矛盾，没有引起一起职工越级上访事件。2007年7月1日，山东天力丝绸有限公司终止运作。大染坊在原国有企业历经了艰难的改制后，破茧而出，以崭新的姿态开始了新的航程。

文化建设的探索与实践

企业文化价值观的起源。大染坊从濒临倒闭的国有企业，历经艰难历程，创新式地构建了新型的法人治理机构和管理运作机制，一跃成为全国丝绸产业的领军企业，企业文化建设体系是企业发展壮大的重要保障利器。

企业处于鲁文化与齐文化的发源地的交汇点，齐文化"智"与鲁文化"仁"相互影响融合，形成了以"崇仁重义、诚实守信、勤奋吃苦、宽厚包容"为理念的地域文化。大染坊在反复思索和实践中，充分汲取了当地宝贵的历史文化遗存资源和优秀的当代文化元素，在文化建设中注入齐鲁文化"崇仁、重义、尚礼、贵德"的精神文化内涵，融合了"诚信、包容、开放、互赢"的丝绸文化精髓，突出人文理念和博爱情怀，体现公平正义的价值取向，倡导忠诚责任的职业道德观。以"让更多的人和更大的团体因大染坊的存在而受益"为终极目标，形成了以"关怀、公平、忠诚、责任"为核心价值理念，以"初心永恒、匠心永存"为主体的新时代大染坊精神，丰富了文化精神内涵，体现了"党建引领方向、工建保驾护航，文建凝聚力量"的新特色，成为企业全体职工奋发向上，勇于拼搏、甘于奉献的精神动力，为企业改革注入了内生动力和活力。

文化建设的发展与完善。大染坊在企业重组初期，提出了"发展企业、富裕员工"的发展思路，这其中就包含了齐商文化中"博施济众、依群利己"的思想内涵。为企业在改制重组后，在士气低迷、生产经营步履维艰的情况下对鼓舞职工士气、凝聚人心发挥了重要的引导作用。经过10年来的发展与实践、探索与创新、丰富与完善，企业将"让更多的人或更大的整体因大染坊的存在而受益"的终极奋斗目标与职工的道德观、价值观以及个人精神需求融为一体。在法人治理建设、品牌建设、管理机制建设、职工队伍建设始终体现着"关怀、公平、忠诚、责任"的价值理念，使广大职工共同遵循着"初心永存、匠心永恒"的企业精神，成为企业文化建设的实践者、参与者和受益者。

文化建设的导入与推广。构建"责任"治理机制，增强企业活力。企业在法人治理建设中，着重突出责任意识，通过股权链接，全体股东凝结成为一个强有力责任主体，将全部的10家参控股公司组建为一个职责明确的"航船"，规范了股东的权利和义务，形成了强大的合力。一是将企业关键岗位的一般管理人员、营销人员、技术人员三部分关键人员纳入了股东范畴，使公司中高层人员、技术、管理、营销骨干既是公司的管理者、劳动者，又是公司的投资者，制定了严细的《淄博大染坊丝绸集团股东公约》，在制度上细化和规范了股东行为。二是进一步加强了对各参控股公司的资本链接，通过加大对下属各参控股公司的资本注入，强化资本纽带作用，加强调控和管理，并先后投资成立了大染坊等10家参控股公司，进一步壮大了企业实力。形成了"船上有水手的货，水手时刻关注潮起潮落"的全新运作机制。机制创新带来活力，企业从最初67万元的募集股本，至2016年企业注册资本扩充到3000万元；10家参控股公司总股本达到了3468万元，大染坊投入1851万元，占到总股本的53.37%。合计总股本达到了6500万元。

构建"公平"竞争环境，增强企业竞争力。企业面对复杂的市场经济形势，在加快建立快速市场反应机制的同时，着力构建内部公平的竞争机制和管理机制。一是对9个生产事业部，全部按照"生产要素法人化、经营运转市场化、内部管理资本化"的基本原则和目标进行运作，建立了"自主经营、自负盈亏、利益共享、风险共担"的模拟法人机制，使每个生产单元都成为产、供、销、责、权、利相统一的市场竞争主体。二是对10家参控股公司进行统一财务管理与核算，完善法人治理结构，按照市场主体运作，使其自觉地运用市场机制约束和调整生产经营行为，着重通过资本链接加强对参控股公司的调控，以资产占有量为依据强化资产增值保值的量化考核，财务核算和审计监督双轨并行。三是通过股本激励、经营成果奖励等灵活的杠杆调节分配，形成了公平、公正的"工资靠岗位、奖金靠业绩、分红按股权"的三位一体的分配机制。

构建"忠诚"团队，增强企业向心力。按照"初心永存，匠心永恒"的企业精神，着力打造忠诚的产业职工队伍。把"初心永存"当作最高的价值取向，把"匠心永恒"当作产业职工的最高职业道德标准，开展了一系列的工作。一是在全体中高层管理团队中积极倡导"三个不要忘记"：第一，不要忘记我们的事业和企业是在中国共产党的领导下，虽然企业是一个民营企业，但我们今天所做的一切，不能背离党的路线方针，如果我们失去政治方向，我们就会走向灭亡；第二，我们是从国有企业改制而来，企业的今天是历代干部职工上百年的奋斗结果。我们这一代人只是抓住了历史机遇，享受到了改革改制的成果，所以我们永远不能忘记为企业发展做出贡献的几代丝绸人；第三，不要忘记我们绝大多数中高层人员是中共党员，除了我们应所承担的企业责任，我们必须承担党和社会赋予我们的政治责任和社会责任。"不忘初心"这样一种坚定的情怀成为全体党员带头献身企业、忠诚事业、严于律己的精神力量。二是倡导"匠心永恒"的工匠精神，打造新时代的产业队伍，企业通过实施工人技师评聘制度，按照"不唯文凭看水平，不重资历看能力，不管年限看贡献"的原则，评聘了初、中、高级12名工人技师，对评聘的技师除在分配上采取了年终奖励、收入分配倾斜等多种组合式激励政策外，还给予一定比例的持股权，激发了广大的职工学技能、学本领、精益求精的积极性。企业每年由职工发明和创造的研发成果、发明成果及新工艺、新技术达到了50余项，打造了一批具有工匠精神的产业蓝领队伍。三是将诚信理念导入文化品牌建设。企业注册商标为"诺宝丝邦"品牌，"诺宝丝邦"是英语"NOBBYSERINDA"的汉语读音，意思为"高贵的丝绸之邦"，大染坊引寓意为"以诺为宝，以丝兴邦"，成为大染坊人立志振兴丝绸，报效国家和社会的重要品牌文化内涵。

构建"关怀"机制，增强企业凝聚力。企业始终如一地把关怀职工当作企业文化建设的重要内容。一是建立了"党委领导、工会主导、全员参与、覆盖全员"的救助帮扶工作机制，并使其逐步制度化，坚持了"金秋助学""两节走访""难时救急"等一系列关爱职工活动和公益事业，每年救助爱心款达到50余万元。二是不断丰富文化载体，每年在企业举行"大染坊"杯篮球联赛、羽毛球联赛、乒乓球联赛，丰富了职工的业余文化生活；企业连续4年举办了"感动大染坊女员工"的评选活动，评选出在工作和家庭生活中具有奉献精神和传统美德的女职工，成为企业广大职工学习的榜样和楷模，引领了企业博爱、团结、奉献的新风尚。三是在企业建立健全了党群组织，下设14个党支部和基层工会组织，由企业专兼职人员负责企业的党建、工会建设和文化建设工作，构建了竖到底、横到边的工作网络。

文化建设成果

大染坊的企业文化随着企业的发展壮大，不断总结和注入新的精神内涵，不断丰富形式和载体，已全面完成了文化建设体系从物质、利益、产权向文化、精神、理念的转化过程，其"初心永存，匠心永恒"的企业精神历久弥新，焕发了更强大的生命力，取得了丰硕的成果。

在全国茧丝绸行业中率先创新式地建立了符合现代企业制度特征的新型运行机制。经过近10

年来不断探索和完善，企业已逐步建立起了适应企业自身发展，符合现代企业制度的新型机制，新型机制使企业充满活力。

企业产能及规模实现了跨越式增长。企业用3年时间实现了产能翻番，产能是改制前的3倍以上。用五年时间走在了全国丝绸行业的前列，将濒临倒闭的企业发展成了全国丝绸行业领军企业。

企业综合实力跃居国内丝绸产业前列。目前企业丝绸织造总量位居全国首位，是全国宽幅丝绸家纺面料的龙头企业；是全国唯一具有缫丝、织造、炼染印、长车轧染、筒子染色、丝绸工艺品、家纺服饰、内外贸易完整产业链的企业；是江北最大的丝绸印染生产企业。跨入了淄博市创新50强企业行列。

建厂60周年英模人物

企业科研创新、市场营销、品牌建设独树一帜。企业新产品研发速度保持了连年递增态势，2016年申报了37项国家专利，其中发明专利15项。新产品产值率占总产值的90%以上，企业在获得了中国纺织行业新产品开发贡献奖后，再次获得了中国纺织行业管理创新大奖。

企业取得了良好的经济效益和社会效益。成为当地的纺织丝绸产业集群的龙头企业和纳税大户，职工人均收入连年增长。职工人心思齐，凝聚力和向心力不断增强。

主要创造人：陈　鲁

景区文化的成功探索与实践

海南海景乐园国际有限公司三亚蜈支洲岛旅游区

海南海景乐园国际有限公司三亚蜈支洲岛旅游区（简称蜈支洲岛旅游区）成立于2001年2月1日，是一家集吃、住、行、游、购、娱乐等要素为一体的综合性旅游景区。2006年9月，被评定为"4A"级旅游景区；2016年10月，被评定为"5A"级旅游景区，年接待游客达到250万人次，"中国有个海南岛、海南有个蜈支洲岛"已经成为广大游客的共识。先后获得"2016年度全国最佳旅游景点""中国最具国际影响力旅游目的地""中国最佳休闲度假旅游目的地""质量守信A级企业""海南省用户满意企业""海南希望工程爱心单位"等殊荣，是"海南热带海洋学院旅游管理硕士专业学位（MTA）研究生联合培养基地"和"三亚学院国际酒店管理学院教学实习基地"。

蜈支洲岛旅游区企业文化

蜈支洲岛旅游区根据不同发展时间的经营状况和经营策略，以景区总体发展战略为核心，制定了"易理解、易宣贯、易执行、易深入"的企业文化理念和内容。

景区发展战略。争创中国最好、亚洲著名、世界一流的海岛生态旅游度假休闲胜地，引领健康美好生活。

景区经营理念。创新生活，引领时代；立体战略，多元发展；打造新、奇、特的多彩世界，建设高端、精品、时尚的休闲胜地；以服务为本，以激情为轴，以科技为助，以特色为源，完美展现顶级海岛健康生活时尚之旅。

景区方针。环境方针：热爱绿色和蓝色，崇尚自然、回归自然，保护岛上及周边海域环境。质量方针：环境一流、服务优良、产品创新、规范管理、以质求信。安全方针：安全第一、预防为主、以人为本、保护健康和环境；全员参与、综合治理、防微杜渐、消除隐患和事故。

景区口号。让生活因在蜈支洲岛度过的日子而更加精彩。

景区精神。竭诚、同心、求实、奋进。

"岛人"标准。爱行业、爱蜈支洲、爱岗位，有纪律、有创新，树立市场意识、树立全局观念、树立奉献精神。

"三轻"。走路轻、说话轻、操作轻。

"三化"。个性化、道德化、温情化。

"四心"。爱心、恒心、宽容心、责任心。

"五员"。促销员、服务员、清洁员、安全员、演员。

蜈支洲岛旅游区文化策略

"不断创新、追求卓越"是蜈支洲岛旅游区对产品和服务的永恒要求，"服务优质、周到细微"是蜈支洲岛旅游区对游客真诚的体现，"回报社会、热心公益"是蜈支洲岛旅游区对社会责任的一种担当，"付出有回报、成长有平台"是蜈支洲岛旅游区对每一位员工的承诺。"诚信、责任、务实、成长"的蜈支洲岛人，养成了良好的个人素养，积极向上的阳光心态，勇于担当的使命感和责任心，并在长期的坚持下，让标准变成了习惯，一言一行、一举一动无不体现景区风貌，使游客不仅能体验到蜈支洲岛旅游区美不胜收的岛屿风光，也能使游客感受到企业文化带来的人文关怀、家人般的温暖。

员工待客标准

诚信是蜈支洲岛旅游区发展的基石。蜈支洲岛旅游区提出"让生活因在蜈支洲岛度过的日子而更加精彩"这句口号起，就把如何诚信经营、诚信服务放在第一位，这种诚信既有对游客的诚信服务，又有对相关方的诚信合作；既有对员工的诚信守诺，又有对社会的诚信负责；以诚信赢得顾客，以诚信赢得效益，以诚信赢得口碑，以诚信赢得发展，以企业的诚信带动员工的成长。完善的制度体系建设，科学严谨的管理模式，标准化的管理方法，使蜈支洲岛旅游区的诚信有据可依，有理可查。

责任是使蜈支洲岛成为"5A"级旅游景区的关键所在。对游客负责，让游客在开心快乐的同时享受蜈支洲岛海天一色的美景，在安全无忧的环境中寻求激情无限的娱乐项目，在优美舒适的自然风光中感受一份独有的静谧，是蜈支洲岛旅游区对游客的责任；为每一位员工提供成长的平台，规划人生方向，对每一位员工的付出给予应有的回报，为每一位员工打造安心、舒适的工作生活环境，是蜈支洲岛旅游区对员工的责任；合规经营、合法守信、带动周边、回馈大众，是蜈支洲岛旅游区对社会的责任。在蜈支洲岛这个平台，员工感受到了一种"责任至上"的企业精神，通过以上带下、以老带新，员工自身的责任感、责任心得到提升，认真履行职责，做好每项细微工作，使蜈支洲岛呈现出事无巨细，面面俱到的良好经营服务氛围。

务实是蜈支游岛旅游区由弱变强、稳步提升的最好体现。把握时机、精准定位，以统一、高效的指导思想，上下一心，目标一致，脚踏实地完成各项工作任务，使蜈支洲岛旅游区始终处于一种健康发展状态，不盲从、不气馁，蜈支洲岛人在务实中收获了效益，在务实中收获了口碑，在务实中收获了喜悦。

成长是蜈支洲岛旅游区对自身、对社会最大的馈赠。从最初的门可罗雀，到如今的宾客盈门；从最初的默默无名，到如今的盛名远播；从最初的百名员工，到如今的过千精英；从最初的简易小岛，到如今的风景无限；蜈支洲岛在发展，蜈支洲岛人在进步。"有创新、树立市场意识、树立全局观念、树立奉献精神"的岛人标准，要求员工要有主人翁精神，要有上进心，要敢于尝试，要勇于承担，这为景区发展提供了助力。

蜈支洲岛文化落实方法

宣传教育。印制员工《应知应会手册》《员工手册》《员工安全手册》，在职员工每人一套，深入学习企业文化和景区知识；景区办公区设置企业员工文化墙，36块公示板组成企业员工文化墙，近100平方米的面积，多方位展示企业发展历程、员工准则和实时动态；每季度一期的"蜈支洲岛报刊"让每一位员工都可以了解景区近期发展状态，工作、生活、学习体会历历在目；三个员工宿舍区设置员工公告栏，景区各类通报、活动、重大事件第一时间向员工传达。

景区停车场设立45块宣传牌，用于企业文化的对外宣传，游客进入景区第一个感受到的就是景区浓厚的企业文化氛围。

景区内各对客区域利用LED显示屏、电视、广播、宣传折页、宣传海报对企业文化进行宣传。

规范管理。先后通过环境管理体系、质量管理体系、职业健康安全管理体系认证，以科学、严谨的制度体系，开展日常管理工作；建立运行旅游标准化管理标准，等同采用国家、地方及行业标准42项，制定行业标准77项，建立岗位工作标准132项；2016年，通过旅游标准化试点企业验收；景区全面实施"5常管理"，确保景区环境、工作场所、对客区域井然有序；景区全员实施"绩效管理"，增强每一位员工的工作积极性、企业认同感，提升员工工作效率，为员工打造"公平、公正、公开"的工作环境；建立"金点子"奖励机制，全员参与服务创新、产品创新、业务创新，对加快景区发展起到积极促进作用；建立"全员营销"机制，全员参与景区服务、产品推广，促进景区经营效益提升；建立海南第一支"督训师"培训队伍，开展"晨会制度"，坚持每天全员举行晨会，利用晨会学习企业文化，规范员工行为，提升员工风貌，每季度举行一次晨会评比，展现各部门团队风采。

关注员工。定期开展员工培训，每年公司级员工内部培训课程不少于12次，部门级岗位培训不少于24次，培训内容包括企业管理、安全防范、环境保护、服务意识、岗位技能等各个方面，为员工提供充分的学习和成长空间；根据发展需要，不定期聘请外部资深专家、讲师、专业技术人员开展专项培训和讲座，获取最新的管理理念、管理方法、超前的服务意识和标准的服务技能，让每个阶层的员工都有接触外部先进经验的机会；为有需要的岗位提供帮助，升级专业证书，考取专业资质，现阶段，景区船舶驾驶人员、机务人员由景区出资、协调，统一组织培训学习，升级相应等级证件；利用景区资源，免费培训后备潜水教练员，通过考核后，颁发通用的资格证书，让员工由普通岗位升级到技术岗位，帮助员工成长；优化工作和生活环境，多年来，不断加大后勤保障力度，景区三个员工宿舍区达到无线网络全覆盖，免费为员工提供上网服务，设置活动室、台球室、阅览室等丰富员工业余生活，开设平价员工超市，以成本价为员工提供日常所需物品，减少员工开支，免费提供的员工三餐，强调合理膳食，最大限度满足不同口味员工的需求；提高员工福利支出，每月两次由总裁级领导主持的员工生日会，带去了公司领导对员工的衷心祝福，春节、端午、中秋等传统节日，为每位员工发放福利和礼品，每季度一次、每年一次优秀员工评比，也为获奖员工提供外出旅游、学习、观光的机会，增强了员工集体荣誉感；每月开展一次员工活动比赛，篮球、足球、羽毛球、乒乓球等竞技项目，象棋、跳棋、扑克牌等智力项目，拔河、跳绳等趣味运动，为有特长的员工提供了展示自我的机会。

重视公益。自2011年起，与政府、专业院校合作，在蜈支洲岛建设千亩海洋牧场，用于保护和恢复周边海域生态环境试验，已累计投入2800万元，计划未来5年内，投资3亿元，扩大至万亩海洋牧场；建立"蜈支洲岛助学基金"，投资1000万元，每年为100名贫困大学生提供学业资金；2016年向省团委"青少年希望基金会"捐款100万元，用于资助困难中、小学生，2016年出资24.5万元，与团市委开展向贫困宣战助学活动，2016年出资30万元，与三亚市总工会举办金秋助学活动，2016年为贫困职工支出12万余元，作为帮助困难职工家庭摆脱贫困的资助，2016年为患病职工捐款累计31万元，用于员工本人及其家属重病治疗。

蜈支洲岛企业文化成果

增强员工归属感。良好的企业文化发展状态，健全的管理模式，完善的机制，使员工在工作过程中了解和认可企业的经营理念和发展前景，员工以成为蜈支洲岛一员而感到骄傲，积极参与景区发展建设，做好本职工作，发挥特长，努力成长，来适应景区高速发展步伐，蜈支洲岛旅游区在各方面都展现出积极乐观的集体归属感。

提升企业责任感。蜈支洲岛旅游区始终坚持履行自身责任，无论是在困难时期，还是在发展阶段，蜈支洲岛旅游区一直坚守承诺，不折不扣地执行同客户的合同关系，按时支付各种款项，维护良好的信誉关系；在与当地政府、社会、民众的协作上，尽职尽责，合法守信，积极配合各项政务工作，保持了企业的优良作风，为地区发展、区域经济建设、带动周边民众就业做出了应有贡献。

赢得企业荣誉感。对蜈支洲岛人而言，多年的付出和努力，取得了良好的经营效益和社会认可。良好的信誉，成功的管理模式，健康有序的发展前景，勇于担当的社会责任心，完善的晋升奖励机制，广阔的学习成长空间，优越的工作生活环境，打造了蜈支洲岛旅游区优秀的企业文化。蜈支洲岛旅游区企业文化也将伴随着景区高速发展，不断探索，不断发扬，变成蜈支洲岛的底蕴，印刻在每一位蜈支洲岛人心里，永远传承。

主要创造人：孙　林

参与创造人：丁　峰　杨晓海　鲍永洲

建塑"责任、融合、锐意、多元"核心文化理念

中海油安全技术服务有限公司

中海油安全技术服务有限公司（以下简称安技服）成立于2008年，位于天津市滨海新区境内，注册资金为5000万元，为企业提供一体化安全技术服务。致力于为社会各行业公司提供全生命周期的QHSE技术解决及提升方案，始终关注客户的行为安全、工艺安全、体系建设、设备安全、施工安全，为客户提供培训与应急、消防与安防、监督与质量、健康与可视化等一体化技术服务。目前拥有专业技术人员800余人。作为国家安监总局科技支撑平台，先后承担各级科研项目40余项，制定、修订国家及总公司标准20余项，申请专利30余项。

自2016年以来，安技服遵循市场经济规律和企业发展规律，开展一系列市场化改革，在推进混合所有制经济发展方面进行了大胆探索并取得阶段性成果。在中海油"以人为本、安全第一"的HSE理念指引下，安技服在改革的过程中经过提炼总结，提出了一个崭新的企业文化管理理念："责任、融合、锐意、多元"。并将此体现在日常经营活动中，渗透到员工的思维方式、工作、行为习惯中，实现文化与经营的良性互动，配合协同，相辅相成，切实推动了安技服的改革创新，推进了科技发展。

践行责任以公司战略为前提

"责任"文化是指公司员工始终将责任放在首位，秉承责任、专注细节、立责于心、合力致远，为企业的发展做出应有的贡献。作为安全环保行业的排头兵，安技服努力做好环境责任的承担者、绿色能源企业的实践者，肩负国家责任。作为安技服员工，每个人都具备"任务有轻重，责任无大小"的意识与态度，将责任渗透到生命灵魂中，在工作中尽职尽责。

秉承责任。"责任重于泰山"，这是安技服经常讲的一句话。对于从事安全环保产业的安技服员工而言，扛得起责任，才能对得起业主的信任，才有资格从事积德行善的安全环保事业。在服务质量上，近年来安技服员工每年收到业主表扬信200余封，每一封表扬信的背后都是一份责任的坚守。在市场开拓上，安技服倡导"人人都是市场宣传员"的理念，各岗位员工积极投身市场开拓行列，肩负起自己职责之外的市场开拓责任，全年上报各类市场信息80余项，成功签订合同10余份，产值高达上千万元。

专注细节。重视小事、关注细节，把小事做细，把细事做透是每一名安技服员工应该具有的基本技能。安技服在提升员工细节方面的关注度的举措有：一是参照"吾日三省吾身"的理念要求员工在交付工作成果前至少保证自审三遍，降低反复修改的频率，提高工作效率；二是通过提交周报的途径将工作计划与实施细节落到纸面，加深印象，巩固落实；三是在绩效考核方案中加

入细节考核指标,用制度的方法推行"细节"文化。

选树典型。"一个先进典型就是一面旗帜""一个先进典型就是一个亮点"。员工队伍的士气、正气从何而来?就是要靠不断涌现的先进典型来鼓舞、来带动,最终在队伍中树立一种精神,形成一种风气。近年来,安技服通过"十佳团队""百名标兵""优秀员工""优秀党务工作者""十佳大学生"等不同类型的评比表彰活动选树典型,其中每年评选活动员工参与度高达98%以上,选树不同类型的典型20余人,奖励金额高达30万元以上,在此基础上配合大力宣传,真正激发企业活力。

加强融合以团队建设为基石

"融合"文化是以团队建设为基础建立的。"融合"文化就是将精神的、物质的、制度的等不同层次不同形态的文化元素融合为一个有机的整体来增强员工归属感,从而推动产业健康发展。安技服通过党群组织、海油安全学院、企业协会等不同载体建立以员工为导向的融合文化,推动改革创新,激发改革活力。

工作现场

党群组织。在党中央全面加强党建工作的时代背景下,作为国企深化改革排头兵的安技服充分发挥各级党组织的政治核心作用,将基层党建工作融入现场生产实际,辅以群团活动,让党群组织的引领、推动、服务作用在一线落地开花。在党建方面,安技服建立党员活动室,通过"两学一做"、六有服务型党组织建设、党员创先争优等活动唤醒党员荣誉感,为企业发展带来巨大牵引力,以红色引擎驱动改革创新活力;在群团方面,安技服以员工为导向,建立职工之家(包括羽毛球场地、乒乓球场地、健身室、台球室等),组织开展各类文体活动(包括集体婚礼、职工球赛、健步走活动等),设立员工信箱,组建员工家属群,真正做到想员工所想,急员工所急。其中员工家属群在"8·12"爆炸期间成功传递受灾员工及家属信息,以便于公司在第一时间做出应急响应,帮助员工成功脱困。

海油安全学院。人生是一个不断学习与进步的过程，人们对知识的渴望是无止境的。对于平均年龄30余岁，硕士研究生比例高达30%的安技服而言，员工对于学习的需求是呈持续上升趋势的。基于此，安技服筹划打造海油安全学院，构筑改革发展支撑平台，为员工圆梦。海油安全学院的定位是公司的改革发展支撑平台、内向型人才培养平台、外向型的企业大学，旨在培养新型人才队伍、推动混改及文化变革、满足员工技能提升需求、打造职业发展共享园区，其中员工职业生涯规划咨询已成功举办8期，咨询员工已达24人。

企业协会。对于大多数人而言，学生时代是最值得怀念的，而校园文化也是最令人称颂的。将校园文化与企业文化融合，吸收校园文化之精髓并加以提升，创设一个贴近市场、贴近企业、符合员工发展特点的文化环境是安技服一直在研究的课题。现阶段，安技服已在企业中成立各类协会组织9个（内训师、音乐、羽毛球、篮球、书画等），开展活动30余次。成立企业协会的目的是希望员工间可以通过协会的形式"零距离"接触，在工作层面外建立互帮互助的校园生态圈，快乐工作，开心生活。

锐意进取以"一带一路"为依托

"锐意"文化就是始终跟踪国际前沿技术和发展趋势，不断创新，不断进步，提升企业综合实力，实现公司可持续发展。现代企业的竞争，是包括技术、团队、品牌、资本、市场等多种资源的综合实力的竞争。对于企业的综合实力竞争，技术与市场的竞争力是非常明显的。目前，安全环保产业的优势及巨大的发展潜力已被许多国家的企业看好，并积极地筹措各种资源，蓄势待发。安技服作为发展中的企业，要大胆创新，锐意进取，勇于从技术、市场等方面形成优势带动作用，以更加积极昂扬的姿态，依托混合所有制改革，不断提升企业的核心竞争力。

走出去。"一带一路"建设，是我国从适应和引领全球化，构建开放型经济新体系出发做出的重大决策部署，对于探寻经济增长之道，开创地区新型合作关系，促进人类命运共同体建设，让世界各国共享发展机遇和成果，具有十分重大的长远和现实意义。自"一带一路"倡议提出以来，安技服结合自身特点，深入学习研究"一带一路"政策，以"走出去"的战略加快布局"一带一路"，推动市场开发，提升企业综合实力。

请进来。随着新经济时代的到来和经济全球化步伐的加快，企业市场竞争优势的形成依赖于超前的技术优势。因此，企业必须牢牢掌握科技创新的主动权，才能立足行业，走向市场，谋求生存和发展。对于安技服而言将技术做成卓越是公司的长远目标，而在这个过程中，跟踪国际前沿技术，去粗取精，将好的技术"请进来"是公司首先应该做的。在公司以往的技术创新实例中，总能看到工程师夜以继日忙碌的身影，相信在大家的共同努力下，打造精于技术、专于技术，用技术与品质立足于世的百亿市值企业指日可待。

多元发展以打造外向生产型企业为目标

"多元"文化是指通过多元化的产业模式、人员机制打造外向发展的生产服务型企业。多元发展是企业前进的指向标、导航塔。安技服在混合所有制改革的推动下，注重协同效应，选择正确的多元化发展战略,是使企业发挥最大效应的有效途径。

产业模式。安技服针对客户需求,结合安全管理的特点,从全生命周期、一体化服务和可持续发展三个方面进行产业塑造,推进先进的安全管理技术和理念。在混合所有制改革的背景下,安技服积极适应市场新常态,开展市场化改革工作,并于2016年12月引入财务投资者。在此基础上,安技服积极布局合资公司发展战略,预计在2017年成立10余家合资公司,真正实现产业模式市场化。

人员机制。安技服在混合所有制改革的背景下,积极探索市场化用工政策及职业经理人制度。落实干部能上能下、人员能进能出、收入能增能减的三项制度改革,通过竞聘转变员工"国企收入只能升不能降""盲目攀比工资水平,不比经济效益"的传统观念,使18名中层干部退出干部岗位转入技术岗位,3名干部竞聘至下一层级岗位,4名技术人员竞聘至干部岗位,真正实现市场化人员机制,激发员工工作热情。

企业文化的倡导不仅仅是靠高屋建瓴的理论来指导,还需要通过"接地气"的举措潜移默化地带动着身边的员工,以员工为导向,在无形中促进企业文化的茁壮成长。安技服积极倡导"责任、融合、锐意、多元"的企业文化,每名员工将"责任、融合、锐意、多元"的企业文化入脑入心,积极工作,为公司的改革、发展、稳定贡献自己的力量。

主要创造人:刘怀增

参与创造人:王 琛 熊 亮 钱立锋 孙燕清 余红丽

跨文化管理　促进企业和谐发展

北京金昊房地产开发有限公司北京金融街威斯汀大酒店

北京金昊房地产开发有限公司北京金融街威斯汀大酒店（以下简称北京金融街威斯汀大酒店或酒店）是金融街集团所属北京金昊房地产开发有限公司投资开发的国际五星级酒店，由万豪国际集团以"威斯汀"品牌经营管理。酒店于2006年10月开业，现有员工600多名，其中外籍人士20余人，平均年龄30.5岁，其中党员15名，团员青年将近200人，是一家产权国企、管理模式是外企的新经济模式的酒店。先后获得"世界杰出金融区酒店""国际水晶奖""中国优秀绿色饭店""工人先锋号"等国内外各类专业奖项和各类表彰达到145项。

伴随着经济全球化的发展，许多不同国籍、不同民族的成员聚集于同一家企业共同工作，公司的跨文化管理成为众多跨国公司亟待解决的新课题。北京金融街威斯汀大酒店是一家"产权归中方，经营管理权归美方"的新经济模式企业，酒店通过精心策划运作"迎国庆，我为中国点赞"主题征文、同绣一面国旗、"用中国字，书中国梦"硬笔书法展、"我爱我岗位、我练我技能"系列劳动竞赛、绿色客房建设、慰问云南红河县浪堤乡曜阳敬老院、总经理对话会、慰问外籍员工新春团拜会等主题活动，有效促进跨文化体验、跨国公司先进文化的本土化导入与融入本土管理文化元素。

万豪国际集团的概况及其企业文化

万豪国际集团公司（Marriott International）是全球最大的酒店集团，总部设于美国首都华盛顿特区。2016年9月23日，喜达屋正式加入万豪国际集团，随着并购的完成，万豪在全球110多个国家和地区拥有逾5700家物业，客房总数超过110万间。万豪国际酒店集团公司旗下品牌包括万豪（Marriott Hotels & Resorts）、J.W万豪（JW Marriott Hotels & Resorts）等30个领先酒店品牌。

我们十分包容。当我们感到被重视和尊重时，会让我们的宾客也感觉如此。在万豪，您将找到一个可以真正做回自己的环境。每个人的优势和才能都会受到重视，每个人都有机会发挥自己的潜能。我们骄傲的是我们对发展多元性和包容性的努力让我们从其他公司中脱颖而出。

我们以人为本。我们群策群力，互相尊重，对待同事如同对待自己的家人和贵宾一样。我们坚守公司创始人的信念："同事之间互相关怀照顾，必定能为客人提供更周到体贴的服务。"为同事提供成长机会已成为公司重要的文化基因。

我们是绿色使者。在万豪工作，我们可以带来不同。万豪是公认的环境责任领导者。我们努力将业务运营对环境造成的影响降至最低。在员工生活和办公的社区，我们也支持环境保护工作。

我们参与其中。万豪让我们得以参加全球各地的社区服务项目和计划。作为一家企业，万豪关注全球五大社会问题：扶贫、环境、社区劳动力培养、儿童健康及全球多元性和包容性。

体验中国文化

同绣一面国旗。"员工有国别，爱国无差异"。酒店围绕"爱国精神"这一中外职工普遍认同的价值观，策划了一系列活动，为中外员工提供了一个国际化的交融平台。为庆祝中华人民共和国成立60周年，酒店于2009年9月，在中外员工中开展起"同绣一面国旗"活动。各部门的代表们纷纷到国旗前，用自己的一颗赤诚真心，在红旗上绣上了凝聚着自己对祖国母亲衷心祝福的一针。来自不同国家的酒店行政管理委员会的成员们也参与到这项活动中，刺绣是中国传统文化的一部分，外籍员工对拿起绣花针，在布上刺绣也非常感兴趣。他们一边绣国旗，一边了解我们五星红旗的渊源历史和文化精髓。在大家绣好自己的一针后都纷纷与国旗合影，留下了他们人生中难忘的一刻。

同绣一面国旗活动

用中国字，书中国梦。酒店为了促进中外员工共同学习十八大报告，于2012年12月开展了中外员工"用中国字，书中国梦"硬笔书法展活动。286名中外员工积极参加，用硬笔书写十八大报告。十八大报告是中外员工共同关注的热点。未来中国的发展，不仅关系到每一位中国员工的切身利益，而且也关系到在中国工作的每一位外籍员工的切身利益。中国文字既是中国文化的载体，也是中国文化的象征。学写中国字激发了外籍员工对中国文化的热情，外籍员工通过用中国字书写十八大报告，也是对中国文字和中国文化的学习过程，可以激励他们更多地学习和了解中国的文字、中国的文化及中国的政策，从而体现了酒店跨文化管理的特点。

将万豪国际集团的文化导入北京金融街威斯汀大酒店

关爱同事。培育一支素质高、技术强的员工队伍，是关爱同事的最好体现。北京金融街威斯汀大酒店党支部工会从2011年起，会同各部门每月开展"我爱我岗位、我练我技能"一系列劳动竞赛活动。很多在比赛中表现突出的员工，在工作中被提升或委以重任。每月一次的劳动竞赛在酒店已经形成制度；不断创新的竞赛项目，也为酒店的人才储备和可持续发展创造了条件，至今已经举办了52次。

"绿色客房"建设。为创建绿色酒店，在酒店深入开展"比节约"，积极推广"低碳生活"的节约理念，形成节电、节水、节油、节支的良好氛围，酒店党支部工会带领工程部的党员、入党积极分子和员工一起，推出了以绿色环保为主题，节能减排为目的的"绿色客房"建设项目。

作为北京市第一家进行绿色客房改造的酒店，是第一个吃螃蟹的人，没有可供参考的数据与方案。工程部员工针对现有客房进行房态分析，找出能够进行节能减排改造的具体项目，以节电改造作为先期试点改造项目。工程部的每一名员工都积极要求加入绿色客房的改造项目中，各个班组同心协力，制定改造方案。电工组提出从光源着手，水工组提出可以将马桶及水龙头进行改造，弱电班组想到能否安装客房用电显示系统，让客人了解在房间内的能源消耗情况。

现在，绿色客房每天的用电量为4~5千瓦，马桶的用水量约为4升，水龙头的用水量约为14升。小改造，大改变，绿色客房在生活的点滴中真正做到了节能减排。经初步计算，一间"绿色客房"每年能为酒店节约电费926.09元，酒店总共486间客房，全部改造完成后，每年将会为酒店节约电费约45万元。

参与社区服务。北京金融街威斯汀大酒店中外员工将"关爱社区"拓展到"关爱社会"，既为酒店树立了良好的企业形象，也为酒店的国际化慈善之路奠定了基础。

酒店积极与周边社区、武警官兵开展交流合作，凝聚员工，促进社区共建，努力承担社会责任，提升了酒店的形象。积极组织捐赠活动，为希望小学、海地地震灾民、青海玉树地震同胞捐款捐物近10万元；组织员工积极参与社区公益活动，与金融街残疾人康复中心和孤老院结成对子，连续7年每逢春节和重大节日都去慰问。此外，还坚持慰问街道贫困户和患病老人，连续5年与社区共同举办"九九重阳节，浓浓敬老情"重阳节歌友会活动，给他们送去温暖和祝福。这些活动，帮助企业树立了良好的社会形象，为企业发展营造了良好的外部环境。

"中外志愿者"服务队是北京金融街威斯汀大酒店的一道靓丽风景线。这支包含外国志愿者的队伍，正是由酒店的中外员工共同组建的。中外志愿者们在工作之余，积极投身到社会公益事业中去。他们不仅慰问北京周边的社区、敬老院，而且还将关爱的力量送到了外省市，进一步扩大了酒店的影响力。

融入本土管理文化元素

促进酒店决策管理的科学性和可行性，组织员工直接参与决策管理。自2009年至今，酒店管理层和党工团召开5次总经理对话会、20余次全体员工大会、12次职工代表大会，员工提出意见建议58条。通过与酒店最高管理层的直接对话，员工提出对酒店管理的意见和建议，就如何提高业主公司对项目管理团队的监控力度、加强企业执行力、增强多元化企业凝聚力等诸多问题提出了发展建议，促进了酒店决策的科学化。酒店管理层也就酒店的经营策略向员工进行通报，促进了酒店的和谐和健康发展。

酒店的安全经营是酒店实现可持续发展的重要组成部分。酒店定期举办职工消防安全知识大赛，抓住每年安全生产月对职工进行风险安全培训，及时对"甲流"等突发公共事件采取有效处置措施，实现了酒店整体运营安全。酒店先后两次荣获北京市单位内部安全保卫集体嘉奖，以及北京市旅游局颁发的"庆祝新中国60华诞安全保障先进单位"等50余项国家、市、区安全奖项。

将中国文化充分地融合在西方管理中，打造共同的价值取向，谋求共同的前进步伐，是北京金融街威斯汀大酒店的创新式做法。

跨文化管理的成效

北京金融街威斯汀大酒店通过多年来的跨文化管理，取得了明显的成效。酒店中外员工凝心聚力，以服务为本、以奉献为荣，努力塑造一流的酒店形象、铸造一流的酒店品牌、打造一流的员工队伍、创造一流的经营业绩，在平凡的岗位上谱写了不平凡的篇章。

北京金融街威斯汀大酒店以其独特的管理理念及服务在行业中确立了领先地位。自2007~2016年，北京金融街威斯汀大酒店及公寓累计完成营业收入31.64亿元，上缴业主利润11.28亿元，上缴税收1.72亿元。

2016年10月实施的员工敬业度调查结果表明，北京金融街威斯汀大酒店员工敬业度数值高。员工敬业度可划分为四个层次："敬业""基本敬业""不够敬业"和"不敬业"。其中，"敬业"的标准是平均5分以上。从调查结果可以看出，北京金融街威斯汀大酒店整体处于"敬业"的状态，而其中在"组织敬业度"上得分最高，表明员工对企业有较高的认同感，且情感和行为投入较多，对组织的关注程度较高。

北京金融街威斯汀员工敬业度整体状况

	工作敬业度	组织敬业度	工作本身	组织领导力	组织管理机制	工作群体影响力	平均分
总体	5.60	5.81	5.78	5.77	5.71	5.78	5.74

员工满意度调查结果表明，北京金融街威斯汀大酒店员工满意度很高，2014~2016年度北京金融街威斯汀大酒店员工满意度分数（满分100分），分别为99分、98分、99分。

主要创造人：涂　韬

参与创造人：姚　希

勇于探索　大胆创新　不断推进企业文化创建活动

丹东克隆集团有限责任公司

丹东克隆集团有限责任公司（以下简称克隆集团）成立于1988年8月15日，是国内从事机械密封行业的高新技术企业，注册资金1.1亿元，目前，拥有总资产10.8亿元，2016年公司实现销售收入3.422亿元，上缴税金6642万元。主导产品有焊接金属波纹管、机械密封及机械密封辅助系统、磁力驱动泵、联轴器、汽液全流螺杆动力机、精密铸造六大系列、上千个品种。产品广泛应用于石油、化工、航天、核电等领域。先后获得国家发明专利30项、实用新型专利78项，参与起草行业标准8项。连续21年名列中国机械密封、磁力泵市场销售额及市场份额第一。先后荣获"全国重合同守信用企业""全国先进基层党组织""全国模范职工之家""依法纳税双50强企业"等多项荣誉。

克隆集团始终重视企业文化建设，将企业文化战略纳入公司整体发展战略规划中，建立企业文化绩效考评体系，以党组织的规范化建设工作、主题宣传月、工会、协会系统活动为载体，广泛宣传、渗透企业文化，提升了企业文化与公司战略及制度体系的融合程度，企业文化认同度逐年提高，现已达到95%以上。

提高认识，明确目标，创建先进、和谐企业文化

中华传统文化博大精深，中国企业文化从传统文化中汲取营养，并以此为根基，既是一种凝聚力，更是一种竞争力。以现代理性审视传统文化，发掘其意义，彰显其价值，发挥其功能，形成中国特色的企业文化。克隆集团正是基于此考虑，始终恪守"克己复礼，隆德做人"的文化理念，坚持现代化管理模式与中华传统文化相结合，坚持企业管理与人文关怀相结合，逐步形成了先进、和谐的独具特色的克隆文化。秉承"文化塑造人，机制激励人，感情温暖人，事业凝聚人"的人才理念，构建了和谐企业文化，采取了以创建和谐社会为核心的人性化管理手段，尊重员工、爱戴员工，在企业中营造了一种团结友爱、相互信任的和睦氛围。"克己复礼，隆德做人"，是克隆文化的精髓，也是克隆员工的座右铭。克己复礼的核心是克制自己、约束自己、规范自己，是每名员工必须恪守的理念。隆德做人的内涵是崇尚道德、讲究伦理、倡导和谐、做正人君子。

重视党建，建立体系，以党建带动工建、团建

克隆集团从1997年成立党支部起，就十分重视企业党建工作，并将此作为企业持续发展的不可分割的重要组成部分。作为丹东市第一家成立党委和工会的民营企业，克隆集团党委认真贯彻

落实上级党组织的指示精神，努力发挥基层党组织的战斗堡垒作用。"政治上有地位、待遇上有实惠"，是克隆集团党建工作的一大特色。2008年，在全球金融危机影响的大环境下，许多企业都在裁员，克隆集团不但不裁员，还毅然决定在公司党委下设3名专职支部书记兼工会主席开展党建工作，经常性地在群众中解决问题、化解矛盾、关心疾苦、反馈民声、传递正能量。同时，给予政工干部分厂（分公司）副厂级待遇，并给他们每人配备了一辆专车，以方便工作。对于各党小组长，每月根据其开展工作的实际情况，给予一定的津贴，充分调动了他们工作的积极性和主动性。

克隆集团党委和工会多次在省市和全国非公企业党建及工会工作会议上介绍经验，特别是在"创先争优"活动中开展的以"学技能、促发展、尽职责、争优秀"为主题的"党员评比台"竞赛活动，先后在新华社内参、省市委《"创先争优"活动简报》《丹东日报》刊发，并在全国推广。党建工作的扎实有效开展凝聚了人心，汇集了力量，为企业的快速健康发展注入了生机和活力。

通过开展"党员评比台"竞赛活动，将评比结果与党员、职工的经济利益挂钩，建立健全评比激励的长效机制，增强了党员的党性意识，充分发挥了党员先锋模范作用，以党建带动工建、团建，激发了公司全体党员和职工立足本职创先争优的积极性，党组织的凝聚力明显增强，培养了健康的党外积极分子队伍，为企业发展提供了活力和保证。对于表现突出的党员，及时提拔到管理岗位。党员孙宏伟因为连续两年被公司评为优秀党员，已被提拔为车间工段长。公司党委组织全厂职工开展岗位练兵、技术比武等竞赛活动，全体职工争相学技能、比贡献、争优秀。青年党员于永久被国家人力资源和社会保障部、国家机械工业部联合授予"全国机械工业劳动模范"荣誉称号；锦达密封厂青年党员吴刚在丹东市首届"市长杯"职业技能竞赛中，一举夺得"钳工技术状元"桂冠。

依托载体，延伸功能，提升文化创建活动实效性

为了活跃员工业余文化生活，2010年年初，根据员工们的兴趣爱好，克隆集团组建了排球、篮球、乒乓球、健身、舞蹈、国文、科技等17个民间协会，投资20万元，为每个协会装饰活动场所，又购买了电子琴、架子鼓、电吉他等活动器材。以往不熟悉的、来自不同部门的一些员工，因为共同的兴趣爱好走在了一起，每天中午休息的那一个小时成了他们的一种精神寄托，做着自己喜欢做的事情，工作中的烦恼在同伴们的劝说下也都抛诸脑后，增进了员工之间的感情，员工与员工之间的矛盾减少了，员工与企业之间的关系更加和谐了，形成了公司党委领导下的团结和谐的"大统战"局面，为员工创造了一个宽松、愉快、积极向上的工作环境，增强了企业的向心力和凝聚力，企业文化创建真正体现了人性化，使广大员工的精神面貌焕然一新，以更加充沛的精力投入生产工作之中。

2006年以来，克隆集团党委和工会在全公司范围内开展了"学习中华传统文化"活动，组织广大员工学习、分享、践行中华传统文化的根基和做人的根本——孝道，引导广大职工、特别是农民工和下岗职工读书明理、自学成才、提升素质、建功立业。"克隆文化"作为一个文化符号，已成为企业管理不可或缺的元素，正日益影响着职工的行为和生活。

　　企业文化创建活动的开展，进一步增强了广大员工的思想素质和文化修养，促进了企业整体管理水平的不断提高，克隆集团销售收入自2006年开展企业文化创建活动以来，每年保持10%~20%的增长，取得了显著的经济效益和社会效益，增强了企业发展的软实力，一举成为国内机械密封行业的龙头企业，中国机械密封第一品牌。

宏业百年，奉献社会，以感恩之心做事

　　近年来，克隆集团共安排下岗失业人员近600人，残疾人200多人就业。每年助残日，企业都会为每名残疾员工发放补助金，同时还为他们安排近郊旅游或趣味运动会等活动，进一步增强了残疾人的生活自信心，克隆集团也因此多次获得"扶残助残先进单位"称号。克隆集团组建了"克隆爱心基金会"，董事长每年以个人名义向基金会捐赠10万元，对公司特困员工存在的子女就学难、基本生活有困难等问题进行救助；对有临时、重大困难的员工提供无息借款，有效缓解了这些员工的生活困难。对员工家庭闲置物品进行再利用，在公司内网上建立"爱心义卖"及实物捐赠平台，供困难员工选择使用。

　　克隆集团不但关心公司员工的生活，还挂念着社会的弱势群体，热心社会公益事业。克隆集团创办的丹东国学院，每期开课所有学员的食宿、课程全部免费，迄今已开课40多期，每期课程安排从儒、释、道等方面讲解人生真谛，倡导道德至上，强调父慈、子孝、兄友、弟恭、家庭和谐进而社会和谐等，现已有近万人毕业。

克隆文化展室

　　2011年，克隆集团董事长发起成立了"丹东市双灵慈善基金会"，这是目前丹东市唯一一个民间性质的基金会，该基金会发扬人道主义精神，救助社会弱势群体，以弘扬中华民族的传统美德为宗旨，开展公益活动。2015年该基金会通过省评估组评估，已达到3A级标准。每年基金会都

会拨出近10万元资金，救助贫困群众、慰问敬老院老人等。在2015年的纪念中国人民抗日战争暨世界反法西斯战争胜利70周年之际，基金会发起走访慰问部分抗日老兵的活动，共走访14位抗日老兵，为每位老兵带去2000元慰问金和双灵慈善月饼礼盒，以表达对他们的关怀。此外，为了提升公民道德素养，让更多的人参加到社会公益事业中，克隆集团董事长还积极投身公益事业平台的搭建，曾为山东卫视《天下父母》栏目捐款20万元，又与丹东广播电视台合作，创办并每年资助《人间真情》栏目10万元，该栏目以孝道和亲情为主题，以真情故事弘扬中华民族传统美德，唤醒良知，净化心灵，提升公民的道德素质和文明修养。节目一经播出，即在社会上引起强烈反响，该栏目现已成为省、市两级媒体重点关注和打造的名牌栏目。由克隆集团董事长出资兴建的国内首座丹东中华万姓宗祠也于2016年正式对外开放，用以教化民众"返本报始"感恩社会，只有民心厚才能继孝思，笃人伦，醇风俗，国泰民安。

2008年汶川抗震救灾中，克隆集团董事长以个人名义向汶川灾区捐款100万元，同时号召和组织丹东市工商联的企业家们共同捐款，丹东市企业家们的捐款总额在辽宁省位居第二，克隆集团还积极参与孤儿学校、希望小学建设、养老敬老、修路、赈灾、扶贫帮困、助学等社会公益活动，受到了社会的广泛好评。近年来，用于扶贫帮困和社会公益事业已累计捐款2亿余元，为社会慈善公益事业做出了突出贡献。

"宏业百年，奉献社会"一直是克隆集团的奋斗目标。"一个人的生存和成长，离不开自然的恩赐和呵护。一个人的发展和成功，离不开社会的关怀和支持。所以，人当以感恩之心，尽其所能，多做有益之事，以为回报"是对所有克隆人的寄语，每名克隆人以感恩之心，回报企业，奉献社会！

主要创造人：臧　克

参与创造人：郑金铃　王　雨

以优秀的企业文化成就赣南优企名片

江西章贡酒业有限责任公司

江西章贡酒业有限责任公司（以下简称章贡酒业）成立于1952年，前身是赣州酒厂，是江西省重点白酒生产企业之一，现为上市公司天音通信控股股份有限公司旗下的全资子公司，也是江西省白酒行业的唯一上市公司。主要产品包括原浆、醇和、珍品、洞藏原浆等一系列白酒160多款，是客家人大小喜事、款宴宾朋、馈赠亲友、对外宣传接待、旅游纪念的专用白酒。先后获得"中国白酒工业百强企业""江西食品工业十强企业""江西省著名商标""赣州市长质量奖"等殊荣。

章贡酒业有限责任公司成立以来，坚持继承、发展、创新的原则，不断推进企业文化建设，形成了"敬业、求精、高效、创新"的章贡精神，通过"以人力资源开发为基础，以技术创新、营销创新、机制创新和管理创新为动力"来构建章贡酒业核心竞争力，以"强化管理、严守标准、精益求精、力求完美"的质量宗旨，积极朝着"进入中国白酒行业第一军团"为企业愿景的核心企业文化体系。特别是新厂区建设以来，通过"退城进园"，扩大生产基地，打造赣南唯一的工业旅游示范园区，以客家风格为主题，以亲临白酒酿造基地、包装技艺、洞藏酒窖储酒工艺为主的酒文化之旅，接待省市政府机关、企事业单位、经销客户、市民百姓、大学生见习等视察参观人员数万人。章贡酒业对外展示企业形象和产品生产"透明化"，让参观者感受章贡酒业企业文化建设，鉴证章贡酒业的质量控制标准和现代化生产工艺，增强章贡酒业的知名度、美誉度和客户满意度；对内通过加强管理，坚持以人为本，关注员工需求，促进企业与员工职业生涯的共同成长，以员工满意度来向外自主推广企业口碑。

转变——重塑企业文化内核

转变思路，提炼企业精神。章贡酒业自1952年成立以来，历经风雨，至今已走过65个年头，属于典型的老企业，而国企长期的管理作风也在改制后逐步得到转变。1997年，赣州酒厂将大部分优良资产投入赣南果业（后更名为天音控股股份有限公司）。2008年年底，完成员工国有身份改制，自此全体员工均成为合同制员工，但员工思想、管理风格仍旧停留在国企时期。2011年，章贡酒业成立新的领导班子，对公司的经营目标、经营战略、经营策略、管理创新、人才变革提出了新的更高要求。章贡酒业的发展要传承和创新，将由发展型策略向竞争型策略转型，发扬艰苦奋斗的传统，充分参与市场竞争，加强创新意识。由此，章贡酒业确立了以"竞争""创新""责任"为主题的企业文化，并形成了"敬业、求精、高效、创新"的章贡精神。

转变机制，将文化转变为行动。企业文化内核确立后，需要体制机制的保障。为此，章贡酒业开始有了改变，由过去的平均主义和大锅饭时代的分配制度，变成按劳分配、多劳多得的新时期的分配制度，通过生产车间经济责任制、员工薪资与生产产出直接绩效挂钩，充分调动员工的工作积极性，提高产量，公司经济效益和员工个人收入得到全面提升。转变干部管理作风，改变此前的"不求无功，但求无过"的思想，不要述功绩，要多反思不足、发现差距制订下一步改进计划，通过会议、述职汇报、宣传标语等形式，让管理干部充分认识到自身工作的不足，加强学习，努力胜任岗位职责。经过几年的不断努力，管理干部风貌焕然一新，部门工作高效，工作节奏快速，改变拖沓的办事风格。

扎根——企业文化深入员工骨髓

加强宣贯，企业文化氛围浓厚。 企业文化氛围的形成，需要不断地宣贯，让员工感受到企业文化。章贡酒业领导班子深刻认识到，"敬业、求精、高效、创新"的文化精神一旦确立，执行最为关键，于是开展了以执行力为主题的专题培训，通过邀请专家现场授课，互动讨论，员工认识到了如何提高执行力。章贡酒业在大小会议上一以贯之地重复讲解"竞争""创新""责任"，庖丁解牛般地阐述，从上到下的贯彻，让员工充分认识到如何践行公司要求。同时，针对行业特点，章贡酒业每年开展100天冲刺行动，目标、宣言上墙，让各部门员工感受你追我赶的企业氛围。

自觉参与，充分感受企业文化魅力。 除了从上至下、由下而上的员工参与，还建立起了企业文化互动的闭环。为加深企业发展的理解，章贡酒业开展了"竞争"大讨论，员工踊跃参与，为公司发展贡献金点子。现代企业发展，拼的是企业整体竞争实力，为使各部门参与竞争，章贡酒业开展了多项竞争竞赛，员工的参与感得到极大增强，人人具有主人翁意识。

升华——创造企业文化生动局面

政策导向，激发积极性。 伟大的事业需要人的创造，优秀企业文化则需要鼓舞人、塑造人。章贡酒业倡导以人为本，尊重、关爱每一位员工，注重人力资源开发，不断提升员工素质和技能，为员工提供锻炼、发展、成长的平台，倡导把最合适的人才放在最合适的岗位，最大限度地发挥其所长。章贡酒业用人坚持五湖四海、德才兼备的标准，同时提倡能者上、庸者下，使员工在各自的岗位上建功立业，为每一个员工提供成长的通道。为此，章贡酒业实行关键岗位竞争上岗机制，遴选出优秀人才，员工才能得以施展，积极性得到提高。

塑造典型，以排头兵引领队伍向前。 章贡酒业认为，榜样的力量是无穷的。为此，章贡酒业开展了优秀员工评选活动，涌现出一大批优秀部门和个人。同时，为激发员工干劲，章贡酒业还设立了总经理特别奖，累计发放奖金上百万元，极大地鼓舞了员工士气，提升了工作积极性。章贡酒业还重视发挥党员的先锋模范作用，引导广大党员工作走在前列，党员的辛勤付出，得到全公司员工的一致认可。

文化活动，展示企业文化魅力。 企业文化活动作为公司企业文化的载体，是体现公司"以员工为本"的重要举措。根据行业特点，在业绩冲刺阶段，章贡酒业每年组织营销团队员工开展以拼搏为主题的员工拓展训练活动，增强团队凝聚力，增强员工拼搏干劲儿。同时，章贡酒业还开展了各式各样的企业文化娱乐活动和技能比武活动，如篮球赛、羽毛球赛、乒乓球赛、游泳比赛、拔河比赛、读书之星、酿造比武、包装比武等。公司还建有标准的篮球场，并配有室内活动中心供员工业余免费使用（内设羽毛球场、乒乓球桌、台球桌、各类健身器材等），深受员工喜爱。

社会责任，增强员工社会自豪感。 章贡酒业坚持履行社会责任，举办形式多样的公益活动。作为赣南人的企业和客家文化的名片，章贡酒业始终不忘这片土地上的父老乡亲的厚爱，不断回馈社会，举办一系列公益活动，包括慰问一线官兵、送文化下乡、赞助脐橙节、新农村建设、向玉树灾区爱心捐赠、资助2000多名贫困学生圆大学梦等，其中连续24年举办的章贡王爱心共圆大学梦已成为赣南响当当的公益品牌，累计捐赠爱心款500多万元。章贡酒业的公益付出，得到社会的广泛赞誉和一致好评，员工也为是章贡酒业的一员而感到骄傲、自豪。

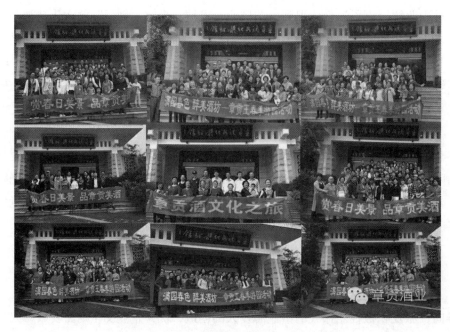

市民开放日

收获——员工在企业文化熏染下砥砺奋进

员工满意度高。 企业文化建设的最佳认可就是提升员工满意度、幸福感、归属感和忠诚度，以此助推企业的发展。章贡酒业深谙员工需求，真正做到"以人为本"：办公人员享受5天8小时工作制，而车间生产人员则"按量定时"，根据工作性质、天气、产量决定上下班作息时间，种种"人性化"的举措让员工时刻保持工作时的积极性。夏季高温酷暑，公司除了提供必需的防暑降温药品、凉茶、绿豆汤外，办公室装有空调、车间装有中央通风设备，实现"外面骄阳酷热、里面清凉一夏"两重天的效果。员工福利待遇、薪资收入处于行业薪资水平、区域市场行情中上等水平。此种种，提升了章贡酒业员工的满意度，人才能引得进来、留得住、干得出色。

员工精神面貌发生巨大改变。 自章贡酒业宣布贯彻"竞争""创新""责任"为主题的企业文化和"敬业、求精、高效、创新"的章贡精神以来，章贡酒业人的精神面貌发生了巨大改变，目标明确、路线清晰、保障有力、干劲儿十足，成为大家的共同特点。章贡酒业积极朝着"进入中国白酒行业第一军团"的目标砥砺奋进。

赢得社会良好评价。章贡酒业不仅产品获得金杯、银杯，而且还收获老百姓的口碑，企业知名度和美誉度在赣南地区及行业内也深受好评，一旦出现职位空缺，招聘信息发布瞬间，应聘电话接连不断，求职者纷纷投递简历，以期许加入章贡大家庭中。

主要创造人：杨立志

参与创造人：万华荣　邱键华

弹奏安全健康绿色的最强音

烟台果力健食品科技有限公司

烟台果力健食品科技有限公司(以下简称果力健公司)成立于2012年,是烟台、威海地区最大的果蔬深加工生产基地之一。以享誉海内外的烟台苹果等为基础原料,引进具有世界先进水平的玻璃瓶罐装、塑料瓶装生产线,主营发酵型果蔬汁饮料、水果蒸馏酒、发酵酒、配制酒、发酵食醋五个单元产品,全部取得了国家SC生产许可证书,年生产能力达到10000万瓶。下设榨汁、发酵、蒸馏、调配、灭菌、灌装、包装7个生产车间。现已拥有以"果力健"核心品牌为基础的包括"果乐瑶""鹿龟堂"等在内的40余个注册商标。先后获评"烟台市科技型中小企业""海阳市世界赛事协办先进单位""关爱老人先进单位"等荣誉。

果力健公司立志锻造百年基业,始终将生命安全、健康绿色铭刻心底,秉承"质信天下,诚容未来"的核心价值观,以生产"喝得安心、喝得安全、喝出健康、喝出神采"的产品理念为己任,以"无添加、不勾调"为底线,砥砺前行,并在发展中形成了底蕴深厚和内涵广博的企业文化,弹奏安全健康绿色的最强音,山楂饮品技术开发保健型、海藻蜂蜜苹果醋饮品技术研发、饮料多旋盖预付证自动化装置的研发被列为市级科技成果。

立足企业发展"生命"无忧,确立百年品牌意识

果力健公司坚持以品质创立品牌、以服务维护品牌、以文化培育品牌,将公众安全健康与关乎企业发展紧密联系在一起,以客户为本,择文化建设之路;以职工为本,施文化管理之策;以发展为本,谋文化强企之举。明确了"企业基石""企业使命""企业愿景"3项核心文化内涵,描绘出企业发展蓝图,形成了以安全健康文化为核心的理念识别系统,凝结了企业的价值体系,成为鼓舞员工拼搏的号角;以制度文化为核心的行为识别系统,涵盖了企业管理的主要范畴,成为指导员工言行的坐标;以企业标识为核心的视觉识别系统,塑造出企业的鲜明形象,成为振奋员工精神的旗帜。

汇聚优秀人才,奠定企业发展基石。管理团队建设是企业长足发展的保障,缺少强有力的管理人才,企业发展就会捉襟见肘,就会在不同的需要期制约企业发展。基于这样的认识,果力健公司领导层统一认识,先后投入50多万元用于各层次的人员培训,并制订了企业发展3个5年培训计划,确保企业百年发展人才不断流。同时,企业主要领导强化自身素质的提高,参加了大连理工大学EMBA的教育学习,大大提升了管理水平与决策能力。积极与国内知名院校寻求广泛合作,先后与清华大学、北京大学、山东科技大学、北京科技大学形成紧密合作关系,引进专项项目与人才,科技人员比例达到员工总数50%以上,其中教授、博士、研究生、大学本科共16人,

有力地促进了果力健公司经营的专业化和科学化。

倾心品牌培养，增强企业生命力。优质品牌关乎企业长远发展。果力健公司成立伊始，放长眼界，高起点做品牌，注重品牌建设，确立了"争创民族百年品牌"的长远战略目标。山东海阳是中国著名水果之乡、全国十佳旅游市（县），无工业污染、水源纯正、空气质量优秀，盛产烟台苹果、优质葡萄、海阳网纹瓜及桑葚、樱桃、白黄瓜等。通过考查论证，果力健公司抓住地域优势，充分发挥原料地缘优势，以极负盛名的烟台苹果为基础，先后开发出苹果醋、水果蒸馏酒、民用食醋、各类水果酵素及酵饮、光和酶多功能饮料等一系列优质产品，逐步形成了具有自身特点的系列品牌。

推进企业美誉传播，提高企业影响力。为保证企业的知名度、产品的美誉度，果力健公司加大投入，抓住一切有利机会进行宣传推广。海阳市作为亚洲沙滩运动会的承办城市，完善的沙滩运动场地吸引了国内外众多赛事，在大到世界攀岩大赛、亚洲马拉松比赛、亚洲沙滩排球赛，小到中小学生运动会、广场舞比赛等一系列赛事中，果力健公司都参与赞助，抓住机遇宣传企业、宣传产品，受到各级领导、赛事组委会、各国运动员及广大群众的好评。2014年，在钓鱼台国宾馆召开的农业部"全国食品安全暨第三方检测会议"上作为企业代表做了典型发言，向大会郑重承诺"拒绝添加，做良心企业"。通过各种不断地宣传，企业声誉得到广泛传播，成为老百姓喜爱的餐桌饮品。

立足员工职业生涯长久，充分发挥员工自主性

决定企业发展的因素很多，但最关键的还是人的因素。员工的责任心、使命感、归属感，员工的整体素质、工作态度等，决定了企业是否具有长足发展的可能性。因此，只有为员工发展着想，搞好队伍管理，维护员工职业生涯，切实发挥企业文化的凝聚力，才能将职工与企业紧密地联系在一起，永续企业发展命脉。

注重责任意识培养，强化主人翁意识。果力健公司坚持"连天地海洋，铸你我辉煌"的胸怀气魄和"做有良心的果饮人"的道德理念，让"我做安全健康产品""我先喝你放心""产品安全我才安全""企业一步发展，我担一份责任"成为每一名员工的坚定信念。在具体操作上，对员工施行股权激励机制，核心员工参股，拿出49%的股权分配给普通员工，让员工成为真正意义上的企业主人，同处一片海、同驶一条船，同担当、共受益，使员工与企业连成一条心、结成一股绳，以"当家人"的心态和行动，为企业发展献策献力。

注重员工成长，发挥员工的创造性。果力健公司坚信每一名员工都是人才，只有不合格的管理人员，没有不合格的员工。始终秉持开放、包容、尊重的用人原则，鼓励员工学习成长，通过开展化验、制浆等6个专项技术比武，修旧利废、质量对比等13个竞赛，提高员工的实际操作能力。建立了困难员工帮扶档案，对生活上暂时遇到困难的员工发放慰问金，从感情上体贴他们、生活上照顾他们，让员工感受到企业大家庭的温暖。对员工切实的关心关怀，激发着员工的工作主动性和创造力，先后投入100余万元用于员工自主创新。如，员工自制的旋盖装置，减少个人劳动强度，大大提高生产效率，单班节省岗位人工5人；自主创新的装箱工艺流程，可提高一倍工作效率；自主研发的高效有氧发酵装置，节约生产成本1000元/10T，提高生产效率20%以上；

自制的榨汁设备，改变传统压榨设备有效率低、适应水果种类性差等缺点，实现浆果和有核水果连续榨汁，效率提高两倍以上；自主改进的贴标机构造，在不增加设备情况下，实现方瓶自动贴标，为企业节省了设备投入的同时，比手工贴标效率提高10倍。以上几项可节约设备投入200余万元。

完善激励机制，调动员工积极性。果力健公司领导率先垂范，坚持同员工谈心，建立"以师带徒"工作机制，谈形势、讲政策、传技艺，为员工解疑释惑。通过谈心全面了解基层员工的思想动态，引导员工增强发展信心，创造和谐发展氛围。开展以"质量第一、健康第一"的大讨论，在员工中固化了做"原汁原味的天然果饮"的理念。实施日绩效考核、督办反馈，促进目标达成，形成"办实事、求实效"的工作导向。将制度文化融合于生产经营各个环节，建立健全了安全、质控等43项岗位规范，渗透到各个工作流程，提升专业化管理水平。几年来，果力健公司为鼓励员工自主创新，对员工的创新奖励达到了工资总额的25%以上。

立足公众健康无忧，坚定良心经营不动摇

随着生活水平的提高，人们对健康生活方式更多关注，作为一家果蔬饮品民营企业，果力健公司紧跟绿色健康食品潮流，主动承担社会责任，弘扬健康理念，发展绿色健康饮品，为公众生命安全和健康持续保驾护航，为促进社会文明进步贡献力量。

坚持做"无添加剂"的绿色健康产品。果力健公司始终把"无添加、不勾调"作为产品生产的底线，坚守企业发展决不以牺牲所承诺的安全健康为代价这条不可逾越的红线，把"良知、良心、良品"的理念贯穿企业生产经营的全过程，坚决走"绿色、健康、自然、无公害"的发展之路，即使生产的水果蒸馏酒也坚持不兑食用酒精，始终保留"蒸馏"本色。由于纯天然产品的生产成本相对社会一些以添加剂勾兑生产的产品要高一些，因此导致企业一度亏损300余万元，但仍初心不改，咬牙渡过难关。许多外部企业寻求OEM合作，为寻求饮料产品的口感、色泽，要求添加大量添加剂、色素等，果力健公司对此一概拒绝合作，曾在严重亏损的情况下先后谢绝了20余家有合作意向的企业。正是凭着这份执着，这一锲而不舍的精神，果力健公司最终赢得了市场，给人民群众交上了一份优秀的答卷。

严把经营环节关。质量管理严格执行ISO9001：2008质量管理体系。严把产品工艺关，严格加强生产过程控制。从榨汁、发酵、调配、灭菌、灌装等每项工艺，发扬"工匠"精神，把产品做精做细，每种新产品研发做几十次甚至上百次实验。2013年5月企业创建之初，市场上出现了鼓盖、瓶口长毛等质量问题，一般厂家做法是换货，而果力健公司却全部召回且现金补偿，并聘请行业内知名技术人员帮助分析问题、查找原因，不合格产品全部销毁。同时，把绿色生产的理念渗入每一个经营管理环节，主动承担社会环保责任，采用更为严格的国际化环保生产标准，努力将生产对环境的影响降至最低，立志生产中国的"XO""人头马"。发酵完的废渣做到零排放，目前发酵废渣经特殊工艺科学处理，部分作为养殖饲料，部分作为植物肥料，既避免环境污染又能变废为宝。

力推健康新品。果力健公司为生产健康产品而不吝投入，在加大资金投入的基础上，通过10余家较有实力的公司合作进一步增加投入。青岛一公司看重企业发展的文化理念和对产品安全

健康的执着坚守，毅然投入2000余万元研发费用，用于植物、果蔬微量元素提取研究工作，合作生产的一款天然植物多糖饮料，通过吸附肠道胆酸、减少食物摄入量等，能有效改善女性肥胖症状；正与北京大学合作研发的灵芝多糖产品，能有效改善人体免疫力，对肿瘤具有抑制作用。2016年，与清华大学美国归国知名教授带领的团队合作生产"光和酶微循环生命肽"特殊功能饮料，选取药食同源中药材做基础材料，在继承前人研究成功经验基础上，采用现代非晶态材料活化技术、现代发酵及酶解、肽和氨基酸技术复合协调相生共振原理，生产出的新产品，用量减少、功效提高，适宜于微循环障碍、免疫力低下及亚健康人群等饮用，解决了诸多人体世界性难题，是人类健康生活的福音。

国内一流的全自动生产线

面对大海，潮涨潮落；面对健康，心静似水。任凭市场风浪起，不改生命安全健康这一立企立业之本。近年来，在先进企业文化的引领下，果力健公司的凝聚力、员工的向心力、市场的战斗力得到显著增强，生产经营屡创佳绩。公司建立至今，未出现一起消费者投诉事件，更未发生一起人身和环保安全事件，先后自主研发新型产品30余种，申报发明专利2项，实用新型发明专利6项，外观设计10项，在市场竞争中迎风撑起了企业发展的风帆。

主要创造人：高英超

参与创造人：孙丙州

员工为本　文化铸魂
为"和谐凯嘉、百年集团"凝聚起强大的精神力量

山西凯嘉能源集团有限公司

山西凯嘉能源集团有限公司（以下简称凯嘉集团公司）成立于2009年10月，是在山西义棠煤业有限公司60年规模发展的基础上改制而成的。注册资本20700万元，现已发展为集煤炭、旅游、煤层气发电、房地产、金融、医疗、陶瓷等于一体的综合能源集团企业，旗下现有12个子公司和成员单位，资产总额88.4亿元，员工7600余名，原煤生产能力660万吨/年，洗选能力300万吨/年，是地方综合能源企业纳税贡献大户。先后荣膺"山西省社会责任优秀企业""山西省功勋企业"等荣誉称号。

凯嘉集团公司已经走过了60年的发展历程。60余年来，凯嘉集团公司在不同发展时期，一直坚持"员工为本，文化兴企"，在各个不同时期的发展实践中逐步形成了富有特色的企业文化。特别是凯嘉集团公司成立以来，企业坚持"以人为本、依章治企"，持续不断地挖掘、传承、弘扬和创新"义煤文化"，并将"员工为本"作为企业文化建设的核心内容，为推动企业安全发展、高效发展、和谐发展、可持续发展，提供了强大的精神动力。60余年来，安全管理趋向标准化、煤炭产业趋向规模化，转型发展实现多元化……60余年来，从1座小矿到6座现代化矿井，从单一煤炭主业到拥有10余个子公司的大型集团，从年产煤炭15万吨到年产能660万吨，从年营业收入200多万元到20亿元，从年上缴税费10万元到7亿元，从固定资产不足5万元到资产总额85亿元……

"文化即是生产力，软文化结出了硬果实"。60余年发展，连年飙升，成就卓著，背后是优秀文化成果的强劲支撑。

企业文化体系臻于完善

凯嘉集团公司自2009年成立以来，开展了企业理念、企业精神和公司标识等的征集活动，通过民主议事的途径逐步建立、完善了企业文化体系。

企业视觉识别系统。2011年，在拥有《凯嘉报》、广播、通讯等各类内部媒体的基础上，顺利开通了门户网站，形成了以企业标识为重点元素的视觉识别系统。凯嘉集团公司标识（LOGO）以规矩方圆为主体，由红、黄、蓝三原色组成，折射企业领导者和全体员工智圆行方、上善若水的人生道德和智慧。整个LOGO图案以"凯嘉"首写字母KJ为核心，巧妙组合成一个巍然屹立的"人"字，左边是蓝色的资源、能源，右边是橙色的光明和希望，既体现了凯嘉集团公司"员工为本"的办企思想，又象征着辛勤、勇敢、快乐的凯嘉人集约、高效地开发利用资

源,为社会奉献着温暖和光明,在追求人与自然、企业与社会的和谐发展中,实现凯嘉集团公司的可持续发展。凯嘉集团公司在工作日志、日历、信笺、笔记本、会议记录本等办公用品上,以及在员工服、公司班车、导视系统上都统一印制了企业标识和标准文字,并通过组织或冠名各类大型活动宣传企业,有效提升了凯嘉集团公司的地方影响力和社会知名度。

企业理念识别系统。企业发展的过程也是理念提升的过程。60余年来,从20世纪50~60年代的"一不怕苦、二不怕死""吃苦耐劳、战天斗地"、70~80年代的"独立自主、自力更生、艰苦奋斗、勤俭建矿",到90年代和21世纪初的"务实创新、奋进争先""发掘无限、创新每天""务精务实、至高至远",企业精神内涵不断得以拓展和延伸,企业文化得到锤炼。2014年以后,随着企业视觉识别系统成功推行,凯嘉集团公司的社会声誉大大提升,员工对企业的归属感和凝聚力进一步增强。随之,凯嘉集团公司企业理念识别系统从雏形逐步走向成熟,形成了"和谐凯嘉、百年集团"的企业愿景,"煤为主业、气电联动、多元转型、产业金融"的企业发展思路,"人本为大、创新为要、诚信至上、卓越发展"的企业精神,"安全发展、高效发展、和谐发展、可持续发展"的企业目标,"依章治企、文化兴企"的管理理念,"质量为本、客户至上、合作共赢"的经营理念,"务精务实、至诚至善、至高至远"的企业作风,以及"以德为先、公正选人、量才用人"的人才理念,"与人为善,宾至如归"的服务理念,等等。

员工学院

企业行为识别系统。随着社会的进步和企业的快速发展,以及文化体系的日益完善,规范员工日常行为成了完善企业文化体系、助推企业健康持续发展的当务之急。2015年以来,凯嘉集团公司企业行为识别系统从酝酿到逐步显现,并通过建立完善和执行《员工考勤制度》《员工奖惩办法》《任职管理人员责任追究制度》《员工职业道德》《职场规范》《社交礼仪》等制度,使员工的日常行为融入了集团的经营活动中,并形成良好的习惯,员工内在气质和外在形象得到提升，集中反映了凯嘉集团公司的经营作风、经营目标、员工文化素质和精神风貌。

企业文化活动绽放异彩

60余年来，凯嘉集团公司在创业、改革、发展的进程中，继承发扬了义煤人的创业精神，党政工团齐抓共管，员工广泛参与的企业文化格局日臻完善，丰富多彩的文化活动蓬勃开展，企业文化建设成果斐然，独具特色的企业文化逐步形成。《山西义棠煤业公司志》的出版、《义煤之声》的开播、《义棠煤业报》的创办、文化艺术团的组建，搭建了企业文化建设平台，树立了企业的良好形象。2006年，义棠煤业公司以建企50周年为契机，举办了"金色的矿山""辉煌50年"和纪念建矿50周年暨120万吨/年改扩建工程竣工剪彩仪式"煤之魂"大型文艺演出。2009年，《凯嘉报》创刊。2010年，举办了以"新生与跨越"为主题的凯嘉集团公司挂牌成立一周年暨义棠煤业改制10周年系列庆典活动。2011年，举办了"和谐之光"迎春灯会、第二届职工运动会、纪念建党90周年暨建企55周年千人红歌会等活动。2014年，面对煤炭市场持续疲软的严峻形势，凯嘉集团公司以纪念中国共产党建党93周年为契机，举办了以"众人划桨开大船"为主题的凯嘉歌会，进一步提振了凯嘉7000名员工应对困难、继续前行的信心和决心。2015年，凯嘉集团公司向全体凯嘉员工发出了"致全体员工的一封信"，号召全体凯嘉人保持求生存、渡难关、增信心、谋发展的旺盛斗志，凯嘉集团公司自上而下形成了"同甘共苦，同舟共济，万众一心，克难制胜"的强大凝聚力。2016年，集团公司组织干部员工编写了《凯嘉集团志》，并出版刊印。90万字的志书，不仅承载着往昔的光荣与梦想，浓缩着昨日的心血与汗水，更叠加着对集团未来的希望与憧憬。它在为企业今后的发展发挥资政、存史、教化作用的同时，更为员工提供了极好的文化大餐。一系列文化活动，丰富了员工的精神生活，为企业渡过难关提供了精神和动力支持。

企业发展成果惠及员工

企业得发展，员工得实惠，是企业和员工的共同理想。一直以来，凯嘉集团公司想员工所想、急员工所急、忧员工所忧，用真心、真诚、真情营造企业大家庭共享劳动成果的氛围。公司董事会、党委会、领导班子和工会组织通过广泛摸底和调研，共同协商制定"按劳分配、同工同酬、责权利绩、行业特点、适当上浮、逐年递增、民主协商、公平公正、公开透明"的薪酬体系，并以此定原则、定要求、定总额、定涨幅，使企业和员工共享劳动成果，使企业核心员工在享受薪酬的同时，能够感受到自身的价值得到认可，自己的付出得到回报，自己已经成为企业的主人。同时，凯嘉集团公司严格依法依规办事，切实保障员工的各项权益。

凯嘉集团公司在生产规模扩大，经济效益提升的同时，大幅度提高员工收入，把各类保险等涉及员工切身利益的事项放在了重要位置。2006年，义棠煤业公司实施了奖励员工旅游措施。2008年，实施了企业年金、住房公积金制度，建立了扶贫帮困长效机制，深入开展了阳光救助、金秋助学、医疗互助、向贫困员工献爱心等活动。

企业文化建设延伸社会

　　凯嘉集团公司以企业责任为载体,积极承担经济责任、法律责任和道德责任等,通过文化辐射作用在社会上确立了良好形象。60余年来,累计上缴利税54.12亿元,累计赞助公路、教育、体育、灾害救援等公益性事业1.12亿元。凯嘉集团公司组建以来,共安置下岗职工1520人;积极履行环保责任,通过植树绿化荒山荒坡、治理矸石山、污水循环利用、节能减排、建立生态补偿机制,倾力打造绿色生态矿区。近年来,凯嘉集团公司连续在北京发布了中国工业经济行业社会责任报告。

　　面向"十三五"及未来发展,围绕"和谐凯嘉、百年集团"的美好愿景,凯嘉集团公司将继续把企业文化建设作为践行科学发展观的生动实践,靠文化内强管理,以文化构筑未来。

主要创造人:路斗恒

参与创造人:王　虎　杨双生

健康南国　幸福企业

海南南国食品实业有限公司

　　海南南国食品实业有限公司（以下简称南国）是国内知名的海南特产企业，成立于1992年，前身是海口南山公司，1999年改制后更名为海南南国食品实业有限公司。主营业务是海南特色食品的研发、生产和销售，是海南第14家中国驰名商标，农业产业化国家重点龙头企业，海南省唯一的上海世博会特许生产商、特许零售商。连年获评诚实守信单位、中国驰名商标、农业产业化国家重点龙头企业等荣誉。

　　南国在25年的发展历程中，紧跟时代发展步伐，根据一个大的战略定位，系统推进企业文化建设，形成了企业精神、企业价值观、文化理念体系，并有效地渗透到了各项经营管理行为当中，也成为企业和员工的行为习惯，推动着南国稳步向前发展，在各个层面绽放光彩，成为行业内学习的标杆。

南国企业文化概述

　　自成立以来，南国人就提出了"为社会创造健康美味食品"的企业宗旨，并坚持品质第一、诚信经营的理念，引导着南国开拓进取，一步步登上海南特产行业标杆企业的位置。25年间，南国企业宗旨和经营理念得到进一步提升和发展，内涵也不断丰富。在继承和发扬的基础上，从精神文化、制度文化、行为文化、物质文化四个层面着手，塑造了优秀的、独特的南国企业文化，并将企业文化建设作为推进集团公司实现转型升级和跨越发展，特别是保持自身长期快速、健康发展的不竭动力源泉。

　　企业宗旨：为社会创造健康美味食品。

　　南国精神：德行天下、共命共赢。

　　经营理念：以人为本、品质第一、诚信经营、创新发展。

　　管理目标：100%的产品合格率、101%的顾客满意度。

　　企业文化：开心快乐、体现自我、团队协作、实事求是。

　　企业理念：以规管人、以理服人、以身作则。

　　企业愿景：打造幸福健康快乐的南国家园。

　　企业发展观：聚焦行业、小步快跑、稳步发展。

　　行业目标：成为全国知名的椰子专家。

　　南国企业文化解读：

　　企业宗旨——为社会创造健康美味食品。这是南国企业的核心和根基，是全体员工一致认同、彼此共鸣的基本信条。南国始终坚持每个南国人都要有这样的认知，生产出健康美味的食品是所有南国人的使命。

南国精神——德行天下、共命共赢。

德行天下：南国用人首先看品德，其次才看能力。

共赢：即企业与客户同利共赢。无论是上游客户还是下游客户，无论是受我服务的客户还是为我服务的商家，无论是生意合作伙伴还是投资项目合作伙伴，都要本着诚实守信的原则，在给客户创造价值的同时，实现企业的价值。只有共赢的合作才能持续，只有坚持与客户共赢的企业才能持续发展。

共命：即企业与职工同体共命。企业规划未来目标时，职工收入和福利是重要的指标之一。员工是企业的财富，企业发展要依靠员工，企业与员工荣辱与共，企业好员工也好，员工在企业感受到的是一个大家庭，这样广大员工才会愿意把自己的命运托付给企业。只有广大员工把自己的命运与企业紧密相连，企业的发展才有坚实的基础。

企业发展观——聚焦行业、小步快跑、稳步发展。南国25年来，始终把主要精力聚焦在海南特产行业，先后发展的南国特产连锁超市，南国旅游景区和南国健康产业园等项目也都是与海南特产行业相关的。公司的主业务就是研发生产销售海南特产，坚守在实体，不轻易涉足其他行业，不贪图盲目的快速发展，不涉足不擅长的房地产和金融等高利润行业。不忘初心，记住使命，小步快跑，稳步前进，不盲目投入，不盲目扩张，保持稳健的发展步伐。

行业目标——成为全国知名的椰子专家。从1994年研发国内第一包速溶椰子粉开始，南国就深深烙下了"椰子专家"的印记。接着南国围绕着海南岛的这一棵生命树（椰子树），先后研发了几十种椰子食品，其中椰子粉、椰子糖、椰奶咖啡、椰香薄饼和开心椰球这几款明星产品热销国内外，也成为同行争相模仿的对象。

南国企业文化的优势和特点主要有以下几点：

南国有深厚的文化传统。南国企业文化经过25年的潜移默化和大力推动，已经深深地烙入每个南国员工的血液里，支撑着管理者的战略战术，影响着每一个员工的行为规范。

以刘汉惜为首的南国领导层有高度的文化自觉，他们既是企业文化的设计者，也是企业文化的传播者和实践者。在不同时期，他们主动推动文化的变革，使企业文化适应时代、适应市场、适应战略，为企业发展打下坚实的基础。比如，在企业成立初期就确定了"品质第一、诚信经营"的理念，使得南国一开始就不会走偏方向，根基够稳；在世界金融危机的时期，企业前景阴霾重重，领导层就做出"不裁掉一个员工"的承诺，使得南国能安稳地挨过那段艰难时期；还有在国际旅游岛建设的大好时机下，领导层坚定提出"不涉足不擅长的房产和金融等行业，坚守海南特产"的主张，才能带领南国员工把南国特产做到全世界。南国各级管理者和基层员工也以有温度、有力量的南国文化为荣，积极接受和主动践行南国文化，形成良好的企业文化氛围。

另外，南国很多企业文化都透视出创始人刘汉惜的个人魅力，比如他推动践行的爱心文化、感恩文化、幸福文化和品质文化等。最近南国企业集团开始全面导入积分制管理，把员工的精神状态、团结协作能力、执行力，甚至是好人好事都列为加减分的重要项目，把企业文化通过打分量化的方式在集团上下推广践行。

企业文化建设活动有序开展。不断强化企业文化内外部宣传、渗透和应用，投入大笔资金，建设"两大刊五张网新媒体"的传播平台。两大刊包括《南国人》企业内刊（为双月刊，主要向客户、员工和政府相关机构单位及商协组织发放）和《南国企业文化特刊》（与海南主流媒体《国际旅游岛商报》合作推出，曾被评为全国优质经济特刊）；五张网包括了南国企业集团、南国食品公司、印象南国商贸公司、南国旅游公司、南国佳品超市的5个官方网站；新媒体平台包括了3个南国微信公众号，官方微博和南国企业QQ群、微信群等新媒体。南国还拥有自己的书籍《南国梦》，记录了南国20年的发展历程，一部南国发展历程宣传片《南国路》，还有企业之歌《大海之灵 南国之花》和《南国情》，有自己的礼仪队，有一批文艺骨干。让南国企业文化360度有声有色地呈现在众人面前。在加强企业文化宣贯的同时，南国组织开展了丰富多彩的文化活动。通过德行天下大讲坛、健康养生讲座、南国歌舞大赛、羽毛球比赛、办公室文化改造大作战、电视闯关节目等活动来不断增强员工对企业文化的直观体验和感受，形成了健康向上的文化生活氛围。

企业文化与企业经营管理进一步融合。南国依托理念的指导，实施企业组织变革、优化业务流程、创新管控制度，通过制度流程逐步固化企业理念，落实企业文化要求，把企业文化真正化为企业员工行为，进而规范了企业经营管理行为。其中，集团公司的质量文化、服务文化、安全文化、大爱文化等理念，在企业生产经营行为和员工行为中得到体现，成为自觉的行为习惯。

企业文化建设与企业形象和品牌影响力相得益彰。品牌建设注入文化元素，让品牌和文化完美结合，打造品牌永恒的生命力和卓越的文化品质。经过多年的努力和发展，"南国出品、必属精品"的品牌文化已经在消费者心中生根，南国品牌在客户心中就代表了诚实守信。随着南国在行内外的知名度不断提高，它已经成为海南特产龙头企业和领导品牌。

企业文化建设已经获得社会各方支持。南国持续不断地通过各种方式将企业文化宣贯和传递到员工、客户、政府、媒体和行业组织等，使南国企业文化获得社会各界人士的高度认同。如近几年南国接连主持召开了3次食品质量安全论坛和诚实守信宣讲活动，不仅表明了南国企业文化的立场和态度，而且也将企业文化向外渗透。

南国企业文化建设系统推进

建设完善的企业文化建设组织网络。南国企业集团和子公司均设有负责企业文化建设的部门，有专职的企业文化工作人员，主责推进企业文化建设工作，并将经费纳入年度预算，从经费上保证企业文化活动的开展。

把企业文化建设纳入发展战略。南国将企业文化建设列入企业的年度方针目标中，详细地对企业文化建设进行规划，从战略和战术上予以高度重视。每一年，南国都会对企业文化建设工作进行考核，考核结果直接决定了相关责任人的奖罚。

做好理念文化渗透工作。南国企业高层领导就是南国企业文化"行走的宣讲人"，不管是对内还是对外，无时无刻不在宣讲和传播南国企业文化，无时无刻不在渗透南国企业文化。使企业文化渗透进员工的日常生活中，使企业文化渗透到社会各界人士的观念中。南国在厂区内外都制作理念文化标识牌和企业文化墙，推进了企业文化落地、上墙工作。

邀请专家做好企业文化培训。每年利用企业文化建设专项资金聘请企业文化专家到南国开展企业文化培训，提升企业文化整体水平，如开展"德行天下"文化大讲堂培训，全体员工连续两天参与学习和感受，使员工加深对南国企业文化的认识，更自觉地将企业文化融入企业的生产经营活动中。

开展企业文化相关书籍的编写。开展南国20周年相关画册、书籍和宣传片的执行工作，撰写和编制企业大事记、员工故事、企业案例、文明服务礼仪指南、企业文化手册、员工手册，制作企业宣传片，创作南国歌曲，全方位展示南国的企业文化。

"德行天下"分享交流会

通过承担社会责任和参与慈善公益活动，对内、对外树立一个满满正能量的企业文化榜样。25年来，南国企业董事长刘汉惜和他带领下的南国在环保、救灾、助学、扶贫、帮助困难群体等慈善公益活动中捐款捐物达到上千万元。南国从2012年开始在企业内部成立了南国爱心基金会，对内部员工和外部困难群体给予帮扶，受到社会各界的好评，多次获得"海南最具社会责任慈善企业"等称号，成为海南数一数二的爱心企业。

优秀企业文化助推企业发展，成果显著

南国取得了一项又一项辉煌的业绩，得益于党建和企业文化所产生的智力支持、文化支撑和精神动力。特别是近几年的经济寒冬和成本上涨及同行竞争的重压下，南国人仍然在坚韧的南国企业文化帮助下，坚守海南特产行业，收获了硕果，连续几年超额完成目标任务。

企业实现可持续发展和百年基业，归根结底要靠企业文化的引领。南国从战略高度部署开展南国幸福健康家园建设，用爱的纽带努力营造全体员工受尊重、共命运、享成果、被需要的幸福文化。当前，南国广大干部员工心齐气顺，凝聚力和归宿感进一步增强，空前团结。

主要创造人：刘汉惜

参与创造人：林森财　蒙莉梅

优秀的企业文化　为夏进乳业插上腾飞的翅膀

宁夏夏进乳业集团股份有限公司

宁夏夏进乳业集团股份有限公司（以下简称夏进乳业）始建于1992年，位于宁夏回族自治区吴忠市金积工业园区，总资产7.2亿元，员工总数1764人。目前夏进乳业拥有瑞典利乐、法国百利、德国海思亚、康美及荷兰施托克等，以及国内生产线48条，年生产能力30万吨。目前产品80余种，涵盖灭菌乳、巴氏杀菌乳、调制乳、风味发酵乳、含乳饮料、乳味饮料、乳粉七大类。产品销售主市场为陕甘宁地区及长江以北主要城市。旗下的宁夏夏进综合牧业开发有限公司是宁夏规模最大的现代化生态养殖牧场之一。先后荣获"农业产业化国家重点龙头企业""全国优秀乳品加工企业""宁夏企业100强"等国家级、自治区级荣誉。

企业文化建设实施背景及内容

自建厂至今26年时间里，夏进乳业始终贯彻党和国家的政策方针和文化思想，将"以经济效益为中心，全面提升企业核心竞争力"作为发展主线，在充满挑战的征程中摸爬滚打，将理解与包容，创新与变革，坚韧与磨砺作为蜕变和成长的羽翼。怀揣研制最优质乳品的信念努力拼搏，勇立西北乳业潮头。在企业发展中总结和提炼出一套完整的夏进乳业文化理论体系，规范了企业经营，促进了企业成长，提升了员工素养。企业文化代表了夏进乳业人诚信、规范、勤奋、坚韧、创新、责任的核心价值观和品质。

以安全、营养、健康、品质为发展纲领。从源头抓起，重视奶源基地建设，采用进口设备和先进的UHT灭菌及无菌灌装工艺生产高品质产品。适应行业发展需要，不断改进工艺流程、购置现代化设备和扩建厂房，以"卓越品质，健康生活"为使命，以"创品质卓越，造百年夏进"的企业精神来实现成为"西北地区强势品牌"的企业愿景。

夏进乳业将品牌建设与文化建设相结合，外部统一品牌宣传形象，内部统一员工核心价值观和行为准则，通过各种形式营造企业文化建设氛围，使企业文化和形象从理念、视觉、行为得到统一，是夏进乳业文化体系的精华。夏进乳业企业文化是给消费者传递健康的名片，是激励员工奋发有为的思想引领。

愿景："西北地区强势品牌"。本着做好奶、做良心奶、做放心奶、传递健康理念的原则，企业诚信经营、严控质量，树立了良好的行业口碑和信誉。以"宁夏为中心，辐射西北"的营销战略，让产品进入长江以北主要省份，成为"西北地区强势品牌"。

战略目标：打造中国"清真乳品之乡"。借助得天独厚的地理优势和清真文化背景，近年来，不断创新管理，整合资源，助推企业健康发展，成为宁夏乳品行业龙头企业，公司未来的战略目标是打造"中国清真乳品之乡"。

企业精神：创品质卓越，造百年夏进乳业。自1992年建厂以来，夏进乳业良好经营，诚信守法，为消费者提供安全、营养、健康、高品质的乳制品，多年来无产品质量安全事件发生和不良记录。2008年，由于"三鹿事件"，中国乳业遭受重创。在危机时刻，夏进乳业秉持"诚信经营、知恩图报"的理念，增加原奶收购量，按时发放奶款，帮助养殖户渡过危机。同年10月与政府启动健康奶宣传活动，引导消费者放心饮奶。夏进人以敢于担当为己任，永远做消费者信得过的企业，成就百年夏进的宏伟基业。

核心价值观：诚信、规范、勤奋、坚韧、创新、责任。

诚信：始终坚持以质量求生存，以信誉求发展，为社会、消费者提供优质产品和诚信服务；积极倡导广大员工树立"对企业诚信、对质量诚信、对客户诚信"的良好道德行为，在与顾客贸易往来时坚持诚信准则。

规范：用体系标准和行业标准规范企业管理，先后通过12个体系认证，不断完善《质量管理》《标准化管理》《职工合理化建议实施办法》等制度，坚持开展质量控制管理、班组现场管理、员工合理化建议、改革创新等活动，增强员工参与企业管理的主动性。

勤奋：始终在员工队伍中倡导勤勉、进取、拼搏、奋斗、务实、求真的精神，引导员工树立正确的人生观和价值观。形成重实效、干实事、不怕苦、不怕难的企业发展氛围。

坚韧：在多年的发展中经历各种挑战及变革，但始终迎难而上、不屈不挠，锻造了坚韧、顽强、永不服输的精神。

创新：坚持战略、技术、产品、制度及理念创新原则。在创新实践中使企业焕发新活力，构筑企业核心竞争力。

责任：始终将对员工、消费者、社会和环境的责任放在企业发展首位。遵守国家政策和法规，关爱员工实施人性化管理，重视环境保护，助力慈善事业，追求高尚的伦理道德，促进企业与社会和谐发展。

使命：卓越品质，健康生活。"一流的设备制造一流的产品"——采用国内外先进的自动化无菌灌装生产线，全程封闭式生产，实现从奶源到餐桌的一站直达。用行动践行优秀企业的行业精神和社会责任。借助得天独厚的地理优势和对奶源的严格管控，保证每一滴牛奶的新鲜、纯正、营养，致力于以卓越的品质，引领健康生活。

企业理念。管理理念：全员参与，完善管理，提升品质，创造效益。企业号召员工参与企业经营管理，广开言路，建言献策，改革创新，提升产品品质，增收控本，创造效益。

安全理念：安全生产在我心中，安全生产在我手中。严格贯彻国家安全法规要求，落实安全生产责任制，实行一岗双责、属地管理、一票否决原则。将安全生产纳入企业绩效考核体系，形成"安全生产在我心中，安全生产在我手中"的安全生产氛围，夯实了企业安全生产基础。

环保理念：节能减排，低碳环保。推行"节能减排，低碳环保"理念，贯彻落实科学发展观，严格执行国家排污标准，全面建设节约型、友好型企业，勇担社会责任，推动企业绿色发展。

质量理念：不合格原料不进厂，不合格产品不出厂。以优质立足市场、以诚信服务消费者，坚决执行"不合格原料不进厂，不合格产品不出厂"的质量理念，杜绝掺杂作假现象，严格对原料奶的监管和生产过程管控，始终把食品安全作为企业的立足之本，确保牛奶的"清真"质量。

经营理念：诚信经营，稳步发展。坚持乳制品行业"奶牛养殖"的高标准、上规模；"加工制造"的控成本、保质量；"市场营销"的创品牌、拓市场。企业经营业绩持续稳步增长，走出一条具有夏进乳业特色的发展之路。

发展理念：锐意进取，开拓创新。秉承"锐意进取，开拓创新"的发展理念，坚持以科技创新为发展动力，以观念创新紧抓机遇，以机制创新激发活力，以管理创新提高效率，以服务创新增加效益。从2010~2016年，企业制订了以"提升产能、改进工艺，全面提升核心竞争力"为目标的7年计划。

以人为本促发展，奉献社会促和谐

坚持以人为本促发展，感恩员工的奉献，让优秀员工成为企业核心竞争力。建立人才培养机制和绩效管理体系。不断提高员工福利和保障，员工收入2013~2016年每年保持7.5%左右增幅。员工之家设施齐全，活动室、卡拉OK室、图书室，为员工提供休闲娱乐场所，职工书屋被评为"全国职工书屋"，员工之家被评为"全国模范职工之家"。

非公企业党建是企业无形生产力。夏进乳业始终把党建作为一项重要工作开展，企业党总支下设6个党支部，有党员121名，2016年以来紧密围绕"抓效能、促发展、强党建"主题，坚持开展党员积分管理制工作。同时结合"两学一做"学习教育，以"四比三争"活动为载体比管理，比技术，比创新，比贡献，争创先进党组织，争当优秀共产党员，争当金牌工人、技术标兵和岗位能手，建设一流队伍，争创一流业绩，以党工团为平台结合开展丰富多彩的企业文化活动，让党建工作更加有型、饱满，促使党员在推动企业发展、促进和谐、服务员工等方面发挥模范带头作用。夏进乳业党总支被吴忠市评为"双强六好"党组织。

生产车间

"为员工谋福利，为社会做贡献"是企业孜孜以求的价值标准。立足实际，努力营造和谐的劳动关系，依法与员工签订劳动合同，员工全部实现"五险一金"。每年组织员工进行健康体检，女员工进行"两癌"筛查，关注员工身体健康。企业每年都组织开展运动会、演讲比赛、最美一线员工评选、最美家庭评选、员工春晚、才艺展示、书香夏进乳业、员工参观工厂活动、垂钓比赛、知识竞赛、素质拓展等活动，为员工搭建展示自我、弘扬美德、感悟幸福生活的良好平台。以"反映企业动态，展现员工风采，感悟企业发展"为主旨的《夏进乳业人》报，至今已刊发203期。主题为《光耀回乡放异彩》夏进乳业发展史入选《宁夏企业史》丛书。

奉献社会、奉献国家是夏进乳业义不容辞的职责。夏进乳业以农业产业化国家重点的龙头姿态，扶持宁夏当地奶产业发展，成为吴忠市乃至宁夏地区经济增长、农民增收的重要推动力，成为宁夏经济全面发展的中坚力量。2012~2016年，共为奶户直接提供扶持借款资金约2亿多元，提供银行贷款担保6500万元，协助牧场银行借款4200万元，极大地带动了奶户养殖积极性。此举体现出夏进在养殖基地建设方面规范化管理、规模化经营的思路和立足长远的前瞻性战略考量。

多年来，夏进乳业慰问回族同胞、慰问部队武警战士共送去慰问金和物资达300余万元。救助灾区同胞、困难员工、帮扶社会困难群体是夏进乳业的慈善文化，近10年企业累计捐出爱心款400余万元。2012年，"夏进慈善救助协会"成立，更好地搭建了一个回报社会，积极开展助老、助学、助残、优抚等社会慈善公益活动的平台。2014年，"让我看见你，安全伴我行"关爱青少年出行大型公益活动在宁夏人民会堂启动，得到社会各界广泛关注和赞誉，活动投入费用超过100万元。因社会责任承担和慈善事业工作表现突出，荣获"宁夏慈善突出贡献奖""全区工业企业履行社会责任优秀企业"荣誉。

"夏进好牛奶，欢乐亲子游""陕甘宁主流媒体到工厂采访""外国大学生到企业参观交流""CCTV少年中国行小记者采访工厂、幼儿园孩子参观工厂""政府项目考察和调研"等活动，让社会各界和消费者走进工厂，来感受夏进牛奶的品质和优秀的企业文化。

企业文化建设愿景

自成立至今，夏进乳业一直把企业文化视作企业竞争的软实力、核心竞争力，使企业文化落地、执行和渗透到企业全面经营管理中，为企业创造了和谐的氛围、高效的团队、规范的行为、理想的业绩和良好的行业口碑，营造企业与消费者、企业与合作伙伴、企业与员工、企业与社会和谐相处的融洽氛围。

夏进乳业员工说，企业是树，文化是根，根深才能叶茂；企业是人，文化是魂，有魂才聚人心；科学持续发展的夏进乳业，是事业的舞台；在不断成长的夏进乳业发展自己、成就自己，是夏进乳业人的梦想。企业的每一位员工都将企业倡导的文化理念转化为一个个创新的行为和结果，融入每一滴珍贵、自然、纯真、灵润的牛奶馈赠给消费者。夏进乳业牛奶，滴滴进真情！

主要创造人：邓　军

参与创造人：田飞鹏　蒋婉君

文化强企　砥砺前行

山东百脉泉酒业有限公司

　　山东百脉泉酒业有限公司（以下简称百脉泉酒业）始建于1948年，是章丘市第一家国有企业，现已成为集白酒科研、生产、销售、服务于一体的国家中型企业。产品包括"百脉泉、清照、清照园"三大系列上百余个品种。拥有员工660余人，企业固定资产1.2亿元，年销售收入3.5亿元，实现利税4800万元。首批获得国家白酒生产许可证企业。连续多年被评为省优、全国、山东省消费者满意单位和重合同守信用企业。先后荣获"济南市劳动关系和谐企业""济南市五一劳动奖状""济南市国有企业四好领导班子先进集体"等荣誉。

　　章丘历史悠久，是华夏文明的发祥地，有着古老而又现代的灿烂文化；也是中国酒文化的起源地之一。从古至今的章丘酒业人传承根植于章丘文化历史沃土中的章丘酒文化，并随着时代的变迁，用自己的辛勤和智慧，使其如历代名人志士的光芒，历久弥新！

　　回顾企业近几年的发展历程，"百脉泉"人深刻地认识到，公司发展到今天的成就得益于"先做人，后做酒；做好人，做好酒"企业文化的系统建设和公司清晰的战略思想同步推进的共同作用。同时为实现"共创和谐发展、打造百年企业"的奋斗目标提供了坚实的战略和文化基础。

企业的发展需要企业文化和战略的有力保障

　　百脉泉酒业企业文化以中国经济的飞速发展和百脉泉酒业的悠久历史为背景，以系统建立、清晰明确为基础，以"先做人，后做酒；做好人，做好酒"的企业、人文理念为核心，阐明公司的价值主张和文化取向。这是百脉泉酒业面对市场环境变化和可持续发展所做出的主动、系统并具有未来深远意义的回应，是各级管理人员的行为导向；是各项经营管理工作的基本准则和目标。

　　战略规划作为公司发展的指导思想，其核心内容提炼概括为：12346工程，即一个战略核心、两个支撑点、三点经营方针和四项突破、六项关键措施。

　　一个核心：以企业可持续发展、保障战略目标实现为核心。

　　两个支撑点：一是体制改革；二是机制创新。

　　三点经营方针：①走内涵式滚动发展道路，规模增长和效益增长并重。②注重资源的有效配置，积极挖潜内部潜力，稳健经营。③集中发挥优势，确保当地市场，重点开发优质市场。

　　四项突破：①产品结构优化、市场开发、品牌建设有所突破。②技术创新、品质提升有所突破。③人才培养、团队建设有所突破。④运营能力、运营成本控制有所突破。

　　六项措施：①明确品牌定位，整合资源，实施整合营销。②积极打造柔性生产组织形式，挖掘内部潜力，提高运营效率，降低运营成本。③优化产品结构，注重品牌建设，提升产品的品质和品位。④内培外联，打造高素质、高能力，团结、务实的经营管理团队。⑤完善实施"能者上，平者让，庸者下"、开放的干部聘用与内部竞争机制。⑥完善实施全面预算管理、计划目标管理体系，强化监察、审计、执行，强化成本、费用控制，降低运营成本，提高运营效率。

以"先做人，后做酒；做好人，做好酒"为文化内涵，构建战略导向型的企业文化体系。

企业文化的基本内涵：百脉泉酒业企业文化是企业在长期的创业和发展过程中培育形成并共同认知遵守的最高目标、价值标准、基本信念及行为规范，它是企业理念形态文化、物质形态文化和制度形态文化的复合体。

百脉泉酒业在企业内部确立人的价值高于资产的价值、共同价值高于个人价值、团队价值高于单体价值。并以"先做人，后做酒；做好人，做好酒"的核心理念进行高度的概括和统一。

做"好人"。以德为先，公司弘扬：有理想、守纪律、肯奉献，不损害国家、社会、企业、员工利益，忠于公司、为人正直、清正廉洁、心态平正、讲究诚信，有职业素养，有创新意识，有敢为人先的精神，具备岗位技能和工作能力，孝敬父母、对家庭负责。

做"好酒"。以人为本，公司激励：为内、外客户提供最优质服务或产品的员工。各部门、各岗位的员工都是"做酒的人"，能够提供出最好的管理技能和销售业绩、能够为公司节约最多的资金和资源、能够不断地提升企业品牌、能够研制出适销对路的产品、能够酿造出优级的白酒、能够包装出合格的产品——就是为企业酿造"好酒"。

百脉泉酒业所倡导和要求的领导人素养、经理人标准、员工职业素质、员工精神公约、自律标准和员工高压线等内容，是所有员工对"先做人，后做酒；做好人，做好酒"的核心理念的最好诠释和承诺。

实施具有"百脉泉"特色的企业文化，为企业持续和谐发展提供强大的动力

品质铸就品牌。①建立了"产、学、研"基地，招聘微生物发酵专业的大学生，引进高科技质量检测设备，成立了省级企业技术中心和章丘市食品发酵研究所，定期举办生产技术骨干培训班，雄厚的科研、生产实力为研制生产高质量产品奠定了基础。②采取"走出去、请进来"的策略，学习兄弟单位成功经验，应用于自身工艺流程再造，改造了生产车间场地和设备，为保证产品质量打牢了硬件设施；聘请专家学者为技术顾问，具体指导公司生产，取得了显著成效。加强产品检测、化验室检测能力及水平，通过省检测站鉴定，确保了产品入库合格率100%。

以市场为导向抓产品销售。①巩固当地市场。对所有业务人员均实行周考核、日汇报，聘请有资质的讲师定期举办业务培训，综合提高业务人员的整体素质；注重以高品质的产品、优秀的销售队伍和完善的售后服务，在社会上树立诚信形象，稳固当地市场份额，效果显著，当地市场的占有率，由原先的不足40%扩大到现在的70%左右。②加大销售力度，外拓市场。在巩固当地市场的前提下，辐射周边市场，强化与省内白酒厂家的沟通、融合，汲取经验，提高品牌市场竞争力，扩大鲁酒影响，"中国生态酿酒倡导者"经营理念的提出，推进了公司品牌的传播，销售区域不断扩大，产品远销全国。

实施名牌战略，强化企业管理。多措并举，打造强势品牌。在企业内部打基础、抓生产、重质量和外树形象，综合提升了公司品牌的认知度和美誉度，百脉泉、清照被评为"山东省名

牌""安全放心品牌"，被山东鲁能泰山足球队指定为"专用白酒"，与山东曲艺家协会实现联姻，建立了"山东艺术家生活创作基地"，提升了公司品牌的社会影响力。2008年6月，公司"百脉泉"商标被认定为"中国驰名商标"。2009年4月，成功召开"中国生态酿酒倡导者新闻发布会"，为公司发展提供了强大的品牌支持。深入开展"管理创新"活动，内抓管理、外拓市场，实现跨越式发展。

多元发展，助经济腾飞。①对公司废酒糟生产饲料项目进行科研攻关，经过一年多的努力，取得了成功，研制出了国内同行业第一台酒糟烘干饲料设备，填补了国内空白，已投入批量生产，年可为公司年增加效益200余万元，为公司增加了新的经济增长点。②在同类产品中，向"高、精、尖"和"新、绝、奇、特"纵向发展；根据市场和企业发展需要，在啤酒、果汁、饮料产品方面实现横向发展；借助品牌的力度，进而形成"高起点、多元化"的产业模式和遍布全国的营销网络，实现公司发展史上的经济腾飞。

"先做人，后做酒；做好人，做好酒"核心文化建设推动"百脉泉"各项事业健康发展

创新营销，销售收入创新高。多年以来，加速了品牌传播的力度，在深入开展"真情涌动·百脉泉酒"营销改革中，注重品牌核心价值的提升，加速了"百脉泉"品牌传播的力度和速度，百脉泉高、中端产品的销售结构发生了明显改变，中端产品较往年同期增长49%；高端产品较往年同期增长80%，并形成了以章丘当地为主，济南、莱芜、临沂遍地开花，集中优势攻坚省外市场的格局。

工艺革新，科技进步见实效。2008年6月通过了百脉泉"中国驰名商标认证"，成为章丘市首家，也是食品行业唯一一家获此殊荣的企业，为本市科技创新工作获得了荣誉。同时，大力实施技术辐射和科技带动战略，科技创新争取政府奖金58万元。五粮酒产质量再创新高，有机窖泥生产取得了圆满成功，有机窖泥生产技术得到与会权威人士和其他厂家的一致认同，成为在全省及至全国有强影响力的技术亮点，树立了"中国生态酿造倡导者"鲜明的旗帜。

规范管理，公司运营显高效。制定、完善了公司新的业务流程，制定出台了一系列新的管理规章制度，基本实现了无缝隙管理链接，堵塞了老国有企业的一些管理漏洞，加强了企业管理的力度。以年初人力资源培训计划的实施和开展干部素质培训活动为基础，全年开展高、中、全员等各类培训43次，受训达2400余人次，为公司长远发展打造了管理平台，综合提高了公司运营效率。

关心职工，提高工作积极性。在公司成本不断上升的情况下，继续为员工增加工资、福利待遇，人均年增收入5000余元。投资数万元为职工宿舍安装了暖气片，解决了员工入冬"燃煤之急"。同时，投资安装了健身器材，丰富了职工业余生活，提高了职工的工作积极性。每年组织与退休人员之春游、座谈会等，最大限度地凝聚了员工合力。

矢志不渝，务实高效，企业文化显活力。出版了《山东百脉泉酒业有限公司志》《百脉欢歌》两本庆祝建厂60周年的书籍；相继出版了《鲁酒典范》《对酒当歌》等书籍；《百脉泉酒业报》自2007年2月改版以来，加大了企业社会宣传力度，发挥了展示企业重要的窗口作用。通过举办各种丰富多彩的文艺、体育、业务知识学习培训活动，增强了员工学技能的热情，为公司发展积聚了不竭动力。为打造百年企业提供了丰富的资源。

　　按照章丘市委组织部安排，继续开展了第十二轮包村工作。为垛庄镇北明村修路1 100米，安装路灯16盏。由于公司包村计划明确、落实到位，党政领导重视，成效显著，所包村群众满意度很高，受到上级包村部门赞扬。

　　"5·12"汶川大地震期间，职工自发捐款36000元，全体党员积极缴纳"特殊党费"22560元，连同赈灾捐款，共计捐款达到23.6万元，为灾区人民献出了真诚的爱心。每年积极开展运动会和技能大比武活动；通过了"山东省职工代表大会规范化建设'优秀星'单位"复审；荣获了济南市劳动关系和谐企业及济南市五一劳动奖状单位荣誉。

　　2010年起，百脉泉酒业规划工业游项目，400米文化墙、藏酒馆、酒道馆、酒文化馆，每年迎接近万名各地游客，成为山东省首批工业旅游示范基地。

　　2013年，百脉泉酒业完成了历史上最大规模的扩建，掀开公司发展的新篇章，新上6条灌装自动化流水线、高标准综合仓库，形成近8亿元的生产能力，使公司的现代化水平达到前所未有的高度，灌装技术工艺达到国内同行业先进水平，产品质量得到了极大地保障和提升，职工的工作环境、劳动强度也有了很大的改善。以新厂区建设为契机，对老厂区进行优化整合，新建了"生态酿酒园"、以书法为主题的"翰风堂"、以突出企业历史文化具有现代化气息的"问鼎阁"、以展示酿酒过程为主题的"古酒坊"，增加了工业旅游的新看点，公司于2014年5月17日举办了"生态原浆，盛世封藏"大典仪式，藏酒活动将作为公司今后长期性的一种销售、宣传模式，以酒类窖藏为平台，丰富酒文化旅游；以生态酿酒为核心，做大酒文化产业。

　　经过近几年不断的实践和发展，以"先做人，后做酒；做好人，做好酒"为核心的企业文化理念结合公司在人才、技术、质量等方面的优势资源，形成了百脉泉酒业参与市场竞争的综合实力。企业文化核心理念已成为全体员工的共识，对实现公司战略规划方面发挥了积极的促进作用，助推百脉泉酒业成为全国白酒行业的龙头企业。

　　展望未来，百脉泉酒业将继续坚持"先做人，后做酒；做好人，做好酒"的企业文化与发展互促，以文化创新推动管理创新、技术创新，通过企业文化的进一步深化，为实现企业与相关利益方的和谐共赢、实现企业可持续发展与社会可持续发展的协调统一做出新的、更大的贡献。

主要创造人：牛余林

参与创造人：赵京彬　袁乃凯

后 记

在《中国优秀企业文化（2016~2017）》的成书过程中，我们得到了有关方面的大力支持和帮助。为保证本书的质量和可读性，我们组织有关同志对企业材料进行了改编。参与改编工作的同志包括：王建军、王吉伟、陈西、蓝传仿、李德洁、陈瀚舟等。工作期间，他们主动联系企业，详细核实有关情况，认真改编企业材料，付出了辛勤劳动。同时，在编辑过程中，各申报企业领导和工作人员积极配合改编工作，按时提供相关素材，充实了企业材料，为保证本书的出版做出了贡献，在此一并致以谢意！企业管理出版社为本书的编辑、出版、发行付出了艰辛劳动，使本书得以顺利出版。

因为本书为黑白印刷，且受篇幅所限，所以部分企业提供的彩色图表难以清晰展现而被放弃，文字也有删减，望有关企业予以理解。

由于时间仓促，书中疏漏在所难免，恳请各界人士针对本书的不足之处提出宝贵意见和建议。

编 者

2017年8月